拜占庭

610 帝国 1057

大通史

陈志强——总主编

张绪山　田明——主编

BYZANTINE

江苏人民出版社

图书在版编目(CIP)数据

拜占庭帝国大通史. 610－1057 / 陈志强总主编. ——
南京：江苏人民出版社，2023.10(2024.2重印)
ISBN 978－7－214－27571－4

Ⅰ. ①拜… Ⅱ. ①陈… Ⅲ. ①拜占庭帝国－历史－
610－1057 Ⅳ. ①K134

中国版本图书馆 CIP 数据核字(2022)第 186249 号

书　　　名	拜占庭帝国大通史(610—1057)
总　主　编	陈志强
本卷主编	张绪山　田　明
策　　　划	王保顶
统　　　筹	马晓晓
责任编辑	张　欣
特约编辑	解冰清
装帧设计	棱角视觉
责任监制	王　娟
出版发行	江苏人民出版社
地　　　址	南京市湖南路 1 号 A 楼，邮编：210009
照　　　排	江苏凤凰制版有限公司
印　　　刷	南京爱德印刷有限公司
开　　　本	718 毫米×1000 毫米　1/16
印　　　张	61　插页 6
字　　　数	929 千字
版　　　次	2023 年 10 月第 1 版
印　　　次	2024 年 2 月第 2 次印刷
标准书号	ISBN 978－7－214－27571－4
定　　　价	268.00 元

(江苏人民出版社图书凡印装错误可向承印厂调换)

全书总编辑小组:

陈志强　南开大学历史学院教授，希腊亚里士多德大学博士

庞国庆　南开大学历史学院副教授，希腊雅典大学博士

疏会玲　华侨大学国际关系学院讲师，南开大学博士

孙思萌　中国社会科学院世界历史研究所助理研究员，南开大学博士

全书译名校改:

李昭融　南开大学历史学院博士研究生

吕丹彤　南开大学历史学院博士研究生

吴滟殊　南开大学历史学院博士研究生

毕利鹏　南开大学历史学院博士研究生

地图制作翻译:　哈尔顿　(John Haldon)，普林斯顿大学历史系终身教授

翻　　　　译:　罗春梅　中南大学马克思主义学院副教授，南开大学博士

钱币图谱整理:　郭云艳　河北大学历史学院副教授，南开大学博士

目录

Part I

上编

上编各章作者：

伊拉克略王朝 （疏会玲、庞国庆）

伊苏里亚王朝 （庞国庆、郑玮、谢艺威）

阿莫里王朝 （庞国庆）

马其顿王朝 （王妍、赵法欣、陈志强、邹薇）

疏会玲：华侨大学国际关系学院讲师，南开大学博士

庞国庆：南开大学历史学院副教授，希腊雅典大学博士

郑　玮：南开大学历史学院副教授，南开大学博士

谢艺威：南开大学历史学院硕士

王　妍：江苏省社会科学院历史研究所助理研究员，南开大学博士

赵法欣：西南民族大学旅游与历史文化学院副教授，南开大学博士

陈志强：南开大学历史学院教授，希腊亚里士多德大学博士

邹　薇：四川大学历史文化学院副教授，南开大学博士

上编

皇帝列传（610——1057）

The Biographies of Emperors

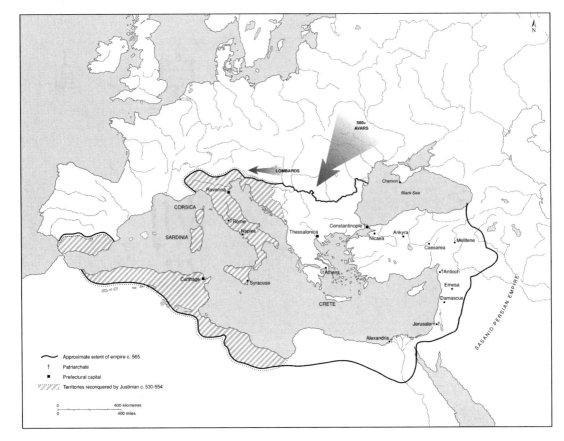

图1 伊拉克略王朝前的帝国疆域

- Ravenna 拉文纳
- Rome 罗马
- Naples 那不勒斯
- LOMBARDS 伦巴第人
- Thessalonica 塞萨洛尼基
- Athens 雅典
- Constantinople 君士坦丁堡
- 560+ 560 年后
- AVARS 阿瓦尔人
- Cherson 克尔松
- Black Sea 黑海
- Nicaea 尼西亚
- Ankyra 安基拉[现代城市安卡拉（Ankara）的古名。参见 Alexander P. Kazhdan (editor in chief), *The Oxford Dictionary of Byzantium*, 3 vols., New York: Oxford University Press, 1991, p.102。]
- Caesarea 凯撒里亚，又译凯撒城[罗马帝国有多个 Caesarea，位于今天土耳其、巴勒斯坦和北非等地。参见《大英百科全书》,《拜占庭历史词典》第 363—364 页。]
- Melitene 梅利蒂尼

- Antioch 安条克
- Emesa 埃梅萨
- Damascus 大马士革
- Jerusalem 耶路撒冷
- Alexandria 亚历山大城，或译亚历山大里亚
- SASANID PERSIAN EMPIRE 萨珊波斯帝国
- CORSICA 科西嘉岛
- SARDINIA 撒丁岛
- Syracuse 叙拉古
- CRETE 克里特岛
- Carthage 迦太基

- Approximate extent of empire c. 565 约 565 年帝国的大致疆域
- Patriarchate 牧首辖区
- Prefectural capital 总督官邸所在地
- Territories reconquered by Justinian c. 530-554 约 530—554 年查士丁尼重新征服的领土

第一章

伊拉克略王朝

（610—711 年）

伊拉克略王朝是拜占庭帝国第五个正统王朝，统治了几百年，其间在位的皇帝有七人，分属六代人，包括伊拉克略一世（Heraclius Ⅰ,610—641 年在位）、君士坦丁三世（Constantina Ⅲ,641 年在位）、伊拉克洛纳斯（Heraklonas,641 年在位）、康斯坦斯二世（Constans Ⅱ,641—668 年在位）、君士坦丁四世（Constantine Ⅳ,668—685 年在位）、查士丁尼二世（Justinian Ⅱ,685—695,705—711 年在位）和提比略（Tiberius,706—711 年任共治皇帝）。伊拉克略一世是王朝的创立者，其父是前朝驻扎非洲的迦太基（Carthage）总督区总督。前朝末代皇帝莫里斯（Maurice,582—602 年在位）于 602 年被福卡斯（Phokas,602—610 年在位）兵变推翻并遭到全族祸灭后，帝国政局大乱。他受父亲的委派率领陆路大军讨伐篡位皇帝，在埃及行省联合帝国舰队共同北上，于 610 年占领首都,杀灭反叛的残余势力,建立新王朝。可以说,新王朝是帝国军事高官建立起来的。

伊拉克略王朝实际统治约为 91 年,因为其间皇帝查士丁尼二世时期被军事叛乱推翻了 10 年左右。总体看,六位皇帝分属五代人,传承清晰,但也矛盾重重。伊拉克略一世只有一个弟弟塞奥多利(Theodore),后来任王宫贵族和内廷高官,他和他的同名儿子塞奥多利似乎都没有什么作为,而且后者一度卷入皇室内讧。伊拉克略一世和两任妻子共生育了 13 个儿女,前妻法比亚[Fabia,后改名为欧多基娅(Eudokia)]患有癫痫,生产后去世,留下长女欧多西娅·埃皮法尼娅(Eudoxia Epiphania)和儿子君士坦丁即后来的皇帝君士坦丁三世。伊拉克略的第二任妻子玛蒂娜(Martina)是他的侄女,虽然是近亲结婚,但先后生下 11 个孩子,即儿子弗拉维乌斯(Flavius)、君士坦丁、费比厄斯(Fabius)、塞奥多利、伊拉克洛纳斯、戴维(David)、马林努斯(Marinos)、奥古斯提努斯(Augoustinos)和女儿玛蒂娜、菲布洛尼娅(Febronia)及未及起名的女婴。由于是近亲结婚,他们的儿女大多天生有缺陷,不是过早夭折,就是患有智能和身体上的先天疾病,只有伊拉克洛纳斯侥幸身心正常,与其同父异母的哥哥君士坦丁三世继承了皇位。近亲结婚生下的第一代人几乎都有毛病,因此他们也都没能产下第二代。王朝皇权传承的重担就由伊拉克略一世的长子君士坦丁三世一支承担,其长孙康斯坦斯二世及后者的长子君士坦丁四世、长孙查士丁尼二世基本按照长子继承的传统。据称,伊拉克略还有个私生子叫约翰·阿斯纳提斯(John Athalatichos),曾伙同伊拉克略的侄子塞奥多利,密谋反对自己的父亲,但东窗事发,约翰惨遭削鼻剁手之刑,并被流放到普林西波岛(Principo);塞奥多利不仅被削鼻,还被砍去了一条腿,后被流放到高杜梅雷特(Gaudomelete)。关于伊拉克略一世私生子和侄子的传闻并不可靠,但第二任妻子玛蒂娜为自己的亲儿子伊拉克洛纳斯与继子君士坦丁三世爆发内讧是确有其事,且当时年老多病的伊拉克略也无暇干涉。老皇帝黯然离世后,皇后玛蒂娜极为活跃,干涉朝政,力图阻止君士坦丁三世及其长子康斯坦斯二世继承皇位,而力主伊拉克洛纳斯和她的另一个儿子戴维承继大统,甚至有传言说她毒死了本就不太健康的君士坦丁三世。因后者深受老皇帝和朝野内外的喜爱,所以传言一出,动乱四起,连伊拉克洛纳斯答应加冕康斯坦斯二世为共治皇帝都压不住沸腾的民怨,大将军瓦伦提乌斯(Valentinus)起兵反叛,在起义民众支持下,推翻了玛蒂娜和伊拉克洛纳斯的统治。伊拉克洛纳斯惨遭削鼻,与被割去舌头的家人一起被流放至罗德岛(Rhodes)。

君士坦丁三世在位仅三个月,他的妻子即其侄女格里高丽亚(Gregoria)生了长子康斯坦斯二世和次子塞奥多西(Theodosius),他们的一个女儿曼娅(Manyanh)后来嫁给萨珊王朝末代国王耶济德三世(Yazdegerd Ⅲ,632—651年在位)。依照长子继承的原则,康斯坦斯二世即位,他的妻子皇后便是大将军瓦伦提乌斯之女福斯塔(Fausta),因此在与弟弟塞奥多利争夺皇权的内讧中占有优势地位。他们育有三子,即长子君士坦丁四世、次子伊拉克略(曾在659—681年担任共治皇帝)、幼子提比略(曾在659—681年担任共治皇帝)。康斯坦斯二世在位虽长达27年,但结局悲惨,他在出征西西里的叙拉古(Syracuse)时被刺杀在浴室里。继任为皇帝的是他的长子君士坦丁四世,妻子是阿纳斯塔西娅(Anastasia),两人婚后至少育有两个儿子即长子查士丁尼二世和次子伊拉克略。查士丁尼二世13岁时成为共治皇帝即皇位继承人,17岁登基。其第一任妻子欧多基娅育有一个女儿阿纳斯塔西娅,后嫁给保加利亚汗王特尔维尔(Tervel);其第二任妻子哈扎尔公主塞奥多拉(Theodora)为查士丁尼二世生育了儿子提比略(706—711年担任共治皇帝),只是父子俩在菲利彼库斯(Philippicus)①军事叛乱中均被杀害,提比略当时年仅6岁。伊拉克略王朝到此断绝。

伊拉克略王朝在拜占庭帝国历史发展中占有非常重要的地位,以至于后世学者们多以之为拜占庭帝国中期历史的标志。其所以如此,主要在于该王朝最早开始试行和推广军区制改革。伊拉克略一世迫于对波斯战争的东部前线吃紧而开始进行的军区制改革不仅解决了当时帝国面临的财政危机和兵源枯竭难题,还加速了帝国的军事化。这恰好与当时整个中亚、西亚、东地中海和东欧地区广泛的移民运动新趋势相吻合,适应了这个时代的新形势,满足了最紧迫的需求,也为嗣

---

① 查士丁尼二世第二任期末年,克尔松民众爆发起义,将流放将军巴登斯(Bardanes,Βαρδάνης)推举为皇帝,上台后的巴登斯更名为菲利彼库斯,见Nikephoros, *Nikephoros Patriarch of Constantinople Short History*, Cyril Mango trans. , Washington:Dumbarton Oaks, 1990, p.111。

后数百年拜占庭帝国应对频繁的战争奠定了制度性基础。也许正是军区制试行初期显现出的制度优势,使得自伊拉克略一世开始的对波斯战争取得了决定性胜利。此后,伊拉克略王朝又抵抗阿拉伯人的攻势,将扩张势头正旺盛的哈里发军队阻止在拜占庭东部一线。

第一节

伊拉克略一世(Heraclius Ⅰ)

610—641 年在位

伊拉克略一世(Heraclius,Ἡράκλειος,生于 575 年,卒于 641 年 2 月 11 日,享年 66 岁)是拜占庭帝国伊拉克略王朝第一位皇帝,也是该王朝的创立者,自 610 年 10 月 5 日至 641 年 2 月 11 日在位近 31 年。

伊拉克略的早年生平较为模糊,根据史料的零星记载,伊拉克略的父亲也称伊拉克略(下称老伊拉克略),曾在拜占庭帝国担任非洲总督,母亲是埃皮法尼娅。大约在 575 年前后,伊拉克略出生于卡帕多西亚(Cappadocia)。伊拉克略一生经历过两次婚姻,第一任妻子是欧多基娅,她婚后生育了一双儿女——女儿欧多西娅和儿子君士坦丁三世。但由于患有癫痫①,欧多基娅生下君士坦丁三世后,于 612 年 8 月 14 日不幸去世。② 几年后,伊拉克略迎娶第二任妻子即侄女玛

---

① Nikephoros, *Nikephoros Patriarch of Constantinople Short History*, p. 41; Nicephori archiepiscopi Constantinopolitani, *Opuscula Historica*, C. de Boor ed., Leipzig: Teubner, 1880, repr. New York: Arno, 1975, TLG, Nos. 3086001 and 3086002.

② 根据《复活节编年史》(*Pachal Chronicle*)的记载,欧多基娅死于 8 月 14 日,见 *Chronicon Paschale, 284 – 628 AD*, Michael Whitby and Mary Whitby trans., Liverpool: Liverpool University press, 1989, p. 154; *Chronicon Paschale*, ed. L. Dindorf [Corpus Scriptorum Historiae Byzantinae] Bonn: Weber, 1832, TLG, No. 2371001; Theophanes, *The Chronicle of Theophanes Confessor: Byzantine and Near Eastern History AD 284 –813*, Cyril Mango and R. Scott trans. and commentary, Oxford: Clarendon Press, 1997, p. 429; Theophanis, *Chronographia*, C. de Boor ed., Leipzig: Teubner, 1883, repr. Hildesheim: Olms, 1963, TLG, No. 4046001。

蒂娜①,因为两人的结合属于近亲结婚,所以这次婚姻遭到世俗和基督教会的极力反对②,甚至被时人视为乱伦。然而,伊拉克略并没有因此动摇,君士坦丁堡牧首塞尔吉乌斯(Sergius,610—638年在位)③想要解除这段婚姻的企图也未能实现。婚后,玛蒂娜共为伊拉克略产下十一个儿女,其中四个不幸夭折,还有两个儿子患有残疾,最后只有相对健全的伊拉克洛纳斯有能力继承王位。这些不幸的经历常被臣民当作证实伊拉克略与玛蒂娜婚姻不合法的理由。

此外,伊拉克略至少还有一个私生子约翰·阿斯纳提斯。成年后的约翰为了争夺王权,还曾伙同伊拉克略的侄子塞奥多利,密谋反对自己的父亲伊拉克略,但计划提前被伊拉克略发觉,约翰也因此惨遭削鼻和剁手之刑,并被流放到普林西波岛。④ 塞奥多利不仅遭受了同样的惩罚,还被砍去了一条腿,后被流放到高杜梅雷特。⑤ 伊拉克略统治后期,第二任妻子玛蒂娜为确保自己的儿子伊拉克洛纳斯能够拥有皇位继承权,曾与欧多基娅之子君士坦丁三世爆发内讧,夹于其间的伊拉克略晚年凄惨,最终因罹患水肿于641年2月11日在病痛中黯然离世⑥,享年66岁。

继福卡斯之后成为皇帝的伊拉克略虽并非出生于皇城紫色内宫,但也非一介平民,其父老伊拉克略年轻时能力突出,曾是莫里斯皇帝的旧将⑦,在拜占庭帝国军队高层中占有一席之地。590年前后,莫里斯皇帝与萨珊波斯的巴赫兰·楚宾(Bahram Chobin)交战,老伊拉克略在此期间担任拜占庭军队的指挥官,在战场中发挥了重要作用。巴赫兰·楚宾曾在波斯军队担任高级指挥官,590年推翻科斯罗埃斯二世(Chosroes Ⅱ,590—628在位)的统治,成为波斯王,并改称巴赫拉姆六世。然而他篡权仅一年,就遭到科斯罗埃斯二世的反击,并因此而败逃。战事

① 关于伊拉克略与玛蒂娜结婚的时间,史家意见不一,塞奥法尼斯(Theophanes)认为是614年,尼基弗鲁斯(Nikephoros)认为是623年,《复活节编年史》(Pachal Chronicle)给出的时间是更晚的624年,见Theophanes, *The Chronicle of Theophanes Confessor*, p. 431, note 2。
② Nikephoros, *Nikephoros Patriarch of Constantinople Short History*, p. 53.
③ 610年,君士坦丁堡牧首托马斯(Thomas)去世,原本在教堂担任执事的塞尔吉乌斯遂于当年复活节继任牧首,见*Chronicon Paschale, 284 -628 AD*, p. 149。
④ Nikephoros, *Nikephoros Patriarch of Constantinople Short History*, p. 73.
⑤ Nikephoros, *Nikephoros Patriarch of Constantinople Short History*, p. 73.
⑥ Theophanes, *The Chronicle of Theophanes Confessor*, p. 474.
⑦ Nikephoros, *Nikephoros Patriarch of Constantinople Short History*, p. 35.

结束后,老伊拉克略被莫里斯任命为非洲总督,势力进一步壮大。602 年 11 月,福卡斯在色雷斯(Thrace)率领部下发动叛乱[1],推翻了莫里斯的统治,成为拜占庭帝国皇帝,并将莫里斯家族屠杀殆尽。[2] 老伊拉克略随机应变,宣布效忠于新皇帝福卡斯,得以继续经略迦太基。但此后不久,老伊拉克略利用福卡斯不得人心的机会,在非洲总督区首府迦太基宣布独立,随后派遣伊拉克略率领军队陆海两路进军君士坦丁堡。伊拉克略遂联合北非的起义军队渡海直逼首都,后在君士坦丁堡民众的支持下推翻了篡位皇帝福卡斯的统治。[3]

老伊拉克略的谋略以及伊拉克略夺权成功都与当时拜占庭帝国的内外形势息息相关。查士丁尼王朝末期,帝国开始陷入混乱。莫里斯统治时期,帝国政策的重心开始向东转移,此前收复的西部领土得到了有效的控制,但巴尔干半岛仍然面临着外敌的不断侵扰。斯拉夫人(Slavs)和阿瓦尔人(Avars)交替出现,频繁洗劫该地区,有些斯拉夫人甚至开始定居巴尔干,造成了难以根除的隐患。对此,莫里斯不得不多次跨越多瑙河(Danube),对战阿瓦尔人和斯拉夫人。频繁的长线战争导致帝国财政吃紧,军队士气低落,纪律败坏。在外患不断的同时,帝国内部的社会和宗教分歧也在日益恶化,各级政府官员人浮于事,腐败横行,引发民众的不满和抱怨,动乱四起。趁此时机,带有蛮族血统的福卡斯发动叛乱,一举推翻了莫里斯的统治。

然而,福卡斯的篡位并没有为帝国带来变革。多瑙河地区的战事仍在持续,对阿瓦尔人和斯拉夫人的战争迟迟未见成效,巴尔干的众多区域在这一时期已经成为斯拉夫人定居的家园。曾经受恩于莫里斯的波斯国王科斯罗埃斯二世以复仇的名义讨伐福卡斯[4],又沉重打击了拜占庭军队。帝国内部的矛盾同样没有得到有效解决,民众积怨深厚,此前支持福卡斯的绿党转而开始反对他,与蓝党之间的冲突白热化,各地动乱纷起,内战似乎一触即发。正是在内外危急的形势下,伊拉克略父子抓住时机,调动其辖制的非洲总督区各种资源,集合大军,于

---

[1] Sebeos, *History, Sources of the Armenian Tradition*, Robert Bedrosian trans., New York, 1985, chapter 21.

[2] *Chronicon Paschale, 284 - 628 AD*, p. 142.

[3] Theophanes, *The Chronicle of Theophanes Confessor*, p. 428.

[4] Sebeos, *History, Sources of the Armenian Tradition*, chapter 6.

608 年前后发动了一场起义,反抗不受民众欢迎的僭越者福卡斯。

伊拉克略到达君士坦丁堡后,联合了一部分拜占庭帝国的杰出领袖,并重金收买促使福卡斯的女婿普里斯库斯(Priscus)领导下的帝国禁卫军公开叛变,投诚伊拉克略。[①] 进城后的伊拉克略几乎没有遭到什么抵抗就将胜利收入囊中。与此同时,伊拉克略还为自己安排了一场加冕礼,正式成为拜占庭帝国皇帝。据说,伊拉克略逮捕出了名的"暴君"福卡斯后,曾与后者进行过一番关于统治帝国的对话,但伊拉克略在这个过程中被福卡斯激怒,于是将福卡斯处以宫刑后斩首。[②] 至此,福卡斯时期持续数年的残暴统治被终结,帝国近乎无政府的状态也宣告结束。610 年 10 月初,时年 35 岁的伊拉克略在圣斯蒂芬教堂(S. Stephen Church)举行第二次加冕仪式[③],仪式由牧首塞尔吉乌斯一世主持[④],伊拉克略受到首都民众的热烈欢迎。

伊拉克略上台后,面临的主要任务是使过渡时期的拜占庭帝国逐步军事化,并确立其适合帝国存在和发展的政治经济制度。[⑤] 于是他从内政改革出发,调整此前的省区制度,将其中最重要的东部省区逐步组建为军区。小亚细亚疆域就在这一时期被划分为大的军事区域,如同拉文纳(Ravenna)和迦太基的两个总督区一样。小亚细亚各军区是军事管理单位,每个军区分别由各自的首脑将军统辖,相当于总督。[⑥] 但与总督区不同的是,军区将行政机构并入其管理系统,实行军政合一的、以军事系统为主的新体制。新设立的军事区域统称军区,驻扎在军区的士兵享有土地所有权(被称为军役地产),这些士兵不仅可以世袭土地,还会得到少量金额的军饷,当然前提是必须在拜占庭军队中服兵役。奥斯特洛格尔斯基(G. Ostrogorsky)认为,这种新制度是古代边防军制度和总督区产生的政府形式相结合的产物。[⑦] 经过一系列的改革和重组,拜占庭帝国在小亚细亚地区和沿海各

---

① Nikephoros, *Nikephoros Patriarch of Constantinople Short History*, pp. 35 – 37.

② Nikephoros, *Nikephoros Patriarch of Constantinople Short History*, p. 37.

③ 根据《复活节编年史》的记载,伊拉克略是在圣索菲亚大教堂(Hagia Sophia Church)举行的加冕仪式。*Chronicon Paschale, 284 – 628 AD*, p. 152.

④ Theophanes, *The Chronicle of Theophanes Confessor*, p. 428.

⑤ 陈志强:《拜占庭帝国通史》,上海:上海社会科学出版社 2013 年版,第 130 页。

⑥ [南]乔治·奥斯特洛格尔斯基著,陈志强译:《拜占廷帝国》,西宁:青海人民出版社 2006 年版,第 80 页。

⑦ [南]乔治·奥斯特洛格尔斯基:《拜占廷帝国》,第 80 页。

岛屿先后组建起了亚美尼亚军区（Armeniakon thema）、奥普斯金军区（Opsikion thema）以及东方军区等。根据塞奥法尼斯的叙述，亚美尼亚军区组建于629年，包括从幼发拉底河上游至小亚细亚中部卡帕多西亚的广大地区，整个区域包括17个防区。亚美尼亚军区以西，自阿里斯河中下游至博斯普鲁斯（Bosphorus）海峡和达达尼尔海峡地区为奥普斯金军区，它可能先于亚美尼亚军区三年建立，所辖防区略少，地位也略低于亚美尼亚军区。由于它地处波斯人进兵之要冲，地位重要，故与亚美尼亚军区列为同一等级，有34个要塞，统兵15 000人。[①] 军区制度的推行使帝国得以摆脱征召雇佣兵的沉重经济负担，缩减军备开支的同时也保障了军队的规模。除了职业士兵，帝国还将一些土地授予农民，将后者变为农兵，而大量农兵作为常备军的补充兵力也为帝国的军事力量注入了新鲜的血液。

政府管理体制是伊拉克略在内政方面的另一大改革对象。随着军区制度的施行和推广，很多行政机构丧失实际功能，逐步消亡，标志着中央行政管理制度发生萎缩退行性变化。例如，此前在帝国东部地区非常普遍的官职——大区长官（praetorian prefecture）在伊拉克略时期逐渐消失。[②] 此前属于大区的财政部门由于效率低下而被其他新机构代替，诸如军役土地部、总税务部和特殊税务部独立出来成为新的机构，各自的领导者也改称为军役土地部部长、总税务部部长和特殊税务部部长。邮驿部也在此后设立，负责管理帝国的邮驿事务。经过伊拉克略的改革后，原本虚弱不堪的拜占庭帝国正在慢慢崛起。并且和此前的莫里斯皇帝一样，伊拉克略担任拜占庭帝国皇帝后也身先士卒，亲自率领军队抗击外敌。

伊拉克略时期，斯拉夫人仍然对帝国统治构成严重威胁。早在查士丁尼王朝末期，巴尔干半岛上就已经出现定居的斯拉夫人，但大部分斯拉夫人仍然进行间歇性的侵扰，抢了就跑，尚未大规模占领该地区。这一形势到莫里斯时期发生转变，大量涌入的斯拉夫人开始控制巴尔干半岛，击溃拜占庭帝国在该地的军事力量，拜占庭人迅速丧失控制权。不仅如此，斯拉夫人还以巴尔干为据地，向周边地区扩张势力，不仅发动对帝国第二大城市——塞萨洛尼基（Thessalonica）的围攻，

---

① 陈志强：《拜占庭帝国通史》，第134页。

② Gerrit J. Reinink & Bernard H. Stolte eds. , *The Reign of Heraclius* (610－641): Crisis and Confrontation, Paris: Peeters, 2002, p. 33.

还渡海占领众多希腊海岛。614年,斯拉夫人围攻达尔马提亚(Dalmatia)地区,其首府萨罗纳(Salona)被摧毁,这一事件标志着拜占庭帝国在巴尔干半岛西部地区的控制权与影响力在衰落。[1] 伴随着斯拉夫人的入侵,巴尔干及其周边地区开始斯拉夫化。后来虽然得益于希腊因素重新获得强势,斯拉夫化的进程暂时得到遏制,但很多地区已经在事实上变成了斯拉夫人的定居地。族群融合由此开始缓慢进行。

除了斯拉夫人,拜占庭人的宿敌——波斯人也在这一时期严重扰乱了帝国的统治秩序。莫里斯统治时期曾协助波斯国王科斯罗埃斯一世之孙(Chosroes I,531—579年在位)——科斯罗埃斯二世夺得宫廷内斗的胜利,并随之与波斯新王订立和约。然而好景不长,莫里斯被杀,波斯帝国遂以复仇名义侵犯拜占庭帝国。602年前后,波斯军队开始大举进攻拜占庭帝国在幼发拉底河沿岸的军事要塞,这标志着萨珊波斯与拜占庭帝国之间的最后一场战争开始了。[2] 势力强劲的波斯大军迅速攻破拜占庭帝国的边境防线,进入小亚细亚地区攻城略地,福卡斯多次组织军队进行抗击,但节节败退,无力阻挡波斯人的入侵步伐。波斯人在近东地区的侵扰严重威胁着帝国的外部安危。到伊拉克略上台时,波斯军队仍然盘踞在小亚细亚和亚美尼亚等地区,并很快开始南下入侵叙利亚(Syria)和巴勒斯坦(Palestine)。[3] 611年,波斯人夺取卡帕多西亚的凯撒里亚(Caesarea),大量拜占庭士兵与民众沦为俘虏。[4]

面对东部的危急局势,伊拉克略决定撤回帝国在巴尔干半岛的作战部队,将主要兵力向东调遣,试图集中力量将波斯人赶出安纳托利亚(Anatolia)。该计划一开始取得了实效,拜占庭军队从侧翼攻击波斯人,取得了几次胜利,一度逼迫波斯人退出高加索地区。然而,相对于波斯人,拜占庭军队仍然因内战消耗而虚弱不堪,很快就在正面战场的叙利亚地区遭遇了一连串的失败,战争形势逆转直下。613年,拜占庭军队在安条克郊区不敌波斯大军,再次遭受重创。[5] 波斯人乘胜继

---

[1] [南]乔治·奥斯特洛格尔斯基:《拜占廷帝国》,第79页。

[2] M. Avi-Yonah, *The Jews under Roman and Byzantine Rule*, Jerusalem: The Hebrew University, 1984, p. 258.

[3] Theophanes, *The Chronicle of Theophanes Confessor*, p. 424.

[4] Theophanes, *The Chronicle of Theophanes Confessor*, p. 429.

[5] [英]西里尔·曼戈主编,陈志强、武鹏译:《牛津拜占庭史》,北京:北京师范大学出版社2015年版,第74页。

续向西、向南推进,蚕食拜占庭帝国在叙利亚和巴勒斯坦地区的领土。当年,大马士革(Damascus)即宣告失陷,城内居民多沦为俘虏[1],拜占庭人也被逐出亚美尼亚。614年春,波斯军队开始猛攻基督教圣城耶路撒冷(Jerusalem),在连续围攻三周后胜利进入。[2] 波斯人拆下安放在圣墓大教堂的"真十字架"[True Cross。据称,君士坦丁一世(Constantine Ⅰ,324—337年在位)的母亲曾在到访耶路撒冷时发现的],带回其陪都泰西封(Ctesiphon),并挑选一部分有利用价值的基督徒随军撤出耶路撒冷,随后便将城市交给当时的犹太领袖尼希米·户谢(Nehemiah ben Hushiel)管理。

当时的目击者——马尔萨巴(MarSaba)修道院的修士斯塔特基乌斯(Strategius)在其回忆录中提到[3],耶路撒冷被攻陷后,犹太人和波斯人四处搜寻基督徒,"神圣的教堂被付之一炬,其他的也遭到严重毁坏,庄严的祭坛倒塌,神圣的十字架被践踏,圣洁的神像也被不洁之物所侮辱……当人们被掳至波斯以后,耶路撒冷只剩下犹太人,他们就着手毁坏、焚烧那些幸存下来的神圣教堂"[4]。随后,约有4 500人被囚禁在干涸的马米拉水池中,被迫面对改宗或死亡的抉择。按基督教史家的说法,除很少一部分基督徒修士如来自阿卡(Acre)的利奥提乌斯(Leontius)[5]等改宗犹太教以外,大部分基督徒选择了殉教。自提图斯(Titus,罗马皇帝,79—81年在位)时代以来,圣城耶路撒冷就处在罗马拜占庭帝国的统治下,因此,波斯攻占耶路撒冷并夺取"真十字架"无疑震惊了整个基督教世界,且主要的编年史都留下了相关记载。《塞贝奥斯编年史》记载:"波斯大军夺取耶路撒冷,屠城三日,几乎杀尽城内居民,并放火焚城。随后,下令统计尸首,得到的数字是57 000人。另有3 700人被俘,当中包括耶路撒冷主教扎卡里亚

[1] Theophanes, *The Chronicle of Theophanes Confessor*, p. 430.
[2] 关于耶路撒冷陷落的具体时间,拜占庭史家的记载不尽相同,斯塔特基乌斯认为是614年5月初,《复活节编年史》记载为"6月前后",现代学者认为后者提到的6月应该是耶路撒冷陷落的"噩耗"传到首都君士坦丁堡的大致时间,见 Theophanes, *The Chronicle of Theophanes Confessor*, p. 431, note 1。
[3] 斯塔特基乌斯记载这一事件的原始资料现已不存世,原稿的部分内容存于阿拉伯文和格鲁吉亚文手稿中,后由柯因贝尔(Frederick Cornwallis Conybeare)整理,见 Gideon Avni, "The Persian Conquest of Jerusalem—An Archaeological Assessment", *Bulletin of the American Schools of Oriental Research*, No. 357, 2010, pp. 35-48。
[4] Gideon Avni, "The Persian Conquest of Jerusalem—An Archaeological Assessment", p. 41.
[5] M. Avi-Yonah, *The Jews under Roman and Byzantine Rule*, p. 267.

(Zacharias)……（波斯人）还四处搜寻'真十字架'，并毒打（教士），一部分人被处决。"①《复活节编年史》记载："是年 6 月，灾难降临，值得哀痛。波斯人夺取东部诸城和耶路撒冷，屠杀数以千计的教士、修士以及童贞修女。圣墓也被焚毁，远近闻名的教堂以及珍宝全遭损毁。十字架和其他圣器被波斯人掳走，教长扎卡里亚也成了阶下囚。"②《塞奥法尼斯编年史》记载如下："是年，波斯武力攻取约旦、巴勒斯坦以及圣城（耶路撒冷），在犹太人的协助下，大肆屠戮；有人称死者 90 000人［后被爱德华·吉本（Edward Gibbon）援引］。至于耶路撒冷的主教扎卡里亚以及'真十字架'，则被波斯人掳到波斯，一同被掳走的还有不少战俘。"③

关于波斯人所制造的惨绝人寰的大屠杀，除了以上编年史的记载，其他资料中也留下了相关记录。一份阿拉伯手稿（编号 MS Vat. 697）中指出受害人数为33 867 人，加上零星记载的失踪人口，总数为 44 204 人。④ 另一份手稿（MS Sin.428）记载为 67 424 人，加上失踪人口，总数是 68 260 人。⑤ 相关文献所记载的具体数字相差甚远，虽难以采信，但耶路撒冷失陷后的悲惨和血腥遭遇由此可见一斑。

615 年，在大将沙因（Shahin）的率领下，波斯大军的足迹远及卡尔西顿（Chalcedon），并逼近克里索波利斯（Chrysopolis）等地。⑥ 胆战心惊的君士坦丁堡元老院希望与波斯人议和，于是派遣三位使节前往波斯，面见科斯罗埃斯，传达和解的意愿，称愿意承认波斯帝国为宗主国，拜占庭人称臣纳贡。⑦根据塞贝奥斯（Sebeos）的叙述，科斯罗埃斯二世曾遇到一个自称是莫里斯之子的人——塞奥多西，当拜占庭人提出以重金求和平时，科斯罗埃斯二世不仅直截了当地拒绝和谈，将使节囚禁起来，还要求拜占庭人将塞奥多西奉为皇帝。⑧拜占庭人的和解意图宣告

---

① Sebeos, *History, Sources of the Armenian Tradition*, Chapter 24, p. 96.

② *Chronicon Paschale, 284 - 628 AD*, p. 156.

③ Theophanes, *The Chronicle of Theophanes Confessor*, p. 431.

④ Leah Di Segni-Yoram Tsafrir, "The Ethnic Composition of Jerusalem's Population in the Byzantine Period (312 - 638 CE)", *Liber Annuus*, 62, 2012, pp. 405 - 454, p. 411.

⑤ 转引自 Leah Di Segni-Yoram Tsafrir, "The Ethnic Composition of Jerusalem's Population in the Byzantine Period (312 - 638 CE)", p. 411。

⑥ *Chronicon Paschale, 284 - 628 AD*, p. 159.

⑦ *Chronicon Paschale, 284 - 628 AD*, pp. 160 - 161.

⑧ Sebeos, *History, Sources of the Armenian Tradition*, chapter 24.

失败,科斯罗埃斯二世的要求也没有得到实现,于是迅速调动军队,攻击驻扎在小亚细亚的拜占庭军队,旨在彻底击败这个宿敌。此时,伊拉克略正在巴尔干北部与阿瓦尔人交战,无暇顾及东部地区,使得波斯人得以全线快速推进,并很快于616年攻占了卡尔西顿。[1]

619年春天,波斯人开始南下埃及,发动强劲攻势,并在短时间内取得几场战役的胜利。亚历山大里亚(Alexandria)随之陷落,拜占庭人节节败退,使得波斯人几乎完全控制了埃及行省。作为拜占庭帝国粮仓的埃及失守,严重威胁了首都君士坦丁堡和东部沿海城市的粮食供应。[2] 自此,波斯人几乎控制了拜占庭帝国在东部地区的全部领土。不仅如此,波斯军队继续向安纳托利亚推进,旨在攻取拜占庭帝国首都君士坦丁堡。伊拉克略与袭击安纳托利亚高原西北部的波斯人进行了殊死战斗,不敌波斯人,只好班师回到首都。波斯人继续发动对君士坦丁堡的猛烈攻势,伊拉克略自觉难敌对手,一度准备放弃都城,迁到非洲迦太基。但君士坦丁堡牧首塞尔吉乌斯劝说伊拉克略留在首都,并向波斯人求和,代价是每年向波斯国王敬献1 000磅黄金、1 000磅白银、1 000匹丝绸服装以及1 000匹马。

和约签订后,双方的战事平息下来,但兵临城下的危急局势并没有得到根本缓解。面对虎视眈眈的波斯人,伊拉克略不得不面临生死攸关的抉择:一种是选择坐以待毙,等待波斯人前来进攻,并做一些希望渺茫的抵抗;另一种是主动出击与敌人进行殊死搏斗。[3] 伊拉克略最终选择了后者,着手重整军队,积极筹划对波斯人的大反攻。他一方面削减政府官员的薪资,降低军费,并没收教堂的金银置物补充国库,另一方面对外交政策进行调整,积极开展"远交近攻"。622年,伊拉克略以支付贡金为条件与阿瓦尔人签署和约,将更多兵力集中到东部地区;同时开展积极外交,与同样受到威胁的哈扎尔王国结盟,联合后者共同对抗波斯。同年4月4日,伊拉克略在参加完复活节圣餐礼后离开君士坦丁堡,将都城交给塞尔吉乌斯和博努斯(Bonus)将军。[4] 离开首都后,伊拉克略首先将军队聚集在

---

① Theophanes, *The Chronicle of Theophanes Confessor*, p. 433.
② Elizabeth Jeffreys ed., *The Oxford Handbook of Byzantine Studies*, Oxford: Oxford University Press, 2008, p. 256.
③ [英]西里尔·曼戈主编:《牛津拜占庭史》,第76页。
④ Theophanes, *The Chronicle of Theophanes Confessor*, p. 435.

小亚细亚的比提尼亚(Bithynia)周边,并利用当时民众狂热的基督教天启情绪,将对波斯的战争宣传为讨伐异教徒的圣战。①

伊拉克略深知在开阔地带与强大的波斯军队交战几无胜算,于是率军北上,进入外高加索高原,此举一可以得到当地基督徒的支持,二可以利用地形优势,以高度灵活的小分队形式作战,争取以少胜多。伊拉克略的战争策略效果显著,波斯军队没有及时应对变化,骁勇善战的沙赫巴拉兹(Sahrbaraz)不敌拜占庭军队,屡屡战败。为了扭转局势,科斯罗埃斯二世随后派出萨拉布兰加斯(Salablangas)、沙因等波斯大将与伊拉克略的部队周旋,但先后都被拜占庭人击败。② 面对自己的节节胜利和敌人的退败,伊拉克略原本可以乘胜追击,进一步击溃波斯军队,却在此时遭遇阿瓦尔人的违约,不得不率军返回君士坦丁堡进行处理。增加支付给阿瓦尔人的贡金并安排人质后,伊拉克略才得以集中精力重启对波斯的战事。

624 年 3 月 25 日,伊拉克略再度离开首都君士坦丁堡,前往东部地区,随行的有他的妻子玛蒂娜和两个孩子。③ 4 月 15 日,在尼科米底(Nicomedia)庆祝完复活节后,伊拉克略向东南方向进军,进入波斯军队控制下的亚美尼亚地区,并在当地取得了一系列胜利,先后击败了科斯罗埃斯及其手下将军沙赫巴拉兹、沙因和萨拉布兰加斯。随后,伊拉克略挥师向南进入波斯境内,袭击了波斯控制下的阿特罗帕特尼捏(Atropatene,位于高加索东部地区),占领甘扎克(Ganzak),从而将科斯罗埃斯二世率领的部队与沙因率领的 3 万大军相互隔开。④ 其间,伊拉克略还在塔赫特苏莱曼(Takht-i-Suleiman)摧毁了在琐罗亚斯德教世界首屈一指的拜火教神殿⑤,以报复波斯人此前对耶路撒冷的洗劫。此后,伊拉克略率军向北进发,带着大量战俘和战利品撤退到阿尔巴尼亚公国,在阿拉克赛斯河以西过冬。军队扎营后,伊拉克略召集生活在当地的基督教领主,他们数量众多,纷纷响应号召,带领大批全副

---

① 塞奥法尼斯转述了伊拉克略当时对军民的激昂陈词,见 Theophanes, *The Chronicle of Theophanes Confessor*, p. 439。

② Theophanes, *The Chronicle of Theophanes Confessor*, pp. 441–443.

③ *Chronicon Paschale*, 284–628 AD, p. 166.

④ Sebeos, *History, Sources of the Armenian Tradition*, chapter 26.

⑤ [英]西里尔·曼戈主编:《牛津拜占庭史》,第 76 页。Nikephoros, *Nikephoros Patriarch of Constantinople Short History*, p. 57.

武装的战士前往军营加入了伊拉克略的军队。与此同时,伊拉克略还派使节携带厚礼前往高加索以北,希望和当地的突厥人结盟,共同对抗波斯。① 在此期间,波斯大军虽多次主动发起攻击,但都被伊拉克略击败。

遭遇多次失败的波斯大军并未就此罢休,反而继续保持着猛烈攻势,疲于战争的拜占庭军队难以招架,伊拉克略随后被迫退回黑海沿岸的拉齐卡王国(Kingdom of Lazica)。波斯军队一方面继续追击伊拉克略,一方面派遣军队直接开赴君士坦丁堡。此时,对拜占庭人更加不利的是阿瓦尔人也将矛头对准了君士坦丁堡。局势极为危险,伊拉克略不得已,只好将军队兵分几路,让一支快马加鞭回到君士坦丁堡,保护首都,并将另一支交给自己的弟弟塞奥多利统帅,让其与沙因对战。② 与此同时,他坚信君士坦丁堡的城墙能够抵挡住敌人的进攻,因此没有撤回首都,而是一边以屈辱性的条件换取阿瓦尔人的和平,一边继续率军进攻安纳托利亚,沿途截杀过往的波斯大军。事实证明,这一策略取得了成功,波斯大军的主力部队被盘踞在安纳托利亚的拜占庭军队拦截,无法前往君士坦丁堡发动攻城战。

此时,一部分波斯军队正在博斯普鲁斯海峡东侧虎视眈眈,而阿瓦尔人也撕毁了此前与伊拉克略达成的和平约定③,率领由众多阿瓦尔和斯拉夫部落组成的部队围攻君士坦丁堡,并豪言宣称:不攻占这座城市、不俘虏城内所有拜占庭人,绝不罢休。④ 没有伊拉克略镇守的首都一时间岌岌可危,肩负重任的牧首塞尔吉乌斯坚持下来,组织留守的巡逻部队进行守城战,击退了敌人的多次进攻。⑤ 加上君士坦丁堡有着坚不可摧的城防工事以及一支强悍的海军护卫组成的海上力量,让拜占庭帝国取得了战争的绝对优势,拜占庭军队虽伤亡众多,但没有遭遇彻底失败。最终,不善攻城战的阿瓦尔人和斯拉夫人遭到重创,不得不撤兵逃离。随后,消耗严重的波斯大军也不得不退回叙利亚地区进行整顿。

---

① Nikephoros, *Nikephoros Patriarch of Constantinople Short History*, p. 55.

② Theophanes, *The Chronicle of Theophanes Confessor*, p. 446.

③ Nikephoros, *Nikephoros Patriarch of Constantinople Short History*, p. 59.

④ *Chronicon Paschale*, *284 - 628 AD*, p. 172.

⑤ 时人将波斯-阿瓦尔人围攻君士坦丁堡战争的失败原因归结为圣母的干预,见 Elizabeth Jeffreys ed., *The Oxford Handbook of Byzantine Studies*, p. 255.

　　此时的伊拉克略仍然在拉齐卡组织对波斯的大反攻。他通过使节与哈扎尔人（Khazars）谈判，最终结盟，为帝国取得战争胜利增加了筹码。626 年，规模庞大的哈扎尔军队横扫从高加索到里海之间的波斯防线，并深入波斯人控制的伊比利亚王国（Kingdom of Iberia）后，在首都梯弗里斯（Tiflis，第比利斯的旧称）城外与伊拉克略率领的拜占庭军队会合。① 尔后，哈扎尔盟军的将领泽贝尔（Ziebel）留下 4 万人的部队继续协助伊拉克略，自己则率领少部分随从撤回哈扎尔故土②，留下伊拉克略继续与波斯人决战。

　　627 年，随着冬季来临，原本协助波斯大军攻击拜占庭帝国的突厥人逐渐离开波斯驻地。科斯罗埃斯二世陷入孤立无援的境地，只好集结所有兵力，并任命孔武有谋的拉扎提斯（Razates）担任军队的指挥官，严阵以待。伊拉克略趁此形势，率军向南行军，于当年 12 月初跨越巴斯河（Zabas River），在尼尼微（Nineveh）附近安营扎寨。③ 12 月 12 日，伊拉克略率领的拜占庭军队与拉扎提斯率领的波斯军队展开激烈的交战，战争持续了一整天，拉扎提斯全军溃败，而拜占庭人以极低的伤亡为代价取得了决定性胜利。④ 这场战役遂成为拜占庭帝国和波斯帝国战争的重要转折点，拜占庭人由此节节胜利。

　　取得尼尼微战役胜利后，伊拉克略率军继续沿着底格里斯河（Tigris River）南下，追击波斯人，攻陷科斯罗埃斯二世位于达斯塔基德（Dastagird）的行宫后，向波斯陪都泰西封逼近。科斯罗埃斯二世一路败逃，虽然不断派遣增援部队，但仍然无力阻挡拜占庭人的攻势。撤退到距离泰西封只有 12 公里的纳巴斯河（Narbas River）后，波斯军队只剩下为数不多的士兵和 200 头大象，恐难以应对后续的战争，不得不毁掉运河上的桥梁⑤，试图阻断伊拉克略的进军步伐。该举措确实延缓了战局，无法跨过河流的伊拉克略随之转战附近的波斯乡镇进行大肆蹂躏。

　　与此同时，由于科斯罗埃斯二世接连在战争中失利，加剧了王位继承矛盾，王室内争逐渐激化，一定程度上有利于伊拉克略采取更多军事行动。在此过程中，

① Theophanes, *The Chronicle of Theophanes Confessor*, p. 447.

② Theophanes, *The Chronicle of Theophanes Confessor*, p. 447.

③ Theophanes, *The Chronicle of Theophanes Confessor*, p. 449.

④ Theophanes, *The Chronicle of Theophanes Confessor*, p. 449.

⑤ Theophanes, *The Chronicle of Theophanes Confessor*, p. 453.

科斯罗埃斯二世被废黜,并遭到杀害,其子卡瓦德-西罗埃(Kavad-Siroe)继承王位。① 不同于其父科斯罗埃斯二世,波斯新王西罗埃无意与拜占庭人继续战争,于是派遣使节,同伊拉克略进行停战和谈。② 至此,602—628 年这场持续数十年的波斯—拜占庭战争最终以拜占庭的胜利告终。为了表示战胜的喜悦,伊拉克略本人还为自己加冕古老的波斯头衔——"万王之王"(King of Kings)。

629 年夏天,伊拉克略与波斯国王达成一致,签订和约。③ 双方同意按照 591 年科斯罗埃斯二世和莫里斯缔结的条约确定拜占庭与波斯之间的边境线。拜占庭帝国收复了此前被波斯占领的大片领土,一度威胁帝国存亡的军事危机也被成功化解。不久,离开首都六年后的伊拉克略带着胜利的光环回归君士坦丁堡,他统领着四头大象在大竞技场(Hippodrome)举行了盛大的凯旋游行④,当时的元老院元老、教会领袖和普通民众手举橄榄枝和蜡烛,欢呼雀跃,夹道欢迎伊拉克略的凯旋。

630 年 3 月 21 日,伊拉克略在妻子玛蒂娜的陪同下,带着"真十字架"返回耶路撒冷,受到主教莫迪司图斯(Modestos)和民众的热烈欢迎,同时也振奋了整个基督教世界。⑤ 根据塞奥法尼斯的叙述:"进入耶路撒冷后,皇帝恢复了前主教扎卡里亚的职务(需要指出的是,塞奥法尼斯在此处的记载有误,扎卡里亚主教此前已被掳到波斯,后死于当地),将'真十字架'复位。"⑥另据塞贝奥斯叙述,伊拉克略将"真十字架"归还后,还向所有教堂和所有民众派送礼品。⑦ 甚至《古兰经》中也简要地提到了这段历史。⑧

这样,通过牧首塞尔吉乌斯指挥的君士坦丁堡战役和伊拉克略亲临的尼尼微

① *Chronicon Paschale*, *284 -628 AD*, p. 183.

② Theophanes, *The Chronicle of Theophanes Confessor*, p. 457.

③ Gerrit J. Reinink & Bernard H. Stolte eds., *The Reign of Heraclius (610 -641)*, p. 177.

④ Nikephoros, *Nikephoros Patriarch of Constantinople Short History*, p. 67.

⑤ A. A. Vasiliev, *History of the Byzantine Empire*, *324 -1453*, Wisconsin: The University of Wisconsin Press, 1958, p. 146.

⑥ 现有的编年史大多记载,"真十字架"被掳至波斯以后,得到了妥善的保管,待伊拉克略将其带回耶路撒冷以后,外盒上的封印甚至完好无损,基督徒史家几无例外地将其归功于波斯帝国的基督教王后希琳,并高度赞赏她的虔诚信仰,见*Chronicon Paschale*, *284 -628 AD*, p. 157.

⑦ Sebeos, *History*, *Sources of the Armenian Tradition*, chapter 29.

⑧ A. A. Vasiliev, *History of the Byzantine Empire*, *324 -1453*, p. 146.

战役,拜占庭帝国同时击溃了阿瓦尔人和波斯人。此前,在阿瓦尔人胁迫下随同入侵拜占庭帝国的斯拉夫人和保加利亚人乘机开始试图摆脱阿瓦尔人的控制,先后发动反阿瓦尔人的起义,得到伊拉克略的认可和支持。不仅如此,伊拉克略还允许其他民族如塞尔维亚人(Serbian)和克罗地亚人(Croats)迁居巴尔干半岛,将其纳入帝国的统治范围,拜占庭享受宗主国的地位。

然而,好景不长,伊拉克略收复的东方领土就遭遇突然崛起的阿拉伯人的蹂躏。势力壮大前的阿拉伯人原本是定居在阿拉伯半岛的游牧部落,伊拉克略上台初期,分散的阿拉伯部落没有能力对拜占庭人或波斯人构成军事威胁,但联合起来并皈依伊斯兰教后,这些部落便组成了该地区政教合一、权力集中的国家。穆罕默德(Muhammad)生于阿拉伯半岛古莱什部落的哈希姆家族,年幼时曾跟随商队四处经商,见多识广,对原始宗教、犹太教和基督教都有所了解。610 年前后,不惑之年的穆罕默德接受了天启,开始传播伊斯兰教,并在 622 年,从麦加(Mecca)迁徙到麦地那(Medina),加速了伊斯兰教的发展。穆斯林群体建立了政教合一的政权,并逐步统一了阿拉伯半岛,而后以奉行伊斯兰圣战为目标走上了对外扩张的道路,并于 7 世纪中期攻灭了萨珊波斯帝国。哈里发扩张时代初期,阿拉伯军队所向无敌,其北路大军曾与拜占庭藩属国发生军事冲突。

629 年 9 月,拜占庭人和穆斯林就爆发了第一次边境摩擦——穆塔(Mu'tah,位于死海东南部)战役。① 当时,一支规模不大的穆斯林军队袭击了拜占庭帝国的阿拉伯行省,原因是他们派出的使节被拜占庭总督加萨尼德(Ghassanid)杀害,但这些穆斯林实力不济,最终被拜占庭军队击退。632 年前后,第一任哈里发阿布·巴克尔(Abu Bakr,573—634 年)率先发起了入侵叙利亚的战争。据塞奥法尼斯的叙述,632 年,巴勒斯坦地区发生异常地震,并且天空出现了某种异象,是预示着阿拉伯人入侵的不祥征兆。② 后续历史的发展似乎应验了这一预兆。此后,哈里发欧麦尔(Umar,586—644 年)领导军队入侵太巴列湖(Tiberias)南部的阿拉巴(Arabah),并将势力渗透到加沙(Gaza)③和内盖夫(Negev)沙漠。633—

---

① Theophanes, *The Chronicle of Theophanes Confessor*, p. 467, note 2.

② Theophanes, *The Chronicle of Theophanes Confessor*, p. 467.

③ Theophanes, *The Chronicle of Theophanes Confessor*, p. 466.

635年,穆斯林大军在欧麦尔的率领下攻占了众多拜占庭城市,并击败了伊拉克略的兄弟塞奥多利和巴尼斯(Baanes)将军率领的军队,迫使塞奥多利撤回埃德萨(Edessa)。[1] 拜占庭帝国东部前线不断后缩。

636年盛夏,拜占庭人和穆斯林在约旦河支流的雅穆克河(Yarmuk River)上爆发战役。拜占庭军队由于长途跋涉,士兵水土不服,加上当地多沙漠,气候非常炎热,军队的战斗力严重下降,士气低落。阿拉伯军队领袖见机,集中兵力,派遣骑兵,利用当地的沙尘天气,向拜占庭军队发动大规模进攻。拜占庭人殊死抵抗,但抵挡不住阿拉伯骑兵的猛烈冲击,最终被彻底击溃,有四五万人葬身沙场。叙利亚首府安条克随即被阿拉伯人占领,周边城市几乎未作抵抗就纷纷投降。伊拉克略无力回天,只好率领残存的部队撤至叙利亚边界,叙利亚地区被阿拉伯人占领。很多拜占庭臣民沦为阿拉伯人的俘虏,伊拉克略也只能悲怆地哀叹:叙利亚,这美好的锦绣河山,终究还是归于敌人了!

巴勒斯坦地区很快也遭到阿拉伯人的攻击。在欧麦尔哈里发的率领下,穆斯林大军强势围攻耶路撒冷。[2] 当时担任耶路撒冷主教的索弗洛尼乌斯(Sophronius,约560—638年)组织了抵抗力量,使得这座圣城在穆斯林的围剿下苦苦坚守了近两年,但最终寡不敌众,索弗洛尼乌斯不得不于638年2月[3]打开城门,向欧麦尔投降。自此,耶路撒冷沦为阿拉伯人的领土,成为穆斯林眼中仅次于麦加和麦地那的伊斯兰教圣城。[4]

圣城被围攻时,埃德萨、康斯坦提亚(Constantia)以及达拉斯(Daras)等其他拜占庭城市也遭到阿拉伯人的侵袭[5],有些城市未作抵抗就束手就擒,有些城市进行了顽强抵抗但宣告失败,最终导致拜占庭帝国在美索不达米亚地区的领土于638—640年间悉数落入穆斯林之手。随后,亚美尼亚地区的德温要塞被占领。[6] 与此同时,埃及也未能幸免。640年,负责西征的一支阿拉伯大军攻入埃

---

① 当时伊拉克略正驻守在埃德萨,见 Theophanes, *The Chronicle of Theophanes Confessor*, p.468。

② Theophanes, *The Chronicle of Theophanes Confessor*, p.471.

③ 一说是637年12月,见 Theophanes, *The Chronicle of Theophanes Confessor*, p.472。

④ A. A. Vasiliev, *History of the Byzantine Empire, 324 –1453*, p.163.

⑤ Theophanes, *The Chronicle of Theophanes Confessor*, p.473.

⑥ [南]乔治·奥斯特洛格尔斯基:《拜占廷帝国》,第88页。

及。由于得到了当地科普特人(Copts)的支持,胜利变得唾手可得,很快整个埃及就被纳入阿拉伯帝国的版图。

当穆斯林大肆入侵拜占庭在东部地区的领土时,拜占庭帝国的军队尚未从波斯战争中恢复,国力虚弱,国库亏空,军队疲惫涣散,年迈的伊拉克略自己也丧失了当年征战波斯的勇气,没有亲自参与对阿拉伯人的战争。他虽然曾在安条克坐镇,但面对战争节节失利,只能撤回君士坦丁堡。不久前从波斯手中收复的土地在短时间内就被阿拉伯人占领,加上巴尔干半岛已经成为斯拉夫人和阿瓦尔人的土地,意大利的大部分被伦巴第人(Langobards)占领①,帝国疆域大幅萎缩。

伊拉克略统治后期的军事失利并不影响他在政治和军事领域所创造的辉煌成就。很多学者指出,伊拉克略漫长的统治期是拜占庭帝国历史上最重要的转折点之一,这尤其表现在拜占庭帝国军区化和拜占庭人希腊化及基督教化几个层面。② 军区制改革如前所述,是伊拉克略王朝对拜占庭帝国发展作出的最重要历史贡献,深刻地影响了此后数百年帝国的稳定繁荣。希腊因素逐步取代拉丁因素则是伊拉克略时期拜占庭帝国在文化方面的重要特征之一。拉丁语长期是罗马拜占庭帝国的官方语言,但由于东方因素的强化,自查士丁尼时期,希腊语就已经在帝国东部行省占有重要地位,查士丁尼统治末期甚至开始出现用希腊语编纂的法典,四卷《查士丁尼民法大全》中最后一卷便是用希腊语编撰的。希腊语原本就在东地中海地区有广泛的应用,随着拜占庭帝国早期发展,逐渐在官方语方面占据优势地位,不仅成为普通民众在日常生活中所使用的口语,也成为政府、军队等帝国官方所使用的书面语。拉丁语逐渐成为书面语,只用作官方文件和学术语言,且少有人真正使用。基于此,伊拉克略便将希腊语作为拜占庭帝国的官方语言,推动了希腊化因素的加速传播。

在希腊化的影响下,皇帝的头衔也开始发生变化。伊拉克略在自己的称谓上加上了希腊语"瓦西勒斯"(βασίλευς)的头衔,取代了拉丁化的"凯撒""奥古斯都"等传统用法,成为此后拜占庭皇帝的标准化称谓,被后继者沿用了800多年,直到拜占庭帝国灭亡。伊拉克略的两位继承人——君士坦丁三世和伊拉克洛纳

---

① Gerrit J. Reinink & Bernard H. Stolte eds. , *The Reign of Heraclius (610–641)*, p. 18.

② Gerrit J. Reinink & Bernard H. Stolte eds. , *The Reign of Heraclius (610–641)*, p. 17.

斯也都被赐予了"瓦西勒斯"的称呼。尽管希腊化因素在其中发挥了重要作用，但有些学者指出，伊拉克略之所以用"瓦西勒斯"的称谓代替"奥古斯都"，也可能与他的亚美尼亚出身有关。

伊拉克略时期是拜占庭帝国基督教化的重要阶段。在帝国东部，尤其是叙利亚—巴勒斯坦地区，基督教的修道社团非常活跃，不仅遍布地中海沿岸的各个城乡，还深入约旦沙漠等内陆地区。[①] 正如奥斯特洛格尔斯基所说，这一时期的拜占庭帝国已经成为一个士兵和修道士的国度。[②] 考古研究证实，埃及、卡帕多西亚、南意大利和西西里都曾发现过建于 7 世纪的修道院遗址，诸如著名的阿塔林修道院（Attaline monastery）和圣萨巴斯修道院（St. Sabas monastery）。[③] 修道院和修道士数量的不断增长进一步推动了基督教的发展。

然而，基督教内部的宗教分歧即一性论问题在伊拉克略时期仍在持续。宗教一体化进程面临的重要难题是很多行省（尤其是帝国东部的行省）居民都是一性论教徒，他们坚持自己的信仰，拒绝承认"卡尔西顿信条"。驱逐波斯势力后，东方省区收归拜占庭帝国统治，一性论问题显得更加突出。帝国在此前确立的"卡尔西顿信条"与东方基督教民众普遍信奉的一性论之间在教义方面长期分歧，互不相容。为了调和两派之间的矛盾，君士坦丁堡牧首塞尔吉乌斯曾提出基督单一能量的思想。伊拉克略接受了这一理论，试图予以推广，于是召集东方教会的领袖和学者展开讨论。最初，双方的讨论取得了一些成果，罗马主教霍诺留斯一世（Honorius Ⅰ，625—638 年）和亚历山大里亚主教希鲁斯（Cyrus，? —642 年）被说服，认可了推广单一能量说教义的做法，并表示支持。然而，该教义遭到正统派的猛烈抨击，以耶路撒冷主教索弗洛尼乌斯为代表的卡尔西顿派批判单一能量说，认为该教义既有违一性论，也背叛了正统教义。持一性论思想的信徒随之也表示反对和抵制。面对来自各方的压力，塞尔吉乌斯试图变通，又提出了基督单一意志说，也即一志论（Θελημα，Monenergism），并在 638 年通过伊拉克略颁布的《基督一志论法令》（Ecthesis，或称 Exposition of Faith）予以

① Gerrit J. Reinink & Bernard H. Stolte eds., The Reign of Heraclius (610 -641), p. 208.

② ［南］乔治·奥斯特洛格尔斯基：《拜占廷帝国》，第 109 页。

③ Gerrit J. Reinink & Bernard H. Stolte eds., The Reign of Heraclius (610 -641), pp. 219 - 225.

公布。① 尽管基督教会上层表示支持一志论思想,但正统派和一性论派的普通民众极力反对。另一方面,伊拉克略去世后,曾聚集了大量一性论教徒的地区(以叙利亚、巴勒斯坦和埃及为主)落入阿拉伯人手中②,一志论思想也就失去了其政治重要性。至此,旨在调和卡尔西顿派和一性论派的一志论计划并没有发挥实际作用,最终宣告破产。

在涉及基督教事务的法律上,伊拉克略也有所建树。在现今完整保存下来的律法中,由伊拉克略颁布的共有四项。其中两项出台于 612—619 年,主要是处理君士坦丁堡教会中的教士数量问题。③ 612 年,时任君士坦丁堡牧首的塞尔吉乌斯对教会内部结构进行了重新组织,由于这一变动需要得到伊拉克略的允许,新律由此而来。④ 通过这一法律,塞尔吉乌斯调整了圣索菲亚大教堂的人事安排,包括 80 位教士、150 位男性执事、40 位女性执事、70 位副执事、160 位读经人、25 位唱诗班领唱以及 100 位引座员。⑤ 617 年颁布的新律中则明确规定了关于不同教区的基督教教士和僧侣之间的流动问题。⑥ 629 年出台的律法关注点是基督教士的免受世俗审判特权(*privilegium fori*)问题。有些学者指出,伊拉克略颁布的这些律法所涉及的内容早在查士丁尼时期就已经出现,几乎是以 6 世纪的《查士丁尼法典》为模板,并无太多新意。⑦

伊拉克略作为拜占庭帝国皇帝,自 610 年 10 月入主君士坦丁堡,至 641 年 2 月病逝,共在位 30 年。从非洲迦太基走出的伊拉克略一生戎马征战,带领拜占庭帝国经历了最艰苦的生存斗争,不仅彻底征服了宿敌波斯,还与崛起的阿拉伯人展开多次交锋。虽然在势力强劲的阿拉伯人面前伊拉克略多次失利,丢失了一些东部领土,但由于对抗的是伊斯兰教势力,伊拉克略仍然得到了来自基督教世界的肯定,甚至被视为中世纪以来的第一位十字军战士。伊拉克略在位的数十年战

---

① A. A. Vasiliev, *History of the Byzantine Empire*, *324 −1453*, p. 168.

② Elizabeth Jeffreys ed. , *The Oxford Handbook of Byzantine Studies*, p. 255.

③ Gerrit J. Reinink & Bernard H. Stolte eds. , *The Reign of Heraclius (610 −641)*, p. 192.

④ Elizabeth Jeffreys ed. , *The Oxford Handbook of Byzantine Studies*, p. 576.

⑤ Elizabeth Jeffreys ed. , *The Oxford Handbook of Byzantine Studies*, p. 576.

⑥ Gerrit J. Reinink & Bernard H. Stolte eds. , *The Reign of Heraclius (610 −641)*, p. 192.

⑦ Gerrit J. Reinink & Bernard H. Stolte eds. , *The Reign of Heraclius (610 −641)*, p. 192.

乱频繁,这也导致帝国在文化艺术领域几乎没有出现引人注目的成就。在评判伊拉克略的功过是非方面,具有代表性的后世学者的评价大多比较正面。例如吉本就肯定了伊拉克略在遏制伊斯兰教势力扩张方面所作的历史贡献。瓦西列夫(Vasiliev)认为,伊拉克略是一位富有天赋的统治者,他在位时期积极而活跃地壮大拜占庭帝国的实力,堪称福卡斯之后的模范皇帝。[1] 奥斯特洛格尔斯基也客观地肯定了伊拉克略在诸多方面取得的历史功绩,并指出正是伊拉克略的一系列作为促成了拜占庭帝国向中世纪希腊帝国的转型。如果将伊拉克略置于拜占庭帝国历史发展中,就会看到这位皇帝在帝国中央集权制国家建设中作出的重要贡献,军区制的形成及其开始在全国范围的推行都有助于帝国适应东地中海世界特别是中亚和西亚地区战事加剧的新形势,也有效地克服了募兵制(包括雇佣兵制)造成的诸多问题,在国家军事体制方面作出了制度性变革。正是由于帝国军事化取得明显成效,其继任者坚持并最终完成了拜占庭帝国的军事化,从而也标志着中期拜占庭历史的开始。

第二节

君士坦丁三世(Constantina Ⅲ)

641—641 年在位

君士坦丁三世(Constantina Ⅲ,Κωνσταντῖνος Γ′,生于 612 年 5 月 3 日,卒于641 年 5 月 24 日或 26 日,享年 29 岁)是伊拉克略王朝第二位皇帝,自 641 年 2 月11 日至 5 月 24 日或 26 日在位,仅三个多月。

君士坦丁三世全名为伊拉克略·康斯坦提乌斯(Heraclius Constantius),612年 5 月 3 日,出生于君士坦丁堡郊区的索菲亚宫(Palace of Sophianae)[2],是伊拉克略与第一任妻子欧多基娅的长子。君士坦丁三世出生以后取名伊拉克略·康

---

[1] A. A. Vasiliev, *History of the Byzantine Empire, 324–1453*, p. 142.

[2] 索菲亚宫由查士丁尼二世建造,位于博斯普鲁斯海峡的东侧,见*Chronicon Paschale, 284–628 AD*, p. 154.

斯坦提乌斯,这也是他担任皇帝后的官方称谓。612 年 12 月 25 日,君士坦丁堡牧首塞尔吉乌斯为君士坦丁三世举行加冕仪式。① 613 年 1 月 22 日,君士坦丁三世成为父亲伊拉克略的共治皇帝。② 629 年或 630 年初,君士坦丁三世迎娶伊拉克略侄子尼基塔斯(Niketas)之女格里高丽亚。③ 这段婚姻属于近亲结婚,但为了保证皇帝家族的血缘继承和权力集中,这种情况仍然得到元老院和基督教会的允许。加上此前,其父伊拉克略迎娶了自己的侄女玛蒂娜,在这种更引人非议的近亲婚姻面前,君士坦丁三世与格里高丽亚的婚姻便不再是众人非议的焦点。630 年 11 月 7 日,格里高丽亚产下长子康斯坦斯二世。④ 随后不久,次子塞奥多西出生。此外,两人还育有一个女儿曼娅,后来作为政治联姻的牺牲品被嫁给了萨珊波斯的最后一位国王耶济德三世。

　　关于君士坦丁三世与其父共治时期的经历,史料记载极为匮乏,少量记载大多提到的是 641 年前后有关君士坦丁三世的历史。根据尼基弗鲁斯的叙述,君士坦丁三世上台后不久,皇家司库费拉格里乌斯(Philagrius)曾告诉他,老皇帝伊拉克略曾为玛蒂娜皇后设立了一个秘密的资金库,以免她被继子(即君士坦丁三世)逐出皇宫后无所依靠,这个小金库由君士坦丁堡牧首皮尔胡斯(Pyrrhus,? —654 年在位)管理。⑤ 君士坦丁三世于是胁迫皮尔胡斯交出小金库,并将其用于支付春季的军饷。

　　伊拉克略患浮肿病后,曾在遗嘱中宣布,自己两个同父异母的儿子共同分享帝国权力。⑥ 并且,为了确保玛蒂娜能够在一定程度上直接干预国家事务,伊拉克略在遗嘱中还进一步声明,她应被视为两位继任皇帝共同的"母亲和皇后"。⑦ 641 年,伊拉克略病逝,君士坦丁三世当时 28 岁,君士坦丁三世同父异母的弟弟伊拉克洛纳斯 15 岁。随后,玛蒂娜召集君士坦丁堡牧首皮尔胡斯、宫廷高

---

① Theophanes, *The Chronicle of Theophanes Confessor*, p. 430.

② Nikephoros, *Nikephoros Patriarch of Constantinople Short History*, p. 155.

③ Nikephoros, *Nikephoros Patriarch of Constantinople Short History*, p. 45.

④ Theophanes, *The Chronicle of Theophanes Confessor*, p. 465.

⑤ Nikephoros, *Nikephoros Patriarch of Constantinople Short History*, p. 79.

⑥ Nikephoros, *Nikephoros Patriarch of Constantinople Short History*, p. 77.

⑦ [南]乔治·奥斯特洛格尔斯基:《拜占廷帝国》,第 89 页。Nikephoros, *Nikephoros Patriarch of Constantinople Short History*, p. 77.

官和民众,公开了伊拉克略的遗嘱。① 由于伊拉克略试图在遗嘱中确立玛蒂娜在拜占庭帝国的至高地位,因此,上至权势显赫的元老院贵族、军事将领以及教会领袖,下至目不识丁的普通民众,都表示强烈反对。他们并非反对伊拉克略遗嘱的所有内容,而是反对玛蒂娜参与甚至决定国家事务,并且拒绝服从她。根据尼基弗鲁斯的叙述,反对者曾对玛蒂娜叫喊:"你只是两位皇帝的母亲,而不是我们的皇帝和主子!"②在持极端意见的反对者看来,伊拉克洛纳斯是乱伦婚姻的产物,不具有合法性,只能算是私生子,因此不应该让伊拉克洛纳斯与君士坦丁三世共治,而应由君士坦丁三世与他当时已经11岁的长子康斯坦斯二世来共治,以此维护长子继承制的传统。除此以外,反对者还直接提出,玛蒂娜不能代表拜占庭帝国,尤其是在涉及外交事务时。面对众多反对意见,玛蒂娜表面上表示顺从民意,但并没有放弃暗中较量,与君士坦丁三世之间的矛盾和对立日益激化。随着统治者之间的分道扬镳,民众也因为支持不同政治派别而出现分化,相互敌视。由此,宫廷内斗贯穿了君士坦丁三世短暂的政治生涯。

君士坦丁三世是伊拉克略第一段合法婚姻的长子,更具有担任拜占庭帝国皇帝的合法性,支持者较多,但他身体羸弱,难以执掌大权。支持者一方面担心君士坦丁三世可能活不长久,另一方面也担心玛蒂娜和伊拉克洛纳斯联合起来对付君士坦丁三世。因此,君士坦丁三世上台后,皇家司库费拉格里乌斯疑惧玛蒂娜会加害君士坦丁三世,于是建议后者写信给军队,告诉他们自己已经奄奄一息,要求军队协助保护他的子女。③ 君士坦丁三世欣然采纳了这条建议,并拨款200多万索里达金币给费拉格里乌斯手下的将军——瓦伦提乌斯,让其分发给军队的士兵,说服他们在自己去世后抗击玛蒂娜及其子女④,并确保自己的男嗣能够获得皇位继承权。该事件的后续进展不得而知,由于君士坦丁三世很快于当年病逝,尼基弗鲁斯关于君士坦丁三世在位的记载遂戛然而止。

值得一提的是君士坦丁三世的死因。几种主要的史料都提及君士坦丁三世

---

① Nikephoros, *Nikephoros Patriarch of Constantinople Short History*, p. 77.
② Nikephoros, *Nikephoros Patriarch of Constantinople Short History*, pp. 77 – 79.
③ Nikephoros, *Nikephoros Patriarch of Constantinople Short History*, p. 79.
④ Nikephoros, *Nikephoros Patriarch of Constantinople Short History*, p. 79.

死于玛蒂娜及其子伊拉克洛纳斯之手,有的甚至明确指出玛蒂娜下毒杀害了君士坦丁三世,此后继位的康斯坦斯二世也是这样宣称的。[1] 有的记载则模糊认为君士坦丁三世是死于非命,如塞贝奥斯就言简意赅地指出君士坦丁三世死于伊拉克略之妻玛蒂娜的阴谋。[2]

　　自613年担任共治皇帝,到641年5月去世,英年早逝的君士坦丁三世作为共治皇帝在位28年,作为掌握实权的皇帝仅在位三个多月,成为拜占庭帝国历史上在位时间最短的统治者。由于罹患在当时难以治愈的肺结核,正式当政后的君士坦丁三世已经病入膏肓奄奄一息,在政治领域几乎没有作为,只在史料中(《塞贝奥斯编年史》)留有如下一丝痕迹:君士坦丁三世上台后曾任命瓦伦提乌斯为军队将军,并派其率领军队前往帝国东部。[3] 原本已经非常脆弱的帝国内外部状况没有得到改善。一方面,帝国尚未从波斯战争造成的巨大破坏中恢复,政治秩序混乱不堪,国库也几近亏空。另一方面,随着穆斯林的对外扩张,帝国在叙利亚、巴勒斯坦、两河流域的部分领土以及埃及的大部分领土都先后被阿拉伯人夺走。君士坦丁三世病逝后,其同父异母的弟弟伊拉克洛纳斯接管拜占庭帝国成为唯一的皇帝,但此时的帝国无论在内政还是外交方面都面临着巨大挑战。

第三节

伊拉克洛纳斯（Heraklonas）

641 年在位

　　伊拉克洛纳斯(Heraklonas, Ἡρακλωνᾶς,生于626年5月3日,卒于641年9月或10月,享年15岁)是伊拉克略王朝第三位皇帝,自641年5月至9月或10月在位,共四个多月。

---

① Theophanes, *The Chronicle of Theophanes Confessor*, p. 475.
② Sebeos, *History*, *Sources of the Armenian Tradition*, p. 133.
③ Sebeos, *History*, *Sources of the Armenian Tradition*, p. 133.

伊拉克洛纳斯全名弗拉维乌斯·康斯坦提乌斯·伊拉克略(Flavius Constantius Heraclius),又被称为伊拉克略二世,生于君士坦丁堡,卒于帝国皇宫。伊拉克洛纳斯是伊拉克略一世与第二任妻子玛蒂娜之子,与君士坦丁三世是同父异母的兄弟。641 年 2 月 11 日至同年 5 月,伊拉克洛纳斯与君士坦丁三世同为共治皇帝。当年 5 月,君士坦丁三世因肺结核去世,伊拉克洛纳斯在母亲玛蒂娜的摄政下当政。[1] 但上台后不足数月,伊拉克洛纳斯就被亚美尼亚将军瓦伦提乌斯推翻,遭到流放,皇位由君士坦丁三世之子康斯坦斯二世继承。

关于伊拉克洛纳斯的早期生平,主要的几种史料几乎都没有提及,存世的资料中记载较多的是 641 年伊拉克洛纳斯上台后的简短历史。伊拉克略一世去世前,曾在遗嘱中提到,自己死后皇位应该由两个儿子共同继承,并指出自己的第二任妻子玛蒂娜应该被所有臣民尊称为"母皇后",享有至高的政治地位。[2] 641 年 2 月伊拉克略因病去世后,玛蒂娜皇后随即公开了伊拉克略的遗嘱,面对帝国上下朝野内外的一致反对,玛蒂娜未作回应,退居幕后,由自己的儿子伊拉克洛纳斯与君士坦丁三世共治。当年 5 月,君士坦丁三世死于肺结核,15 岁的伊拉克洛纳斯随之成为帝国唯一的皇帝。但伊拉克洛纳斯年纪尚小,玛蒂娜遂行摄政,掌握帝国的军政实权。

伊拉克洛纳斯继任拜占庭帝国皇帝似乎理所当然,但遭到民众尤其是君士坦丁三世支持者的反对。君士坦丁堡臣民此前就普遍认为,玛蒂娜嫁给自己的叔叔伊拉克略是乱伦和不合情理的,伊拉克洛纳斯只能算是私生子。再者,按照罗马拜占庭帝国的传统,王位通常不应由哥哥传给自己的弟弟,而是遵照长子继承制由父亲传给自己的儿子。[3] 当时,已故的君士坦丁三世留下一位男嗣——康斯坦斯二世,时年 11 岁,只比 15 岁的伊拉克洛纳斯小 4 岁。基于此,此前支持君士坦丁三世的民众转而支持其子康斯坦斯二世。这里,自君士坦丁一世开始的血亲继承皇权发挥重要作用,而父死子继这一拜占庭帝国最高权位传承的主要方式压倒了兄终弟及的次要方式,得到民众的普遍拥护,特别是在外戚集团专权引发不满、

① Theophanes, *The Chronicle of Theophanes Confessor*, p. 474.

② Nikephoros, *Nikephoros Patriarch of Constantinople Short History*, p. 77.

③ [英]西里尔·曼戈主编:《牛津拜占庭史》,第 180 页。

军事贵族和元老贵族反对皇后的情况下，更成为推翻伊拉克洛纳斯的借口。他们不仅编造了体弱多病的君士坦丁三世死于皇后投毒的谣言，还煽动民众要求康斯坦斯二世取代伊拉克洛纳斯为皇帝。

君士坦丁三世罹患肺结核病逝后，其追随者和支持者散布谣言称，为了让伊拉克洛纳斯掌权，玛蒂娜曾勾结当时的君士坦丁堡牧首皮尔胡斯，下毒杀害君士坦丁三世。[①] 伊拉克洛纳斯和玛蒂娜皇后迫于压力，不仅将瓦伦提乌斯所拥立的康斯坦斯二世加冕成为共治皇帝，还加派重兵看护康斯坦斯二世，名为保护皇帝的安全，并声称将其视如己出，实则将他严密看守起来。根据尼基弗鲁斯的叙述，伊拉克洛纳斯还当着皮尔胡斯的面，将手放在十字架上，郑重宣誓称康斯坦斯二世不会受到来自他或其他人的伤害，并趁机指摘瓦伦提乌斯有意谋反。[②] 然而，此举并没有收到实效，帝国上下仍然普遍支持康斯坦斯二世。外戚集团的专横促使元老贵族与军事贵族联手，争夺皇权的斗争趋于白热化。

面对动荡的政局，摄政后的玛蒂娜为保护伊拉克洛纳斯的皇位，着手清除君士坦丁三世的支持者，将他们予以驱逐和流放，首当其冲的是将在君士坦丁三世时期受到重用的皇家司库费拉格里乌斯削职，强制出家，剃去头发，流放到塞皮塔（Septai）要塞，费拉格里乌斯的朋友和奴仆也遭到了鞭笞和其他刑罚。[③] 听闻费拉格里乌斯遭到清洗的消息时，曾经支持君士坦丁三世的亚美尼亚将军瓦伦提乌斯率领军队进入京都，决定按照君士坦丁三世的要求[④]，协助其子康斯坦斯二世上台，确保他能够获得皇位继承权。641 年 8 月，瓦伦提乌斯率领军队开赴卡尔西顿，准备讨伐玛蒂娜和伊拉克洛纳斯，同时，他还将自己的女儿嫁给了 11 岁的康斯坦斯二世，以巩固双方的联盟。

对伊拉克洛纳斯统治更加不利的消息是，此前已被废弃的一志论教派死灰复

---

① 大多数学者倾向于认为，君士坦丁三世是因病自然死亡，见 Theophanes，*The Chronicle of Theophanes Confessor*，pp. 461 – 474。

② Nikephoros，*Nikephoros Patriarch of Constantinople Short History*，p. 81.

③ Nikephoros，*Nikephoros Patriarch of Constantinople Short History*，p. 81.

④ 君士坦丁三世生前曾拨款 200 多万索里达金币，将其交给瓦伦提乌斯，让其分发给军队的士兵，说服他们在自己去世后抗击玛蒂娜及其子女，见 Nikephoros，*Nikephoros Patriarch of Constantinople Short History*，p. 79。

燃。638 年 12 月,牧首塞尔吉乌斯去世,皮尔胡斯随即升任君士坦丁堡牧首。[1] 到伊拉克洛纳斯上台时,皮尔胡斯已经掌握了极大的宗教权力。这位信奉基督一志论思想的牧首并没有遵循君士坦丁三世放弃一志论的政策,反而计划重新在帝国范围内推行一志论教义。在该政策的支持下,此前的埃及主教希鲁斯得以重新掌管亚历山大里亚教区的世俗和宗教权力。此前已经式微的一志论派重新抬头,引发以正统派为主的民众的极大恐慌和不满,加剧了伊拉克洛纳斯统治的不稳定性。

当伊拉克洛纳斯与康斯坦斯二世的拥护者相互较量进行政治角逐的时候,阿拉伯人对拜占庭帝国的侵扰仍然有增无减。伊拉克略一世统治末期,阿拉伯人进入快速对外扩张的阶段,经过哈里发的几次远征,穆斯林吞并了拜占庭帝国的大片领土,叙利亚、巴勒斯坦等东部地区失陷后,埃及等北非地区也相继不保。伊拉克略曾派遣巴尔克纳的约翰(John of Barkaina)前往埃及抗击阿拉伯人。[2] 在约翰率领的拜占庭军队的顽强抵抗下,阿拉伯人一度受阻,无法越过尼罗河。随后,战争失利的阿拉伯人被迫请求哈里发派遣军队支援。当时,伊拉克略的兄弟塞奥多利正屯兵在埃及的巴比伦要塞(Babylon Fortress),于是受到伊拉克略的派遣,代替约翰与阿拉伯人周旋。640 年夏天,增援后的阿拉伯人兵力一度达到一万多人,先是击败了塞奥多利的军队,尔后又围剿了拜占庭帝国的众多军事要塞。在危急形势下,继任的君士坦丁三世任命瓦伦提乌斯为东部军队的指挥官,镇守埃及沿海的防线。此后,玛蒂娜遵从君士坦丁三世提出的军事计划,召集亚历山大里亚的希鲁斯,任命其为埃及行省总督,并将驻扎在色雷斯的军队派往君士坦丁堡。然而,巴比伦要塞最后主动向阿拉伯人投降,放任后者围攻亚历山大里亚。

当时的形势对伊拉克洛纳斯而言非常危急,既要处理阿拉伯人入侵的问题,同时还要对付随时准备发动政变的瓦伦提乌斯。此前,玛蒂娜将瓦伦提乌斯的上司费拉格里乌斯流放到非洲,此举使得伊拉克洛纳斯和玛蒂娜在军队中失去人心。此后,玛蒂娜的处境越发艰难,于是将费拉格里乌斯从非洲召回,并授予瓦伦

---

[1] Theophanes, *The Chronicle of Theophanes Confessor*, p. 461.

[2] Nikephoros, *Nikephoros Patriarch of Constantinople Short History*, p. 71.

提乌斯以野战军伯爵(comes excubitorum)的头衔①,希望得到后者的效忠。但此举并没有成功收买瓦伦提乌斯,因为后者早就有自己的政治野心,不想绑在皇后的战车上,而是乘皇室内乱之机,实现篡位计划。

　　641 年 9—10 月,瓦伦提乌斯率领军队进入首都君士坦丁堡,在元老院的支持下将伊拉克洛纳斯和玛蒂娜免职,拥立康斯坦斯二世为帝国皇帝。② 不愿杀害皇后和儿皇帝的瓦伦提乌斯削去了伊拉克洛纳斯的鼻子,使得肢体不全的被废皇帝无东山再起的可能,随后将其流放到了罗德岛。③ 与此同时,瓦伦提乌斯割去玛蒂娜的舌头,将其与伊拉克洛纳斯一同流放到罗德岛。④ 后世普遍认为,遭到流放后的伊拉克洛纳斯于当年去世,也有人认为伊拉克洛纳斯死于 642 年前后。值得一提的是,这是削鼻的惩罚措施首次在拜占庭帝国争夺皇权斗争中使用,意味着受刑者身体已经残缺,再也不能担任公职(包括皇帝)。644 年,当瓦伦提乌斯企图获得与康斯坦斯二世共治皇帝称号时,忠实于合法皇帝的暴民便杀死了这个篡位将军。⑤

　　自 641 年 5 月至当年 9 月或 10 月,伊拉克洛纳斯共在位四个多月,且由于上任时年纪尚幼,并未掌握实权,由其母亲玛蒂娜代为摄政,因此在内政与外交方面几乎没有作为便匆匆退出拜占庭帝国的历史舞台。伊拉克洛纳斯生不逢佳境,由于父母近亲结婚,受到民众的质疑和反对,年少时便不幸被牵扯进复杂残酷的宫廷斗争,无辜连带受到中伤,尤其母亲玛蒂娜被指责为毒害君士坦丁三世的凶手后⑥,更失去了民众的支持。在这样的政治大势下,军队将领瓦伦提乌斯趁机发动政变,扶植康斯坦斯二世,将伊拉克洛纳斯的统治推翻,并将其削鼻后流放到罗德岛。至此,伊拉克洛纳斯沦为宫廷政治斗争的牺牲品,最终亡命他乡,成为拜占庭帝国历史上颇具悲剧色彩且在位仅数月的统治者。

----

① Nikephoros, *Nikephoros Patriarch of Constantinople Short History*, p. 85.

② Sebeos, *History, Sources of the Armenian Tradition*, p. 134.

③ Theophanes, *The Chronicle of Theophanes Confessor*, pp. 461 – 475.

④ 根据塞贝奥斯的叙述,瓦伦提乌斯将玛蒂娜与其两个儿子共同斩杀,见 Sebeos, *History, Sources of the Armenian Tradition*, chapter 32, p. 134。

⑤ [英]西里尔·曼戈主编:《牛津拜占庭史》,第 180 页。

⑥ Sebeos, *History, Sources of the Armenian Tradition*, chapter 32, p. 133.

第四节

康斯坦斯二世（Constans Ⅱ）

641—668 年在位

　　康斯坦斯二世（Constans Ⅱ，Κώνστας Β'，生于 630 年 11 月 7 日，卒于 668 年 9 月 15 日，享年 38 岁）是伊拉克略王朝第四位皇帝，641 年 9 月至 668 年 9 月在位，共 27 年。

　　康斯坦斯二世全名伊拉克略·康斯坦提乌斯（Heraclius Constantius），受洗时的教名是伊拉克略，但加冕时使用的名字是君士坦丁，民众称其为康斯坦斯。由于他喜欢留浓密的胡须，因此又被称为"大胡子君士坦丁"。康斯坦斯二世的父亲是君士坦丁三世，母亲是格里高丽亚，妻子是瓦伦提乌斯的女儿福斯塔。康斯坦斯二世与福斯塔婚后共育有三子：长子君士坦丁四世，后继承皇位；次子伊拉克略，曾在 659—681 年间担任共治皇帝；幼子提比略，曾在 659—681 年间担任共治皇帝。康斯坦斯二世的前任皇帝是伊拉克洛纳斯，继任者是君士坦丁四世。654—668 年与君士坦丁四世共治。668 年，康斯坦斯二世在西西里的叙拉古被刺杀。[①]

　　641 年 5 月，君士坦丁三世去世后，当时拥护康斯坦斯二世的人相信伊拉克洛纳斯和玛蒂娜合谋毒杀了君士坦丁三世。[②] 此后，在元老院和瓦伦提乌斯的施压下，伊拉克洛纳斯任命君士坦丁三世之子康斯坦斯二世为共治皇帝。很快，伊拉克洛纳斯被瓦伦提乌斯将军废黜和流放，康斯坦斯二世成为拜占庭帝国唯一的皇帝。康斯坦斯二世之所以能够上台，不但得益于民众对其叔叔伊拉克洛纳斯的反感，而且离不开瓦伦提乌斯将军领导下的士兵的拥戴。但由于他登基时年纪过于幼小（11 岁），元老院在康斯坦斯二世的早期政治生涯中发挥了重要作用。当时的元老院充当着皇帝的顾问和最高法院，对皇帝的决策有着巨大的影响。这种

---

① Theophanes, *The Chronicle of Theophanes Confessor*, p. 490.

② Theophanes, *The Chronicle of Theophanes Confessor*, p. 474; Sebeos, *History, Sources of the Armenian Tradition*, chapter 32, p. 133.

影响从康斯坦斯二世的一次公开演讲中能略窥一二。根据塞奥法尼斯的叙述,当时这位小皇帝宣称,玛蒂娜和伊拉克洛纳斯是杀害自己父亲君士坦丁三世的凶手①,他们是被"上帝眷顾的元老院判决"废黜的,因为"以其大慈大悲著称的"元老们"是不能容忍拜占庭帝国中的非法行为"。他进而祈祷元老们成为"未来的顾问和臣民共有美德及良好愿望的执行人"②。

上台之初的康斯坦斯二世在君士坦丁堡牧首保罗二世(Paul Ⅱ,641—653年在位)③的摄政下统治帝国,但没有人对这位年少的儿皇帝抱多大的信心。没有实权的康斯坦斯二世主要依靠元老院顾问和军队将领们维持帝国的统治秩序。④ 但康斯坦斯二世将近13岁时,便开始将实权掌握在自己的手里,其果敢的当政能力也很快就得到了验证。644年,瓦伦提乌斯纠集3 000名部下试图篡权,却被忠于皇帝的暴民斩首后焚尸⑤,康斯坦斯二世随之将其属下的军队收编归自己指挥⑥。

随着康斯坦斯二世逐渐成熟,他在宫廷内斗中所展现的能力也在不断增强,他的弟弟塞奥多西就不幸沦为了牺牲品。654年复活节,康斯坦斯二世先是将自己的长子——时年才两岁的君士坦丁四世加冕为共治皇帝,五年后,又继续将次子伊拉克略和幼子提比略加冕为共治皇帝,但始终未曾考虑塞奥多西。兄弟共治在当时的拜占庭帝国并不罕见,塞奥多西却一直无缘与自己的哥哥成为共治皇帝。不仅如此,康斯坦斯二世还在660年强迫塞奥多西堕入空门,成为基督教修道士,一方面继续无视他的共治权利,另一方面却越来越担心他会篡夺王位,而这最终导致塞奥多西被杀身亡。这场宫廷内争招致民众的极大不满,康斯坦斯二世的统治渐失人心,这也为他后来被刺杀埋下了伏笔。事实上,他眼见上一辈人发生的皇宫内讧惨剧,希望通过清除儿子们继承皇权的障碍来确保王朝延续,但因

① Theophanes, *The Chronicle of Theophanes Confessor*, p. 475.

② [南]乔治·奥斯特洛格尔斯基:《拜占廷帝国》,第90页。Theophanes, *The Chronicle of Theophanes Confessor*, p. 475.

③ 保罗曾是教会的牧师,后在641年接替皮尔胡斯,担任君士坦丁堡牧首,见 Nikephoros, *Nikephoros Patriarch of Constantinople Short History*, p. 85.

④ [英]西里尔·曼戈主编:《牛津拜占庭史》,第182页。

⑤ Sebeos, *History, Sources of the Armenian Tradition*, chapter 32, p. 137.

⑥ Theophanes, *The Chronicle of Theophanes Confessor*, p. 476.

行动过于血腥而最终招来杀身之祸。

建立和巩固军区制与其他行政改革是康斯坦斯二世在内政方面取得的主要成果,这首先表现在他对中央官僚机构的改革和重组上。自伊拉克略统治开始,省区逐渐变革为军区,很多旧的官职也随之被撤销,例如曾经负责管理荒地的地产圣库伯爵(*Comes rei privatae*)就被裁撤,有些官职的权力则被逐步架空,只留下名誉性的头衔,具有代表性的就是执事官(*Magister officiorum*)一职。① 这一时期,在军区制当中比较重要的官职主要有三种,都称为重臣(Logothetes):邮驿重臣(Postal Logothetes)除了负责邮政事务,还负责外交关系和内政安全;总务重臣(General Logothetes)负责税收;军需重臣(Military Logothetes),是军队供给的负责人。② 军区制度的推广和发展减轻了帝国的财政负担尤其是军费负担,但与此同时,驻扎在军区的将士也由于土地收益增长,不再单纯依赖政府提供的军饷,因此,对帝国的忠诚度打了折扣,他们一旦对帝国政策不满,便起而反抗。尽管康斯坦斯二世并不愿意看到事态沿着这样的方向发展,但随着军役土地制度的扩展,帝国几大军区的地方权力也在不断膨胀,他很快就见识到了军区制的负面影响。

康斯坦斯二世上台后,王朝的开创者——伊拉克略时代遗留的正统派和基督一志论派之间的矛盾问题仍然困扰着北非和意大利等地。其中,北非的宗教状况尤为复杂。此前,阿拉伯人入侵埃及,当地的一志论派民众由于憎恨拜占庭帝国而投诚阿拉伯人,曾给拜占庭帝国带来严重的政治和军事后果。不仅如此,很多正统派教徒曾因为基督教会推行一志论而避难于北非地区,"忏悔者"马克西穆斯(Maximus the Confessor)就是其中之一。在他的组织下,北非诸多城市曾联合起来于646年举行了宗教会议,指责一志论派是异端,公开反对帝国当局。但由于没有得到亚历山大里亚教区大主教彼得(Peter)的支持,马克西穆斯随后转而前往罗马。宗教领域的争议引发了政治领域的动乱,当时的北非总督格里高利(Gregory)甚至在基督教民众和土著柏柏尔人的支持下发动起义③,并一度自立为帝,后在抵御阿拉伯人入侵的过程中阵亡。

---

① [英]西里尔·曼戈主编:《牛津拜占庭史》,第202页。
② [英]西里尔·曼戈主编:《牛津拜占庭史》,第203页。
③ Theophanes, *The Chronicle of Theophanes Confessor*, p. 477.

面对北非错综复杂的宗教局势,康斯坦斯二世决定平息基督教正统派和一志论派的争论,不再实施宗教迫害政策,并于648年颁布《信仰模式法令》(*Type of Constans*)。该法令禁止教会和民众公开讨论耶稣基督的性质,违者处罚,并要求圣索菲亚大教堂撤除此前的基督一志论法规。然而,此项法令治标不治本,带有明显的政治目的,旨在压制两大教派之间的表面争论,并没有消除矛盾的根源。实质上,正统派和一志论派之间深层的分歧与矛盾并没有得到解决,反而在帝国的打压下继续发酵。

意大利的宗教形势不比北非明朗,加上北非教士马克西穆斯的到来,罗马成为新的宗教冲突聚集地。649年,罗马教宗塞奥多利一世(Theodore Ⅰ,642—649年在位)去世,当年7月1日,马丁一世(Martin Ⅰ,649—653年在位)在未得到当地总督许可的前提下担任罗马教宗。上任后不久,马丁与非洲教士马克西穆斯共同召集了150位东西部主教[1],于同年10月在圣救世主教堂召开了一场规模较大的宗教会议,即拉特兰会议(Lateran Councils)。此次会议在位于西部的罗马召开,参会人员也以罗马各地的主教为主,但会议仍然遵循了东部教会的传统。会议期间,以马丁为首的主教们公开宣称耶稣基督具有两种意志和两种能量[2],不仅对基督教一志论大肆谴责,否定伊拉克略时期颁布的《基督一志论法令》和一年前康斯坦斯二世颁布的《信仰模式法令》,还指责康斯坦斯二世禁止讨论基督性质的宗教政策。由于此前的教义分歧,这次会议还宣布革除君士坦丁堡前任牧首塞尔吉乌斯、皮尔胡斯以及保罗二世的教籍。由此可见,拉特兰会议带有浓厚的东、西教会斗争的色彩。会议结束后,马丁教宗还向所有东、西部教会以及康斯坦斯二世寄送了关于会议内容的信件。

马丁此举引发康斯坦斯二世的强烈不满,后者迅速派出拉文纳总督奥林匹乌斯(Olympius)前往罗马,逮捕这位非法上任的教宗,并要求所有意大利的教会主教对自己之前颁布的《信仰模式法令》进行签字认可。奥林匹乌斯很快到达罗马,但由于形势复杂,难以执行逮捕马丁的任务。相反,他试图利用罗马人反对康斯坦斯二世的情绪,顺应形势,推动罗马脱离拜占庭帝国皇帝的控制,从而实现自

---

① Theophanes, *The Chronicle of Theophanes Confessor*, p. 462.

② Theophanes, *The Chronicle of Theophanes Confessor*, p. 462.

己统治意大利的政治目标。① 然而,这一目标未来得及实现,奥林匹乌斯就于 652 年去世。653 年,奥林匹乌斯的继任者塞奥多拉·卡里奥帕斯（Theodore Calliopas）将康斯坦斯二世的任务付诸实践,逮捕了马丁一世。6 月 15 日,卡里奥帕斯将正患重病的马丁从罗马押往君士坦丁堡。当年年底,经过君士坦丁堡元老院的审问,马丁与已故的奥林匹乌斯被一并清算,定为叛国罪。据称,马丁在审判期间,曾试图以宗教立场将审判官的焦点引向《信仰模式法令》的讨论,但未能成功,原本的宗教冲突问题被打上了排除异己的政治烙印。后经康斯坦斯二世的裁决,死刑改为流放。最终被流放到克尔松（Cherson）的马丁于 656 年 4 月病逝。与此同时,康斯坦斯二世也对很多西部教会的主教施加了不同程度的惩罚。② 解决马丁教宗的问题后,康斯坦斯二世遂着手处理非洲教士马克西穆斯的问题。658 年前后,马克西穆斯及其两个同名为阿纳斯塔修斯（Anastasius）的门徒依然在为自己的信仰进行辩护,康斯坦斯二世在试图改变其信仰无果后,割去马克西穆斯的舌头,砍去他的右手,将其流放到克里玛塔（Climata）,他的两位门徒直到 662 年才在君士坦丁堡接受惩罚,后被流放到拉齐卡。③

除了复杂的宗教事务,在外交方面,阿拉伯帝国的持续扩张依然是康斯坦斯二世统治时期面临的棘手问题。玛蒂娜摄政时期,曾要求亚历山大里亚主教希鲁斯与入侵的阿拉伯人进行谈判,签订了协议。根据协议,拜占庭人需要暂时撤出埃及。642 年 9 月 12 日,康斯坦斯二世履行协议,将军队从埃及撤出,并通过海路回到罗德岛。与此同时,十几天后,穆斯林将领阿穆尔（Amr）率领军队进入亚历山大里亚,宣告阿拉伯人的势力已经扩张到了北非沿海。同年,围攻凯撒里亚长达七年后,阿拉伯人终于在穆阿维叶（Mu'awiya Ⅰ,约 606—680 年）的率领下夺取该城,并大肆屠杀城内长期抵抗的居民 7 000 余人。④ 与此同时,其他阿拉伯军队也在大肆进攻地中海沿岸地区和爱琴海（Aegean）诸岛屿。

---

① ［南］乔治·奥斯特洛格尔斯基:《拜占廷帝国》,第 93 页。

② Theophanes, *The Chronicle of Theophanes Confessor*, pp. 462 - 484.

③ Theophanes, *The Chronicle of Theophanes Confessor*, pp. 462 - 484.

④ Theophanes, *The Chronicle of Theophanes Confessor*, p. 475.

644 年,欧麦尔被刺杀身亡,新任哈里发奥斯曼(Uthman,574—656 年)上台[①],召回驻守在亚历山大里亚的阿穆尔,此举为拜占庭人的反击创造了机会。645 年,康斯坦斯二世得知阿穆尔撤走,遂派遣海军上将曼努埃尔(Manuel)率领舰队偷袭阿拉伯人,成功收复了亚历山大里亚。此后,哈里发奥斯曼再次派出阿穆尔,在尼基乌(Nikius)打败曼努埃尔,于 646 年夺回亚历山大里亚。由于当时的北非地区仍然存在基督教一志论之争,形势进一步恶化。当时持一志论思想的埃及总督便雅悯(Benyamin)明确表示不服从正统派拜占庭帝国的统治,却对阿拉伯人的到来表示欢迎,于是率领民众投降,将埃及拱手让与阿拉伯军队。自此以后,曾经作为帝国粮仓的埃及永久落入穆斯林之手,直至今日,当地仍然是穆斯林的天下。

富有远见的穆阿维叶势力进一步壮大后,开始组建阿拉伯人的海上力量。很快,阿拉伯舰队就建成出航,于 649 年发起对克里特岛(Crete)的远征。随后,穆阿维叶依靠由 1 700 支船只组成的庞大海军占领了拜占庭帝国在地中海的重要战略基地——塞浦路斯(Cyprus)以及康斯坦提亚[②],沉重地打击了拜占庭帝国的海上力量。650—651 年间,阿拉伯人入侵西里西亚(Cilicia)和伊苏里亚(Isauria)[③],并在伊苏里亚当地掳走 5 000 人。[④] 迫于压力的康斯坦斯二世担心遭到阿拉伯人的进一步攻击,不得不派出普罗柯比(Procopius)作为使节,前往大马士革与穆阿维叶会面,协商休战。[⑤] 最终,在拜占庭帝国付出巨大的代价后,双方达成一个为期两年(一说三年)的停战协议。[⑥] 拜占庭人获得短暂的喘息机会,康斯坦斯二世也得以守住亚美尼亚以西地区。然而,亚美尼亚总督帕萨纳西斯(Pasagnathes)在 652 年发动起义,与穆阿维叶议和。[⑦] 康斯坦斯二世率领大军前

---

① 根据塞奥法尼斯记载,刺杀哈里发欧麦尔的是一位来自波斯的异教徒,被杀时,欧麦尔正在祈祷,见 Theophanes, *The Chronicle of Theophanes Confessor*, p. 477。

② Theophanes, *The Chronicle of Theophanes Confessor*, p. 478.

③ Sebeos, *History, Sources of the Armenian Tradition*, chapter 33, p. 144.

④ Theophanes, *The Chronicle of Theophanes Confessor*, p. 479.

⑤ Sebeos, *History, Sources of the Armenian Tradition*, pp. 144 – 145.

⑥ 三年的说法来自塞贝奥斯,见 Theophanes, *The Chronicle of Theophanes Confessor*, p. 480; Sebeos, *History, Sources of the Armenian Tradition*, p. 158。

⑦ Sebeos, *History, Sources of the Armenian Tradition*, p. 158.

往镇压,但与阿拉伯人一番周旋后未能取胜,遂不得不放弃亚美尼亚,远走卡帕多西亚的凯撒里亚。①

穆阿维叶与康斯坦斯二世的协议失效后,立即于654年重新加快扩张的步伐,占领亚美尼亚后,进入安纳托利亚,洗劫该地区的主要城市,同时以新建的强大舰队劫掠塞浦路斯、罗德和克里特等岛屿。② 阿拉伯军队从陆上和海上形成包围圈,显示出其战略目标是拜占庭帝国的首都君士坦丁堡。面对阿拉伯人的强势入侵,康斯坦斯二世决定发起猛烈的反攻。655年,康斯坦斯二世亲自率领舰队,攻击位于菲利克斯(Phoinix)的穆斯林,双方爆发马斯特之战(Battle of the Masts)。据塞奥法尼斯记载,康斯坦斯二世战前还曾梦见自己身在塞萨洛尼基。释梦者告诉康斯坦斯二世,由于"身在塞萨洛尼基"意为"Give victory to another"(敌人取得胜利),因此这个梦预示着阿拉伯人将会战胜拜占庭人。③ 康斯坦斯二世没有听信,而是全力奋战,但由于在此前的休战时期,穆阿维叶抓住机会强化了阿拉伯舰队,康斯坦斯二世遂不敌对手,在这场战役中失去了近500艘战船,其本人也险些命丧沙场。阿拉伯人击溃了拜占庭帝国的海上力量,致使后者的海军在很长时间内都没能恢复。

正在拜占庭帝国遭遇重创之时,阿拉伯帝国内部开始动荡,为康斯坦斯二世提供了一丝喘息的机会。656年,正在计划进攻君士坦丁堡的第三任哈里发奥斯曼不幸遇刺身亡,阿里(Ali,601—661年)在麦地那继位。阿里的上台遭到穆阿维叶的反对,双方随即爆发内战。661年阿里被刺杀,穆阿维叶在叙利亚自立为哈里发,建立倭马亚王朝(Umayyad dynasty),定都大马士革。④

经过几年的休养生息后,康斯坦斯二世于659年率领军队远赴东部地区,在米底亚(Media)取得了对阿拉伯人的战争的胜利。同一年,由于战争失利,加上阿

---

① 值得注意的是,在罗马—拜占庭统治叙利亚—巴勒斯坦时期,存在多个以凯撒里亚命名的城市,诸如凯撒里亚·菲利皮(Caesarea Philippi,又称 Paneas 或 Banias)、迪奥·凯撒里亚(Diocaesarea,位于加利利湖西侧)、地中海沿岸的凯撒里亚(Caesarea Maritima,罗马—拜占庭帝国巴勒斯坦行省政府所在地),见 Jane DeRose Evans, "Ancient Coins from the Drew Institute of Archaeological Research Excavations of Caesarea Maritima, 1971 - 1984", *The Biblical Archaeologist*, Vol. 58, No. 3 (Sep., 1995), pp. 156 - 166 and 159; Theophanes, *The Chronicle of Theophanes Confessor*, p. 480.

② [英]西里尔·曼戈主编:《牛津拜占史》,第182页。

③ Theophanes, *The Chronicle of Theophanes Confessor*, p. 482.

④ Theophanes, *The Chronicle of Theophanes Confessor*, p. 483.

拉伯帝国内讧激烈,穆阿维叶决定与康斯坦斯二世达成和解,遂派遣使节与拜占庭帝国订立和约,条件是阿拉伯人向拜占庭帝国每天进贡 1 000 块黄金、一匹马和一个奴隶。① 康斯坦斯二世再度获得喘息机会,转而积极筹备对其他国家和地区的战争,巴尔干地区首当其冲。658 年,康斯坦斯二世决定袭击在此前就已占据巴尔干半岛的斯拉夫人,这是自莫里斯时代以后,拜占庭帝国对斯拉夫人发动的第一次大规模作战。② 战争取得了胜利,大批斯拉夫人沦为俘虏,并承认了拜占庭帝国的宗主国地位。史料显示,这次战争之后,小亚细亚地区的拜占庭军队中开始出现斯拉夫人,因此康斯坦斯二世可能曾陆续将一些斯拉夫人重新安置到了东部边防地区。

　　康斯坦斯二世统治末期,几乎处于"半独立状态的"意大利开始受到崛起的伦巴第人的侵扰。③ 662 年前后,康斯坦斯二世深感首都君士坦丁堡处境危险,有被强大的阿拉伯军队攻占的可能,于是产生了离开君士坦丁堡的想法,甚至打算迁都。他留下自己年纪尚幼的长子君士坦丁四世管辖首都,假道雅典前往西西里的叙拉古,这里被定为新首都。④ 他首先到达塞萨洛尼基,作短暂停留后前往雅典,并在当地留居了很长时间,后在罗马、那不勒斯(Naples)等地稍作停留,于 663 年前往塔兰托(Taranto)。由于当时的伦巴第国王格里莫阿德一世(Grimoald Ⅰ)正在和来自纽斯特里亚(Neustria)的法兰克部队交战,无暇顾及,康斯坦斯二世便以此为据点,袭击了伦巴第人的贝内文托公国(Lombard Duchy of Benevento)和卢切拉(Lucera)。面对贝内文托公国的殊死抵抗,加上军队的补给不足,康斯坦斯二世被迫撤兵,退往那不勒斯。然而,在从贝内文托前往那不勒斯的途中,康斯坦斯二世一行在帕格纳(Pugna)附近被卡普亚伯爵(Count of Capua)率领的军队击败。祸不单行,康斯坦斯二世曾派遣军队指挥官萨布鲁斯(Saburrus)袭击伦巴第人,后者却在福利诺(Forino)同样被击败。⑤

　　在那不勒斯短暂停留后,康斯坦斯二世怀揣伸张皇权的政治目的前往罗马。

---

① Theophanes, *The Chronicle of Theophanes Confessor*, pp. 484 – 503.

② [南]乔治·奥斯特洛格尔斯基:《拜占廷帝国》,第 91 页。

③ [英]西里尔·曼戈主编:《牛津拜占庭史》,第 180 页。

④ Theophanes, *The Chronicle of Theophanes Confessor*, p. 486.

⑤ 位于阿韦利诺(Avellino)和萨勒诺(Salerno)之间。

663 年 7 月初,康斯坦斯二世到达罗马,受到罗马新主教维塔利安(Vitalian,657—672 年在位)和民众的热烈欢迎。康斯坦斯二世由此成为自 5 世纪末西部帝国灭亡后第一位踏足罗马的拜占庭皇帝。留居罗马期间,康斯坦斯二世虽和维塔利安主教保持表面上的友好,但不客气地将多神教神殿内的装饰物和器物席卷一空,全部运到君士坦丁堡。666 年,康斯坦斯二世还宣布罗马主教无权管辖拉文纳主教,试图削弱维塔利安的宗教权力。随后,康斯坦斯二世前往卡拉布里亚(Calabria)和撒丁(Sardinia),要求意大利臣民向自己进贡,进一步实施独裁和剥削政策。

康斯坦斯二世的一系列行径,即其兄弟塞奥多利被杀、马丁主教和"忏悔者"马克西穆斯被施以残酷惩罚、剥夺正统派信徒的财产以及与罗马教会交恶等残暴统治,最终激怒了拜占庭帝国的民众。[1] 668 年 9 月 15 日,一位叫作安德鲁(Andrew)的内宫护卫趁康斯坦斯二世沐浴时,将其刺杀在浴池中[2],其遗体运回君士坦丁堡安葬在圣使徒教堂(the Church of the Holy Apostles)。康斯坦斯二世死后,曾参与这场谋杀的亚美尼亚家族联合其他民众,将亚美尼亚人梅兹祖斯(Mezezius)拥立为拜占庭帝国皇帝[3],但在 669 年初遭到君士坦丁四世和拉文纳总督的镇压,梅兹祖斯被处死。康斯坦斯二世死后,皇位由其子君士坦丁四世继承。[4]

值得一提的是,康斯坦斯二世时期,拜占庭帝国开始与古代中国建立起良好的文化交流关系。例如,《旧唐书》和《新唐书》记载,7 世纪的拂菻(即拜占庭帝国)曾多次派出使节,与大唐交好。经过考证,此事源于 643 年康斯坦斯二世向唐太宗派出使节,当时的使节随身携带着红玻璃和绿宝石。相关专题研究请见本书有关章节。

自 641 年 9 月在瓦伦提乌斯的扶持下上台,至 668 年 9 月被刺杀在浴池中,康斯坦斯二世共在位 27 年。这一时期正是阿拉伯帝国对外扩张的重要时期,康斯坦斯二世在拜占庭帝国历史发展中发挥的特殊作用在于,他执掌皇权后,多次率

---

① Theophanes, *The Chronicle of Theophanes Confessor*, pp. 490 - 491.

② 刺杀事件发生在西西里的叙拉古,见 Theophanes, *The Chronicle of Theophanes Confessor*, p. 491。

③ 后世学者根据梅兹祖斯被拥立为帝的记载,推断其是刺杀康斯坦斯二世的幕后凶手,见陈志强:《拜占庭帝国通史》,第 151 页。

④ Nikephoros, *Nikephoros Patriarch of Constantinople Short History*, p. 85.

军对抗阿拉伯大军扩张势力,凭借帝国军事化的成效一度遏制了穆斯林军队的扩张步伐,并迫使正处于扩张强势阶段的穆斯林军队统帅穆阿维叶签订和约,有力地维护了东地中海世界秩序,保护欧洲腹地免遭外敌蹂躏。就此而言,康斯坦斯二世在维护拜占庭帝国和整个欧洲利益、不致其迅速衰落方面发挥了一定的作用。同时,他在和兄弟塞奥多利爆发的内讧中,率先下手争得主动,并痛下杀手除掉亲兄弟以绝后患,尽管背负了残暴无情的恶名,但在恢复皇权继承秩序方面成效卓著,进而强化了中央集权制国家的正常政治秩序。其不当的税收和宗教政策也许造成康斯坦斯二世渐失人心,最终以遭到刺杀的悲剧在拜占庭帝国的历史舞台上谢幕,但其贡献不可磨灭。

第五节

君士坦丁四世(Constantine Ⅳ)

668—685 年在位

君士坦丁四世(Constantine Ⅳ, Κωνσταντῖνος Δ′,生于 652 年,卒于 685 年 9 月 14 日,享年 33 岁)是伊拉克略王朝第五位皇帝,668 年至 685 年 9 月 14 日在位 17 年。

君士坦丁四世全名弗拉维乌斯·康斯坦提乌斯·奥古斯都(Flavius Constantius Augustus),在古代文献中有"蓄胡者"[1]的别称。652 年,君士坦丁四世生于君士坦丁堡,654 年被加冕为共治皇帝,668 年 9 月 15 日继承拜占庭帝国皇位,685 年 9 月 14 日死于痢疾,年仅 33 岁,皇位由查士丁尼二世继承。654—668 年,君士坦丁四世与父亲康斯坦斯二世共治;659—681 年,与兄弟伊拉克略共治;659—681 年,与兄弟提比略共治;681—685 年与其子查士丁尼二世共治。君士坦丁四世的父亲是康斯坦斯二世,母亲是福斯塔,有两个弟弟——伊拉克略与提比

---

[1] 现代学者认为该别称应该是指康斯坦斯二世,见 A. A. Vasiliev, *History of the Byzantine Empire, 324 - 1453*, p. 141.

略，妻子是阿纳斯塔西娅，两人婚后至少育有两个儿子——查士丁尼二世和伊拉克略。作为康斯坦斯二世的长子，君士坦丁四世从两岁开始就成为共治皇帝。康斯坦斯二世于662年左右离开首都、前往意大利后，君士坦丁堡的事务便由年少的君士坦丁四世掌管。668年，康斯坦斯二世被杀身亡，其时，君士坦丁四世只有16岁，但已经在帝国东部首都掌管军政要务多年了。

据有关史料记载，君士坦丁四世自幼性格坚毅，处事果断，早在与康斯坦斯二世共治时期就已经参与和主管帝国都城的军政事务。[①] 即位后，君士坦丁四世面临的第一项内部挑战就是镇压亚美尼亚将领梅兹祖斯发动的军事叛变。前任皇帝康斯坦斯二世被刺杀后，梅兹祖斯曾被拥立为拜占庭帝国皇帝。[②] 得知消息后，君士坦丁四世率领一支规模庞大的舰队，火速赶往西西里，逮捕僭越的梅兹祖斯，并将其与刺杀父亲的安德鲁一同处决。[③] 在随后的七个月里，君士坦丁四世在主教维塔利安的支持下妥善处置叛乱问题，恢复了拜占庭帝国在西部地区的统治秩序。

康斯坦斯二世统治后期，拜占庭帝国内政不稳，君士坦丁四世上台后便着手整顿朝纲。一方面强化中央集权，整肃文武官员，清除和罢免主和派，提拔和重用主战派，对那些不忠于皇帝的将领和大臣格杀勿论。[④] 另一方面继续解决基督教会内部的分歧和矛盾。这一时期，拜占庭帝国的基督教会仍然处在一志论和正统派之间的分裂和争论当中。680年11月，为了解决伊拉克略时代遗留的问题，并缓和与罗马主教之间的关系，君士坦丁四世召集289位主教召开第六次基督教大公会议（the Sixth Ecumenical Council）[⑤]，这次会议的召开地点在君士坦丁堡，因此又称为第三次君士坦丁堡会议（the Third Council of Constantinople）。第六次基督教大公会议先后共召开了18次大会，从680年11月7日开始，持续到681年9月16日结束。君士坦丁四世在官员的陪同下，亲自主持了开幕式和最后一次闭幕

① 陈志强：《拜占庭帝国通史》，第151页。
② 据记载，梅兹祖斯相貌清秀，是一位仪表堂堂的人物，见 Theophanes, *The Chronicle of Theophanes Confessor*, p. 491。
③ Theophanes, *The Chronicle of Theophanes Confessor*, p. 491.
④ 陈志强：《拜占庭帝国通史》，第151页。
⑤ Theophanes, *The Chronicle of Theophanes Confessor*, p. 500.

式,其间还出席了 11 次大会,参与了会议的大部分议程,但没有积极参与神学
讨论。

　　第六次基督教大公会议旨在结束教会和民众对基督一志论问题的长期讨
论①,因此,会议重申了 451 年卡尔西顿会议(Council of Chalcedon)上确定的正统
派基督教信条,解决了关于一志论的争论。解决的办法就是重申此前被废弃的耶
稣基督具有两种意志的信条②,宣称基督拥有完全的人性和完全的神性,其两种
意志符合其神人两性。③ 这个定义解决了关于基督的正统官方信条中最后一点
模糊不清的问题。④ 会议期间,正统派主教还对一志论派大加斥责,并将这一派
的代表人物诸如前君士坦丁堡牧首塞尔吉乌斯、希鲁斯,罗马教宗霍诺留和皮尔
胡斯等革除教籍。⑤ 长期困扰帝国的基督一志论问题暂时平息,加上这一时期大
部分持一志论思想的基督徒所在地区都先后被阿拉伯帝国征服,君士坦丁四世因
此受到大批正统派的拥护。

　　681 年 9 月,第六次基督教大公会议结束,在闭幕式上,君士坦丁四世签署了
会议决定,受到全体主教们的欢呼:"皇帝万岁! 您恢复了基督神、人两性的正确
含义。主啊,保存了照耀人世的光辉! 君士坦丁啊,新马西安,万寿无疆! 君士坦
丁啊,新查士丁尼,万岁万岁万万岁! 您摧毁了一切异端邪说!"此次基督教大公
会议的重要意义在于确定了基督教的核心信仰,终结了关于耶稣基督性质和意志
的神学讨论。

　　第六次基督教大公会议结束后不久,君士坦丁四世与自己的两个弟弟爆发了
内讧。君士坦丁四世上台之初,其兄弟伊拉克略和提比略就一直担任共治皇
帝⑥,这既是拜占庭帝国的传统,也是民心所向。然而,君士坦丁四世并不希望自
己的权力被两个弟弟分享,于是决定剥夺伊拉克略和提比略的皇帝继承权。681
年,君士坦丁四世着手将两位兄弟的权力架空,并削掉了两位共治皇帝的鼻子,以

① Elizabeth Jeffreys ed. , *The Oxford Handbook of Byzantine Studies*, p. 586.
② [南]乔治·奥斯特洛格尔斯基:《拜占廷帝国》,第 97 页。
③ Elizabeth Jeffreys ed. , *The Oxford Handbook of Byzantine Studies*, p. 586.
④ [英]西里尔·曼戈主编:《牛津拜占庭史》,第 186 页。
⑤ Elizabeth Jeffreys ed. , *The Oxford Handbook of Byzantine Studies*, p. 586.
⑥ Theophanes, *The Chronicle of Theophanes Confessor*, p. 491.

断绝他们当皇帝的念头。与此同时,君士坦丁四世任命自己年幼的儿子——查士丁尼二世担任共治皇帝。[1] 此举遭到元老院和安纳托利亚军队的反对,君士坦丁四世遂将试图劝其改变主意的军区代表予以处决。这场"宫廷政变"最终以君士坦丁四世获胜而告终。由此,君士坦丁四世推动了皇帝血亲世袭的长子继承制度的发展,尽管共治皇帝制度仍然存在,但副皇帝的权力已经遭到极大削弱,主皇帝的权力居于至高地位。事实上,皇帝专制的重要表现在于皇位传承中在位皇帝父系血缘世袭,共治皇帝只是保证皇帝血亲传承的辅助措施,但是在特定时期,这种传统遭到损害,在位皇帝的权力被共治皇帝侵蚀,共治皇帝原本应在在位皇帝死后发挥其"指定继承人"身份和权力,但现在被刻意提前到在位皇帝生前。这就不可避免地发生在位皇帝和共治皇帝之间的矛盾。同时,这种共治皇帝制度本身暗含的制度性缺陷也直接损害了皇位传承中在位皇帝父系血缘世袭的权利,因为当共治皇帝并非其亲生子嗣,就必然存在叔侄、舅甥之间的冲突。而且,如果在位皇帝亲生子嗣出生较晚,则必然存在改立储君的问题。这种涉及国家社稷未来发展的重大问题一定会引发政治动荡。君士坦丁四世这种强势的在位皇帝在处理此类问题上,未雨绸缪,提前解决并非错误,只是他的手段过于残忍。

　　在外交方面,这一时期帝国东部地区仍然麻烦重重,阿拉伯人的入侵步伐从未停止。康斯坦斯二世统治末期忙于处理巴尔干、意大利以及北非等地区的军事问题,一度无暇顾及东部的阿拉伯人。穆阿维叶平息国家内乱后,便再度将对外扩张提上日程,发动对拜占庭帝国的猛烈攻势。君士坦丁四世一上台就发现阿拉伯将领哈勒布(Chaleb)正在率领舰队侵犯拜占庭帝国,于是派遣一支强大的海军应战。[2] 663 年,穆斯林再次染指小亚细亚,将俘虏的当地居民卖为奴隶,并将所到之处洗劫一空。早在 7 世纪 50 年代,阿拉伯人在穆阿维叶的带领下,就完成了对塞浦路斯、罗德岛等地中海岛屿的占领。重启对外战争后,穆阿维叶又占领了修斯岛,进一步壮大了阿拉伯帝国的海上版图。这些岛屿落入阿拉伯人之手后,成为后者从海上攻击拜占庭帝国的有力据点。

---

[1] Theophanes, *The Chronicle of Theophanes Confessor*, p. 502.

[2] Nikephoros, *Nikephoros Patriarch of Constantinople Short History*, p. 85.

668年,阿拉伯人入侵非洲,俘虏8万人。[1] 同年,穆阿维叶受到来自亚美尼亚部队的指挥官萨波里奥斯(Saborios,具有波斯血统)的邀请,计划联手推翻拜占庭帝国的统治。[2] 穆阿维叶派遣自己的儿子叶齐德(Yazid)率军攻击拜占庭帝国。叶齐德到达卡尔西顿,夺取了重要的拜占庭军事据点——阿莫里(Amorion)。尽管这座城市不久后就被拜占庭帝国收复,但阿拉伯人紧接着又在669年袭击了迦太基和西西里。670年,穆阿维叶的手下将军攻占了距离君士坦丁堡最近的西奇库斯岛(Cyzicus),并在当地安寨扎营,以其为据点,发动了对拜占庭帝国首都更大的攻势。672年,另一支舰队成功夺取了士麦那(Smyrna,今土耳其伊兹密尔)和其他沿海城市。正当君士坦丁四世忙于应战的时候,一部分斯拉夫人乘机作乱,围攻了拜占庭帝国的第二大城市塞萨洛尼基。

做好万全准备的阿拉伯人于674年发动了对君士坦丁堡的围攻。当年年末,阿拉伯军舰大规模聚集起来,一部分船只停泊在士麦那,一部分船舶停靠在西里西亚和吕西亚(Lycia)海岸。674年4月,又有一些战船加入,进一步壮大了阿拉伯海军的力量。整个4—9月,阿拉伯海军就停泊在靠近君士坦丁堡金门(Golden Gate)的可可罗比(Kyklobion)海角和普罗潘提斯(Propontis)附近海角之间的海域,对拜占庭帝国的首都虎视眈眈。拜占庭舰队只能不分昼夜地守卫着港口。[3]

君士坦丁四世深知君士坦丁堡被围攻只是时间早晚的问题,于是做好了长久保卫战的准备,在确保首都食品供给的同时大力储备战争物资。同时,君士坦丁四世还组织了大批的纵火船,计划携带油管和所谓的"水枪",向阿拉伯舰队所在的海面发射希腊火(Greek fire)。这是拜占庭帝国历史上首次将著名的希腊火用于战争[4],由于这种新型战争武器的配方只有拜占庭人知晓,因此成为拜占庭帝国最终取胜的重要武器之一。674年9月,阿拉伯人尝试夺取君士坦丁堡的努力

---

[1] Theophanes, *The Chronicle of Theophanes Confessor*, p. 491.

[2] Theophanes, *The Chronicle of Theophanes Confessor*, p. 488.

[3] 在此期间,阿拉伯人与拜占庭之间的海上对峙每天都在进行,未有停歇,见 Theophanes, *The Chronicle of Theophanes Confessor*, p. 493。

[4] 据称,希腊火是一种混合性油脂,能够在海面燃烧,它的发明者是从叙利亚的西利奥布利斯(Helioupolis)逃难到拜占庭帝国的希腊建筑师卡利尼库斯(Callinicus),见 Theophanes, *The Chronicle of Theophanes Confessor*, p. 494。

以失败告终,随后,阿拉伯海军撤回到西奇库斯岛,在当地驻扎过冬。①

　　在接下来的五年里,每当春季气温回暖后,阿拉伯舰队就会重复发动海上进攻,继续围攻君士坦丁堡,但每次都以失败告终。君士坦丁堡不仅依然屹立不倒,幸存下来,还在战争中不断被修缮,海上城墙得到加固。最终,苦战数年未果的阿拉伯人不得不在678年停止围攻。其时已年迈的穆阿维叶下令撤军,阿拉伯海上舰队全体返航,但在途经帕弗里亚(Pamphylia)附近海域时遭到暴风雨的袭击,几乎全军覆没,损失惨重。② 不仅如此,阿拉伯陆上部队还在吕西亚被拜占庭陆军击败,死伤高达3万人。③ 不久以后,阿拉伯人在安纳托利亚再次遭遇惨败。自此,局势出人意料地出现反转,穆阿维叶被迫与君士坦丁四世派遣的使节约翰进行议和,两国签订长达30年的停战协议。根据协议,阿拉伯人必须从他们所占领的爱琴海诸岛屿上撤走,并且每年要向拜占庭帝国进贡3 000金币、50个奴隶以及50匹良种马。④

　　君士坦丁四世在678年取得对阿拉伯人的胜利具有重要的历史意义。对此,奥斯特洛格尔斯基指出,君士坦丁四世的胜利在欧洲人抵御阿拉伯人的攻击中成为世界历史中具有重要意义的转折点,堪与后来利奥三世(Leo Ⅲ,717—741年在位)于718年所取得的胜利、查理·马特(Charles Martel)于732年在阿拉伯世界西部另外一端大败穆斯林的胜利相媲美。⑤ 此前占据巴尔干半岛的斯拉夫人和阿瓦尔人也受到阿拉伯人战败的影响,纷纷向君士坦丁堡派出和平使节,承认拜占庭帝国的宗主权。⑥ 同时,君士坦丁四世还应亚美尼亚人的请求,恢复拜占庭帝国对亚美尼亚大部分领土的保护权,并收复了西里西亚和其在统治初期失去的边境土地。此时,塞萨洛尼基仍然处在斯拉夫人的围困中,东部战乱平息后,君士坦丁四世腾出手来,随即将大部分兵力调往塞萨洛尼基解围。

---

① Theophanes, *The Chronicle of Theophanes Confessor*, p. 494.

② Nikephoros, *Nikephoros Patriarch of Constantinople Short History*, p. 87.

③ 吕西亚一战出自叙利亚的米哈伊尔(Michael the Syria)的记载,见 Theophanes, *The Chronicle of Theophanes Confessor*, p. 494.

④ Nikephoros, *Nikephoros Patriarch of Constantinople Short History*, p. 87.

⑤ [南]乔治·奥斯特洛格尔斯基:《拜占廷帝国》,第97页。

⑥ Theophanes, *The Chronicle of Theophanes Confessor*, p. 496.

在拜占庭帝国与东部的阿拉伯人爆发持续冲突的时期,君士坦丁四世曾迫于战争压力将兵力集中在东部地区,放弃对西部主权的维护,并与占领了布林迪西(Brindisi)和塔伦顿(Trenton)的伦巴第人缔结和约。局势一度得到了有效的控制,但很快,保加利亚人的到来又给拜占庭帝国带来了新的威胁。伊拉克略时期,拜占庭帝国曾与保加利亚人保持着长期的和平,加上哈扎尔人对外扩张后曾将保加利亚部落打散,因此保加利亚人在较长时间里并未对拜占庭帝国构成威胁。到君士坦丁四世时期,一位叫作科布拉图斯(Kobratos)的领袖整合了一部分保加利亚人部落,聚集了相当的实力。他死后留下五子:长子巴纳努斯(Baianos)坚守着保加利亚人的祖地;次子科特拉谷斯(Kotragos)在顿河附近定居;四子跨越多瑙河,定居在被阿瓦尔人占据的多瑙河中游潘诺尼亚(Pannonia)地区,成为后者的盟友;幼子则进入拉文纳地区,成为拜占庭帝国的附庸。[①] 这些男性后代都不足为患,唯有三子阿斯巴鲁奇(Asparuch)对拜占庭帝国构成了威胁。

670年后,有一部分保加利亚人在阿斯巴鲁奇的统治下跨越多瑙河北部的支流——达纳普利斯河(Danapris)与达纳斯提斯河(Danastris)[②],进入名义上的拜占庭帝国领土,开始征服多瑙河三角洲地区的拜占庭人和其他土著人部落。680年,保加利亚人进攻色雷斯。[③] 面对尚武的保加利亚人的步步进逼,拜占庭帝国整合陆军和海军的力量,共同抗击入侵者。君士坦丁四世首先率领一支海上舰队,取道黑海,在多瑙河河口登陆;同时,一支以骑兵为主的陆军从南部出发,途经色雷斯,也在随后到达多瑙河河岸,对盘踞在当地的保加利亚人形成包围之势。很快拜占庭军队就围攻了保加利亚人位于多布罗加(Dobrudja)的军事要塞。

正当胜利唾手可得的时候,君士坦丁四世的健康状况突然恶化,不得不离开军队,返回首都。然而,出人意料的是,他一经离开,便谣言四起,其身后的拜占庭海陆部队将士军心摇动,陷入恐慌,被保加利亚人击败,损失惨重。撤退中的拜占庭军队遭到保加利亚人的追击,后者跟随君士坦丁四世进入瓦尔纳河(Varna

① Nikephoros, *Nikephoros Patriarch of Constantinople Short History*, p. 89.

② Nikephoros, *Nikephoros Patriarch of Constantinople Short History*, p. 89.

③ Theophanes, *The Chronicle of Theophanes Confessor*, p. 497.

River)流域①,并迅速在色雷斯北部地区定居下来,夺取了几座属于拜占庭帝国的沿海城镇。不仅如此,沿途的斯拉夫部落也纷纷加入保加利亚人的队伍,一个由斯拉夫人和保加利亚人组成的王国就此悄然兴起,从此对拜占庭帝国构成了更严重的威胁。②

681年,君士坦丁四世被迫在莫西亚(Moesia)承认保加利亚人的国家,这是拜占庭帝国历史上首次承认在自己领土上发展出来的独立王国。不仅如此,拜占庭帝国还以物质换和平,每年向保加利亚人支付贡金③,避免后者进一步入侵色雷斯。为了更好地保护色雷斯这个首都君士坦丁堡的防护地带,君士坦丁四世还特地在紧邻奥普斯金军区的地方建立了新的军区,作为缓冲地带应对未来可能会出现的军事冲突。

自668年接替父亲康斯坦斯二世上台,到685年病逝,君士坦丁四世在位共17年。685年9月,君士坦丁四世因病去世,死后被安葬在君士坦丁堡的圣使徒教堂(the Church of the Holy Apostles)。④ 君士坦丁四世统治时期,拜占庭帝国在军事方面取得了对阿拉伯人和保加利亚人战争的胜利,这些胜利具有决定此后拜占庭帝国发展走向的重要意义,阿拉伯军事扩张的北部极限因此定格在帝国边界,同时这里还成为嗣后拜占庭军队向叙利亚和巴勒斯坦地区进攻的前哨站。巴尔干半岛此后也长期陷入拜占庭人与保加利亚人的拉锯战,拜占庭帝国对半岛地区两个多世纪的武力统合由此拉开序幕。在君士坦丁堡守卫战中,他集思广益,得到了希腊火的制造工艺——这一中古欧洲地中海世界的尖端武器保证了拜占庭帝国在防御性战争中的优势地位,直到热兵器时代来临前的冷兵器时代,它都无异于中古世界的"核武器"。在宗教方面,他通过第六次基督教大公会议解决了长期困扰帝国的宗教问题,使拜占庭帝国以正统基督教信仰为核心的官方意识形态由此得到再度确认,基督教神学的东正教解释也由此得到肯定,成绩斐然。因此在一些后世学者看来,君士坦丁四世虽然英年早逝,却算得上是寿终正寝,在

---

① Theophanes, *The Chronicle of Theophanes Confessor*, p. 499.
② [英]西里尔·曼戈主编:《牛津拜占庭史》,第187页。
③ Theophanes, *The Chronicle of Theophanes Confessor*, p. 499.
④ Nikephoros, *Nikephoros Patriarch of Constantinople Short History*, p. 93.

拜占庭帝国皇帝中属于有所作为的君主。[1]

第六节

查士丁尼二世（Justinian II）

685—695,705—711 年在位

查士丁尼二世（Justinian II，Ἰουστινιανός Bʹ，生于 668 年，卒于 711 年 12 月 11 日，享年 43 岁）是伊拉克略王朝第六位皇帝，也是该王朝末代皇帝，685—695 年第一次在位 10 年、705—711 年第二次在位 6 年，总共在位 16 年。

查士丁尼二世全名弗拉维乌斯·查士丁尼乌斯（Flavius Justinianus），别称"无鼻者"（Rhinotmetos）。668 年或 669 年，查士丁尼二世生于君士坦丁堡，685 年 9 月至 695 年第一次在位，695 年被利奥提乌斯推翻[2]，惨遭削鼻之刑，并被放逐到克尔松，后借助保加利亚汗王得以复位，705 年 8 月—711 年 12 月 11 日第二次在位，但最后被推翻，于 711 年 12 月 11 日在达玛提斯（Damatrys）被杀害，享年 43 岁。其第一次在位的前任皇帝是君士坦丁四世，继任者是利奥提乌斯；第二次在位的前任皇帝是提比略三世，继任者是菲利彼库斯。查士丁尼二世共有两段婚姻，他与第一任妻子欧多基娅结婚后，育有一个女儿——阿纳斯塔西娅，后来嫁给了保加利亚汗王特尔维尔。其第二任妻子是哈扎尔公主塞奥多拉，结婚后为查士丁尼二世育有一子提比略，706—711 年担任共治皇帝，后被僭越者菲利彼库斯杀害，年仅 6 岁。

查士丁尼二世是前任皇帝君士坦丁四世和阿纳斯塔西娅的长子。681 年，君士坦丁四世任命 13 岁的查士丁尼二世为共治皇帝。685 年，不到 17 岁的查士丁

---

[1] ［英］西里尔·曼戈主编：《牛津拜占庭史》，第 188 页。

[2] 利奥提乌斯原是安纳托利亚军区领袖，善于征战，曾在查士丁尼二世上台早期得到过重用，被派往亚美尼亚对抗阿拉伯人，后因战败受到惩罚，入狱三年，695 年出狱后被任命为希腊军区的领袖，见 Theophanes, *The Chronicle of Theophanes Confessor*, pp. 507–514; Nikephoros, *Nikephoros Patriarch of Constantinople Short History*, p. 95。

尼二世继承了父亲的皇位,成为帝国唯一的皇帝。[1] 查士丁尼二世是一位有野心,并充满热情的统治者,一生致力于恢复罗马帝国昔日的荣耀,但由于缺乏精明的头脑和准确的判断力,不具有其父君士坦丁四世的统治手腕,加上心胸狭小,很难容忍反对意见,"几乎继承了其祖先的所有缺点"[2],因此,他的统治独裁专制,民众积怨甚深,最终引发了695年的人民大起义。705年,在哈扎尔人、保加利亚人以及斯拉夫人的协助下,查士丁尼二世才重新夺回皇位。但是,查士丁尼二世的第二任期比第一任期更加暴虐,因此在711年被自己的军队抛弃,其统治再次被推翻,伊拉克略王朝也由此覆灭。

在宗教事务上,查士丁尼二世的政策相较于前几任皇帝更为严苛。这一时期,拜占庭帝国积极推行基督教化政策与查士丁尼二世个人虔诚的信仰有关。他将自己视为耶稣基督的仆人,虔心推动基督教的发展。691年,查士丁尼二世将耶稣基督像铸在钱币上,公开发行,此举在拜占庭帝国历史上系首次。并且,查士丁尼二世要求阿拉伯人用他发行的这种钱币交纳贡赋。查士丁尼二世上台后不仅血腥镇压摩尼教徒(Manichees),压制非正统派的基督教,还通过召开宗教会议整合与强化基督教的教义教规。

691—692年,查士丁尼二世在君士坦丁堡召开基督教大公会议,旨在将自己的宗教政策付诸实践。这次基督教大会史称特鲁兰公会议(Trullanum Council)[3],又称"五六次"大公会议(Quinisext Council),进一步申明并澄清了553年召开的第五次基督教大公会议和680—681年召开的第六次基督教大公会议的内容。会议通过了相关决议,确定了基督教的教规以及教会的管理机构和礼仪细节。这一时期,非基督教的古代信仰尤其是东部地区的古希腊习俗仍然在帝国流行,譬如在布鲁马里亚收获葡萄的季节,男男女女会戴上面具在街道上载歌载舞,歌颂酒神狄俄尼索斯(Dionysos)。在篝火节上,民众会在自己的门前堆上木材,点起篝火,进行欢庆。[4] 针对这些非基督教节日,这次大公会议也进行了谴责,并

① Nikephoros, *Nikephoros Patriarch of Constantinople Short History*, p. 93.
② 陈志强:《拜占庭帝国通史》,第155页。
③ A. A. Vasiliev, *History of the Byzantine Empire, 324—1453*, p. 171.
④ [南]乔治·奥斯特洛格尔斯基:《拜占廷帝国》,第104页。

要求教会与民众加强对基督教礼仪和道德的遵守。

更重要的是,"五六次"大公会议强调了东部和西部基督教仪式之间的差异,诸如东部教会允许教士结婚成家立业;反对罗马教会主张的周六斋戒,旨在进一步落实东、西部教会在众多礼仪事务上的区别。"五六次"大公会议通过的这类决议遭到罗马教会的抵制,罗马教宗塞尔吉乌斯一世(Sergius I,687—701 年在任)因此拒绝签署会议通过的决议。① 此前拜占庭帝国在意大利的统治已经遭到削弱,罗马教会的地位日益加强,不明就里的查士丁尼二世态度又极为强硬,双方互不妥协。随后,查士丁尼二世派遣代表前往罗马,计划逮捕教宗塞尔吉乌斯②,然而罗马和拉文纳的军队并没有遵从皇帝的命令,反而站在塞尔吉乌斯的立场反对查士丁尼二世。西部教会和民众在宗教领域对查士丁尼二世的不满为日后的起义埋下了伏笔。

在军区制的发展方面,查士丁尼二世作出了很大贡献。他在希腊中南部设立了一个新军区,即希腊军区,与伊拉克略时期建立的军区——位于小亚细亚地区的奥普斯金军区、安纳托利亚军区和亚美尼亚军区以及君士坦丁四世时期建立的位于欧洲部分的色雷斯军区(Thrakesian Theme)——共同组成帝国的五大军区。不仅如此,查士丁尼二世还将卡拉比西亚尼(Karabisianoi)的海事机构纳入帝国的高级行政部门,在某种程度上成为帝国的海上军区。687 年 2 月 17 日,在以查士丁尼二世名义发布的一份文告中,除了提到意大利和非洲总督区,文献还提到五大军区的首脑"将军"③,从而为研究这一时期军区制在拜占庭帝国的存在和发展提供了重要的间接资料。

随着军区制在全国的推行,查士丁尼二世时期的拜占庭帝国土地政策也有所调整。6 世纪前,拜占庭帝国的大土地所有者众多,但随着蛮族部落在帝国西部的侵扰和波斯大军及阿拉伯大军在帝国东部的肆虐,大地产和大庄园难以为继,土地逐渐分散到个体农民手中,小土地所有者日益增多,帝国农业发展的基础进一步强化。另一方面,阿瓦尔人、斯拉夫人以及保加利亚人涌入拜占庭帝国定居,

① Elizabeth Jeffreys ed., *The Oxford Handbook of Byzantine Studies*, p. 593.
② A. A. Vasiliev, *History of the Byzantine Empire, 324 −1453*, p. 171.
③ [南]乔治·奥斯特洛格尔斯基:《拜占廷帝国》,第 101 页。

逐渐壮大了帝国自由农民的力量。此外,查士丁尼二世及其前任皇帝都有意将这些外来移民进行重新安置,并给予后者土地,以此将其变为附着在军役地产上的农兵。因而,军区制度进一步兴盛,小农和农兵阶层也得到壮大。

查士丁尼二世还试图保护自由农民和军区农兵的权利,防止地主侵占农民的土地,从而保障了帝国部队军力的主要来源。这一时期颁布的《农业法》(Farmer's Law, Νόμος γεωργικός)中就明确规定了农民所耕种的土地属于农民个人的财产,对其人身和财产安全予以保护,当然,这里所说的主要是独立小农,而非为大地主耕作的依附农。然而,这些有利于帝国发展的土地政策遭到了大土地所有者的反对,一度导致查士丁尼二世和大地主之间爆发冲突。不仅如此,查士丁尼二世虔信基督教,大力扶持教会和修道院的发展,并向后者慷慨捐赠土地,这直接推动了教会地产的扩大和发展,强化了基督教教会的势力。

查士丁尼二世的土地政策在一定程度上威胁了地主贵族,他实行的税收政策也损害了农民的利益,不受普通民众的欢迎。首先,在农村地区推行的"联保制度"规定,除了农民的自耕地、果园和菜地等个人财产,草地、林地和荒地等村庄共有的财产也被纳入联保制的范畴。帝国以村庄为集体单位,向全体成员征收土地税。那些草地、林地和荒地等共有地同样需要纳税,因此无主的耕地会被强制分配给周边同一村庄的农民,这些农民在享有耕种权的同时必须缴纳相应的赋税。实际上,被强加给农民的耕地往往质量不好,无法产出足够的作物,但土地税又必须上交,再加上联保制度的要求,农民承受了额外的经济负担。

其次,人头税的问题也困扰着自由小农。戴克里先(Diocletian,284—305年在位)时期,罗马拜占庭帝国曾确立了人头—土地税制度,并一直存在到7世纪末期。但查士丁尼二世上台后,人头税和土地税逐渐分离,拥有少量土地的小农在缴纳土地税并承担联保制度的义务后,仍然需要缴纳人头税,税收负担大大加重。有些自由农不得不逃离本土,走上向外迁徙的道路。

持续的宗教矛盾、土地贵族的不满、民众对税收政策的抱怨以及移民对安置政策的怨言积累了太多的矛盾。据说,安置塞浦路斯居民的政策就导致大量塞浦路斯人在渡海过程中淹死或是在长途跋涉中患病而死。[1] 皇帝信任的皇产财务

---

[1] Theophanes, *The Chronicle of Theophanes Confessor*, p. 509.

部部长斯蒂芬(Stephen)生性残暴,曾残忍地惩罚皇家建筑工人,甚至趁查士丁尼二世不在场,抽打他的母亲阿纳斯塔西娅太后。[1] 他的另一个重臣总税务部部长塞奥多图斯(Theodotus)生性恶劣,一方面在国内施行残暴税收措施[2],另一方面为查士丁尼二世筹集资金,大兴土木,满足好大喜功的皇帝,最终导致帝国臣民发动起义反抗查士丁尼二世。这些都在很大程度上损害着查士丁尼二世的统治。695年,在希腊军区将军利奥提乌斯的率领下,以蓝党为主的拜占庭民众揭竿起义,推翻了查士丁尼二世的统治。[3] 起义成功后,查士丁尼二世被利奥提乌斯废黜,并被削去鼻子,流放到此前康斯坦斯二世流放罗马教宗马丁的克尔松[4],利奥提乌斯则被推举为拜占庭帝国皇帝。同时,此前引发民众怨愤的帝国官员——斯蒂芬和塞奥多图斯也沦为人民大起义的牺牲品,被活活烧死。[5]

　　这场起义将原本较为稳定的拜占庭帝国政局重新拖入长达20多年的动荡期。继利奥提乌斯之后,拉齐卡主教塞尔吉乌斯也发动了一场起义,并将拉齐卡交给了阿拉伯人。[6] 同一年,在东部地区保持着强劲攻势的阿拉伯人开始入侵当时处在拉丁人统治下的非洲地区,随即夺取迦太基。得知消息后,篡位的利奥提乌斯派遣总督约翰率领拜占庭舰队前往迦太基[7],予以回击,但在取得短暂胜利后仍然不敌阿拉伯人规模更大的水陆大军。约翰准备返回首都向利奥提乌斯请求援兵,到达克里特岛以后,事态突然逆转,约翰的手下士兵不仅不再愿意顺从僭越皇帝利奥提乌斯,反而计划再次发动叛乱,将当时担任卡拉比西亚尼海上军区的指挥官阿普西马尔(Apsimar)拥立为帝,后者改称提比略三世。此时,君士坦丁堡正在爆发腺鼠疫,首都陷入一片混乱。瘟疫持续了四个月,臣民死亡众多。[8] 698年,阿普西马尔率领舰队回到君士坦丁堡,推翻利奥提乌斯的统治,并将利奥提乌斯削去鼻子,囚禁在德尔玛图斯(Delmatus)修道院。[9]

---

[1] Theophanes, *The Chronicle of Theophanes Confessor*, p. 513.

[2] Nikephoros, *Nikephoros Patriarch of Constantinople Short History*, p. 95.

[3] Theophanes, *The Chronicle of Theophanes Confessor*, p. 515.

[4] Nikephoros, *Nikephoros Patriarch of Constantinople Short History*, p. 97.

[5] Nikephoros, *Nikephoros Patriarch of Constantinople Short History*, p. 99.

[6] Theophanes, *The Chronicle of Theophanes Confessor*, p. 516.

[7] Theophanes, *The Chronicle of Theophanes Confessor*, p. 516.

[8] Theophanes, *The Chronicle of Theophanes Confessor*, p. 517.

[9] Nikephoros, *Nikephoros Patriarch of Constantinople Short History*, p. 101.

　　面对拜占庭帝国内外交困的局势,流放期间不甘失败的查士丁尼二世不断策划复辟,聚集自己的支持者,谋划重新夺回皇位。705 年,拜占庭朝廷驻克尔松地方政府发觉了查士丁尼二世东山再起的企图,于是计划将他直接杀死或押送回首都君士坦丁堡,但尚未执行就被查士丁尼二世得知。[1] 他逃出流放地,前往达拉斯,并要求与哈扎尔王国的国王比西尔(Busir)会面。后者得知后,热情接待了查士丁尼二世,并把自己的妹妹嫁给了他。查士丁尼二世不仅让妻子改宗为基督徒,还将她的名字改为与查士丁尼一世妻子同名的塞奥多拉。婚后,查士丁尼二世与妻子塞奥多拉住在位于亚速海入口的法纳戈里亚(Phanagoria)的一座小镇上。[2]

　　得知查士丁尼二世逃亡哈扎尔的消息后,新皇帝提比略三世担心皇位不保,遂派出使节前往哈扎尔,贿赂比西尔,要求后者将查士丁尼二世交给自己,或者直接将其杀死。[3] 由于不想破坏哈扎尔王国和拜占庭帝国之间的友好关系,比西尔决定接受提比略的要求,于是派遣两位哈扎尔官员——帕帕兹(Papatzys)和巴尔基兹(Balgitzin)执行刺杀任务。在妻子塞奥多拉的通报下[4],查士丁尼二世发现了刺杀者,并亲手勒死了他们。随后,他安排塞奥多拉回到哈扎尔汗王的身边[5],自己则坐上一艘渔船返回克尔松附近的辛伯伦(Symbolon),召集斯蒂芬、塞奥菲鲁斯(Theophilus)等众多支持者。[6]

　　召集余党之后,查士丁尼二世率领这群乌合之众集体向西航行,跨越黑海到达西海岸。据称,当船载着查士丁尼二世航行在黑海北部海域时,他和船员遭遇了一场大风暴。在风暴最猛烈的时候,随行的同伴告诉查士丁尼二世他们恐怕都会死,但假如他现在向上帝发誓,将来夺回王位后,保持宽宏大量,不向自己的敌人实施报复,他们便可以得救。但查士丁尼二世并不接受,反驳说要是自己宽恕

---

① Theophanes, *The Chronicle of Theophanes Confessor*, p. 520.

② Nikephoros, *Nikephoros Patriarch of Constantinople Short History*, p. 101.

③ Nikephoros, *Nikephoros Patriarch of Constantinople Short History*, p. 101.

④ 根据尼基弗鲁斯的叙述,是比西尔的仆人将消息透露给了塞奥多拉,见 Nikephoros, *Nikephoros Patriarch of Constantinople Short History*, p. 101。

⑤ Nikephoros, *Nikephoros Patriarch of Constantinople Short History*, p. 103.

⑥ Theophanes, *The Chronicle of Theophanes Confessor*, p. 521.

任何一个曾经的敌人,就让上帝将他淹死在此处。① 从风暴中幸存下来以后,查士丁尼二世一行到达多瑙河。他派遣斯蒂芬去接近保加利亚人的汗王特尔维尔,并与后者建立了友好的私人关系。特尔维尔于是同意向查士丁尼二世提供必要的军事援助,协助他夺回皇位,开出的条件是:夺位后查士丁尼二世要给予特尔维尔以经济上的好处;赐予其凯撒的头衔;并将自己的女儿阿纳斯塔西娅嫁给特尔维尔。②

　　705 年春天,查士丁尼二世率领着由保加利亚士兵和斯拉夫骑兵约 1.5 万人组成的部队前往首都,并于当年秋天到达君士坦丁堡城下。查士丁尼二世花了整整三天时间,一方面试图说服君士坦丁堡的市民打开城门,但遭到讽刺和嘲笑③,无果而终。另一方面,他下令斯拉夫-保加利亚人军队发动武力强攻,也没有取得实质性的进展。查士丁尼二世曾经长期居住在君士坦丁堡,对京城的情况非常熟悉,也深知城防工事的漏洞。于是他带领一批勇敢的随从,通过城墙下方一条废弃的引水管道进入城市,奇袭君士坦丁堡。④ 此举大大鼓舞了城内的支持者,他们与查士丁尼二世汇合,在当日午夜发起一场军事突袭,控制了首都。在恐慌和混乱中,提比略三世仓皇出逃。查士丁尼二世时隔多年,回到君士坦丁堡西北角的布拉海尔奈宫(Blachernae Palace),重新登上王位,打破了肢体不全者不得统治拜占庭帝国的传统。他戴着金质的假鼻子,完全不在乎被残忍地毁容和因毁容而丧失的担任皇帝的资格。⑤ 此后,削鼻不再仅仅被用来惩罚篡位者和被废黜的帝王。

　　政变成功后,提比略三世连夜弃城,逃到阿波罗尼亚斯(Apollonias),后被逮捕押回君士坦丁堡。⑥ 查士丁尼二世将自己的仇敌——篡位者利奥提乌斯和提比略三世戴上镣铐,带到大竞技场,当着喧闹的民众,把脚踩在利奥提乌斯和提比略三世的脖子上,摆出征服者的姿态,之后便下令将二人及其党羽尽数斩首。入

---

① Theophanes, *The Chronicle of Theophanes Confessor*, p. 521.

② Theophanes, *The Chronicle of Theophanes Confessor*, p. 521.

③ Nikephoros, *Nikephoros Patriarch of Constantinople Short History*, p. 103.

④ Theophanes, *The Chronicle of Theophanes Confessor*, p. 522.

⑤ [南]乔治·奥斯特洛格尔斯基:《拜占庭帝国》,第106 页。

⑥ Theophanes, *The Chronicle of Theophanes Confessor*, p. 523.

主皇宫后的查士丁尼二世着手进行政治清洗:很多曾经为利奥提乌斯和提比略三世效力的宫廷大臣被吊死在君士坦丁堡的城墙上;有些官员和普通民众则被扔进大海淹死;曾经为利奥提乌斯加冕的君士坦丁堡牧首卡利尼库斯则被撤职后挖去双眼,流放到罗马。① 诸如此类的血腥报复几乎每天都在君士坦丁堡发生。

不仅如此,查士丁尼二世还对自己曾经的流放地——克尔松、博斯普鲁斯和克里玛塔民众的叛变耿耿于怀。② 他召集大批农民、工匠甚至元老院成员组建起一支庞大的海军,并要求斯蒂芬将军率领这支海军出征,将克尔松、博斯普鲁斯以及其他地区的民众全部斩杀,不留一个活口。③ 斯蒂芬到达目的地后,部分执行了他的命令,但饶恕了一些儿童,将他们作为奴隶扣押,并将克尔松总督托托努斯(Toutounos)监禁起来。查士丁尼二世得知消息后,认为斯蒂芬过于仁慈,没有严格遵从自己的命令,于是要求后者尽快返回君士坦丁堡。然而,在回程途中,斯蒂芬的部队遭遇了一场风暴,死伤7万多人。④ 面对这样的悲剧,查士丁尼二世反而感到欣喜,并派遣另一支海军继续前往镇压,此举进一步引起克尔松民众的强烈怨恨,为随后查士丁尼二世最终倒台埋下了伏笔。

与对仇敌和叛变民众的血腥报复形成鲜明对比的是对盟友的慷慨回报。复位后,查士丁尼二世立即派遣使节塞奥菲拉克图斯(Theophylaktos)回到哈扎尔王国,将自己的妻子塞奥多拉和儿子提比略接回君士坦丁堡,并任命提比略为共治皇帝。⑤ 保加利亚人领袖特尔维尔曾大力协助查士丁尼二世夺回皇权,因此他曾经提出的条件也如约得到了满足,获得了大笔金银珠宝和贵重财物。保加利亚人重新得到了君士坦丁四世时期拜占庭帝国所支付的贡金。查士丁尼二世上台后也将驻扎在布拉海尔奈宫墙外的特尔维尔邀请到宫中,赐予其凯撒的称号,并让其与自己平起平坐,接受拜占庭臣民的致敬。⑥

处理完首都的事务后,查士丁尼二世随即展开远征活动。709 年,拜占庭帝

---

① Nikephoros, *Nikephoros Patriarch of Constantinople Short History*, p. 105.

② Theophanes, *The Chronicle of Theophanes Confessor*, p. 527.

③ Theophanes, *The Chronicle of Theophanes Confessor*, p. 527.

④ Nikephoros, *Nikephoros Patriarch of Constantinople Short History*, p. 109.

⑤ Theophanes, *The Chronicle of Theophanes Confessor*, p. 523.

⑥ Nikephoros, *Nikephoros Patriarch of Constantinople Short History*, p. 103.

国军队在塞奥多利的指挥下,发动对拉文纳的讨伐。这次讨伐行动的目的一方面是为了报复当地民众在其第一任期所表现出的敌意,另一方面是为了重新恢复教会对拉文纳的权威。拉文纳随后遭到洗劫,很多居民被铁链串押起来,带到君士坦丁堡后全部被屠杀。查士丁尼二世还要求罗马教宗约翰七世(John Ⅶ,705—707年在位)承认"五六次"大公会议的决议,遭到拒绝后,查士丁尼二世下令将约翰七世挖去双眼予以惩罚。

镇压拉文纳的军事行动取得胜利后,罗马新教宗君士坦丁一世(708—715年在位)受到查士丁尼二世的邀请,于710年拜访君士坦丁堡。在从君士坦丁一世手中接过圣餐后,查士丁尼二世重新获得了对罗马教会的控制特权。在拜访期间,君士坦丁一世还批准了拜占庭帝国在"五六次"大公会议上通过的大部分决议。自此,君士坦丁一世成为拜占庭帝国历史上最后一位拜访君士坦丁堡的罗马教宗,直到1967年罗马教宗保罗六世(Paul Ⅵ,1897—1978年)来到伊斯坦布尔(昔日的君士坦丁堡)。

得益于君士坦丁四世时期取得的诸多对外战争的胜利,查士丁尼二世上台之际,帝国东部形势比较稳定。加上阿拉伯帝国的哈里发阿卜杜勒·马利克('Abd al-Malik,685—705年在位)为了稳定局势,准备与拜占庭帝国签订新的和约,一时间,东部边境形势十分有利于查士丁尼二世。687年,查士丁尼二世和哈里发马利克签订了一项和约,内容包括以下三个方面:首先,查士丁尼需要将黎巴嫩的马尔代特人(Mardaites)迁走,以免后者继续侵犯阿拉伯帝国;其次,阿拉伯帝国需要向拜占庭帝国每天进贡1 000金币、一匹马和一个奴隶;最后,让塞浦路斯、亚美尼亚和伊比利亚成为中立区,总税收分成两半,拜占庭人和阿拉伯人各取一半。[①] 和约签订后,阿拉伯人与拜占庭人保持了一段时间的和平。

早在君士坦丁四世时期,马尔代特人就已经活跃在阿马努斯山(Amanus mountains,又称黑山)地区[②],并曾长期袭扰阿拉伯帝国[③]。此后,大量奴隶、战俘以及阿马努斯地区的土著居民不断加入马尔代特人的队伍,使得该群体的规模不

① Theophanes, *The Chronicle of Theophanes Confessor*, pp. 503 - 506.
② Theophanes, *The Chronicle of Theophanes Confessor*, p. 496.
③ [英]西里尔·曼戈主编:《牛津拜占庭史》,第188页。

断扩大。① 作为和马利克哈里发达成的协议之一,查士丁尼二世从叙利亚撤出了 1.2 万名仍然在抵制阿拉伯人的马尔代特人,将这些基督徒山民重新安置在帝国领地上,并顺应形势将他们纳入帝国边防军队,作为沿海戍边部队镇守帝国的边境线,同时还将其组织成卡拉比斯军区,扩大了帝国军区制的规模范围。10 世纪,希腊、西比莱奥特等多个军区都出现了数量可观的马尔代特人。重新安置政策不仅是出于和约需要,还对查士丁尼二世的军事政策有利。与此同时,他还将大量塞浦路斯居民迁移到未开发的地区,重新建立居民区,并命名为查士丁尼城。②

马利克哈里发上台后不久,阿拉伯帝国便陷入内战,无暇顾及对外扩张,这为查士丁尼二世提供了机会,使拜占庭帝国东部局势暂时得到稳定。③ 他重新将注意力转移到巴尔干半岛,尤其是被斯拉夫人占领的地区,强化拜占庭帝国在半岛的统治权。7 世纪初,斯拉夫人就已经陆续在巴尔干各地定居,到查士丁尼二世时期,巴尔干半岛几乎完全处在斯拉夫部落的占领下。687 年,查士丁尼二世开始准备远征巴尔干的计划,将驻扎在安纳托利亚的骑兵部队调到色雷斯。688—689 年,远征活动进展顺利,查士丁尼二世甚至亲自率领部队深入斯拉夫人所在的地区。在一场战役中,查士丁尼二世取得重大胜利,得以进入拜占庭帝国在巴尔干半岛的第二大城市——塞萨洛尼基。④ 远征途中的斯拉夫人各部落不敌拜占庭人,纷纷承认拜占庭帝国的宗主权。有些斯拉夫人甚至就此离开定居地,加入拜占庭军队,随后被安置在安纳托利亚和奥普斯金军区等地。数万斯拉夫人成为持有小军役土地的农兵,极大弥补了帝国因战争和瘟疫造成的人口损失,帝国军队的战斗力也因此得到提高。

随着安纳托利亚地区兵力的增强,查士丁尼二世组建了一支由 3 万名斯拉夫人组成的武装部队,领袖是内布鲁斯(Neboulos),并将这支队伍命名为"上帝的选民"(the Chosen People)。⑤ 他计划以此武装力量重新组织对阿拉伯人的战事。

---

① Theophanes, *The Chronicle of Theophanes Confessor*, p. 496.
② [英]西里尔·曼戈主编:《牛津拜占庭史》,第 188 页。
③ Elizabeth Jeffreys ed., *The Oxford Handbook of Byzantine Studies*, p. 257.
④ Theophanes, *The Chronicle of Theophanes Confessor*, p. 508.
⑤ Theophanes, *The Chronicle of Theophanes Confessor*, p. 511.

而阿拉伯帝国方面也做出反应。由于查士丁尼二世撕毁和约,并拒收阿拉伯人进贡的新种类钱币①,加上拜占庭帝国的移民安置政策,马利克哈里发开始强烈不满。691 年,双方开始爆发军事冲突。最初,在斯拉夫新军组成的部队帮助下,查士丁尼二世十分自信,并于 693 年在亚美尼亚赢得了对突厥人的战争胜利。但与此同时,拜占庭军队在亚美尼亚地区被阿拉伯人击败,领地丧失。拜占庭人的战争失利立即引发斯拉夫人的叛逆,他们闻风而动,开始叛变投敌。阿拉伯人趁机利用金钱物质和慷慨承诺拉拢斯拉夫人军队,要求后者起而反抗查士丁尼二世。结果,斯拉夫人部队有 2 万将士倒戈,查士丁尼二世率领的军队在萨巴斯托城(Sebastopolis)战役中被阿拉伯人彻底击败②,皇帝自己被迫逃到普罗潘提斯。根据塞奥法尼斯的叙述,为了报复自己所受到的挫折,查士丁尼二世在里奥科特(Leukete)杀害了余下的斯拉夫部队士兵③,并下令大肆屠杀比斯尼亚和奥普斯金军区周围的斯拉夫人。随后,让帝国的局势雪上加霜的是有个叫作萨巴提乌斯(Sabbatius)的贵族在亚美尼亚发动起义,并将自己所在的行省拱手让给正在进犯的阿拉伯人。④

695 年,查士丁尼二世被削掉鼻子并被流放,却没有改变他暴烈残忍的脾性,在其恢复皇权以后,行事处世也并没有丝毫好转,不仅完全放弃了谨慎小心的作风,而且更加鲁莽残暴。⑤ 开启第二任期后,查士丁尼二世先后与保加利亚人、阿拉伯人发生战争,但都以失败告终。708 年后,查士丁尼二世公开撕毁曾与保加利亚人之间订立的和约⑥,开始将矛头对准曾被赐予凯撒头衔的特尔维尔。他派出海陆两路大军入侵保加利亚人的领地,试图恢复曾在 705 年为获取军援而恩赐划归给特尔维尔的领土。然而,查士丁尼二世率领的拜占庭军队屡战屡败,一度被保加利亚人阻击在波摩莱港(Anchialos),最终被迫撤退。战后,回到帝国的查士丁尼二世自知难敌对手,不得不恢复了与保加利亚人之间的和平。

---

① Theophanes, *The Chronicle of Theophanes Confessor*, p. 509.

② Nikephoros, *Nikephoros Patriarch of Constantinople Short History*, p. 95.

③ 这些斯拉夫军人的妻子和儿女也一并遭到屠杀,见 Theophanes, *The Chronicle of Theophanes Confessor*, p. 511.

④ Theophanes, *The Chronicle of Theophanes Confessor*, p. 512.

⑤ [英]西里尔·曼戈主编:《牛津拜占庭史》,第 190 页。

⑥ Nikephoros, *Nikephoros Patriarch of Constantinople Short History*, p. 105.

709 年,阿拉伯人包围了拜占庭帝国在卡帕多西亚地区的要塞提亚那(Tyana)。查士丁尼二世担心该城守军难以取胜,遂派遣两位将军——塞奥多利和塞奥菲拉克图斯率军前去解围。① 然而,阿拉伯军队实力更强,前去应战的拜占庭军队全线崩溃。被围困在提亚那城内的拜占庭人缺少食物,难以为继,加上查士丁尼二世无力救援,民众被迫在弹尽粮绝前打开城门,向阿拉伯人投降。② 710 年后,阿拉伯人开始向西里西亚地区进军,并多次取得战争胜利,导致西里西亚的众多城市落入阿拉伯人手中。711 年以后,阿拉伯人的势力进一步渗透到卡帕多西亚的其他地区。

外患四起的同时内忧不断。由于第二任期内的查士丁尼二世实行残暴的恐怖统治③,民众怨声载道,最终于 710 年末或 711 年初在克尔松爆发人民起义。当地民众在被朝廷流放此地的将军巴登斯的领导下发动突然袭击,政变后,巴登斯改称菲利彼库斯。随后,帝国的陆军和海军也相继响应发动起义,各地将士纷纷倒戈。哈扎尔人也顺应形势,对起义表示支持,并尊菲利彼库斯为皇帝。④ 起义爆发时,查士丁尼二世正在前往亚美尼亚的途中,无法及时返回进行防御,于是一方面派出一支军队予以镇压,另一方面遣使至哈扎尔王国寻求支援⑤,并再次向保加利亚汗王特尔维尔寻求帮助。然而,这些外援并未发挥太大作用。查士丁尼二世率军驻扎在沿海村庄金基利索(Gingilissos)观察势态,却发现菲利彼库斯一行正在前往偷袭首都的途中。⑥ 随后,查士丁尼二世匆忙回到达玛提斯。与此同时,菲利彼库斯率领起义部队从海上进攻君士坦丁堡,不仅没有遭遇任何反抗,还遇到城内的民众主动为他打开城门,并将其拥立为帝国皇帝。

711 年 12 月,被废黜的查士丁尼二世在逃往小亚细亚途中杀死自己的孩子,

---

① Theophanes, *The Chronicle of Theophanes Confessor*, p. 526.

② Nikephoros, *Nikephoros Patriarch of Constantinople Short History*, p. 107.

③ Nikephoros, *Nikephoros Patriarch of Constantinople Short History*, p. 105.

④ Theophanes, *The Chronicle of Theophanes Confessor*, p. 528.

⑤ 哈扎尔王国虽然表面答应了查士丁尼二世,但实际上并没有兑现承诺,见 Nikephoros, *Nikephoros Patriarch of Constantinople Short History*, p. 111。

⑥ Nikephoros, *Nikephoros Patriarch of Constantinople Short History*, p. 113.

并强迫妻子改嫁①,后被其昔日部将埃利亚斯(Elias)斩首②,其头颅被送交菲利彼库斯,后又作为战利品被送往罗马和拉文纳等地公开示众。③得知查士丁尼二世被杀的消息后,他的母亲带着他年仅六岁的幼子提比略逃到位于布拉海尔奈宫的圣玛丽亚教堂(S. Maria Church)避难④,但遭到菲利彼库斯心腹的追杀,年幼的提比略被残忍地割喉而死,一度辉煌的伊拉克略家族就此灭亡。

查士丁尼二世统治时期见证了拜占庭帝国持续而缓慢的转型过程,从古罗马帝国继承下来的传统逐渐消逝。这一点从查士丁尼二世统治时期的铸币中就能明显地看出来,如此前已经消失了一个世纪的官服罗鲁斯(Loros,一种传统的官员服饰)又重新出现在铸币上。另外,查士丁尼二世强化了"执政官"的官职,从而确保自己作为皇帝的合法性。尽管执政官的职位一直保留到了"智者"利奥六世(Leo Ⅵ the Wise,866—912年在位)时期才通过法律予以废除,但正是在查士丁尼二世时期,执政官被设置为独立的高级职位。686年,查士丁尼二世正式被任命为执政官,此后该头衔一直伴随他的整个统治时期。

685年9月上台至695年被利奥提乌斯推翻,查士丁尼二世第一次在位时间为10年,705年8月成功复位后至711年12月11日被菲利彼库斯赶下台,查士丁尼二世第二次在位时间是6年,共在位16年。尽管查士丁尼二世的统治有专制和残暴的一面,但他仍然在某种程度上具有统治者的天赋,并借助其父君士坦丁四世营造的良好政治秩序,一度改善了拜占庭帝国的处境。另一方面,作为一个虔诚信仰基督教的统治者,查士丁尼二世是第一个将耶稣基督的形象和自己的名字一起铸在钱币上的拜占庭皇帝,并试图将一些多神教节日和仪式定为非法,进一步加深基督教化,将这一进程深入民众日常生活中。此外,查士丁尼二世还有意识地塑造自己和查士丁尼一世类似的形象,不仅将自己的第二任妻子改名为塞奥多拉,还积极地大兴土木,建造宫殿和教堂。在挥金如土大肆建造各种宫殿的过程中,查士丁尼二世扩建了皇宫,创造出了一种被称为拜

---

① 陈志强:《拜占庭帝国通史》,第156页。

② Theophanes, *The Chronicle of Theophanes Confessor*, p. 529.

③ Nikephoros, *Nikephoros Patriarch of Constantinople Short History*, p. 113.

④ Theophanes, *The Chronicle of Theophanes Confessor*, p. 529.

占庭式餐厅的建筑空间。他还在萨尔斯堡(Augusteum)建造了一个喷泉,并在佩特里奥(Petrion)建造了一座新的圣母教堂。虽然大兴土木不免被指为"极度奢侈和浪费"[1],但那些历经岁月保存下来的建筑无疑也成了查士丁尼二世留给后人的宝贵的物质遗产。

现有的史料文献没有关于查士丁尼二世心理活动的细节描写,更没有提供他是如何看待他的同名前辈皇帝查士丁尼一世的信息。但是从查士丁尼二世一生的所作所为和在位 16 年的政策和政绩看,这位伊拉克略王朝的终结者确实属于志大才疏的人物。也许其父母为他取名的时候就对他抱有某种幻想,他从小便深受这种幻想的影响,以为自己将来必定会成就一番事业,能像前辈皇帝查士丁尼一世一样,以铁腕手段治理帝国,将帝国的疆域重新恢复到一个半世纪以前那样囊括整个地中海世界,在这个广大的空间里,皇帝威严遍及臣民,法律清明,思想一统,外邦来附……为此梦想,他处处效仿那个同名的前辈皇帝,甚至将自己的妻子更名为那位前辈皇后的名字。但现实是残酷的。志大才疏的查士丁尼二世不仅缺乏查士丁尼一世的天赋,也没有后者创造青史留名伟绩的历史环境,特别是在遭受第一次统治挫折且毁容以后,他的人格发生了深刻变化,仇恨扭曲了他的心理,报复成为他第二阶段统治的主要特点。我们不能说,他在位期间一无是处,也不能彻底否定其人生,但是从拜占庭帝国历史发展的角度看,他并不属于拜占庭皇帝的合适人选,德才两个方面都不具备正常君主的基本素质。东地中海世界格局变了,拜占庭社会世道人心变了,他若能保住祖上的江山就不容易,更不用说像查士丁尼一世那样取得惊天伟业。他心胸狭窄,但偏偏胸怀大志,总是好高骛远。因此,他成为伊拉克略王朝的终结者是合理的。

---

[1] [英]爱德华·吉本著,席代岳译:《罗马帝国衰亡史》第 5 卷,长春:吉林出版集团有限责任公司 2008 年版,第 10 页。

第七节

利奥提乌斯（Leontius）

695—698 年在位

利奥提乌斯（Leontius，Λεόντιος，生年不详，卒于 706 年 2 月 15 日）是继查士丁尼二世之后登上拜占庭帝国皇位的篡位皇帝，695—698 年以僭主身份在位三年。

关于利奥提乌斯的早年生平，学界知之甚少，零星的史料显示利奥提乌斯生于伊苏里亚，曾在查士丁尼二世统治时期担任军队将领。查士丁尼二世在位初期，曾下令利奥提乌斯率部队抵抗阿拉伯帝国（倭马亚王朝）以及与倭马亚王朝为敌的祖拜尔（Zubayr），并多次取得战争胜利，一度迫使哈里发马利克向拜占庭帝国求和。被击败的阿拉伯人同意向拜占庭帝国增缴自君士坦丁四世以来的贡金，具体为每周 1 000 块黄金、一匹马和一个奴隶。在此期间，利奥提乌斯多次证明了自己的军事才能，很快就成为安纳托利亚军区的首脑"将军"。[1]

692 年，查士丁尼二世被多次对外战争胜利冲昏了头脑，自以为重现查士丁尼一世时代帝国辉煌的时机已经到来，误以为阿拉伯人对外扩张的嚣张气焰有所减弱，于是决定再次发动进攻，向阿拉伯人宣战，派遣了一批军队将领，其中就包括利奥提乌斯。然而查士丁尼二世低估了阿拉伯人的实力，对阿拉伯人的战事进展并不顺利，利奥提乌斯率领的军队不但被阿拉伯人击退，后者还反过来入侵拜占庭人占领下的北非和安纳托利亚。由于阿拉伯军队实力强劲，利奥提乌斯最终难以招架，在萨巴斯托城战役中被彻底击败。[2] 自信满满的查士丁尼二世得到失败的战报后大怒，认为自己的宏伟大业被愚蠢的军事将领们耽误了，故以军事指挥不利导致战争失利为由指责利奥提乌斯，并将其投入监狱。事实上，查士丁尼二世并不了解战争失利的真正原因，更不知道敌我双方战场形势的变化，以为最初的几次偷袭得手就是全面胜利的开端，因此难以对利奥提乌斯进行严厉责罚，

---

[1] Theophanes, *The Chronicle of Theophanes Confessor*, p. 514.

[2] Nikephoros, *Nikephoros Patriarch of Constantinople Short History*, p. 95.

只是软禁看管一段时间。

利奥提乌斯被关押三年后,于695年突然被释放。① 研究者推测,利奥提乌斯被重新起用的原因主要在于,这一时期阿拉伯人在非洲保持猛烈攻势,所到之处望风披靡,而拜占庭高级军事将领中没有什么人能得到皇帝真正的信任。查士丁尼二世担心失去非洲前线重镇迦太基,一时又苦于找不到合适的军队将领,被迫决定重新起用利奥提乌斯,希望利用其比较突出的军事才能再次率领拜占庭人抗击阿拉伯人。被释放后的利奥提乌斯官复原职,还被任命为希腊军区的将军,计划委任其领兵前往非洲作战。② 查士丁尼二世缺乏战略思维,其补窟窿式的对外作战不过是仓促应战。对此,获得再度重用的利奥提乌斯心知肚明,也知道此次出征仍然凶多吉少,难以取胜,故而渐生二心。

根据尼基弗鲁斯的叙述,解禁后的利奥提乌斯并没有马上前往希腊军区任职,而是在受命派遣的当晚会见了他的两位密友——卡里斯特拉图斯(Kallistratos)修道院的僧侣保罗(一位天文学专家)以及弗洛鲁斯(Florus)修道院的僧侣格里高利。③ 利奥提乌斯先是抱怨皇帝的昏庸和不公,而后斥责他们早先做出的预言不准,因为他们预测他将成为皇帝。④ 后来当利奥提乌斯被关押期间,保罗和格里高利经常探视,并劝说他保持耐性,等待时机,将来一定会掌握帝国权力。⑤ 保罗与格里高利的预见是准确的,这并非是他们有神灵的启示,而是两人对当时的朝野内外、帝国上下怨声载道的情况更为了解。长期存在的宗教矛盾、土地贵族的不满、农民对税收政策的抗争以及移民对安置政策的怨恨,加上皇产财务部部长斯蒂芬和总税务部部长塞奥多图斯施行的残暴盘剥⑥,民众积怨日益增长,抵制抗议早就是公开的秘密了,对查士丁尼二世这个昏庸无道君主的谩骂嘲讽也是街头巷尾的话题,其下台指日可待。

利奥提乌斯听从他们的劝说后,又与二人合谋,认为时机已经成熟,立即动手

---

① Theophanes, *The Chronicle of Theophanes Confessor*, p. 514.

② Theophanes, *The Chronicle of Theophanes Confessor*, p. 514.

③ Nikephoros, *Nikephoros Patriarch of Constantinople Short History*, p. 97.

④ Theophanes, *The Chronicle of Theophanes Confessor*, p. 514.

⑤ Nikephoros, *Nikephoros Patriarch of Constantinople Short History*, p. 97.

⑥ Nikephoros, *Nikephoros Patriarch of Constantinople Short History*, p. 95.

发动起义胜算很大。他利用已经获得的任命,连夜前往君士坦丁堡总督府(Praetorium)的看守营,释放了所有在押的囚徒①,这些囚犯大部分是因为反对查士丁尼二世而被捕入狱的。利奥提乌斯还将这些昔日的囚犯全副武装起来,其中那些街头流氓、杀人罪犯和尚武斗狠者被编入一支具有战斗力的突击部队。利奥提乌斯还事前找到机会得到卡利尼库斯牧首的接见,后者宣称支持利奥提乌斯夺取皇位。随后,他率领这支部队前往圣索菲亚大教堂,并派出秘密人员到全城每条街道上呼喊:"基督徒们!赶快到圣索菲亚大教堂!"牧首恰好及时引用《圣经》的文句:"这是主的日子!"并即兴进行了一场极富煽动性的讲道,声称铲除无道之君是上帝赋予基督徒的神圣使命。② 这样,城里所有基督徒都被召集到了教堂,并被煽动得热血沸腾。③ 于是,利奥提乌斯率领部队和愤怒的民众前往君士坦丁堡的皇宫,逮捕了查士丁尼二世及其亲信。

查士丁尼二世在第一任期的统治不得人心,既遭到上层贵族的反对,也遭到普通民众的反感,因此帝国上下怨声沸腾,在这样的条件下,利奥提乌斯的政变无疑得到了很多支持,尤其是蓝党普遍拥护利奥提乌斯上台。蓝党民众大多为贵族子弟,代表了朝野权势阶层的利益,他们早就对残暴的皇帝无情打击贵族中的异己势力恨之入骨,对昏庸君主重用小人残酷迫害贵族高官极度怨恨,因此得到利奥提乌斯公开反叛的消息后,立即一呼百应,随从叛军在全城展开逮捕查士丁尼二世及其仆从的行动。很快,消息闭塞的皇帝被抓住,除遭到起义民众的拳打脚踢、肆意侮辱外,利奥提乌斯还将他们带到了大竞技场,在民众的欢呼声和嘲笑中,游街示众。民众还是觉得不够解气,齐声要求利奥提乌斯下令将查士丁尼二世的鼻子削掉、舌头割掉。也许正如吉本认为的那样,该刑罚可能没有得到严格执行,利奥提乌斯草草处罚了被废皇帝后,将他流放到黑海北岸的克尔松。④ 篡位皇帝为了消除被废皇帝对其皇位的威胁,除了流放了查士丁尼二世,还将他的两位昔日亲信斯蒂芬和塞奥多图斯处死,在民众的强烈要求下,两位亲信在君士

① Nikephoros, *Nikephoros Patriarch of Constantinople Short History*, p. 97.
② [英]爱德华·吉本:《罗马帝国衰亡史》第 5 卷,第 10 页。
③ Nikephoros, *Nikephoros Patriarch of Constantinople Short History*, p. 97.
④ Theophanes, *The Chronicle of Theophanes Confessor*, p. 515.

坦丁堡被愤怒的起义民众活活烧死。①

　　篡位皇帝利奥提乌斯并非贵族出身,青少年时代也没有受过正式教育,作为赳赳武夫登上帝位,缺乏统治帝国的能力和班底。上台后他主要致力于其相对熟悉的对外军事与外交活动,奉行与周围国家各派势力保持和平的政策②,但并没有能够阻止阿拉伯人的征伐。697年,阿拉伯人在哈里发的率领下对拜占庭非洲属地发动袭击,并夺取迦太基城。③ 利奥提乌斯随即派遣富有军事经验的约翰担任将领,率领拜占庭帝国的所有舰队前往非洲进行收复工作。④ 最初,约翰很快就收复了迦太基及其周边城镇,但阿拉伯军队的领袖听闻失败后,随即派遣了一支更强大的舰队紧急支援,与拜占庭人对抗,并成功将约翰率领的海军赶出了迦太基。⑤ 战败的拜占庭军队在约翰的率领下从海上撤回克里特岛,后退途中,因耻于战败或不愿背负责任,中下层军官们纷纷表示不愿回到君士坦丁堡。他们认为,以战败之身回去复命难逃一死,不如赌命一搏起义,故决定拖延行程,密谋发动军事政变。⑥ 有关政变细节缺乏史料不得而知,但他们的兵变结果是成功的,远征军的一个高级指挥官——出生于日耳曼的阿普西马尔被部下推举为皇帝。⑦

　　697年,叛变部队在阿普西马尔的率领下,乘船前往君士坦丁堡,将舰队停靠在附近的希凯(Sykai)港口。⑧ 当时的君士坦丁堡民众刚经历了一场持续四个月的瘟疫,城内依然混乱不堪,特别是瘟疫造成的重大死亡,使民众身心遭到严重打击,元气大伤。据说,城内部分民众特别是与蓝党为敌的富裕阶层认为,大瘟疫是上天对利奥提乌斯篡位的惩罚,因此谣言四起,东正教牧首也无力说服民众。只是由于君士坦丁堡城防工事坚固,兵变部队缺乏攻城准备,只能另谋他途,寻找机会潜入城中,里应外合。为了更得拜占庭民众人心,阿普西马尔更名为提比略,史称提比略三世。

① Nikephoros, *Nikephoros Patriarch of Constantinople Short History*, p. 99.
② Theophanes, *The Chronicle of Theophanes Confessor*, p. 515.
③ Theophanes, *The Chronicle of Theophanes Confessor*, p. 516.
④ Theophanes, *The Chronicle of Theophanes Confessor*, p. 516.
⑤ Nikephoros, *Nikephoros Patriarch of Constantinople Short History*, p. 99.
⑥ Nikephoros, *Nikephoros Patriarch of Constantinople Short History*, p. 99.
⑦ Theophanes, *The Chronicle of Theophanes Confessor*, p. 517.
⑧ Theophanes, *The Chronicle of Theophanes Confessor*, p. 517.

　　首都民众最初因瘟疫躲避在家,无力作战,不愿再登上城头厮杀,但他们也不愿参与反对利奥提乌斯的战斗,遂无人应答城外叛军的呼唤,也没有人打开城门迎接提比略三世的到来。① 僵持了一段时间后,还是提比略派遣人员偷入城内,说服一位君士坦丁堡卫戍部队指挥官,投诚于提比略麾下,打开了城门。提比略三世率领的部下进入首都时,没有遭遇任何抵抗,反而受到城内的绿党分子欢迎,双方一拍即合,结为同盟。叛军随即推翻了利奥提乌斯的统治,正式在圣索菲亚大教堂加冕为皇帝。提比略三世的手下第一时间逮捕了利奥提乌斯,押解到新的篡位皇帝面前审判。提比略三世当众公开申斥这位前任僭主,宣布其罪行,借机宣扬自己的兵变是奉天承运,履行上帝神圣的指示,并"以其人之道还治其人之身"惩罚前任僭主,按照其处置查士丁尼二世的方法,处以削去鼻子、割掉舌头的刑罚,而后将他发配到德尔玛图斯修道院。② 根据有关史料记载,被流放后的利奥提乌斯在该修道院一直苟且偷生活到 706 年 2 月,直到查士丁尼二世在保加利亚汗王特尔维尔的协助下重新夺回皇位,将他与提比略三世拉到大竞技场,公开羞辱一番后一并斩首。

　　695 年,利奥提乌斯通过发动军事叛变,废黜了合法皇帝查士丁尼二世,夺取皇位,后在 698 年阿普西马尔(即提比略三世)发动的政变期间被推翻,并于 706 年 2 月 15 日在君士坦丁堡被处决,作为僭主共在位三年。其间,利奥提乌斯在政治军事文化等领域并无太多作为,反而是导致拜占庭帝国陷入更严重动乱的破坏性因素。随着提比略三世政变成功,利奥提乌斯的短暂统治宣告终结,其本人也如昙花一现般退出了拜占庭帝国的历史舞台。

---

① Theophanes, *The Chronicle of Theophanes Confessor*, p. 517.

② Nikephoros, *Nikephoros Patriarch of Constantinople Short History*, p. 101.

第八节

提比略三世（Tiberius Ⅲ）

698—705 年在位

提比略三世（Tiberius Ⅲ，Τιβέριος Βʹ，生年不详，卒于 706 年 2 月 15 日）是继利奥提乌斯之后通过兵变登基的篡位皇帝，698—705 年在位七年。

提比略三世原名阿普西马尔，早年经历因记载很少非常模糊。零星的史料记载，提比略三世可能出生于帕弗里亚山区，具有蛮族血统，曾作为日耳曼将领效力于拜占庭帝国军队，后因能力突出升任军区长官。698 年，提比略三世推翻前任僭主利奥提乌斯，执政七年后于 705 年被查士丁尼二世废黜，并于第二年 2 月 15 日在君士坦丁堡被处决。

695 年，以蓝党为主的拜占庭民众在利奥提乌斯的率领下揭竿而起，推翻了查士丁尼二世的残暴统治，并将利奥提乌斯推举为拜占庭帝国的皇帝。[1] 698 年，尚未更名为提比略三世的阿普西马尔作为海防总指挥（Droungarios）跟随海军上将约翰，参加了利奥提乌斯发动的远征——旨在收复北非前线军事重镇迦太基。[2] 最初，拜占庭海军取得了战争胜利，很快就收复了迦太基及其周边城镇。取胜的主要原因一是突袭阿拉伯军队防卫薄弱点得手，二是阿拉伯军事征服行动战线太长，兵力不足，三是阿拉伯哈里发时代以军事扩张战略为主，防守据点为辅。哈里发得知消息后，随即集结调派了一支更强大的舰队前往支援，并成功打败约翰率领的海军，将后者赶出了迦太基。[3] 拜占庭军队远征以失败告终，约翰不得不通过海上从迦太基撤回，首先抵达克里特岛修整。然而祸不单行的是，全军途经克里特岛修整时，将领们仔细盘算了下一步的行动后果，认为以利奥提乌斯的残暴秉性，他们这支战败的海军将会受到严厉惩罚，因此决定改变行程。经

---

[1] Theophanes, *The Chronicle of Theophanes Confessor*, p. 515.

[2] 在此之前的 697 年，迦太基被阿拉伯人征服，见 Theophanes, *The Chronicle of Theophanes Confessor*, p. 516.

[3] Nikephoros, *Nikephoros Patriarch of Constantinople Short History*, p. 99.

过全军协商,将士们都不愿回到君士坦丁堡,而是主张发动一场兵变,拥立阿普西马尔为帝国皇帝[1],后者更名为提比略三世。

提比略三世即阿普西马尔率领叛变军队抵达首都时,君士坦丁堡正在饱受鼠疫困扰。据后世学者研究,此次鼠疫属于6世纪爆发的地中海第一次鼠疫的第五波爆发,因为"查士丁尼瘟疫"在首都爆发后的一个半世纪前后反复爆发了多次,其中君士坦丁堡竟高达五次,几乎每代人都要遭受鼠疫灾难。虽然人体自然免疫力压制了每次瘟疫的高发期,但鼠疫杆菌一直没有被彻底消灭,7世纪的这场鼠疫在首都肆虐了四个月左右,死伤众多,首都军民无心作战。[2] 提比略三世所部缺乏攻城战准备,无法实施围攻,只能在附近海港锚定,等待时机。同时,提比略三世的政变吸引了君士坦丁堡城内的绿党、野战军和帝国禁卫队的注意,他们也对前篡位皇帝不满,特别是绿党分子乘机在全城四处串联,攻击支持利奥提乌斯的蓝党人士。他们还配合提比略三世说服不满的军政官员倒戈支持新皇帝,鼓动愿意效忠于他的官员将城门打开,迎接提比略三世进城。在城内民众帮助下,提比略进入首都后,纵容部下大肆抢劫,他本人则下令废黜利奥提乌斯的皇帝身份,并将其削去鼻子,割去舌头,发落到德尔玛图斯修道院。[3]

在军事和外交方面,僭越成功后的提比略三世做出了不同于利奥提乌斯的战略,他忽略了对非洲领地的经营,最终导致拜占庭帝国彻底失去迦太基,但对其他地区十分重视。皇位坐稳后,提比略三世遂任命自己的兄弟伊拉克略为帝国东部的最高指挥官,要求后者加强对安纳托利亚的陆上和海上防御。有些学者指出,由于提比略找不到任何理由证明其篡位的合法性,因此就设法通过袭击阿拉伯人控制下的叙利亚来取得轻而易举的胜利,以证明自己作为皇帝的合理性。[4] 698年,提比略三世派遣军队入侵叙利亚和萨莫萨塔(Samosata),一度将当地的阿拉伯人向南赶回了其祖居地的家乡。[5] 伊拉克略也率领拜占庭军队取

① Theophanes, *The Chronicle of Theophanes Confessor*, p. 517.
② 陈志强:《地中海首次鼠疫研究》,《历史研究》2008年第1期;Nikephoros, *Nikephoros Patriarch of Constantinople Short History*, p. 99;Theophanes, *The Chronicle of Theophanes Confessor*, p. 517。
③ Nikephoros, *Nikephoros Patriarch of Constantinople Short History*, p. 101.
④ [英]西里尔·曼戈主编:《牛津拜占庭史》,第189页。
⑤ Theophanes, *The Chronicle of Theophanes Confessor*, p. 518.

得了一些胜利,马利克哈里发统治下的阿拉伯帝国实力不济且此时内部争权夺利激烈,内耗严重,极大损耗军事实力,先后丧失了叙利亚北部的部分领土。提比略三世继续向东、南两个方向加强进军步伐,甚至在一段时期内完全控制了亚美尼亚地区。703—704 年,阿拉伯帝国决心反击,多达一万人的阿拉伯大军在阿扎尔(Azar)的率领下入侵西里西亚,伊拉克略率军回击,取得战争胜利,一举斩杀了大部分阿拉伯人。[1] 随后一年,卷土重来的阿拉伯人再次进犯西里西亚,并围攻拜占庭帝国的西西翁(Sision)要塞,但仍然被伊拉克略击溃。[2] 阿拉伯人接二连三遭遇惨败,最终被迫退出西里西亚,拜占庭帝国东部前线恢复到原来的位置。

在内政方面,提比略三世没有太多作为,比较为人所知的举措是将军队将领菲利彼库斯罢免驱逐。其驱逐后者的原因颇具戏剧性,据称菲利彼库斯曾梦见自己的头上有一只雄鹰,遂找人解梦,认为这是他未来成为拜占庭帝国皇帝的征兆。[3] 这种事情本来属于心知肚明的想法,不可外露,但他和提比略三世一样都是赳赳武夫,没有政治博弈的经验,随口说出,也许是说者无意听者有心,提比略三世听闻后担心皇位不保,随即将这位狂妄之徒流放到凯法利尼亚岛(Cephalonia)上严加看管。[4] 后来,菲利彼库斯这个被称为流放将军的将领也有忠心不二的死士追随者,在他们的帮助下,他后来真的当上了皇帝。

提比略三世发动政变并上台期间,此前被废黜的查士丁尼二世正在流放地谋划复辟活动,甚至公开宣称自己要夺回帝国。704 年,胸怀大志、不屈不挠的查士丁尼二世从流放地克尔松逃脱[5],在哈扎尔人和保加利亚人的大力协助下,几经辗转回到巴尔干半岛,与保加利亚人勾结后势力壮大,遂率领军队前往君士坦丁堡,试图收复皇权。提比略三世得知消息后,遂向哈扎尔王国施压,乘其不备杀掉查士丁尼二世,并承诺给予后者重金,要求对查士丁尼二世本人活要见人死要见人头,并亲自交给自己换取重赏。[6] 哈扎尔国王听从了提比略三世的建议,于是

---

[1] Theophanes, *The Chronicle of Theophanes Confessor*, p. 520.

[2] Theophanes, *The Chronicle of Theophanes Confessor*, p. 520.

[3] Theophanes, *The Chronicle of Theophanes Confessor*, p. 519.

[4] Theophanes, *The Chronicle of Theophanes Confessor*, p. 519.

[5] Theophanes, *The Chronicle of Theophanes Confessor*, p. 520.

[6] Nikephoros, *Nikephoros Patriarch of Constantinople Short History*, p. 101.

派遣两位刺客——帕帕兹和巴尔基兹执行刺杀任务。暗杀的消息被查士丁尼二世的妻子塞奥多拉截获①，并及时通报给查士丁尼二世，后者得以脱险，并亲手勒死了两名刺客。尔后，查士丁尼二世又得到保加利亚汗王特尔维尔的支持，后者派遣了一支军队，由查士丁尼二世亲自率领，前往首都君士坦丁堡。

成功到达首都后，查士丁尼二世花了三天时间试图说服君士坦丁堡的臣民打开城门，但没有成功，反而遭到讥笑，因为按照拜占庭的传统，身体残缺的人不能做帝王，尤其是破了相的查士丁尼二世更成为人们耻笑的对象。② 虽然强攻和利诱无果，但查士丁尼二世的部下在君士坦丁堡的城墙下方发现了一条废弃已久的排水管，通过这条水管，查士丁尼二世及其追随者偷偷潜入首都。听闻查士丁尼二世在夜间进入了君士坦丁堡，且蓝党残余分子乘机在全城鼓噪喧闹，制造恐怖气氛，缺兵少将的提比略三世遂放弃首都，仓皇逃到阿波罗尼亚斯。但他随后就被查士丁尼二世的部下逮捕，押回了君士坦丁堡。③

查士丁尼二世重新恢复了自己的皇位，随即对前两任僭越者展开政治清算。提比略三世被捕后，他的兄弟伊拉克略以及其他将领也被捕，并被戴上脚镣从色雷斯押回君士坦丁堡，此前被关押在德尔玛图斯修道院的前任皇帝利奥提乌斯也未能幸免。查士丁尼二世给这些昔日的仇敌戴上镣铐，公开游街示众，结束后又将他们带到君士坦丁堡的大竞技场接受惩罚。与查士丁尼二世和利奥提乌斯一样，提比略三世的鼻子也被削去。不仅如此，查士丁尼二世还变本加厉地实施羞辱，将提比略三世与利奥提乌斯踩在脚下，特意将鞋底踏在他们头上，以解心头之恨，显示其征服恶魔的胜利。他在观看战车比赛后，将两位被折磨得奄奄一息的篡权者拉到柯尼基恩（Kynegion）斩首。④ 随后，提比略三世的兄弟伊拉克略和其他曾经效力于提比略三世的军事指挥官也都被绞死，大清洗一直持续到查士丁尼二世最终被推翻。⑤ 重掌帝国大权的查士丁尼大肆杀戮，以私害公，疯狂报复，不仅摧毁了拜占庭帝国中央集权制，也为自己树立了更多死敌，不久也遭遇了悲惨

---

① Nikephoros, *Nikephoros Patriarch of Constantinople Short History*, p. 101.

② Theophanes, *The Chronicle of Theophanes Confessor*, p. 522.

③ Theophanes, *The Chronicle of Theophanes Confessor*, p. 523.

④ Theophanes, *The Chronicle of Theophanes Confessor*, p. 523.

⑤ Nikephoros, *Nikephoros Patriarch of Constantinople Short History*, p. 103.

的下场。

自 698 年推翻利奥提乌斯上台,至 705 年 8 月 21 日被查士丁尼二世赶下台,提比略三世作为篡位皇帝共在位七年。其间,提比略三世将主要精力放在确保统治地位上。他没有设法笼络人心、扩大亲信阵营、维护皇位,而是千方百计追捕反对派,残酷迫害异己力量,特别是防止查士丁尼二世的复辟活动,且并没有成功。此外,在军事领域,提比略三世依靠骁勇善战的兄弟伊拉克略,一度收复了部分领土,并遏制了阿拉伯人对拜占庭帝国东部领土的继续蚕食,该成就是值得被肯定的。但提比略三世是通过发动政变夺取了拜占庭帝国皇位,属于僭越行为,其统治从一开始就不具有合法性,进而缺乏稳定性。加上前任僭主利奥提乌斯对查士丁尼二世的惩罚不彻底,导致后者借机逃离流放地,并在哈扎尔人和保加利亚人的协助下重新夺回皇位,提比略三世的短暂统治以悲剧形式宣告终结。

从查士丁尼二世两番上台下台、利奥提乌斯反叛、提比略三世兵变,以及他们最终不得善终的事实看,军阀称雄、自立为帝似乎重现了"公元三世纪大危机"时代罗马帝国的政治混乱。但伊拉克略王朝末期的政局动乱与那时的大危机还是有所不同,其中重要特点不在割据,而在争夺皇权,无论是皇家背景的查士丁尼二世,还是军阀背景的利奥提乌斯和提比略三世都无意据守一方地盘,即无意"割据",而是设法杀回首都夺取皇位。这充分表明,皇帝专制制度已经深入人心,自君士坦丁一世开始的皇帝血亲世袭体制已经成为拜占庭帝国政治的核心制度。另外,相比于军阀混战、轮流坐庄,拜占庭帝国皇帝血亲世袭制度似乎不那么血腥,虽然皇亲国戚之间的争斗也不乏无情的手足相残,但涉及的范围相对要小得多,其斗争烈度也低得多,因此付出的社会成本也少得多。尤其值得注意的是,皇帝血亲世袭制度极大降低了拜占庭帝国最高权力交接的成本,对国家政局的稳定利大于弊,对社会精英人才的损害也小得多,特别是对帝国疆域内的拜占庭普通民众的生活影响很小。从这个角度看,拜占庭帝国皇帝制度之所以能够延续千余年是有其合理性的。

第九节

菲利彼库斯（Philippicus）

711—713 年在位

　　菲利彼库斯（Philippicus，Φιλιππικός，生年不详，卒于 714 或 715 年）是继查士丁尼二世之后的拜占庭帝国皇帝，711 年 12 月 11 日—713 年 6 月 3 日在位一年半。

　　菲利彼库斯原名为巴登斯，因而又被称为菲利彼库斯-巴登斯。菲利彼库斯的父亲尼基弗鲁斯是一位贵族，可能来自亚美尼亚的殖民地—— 帕加马（Pergamum）。菲利彼库斯于 711 年篡夺皇位，并将查士丁尼二世逮捕斩首。在经过不到两年的统治后，菲利彼库斯在奥普斯金军区发动的叛乱中被推翻，皇位由阿纳斯塔修斯二世继承。

　　菲利彼库斯篡位上台在一定程度上借助了前两任皇帝查士丁尼二世和提比略三世之间的僭越与反僭越之争。提比略三世在位时期[1]，曾将尚在担任军队将领的菲利彼库斯驱逐。驱逐的原因颇具戏剧性，据称，菲利彼库斯曾梦见自己的头上有一只雄鹰，遂认为这是他未来成为拜占庭帝国皇帝的征兆。[2] 提比略三世听闻后担心皇位不保，随即在 702 年或 703 年将这位狂妄的"未来皇帝"放逐到凯法利尼亚岛。[3] 查士丁尼二世复位后，将菲利彼库斯召回，而后派他前往克尔松驻防。[4]

　　在查士丁尼二世的第二统治期，拜占庭帝国陷入了混乱。在其六年的统治中，查士丁尼二世"陷入疯狂的报复欲望不能自拔，完全无视国家最紧迫的需要，忽视抵抗帝国敌人的战争，将其全部力量都投入与其个人仇敌血战到底的斗

---

① 提比略三世原名阿普西马尔，曾在拜占庭帝国军队中担任高级军官，后在一场政变中被拥立为皇帝，见
　　Theophanes, *The Chronicle of Theophanes Confessor*, p.517。

② Theophanes, *The Chronicle of Theophanes Confessor*, p.519.

③ Alexander P. Kazhdan ed., *The Oxford Dictionary of Byzantium*, p.1654.

④ Theophanes, *The Chronicle of Theophanes Confessor*, pp.519-528.

争中"①。

查士丁尼二世的残暴统治招致军队的不满。时任"佩剑者"(Spatharius)的埃利亚斯和巴登斯遂在克尔松发动了起义。查士丁尼二世得知后,派遣格里高利、约翰以及克里斯托弗(Christopher),率领300名全副武装的士兵前往克尔松讨伐。为了壮大讨伐队伍,他下旨恢复了特多罗斯(Toudounos,曾担任克尔松总督)和佐伊罗斯(Zoilos)的职位,为此还通过一位使节就以前的过失向哈扎尔王国的汗王致歉,这里所谓过失是指当年逃到汗王处避难的旧事。最重要的是,查士丁尼二世要求这些前去讨伐的人务必将叛乱的埃利亚斯和巴登斯抓到交给他。②

然而,讨伐活动进展并不顺利,当300多人跨海到达克尔松后,发现城门紧锁,当地居民不允许他们入城。第二天,克尔松民众突然转变态度,邀请了几位将领(可能是格里高利和约翰)单独进入城内,但等城门关闭后就将他们杀害了。至于特多罗斯、佐伊罗斯还有那300名士兵,随后被克尔松民众押送走,准备交给哈扎尔人。不幸的是,队伍尚未到达哈扎尔王国,特多罗斯就死在了路途中,哈扎尔人得知后,将克里斯托弗和所有士兵全部杀害。③

随后,克尔松民众和其他要塞的民众都开始诅咒查士丁尼二世。查士丁尼二世得知此事后非常愤怒,于是在向小亚细亚逃窜的途中杀死了自己的孩子,并强迫妻子改嫁给自己的印度厨子。不仅如此,查士丁尼二世还派遣贵族莫罗斯(Mauros)和一支舰队前往讨伐,他下令让这支屠城队伍毁掉克尔松的城墙和整座城镇,不留一个活口。在讨伐队伍到达前后,菲利彼库斯逃离克尔松,最终逃到了哈扎尔王国,并得到了汗王的接纳和庇护。④

711年,克尔松民众发起叛乱。不满查士丁尼二世的帝国军队和海军也开始倒戈,加入叛乱队伍,尤其是军队指挥官们,他们每次经历失败后都会受到生性多疑的查士丁尼二世的无情惩罚。⑤ 对他们而言,发动兵变是改善自身处境的便捷

---

① [南]乔治·奥斯特洛格尔斯基:《拜占廷帝国》,第107页。

② Theophanes, *The Chronicle of Theophanes Confessor*, p. 528.

③ Theophanes, *The Chronicle of Theophanes Confessor*, p. 528.

④ Theophanes, *The Chronicle of Theophanes Confessor*, p. 528.

⑤ [南]乔治·奥斯特洛格尔斯基:《拜占廷帝国》,第107页。

方式。他们不仅反对查士丁尼二世,还公开支持菲利彼库斯担任皇帝。[1] 由于当时的哈扎尔王国正在谋求将势力范围扩大到包括克里米亚半岛在内的更广大区域,起义也得到了哈扎尔人的支持。

随着起义的进一步发展,亚美尼亚人巴登斯被拥立为皇帝,随即更名为菲利彼库斯。[2] 当他率领舰队抵达君士坦丁堡城墙下时,部分首都民众对他敞开了城门。在哈扎尔人和拜占庭叛军的支持下,菲利彼库斯于 711 年 11 月成功入主君士坦丁堡。[3] 由于查士丁尼二世在第二任期的残暴统治,当时的首都城内已经没有人再继续支持这位皇帝。菲利彼库斯的部将埃利亚斯抓住查士丁尼二世,亲自将其手刃。这位残暴皇帝的尸体被抛入大海,头颅被带回君士坦丁堡,后被带到罗马和拉文纳等地示众。

事发后,查士丁尼二世的小儿子和继承人提比略逃到一座教堂里避难,但很快就被菲利彼库斯的两名手下——约翰和莫罗斯逮捕杀害。[4] 与此同时,查士丁尼二世在位时期的主要官员,如巴拉斯巴库罗斯(Barasbakourios)也都先后被斩杀。[5] 随着查士丁尼二世及其家族的覆灭,拜占庭帝国中期历史上第一个王朝——伊拉克略王朝至此宣告终结,拜占庭帝国也进入短暂的混乱时期。

上台后的菲利彼库斯开始着手调整帝国的宗教政策。在奥斯特洛格尔斯基看来,菲利彼库斯-巴登斯这个亚美尼亚人在宗教方面,更愿意标榜自己的家乡而不愿意称自己是伊拉克略的后人,他似乎倾向于基督一性论信仰。他不想冒险恢复一性论教义,转而表现出鼓吹基督一志论的姿态,但事实上,一志论早在 30 年前就遭到第六次大公会议的斥责。[6]

为了公开表达支持一志论的态度,菲利彼库斯发布了一道皇帝法令,否定了第六次大公会议的决议,同时宣布一志论是拜占庭帝国唯一的正统信仰。[7] 更改

① Theophanes, *The Chronicle of Theophanes Confessor*, p. 528.

② Nikephoros, *Nikephoros Patriarch of Constantinople Short History*, p. 111.

③ Alexander P. Kazhdan ed., *The Oxford Dictionary of Byzantium*, p. 1654.

④ 查士丁尼二世之子被杀后,被安葬在阿纳尔基利教堂(Anargyroi Church),见 Nikephoros, *Nikephoros Patriarch of Constantinople Short History*, p. 113。

⑤ Nikephoros, *Nikephoros Patriarch of Constantinople Short History*, p. 113.

⑥ [南]乔治·奥斯特洛格尔斯基:《拜占廷帝国》,第 130 页。

⑦ [南]乔治·奥斯特洛格尔斯基:《拜占廷帝国》,第 130 页。

帝国的正统信仰后,菲利彼库斯旋即着手摧毁君士坦丁堡皇宫里陈设的代表第六次大公会议的宗教象征物,移除了为纪念这次会议而在皇宫前门——米隆门上篆刻的铭文,并换上了这位皇帝自己和牧首塞尔吉乌斯的画像。在随后的几年里,菲利彼库斯用同样的手法毁掉了大量宗教性圣像,并替换为自己的画像。不仅如此,他还在泽西帕斯(Zeuxippos)等地方树立了自己的塑像。①

除此以外,菲利彼库斯宗教政策的重要内容还包括将第六次基督教大公会议时期任命的教父们革除教籍,并废黜了大主教塞勒斯(Patr. Kyros,705—711 年在任)。该举措得到了当时还在担任副主教的约翰六世(John Ⅵ,712—715 年在任)以及其他神职人员的支持。② 与此同时,约翰六世被任命为新任牧首。菲利彼库斯还重新任命了一部分曾经被教会除名的神职人员,其中包括塞尔吉乌斯一世。③

完成对异己分子的"清洗"后,菲利彼库斯召集了一次东部帝国主教会议,参会人员中包括日后的牧首日耳曼努斯一世(Germanus Ⅰ,715—730 年在任),会议猛烈批判了第三次君士坦丁堡会议即第六次基督教大公会议的内容,声称要为上帝的真理纠正错误。④ 作为对这一政策的回应,罗马教会拒绝承认这位僭越的新皇帝和他任命的神职人员。

菲利彼库斯的宗教政策在拜占庭帝国高级教士和其他神职人员当中有许多支持者,或者至少是同情者,例如后来的牧首日耳曼努斯一世。另一方面,基督一性论派能够再次占据上风,显露头角,这无疑表明无论是基督一志论异端还是基督一性论异端在拜占庭帝国都长期存在,至少在菲利彼库斯统治时期尚未消失。⑤

然而,皇帝公开表示支持的这种异端在此前的基督教大公会议上层就受到过谴责,自然也遭到罗马教宗的极大反对,但这种反对采取了一种多少有些特别的表达方式。菲利彼库斯宣布登基后,就向罗马主教君士坦丁一世派遣使节,送去

① Nikephoros, *Nikephoros Patriarch of Constantinople Short History*, p. 113.

② Nikephoros, *Nikephoros Patriarch of Constantinople Short History*, p. 113.

③ Alexander P. Kazhdan ed., *The Oxford Dictionary of Byzantium*, p. 1654.

④ Alexander P. Kazhdan ed., *The Oxford Dictionary of Byzantium*, p. 1654.

⑤ [南]乔治·奥斯特洛格尔斯基:《拜占廷帝国》,第 131 页。

皇帝的画像,这是一种暗含着基督一志论精神的表示。这个异端皇帝的画像在罗马遭到拒绝,要求在钱币上印铸皇帝像的计划也被否定,他的名字则从教会祈祷仪式与当时发布的法令和文件中被删掉。罗马主教下令将第六次基督教大公会议的图画树立在圣彼得大教堂里,以作为对皇帝从君士坦丁堡皇宫中取消第六次大公会议的图表行动的回应。这样,就在大规模毁坏圣像争论爆发前夕,异端皇帝和作为正统信仰捍卫者的罗马主教之间上演了一场奇特的对抗。这次斗争争论的焦点是圣像,对立双方都通过接受或拒绝某种画像图画来证明各自的立场。①

菲利彼库斯提倡的一志论不仅在基督教上层遭遇抵制,也未能在拜占庭帝国下层民众当中流行开来,反而引发了基督教普通信众的强烈反对。菲利彼库斯重新挑起的神学争论,特别是挑起关于圣像的冲突——这一冲突缺乏纯粹的宗教性,只是将圣像的象征性作为争论的议题——在一定程度上预示了未来将发生一场大规模的毁坏圣像运动(Iconaclasm)。对此,奥斯特洛格尔斯基认为,毁坏圣像斗争时期,拜占庭帝国面临的严重危机在菲利彼库斯统治时期就已经显示出来,表现出了这位僭越皇帝短暂而不幸统治的历史意义。②

在军事活动和外交事务方面,帝国内部的严重骚乱加剧了已经出现的外部混乱。特别是保加利亚汗王特尔维尔及时抓住借口,声称为被杀害的盟友查士丁尼二世报仇,发动了对拜占庭帝国新皇帝的攻击。712年,他进军到君士坦丁堡城下,大肆抢劫首都郊区。首都周围那些富有的乡村和地产庄园大多是显赫家族夏季避暑之地,此时遭到保加利亚人匪徒无情的洗劫,变成一片焦土。特尔维尔能够毫无困难地席卷整个色雷斯地区并一直进军深入抵达首都城下,表明菲利彼库斯时拜占庭帝国欧洲部分领土的防御已经极其衰弱。③

712年,菲利彼库斯将一些生活在拜占庭帝国境内的亚美尼亚人重新安置到梅利蒂尼(Melitene)等地④,引发了不满。让拜占庭帝国军事形势雪上加霜的是,

① [南]乔治·奥斯特洛格尔斯基:《拜占廷帝国》,第131页。
② [南]乔治·奥斯特洛格尔斯基:《拜占廷帝国》,第130页。
③ [南]乔治·奥斯特洛格尔斯基:《拜占廷帝国》,第131页。
④ Alexander P. Kazhdan ed. , *The Oxford Dictionary of Byzantium* , p. 1654.

阿拉伯人趁拜占庭帝国发生政局变故之机对帝国领土发动新的攻势。713 年,阿拉伯人洗劫了比西迪亚(Pisidia)的安条克。该城军事上的失利很可能在拜占庭帝国军队内部引发了连锁反应。[①] 为了挽救局势,帝国不得不从奥普斯金军区经博斯普鲁斯海峡调兵遣将,驰援事发地。然而,这些军队在随后发动了反叛菲利彼库斯的兵变。[②]

713 年 5 月下旬,奥普斯金军区的军队在色雷斯起义。一位名叫鲁佛斯(Rouphos)的军队将领和一些士兵开始图谋推翻菲利彼库斯的统治。6 月 3 日,这些叛军进入了城市,突袭了菲利彼库斯所在地。当时的菲利彼库斯还在睡梦中,叛军强行将他带到大竞技场,当着愤怒的民众挖去了他的双眼。[③] 第二天,正值圣灵降临节(Pentecost),城里的所有人都聚集在圣逻各斯教堂(Divine Logos Church),将菲利彼库斯曾经的重臣——阿特米乌斯(Artemius)拥立为皇帝。阿特米乌斯曾在菲利彼库斯军队中担任秘书官。[④] 尽管这次兵变是军队发动的,但是作为行政官员的阿特米乌斯被推上皇帝宝座,无疑是对菲利彼库斯的巨大讽刺。

在随后举行的加冕仪式上,阿特米乌斯更名为阿纳斯塔修斯,即阿纳斯塔修斯二世。奥斯特洛格尔斯基认为,阿特米乌斯此举是为了仿效 5 世纪初的前任皇帝阿纳斯塔修斯一世(Anastasius Ⅰ,430—518 年在位),后者在登基前也是一位行政官员,且在担任皇帝期间又以卓越的理财业绩著称。[⑤]

阿纳斯塔修斯二世上台后,首先采取的宗教方面的举措就是废除菲利彼库斯的一志论法令,他公开郑重宣布承认第六次基督教大公会议的合法性。这次会议的象征圣像曾被菲利彼库斯清除出皇宫,此时被重新搬了回来,而菲利彼库斯和牧首塞尔吉乌斯的画像则被彻底铲除销毁。[⑥]

此外,为防止菲利彼库斯复辟,阿纳斯塔修斯将已被瞽目的前任皇帝关入了

① Alexander P. Kazhdan ed. , *The Oxford Dictionary of Byzantium* , p. 1654.
② [南]乔治·奥斯特洛格尔斯基:《拜占廷帝国》,第 131 页。
③ Nikephoros, *Nikephoros Patriarch of Constantinople Short History* , p. 115.
④ Nikephoros, *Nikephoros Patriarch of Constantinople Short History* , pp. 115 – 117.
⑤ [南]乔治·奥斯特洛格尔斯基:《拜占廷帝国》,第 131 页。
⑥ [南]乔治·奥斯特洛格尔斯基:《拜占廷帝国》,第 131 页。

修道院。曾短暂统治拜占庭帝国的僭越皇帝菲利彼库斯痛苦而悲惨地撑了一年多,最终于 714 年 1 月 20 日或 715 年在君士坦丁堡去世,死后被安葬在达尔马图修道院(Dalmatou Monastery),没有任何人知道他去世的准确时间。①

第十节

阿纳斯塔修斯二世(Anastasius Ⅱ)

713—715 年在位

阿纳斯塔修斯二世(Anastasius Ⅱ,'Αναστάσιος Β',生卒年月不详),本名为阿特米乌斯('Αρτέμιος),称帝后改名为阿纳斯塔修斯二世,是"二十年混乱期"(Twenty Years' Anarchy,695—717 年)的倒数第二位皇帝。② 713 年 6 月 4 日—715 年 11 月在位两年多。

他的妻子是伊琳妮(Irene),除此之外,关于其出生年、出生地、家庭成员、相貌等,后人几乎一无所知。③ 阿纳斯塔修斯在 713 年登上历史舞台,当时是皇帝菲利彼库斯统治下的宫廷首席文书。④ 713 年 6 月 3 日,奥普斯金军区叛乱,叛乱将士冲入皇宫,首先俘获了皇帝菲利彼库斯,然后将他带到大竞技场,当众将其双眼刺瞎,以绝后患。6 月 4 日,阿纳斯塔修斯二世在圣索菲亚大教堂被加冕为帝。现有的史料并未提及阿纳斯塔修斯二世参与叛乱之中,但也没有提及他为何能够被拥立为帝,以及他与奥普斯金叛军将领们之间的关系。在即位后的两周,两位叛军首领塞奥多利·米亚基乌斯(Theodore Myakios)和乔治·乌拉福斯(George

① Alexander P. Kazhdan ed. , *The Oxford Dictionary of Byzantium* , p. 1654.
② 从 695 年皇帝查士丁尼二世第一次下台,至 717 年利奥三世登基。在这期间,帝国内叛乱叠生,七易其主,最长的一任也不过七年;R. Jenkins, *Byzantium: The Imperial Centuries AD 610 - 1071*, Toronto, Buffalo, London: University of Toronto Press, 1987, p. 58。
③ Ph. Grierson, C. Mango and I. Ševčenko, "The Tombs and Obits of the Byzantine Emperors (337 - 1042); With an Additional Note", *Dumbarton Oaks Papers*, Vol. 16 (1962), p. 52.
④ Theophanes, *Chronographia*, C. de Boor ed. , Leipzig: Teubner, 1887, 383. 18 - 19; Nicephorus, *Breviarium*, C. de Boor ed. , Leipzig, 1880, 48. 19.

Bouraphos)先后被刺瞎双眼,遭到流放。①

阿纳斯塔修斯二世上任后,知人善任,任命有才能的将军统率军区军队,掌控军事事务;任命有学识的人担任内政官员,从而确保帝国正常运转。② 他还妥善处理了宗教事务带来的争端。前任皇帝菲利彼库斯支持一志论,否定第六次大公会议的合法性,引起教会内部巨大争议。阿纳斯塔修斯二世公开宣布重新回归正统教义,以平息教会争端,并在米利翁教堂(Milion Church)拱顶镶嵌画中描绘了六次大公会议,取代了之前仅描绘前五次大公会议的画像,表明了皇帝支持正统宗教教义的态度。③ 基于同样的原因,阿纳斯塔修斯二世罢免了支持一志论的牧首约翰六世,以西奇库斯的都主教日耳曼努斯取而代之。这次任命改善了前任皇帝因为一志论而与罗马教会存在的紧张关系,后者遂派遣代表参加了日耳曼努斯的即位仪式。④

阿纳斯塔修斯的治国才能还体现在对阿拉伯人入侵的应对方面。在 8 世纪初期,阿拉伯人恢复对拜占庭帝国的入侵。714 年,阿拉伯帝国将军马斯拉马斯(Maslamas)带兵进入拜占庭境内,洗劫了加拉提亚(Galatia),获得大量俘虏和战利品。此后,阿纳斯塔修斯获悉阿拉伯人正在厉兵秣马,准备从水陆两线对拜占庭帝国发动大规模入侵。阿纳斯塔修斯立刻派遣使臣丹尼尔·希诺比迪斯(Daniel Sinopites)前往叙利亚,出访哈里发瓦利德一世(Walid Ⅰ,705—715 年在位)。此次出访名义上是进行和谈,但实际上是为了摸清阿拉伯人的备战情况。丹尼尔回国后,立刻向阿纳斯塔修斯二世详细汇报了敌军备战进展的信息。阿纳斯塔修斯据此认为一场漫长的首都保卫战不可避免,于是他下令,首都每个民众都必须为自己储备长达三年的生活物资和武器,无法做到这一点的人则必须离开君士坦丁堡。与此同时,他责令修建德隆猛战船,制作发射希腊火专用的器械,建造大型三列桨战船。他还安排士兵修复京都沿海城墙以及陆地城墙,在塔楼

---

① Theophanes, *Chronographia*, 383. 1 – 23. Nicephorus, *Breviarium*, C. de Boor ed. , 48. 1 – 22.

② Theophanes, *Chronographia*, 383. 29 – 31; Nicephorus, *Breviarium*, C. de Boor ed. , 49. 1 – 3.

③ C. Mango, *The Brazen House: A Study of the Vestibule of the Imperial Palace of Constantinople*, København: i kommission hos Ejnar Munksgaard, 1959, pp. 47 – 48. 米利翁是用于标注大道里程起点的地方,相当于现代社会的"零公里标志"。

④ Theophanes, *Chronographia*, 384. 19 – 385. 4.

上安置弹射器,以及用于投掷石弹等各种发射物,同时配备其他防御器械。这些都是防御敌人进攻的有效手段。在尽可能加强君士坦丁堡的防御之后,阿纳斯塔修斯二世在皇室仓库中储备了大量生活和军需物资,这样可以保证皇室的安全。①

此后,阿纳斯塔修斯二世继续关注阿拉伯人的动向。当获悉一支阿拉伯舰队从亚历山大里亚出发,驶向菲利克斯以便砍伐柏树制造船只后,阿纳斯塔修斯认为应该将阿拉伯人的造船业扼杀在初始阶段。② 于是,他下令挑选帝国速度最快的船只,配备奥普斯金军区的士兵,严令他们在罗德岛集结,然后从这个基地启航,前去堵截阿拉伯人的舰队,将阿拉伯人的木材和物资全部烧掉。他将这些海军的指挥权交给能力超强的总务部大臣约翰,后者得令后即刻前往罗德岛前线。当各路舰队集结完毕,约翰宣布命令之后,奥普斯金军区的士兵畏战情绪严重,害怕此次出征失败,他们拒绝服从命令。根据史料记载,他们诅咒皇帝,用剑杀死了约翰,拜占庭舰队因此自行解散,每个分队都驶回自己的驻地。奥普斯金军区士兵则起兵反叛,出发前去攻打君士坦丁堡。考虑到必须师出有名,于是他们从阿德拉米提翁(Adramytion)找到一个叫塞奥多西的人,强迫他接任皇位。此人是帝国政府的一个普通税收员,他害怕惹祸上身,于是逃跑、躲避到山上,但最终还是被奥普斯金军区的士兵发现,然后被强制推举为皇帝。③

当阿纳斯塔修斯知道这些事情后,立即将君士坦丁堡的防御和军队指挥权交给家族成员,然后自己躲到了尼西亚(Nicaea)。叛军回到奥普斯金军区后,怂恿整个奥普斯金军区的士兵一起叛乱。他们还拉拢居住在奥普斯金军区内的希腊化哥特人(Gothograeci),集聚了许多商船,由水陆两路抵达克里索波利斯。叛军从此地向君士坦丁堡发动进攻,战争持续了六个月。之后,戍守君士坦丁堡的舰队龟缩防守,导致叛军得以横渡到色雷斯一侧,从君士坦丁堡西侧发动进攻。可

① Theophanes, *Chronographia*, 383. 29 – 384. 14; Nicephorus, *Breviarium*, C. de Boor ed. , 49. 3 – 17.

② 关于亚历山大里亚与阿拉伯人的海军发展,见 A. M. Fahmy, *Muslim Naval Organisation in the Eastern Mediterranean from the Seventh to the Tenth Century A. D.* , Cairo: National Publication & Print. House, 1966, pp. 27 – 28。

③ Theophanes, *Chronographia*, 385. 5 – 24; Nicephorus, *Breviarium*, C. de Boor ed. , 50. 1 – 25; Michael the Syrian, *Chronique*, J. B. Chabot ed. and trans. , Paris: Ernest Leroux, 1899 – 1910, Ⅱ, p. 479.

能在叛军压力下,君士坦丁堡内出现了新的叛徒,奥普斯金军区的士兵从西北方向的布拉海尔奈宫殿区域进入首都。叛军洗劫了君士坦丁堡,逮捕了阿纳斯塔修斯的幕僚以及君士坦丁堡牧首日耳曼努斯。叛军随后将他们二人押送到阿纳斯塔修斯躲藏处,以此向后者展示,他已经没有胜算。阿纳斯塔修斯二世因此放弃了希望,在得到豁免的保证后投降,剃度出家,隐居在修道院,希望在修道生活中了此残生。新任皇帝塞奥多西没有伤害阿纳斯塔修斯二世,只是将其流放到塞萨洛尼基。①

但阿纳斯塔修斯二世并未如约隐居、退出历史舞台。在利奥三世统治时期的 719 年,阿纳斯塔修斯收到"贵族"尼基塔斯·西里尼特斯(Niketas Xylinites)的书信,声称君士坦丁堡内仍有朝臣支持他夺回皇位。阿纳斯塔修斯获知后,表示愿意参与叛乱,其中还有奥普斯金军区长官伊斯埃斯(Isoes)、城墙长官尼基塔斯·安斯拉克斯(Niketas Anthrax)等。与此同时,阿纳斯塔修斯得到了塞萨洛尼基大主教的拥护,于是他开始谋划夺回皇位。为了招兵买马筹足一支军队,阿纳斯塔修斯找到了西西尼乌斯(Sisinnius)。② 此人与保加利亚人关系密切。在西西尼乌斯的帮助下,阿纳斯塔修斯与保加利亚人缔结同盟,并得到一支军队和大量金钱。阿纳斯塔修斯带领着保加利亚人的军队,悄然前往君士坦丁堡。他与君士坦丁堡内的同谋者商定,待阿纳斯塔修斯叛军抵达君士坦丁堡附近时,后者打开城门,在城中造成动乱,阿纳斯塔修斯的军队趁机夺取皇位。然而,当朝皇帝利奥三世截获了来往书信,发现了阴谋,逮捕了城中的同谋者。利奥三世还给保加利亚君主去信,称只要交出叛乱者,拜占庭帝国既往不咎,且以重金感谢。于是保加利亚人交出了阿纳斯塔修斯和塞萨洛尼基大主教,自己率领保加利亚军队返回本国。③ 阿纳斯塔修斯被斩首示众,后被埋在圣使徒教堂中。④

---

① Theophanes, *Chronographia*, 385. 24 – 386. 13; Nicephorus, *Breviarium*, C. de Boor ed. , 51. 1 – 20.

② 关于此人的生平经历,见 P. A. Yannopoulos, "Le Role des Bulgares dans la guerre Arabo-Byzantine de 717/718", *Vizantijskij Vremennik* 55/2 (80) (1998), pp. 148 – 151。

③ Theophanes, *Chronographia*, 400. 18 – 401. 3; Nicephorus, *Breviarium*, C. de Boor ed. , 57. 1 – 36.

④ Ph. Grierson, C. Mango and I. Ševčenko, "The Tombs and Obits of the Byzantine Emperors (337 – 1042); With an Additional Note", p. 33.

　　阿纳斯塔修斯在统治了两年多后遭到罢免。[①] 由于身处乱世中，因此关于他的记载非常少，现当代学者通常将其视为"二十年混乱期"中的一位皇帝而简单提及。[②] 客观而言，阿纳斯塔修斯二世拥有治国才能，他积极应对阿拉伯人的进攻，采取全面的防御性备战，为717—718年君士坦丁堡保卫战奠定了坚实的物质基础。他在内政方面委任有才能的人担任要职，这可能是719年利奥三世的朝臣希望他能夺回皇权的原因之一。甚至那些起兵反叛他的军队，也是他有的放矢，专门安排去扰乱阿拉伯人建造战船的计划。因此可以断定，阿纳斯塔修斯二世拥有治国理政的能力，但缺少一些运气，在尚未巩固皇权之前便被推翻，没有机会继续展现他的才能。正如伯里（J. B. Burry）所言："如果他的统治没有被迅速颠覆，他也许可以帮助帝国度过危急时刻，建立一个新的王朝。"[③]

第十一节

塞奥多西三世（Theodosius Ⅲ）

715—717 年在位

　　塞奥多西三世（Theodoius Ⅲ，Θεοδόσιος Γ′，生卒年月不详）是"二十年混乱期"的最后一位皇帝。715年5月—717年3月25日在位不到两年时间。

　　后人仅知他有一个儿子[④]，除此之外，关于其出生年、出生地、相貌等，我们几

① 根据塞奥法尼斯的记载，阿纳斯塔修斯统治了一年零三个月，见 Theophanes, *Chronographia*, 386. 14 - 15；这一说法显然是错误的，因为日耳曼努斯是在715年8月成为君士坦丁堡牧首，此时阿纳斯塔修斯的统治已经超过两年。叙利亚的米哈伊尔指出阿纳斯塔修斯二世统治了两年零五个月，这一说法更接近事实；参见 Michael the Syrian, *Chronique*, J. B. Chabot ed. and trans., Ⅱ, p. 479；另参见 G. V. Sumner, "Phillipicus, Anastasius Ⅱ and Theodosius Ⅲ", *Greek, Roman, and Byzantine Studies* 17 (1976), pp. 290 - 291。
② ［南］乔治·奥斯特洛格尔斯基：《拜占廷帝国》，第131—132页；［美］A. A. 瓦西列夫著，徐家玲译：《拜占庭帝国史》，北京：商务印书馆2019年版，第357—358页。
③ J. B. Bury, *A History of the Later Roman Empire from Arcadius to Irene (395 A. D. to 800 A. D.)*, London and New York: Macmillan, 1899, p. 370.
④ Theophanes, *Chronographia*, 390. 16.

乎一无所知。塞奥法尼斯称他在即位前是一个不问政事的普通人。①

　　关于塞奥多西三世成为皇帝之前的事迹,史料中只提到他是阿德拉米提翁的一位政府税收官。② 现代学者萨姆纳(Sumner)给出了不同意见。他认为塞奥多西三世并非无名之辈,而是皇帝提比略三世的儿子。根据他的研究,在一份史料中提到,塞奥多西三世在退位后成为以弗所(Ephesus)的主教。塞奥法尼斯则记载,在754年海尔里亚(Hiereia)毁坏圣像宗教会议中,出席者中包括以弗所主教,一个叫塞奥多西的人,被认为是提比略三世的儿子。萨姆纳由此推断,塞奥多西三世很可能就是这位主教,也就是提比略三世的儿子。③ 但这种观点遭到西里尔·曼戈(C. Mango)和斯科特(Scott)的质疑。他们认为塞奥多西三世在退位后不可能存活了近40年之久,而且塞奥法尼斯在提及754年的这位主教时,不应标注为提比略三世的儿子。④ 萨姆纳的观点在学术界缺乏说服力,因此并没有得到大部分人支持,塞奥多西三世在即位前仍然被视为普通人。

　　塞奥多西三世的命运在715年发生改变。时年,奥普斯金军区士兵被派往罗德岛,前去堵截阿拉伯舰队,但将领和士兵们害怕远征,遂起兵反叛,出发前往攻打君士坦丁堡。为了师出有名,奥普斯金军区的士兵找到塞奥多西,强迫他接任皇位。塞奥多西害怕惹祸上身,于是逃跑、躲避到山上,但最终还是被奥普斯金军区的士兵发现,然后被强迫当上了皇帝。⑤ 此后,塞奥多西带领奥普斯金军区将士,以克里索波利斯为基地,向君士坦丁堡持续发动进攻。当戍守君士坦丁堡的舰队改变策略、龟缩防守后,塞奥多西带领军队成功占领了色雷斯地区,从君士坦丁堡陆地防御最薄弱的布拉海尔奈区域发动进攻。兵临城下之际,一些人发生动摇,君士坦丁堡内部出现叛乱,帮助塞奥多西的军队最终攻入首都,逮捕了阿纳斯塔修斯的幕僚以及君士坦丁堡牧首日耳曼努斯。此时,皇帝阿纳斯塔修斯二世躲

① Theophanes, *Chronographia*, 385. 21 – 22; Nicephorus, *Breviarium*, 50. 21.

② Theophanes, *Chronographia*, 385. 21; Nicephorus, *Breviarium*, 50. 20 – 21.

③ G. V. Sumner, "Phillipicus, Anastasius Ⅱ and Theodosius Ⅲ", *Greek, Roman, and Byzantine Studies* 17 (1976), pp. 291 – 292.

④ Theophanes, *The Chronicle of Theophanes Confessor*, p. 537 note 6.

⑤ Theophanes, *Chronographia*, 385. 5 – 24; Nicephorus, *Breviarium*, 50. 1 – 25; Michael the Syrian, *Chronique*, J. B. Chabot ed. and trans., Ⅱ, p. 479.

在尼西亚城堡,为了避免内战继续发生,塞奥多西派遣一些官僚和日耳曼努斯前往面见阿纳斯塔修斯,说服后者主动退位,并承诺不会对其秋后算账。在独自掌权之后,塞奥多西三世兑现承诺,并未伤害阿纳斯塔修斯二世,只是将其流放到塞萨洛尼基。①

塞奥多西三世虽然登基成为皇帝,但从未掌控整个帝国。安纳托利亚军区将军利奥(即后来的皇帝利奥三世)宣称继续拥护阿纳斯塔修斯二世,拒绝承认塞奥多西三世的统治权。他得到亚美尼亚军区阿尔塔巴斯杜斯(Artabasdus)的支持和合作,力求推翻塞奥多西三世的统治。换言之,在塞奥多西三世统治期间,内战从未中断。

关于这场内战的过程,史料中给出了不同的记载。牧首尼基弗鲁斯几乎没有提及利奥三世的反叛,而是强调在阿拉伯大军入侵的压力面前,塞奥多西三世的执政能力和带兵打仗的经验都显得不足,其能力遭到质疑,他被迫放弃皇位。此后军事权贵和内政官员推举安纳托利亚军区的将军利奥成为新任皇帝。②《"高柱者"约书亚年代记》(Chronicle of Joshua the Stylite)中强调,塞奥多西三世在面对内战时,主动退位。书中记载:"当皇帝塞奥多西看到大量敌人涌来,他的军事指挥官利奥却与他们勾结时,皇帝的心在悸动、手在颤抖。他放弃了皇位,摘下皇冠,剃掉头发。因为在罗马皇帝中存在一个习俗,如果有人要退位,那么就剃发待在屋里,此后再无随从。塞奥多西遵从此举。即便军事指挥官利奥送来信息,让他'勇敢、别害怕',他依然不为所动,坚决退位。"③

考虑到这场内战持续了一年多的时间,显然塞奥多西三世并没有主动退位的意愿。尼基弗鲁斯和《"高柱者"约书亚年代记》的作品清晰呈现出塞奥多西三世面临的两大困难:其一,阿拉伯人大举入侵;其二,将军利奥借助阿拉伯人的力量,反叛塞奥多西。④ 事实上,塞奥多西在这种情况下,并没有简单地坐以待毙,而是选择尽力拉拢保加利亚人成为自己的盟友。塞奥多西三世在716年派遣牧首日

① Theophanes, *Chronographia*, 385. 24 – 386. 13; Nicephorus, *Breviarium*, 51. 1 – 20.

② Nicephorus, *Breviarium*, 52. 7 – 20.

③ *The Chronicle of Zuqnīn, Parts III and IV A. D. 488 – 775*, A. Harrack trans. , Toronto: Pontifical Institute of Mediaeval Studies, 1999, pp. 150 – 151.

④ 关于利奥对阿拉伯人的利用,见皇帝利奥三世的列传。

耳曼努斯出访保加利亚,与后者签订协议。根据协议内容,拜占庭帝国与保加利亚之间的边界线确立在色雷斯,拜占庭将扎格利亚(Zagoria)地区割让给保加利亚;①拜占庭帝国需要缴纳价值 30 磅黄金的服饰和染成红色的毛皮作为贡赋;双方交换政治避难者;双方对贸易行为进行规范。② 通过这一协议,塞奥多西三世获得了保加利亚人的支持,有望在内战中抗衡安纳托利亚军区将军利奥。

但是在 716 年秋冬之交,利奥在尼科米底碰巧遇到了塞奥多西三世的儿子,于是将其连同整个皇室家族、宫廷显贵全部逮捕。利奥在与幕僚商议之后,带上塞奥多西的儿子前往克里索波利斯,与塞奥多西谈判。后者在和牧首日耳曼努斯、元老院等协商后,决定在得到利奥的豁免承诺之后退位。最终,塞奥多西和他的儿子一起成为修士,安度余生。③ 根据后世史料的补充,塞奥多西父子二人退隐到以弗所的一座修道院,死后被埋在圣菲利普教堂(St. Philip Church)。④

塞奥多西三世只统治了一年多,便遭到罢免。在混乱时期,像塞奥多西三世这种不懂政治、缺乏治国能力的人注定无法统治长久。⑤ 相应的,有关他的论述也非常简单,"不情愿""没有能力"成为最常见的描述他的用语。⑥ 由于史料缺乏,现有通史作品中涉及这个皇帝的文字都非常简单,一笔带过。仅从散见的资料看,这种评价基本成立,塞奥多西三世确实缺少政治斗争和治国理政的能力。特别是生逢乱世,他的过错便显得十分突出,就是无能。

---

① V. Besevliev, *Die protobulgarischen Inschriften*, Berlin: Akademie Verlag, 1963, pp. 59 – 62.

② Theophanes, *Chronographia*, 497. 18 – 26; Φ. Φιλιππός, "Η Βυζαντινό-Βουλγαρική Συνθήκη Ειρήνης του 716", Βυζαντιακά, 13 (1993), pp. 171 – 184.

③ Theophanes, *Chronographia*, 390. 15 – 391. 2.

④ Ph. Grierson, C. Mango and I. Ševčenko, "The Tombs and Obits of the Byzantine Emperors (337 – 1042): With an Additional Note", p. 53.

⑤ J. B. Bury, *A History of the Later Roman Empire from Arcadius to Irene (395 A. D. to 800 A. D.)*, p. 374.

⑥ [南]乔治·奥斯特洛格尔斯基:《拜占廷帝国》,第 132 页;[美]A. A. 瓦西列夫:《拜占庭帝国史》,第 357—358 页;W. Treadgold, *A History of the Byzantine State and Society*, Stanford: Stanford University Press, 1997, p. 345.

第二章

伊苏里亚王朝

（717—802 年）

伊苏里亚王朝的称谓来自王朝创立者利奥三世，人们一直误以为这个趄趄武夫来自伊苏里亚，事实上他并非伊苏里亚人，而是来自叙利亚的日耳曼尼基亚（Germaniceia）。父母最初为其起名为科农（Cononr），名称带有叙利亚人的特征。拜占庭帝国推行军区制后，推行人口迁徙政策，以便充实边塞，他随着父母由东方省份迁徙到色雷斯地区的梅塞布里亚（Mesembria）。虽是农民出身，但利奥聪明机智，深知动乱时入伍为上，故而向皇帝进献家里的羊群，成为深受皇帝器重的军官。最终，利奥巧妙借助阿拉伯军队围攻首都君士坦丁堡的机会，于 717 年成功取代前朝登上皇位，和平夺取帝国最高权力，创立新王朝。

利奥的妻子是玛丽亚（Maria），他们有四个孩子，即安娜（Anna）、君士坦丁、伊琳妮、科斯莫斯（Cosmos）。其长女安娜后来嫁给亚美尼亚军区首脑将军阿尔塔巴斯杜斯，其长子君士坦丁后来继位为帝，史称君士坦丁五世（Constantine V，741—775 年在位）。父子二人在位期间多有建树，拉开了拜占庭历史上著名的毁坏圣像运动的序幕，其后百余年的曲折发展使得后人将这一时期称为"毁坏圣像运动时代"。也是在他们的强势统治期间，军队得以建设强化，以东部山区尚武族群为主力的武装力量得以形成，拜占庭军队因此能够成功抵御住以阿拉伯军队大举进攻为核心的外敌入侵。

君士坦丁五世个性强悍，审时度势，为稳定东部疆域，联合东方草原民族打击阿拉伯军队，并促成了自己与哈扎尔可汗的女儿伊琳妮的婚姻。伊琳妮为他生育了儿子利奥，即后来成为皇帝的利奥四世。毫无疑问，作为社会下层出身的皇族，能够在皇帝继承问题上保持"长子继承"的原则，非常难得，因为他们缺乏广泛的贵族联姻，又必须严格遵守基督教婚姻法的规定。出人意料的是，君士坦丁五世为其长子利奥选择了具有古典传统背景的雅典文人世家女儿伊琳妮结婚，并在临终之际将皇位传于利奥四世，使为人强势的伊琳妮摄政，这就埋下了王朝绝嗣的祸根。

利奥四世的儿子君士坦丁继承皇权时年纪还小，帝国军政要务均听从母后安排。他成年后，想要亲政的愿望激化了与母后的矛盾，但本质上而言，他的成长经历决定了他缺乏帝国君主的素质。母子矛盾和君士坦丁六世的平庸，直接损害了拜占庭帝国中央集权制，造成帝国统治势力的衰弱，加剧了宫廷内讧。最终，该王朝以母子相残、王朝绝嗣而结束。

伊苏里亚王朝灭亡后，拜占庭帝国进入将近 20 年的无王朝时期，在位的皇帝包括尼基弗鲁斯一世（Nikephoros I，802—811 年在位）、斯达乌拉焦斯（Stauracios，811—811 年在位）、米哈伊尔一世（Michael I，811—813 年在位）、利奥五世（Leo V，813—820 年在位）。他们在位时间都比较短暂，且相互间没有形成皇帝血亲世袭继承的关系，故不构成王朝。尼基弗鲁斯一世虽然与斯达乌拉焦斯为父子关系，但是两人均在战场上或死或伤，未能实现其建立王朝的计划。值得注意的是，无王朝时期的几位军事强人在对外战争中确有其可圈可点之处，为此后拜占庭帝国逐步发展到强盛的顶峰阶段发挥了一定作用。

第一节

利奥三世（Leo Ⅲ）

717—741 年在位

利奥三世全称伊苏里亚人利奥（Leo Ⅲ the Isaurian，Λέων δ'Ισαυρος，生于685 年，卒于 741 年 6 月 18 日，享年超过 56 岁）[1]，是伊苏里亚王朝的创立者，717年 3 月 25 日—741 年 6 月 18 日在位超过 24 年。

但事实上，利奥三世并非伊苏里亚人，而是来自叙利亚的日耳曼尼基亚。他出生于大约 685 年，父母为其起名为科农。[2] 皇帝查士丁尼二世在第一次统治期间，推行人口迁徙政策，利奥的家庭由此迁徙到色雷斯地区的梅塞布里亚。[3] 他们家以土地为生，但他本人是工匠，他外表英俊、体格健壮，后来应征入伍。[4] 很可能是在此期间，他将名字更改为利奥。他的妻子是玛丽亚，两人育有四个孩子：安娜、君士坦丁、伊琳妮、科斯莫斯。其中长女安娜嫁给了亚美尼亚军区首脑将军阿尔塔巴斯杜斯。而君士坦丁则成为其后继位的皇帝，即君士坦丁五世。

利奥的命运于 705 年发生重大改变。当查士丁尼二世谋求复位之时，利奥从家产中献出 500 只羊，因而获得赏识，被提拔为"佩剑者"，成为查士丁尼二世的心腹密友。此后不久，利奥奉命前往高加索地区，代表帝国政府出访阿兰人（Alans），希望能够结盟，共同打击降服于阿拉伯人的阿巴斯吉安人（Abasgians）。利奥克服重重困难，成功缔结联盟，并与阿兰人一起，对阿巴斯吉安人进行重大的打击。他的高加索之行使其声名远扬。皇帝阿纳斯塔修斯二世统治时期，利奥被擢升为安纳托利亚军区首脑将军。阿纳斯塔修斯被推翻后，利奥以复仇为名，起

---

[1] Theophanes, *Chronographia*, 391. 5 – 6.

[2] S. Gero, *Byzantine Iconoclasm during the Reign of Leo Ⅲ: with Particular Attention to the Oriental Sources*, Louvain: Secrétariat du Corpus SCO, 1973, pp. 1 – 24.

[3] Theophanes, *Chronographia*, 391. 6 – 8; P. Charanis, "The Transfer of Population as A Policy in the Byzantine Empire", *Comparative Studies in Society and History*, Vol. 3, No. 2 (Jan., 1961), pp. 140 – 154.

[4] M. F. Hendy, *Studies in the Byzantine Monetary Economy, c. 300 – 1450*, Cambridge: Cambridge University Press, 1985, pp. 667 – 669.

兵进攻叛乱皇帝塞奥多西三世。①

彼时,阿拉伯人正发动对拜占庭帝国的远征。716 年,阿拉伯哈里发苏莱曼(Suleiman,715—717 年在位)任命弟弟马斯拉马斯统辖海陆大军,远征君士坦丁堡,并下令不达目的不得返回。② 但拜占庭前任皇帝阿纳斯塔修斯二世一直致力于加强帝国防御,建设面向海面和水路的城墙,并储备资源和补给,因此阿拉伯大军在进军伊始取得的成就不尽如人意,马斯拉马斯开始考虑调整战略战术。716 年冬,他获悉安纳托利亚军区首府阿莫里(Amorion)没有军队驻扎,而且当地人对利奥怀有敌意,于是命令前锋部队包围阿莫里城,佯攻之下,迫使利奥前来谈判。阿拉伯人希望将利奥立为傀儡,先支持利奥叛乱,夺取拜占庭帝国皇位,然后通过控制利奥来接管帝国。③ 利奥为了解救阿莫里,带领 300 名骑兵,在阿莫里城附近扎营,假装接受和谈。为了获悉阿拉伯人的真实目的,利奥刻意安排了一次晚宴,邀请了许多阿拉伯军官。他暗中指挥手下在席间制造混乱,安排亲信借机带信给阿莫里城民众,鼓励他们不要投降。他还安排阿莫里的主教出城相见,商讨如何安抚城中民众、加强防御。此次会面被阿拉伯人发现,但利奥已经达成目的,并确信阿拉伯人并非要取其性命,而是要将其立为傀儡,遂决定利用阿拉伯人的力量,实现自己的目的。④

利奥开始与阿拉伯人商谈细节。阿拉伯人承诺将帮助利奥获得皇位。他们营造出只有利奥能够拯救拜占庭帝国的假象。阿拉伯人以阿莫里为例,威胁城中民众,如果不拥戴利奥为皇帝,他们永远都不会撤离,而后阿拉伯士兵高声喧哗,称呼利奥为皇帝,并督促阿莫里城民众一起高呼。城中民众担心利奥与阿拉伯人结盟,攻陷城市。直到他们私下得到利奥的誓言,承诺他在成为皇帝后一定会与阿拉伯人决裂,他们才开始效仿阿拉伯人,高呼利奥为皇帝。⑤ 利奥作为回报,向

---

① Theophanes, *Chronographia*, 391. 8 – 395. 12.

② *The History of al-Tabari*, F. Rosenthal trans. and annota. , Albany: State University of New York Press, 1985 – 1998, XXIV, p. 39 – 40.

③ Theophanes, *Chronographia*, 386. 28 – 387. 5; E. W. Brooks, "The Campaign of 716 – 718, from Arabic Sources", *The Journal of Hellenic Studies 19*, (1899), p. 21.

④ Theophanes, *Chronographia*, 387. 9 – 388. 14.

⑤ Theophanes, *Chronographia*, 387. 6 – 9; E. W. Brooks, "The Campaign of 716 – 718, from Arabic Sources", p. 24.

阿拉伯人允诺,在成为皇帝后,将向阿拉伯人称臣纳贡,上交巨额财富,绝不背叛。① 阿拉伯统帅马斯拉马斯闻言大喜,派遣一些亲信前往协助利奥,同时也监视利奥的举动,及时汇报给哈里发。

利奥利用这些阿拉伯将士造成的恐慌,声称阿拉伯人已经大军压境,只有他能够拯救帝国。几乎与此同时,利奥在尼科米底俘获了皇帝塞奥多西三世的儿子、全部家眷和许多宫廷显贵,这导致君士坦丁堡的宫廷无心反抗利奥。除此之外,利奥还得到了亚美尼亚军区将军阿尔塔巴斯杜斯的支持。于是在利奥承诺不伤害他们后,塞奥多西三世放弃皇位,归隐到修道院,安度余生。利奥以和平的方式夺得皇位。717 年 3 月 25 日,利奥加冕成为皇帝。遵照传统礼仪,利奥在列队人群的欢呼中进入君士坦丁堡,然后抵达圣索菲亚大教堂,接受加冕。②

利奥获得皇位后,阿拉伯人要求他遵照约定,接受哈里发的宗主权。但是,利奥原本就不愿放弃帝国,于是借口各种理由拖延。马斯拉马斯逐渐失去了耐心,派遣贵族前往拜占庭首都督促利奥履行承诺。最初三天利奥并没有单独接见他们。之后利奥公然撕毁和约,马斯拉马斯意识到自己被欺骗了,在愤怒之下决定围攻君士坦丁堡。③ 马斯拉马斯给哈里发苏莱曼写信,请求他带领海军舰队前来增援。围攻战在 8 月 15 日开始。马斯拉马斯命令阿拉伯士兵使用攻城器械疯狂地不分昼夜地发动进攻,他们还切断了君士坦丁堡的粮食补给线,试图迫使拜占庭人屈服。④

在这次战争中,阿拉伯军队在数量上占据绝对的优势。根据史料记载,阿拉伯人派出大小战船、运输船等共计 1 800 艘。⑤关于阿拉伯的陆军人数,各份史料给出的数字虽略有不同,但都认为在 20 万人左右。相对而言,拜占庭的军力则非

① E. W. Brooks, "The Campaign of 716 - 718, from Arabic Sources", p. 25.

② Theophanes, *Chronographia*, 390. 19 - 26; Nicephorus, *Breviarium*, 52. 15 - 24.

③ E. W. Brooks, "The Campaign of 716 - 718, from Arabic Sources", pp. 25 - 26.

④ Theophanes, *Chronographia*, 395. 15 - 21; Nicephorus, *Breviarium*, 54. 1 - 7.

⑤ Theophanes, *Chronographia*, 395. 23 - 25; Nicephorus, *Breviarium*, 52. 7 - 10. 另一位史学家仲纳拉斯 (Zonaras)在记载中并没有给出任何具体的数字,只是提到阿拉伯人出动了"大量船只"(σὺν στόλῳ μεγάλῳ), 见 Ioannes Zonaras, *Epitomae Historiarum*, ed. T. Büttner-Wobst, vol. 3, Bonn: E. Weber, 1841 - 1897, TLG, No. 3135002, 252. 14 - 253. 1. 除此之外,叙利亚的米哈伊尔给出的数字是 5 000 艘;见 Michael the Syrian, *Chronique*, ed. and trans. J. B. Chabot, p. 484. 但考虑到当时阿拉伯帝国的国力,这一数字无疑带有夸大的成分,所以学术界普遍认同塞奥法尼斯的记载。

常弱小。虽然史料中没有提及准确数字,但现代史学家综合各种因素推断出,拜占庭帝国在 8 世纪早期拥有 500—1 000 艘战船和 7 万人的陆军军队。① 共有八份史料提及有关阿拉伯人参战人数的信息。根据叙利亚的米哈伊尔的记载,阿拉伯的陆军部队包括 20 万士兵、12 000 名劳工、6 000 头骆驼和 6 000 头驴,而巴尔-赫卜拉艾乌斯(Bar-Hebraeus)对此赞同,不过他继续补充道,随行的还有一支专门致力于打击异教分子的 3 万人专属部队。《编年史 1234》(Chronicon 1234) 提供的信息基本相同,只是把 6 000 头驴换成了 12 000 头骡子。伦巴第史学家保罗声称阿拉伯仅死亡人数就达到了 30 万。主流的希腊语史料大多都没有提供准确的数字,比如塞奥法尼斯只是提到"许多军队",尼基弗鲁斯提到的是"大量骑兵",而仲纳拉斯也只是提到阿拉伯拥有"强大的军力"。只有《论帝国政府》(De administrando imperio) 提到阿拉伯的军队人数有 8 万人。②

拜占庭帝国虽然在军队数量方面处于劣势,但也拥有自己得天独厚的优势,即高大的城墙和秘密武器希腊火。③ 另一方面,复杂多变的天气也数次给予阿拉伯军队重创,成为拜占庭帝国的天然盟友。例如,根据史料记载,717 年的冬季极为严寒。大雪连下数日,地面布满积雪,数月不化。严寒导致大量牲畜死亡,比如马和骆驼。严寒和积雪还阻碍了道路交通,哈里发完全没有办法为远征军提供物资补给。这导致阿拉伯军队中出现了严重的饥荒,他们不得不以拉车的牲畜和树

---

① *Byzantium: An Introduction to East Roman Civilization*, N. H. Baynes and H. St. L. B. Moss eds., Oxford: Oxford University Press, 1953, p. 71, note 1; W. Treadgold, *The Byzantine State Finances in the Eighth and Ninth Centuries*, New York : Columbia University Press, 1982, pp. 69 – 77.

② 见 Michael the Syrian, *Chronique*, Ⅱ, p. 484,转引自 Anthony R. Santoro, *Byzantium and the Arabs during the Isaurian Period 717 – 802*, Ph. D dissertation, Rutgers-The State University of New Jersey, 1978, p. 131。 *Chronicon Anonymum ad A. D. 819: Chronicon Anonymum ad Annum Christi 1234 pertinens*. I, Lovanii: ex Officina Orientali et Scientifica, 1937, 234. 21 – 28;Paul of Deacon, *History of the Lombards*, W. D. Foulke trans., E. Peters ed., Philadelphia: University of Pennsylvania Press, 1907, Ⅵ, p. 47; Theophanes, *Chronographia*, 395. 15; Nikephorus, *Breviarium*, 52. 7 – 10;Ioannes Zonaras, *Epitome Historiarum*, 252. 10 – 11; Constantine Porphyregenitus, *De Administrando Imperio*, Greek text edited by Gy. Moravcsik, English translation by R. J. H. Jenkins, Washington, D. C.: Dumbarton Oaks Center for Byzantine Studies, 1985, 21. 116 – 119; Constantine Porphyrogenitus, *De Administrando Imperio*, 2nd edn., [Corpus Fontium Historiae Byzantinae 1] Washington, D. C.: Dumbarton Oaks, 1967, TLG, No. 3023008。

③ B. C. P. Tsangadas, *The Fortifications and Defense of Constantinople*, Columbia University Press, 1980, pp. 7 – 78; J. R. Partington, *A History of Greek Fire and Gunpowder*, W. Heffer & Sons, Ltd., 1960, pp. 10 – 21.

皮、树干、树根、树叶为食,除泥土以外,他们无所不吃。在整个围攻战期间,天气因素直接或者间接地打击了阿拉伯军队的兵力、物资和心理,是拜占庭帝国取得保卫战胜利的重要因素。①

与此同时,拜占庭人最大的优势在于其皇帝利奥三世的才能。他富有作战经验,了解阿拉伯人的作战思路,因此总能找到合适的作战时机,给予阿拉伯人沉重打击。② 717 年 9 月,哈里发统领庞大的舰队抵达城下。利奥三世下令封锁黄金海湾,然后他登上卫城山,密切关注着阿拉伯人的一举一动。当阿拉伯人的大批战船涌入狭窄的海峡时,海面变得拥挤不堪。在大风之下,运输船由于船小体轻,与稳步前进的作战帆船逐渐拉开了距离。突然之间,风力骤停,海面异常平静。这正是拜占庭的秘密武器希腊火发挥实力的绝佳时机。利奥三世当机立断,立刻派遣战船运载希腊火,前去袭击阿拉伯舰队。被希腊火点燃的阿拉伯船只方寸大乱,横冲直撞,导致更多的战船失火。③ 阿拉伯人损失惨重,虽然仍有足够的军力封锁君士坦丁堡、等待援军,但无力从海上发动任何有威胁的进攻。利奥三世不仅善于抓住机会发动突袭,而且创造机会打击敌人。718 年春季,当天气好转之后,哈里发派遣船只送去物资补给。从埃及出发的 400 艘运输船和从非洲出发的360 艘船只先后抵达狭窄的海峡,为马斯拉马斯带来大量补给和武器。效力于两支补给舰队上的埃及人决定摆脱阿拉伯人的控制,乘着夜色驶向君士坦丁堡,寻求庇护。他们在航行途中,将木材丢入海中,这样拜占庭海军可以按图索骥,找到阿拉伯人的两支补给舰队。利奥三世深知这一情报的重要性,立刻派遣装配上希腊火的战船,对阿拉伯舰队发动突袭。阿拉伯人再次遭到重创,大多数船只惨遭焚毁,损失极为惨重。④ 除此之外,利奥三世与保加利亚人结盟,后者在陆地上对阿拉伯人发动攻击,杀死大量阿拉伯士兵,有效瓦解了阿拉伯人的围攻。⑤

在利奥三世的带领下,拜占庭帝国取得保卫战的胜利。718 年 8 月,阿拉伯军

---

① 庞国庆:《拜占庭帝国 717—718 年保卫战胜利的天气因素研究》,《云南民族大学学报(哲学社会科学版)》2017 年第 5 期。

② W. Treadgold, *A History of the Byzantine State and Society*, p. 346.

③ Theophanes, *Chronographia*, 396. 3 - 12; Nikephorus, *Breviarium*, 54. 9 - 15.

④ Theophanes, *Chronographia*, 396. 27 - 397. 15; Nikephorus, *Breviarium*, 54. 22 - 39; Ioannes Zonaras, *Epitomae Historiarum*, 253. 1 - 6.

⑤ Theophanes, *Chronographia*, 397. 29 - 30.

队撤兵。然而在撤退途中,阿拉伯海军再遭重创,他们遭遇了狂风暴雨的洗劫和冰雹的打击,船骨解体,船只倾覆大海,船员沉入海底,海军几乎全军覆没。据史料记载,只有十个人侥幸得以生还,但他们中仍有五人被拜占庭人俘虏。① 经历了此次灾难后,阿拉伯海军元气尽伤,它在地中海世界的海上强权随之瓦解,在此后的历史中,它再也没有从海上给君士坦丁堡带来威胁。自此之后,两大帝国之间的战争不再是为了占领与生存,性质从此发生改变。保卫战的胜利拯救了帝国,为利奥三世赢得了至高的声望,奠定了王朝统治的根基。同时,此次胜利还成功阻击了阿拉伯帝国的扩张,避免了基督教文明的沦陷,因此被学术界誉为具有"世界级意义"。②

利奥三世试图乘胜追击,派遣海军洗劫了叙利亚行省内的劳迪西亚(Laodikeia),摧毁了这一城镇,俘虏了其居民,迫使哈里发重新加强边防建设。③ 但由于拜占庭帝国兵力有限,国势尚未恢复,利奥三世无法扩大胜利战果。而阿拉伯帝国实力强大,且陆军在围攻战中损伤有限,因此他们从721年重新开启对拜占庭帝国的入侵。不过,由于其海军损伤殆尽,因此阿拉伯帝国无法发动全面入侵,而是更改策略,每年发动小规模入侵,以掠夺资源和袭扰为目的。④ 利奥三世采取重点防御的策略,部署军队驻守在战略意义重大的要塞和城镇,同时伺机反击入侵的阿拉伯士兵。拜占庭守军逐渐适应这种情形,在战场上偶尔也能取得胜利。例如732年,拜占庭守军击溃进犯的阿拉伯士兵,甚至杀死了阿拉伯名将瓦哈比(Abd al-Wahhab b. Bukht)。⑤ 这一情况在740年发生改变。同年5月,阿拉伯派遣9万大军,对小亚细亚发动大规模入侵。其中2万骑兵行军至阿克洛伊农(Akroinon),遭到拜占庭皇帝利奥三世的伏击。大多数士兵连同两名指

① Theophanes, *Chronographia*, 399.6 - 19; Nicephorus, *Breviarium*, 56.2 - 8.

② A. A. Vasiliev, *History of the Byzantine Empire 324 - 1453*, p.236; J. B. Bury, *A History of the Later Roman Empire from Arcadius to Irene (395 AD to 800 AD)*, pp.404 - 405; Αι. Χριστοφιλοπολου, *Βυζαντινή Ιστορία*, τ. Β'1, 610 - 867, Θεσσαλονίκη: Βάνιας, 1998, p.101.

③ Al-Baladhuri, *The Origins of the Islamic State*, Ph. K. Hitti trans., Beirut, 1966, p.204.

④ 庞国庆:《拜占庭与阿拉伯帝国719—740年间战争的史料分析》,徐松岩主编:《古典学评论》第4辑,上海:上海三联书店2018年版,第71—83页。

⑤ E. W. Brooks, "The Arabs in Asia Minor (641 - 750), from Arabic Sources", *The Journal of Hellenic Studies* 18 (1898), p.200.

挥官丧命于此。① 这场战争意味着,阿拉伯帝国在二强争霸的战争中,已经失去了优势,战场也从拜占庭帝国疆域内转向了两大帝国交界地区。

利奥三世能够在战场上逐渐扭转局势,主要源于两个因素:内政改革和明智的外交关系。利奥三世将阿拉伯帝国视为主要敌人,因此与周边其他势力极力交好,其最主要的两个盟邦是保加利亚人和哈扎尔人。利奥在成为皇帝之前,曾经在保加利亚边境生活了大约十年,因此对保加利亚的文化、习俗、思维方式都非常熟悉。在成为皇帝之后,他派遣一名叫西西尼乌斯的贵族,前往保加利亚,希望达成共同打击阿拉伯人的协议。② 利奥三世很可能与保加利亚人缔结了同盟,后者由此在阿拉伯人登陆欧洲领土后,对其发动攻击,并对阿拉伯人造成重大打击。③ 然而,出于某种未知因素,拜占庭与保加利亚两国关系在围攻战末段变得紧张。这直接反映在719年拜占庭前任皇帝阿纳斯塔修斯叛乱事件中,保加利亚人为其提供了援助。根据史料记载,719年,贵族尼基塔斯写信给居住在塞萨洛尼基的阿纳斯塔修斯,怂恿他请求保加利亚人援助,夺回皇位。保加利亚人给他一支军队和大量金钱。利奥三世截获了叛乱者与首都同谋者的通信,发现了这一阴谋。然后他写信给保加利亚人,要求他们交出政敌,回归和平,作为回报,利奥三世给予双倍馈赠。于是保加利亚人表达了歉意,将阿纳斯塔修斯和塞萨洛尼基大主教以及其他同谋者一并交给了利奥三世,然后便返回了自己的国家。利奥下令处死了阿纳斯塔修斯、尼基塔斯和塞萨洛尼基大主教。④ 此后,终利奥三世一生,两国重修旧好。

相对而言,在利奥三世统治时期,哈扎尔汗国则一直是拜占庭帝国的盟邦。这源于两国均以阿拉伯帝国为敌人。哈扎尔汗国横亘在阿拉伯人的进军路线之上,成为阿拉伯进入黑海的巨大障碍。阿拉伯为了进军欧洲内陆,试图征服哈扎尔汗国,坐拥黑海入海口,进而进军东欧。阿拉伯人与哈扎尔人之间的战争因此不可避免。⑤ 由于拥有共同的敌人阿拉伯人,拜占庭与哈扎尔汗国选择相互援

---

① Theophanes, *Chronographia*, 411.14 – 28.

② Nicephorus, *Breviarium*, 57.4 – 6.

③ P. A. Yannopoulos, "Le Role des Bulgares dans la guerre Arabo-Byzantine de 717/718", pp. 133 – 153.

④ Theophanes, *Chronographia*, 400.18 – 401.3; Nicephorus, *Breviarium*, 57.1 – 36.

⑤ D. M. Dunlop, *The History of the Jewish Khazars*, Princeton, 1954, pp. 41 – 57.

助。718 年,拜占庭帝国击溃了围攻君士坦丁堡的阿拉伯军队,请求哈扎尔汗国趁机发动进攻。这是哈扎尔人第一次对阿拉伯人主动发起攻击,试图解除阿拉伯人带来的隐患。虽然其进攻以失败告终,但此后拜占庭与哈扎尔汗国结盟,在亚美尼亚地区联手建立了牢固的防线,成功遏制了阿拉伯人进军黑海的计划。为了巩固两国友好关系,732 年,利奥三世为儿子君士坦丁选择了哈扎尔汗国的公主为妻。史料记载:"他使她成为一名基督徒,并命名为伊琳妮。她学习了圣经,过着虔诚的生活,映衬出那些不虔诚之人的丑恶。"①二人的后代被称为"哈扎尔人利奥",也就是后来的皇帝利奥四世。由此可见,两国关系在拜占庭历史上打下了显明的烙印,产生了深远的影响。

在内政方面,利奥三世首先致力于稳固政权。利奥三世即位于"二十年混乱期",当时的帝国在 22 年间更换了七任皇帝,叛乱已经成为习惯。当利奥三世在君士坦丁堡抗击阿拉伯人入侵时,西西里军区将军塞尔吉乌斯拥立其亲信贵族提比略称帝,并任命自己的官员。利奥三世派遣心腹保罗前去镇压,并任命其为新任西西里军区将军。保罗登陆叙拉古,轻松镇压了叛乱。主犯遭到斩首,从犯遭到刑罚后被流放。②此外,前任皇帝阿纳斯塔修斯也于 719 年,在保加利亚支持下起兵叛乱,遭到镇压。这些叛乱行为是"二十年混乱期"的延续。利奥三世为了终止混乱,首先明确继承人,从而确立了家族统治,建立起新的王朝。718 年,利奥三世的儿子君士坦丁出生,皇帝不久后安排大教长为其洗礼。而在此前不久,他将妻子玛丽亚加冕为"奥古斯塔"(Augusta),接受民众的欢呼。720 年 3 月 31日,利奥三世为不满两岁的儿子君士坦丁加冕,使其成为共治皇帝,从而最终确立了正统皇位继承人。③

利奥三世在政权逐步稳定之后,开始进行一系列改革。首先,他完善了军区制。军区制有效调动了帝国军队的积极性,在帝国抗击阿拉伯人入侵过程中扮演了重要角色。此时,军区制尚处于发展初期,还不完善,特别是军区将军权力过大,

---

① Theophanes, *Chronographia*, 409.30 - 410.3;庞国庆:《732 年拜占庭帝国与可萨汗国联姻动机的历史考量》,《四川师范大学学报(社会科学版)》2018 年第 5 期。

② Theophanes, *Chronographia*, 398.7 - 399.4.

③ Theophanes, *Chronographia*, 399.28 - 400.1, 401.9 - 12.

经常参与帝国内战之中,甚至谋朝篡位,成为帝国"二十年混乱期"的主要原因之一。利奥三世能够登上皇位,也是以安纳托利亚军区为跳板,并联合亚美尼亚军区。因此,他对安纳托利亚军区将军的权限和潜在的威胁都知道得一清二楚。正因为此,利奥在其统治期间将该军区一分为二,设立为两个军区。安纳托利亚军区的西部被划分出来,成立新的军区,称为色雷斯军区。卡拉比西亚尼军区被划分成两个海上军区,一个是西比莱奥特军区,包括小亚细亚海岸地区和沿海岛屿,由将军统领,另一个是爱琴海军区,包括爱琴海北部和中部以及达达尼尔海峡沿海地带,由低一级的师长(δρουγγάριο)统领。① 另一方面,利奥三世重整了皇家海军,专门设立皇家舰队来负责君士坦丁堡周边海域的防卫。这支舰队属于皇帝的私人海上卫队,与陆上皇家卫队一起构成了守卫伊苏里亚王朝皇权的武装力量基础。皇家舰队的士兵从全国范围内的海军部队中征募。君士坦丁堡负责皇家舰队中船只和士兵的装备、武器和补给。②

利奥三世的第二项改革在司法领域,为了适应帝国的需要,编纂颁布了《法律选编》(Ecloga)。这一名称意为"节选",以查士丁尼颁布的《查士丁尼民法大全》为模板,但又意在修正后者的两个弊端。其一,《查士丁尼法典》卷帙浩繁,篇幅过大,关于同一种犯罪的不同法令和判决都被收录在法典的不同部分中,这就导致在针对具体案件时,想要掌握整部法典的内容、做出合适的判决是非常困难的。其二,《查士丁尼法典》绝大部分都是用拉丁文颁布的,而在 7 世纪,整个帝国社会已经几乎不再使用拉丁语了。因此,只要各地官府中依赖的仍然是拉丁文的法律文本,语言带来的障碍就始终难以克服。③ 帝国急需一部能够被大多数官员看得懂的法典。利奥三世知道这些问题并直言:"我们意识到前朝皇帝们颁布的法律

---

① J. B. Bury, *The Imperial Administrative System in the Ninth Century, with A Revised Text of the Kletorologion of Philotheos*, New York: Burt Franklin, 1911, p. 108; *Cletorologion*, sub auctore Philotheo, J. J. Reiske ed., vol. 1, TLG, No. 3023X06; G. Ostrogorsky, *History of the Byzantine State*, trans. Joan Hussey, Oxford: Blackwell, 1968, pp. 139 – 140.

② H. Ahrweiler, *Byzance et la mer: la marine de guerre, la politique et les institutions maritimes de Byzance aux VIIe-XVe siècles*, Paris, 1966, pp. 31 – 34.

③ B. Sinogowitz, *Studien zum Strafrecht der Ekloge*, Aθήναις: Γραφείον Δημοσιευμάτων Ακαδημίας Αθηνών, 1956, p. 3; Th. Pratsch, "Η Αρχαία του Πολιτεματος Δικαιοδοσία Überlegungen zur Ecloga", *Jahrbuch der Österreichischen Byzantinistik* 51 (2001), p. 138.

难以理解;它们之于民众就像天书一般完全无法理解。"①为此,利奥三世颁布刊发了《法律选编》。一方面,利奥三世选择用希腊语编纂这部法典,《法律选编》因此也被称为第一部官方的希腊语法典。② 另一方面,编纂委员会并非直接照抄其他法律文本或者评注,而是在强调理解内容的原则下,用简单明了、通俗易懂的希腊语创作法条。他们甚至用很多民间用语,来代替官方版本中比较晦涩的词汇,比如用"κριος"表示上帝、我主,用"θρέμματα"(牲畜)代替同义的"δεσπότης""κτήνη",从而保证《法律选编》更接近平民大众的生活。③ 在《法律选编》的编纂过程中,为了防止腐败行为,编纂委员会成员的薪水甚至由皇帝的私人钱库直接负责支付。④ 这一举措在拜占庭历史上尚属首次,它从源头上消除了法律不公,为帝国提供了一部能够被民众接纳认可的法典。⑤

利奥三世的另一项改革在宗教领域。他认为帝国内盛行的圣像崇拜有悖于基督教正统神学,因此应该遭到遏制,从而开启了拜占庭历史上著名的毁坏圣像运动。关于圣像的争议,在拜占庭帝国内由来已久。在著名的"摩西十诫"中,对偶像的崇拜遭到明确禁止。但从基督教初期起,耶稣基督个人肖像、生平事迹的画像便非常盛行。部分基督徒认为应当禁止这些画像的使用,例如塞浦路斯教士埃毕法尼乌斯(Epiphanus,310/320—403年在世)就愤怒地撕毁过教堂中饰有基督和圣徒的圣像画窗帘。在安条克,反对崇拜圣像的民众向圣像投掷石块。⑥ 但圣像所拥有的强大民意基础,导致支持圣像崇拜的群体一直居于主体。7世纪后半叶,面临帝国遭遇的种种灾难,基督教内部反对圣像崇拜的声音越来越多,逐渐形成毁坏圣像派。他们认为,崇拜圣像有违圣经的圣训,因此招致耶稣基督的愤怒,帝国所遭受的劫难都是上帝的惩罚,唯有禁止圣像崇拜才能拯救帝国。这种观点在8世

---

① *Ecloga, Das Gesetzbuch Leons* Ⅲ. *und Konstantinos V.*, L. Burgmann ed., Frankfurt: Löwenklau-Gesellschaft, 1983, proem. 36-40.

② *A Manual of Roman Law, The Ecloga Published by the Emperors Leo* Ⅲ *and Constantine* Ⅴ *of Isauria at Constantinople A. D. 726*, E. H. Freshfield trans., Cambridge: Cambridge University Press, 1926, p. xi.

③ B. Sinogowitz, *Studien zum Strafrecht der Ekloge*, p. 6; Σπ. Τρωιάνος, *Οι Πηγές του Βυζαντινο Δικαίου*, Αθήνα-Κομοτηνή, 1999, pp. 112-113.

④ *Ecloga, Das Gesetzbuch Leons* Ⅲ. *und Konstantinos V*, proem. 102-109.

⑤ 庞国庆:《时代之光:拜占〈法律选编〉中的公正理念》,《南开学报(哲学社会科学版)》2019年第2期。

⑥ 陈志强:《拜占廷毁坏圣像运动的原因》,《世界历史》1996年第3期。

纪初更加盛行,特别是在常年遭受阿拉伯人袭扰的部分东部领土。① 利奥三世出生与成长的地方日耳曼尼基亚,从 6 世纪起一直是一性论占据主导的地区,利奥三世很可能接受了一性论的某些观点,在个人信仰方面反对圣像崇拜。

这种倾向在他登上皇位之后更加明显。利奥三世取得君士坦丁堡保卫战的胜利后,帝国的劫难却并没有终止。阿拉伯军队的年度入侵很快重新开始,且持续不断。726 年,锡拉岛(Thera)火山大爆发,在帝国内引起轩然大波。根据史料记载,火山爆发时,浓烟弥漫,岩浆迸发,巨石被喷发而出,落到整个小亚细亚、莱斯沃斯岛(Lesbos,爱琴海东北部岛屿)、阿比多斯(Abydos)和马其顿海岸,"那片海平面仿佛充满了浮石"。锡拉岛的火山爆发是千年不遇的事件,利奥三世认为这是上帝愤怒的征兆,于是开始禁止圣像崇拜。② 他向民众宣讲这一观点,并将其付诸实施。他派遣士兵前往皇宫大门,将悬于大门城楼上的基督像取下,却惹怒了民众,这些士兵全部被杀死。利奥三世重罚了肇事民众,特别是其中有名望的人。③ 利奥三世的毁坏圣像运动招致反对。希腊军区起兵叛乱,拥立一位名叫科斯马斯(Cosmas)的人成为皇帝。叛军召集一支舰队,抵达君士坦丁堡附近,但在交战中被希腊火击败。其后叛乱遭到镇压,科斯马斯等叛军将领被斩首。④

利奥三世为了推动毁坏圣像运动,采取了两项举措。其一,他杜撰故事,指出毁坏圣像运动注定要在自己的统治期间发生。根据这个传说,大教长日耳曼努斯告知皇帝,帝国确实会发生一次对圣像的毁坏运动,但并非在利奥三世统治时期。利奥三世咨询应该在谁的任期。日耳曼努斯告知,"在科农在任期间"。利奥三世告知大教长,自己幼年洗礼时的名字正是科农。⑤ 利奥三世通过此类故事,宣扬其本人发动毁坏圣像运动的合理性。其二,利奥三世认为毁坏圣像运动必须得到大教长的支持。730 年 1 月,皇帝召开毁坏圣像的"肃穆会议"。根据史料记

① C. Mango, "Historical Introduction", *Iconoclasm: Papers given at the Ninth Spring Symposium of Byzantine Studies*, University of Birmingham, March 1975, A. Bryer and J. Herrin eds., Birmingham: Centre for Byzantine Studies, University of Birmingham, 1977, pp. 2 – 5.

② Nicephorus, *Breviarium*, 59. 1 – 60. 6; Theophanes, *Chronographia*, 404. 3 – 405. 2.

③ Theophanes, *Chronographia*, 405. 5 – 14.

④ Nicephorus, *Breviarium*, 60. 6 – 19.

⑤ Theophanes, *Chronographia*, 407. 15 – 21.

载,利奥三世传召大教长日耳曼努斯出席会议,希望他能够在谴责圣像崇拜的官方文件上签字认可。日耳曼努斯拒绝了皇帝的要求,结果遭到罢免,由日耳曼努斯的学生阿纳斯塔修斯继任。① 新任大教长遵循皇帝旨意,发表毁坏圣像的信仰声明。这相当于是教会法令,此后毁坏圣像运动便拥有了合法的神学依据。②

利奥三世的毁坏圣像运动遭到罗马教区的反对。毁坏圣像运动伊始,利奥三世特意给格里高利二世(Gregory Ⅱ,715—731 年在任)送达敕令,要求后者移除罗马教区内所有的圣像。他命令罗马主教遵从指示,永沐皇恩,否则将被革除罗马主教一职。③ 罗马主教格里高利二世对此强硬回击,他拒绝将罗马教区的税收缴纳给帝国。同时他明确告诉利奥三世,皇帝不应该颁布关于信仰的敕令,也不应该更改古代教父所制定的教义。④ 当日耳曼努斯被罢黜、阿纳斯塔修斯被委任为新任大教长时,格里高利二世再次致信利奥三世,谴责他的不虔诚行为。⑤ 格里高利二世的继任者格里高利三世(Gregory Ⅲ,731—741 年在位)继续坚持反对毁坏圣像运动。在卸任之后,他给皇帝利奥三世送去书信,信中严厉谴责皇帝,要求尽快改正毁坏圣像的错误。利奥三世选择强硬回击罗马教区。他下令西西里官兵逮捕格里高利三世的信使,然后流放一年。731 年,罗马教区召开地方宗教会议,应邀出席会议的包括 93 名主教,许多神父、执事,以及所有神职人员都参加了会议。这次会议肯定了崇拜圣像的教义,谴责了那些冒犯圣像的人,并宣称将这些人驱逐出教会。会议结束后,另一名信使被派往君士坦丁堡,带着类似的谴责信和会议决议。利奥三世再次将这名信使扣押在西西里近乎一年,然后将其直接遣返罗马。⑥ 为了对罗马教区进行惩罚,利奥三世派遣西比莱奥特军区将军玛内斯(Manes),率领庞大舰队前往意大利,但在亚得里亚海域遭遇恶劣天气而发生沉船事件。军事降服意大利的计划被迫搁置。利奥三世恼羞成怒,将传统上归

① Theophanes, *Chronographia*, 408. 31 – 409. 14.

② L. Brubaker and J. Haldon, *Byzantium in the Iconoclast Era c. 680 – 850: A History*, Cambridge: Cambridge University Press, 2011, pp. 80, 123 – 127.

③ *The Lives of the Eighth-Century Popes, the Ancient Biographies of Nine Popes from AD 715 to AD 817*, translated with an introduction and commentary by R. Davis, Liverpool University Press, 1992, 91. 17.

④ Theophanes, *Chronographia*, 404. 4 – 9.

⑤ Theophanes, *Chronographia*, 409. 14 – 17.

⑥ *The Lives of the Eighth-Century Popes, the Ancient Biographies of Nine Popes from AD 715 to AD 817*, 92. 2 – 4.

于罗马教会的一些土地收入，转归帝国中央财政，并将伊利里库姆、西西里、卡拉布里亚从罗马教区分离，转而划归君士坦丁堡教区管辖。① 此后，罗马教区与拜占庭帝国渐行渐远，逐渐脱离了帝国的统治。②

　　741 年 6 月 18 日，利奥三世由于严重的水肿而死去。③ 利奥三世的统治颇具争议性。他取得了君士坦丁堡保卫战的胜利，拯救帝国于崩溃边缘，然后采取了一系列改革，极大提升了帝国的实力，保障了帝国的正常运转，但他开启的毁坏圣像运动被教会视为异端，遭受诸多谴责。这种争议性在拜占庭史料中便有所体现。支持毁坏圣像的皇帝们往往以利奥三世为楷模，例如利奥五世刻意将儿子的姓名改为君士坦丁，从而类比利奥三世和他自己的儿子君士坦丁五世。④ 但拜占庭主流史料，因为他的毁坏圣像运动而对其大加批驳，称其为"不虔诚""无法无天"。⑤ 他的其他行为也为此大受指责。《法律选编》的大部分法律条款虽然得到"马其顿王朝立法"的接纳，但这部法典仍然遭到批驳，被指责"歪曲了良好的法律，毒害了帝国，传递着愚蠢"，是"一派胡言乱语，有悖于神圣的教义和救赎的法律精神"。⑥ 利奥三世与哈扎尔人的联姻行为也遭到指责。在《论帝国政府》中，皇帝君士坦丁七世（Constantine Ⅶ, 913—920, 945—959 年在位）认为，利奥三世的行为"为罗马帝国和他自己蒙上了奇耻大辱……将会一直受到教会的谴责，并被永远驱逐出教会……是大逆不道之人，违背了祖训和帝国传统，必遭唾弃，必被开除教籍"⑦。然而，现代学者整体上对利奥三世的评价较高。除抗击阿拉伯人取得胜利之外，利奥三世的内政改革也受到现代学者的好评。例如沃伦·特里高德（Warren Treadgold）认为"他继承的是一个濒临解体的帝国，却得以将其恢复到

---

① Theophanes, *Chronographia*, 410.4 - 14; J. D. Mansi, *Sacrorum Conciliorum nova et Amplissima Collectio*, Florence, 1759 - 1798, ⅩⅢ, p. 808.

② Theophanes, *Chronographia*, 409.17 - 18.

③ Nicephorus, *Breviarium*, 64.1 - 2. Ph. Grierson, C. Mango and I. Ševčenko, "The Tombs and Obits of the Byzantine Emperors (337 - 1042); With an Additional Note", p. 18.

④ W. Treadgold, *The Byzantine Revival 780 - 842*, Stanford: Stanford University Press, 1988, pp. 203 - 204.

⑤ Theophanes, *Chronographia*, 407.15, 408.32.

⑥ M. T. G. Humphreys, *Law, Power, and Imperial Ideology in the Iconoclast Era: c. 680 - 850*, New York: Oxford University Press, 2014, pp. 244 - 245.

⑦ Constantine Porphyregenitus, *De Administrando Imperio*, 13.114 - 116, 13.133 - 145.

稳定"①。佐尔巴作璐(Αρχ. Π. -Γ. Τσορμπατζόγλου)更是称其为罗马帝国的新救世主、新王朝的奠基者和伟大的改革家。② 即便是他的毁坏圣像政策,学术界也开始思考,在其统治期间,他是否对圣像发动了大规模的破坏、对崇拜圣像者进行了大肆迫害。例如最新的研究著作便直言"利奥三世并非是后世史学家强加于他的'毁坏圣像者'"③。从拜占庭帝国历史发展的整个进程看,利奥三世确实发挥了促使帝国"中兴"的重要作用,他因此应该名列拜占庭史上百余名君主中杰出皇帝的名单。

第二节

君士坦丁五世（Constantine Ⅴ）

741—775 年在位

君士坦丁五世(Constantine Ⅴ,生于 718 年,卒于 775 年,享年 57 岁)是伊苏里亚王朝的第二位皇帝,720 年于君士坦丁堡被加冕为利奥三世的共治皇帝,741 年正式即位,775 年因伤去世,在位 34 年。

他的父亲、在位皇帝利奥三世和他的母亲玛丽亚育有两个儿子和两个女儿,君士坦丁五世是长子。720 年,年仅两岁的君士坦丁五世被利奥三世立为共治皇帝。741 年利奥三世病故后,君士坦丁五世继承皇位。君士坦丁五世结婚三次,共有六个儿子和一个女儿,其长子为第一次婚姻所生的利奥四世。④ 在历史文献中,君士坦丁五世形象鲜明,一方面他是毁坏圣像的狂热支持者,为此不惜对崇拜圣像者施以残酷的迫害行为;另一方面,他是卓越的军事领袖,在对阿拉伯和保加利亚的战争中屡次取得胜利,使拜占庭帝国的外部安全得到保障和巩固。775 年

---

① W. Treadgold, *A History of the Byzantine State and Society*, p. 356.
② Αρχ. Παντελεήμων -Γ. Τσορμπατζόγλου, *Εικονομαχία και κοινωνία στα Χρόνια του Λέοντος Γ΄ Ισαρου: Συμβολή στην διερενηση των αιτιών*, Κατερίνη: Επέκταση,2002, p. 127.
③ L. Brubaker and J. Haldon, *Byzantium in the Iconoclast Era c. 680-850*, p. 155.
④ 关于君士坦丁五世的三次婚姻,参见利奥四世部分。

9 月,君士坦丁五世在与保加利亚作战时,因大腿伤口发炎严重,引发高烧去世,在位 34 年。

　　君士坦丁五世继位后,首先进行了稳固皇位的斗争。虽然君士坦丁五世登基时,已作为利奥三世的共治皇帝长达 20 年,但是他的皇位依然遭到觊觎,反叛者是君士坦丁五世姐姐安娜的丈夫阿尔塔巴斯杜斯。阿尔塔巴斯杜斯与利奥三世在阿纳斯塔修斯二世统治时期,分别被任命为亚美尼亚军区和安纳托利亚军区的将军,他们在阿纳斯塔修斯二世被推翻后结盟,起兵反叛由奥普斯金军区推举的继任者塞奥多西三世。因为阿尔塔巴斯杜斯的支持和协助,利奥三世才成功夺取皇权,开创伊苏里亚王朝。利奥三世信守承诺,将自己的女儿安娜嫁给阿尔塔巴斯杜斯,婚礼在利奥三世 717 年登基后举行。[①] 同时,利奥三世任命阿尔塔巴斯杜斯为宫廷总管,之后又晋升他为奥普斯金军区伯爵。[②] 742 年 6 月,君士坦丁五世穿越小亚细亚,挥师进攻阿拉伯人,当部队通过奥普斯金军区时,阿尔塔巴斯杜斯发动兵变,君士坦丁五世战败逃往安纳托利亚军区的阿莫里。[③] 阿尔塔巴斯杜斯自立为帝,他不仅取得了君士坦丁五世离开君士坦丁堡时委任的临时摄政王塞奥法尼斯的支持,还在率军进入君士坦丁堡时被牧首阿纳斯塔修斯加冕为皇帝。[④] 阿尔塔巴斯杜斯任命其次子尼基塔斯为军队最高总司令,受命前往亚美尼亚军区;其长子尼基弗鲁斯由牧首阿纳斯塔修斯加冕为共治皇帝。[⑤] 阿尔塔巴斯杜斯能够篡位成功,主要有两个原因,一是他拥有亚美尼亚、奥普斯金和色雷斯军区的支持,二是其崇拜圣像的主张赢得了君士坦丁堡部分教俗上层人士的支持。这表明,即使是皇帝最亲密的合作者也不能完全一致支持其毁坏圣像政策。[⑥]

　　与此同时,君士坦丁五世以阿莫里为军事据点伺机反攻,进行重返君士坦丁堡的准备。743 年春天,战斗打响。君士坦丁五世首先在撒尔迪斯(Sardis)大败阿尔塔巴斯杜斯,然后他向东北方向进军,在莫德里纳(Modrine)会战中重创尼基

① Theophanes, *Chronographia*, 395, 英译本为 Theophanes, *The Chronicle of Theophanes Confessor*, p. 545。
② Theophanes, *Chronographia*, 413; Theophanes, *The Chronicle of Theophanes Confessor*, p. 573;官职中译名见［南］乔治·奥斯特洛格尔斯基:《拜占廷帝国》,第 139 页。
③ Theophanes, *Chronographia*, 414; Theophanes, *The Chronicle of Theophanes Confessor*, p. 575.
④ Theophanes, *Chronographia*, 408; Theophanes, *The Chronicle of Theophanes Confessor*, p. 564.
⑤ Theophanes, *Chronographia*, 417; Theophanes, *The Chronicle of Theophanes Confessor*, p. 578.
⑥ ［南］乔治·奥斯特洛格尔斯基:《拜占廷帝国》,第 139 页。

塔斯率领的亚美尼亚军队。① 这两场胜利奠定了君士坦丁五世的胜局。743 年 9
月,君士坦丁五世兵临君士坦丁堡城下,在短暂的围攻战后,于 11 月 2 日举行了
盛大的入城仪式。君士坦丁五世重回君士坦丁堡后,对篡位者及其支持者们进行
了残酷的报复。阿尔塔巴斯杜斯虽然出逃到避难地奥普斯金军区的普扎内斯城
堡(Pouzane),但还是遭到逮捕并被押送回君士坦丁堡,和他的两个儿子均被刺
瞎,在大竞技场游街示众。他的一些支持者则被处决,其他支持者受到残害肢体
的惩罚,或被瞽目,或被砍手剁脚。毫无信义的牧首阿纳斯塔修斯遭鞭打后,被游
街示众,他的脸向后,倒骑驴受辱,还在大竞技场里示众。不过在此次凌辱之后,
他还被允许保留其牧首的职位。② 这次游街示众的惩罚无疑是精心设计用来打
击最高教会首脑的威严。③

　　君士坦丁五世铲除了以其姐夫为首的反叛威胁后,开始在内政外交上推行强
硬政策。在国内政策方面,君士坦丁五世坚决主张毁坏圣像,加强军区和军队建
设;在对外政策方面,君士坦丁五世与阿拉伯人和保加利亚人进行了多次战争。

　　君士坦丁五世是利奥三世毁坏圣像政策的坚定拥护者和忠实继承人,他积极
推动毁坏圣像神学的确立,强硬推行毁坏圣像的宗教政策,严厉打击圣像崇拜者,
"使毁坏圣像运动从教义之争演化为对崇拜圣像者的残酷迫害,引起全社会的动
荡,毁坏圣像运动遂进入新时期"④。君士坦丁五世在关于圣像的问题上提出了
自己的神学主张,他完成了至少 13 篇神学论文,其中有两篇被部分地保存下来。
君士坦丁五世否定存在任何基督表象的可能性,强调基督唯一的神性,认为圣像
使基督的人性和神性分离,而崇拜圣像派如牧首日耳曼努斯和大马士革的约翰则
认为圣像可以表现基督人性的美德和完美,所以关于圣像的争论本质仍然是 4 世
纪以来就在讨论的、关于基督的人性与神性的关系问题。从这个意义上来说,毁
坏圣像派的观点有"一性论派"的倾向,而一性论派与 325 年尼西亚大公会上确定
的正统神学阐释不一致。这也可以解释,为何毁坏圣像政策最终在 787 年第七次

---

① Theophanes, *Chronographia*, 417 – 418; Theophanes, *The Chronicle of Theophanes Confessor*, p. 578.
② Theophanes, *Chronographia*, 420 – 421; Theophanes, *The Chronicle of Theophanes Confessor*, p. 581.
③ [南]乔治·奥斯特洛格尔斯基:《拜占廷帝国》,第 142 页。
④ [南]乔治·奥斯特洛格尔斯基:《拜占廷帝国》,第 138 页。

大公会议被否定。

为了确立毁坏圣像的正确性和合法性,君士坦丁五世遵循君士坦丁大帝开创的做法,以皇帝召开和主持宗教会议的方式,确立皇帝认可的基督教教义。754年2月10日,君士坦丁五世在海尔里亚宫召开宗教会议,会议的闭幕式于8月8日在君士坦丁堡的布拉海尔奈教堂(the Church of Blachernae)举行,会议历时六个月。由于会议前的精心筹备和充分沟通,参加本次会议的338名主教都是支持毁坏圣像派主教,会议由以弗所主教、已故皇帝提比略的儿子塞奥多西主持。在最早形成的五大教会中,安条克、耶路撒冷、亚历山大里亚和罗马教区的主教都没有到会,而君士坦丁堡牧首阿纳斯塔修斯恰巧在会议召开前去世造成职位空缺①,他们的缺席导致正统派戏称这次会议是"无头会议"②。会议在起草决议时,采用皇帝的作品为其导言,但尽量不与此前基督教大公会议的决议发生冲突,避免一性论倾向的言辞;会议决议还从《圣经》和教父文献中摘抄浩繁的文句加以讨论,最后明确拒绝任何基督、圣母和圣徒的圣像。在闭幕式上,君士坦丁五世力荐塞莱翁(Syllaion)主教君士坦丁二世(Constantine Ⅱ,754—766年在任)为君士坦丁堡牧首。8月27日,君士坦丁五世在新任牧首和其他主教的陪同下亲自前往君士坦丁堡广场,正式颁布会议法令,命令摧毁所有圣像,并开除崇拜圣像派领袖的教籍,其中包括前任牧首日耳曼努斯。③ 同时,皇帝像使徒一样受到歌颂,圣像崇拜者不是受到罢官免职和开除教籍的威胁就是被交给世俗当局严加惩罚。一场教会仪式之争由此转变为声势浩大的社会运动。④

在这次宗教大会前,基督教会已经召开过六次大公会议,通常大公会议关于教义教规的决议即被视为基督教的正统文件,因此君士坦丁五世也要求他主持召开的这次宗教会议能被认定为基督教大公会议。由于毁坏圣像的主张最终在787年尼西亚宗教会议被否定,因此这次以毁坏圣像为核心的宗教会议也被排除在大公会议之外,但是就君士坦丁五世统治时期而言,这次会议为他推行毁坏圣

① Theophanes, *Chronographia*, 427 – 428; Theophanes, *The Chronicle of Theophanes Confessor*, pp. 591 – 592.
② [南]乔治·奥斯特洛格尔斯基:《拜占廷帝国》,第 145 页。
③ Theophanes, *Chronographia*, 427 – 428; Theophanes, *The Chronicle of Theophanes Confessor*, pp. 591 – 592.
④ [南]乔治·奥斯特洛格尔斯基:《拜占廷帝国》,第 145 页。

像的具体措施提供了理论基础和教会势力的支持。754 年宗教会议结束后,君士坦丁五世着手推行摧毁圣像政策,以取代利奥三世移除圣像的措施。一些圣徒的画像从圣索菲亚大教堂被移走,取而代之的是十字架,当君士坦丁五世在首都的圣索菲亚大教堂附近重建神圣和平教堂(Hagia Irene)时,也装饰了巨大的十字架。[1]

君士坦丁五世否定修道生活,认为修士修女大多是崇拜圣像政策的拥护者,因此对他们进行羞辱和迫害。据塞奥法尼斯记载,765 年 8 月 21 日,君士坦丁五世举行了一次公开蔑视和侮辱修士们的活动,命令每个僧侣牵着一个修女的手,在大竞技场中央游行,任凭所有人唾弃和侮辱。[2] 君士坦丁五世要求君士坦丁堡牧首,登上祭坛举起十字架发誓自己不是一个圣像崇拜者。他还敦促牧首放松对教会人士的严格要求,放弃不吃肉的习惯。[3] 在牧首尼基弗鲁斯的《简史》中,作者指出君士坦丁五世让"每一条通向虔诚的道路被谴责抹黑;虔诚的生活方式和献身上帝的信徒受到嘲讽戏弄"[4]。与此同时,君士坦丁五世还要求市民"绝对避开这些僧侣和修女",并讽刺他们为"将被遗忘的人"或"不足挂齿的人"。[5]

君士坦丁五世不仅羞辱修士修女,还对他们进行大肆迫害。在许多被处死或被虐待的僧侣中,有六位殉道者在殉道日得到希腊东正教教会的纪念。[6] 第一位是在布拉海尔奈修行的僧侣安德鲁[7],他公开谴责君士坦丁五世信仰不虔诚,是第二个瓦伦斯(Valens,364—378 年在位)和朱利安(Julian,361—363 年在位),761 年君士坦丁五世将其在圣玛玛斯大竞技场鞭打致死,并下令抛尸博斯普鲁斯海峡。[8] 在所有殉道者中,最著名的是修道院院长小圣斯蒂芬(St. Stephen the

---

[1] L. Brubaker, *Inventing Byzantine Iconoclasm*, Bristol: Bristol Classical Press, 2012, p. 5.

[2] Theophanes, *Chronographia*, 437–438; Theophanes, *The Chronicle of Theophanes Confessor*, p. 605.

[3] Theophanes, *Chronographia*, 437–438; Theophanes, *The Chronicle of Theophanes Confessor*, p. 605.

[4] Nicephorus, *Short History*, 80, p. 153.

[5] L. Brubaker and J. Haldon, *Byzantium in the Iconoclast Era c. 680–850*, p. 241.

[6] J. B. Bury, *A History of The Later Roman Empire from Arcadius to Irene (395 AD to 800 AD)*, vol. 2, p. 464.

[7] Theophanes, *Chronographia*, 432; Theophanes, *The Chronicle of Theophanes Confessor*, p. 598.

[8] Theophanes, *Chronographia*, 432; Theophanes, *The Chronicle of Theophanes Confessor*, p. 598.

younger）。有关圣斯蒂芬的事迹主要记录在《圣斯蒂芬传》中①，由圣索菲亚大教堂主祭斯蒂芬于 9 世纪初完成写作。传记提供了关于君士坦丁五世实施迫害的详细记载，强化了君士坦丁五世对圣像崇拜者无比残酷的形象。圣斯蒂芬是圣奥森提斯修道院（St. Auxentius monastery）的院长，他既是一位享誉美德的修道士，也是虔诚的圣像崇拜者。他曾劝诫许多信徒进入修道院生活，说服他们蔑视金钱和皇帝的尊严。君士坦丁五世未能劝说圣斯蒂芬放弃圣像崇拜后，于 765 年命令士兵将圣斯蒂芬从山上押解下来②，拖到大街上，将其身体撕碎。③ 君士坦丁五世对崇拜圣像的修女也毫不心慈手软。一位圣斯蒂芬的追随者安娜拒绝承认对斯蒂芬捏造的指控，而被无情地鞭打，直到失去知觉，然后她被带到一所修道院，最终因伤重而死。④ 曼提尼翁（Mantineon）女修道院院长安淑莎（St. Anthousa）因拒绝放弃圣像崇拜而遭受酷刑，据称"她的胳膊和腿都被鞭打，大量燃烧着的圣像被放在她的头上，灰烬落在她的鞋上"⑤。

　　君士坦丁五世对修道生活的否定在 8 世纪 60 年代发展为对修道院的迫害。他认为修道院是崇拜圣像思想的堡垒，因此采取没收教产和关闭修道院的措施。修道院本是集体修道的场所，也是寻求救赎的避难所，如今君士坦丁五世把修道院改为非宗教场所或者直接夷为平地。比如，他把达尔马图斯的修道院改为兵营，把以卡里斯特拉托斯、迪翁（Dion）和马克西米努斯（Maximinus）命名的修道院以及其他僧侣的神圣住所彻底拆毁。⑥ 君士坦丁五世还派兵到圣斯蒂芬修行所在的奥森提斯山，下令拆除修道院和教堂。⑦ 在很多行省和军区，君士坦丁五世通过提拔支持毁坏圣像的地方高官破坏修道生活，拆毁修道院。766 年，他任命

---

① M.-F. Auzépy, La Vie d'Étienne le Jeune par Étienne le Diacre, *the Life of Stephen the Younger*, Birmingham Byzantine and Ottoman Monographs 3, Aldershot, 1997.

② 圣斯蒂芬的殉道纪念日在 11 月 28 日，他受难的年份不能确定。

③ Theophanes, *Chronographia*, 437; Theophanes, *The Chronicle of Theophanes Confessor*, p. 604.

④ Synaxcp 264.54, in A. P. Kazhdan and A. M. Talbot, "Women and Iconoclasm", *Byzantinische Zeitschrift*, vol. 84-85, no. 1-2, 1992, pp. 394-395.

⑤ Alice-Mary Talbot ed, *Byzantine Defenders of Images, Eight Saints' Lives in English Translation*, Washington, D. C.: Dumbarton Oaks Research Library and Collection, 1998, p. 13.

⑥ Theophanes, *Chronographia*, 443; Theophanes, *The Chronicle of Theophanes Confessor*, p. 611.

⑦ J. B. Bury, *A History of The Later Roman Empire from Arcadius to Irene (395 AD to 800 AD)*, vol. 2, p. 465.

米哈伊尔·梅里森诺(Michael Melissenos)为安纳托利亚军区将军,任命米哈伊尔·拉哈诺德拉孔(Michael Lachanodrakon)为色雷斯军区将军,任命玛内斯为布凯拉里安军区(Bucellarian)将军。① 770年,米哈伊尔·拉哈诺德拉孔把色雷斯军区的所有修士和修女聚集在一起,要求他们立刻结婚,否则将被刺瞎流放到塞浦路斯。他的态度坚决,说一不二,结果很多修士修女选择殉道,一些接受了惩罚。② 随后,米哈伊尔·拉哈诺德拉孔把目光投向修道院。771年,他下令将所有修道院收藏的一切关于僧侣事迹和沙漠教父的书籍全部烧掉,卖掉修道院昂贵的圣器、圈养的牲畜和其他财产,将变卖所得的款项交给皇帝。为此,君士坦丁五世特地给米哈伊尔·拉哈诺德拉孔写了一封感谢信,称赞道:你深得朕意,你实现了我所有的愿望。③ 在皇帝的支持下,其他地方总督也纷纷效仿,拜占庭帝国的修道生活和修道院受到进一步的破坏。④

君士坦丁五世也没有放过持崇拜圣像态度的君士坦丁堡牧首君士坦丁二世。765年,君士坦丁五世指使和牧首来往密切的一些神职人员、僧侣和普通人,共同指控君士坦丁二世曾说过辱骂和反对皇帝的话,以此为由将他流放到海尔里亚,之后转移到普林西波岛。⑤ 皇帝任命尼基塔斯(766—780年在任)成为新的牧首。767年,君士坦丁二世被带回君士坦丁堡,先被毒打,伤重而不能行走,然后被用马车拉到圣索菲亚大教堂。帝国秘书面对皇帝、新任牧首和聚集的民众,宣读对君士坦丁二世指控的罪行,每宣读一条就有人打他的脸,最后他被扒掉教袍,赶出教堂。第二天,君士坦丁二世被剃掉头发、眉毛和胡子,割掉鼻子,穿着无袖短衣,倒骑在驴上,出现在大竞技场任人嘲笑和吐口水。一周后,君士坦丁二世被斩首。⑥

君士坦丁五世的迫害对象不局限于僧侣,也扩展到支持圣像崇拜的贵族和普通信徒,对许多因崇拜圣像而受到诽谤的军官和士兵同样施以各种惩罚和残酷的

① Theophanes, *Chronographia*, 440; Theophanes, *The Chronicle of Theophanes Confessor*, p. 608.

② Theophanes, *Chronographia*, 445; Theophanes, *The Chronicle of Theophanes Confessor*, p. 614.

③ Theophanes, *Chronographia*, 446; Theophanes, *The Chronicle of Theophanes Confessor*, p. 615.

④ 关于君士坦丁五世镇压修道生活和修道院的经济原因,参见 J. B. Bury, *A History of The Later Roman Empire from Arcadius to Irene (395 AD to 800 AD)*, vol. 2, pp. 466 - 467。

⑤ Theophanes, *Chronographia*, 438 - 439; Theophanes, *The Chronicle of Theophanes Confessor*, pp. 605 - 606.

⑥ Theophanes, *Chronographia*, 441 - 442; Theophanes, *The Chronicle of Theophanes Confessor*, p. 610.

折磨。① 765 年，君士坦丁五世要求帝国所有臣民发誓，任何人都不能崇拜圣像。这一年的 8 月，包括一些高级官员在内的 19 位社会名流被带到大竞技场游街示众，遭受唾弃和辱骂，他们被指控对皇帝有邪恶的企图，而真实的原因是他们支持崇拜圣像引起皇帝的不满。君士坦丁五世将其中两人斩首，其余人弄瞎后流放，而且声称每年都要派人到流放地惩罚他们，至少鞭打一百下。当民众对这种处罚表示哀叹时，君士坦丁五世迁怒于普罗柯比省长（the prefect Procopius），将其鞭打和撤职。②

由于君士坦丁五世使"毁坏圣像运动渐趋汇集成为神学争论加上迫害活动"③，因此拜占庭帝国笼罩在一种恐怖不安的氛围中。但是，在施行迫害活动的同时，君士坦丁五世治理军政事务有方，且骁勇善战，他的赫赫武功给拜占庭帝国带来安全的外部环境。8 世纪时，阿拉伯和保加利亚是拜占庭帝国面临的两支主要外部敌对力量，君士坦丁五世作为皇帝多次亲自率军作战，屡屡获胜。

自 7 世纪伊拉克略王朝起，阿拉伯人一直是拜占庭帝国的主要外部威胁之一。655 年，阿拉伯人首次兵临君士坦丁堡城下，拜占庭帝国在海战中失败④，迫使康斯坦斯二世于 660 年离开君士坦丁堡前往意大利，甚至计划迁都罗马。⑤ 但是，倭马亚王朝争权夺利的内讧给了拜占庭帝国喘息的机会。678 年，双方再起战端，拜占庭军队利用"希腊火"使哈里发穆阿维叶率领的舰队遭遇重创，强大的阿拉伯海军几乎全军覆灭。拜占庭和阿拉伯交战双方订立了 30 年和约，穆阿维叶表示降服，愿意每年向拜占庭帝国进贡。⑥ 利奥三世在位时，保加利亚人崛起，拜占庭北方边境形势紧张，阿拉伯人趁机撕毁 30 年和约，并起兵入侵拜占庭领土。阿拉伯军队围攻君士坦丁堡一年未果，718 年撤退时反被拜占庭舰队追击，遭遇惨败，双方再次订立和平协议。⑦ 726 年，新任哈里发希沙姆（Hisham，724—

---

① Theophanes, *Chronographia*, 437; Theophanes, *The Chronicle of Theophanes Confessor*, p. 604.
② Theophanes, *Chronographia*, 438; Theophanes, *The Chronicle of Theophanes Confessor*, p. 605.
③ ［英］西里尔·曼戈主编：《牛津拜占庭史》，第 217 页。
④ 陈志强：《拜占庭帝国史》，北京：商务印书馆 2003 年版，第 196 页。
⑤ Theophanes, *Chronographia*, 348; Theophanes, *The Chronicle of Theophanes Confessor*, p. 486.
⑥ ［南］乔治·奥斯特洛格尔斯基：《拜占廷帝国》，第 97 页；陈志强：《拜占庭帝国史》，第 201 页。
⑦ 陈志强：《拜占庭帝国史》，第 206 页。

743 年在位)重新恢复对拜占庭帝国的进攻。740 年,拜占庭军队在阿克洛伊农之战中大胜,迫使阿拉伯人撤出小亚细亚地区[1],此后将近 40 年不敢发动入侵。

君士坦丁五世在位期间,正值阿拔斯王朝取代倭马亚王朝的内战,拜占庭军队借机主动出击。746 年,君士坦丁五世侵入北叙利亚地区,占领了其祖辈的发祥地日耳曼尼基亚,并重夺塞浦路斯。[2] 747 年,拜占庭帝国海军摧毁了来自埃及亚历山大里亚的阿拉伯舰队,使帝国在海上也取得了重大胜利。[3] 751 年,君士坦丁五世再次主动出击,在亚美尼亚和美索不达米亚发动战争,均取得重大胜利,攻占了塞奥多西波利斯(Theodosiopolis)和梅利蒂尼两大边境要塞城市。[4] 君士坦丁五世取得的这些胜利并没有使拜占庭帝国的领土得到迅速扩大,但是这些胜利标志着形势发展开始有利于拜占庭人——拜占庭帝国不再仅仅为其生存拼死战斗,至少能够发动一些胜利的反攻。[5] 当拜占庭帝国与阿拉伯的战局稳定后,君士坦丁五世将军事力量投入巴尔干半岛。

君士坦丁五世统治时期,拜占庭帝国在巴尔干半岛的主要威胁是保加利亚。保加利亚人早在伊拉克略一世统治时就已与拜占庭帝国发生正面接触,总体来说,7 世纪前半期双方保持着良好的关系。7 世纪后期,一部分保加利亚人向西迁徙到多瑙河上游河口地区,彼时,君士坦丁四世意识到保加利亚人会成为拜占庭帝国的外部威胁。680 年,君士坦丁四世亲自统帅庞大的舰队渡过黑海,发起对保加利亚人的远征。但是,拜占庭军队受困于泥泞道路,无法发挥军力优势,不得不全线撤退。保加利亚人追击撤退中的拜占庭军队,进入多瑙河、黑海和巴尔干之间的地区,建立王国,拜占庭皇帝被迫缔结和约承认保加利亚人的疆域。这样,君士坦丁四世的远征不仅没能消除保加利亚人的威胁,反而使保加利亚人借机进入拜占庭帝国。保加利亚王国(Bulgarian Kingdom)成为在拜占庭领土崛起的第一个独立王国,并第一次得到拜占庭帝国的承认。689—690 年,皇帝查士丁尼二

---

① 陈志强:《拜占庭帝国史》,第 207 页。

② Nicephorus, *Short History*, 68, p.141.

③ [南]乔治·奥斯特洛格尔斯基:《拜占廷帝国》,第 140 页。

④ Theophanes, *Chronographia*, 427; Theophanes, *The Chronicle of Theophanes Confessor*, p.590.

⑤ [南]乔治·奥斯特洛格尔斯基:《拜占廷帝国》,第 141 页。

世打破和约进攻保加利亚人,取得胜利后将俘获的斯拉夫人迁移至奥普斯金军区。① 705 年,保加利亚汗王特尔维尔帮助查士丁尼二世恢复王位,作为回报,查士丁尼二世给予特尔维尔凯撒称号,这是拜占庭帝国第一次将这个仅次于皇帝的头衔授予外族君主。716 年,由于阿拉伯人围攻君士坦丁堡,塞奥多西三世再次被迫与保加利亚人缔结合约,承认他们的疆域延伸到巴尔干南部。718 年,利奥三世在特尔维尔的支援下,击退了围攻君士坦丁堡的阿拉伯人。② 在利奥三世统治时期,拜占庭与保加利亚保持着相对和平的关系。

君士坦丁五世遏制住东部入侵的阿拉伯人进攻后,把注意力转移到巴尔干地区。为了加强北方边防建设,君士坦丁五世把在阿拉伯战争中被征服的叙利亚人和亚美尼亚居民迁徙到色雷斯定居。③ 此举引起帝国北部保加利亚的警惕和担忧,保加利亚汗王科尔米索斯(Kormisos,739—756 年在位)决定主动出击。755年,科尔米索斯向君士坦丁五世发出信函,要求拜占庭人支付贡品,准备挑起战端。随后,他表明皇帝拒绝支付,为入侵拜占庭帝国找到借口。根据一位历史学家的说法,保加利亚人摧毁了色雷斯,进军到阿纳斯塔西亚城墙,但被君士坦丁五世击溃。也有另一个说法,称他们毫发无损地回到了自己的国家。④ 这次冲突开启了拜占庭帝国和保加利亚人之间战争的时代。

君士坦丁五世将保加利亚人视为拜占庭帝国的主要敌人,在他统治的最后十年不断发起对保加利亚的远征,756—775 年仅在保加利亚定居地上就进行过九次以上的战事。⑤ 756 年,君士坦丁五世发动第一次远征,在马塞莱(Marcellae)战胜了科尔米索斯的继任者温内奇(Vinekh,756—762 年在位)。759 年,君士坦丁五世出征到达贝雷加巴山口(the Beregaba Pass)时,遭遇保加利亚军队,色雷斯军

---

① 陈志强:《巴尔干古代史》,北京:中华书局 2007 年版,第 194 页。
② [英]N. H. 拜尼斯主编,陈志强等译:《拜占庭:东罗马文明概论》,郑州:大象出版社 2012 年版,第 314 页。
③ [南]乔治·奥斯特洛格尔斯基:《拜占廷帝国》,第 140 页;Theophanes, *Chronographia*, 429; Theophanes, *The Chronicle of Theophanes Confessor*, p. 593; Nicephorus, *Short History*, 70, p. 1431.
④ J. B. Bury, *A History of The Later Roman Empire from Arcadius to Irene (395 AD to 800 AD)*, vol. 2, pp. 470 - 471.
⑤ [南]乔治·奥斯特洛格尔斯基:《拜占廷帝国》,第 141 页。这期间保加利亚先后有八位君主掌握政权:科尔米索斯,温内奇,特勒兹(Teletz),萨宾(Sabin),欧麦尔,托克图(Toktu),帕甘(Pagon),特勒里格(Telerig)。

区的将军和许多士兵战死，君士坦丁五世只能无功而返。① 763 年，君士坦丁五世派出一支庞大的舰队，共有 800 艘船，每艘船载有 12 匹马，取道黑海前往多瑙河河口地区登陆。同时，君士坦丁五世率步军从色雷斯北上，在波摩莱港安营扎寨。当特勒兹(762—765 年在位)听闻拜占庭人海陆两线进军时，迅速从邻近的伊利里亚(Illyricum)斯拉夫部落招募了大约 2 万名士兵。6 月 30 日，战斗从黎明打响，双方激烈厮杀到傍晚，特勒兹被击溃并逃跑。大量的保加利亚人被杀，许多人被俘，还有一些人临阵脱逃。为此举行的庆祝胜利仪式上，君士坦丁五世和军队全副武装，在民众的欢呼声中进入君士坦丁堡，用木制的镣铐拖着保加利亚俘虏，并安排民众将战俘处死在金门外。② 特勒兹和他的大臣们则在保加利亚被投诚拜占庭者杀死。这次战争的结局使保加利亚陷入内部分裂，亲拜占庭派和反拜占庭派轮流掌握政权，君士坦丁五世则乘保加利亚政局不稳之机，充当保加利亚争端的仲裁者积极干预，左右其内政，一旦保加利亚的形势不符合拜占庭帝国的利益，君士坦丁五世便会发动远征，以武力保持对保加利亚的威慑。由于君士坦丁五世对保加利亚的胜利和屠戮政策，后人还给他冠以"保加利亚屠夫"的绰号。

但是，随着特勒里格(772—777 年在位)的掌权，保加利亚迅速恢复生机，积极筹备与拜占庭的战争，君士坦丁五世不敢掉以轻心。773 年 5 月，君士坦丁五世派遣一支由 2 000 艘战船组成的舰队前往保加利亚，并打算亲自进入多瑙河，同时把骑兵留在山口外，希望他们能在其统帅的步兵进攻保加利亚人时，从侧翼辅助攻击。这次远征的结果是双方缔结书面条约，互相发誓，保加利亚人宣誓绝不会再反对罗马人国家，皇帝也保证不再会试图进入保加利亚。③ 然而，誓言很快被打破了，一纸合约对双方都毫无约束力。同年 10 月，君士坦丁五世接到密报，特勒里格阴谋策划派遣一支 1.2 万人的军队和一些大贵族攻占贝尔兹提亚(Berzitia)，并将那里的居民迁往保加利亚。君士坦丁五世迅速做出反应。为了

---

① Theophanes, *Chronographia*, 431; Theophanes, *The Chronicle of Theophanes Confessor*, p. 596.

② Theophanes, *Chronographia*, 432 - 433; Theophanes, *The Chronicle of Theophanes Confessor*, p. 599.

③ Theophanes, *Chronographia*, 446 - 447; Theophanes, *The Chronicle of Theophanes Confessor*, p. 617. 史料中只提到双方都看到了一些让他们恐惧的事物后，决定缔结和约，但没有说明具体看到了什么或者遇到了什么。

避免引起当时正在君士坦丁堡的保加利亚大使的警惕,君士坦丁五世假装在准备对付阿拉伯人的战争,甚至故意让一部分军队渡过博斯普鲁斯海峡。但是,保加利亚的大使一离开,君士坦丁五世立即在色雷斯集结 8 万大军,在没有吹响号角的情况下,突然扑向保加利亚人。拜占庭军队在这次猛烈的突袭中大获全胜,获取了大量战利品。后来,君士坦丁五世称这场战争为"高贵的战争",因为他没有遇到任何抵抗,也没有发生屠杀或流淌基督徒的血液。① 但君士坦丁五世并不满足于这场胜利,于 774 年再次率领 1.2 万名骑兵远征。此次远征在梅塞布里亚遭遇大风,船只几乎全部被摧毁,士兵大量伤亡,只得撤退返回拜占庭。② 775年,君士坦丁五世重整旗鼓,向保加利亚发起其有生之年的最后一次远征。虽然君士坦丁五世雄心勃勃,但是由于腿部旧日战伤发炎严重,他不得不从征途中返回,还没有到达君士坦丁堡,就于 9 月 14 日在船上去世。③

君士坦丁五世对阿拉伯和保加利亚的多次战争互有胜负,但是整体而言,拜占庭帝国占据优势。君士坦丁五世在东方和北方巴尔干前线的军事胜利一方面是因为他卓越的军事领导能力和运筹帷幄的外交能力,另一方面是因为他不在帝国西部意大利属地方面分散兵力,从而避免了两线作战。君士坦丁五世的军事外交成就对地中海东西两岸的形势产生了深远影响。8 世纪中期,伦巴第国王埃斯图尔弗(Aistulf,749—756 年在位)占领拉文纳,结束了拜占庭帝国在意大利中部长达两个多世纪的统治。伦巴第人的到来引起罗马教宗的警惕,他向拜占庭皇帝求救无果后,转而向法兰克加洛林王朝(Carolingian Dynasty)的宫相丕平(Pépin le Bref,714—768 年在位)求助。丕平为争取教宗支持以获得国王宝座,于 754 年和 756 年两度远征意大利,迫使伦巴第王国讲和,而后他将拉文纳和罗马交给教宗,这一事件史称"丕平献土",由此教宗也在意大利中部建立起持续千余年的教宗国。丕平之子查理曼(Charlemagne,742—814 年在位)继承王位后,征战 50 余次建立起加洛林帝国,并于 800 年由罗马教宗加冕为"法兰克人和罗马人的皇帝"。这一事件标志着中古罗马教廷在政治上转而倚重北方的西欧国家,这也是拜占庭

---

① Theophanes, *Chronographia*, 447; Theophanes, *The Chronicle of Theophanes Confessor*, p. 617.

② Theophanes, *Chronographia*, 448; Theophanes, *The Chronicle of Theophanes Confessor*, p. 618.

③ Theophanes, *Chronographia*, 448–449; Theophanes, *The Chronicle of Theophanes Confessor*, p. 619.

在意大利的政治影响力下降的必然结果。与此同时,罗马教会与君士坦丁堡教会的关系也日趋紧张,9—11世纪不断在意大利南部教区和保加利亚教区的归属问题上发生冲突,直至1054年东西方教会正式分裂,这一意义重大的事件史称"基督教教会第一次大分裂"。

由于787年的基督教大公会议最终确定了崇拜圣像为正统教会崇拜仪式,君士坦丁五世下葬在圣使徒教堂的遗体被崇拜圣象派清除出教堂,他也在史书中留下了骂名。但是不可否认,他是一位有能力的强权统治者。首先,君士坦丁五世坚持其父开创的毁坏圣像政策,将教会内部的争论变为广泛的社会运动,促使著名的"毁坏圣像运动"进入高潮,这本身就说明他是一位强有力的君主。其次,君士坦丁五世是一位卓越的军事将领,他亲自统帅大军与阿拉伯人和保加利亚人进行多次战争,灵活运用战略战术和外交手段,确保拜占庭帝国在东部和巴尔干半岛的边境安全。他的军事胜利也同他的残暴行为一样,流传后世。9世纪初,当拜占庭帝国再次遭受保加利亚的威胁时,有民众来到君士坦丁五世的墓前,请求他显灵,拯救帝国。[1] 第三,在君士坦丁五世统治时期,拜占庭帝国国库丰盈,这也是他能够持续加强军队建设和常年保持优势兵力作战的重要原因。在他去世时,帝国的收支结余大致相当于每年2.5万磅黄金即180万诺米斯玛金币(nomismata),国家还拥有大约两倍于此的黄金储备。[2] 第四,君士坦丁五世能够及时有效地应对帝国面临的自然灾害。744—747年的瘟疫过后,他通过迁移人口促使君士坦丁堡重新焕发生机。[3] 766年,君士坦丁堡遭遇旱灾,供水严重不足,君士坦丁五世立即着手修复伊拉克略一世统治时被阿瓦尔人围攻破坏的瓦伦提尼安水渠(Valentinian's aqueduct)。他从全国各地召集大量工匠,包括来自小亚和潘托斯(Pantons)的1 000名石匠和200名抹灰工,来自希腊及其岛屿的500名黏土工,来自色雷斯的5 000名劳力和200名砖匠。[4] 水渠修复工程顺利完成,解决了君士坦丁堡这个当时欧洲地中海世界最大的都市的供水问题。整体而言,君

---

① [南]乔治·奥斯特洛格尔斯基:《拜占廷帝国》,第146页。

② W. Treadgold, *The Byzantine Revival 780–842*, p. 38.

③ Nicephorus, *Short History*, 68, p. 141.

④ Theophanes, *Chronographia*, 440; Theophanes, *The Chronicle of Theophanes Confessor*, p. 608.

士坦丁五世残酷的迫害手段使国家的宗教生活陷入令人恐怖的混乱,但在国家管理的其他方面依然值得肯定。[1]

很明显,君士坦丁五世属于拜占庭历史上治国安邦的铁腕君主,其内政外交的成就,特别是对外战争的一系列胜利,有利于拜占庭帝国中央集权制皇帝专制统治的强化,有利于拜占庭帝国集中全国资源确保一方疆土安全,进而也有效地发挥了保护欧洲东部前哨战线的守护人作用。后世人称赞拜占庭帝国在民族大迁徙特别频繁、西亚东欧地区族群战争趋于激化的时代,成为欧洲中古文明的守护者,并不为过。而君士坦丁五世便是这个帝国一系列杰出君主中的一个。值得注意的是,他在治国安邦方面取得佳绩的同时,也很好地解决了其身后继承人的大事,不仅子女满堂,还在皇帝权力交接中坚持拜占庭皇权继承的惯例,保证了皇帝为核心的最高权力集团的相对稳定,有利于拜占庭帝国中央集权制的发展。至于崇拜圣像派信徒对他的诟病和编造的诸多不实之词,并不能归罪于他。

第三节

利奥四世（Leo Ⅳ）

775—780 年在位

利奥四世(Leo Ⅳ, Λέων Δ΄ ὁ Χάζαρος, Leōn Ⅳ ho Khazaros 生于 750 年 1 月 25 日,卒于 780 年 9 月 8 日,享年 30 岁以上)是伊苏里亚王朝的第三位皇帝。775 年 9 月继位成为拜占庭皇帝,到 780 年 9 月去世,在位时间仅有短暂的五年。

利奥四世的父亲是伊苏里亚王朝的第三位皇帝君士坦丁五世,他的母亲是君

---

[1] 由于崇拜圣像最终成为基督教正统,因此所保留的拜占庭史料也全部持反对毁坏圣像的态度,比如这一时期的主要史料塞奥法尼斯的《编年史》、尼基弗鲁斯的《简史》《小斯蒂芬传》和其他圣徒传记及修道院文献。因此,有学者提出崇拜圣像派的文本可能对迫害的残酷程度和毁像的规模有夸大的成分,见 L. Brubaker, *Inventing Byzantine Iconoclasm* ; L. Brubaker, and J. Haldon, *Byzantium in the Iconoclast Era c. 680 - 850*。

士坦丁五世的第一位妻子,即哈扎尔可汗的女儿伊琳妮,因此利奥四世也被称为哈扎尔人利奥四世。利奥四世在出生的第二年(751年)即被其父君士坦丁五世立为凯撒,他曾与矮子丕平的女儿吉泽拉(Gisela)订过婚,但婚约最终被撕毁。769年,利奥四世同其父为其挑选的新娘——来自雅典的姑娘伊琳妮结婚。君士坦丁五世选中伊琳妮做自己儿媳的原因目前尚未明晰,专家推测其中重要原因是,这位将毁坏圣像之争升级为毁坏圣像运动的皇帝,在大张旗鼓采取极端化措施推行王朝创立者利奥三世,即其父亲的毁坏圣像政策的同时,需要通过此次联姻平息西部贵族势力对其政策的愤怒和抗拒,毕竟她的家族属于雅典这个古典传统思想中心的世家大户。尽管伊琳妮家族在雅典的地位非常显赫,其亲属中有多位当地头面人物,且在首都文化圈里举足轻重,但是他们在拜占庭帝国主流知识分子群体中受到排斥,其精神活动大多与官方意识形态相悖。君士坦丁五世出人意料地为其接班人选择这样背景的新娘,显然是希望安抚西部贵族势力,同时也打算与一个在文化人中影响力强大到足以挑战自己的家族结盟,并借助这个传统文化世家的声誉改变皇家起起武夫的形象,提升皇权的尊贵地位。君士坦丁五世个性张扬,做事雷厉风行,他为儿子选择伊琳妮作为终身伴侣毫不犹豫,没有就儿子未来和王朝的前途瞻前顾后,这就给利奥四世及后来王朝的困境埋下了伏笔。君士坦丁五世是位狂热的圣像破坏者,对伊琳妮的政治倾向十分在意,他在儿子婚前便已经怀疑她是圣像崇拜者,不过,在要求伊琳妮对着圣餐面包和葡萄酒发誓再也不崇拜偶像后,君士坦丁五世还是风风火火地为两人举行了婚礼。就在婚礼结束13个月后,也就是771年1月14日,伊琳妮生下儿子,取名为君士坦丁,以他祖父君士坦丁五世的名字命名,史称君士坦丁六世。775年9月,因其父君士坦丁五世在与保加利亚人作战时大腿伤口发炎严重高烧去世,利奥四世继位成为皇帝。

利奥四世成为皇帝后的头等大事便是巩固政权,稳定自己的皇位。尽管利奥四世是君士坦丁五世的长子,但是他有六个同父异母的弟弟和妹妹。由于利奥四世的母亲在他出生后不久便因病去世,这些弟弟和妹妹都是君士坦丁五世第三次结婚的妻子欧多基娅所生,他们因其母亲的身世比君士坦丁五世第一任妻子哈扎尔可汗的女儿伊琳妮更为优越,所以都看不起利奥皇帝。利奥还有个继母是其父第二任妻子玛丽亚,但玛丽亚于752年去世,并没有留下子嗣。① 这样,利奥在兄弟姐妹中一直十分自卑,特别是君士坦丁五世第三任妻子所生的五个儿子和一个女儿,即长子克里斯托弗、次子尼基弗鲁斯、第三子尼基塔斯、第四子安泰米乌斯(Anthemius)、第五子尤多西姆斯(Eudocimus)。女儿安淑莎可能和尼基弗鲁斯是双胞胎②,生活中对她这位皇储哥哥另眼看待。但是,君士坦丁五世仍然立长子利奥四世为皇位继承人,同时也给予了欧多基娅和其他孩子们荣誉。769年,君士坦丁五世授予欧多基娅"奥古斯塔"头衔,授予克里斯托弗和尼基弗鲁斯凯撒头衔,授予尼基塔斯大贵族称号。在授予仪式上,君士坦丁五世和利奥四世一同从皇宫骑马前往圣索菲亚大教堂,沿途向聚集的民众抛撒金币。同年,安泰米乌斯出生,君士坦丁五世随即封他为大贵族。这样,利奥四世四个同父异母的兄弟都拥有君士坦丁五世授予的荣誉头衔,同时也赋予他们将来承继大统的资格。事实上,在拜占庭帝国复杂的宫廷政治斗争中,这种安排造成了皇室内部的深层矛盾,增加了皇帝继承中的变数。

　　数量较多的兄弟使利奥四世感到危机,尤其担心两位凯撒克里斯托弗和尼基弗鲁斯对皇位的觊觎,因此他一方面积极争取军队、官僚集团和民众的支持,另一方面尽快确立儿子君士坦丁(六世)的继承人身份。776年的圣周,即复活节周,利奥四世迎来了他登基后的第一个年度发薪日。他不仅按惯例召集常驻在君士坦丁堡的官员和军队将士们,还特地召集了行省的大部分军队将领前来君士坦丁堡领取薪俸,并且以庆祝自己登基为由进行了一次捐助。在利奥四世的暗示下,领取薪俸的官僚贵族和军事将士们进行了游行,并成功吸引了广大民众的参加,他们请求利奥四世将他只有五岁的儿子即君士坦丁(六世)确立为皇位继承人。利奥四世故意表示了他不愿意这样做的担忧:"这是我唯一的儿子,这样做我有所顾虑。当我遭受人类死亡的命运时,他如果还是个孩子,你们会把他处死,并指定另一个人。"③在场的所有人立即表示,他们只支持利奥四世的儿子君士坦丁成为

① Nicephorus, *Breviarium*, 65, 转引自 W. Treadgold, *The Byzantine Revival 780 −842*, pp. 60, 393 note 6。

② Nicephorus, *Breviarium*, pp. 70, 76, 转引自 W. Treadgold, *The Byzantine Revival 780 −842*, pp. 60, 393 note 6.

③ Theophanes, *Chronographia*, 449, 英译本为 Theophanes, *The Chronicle of Theophanes Confessor*, p. 620。

皇帝,他们的请愿活动从棕枝全日即复活节前的星期日一直持续到复活节周的星期四。于是,利奥四世顺水推舟,表示顺从天意服从民意,在周五的耶稣受难日下令全体臣民进行宣誓。据塞奥法尼斯记载:"所有人,包括军区战士、元老院成员、御林军军团、市民和工匠都面对十字架宣誓:除了利奥和君士坦丁以及他们的后代,不承认任何人是皇帝。"周六,利奥四世先将尤多西娅所生的第五子,也是自己最小的同父异母弟弟,年仅5岁的尤多西姆斯授予大贵族,然后,利奥四世与他自己的儿子君士坦丁以及五位兄弟前往圣索菲亚大教堂。他身着节日的法衣,在君士坦丁堡大教长的陪同下,站在大殿向所有在场人说:"请看啊,兄弟们,我正在实现你们的请求,赐给你们我的儿子做皇帝。请看啊,你们正在从教会和基督的手中接过他。"众人则大声回应:"上帝之子啊,请为我们作证,我们正从你手中接过君士坦丁皇子作为我们的皇帝,我们会保护他,为他献出生命。"在第二天的复活节主日,利奥四世与牧首一同前往大竞技场,在全体民众的注视下,大教长宣读祈祷词,并加冕君士坦丁六世为皇帝。[1] 从整个过程来看,君士坦丁六世成为皇位继承人是民众的选择,而利奥四世则是接受了民众的选择。

利奥四世的一番精心操作看似合理,但恰恰反映出他内心的恐惧,不仅是对自身地位的自卑,还是对其子未来命运的深深担忧。在这里,拜占庭帝国皇位继承之"父死子继"惯例原本是确定的,即当皇帝父子健在时,儿子继承父亲的皇权是不容置疑的。但是,利奥四世的身世背景使这一合理合规的继承方式遭到出身更为优越的兄弟们的挑战。换言之,本来是作为"父死子继"方式辅助补充继承形式的"兄终弟及"威胁了"父死子继"方式。利奥四世的一系列"操作"生动地反映出拜占庭帝国中央集权皇帝专制制度本身的脆弱性,皇族内部争夺最高权力的博弈极其复杂残酷。此后的事情发展表明,利奥及其儿子君士坦丁的担忧虽然并非多余,但是造成王朝绝嗣的真凶不在皇帝血亲,而来自外戚集团,即利奥四世的那位雅典妻子,她不仅罢废了新生儿子,残忍地下令刺瞎了其双眼,而且登基称帝,成为拜占庭帝国第一位正式称帝的女皇。

虽然利奥四世以这样的方式使君士坦丁六世成为合法的皇帝,但是他们的皇

---

[1] Theophanes, *Chronographia*, 621.

位依然面临挑战。利奥四世的同父异母兄弟始终怀有篡位的念头,776 年 5 月,尼基弗鲁斯被告发勾结在朝廷中担任高官的大贵族,密谋废黜利奥四世,甚至设计要皇帝的性命。因此,利奥四世在玛格纳乌拉宫(the Magnaura palace)举行了一次“肃穆会议”,指控尼基弗鲁斯的反叛行为。如同君士坦丁六世被加冕一样,利奥四世同样向军队和民众问询如何处置密谋者,看着皇帝眼色行事的公众舆论的呼声是处决密谋者,这正是利奥希望看到的。但是,利奥四世念及同父兄弟关系,手下留情,没有杀害或按照惯例使他们残疾,只是将他们流放到克尔松严加看管。① 以这样的方式获取民心和军队的支持后,利奥四世的皇位再未受到威胁。奥斯特洛格尔斯基认为,这种依靠民众支持的方式是利奥四世统治的特点,可能也是利奥三世和君士坦丁五世独裁专制统治的反弹。② 客观而论,拜占庭帝国沿袭罗马帝国中央集权制传统后,皇帝专制制度发展已经历了数百年,惯例习俗也已形成,父死子继、长子继承、兄终弟及、皇帝血亲承继等一系列帝国最高权力的继承方式业已成为定制。但是,拜占庭帝国各种公共权力高度集中于一身,提高了对皇帝自身条件的要求,也加剧了皇族内部矛盾的发展。这种制度虽然延续了罗马帝国集权化的历史发展趋势,将晚期罗马帝国军事强人凭借武力夺取皇权和军阀割据的社会成本大大降低,但是并没有解决其自身存在的深刻矛盾,只是将冲突更加集中于皇帝家族内部。拜占庭帝国宫廷政治的复杂性远超欧洲地中海世界其他国家和地区,其根本原因也在于此。利奥四世父子的恐惧和该王朝末代女皇的残暴充分说明了这一点。

在皇位得到稳固后,利奥四世基本沿袭其父亲君士坦丁五世的政策,但其对国家进行统治的手段比较温和,特别在涉及毁坏圣像反对者的反抗时,他大多采取比较宽容的态度,在处理皇家内讧的反对派时也相对和缓,以至于后世论者认为,他的统治时期是“君士坦丁五世时期的毁坏圣像最高潮向伊琳妮统治时期恢复圣像崇拜转变的过渡阶段”③。这当然与利奥四世本人的性格有关,但更多是因为其出身的母系家族背景不利。利奥四世一般被认为是内心支持毁坏圣像的

---

① Theophanes, *Chronographia*, 621.
② [南]乔治·奥斯特洛格尔斯基:《拜占庭帝国》,第 149 页。
③ [南]乔治·奥斯特洛格尔斯基:《拜占庭帝国》,第 147 页。

皇帝①,但在政策上比其祖父和父亲更加温和。事实上,在拜占庭帝国,不管皇帝
毁坏圣像还是崇拜圣像,无论他们对利奥三世的毁坏圣像政策持支持还是否定的
态度,都不妨碍其对上帝的虔诚,利奥四世也不例外。他继位伊始,就表现出对上
帝的敬畏,对圣母的尊敬和对僧侣的友好,任命修道士担任重要教区的主教
职位。②

　　史料中关于利奥四世对圣像崇拜者迫害的记载非常少,仅提及了一件事。
780年,利奥四世拘留了一些支持崇拜圣像的近臣和其他一些圣像崇拜者,鞭打
他们,把他们拖出去游街示众,在街道上当众嘲弄。③ 这些惩罚措施固然也很不
人道,但是对比君士坦丁五世统治时期,利奥四世的惩罚手段和惩罚规模都不可
同日而语。由于这次迫害事件发生在牧首斯拉夫人尼基塔斯去世后,牧首保罗四
世(Paul Ⅳ,780—784年在任)继任时,因此有推测认为,尼基塔斯倾向于宽容圣
像崇拜者,而保罗则支持迫害政策,故而挑唆利奥四世对圣像崇拜者进行迫
害。④ 甚至有学者认为,利奥四世于780年对崇拜圣像者的惩罚更多是基于政治
因素上的考量。⑤ 此外,利奥四世对崇拜圣像者相对温和的态度也可能一定程度
受到他的妻子伊琳妮的影响。⑥

　　利奥四世统治时期,继续加强拜占庭军队建设。同时,拜占庭军队继续进攻
叙利亚,并在与阿拉伯人的对抗中取得胜利。775年,在利奥四世登基后不到一
个月的时间里,马赫迪(Mahdi,775—785年在位)继任哈里发,于776年出征拜占
庭帝国,在卡西斯山洞(靠近卡帕多西亚)获取战俘后撤退。面对阿拉伯人的进
攻,利奥四世于778年亲率10万大军进攻叙利亚,几乎所有的亚洲军区都参与了
这次征战,包括由拉哈诺德拉孔指挥的色雷斯军区、由阿尔塔巴斯多斯

---

① J. B. Bury, *A History of The Later Roman Empire from Arcadius to Irene* (*395 AD to 800 AD*), vol. 2,
　 p. 477;A. A. Vasiliev, *History of the Byzantine Empire 324 – 1453*, vol. 1, p. 263.

② Theophanes, *Chronographia*, 620.

③ Theophanes, *Chronographia*, 625.

④ J. B. Bury, *A History of The Later Roman Empire from Arcadius to Irene* (*395 AD to 800 AD*), vol. 2,
　 p. 477.

⑤ 特里高德认为,利奥四世发现其妻子房间中的圣像是皇宫中拥有一定职位的官员所提供,而宫廷仆人的
　 忠诚会影响皇帝的生命安全。因此对向伊琳妮提供圣像的人进行了严厉惩罚。参见 W. Treadgold, *The
　 Byzantine Revival 780 – 842*, p. 6。

⑥ A. A. Vasiliev, *History of the Byzantine Empire, 324 – 1453*, vol. 1, p. 263.

（Artabasdos）指挥的安纳托利亚军区、由塔萨茨（Tatzates）指挥的布凯拉里安军区、由塔里斯克特斯（Karisterotzes）指挥的亚美尼亚军区和由格里高利指挥的奥普斯金军区的各路部队。拜占庭军队包围了日耳曼尼基亚，抢走了马赫迪叔父伊斯巴利（Isbaali）的所有骆驼，并且扫荡了日耳曼尼基亚地区的乡村。虽然阿拉伯人对拜占庭军队进行了反击，但惨遭溃败，损失了五位埃米尔和 2 000 名士兵。[①] 得胜的拜占庭军队返回君士坦丁堡时，受到了热烈欢迎，利奥四世在圣索菲亚大教堂向他们发放奖赏，并把俘获的叙利亚异端信徒发配到色雷斯，进行苦役惩罚。然而，阿拉伯人并未善罢甘休，马赫迪于 779 年再次组织强大的军事力量进攻拜占庭帝国小亚细亚的军事要塞。这一次，利奥四世采取不进行正面冲突的战略，而是在固守要塞的同时，提前烧毁阿拉伯人可能喂养战马而使用的牧场和可能找到的战争物资，结果阿拉伯人在多里利昂（Dorylaion）停留 15 天后，因为缺乏后勤补给不得不撤退。[②] 总体而言，在利奥四世统治期间，拜占庭在与阿拉伯人的军事对抗中处于优势。这里需要注意的是，利奥的军事胜利与其坚持毁坏圣像政策有密切关系，因为军事将领们特别是东部军区将士们大多反对崇拜圣像，是毁坏圣像的忠实支持者。

利奥四世统治五年后，于公元 780 年 9 月 8 日因高烧去世。利奥和包括他父亲君士坦丁五世在内的其他皇室成员一起被安葬在圣使徒教堂。[③] 出于对毁坏圣像派皇帝的憎恶，时人塞奥法尼斯把利奥四世的死描绘成上帝对皇帝贪婪、亵渎和普遍罪恶的惩罚，宣称利奥四世因沉迷于宝石，将圣索菲亚大教堂的皇冠戴在头上，他的头部因此长出痈疽从而引发高烧，以致死亡。[④] 利奥四世确实死于高烧，并且当时他正率领军队对抗保加利亚人。[⑤] 但塞奥法尼斯关于皇冠是导致利奥四世高烧原因的叙述，显然没有得到后世学者的认同。如罗米利·詹金斯（Romilly Jenkins）就认为，利奥四世在登上皇位时就已患有一种疾病，并在五年后

---

① Theophanes, *Chronographia*, 620 – 623.

② Theophanes, *Chronographia*, 624.

③ Philip Grierson, "The Tombs and Obits of the Byzantine Emperors（337 – 1042）", p. 54.

④ Theophanes, *Chronographia*, 625.

⑤ Timothy E. Gregory, *A History of Byzantium, 306 – 1453*, Oxford：Blackwell Publishing, 2005, p. 197.

死于这种疾病。① 更有学者认为利奥四世死于身份不明刺客的蓄意谋杀,而他的妻子伊琳妮及其支持者则纵容了这次谋杀,因为后来事态的发展表明,皇后野心勃勃,其精神世界与皇帝格格不入,只是不明就里的皇帝被其美貌和阴谋所蒙蔽。② 利奥四世临终前任命他的妻子伊琳妮为其九岁儿子君士坦丁六世的摄政。因此,780 年利奥四世的去世也标志着毁坏圣像运动第一阶段迫害时期的结束。

在拜占庭史研究中,利奥四世从来不是受到学者们充分关注的皇帝,美国学者特里高德明确宣称,"甚至没有人记得他"③。一方面,在位时间过于短暂导致这位皇帝容易被人遗忘。与此同时,利奥四世战胜阿拉伯人的胜利成果被其父君士坦丁五世的杰出军功所掩盖,而其妻子伊琳妮皇后结束第一阶段毁像运动的行为,也使人们往往忽略了利奥四世较为温和的宗教政策——"利奥四世通常被认为是他令人敬畏的妻子和继任者伊琳妮的附属"④。另一方面,从学术研究的角度来看,涉及拜占庭 8 世纪后期的史料很少,这个时期被后人称为拜占庭历史的"黑暗阶段"。在大多数情况下,塞奥法尼斯的《编年史》是 8 世纪后期拜占庭研究唯一可用的资料来源⑤,这也导致学者们缺乏更加充分了解利奥四世的材料。最终的结果便是通史类的作品对这位皇帝的叙述往往一带而过。例如,在伯里上千页的著作《晚期罗马帝国史(从阿卡迪乌斯到伊琳妮)》中,对利奥四世统治的叙述仅有可怜的三页。⑥ 而詹金斯不仅对利奥四世的统治措施几乎没有任何叙述,更宣称"利奥没有他父亲那样的能力"⑦。但实际上,利奥四世对帝国的统治仍然值得后人关注。一方面,利奥四世为了确保自身皇位安全和政局稳定,巩固了只有皇帝长子拥有继承人权利的原则;另一方面,利奥四世注重军队建设,不仅

---

① Romilly Jenkins, *Byzantium: The Imperial Centuries A. D. 610 - 1071*, London: Weidenfeld and Nicoloson, 1966, p. 90.

② W. Treadgold, *The Byzantine Revival 780 - 842*, p. 6. 特里高德在另外一篇文章中宣称,伊琳妮与利奥四世之死有关的说法,在学术界已经不被接受,但他认为这仍然是值得认真思考的问题。Warren Treadgold, "An Indirectly Preserved Source for the Reign of Leo Ⅳ", *Jahrbuch der Österreichischen Byzantinistik*, 34, 1984, p. 76.

③ W. Treadgold, *The Byzantine Revival 780 - 842*, p. 7.

④ Online Encyclopedia of Roman Emperors(http://www. roman-emperors. org/leo4. htm#N_13_,2021/10/9).

⑤ Warren Treadgold, "An Indirectly Preserved Source for the Reign of Leo Ⅳ", p. 69.

⑥ J. B. Bury, *A History of The Later Roman Empire from Arcadius to Irene (395 AD to 800 AD)* vol. 2, pp. 477 - 479.

⑦ Romilly Jenkins, *Byzantium*, p. 90.

在皇位继承问题上赢得了军队的支持,还在与阿拉伯人的战争中屡屡取得胜利,使拜占庭帝国在毁坏圣像运动的动荡年代拥有较为安全的边境。

第四节

君士坦丁六世（Constantine Ⅵ）

780—797 年在位

君士坦丁六世(Constantine Ⅵ,生于 771 年,卒于 805 年以后某日,享年 34 岁)是伊苏里亚王朝第四位皇帝,780 年 9 月继位,797 年 8 月 19 日被后党政变推翻,在位将近 17 年。

君士坦丁六世是拜占庭帝国伊苏里亚王朝第四位皇帝,生于 771 年 1 月 14 日。[1] 其父为利奥四世,后者在君士坦丁六世出生时是时任皇帝君士坦丁五世的共治君主。其母亲就是由其祖父为其儿子利奥亲自挑选的大家闺秀,即来自雅典当地望族萨兰塔佩乔斯家族(Sarantapechos)的伊琳妮。775 年 9 月 14 日,君士坦丁五世逝世,利奥四世成为帝国唯一的皇帝。随后,776 年,年仅五岁的君士坦丁便被利奥四世加冕为共治皇帝,即日后的君士坦丁六世。与此同时,利奥四世要求军队、元老和民众宣誓,除了利奥、君士坦丁及其后代,他们不能认可其他的任何人继承皇位。[2] 由于拜占庭帝国的皇位继承长期以来承袭旧制,但基督教婚姻法不能保证在位皇帝得到成年后人的继承,这就给皇族中其他第二顺位继承者提供了机会,使皇位继承不可避免地产生冲突波折。利奥四世此举在事实上便否决了他的几个兄弟,尤其是凯撒尼基弗鲁斯继承皇位的可能性。尼基弗鲁斯等人的不满不言而喻,因此这种不满在利奥四世去世后不久便很快爆发了出来。

780 年 9 月 8 日,在位仅有五年的利奥四世去世,年仅九岁的君士坦丁六世继任。因为新君年幼,其母伊琳妮摄政。从 780 年即位至 797 年被废,君士坦

[1] Theophanes, *The Chronicle of Theophanes Confessor*, p. 614.

[2] Theophanes, *The Chronicle of Theophanes Confessor*, pp. 620 - 621.

丁六世在位的 17 年大致可以分为两个阶段：780—790 年为第一阶段，由太后伊琳妮摄政；790—797 年为第二阶段，成年的君士坦丁六世亲政，与母后发生权力之争。

在第一阶段，由于皇帝年幼，所以帝国朝政的实际掌控者为摄政伊琳妮，她理所当然地认为其年少的儿子要听她的话，而君士坦丁六世更多作为帝国象征存在，一般仅是在颁行政令时与伊琳妮合署或共同出席重大庆典场合。至少在第二次尼西亚大公会议之前，摄政与皇帝间的这种关系一直保持着稳定状态，因此也保证了帝国没有因为皇帝年幼而发生较大的动乱。摄政伊琳妮雷厉风行，预见到故去的皇帝兄弟心怀鬼胎，上台伊始便铁腕镇压了凯撒尼基弗鲁斯等人预谋的夺位政变，随后又平定了埃尔皮迪乌斯（Elpidius）在西西里岛发动的叛乱。强势的伊琳妮在对外事务方面也保持强硬，一方面通过缴纳年贡暂时遏制住了阿拉伯人的攻势，为自己清洗军队中的异己势力争取到时间；另一方面对内积极推行圣像崇拜政策，废除前任皇帝的毁坏圣像措施，进而积极与反对毁坏圣像的罗马教会和法兰克王国交好，并试图推动君士坦丁六世与查理一世之女罗特鲁德（Rotrud）喜结良缘。伊琳妮在摄政期间的一个举措对拜占庭帝国未来发展影响深远，她主动出击，经略巴尔干半岛，不断蚕食盘踞已经定居半岛内地的斯拉夫人的土地。伊琳妮甚至在 784 年 5 月携皇帝一行前往色雷斯地区巡视，向新占领区昭示帝国皇帝的威严。在 787 年召开的第二次尼西亚大公会议上，伊琳妮和君士坦丁六世出席闭幕式，联合签署了大会通过的所有文件，正式宣布恢复圣像崇拜政策。他们二人还被与会代表一致称颂为"新一代君士坦丁和新一代海伦"①，因为在拜占庭人心目中，开国皇帝君士坦丁一世及其母亲海伦被视为最杰出英明的君主。表面来看，摄政与皇帝之间和睦相处，拜占庭帝国似乎就要迎来一段难得的和平发展时期。

然而，君士坦丁随着年纪的增长，对伊琳妮最初作为摄政而执掌的帝国大权也产生了兴趣，尤其他身边也逐渐聚集起实力集团。理论上，当君士坦丁六世成年后，按照惯例，伊琳妮应当还政于皇帝。但是，生性强势的伊琳妮事实上似乎并

---

① Theophanes, *The Chronicle of Theophanes Confessor*, pp. 626-637.

没有打算改变现状让出皇权,这一点在当时帝国发行的钱币中也有生动的体现。在最初摄政的十年里,帝国官方发行的货币上,伊琳妮与君士坦丁六世的形象共同被镌刻在金币的正面,而伊苏里亚的三位先帝——利奥三世、君士坦丁五世和利奥四世——则被刻在了金币的反面。但是,有趣的是,在这一时段的钱币上,君士坦丁六世一直是以没有胡子的形象出现。根据莱斯利·布鲁贝克(L. Brubaker)的观点,在拜占庭社会中,皇帝若是不蓄胡须,则会被视为未成年,不可独掌大权,显然,掌握实权的母后伊琳妮还是不想"交权",还是通过各种途径宣示皇帝未到独立掌握皇权的年龄,即便到790年为止,君士坦丁六世已有19岁了,这个早就长满胡须的皇帝仍然以少年形象出现。

此外,拜占庭钱币上通常会刻有当时统治者的名号。然而,这一时段的钱币铭文仍旧使用"君士坦丁和他的母后伊琳妮",其中"君士坦丁"的名字印铸在钱币的反面,而伊琳妮的名字反倒印铸在钱币正面。[1] 这种种迹象均显示了即使君士坦丁六世已经成年,伊琳妮还是无放权之意,仍将朝政大权牢牢掌握在自己手中。而且她的周围聚集了一批掌握实权的贵族,他们也决心效忠于皇太后,进而保护其既得利益。此举势必激化帝后两派之间的矛盾冲突。此外,根据"忏悔者"塞奥法尼斯的记载,君士坦丁六世曾对自己与罗特鲁德的联姻抱有不切实际的幻想,即通过此次联姻成为帝国东部和西部的皇帝,像杰出的君士坦丁一世那样,主宰整个帝国,重温"大帝国皇帝"的荣耀。

但是,皇帝还是低估了皇太后的野心和手段。就在第二次尼西亚大公会议结束不久,伊琳妮突然于788年,不经协商便撕毁了两人的婚约,彻底粉碎了儿子的梦想。她还为君士坦丁六世另觅大贵族的女儿、来自帕夫拉戈尼亚(Paphlagonia, Παφλαγονία)的玛丽亚为新娘,强迫他们结婚。君士坦丁六世对此大失所望,"极不情愿而且十分痛苦"[2]。更令君士坦丁六世失望的是,大婚之后,他发现自己仍然处于皇太后的严密控制下,处于无权的地位,强势的伊琳妮及其宠臣、宦官斯达乌拉焦斯等人继续把持朝政。君士坦丁六世没有想到的是母亲并不信任他,反而对她的宠臣更加信任。伊琳妮不仅对这个大宦官委以重任,加封高管职位,

---

[1] L. Brubaker, *Inventing Byzantine Iconoclasm*, pp. 77 - 78.

[2] Theophanes, *The Chronicle of Theophanes Confessor*, pp. 637 - 638.

还赋予特殊权力。君士坦丁六世天真地以为,他只要将斯达乌拉焦斯等人驱逐出权力中枢,自己就能实现"亲政",就能手握皇帝实权,即使与皇太后分享权力也是可以接受的,因为她毕竟是自己的母亲。自然,他更没有意识到伊琳妮强烈的权力欲和政治野心,她不仅不愿让他人染指自己已经把控的皇帝大权,而且依靠其宠臣,保持着坚定的决心,即便推翻皇帝也在所不惜。缺乏宫廷政治斗争经验的皇帝完全不知专制皇权漩涡中的"江湖险恶",其政治上的误判很快就给君士坦丁六世的统治带来可怕的祸患。

君士坦丁六世贸然采取行动。790年年初,在亲信"贵族"塞奥多利·卡穆利亚努斯(Theodore Camulianus)、达马努斯(Damanus)和礼仪官(magistros)彼得等人的支持下,君士坦丁六世决定放逐斯达乌拉焦斯。然而,处理斯达乌拉焦斯就意味着夺取皇太后的权力。如此重大的计划泄露后,斯达乌拉焦斯马上通报给伊琳妮,并提出周密的对应措施。皇太后迅即采取行动,抓捕皇帝的同谋者,借口他们教唆皇帝叛乱,毫不留情地对帝党分子严加惩处,甚至皇帝君士坦丁六世本人亦遭到鞭打和软禁。随后,伊琳妮强迫首都的军队全部效忠于她自己,严令将士们宣誓:"只要你活着,我们就不会接受你的儿子统治我们。"同年9月,她下令将宣誓效忠的旨意传到亚美尼亚军区。

皇太后的命令显然造成了一定的混乱,因为在此前的历任拜占庭皇帝统治期间,都没有出现过这样明显违背传统政治习惯的先例。在亲伊琳妮的后党军区将军的胁迫下,士兵们虽然很不情愿地接受了命令,但同时提出在称呼皇帝时仍然将君士坦丁放在伊琳妮之前。然而,此时的伊琳妮已经不允许任何人有哪怕一丝违逆自己旨意的行为,她又派"军事督察官"阿莱克修斯·穆瑟勒(Alexius Mousele)前去重申自己最初的命令,要求各部队执行。但她并没有忘乎所以,也考虑到军队内的反抗情绪,因此派遣穆瑟勒这个亚美尼亚人将领前去传达旨意。伊琳妮原本认为派他前去能够安抚当地士兵,但没有想到穆瑟勒也对皇太后的霸道心存不满。亚美尼亚军区的士兵反感皇太后利令智昏的行为,他们软禁了要求他们宣誓的将军,将穆瑟勒拥立为首领,并宣布君士坦丁六世为他们唯一的皇帝,这无异于发生兵变。亚美尼亚军区哗变的消息很快传至其他军区,越来越多的士兵逮捕了贯彻后党命令的将军,同时支持君士坦丁六世。到790年10月,这些军区的部队集结在阿托拉(Atroa)[1],公开向伊琳妮表明对皇帝的支持。事实上,东部军区大部分将士对来自雅典贵族的西部政治集团十分不满,双方的矛盾逐渐激化。伊琳妮也没有预料到东部军区的反抗如此强烈,她为形势所迫,被迫释放君士坦丁六世,允许其与哗变的军队会合。12月,君士坦丁六世与支持他的军队回到首都,伊琳妮的宠臣相继遭到清理惩处和流放。至于伊琳妮本人,君士坦丁六世还是念及母子之情,并未正式罢黜她共治皇帝的身份,只是将她软禁在了埃琉塞利乌斯(Eleutherius)。[2] 至此,君士坦丁六世在即位十年之后终于得以亲政。

790年年底,君士坦丁六世开始亲政,在其统治的七年间,拜占庭帝国的朝政依然波谲云诡,充斥着阴谋。791年,志大才疏的君士坦丁六世想要建立功业,相继亲征保加利亚和阿拉伯,但均无功而返。虽然帝国军队在这两场战事中并没有太大的损失,而且皇帝也借此显示了其愿意继承伊苏里亚先帝开疆拓土的意愿,但是这两次亲征都没有取得胜绩,而是半途而废,这多少让人们对皇帝个人的能力表示怀疑。[3] 特别是在处理复杂的朝廷政治时,年轻的皇帝常常不知所措,亲政之初即遭遇挫折,迫使君士坦丁六世转而开始寻求伊琳妮的支持。792年1月15日,伊琳妮被迎回宫中,恢复了皇太后的头衔。志得意满的皇太后窃喜,深知皇帝自知无能不得不向她低头,因此提出斯达乌拉焦斯也要从流放地回京的要求。事实上,皇帝确实城府不深,其亲政后未能首先处理好内务,清除掉异己势力,而后再通过对外征战获取功名与声望。如今,在亲征失败后再向后党低头,错上加错。也许皇帝真的对自己丧失了信心,除了对太后的依赖,他面临朝廷中政令无人执行的窘境,客观现实迫使他不得不让步。特别是依然把持着政府中大多数职位的伊琳妮后党贵族,不断地在暗中向皇帝施加压力,迫使其迎回太后。显然,军队支持的皇帝一旦身陷西部贵族掌控的宫廷政争便没有了底气,因此皇帝迎回皇太后并重起后党势力的举措在国内并没有掀起轩然大波,大多数西部军民还是接受了君士坦丁六世在成年后依然与其母后共治这一现实。[4] 然而,此举遭

---

[1] 位于比提尼亚奥林波斯山(Olympos)附近的一片平原。

[2] Theophanes, *The Chronicle of Theophanes Confessor*, pp. 638 – 641.

[3] W. Treadgold, *The Byzantine Revival 780 – 842*, p. 98.

[4] W. Treadgold, *The Byzantine Revival 780 – 842*, p. 99.

到先前支持皇帝的亚美尼亚军区士兵的强烈反对,他们要求让还滞留在京的阿莱克修斯·穆瑟勒返回军区重任将军。① 鉴于当时有谣言说穆瑟勒意图篡位,再加上亚美尼亚军区将士们公开表示不满,君士坦丁六世遂按照皇太后及其死党的设计将穆瑟勒软禁起来,并对他施以刑罚,借口是他煽动军队叛乱。②

792年7月,君士坦丁六世再度出巡,希图在战场上找寻尊严。他亲率大军和皇室随行人员来到与保加利亚交界附近的马尔西利地区(Markellai),准备仿效八年前伊琳妮与自己巡视色雷斯时的举动,在此修建一座要塞,同时进行一场盛大的奠基典礼。然而,保加利亚可汗卡尔丹(Kardam,777—803年在位)提前获知了消息,就在7月20日,突然倾举国之力集结在马尔西利附近设伏,打算偷袭拜占庭军队,打皇帝一个措手不及。毫无战场经验的君士坦丁六世没有做任何交战准备,面临敌军时便张皇失措,在随行占星师的胡言乱语怂恿下,盲目向保加利亚开战,发动攻击。交战结果可想而知,拜占庭帝国军队大败,死伤惨重,帝国诸多将军不知联合作战,也缺乏统一指挥,在单打独斗的拼杀中殒命沙场,保加利亚人大获全胜,还劫掠了大量战利品。而应为此次战败负主要责任的君士坦丁六世,在亲兵护卫的拼死保护下,最终侥幸逃回了首都。③

远征保加利亚的惨败,使君士坦丁六世原有的支持者深感失望,他本人也对自己彻底失望,转而将失败的愤怒转移到宫廷斗争中。792年8月,部分从马尔西利逃回首都的官员和近卫军士兵意图拥立皇帝的叔叔凯撒尼基弗鲁斯称帝。君士坦丁六世得知消息后,迅速采取行动,提前抓捕了亲叔叔尼基弗鲁斯,借口他阴谋反叛,挖掉其双眼,同时又将其另外四位皇叔的舌头割掉,以求彻底断绝他们登上皇位的可能。不仅如此,君士坦丁六世还将软禁中的穆瑟勒处以瞽目的刑罚。毫无疑问,对自己前途感到绝望的皇帝变得非常残暴,以滥杀无辜缓解可能失去皇权的内心恐惧。但是,此举最终将亚美尼亚军区的士兵推上了叛乱的道路。792年9月,亚美尼亚军区士兵软禁了他们的将军塞奥多利·卡穆利亚努斯。得

---

① 此前在791年年底,君士坦丁六世任命其支持者塞奥多利·卡穆利亚努斯为亚美尼亚军区将军,将阿莱克修斯召回首都,并授予其"贵族"称号。参见 W. Treadgold, *The Byzantine Revival 780-842*, p. 99。

② Theophanes, *The Chronicle of Theophanes Confessor*, p. 642.

③ Theophanes, *The Chronicle of Theophanes Confessor*, p. 643.

知消息后，君士坦丁六世先是派遣君士坦丁·阿塔塞拉斯（Constantine Artaseras）和克里索谢尔（Chrysocheres）率军镇压叛乱，但是战斗力超强的亚美尼亚军区大败朝廷的军队。皇帝不思悔改，将战场失利怪罪于他人，对两位将军也施以瞽刑，一时间，帝国监狱中增加了不少盲人贵族和将军。事实上，拜占庭军队冬季开拔困难重重，通常是冬季修正，春季出征开战，皇帝不了解情况，将自己造成的失败推诿给将领。为了证明自己的军事能力，君士坦丁六世于793年春御驾亲征，前去亚美尼亚地区平叛。793年5月25日，两军相遇，皇帝指挥的军队在亚美尼亚军区辅助部队的倒戈帮助下，最终击败了叛军，平息了叛乱。发动军事叛乱为首的三个人——图尔玛克（turmarch）安德罗尼库斯（Andronikos）、塞奥菲鲁斯以及西诺普（Sinope）主教格里高利被判处死刑，其余部众都受到惩罚，其家产被罚没，其中有千余人被押解到首都游街示众，随后又被一股脑儿流放至西西里岛等地。[1]

　　亚美尼亚军区的叛乱使君士坦丁六世无暇顾及境外的敌人。为了集中精力对付军区反叛，君士坦丁六世同意每年向保加利亚缴纳贡金，以换取色雷斯地区的和平。而阿拉伯人则充分利用这一时期拜占庭帝国国内局势的混乱，发起了新一轮的攻势。就在亚美尼亚军区叛乱平息后不久，阿拉伯人从阿达特（Adata）要塞出发，攻陷了拜占庭在幼发拉底河东岸的据点卡玛呼姆（Camachum）。随后，阿拉伯军队继续深入安纳托利亚军区，包围了塞巴萨（Thebasa）要塞，在历经长时间的围困后，于793年10月攻陷并摧毁了这一要塞。794年，阿拉伯人再度入侵，但这一次阿拉伯军队进展缓慢，一直到入冬后也无所获，只得于795年1月撤军。同年4月，逐渐获得了一些战争经验的君士坦丁六世御驾亲征，讨伐入侵安纳托利亚军区的阿拉伯人。5月8日，君士坦丁六世在阿努散（Anusan）击败阿拉伯军队。虽然战役规模不大，但对于君士坦丁六世来说意义重大，其在位期间所进行的对外征战中，这次算是难得的胜绩。为此皇帝心情舒畅，压抑已久的窝心闷气得以释放，甚至在回师途中前往以弗所圣约翰的墓地进行礼拜，并慷慨捐助了当

---

① Theophanes, *The Chronicle of Theophanes Confessor*, pp. 643 – 644; W. Treadgold, *The Byzantine Revival 780 – 842*, pp. 101 – 102.

地教会。①

　　君士坦丁六世处理完国内的叛乱,同时稳定了边境的局势以后,开始着手解决自己的婚姻问题。虽然皇后玛丽亚有倾国倾城之貌,她的人品也无可指摘,但是由于这段婚姻是皇太后伊琳妮强加给君士坦丁六世的,所以皇帝对皇后毫无感情可言。他转而喜欢上了太后的一位女侍塞奥多特(Theodote),后者同时也是当时激进修道士的代表人物柏拉图(Plato of Sakkoudion)和塞奥多利的亲戚。然而,如果皇帝君士坦丁六世要与塞奥多特结婚,就必须先要与玛丽亚离婚,基督教婚姻法要求严格,如非通奸指控则不得离婚。而玛丽亚为人处世十分规矩,并无什么过错,皇帝无法通过对其进行通奸指控而合法离婚。因此,君士坦丁六世便决定以毒害皇帝的罪名指控玛丽亚,为此他捏造事实,强迫大教长塔拉西乌斯(Tarasius,784—806年在任)允准其离婚。795年1月,在伊琳妮和塔拉西乌斯的默许下,君士坦丁六世宣布与玛丽亚离婚,后者被迫进入修道院成为修女。然而根据教会法律,只要玛丽亚依然在世,皇帝即使离婚也不能与其他女性结婚。君士坦丁六世的婚姻问题仍在不断发酵,他决心实现自己的计划。②

　　795年8月,君士坦丁六世统领大军亲征,意在远离首都民众的监控,乘击败阿拉伯人之机,正式宣布迎娶宫女塞奥多特为妻,并授予其"奥古斯塔"的称号。然而,皇帝此举在国内引起了轩然大波。虽然大教长塔拉西乌斯明哲保身,默许了皇帝的行径,但以柏拉图和塞奥多利为代表的激进修道士们对此大加批判,此即拜占庭历史上有名的"通奸争论"。塞奥法尼斯的《编年史》中对此有详细的记载:"这一年,撒库迪乌姆修道院院长柏拉图中断了与大教长塔拉西乌斯的往来,因为后者准许皇帝前去领受圣餐并同意他的教士削去其妻子玛丽亚与神父卡塔拉(Cathara)修道院院长约瑟夫(Joseph)的头发并且同塞奥多特结婚。得知消息后,皇帝命令……把柏拉图带到首都并将其关押在皇宫天使长教堂的小房间中。其他教士,包括柏拉图的侄子,受到鞭笞并被放逐到塞萨洛尼基。"③

　　君士坦丁六世在"通奸争论"中对无辜的前妻罗织罪名,无中生有地指控她

①　W. Treadgold, *The Byzantine Revival 780 - 842*, pp. 102 - 105.

②　W. Treadgold, *The Byzantine Revival 780 - 842*, pp. 103 - 104.

③　Theophanes, *The Chronicle of Theophanes Confessor*, pp. 646 - 647.

企图谋害皇帝,且对反对他种种暴行的柏拉图和塞奥多利进行迫害,将他们为首的修道院势力视为仇敌,引发反对派长期的抵制。皇帝希望通过迫害活动震慑首都那些具有很高名望和关系的家族,强化皇权。[1] 但是,他错将自己的丑恶行为当作展示其皇帝尊严的措施,这种与激进修道士面对面对抗的策略在帝国内引发了持久的震荡。"在正统派恢复势力以后,拜占庭修道士中长期存在的不满情绪得到发泄,他们本身对教会和国家领导人持强烈的反对态度。"[2]根据塞奥法尼斯的记载,君士坦丁六世此举还得到了太后伊琳妮的怂恿,老谋深算的皇太后的意图就是促使皇帝在错误的道路上越走越远,从而引起各方不满和反对,而她则暗中向势力越来越大的修道士群体寻求支持,为自己日后上位扫清障碍。[3]

君士坦丁六世身为伊苏里亚皇室成员,血液中保持着山地族群的尚武基因,始终怀有对外征战的雄心壮志。有了此前击败阿拉伯人的战绩,796 年春,君士坦丁六世宣布停止向保加利亚人纳贡。卡尔丹汗遣使前来问罪,君士坦丁六世以马粪相赠以示侮辱,同时向保加利亚可汗宣战。两国大军随后在威尔塞尼西亚附近进行大战,双方鏖战 17 日,最终迫使保加利亚人率先撤军。与此同时,阿拉伯人入侵帝国,兵锋直抵阿莫里,但也是无果而终。[4] 这样看来,君士坦丁六世似乎又要重现伊苏里亚先帝们当年的雄姿,拜占庭帝国在对外战争中又要重占上风了。

796 年 9 月,得意扬扬的君士坦丁六世与皇太后伊琳妮前往奥普斯金军区普鲁萨(Prousa)的温泉疗养。10 月 7 日,皇后塞奥多特诞下一子,取名利奥。君士坦丁六世听闻喜讯,被兴奋冲昏了头脑,赶忙回到首都,不顾心怀鬼胎的皇太后伊琳妮以及皇室随从与军官还留在普鲁萨,给了反对派叛乱的时机。伊琳妮立即大肆收买军队成员,说服他们支持自己废黜君士坦丁六世,使自己重新登上帝位。在此之前,伊琳妮在朝天文官贵族群体中已经获得不少支持,此时再把军队势力拉拢过来,政变成功的可能性将大大提高。实际上,将军们投向伊琳妮也有他们

[1] L. Brubaker and J. Haldon, *Byzantium in the Iconoclast Era c. 680 – 850*, pp. 290 – 291.

[2] [南]乔治·奥斯特洛格尔斯基:《拜占廷帝国》,第 150 页。

[3] Theophanes, *The Chronicle of Theophanes Confessor*, p. 645; J. B. Bury, *A History of The Later Roman Empire from Arcadius to Irene (395 AD to 800 AD)*, vol. 2, p. 487.

[4] Theophanes, *The Chronicle of Theophanes Confessor*, p. 646.

自己的考量,因为伊琳妮非常注意笼络人心,向来待自己的支持者不薄,相比之下,不谙世事的君士坦丁六世则很少回报自己的同盟者。况且君士坦丁六世自己的统治已经问题丛生,早就无力独自行使皇权,只能与太后共治,且"通奸争论"导致其失去强大的修道院势力的支持。至于他取得的为数不多的几场战绩与其前代君主相比也并不突出,难以服众。① 将士们认为与其拥护一位前途渺茫的皇帝,不如与更为老辣的伊琳妮合作,于是将军们最终决定举行宫廷政变。在他们和皇太后的共谋下,一个政变阴谋逐渐形成。

797 年初,阿拉伯帝国哈里发哈伦·拉希德(Harun Rashid,786—809 年在位)率军入侵拜占庭帝国,深入安纳托利亚军区。雄心勃勃的君士坦丁六世凭借前几次小胜,于同年 3 月,再度御驾亲征。但是皇帝不知道的是,一同随行的禁卫军军官前不久刚刚倒戈于皇太后。也可能是接受了伊琳妮的建议,他还将以斯达乌拉焦斯为首的一干后党骨干分子带在了身边。虽然皇帝之前的几次战绩并不显赫,但若是其在征战过程中积累经验,小胜也可能最终变为大胜。为了防止皇帝在战争中进一步取胜获得威望,这些后党成员便暗中贿赂军队里的侦察兵,让他们向皇帝谎称阿拉伯人已经撤军。君士坦丁六世信以为真,不明就里地下令回师,任由阿拉伯人在帝国境内肆虐。祸不单行,小皇子利奥于 5 月 1 日夭折,君士坦丁六世陷入深深的悲痛之中,以至于即使面对同年 8 月阿拉伯军队入侵布凯拉里安军区的行为,也无动于衷,似乎放弃了帝国军政要务。②

到这时为止,除了客观形势不利,皇帝自身的情绪也处在低谷。在主客观条件都不利于君士坦丁六世的情况下,皇太后伊琳妮及其同党认为政变的时机已经成熟,机不可失,时不再来。797 年 8 月 17 日,悲哀的君士坦丁六世前往君士坦丁堡大竞技场观看战车比赛,以图舒缓情绪,而后从皇宫码头乘船回到圣马马斯宫。就在海上航行的过程中,政变者的战船拦住了皇帝一行,意欲逮捕皇帝。君士坦丁六世意识到情势不妙后,马上下令返航,在大皇宫旁的港口处登上一艘皇家战舰成功逃脱,而后渡马尔马拉海来到了位于比提尼亚的彼莱军营,准备在那里集

---

① W. Treadgold, *The Byzantine Revival 780 −842*, p. 107.

② W. Treadgold, *The Byzantine Revival 780 −842*, pp. 107 − 108.

结仍旧效忠于皇帝的部分军队进行反击。①

　　政变的消息迅速在首都传开。得知消息的皇后塞奥多特十分慌张,在亲兵护卫下逃往马尔马拉海对岸的特里同(Triton)。当时,禁卫军中的很多士兵暗中倾向于皇帝,他们纷纷公开支持皇帝,不受亲伊琳妮的军官的控制。皇太后伊琳妮意识到事态的严重性后,立即在埃琉塞利乌斯召开紧急会议。据史料记载,伊琳妮曾派使者前往彼莱,希望以完全退位来保证自己的人身安全,但似乎与皇帝的谈判并未成功。如此一来,伊琳妮不得不采取强硬手段。由于随皇帝前往彼莱的一行人中有皇太后的亲信,所以伊琳妮便给他们送去一封密信,威胁他们如果不立即采取行动交出君士坦丁六世,她就要向皇帝披露他们的政变罪行。在太后的胁迫下,这些后党成员最终于8月19日晨控制住了君士坦丁六世,随后乘船将其押解回首都,关在了他的出生地皇宫的紫色寝宫室里。随后不久,在太后和其同党的命令下,皇帝被废黜,其双眼被残忍地剜去。这样,君士坦丁六世被其母亲亲自废黜并施以瞽目极刑,从此在世间销声匿迹,乃至其准确的去世时间都无人知晓。伊琳妮重新登基,接过帝国皇帝大权,成为拜占庭历史上第一位女皇。②

　　有关君士坦丁六世的最后时光,塞奥法尼斯语焉不详,他仅仅提及政变者用足以致命的方式剜去了皇帝的双眼。③ 有可能他在被致盲后就因伤口感染而死。而根据塞奥法尼斯《编年史》的注释者提供的资料,君士坦丁六世在这些有待商榷的文献中被认为活到了9世纪初。其中一则故事记载说,尼基弗鲁斯一世篡位后,给君士坦丁六世以很好的待遇。当然这并不是因为皇帝同情他,而是想借此从君士坦丁六世口中套出埋藏在皇宫中的一笔财宝的位置。另一则故事则记载君士坦丁六世在被废后一直住在一座名叫伊赛多利的宅邸中,而此处房产后来也在其去世后被他的妻子改建为女修道院。20世纪初的一位学者布鲁克斯(E. W. Brooks)则断言君士坦丁六世的去世时间不可能会晚于805年。④ 当然无论其

① 因为安纳托利亚军区向来支持伊苏里亚王朝的皇帝,见 J. B. Bury, *A History of The Later Roman Empire from Arcadius to Irene (395 AD to 800 AD)*, vol. 2, p. 488。

② Theophanes, *The Chronicle of Theophanes Confessor*, pp. 648 - 649; W. Treadgold, *The Byzantine Revival 780 - 842*, pp. 108 - 110.

③ Theophanes, *The Chronicle of Theophanes Confessor*, p. 649.

④ Theophanes, *The Chronicle of Theophanes Confessor*, pp. 649 - 650.

何时去世,797 年之后,君士坦丁六世就已经永远地退出了历史舞台,其 17 年的统治也永远成了历史。

君士坦丁六世天生庸才,一生并无建树,对拜占庭帝国的发展毫无贡献。其内政外交措施混乱,源于他既对拜占庭帝国面临的内外形势缺乏清醒的认识,也对宫廷政治的复杂性缺乏了解,更对包括其母亲在内的贵族官僚文臣武将的恶劣人性不能辨识,在皇帝位上浑浑噩噩,得过且过。他对自己的命运不能把握,更不要说掌控整个帝国。他的一生只能证明,拜占庭帝国中央集权皇帝专制只能在杰出君主统治时期,发挥积极作用,通过铁腕人物的合理治理,推进帝国内部政治和谐,充分发挥皇权统一作用,加快社会繁荣昌盛,并整合帝国资源,有效抵御外敌入侵,保卫疆域安全。其所以如此,还在于拜占庭中央集权制将太多权力集中于皇帝及其团队,使得皇权具有决定帝国发展的作用,以至于"一言以兴邦"或"一言以毁邦"。

第五节

伊琳妮(Irene)

797—802 年在位

伊琳妮(Irene,生于 752 年,卒于 803 年 8 月 9 日,享年 51 岁)是伊苏里亚王朝第五位皇帝,780 年 9 月 8 日,她策划政变推翻其在位的儿子君士坦丁六世皇帝,登基称帝,直到 802 年 10 月 31 日被朝臣政变推翻,关入修道院,在位 12 年余。

她约于 752 年,生在家族籍贯城市雅典,其所属的萨兰塔佩乔斯家族在当地也算是名门望族。一些学者认为,769 年时,伊琳妮通过一场皇储"新娘选秀"为当时的在位皇帝君士坦丁五世所看中,被带回君士坦丁堡,并很快与皇长子、共治皇帝利奥四世结婚。[①] 771 年 1 月 14 日,伊琳妮为利奥诞下皇子君士坦丁。775

① Nikephoros, *Nikephoros Patriarch of Constantinople Short History*, p. 163.

年 9 月 14 日,君士坦丁五世去世,利奥四世成为帝国唯一的皇帝。随后,年仅五岁的君士坦丁便于 776 年被利奥四世加冕为共治皇帝,即日后的君士坦丁六世。780 年 9 月 8 日,在位仅五年的利奥四世去世。因为君士坦丁六世年少,其母伊琳妮摄政,由此开始其 20 多年的统治。①

从 780 年摄政开始,到 802 年财政大臣尼基弗鲁斯发动政变废黜女皇,伊琳妮统治期间大致可以分为以下四个阶段:780—790 年,作为帝国摄政,辅佐幼帝,其间于 787 年召开第二次尼西亚大公会议,恢复圣像崇拜;790—792 年,君士坦丁六世在军队势力支持下亲政,伊琳妮被软禁;792—797 年,君士坦丁六世迎回太后,并恢复了其参政的权力;797—802 年,伊琳妮废黜其子,正式成为帝国皇帝,也是拜占庭帝国第一位女皇。

在特里高德看来,作为摄政的伊琳妮其权力并没有人们想象的那么大,相反,她受到多方的掣肘,时人并不认为她的统治会持续很长时间,除了其他因素,还在于拜占庭帝国继承罗马帝国传统,皇帝通常由男性充任,前此数百年的帝国皇位尚未有女性皇帝。正因为如此,伊琳妮要时刻提防各种各样别有用心者取而代之。② 纵观伊琳妮 22 年的统治生涯,权力之争相伴始终,长期笼罩在帝国首都的上空,挥之不去,而其政治野心和权力欲极强,为了争夺皇位,甚至不惜毁掉亲生的儿子。

拜占庭帝国皇位继承惯例长期以来并未发生变动,一直以遵守前代习惯的形式进行,这就使皇位继承不可避免地产生冲突波折。③ 776 年,在为君士坦丁六世加冕的同时,利奥四世要求军队、元老和群众宣誓,除了利奥、君士坦丁及其后代,他们不能认可其他的任何人继承皇位。④ 这在事实上便否决了利奥四世诸弟,尤其是凯撒尼基弗鲁斯继承皇位的可能性。尼基弗鲁斯等人的不满不言而喻,而这种情绪在利奥四世去世后不久便很快爆发了出来。同时,他们从内心深处不满意来自雅典这个古典思想故地的"皇太后"。

---

① L. Garland, *Byzantine Empresses: Women and Power in Byzantium, AD 527 - 1204*, London: Routledge, 1999, pp. 73 - 75.

② W. Treadgold, *The Byzantine Revival 780 - 842*, p. 60.

③ 陈志强:《拜占廷皇帝继承制度特点研究》,《中国社会科学》1999 年第 1 期。

④ Theophanes, *The Chronicle of Theophanes Confessor*, pp. 620 - 621.

    780年10月,在利奥四世去世仅仅一个多月后,朝廷中的一些高官显贵便聚集在一起,意图拥立凯撒尼基弗鲁斯为帝。但是由于事前准备不够严密,这一阴谋很快被发现,摄政伊琳妮铁腕镇压,一批帝国高层官员被逮捕,处以鞭刑、削发流放,或者打入大牢。至于尼基弗鲁斯以及其余四个兄弟,伊琳妮则任命他们在教会任职,并于当年圣诞节在公共场合让他们履行教士职责,这一举动相当于公开宣告他们失去了继承皇位的资格。① 如此一来,一场政变在未事发时就被伊琳妮雷厉风行地平息了。然而,细究这次未遂的政变可以发现,发起者的高官身份证明他们早在利奥四世乃至其父君士坦丁五世时期就已任职,故而"这次宫廷阴谋显然还掺杂了毁坏圣像的因素"②。因为伊琳妮崇拜圣像的倾向③,势必会招致朝中掌权的毁坏圣像派官员的不满,他们因而暗自勾结、图谋政变也在情理之中。此外,伊琳妮的女性身份也是这场未遂政变的一根导火索,"由于君士坦丁六世尚未成年,父死子继的继承制度就需要由其母亲担任摄政来实现,这样帝国的权力就落在一位女子肩上。考虑到战争与胜利对皇帝形象的重要性,可以想象当时所有事情进行得并不特别顺畅"④。在一个男性占主导地位的国度和年代里,一位女性掌握帝国最高权力,不可避免地会使一些人生出异心,有取而代之的想法。

    当然,这次政变风波最终有惊无险,伊琳妮还成功地借此对朝廷高官中的异己进行一次清洗,随后将这些空缺的官职授予自己的亲信,其中最为重要的便是宫廷邮驿重臣。伊琳妮挑选出其最为宠信的宦官斯达乌拉焦斯担任此职。由此,宦官开始在伊琳妮统治时期扮演起越来越重要的角色,而这与当时特定的历史背景有关。因为伊琳妮的统治地位并不十分稳固,她既没有十分突出的政治背景,也无法像以前的帝王那样获得军队的支持,势单力薄,如不依靠身边的宦官则根本无法掌控全局。此外,伊琳妮还巧妙地借助了宦官在拜占庭帝国人们眼中"天

---

① Theophanes, *The Chronicle of Theophanes Confessor*, pp. 626 – 627.
② [南]乔治·奥斯特洛格尔斯基:《拜占廷帝国》,第148页。其中比较重要的几名高官如君士坦丁,宫廷邮驿重臣格里高利,亚美尼亚军区将军巴尔达斯(Bardas)以及塞奥菲拉克特·拉加贝(Theophylact Rhangabe),见 W. Treadgold, *The Byzantine Revival 780 – 842*, p. 61。
③ 根据传说,利奥四世曾发现伊琳妮的私人物品中有圣像,因而拒绝和伊琳妮同床共枕。参见 L. Garland, *Byzantine Empresses*, p. 75。
④ [法]罗伯特·福西耶主编,陈志强等译:《剑桥插图中世纪史(350—950年)》,济南:山东画报出版社2018年版,第305页。

使"的形象，"以此获得帝国女性的支持，进而获取帝国境内家庭的支持"。而伊琳妮长期与宦官接触，彼此之间相处默契，此外，"在女性统治者身边环绕着的女性化的男人，则可以掩盖她的柔弱性"①。多种因素叠加在一起，共同导致了伊琳妮在统治期间格外信任和重用宦官。于是，为了能更好地控制帝国军队，在摄政初期，原先的军官大多仍保有自己的职位，但同时，伊琳妮也将自己信任的宦官派至军队中任监军，以弥补自身因为性别原因而无法直接统领军队的缺陷。虽然这并非一个最理想的解决方案，但针对伊琳妮所面临的复杂形势，这已经是她能想到的最好的应对手段了。②

781年2月，伊琳妮任命埃尔皮迪乌斯为西西里军区将军。然而到了4月，埃尔皮迪乌斯发动叛乱支持利奥四世诸弟的消息就传至首都。伊琳妮派遣"佩剑者"塞奥菲鲁斯前往西西里岛平叛，但是埃尔皮迪乌斯拒绝投降。此时的伊琳妮并无太多精力去集中处理此事，因为就在同一时期，阿拉伯人在帝国东部边境发起了新一轮的攻击。781年6月，伊琳妮任命宦官大总管约翰统领小亚细亚各军区部队防御陶鲁斯山脉各隘口，同时监视阿拉伯人的动向。在一个叫麦隆（Melon）的地方，阿布（Abd al-Kabir）统帅的阿拉伯军队和色雷斯军区将军米哈伊尔·拉哈诺德拉孔与布凯拉里安军区将军塔扎提奥斯（Tatzatios）统领的拜占庭军队相遇。激战过后，阿拉伯人战败，拜占庭人取得了胜利。③ 这给了伊琳妮一个惊喜，她真的以为性别缺陷已经不是她充任帝国皇帝的障碍了，她完全可以运筹帷幄于京城，决胜于千里之外。

东部战事结束不久，约在781年初秋，伊琳妮又派遣贵族兼宦官塞奥多利统率来自小亚细亚的大军前往西西里岛。反叛的埃尔皮迪乌斯不敌朝廷大军，在卡拉布里亚公爵尼基弗鲁斯陪同下逃往北非。在那里，埃尔皮迪乌斯被当地阿拉伯人拥立为所谓的帝国皇帝。即便这一宣称并未获得所有人认同，埃尔皮迪乌斯自己仍一直保有这一名号。④ 根据伯里的观点，埃尔皮迪乌斯在西西里岛反叛似乎

---

① 赵瑞杰、徐家玲：《宦官参政与女皇伊琳妮统治的兴衰》，《社会科学研究》2018年第2期，第183—184页。

② W. Treadgold, *The Byzantine Revival 780 – 842*, p. 66.

③ Theophanes, *The Chronicle of Theophanes Confessor*, p. 627；W. Treadgold, *The Byzantine Revival 780 – 842*, pp. 66 – 67.

④ Theophanes, *The Chronicle of Theophanes Confessor*, p. 628.

并非因为圣像问题,支持利奥四世诸弟也更多是一个幌子。① 这个军事强人自己觊觎帝国皇帝宝座已经多时了。不管怎么说,这一时期伊琳妮的摄政统治似乎并没有她自己想象中的那么稳固。

782 年年初,塞奥多尔的平叛大军还未归来,阿拉伯帝国军队在哈里发马赫迪之子、未来的哈里发哈伦·拉希德统率下于 2 月又大举进攻拜占庭东部边境,深入小亚细亚腹地,一度进抵君士坦丁堡隔海峡对岸的克里索波利斯。虽然拜占庭方面此后取得了一些胜利,一度将阿拉伯人合围,但是布凯拉里安军区将军塔扎提奥斯的背叛再度使战局急转直下,以监军、宦官斯陶拉希乌斯为首的一批军官被俘。② 在此情况下,伊琳妮被迫求和,"缔结了耻辱的三年停战协定:女皇同意每年向阿拉伯人缴纳 7 万或 9 万第纳尔的赔偿金,一年分两次结清"③。这次失利对于初任摄政、立足未稳的伊琳妮来说无疑是一个威胁,对其自信心也是重大打击,迫使她接下来进一步加强对军队的掌控,清洗军队中拥护先帝君士坦丁五世的军官。也就是在 782 年之后,一批君士坦丁五世和利奥四世时期活跃的军官相继消失,一众此前名不见经传的新将领活跃起来,他们更加服从于伊琳妮。④ 这样,军队上层大多数人已经处于伊琳妮的掌控之下。

依据特里高德的观点,相较于伊苏里亚王朝的前几位皇帝,摄政伊琳妮在对外政策上显示出更为现实主义的一面。她承认阿拉伯人的强势地位,在东部边境采取守势。同时,她认识到法兰克人在意大利中部已然取得比拜占庭有利的地位,同时为了恢复圣像崇拜,故积极与二者交好。而针对前任统治者所忽视的居住在巴尔干半岛的斯拉夫人,伊琳妮表现出了极大的关注,意图收复这块早已失去的领土。⑤ 与向东发展相比,伊琳妮似乎更加愿意扩展帝国在西部世界的现实

① J. B. Bury, *A History of The Later Roman Empire from Arcadius to Irene* (*395 AD to 800 AD*), vol. 2, pp. 481 – 482.

② 据史料记载,塔扎提奥斯憎恶宦官斯达乌拉焦斯,为自身前途着想,塔扎提奥斯投向哈伦·拉希德,向其建议借谈判之机软禁拜占庭军队统帅,获取谈判筹码。见 Theophanes, *The Chronicle of Theophanes Confessor*, p. 629。

③ Theophanes, *The Chronicle of Theophanes Confessor*, p. 627;[美]A. A. 瓦西列夫:《拜占庭帝国史》,第 371—372 页。

④ W. Treadgold, *A History of the Byzantine State and Society*, p. 418; W. Treadgold, *The Byzantine Revival 780 – 842*, p. 70。

⑤ W. Treadgold, *The Byzantine Revival 780 – 842*, pp. 70 – 71.

存在。

　　这一时期,拜占庭帝国在西欧主要是亟待处理同罗马教会、法兰克王国之间的紧张关系。当时,三者的利益交织在一起,牵一发而动全身。伊琳妮成为摄政后不久,便着手改善同法兰克王国的关系。781 年,伊琳妮派遣一个使团前去觐见法兰克国王查理一世,就查理之女罗特鲁德与皇帝君士坦丁六世的婚事进行磋商。最终"协议达成,双方也交换了誓言,宦官埃利萨乌斯(Elissaios)被留了下来,作为公证人,而且教授罗特鲁德希腊的语言和文字以及罗马帝国的风俗"①。伊琳妮的联姻外交意图十分明显,那就是通过与法兰克结成联姻关系来向罗马教会施压,迫使其放弃脱离帝国管控的意图,因为"自 8 世 70 年代以来,罗马就一直试图通过微妙的方式坚持自己相对于君士坦丁堡的独立性"②。虽然伊琳妮同罗马教会方面就圣像问题所持有的观点相一致,但是伊琳妮不会轻易放弃自己对教会事务干预的权力。在拜占庭帝国,"毫不奇怪,拜占庭人似乎就是认为皇权是上帝权威在人世间的象征……基督教皇帝既是普世皇帝理想的继承人,同时也是普世公认的基督教的代表"③。伊琳妮必须解决在毁坏圣像运动中出现的罗马教会日趋脱离帝国皇帝控制的倾向。

　　在与阿拉伯人媾和之后,783 年夏,伊琳妮又派遣宦官斯达乌拉焦斯深入巴尔干半岛,征服长期盘踞在此处的斯拉夫人部落。据史料记载,"他(斯达乌拉焦斯)率军进抵塞萨洛尼基军区和希腊军区,征服了他们(斯拉夫人)所有人,迫使他们向帝国纳贡。他甚至深入伯罗奔尼撒半岛,从那里押解大量俘虏和许多战利品返回了国内"④。紧接着,在 784 年 5 月,伊琳妮与君士坦丁六世共同前往色雷斯地区巡视,向新占领区昭示帝国的威严。⑤ 与君士坦丁五世等伊苏里亚皇帝的大规模军事行动不同,伊琳妮经略巴尔干半岛的策略是潜移默化的。这是一个缓慢的、相对和平的扩张过程,可能也包含着渐进的军事征服。而正是从伊琳妮开

---

① Theophanes, *The Chronicle of Theophanes Confessor*, p. 628.

② L. Brubaker and J. Haldon, *Byzantium in the Iconoclast Era c. 680 - 850*, p. 257; B. Neil and L. Garland eds., *Questions of Gender in Byzantine Society*, New York: Routledge, 2016, p. 120.

③ [英]N. H. 拜尼斯主编,陈志强等译:《拜占庭:东罗马文明概论》,第 251—252 页。

④ Theophanes, *The Chronicle of Theophanes Confessor*, p. 630.

⑤ Theophanes, *The Chronicle of Theophanes Confessor*, p. 631.

始,拜占庭帝国逐渐收复了自6世纪后期为斯拉夫各部落所占据的巴尔干半岛,
极大地扩展了帝国的欧洲领土,这种凭借帝国军队征服斯拉夫部落的胜利似乎是
轻而易举取得的。这对于拜占庭未来几个世纪的发展产生了深远影响。[1]

　　伊琳妮担任摄政时,毁坏圣像运动的高潮已经过去。然而,纵使伊琳妮想要
恢复圣像崇拜,她也不可能在短时间内迅速扭转这一局面。"恢复圣像崇拜必须
相当谨慎,因为军队大部分人赞成破坏圣像。而被君士坦丁宣布为帝国法律的
754年的破坏圣像宗教会议的决议在拜占庭帝国的大多数民众那里仍然有一定
的影响。"[2]圣像毁坏政策被推行了两代人半个多世纪,"教会和国家的高级职位
尚在其支持者手中,而且大部分军队无论在思想上还是经历上,都忠实于对杰出
皇帝君士坦丁五世的回忆,他们也同样忠实于他的事业"[3]。作为因跟随君士坦
丁五世对外征战而获益颇丰的军功集团,自然也不会随意放弃毁坏圣像政策,进
而威胁到自身的利益。当统治者意图更改"祖制"时,他们必然会起而反对。伊
琳妮必须审慎地进行决策,不单单是为了维持社会的稳定,同时也是为了保持皇
权在教会事务中的独特地位。根据伯里的观点,自伊琳妮摄政以来,帝国对于崇
拜圣像的人群就已秉持宽容态度,也允许在教堂中供奉圣像。[4] 当伊琳妮初步稳
定了国内政局之后,她就转而着手解决圣像问题,而此时君士坦丁堡牧首一职的
人事变动,则为其提供了契机。

　　784年8月,时任牧首的保罗四世病重。依据"忏悔者"塞奥法尼斯的《编年
史》记载,保罗四世大限将至时,退居到一所修道院中,并在来访的太后与皇帝面
前为自己之前支持毁坏圣像而忏悔,希望能通过召开一场宗教大会来弥补当前的
错误。伊琳妮则将一些毁坏圣像派的元老和官员召集唤至牧首跟前听从训示,希
冀改变他们的宗教立场。[5]

　　保罗四世去世后不久,伊琳妮在玛格纳乌拉宫主持召开牧首选举会议。大家

① W. Treadgold, *The Byzantine Revival 780 – 842*, pp. 73 – 75.
② [美]A. A. 瓦西列夫:《拜占庭帝国史》,第409页。
③ [南]乔治·奥斯特洛格尔斯基:《拜占廷帝国》,第148页。
④ J. B. Bury, *A History of The Later Roman Empire from Arcadius to Irene (395 AD to 800 AD)*, vol. 2, p. 494.
⑤ Theophanes, *The Chronicle of Theophanes Confessor*, p. 631; J. B. Bury, *A History of The Later Roman Empire from Arcadius to Irene (395 AD to 800 AD)*, pp. 494 – 495.

一致认为应由塔拉西乌斯继任大教长。而塔拉西乌斯起先表示拒绝,并发表长篇大论,对当前基督教会内部的分裂表示担忧,并提出如果皇帝与太后没有同意他召开宗教会议统一教会,他就拒绝担任大教长。尽管存在不一致的声音,但与会人员都看懂了太后的眼色,基本赞成塔拉西乌斯的主张。很快,在784年圣诞节,塔拉西乌斯就被授予了牧首圣职。① 对于此次牧首选举,伯里认为是伊琳妮和塔拉西乌斯预先谋划好的一场政治表演,与此前在保罗四世临终时的行为一样,为日后恢复崇拜圣像造势。②

　　圣职授予结束后不久,伊琳妮和塔拉西乌斯便相继向各地教会的主教寄送信函,邀请他们来到君士坦丁堡参加宗教会议。截止到786年8月,与会代表们齐聚首都。然而就在第一次会议准备召开时,支持毁坏圣像政策的首都军队突然发动哗变,包围了会场,纵使伊琳妮派人前去安抚也无济于事。宗教会议被迫中止。

　　为彻底铲除眼前的障碍,伊琳妮一方面派宦官斯达乌拉焦斯前往色雷斯调集部队,命令当地支持崇拜圣像的军队进入首都勤王,一方面假装要远征阿拉伯军队,将原首都驻军调出君士坦丁堡,然后迅速解除其兵权。787年5月,她命令送出重启宗教会议的信函,此前已经离开首都的与会代表又相继前往尼西亚,9月24日,基督教历史上第七次大公会议在此地正式召开。更换会议地址也说明,伊琳妮对首都强大的毁坏圣象派心存疑虑。大公大会恢复了圣像崇拜派的正统地位,会议决议"强调圣像'崇拜'与'崇敬'的区别,并制定或重申一些关于教会财产、教士纪律的普遍规则以及举行圣餐礼的标准。会议同意重新接纳悔过的毁坏圣像者"③。此前支持毁坏圣像的三位大教长——阿纳斯塔修斯、君士坦丁二世和尼基塔斯——遭到大会的谴责,而支持崇拜圣像的大教长日耳曼努斯一世、大马士革的约翰和塞浦路斯的乔治则被誉为"真理的使者"。④ 最后一次会议在首都召开,伊琳妮和君士坦丁六世出席并签署通过了上述决议。毁坏圣像运动第一

---

① Theophanes, *The Chronicle of Theophanes Confessor*, pp. 632 - 634.

② J. B. Bury, *A History of The Later Roman Empire from Arcadius to Irene (395 AD to 800 AD)*, vol. 2, p. 495.

③ [法]罗伯特·福西耶主编:《剑桥插图中世纪史(350—950年)》,第306页。

④ J. B. Bury, *A History of The Later Roman Empire from Arcadius to Irene (395 AD to 800 AD)*, vol. 2, p. 498.

阶段告一段落。然而,从实际情况来看,与其说这是圣像崇拜派彻底战胜了圣像毁坏派,倒不如说这是两派之间暂时的休战罢了。大公会议对君士坦丁和伊琳妮的称颂暂时掩盖了社会的分裂,彼此之间意识形态的分歧却并未完全消弭,特别是支持毁坏圣像的东部军事集团和支持崇拜圣像的西部贵族势力之间的矛盾进一步激化。

对于毁坏圣像分子来说,尼西亚大公会议宣告了其政策的破产,在帝国政府中也因此而失势。但是,由于大公会议的宽容性,所以毁坏圣像派并未被完全铲除,而是就此蛰伏起来,伺机而动。"他们的存在充分地表现在皇后和小皇帝之间的斗争事件中……反对伊琳妮崇拜圣像政策的力量自然就聚集在他周围。君士坦丁六世最信任的人物之一是著名的圣像毁坏派人物米哈伊尔。"[1]如果说对于尼西亚大公会议,毁坏圣像派多有不满还情有可原,那么,正统派对于此次会议的决议同样颇有微词。部分修道士对于官方如此宽容对待毁坏圣像分子十分不解,而更多人则是借此来发泄对牧首塔拉西乌斯的不满。这主要是因为塔拉西乌斯是由伊琳妮直接从行政官员中提拔上来的,从而首开从世俗官僚中选拔授予牧首职务的先例,这对于坚持教会自主原则的教士来说,是完全不可理解的。而塔拉西乌斯在尼西亚大公会议中所扮演的角色也突显出其更乐意从世俗政治的角度来处理教会与国家事务,宽容对待毁坏圣像派便是鲜明体现。然而,也正是由此开始,"柏拉图及其侄子塞奥多利把将教会拥有绝对优先权的思想具体化了"[2],"教会被授权来拟定包括皇帝在内的所有事务之法律"[3]。尼西亚大公会议非但没有彻底解决圣像崇拜问题,反而更加激发了教会内部激进人士对教会自主性的诉求。

此外,由于参加会议的教会代表来自整个地中海世界,所以大公会议又不可避免地带有该地区多种势力相互博弈的成分,其间最为突出的便是帝国与罗马教会的关系。如前所述,伊琳妮意图借与法兰克交好而向罗马教会施压。当然,作

---

① [南]乔治·奥斯特洛格尔斯基:《拜占廷帝国》,第149页。
② 柏拉图为撒库迪乌姆修道院院长,塞奥多利为其侄子,后为斯图迪恩修道院院长;二人均为当时激进修道士群体的代表。
③ [法]罗伯特·福西耶主编:《剑桥插图中世纪史(350—950年)》,第306页。

为一名高超的政治家,伊琳妮在对待罗马教会的态度上也是软硬兼施。她意识到,当前能够尽快拉拢罗马教会的措施,就是在圣像问题上与其达成一致。所以在784年年底塔拉西乌斯正式就任君士坦丁堡牧首之后不久,"他给罗马寄去了他的关于宗教会议和个人信仰宣言的信件,并得到了教宗哈德良一世(Hadrian Ⅰ,772—795年在位)的承认。太后也致信教宗,请求他回信并且派遣使者出席宗教会议"①。作为回复,教宗哈德良一世先是应允了参会一事,并派遣代表前去赴会。但是,教宗对塔拉西乌斯作为非教职人士直接升任牧首表示怀疑,更为重要的是,哈德良一世还向帝国当局提出了一系列的政治经济诉求:"哈德良不仅要求承认罗马教会为所有教会的领袖,而且还要求返还教宗在伊利里库姆教区的财政及其他权力,这些权力在8世纪50年代被君士坦丁五世收回。对于君士坦丁和伊琳妮来说,很难同意这些要求。"②可以说,虽然第二次尼西亚大公会议让君士坦丁堡和罗马就圣像问题暂时达成了一致,可是一旦涉及更切实际的政治、经济利益时,双方之间的矛盾仍然存在,而且日益加剧,"即便……拜占庭帝国已经重归正统信仰,甚至比以前更狂热地支持崇拜圣像,也没有对形势产生实质性的影响。尼西亚大公会议并未从根本上调和这两大世界强权之间的矛盾"③。

除了与罗马教会的问题悬而未决,第二次尼西亚大公会议结束后,拜占庭与法兰克之间的关系也趋于恶化。788年,伊琳妮突然撕毁了君士坦丁六世同罗特鲁德联姻的婚约④,随后在第二年,即789年,伊琳妮即派军队护送伦巴底末代国王德西迪里厄斯(Desiderius,756—774年在位)之子塞奥多图斯回到伦巴底与查理相抗衡。伊琳妮此举意在宣示帝国在意大利的权威,警示法兰克不要侵犯帝国的领土利益。⑤ 然而,伊琳妮所策划的此次渡海远征最终大败而归,拜占庭帝国与法兰克王国之间的友好往来再度中断近十年之久。拜占庭与法兰克关系的突

① Theophanes, *The Chronicle of Theophanes Confessor*, p. 634.
② L. Brubaker and J. Haldon, *Byzantium in the Iconoclast Era c. 680-850*, pp. 257-258.
③ [南]乔治·奥斯特洛格尔斯基:《拜占廷帝国》,第 151—152 页。
④ 根据法兰克史料的记载,这次联姻失败主要归因于查理曼对女儿的"溺爱":"她们都很美丽,很受父亲钟爱,可是,他不肯把她们嫁出去,既不许配给本族人,也不许配给外国人,因之人们不免感到诧异。但是直到他死,他一直把她们都留在家里,他说他不能够离开她们。"见[法]艾因哈德著,戚国淦译:《查理大帝传》,北京:商务印书馆2014年版,第 25 页。
⑤ L. Brubaker, *Inventing Byzantine Iconoclasm*, p. 62. ; L. Brubaker and J. Haldon, *Byzantium in the Iconoclast Era c. 680-850*, p. 258.

然恶化不仅仅是因为领土之争,先前的大公会议亦埋下了祸根。"即使第二次尼西亚大公会议恢复了圣像崇拜,法兰克人对此仍持抵制态度。"①查理主持编写的《加洛林书》(Libri Carolini)"既拒绝了君士坦丁五世的毁坏圣像的立场观点,也反对君士坦丁六世和伊琳妮召开的宗教会议确定的圣像崇拜态度","它就是为了强调法兰克王国反对拜占庭帝国的宗教独立性,其主旨完全是政治性的"。②伊琳妮本欲通过大公会议结束毁坏圣像运动,进而结束东西方教会的争执,乃至最终实现帝国原领土内的子民都统一在由帝国控制的普世宗教下。然而,现实是新兴的法兰克王国在西部不断挑战拜占庭帝国的权威,因此无论是领土诉求还是宗教领导权,拜占庭在法兰克面前均未讨得一丝好处。③

第二次尼西亚大公会议结束后,帝国东部和北部边境也发生了一些新的变化。如前所述,伊琳妮在 782 年败于阿拉伯人之后着手加强对军队的掌控,清洗了一批不服从自己的军官。至 785 年,她在已基本掌控帝国军队,同时与国内恢复圣像崇拜相呼应的情况下,宣布终止向阿拉伯哈里发纳贡,双方战端再起。788 年,哈里发哈伦·拉希德再度入侵拜占庭帝国,双方于小亚细亚的科皮德纳顿(Kopidnadon)展开激战,最终拜占庭军队战败。④科皮德纳顿之战规模虽然不大,但若将其置于伊琳妮时期本就不多的对外战争中,仍然是比较突出的。即使在加强了对军队的掌控后,伊琳妮仍不能保证战局有利于拜占庭方面。同时,在北方,伊琳妮当政时"开始出现了一个逐渐形成中的保加利亚,一个斯拉夫化的,并以进攻拜占庭为其既定目标的强大国家……保加利亚人的进攻性政策在 8 世纪后期已经显露无遗"⑤。788 年冬,保加利亚人在斯特雷蒙河(Strymon)伏击了一支拜占庭军队。⑥虽然保加利亚人并没有继续扩大战果,但这次偷袭严重威胁了帝国在巴尔干地区新近收复的领土。更严重的是,此次失利与君士坦丁五世时期大败保加利亚形成鲜明对比,时人由此对伊琳妮是否能够成功保护帝国前代留下的遗

---

① B. Neil and L. Garland eds. , *Questions of Gender in Byzantine Society*, p. 127.
② [南]乔治·奥斯特洛格尔斯基:《拜占廷帝国》,第 152 页。
③ L. Brubaker, *Inventing Byzantine Iconoclasm*, p. 63.
④ Theophanes, *The Chronicle of Theophanes Confessor*, p. 637.
⑤ [美]A. A. 瓦西列夫:《拜占庭帝国史》,第 373 页。
⑥ Theophanes, *The Chronicle of Theophanes Confessor*, p. 638.

产表示深深怀疑。①

第二次尼西亚大公会议召开之时,君士坦丁六世已经年满 16 岁。虽然拜占庭没有明文规定皇帝多少岁可以算作成年并可以亲政,但依照之前的惯例,此时的君士坦丁六世已经可以独立行使皇权,伊琳妮应还政于皇帝。② 而事实上,伊琳妮似乎并无这样的打算。伯里曾提到,当君士坦丁六世还未成年、不得不依靠母后时,伊琳妮对于官方文件里小皇帝的署名排在自己前面并无异议。然而,随着君士坦丁六世年岁渐长,意欲独立行使皇权,并不受伊琳妮掌控时,伊琳妮刻意在签署官方文书时把自己的名字放在首位,以此来强调自己的权威。③ 此外,伊琳妮曾有意让君士坦丁六世与法兰克国王查理一世的女儿罗特鲁德联姻,而根据"忏悔者"塞奥法尼斯的记载,君士坦丁六世似乎还对这段婚姻抱有幻想。然而,最终结果是伊琳妮突然于 788 年毁弃了两人的婚约,迫使君士坦丁六世与她另外派人寻找的来自帕夫拉戈尼亚的玛丽亚结婚。君士坦丁六世对此"极不情愿而且十分痛苦"④。更严重的是,大婚之后,伊琳妮的宠臣、宦官斯达乌拉焦斯等人继续把持朝政,凭着皇太后撑腰,完全不把君士坦丁六世放在眼里,皇帝仍然处于无权的地位。与此同时,一些后党宠臣还不断向伊琳妮进谗言,鼓动她继续掌权,以求保住他们自己的既得利益。于是,皇太后愈发专权跋扈,而小皇帝内心的叛逆情绪更加严重,外加反对后党专权的朝臣从中挑拨,伊琳妮与君士坦丁六世这一对皇室母子逐渐走向反目,其势已在所难免。

790 年 2 月 9 日,君士坦丁堡发生大地震,人们纷纷外出寻求避难。在此过程中,斯达乌拉焦斯无意中发现了君士坦丁六世与其亲信策划的政变图谋,并迅速将这一情报告给伊琳妮。意识到自己的权力受到威胁,伊琳妮马上采取行动,政变很快遭到镇压,同谋者受到惩处,皇帝也遭到软禁。随后,伊琳妮强迫帝国各地的军队宣誓效忠于自己,强令他们发誓:"只要你活着,我们就不会接受你的儿子

---

① W. Treadgold, *The Byzantine Revival 780 – 842*, 1988, pp. 91 – 92.

② 如查士丁尼二世 15 岁亲政,君士坦丁五世 21 岁就已即位,甚至君士坦丁六世的叔叔凯撒尼基弗鲁斯在更年轻的时候就意图夺取皇位。见 W. Treadgold, *The Byzantine Revival 780 – 842*, p. 89。

③ J. B. Bury, *A History of The Later Roman Empire from Arcadius to Irene (395 AD to 800 AD)*, vol. 2, p. 483.

④ Theophanes, *The Chronicle of Theophanes Confessor*, pp. 637 – 638.

统治我们。"然而,出乎伊琳妮预料的是,位于小亚细亚美尼亚军区的部队率先发难,他们公开拥护君士坦丁六世。此后,反对伊琳妮当政的势头越来越大,加之这一年夏末帝国海军在塞浦路斯附近惨败于阿拉伯水军,伊琳妮的声誉再度受挫,最终在这场权力较量中败下阵来,于790年12月被迫还政于君士坦丁六世,自己则被迫离开皇宫,被软禁于埃琉塞利乌斯。①

不过,亲政的君士坦丁六世毫无治国能力,"他觉得自己的责任艰巨,而且仍然深深地依赖母亲"②。所以没过多久,君士坦丁六世又于792年初,迎回了伊琳妮,恢复了其以前的称号。君士坦丁六世亲政的七年,内政外交几乎毫无建树,与阿拉伯人的战事屡遭败绩,792年的马尔西利之战更是大败于保加利亚。他将战败的怒火发泄在国内,为巩固统治不惜挖去皇叔凯撒尼基弗鲁斯的眼睛,割掉其余四位皇叔的舌头,残酷镇压亚美尼亚军区的起义,且为再婚制造冤案所引发的"通奸争论"更是在国内闹得沸沸扬扬。君士坦丁六世的声誉一落千丈,而这就为伊琳妮重新入主皇宫打下了基础。根据塞奥法尼斯的记载,君士坦丁六世在"通奸争论"中的行为曾受到太后伊琳妮的怂恿,其意图就是孤立皇帝,暗中向修道士群体寻求支持,为自己日后上位扫清障碍。③ 君士坦丁六世独立统治的七年,也是伊琳妮暗中积蓄力量,图谋夺回皇权的七年。伊琳妮逐渐在身边聚拢起一个反对君士坦丁六世的小集团,并最终于797年夏发动政变,亲自废黜了皇帝,并残忍地下令挖去君士坦丁的眼睛,以绝其东山再起的念头。797年8月19日,伊琳妮最终如愿以偿,加冕称帝,成为拜占庭帝国的首位女皇。

即位不久,伊琳妮便遣人出使阿拉伯哈里发宫廷,希望能够缓和两国之间的关系,但最后无果而终。④ 仅一年之后,798年9月,阿拉伯帝国多路军队入侵拜占庭边境,兵锋直抵奥普斯金军区,在大肆洗劫一番之后返回其国内。拜占庭人遭受了自782年阿拉伯人入侵之后最惨重的损失,"之后,(哈伦·拉希德)同拜

---

① Theophanes, *The Chronicle of Theophanes Confessor*, pp. 639 – 641.
② W. Treadgold, *A History of the Byzantine State and Society*, p. 421.
③ Theophanes, *The Chronicle of Theophanes Confessor*, p. 645; J. B. Bury, *A History of The Later Roman Empire from Arcadius to Irene (395 AD to 800 AD)*, vol. 2, p. 487.
④ Theophanes, *The Chronicle of Theophanes Confessor*, p. 650.

占庭帝国缔结了一项新的和平协定,即拜占庭缴付的款项与麦海迪时期相同"①。
伊琳妮最终还是不得不通过缴纳赔款的方式,暂时遏制住阿拉伯人的攻势。

伊琳妮虽然暂时除却外患,但在帝国内部同样存在着严重威胁其皇位的势力。797 年 10 月,就在伊琳妮废黜君士坦丁六世后不久,一些人就怂恿利奥四世的五位弟弟发动推翻伊琳妮统治的政变。但是,这场阴谋还是被挫败了,女皇宠信的宦官阿伊提乌斯(Aetius)设计将利奥四世诸弟放逐到了雅典,由伊琳妮的亲戚、希腊军区将军君士坦丁·萨兰塔佩乔斯严加看管。② 但是,事情并未结束。799 年 3 月,雅典的一些人又意图放出他们,并从中选出一人称帝。伊琳妮得知这一消息后,为杜绝此类反叛再度发生,便派遣她的侄子塞奥菲拉克特前往雅典挖去了他们的眼睛,这样,他们既被亲侄子割掉了舌头,又被亲嫂子挖去了双眼。③ 按照惯例,身体不完整的残疾人不能充任拜占庭皇帝,所以伊琳妮以这样的方式彻底断绝了他们谋反的念想。至此,至少在皇室内部,伊琳妮清除了几乎所有能够威胁其地位的势力,巩固了自己的统治。然而在帝国的西边,在拉丁世界,一个新的威胁正逐渐显现,甚至可以说伊琳妮最后的倒台也与此不无关系。

在第二次尼西亚大公会议结束到伊琳妮称帝期间,拜占庭帝国由于内政混乱无序,以及东方战事而无暇西顾,这给了罗马教会与法兰克王国深化同盟关系的大好时机。而 797 年伊琳妮废黜亲子君士坦丁六世,自立为女皇的做法,也在西欧产生了不小的影响。在法兰克,伊琳妮掌权的合法性同样受到了质疑。西欧封建君主指责伊琳妮作为女性自立称帝,并认为伊琳妮通过政变废黜君士坦丁六世属于篡逆行为,这说明法兰克人并不认为伊琳妮是一位正统合法的皇帝。④ 事实上,直到 8 世纪末,自古流传下来的唯一的"罗马"帝国的观念仍然在君主们中间保持深刻影响。对于查理和当时的教宗利奥三世来说,合法皇帝被废黜是不能接受的事实,即便伊琳妮称自己是"皇帝"而非"女皇"。西欧封建君主均不接受,特别是拜占庭帝国政治理论一直欠缺,伊琳妮在舆论上处于劣势。因此,从"东部帝

① ［美］A. A. 瓦西列夫:《拜占庭帝国史》,第 372 页。

② Theophanes, *The Chronicle of Theophanes Confessor*, p. 650.

③ Theophanes, *The Chronicle of Theophanes Confessor*, p. 651.

④ B. Neil and L. Garland eds., *Questions of Gender in Byzantine Society*, pp. 123 – 128.

国"手中承接"皇统",在"帝国西部"再迎立一位正统合法的"罗马皇帝",也就成为一件顺理成章的事了。在这种观念的主导下,公元800年圣诞节,教宗利奥三世为法兰克国王查理加冕,"罗马帝国"在西欧大地"复兴"了。①

"查理大帝加冕"对伊琳妮的皇位造成了严重的威胁,一方面国内仍然存在敌对势力,另一方面此时在西方又出现了一位"正统"皇帝,任何势力都不敢保证他们不会里应外合,推翻伊琳妮的统治。实际上早在798年初,伊琳妮就曾遣使到法兰克,希望缓和两国之间的关系,查理当时也承认了伊琳妮的皇帝身份,然而,教宗为查理加冕一事又使局面变得复杂起来。多数拜占庭人将此举视为西方人对帝国的背叛,而利奥三世为了解释基于现实考量而做出的加冕行为,不得不以女性不能称帝作为幌子。虽然基督教世界分裂早已不可避免,但统一罗马帝国的传统思想短时间内不可能彻底消除,因此双方唯一能做的就是忽视对方的存在。②

面对加冕后复杂的国内外形势,伊琳妮并非完全被动应对,她也曾主动出击,寻找可靠的政治盟友,而修道士群体便是伊琳妮极力拉拢的对象。称帝后不久,伊琳妮就将柏拉图与塞奥多利从流放地召回,大力支持修道院的发展,希望借此改善朝廷与教会之间的紧张关系。这一举措的效果至少能从当时及之后修道士们对伊琳妮称帝的态度可以看出。受伊琳妮庇护和赞助的崇拜圣像派修道士,对于女皇此举并未多加批判。"当塞奥法尼斯在《编年史》中引用日食比喻君士坦丁失明时,他所谴责的是对拥有最高正统权力的君主所实施的暴行,而不是一位母亲对儿子的残暴。同样,斯图迪特派的塞奥多利也没有对伊琳妮的行为做任何评论,在他们看来,君士坦丁因为扰乱教会法而犯罪,伊琳妮恰恰恢复了教会的秩序。"③

除了寻求修道士群体的支持,伊琳妮还在税收方面大做文章。"为了维持民众持久的同情和支持,政府不顾财政预算需求,慷慨地颁发免税特权。"④据塞奥

---

① Theophanes, *The Chronicle of Theophanes Confessor*, p. 649.

② W. Treadgold, *The Byzantine Revival 780—842*, p. 117.

③ [法]罗伯特·福西耶主编:《剑桥插图中世纪史(350—950年)》,第309页。

④ [南]乔治·奥斯特洛格尔斯基:《拜占庭帝国》,第150页。

法尼斯《编年史》的记载,在801年,"虔诚的伊琳妮免除了首都民众的城市税,并且取消了阿比多斯和海鲁斯(Hieron)的进出口税。她因为这些以及其他的慷慨举措而受到感激"[1]。有关伊琳妮在位时期的免税政策,学界存在着不同的观点。奥斯特洛格尔斯基认为这样的举措固然受到民众乃至修道士们的称颂,然其负面影响也是显而易见的,她"这种慷慨摧毁了拜占庭国家的财政,瓦解了拜占庭实力的主要资源,使帝国陷入极大的混乱"[2]。而在特里高德看来,伊琳妮时期的免税措施对帝国收入的影响并不大,毕竟当时全国税收主要是来自农民,而伊琳妮取消的税种与城市居民和贸易相关。伊琳妮此举意在获取首都及周边民众的支持,从而使那些反对她的人不敢轻举妄动。特里高德还认为在伊琳妮统治时期,拜占庭帝国的经济出现增长迹象,否则便无法解释这一时期帝国财政为何能够支撑大规模的支出行为,包括巨额战争赔款、举办公共活动、大兴土木以及频繁的捐赠。"从来没有任何迹象表明伊琳妮和君士坦丁六世曾陷入财政困境,而且由于伊琳妮在很大程度上是一位谨慎的统治者,她花钱的意愿可能表明她有足够的资金去支出。"[3]这样的论断有些操之过急了,也许只有等更为翔实的资料公之于众,人们才能对伊琳妮的财政政策做出更为客观的评价。

在8世纪末的拜占庭帝国,最为女皇伊琳妮所倚重的还是宫廷中的宦官群体。在伊琳妮统治拜占庭帝国的20多年间,宦官的身影几乎出现在帝国的各个领域。为了掌控军队,伊琳妮任命宦官监督军队,有时甚至直接指挥军队。782年,在抵御阿拉伯人的入侵中,斯达乌拉焦斯便是作为伊琳妮最信任的宦官被派往前线,监督军队作战。此后的783年,伊琳妮更是派遣斯达乌拉焦斯深入巴尔干半岛,征服长期盘踞在此处的斯拉夫人部落。宦官无疑在伊琳妮平定巴尔干斯拉夫人的过程中发挥了重要作用。此外,宦官还协助伊琳妮处理国内政务。在第二次尼西亚大公会议召开的大部分时间里,伊琳妮并未正式出席,而是由"宦官佩特洛纳斯(Petronas)和宦官行政官约翰代理她组织了这次会议;宦官尼基塔斯·

① Theophanes, *The Chronicle of Theophanes Confessor*, p. 653.
② [南]乔治·奥斯特洛格尔斯基:《拜占廷帝国》,第150—151页。
③ W. Treadgold, *The Byzantine Revival 780–742*, pp. 118, 124–125.

摩诺马赫(Niketas Monomachos)代表她出席"①。在镇压797年利奥四世诸弟的政变中,正是宦官阿伊提乌斯设计将他们放逐至雅典。宦官有时还出现在外交场合,781年,伊琳妮派去法兰克商讨联姻的使团,就是以宦官内务总管康斯塔斯(Konstaes)及宦官大总管马马洛斯(Mamalos)为首,宦官埃利萨乌斯甚至被留在法兰克宫廷教授罗特鲁德拜占庭宫廷礼仪。② 由此可见伊琳妮对于宦官的信赖到了何种程度。

然而,随着伊琳妮成为女皇,宦官对朝政的影响逐渐走向了反面。"伊琳妮的统治管理方式并不成功。在宫廷中弥漫着一种阴谋角逐的压抑气氛,皇后的两个主要大臣,宦官斯达乌拉焦斯和阿伊提乌斯相互钩心斗角。"③塞奥法尼斯《编年史》记载道:"现在,斯达乌拉焦斯和阿伊提乌斯这两位将军,女皇的两位知己,他们相互争吵,甚至于在公众面前显示对彼此的敌意。二人都是为了在女皇驾崩后能确保帝国在自己的掌握中。"④799年5月,伊琳妮突然得了重病,生死未卜,这两位宦官更加快了争夺权力的步伐。为了扳倒对方,阿伊提乌斯拉拢军方将军尼基塔斯,共同向女皇造谣说斯达乌拉焦斯意图谋反称帝。伊琳妮震怒,未经核实便痛斥了斯达乌拉焦斯。斯达乌拉焦斯被迫向女皇谢罪,以求自保。此后,斯达乌拉焦斯见形势不利,自身岌岌可危,便加紧了阴谋篡位的准备工作。然而阴谋还未得逞,他就暴毙。此时,阿伊提乌斯一家独大,大权在握。他一手遮天,身兼安纳托利亚军区与奥普斯金军区两大军区首脑将军,他的兄弟利奥也被任命为色雷斯和马其顿军区的将军。阿伊提乌斯甚至想要扶植利奥登基称帝。权势熏心的阿伊提乌斯,根本无视帝国其他官僚将领,"他骄傲自满,羞辱当权的显要人物,而且对他们爱答不理,全不放在眼里。就他们而言,这些人早就对阿伊提乌斯不满,便计划叛乱反对女皇并且付诸实施"⑤。应该说,宦官的胡作非为加速了伊琳妮的倒台,成为802年尼基弗鲁斯等人政变的导火索。

伊琳妮重用宦官,本就是其为巩固自身统治的不得已之举。既然军队等传统

———————————

① J. Herrin, *Women in Purple: Rulers of Medieval Byzantium*, London: Weidenfeld & Nicolson, 2001, p. 88.

② 赵瑞杰、徐家玲:《宦官参政与女皇伊琳妮统治的兴衰》,《社会科学研究》2018年第2期,第181—182页。

③ [南]乔治·奥斯特洛格尔斯基:《拜占庭帝国》,第150页。

④ Theophanes, *The Chronicle of Theophanes Confessor*, pp. 650 – 651.

⑤ Theophanes, *The Chronicle of Theophanes Confessor*, p. 654.

势力靠不住,女皇只有同宦官集团结盟。然而,事实表明,这些为伊琳妮所倚重的宦官,后来都成为逐渐消解她所剩不多的合法性的因素。但是,由于"宦官离不开伊琳妮的信任和权力的授予,伊琳妮同样也需要宦官的绝对忠诚及其扮演的皇权代言人角色"①这样一种"互利共生"的关系,伊琳妮很难彻底放弃对宦官的依赖。如此一来,伊琳妮就陷入了一种两难的境地——如果她摒弃宦官,则其对帝国的统治便失去了坚实的依靠;如果她继续重用宦官,其统治也定将会因宦官的擅权而崩溃。无论如何选择,伊琳妮女皇的合法性都无法得到确切的保证。纵然伊琳妮有能力找到可以替代的方案,然而现实已经不会再给她任何机会了。

802 年夏,查理曼遣使向伊琳妮求婚,希望通过联姻的方式促成东西两大帝国的统一。伊琳妮似乎准备接受这一提议,但遭到宦官阿伊提乌斯的强烈反对。前文已提及,阿伊提乌斯打算让其兄弟利奥继承皇位,若是查理曼与伊琳妮联姻,他的计划便彻底泡汤。因此阿伊提乌斯在伊琳妮面前百般阻挠,甚至有发动政变强行从伊琳妮手中夺取皇位的打算。② 然而计划尚未付诸实施,一场突如其来的政变终结了这一切。

802 年 10 月 31 日,以财政大臣尼基弗鲁斯为首的一批帝国文武高官,假借女皇伊琳妮的旨意,控制了大皇宫,推举尼基弗鲁斯为帝国皇帝,同时将伊琳妮拘押起来。当然尼基弗鲁斯一世并没有将伊琳妮置于死地,而是把她流放到普林西波岛,后又流放至莱斯沃斯岛,严加看管。退位后的伊琳妮成了修女,被迫在岛上靠纺纱度日。也许是变故太过突然,也许是其境遇前后落差太大,伊琳妮在被废后并没有活很长时间。803 年 8 月 9 日,伊琳妮病死在修道院,结束了她的一生,其遗体则被埋葬在普林西波岛上那座她修建的修道院中。③ 伊琳妮死后,受其恩惠的斯图迪特派的塞奥多利将她追尊为圣徒,而希腊正教会此后也将每年的 8 月 7 日作为圣徒伊琳妮的纪念日,以表彰其在恢复圣像崇拜和支持修道院发展中所作出的贡献。伊琳妮统治的结束标志着伊苏里亚王朝近一个世纪统治的彻底终结,拜占庭帝国也进入了前途莫测的公元 9 世纪。

---

① 赵瑞杰、徐家玲:《宦官参政与女皇伊琳妮统治的兴衰》,《社会科学研究》2018 年第 2 期,第 182 页。
② W. Treadgold, *The Byzantine Revival 780 - 842*, p. 119.
③ Theophanes, *The Chronicle of Theophanes Confessor*, pp. 655 - 658.

第六节

尼基弗鲁斯一世（Nikephoros Ⅰ）

802—811 年在位

尼基弗鲁斯一世（Nikephoros Ⅰ，Νικηφόρος Α′，生于 750 年，卒于 811 年 7 月 25 日，享年 61 岁）是拜占庭帝国伊苏里亚王朝之后和阿莫里王朝之前无王朝时期的皇帝，802 年 10 月 31 日至 811 年 7 月 25 日在位近九年。

尼基弗鲁斯一世是继拜占庭女皇伊琳妮之后的皇帝，曾在对外战争中取得一些胜绩。尼基弗鲁斯一世于 750 年前后出生于安纳托利亚军区的卡帕多西亚，家庭状况良好，但其早年活动不详。尼基弗鲁斯一世有一个女儿，名叫普罗柯比娅（Prokopia），一个儿子斯达乌拉焦斯。尼基弗鲁斯登基时，已经 50 多岁。根据史料的记载，尼基弗鲁斯一世体型粗壮，中等身高，体态伟岸，有宽阔的肩膀和凸出的小腹，前额宽大，厚嘴唇，毛发浓密，白胡须，符合其发行的金币印模。[①]

在成为皇帝之前，尼基弗鲁斯已经担任帝国高官多年。在 8 世 80 年代，他担任过亚美尼亚军区将军。大约 791 年，尼基弗鲁斯将女儿普罗柯比娅嫁给年轻的贵族米哈伊尔·拉加贝（Michael Rhangabe），即后来的皇帝米哈伊尔一世。由此，尼基弗鲁斯与当时帝国重要的海军将领塞奥菲拉克特·拉加贝实现联姻。797 年前后，尼基弗鲁斯担任帝国总务重臣，此后可能还担任了其他史料中没有提及的职务。因此，在继任皇帝之前，他对帝国的军队和财政体系非常熟悉。这有助于他的统治。

802 年，帝国诸多官员不满于女皇伊琳妮的统治，谋划叛乱。禁卫军队长尼基塔斯率先发难，占领了大皇宫，逮捕了伊琳妮，将尼基弗鲁斯拥立为帝。伊琳妮接受这一结果，被流放到自己在普林西波岛上建立的修道院中。[②] 尼基弗鲁斯首先要做的是稳固皇权。一方面，谋划叛乱的并非只有尼基弗鲁斯和尼基塔斯，还有帝国重臣阿伊提乌斯。此人身兼安纳托利亚和奥普斯金两大军区的最高首脑

---

① W. Treadgold, *The Byzantine Revival 780 –842*, p. 127.

② Theophanes, *The Chronicle of Theophanes Confessor*, pp. 655 – 657.

将军,在伊琳妮统治末期权倾一时。阿伊提乌斯是宦官,无法成为皇帝,因此他试图将自己的弟弟利奥拥立为皇帝,为此,他将利奥任命为马其顿和色雷斯两大军区的联合将军,而后谋划称帝。因此,尼基弗鲁斯的即位显然与其利益发生冲突。为了预防叛乱,尼基弗鲁斯一世下令免去其军职。另一方面,考虑到伊琳妮在君士坦丁堡受到民众的高度认可,尼基弗鲁斯需要防止有人打着伊琳妮的旗号谋反。因此,他将伊琳妮从普林西波岛迁移到更加遥远的莱斯沃斯岛,并严加监督。[1] 为了防止军队叛变,他将自己信任的色雷斯军区将军巴登斯·图库斯擢升为小亚细亚五大军区总将军。

然而,军队不满皇帝取消伊琳妮曾经推行的免税政策,于803年7月,借着军队集结打击外敌的时机,起兵反叛。他们声称要维护伊琳妮的合法皇帝权益,并拥立巴登斯为皇帝。巴登斯慷慨大方,每逢胜利后为将士们分配战利品时公平合理,管理有序,虽然他本人对尼基弗鲁斯一世保持忠诚,却被士兵们强迫推举为帝。叛军从安纳托利亚军区出发,前往君士坦丁堡,一路上没有遭遇抵抗。在君士坦丁堡附近,博斯普鲁斯海峡亚洲一侧,叛军等待了八天,一方面希望能够引发城内激起叛变,以便增加叛乱成功的概率,另一方面军事将领巴登斯犹豫再三,有意拖延行动。然而,在此期间,伊琳妮在莱斯沃斯岛上死于疾病,叛军失去了叛乱的理由,一些叛军将领便开始叛逃至皇帝尼基弗鲁斯一世的阵营。这其中便包括"亚美尼亚人"利奥和"阿莫里人"米哈伊尔,即未来的拜占庭皇帝利奥五世和米哈伊尔二世(Michael Ⅱ,820—829年在位)。

巴登斯本身并不想叛乱,因此,他也趁机寻求皇帝的谅解。他派遣卡塔拉的约瑟夫前去与尼基弗鲁斯一世调解。皇帝更希望尽快获得和平,因此,给予书面保证,承诺巴登斯及其同伴不会被伤害,只是要安排巴登斯出家,进入修道院生活。牧首塔拉西乌斯和几位重要官员也分别签名担保。巴登斯接受条款后,前往普罗特(Prote)[2]自己建立的修道院中修行。叛乱随之以和平方式结束。尼基弗鲁斯一世为了安抚民众,增加统治的正统性,将伊琳妮的尸体从莱斯沃斯岛带回

[1] Theophanes, *The Chronicle of Theophanes Confessor*, pp. 654, 657.
[2] 现称基纳利亚达岛(Kınalıada Island),马尔马拉海域中"王子群岛"中最靠近伊斯坦布尔的岛屿。

普林西波岛上的修道院,以皇家的礼仪将其安葬。①

为了进一步巩固皇权,尼基弗鲁斯一世计划建立本家族王朝,故于803年圣诞节为儿子斯达乌拉焦斯加冕,令其成为共治皇帝,并将其肖像印制在帝国的金币上。尼基弗鲁斯还创建了新的塔格玛军事编制,名为伊卡那提(Hicanati),包括4 000名骑兵。② 这样,皇帝可以直接依赖的军队数量得到增加。通过这一系列举措,尼基弗鲁斯的皇权得到巩固。此后,帝国朝野虽然仍然有许多人心怀不满,但真正的叛乱阴谋很少出现。只有在808年,帝国司法主管、"贵族"阿尔萨贝(Arsaber)联合一众主教、修士等,试图篡位。叛乱者在军队中没有任何影响力,因此被轻易镇压。这说明尼基弗鲁斯一世真正掌控了帝国大权。③

尼基弗鲁斯一世之所以遭到教会部分人士的敌视,主要源于他对教会采取的强硬措施,特别是和斯图迪特派修士之间冲突不断。首先,在806年2月,牧首塔拉西乌斯死去,帝国需要选择一位新的牧首。斯图迪特派修道院院长塞奥多利是这一时期最著名的修士,其本人也积极参与,希望当选。但塞奥多利奉行严苛的修道制度,因此有些修道士并不喜欢他。更为重要的是,塞奥多利积极参与皇室事务,要求他们同样严格遵循基督教相关规定。因此,这也是尼基弗鲁斯一世不愿意委任他为牧首的重要原因。尼基弗鲁斯一世声称要进行自由选举,并咨询了许多主教、修士、行政官员,包括塞奥多利本人。但皇帝仍然得不到比较一致的答案。基于方便掌控教会事宜的原则,尼基弗鲁斯一世选择了一位普通信徒。此人与皇帝同名,因撰写了一部《简史》而闻名。④ 803年,皇帝尼基弗鲁斯任命他为帝国救济院院长。他虽然有学识、有声望,但当时还不是教职人员,按照惯例,他不具备当选牧首的资格。因此,如果将其委任为牧首,皇帝尼基弗鲁斯就必须谨慎对待塞奥多利等斯图迪特派修士。为此,在806年复活节前夕,皇帝将塞奥多利

---

① Theophanes, *The Chronicle of Theophanes Confessor*, pp. 657 – 658.

② W. Treadgold, *The Byzantine State Finances in the Eighth and Ninth Centuries*, pp. 16 – 18.

③ Theophanes, *The Chronicle of Theophanes Confessor*, pp. 659; W. Treadgold, *The Byzantine Revival 780 – 842*, p. 153.

④ 该书记载了拜占庭帝国602—769年之间的事情,是研究拜占庭7—8世纪最重要的史料之一。Nikephoros, Patriarch of Constantinople, *Short History*, C. Mango text, translation, and commentary, Washington, D. C.: Dumbarton Oaks, Research Library and Collection, 1990.

和他的叔叔柏拉图暂时收押,然后命令牧首候选人尼基弗鲁斯立刻削发成为教士。此后,在四天时间内,皇帝将其连升数级,在复活节当天将其任命为牧首。塞奥多利等人出狱后,面对既定事实,只能无奈接纳。但斯图迪特派与皇帝尼基弗鲁斯一世之间开始出现明显的矛盾。[1]

皇帝尼基弗鲁斯一世与斯图迪特派的第二个矛盾在于卡塔拉的约瑟夫。约瑟夫在调停巴登斯的叛乱时,起到过重要作用,因此皇帝责令牧首恢复约瑟夫的主教之职。此前,约瑟夫为皇帝君士坦丁六世的第二任婚姻主持仪式,但这次婚姻违背了教会婚姻法,因此,不仅君士坦丁六世的第二次婚姻被认定为"通奸",而且约瑟夫也遭到谴责,被免除主教之职。[2] 尼基弗鲁斯即位后不久,卡塔拉的约瑟夫居中调解,消除了巴登斯的叛乱,因此,皇帝尼基弗鲁斯认为他立下大功,想要委以重任,将其恢复原职。这样便与坚持教会法规的斯图迪特派修士再次发生冲突。牧首尼基弗鲁斯遵从皇帝旨意,召开地方会议,邀请了其他 14 位主教。他们通过投票,重新接纳卡塔拉的约瑟夫担任主教,后者再次成为圣索菲亚大教堂的主管。斯图迪特派的塞奥多利和柏拉图选择沉默,以示抗议,他们虽然没有直接指责皇帝的亲信,但拒绝与牧首尼基弗鲁斯、主教卡塔拉的约瑟夫等人共同领圣餐礼。皇帝尼基弗鲁斯不得不出面进行施压,罢免了塞奥多利的弟弟、塞萨洛尼基大主教约瑟夫。塞奥多利提出妥协建议,称只要卡塔拉的约瑟夫不再担任主教,哪怕他继续担任圣索菲亚大教堂管事,斯图迪特派修士也愿意放弃抗议。但皇帝尼基弗鲁斯不愿妥协,派遣士兵将斯图迪特派修士软禁在修道院中,然后责令牧首召开会议讨论处置决定。809 年 1 月,牧首召开宗教会议,谴责塞奥多利和他的追随者,将塞奥多利、他的弟弟约瑟夫和他的叔叔柏拉图放逐到君士坦丁堡附近不同的岛上。当斯图迪特派修士拒绝接纳会议决议时,皇帝下令将他们驱逐出修道院,并流放了一些领头的修士。[3] 皇帝与斯图迪特派修士之间的冲突,

---

[1] A. Gardner, *Theodore of Studium: His Life and Times*, New York: Burt Franklin Reprints, 1974, pp. 115 - 116.

[2] Theophanes, *The Chronicle of Theophanes Confessor*, p. 665; P. E. Niavis, *The Reign of the Byzantine Emperor Nicephorus Ⅰ (AD 802 - 811)*, Athens: Historical Publications St. D. Basilopoulos, 1987, pp. 127 - 128.

[3] W. Treadgold, *The Byzantine Revival 780 - 842*, pp. 154 - 156; A. Gardner, *Theodore of Studium*, p. 123.

代表皇权与教权的矛盾,这一矛盾通过教会内部的争议表现出来。斯图迪特派的塞奥多利坚持对修道制度进行规范和完善,在修士群体中拥有非常高的声望。牧首尼基弗鲁斯在皇帝的扶持下,从普通信徒到晋升教会最高权位,得到了官方教会的拥护。这种矛盾与冲突一直延续到马其顿王朝。

相较于对斯图迪特派的打压,皇帝尼基弗鲁斯一世的另一项政策激起更多人的不满。当时,皇帝为了增加财政收入,改革赋税体制,因此触及了既得利益群体的利益,也伤害了一些民众群体的利益。当时的作家"忏悔者"塞奥法尼斯便列举了尼基弗鲁斯一世的"十大罪行"。但实际上,这些是皇帝尼基弗鲁斯为了应对财政困境而采取的举措。前任女皇伊琳妮统治期间,为了增加民众支持,不断发放赏赐,减免赋税。时任总务大臣的尼基弗鲁斯深谙其中弊端,因此,他上台伊始便重新恢复了伊琳妮取消的城市贸易税和遗产继承税。[1] 807 年 9 月 1 日是新的税收年的第一年,尼基弗鲁斯推行全国范围内的人口财产普查,以打击逃税,确定征税范围。这次普查进行得非常彻底,不仅涉及民众的房屋、地产、牲畜、奴隶,还咨询了此前的税收款额。由于普查范围广泛,帝国需要额外的调查员,尼基弗鲁斯下令向每户居民额外征收十二分之一诺米斯玛的税收。[2]

尼基弗鲁斯的赋税改革措施主要包括以下几点。第一,取消了所有永久的税务减免,极大增加了税务来源。第二,致力于征收遗产税。由于伊琳妮曾经对此减免,所以尼基弗鲁斯下令,过去 20 年没有缴纳的遗产税,此时必须补交。由于对相当长时间内的遗产税额难以确定,皇帝下令,对大多数遗产都要征税。第三,对于类似于获得遗产继承的情况,同样征收税收。例如如果某人突然收到大量财产,即便这些财产不是遗产,也需要按照遗产继承的情况征税。类似情况还有,如果有人突然挖掘到密窖,获得意外的财产,也照样征税。第四,借机扩大了家庭奴仆的税收。在此之前,拜占庭人购买奴隶,需要交纳进口税,但这仅限于从黑海进入拜占庭境内的奴隶贸易。此时,尼基弗鲁斯一世将区域扩大,来自地中海区域的奴隶也要收取进口关税。皇帝下令,在财产普查时,调查家庭奴隶的来源,如果没有被登记在册的,视为从地中海进口的奴隶,每个奴隶将被征收两个诺米斯玛,

① W. Treadgold, *The Byzantine Revival 780 -842*, p. 131.

② P. E. Niavis, *The Reign of the Byzantine Emperor Nicephorus I (AD 802 -811)*, p. 93.

由购买者承担。第五,尼基弗鲁斯一世将征税范围扩大到有皇室许可的教会财产。这些机构包括皇家孤儿院、旅馆、老年之家、教堂、修道院等,它们经常会接受世俗佃户赠予的土地。遵照法律,这些土地应该缴纳灶台税,其地主应该支付。尼基弗鲁斯一世下令,要求他们补交从他执政第一年起的此类税收,即补交五年来的欠税。[①] 第六,尼基弗鲁斯一世强迫部分船东在小亚细亚购买土地。这些人常年以打鱼和贸易为生,对土地没有兴趣。但皇帝迫使他们购买土地后,他们就必须要承担相应土地的税赋。第七,尼基弗鲁斯一世迫使君士坦丁堡的大船东向帝国贷款,每人必须借贷 12 磅黄金,合计 864 个诺米斯玛,然后向他们收取 16.67% 的贷款利息。这一措施一举多得。一方面,帝国可以收取高额贷款利息,在此之前贷款利息最高也不过 8%;另一方面,帝国可以刺激这些大船东发展贸易,进而可以推动帝国经济发展。此外,这在一定程度上也刺激了帝国的造船业。[②]

尼基弗鲁斯一世通过这些措施,全面强化了帝国的税务政策,为帝国带来了充足的财政收入。虽然史料中将其描述为贪婪之辈,但帝国由此摆脱了财政困境。事实上,在此后的整个 9 世纪,拜占庭帝国虽然多次遭遇战争失利、多次发动军事行动,但再也没有出现过真正的财政问题。与之相配合,尼基弗鲁斯一世极度重视巴尔干半岛,对其全面重建,并通过将小亚细亚的居民迁徙至巴尔干半岛来增加当地的人口,解决劳动力不足的问题。帝国政府为他们分配半岛上的荒地,从而大大增加了赋税土地面积。自 8 世纪末期,拜占庭帝国几乎将伯罗奔尼撒半岛弃之不顾,斯拉夫人盘踞在半岛各地,拒绝服从政府,也不纳税。然而,半岛上物资丰富,易于防守,对增加帝国财政收入、守卫边疆都具有重要的战略地位。因此,尼基弗鲁斯一世上台伊始,就开始努力控制伯罗奔尼撒半岛,重建帝国对巴尔干半岛的实际管理权。

805 年,皇帝授权希腊军区将军斯克莱罗斯(Skleros)前去远征斯拉夫人。由

[①] Theophanes, *The Chronicle of Theophanes Confessor*, pp. 667 – 668; W. Treadgold, *The Byzantine Revival 780 –842*, pp. 150 – 151; P. E. Niavis, *The Reign of the Byzantine Emperor Nicephorus Ⅰ（AD 802 –811）*, pp. 103 – 105.

[②] Theophanes, *The Chronicle of Theophanes Confessor*, p. 668; P. E. Niavis, *The Reign of the Byzantine Emperor Nicephorus Ⅰ（AD 802 –811）*, pp. 105 – 109.

于斯拉夫人并没有形成国家,缺乏统一指挥,所以拜占庭远征军取得了重大胜利,斯拉夫人的所有抵抗完全被镇压。同年底,斯克莱罗斯向皇帝上报,所有斯拉夫人已全都投降,整个伯罗奔尼撒半岛完全回归拜占庭控制。之后,皇帝尼基弗鲁斯一世着手对半岛的重建。他下令建造城镇,通过土地赠送和金钱奖励,鼓励迁徙其他地方的民众到此定居,同时在斯拉夫人中努力传播基督教,试图让他们皈依帝国,以保持对帝国皇帝的忠诚。管理秩序的重建保证了当地经济的繁荣,伯罗奔尼撒半岛东部、卡拉布里亚、西西里等地民众纷纷迁移到半岛定居。①

809 年夏季,尼基弗鲁斯颁布敕令,进一步加强对巴尔干半岛的统治权。他命令在其他军区的一些农户,离开家园,迁徙到巴尔干半岛的新领土。这些人获准可以带着自己的动产,但他们原本的土地将被没收和出售。作为补偿,他们的新耕地将获得土地分配权。尼基弗鲁斯一世还从中挑选出身贫穷的士兵,前去守卫巴尔干半岛。但这些新兵的军备由他们从前的邻居们提供,即为每一名士兵提供 18.5 个诺米斯玛。作为回报,邻居们可以均分这些士兵原有的地产,并承担相应的赋税。这次人口大迁徙始于 809 年 9 月 1 日,完成于 810 年 3 月 31 日。② 通过巴尔干半岛的人口迁徙政策,帝国既扩大了税收资源,又逐步稳固了在伯罗奔尼撒半岛上的统治。

皇帝尼基弗鲁斯一世出于行政和军事目的,进一步规划了巴尔干半岛的军区区划。在南部,尼基弗鲁斯创造了新的伯罗奔尼撒军区,其辖区包括 805 年从斯拉夫人手中夺回控制权的半岛领地和希腊军区的一半领土,科林斯(Corinth)由希腊军区首府变为伯罗奔尼撒军区首府。这个军区可能还包括帕特拉、斯巴达以及马沙尼(Methone)等港口。希腊军区除了剩余的阿提卡领土,新增了维奥蒂亚(Boeotia)直到塞萨利以南区域,军区首府变为底比斯(Thebes)。在希腊以西,尼基弗鲁斯将凯法利尼亚岛提升到军区级别,辖区包括艾奥尼亚群岛、海岸区域和伊庇鲁斯内陆。在 809 年年末和 810 年年初,皇帝创建了塞萨洛尼基军区。这个新的军区位于凯法利尼亚岛军区以东、希腊军区以北,包括塞萨利北部、古代马其

---

① W. Treadgold, *The Byzantine Revival 780－842*, pp. 136－137.

② Theophanes, *The Chronicle of Theophanes Confessor*, p. 667.

顿地区的南部。[1]

尼基弗鲁斯一世在统治期间进行了诸多改革，并取得了显著的成效，充分显示出他是一个有能力、有进取心的皇帝。其统治才能还体现在对外交往中。尼基弗鲁斯一世在起兵叛变时，法兰克皇帝查理曼派来的使臣仍然在君士坦丁堡。这些使臣前来有两个目的，一是希望拜占庭帝国承认查理曼的皇帝称号，二是商讨查理曼与伊琳妮之间的联姻。而伊琳妮被废黜，联姻自然不再现实，但法兰克帝国对皇帝称号一事同样关注。803 年，尼基弗鲁斯一世派遣使团，陪同法兰克使者，一同前往法兰克拜见查理曼。使团对查理曼表示敬意，希望两国缔结和约，但对皇帝称号一事则用语模糊，没有给予明确说法。查理曼对拜占庭新皇帝表示友好认可，安排拜占庭使团带着书信返回。查理曼在信中坚持自己是皇帝。尼基弗鲁斯一世在接到信件后，不予理睬，采取拖延策略，按下不回。[2]

在迟迟没有得到答复的情况下，查理曼于 806 年占领了拜占庭在亚得里亚海北部的领土。原属拜占庭控制的威尼斯人领袖两兄弟奥贝里乌斯（Obelerius）和贝亚图斯（Beatus）自立为当地公爵，然后向法兰克人臣服。806 年年初，他们抵达法兰克宫廷，宣誓效忠。随后尼基弗鲁斯一世派遣远征舰队，在秋季，舰队收回达尔马提亚诸港口。威尼斯两位公爵立刻倒戈投靠拜占庭阵营，并对尼基弗鲁斯一世宣布忠诚。不久后，拜占庭与法兰克达成和约。810 年年初，威尼斯两位公爵再次倒戈，邀请查理曼的儿子丕平前来占领了威尼斯。拜占庭帝国派出使团，与查理曼谈判。后者将威尼斯赠还拜占庭，并将叛逃的威尼斯公爵交给拜占庭使团。但查理曼坚持要求得到关于皇帝称号的明确答复，因此，他再次派遣使团，在811 年出访前往君士坦丁堡。[3]

整体上看，在尼基弗鲁斯一世统治时期，拜占庭帝国与法兰克帝国之间主要是围绕查理曼的皇帝称号进行外交来往。相对而言，拜占庭帝国与阿拉伯之间则仍然以军事冲突为主。尼基弗鲁斯一世上台伊始，为了节约财政，决定不再支付803 年春季应该缴纳给阿拉伯人的贡赋。7 月，阿拉伯军队以此为借口发动入侵，

---

① W. Treadgold, *The Byzantine State Finances in the Eighth and Ninth Centuries*, pp. 69 – 72.
② W. Treadgold, *The Byzantine Revival 780 – 842*, p. 130.
③ W. Treadgold, *The Byzantine Revival 780 – 842*, pp. 144,166 – 167.

予以施压。尼基弗鲁斯一世在解决了巴登斯叛乱之后,立刻集结军队前去对抗。双方在小亚细亚中部对峙。尼基弗鲁斯一世自忖时间紧张,备战不足,于是提议用贡赋换取和约。次年8月,阿拉伯哈里发哈伦发动新的入侵,进入安纳托利亚军区,取得了些许胜利,拜占庭并未受到实质性伤害。805年夏末,尼基弗鲁斯利用哈里发忙于内乱的时机,派遣大规模军队从安纳托利亚军区进入西里西亚。远征军洗劫了乡村,占领了塔尔苏斯(Tarsus),俘虏了所有阿拉伯守军。① 806年夏季,哈里发哈伦为了报复,亲自领兵入侵拜占庭。其军队人数据说是阿拔斯王朝对外战争最多的一次,有13.5万人。但哈伦此次远征更像是炫耀和武力震慑,因此,在大肆蹂躏边境地区、占领希拉克莱(Heraclea)等要塞后,同意了尼基弗鲁斯一世的求和请求。根据协议,尼基弗鲁斯需立刻支付30 006个诺米斯玛,且以后每年都要支付同样数额。其中的六个金币是羞辱性的,因为其中三个是代表皇帝本人的人头税,三个是皇帝儿子斯达乌拉焦斯的人头税,这意味着皇帝及其儿子都要向哈里发纳税。尼基弗鲁斯还承诺,不会重建伊拉克略时期的城堡和其他阿拉伯人毁掉的要塞。事实上,这只是尼基弗鲁斯的缓兵之计,当阿拉伯大军撤退之后,尼基弗鲁斯一世立刻开始加固这些要塞,并加强防御。② 哈里发哈伦听闻这一消息,非常生气,转年发动入侵战争。尼基弗鲁斯一世此时做好了准备。在这场决定性的战役中,双方都未能取得真正的胜利,但拜占庭人不必缴纳贡赋。此后,两国军事冲突减少。809年,哈伦死去,新任哈里发马蒙(Mamun)忙于内战。两国获得了暂时的和平。③

尼基弗鲁斯一世在对阿拉伯战争中难以取得胜利。因此,他的对外战争着眼于相对弱小的保加利亚人。尼基弗鲁斯一世希望能够将保加利亚人彻底驱逐出巴尔干半岛,恢复拜占庭帝国在6世纪时的多瑙河边境。他从执政之初,就开始着手此事。807年,尼基弗鲁斯发动对保加利亚人的第一次远征,但由于有人阴谋叛乱,首都动荡,只得暂时作罢。809年,保加利亚人对马其顿军区发动突袭,

---

① Michael the Syrian, *Chronique*, J. B. Chabot ed. and trans. , p.16.

② Theophanes, *The Chronicle of Theophanes Confessor*, pp. 661 - 662.

③ Theophanes, *The Chronicle of Theophanes Confessor*, pp. 662, 665; W. Treadgold, *The Byzantine Revival 780 - 842*, pp. 144 - 157.

杀死了大多数士兵和全部军官,共计 6 000 人,同时还抢走了准备支付士兵军饷的 1 100 磅黄金。① 尼基弗鲁斯立刻反击,带领 1.7 万名士兵,很快便抵达保加利亚首都普利斯卡(Pliska)。由于保加利亚大军尚未返回,因此,尼基弗鲁斯一世将其轻易占领,并在保加利亚君主克鲁姆(Krum,803—814 年在位)的宫殿中欢庆复活节。克鲁姆非常震怒,但没有敢复仇。

　　811 年,尼基弗鲁斯一世认为准备充分,可以对保加利亚人发动总攻。于是,他集结了塔格玛中所有机动部队、小亚细亚和色雷斯军区可以调动的所有军队,在 7 月 11 日出发,直指保加利亚首都普利斯卡。随同远征军出行的除了军区将军等武官,还有小皇帝斯达乌拉焦斯、女婿米哈伊尔、朝廷重臣塞奥克提斯图斯(Theoktistos)等文官。尼基弗鲁斯认为自己一定能够旗开得胜,因此希望文武百官都能成为见证者。拜占庭军队在数量上占据了绝对的优势,因此,尼基弗鲁斯一世拒绝了克鲁姆提出的任何议和条件,坚决要将保加利亚人彻底击溃和驱逐。拜占庭军队利用数量上的优势,杀死了全部 1.2 万名守军,迅速占领了普利斯卡,然后驱散了民众,扫荡了克鲁姆的木质宫殿。三天后,尼基弗鲁斯一世昭告君士坦丁堡,宣告远征取得重大胜利,并将其归功于儿子斯达乌拉焦斯。然后,他允许士兵进行有节制的掠夺,然后开始围剿克鲁姆。克鲁姆通过武装妇女、雇佣阿瓦尔人和斯拉夫人等方式来增强军队力量。更重要的是,保加利亚人利用对地形的熟悉,在 7 月 24 日,将拜占庭军队诱入峡谷,设下埋伏,形成夹击之势。保加利亚人先制造恐慌气氛,然后对皇帝尼基弗鲁斯一世的营帐发动突袭。拜占庭军队措手不及,抵抗作战混乱无序,很快战败,皇帝尼基弗鲁斯本人和他的卫队全部战死。拜占庭军队溃不成军,四散而逃。在这场战役中,拜占庭人损失惨重。不仅皇帝战死,许多军官也未能幸存,包括安纳托利亚军区将军、色雷斯军区将军和两位塔格玛指挥官等。小皇帝斯达乌拉焦斯虽然侥幸存活,但也遭受重伤。克鲁姆将尼基弗鲁斯的头颅砍下,做成酒杯。尼基弗鲁斯一世的统治以灾难性的方式宣告结束。② 客观而言,尼基弗鲁斯不是败于实力,而是败于轻敌,远征第一阶段的

---

① Theophanes, *The Chronicle of Theophanes Confessor*, p. 665.

② Theophanes, *The Chronicle of Theophanes Confessor*, pp. 672 - 674；W. Treadgold, *The Byzantine Revival 780 - 842*, pp. 169 - 174.

胜利冲昏了他的头脑,导致骄兵必败的结局。

　　尼基弗鲁斯一世统治时间不长,但对帝国的军事、财政问题有着非常清醒的认识,并通过各种改革措施力求解决。这些措施伤及教会的利益,因此,记载这一时期历史的塞奥法尼斯认为,尼基弗鲁斯不虔诚、贪婪、野蛮而残忍,为了钱财而草菅人命。① 例如,他认为尼基弗鲁斯一世将小亚细亚民众迁徙到伯罗奔尼撒半岛,主要是为了没收他们的财产,"所有人都感到绝望无助"②。但通过综合分析,塞奥法尼斯的评价显然并不公允。仅就迁徙一事而言,尼基弗鲁斯一世挑选的往往是贫穷农户,本身没有太多财产,迁徙到伯罗奔尼撒半岛上以后,反而可以获得新的土地,改变自己的生活。反而是尼基弗鲁斯一世的积极进取,促进了这一时期拜占庭帝国的发展。事实上,在后世的史料中,尼基弗鲁斯一世就获得了拜占庭史学家的高度评价。一份涉及 811 年事件的匿名史料认为,尼基弗鲁斯一世"拥有敏锐的眼光,可以抓住问题的核心,特别是与帝国事务相关的问题处理得当"③。叙利亚人米哈伊尔称他是"有活力、善于统治的君主"④。现代学者普遍也对尼基弗鲁斯一世给予了高度评价。例如特里高德认为他的财政改革奠定了拜占庭帝国在 9 世纪复兴的基础。⑤ 尼亚威斯则认为,他的全面改革是马其顿伟大时代的根基。⑥

　　客观而言,尼基弗鲁斯一世的改革为拜占庭帝国提供了新的活力。他不仅对时局和帝国问题认识准确,而且采取的措施果敢有效,对于强化拜占庭帝国中央集权制的经济基础发挥了深远的作用,是一位优秀的皇帝。他的财政改革为帝国提供了细水长流税收的制度性保障,他对巴尔干半岛特别是半岛中南部地区的重新建设,不仅解决了斯拉夫人的问题,为帝国中心城市提供了粮食物资,而且减少了地方混乱。在对外关系中,尼基弗鲁斯一世同样非常有头脑,不仅审时度势,张弛有度,与法兰克人进行了成功的谈判外交,而且与保加利亚人进行坚决的战斗,

① Theophanes, *The Chronicle of Theophanes Confessor*, p. 674.

② Theophanes, *The Chronicle of Theophanes Confessor*, pp. 672 – 674.

③ P. E. Niavis, *The Reign of the Byzantine Emperor Nicephorus Ⅰ (AD 802 –811)*, p. 258.

④ Michael the Syrian, *Chronique*, p. 15.

⑤ W. Treadgold, *The Byzantine Revival 780 –842*, pp. 190 – 195.

⑥ P. E. Niavis, *The Reign of the Byzantine Emperor Nicephorus Ⅰ (AD 802 –811)*, pp. 256 – 265.

还与阿拉伯人巧妙周旋,时战时和,虽然落下言而无信的口实,却为帝国赢取了利益与应对的时间。然而,尼基弗鲁斯一世并非一位好的将领,他不擅长带兵打仗,特别在战术细节上缺乏应有的军事素质,以致阴沟翻船,客死他乡。但这不妨碍他成为 9 世纪最伟大的皇帝之一。

第七节

斯达乌拉焦斯(Stauracios)

811—811 年在位

斯达乌拉焦斯(Stauracios,Σταυράκιος,生于 778 年后,卒于 812 年 1 月 11 日,享年 34 岁)是前阿莫里王朝的皇帝,803 年被其父皇尼基弗鲁斯加冕成为共治皇帝,811 年 7 月其父战死后,于同年 7 月 26 日即位,至 811 年 10 月 2 日下台,在位两个多月。

斯达乌拉焦斯出生于 778 年之后,早年的生活不详,其父亲是尼基弗鲁斯一世,母亲情况不详。有一个姐姐名叫普罗柯比娅,姐夫是米哈伊尔·拉加贝,即后来的拜占庭皇帝米哈伊尔一世。妻子是来自雅典的塞奥法诺(Theophano),二人没有子嗣。

802 年,其父亲尼基弗鲁斯一世推翻女皇伊琳妮的统治,成为皇帝。803 年圣诞节,尼基弗鲁斯一世将 24 岁的斯达乌拉焦斯加冕成为共治皇帝。但当世史学家塞奥法尼斯认为他难以担任这一职务,不管是外貌长相、身体素质还是言谈气质都难当大任。[1] 由于斯达乌拉焦斯此时仍然年轻,因此他并没有参与帝国军政统治活动。但他经常随同父亲尼基弗鲁斯一世,参加帝国的军事远征。

807 年 12 月,尼基弗鲁斯一世为斯达乌拉焦斯准备挑选新娘,从帝国各地召集符合条件的姑娘。最终,尼基弗鲁斯一世选择雅典人塞奥法诺成为斯达乌拉焦

---

[1] Theophanes, *The Chronicle of Theophanes Confessor*, p. 659.

斯的妻子。塞奥法诺是女皇伊琳妮的亲戚,因此,皇帝为斯达乌拉焦斯确定的新娘具有政治考虑,这次婚姻是为了与前任女皇伊琳妮建立更为直接的联系,从而为尼基弗鲁斯一世和斯达乌拉焦斯未来的统治建立起血缘关系,获得正统继承的依据。12 月 20 日,斯达乌拉焦斯与塞奥法诺成婚。①

　　811 年,尼基弗鲁斯一世对保加利亚发动全面进攻。由于拜占庭军队在数量上占据绝对优势,尼基弗鲁斯一世认为稳操胜券,于是带着小皇帝斯达乌拉焦斯一起远征。拜占庭军队势如破竹,占领了保加利亚首都普利斯卡,但是随后,保加利亚人利用对地形的了解,将拜占庭军队诱入峡谷,形成夹击之势。保加利亚人精兵突袭皇帝尼基弗鲁斯一世的营帐,杀死了皇帝,并重伤斯达乌拉焦斯。② 按照拜占庭法理和惯例,斯达乌拉焦斯应该继承皇位。但是他伤势严重,而且看起来也难以康复,故难以施行统治。有鉴于此,朝廷产生意见分歧,分为两派。其中一派以塞奥克提斯图斯为首,希望拥立尼基弗鲁斯一世的女婿米哈伊尔·拉加贝为新任皇帝。另外一派以掌控军权的禁卫军指挥官斯蒂芬为首,坚持拥护斯达乌拉焦斯为皇帝。米哈伊尔·拉加贝出于对尼基弗鲁斯一世和斯达乌拉焦斯的效忠宣誓,拒绝了塞奥克提斯图斯的好意。于是双方达成一致,拥护斯达乌拉焦斯成为新皇帝,他在世一天就是帝国皇帝一天。7 月 28 日,斯达乌拉焦斯撑着虚弱的身体,对军队发表演说,批评了父亲尼基弗鲁斯一世的用兵策略,得到了军队的拥护。③ 但是他并没有认识到,其父不是败于用兵策略,而是败于战术细节,一次小的疏忽大意铸成大错。

　　斯达乌拉焦斯身受重伤,身体虚弱,大量尿血,所有人都知道他不久将死去。牧首尼基弗鲁斯建议他退还尼基弗鲁斯一世额外征收的赋税,以平息上帝的愤怒。但斯达乌拉焦斯坚定地拥护父亲的政策,只同意返还给教会不超过 300 磅(21 600 个诺米斯玛)的金钱。由于皇帝斯达乌拉焦斯没有子嗣,所以皇位继承

① Theophanes, *The Chronicle of Theophanes Confessor*, pp. 663 – 664. 需要指出的是,阿拉伯史料中提到与斯达乌拉焦斯订婚的姑娘来自伊拉克里亚,名字不详,是阿拉伯哈里发哈伦的一位俘虏。尼基弗鲁斯一世送去厚礼,将其赎回,准备嫁给儿子斯达乌拉焦斯,见 Michael the Syrian, *Chronique*, p. 16. 这位姑娘很可能是最后入围的秀女之一,但塞奥法诺因为与女皇伊琳妮的亲戚关系而最终胜出。

② Theophanes, *The Chronicle of Theophanes Confessor*, pp. 672 – 674; W. Treadgold, *The Byzantine Revival 780 – 842*, pp. 169 – 174.

③ Theophanes, *The Chronicle of Theophanes Confessor*, p. 674.

问题变得愈发急迫。他的姐姐普罗柯比娅希望丈夫米哈伊尔·拉加贝继任，但斯达乌拉焦斯的妻子塞奥法诺有政治野心，希望能像女皇伊琳妮一样单独执政。不久，宫中传出谣言，称皇帝的姐姐普罗柯比娅打算对塞奥法诺下毒，以谋求其丈夫米哈伊尔的皇位。[①] 病榻上的斯达乌拉焦斯也担心此类事情的发生，于是在 9 月底，他决定由妻子塞奥法诺继承皇位。

帝国的重臣们拒绝接纳塞奥法诺，因为没有子嗣的女性缺乏皇族血缘关系，且女性执政难当军事大任，会导致帝国缺少安全感。他们倾向于推荐米哈伊尔·拉加贝成为皇帝候选人。于是牧首尼基弗鲁斯、禁卫军指挥官长斯蒂芬、国务大臣塞奥克提斯图斯和米哈伊尔商议并达成协议，推举米哈伊尔成为皇帝。斯达乌拉焦斯怀疑米哈伊尔在阴谋叛乱，但并没有怀疑斯蒂芬，因此命其将米哈伊尔带入内宫予以加害，刺瞎其双眼，以断绝其当皇帝的梦想。斯蒂芬用言语稳住皇帝斯达乌拉焦斯之后，立刻连夜召集军队叛变，在大竞技场高呼米哈伊尔为皇帝。10 月 2 日破晓时分，元老院接纳米哈伊尔为皇帝。[②] 随即，文武百官拥立其为皇帝。事实上，元老院的承认举动并不具有决定性意义，更多的是认可既成事实，而以武力为后盾的新皇帝更愿意从这一行动中得到登基的合法性，如同拜占庭皇帝通常需要得到君士坦丁堡。

斯达乌拉焦斯没有再进行反抗，被迫接受既成事实。他召集修道士西米恩（Simon）为其削发成为修士。此后，斯达乌拉焦斯在痛苦中又度过了三个月，最终于 812 年 1 月 11 日伤口复发身亡。[③] 斯达乌拉焦斯仅仅统治数月，便因重伤在身，不治而亡，因此，他在位的这三个月更像是一个过渡期，最终米哈伊尔一世顺利接掌了帝国大权。

---

① Michael the Syrian, *Chronique*, pp. 26, 70.
② Theophanes, *The Chronicle of Theophanes Confessor*, pp. 674－675.
③ W. Treadgold, *The Byzantine Revival 780－842*, pp. 175－177.

第八节

米哈伊尔一世(Michael Ⅰ)

811—813 年在位

米哈伊尔一世全称米哈伊尔·拉加贝(Michael Rhangabe, Μιχαὴλ Ῥαγγαβέ,生于 770 年前后,卒于 844 年 1 月 11 日,享年约 74 岁),是前阿莫里王朝皇帝,811年 10 月 2 日至 813 年 6 月 22 日在位不足三年。

米哈伊尔一世大约出生于 770 年,他的父亲是帝国爱琴海舰队司令的副官,家世显赫。妻子是普罗柯比娅——尼基弗鲁斯一世的女儿。米哈伊尔一世至少有五个孩子,两个女儿分别为乔乔(Gorgo)和塞奥法诺,三个儿子分别为塞奥菲拉克特、尼基塔斯,也就是后来的牧首伊格纳提乌斯(Ignatius,847—858 年在任),以及斯达乌拉焦斯。根据史料的记载,米哈伊尔即位时虽然已经年近四十,但看起来很年轻、健康、帅气,拥有一张圆脸、黑肤色、卷黑发和漂亮的黑胡须。①

811 年 7 月,皇帝尼基弗鲁斯一世远征保加利亚,却遭遇灾难性的失利。尼基弗鲁斯一世战死,儿子斯达乌拉焦斯重伤。由于斯达乌拉焦斯没有康复的可能,因此,文武百官将尼基弗鲁斯一世的女婿米哈伊尔拥立为新皇帝。

米哈伊尔一世虽然在统治帝国方面有些经验,但他性格温和,希望能够得到各方的认可。因此,米哈伊尔一世即位之后,采取的非常重要的举措便是纠正岳父尼基弗鲁斯一世那些令人厌恶的政策,取消一些税收,并大肆发送赏金。他赠予牧首 3 600 个诺米斯玛,赠予圣索菲亚大教堂其他教士 1 800 枚钱币。他认为尼基弗鲁斯一世的诸多征税是不公正的,因此向首都的行政官员和全体军官士兵支付补偿金。同时,他对在保加利亚战役中死去士兵的遗孀发放了 3.6 万个诺米斯玛的抚恤金。他还给斯达乌拉焦斯的妻子塞奥法诺大量礼物。由于她已经成为修女,于是米哈伊尔一世将一座富丽堂皇的宫殿改造成修道院赠予她。10 月

---

① J. B. Bury, *A History of the Eastern Roman Empire from the Fall of Irene to the Accession of Basil Ⅰ (A. D. 802—867)*, London: Macmillan, 1912, p. 22; W. Treadgold, *The Byzantine Revival 780–842*, p. 177.

12 日,他将妻子普罗柯比娅加冕为"奥古斯塔",然后向官员们再次赏赐礼品。显然,他的这种慷慨大方很快就耗尽了国库。当时的史料称,米哈伊尔让"所有贵族官员、主教、修士、士兵、穷人都变得富裕,以至于尼基弗鲁斯的财库很快就枯竭了"①。这种说法虽然严重夸大了米哈伊尔一世慷慨赏赐的负面影响,但客观反映出皇帝大肆散布钱财的行为,反映出他并非治国理财的能手。

米哈伊尔一世由此得到了教会人士的认可,不过慷慨并非唯一的缘由。米哈伊尔一世对教会几乎言听计从,也是教会人士颂扬他的一大原因。他召回了斯图迪特派的塞奥多利、柏拉图以及其他被尼基弗鲁斯一世流放的修士,并允许塞奥多利的兄弟约瑟夫重新担任塞萨洛尼基大主教。② 牧首尼基弗鲁斯意识到皇帝对教会非常顺从,于是建议将居住在弗里吉亚(Phrygia)和利卡奥尼亚(Lykaonia)的保罗派和阿斯加诺信徒(Athinganoi)彻底铲除。③ 米哈伊尔一世于是颁布敕令,要求对这两个异端教派严厉打击,将其信徒处以死刑。然而,这一敕令遭到斯图迪特派的塞奥多利的抗议。后者认为,即便是异端,也应该拥有活着的权利,这样才能得到忏悔的机会。米哈伊尔一世和牧首尼基弗鲁斯最终采纳了这种意见。皇帝于是颁布新的法令,不再处死这两个异端信徒,只是禁止他们公开表达信仰。④ 他这种出尔反尔的做法表明,他也不具备掌控帝国大权、谨慎做出重大决定的君主素质。

米哈伊尔一世得到教会人士的认可,还因为他并不干涉教会内部事宜,而是交由教会自行解决争端。当他将塞奥多利等斯图迪特派修士召回首都后,关于卡塔拉的约瑟夫的争端再度成为教会焦点。皇帝责成牧首尼基弗鲁斯处理好这些事务。牧首尼基弗鲁斯难以裁决斯图迪特派修士和卡塔拉的约瑟夫之间的是非,于是将其交由罗马教宗定夺。皇帝听从建议,在 811 年 11 月,派遣使团出访罗马教会,期待与罗马教会达成完全的和解。牧首尼基弗鲁斯送去亲笔书信一封,将

① Theophanes, *The Chronicle of Theophanes Confessor*, pp. 677 - 678.

② Theophanes, *The Chronicle of Theophanes Confessor*, p. 678.

③ 这一教派接纳基督教的洗礼,遵循除割礼以外的摩西法典,受到犹太教影响深远;见 Alexander P. Kazhdan ed., *The Oxford Dictionary of Byzantium*, p. 223;J. Starr, "An Eastern Christian Sect: The Athinganoi", *The Harvard Theological Review*, Vol. 29, No. 2 (Apr., 1936), pp. 93 - 106。

④ Theophanes, *The Chronicle of Theophanes Confessor*, p. 678;W. Treadgold, *The Byzantine Revival 780 - 842*, pp. 179 - 180.

卡塔拉的约瑟夫事件始末告知教宗,希望罗马教宗利奥能够予以裁决。利奥在回信中支持斯图迪特派,牧首尼基弗鲁斯于是将卡塔拉的约瑟夫再度罢免。[1]

　　米哈伊尔一世派遣的这一使团,除了出访罗马教会,还有更重要的任务,即拜见法兰克皇帝查理曼。查理曼在 800 年被罗马教宗利奥加冕成为"法兰克人和罗马人的"皇帝。为了得到拜占庭帝国的认可,查理曼恩威并施,在意大利北部进行武力施压的同时,希望能够用外交手段解决这一事宜,尽快得到东部皇帝承认。在尝试与拜占庭女皇伊琳妮联姻失败后,他多次派遣使团前往拜占庭帝国,希望得到后者对其皇帝称号的认同。然而,尼基弗鲁斯一世对此迟迟不予回复,因此,查理曼在 811 年将威尼斯送还给拜占庭帝国作为外交礼物,然后再度派遣使团出访君士坦丁堡。米哈伊尔一世对此无法再度逃避,只能承认查理曼的"皇帝"称号,但仍然拒绝承认他是罗马皇帝。米哈伊尔一世在 811 年 11 月派遣使团进行回访,希望能够与查理曼达成完全和解。同时,他还希望在法兰克公主和自己的儿子塞奥菲拉克特之间缔结联姻。812 年夏季,拜占庭使团从亚琛(Aachen)返回。查理曼虽然没有立刻答应联姻,却将威尼斯和达尔马提亚的所有权归还给了拜占庭,双方得以缔结和约。[2]

　　在米哈伊尔一世统治期间,阿拉伯延续年度入侵的传统。812 年夏季,阿拉伯人入侵安纳托利亚军区。亚美尼亚人利奥及时获悉情报,迅速带兵迎敌,将阿拉伯人击退,杀死 2 000 名阿拉伯士兵,俘获许多马匹和武器。此后,阿拉伯帝国再度爆发内战,拜占庭边境地区得以安定。[3]

　　与阿拉伯方面的安定相比,拜占庭帝国此时最大的敌人仍然是保加利亚人。811 年,尼基弗鲁斯一世遭遇的灾难给帝国带来深远影响,特别是与保加利亚相邻的区域。812 年春季,保加利亚君主克鲁姆入侵拜占庭色雷斯军区内的重要边境城镇德维特斯(Develtus),帝国朝野上下震动。因为如果此地陷落,那么整个边

<hr>

[1] Theophanes, *The Chronicle of Theophanes Confessor*, p. 678; W. Treadgold, *The Byzantine Revival 780 – 842*, pp. 178 – 183.

[2] Theophanes, *The Chronicle of Theophanes Confessor*, p. 678; W. Treadgold, *The Byzantine Revival 780 – 842*, pp. 179, 182.

[3] Theophanes, *The Chronicle of Theophanes Confessor*, p. 680; E. W. Brooks, "Byzantines and Arabs in the Time of the Early Abbasids", *The English Historical Review* 15 (1900), p. 747.

境地区都将暴露在保加利亚人的攻击范围内。因此,米哈伊尔一世在6月进行远征。但在行军途中,米哈伊尔一世获悉德维特斯城镇的民众和主教已经投降克鲁姆,并同意迁往保加利亚境内定居。远征军队害怕保加利亚人偷袭,于是拒绝继续前进,将士们大声辱骂皇帝。米哈伊尔一世为了防止暴动行为,只能给予大量赏赐,并最终取消了远征。然而,这一消息导致生活在边境的拜占庭人感到更加恐慌。色雷斯和马其顿的居民纷纷放弃家园,向南逃跑。除了梅塞布里亚,拜占庭帝国与保加利亚的边境几乎全部被抛弃。① 米哈伊尔的行事风格就是出尔反尔、朝令夕改,对内对外均听从属下的意见,而其下属不仅毫无定见,还总是争论不休,显然他并非皇帝的合适人选。

保加利亚人占领色雷斯附近的区域后,派遣使团,提议与拜占庭议和。克鲁姆要求双方的边界恢复到伊琳妮统治之前,拜占庭帝国每年向保加利亚缴纳2 160个诺米斯玛的贡赋以及其他奢侈物品,规范双方边境地区的贸易,交换叛逃到彼此境内的避难者。围绕这些条款,拜占庭宫廷出现主战派和主和派。拜占庭修士担心那些融入拜占庭帝国、接纳基督教的保加利亚人再度脱离基督教。而世俗官员则对于割地和羞辱性条款不满。皇帝米哈伊尔一世考虑到群臣的建议,同时自忖拜占庭的军队仍然比保加利亚数量要多,因此委婉地拒绝了克鲁姆的和议。克鲁姆威胁声称,如果拜占庭人不能尽快答应达成和约,那么他将围攻梅塞布里亚。于是米哈伊尔一世再度召集群臣商议,以牧首尼基弗鲁斯为首的教会人士改变主意,倾向于缔结和约,然而斯图迪特派修士和其他官员仍然拒绝议和,理由是交出叛逃者是一种罪。米哈伊尔一世并无主见,因此再度拒绝克鲁姆的和平提议。②

克鲁姆恼羞成怒,开始围攻梅塞布里亚。四天后,保加利亚人占领并摧毁了梅塞布里亚,获得了不计其数的战利品。除金银等贵金属之外,保加利亚人还获得了拜占庭人的秘密武器"希腊火"。③ 813年2月初,从保加利亚逃脱过来的两

---

① W. Treadgold, *The Byzantine Revival 780–842*, pp. 180–181.

② Theophanes, *The Chronicle of Theophanes Confessor*, pp. 681–683.

③ Theophanes, *The Chronicle of Theophanes Confessor*, p. 683; J. Fine, *The Early Medieval Balkans, A Critical Survey from the Sixth to the Late Twelfth Century*, Ann Arbor: The University of Michigan Press, 1991, p. 98.

名基督徒逃难者,带来消息称克鲁姆正计划突袭拜占庭在亚得里亚堡(Adrianople,今土耳其埃迪尔内)集结的军队。米哈伊尔一世迅速应对,带领军队突袭克鲁姆,杀死了一些保加利亚人,并将克鲁姆的军队从亚得里亚堡驱逐。这是皇帝的第一次胜利。于是在返回君士坦丁堡之后,米哈伊尔一世举行了庆祝仪式,并前往圣塔拉西乌斯修道院,表示谢意。① 此后,米哈伊尔一世积极备战,将亚洲诸军区的军队调往色雷斯,准备与保加利亚人决战。然而,米哈伊尔一世集结军队的时间拖延太长,许多亚洲军区的士兵感到不满。特别是卡帕多西亚军区和亚美尼亚军区的士兵,咒骂并嘲讽皇帝。

813 年 5 月,拜占庭大军开始远征保加利亚。但大军不敢越过亚得里亚堡一线,不敢对敌人发动进攻。6 月 7 日,克鲁姆带领大军出现,但当他看到拜占庭庞大的军队之后,也不敢出兵进攻,于是选择安营扎寨,与拜占庭军队对峙。亚美尼亚人利奥等军官力主出战,但遭到米哈伊尔一世的否决。皇帝的软弱导致军队不满,士气低落。双方在对峙 15 天之后,米哈伊尔一世越发尴尬,因为如果不能尽快战斗,那么他就只能带领大军耻辱地撤退。于是在 6 月 22 日,拜占庭军队终于发动进攻。在维森尼吉亚战役(Battle of Versinikia)中,拜占庭军队溃败。② 亚美尼亚人利奥独自带兵袭击了一支保加利亚军队,因战斗勇敢、收获胜利而在军队中有所声望,米哈伊尔一世随之将军队全部交由利奥统帅,自己先行返回君士坦丁堡。至此,米哈伊尔一世很可能已经心灰意冷,有心让位于利奥。而后者在返回首都的途中便发动叛变,推翻了米哈伊尔一世的统治,成为拜占庭帝国新的皇帝。同一史料中还提到另一种说法,即在米哈伊尔一世与保加利亚的战斗中,利奥心怀鬼胎,不服从原定计划,故意命令军队拖延不参战,导致米哈伊尔一世没有援军而溃败,利奥乘机发动叛变。这份史料也成为目前学术界主要依据的材料,因此形成利奥叛乱的意见。而塞奥法尼斯的《编年史》中则提到,米哈伊尔一世在溃败之际,诅咒保加利亚人,决定要让位给利奥,遭到后者拒绝,而军队士兵也认可后者的军事能力,牧首尼基弗鲁斯也认为后者是皇位的极佳人选,于是利奥

---

① Theophanes, *The Chronicle of Theophanes Confessor*, p. 683.

② Theophanes, *The Chronicle of Theophanes Confessor*, p. 683.

即位。① 米哈伊尔一世没有选择反抗,甚至将代表皇权的权杖和皇袍给利奥送去。在利奥进入君士坦丁堡之后,米哈伊尔一世和妻子普罗柯比娅便剪掉头发,然后和他们的子女一起遁入空门。新任皇帝赦免了他们,每年还给予一定量的黄金作为薪俸。不过米哈伊尔一世及其家人仍然被流放到普利特岛上。米哈伊尔作为修道士最终死于 844 年 1 月 11 日。②

米哈伊尔一世统治帝国不到两年时间。当世史料和现代学者对他的评价呈现出不同的态度。米哈伊尔一世由于对教会言听计从、广泛颁授赏赐,得到教会、首都官员和民众的认可。当时的史学家塞奥法尼斯评价他为"虔诚正统、品质高尚",即便有些行为不适宜,也都是因为"邪恶的谋臣"给出错误的建议。③ 耶尼修斯(Genesios)也称颂米哈伊尔一世"性情温和,遵从上帝的旨意和安排"④。事实上,米哈伊尔一世对皇权确实没有太大的欲望。在尼基弗鲁斯一世战死、斯达乌拉焦斯重伤之后,他就可以选择即位,但他没有,反而一再推让,只是在斯达乌拉焦斯康复无望、同时又指定塞奥法诺为帝国继承人的情况下,才接受属下一再劝说接掌了皇权。在亚美尼亚人利奥叛变后,他也没有反抗,而是和平让渡,甚至催促元老院成员到君士坦丁堡城外迎接利奥,从而尽量避免帝国子民之间的对抗和流血。⑤ 可见,米哈伊尔一世并非治国之才。一方面,他性格温和,希望能够满足各方面的要求,获得各方面的支持。然而,这种性格不适合统治帝国。首都民众在获得赏赐时拥护米哈伊尔一世,但是在战场屡屡失利之时,民众则开始鄙视皇帝,君士坦丁堡内甚至有谋反的迹象。⑥ 另一方面,他并没有治理国家的能力,缺

① Genesios, *On the Reigns of the Emperors*, A. Kaldellis translation and commentary, Canberra: Australian Association for Byzantine Studies, 1998, pp. 5 - 6; Iosephi Genesii, *Regum Libri Quattuor*, A. Lesmüller-Werner and J. Thurn ed. [Corpus Fontium Historiae Byzantinae 14] Berlin: De Gruyter, 1978, TLG, No. 3040001; Theophanes, *The Chronicle of Theophanes Confessor*, pp. 684 - 686; D. Turner, "The Origins and Accession of Leo V (813 - 820)", *Jahrburch der Österreichischen Byzantinistik*, 40 (1990), pp. 187 - 201.

② Genesios, *On the Reigns of the Emperors*, p. 8; Ph. Grierson, C. Mango and I. Ševčenko, "The Tombs and Obits of the Byzantine Emperors (337 - 1042); With An Additional Note", pp. 19, 35.

③ Theophanes, *The Chronicle of Theophanes Confessor*, p. 678.

④ Genesios, *On the Reigns of the Emperors*, p. 7.

⑤ Genesios, *On the Reigns of the Emperors*, pp. 6 - 7.

⑥ Theophanes, *The Chronicle of Theophanes Confessor*, pp. 684 - 685.

少判断力和魄力。① 在 813 年面对保加利亚军队时，他在撤退与进攻之间犹豫不决，不仅错失了战斗良机，还挫伤了士气。一言以蔽之，米哈伊尔一世性格柔软，缺乏主见，凡事都需谋臣建议，所有决定都犹豫不决，属于才智低下者，只会读书和按部就班地思考神学问题，并不具备成为帝王的性格和能力。由此可知，拜占庭帝国以皇帝为核心的中央集权制国家要求其君主不仅需要具备继承最高权力的合法资格，更需要拥有担任皇帝的素质，其中首要的是皇帝人选本人必须胸怀大志、文武双全，有执掌皇权的欲望和治理帝国的抱负，还要知人善任、能力超群，在驾驭群臣并汇集属下智慧的同时，敢于拍板，杀伐决断，果断决策。米哈伊尔天性懦弱，无心问鼎帝国皇位，但为时势所迫当了两年皇帝，必然对帝国毫无建树，反而有所伤害。

第九节

利奥五世（Leo Ⅴ）

813—820 年在位

　　利奥五世全称亚美尼亚人利奥（Leo Ⅴ the Armenian, Λέων ὁ ἐξ Ἀρμενίας, 生于 775 年前后，卒于 820 年 12 月 25 日，享年 45 岁），是前阿莫里王朝皇帝，813 年 6 月 22 日至 820 年 12 月 25 日在位七年半。

　　利奥五世很可能出生于 775 年，他的父亲是亚美尼亚王室家族出身的巴尔达斯。文献记载各不相同，修道士乔治称利奥五世是叙利亚人，这大概是后人的误解，这里的叙利亚人可能说的是利奥五世的父亲。按照耶尼修斯的记载，利奥五世是叙利亚人和亚美尼亚人的混血，他的父亲因为叛变、谋杀获罪，逃到了亚美尼亚地区，利奥便是出生于此。《塞奥法尼斯编年史续》（Theophanes Continuatus）也提到利奥五世的混血身份，但没有明确指出其具体地点。利奥五世在童年时获得

---

① J. Fine, *The Early Medieval Balkans*, p. 98；W. Treadgold, *The Byzantine Revival 780－842*, p. 177.

了良好教育,全面掌握了生活和当时社会文化的基本知识,是一个有教养之人。① 大约在788年,为了逃离穆斯林的迫害,利奥五世的父母随同5万亚美尼亚人,一起逃到了拜占庭帝国境内。他的父亲在安纳托利亚军区一个叫皮德拉(Pidra)的村庄获得大量军事地产,利奥也在此长大。利奥于8世纪90年代应召加入安纳托利亚军区。② 根据史料记载,成年的利奥尽管个头不高,但英俊强健,头发卷曲,胡须浓密,声音独特③,面容略显冷酷,男人气质明显,显得与众不同。④

802年,利奥的命运发生改变。这一年,时任皇帝尼基弗鲁斯一世任命巴登斯·图库斯成为小亚细亚五大军区总指挥官。巴登斯对利奥颇为赏识,将其擢升为自己的私人卫兵,并将自己的女儿巴卡(Barqa)许配给他,将自己的另一个女儿许配给了阿莫里人米哈伊尔。⑤ 利奥由此得以接触帝国上层社会,并与未来的皇帝结为连襟。

803年,巴登斯起兵反叛尼基弗鲁斯一世,但是他的两位女婿中途倒戈,投奔了皇帝,并获得了丰厚奖赏。其中,利奥被任命为"盟邦图尔玛克"(turmarch of the Federates),是安纳托利亚军区仅次于军区最高首脑将军的军事将领。811年,利奥由于能力突出,被擢升为亚美尼亚军区最高军事指挥官将军。不久,阿拉伯人发动突袭,亚美尼亚军区用于发放士兵军饷的黄金以及大量士兵都被阿拉伯人掠走,利奥因此而被免职流放。⑥ 米哈伊尔一世即位后,利奥被召回,并且获得擢升,被任命为安纳托利亚军区将军。

813年,拜占庭帝国与保加利亚再度发生冲突。在维森尼吉亚战役中,皇帝

---

① Georgii monachi, *Chronicon*, C. De Boor ed., Leipzig: Teubner, 1904, TLG, No. 3043001, 780ff. 另见 Genesios, *On the Reigns of the Emperors*, p. 25; 另见 *Theophanes Continuatus, Ioannes Cameniata, Symeon Magister, Georgius Monachus*, I. Bekker ed. [Corpus Scriptorum Historiae Byzantinae], Bonn: Weber, 1838, TLG, No. 4153001, 6.4 – 5。

② *Chronographiae Quae Theophanis Continuati Nomine Fertur Libri I-IV*, Michael Featherstone and Juan Signes Codoñer ed. and trans., (CFHB 53) Berlin: De Gruyter, 2015, p. 13; W. Treadgold, *The Byzantine Revival 780 –842*, p. 196.

③ J. B. Bury, *A History of the Eastern Roman Empire from the Fall of Irene to the Accession of Basil I (A. D. 802 –867)*, p. 44.

④ Genesios, *On the Reigns of the Emperors*, p. 9.

⑤ 即利奥五世下一任皇帝米哈伊尔二世。

⑥ Theophanes, *Chronographia*, 489.17 – 21;不过,特纳认为这里的亚美尼亚军区将军利奥并非后来的皇帝利奥五世,见 D. Turner, "The Origins and Accession of Leo V (813 – 820)", p. 179。

米哈伊尔一世亲自领兵,但能力不足,遭遇溃败。利奥独自带兵袭击保加利亚军队,因战斗勇敢、大获全胜而在军队中声望大振,米哈伊尔一世随之将军队全部交由利奥统帅。包括利奥在内的军事将领们对皇帝深感失望和不满,因此密谋发动兵变。米哈伊尔原本就对皇帝重任感到身心疲惫,早就不想继续占着皇帝宝座,因此当军事将领们表现出异动时便主动让位。利奥麾下将士推翻了米哈伊尔一世的统治后,他立即成为拜占庭帝国的新皇帝。①

　　新任皇帝利奥五世尚未站稳脚跟,就必须应对保加利亚人新一轮的攻击。在利奥五世即位后的第六天,即 7 月 17 日,克鲁姆率领保加利亚主力部队已经抵达君士坦丁堡。保加利亚人发动围攻,但他们既没有舰队,也没有足够的攻城器械,无力撼动高大的城墙,因此,克鲁姆只是以此作为压力,迫使新任皇帝前来和谈。他令人将其提出的条件送达拜占庭都城,其中要求拜占庭帝国提供大量黄金白银、丝绸衣袍、美丽少女。利奥五世内心愤怒,却假意接受,但设计拖延,争取时间加强城防,他每天都在四处巡查城墙,鼓舞守城士兵。同时,利用克鲁姆的和谈意愿,不断提出问题延长谈判时间,并设计伏击克鲁姆,希望能够一劳永逸地解决保加利亚的威胁。

　　利奥假装同意和谈,并建议双方各带三名不带武器的随从,他提议会面地点在布拉海尔奈城门附近的海岸,这样双方都比较安全。但利奥五世在会面前一晚,安排士兵在会面地点附近的一个屋子里,装备武器,等待伏击克鲁姆。会面当天,克鲁姆如约带着三名随从按时赴约。皇帝利奥五世则带着自己的人乘船赴约,其中包括城墙伯爵约翰·赫克萨布里乌斯(John Hexabulius)。② 约翰戴着头盔,罩住了头,这是用来指示伏击克鲁姆的信号。但根据保加利亚人的习俗,如果把头罩住,是对可汗不尊重的行为。因此克鲁姆认为自己受到了巨大的冒犯,大

---

① Genesios, *On the Reigns of the Emperors*, pp. 5 - 6. 这则史料中还提到利奥即位的另一种说法,在米哈伊尔一世与保加利亚的战斗中,利奥背信弃义,故意命令军队不参战,导致米哈伊尔一世没有援军而溃败,利奥乘机发动叛变,这也成为目前学术界主要的看法;见 Genesios, *On the Reigns of the Emperors*, p. 5. 塞奥法尼斯的《编年史》中则提到,米哈伊尔一世在溃败之际,诅咒保加利亚人,决定要让位给利奥(五世),遭到后者拒绝,而军队士兵也认可后者的军事能力,牧首尼基弗鲁斯也认为后者是皇位的极佳人选,于是利奥五世即位;见 Theophanes, *Chronographia*, 502. 1 - 24; D. Turner, "The Origins and Accession of Leo V (813 - 820)", pp. 187 - 201.

② 该官职负责君士坦丁堡城墙的守卫。它第一次出现在 719 年阴谋叛乱利奥三世的官员之中,其希腊语称呼是"ρχοντα τοῦ τειχίου"或者"ρχοντα τειχῶν";见 Theophanes, *Chronographia*, 401. 1.

为恼火，一言不发，立刻走向自己的马匹。准备伏击的拜占庭人以为克鲁姆要逃，便大喊着冲了出来，克鲁姆立刻翻身上马，急速逃走。伏击的拜占庭士兵朝着克鲁姆一通射箭，但并未伤到。克鲁姆逃回营帐后，立刻对拜占庭人血腥报复，大肆洗劫了君士坦丁堡周围的村庄和城镇，烧杀抢掠，完全摧毁了经过的村庄。对拜占庭帝国最大的打击是马其顿军区首府亚得里亚堡的沦陷。该城遭到一个多月的围攻后，因城中物资不足，且拜占庭帝国无法提供任何援助保全城中 4 万人的性命，军队将士便缴械投降了。[①]

在克鲁姆疯狂报复、大肆洗劫帝国领土期间，利奥五世一直固守在君士坦丁堡城墙之内，确保自己政权的稳固。但由于自 811 年之后，先后几任皇帝都无法妥善应对保加利亚人的入侵，因此利奥五世对首都以外地区的漠视并没有受到太多指责。退入君士坦丁堡内的难民和首都民众的注意力都集中在皇帝的另一行动。利奥五世即位之时，妻子仍然是巴卡，但他并未将其加冕为皇后。事实上，他并不喜欢巴卡，决定将其抛弃。但按照基督教教会法的婚姻规定，双方不得离婚。于是利奥五世只能栽赃巴卡，诬陷指责巴卡有通奸行为，从而获得离婚的合法性。这一行为虽然招致其连襟亚美尼亚人米哈伊尔的不满[②]，但并未引起教会的抗议，可能与利奥五世为自己挑选的新娘有关。利奥的第二任妻子塞奥多西亚（Theodosia），出身贵族，也是亚美尼亚人，但更重要的是，她是位虔诚的崇拜圣像者，因此深受牧首尼基弗鲁斯和斯图迪特派的塞奥多利的青睐。牧首尼基弗鲁斯对她非常信任，与她商议如何应对毁坏圣像事宜；斯图迪特派的塞奥多利在给她的信中，称颂她对崇拜圣像的虔诚。[③]

以此作为起点，利奥五世开始按照个人意愿，制定新的帝国政策。其中最为后人诟病的便是重新开启了毁坏圣像运动。利奥五世终其一生，都在努力效仿伊苏里亚人利奥三世，重新恢复毁坏圣像运动就是最明显的例证。利奥五世从一开始就有此打算，这体现在他在加冕前与牧首尼基弗鲁斯之间微妙的关系。在加冕之前，利奥给牧首送去书信，表明自己的正统信仰。牧首尼基弗鲁斯则派去主教

---

① W. Treadgold, *The Byzantine Revival 780–842*, pp. 200–203；Theophanes, *Chronographia*, 503.

② 米哈伊尔评价此举为"不神圣"；见 Genesios, *On the Reigns of the Emperors*, p. 19。

③ W. Treadgold, *The Byzantine Revival 780–842*, p. 416, note 271.

代表团,要求利奥五世在一份正式声明上签字,承诺在统治期间不会采用新的教义,要求利奥签署文献。利奥五世义正词严地向主教们表明,自己认同声明中的所有内容,并且一定会签署。所以,尽管他没有当场签字,但代表团成员们无法再坚持要求他签字。后来,利奥在即位后拒绝了签字这一要求,因为他从一开始就不打算卷入这场他压根就弄不明白的宗教争端,尤其是不想成为崇拜圣像的皇帝,他追求的不过是像利奥三世一样至高的皇权。

皇帝刻意避开公然签署声明,这实际上已经间接表明利奥五世会在宗教领域有所行动。不久之后的另一件事导致崇拜圣像者更加不安。813年圣诞节,利奥五世将自己不到10岁的长子辛巴提乌斯(Symbatius)加冕为共治皇帝,同时召集首都及附近所有军队参加加冕礼并给予赏赐。在加冕礼上,利奥五世为儿子重新命名为君士坦丁,并让军队高呼"利奥与君士坦丁"。利奥五世此举很可能是效仿毁坏圣像运动的开创者利奥三世和他的儿子君士坦丁五世,并借此表明伊苏里亚人的毁坏圣像运动是正确的。

814年,利奥五世积极策划重新启动毁坏圣像运动。他开始与谋臣探讨禁止崇拜圣像正确与否。但他的切入点并非神学,而是帝国经历的现实。利奥五世指出,拜占庭帝国之所以在和阿拉伯、保加利亚人的战斗中总是失利,就是因为崇拜圣像。他认为翻看帝国近百年的历史,崇拜圣像的皇帝绝大多数命运悲惨,要么被杀,要么被推翻,而那些禁止崇拜圣像的皇帝,绝大多数都有稳固的统治,要么自然死亡,要么统治时间长。利奥五世的这些论断对饱受战争摧残的拜占庭人来说,确实有很大的冲击力。但考虑到支持崇拜圣像的庞大势力,利奥五世并未采取激进政策,而是步步为营,缓慢而谨慎地推进。

814年6月,利奥五世建立了一个编委会,由著名的语法学家约翰领导,其职责就是收集、研究各修道院和教堂中的书籍,从中寻找有利于毁坏圣像运动的章节。此后编委会进一步扩大,他们开始研究754年君士坦丁五世召开的毁坏圣像宗教会议的决议,并从中摘录了来自教父们的许多章节。在12月初,编委会向皇帝递交了一份记录详细的毁坏圣像报告。利奥五世由此拥有了毁坏圣像的理论基础和历史经验,积极准备进一步的行动。他对牧首尼基弗鲁斯声称,军队士兵都反对崇拜圣像,建议摘除那些悬挂在低处的、触手可及的圣像,但遭到后者的强烈反对。于是利奥五世安排士兵在皇宫大门之外集结,高呼毁坏圣像的口号,攻击悬挂在上面的基督像,并以防止圣像遭到亵渎为由,将其移除到其他地方。由此可见利奥五世心思缜密,行动富有心计。

皇宫大门上的基督像在利奥三世时期被移除,后来又被伊琳妮恢复原貌。所以,这幅圣像隐含的政治意义众人皆知,利奥五世的这一举措已经说明他在积极准备重新推行毁坏圣像运动。在牧首的号召下,崇拜圣像者自发地聚集在一起,大约 270 名主教在牧首府邸集会,通过签字发表联合声明,抵制毁坏圣像运动。利奥五世受限于这场声势浩大的活动,选择了暂时隐忍,帝国得以度过一个安宁的圣诞节。

815 年年初,利奥五世开始通过威逼利诱,劝说拥护牧首尼基弗鲁斯的人改变态度,取得了很大进展。随后,利奥五世公然告诉尼基弗鲁斯,如果不同意将悬挂在低处的圣像移除,那么他将被废黜。尼基弗鲁斯再次断然拒绝。虽然由于重病缠身,他没有立刻被罢免,但利奥五世为了表明态度,罢免流放了他在圣索菲亚大教堂中的忠实同僚,然后任命了一位支持毁坏圣像的世俗之人士贵族托马斯作为圣器看守者,实际把控监督着牧首职位。

815 年 2 月,利奥五世召集宗教会议,审判尼基弗鲁斯。3 月 13 日,教士代表团向尼基弗鲁斯宣读了来自宗教会议的信函和决定,随行的士兵则高呼毁坏圣像口号。当晚,皇帝派人将牧首架出牧首府邸,用船将其送到博斯普鲁斯海峡另一侧的修道院流放,并严加看管。第二天,利奥五世召集朝臣,指出尼基弗鲁斯无法捍卫崇拜圣像的信仰,已经退位。随后,君士坦丁五世的女婿塞奥多图斯被指定为牧首。他虽然是普通信徒且缺乏担任牧首的教职资格,但可以满足皇帝和毁坏圣像大臣们及其追随者的要求,于是被火速提拔,在复活节(4 月 1 日)就任牧首一职,并准备召开宗教会议。

此次宗教会议在圣索菲亚大教堂召开,由新任牧首主持,利奥的儿子君士坦丁此时已经 11 岁,成为皇室代表。在第一次会议上,宗教会议就以官方立场批准了毁坏圣像运动,将君士坦丁五世于 754 年举行的海尔里亚宗教会议认定为第七次大公会议,相应地否定了 787 年的第二次尼西亚大公会议。此后,参加此次宗教会议的主教们起草了诏令,禁止圣像崇拜。虽然许多与会者不满这一敕令,但仍然签字认可。利奥五世通过逐步而有效的推进方式,最终从官方层面恢复了毁坏圣像运动。①

毁坏圣像运动复辟以后,也再次遭到正统教士们的反对。斯图迪特派的塞奥多利成为反对派的领袖,但遭到流放。拒绝接纳 815 年宗教会议决议的主教们全部被收押入监,随后被流放到各地。皇帝利奥五世似乎不愿意因为毁坏圣像运动而激化帝国内矛盾,因此,对于那些没有公开反对毁坏圣像政策的人睁一眼闭一眼,哪怕是崇拜圣像者,他仍然委以官职。他对反对者的主要举措是流放,偶尔会有鞭打。为了防止反对者形成群体力量,他不断变换牧首尼基弗鲁斯、斯图迪特派的塞奥多利等精神领袖的流放地点,试图以隔绝的方式打压崇拜圣像者。整体而言,相较于毁坏圣像运动第一阶段,利奥五世的政策更像是对先辈毁坏圣像皇帝的致敬和效仿,不管是理论还是实践上都没有再出新意。

利奥五世之所以执意复辟毁坏圣像运动,是因为他认为这是提升军队士气的有效方式。在毁坏圣像皇帝利奥三世和君士坦丁五世的统治时期,帝国取得了对阿拉伯和保加利亚的伟大军事胜利。但此时,保加利亚人已经再次成为帝国的重大威胁,且拜占庭士兵在面对保加利亚入侵时,显得毫无自信。814 年,保加利亚可汗克鲁姆带领 3 万人洗劫了色雷斯北部地区,俘虏男女老少共计 5 万人。即便他们在撤退时遭到大雨阻碍,被困于拜占庭帝国境内,没有后援,且拜占庭军队在数量上超过他们,但拜占庭人仍然不敢发动进攻。814 年 4 月 13 日,克鲁姆突然耳朵、鼻子、嘴里大出血,后人推测为脑出血,随后死去。保加利亚人因忙于王位更迭,暂时放弃了围攻君士坦丁堡的计划,拜占庭帝国得到了一年多的喘息时间。而利奥五世认为拜占庭人战场失利的罪魁祸首是崇拜圣像,因此重推毁坏圣像运动政策能够带来士气的提升和战场的胜利。② 利奥的直觉是合理的,因为毁坏圣像的支持者大多来自帝国东部地区,这个地区即地中海东岸地带特别是小亚细亚山区历来是拜占庭帝国的兵员来源地,山地居民骁勇善战,具有尚武传统。这个广大区域深受古代闪米特文化的影响,神秘主义深入人心,在宗教上坚持反对偶像崇拜,因此是毁坏圣像运动的发起和骨干力量。在违背利奥三世以来推行毁坏

---

① W. Treadgold, *The Byzantine Revival 780 –842*, pp. 207 – 214.

② W. Treadgold, *The Byzantine Revival 780 –842*, pp. 204 – 205.

圣像政策的时期，即崇拜圣像皇帝在位期间，毁坏圣像派军官普遍受到打击，士兵则受到克扣打压，军队士气低落，将士们心怀不满，成为抵制圣像崇拜的主要力量。利奥五世因此要重启毁坏圣像运动，重振军心。

保加利亚新任可汗奥穆尔塔格（Omortag，814—831 年在位）对基督徒非常敌视。815 年夏季，奥穆尔塔格下令用酷刑处死辖区内所有不愿意放弃信仰的基督徒，由此造成了 380 位殉教者。815 年秋季，奥穆尔塔格断定边境区域已经复苏，于是便发动了远征。保加利亚人摧毁、洗劫庄稼，抢走俘虏和牲畜，在返回保加利亚之前烧毁拜占庭人的家园。当利奥五世派遣使臣寻求和平时，遭到拒绝。保加利亚人的咄咄逼人与毁坏圣像运动带来的帝国分裂交织在一起，利奥五世别无选择，只能准备远征，希望用战场上的胜利来证明毁坏圣像运动的合法性。基于此，在 816 年的前两个月内，利奥召回了被流放的主教和修道院院长，召集君士坦丁堡内尚未被流放的崇拜圣像者，让他们一起为即将发动的远征祈祷胜利。利奥五世希望能够用战场上的胜利说服他们改变观点，转而支持毁坏圣像运动。

因此，816 年拜占庭帝国对保加利亚的远征是检验利奥五世内政外交政策是否成功的关键性战役。如果失败，他可能失去政权。因此在出发前，他首先加固城墙，消除隐患。待后防稳定之后，利奥五世率领大军沿着黑海迅速前进，在保加利亚人反应过来、开始集结部队之前，拜占庭军队已经抵达梅塞布里亚。这里靠近保加利亚人最前沿的边界，而且距此不远的巴尔干山脉与海相接处，由此可以获得拜占庭海军的支援。于是皇帝下令，在此安营扎寨，小心设防，囤积物资。不久后，保加利亚集结的军队也在附近驻扎，但面对拜占庭人固若金汤的营地，保加利亚人不敢贸然进击。双方相互僵持，数日后，保加利亚人开始出现物资不足的问题。

816 年 4 月初的一个晚上，利奥精心挑选一些士兵，带着他们一起离开大部队，在附近一座小山背后驻扎，隐藏自己的行踪。第二天，保加利亚人发现利奥和侍卫不见了，于是派出情报员，结果受到误导，相信了拜占庭皇帝已经临阵脱逃的假消息。于是保加利亚人放松了警惕，相信他们很快就能轻松获胜。当天晚上，拜占庭主力部队袭击了敌人军营，许多保加利亚人在沉睡中被杀死或俘虏。逃跑的保加利亚人则遭到利奥五世率领的小分队的伏击。最终保加利亚人全军覆没。

利奥五世带领拜占庭士兵,对周围保加利亚的领土进行了报复性洗劫。利奥五世安排伏击的小山也因此被称为"利奥山"。

利奥山之战大大提升了拜占庭人的士气,终结了保加利亚人数年来在战场上的优势地位,也开始改变两国之间的不平等地位。保加利亚可汗奥穆尔塔格同意缔结和约,且条款令拜占庭人满意。和约缔结期限30年,在此期间每十年延续一次。双方互换战俘。至于克鲁姆吞并的土地,保加利亚人同意放弃东南部分,而利奥同意放弃梅塞布里亚,双方都以友好姿态表明和平共处的想法。拜占庭人由此收复了780年之后在色雷斯丢失的所有领土,而且不需要向保加利亚人支付任何贡赋,因此816年合约的达成,为利奥五世赢得了巨大的声望。这一和约后来在823年、836年都得以延续。它在一定程度上标志着拜占庭与保加利亚之间恢复了势力均衡的局面。①

利奥五世希望趁此良机,一鼓作气,解决与阿拉伯人之间的矛盾。此时阿拉伯帝国局势混乱,伊朗、伊拉克、叙利亚和埃及等地,叛乱横行。因此,利奥五世希望在阿拉伯战场上也能取得胜利。817年初,利奥五世准备入侵叙利亚和埃及。为此,他采取了三项措施。首先,他下令抵制对埃及和叙利亚的贸易,借口是阿拉伯叛军亵渎了耶路撒冷的基督教圣殿。阿拉伯人的亵渎行为发生在五年前,因此利奥五世的真实目的是希望在对阿拉伯人发动袭击之前,让拜占庭的商船和商人们返回帝国境内,以免战争爆发时遭到报复。然后,利奥派遣舰队入侵埃及的达米埃塔(Damietta)港口。最后,在3月份,利奥五世亲自领兵向东出发,抵达亚美尼亚边境,巩固了五年前毁掉的卡玛呼姆边境要塞,在返回君士坦丁堡之前对其重新修建加固并加以驻兵。

在其他外交关系中,利奥五世与法兰克之间基本保持友好来往。814年,为了抵抗保加利亚人的入侵,利奥五世派遣使者前往法兰克求援,但后来保加利亚可汗克鲁姆因大出血突然死亡,事情也就不了了之。816年秋季,利奥五世派遣使团,前往亚琛拜会法兰克皇帝虔诚者路易(Louis the Pious,813—840年在任)。双方之间主要的分歧是围绕拜占庭、法兰克和斯拉夫人在达尔马提亚的领土分

---

① W. Treadgold, "The Bulgars' Treaty with the Byzantines in 816", *Rivista di Studi Bizantini e Slavi*, 4 (1984), pp. 213 - 220.

界。与之同时,罗马教区因为毁坏圣像运动而反对利奥五世。817 年 1 月成为教宗的帕斯卡尔一世(Paschal Ⅰ,817—824 年在位)拒绝接见利奥五世的牧首塞奥多图斯的使节,而是与斯图迪特派的塞奥多利、以及藏匿的崇拜圣像者们保持友好的书信往来。

利奥五世虽然因为再次推行毁坏圣像运动而遭到正统教士的诅咒和谴责,但他治理帝国的能力有目共睹,甚至连牧首尼基弗鲁斯也认为他"是一位伟大的帝国守护者"[1]。利奥五世在位期间,在内政管理方面作出了重要贡献。首先,他注重对军区制的完善。色雷斯军区和马其顿军区由于常年处于拜占庭与保加利亚之间的战火之中,因此几乎已经废弃。在与保加利亚缔结和约之后,利奥五世尤为注重对这两个军区的重建和复兴。他下令重建被毁的城镇和要塞,然后在城堡部署军队,以保证当地农业发展。很快,色雷斯平原上最肥沃的土地就变得和从前一样繁盛。

为了防止军区将军权力过大,利奥五世效仿前人,将亚美尼亚军区拆分成三个更小的军区。亚美尼亚军区原来的西北和东北部分地区都被单独设置成新的军区,分别命名为帕夫拉戈尼亚军区和查尔迪亚军区。亚美尼亚军区原有的 1.4 万人军力,被划分出 2 000 名士兵给查尔迪亚军区,3 000 名士兵给帕夫拉戈尼亚军区。这样,亚美尼亚军区潜在的叛乱能力被大大减弱,军区作为行政单位可以更有效地发挥作用。此外,帕夫拉戈尼亚军区和查尔迪亚军区都位于黑海海岸。利奥五世的战略目的显而易见,他希望能够确保黑海海岸的防御更加机动灵活,从而可以更加得心应手地处理蠢蠢欲动的罗斯人(the Rhōs)。再者,利奥五世将色雷斯军区和奥普斯金军区都委任给自己的亲信,确保首都和皇位的安全。通过对军区制的微调,利奥五世有效地掌控着帝国的权力,大大限制了大军区的实力,并通过任命亲信担任新军区将军,监督和制衡各军区的动向,从而可以确保军区不会对皇权造成威胁,又能听从皇帝的调遣,有效应对外敌入侵。在利奥五世统

[1] Genesios, *On the Reigns of the Emperors*, p. 17; John Skylitzes, *A Synopsis of Byzantine History, 811 - 1057*, J. Wortley trans., Cambridge: Cambridge University Press, 2010, p. 20; Ioannis Scylitzae, *Synopsis Historiarum*, J. Thurn ed. [Corpus Fontium Historiae Byzantinae 5], Berlin: De Gruyter, 1973, TLG, No. 3063001.

治期间,军区叛乱现象大为减少。

其次,利奥五世在内政方面最令人赞誉的地方体现在追求行政官员的职业化。在此之前,许多行政官员贪污腐败,尸位素餐。利奥五世在统治期间,会让具有优秀品质的人担任军区将军和长官,尤其会考虑那些拒腐蚀永不贪、对贿赂有抵御能力的人。他任人唯贤,并没有因为毁坏圣像运动而展开大清洗运动,即便是崇拜圣像者,只要他们不闹事、有能力且保持忠诚,利奥五世仍然委以重任。在其统治期间,帝国很多重要官员仍然是崇拜圣像者,甚至包括斯图迪特派的塞奥多利的诸多朋友。另一方面,利奥五世追求社会公正,对于犯罪行为严厉打击。据说,有一次,当他离开皇宫时,一个男人过来向他告御状,控告一名元老院成员诱拐他的妻子,并气焰嚣张,君士坦丁堡市长知晓此事,却置若罔闻,不闻不问。利奥五世立刻安排听证会,在查明事情真相后,将元老院成员以通奸罪论处,并罢免玩忽职守的君士坦丁堡市长。①

利奥五世因为在处理行政、宗教事务上树敌众多,因此,也会有阴谋叛乱者试图推翻他的统治。大约在820年,皇帝派出的监视人员揭露了一起叛乱阴谋,大量叛乱者被判有罪。利奥命令将他们刺瞎或者砍去双手或双脚,然后将这些断肢悬挂在市井中展示,以示警告。但皇帝最大的威胁来自旧相识和朋友,包括阿莫里人米哈伊尔。米哈伊尔是皇帝的连襟,当利奥五世登基不久后就抛弃结发妻子时,米哈伊尔指责利奥五世的行为"不神圣"。此后,米哈伊尔并没有公开反对皇帝,反而由于作战勇敢而获得皇帝赏识,被委任负责皇家禁卫军分队。直到利奥五世因为各种原因树立了很多政敌时,米哈伊尔见时机已到,便暗中结党营私,策划废黜利奥五世。但是在820年圣诞节之前,这一阴谋被路政大臣约翰·赫克萨布里乌斯发现,米哈伊尔被捕,不过没有证据表明存在同谋者。米哈伊尔对自己的罪行供认不讳,但没有指认其他人。利奥五世对这个自己信任的人竟然谋反大为恼火,宣判将其活活烧死,并下令在圣诞节前夜立即执行。于是米哈伊尔被带到皇宫浴场,绑在木棍上,准备点燃柴火。但皇后塞奥多西亚极力劝阻皇帝,劝说皇帝将行刑推迟到圣诞节之后,这样可以避免亵渎神灵庆典活动,同时还可以发

---

① Genesios, *On the Reigns of the Emperors*, pp. 17 – 18.

现是否有更多的同谋者,利奥五世勉强同意。他召见大皇宫的守卫,责令其将米哈伊尔囚禁在皇宫守卫所在的建筑中,严加看管。利奥五世命令给米哈伊尔戴上脚镣手铐,并亲自掌管钥匙。

当天凌晨三点,皇帝对要犯米哈伊尔放心不下,于是偷偷前往皇宫守卫的房中,却惊奇地发现米哈伊尔睡在床上,皇宫门卫则席地而睡,原来两个守卫人是其同谋者。利奥五世按捺心中愤怒,悄然离开。但皇帝的行踪被米哈伊尔的侍从发现,及时通知了同伙,于是米哈伊尔和皇宫守卫决定尽快提前动手。他声称自己需要忏悔,皇宫门卫召唤宦官塞奥克提斯图斯去安排此事。塞奥克提斯图斯也是米哈伊尔的同谋者,他将刺杀皇帝的计划传话给所有同谋者,并传达了米哈伊尔的口信:如果他们此时放弃,那么他将把他们参与叛乱的事情和盘托出告诉皇帝。于是米哈伊尔的同谋者开始悉心准备刺杀皇帝的阴谋。

圣诞节当天,刺杀者伪装成主教进入皇宫,将武器藏匿于教袍之下。大皇宫守卫为他们放行,安排他们躲藏在圣斯蒂芬小教堂周围。当清晨的赞美诗唱起时,皇帝不带侍卫走入这个教堂,这是惯例。因此,当利奥五世进入教堂时,刺杀者发动突然袭击,皇帝只好拿着一个十字架抵抗一番,并希望能够用十字架威慑刺杀者的行动。但其中一名刺杀者用刀砍掉了利奥五世的手腕,这样十字架就不会阻碍他们进一步的行动。他们立刻砍掉了皇帝的头,然后将尸体扔到大竞技场,还剥光其衣服绑在驴身上,赤身裸体绕着跑道示众。最终,利奥五世的尸体被丢到船上,和他的妻子、母后、四个儿子一起被押送到普罗特。利奥五世的四个儿子,辛巴提乌斯、瓦西里、格里高利、塞奥多西都遭到去势之刑,其中塞奥多西因此而丧命。利奥五世与塞奥多西便被埋葬于岛上。[1]

利奥五世在位不到八年,因为复辟毁坏圣像运动而遭到拜占庭正统教士的攻击。后世史学家也因此批判他的"不虔诚",对正统信仰的背叛。据说牧首尼基弗鲁斯在为利奥五世加冕时,"双手灼痛,仿佛被荆棘和针刺伤一样[2]",这意味着

---

[1] Ph. Grierson, C. Mango and I. Ševčenko, "The Tombs and Obits of the Byzantine Emperors (337 – 1042); With an Additional Note", p. 35.

[2] Genesios, *On the Reigns of the Emperors*, pp. 15 – 16; John Skylitzes, *A Synopsis of Byzantine History*, *811 – 1057*, p. 18.

他已经被恶魔附体。他们指责利奥五世因为不虔诚,从而具备了多种邪恶的特征,如约翰·斯基利齐斯(John Skylitzes)就认为"他是最残忍之人,比他的前任们都更加亵渎神圣"①。不过,即便如此,拜占庭编年史书中对他治理国家的能力还是表示认可。耶尼修斯写到,利奥五世虽然不虔诚,但"非常善于治理公共事务",他"不知疲倦地提升帝国民众的福利","复兴了色雷斯和马其顿地区"。②《塞奥法尼斯编年史续》也对利奥五世的治理才能表示赞赏:"他亲自训练军队士兵,通过他的努力,他使得马其顿和色雷斯的城市们都繁盛起来……甚至连那些敌人都害怕他。"③现代学者对利奥五世的评价基本源于这些史料。

客观而言,利奥五世具有治理帝国的魄力和能力,但他缺乏效忠于自己的团队,对政敌也缺乏足够的警惕性。其内外政策和统治成效不算卓越,但也可圈可点,尤其在公正处理公共事务方面留下了很多事迹,即便是强制推行的毁坏圣像政策也符合帝国当时整体局势的要求。只是,他不善于挑选人才,身边没有出谋划策的智囊团,也没有忠心耿耿的亲兵死士。在阿莫里王朝建立前的险恶政治环境中,其最终的下场就是不可避免的了。

---

① John Skylitzes, *A Synopsis of Byzantine History*, 811–1057, pp. 25–26.
② Genesios, *On the Reigns of the Emperors*, pp. 17, 25.
③ *Theophanes Continuatus*, 30. 9–13.

第三章

阿莫里王朝

（820—867 年）

阿莫里王朝是拜占庭帝国第七个正统王朝,统治时间 47 年,共有三位皇帝,分属于三代人,包括米哈伊尔二世、塞奥菲鲁斯（829—842 年在位）、米哈伊尔三世（Michael Ⅲ,842—867 年在位）。但是在该王朝之前存在 18 年的无王朝时期,先后有四位军阀篡位称帝。阿莫里王朝的第一位皇帝米哈伊尔二世原为拜占庭帝国小亚细亚南部地区阿莫里山区的牧马人,因其天赋伯乐相马之才而步步升高,最终篡位称帝,并建立新王朝,其阿莫里山区出身也使后人为该王朝定名。

米哈伊尔二世的第一任妻子塞克拉（Thecla）为他生育了儿子塞奥菲鲁斯。其妻因病死去后,他打算利用再婚的机会扩大势力,特别是考虑到新王朝的合法性,于是选择了前朝皇帝君士坦丁六世的女儿埃芙菲罗丝奈（Euphrosyne）,还特地将其从修道院中召回举行了盛大婚礼。好在儿子身心健康地长大成人，并按照长子继承的原则顺利登上皇位。而米哈伊尔二世的第二任妻子及其子女后来不见于文献。塞奥菲鲁斯的妻子是塞奥多拉，共有两个儿子，分别是君士坦丁和米哈伊尔，但长子君士坦丁在两岁时溺水身亡，皇位不得不由次子米哈伊尔继承。他们还有五个女儿，即塞克拉、安娜、阿纳斯塔西娅、帕尔切里亚（Pulcheria）和玛丽亚。塞奥菲鲁斯在次子米哈伊尔出生前，曾将小女儿玛丽亚许配给年轻的贵族阿莱克修斯·穆瑟勒，并赐予凯撒头衔，其目的是为延续王朝。他对阿莱克修斯非常信任，并任命他为重要的辅佐大臣。公主玛丽亚病死，小儿子米哈伊尔于 840 年 1 月出生，王朝延续又回归正常。皇后塞奥多拉生于大户人家，治国理政也是一把好手，可惜对小皇帝米哈伊尔三世溺爱过度，缺乏管教，以至于在儿子的婚姻问题上母子反目。米哈伊尔三世自幼任性，长大了肆意妄为，最终利用手中的皇权抓捕塞奥多拉和他自己的亲姊妹们，强行削去她们的头发并关入加斯特里亚（Gastria）修道院。塞奥多拉伤心离世后，米哈伊尔三世任用佞臣，最终被其亲信瓦西里杀害，阿莫里王朝就此断绝。

阿莫里王朝统治时间虽然短暂，但在拜占庭帝国历史上扮演了重要的角色，即长达百余年的毁坏圣像运动的终结者。塞奥菲鲁斯虽然是毁坏圣像运动的支持者，但其妻子塞奥多拉是个虔诚的圣像崇拜者。作为小皇帝的摄政，塞奥多拉精心谋划，细致施策，以柔和的方式化解两派的对立，于 843 年 3 月颁布敕令，恢复圣像崇拜教义，从而结束了自前朝皇帝利奥三世颁布毁坏圣像法令一百多年的社会宗教运动。另外，该王朝继续推进拜占庭帝国宗教文化扩张策略，于 863 年派遣君士坦丁（后改名为西里尔）和美多迪乌斯（Methodius）前去摩拉维亚（Moravia）公国和保加利亚向斯拉夫人传教，并以希腊语字母和语法，为斯拉夫语言创造了最初的斯拉夫文字体系，从而将斯拉夫人纳入拜占庭帝国文化的影响范畴之中，也为嗣后形成的拜占庭"联邦帝国"打下了良好的基础。

米哈伊尔二世（Michael Ⅱ）

820—829 年在位

米哈伊尔二世（Michael Ⅱ，Μιχαήλ Β′，生于 770 年前后，卒于 829 年 10 月 2 日，享年 59 岁）是阿莫里王朝第一位皇帝，也是王朝的创立者，820 年 12 月 25 日至 829 年 10 月 2 日在位将近九年。

米哈伊尔二世，因生于阿莫里地区而被称为阿莫里人米哈伊尔，又因为说话口吃，所以也被称为"结巴"米哈伊尔。米哈伊尔二世是阿莫里王朝真正的奠基者。他比利奥五世年长些许，可能生于 770 年。父亲是东部军区的农兵，为帝国服兵役，获得相应的军役土地。米哈伊尔二世相貌普通，青年时期生活困顿，以饲养马匹和其他牲畜为生。[1] 据史料记载，米哈伊尔二世对马匹等牲畜独具慧眼，能够识别哪些牲畜善于负重，哪些奔跑迅速。他对这一技能颇为自豪。[2] 因为家境贫穷，没有受到过良好的教育，且常与牲畜为伍，故而米哈伊尔二世行为举止比较粗俗。根据史料记载，米哈伊尔二世说话随意，经常口无遮拦，且言语粗鄙恶毒。米哈伊尔命运的改变和利奥五世一样，都是因为得到巴登斯的赏识，成为后者的女婿，也因此和利奥五世成为连襟。在利奥五世登基成为皇帝并抛弃了结发妻子之后，米哈伊尔对此不满，认为利奥五世行为不端。说话恶毒的他在诸多场合公开批评连襟利奥五世，使用的都是污言秽语，传到皇帝那里后引得皇帝龙颜大怒，但利奥五世对他无可奈何，只是派人好言相劝。可是米哈伊尔照旧我行我素，即便利奥五世软硬兼施，也无法阻止他的攻击性言行。[3]

但行为粗鄙并非米哈伊尔二世最令人诟病之处，反而是他的成长经历所带来的宗教倾向成为后世史学家不断批判的焦点。米哈伊尔二世出生和成长的地方是大量犹太人和阿斯加诺信徒聚居的地区。受生活环境的影响，米哈伊尔二世本

---

[1]　W. Treadgold, *The Byzantine Revival 780−842*, pp. 225−226.

[2]　John Skylitzes, *A Synopsis of Byzantine History, 811−1057*, p. 29.

[3]　Genesios, *On the Reigns of the Emperors*, p. 19.

人和家人都是阿斯加诺信徒。① 这一教派接纳基督教的洗礼,遵循除割礼外的摩西法典,每位阿斯加诺教徒都有一位犹太人精神导师和管家,打理精神和日常生活。② 米哈伊尔二世也不例外,他在一位犹太女导师的指引下,"没有保留任何纯洁之物……贬低基督教义"③。后来,他甚至颁布法令,免除了犹太人每年一个诺米斯玛的人头税,这似乎更印证了他阿斯加诺教徒的身份。④ 但史料中对米哈伊尔阿斯加诺教徒身份的着墨,很可能在某种程度上是为了说明他是一个异端,因为他继续坚持毁坏圣像的宗教政策,对犹太教徒的爱远远超过对基督徒的仁慈。后世史学家不断强化米哈伊尔深受犹太教影响的形象。12 世纪史学家仲纳拉斯直接称米哈伊尔二世"属于犹太人"。12 世纪末,另一位史学家叙利亚的米哈伊尔则编造了一则传言,声称米哈伊尔二世的祖父是犹太人。⑤

米哈伊尔二世是否真的笃信阿斯加诺信仰、是否真的偏爱犹太教徒,我们无从确认。拜占庭史学家如此强调,主要是为了谴责米哈伊尔二世继续执行毁坏圣像政策。米哈伊尔二世是否为阿斯加诺信徒值得怀疑,那么,他对圣像的否定态度也值得再商榷。事实上,在统治初期,米哈伊尔二世对于是否继续毁坏圣像运动也是犹豫不决。他在登上皇位之后,感到政权不稳,因此希望能够拉拢更多的支持者,于是赦免了一些囚犯和流放者。许多崇拜圣像者也获准从流放地返回首都,包括斯图迪特派的塞奥多利、塞萨洛尼基的约瑟夫等。不过令他们失望的是,米哈伊尔二世并没有针对圣像崇拜活动采取任何官方的举措。特别是在 821 年 1 月,支持毁坏圣像的牧首塞奥多图斯死去后,米哈伊尔二世并没有安排尼基弗鲁斯官复原职,而是暂时空置牧首职位,不任命任何人担任这个重要职位。⑥

由此可见,米哈伊尔二世最终选择的是折中方案。他希望从流放地被召回的崇拜圣像者与教会官员们进行辩论,因为后者支持毁坏圣像。但出乎意料的是,

① John Skylitzes, *A Synopsis of Byzantine History*, *811 -1057*, p. 28.

② Alexander P. Kazhdan ed. , *The Oxford Dictionary of Byzantium* , p. 223; J. Starr, "An Eastern Christian Sect: The Athinganoi", pp. 93 - 106.

③ John Skylitzes, *A Synopsis of Byzantine History*, *811 -1057*, p. 28.

④ J. Starr, "An Eastern Christian Sect: The Athinganoi", p. 96; W. Treadgold, *The Byzantine Revival 780 - 842*, p. 247.

⑤ J. Starr, "An Eastern Christian Sect: The Athinganoi", p. 96.

⑥ W. Treadgold, *The Byzantine Revival 780 -842*, pp. 226 - 227.

崇拜圣像者思想极端,坚决反对毁坏圣像,不与教会官员对话。教宗也公开反对毁坏圣像运动,使崇拜圣像者得到鼓舞。被罢免的牧首尼基弗鲁斯也给皇帝施加压力,他写信要求恢复圣像崇拜。一味妥协的米哈伊尔二世表明,愿意以恢复尼基弗鲁斯牧首职位为条件,换取他暂时搁置围绕圣像崇拜的争议,希望他采取不支持也不反对的态度。但再次遭到尼基弗鲁斯的拒绝。[①] 尼基弗鲁斯安排斯图迪特派的塞奥多利等人作为自己的代表,前去与皇帝面谈。米哈伊尔二世为了达到折中的目的,强行安排两派探讨圣像事宜,并安排了倾向于圣像的人做裁决者。塞奥多利等人对皇帝的偏爱并不领情,他们驳斥了毁坏圣像的观点,冒犯了皇帝。米哈伊尔二世宣称自己并不崇拜圣像,决定让教会搁置争议,保持他即位时的和解状态。因此,崇拜圣像的观点和行为仍然得到容忍,但其活动必须在君士坦丁堡之外进行。

皇帝米哈伊尔二世试图调解崇拜圣像派和毁坏圣像派争议,但以失败告终,最终选择了继续执行毁坏圣像的政策。为此他开始重新考虑牧首的人选。虽然语法学家约翰是最合适的人选,但他遭到崇拜圣像者的极度仇恨,米哈伊尔二世为了尽量减少反对的声音,于是任命了第二人选安东尼一世(Anthony Ⅰ,821—834年在任)。至于约翰,米哈伊尔二世安排他成为太子太傅,专心教导他的儿子塞奥菲鲁斯。[②]

米哈伊尔终其一生,都未敢公开成为真正的毁坏圣像者。在其统治期间,他一直试图缓和与崇拜圣像者之间的关系。824年初,米哈伊尔二世派遣崇拜圣像派领袖撒塞拉里乌斯的利奥前去拜访斯图迪特派领袖塞奥多利,希望后者能够妥协。但塞奥多利强硬拒绝,他指出,信仰事宜应该由东、西方的宗教领袖们决议,特别是教宗,而不是皇帝。于是,皇帝似乎找到了一个可以实现妥协的机会,他着手派遣使团前去罗马教区,试图得到教宗的支持。

为了达到目的,使团并没有直接前去拜会教宗,而是先出访法兰克皇帝"虔诚者"路易,因为路易不像教宗那样坚定地捍卫圣像崇拜的信仰。米哈伊尔让使团带去一封热情洋溢的信件,请求路易能够支持米哈伊尔使团前往罗马所追求的意

---

① John Skylitzes, *A Synopsis of Byzantine History, 811 -1057*, pp. 30 - 31.

② W. Treadgold, *The Byzantine Revival 780 -842*, pp. 230 - 233.

愿。为了表明诚意,使团还带去了奢华的礼物——押解路易通缉追捕的格拉多(Grado)大主教福图纳图斯(Fortunatus)。此人从法兰克逃亡至君士坦丁堡,米哈伊尔这样做也算是送给路易一个特殊的礼物。使团在824年4月前往法兰克,准备随后去罗马。11月,"虔诚者"路易热诚接待了他们,在将他们送往罗马时也带着真诚的祝福,这表明他同意米哈伊尔关于圣像的态度。但此举对使团的罗马之行并没有任何帮助,最终他们在825年春季返回君士坦丁堡。由此可见,米哈伊尔二世在圣像争端中一直采取温和的安抚政策,甚至在后期开始针对宗教事务颁布敕令时,也只是禁止在圣徒画像上写上"圣徒"字样,而不是禁止绘制画像。[1]

米哈伊尔二世对待圣像一直采取温和的方式,其中一个原因在于,在其统治期间,帝国一直处于动荡之中,他不希望宗教纷争进一步加剧帝国的思想混乱。当时,最大的动荡因素首先来自斯拉夫人托马斯对皇位的争夺。托马斯出生于亚美尼亚军区的斯拉夫家庭,在利奥五世登基成为皇帝后,被任命成为亚美尼亚军区内最重要的图尔玛克指挥官。在米哈伊尔二世成为皇帝时,托马斯虽然已经近60岁,且有一条跛腿,但依然精力充沛。根据史料记载,他由于作战勇敢、性格开朗、待人亲切而受到所有人爱戴。其天赋的所有贵族品质似乎可以与利奥五世媲美。[2] 在多数史料中,托马斯往往被视为反叛者。然而在当时的内乱中,他们的博弈更像是一场内战,一场在利奥五世死去之后围绕争夺皇权进行的内战。米哈伊尔二世通过阴谋,杀死了利奥五世,登上了皇位,而后不仅对君士坦丁堡严加控制,更安排首都牧首为自己加冕,这是他宣称自己皇位正统性的主要依据。但米哈伊尔二世谋杀利奥五世,也成为其继承皇位的污点。相对而言,托马斯坚决拥护利奥五世,其复仇的旗帜更容易获得利奥五世拥护者的同情。而且托马斯通过赋税减免等方式,得到了广大民众的支持。[3]

在这次内战中,米哈伊尔二世最初的拥护者包括首都君士坦丁堡的军队、奥普斯金军区、亚美尼亚军区、查尔迪亚军区、马其顿军区等。托马斯的军队在内战

[1] John Skylitzes, *A Synopsis of Byzantine History, 811–1057*, p. 60; W. Treadgold, *The Byzantine Revival 780–842*, p. 247.

[2] Genesios, *On the Reigns of the Emperors*, p. 28.

[3] Genesios, *On the Reigns of the Emperors*, pp. 28–29, 描述了托马斯发起内战时,帝国诸多群体、区域对他的拥护。另见 John Skylitzes, *A Synopsis of Byzantine History, 811–1057*, p. 34。

伊始,穿过亚美尼亚,抵达查尔迪亚军区,由此获得查尔迪亚军区全境和亚美尼亚军区的部分领地。这年 11 月,托马斯派遣分队在马其顿军区沿岸登陆,进入色雷斯军区。色雷斯军区是在利奥五世统治时期重新恢复建制并日益繁荣,因此他们一直拥护利奥五世,反对谋杀者米哈伊尔二世。托马斯发现色雷斯军区"所有民众都在为他欢呼"①,因此很快就成为马其顿、色雷斯、塞萨洛基军区的新主人。米哈伊尔二世在欧洲的势力几乎全部倒戈,其掌控的军力仅剩下首都卫戍部队、奥普斯金军区和亚美尼亚军区。另一方面,在海军势力的比拼中,托马斯也占据优势。米哈伊尔二世控制的皇家舰队有大约 100 艘战船,而托马斯控制了西比莱奥特军区的全部船只,大约是 70 艘。同时,托马斯下令继续造船。在内战爆发后不久,托马斯伪造书信,声称自己在海、陆两线作战中都取得了重大胜利,诱导驻守在希腊军区和所有海岛上的海军支持叛军,召集他们共同反对篡位皇帝。他们甚至用谷物运输船运送士兵,迫不及待地起航向首都进发,此时托马斯的船只总数大约有 350 艘,远远超过了对手。②

除此之外,托马斯还获得了其他方面的援助。在内战爆发后不久,阿拉伯人趁机大规模远征,他们"抓住机会肆无忌惮地洗劫所有岛屿和陆地,而且似乎将完全占领它们"。托马斯为了保卫自己和手下士兵的家园,在 821 年春与阿拉伯人进行战斗,取得了重大胜利,然后趁机向阿拉伯人提出结盟协议。他同意支付给哈里发一些贡赋,作为回报,哈里发认可托马斯为拜占庭帝国的皇帝,并同意提供援助。一方面,托马斯在哈里发的支持下,抵达阿拉伯势力范围的叙利亚安条克,接受正统派牧首乔布(Job)为其加冕,获得了一定程度上的正统性。另一方面,为了增加托马斯的军力,哈里发同意他在阿拔斯王朝境内征募基督徒士兵。显然,托马斯在战争兵源方面的优势更加明显。③

米哈伊尔二世坐拥君士坦丁堡的城防,坚守不出,他确信首都城防工事无比坚固。在多次攻击陆地城墙没有任何进展时,托马斯无计可施,只能诉诸海上进

---

① Genesios, *On the Reigns of the Emperors*, p. 33.

② Genesios, *On the Reigns of the Emperors*, pp. 35 - 36.

③ Genesios, *On the Reigns of the Emperors*, pp. 29 - 30; John Skylitzes, *A Synopsis of Byzantine History*, *811 -1057*, pp. 34 - 35.; W. Treadgold, *The Byzantine Revival 780 -842*, pp. 232 - 233.

攻,但再次遭遇失败,因为他的战舰被守城部队施放的希腊火摧毁。于是托马斯集中大军,利用飞箭、投石器等,重点攻击君士坦丁堡城墙相对薄弱的布拉海尔奈区域,但城中守军借助居高临下的位置,用飞箭和对攻器械击败了攻击者,迫使托马斯的士兵仓皇逃回营帐。与此同时,米哈伊尔二世在布拉海尔奈的圣玛利亚教堂上方树立起一面战旗,并指派自己的儿子塞奥菲鲁斯带领城中的修士,高举圣十字架和圣母的斗篷,在圣迹和其他民众的陪同下,绕着城墙而行,吟唱着连祷词,希望通过这种方式祈求神圣的援助,鼓舞士气。① 双方僵持不下。

812 年春季,托马斯建造了更多攻城器械,希望用它们从船上抛掷大石头,摧毁城墙薄弱部位。米哈伊尔二世站在城墙上向围城的士兵发话,声称只要他们弃暗投明,那么他们的所作所为都可以被赦免,但是他的游说并没有成功。于是米哈伊尔二世出其不意,突然从城中出击,取得了一些胜利,尤其是在海上击退敌人。托马斯的海军为了发射石弩,减低水面颠簸的影响,将战船连接在一起形成一个稳定的平台,但忽视了防卫的问题。其攻城将士突然看到敌人袭来,一时仓皇失措,有的直接投降,有的未加抵抗、弃船而逃,纷纷涌上陆地。托马斯的海军遭受重创,以至于他们虽然继续封锁首都,但已经丧失了战场优势。②

在双方僵持不下之际,米哈伊尔二世向保加利亚人求助。他想起了与保加利亚人在 816 年签订的合约,于是遣使出访保加利亚可汗奥穆尔塔格,希望他能进攻托马斯。作为回报,米哈伊尔二世愿意提前更新四年后到期的合约,同时可能允许保加利亚人洗劫色雷斯和马其顿。奥穆尔塔格当然同意接受这样的便宜,于是在 822 年 11 月开始入侵拜占庭境内,打击托马斯的军队。托马斯被迫放弃对君士坦丁堡的围攻,集结全军去对抗保加利亚人,结果两败俱伤。于是在君士坦丁堡的米哈伊尔二世大肆宣扬托马斯的战败,从而令托马斯的舰队丧失斗志而投降。托马斯只能放弃围攻,前往阿卡迪奥波利斯(Arkadiopolis)过冬。自此,托马斯已经承认自己无法在内战中获胜,虽然他仍拥有军队数量上的优势,但内战胜

---

① Genesios, *On the Reigns of the Emperors*, pp. 34 – 35;John Skylitzes, *A Synopsis of Byzantine History*, 811 – 1057, pp. 36 – 38.

② Genesios, *On the Reigns of the Emperors*, p. 35; John Skylitzes, *A Synopsis of Byzantine History*, 811 – 1057, pp. 38 – 39.

利的天平已经开始倒向米哈伊尔二世。

823 年 5 月,双方各自集结兵力,在君士坦丁堡以西大约 30 英里的平原上进行决战。托马斯制定战略计划,令其军队佯装战败逃跑,然后在敌人追击时,再突然杀个回马枪。这种诱敌深入埋伏突袭的战术如果在以前尚可得胜,此时则容易导致失败。托马斯军队士气低落,佯装逃跑演变成了真的逃跑,结果全线溃败,许多人归降米哈伊尔二世。剩下的人一部分躲避在色雷斯的要塞之中,大部队则随从托马斯返回阿卡迪乌堡。米哈伊尔二世乘胜率军进行全面反击。阿卡迪乌堡遭受围攻五个月之后,因城中物资严重匮乏,只得投降,守军降将还交出了托马斯。米哈伊尔二世当然不能放过托马斯,残忍地处决了后者,既斩草除根,又杀一儆百。①

此后,米哈伊尔二世开始清洗托马斯的势力,最终在 824 年 3 月班师回朝。他对托马斯的军队并没有大肆惩罚。除了来自哈里发帝国和斯拉夫人的援兵以及一些罪大恶极之人被处决,其他参与的拜占庭军队将士只是遭受了一些羞辱性惩罚。米哈伊尔二世下令将他们的双手绑在背后,在大竞技场游街。至此,长达三年多的内战最终结束。但拜占庭的兵力遭到巨大削弱,特别是海军的损失产生了真正深远的影响。

拜占庭海军遭受重创,导致帝国在海上丧失了基本的防御能力,也导致帝国的诸多岛屿无法获得帝国军队的援助。这集中体现在西西里和克里特的失守。826 年春季,西西里军区的图尔玛克尤非米乌斯(Euphemius)统帅军区舰队,对非洲海岸发动了一次长途侵袭,俘虏了一些阿拉伯商人,抢夺了大量战利品。但在返回军区首府叙拉古之前,尤非米乌斯获悉他可能会被逮捕,因为他被指控从修道院诱拐修女成为自己的妻子。如果罪名成立,他将面临割鼻之刑。为了逃避审讯,尤非米乌斯怂恿舰队占领了叙拉古,击败了军区将军,并将其杀害。至此,尤非米乌斯毫无退路,于是在 826 年年底宣布称帝。此后不久,尤非米乌斯被巴勒莫(Palermo)的军队击败,被迫逃往非洲,向当地的阿拉伯埃米尔求助。

① Genesios, *On the Reigns of the Emperors*, pp. 36 - 39;John Skylitzes, *A Synopsis of Byzantine History, 811 - 1057*, pp. 42 - 43; J. B. Bury, *A History of the Eastern Roman Empire from the Fall of Irene to the Accession of Basil Ⅰ (A. D. 802 - 867)*, pp. 84 - 108.

埃米尔同意结盟,派去了70艘战船、700名骑兵和1 000名步兵,这足以对付西西里岛上大约1 000人的常规部队。作为回报,尤非米乌斯承认埃米尔是自己的宗主,承诺将西西里税赋的大部分缴纳给埃米尔。827年6月14日,联合军队在西西里西部海岸登陆,轻易击溃了岛上迎击的拜占庭守军,并重创拜占庭海军。他们很快占领了岛上大部分城镇和要塞。叙拉古在名义上投降,向阿拉伯人呈送人质和贡赋,但暗中加强城墙防御。827年年末,阿拉伯将领阿萨德(Asad)带着舰队,再度通过海陆进行围攻,但并未取得理想效果。

828年春,巴勒莫的军队试图营救叙拉古,但遭到阿拉伯人伏击,损失惨重。与此同时,围攻叙拉古的阿拉伯人也出现物资困难,他们缺少粮食,被迫以战马充饥。不久,疾病开始在阿拉伯营帐内爆发。夏初时分,阿萨德死去,可能源于疾病或者源于伤口感染。阿拉伯人自行选举了一位新的领袖穆罕默德,重整旗鼓。但在叙拉古即将沦陷时,米哈伊尔二世派遣的大规模舰队从海上杀出。面对饥荒和疾病,以及拜占庭大量舰队的支援,阿拉伯人仓皇撤去对叙拉古的包围,转向西西里岛的内陆地区逃窜。拜占庭人逐渐收复在西西里岛上的控制权。

829年年初,米哈伊尔二世派遣塞奥多图斯前去加强西西里的防御。在登陆之后,塞奥多图斯虽然遭遇了一些挫折,但很快击溃阿拉伯人的主力,杀死了许多阿拉伯人,并进而围攻阿拉伯人的防御营寨。由于要塞中物资不足,阿拉伯人试图发动夜袭,但拜占庭人将计就计打了个漂亮的伏击战,再次大败阿拉伯人。829年秋季,拜占庭人已经在西西里占据优势,很快就可以将岛上的阿拉伯入侵者全部清除。[①]

相对而言,拜占庭帝国在克里特岛上的境况比较糟糕。一群来自西班牙的阿拉伯人在827年6月,前去侦查克里特,却发现岛上几乎没有海防,于是大肆掠夺,带回许多俘虏和战利品。828年春季,他们建造和准备了40艘船,1.2万名男女老少在阿布·哈夫斯(Abu Hafs)的带领下,再度登上克里特岛,但此次他们选择在此定居。于是他们在岛上修建新的城市,也是防御性的港口,取名哈达格(Al-Khandaq)。阿拉伯人以此为根据地,占领了克里特岛上许多城镇。米哈伊尔

---

① W. Treadgold, *The Byzantine Revival 780 –842*, pp. 248 – 256.

二世很快获悉克里特的情况,于是派遣安纳托利亚军区将军弗提努斯(Photinus)带领能够集结的舰队前去支援克里特。但双方实力差距较大,拜占庭海军溃败,弗提努斯只身坐着小船逃到蒂亚岛(Dia Island)。①

米哈伊尔二世将夺回克里特的重任交给了西比莱奥特军区将军克拉特鲁斯(Craterus)。克拉特鲁斯指挥全部的 70 艘船和 2 000 名海军,于 828 年秋季在克里特岛上登陆。双方进行正面交战,战争从破晓持续到黄昏。拜占庭人取得了压倒性的胜利,但他们并没有乘胜追击,反而在夜间进行庆祝,结果饮酒过多,沉沉睡去。阿拉伯人在夜里发动突袭,大败拜占庭人,只有克拉特鲁斯本人得以乘坐小船,逃到科斯岛。但阿布哈夫斯派遣两艘阿拉伯船只,前去将其抓获,并将其钉死在十字架上。米哈伊尔二世收复克里特岛的行动以完败告终。②

米哈伊尔二世意识到,想要清理克里特岛上的阿拉伯人,必须从长计议,重新进行帝国的海军建设。为此,他任命一位叫欧里法斯(Ooryphas)的人负责招募新的海军,并为每位海军准备了总计 40 个诺米斯玛的招募金,这超过了正常六年的军饷。在金钱的激励下,欧里法斯得以建立起相当规模的军队。这支特殊的海军部队由于军饷数额特别高而被称为"四十诺"部队。在 829 年春,欧里法斯带着他的士兵登陆基克拉泽斯群岛(Cyclades),并迅速清理岛上的阿拉伯人。此后他们开始在爱琴海海岛上加强驻守。③

正是由于内战和西西里岛、克里特岛的困扰,米哈伊尔二世统治期间四面出击,努力取胜,希望帝国维持和平。为此,他在 826 年与保加利亚人延续和约,对哈里发在 825 年的海陆两线入侵暂时隐忍。而阿拉伯帝国内讧、哈里发被迫转向其内部秩序的建设,也给了米哈伊尔二世喘息的时间。

对于米哈伊尔二世而言,他最主要的任务并非开疆扩土,而是维系帝国的安

---

① *Chronographiae Quae Theophanis Continuati Nomine Fertur Libri I-IV*, Michael Featherstone and Juan Signes Codoñer, ed. and trans. pp. 113 - 115; E. W. Brooks, "The Arab Occupation of Crete", *The English Historical Review*, Vol. 28, No. 111 (1913), pp. 431 - 434; John Skylitzes, *A Synopsis of Byzantine History*, *811 - 1057*, pp. 44 - 47.

② Genesios, *On the Reigns of the Emperors*, pp. 39 - 42; W. Treadgold, *The Byzantine Revival 780 - 842*, pp. 251 - 256; John Skylitzes, *A Synopsis of Byzantine History*, *811 - 1057*, pp. 47 - 48.

③ Genesios, *On the Reigns of the Emperors*, p. 42; J. Haldon, *Warfare, State and Society in the Byzantine World*, *565 - 1204*, New York: Routledge, 1999, p. 125.

宁,保持内外和平,使得帝国在一个稳定的王朝统治下,繁荣昌盛。为此,米哈伊尔二世试图建立新的家族继承。824年,米哈伊尔二世的第一任妻子塞克拉因病死去,他将其埋葬在圣使徒教堂,宣称自己悲痛不已,无心再娶。但实际上,米哈伊尔二世是想利用婚姻扩大势力,增加政治资本。他安排一些官员,让他们声称帝国如果没有皇后就不符合正常的统治秩序,然后让这些宫廷大臣催促自己再婚。米哈伊尔二世假意同意,但同意的前提是,他们要签署誓言,对自己的新婚妻子及其可能生下的孩子忠诚并顺从,哪怕是在自己死后也要信守诺言。米哈伊尔二世的要求得到官员们的同意,他因此得以建立王朝。与此同时,为了让自己的王朝统治更具合法性,他决定选择君士坦丁六世的女儿埃芙菲罗丝奈为新婚妻子,将其从修道院中召回,并举行盛大婚礼。[1]

事实上,伊苏里亚王朝统治时间很长,也赢取了诸多胜利,足以获得王朝统治的合法性。这一婚姻选择也符合他在圣像政策中采取的折中态度,因为一方面埃芙菲罗丝奈来自开启了毁坏圣像运动的伊苏里亚王朝,另一方面埃芙菲罗丝奈本人是崇拜圣像的虔诚信徒。总之,米哈伊尔二世通过第二次婚姻,既避免了激化宗教矛盾,还得以获得一定的合法性和声望,最终建立起了新的王朝。这有利于拜占庭帝国的政治稳定发展。

829年,患有严重肾病的米哈伊尔二世于10月2日自然死亡,死后被埋在圣使徒教堂查士丁尼陵墓区中。[2] 米哈伊尔二世因为延续毁坏圣像政策而遭到拜占庭史家的谴责,被称为"恶魔""恶龙"。[3] 约翰·斯基利齐斯更是直言:"他对上帝不敬,因此为罗马帝国带来了万般邪恶。"[4]客观而言,他在圣像问题上的政策是温和的,其根本目的是减少帝国内的教派冲突。这在一定程度上源于其统治期间帝国遭遇的诸多灾难。对帝国而言,最大的灾难显然是他和斯拉夫人托马斯之间长达三年的内战,因为帝国的资源遭到了极大消耗。相对于利奥五世时期,

① *Chronographiae Quae Theophanis Continuati Nomine Fertur Libri I-IV*, pp. 115 – 117; John Skylitzes, *A Synopsis of Byzantine History, 811 – 1057*, p. 47.

② *Chronographiae Quae Theophanis Continuati Nomine Fertur Libri I-IV*, p. 123; John Skylitzes, *A Synopsis of Byzantine History, 811 – 1057*, p. 50; Ph. Grierson, C. Mango and I. Ševčenko, "The Tombs and Obits of the Byzantine Emperors (337 – 1042); With an Additional Note", p. 19.

③ *Chronographiae Quae Theophanis Continuati Nomine Fertur Libri I-IV*, p. 123.

④ John Skylitzes, *A Synopsis of Byzantine History, 811 – 1057*, p. 50.

米哈伊尔二世的统治使得帝国的实力衰退明显,但他尽力去维系帝国的安宁,在此过程中既取得过很大的成功,也有失败。最为重要的是,米哈伊尔二世成功建立的新王朝得以延续数代,保证了帝国政局的稳定,也是此时帝国迫切需要的,有助于帝国的复兴。[①] 纵观拜占庭帝国史,有王朝和无王朝时期的政治秩序差别很大,前者极大降低了帝国最高权力交接的社会成本,而后者造成的动乱特别是引发的内战使社会各阶层都深受其害。无论是前者还是后者都难以保证合适人选主宰帝国,因此米哈伊尔二世建立的新王朝具有积极的意义。

第二节

塞奥菲鲁斯（Theophilus）

829—842 年在位

塞奥菲鲁斯(Theophilus,Θεόφιλος,生于 812 年或 813 年,卒于 842 年 1 月 20 日,享年 30 岁左右)是阿莫里王朝的第二位皇帝,829 年 10 月继承皇权,至 842 年 1 月 20 日病故,在位 12 年有余。

塞奥菲鲁斯父亲是米哈伊尔二世,母亲是塞克拉,其早年生活与成长情况不详。他的妻子是塞奥多拉,育有两个儿子,分别是君士坦丁和米哈伊尔,其中君士坦丁在两岁时夭折,米哈伊尔最终继承皇位,即米哈伊尔三世。二人还育有五个女儿,分别是塞克拉、安娜、阿纳斯塔西娅、帕尔切里亚和玛丽亚。835 年,长子君士坦丁在两岁时失足落入花园中的水塘,溺水身亡。此后,皇帝皇后长久没有再生育男性继承人。塞奥菲鲁斯为了王朝统治能够延续,未雨绸缪,提前于 836 年将不到一岁的小女儿玛丽亚许配给年轻的贵族阿莱克修斯·穆瑟勒,不久后又赐给后者凯撒头衔。这意味着,如果在塞奥菲鲁斯死时仍然没有男性继承人的话,那么阿莱克修斯就是下一任皇帝。因此,在塞奥菲鲁斯统治时期,阿莱克修斯扮

---

① W. Treadgold, *The Byzantine Revival 780–842*, p. 258.

演了重要角色,成为皇帝重要的辅佐大臣。840 年 1 月,小儿子米哈伊尔出生,且公主玛丽亚不久后死去,于是阿莱克修斯为避嫌疑,坚持进入修道院度过余生。塞奥菲鲁斯恩准其待在皇家宫殿的修道院中。①

塞奥菲鲁斯出生于阿莫里,彼时其父亲米哈伊尔很可能担任安纳托利亚军区将军。822 年,塞奥菲鲁斯被父亲米哈伊尔二世加冕成为共治皇帝。829 年,米哈伊尔二世死于肾病,塞奥菲鲁斯继承皇位。此时塞奥菲鲁斯年仅 16 岁,由母后埃芙菲罗丝奈摄政。但后者早早地还政于塞奥菲鲁斯,因此在塞奥菲鲁斯统治期间,他积极进取的性格为帝国带来了活力,加快了帝国复兴的进程。但塞奥菲鲁斯身体不好,早早地谢顶②,最终也是因为疾病英年早逝。

学者推测塞奥菲鲁斯受过良好的教育。他出生时,其父是帝国内权势最大的官员之一,因此他得到了接受贵族教育的机会。米哈伊尔二世成为皇帝之后,更是安排帝国内最有学识、最聪明的知识分子之一"语法学家"约翰成为塞奥菲鲁斯的太子太傅。这种教育背景一方面使得塞奥菲鲁斯深受约翰的影响,坚持毁坏圣像的政策,另一方面使得皇帝对学识和文化发展比较重视,强调教育的重要性。

塞奥菲鲁斯上台时,皇太后埃芙菲罗丝奈摄政。二人关系和睦,而且埃芙菲罗丝奈对权力并无兴趣,因此与塞奥菲鲁斯达成协议,只要皇帝从她推荐的人选中挑选一位妻子,她就会退位。塞奥菲鲁斯相信皇太后的眼光和社会阅历,于是令其寻找合适的皇后人选,安排新娘秀。皇太后派人前往每个军区挑选美丽大方、出身明门的秀女,于 830 年 5 月在君士坦丁堡集结。皇太后把所有秀女带到皇帝面前,并根据皇帝的要求,将一颗金苹果交给皇帝。而皇帝塞奥菲鲁斯拿着金苹果,将其送给心仪之人,拿到金苹果的秀女就是新任皇后。最终塞奥菲鲁斯将金苹果送给了塞奥多拉。③ 金苹果的故事使这次新娘秀呈现出一些传奇性的色彩,帝国内外的人们对此津津乐道。但更值得注意的是皇太后的秀女安排。塞

---

① John Skylitzes, *A Synopsis of Byzantine History, 811 –1057*, p. 66.

② 根据史料记载,塞奥菲鲁斯前额有些秃顶,因此颁布法令,禁止男性的头发长度超过脖子,违者将遭到鞭打;见*Chronographiae Quae Theophanis Continuati Nomine Fertur Libri I-IV*, p. 155; John Skylitzes, *A Synopsis of Byzantine History, 811 –1057*, p. 65。

③ 关于新娘秀的故事,有两个版本;见 J. Herrin, *Women in Purple, Rulers of Medieval Byzantium*, London: Weidenfeld and Nicolson, 2001, pp. 190 –191。

奥多拉能够成为新娘,有两点特征为皇太后欣赏。其一,塞奥多拉家族人员健康,人丁兴旺,这说明家族中的女性生育能力非常好,很适合为皇室传宗接代。事实证明确实如此,塞奥多拉在十年时间内生育七次。[1] 其二,塞奥多拉是坚定的崇拜圣像者,这就为皇室改变圣像政策提供了可能性。皇太后选择放弃摄政,但坚持要求皇帝从太后提供的新娘候选人中选择皇后,其目的正是扶持一位崇拜圣像者上位。事实上,皇太后安排的姑娘全都是崇拜圣像者。史料中提到另一位女孩子名叫卡西娅(Cassia),也是坚定的崇拜圣像者,与斯图迪特派的塞奥多利有书信往来,落选后在君士坦丁堡建立了一座修道院,成为修女,创作赞美诗等。[2] 塞奥多拉成为皇后,最终在下任皇帝米哈伊尔三世统治时期,以摄政身份结束了毁坏圣像运动,恢复了崇拜圣像教义。这是塞奥菲鲁斯皇后选秀时埋下的伏笔。

塞奥菲鲁斯在独自掌权之后,首先试图洗刷阿莫里王朝的谋杀篡权之罪。根据史料记载,他下令召集每一位拥有帝国官职和头衔的人,将他们聚集在玛格纳乌拉宫开会。塞奥菲鲁斯假装感谢他们为阿莫里王朝的缔造作出重大贡献,让那些参与谋杀利奥五世的人出列,"这样就能知道哪些是朋友,以便赏赐他们应得的奖励"。但当他们出列后,塞奥菲鲁斯立刻下令将其逮捕,声称"不仅因为他们手上沾满鲜血,而且因为他们杀死了上帝施以涂油礼之人"。在此后大竞技场举行的赛车比赛后,皇帝下令在所有观众面前,将参与谋杀者斩首示众。[3] 塞奥菲鲁斯将谋杀利奥五世的人处死出于三个目的。首先,皇帝以此表明,所有谋杀者都应该受到惩罚,阿莫里王朝公正对待罪犯,以此使新王朝与谋杀者切割清楚。其次,皇帝借机警告帝国内那些蠢蠢欲动觊觎皇位之人,从而遏制针对自己的潜在阴谋,也就是说,既然皇帝已经为利奥五世主持了正义,那么打着复仇旗号的任何反叛便失去了合理性。此外,皇帝此举也是出于个人内心对利奥五世的敬重。利奥五世既是毁坏圣像运动第二阶段的发起者,也是塞奥菲鲁斯授业恩师"语法学家"约翰的恩主。[4]

---

① J. Herrin, *Women in Purple, Rulers of Medieval Byzantium*, p. 189.

② W. Treadgold, *The Byzantine Revival 780 –842*, pp. 269 – 270.

③ John Skylitzes, *A Synopsis of Byzantine History, 811 –1057*, pp. 51 – 52.

④ W. Treadgold, *The Byzantine Revival 780 –842*, pp. 271 – 272.

塞奥菲鲁斯在许多领域效仿利奥五世。例如其长子出生后,他效仿利奥五世为儿子起名的故事,将自己的另一个儿子命名为君士坦丁。而塞奥菲鲁斯最主要的一项活动便是延续毁坏圣像运动。塞奥菲鲁斯受"语法学家"约翰的影响,是坚定的毁坏圣像者。但在执政初期,塞奥菲鲁斯并没有采取强硬的打压措施。直到831年年底,崇拜圣像者预言皇帝塞奥菲鲁斯会在不久后死去,并广为传播。皇帝非常生气,认为这是针对自己的阴谋,于是对崇拜圣像者进行调查。美多迪乌斯是罗马教宗的代表,曾被米哈伊尔二世囚禁,但后来被释放。皇帝认为他是主谋,于是下令逮捕崇拜圣像者美多迪乌斯和他的好友、萨迪斯的前任主教优西米乌斯(Euthymius)。塞奥菲鲁斯下令对他们重重鞭打,年满40岁的美多迪乌斯还能承受,而77岁的优西米乌斯则因伤死去,成为崇拜圣像的殉教者。皇帝还下令逮捕塞萨洛尼基的约瑟夫,禁止崇拜圣像修士尼基塔斯·摩诺马赫在君士坦丁堡附近生活。[1] 但此时皇帝的政策仍然只是针对个别人,并没有牵涉整个崇拜圣像者群体。

塞奥菲鲁斯的毁坏圣像政策和利奥五世一样,也是出于对战场失利的反思。阿拉伯人在哈里发马蒙的带领下,多次入侵拜占庭领土,并在拜占庭境内多次建立军事据点,其迅猛势头看似不可阻挡。塞奥菲鲁斯希望能够效仿利奥五世,通过毁坏圣像政策获得上帝的恩泽。皇帝责令牧首安东尼召开新的宗教会议,再次确认815年利奥五世宗教会议对圣像崇拜的谴责。833年6月,塞奥菲鲁斯颁布官方敕令,严禁崇拜圣像,违者严厉处罚。他下令逮捕残存的崇拜圣像修士,没收任何包庇者的财产。由于帝国内崇拜圣像的主教们基本都已经或老或死,没有什么传人,因此塞奥菲鲁斯此次颁布的敕令主要针对崇拜圣像的修士们,包括米哈伊尔·辛塞鲁斯(Michael Syncellus)和他的兄弟塞奥多利、塞奥法尼斯等,都被皇帝囚禁。来自亚伯拉罕米特斯(Abrahamites)修道院的三位修士由于公开抗议敕令,被鞭打至死。崇拜圣像的修士只能逃至比提尼亚山区等地躲避逮捕。皇帝对毁坏圣像敕令坚决执行,对包庇者严厉打击。"语法学家"约翰的妹夫塞尔吉乌斯因为包庇崇拜圣像者遭受重责,不仅被没收财产,而且被公开羞辱,脖子上被牵

① J. Herrin, *Women in Purple, Rulers of Medieval Byzantium*, p. 194; W. Treadgold, *The Byzantine Revival 780 – 842*, pp. 276 – 277.

着绳子,拉到市场上游街。最后他和家人惨遭流放,并很快死去。① 此后不久,哈里发马蒙因病死去,入侵拜占庭的计划被迫中止。塞奥菲鲁斯认为这是上帝对他毁坏圣像举措加以肯定的旨意,因此自己要继续坚决打击崇拜圣像者。

838 年,君士坦丁堡牧首安东尼死去,"语法学家"约翰继任。塞奥菲鲁斯准备率领大军前去迎击阿拉伯入侵者。为了向上帝和民众表明自己的毁坏圣像政策是最纯粹的,塞奥菲鲁斯加大了对崇拜圣像者的迫害,希望以此感动上帝,前来援助帝国军队打败阿拉伯人,并让其他人明白是毁坏圣像运动带来了上帝的援助。5 月,约翰在布拉海尔奈的圣玛利亚教堂召开宗教会议,再次诅咒那些崇拜圣像的人。在这次宗教会议之后,塞奥菲鲁斯再次颁布敕令,下令所有的圣像要么被毁,要么用灰泥抹掉。皇帝将毁坏圣像运动和战争获胜相联系的意图显而易见。②

839 年秋天的一件事情使皇帝塞奥菲鲁斯颇为震怒,加大了对崇拜圣像者的迫害。一直以来,塞奥菲鲁斯对自己的儿女疼爱有加,在前三个女儿诞生后,皇帝为她们加冕,并将其添加在铸币图案上。正面是皇帝、皇后塞奥多拉和长女塞克拉,反面则是另两位女儿安娜和阿纳斯塔西娅。在长子君士坦丁诞生后,塞奥菲鲁斯同样为其加冕,并在铸币的反面使用君士坦丁的图案。③ 840 年圣诞节,塞奥菲鲁斯为小儿子米哈伊尔加冕,并将他的名字替代牧首约翰,铸造在圣索菲亚大教堂的铜门上。④ 皇帝对毁坏圣像政策的坚持,令他难以容忍自己的儿女沾染崇拜圣像的教义。但在 839 年的秋天,塞奥菲鲁斯意外发现,皇太后偷偷教导自己的女儿们去崇拜圣像,皇后塞奥多拉经常将女儿们送到埃芙菲罗丝奈的加斯特里亚修道院。在那里,埃芙菲罗丝奈享受天伦之乐,赠送给她的孙女们礼物,喂她们吃水果,教导她们生活经验,但也偷偷教她们崇拜圣像。塞奥菲鲁斯闲聊中问起女儿们在加斯特里亚修道院中的活动时,两岁的小女儿帕尔切里亚告诉他,埃芙菲罗丝奈在一个箱子里藏了许多玩具,她还去亲吻它们的脸。皇帝深知童言无

---

① John Skylitzes, *A Synopsis of Byzantine History, 811 –1057*, pp. 63 –65; J. Herrin, *Women in Purple, Rulers of Medieval Byzantium*, pp. 194 – 195.

② W. Treadgold, *The Byzantine Revival 780 –842*, pp. 297 – 298.

③ W. Treadgold, *The Byzantine Revival 780 –842*, p. 283.

④ J. Herrin, *Women in Purple, Rulers of Medieval Byzantium*, p. 198.

忌,立刻就相信并清楚了事情的原委,遂即严格禁止女儿们再去见她们的奶奶埃芙菲罗丝奈。①

　　不久之后,塞奥菲鲁斯又发现皇后私下进行圣像崇拜的行为。在皇宫中,有一位宦官,总是胡言乱语,逗人发笑,但正因为他疯疯癫癫,所以没人限制他出入自由。有一天他突然闯入塞奥多拉的闺房,发现皇后在亲吻圣像。不久后,他又跑去见了皇帝。在闲聊中,他告诉皇帝,自己看到皇后"从枕头下拿出美丽的玩偶"。皇帝意识到事情的真相后,前去斥责皇后的行为,咆哮着称她为"偶像崇拜者"。虽然皇后做了解释,但塞奥菲鲁斯仍然心有芥蒂。② 他可能对于自己挚爱的亲人反对其毁坏圣像政策非常伤心,因此误以为自己政策执行得还不坚定。为此,他迁怒于其他崇拜圣像者。在839年7月,他传召修士塞奥多利和塞奥法尼斯,谴责他们蓄意反对毁坏圣像运动,责令市长亲自进行鞭打。当他们拒绝接纳毁坏圣像的圣餐礼时,皇帝下令在他们的脸上刺上12行诗句,写明他们从耶路撒冷前来传播异端,然后将其放逐。著名的圣像画家修士拉撒路(Lazarus)遭到囚禁和折磨。皇帝还下令用烧红的烙铁烙伤其双手,然后将其囚禁在环境恶劣的牢房中。虽然塞奥菲鲁斯后来在皇后塞奥多拉和一些亲信的劝说下,同意送拉撒路去圣施洗者约翰修道院养伤③,但他很可能已经意识到毁坏圣像政策在帝国内并没有得到有力的执行。

　　塞奥菲鲁斯将毁坏圣像运动与战争胜利挂钩明显是一种迷信行为,但战争的胜利可以为毁坏圣像运动带来表面上的合法性,只是这种合法性并不具有持久性。因为一旦战场失利,人们就会怀疑毁坏圣像运动是否正确。838年,阿莫里城遭到阿拉伯人血洗,这场浩劫彻底击碎了塞奥菲鲁斯一直宣扬的"毁坏圣像运动可以确保上帝庇佑"的信念。后世崇拜圣像者在书写历史作品时,仍然不忘刻意反驳塞奥菲鲁斯的这种宣传。例如斯基利齐斯便声称,塞奥菲鲁斯正是由于进

---

① John Skylitzes, *A Synopsis of Byzantine History, 811 - 1057*, pp. 54 - 55.

② John Skylitzes, *A Synopsis of Byzantine History, 811 - 1057*, pp. 55 - 56;J. Herrin, *Women in Purple, Rulers of Medieval Byzantium* , pp. 192 - 193.

③ John Skylitzes, *A Synopsis of Byzantine History, 811 - 1057*, p. 63;W. Treadgold, *The Byzantine Revival 780 - 842*, pp. 310 - 312.

行毁坏圣像运动,所以从未在战争中获胜。① 这在一定程度上也解释了为何在塞奥菲鲁斯统治结束后,毁坏圣像运动的彻底结束并没有遭到太大的反对。

塞奥菲鲁斯因为延续毁坏圣像运动而遭到崇拜圣像者的否定。修道士乔治的作品中对塞奥菲鲁斯充满敌意。圣徒传记中也总是评价塞奥菲鲁斯为"野蛮人","大肆压迫正统信仰者,毫无约束","渎神"并"与上帝为敌"。② 客观而言,他们的评价并不公平,带有强烈的偏见。事实上,塞奥菲鲁斯很有治国才能,对拜占庭帝国的复兴作出了重要贡献。

首先,塞奥菲鲁斯宣扬公平正义,对此非常执着,希望自己能够因此而青史留名。"他对公平正义非常执着,因此邪恶的人害怕他,善良的人崇拜他……他创造机会可以让每个人都能找到他,特别是那些受到不公待遇的人,这样他们可以不受坏人的阻碍、自由地向皇帝讲述自己的遭遇。"③根据史料记载,塞奥菲鲁斯每周都要骑马走出大皇宫,穿过皇城,前去布拉海尔奈的圣玛利亚教堂祷告。在路上,他会不时停下倾听百姓的抱怨,会仔细了解沿途等待向他指控他人犯法的故事。他还会随时走访市场,以便确保商人不会抬高物价,或以假货卖给顾客。所有的控诉事后都会得到认真调查。皇帝要让世人知道,他不会偏袒高官和富人,即便控诉者是穷人和无名之人。④ 塞奥菲鲁斯的妻弟佩特洛纳斯修建个人宫殿,但无视了其他人的利益,导致宫殿过高以至于遮挡了邻居的光线。皇帝知晓后,对其鞭打,并下令将此宫殿夷为平地。⑤

此类例证在史料中多有记载。例如《塞奥法尼斯编年史续》中记载,皇帝想寻找一匹骏马,于是一位长官利用职权,侵吞了一位士兵的好马,献给了皇帝。结果士兵在战争中,由于没有马匹而战死,留下寡妇和诸多孩子。这位寡妇听说皇帝主持公道,而自己的丈夫死去后她无力承担子女的生活,于是便前往首都,在皇帝每日例行经过的路上等待。结果发现皇帝骑的马正是丈夫的,于是状告皇帝本

---

① John Skylitzes, *A Synopsis of Byzantine History, 811 - 1057*, pp. 52 - 53.

② A. Markopoulos, "The Rehabilitation of the Emperor Theophilos", *Byzantium in the Ninth Century: Dear or Alive?* L. Brubaker ed. , Aldershot, Brookfield: Ashgate, 1998, p. 41.

③ *Chronographiae Quae Theophanis Continuati Nomine Fertur Libri I-IV*, pp. 127 - 129.

④ John Skylitzes, *A Synopsis of Byzantine History, 811 - 1057*, p. 53.

⑤ W. Treadgold, *The Byzantine Revival 780 - 842*, p. 289.

人,称其要为丈夫的死负责。皇帝调查之后发现真相,将那位溜须拍马的长官永久流放,而士兵的妻子儿女们被视为长官的兄弟姐妹们,拥有对其财产的共同继承权。作者最后写道:"皇帝的公正裁决和对侵吞不义之财的惩罚,由此众人皆知。"①可见,塞奥菲鲁斯的公正形象在当时深入人心。事实上,尽管塞奥菲鲁斯作为毁坏圣像皇帝而遭受谴责,但拜占庭人仍然铭记他的公正行为。在 12 世纪的拜占庭讽刺文学《提马里奥》(Timarion)中,他是地狱中审判灵魂的法官之一,而且被视为"最公正之人"。②

塞奥菲鲁斯追求公正自有其自我道德约束和信仰执着的品质,但也是该王朝所处历史环境政治生态极其恶劣逼出来的。自查士丁尼二世以来百余年间,围绕皇权展开的争权夺利丑剧不断上演,军事贵族干政是一方面,皇家政客内讧是另一方面,道义底线一再被突破,政治清明早已不复存在。为了权力和权利,几乎所有人都抛弃了基本的人伦天赋和气节禀赋,朝廷内外、军界上下,乃至于社会各个阶层都陷入毫无操守的争斗中,贪污腐化、肆意诬陷,结党营私,陷害忠良等等丑恶行径比比皆是,不仅上流社会而且社会底层的人文空气遭到严重毒化。塞奥菲鲁斯是否有感于此而力图纠正朝廷气氛,后人不得而知,但其独树一帜的表现在拜占庭王朝政治史上确属罕见,可能包含着上述因素。他的这种执着有时也会造成官员相互诬陷,公报私仇,或者被官员内斗所利用。例如,在他即位后不久,就从西比莱奥特军区退役海军处听到控诉,称五年前的时任将军约翰·艾西姆斯(John Echimus)违背公正,没收了他们的财产。于是塞奥菲鲁斯传召约翰,但此人现在已经变成了一名修士,改名为安东尼。安东尼虽然承认收取了这些海军的财产,但否认自己违背公正,他指出这些海军将士是斯拉夫人托马斯的党羽,而且在内战之后继续无法无天。塞奥菲鲁斯拒绝这种解释,将其移交给帝国大臣斯蒂芬处置,后者通过囚禁和不断的鞭打,试图让安东尼认罪。最后听闻了实情,皇帝深知这是一件冤假错案,因此五个月后,他改变了主意,重又下令将安东尼释放了。③

---

① *Chronographiae Quae Theophanis Continuati Nomine Fertur Libri I-IV*, pp. 135 – 137.

② A. Markopoulos, "The Rehabilitation of the Emperor Theophilos", p. 40.

③ W. Treadgold, *The Byzantine Revival 780 – 842*, p. 267.

而另一件诬陷案件差点让帝国失去了一名优秀的将军。路政大臣米隆（Myron）向皇帝诬告著名的小亚细亚军区前任将军、亚美尼亚人曼努埃尔策动阴谋夺取皇权。皇帝不太确定是否应该相信，然而曼努埃尔意识到自己处于极度危险之中，甚至得到通知自己将被刺瞎双眼，于是他急忙逃出君士坦丁堡，逃奔阿拉伯帝国，在巴格达得到哈里发的热烈接纳。此时，塞奥菲鲁斯相信曼努埃尔是无辜之人，于是派遣"语法学家"约翰出访巴格达，表面上是宣布塞奥菲鲁斯的即位，向哈里发呈献礼物，但实际上是向曼努埃尔告知皇帝的宽宏和令其返回的意愿。曼努埃尔获悉后，用计逃出阿拉伯帝国，回到君士坦丁堡，塞奥菲鲁斯热情欢迎，令其统领帝国军队。为了进一步拉拢这位将军，皇帝还自任为曼努埃尔子女的教父。此后曼努埃尔确实成为塞奥菲鲁斯的得力助手。[1] 这一事件无疑是利用了塞奥菲鲁斯对公正的高度认可、对官员忠诚清廉的严格要求，而塞奥菲鲁斯能够及时纠正自己的错误，知错就改，体现出作为帝国最高统治者的优秀品质。

其次，塞奥菲鲁斯执政期间加大经济刺激政策，进行货币改革，促进贸易发展。塞奥菲鲁斯进行的货币改革集中在铜币弗里斯上。自从 5 世纪弗里斯被引入帝国货币体系后，一直没有发生大的变化，弗里斯上的铭文也失去了实际价值意义。塞奥菲鲁斯将弗里斯上毫无意义的标记全都去除，取而代之以"奥古斯都塞奥菲鲁斯，战无不胜"的铭文。塞奥菲鲁斯对此倾注极大热情，铸造了大量弗里斯。在 835 年后的五年中，他下令发行了数亿枚弗里斯，有现代学者进行粗略估算，相当于帝国内每个家庭拥有大约 40 枚。塞奥菲鲁斯进行弗里斯改革，很可能是因为他经常去君士坦丁堡市场视察时，发现市民们没有足够的铜币，而这是日常购买商品唯一可以使用的小额货币。于是，塞奥菲鲁斯与属下商议进行补救措施，下令铸造更多的铜币。[2]

此外，塞奥菲鲁斯的弗里斯改革还有另一目的，即促进国内贸易的发展。拜占庭帝国政局逐渐安稳之后，经济形势好转，国内贸易逐渐呈现繁荣之势，大量铸造弗里斯并投入流通的确有助于国内贸易的发展。史料提及皇后塞奥多拉也参

---

[1] John Skylitzes, *A Synopsis of Byzantine History, 811 –1057*, pp. 71 – 73.
[2] W. Treadgold, *The Byzantine Revival 780 –842*, pp. 287 – 289.

与贸易,用大货船运送了大量谷物、酒等日常用品到君士坦丁堡。① 此事还需更多史料证明,但我们可以从中看到,帝国的统治者意识到贸易的重要性,以及贵族和大家族愿意参与贸易。事实上,塞奥菲鲁斯虽然认为皇后参与贸易有损皇室形象,但他积极与阿拉伯帝国达成和议,在写给哈里发马蒙的信中,他对比了持续进行战争的坏处和和平的好处,指出和平可以安稳边境,繁荣贸易。②

　　塞奥菲鲁斯执政期间还在军事领域进行了一场影响深远的改革。这源于拜占庭军队中新增加的特殊兵力。834 年,阿拉伯哈里发穆塔西姆(Mutasim)大力镇压库拉米特派(Khurramites)叛乱。他们原本是一支反对阿拉伯统治者的波斯人群体,受伊斯兰教和拜火教的影响。叛乱起因是波斯将领阿布·穆斯利姆(Abu Muslim)被阿拔斯王朝处死,导致波斯高原的反叛活动从 819 年持续到 837年。③ 叛军将领纳什尔(Nasr)冲动而莽撞,在对抗阿拉伯军事镇压中接连遭遇惨败。在成功无望的情况下,纳什尔带领手下军队投奔拜占庭帝国,接受塞奥菲鲁斯的统治,并为此和所有手下都皈依了基督教,还改名为塞奥福布斯(Theophobus)。塞奥菲鲁斯非常高兴,一方面这是大规模的异端改信基督教事件,另一方面又大大增加了拜占庭军队兵力。皇帝赐予塞奥福布斯贵族头衔,并将皇后塞奥多拉的一位妹妹嫁给了他。这些新增加的士兵被单独安置,原有的军官被称为波斯人图尔玛的统领,主要用于军事远征。④ 837 年,阿拉伯帝国内另一支叛军,因为主将巴巴卡(Babak)在战斗中被杀,于是其属下效仿库拉米特派,也逃到拜占庭境内,大约有 1.6 万人。塞奥菲鲁斯将他们交给塞奥福布斯统领,编入波斯人军团中。⑤ 他对这样一支共计 3 万人的军队非常信任。然而在 838 年塞奥菲鲁斯率军与阿拉伯人会战时,拜占庭军队溃败,他和曼努埃尔以及大约 2 000 名波斯人军团被包围。在惊恐之余,波斯人打算将塞奥菲鲁斯交给阿拉伯人换取自由,但幸好曼努埃尔听懂了他们的语言,设计将皇帝救出。而波斯人军团害怕皇帝报复,将塞奥福布斯拥立为帝,盘踞在黑海沿岸。但塞奥福布斯不愿自立,私下向皇帝

① *Chronographiae Quae Theophanis Continuati Nomine Fertur Libri I-IV*, pp. 129 – 131.

② W. Treadgold, *The Byzantine Revival 780 – 842*, p. 279.

③ M. Whittow, *The Making of Orthodox Byzantium, 600 – 1025*, London: Macmillan, 1996, pp. 195, 215.

④ John Skylitzes, *A Synopsis of Byzantine History, 811 – 1057*, pp. 67 – 69.

⑤ W. Treadgold, *The Byzantine Revival 780 – 842*, p. 295.

解释,希望能够回归帝国军队。839 年,皇帝塞奥菲鲁斯决定从全局出发,赦免了塞奥福布斯和他的波斯人军团。为防止他们集结在一起叛乱,皇帝将他们分散到其他部队中,大致而言,每个军区安置了约 2 000 名波斯人将士。①

皇帝以此作为契机,对军队建制进行了改革。其一,为亚洲军区、色雷斯、马其顿军区分别增加了 2 000 名波斯士兵,但西部几个小军区(如希腊军区等)并没有增加,还将剩余的波斯士兵用于他途。塞奥菲鲁斯在东部边境地区建立了三个新的军事区,将波斯军团安置其中。这些新区域和新军种被称为"山间通道军",其主要任务就是防御边境山区中最容易被阿拉伯人攻击的据点。塞奥菲鲁斯此举可以增加拜占庭军队应对阿拉伯入侵的机动性和防御力量。根据现代学者研究,在山间要道区域,波斯人将常规军力提升了近一倍,由 7 000 人提升到 1.3 万人。部队人数飞速增长的军区是查尔迪亚军区和帕夫拉戈尼亚军区,前者位于边境,后者容易遭受罗斯人入侵。波斯人将前者的军队数量从 2 000 人提升到 4 000 人,后者则由 3 000 人增长到 5 000 人。② 其二,增设几个新的军区。赫尔松地区由于需要应对罗斯人的入侵,便建立了克里玛塔新军区,首任军区将军是佩特洛纳斯。③ 为了加强与威尼斯和西西里的联系,第拉修姆被提升到军区级别。卡帕多西亚由于防御阿拉伯入侵的重要战略地位,由"山间通道军"提升为军区级别。其三,重新规划军区内的行政规划。军区内原有的最小基层单位称为德鲁古斯(drungus),约有 1 000 人的军事团体。此时塞奥菲鲁斯将德鲁古斯之间的界限划分得更加明晰,以确定彼此的防御区域。同时,在德鲁古斯之下,增设班顿的军事建制,相当于 200 人构成的军事团体。这样,即便是在较小的区域内,彼此的防御责任也更加清晰明了,从而有助于对军队的控制和协调。其四,提升士兵的军饷。在此之前,士兵第一年服军役可以拿到一个诺米斯玛,此后逐年递增,到第六年可以领取六个诺米斯玛的军饷,但此后不再增加。换句话说,一年得军饷六个诺米斯玛是士兵可以拿到的最高收入。收入更高的大多都提升为军官。塞奥菲鲁斯调整了军饷水平,将士兵的最高收入提升到了 12 个诺米斯玛。士兵

① John Skylitzes, *A Synopsis of Byzantine History, 811 – 1057*, pp. 67 – 69.
② W. Treadgold, *The Byzantine Revival 780 – 842*, pp. 315 – 316.
③ *Chronographiae Quae Theophanis Continuati Nomine Fertur Libri I-IV*, pp. 177 – 179.

从第一年得到一个诺米斯玛,可以一直增加到第 12 年拿到 12 个诺米斯玛,然后便维持这个数字的军饷不再增加了。在当时,六个诺米斯玛可以购买一匹马或者两头牛或者相应的货物,是一笔不菲的收入。塞奥菲鲁斯的这项措施提升了军队的士气,鼓励他们去改善装备,更重要的是,增加了士兵对皇帝的忠诚度,不会冒险反叛。①

塞奥菲鲁斯的这些军事改革具有深远的影响力,仅在塞奥菲鲁斯统治末年,军队已经呈现出改革带来的效果。840 年,阿拉伯人偷袭卡帕多西亚地区进行洗劫,获得大量牲畜和俘虏,但立刻遭到卡帕多西亚"山间通道军"的迎击,特别是其中的波斯人图尔玛作战英勇,不仅击退了阿拉伯人,而且解救了所有俘虏。841 年春季,阿拉伯人再次入侵卡帕多西亚,但再次遭到痛击。同年夏季,阿拉伯人集结更多军队,但拜占庭军队防备更好,不仅将其击败,而且一直追击残敌到阿拉伯人的境内,甚至侵入梅利蒂尼地区,占领了两个重要的要塞。最终俘获许多阿拉伯俘虏返回帝国。②

除了在司法、财政、军事方面进行有效管理,塞奥菲鲁斯还非常注重推动学术发展,重视教育。塞奥菲鲁斯此举,除自身受到的教育影响之外,还与数学家利奥有关。阿拉伯人入侵拜占庭,获得大量战俘,其中有一位年轻的贵族,对几何学和天文学了解甚多,这令哈里发很惊奇。当他获悉这位年轻人的老师是数学家利奥,即牧首约翰的侄子时,哈里发便派遣另一位拜占庭俘虏前去君士坦丁堡,带去给利奥的信件,邀请这位学者到哈里发的宫廷中,并许诺给予优渥的地位。在收到信件后,利奥害怕皇帝可能会认为他不忠,于是将其转交给皇帝塞奥菲鲁斯。尽管皇帝对数学家利奥早有耳闻,但哈里发的信件还是极大地提升了皇帝对他的赏识。于是皇帝将数学家利奥传召至宫中,委任他在玛格纳乌拉皇宫中教授学生,给予其更丰厚的俸禄,并为他安排了许多教学助手,从而间接建立了一个公共学校。③ 此后,皇帝对学识的兴趣与日俱增。他下令在博斯普鲁斯海峡欧洲一侧

---

① W. Treadgold, *The Byzantine Revival 780 – 842*, pp. 316 – 319; W. Treadgold, *The Byzantine State Finances in the Eighth and Ninth Centuries*, pp. 69 – 77.

② Michael the Syrian, *Chronique*, J. B. Chabot ed. and trans., pp. 96, 102; W. Treadgold, *The Byzantine Revival 780 – 842*, pp. 321 – 324.

③ *Chronographiae Quae Theophanis Continuati Nomine Fertur Libri I-IV*, pp. 263 – 271.

的城郊皇宫中建立了一座图书馆,开始亲自去皇宫图书馆翻阅书籍,当发现书中不懂的地方就向约翰和利奥请教。他会因为一本搞不明白的书籍而寝食难安。为此,他甚至向被囚禁的崇拜圣像者美多迪乌斯请教。为了满足自己对学识的追求,塞奥菲鲁斯将美多迪乌斯从监狱中放出,安置在新建的宫殿中,以便每日询问问题。两人甚至会一起讨论圣经和神学问题。①

由于皇帝对学术的资助,数学家利奥得以为拜占庭帝国的防御体系作出重要贡献,他发明了连接君士坦丁堡和阿拉伯边境的警报系统。这一系统依托于九个烽火台,始于边境鲁隆(Loulon),终于君士坦丁堡内皇宫附近。不同时刻点燃烽火可以传达不同事件的信息,预警从边境传递到达君士坦丁堡的全程大约需要一个小时,从而可以有效获取边境外敌入侵或者外邦使臣的消息,方便首都及时采取应对措施。② 塞奥菲鲁斯为了表示对数学家利奥的高度认可,将其任命为塞萨洛尼基主教。

除此之外,塞奥菲鲁斯还非常注重公共设施和皇宫的建设及装饰。即位之初,塞奥菲鲁斯修复了马尔马拉海海岸的城墙,还将一座毁损的女修道院改造成一座美丽壮观的旅馆。③ 他倾心于享受型的住所,沉迷于大兴土木之中。他在大皇宫之中增加了新的接见大厅、皇位室和礼拜堂,室外庭院用喷泉花园等进行装点。玛格纳乌拉皇宫也进行重新装饰,金制的鸟兽树木等将皇宫大殿装点得焕然一新。他还新建了一个皇宫建筑群,称之为卡利亚诺斯(Karianos),供女儿们使用。他在博斯普鲁斯海峡的亚洲海岸,效仿哈里发宫殿,新建了一座皇宫,称之为布里亚斯(Bryas),但其中不同的是,在皇帝的卧室旁边,有小的祈祷室献给圣母,有教堂献给大天使米哈伊尔以及一些女性殉教者。④ 但可以看出,塞奥菲鲁斯所进行的建筑活动,大多是为了皇室的享受,而非帝国发展真正的需要。

塞奥菲鲁斯在内政方面积极进取,进行了一些改革,在对外战争和交往中,也

---

① Genesios, *On the Reigns of the Emperors*, p. 70; W. Treadgold, *The Byzantine Revival 780-842*, pp. 307-308.

② P. Pattenden, "The Byzantine Early Warning System", *Byzantion* 53 (1983), pp. 258-269.

③ John Skylitzes, *A Synopsis of Byzantine History, 811-1057*, p. 57.

④ John Skylitzes, *A Synopsis of Byzantine History, 811-1057*, p. 60; J. Herrin, *Women in Purple, Rulers of Medieval Byzantium*, pp. 198-199.

在尽力改善帝国的境况。这一时期帝国的最大敌人仍然是阿拉伯人阿拔斯王朝。在塞奥菲鲁斯统治初期,哈里发马蒙便开始积极筹划对拜占庭帝国发动新的大规模的入侵。830 年夏季,阿拉伯大军兵分几路,开始攻击拜占庭小亚细亚的领土。他们利用兵力上的优势,迅速占领了卡帕多西亚图尔玛克首府,并夺取了几座要塞。9 月,阿拉伯人表面上只是前往大马士革过冬,实际上是为了来年春季继续发动入侵。831 年春季,阿拉伯人再度入侵亚美尼亚军区。塞奥菲鲁斯决定进行反击,以阻止阿拉伯人将年度入侵活动变成惯例。于是,他和曼努埃尔一起领兵出击,在遭遇西里西亚的阿拉伯士兵后,利用人数上的优势取得一场大胜,将敌人彻底击溃。帝国军队杀死大约 1 600 人,俘虏 7 000 多人。塞奥菲鲁斯在即位不久后便取得如此胜利,非常欣喜,于是在返回君士坦丁堡时,举行了凯旋仪式。他获得了英雄般的欢迎。他从西侧进入首都,按照古老的惯例穿过金门,沿街主干道装饰有鲜花,民众向他欢呼,并在圣索菲亚大教堂内为他祈祷,感谢他的战绩。最后他在大竞技场进行赛车比赛,借此展示押解来的阿拉伯俘虏。①

　　然而哈里发马蒙性格强势,誓要对拜占庭帝国进行报复。在此后数年内,拜占庭帝国多次表达求和意愿,但均遭到马蒙的强硬拒绝。831 年夏季,塞奥菲鲁斯送去 500 名阿拉伯俘虏,作为和解的信号,遭到哈里发的拒绝。832 年年初,拜占庭派遣使臣带着塞奥菲鲁斯的求和信件,出访哈里发。但因为在致敬中,塞奥菲鲁斯将自己的名字放在哈里发的前面,所以马蒙认为自己受到了羞辱,没有阅读信件就加以拒绝,并将其视为再次入侵卡帕多西亚的借口。832 年 9 月,塞奥菲鲁斯请求收回阿拉伯人占领的要塞,签订五年和约,作为回报,他愿意偿付 10 万诺米斯玛,归还 7 000 名阿拉伯俘虏,但遭到马蒙拒绝。833 年 7 月,塞奥菲鲁斯再度遣使求和,表示拜占庭帝国愿意支付哈里发远征的所有费用,归还所有的阿拉伯俘虏,全部赔偿拜占庭人对阿拉伯人造成的损失,只要哈里发愿意签订和约,但仍然遭到马蒙的拒绝。马蒙虽然坚持对拜占庭帝国发动入侵和洗劫,并且在战争中屡次占据上风,但阿拉伯人并没有取得重大的胜利,只是掠夺一些战利品,或者在拜占庭边境建立军事据点。不过阿拉伯军队两次击败塞奥菲鲁斯的军队,洗

---

① W. Treadgold, *The Byzantine Revival 780 –842*, pp. 272 – 275.

劫皇帝的营帐,是对拜占庭帝国的一大羞辱。[①]

833 年 8 月,马蒙病死,新任哈里发穆塔西姆遭遇叛变,不得不紧急处理阿拉伯帝国内政,而无暇顾及两国间的冲突。两大帝国之间虽然仍有小的军事摩擦,但整体而言双方获得了短暂的和平。直到 837 年,哈里发集中大军镇压内乱,塞奥菲鲁斯决定乘虚而入。他率领 7 万大军,穿越阿拉伯边境,疾风骤雨般攻陷了索佐佩特拉(Sozopetra)城镇。他希望借此杀鸡儆猴,让其他城镇早早投降。塞奥菲鲁斯赦免了基督徒,但杀死了所有穆斯林成年男性,将穆斯林妇女儿童收为俘虏,对城市洗劫后将其烧毁。拜占庭军队向东前进,占领并烧毁了大城镇阿萨莫萨塔,并在战斗中杀死了 4 000 名阿拉伯士兵。拜占庭的胜利对周边区域产生较大影响,亚美尼亚人立即表示愿意缴纳贡赋,成为拜占庭帝国的附庸。梅利蒂尼的民众提议向塞奥菲鲁斯表示名义上的臣服,给予礼物,返还抓获的拜占庭俘虏,并提供人质以保证以后不会再入侵帝国领土。塞奥菲鲁斯立刻表示同意,然后带着战利品和大约 1 000 名俘虏返回首都。[②] 他再次举行了盛大的凯旋仪式,甚至亲自参加了大竞技场的比赛。其他竞技选手有意让他取胜,这样民众就可以同时为了他的军事成就和竞技胜利而欢呼。[③]

838 年 4 月,哈里发穆塔西姆带领 8 万士兵对拜占庭帝国发起报复性战争。塞奥菲鲁斯即刻反击,出发前往小亚细亚,随行的包括曼努埃尔指挥的骑兵塔格玛和塞奥福布斯指挥的波斯人军团,以及色雷斯、马其顿军区的军队。双方均采取兵分几路的策略,各部队自行迎战。其中皇帝率领的 4 万主力部队,在达兹蒙(Dazimon)平原与阿拉伯将领艾森(Afshin)统帅的 3 万人军队进行了大会战。拜占庭将领们在夜间发动突袭还是白天进行正面会战问题上出现了分歧,最终塞奥菲鲁斯听从多数,决定在白天进行战斗。在 7 月 22 日上午,拜占庭人击溃了敌人

① W. Treadgold, *The Byzantine Revival 780 –842*, pp. 275 – 281.

② Michael the Syrian, *Chronique*, pp. 88 – 89;W. Treadgold, *The Byzantine Revival 780 –842*, pp. 293 – 294.

③《礼仪书》(*De Ceremoniis*)中详细记载了塞奥菲鲁斯凯旋之后的各种仪式;见 Constantine Porphyrogennetos, *The Book of Ceremonies*, A. Moffatt and M. Tall trans., Canberra: Australian Association for Byzantine Studies, 2012, pp. 503 – 508;Constantini Porphyrogeniti imperatoris, *De Cerimoniis aulae Byzantinae libri duo*, vol. 1, J. J. Reiske ed., [Corpus Scriptorum Historiae Byzantinae], Bonn: Weber, 1829, TLG, No. 3023010.

的步兵,杀死 3 000 人。但随后,从中午时分起,阿拉伯军队中的突厥人使用弓箭对拜占庭人发动反击,一时间箭如雨下,拜占庭军队立刻溃败,仓皇逃窜,皇帝在亲随掩护下趁着夜幕才得以逃脱。①

但拜占庭帝国的灾难并未止于此。8 月 1 日,阿拉伯人开始围攻阿莫里城。阿莫里城墙外有很深的壕沟,可以抵御敌人的围攻。突厥人的箭和阿拉伯人的攻城器械,都未能成功。但皇帝塞奥菲鲁斯认为阿莫里难以抵御阿拉伯大军,于是派遣使臣求和,表示愿意出钱出力重建索佐佩特拉,愿意上缴礼物和贡赋,以换取和平。但哈里发有心羞辱懦弱的塞奥菲鲁斯,将拜占庭使臣们羁押前去观看阿拉伯人围攻阿莫里城。阿莫里城墙坚固,双方一时僵持不下。但城墙有一处地方受水侵蚀,比较破败,拜占庭人只来得及对表面进行了简单的修补。阿拉伯人从拜占庭的叛徒口中获知这一信息,于是集中军力发起猛攻,将城墙打开了一个缺口。拜占庭守军防御更加困难,于是两周后阿莫里城被攻陷。阿拉伯人在城中疯狂洗劫破坏,"男人被杀,妇女连同她们的子女被掳走",建筑也被放火烧掉。换言之,除了城墙,阿莫里城几乎无一存留。塞奥菲鲁斯的使臣被送回报信,但皇帝再度遣使,愿意花重金赎买此次战争中的重要俘虏,包括帝国的诸多高级军事指挥官,但再次遭到哈里发的羞辱。②

塞奥菲鲁斯大病一场,此后再也没有能够完全康复。但他仍然在 839 年开始进行军事改革,帝国的防御体系终于得到重大改善。拜占庭军队不仅可以应对阿拉伯人的入侵,甚至能够逐步发动反击。特别是 841 年夏季,拜占庭军队一直追击阿拉伯败将到阿拉伯帝国境内,占领了两大重要的军事要塞。阿拉伯帝国军事实力不再占优,两大帝国均有意实现和平。塞奥菲鲁斯以交换战俘为由,派遣使臣,送去礼物。哈里发虽然对交换战俘的提议没有给予明确回复,但给塞奥菲鲁斯送去 15 头骆驼,背负着大量礼物。双方互换礼物,实际上已经达成和解。③

除了与阿拉伯帝国进行军事斗争,塞奥菲鲁斯也致力于打击西西里岛上的阿

① John Skylitzes, *A Synopsis of Byzantine History*, *811 - 1057*, pp. 69, 76 - 78.

② John Skylitzes, *A Synopsis of Byzantine History*, *811 - 1057*, pp. 79 - 80; W. Treadgold, *The Byzantine Revival 780 - 842*, pp. 297 - 304.

③ Michael the Syrian, *Chronique*, p. 102.

拉伯人。但整体而言,拜占庭帝国在西西里岛上的形势没有明显改善。由于首都遥远,帝国舰队仍然没有恢复元气,因此,塞奥菲鲁斯无法向西西里提供有效的援助。因此,西西里岛对阿拉伯人的抵抗仍然以当地人的防御为主。

831年9月初,巴勒莫城在遭到阿拉伯人围攻一年后,物资耗尽,又看不到解救的希望,于是选择有条件投降。阿拉伯人允许城中守军指挥官西米恩、主教卢克(Luke)和部分守军安全离开,但将城中其他居民都俘虏变为奴隶。巴勒莫开始成为阿拉伯人在西西里岛上的重要据点。对拜占庭人来说幸运的是,非洲阿拉伯人和西班牙阿拉伯人之间一直内讧,从而阻碍了阿拉伯人在西西里的征程。835年夏末,重建的帝国舰队最终抵达西西里,并取得了最初的胜利,击沉、俘获了许多阿拉伯船只。但是阿拉伯人有足够多的船只进行报复,最终,大部分拜占庭战船被俘,俘虏全部被斩首。这样,塞奥菲鲁斯就更加不愿意冒着风险将舰队派到西西里。

837年冬,阿拉伯人占领了拜占庭人在西西里岛上的重要据点赫纳(Henna),塞奥菲鲁斯不得不重视西西里的情况,于是派遣一支大军,由凯撒阿莱克修斯·穆瑟勒统帅。拜占庭人虽然取得了一些胜利,但完全不足以彻底清剿西西里岛上的阿拉伯人。相反,非洲的阿拉伯人埃米尔持续派遣大批军队前往西西里。他们开始渡海入侵拜占庭卡拉布里亚属地,频繁骚扰拜占庭控制下的西西里领土。

皇帝越发清楚,仅靠帝国的资源很难发起远途战争,也无法彻底解决西西里的阿拉伯人问题,因此试图寻找联盟。839年,塞奥菲鲁斯安排使臣出访法兰克皇帝路易,主要目的是希望得到他们的帮助来打击西西里的阿拉伯人。在信中,塞奥菲鲁斯希望能够重申双方永久存在的和平关系,同时,他请求法兰克出兵彻底击溃阿拉伯人,因为他们持续出现在西西里,也就可能入侵意大利中部和北部的法兰克领地。虔诚者路易友好地接待了使团,但没有出兵。840年,塞奥菲鲁斯向威尼斯寻求海军帮助。后者准备了60艘战船,皇帝派遣皇家舰队与之汇合。但在皇家舰队抵达之前,阿拉伯人已经击败了威尼斯人,俘虏或者杀死了几乎所有威尼斯船员。皇家舰队毫无取胜的希望,只能仓皇返回君士坦丁堡。840年虔诚者路易死去,洛塔尔(Lothar)继位。塞奥菲鲁斯试图获得帮助,于是遣使前往。他还提出让自己的女儿塞克拉与洛塔尔的儿子路易二世联姻。842年使团出发,洛塔尔愉快地接受了拜占庭人的提议,但在使团返回之前,塞奥菲鲁斯不幸死去,所有的计划被迫终止。不过,皇帝塞奥菲鲁斯希望与法兰克人建立联姻关系也为拜占庭帝国解决西西里问题提供了一个途径。①

　　塞奥菲鲁斯虽然在和阿拉伯人的斗争中未能取得大胜,但对保加利亚人表现出强硬的态度。塞奥菲鲁斯统治期间,双方之间的关系整体上维持友好和平。比较重大的事件是双方需要在 836 年对利奥五世与保加利亚人的 30 年和约进行第二个十年的续约。但在续约之前,塞奥菲鲁斯收到来自保加利亚境内拜占庭同胞的求助。

　　自从 813 年起,保加利亚可汗克鲁姆不断侵扰马其顿军区,先后掳去 4 万拜占庭人。这些俘虏和他们的后人居住在保加利亚的一个行省,其"称呼就叫'马其顿'。这一区域距离拜占庭边境非常遥远……这些人的领袖是将军科迪里斯(Cordyles),他们想要回归故乡,因此希望这次和约的续签是一个机会"。836 年夏季,科迪里斯偷偷乘船前往君士坦丁堡,求见塞奥菲鲁斯。他希望皇帝能够派遣战船去拯救帝国的这些故人。为了避免撕毁和约,皇帝决定派遣战船在保加利亚境外等待,然后科迪里斯和他的民众渡过第聂伯河,登上拜占庭战船。双方约定之后,科迪里斯便回去开始付诸实施。当这些马其顿人开始将财产搬运渡过第聂伯河时,当地的保加利亚指挥官发现了,但由于人数上处于劣势而未能阻止。马其顿人得以带着财产渡过河流,安然无恙地来到帝国的船只上。塞奥菲鲁斯在首都对这些归来的臣民表示热情欢迎,将他们安置在原来的马其顿军区。

　　尽管拜占庭人没有破坏和约,但保加利亚可汗声称,拜占庭人的行为导致他们领土上人口减少,决定进行报复。保加利亚入侵亚得里亚堡附近的边境地区,洗劫了一些小的要塞。作为回应,塞奥菲鲁斯命令凯撒阿莱克修斯带领军队前往色雷斯。阿莱克修斯的目标并不是打击保加利亚人,而是以此为借口,占领奈斯托斯河(Nestus)与斯特雷蒙河之间的海岸。这片区域在 816 年的协议中被割让给了独立的斯拉夫人,拜占庭帝国一直有心将其收回。拜占庭人轻而易举地收回了大片土地,并建立了一座城镇保卫新的领土,取名为凯撒堡(Caesaropolis)。在

---

① W. Treadgold, *The Byzantine Revival 780 -842*, pp. 276, 286, 296, 309, 319 - 320, 324 - 352.

这种情形下,保加利亚人因为内乱不得不选择与拜占庭帝国延续和约。皇帝塞奥菲鲁斯展现了帝国的自信心,获得了有利的条款,既拯救了拜占庭马其顿人,又巩固了拜占庭人对色雷斯到塞萨洛尼基陆路的控制。①

842 年,塞奥菲鲁斯虽然只有 29 岁,但因操劳过度,身体状况不断恶化。他感到自己时日不多,于是召集重要官员和贵族安排后事。他先是恳求众人能够看在自己公正治国的情分上,继续效忠于自己的儿子和妻子,而后请求众人同意他安排儿子继位,同时由塞奥多拉任摄政。1 月 20 日,塞奥菲鲁斯病重死去。②

塞奥菲鲁斯统治时间不长,但在帝国历史上留下了深刻的印痕。他要求政府官员公正,使行政体系高效运转;他在财政和军事领域进行改革,促进了帝国的经济发展,增强了军事实力;他注重学术文化,提升帝国的文化生活水平。伯里称,他在各个方面几乎完美,为民众树立了一个道德模范,甚至在私生活方面也堪称忠诚、慈父的典范。③ 奥斯特洛格尔斯基认为塞奥菲鲁斯是个品性有趣的人物,追求浪漫与传奇,希望成为理想的君主,但并不能算作杰出。④ 特里高德认为塞奥菲鲁斯一直享有很好的声望,但其统治政策和军事成就令人失望,但是特里高德也承认,如果塞奥菲鲁斯能够统治 50 年,也许会成为拜占庭史上最伟大的君主之一,因为他的军事改革和为帝国带来的自信心对拜占庭的复兴产生了深远的影响。⑤ 客观而言,塞奥菲鲁斯在即位前受到良好的教育,因此对拜占庭帝国所处的地区格局和国际关系走向有较为清晰的认识,眼界开阔,且深知帝国的弊病和劣势,在治国方面有清楚的思路,也具有消除帝国弊端的能力。虽然他的毁坏圣像政策遭到后世带有偏见的拜占庭史学家的指责,但塞奥菲鲁斯确实受到民众的爱戴。在他安排后事时,“所有人都在哽咽、哀号,每个人都在为皇帝的健康和生命祈祷”⑥。他在诸多领域的改革为拜占庭帝国带来的影响是深远的,其改革的

---

① W. Treadgold, *The Byzantine Revival 780 – 842*, pp. 290 – 292.

② John Skylitzes, *A Synopsis of Byzantine History, 811 – 1057*, p. 81;Ph. Grierson, C. Mango and I. Ševčenko, "The Tombs and Obits of the Byzantine Emperors (337 – 1042); With an Additional Note", p. 19.

③ J. B. Bury, *A History of the Eastern Roman Empire From the Fall of Irene to the Accession of Basil I (A. D. 802 – 867)*, pp. 120 – 121. 伯里指出,史料中记载的塞奥菲鲁斯出轨事件是虚构的,是为了刻意抹黑他的形象。有关这一事件,见 John Skylitzes, *A Synopsis of Byzantine History, 811 – 1057*, p. 58。

④ [南]乔治·奥斯特洛格尔斯基:《拜占廷帝国》,第 165 页。

⑤ W. Treadgold, *The Byzantine Revival 780 – 842*, pp. 327 – 329.

⑥ John Skylitzes, *A Synopsis of Byzantine History, 811 – 1057*, p. 81.

措施后来被不断延续下去,从而为帝国黄金时代奠定了坚实的基础。

米哈伊尔三世（Michael Ⅲ）

842—867 年在位

米哈伊尔三世(Michael Ⅲ,Μιχαήλ Γ′,生于 840 年 1 月 19 日,卒于 867 年 9 月 24 日,享年 27 岁)是阿莫里王朝的第三位皇帝,也是该王朝末代皇帝,842 年 1 月 20 日至 867 年 9 月 24 日在位 25 年半。

米哈伊尔三世的父亲是塞奥菲鲁斯,母亲是塞奥多拉,有一个哥哥君士坦丁,在他出生之前已经死去,有五个姐姐,分别是塞克拉、安娜、阿纳斯塔西娅、帕尔切里亚和玛丽亚。妻子是欧多基娅·迪卡波利提莎(Eudokia Decapolitissa),没有子嗣。米哈伊尔三世还有一个情妇,名为尤多奇亚·伊格琳娜(Eudocia Ingerina),为其生下一个儿子,取名利奥。[1]

米哈伊尔三世的统治可以分为两个阶段。在他年幼时,皇太后塞奥多拉摄政,待他成年后,开始独自统治。在这两个阶段中,拜占庭帝国都具有较高的综合国力和影响力。

842 年 1 月 20 日,塞奥菲鲁斯病死,两岁的米哈伊尔成为帝国的皇帝。遵照塞奥菲鲁斯的遗愿,皇太后塞奥多拉摄政。同时还有几位帝国朝廷重要的辅政大臣,包括塞奥多拉的两位兄弟佩特洛纳斯和巴尔达斯,以及曼努埃尔和路政大臣塞奥克提斯图斯。他们在塞奥菲鲁斯统治时期便是皇帝极为信赖的大臣,而此时,他们承担着辅佐小皇帝继续统治的角色。其中,塞奥克提斯图斯尤为重要,原因在于他的宦官身份,这样的宠臣更方便协助皇太后执政而不会产生任何绯闻和谣言,同时也不存在觊觎皇位的嫌疑。[2] 正因如此,在诸多摄政大臣之中,塞奥克

① W. Treadgold, *A History of the Byzantine State and Society*, p. 453.

② W. Treadgold, *The Byzantine Revival 780 –842*, p. 326.

提斯图斯非常受到皇太后塞奥多拉的青睐,权势最大。然而,这个摄政群体并非团结一心,不久,权势最大的塞奥克提斯图斯便开始排挤曼努埃尔。二人原本共同住在皇宫中,齐心协力为皇帝和太后出谋划策,但塞奥克提斯图斯无端暗示指控曼努埃尔在策划叛乱,迫使后者搬离皇宫。① 事实上,在塞奥多拉摄政时期,塞奥克提斯图斯一直是帝国朝廷最有权势的重臣,而且他很有才能,此时也在辅助塞奥多拉摄政的过程中作出重要贡献。

米哈伊尔三世即位后,塞奥多拉最为担心的是皇权不稳,朝中显露出阴谋叛乱的倾向。因此,他们采取了两项措施宣扬皇位继承的正统性。一方面,塞奥多拉安排曼努埃尔前往大竞技场,召集士兵和民众,向他们强调阿莫里王朝皇帝们向他们赐予的恩惠、保护以及对他们的关心,进而要求他们履行责任,公开表示忠心,全部口头宣誓效忠皇帝。士兵和民众遵从指示,承认米哈伊尔三世的皇位继承人身份。②另一方面,塞奥多拉铸造新版的金币,金币的正面图案是新任皇帝米哈伊尔三世和长姐塞克拉分列十字架的两侧,背面则是皇太后塞奥多拉。通过金币的发行,塞奥多拉向帝国各阶层民众,以及帝国的盟友、邻邦宣布拜占庭帝国更换了统治者,特别是新任皇帝米哈伊尔三世即位。这既是公开宣告新即位皇帝的皇权,也是警告任何觊觎皇位的野心家不要轻举妄动。③ 事实上,在米哈伊尔三世统治时期,帝国大臣们对阿莫里王朝非常忠心,除了最终被马其顿王朝开创者瓦西里(一世)篡权,在此之前,帝国并没有出现针对皇位的叛乱和阴谋。

塞奥多拉确立摄政权后,着手解决的第一件大事便是彻底结束毁坏圣像运动。塞奥多拉如同多数基督教女性信徒一样,是一位坚定的崇拜圣像者。即便皇帝塞奥菲鲁斯坚决执行毁坏圣像政策,塞奥多拉仍然背着丈夫在皇宫自己的闺房中藏有圣像,私下进行个人崇拜。④ 因此,当塞奥多拉获得摄政权之后,她很容易将自己类比于伊苏里亚王朝的伊琳妮,因为后者也在皇帝君士坦丁六世统治时期

---

① Genesios, *On the Reigns of the Emperors*, pp. 77 – 78; John Skylitzes, *A Synopsis of Byzantine History, 811 – 1057*, p. 94.

② Genesios, *On the Reigns of the Emperors*, p. 71; John Skylitzes, *A Synopsis of Byzantine History, 811 – 1057*, p. 82.

③ J. Herrin, *Women in Purple, Rulers of Medieval Byzantium*, pp. 201 – 202.

④ John Skylitzes, *A Synopsis of Byzantine History, 811 – 1057*, pp. 55 – 56.

担任摄政,并因此而召开第七次大公会议,否定了毁坏圣像运动,恢复了圣像崇拜。塞奥多拉决定效仿伊琳妮,彻底结束圣像争端,为帝国的宗教生活带来安定。[1] 除了皇太后塞奥多拉积极谋划恢复圣像崇拜之外,曼努埃尔也在积极推动。根据史料记载,曼努埃尔患了一种重病,日益憔悴,气若游丝,濒临死亡。这时候斯图迪特派的一些修士到访,告诉曼努埃尔只要他向上帝承诺将会恢复圣像崇拜的传统,那么他就会重获新生。这些修士离开后,曼努埃尔的身体逐渐获得康复,于是对他们的话确信无疑,并开始坚定地推动恢复圣像崇拜。[2]

但塞奥多拉仍然存在几大顾虑。其一,自己的丈夫塞奥菲鲁斯是坚定的毁坏圣像者,恢复圣像崇拜是对塞奥菲鲁斯政策的彻底背离,这对丈夫和阿莫里王朝的声望都非常不利。[3] 其二,现行的帝国统治秩序中,不管是世俗的行政官员,还是教会内部的牧首、主教等,全都是毁坏圣像者,他们人数众多,如果召开宗教会议恢复圣像崇拜,可能会遭遇很大的阻力。其三,帝国军队中拥护毁坏圣像的将士占绝大多数,贸然背离前任皇帝的政策,必定将严重影响帝国武装力量的士气,甚至还可能像伊琳妮当年那样遭到军队的公开反对。[4]

塞奥多拉用一年多的时间先行解决了这几个问题。一方面,塞奥多拉进行舆论宣传,设法原谅塞奥菲鲁斯对毁坏圣像运动的支持,引导教会放弃对塞奥菲鲁斯的谴责。皇太后塞奥多拉借助其身份制造舆论,从皇宫中传出塞奥菲鲁斯临死前接受了圣像崇拜的传闻。根据这些消息,塞奥菲鲁斯在死前每日遭受煎熬和苦恼,经常梦见自己被鞭打的噩梦,清醒时则身体痛苦,哀号不断。有一天,当塞奥克提斯图斯前来探望时,他佩戴的项链中有一枚特别精致微小的圣像引起皇帝注意,病痛中塞奥菲鲁斯突然抓住链子上的圣像,放到嘴边亲吻。这时他受到的折磨停止了,终于得以安然入睡。通过这些杜撰的故事,塞奥多拉希望帝国上下相

① John Skylitzes, *A Synopsis of Byzantine History, 811 – 1057*, pp. 82 – 83.

② Genesios, *On the Reigns of the Emperors*, p. 72; *Chronographiae Quae Theophanis Continuati Nomine Fertur Libri I-IV*, pp. 213 – 215; John Skylitzes, *A Synopsis of Byzantine History, 811 – 1057*, p. 83. 在史料记载中,斯图迪特派的修士帮助曼努埃尔改变了对圣像的态度,是为了强调崇拜圣像的流亡修士们在恢复圣像崇拜中的重要作用;见 J. Herrin, *Women in Purple, Rulers of Medieval Byzantium*, pp. 207 – 208。

③ Genesios, *On the Reigns of the Emperors*, p. 73.

④ *Chronographiae Quae Theophanis Continuati Nomine Fertur Libri I-IV*, p. 215; John Skylitzes, *A Synopsis of Byzantine History, 811 – 1057*, p. 84.

信,皇帝塞奥菲鲁斯在死前已经真正忏悔、并皈依了正统信仰,因此他不应该遭受诅咒。[1] 但塞奥多拉仍然担心,教会人士日后会召开宗教会议,重新追究塞奥菲鲁斯的责任。为此,在正式恢复圣像崇拜之前,塞奥多拉对正教神职人员发表演讲,恳求他们谅解塞奥菲鲁斯。最终正统派教士出于对塞奥多拉的敬重和对恢复崇拜圣像的渴望,共同投票表决,同意塞奥菲鲁斯将得到上帝谅解,而他们会签署书面誓言,对此作出保证。[2] 于是,皇太后实现了自己的计划,首先使塞奥菲鲁斯免除了教会的谴责。在恢复崇拜圣像的正统信仰之后,塞奥多拉还设宴款待正统的崇拜圣像者,与士麦那的塞奥法尼斯等被迫害者交谈,再次恳请他们原谅塞奥菲鲁斯。[3]

另一方面,考虑到帝国内既有的绝大多数主教都是毁坏圣像者,塞奥多拉并没有按照教会传统,通过召开宗教会议来变更教义。相反,她召集挑选出来的心腹官员和正统教士,命令他们在塞奥克提斯图斯的府邸集结。他们并没有召开宗教会议,而是以小型会议的方式,再次公开接纳了787年第七次大公会议的决议,进而设计结束了毁坏圣像运动。[4] 这次会议的重要意义还在于,试探性地触及军队中反对派的底线。一切如愿,由于她前期的细致努力,军队中没有太强烈的反应。于是,843年3月,塞奥多拉颁布敕令,恢复圣像崇拜,将崇拜圣像者从流放地和监狱全部召回。大多数主教选择了接受,改变态度,回归崇拜圣像神学和礼仪,对于坚持毁坏圣像者,皇太后只是将其流放而不做处罚。与此同时,塞奥多拉下令罢免现任牧首“语法学家”约翰,选任长期被囚禁的崇拜圣像修士美多迪乌斯继任。根据史料记载,美多迪乌斯身上满是为坚持崇拜圣像信仰遭受到的不公待遇的印记,他由于长期被囚禁在肮脏的小牢房里,所以失去了头发,他认为自己的谢顶就是上帝给他的嘉奖。由于毁坏圣像运动的结束和美多迪乌斯继任牧首,崇拜圣像者从帝国各地齐聚到首都,在任命当天举行了集会,所有人都欢呼圣像崇

---

① J. Herrin, *Women in Purple*, *Rulers of Medieval Byzantium*, pp. 204 – 205.

② *Chronographiae Quae Theophanis Continuati Nomine Fertur Libri I-IV*, pp. 219 – 221.

③ John Skylitzes, *A Synopsis of Byzantine History*, *811 – 1057*, pp. 89 – 90; *Chronographiae Quae Theophanis Continuati Nomine Fertur Libri I-IV*, pp. 229 – 231.

④ John Skylitzes, *A Synopsis of Byzantine History*, *811 – 1057*, p. 84; W. Treadgold, *A History of the Byzantine State and Society*, p. 446.

拜的胜利。① 在四旬斋(Lent)第一个周日的前一天晚上,牧首美多迪乌斯带领修士群体,举行了守夜祈祷。转天早晨(843 年 3 月 11 日),皇帝米哈伊尔三世和皇太后塞奥多拉,以及朝廷官员,从皇宫中前往圣索菲亚大教堂,所有人都手举十字架、圣像和蜡烛,通过各种宗教仪式,庆祝拜占庭教会恢复圣像崇拜。②

但毁坏圣像派并未立刻偃旗息鼓,也没有放弃抵抗。牧首"语法学家"约翰在得知被罢免后,立刻采取措施,装扮成弱者和被迫害者的形象,博取教会人士的同情。他割伤自己的肚子,弄出不致命的伤痕,好像自己受到了折磨,然后宣称自己遭到了迫害和不公正的待遇,而那些迫害者就是崇拜圣像的修士。塞奥多拉派遣巴尔达斯前去查证,发现伤口很轻。这时约翰的仆人告发他自我伤害,并嫁祸于人,而作案工具的小刀也被发现。于是在人证物证俱全的情况下,约翰因为造假欺骗而颜面尽失,立刻被驱逐出教会,流放到远方一个修道院。③ 那里有一幅圣像,约翰命令自己的随从将圣像中人物的眼睛全部除去。塞奥多拉获悉此事后,下令也挖出他的眼睛,以便起到杀一儆百的震慑作用。但后来在其他人恳请下,她善心大发,放弃这一刑罚,但仍然下令对他鞭打 200 下,以示对毁坏圣像者的警示。④ 皇太后先以舆论开道,争取民心在前,而后低调进行实质性操作,将计划变为既定事实,最后确立皇家主调,严厉打击反对派,却宽容对待多数人。她心思缜密,治国手段和处理难题的能力超越常人。其有步骤分阶段地结束毁坏圣像运动,特别是在具体实施中注意只能做不能说的措施落实效果,取得了最终胜利。

毁坏圣像者虽然也进行反扑的尝试,但很快遭到打压。同时,皇太后吸取前人教训,并没有继续展开对毁坏圣像派的大规模迫害,而是采取更为宽容的政策,从而降低了长期进行毁坏圣像运动在社会层面的破坏烈度。至此,皇太后的宗教

---

① Genesios, *On the Reigns of the Emperors*, pp. 74 - 75;John Skylitzes, *A Synopsis of Byzantine History, 811 - 1057*, p. 84;J. Herrin, *Women in Purple, Rulers of Medieval Byzantium*, pp. 202 - 208.

② *Chronographiae Quae Theophanis Continuati Nomine Fertur Libri I-IV*, p. 221;J. Herrin, *Women in Purple, Rulers of Medieval Byzantium*, pp. 208 - 209. 这一传统在当今东正教世界依然在延续。四旬斋指的是在复活节前 40 天,东正教徒应该斋戒。在这 40 天内,每个周日都会庆祝东正教历史上的重要事件。其中第一个周日庆祝的便是恢复圣像崇拜。

③ *Chronographiae Quae Theophanis Continuati Nomine Fertur Libri I-IV*, p. 217; Genesios, *On the Reigns of the Emperors*, pp. 73 - 74.

④ Genesios, *On the Reigns of the Emperors*, p. 75;John Skylitzes, *A Synopsis of Byzantine History, 811 - 1057*, pp. 84 - 85.

宽容政策平息了长期的争端,拜占庭教会终于恢复对圣像崇拜的统一态度,毁坏圣像运动的时代宣告结束。这一运动在拜占庭历史上产生了深远影响,至今在东正教教会中仍发挥着作用。

除此之外,在塞奥多拉摄政时期,帝国基本沿袭塞奥菲鲁斯的改革,继续发展,取得了诸多成就。然而,随着米哈伊尔三世逐渐成年,其顽劣昏庸愈加放纵,开始使帝国朝廷出现一些混乱,集中体现在三个方面。首先,米哈伊尔三世自幼为帝,皇太后日理万机忙于政务,对他缺乏严厉管教,而众多大臣摄政对这个小皇帝缺少正确的引导,致使他从小骄横跋扈,任性妄为,不仅对帝国军政大事管理缺乏兴趣和能力,还沉迷于酗酒、赛车比赛和种种非常耗费钱财的娱乐。他向自己的玩伴慷慨赠送礼物,每人赠送 30—50 镑黄金。他还答应成为一名玩伴孩子的教父,于是赠送 100 镑黄金。他对马车比赛充满热情,在短时间内便浪费了大量钱财。皇太后塞奥多拉对已经恶习缠身的小皇帝也无奈,不得不求助于元老院,将帝国财政数字完全告知元老院,帝国的财政大臣证实了相关数字的真实性。塞奥多拉此举是在表明,皇帝米哈伊尔三世铺张浪费、开支奢靡、不受管控,元老院如若可能,应当阻止其无端消耗帝国财政的荒唐行为。[1]

其次,在米哈伊尔三世的婚姻问题上,任性的皇帝和母亲塞奥多拉之间的关系变得更加紧张。塞奥多拉希望能够通过婚姻,使得米哈伊尔三世克服缺点,纠正恶习,正常成长起来,于是便按照习俗安排了新娘秀。但此时花天酒地的米哈伊尔三世已经有了一名情妇尤多奇亚·伊格琳娜,还对这个风尘女子感情深厚。在选秀时,塞奥多拉虽然允许她参加,却出于其已经失去贞洁的因素而将其排除在最终入围的秀女之外。塞奥多拉建议皇帝选择欧多基娅·迪卡波利提莎为妻。米哈伊尔三世对这桩婚事非常反感,考虑到既然情妇不能变成妻子,那么选择谁成为皇后就不重要,因此接受了塞奥多拉的婚事安排。从此,母子二人形同陌路,皇帝对皇太后怀恨在心。米哈伊尔三世私下里不仅牢骚满腹,而且开始联合塞奥多拉的弟弟巴尔达斯暗中密谋,准备推翻塞奥多拉的摄政,摆脱母亲的管束[2],从

① *Chronographiae Quae Theophanis Continuati Nomine Fertur Libri I-IV*, pp. 245 – 247; Genesios, *On the Reigns of the Emperors*, pp. 80 – 81.

② W. Treadgold, *A History of the Byzantine State and Society*, p. 450.

而将王朝置于危险的境地。此时,母子争端就不再是皇帝的家事,而是决定帝国政治秩序走向的国家大事了,特别是在大权在握的皇帝培养问题上出现的失误便成为危害帝国前途的重大失误了。

第三,母子反目后,米哈伊尔三世开始要求真正的执政权。这并非源于他的政治抱负,而是为了让自己有更大的权力为所欲为。作为小皇帝的舅舅,巴尔达斯原本应该教育规劝不成器的外甥,但他受到皇帝的青睐后,肮脏的心理促使他希望获得更大的权力。他清楚挡在自己攫取更大权力的障碍是塞奥克提斯图斯,因此要能够取代塞奥克提斯图斯成为帝国内最有权势的大臣,就必须击败这个重臣。他顺着小皇帝的意愿说话,进一步加剧了皇室内政局的动荡。皇帝米哈伊尔三世有位不学无术、品行不端的老师,总是变着法子满足小皇帝的要求,皇帝想给予他更高的头衔和官职,但塞奥克提斯图斯并不同意。巴尔达斯借机宣传塞奥克提斯图斯对皇帝的威胁,让皇帝产生一种错觉:虽然他是皇帝,但他并没有帝国的权势,而塞奥克提斯图斯可能正在谋划剥夺皇帝的统治权。于是米哈伊尔三世和巴尔达斯准备将塞奥克提斯图斯谋杀或者放逐。塞奥克提斯图斯作为路政大臣,需要时常出入皇帝的会客厅,而巴尔达斯则埋伏在那里。当塞奥克提斯图斯毫无防备的时候,巴尔达斯冲了上去,皇帝安排的一些士兵前去协助,最终将塞奥克提斯图斯手刃。皇太后塞奥多拉得悉此事,蓬头垢面冲了过去,她指责皇帝的所作所为是以怨报德,忘恩负义。[1] 母子之间的矛盾越发不可调和。这里,笔者不得不说,精明的皇太后以为只有帝国事务才是大事,而忽视了对小皇帝的管教,却不知道在皇帝专制的帝国,后者也是关乎王朝命运的大事。只是母亲对过早失去父亲的儿子溺爱过头,从小宠爱过度,母子之爱冲昏了头脑,不仅放任孩子的任性,还错误地为小皇帝找错了老师和玩伴。待到她明白其中的道理时,一切都晚了。

米哈伊尔三世对母亲的摄政无法容忍,最终决定利用手中的皇权取消其摄政权,于是派人前去抓捕塞奥多拉和她的女儿们,强行削去她们的头发,没收她们的财产并据为己有,并将她们全部驱逐出皇宫,把她们关入加斯特里亚修道院,过着

---

[1] Genesios, *On the Reigns of the Emperors*, pp. 78 – 80; *Chronographiae Quae Theophanis Continuati Nomine Fertur Libri I-IV*, pp. 241 – 245; John Skylitzes, *A Synopsis of Byzantine History, 811 – 1057*, pp. 94 – 96.

修道生活。不久后,塞奥多拉伤心过度,绝望离世,尸骨被草草地埋葬在这所修道院。[①] 856 年年初,米哈伊尔三世宣布自己为唯一的皇帝。巴尔达斯成为皇帝的心腹,被擢升为凯撒,扮演着塞奥克提斯图斯在塞奥多拉摄政时期的角色。在其大权在握的十年里,凭借前任皇帝打下的基业和良好的外部环境,帝国仍然平稳运行,在军事、外交、文化等领域也取得了些许成就。

在米哈伊尔三世亲政时期,巴尔达斯在玛格纳乌拉皇宫中建立了一所公立学校,用于教授世俗知识。"哲学家"利奥曾被塞奥菲鲁斯安排为塞萨洛尼基大主教,但在毁坏圣像运动结束之后也被免去职务。巴尔达斯令其掌管这所学校的运转。利奥本人教授哲学,他的一些学生则负责几何学、天文学、语法等。帝国为他们提供高额的皇室薪俸,以确保他们能够对教学事业兢兢业业。巴尔达斯也会经常前去参加他们的课程,考察学生的培养质量。[②] 拜占庭帝国的世俗文化因此得到极大的推进和发展。

在宗教领域,巴尔达斯与牧首伊格纳提乌斯发生了冲突。伊格纳提乌斯在847 年美多迪乌斯死后继任牧首。他对于米哈伊尔三世、巴尔达斯谋杀塞奥克提斯图斯以及强迫塞奥多拉进入修道院等事颇有微词。加之 857 年时巴尔达斯与守寡的儿媳妇有染的丑闻传出,伊格纳提乌斯禁止他参加基督教圣礼和领圣餐礼。巴尔达斯被处罚后,含恨在心,决意报复。他粗暴地将伊格纳提乌斯驱逐出教堂,然后将其抓捕,百般折磨之后,将其锁在地下皇陵之中,让他赤身露体地待在石棺中。而后,巴尔达斯将其放逐到莱斯沃斯岛。[③]

858 年,巴尔达斯委任大学者弗提乌斯(Photius)成为新任牧首。不久,他们便在圣使徒教堂召开宗教会议,免除了伊格纳提乌斯牧首之职。但弗提乌斯这一

---

① Genesios, *On the Reigns of the Emperors*, pp. 80 – 81; John Skylitzes, *A Synopsis of Byzantine History, 811 – 1057*, p. 98; *Chronographiae Quae Theophanis Continuati Nomine Fertur Libri I-IV*, p. 249; Ph. Grierson, C. Mango and I. Šev čenko, "The Tombs and Obits of the Byzantine Emperors (337 – 1042); With an Additional Note", p. 26.

② Genesios, *On the Reigns of the Emperors*, pp. 86 – 87; *Chronographiae Quae Theophanis Continuati Nomine Fertur Libri I-IV*, p. 263; Cf. W. Treadgold, "The Chronological Accuracy of the Chronicle of Symeon the Logothete for the Years 813 – 845", *Dumbarton Oaks Papers* 33 (1979), p. 187, 认为此事发生在 843 年,是对塞奥菲鲁斯所设立学校的重建。

③ Genesios, *On the Reigns of the Emperors*, pp. 87 – 90; John Skylitzes, *A Synopsis of Byzantine History, 811 – 1057*, pp. 106 – 107; *Chronographiae Quae Theophanis Continuati Nomine Fertur Libri I-IV*, pp. 275 – 277.

任命本身就争议不断,因为弗提乌斯虽然因为知识渊博在世俗世界闻名遐迩,但他并非教士,只是个普通信徒,缺乏教士身份的普通信徒被直接任命为牧首是有违教规的。因此,这导致拜占庭教会内部分裂为两派,分别拥护前后两任牧首。伊格纳提乌斯的支持者将这一争议事件提交给罗马教宗,希望罗马新任教宗尼古拉一世(Nicolas Ⅰ,858—867 年在任)能够进行仲裁。863 年,尼古拉一世在罗马召开宗教会议,宣布罢免弗提乌斯,重新任命伊格纳提乌斯为新任牧首。罗马教宗的决议导致拜占庭教会内部争端加剧。①

君士坦丁堡牧首任职问题,实际上折射了这一时期东、西方教会之间的激烈冲突。事实上,双方围绕传教势力范围的争夺,展开了更为激烈的斗争。这集中体现在保加利亚人皈依基督教事件上。根据史料记载,在塞奥多拉摄政时期,拜占庭帝国与保加利亚之间交换了一位重要战俘,即保加利亚君主伯利斯(Boris)的姐姐,她此时得以回到保加利亚。但她已经在拜占庭皇宫待过很长时间,学习识字,皈依了基督教希腊正教,因此在回国后,努力将这种信仰灌输给伯利斯。但伯利斯并不接受。只是不久之后,保加利亚境内遭遇各种灾难,伯利斯无奈之中祈求上帝救助。当保加利亚人度过危机后,伯利斯改信了基督教,并以拜占庭皇帝的名字米哈伊尔为自己重新命名,并诚请拜占庭皇帝米哈伊尔三世成为其教父。②

事实上,在保加利亚人选择拜占庭教会之前,也曾在东、西教会之间游移不定,难以抉择。而拜占庭教会做出重要举措,于 863 年派遣两位学识渊博的教士,即君士坦丁(后改名为西里尔)和美多迪乌斯前去保加利亚邻国摩拉维亚公国,向斯拉夫人传教。他们是塞萨洛尼基本地人,自幼熟知斯拉夫人的语言,甚至有学者考证他们的母系有斯拉夫血统。他们以希腊语字母和语法,为斯拉夫语言创造了最初的斯拉夫文字体系,并开始将基督教经典作品翻译成斯拉夫语,从而将斯拉夫人纳入拜占庭文化的影响范畴之中。③ 这一举措客观上促进了保加利亚

---

① F. Dvornik, *The Photian Schism: History and Legend*, Cambridge: Cambridge University Press, 1970, pp. 88-90.

② *Chronographiae Quae Theophanis Continuati Nomine Fertur Libri I-IV*, p. 233; John Skylitzes, *A Synopsis of Byzantine History, 811-1057*, pp. 90-92.

③ F. Dvornik, *The Photian Schism*, p. 103.

人的选择,进而被接纳进拜占庭教会。拜占庭教会成功在保加利亚人传教,加剧了东、西教会之间的矛盾。但弗提乌斯的后续举动进一步激化了双方之间的冲突。867 年夏末,弗提乌斯召开宗教会议,反击罗马教会在 861 年的决议,宣布罢免教宗尼古拉一世,指控西部教会多年的行为都是异端行为;他还特别谴责了罗马教会一直坚持的"和子"神学主张,由此打击了整个西部教会。[①] 弗提乌斯的诸多措施不仅加剧了东、西教会的矛盾,也导致拜占庭教会内部动荡。

巴尔达斯大权在握,自以为是皇帝之下万人之上的人物,做事越来越张狂,甚至不把自己的外甥皇帝放在眼里,对朝政指手画脚,自然成了皇帝新的威胁。为了摆脱巴尔达斯的控制,米哈伊尔三世笃信皇室之外的亲兵更为可靠,听信了掌握兵权的马其顿人瓦西里[即马其顿王朝的创始人瓦西里一世(Basil Ⅰ,867—886 年在位)]的建议,开始计划除去巴尔达斯。866 年春季,米哈伊尔三世和瓦西里一起远征克里特,途中在色雷斯军区登陆。他们在一个叫柯坯(Kepoi)的地方安扎营帐。皇帝私下拉拢了巴尔达斯的女婿,指使后者为皇帝执行谋杀计划。于是他暗地里安排刀斧手埋伏在大营后,当他进入营帐时,皇帝和巴尔达斯正在场商议出征问题,等待他汇报远征开支情况。当他离开营帐时,按照预先约定在身前画了十字,这是执行谋杀的信号,于是躲在营帐后角落中的刀剑兵冲了进去,在皇帝面前将巴尔达斯杀死。[②]

皇帝立刻给牧首弗提乌斯去信,称已确认巴尔达斯叛国,并被处死。弗提乌斯在回信中,恭喜皇帝躲过一劫。但他在信中同样表达了对瓦西里的怀疑,因为他称:"陛下您的品德和仁慈,禁止我去怀疑这封书信是被伪造的,或者去怀疑巴尔达斯的叛乱另有隐情。"弗提乌斯成为牧首,得益于巴尔达斯,而瓦西里的精明算计,众人皆知,可谓司马昭之心路人皆知,唯有皇帝一心除掉他的舅舅。他可能担心瓦西里图谋不轨,因此,在信的结尾,弗提乌斯请求皇帝,立刻返回首都,称这

---

① W. Treadgold, *A History of the Byzantine State and Society*, p. 454. 西部教会认为,圣灵不仅来自圣父,也来自圣子;而拜占庭人认为圣灵只来自圣父。

② Genesios, *On the Reigns of the Emperors*, pp. 93 - 94;John Skylitzes, *A Synopsis of Byzantine History, 811 - 1057*, pp. 112 - 113. 真正杀死巴尔达斯的很可能正是瓦西里本人;见 *Chronographiae Quae Theophanis Continuati Nomine Fertur Libri I-IV*, pp. 291 - 295.

是元老院和民众的意愿。于是远征克里特的军事行动作罢,米哈伊尔三世回到首都。①

返回首都后,米哈伊尔三世将事事顺从自己的瓦西里收为义子,成为辅帝。米哈伊尔三世此举,实际上有自己的考虑。866年年初,皇帝发现自己的情妇尤多奇亚·伊格琳娜怀孕了。皇帝不希望像君士坦丁六世那样被教会指责犯有通奸罪,也不希望自己的孩子背负私生子的名声,于是做出了一个令人诧异的选择。他让瓦西里离婚,然后和尤多奇亚·伊格琳娜结婚,缔造一场名义上的婚姻。这样,米哈伊尔三世仍然可以和尤多奇亚·伊格琳娜保持情妇关系,而为了补偿瓦西里,皇帝将自己的大姐塞克拉送给瓦西里做情妇。米哈伊尔三世和原配妻子并无子嗣,因此,他将瓦西里收为义子,以便瓦西里名义下的儿子(其实是米哈伊尔三世的儿子)可以获得合法继承皇位的权利。②

但这一行为也给予瓦西里合法继承皇位的机会,为米哈伊尔三世的悲剧结局埋下了隐患。君士坦丁堡的民众发现,在参加宗教仪式时,需要在圣索菲亚大教堂并列摆放两张皇座;在游行队列中,瓦西里和皇帝并肩而行。③ 此后,瓦西里掌控帝国大权,而米哈伊尔三世继续花天酒地,沉迷于赛马比赛之中。有一次,米哈伊尔三世骑马正准备参加比赛,皇帝侍卫突然上前来禀报,称烽火预警系统显示,有外敌正在入侵。皇帝非常担心,但担心的不是外敌,而是担心观众受此消息影响,无心观看他的比赛。于是他下令废除烽火预警系统。其荒唐行为遭到民众的憎恨、政教官员们的嫌弃。④ 而且米哈伊尔三世铺张浪费,导致国库亏空。为了给军队支付军饷,他被迫将塞奥菲鲁斯用于装饰皇宫的金树、金制狮子、纯金打造的格里芬雕塑等全部熔化,铸造成金币,以解燃眉之急。这很可能是在处死巴尔达斯之后,米哈伊尔三世更加无拘无束奢侈地胡乱花钱,导致财政困难,因为在巴

---

① J. B. Bury, *A History of the Eastern Roman Empire from the Fall of Irene to the Accession of Basil I (A. D. 802 - 867)*, pp. 170 - 174.

② W. Treadgold, *A History of the Byzantine State and Society*, p. 453.

③ J. B. Bury, *A History of the Eastern Roman Empire from the Fall of Irene to the Accession of Basil I (A. D. 802 - 867)*, p. 174.

④ *Chronographiae Quae Theophanis Continuati Nomine Fertur Libri I-IV*, pp. 281 - 283, 297; John Skylitzes, *A Synopsis of Byzantine History, 811 - 1057*, pp. 108 - 110.

尔达斯大权独揽时,并没有史料表明帝国财政紧缺。①

米哈伊尔三世和瓦西里共同执政一年半左右。在这期间,米哈伊尔三世意识到官员更加听从瓦西里的指示,因此对瓦西里开始提防,意欲将其除去。于是皇帝安排其去狩猎,暗中指使狩猎者使用长矛去射杀野兽,但实际上是为了借机造成失手杀害瓦西里的假象。皇帝安排的士兵在将长矛掷向瓦西里的时候并未击中目标,瓦西里侥幸逃出劫难,于是私下里积极准备反击。因为瓦西里深知皇帝的恶劣秉性,他连自己的母亲和舅舅都不放过,感到不满就残忍杀掉,他这个外姓人,早晚成为皇帝的刀下鬼。于是他先下手为强,于867年9月24日,趁着米哈伊尔三世喝醉之机,带领一群亲信闯入皇帝的卧室,将其残忍杀害。阿莫里王朝由此终结。②

在米哈伊尔三世统治时期,帝国在对外关系中取得了一些成就。当然这主要得益于塞奥多拉摄政时期的重臣塞奥克提斯图斯和曼努埃尔,以及皇帝亲政时期的亲信巴尔达斯和佩特洛纳斯。由于他们的精心周旋,保加利亚人与帝国保持和平关系。在塞奥多拉摄政时期,伯利斯曾扬言要入侵拜占庭领土,但塞奥多拉命令大军集结到边境,虚张声势,引而不发跃如也,伯利斯受到震慑,选择和平。据说塞奥多拉去信称:"即便你们击败一个女人,你们也毫无吹嘘之处。但如果你们失败了,你们的败绩将会被所有人耻笑。"③864年,巴尔达斯和米哈伊尔三世对保加利亚人发起海、陆两路大军远征,收复了梅塞布里亚,保加利亚君主伯利斯被迫接受拜占庭教会的传教,并于次年受洗。④拜占庭人还试图收复克里特。塞奥多拉在摄政期间,派遣塞奥克提斯图斯和塞尔吉乌斯·尼基提亚提斯(Sergius Nicetiates)远征克里特。拜占庭军队进展顺利,不仅安全登陆,而且围攻重创了阿拉伯人,随后建立克里特军区。但塞奥克提斯图斯听到都城动乱的谣言,匆

---

① *Chronographiae Quae Theophanis Continuati Nomine Fertur Libri I-IV*, p. 247; J. B. Bury, *A History of the Eastern Roman Empire From the Fall of Irene to the Accession of Basil I* (A. D. 802 – 867), p. 164.

② John Skylitzes, *A Synopsis of Byzantine History, 811 – 1057*, pp. 113 – 114; J. B. Bury, *A History of the Eastern Roman Empire From the Fall of Irene to the Accession of Basil I* (A. D. 802 – 867), pp. 177 – 179.

③ Genesios, *On the Reigns of the Emperors*, p. 77; *Chronographiae Quae Theophanis Continuati Nomine Fertur Libri I-IV*, p. 231.

④ W. Treadgold, *A History of the Byzantine State and Society*, p. 452.

匆返回。此后不久,克里特岛上的阿拉伯人开始反击,杀死了塞尔吉乌斯,粉碎了拜占庭的远征计划成果。拜占庭人收复克里特的行动虽然以失败告终,但这同时也表明拜占庭海军实力得以恢复,海军正常运转。① 有学者研究认为,此期拜占庭海军建设渐入佳境,实力达到顶峰。东部地区阿拉伯人的入侵基本遭到遏制,只有塔尔苏斯的行政长官亚美尼亚人阿里多次入侵拜占庭领土。他从851年起连续三年发动夏季入侵,但并没有造成太大破坏,塞奥多拉随后下令进行报复,855年,拜占庭军队在塔尔苏斯取得大胜,俘获了近2万名俘房。②

梅利蒂尼的埃米尔·阿穆尔统治下的阿拉伯人及其庇护下的保罗派③,是米哈伊尔三世统治时期最大的外患。塞奥多拉在结束毁坏圣像运动之后,对保罗派进行了打击,因为保罗派反对一切物质世界生活,包括圣像。皇太后命令保罗派皈依基督教正统信仰,否则将他们全部处死。大军前往疯狂镇压,杀死了上万保罗派信众,同时没收了他们的财产。但其中一位领袖卡比亚斯(Karbeas)带领残存的5 000名保罗派信徒追随阿穆尔,逃到了梅利蒂尼。梅利蒂尼的埃米尔·阿穆尔此时处于半独立状态,愿意为保罗派提供庇护。从此,卡比亚斯带领保罗派,与阿拉伯人一起攻击拜占庭人的领土,取得了一些胜利,同时还吸引了更多的人加入保罗派。最终他们得以建立两座城市阿加翁(Argaoun)和泰夫里卡(Tephrike)为活动基地,其势力逐渐发展。④

米哈伊尔三世亲政后,阿穆尔和卡比亚斯带领各自军队,两次入侵拜占庭领土。皇帝两次带兵迎敌,均遭遇失败,甚至被迫脱掉皇袍,扮成普通人,才得以侥幸逃脱。⑤ 863年,阿穆尔率领4万人再度入侵,洗劫了亚美尼亚军区和海岸城市

---

① W. Treadgold, *A History of the Byzantine State and Society*, p. 452.

② S. M. Stern: "The Coins of Thamal and of Other Governors of Tarsus", *Journal of the American Oriental Society*, 80/3 (1960), pp. 217 – 219, note 12; W. Treadgold, *A History of the Byzantine State and Society*, p. 449.

③ 从7世纪起在亚美尼亚地区盛行的二元论异端,认为基督道成肉身是虚假的;见 Alexander P. Kazhdan ed., *The Oxford Dictionary of Byzantium*, p. 1606。

④ *Chronographiae Quae Theophanis Continuati Nomine Fertur Libri I-IV*, p. 237; John Skylitzes, *A Synopsis of Byzantine History, 811 –1057*, pp. 92 – 94.

⑤ Genesios, *On the Reigns of the Emperors*, pp. 81 – 83; *Chronographiae Quae Theophanis Continuati Nomine Fertur Libri I-IV*, pp. 251 – 255; John Skylitzes, *A Synopsis of Byzantine History, 811 –1057*, pp. 99 – 100.

阿米索斯(Amisos)①。米哈伊尔三世命令色雷斯军区将军佩特洛纳斯,集结拜占庭帝国各大军区军队,抵抗阿拉伯人的入侵。双方在拉拉卡翁河(Lalakaon)附近的泊松(Poson)相遇。拜占庭军队利用人数的优势,在敌人没有反应过来之前,形成合围。泊松一面靠山,于是佩特洛纳斯调配各大军区的军队,分别从西南北三个方向,将阿穆尔团团包围。② 阿穆尔几次尝试突围,均以失败告终,绝望之下自杀身亡。他的儿子在逃跑时被俘虏,其余士兵全部被杀。③ 这就是著名的拉拉卡翁战役。保罗派领袖卡比亚斯也在其中一个战场上死去。拜占庭人士气高涨,乘胜前进,立刻入侵阿拉伯人占领的亚美尼亚地区,杀死了迁徙至此的亚美尼亚人阿里。于是在同一年,拜占庭帝国东部的三大敌人全部战败,其领袖死去,部下作鸟兽散。④ 拜占庭帝国收复了领土,也收获了战场上的信心,改变了在这一区域的平衡趋势,反攻时代由此开启。⑤

　　总体而言,在米哈伊尔三世的统治时期,拜占庭帝国仍然平稳运行,并在文化、军事、外交等领域取得了诸多成就。当然,作出最大贡献的是帝国的重臣们,例如塞奥克提斯图斯、巴尔达斯、佩特洛纳斯等。现代学者普遍认为,米哈伊尔三世从未真正履行过统治职责⑥,他除了大肆花钱、纸醉金迷,只是默许了辅佐他的重臣将领的建议,而没有任何个人的建树,唯有对塞奥克提斯图斯和巴尔达斯的谋杀设计得特别精心。⑦ 现代学者得出这种结论,很大程度上源于拜占庭史料中对米哈伊尔三世负面形象的刻画。米哈伊尔三世的心腹瓦西里实际上是策划谋杀巴尔达斯和皇帝本人的真正幕后黑手,但他同时又是马其顿王朝的开创者,因此,马其顿许多皇帝,例如君士坦丁七世,通过御用文人,创作了许多作品,来为瓦西里的行为洗白,典型的例证便是《皇帝瓦西里传》,其中塑造了一个英勇无畏、

———————————

① 现为土耳其北部海岸城市萨姆松(Samsun)。

② 该河流和地点均无法确定准确位置,现代学者认为在土耳其哈里斯河(Halys)附近。

③ Genesios, *On the Reigns of the Emperors*, pp. 83 – 86; *Chronographiae Quae Theophanis Continuati Nomine Fertur Libri I-IV*, pp. 255 – 261; John Skylitzes, *A Synopsis of Byzantine History*, *811 – 1057*, pp. 100 – 101.

④ W. Treadgold, *A History of the Byzantine State and Society*, p. 452.

⑤ M. Whittow, *The Making of Byzantium*, *600 – 1025*, p. 311.

⑥ J. B. Bury, *A History of the Eastern Roman Empire from the Fall of Irene to the Accession of Basil Ⅰ* (*A. D. 802 – 867*), p. 154.

⑦ W. Treadgold, *A History of the Byzantine State and Society*, p. 455.

正直公正的帝王形象,反复颂扬其丰功伟绩,以此反衬前朝末代皇帝的昏庸无道。[1] 此外,君士坦丁七世还在大竞技场中央,仿照古埃及方尖碑,为瓦西里一世树立了一座用石块建筑的方尖碑,外表用青铜鎏金整体包裹装饰、镌刻瓦西里的功绩。这样,经过马其顿王朝作家近两百年的努力,米哈伊尔三世的丑恶嘴脸和瓦西里一世的高大形象便确立起来。这样的分析不无道理,作为阿莫里王朝之后的马其顿皇帝,他理所当然要设法掩饰其先祖的道德污点,彻底搞臭前朝末代皇帝。耶尼修斯也认为米哈伊尔三世和瓦西里之间,是由于其他人心生嫉妒、有意挑拨而导致关系破裂,相互敌视。[2] 而巴尔达斯的恶行,以及米哈伊尔三世的荒唐,很可能都被极度夸大了。

历史研究不能完全依据推测,而要有充足的史料证据,但也要有合乎常理的合理想象。米哈伊尔三世是否沉迷走马放鹰、纸醉金迷的生活后人无法确知,但是他下令刺杀塞奥克提斯图斯和巴尔达斯,推翻皇太后并加害其母亲和亲姊妹都是不争的事实。他弃绝忠良,滥用皇权的细节虽然也不为后人所知,但他最后起用奸诈之徒瓦西里的史实也大致准确。据此,尽管马其顿王朝对他"妖魔化"的事实确凿无疑,人们也有理由相信他即便不是恶徒也是昏君,至少是个心智不健全或者智能低下的人物。正是他的所作所为才为瓦西里乘虚而入、篡夺皇权提供了机会。阿莫里王朝的灭亡,米哈伊尔三世需要承担全部主要责任。拜占庭帝国中央集权制国家正常的政治秩序需要心智正常的皇帝、官僚系统、法律法规、武装力量和统一的思想来维护,其中最关键的因素是皇帝,阿莫里王朝的终结再次证明了这个道理。

---

[1] *Chronographiae Quae Theophanis Continuati Nomine Fertur Liber Quo Vita Basilii Imperatoris Amplectitur*, Ihor Ševcenko ed. and trans. (CFHB 42), Berlin: De Gruyter, 2011.

[2] Genesios, *On the Reigns of the Emperors*, p. 99.

第四章

马其顿王朝

　　马其顿王朝是拜占庭帝国第八个正统王朝，统治时间长达 189 年，是帝国历史上统治时长第二的王朝，其 18 个皇帝中仅有半数为皇帝血亲世袭者，其他 9 个皇帝中有 5 个属于军事强人，4 个为末代女皇们选定的夫君，他们都是借助与皇帝继承人的姻亲关系坐上皇帝宝座。按照年代先后，这 18 个皇帝是瓦西里一世、利奥六世、亚历山大（Alexander，912—913 年在位）、君士坦丁七世、罗曼努斯一世（Romanos Ⅰ，920—944 年在位）、斯蒂芬和君士坦丁（Stephen、Constantine，944—945 年在位）、罗曼努斯二世（Romanos Ⅱ，959—963 年在位）、尼基弗鲁斯二世（Nikephoros Ⅱ，963—969 年在位）、约翰一世（John Ⅰ，969—976 年在位）、瓦西里二世（Basil Ⅱ，976—1025 年在位）、君士坦丁八世（Constantine Ⅷ，1025—1028 年在位）、罗曼努斯三世（Romanos Ⅲ，1028—1034 年在

位)、米哈伊尔四世(Michael Ⅳ,1034—1041 年在位)、米哈伊尔五世(Michael Ⅴ,
1041—1042 年在位)、邹伊(Zoe,1028—1050 年在位)、君士坦丁九世(Constantine
Ⅸ,1042—1055 年在位)、塞奥多拉(Theodora,1042—1056 年在位)和米哈伊尔六
世·布林加斯(Michael Bringas,1056—1057 年在位)。该王朝因瓦西里一世来自
8 世纪末 9 世纪初创建的马其顿军区而得名。据说,瓦西里也是农家子弟,后从
军升迁,其异常精明和见人使舵的天赋使他在前朝昏庸皇帝米哈伊尔三世宫中如
鱼得水,最终推翻了阿莫里王朝,建立了新王朝。

除了千方百计跻身该王朝的外姓人,马其顿王朝皇帝血亲世袭继承人有九
个,他们分属于六代人。第一代皇帝瓦西里一世出生在马其顿军区的查理奥波利
斯(Charioupolis)多族群聚集地,因为出身低贱,他在登上皇位后特别注意扩大与
军事贵族间的联姻关系。瓦西里一世的父亲名字不详,祖父名为麦克提斯
(Maiktes),母亲是潘卡罗(Pankalo),外祖父名为利奥,都不是高门显贵。瓦西里
一世原配妻子玛丽亚为他生下了一子四女,长子君士坦丁不幸于 879 年早逝,其
他姊妹阿纳斯塔西娅、安娜、海伦娜和玛利亚除了成为皇族联姻的工具,没有发挥
什么作用。而瓦西里一世的第二任妻子尤多奇亚·伊格琳娜则不然,她不仅出身
名门望族,还是前朝皇帝米哈伊尔三世的情人。为了避免未婚先孕的丑名传出,
皇帝逼迫瓦西里的原配离婚出家,而后于 865 年将尤多奇亚嫁给了瓦西里。他们
育有三子三女,即利奥六世(据说是米哈伊尔的遗腹子)、斯蒂芬、亚历山大、安
娜、海伦、玛丽亚。瓦西里一世先后将长子君士坦丁、次子利奥六世和幼子亚历山
大加冕为共治皇帝,其三子斯蒂芬则被安排担任了君士坦丁堡牧首。

瓦西里一世去世后,20 岁的利奥六世顺利即位,是该王朝第二代皇帝。不过
他的多次婚姻都未能解决继承人问题。其第一任妻子塞奥法诺只生下一女欧多
基娅便去世了。而后,利奥六世的第二任妻子邹伊也只生了一女安娜,不久又去
世了。利奥六世的第三任妻子欧多基娅死于难产,其寄予厚望的皇子瓦西里也随
母亲而去。直到 905 年,皇帝的情妇"黑眼圈"邹伊为他生下一个男婴君士坦丁
(即后来的君士坦丁七世),但因为他的第四次婚姻违背教会婚姻法,邹伊的身份
一直得不到承认,此事还演变为皇权和教权之间的冲突事件。利奥的弟弟亚历山
大早在出生时就被定为皇储,9 岁时加冕为共治皇帝,当利奥去世时他 30 多年的

皇储生涯终于结束，但仅仅统治 13 个月便去世了。其后，利奥六世之子君士坦丁七世及其母"黑眼圈"邹伊的身份也得到确认。

该王朝第三、第四代皇帝交接顺利，但遭遇了军事强人的干预，首先是海军司令罗曼努斯一世及其两个儿子斯蒂芬·雷卡平（Stephen Lekapenos）和君士坦丁·雷卡平（Constantine Lekapenos）。为了使变相政变合法化，罗曼努斯一世将女儿海伦娜嫁给了 14 岁的君士坦丁七世，但被自己的两个糊涂儿子斯蒂芬和君士坦丁推翻，建立雷卡平家族新王朝的野心也随之破灭。君士坦丁共育有七个子女，儿子罗曼努斯二世 6 岁时被加冕为共治皇帝，后来顺利继承了父亲的皇位；五个女儿邹伊、塞奥多拉、阿加莎（Agatha）、塞奥法诺、安娜嗣后都成为她们亲哥哥迫害的对象，被关入修道院。罗曼努斯二世的第一任妻子欧多基娅未留下子嗣，其第二任妻子塞奥法诺生育了三个子女，儿子瓦西里二世和君士坦丁八世先后即位，成为王朝第五代皇帝，而女儿安娜则远嫁基辅大公弗拉基米尔（Vladimir）。罗曼努斯二世去世后，还有两位军事强人介入并成功称帝：一个是小亚细亚军事贵族福卡斯家族的尼基弗鲁斯二世，他强娶罗曼努斯二世遗孀塞奥法诺称帝；另一个是小亚细亚军事贵族库尔库阿斯（Kourkouas）家族的约翰·基米斯基（John Tzimisces，969—976 年在位），他勾结塞奥法诺推翻了舅舅尼基弗鲁斯二世，并娶君士坦丁七世的女儿即罗曼努斯二世的妹妹塞奥多拉为妻，以获得称帝的合法性。随着瓦西里二世的登基，该王朝重新恢复正统秩序，拜占庭帝国进入鼎盛时期。

该王朝第六代皇帝是瓦西里二世的弟弟君士坦丁八世留下的三个女儿。君士坦丁八世和其妻即贵族阿里皮乌斯（Alypius）之女海伦娜未能生育男孩，只有三个女儿，长女欧多基娅早年出家修道，次女邹伊和小女塞奥多拉成为马其顿皇室的最后两名成员。她们都没留下子嗣，虽然邹伊先后找了两个丈夫并积极寻找怀孕秘方，但未能如愿，且最终收养的义子也不成器。塞奥多拉临终时虽然指定了米哈伊尔六世即位，但王朝就此断绝。

马其顿王朝是拜占庭帝国历史发展最为鼎盛的时代，不仅政治经济、军事外交、宗教文化等各个方面都呈现出繁荣昌盛的景象，而且在杰出君主瓦西里二世当政时期，帝国疆域扩张了三成，拜占庭"联邦帝国"得到加强，文化上出现了被后人誉为"马其顿文化复兴"的盛况。有关情况不在此一一赘述,只要看看后人为该王朝打上的"黄金时代"这一象征性标签,就可以知道其在拜占庭帝国历史上的地位了。这里需要指出该王朝强盛有一个重要的现象值得注意,即军事贵族势力强大,这与早期的各个王朝形成了比较鲜明的对比。显然,这一现象与7世纪初逐步推向全国的军区制有密切关系。这一制度赋予地方军事将领更大的权力,他们借助全面掌控所辖军区的军事、政治、经济、司法等各种权利和资源,迅速发展家族实力,形成了以大土地为支撑的地方军事强权,逐渐扭转了查士丁尼时代贵族全面瓦解的趋势。拜占庭帝国社会军事化有助于对外战争,但也因军事贵族的兴起埋下了此后衰败的祸根。

第一节

瓦西里一世（Basil Ⅰ）

867—886 年在位

瓦西里一世(Basil Ⅰ,Βασίλειος,生于830年或835年或836年5月25日,卒于886年8月29日,享年50多岁)是马其顿王朝第一位皇帝,也是该王朝的创立者①,867年9月23日或24日至886年8月29日在位19年。

瓦西里一世的早年生活缺乏史料记载,其父名字不详,祖父名为麦克提斯,母亲是潘卡罗,外祖父名为利奥,他们可能没有贵族背景。围绕其出生时间存在很多种说法,有的认为他生于830年,也有的说他生于835年,还有的说他生于836年5月25日。有关其出生地也存在色雷斯和马其顿两种意见,后者的可能性更大一些,因为时人将他创建的王朝称为马其顿王朝。瓦西里起步于微时,后经苦心经营,逐步成为米哈伊尔三世的宠臣,直到866年被加冕为共治皇帝。时人及后世人都对他讨好昏庸的米哈伊尔三世以及助纣为虐以篡夺皇位的无耻行径一

---

① 该王朝因瓦西里一世来自马其顿军区而得名,马其顿军区创建于8世纪末9世纪初,首府在亚得里亚堡,在色雷斯军区的基础上扩建而成,属于东部军区,其地位高于欧洲的西部军区。

致谴责,其人品也受到诟病,但对其建立新王朝并取得不错的政绩并无非议。

从瓦西里一世登基,至塞奥多拉去世,该王朝统治长达 189 年之久,是统治时间仅次于末代王朝帕列奥列格王朝(Palaeologus dynasty)的第二长寿王朝。在马其顿王朝的统治下,拜占庭帝国进入全盛时期,被称为帝国的"第二个黄金时代"。瓦西里一世既是马其顿王朝的开创者,也是阿莫里王朝的终结者。瓦西里一世的一生极富传奇色彩,他出身于社会底层,最终跃升为帝国最高统治者,在拜占庭帝王中也堪称佼佼者。

瓦西里一世成为皇帝后,对个人出身进行诸多修饰,以减少人们对其统治的质疑。据了解,帝国前任大主教弗提乌斯向瓦西里一世进献族谱,以证明虽然瓦西里一世的父母均为农民,但是其祖先可追溯至亚美尼亚的安息王阿尔萨西德斯(Arsacids),此举赢得瓦西里一世的欢心,弗提乌斯也得以从流放中被召回以示嘉奖。[①] 弗提乌斯提供的族谱的真实程度无人知晓,但是他提到的亚美尼亚族源值得探究,事实上,关于瓦西里一世的族源问题,一直是学界争论的焦点问题之一。有记载说瓦西里一世于 811 年底出生在马其顿军区查理奥波利斯的多民族聚居区。[②] 关于瓦西里一世的族源,希腊史书认为他是亚美尼亚或马其顿人,亚美尼亚史料认为他有纯正的亚美尼亚血统,阿拉伯资料中又称他为斯拉夫人。多数学者认为瓦西里一世是居住在马其顿军区的亚美尼亚人。而考虑到马其顿军区内亚美尼亚人与斯拉夫人人数众多,也许瓦西里一世拥有亚美尼亚与斯拉夫的双重血统。也有学者认为瓦西里一世的先祖应是亚美尼亚人,其后代与斯拉夫人进行通婚,逐渐斯拉夫化,这种通婚在马其顿地区很普遍。[③] 但也有学者对此持谨慎态度,认为瓦西里一世的族源仍然无法最终确定。[④] 瓦西里一世早年生活充满艰辛与动荡。813 年,年幼的瓦西里一世被掠至保加利亚,直至 836 年他才与拜占庭人塞奥菲鲁斯一起返回色雷斯[⑤],结束了长达 20 多年的俘虏生活。

① W. Treadgold, *A History of the Byzantine State and Society*, p. 457

② W. Treadgold, *A History of the Byzantine State and Society*, p. 455;A. A. Vasiliev, *History of The Byzantine Empire*, *324 - 1453*, p. 301.

③ A. A. Vasiliev, *History of The Byzantine Empire*, *324 - 1453*, p. 301.

④ Norman Tobias, *Basil Ⅰ, Founder of the Macedonian Dynasty: A Study of the Political and Military History of the Byzantine Empire in the Ninth Century*, Michigan: University Microfilms Inc, 1970, p. 264.

⑤ W. Treadgold, *A History of the Byzantine State and Society*, p. 455.

　　瓦西里一世成为皇帝之后,所受到的质疑不仅仅由于出身低微,更在于其获取皇位的方式,使马其顿王朝留下了以篡位为开端的恶名。甚至到 11 世纪时,拜占庭史家普塞洛斯(Psellos)还在感叹,大概没有任何一个家族能像瓦西里一世家族那样受到上帝如此的眷顾,他们发迹于不法行为,做过杀人屠戮的血腥事。关于瓦西里一世是如何从东部军区来到首都君士坦丁堡,又如何一步步成为时任皇帝米哈伊尔三世的亲信,并最终取而代之成为帝国最高统治者,拜占庭史料记述不尽相同,但大致可以厘清瓦西里一世来到首都后的人生轨迹。结束战俘生活后,瓦西里一世来到君士坦丁堡谋求发展,很快便成为皇亲塞奥非利特斯(Theophilitzes)的马夫,因孔武有力及出色的驯马技术而受到赏识。瓦西里一世随同塞奥非利特斯前往伯罗奔尼撒执行公务时,当地权贵帕特拉(Patras)的达尼里斯(Danielis)因其相马术出众而给予他大量的礼物及赏赐。瓦西里一世利用这笔钱在马其顿购买了土地,经济条件得到了极大改善。[①] 之后,瓦西里一世被推荐给皇帝米哈伊尔三世,掌管皇家马厩,不久因善于察言观色、侍奉皇帝而被晋升为御前大臣。866 年 4 月 21 日,米哈伊尔三世的舅舅凯撒巴尔达斯因位高权重受到忌惮,在迈安德河(Maeander River)河畔被处死,瓦西里一世被认为是这一事件的幕后推手。仅仅一个月之后,866 年 5 月 26 日,瓦西里一世被册封为共治皇帝,由牧首弗提乌斯为其进行加冕,按照拜占庭的政治传统,这意味着瓦西里一世初步具备了皇位继承人的资格。但是很快瓦西里一世似乎也失去了米哈伊尔的宠信,为了防止重蹈巴尔达斯的覆辙,867 年 9 月 23—24 日,瓦西里一世将在宫宴中醉酒的米哈伊尔三世杀害,发动宫廷政变,以共治皇帝的身份继位称帝。

　　瓦西里一世的家族成员,除了第二任妻子尤多奇亚·伊格琳娜,似乎并未对其政治生活有过重要影响。瓦西里一世有两任妻子,第一任妻子玛丽亚为原配,后因前任皇帝将未婚先孕的情人转嫁给他而与其离婚,他们育有长子君士坦丁。转嫁给他的第二任妻子名叫尤多奇亚·伊格琳娜,尤多奇亚出身贵族,曾为昏君米哈伊尔三世的情人,865 年与瓦西里一世结婚,育有三子三女,即利奥六世(据说就是米哈伊尔的遗腹子)、斯蒂芬、亚历山大、安娜、海伦、玛丽亚。尤多奇亚在

---

① John Skylitzes, *A Synopsis of Byzantine History, 811-1057*, pp. 122-124

瓦西里一世继位后,成为皇后,882 年在利奥六世统治期间去世。

瓦西里一世登基后,先后册封三位皇子为共治皇帝,以加强家族统治。869 年,瓦西里一世加冕长子君士坦丁为共治皇帝,870 年加冕次子利奥六世为共治皇帝,879 年加冕幼子亚历山大为共治皇帝,三子斯蒂芬被安排从事宗教事务,在利奥六世时期成为君士坦丁堡牧首。由于君士坦丁在 879 年 9 月 3 日因病先于父皇去世,次子利奥六世便成为瓦西里一世的第一顺位继承人。

瓦西里一世在位期间,也经历了数次谋反,他的个人经历更易激起野心家对皇位的觊觎。诚如拜占庭谚语所说:"正如虫子喜欢甜味的木头,好事也经常被艳羡。"①在瓦西里一世执政早期,贵族乔治与辛巴提乌斯意图谋反,但很快遭到揭发,主谋者被剜去眼睛,其他从犯被游街示众、流放。② 虽然谋反并未成功,但是反映出这一时期谋反者已越来越多具有贵族家族的背景。这一现象是自公元 6 世纪以后逐渐显现的。

瓦西里一世的孙子君士坦丁七世曾作《瓦西里一世传》(*Vita Basilii*),歌颂这位马其顿王朝开创者的丰功伟绩,传递优秀的政府管理经验及相关知识。③ 文中高度赞扬瓦西里一世在位 19 年的功绩,说他在法律、宗教、对外事务中皆有伟大建树,为马其顿王朝的兴盛奠定了重要基础。为了颂扬其伟大功绩,君士坦丁七世还在竞技场上专门树立了纪念性方尖碑,并用珍贵的青铜包裹整个碑体,上面以鎏金浮雕描述其各项丰功伟绩。君士坦丁七世方尖碑的树立还有一个重要的意义,即强化王朝统治的合法性,洗清瓦西里一世的恶名。

瓦西里一世的内政成就首先体现在立法方面。瓦西里一世、利奥六世时期又被称为法律编撰时代,相继出台了多部法典。虽然瓦西里一世是个"大老粗",但尊敬读书人,喜欢古典文化,十分崇慕熟知古希腊罗马文化的人,极力倡导罗马法

① *Chronographiae Quae Theophanis Continuati Nomine Fertur Liber Quo Vita Basilii Imperatoris Amplectitur*, p. 129.

② John Skylitzes, *A Synopsis of Byzantine History*, *811 – 1057*, p. 132; *Chronographiae Quae Theophanis Continuati Nomine Fertur Liber Quo Vita Basilii Imperatoris Amplectitur*, p. 129.

③ *Chronographiae Quae Theophanis Continuati Nomine Fertur Liber Quo Vita Basilii Imperatoris Amplectitur*, p. 9.

的复兴。他发现古代的《查士丁尼法典》已经陈旧,法条有的实用,有的已过时。[1]"意识到法典的混乱状况,他毫不犹豫地要进行妥当的改革。他废止那些陈旧的律法,并减少了通行律法的数量。"[2]他上台之后,首先着手罗马法典的编撰,并根据社会经济条件的变化增添新法,瓦西里一世将这部法典命名为《古法纯净》,不过这部法典在瓦西里一世时期并未完成,在利奥六世上台后,才最终形成60卷本的《皇帝法典》(Basilika, τὰ βασιλικά),这里所谓皇帝指的就是瓦西里。

瓦西里一世在位时期先后颁行了两部法律文本,即《法律手册》(Prochiron, πρόχειρος Νόμος)和《序言》(Epanagoge, π   αναγωγή)。值得注意的是,这两部律法共同体现出中期拜占庭立法的两大特点。其一,以希腊语对《查士丁尼法典》进行重新修订,实现法律文本从拉丁文到希腊文的转变。其二,在法律理念上,体现基督教的影响,皇帝权威不再是法律的最高来源,"正义表现在上帝赋予的法律中"[3],皇帝颁行法律是履行神圣的职责,上帝成为法律的最高来源,皇帝仅处于从属的地位。

《法律手册》出台的时间大概在870—879年[4],以瓦西里一世、君士坦丁、利奥六世皇帝的名义颁布。《法律手册》共40卷,主要包含民法规范以及对不同的过失和犯罪的齐全的惩罚措施。前21卷主要取材于《查士丁尼法典》,而且主要依据的是希腊文的修订版、节选版,而非拉丁文的原版,保留了原有的拉丁语名词,附以希腊语的解释。该法典认为伊苏里亚王朝时期的《法律选编》对帝国来说毫无益处,没有存在的必要。尽管有如此严苛的标准,但是在21章后还是大量使用了《法律选编》的内容。[5]

《序言》出台于886年前后,以瓦西里一世、利奥六世、亚历山大皇帝的名义颁布。《序言》原本作为《古法纯净》的介绍,替代伊苏里亚王朝的《法律选编》。

---

[1] Chronographiae Quae Theophanis Continuati Nomine Fertur Liber Quo Vita Basilii Imperatoris Amplectitur, p. 127.

[2] John Skylitzes, A Synopsis of Byzantine History, 811 -1057, p. 132

[3] A. E. Laiou, Law and Society in Byzantium: Ninth-Twelfth Centuries, Washington, D. C.: Dumbarton Oaks Research Library and Collection, 1994, p. 77.

[4] 也有学者将《法律手册》的出台时间定为872年,见 A.E. Laiou, Law and Society in Byzantium, p. 71。

[5] A. A. Vasiliev, History of The Byzantine Empire, 324 -1453, p. 340.

《序言》几乎涵盖所有的法律分类,主要取材于查士丁尼的《民法大全》,并参考《法律选编》。虽然《序言》在推行20年之后即被取代,但是很多条款被纳入私法典籍中。①《序言》还被翻译成斯拉夫语,对斯拉夫世界的法律产生重要影响。

有学者认为《序言》只是《法律手册》的修订和补充。瓦西列夫认为两者有很大区别。首先,《序言》新增了关于皇帝与牧首权力与地位的法律条文,是处理国家与教会关系的重要依据。其次,它取材于《法律手册》的内容,并进行了重新编排。再者,牧首弗提乌斯亲自参与撰写,他的影响力不仅体现在对皇帝与牧首权力的界定上,也体现在对东正教不同教区牧首地位的规定上,除首都君士坦丁堡牧首外,其他教区大主教都视为地方性的最高教职。② 教会的权力进一步得到提升。

瓦西里一世时期,东、西教会的关系进一步恶化。虽然瓦西里一世即位之初曾积极修复与西方教会的关系,但是随着宗教权力竞争的加深,东、西教会的矛盾不断升级,双方争夺基督教世界最高权力的博弈更加激烈。瓦西里一世的态度也转而强硬,积极争取对周边民族的宗教控制权。在此过程中,拜占庭帝国获得了保加利亚教会的领导权,进而扩大了拜占庭教会的影响力,而保加利亚教会也利用东、西教会争斗的契机,获得一定程度的自治权。

长期以来,罗马教会与拜占庭教会在教义、礼仪、组织方面存在分歧,尤其涉及宗教权力时,双方对抗毫不妥协,东、西教会的关系也随之恶化。事实上,在米哈伊尔三世时期,东、西教会的斗争已白热化,牧首弗提乌斯积极捍卫拜占庭教会的权益,拒绝承认罗马教宗的最高权威,并获得米哈伊尔三世的全力支持。但是瓦西里一世上台后,改变了米哈伊尔三世的宗教政策,他罢免了牧首弗提乌斯,重新起用伊格纳提乌斯,努力改善与西方教会的关系。在与教宗的通信中,瓦西里一世与伊格纳提乌斯认可教宗对东方教会事务的权威与影响力。信中写道:"神父,尊敬的教宗! 您对不公的干预,不断改善着我们的教会,带给我们大量好处,换句话说,纯粹的统一,远离任何争论与分裂的精神上的合一,一个信仰基督的教

① Alexander P. Kazhdan ed. , *The Oxford Dictionary of Byzantium*, pp. 703 - 704.
② A. A. Vasiliev, *History of The Byzantine Empire*, 324 - 1453, p. 341.

会,服从一个牧师的信众。"①伊格纳提乌斯以十分谦卑的口吻给教宗去信,恳请罗马教宗向君士坦丁堡派遣传教士,在结尾处他写道:"他们的到来能使我们更好地、更恰当地安排我们的教堂。"②869 年君士坦丁堡召开大公会议,这也被认为是基督教会第八次大公会议,教宗哈德良派代表参加,会上通过了开除弗提乌斯的教籍,瓦西里一世向教宗示好,并在很多方面做出妥协,但是在核心神学问题,尤其是关于罗马教区的管辖权问题上,双方难以达成共识。会议结束三天之后,保加利亚的使团到达君士坦丁堡,大公会议重新召开,讨论保加利亚教会的归属问题。在此之前,保加利亚王伯利斯曾积极向罗马靠拢,希望在保加利亚建立独立的教会,但是伯利斯从保加利亚人中挑选的大主教候选人均被罗马否决,这促使伯利斯投向君士坦丁堡教区。在此次大公会议中,尽管教宗的代表反对,三个东方教区的代表还是做出了有利于拜占庭帝国的决定。保加利亚教会承认君士坦丁堡教区至高无上的地位,但是仍保留了一定程度的自治。③

瓦西里一世再次起用弗提乌斯,标志着宗教政策的转向。瓦西里一世即位之初罢免弗提乌斯,推行缓和的宗教政策,一方面是为了终止教会内部的斗争,另一方面是以宗教方面的妥协换取罗马的政治联盟。但是弗提乌斯下台后,他的拥护者并未停止争斗,拜占庭帝国与罗马在南意大利教区归属问题上也未达成联盟,而且随着保加利亚归属问题的争夺日益激烈,瓦西里一世也不再退让。④ 875 年,瓦西里一世将弗提乌斯召回君士坦丁堡,命其负责皇子的教育。877 年 10 月 23日伊格纳提乌斯去世,三天之后弗提乌斯再次成为大主教,并得到了教宗的认可。⑤ 879 年 11 月,大公会议再次在君士坦丁堡召开,弗提乌斯召集了 383 位主教来参加,罗马教宗约翰三世也派了使节,会上通过了对弗提乌斯的重新起用,并宣读尼西亚教义,但并不包括在西部教会坚持的"和子说"。⑥ 此外,会上认为教

---

① A. A. Vasiliev, *History of The Byzantine Empire, 324–1453*, p. 330.
② A. A. Vasiliev, *History of The Byzantine Empire, 324–1453*, p. 330.
③ G. Ostrogorsky, *History of the Byzantine State*, pp. 234–235.
④ G. Ostrogorsky, *History of the Byzantine State*, p. 238.
⑤ G. Ostrogorsky, *History of the Byzantine State*, p. 239.
⑥ 这是拉丁语词汇,见于尼西亚信经中,是基督教东西教会重大分歧之一,"圣灵是来自神圣的父和子",还是仅仅来自圣父。

宗并不具有对于整个教会的权威,君士坦丁堡的牧首无须得到教宗的肯定。① 教宗对于此次会议极度不满,派出使节抗议,宣布此次会议通过的条款无效。但是瓦西里一世与弗提乌斯对此置之不理,甚至逮捕了教廷使节。② 瓦西里一世在位后期,东、西教会的关系已不断恶化,这也为之后东、西教会的分道扬镳埋下伏笔。

　　瓦西里一世在位期间大力支持帝国内的宗教活动,他是各大教堂、修道院的重要资助者。在毁坏圣像运动结束之后,帝国宗教生活开始复苏,拜占庭皇帝的支持推动了宗教生活的繁荣。瓦西里一世对宗教活动的慷慨捐赠,也被后任皇帝继承。12 世纪的拜占庭史家仲纳拉斯曾批评伊萨克(Isaac Komnenos,1057—1059 年在位)皇帝对教会、修道院的大肆捐助导致了国库匮竭,并认为瓦西里一世皇帝正是始作俑者。③ 在 869 年 1 月 8 日君士坦丁堡及其周边发生严重地震后,瓦西里一世投入大量物力财力重建教堂,重修的教堂包括威兹德姆教堂(Wisdom Church)、圣徒塞尔吉乌斯及巴克科斯教堂、霍尔米兹德斯教堂(Hormisdas Church)、阿珀斯塔莱教堂(Apostale Church)、圣母教堂、圣斯蒂芬教堂、圣徒菲利普教堂、圣安德鲁教堂、圣罗曼努斯教堂等。④ 瓦西里一世时期,宗教经济也得到极大发展,教会、修道院的世俗化不断加深,逐渐成为威胁帝国财政收入的隐患,宗教与世俗经济的矛盾冲突也在此后逐步升级。

　　瓦西里一世在位时期,注重对小农土地的保护。有史料称,掌管帝国公共财库的官员以增加帝国财政收入为由,建议对村社中的弃耕土地进行重新出售,但是并未被采纳。⑤ 虽然财政官员的提议可以为帝国带来可观收入,但是从长远来看,弃耕土地进入流通后,很容易被大地产者据为己有,加重土地兼并的势头。瓦西里一世拒绝出售弃耕土地,实则也是为了抑制大地产的发展,从而保护帝国财政收入和经济发展的基本层面——小农经济的安全。

①　A. A. Vasiliev, *History of The Byzantine Empire, 324 – 1453*, p. 331

②　A. A. Vasiliev, *History of The Byzantine Empire, 324 – 1453*, p. 332

③　R. Morris, *Monks and Laymen in Byzantium 843 – 1118*, Cambridge: Cambridge University Press, 1995, p. 19.

④　John Skylitzes, *A Synopsis of Byzantine History, 811 –1057*, pp. 155 – 158.

⑤　*Chronographiae Quae Theophanis Continuati Nomine Fertur Liber Quo Vita Basilii Imperatoris Amplectitur*, pp. 321 – 325.

　　瓦西里一世即位后,积极开展收复失地战争,虽然战果并不显著,但是为之后帝国军事战略的重大调整确定了方向。随着帝国整体实力的提升,其对外战事更为积极主动,收复失地成为重要的战略目标。7世纪时拜占庭帝国曾遭遇波斯人、阿拉伯人的入侵,丧失美索不达米亚、叙利亚、巴勒斯坦、埃及等大量领土,艰难度过存亡危机之后,帝国的对外战略长期以防御为主。瓦西里一世称帝之后,招募新兵充实军队,积极开展对外战事,为帝国大范围的收复失地活动奠定了基础。瓦西里一世在位期间,外部环境相对宽松,帝国与东部的亚美尼亚,北部的罗斯、保加利亚,西部的威尼斯及其他西方国家均维持着和平关系,再加上阿拉伯宫廷内部纷争不止,868年突伦王朝(Tulunids)的崛起,北非阿拉伯人陷入内战,西班牙后倭马亚统治区基督教人口处境恶化等,均为瓦西里一世与东、西部阿拉伯人作战提供了有利时机。[①]

　　拜占庭人首先在小亚细亚东部地区继续扩充领土。当瓦西里一世把内政事务处置妥当后,他便开始加紧对罗马的敌对势力发动进攻。[②] 拜占庭人东扩面临的首要敌人是由异端保罗派建立的政权,他们盘踞在幼发拉底河上游的泰夫里卡(现土耳其的迪夫里伊),保罗派首领、金手执政官赫利梭黑(Chrysocheir)曾与阿拉伯人联手侵占尼西亚,洗劫以弗所。之后,拜占庭人对保罗派的反击并未有显著成效。872年,赫利梭黑再次入侵拜占庭领土,瓦西里一世派遣将军克里斯托弗前去迎敌,此时赫利梭黑带着大量战利品已准备撤退,克里斯托弗命令查尔西农(Charsianon)与亚美尼亚军区将军率军尾随赫利梭黑的部队,以确定赫利梭黑是返回泰夫里卡还是继续侵占拜占庭领土。行至巴塞亚克斯(Bathyrryax)时,查尔西农与亚美尼亚两军区的军人围绕谁资历更深的问题进行争论,两位军区将军决定以实际行动来判定哪个部队更为英勇。此时,赫利梭黑的部队驻扎在山脚下,而拜占庭军队位于高处,占据有利位置,两位军区将军各自挑选了600人组成先锋队,趁天黑之际偷袭赫利梭黑的驻地,其余的拜占庭军人仍待在高处,并配合进兵摇旗呐喊,以造成拜占庭主力部队来袭的假象。赫利梭黑的部队很快溃不成军,陷入绝望,赫利梭黑被杀。保罗派自此开始衰落,拜占庭人逐步收复了被保罗

① A. A. Vasiliev, *History of The Byzantine Empire, 324 -1453*, p. 303.

② John Skylitzes, *A Synopsis of Byzantine History, 811 -1057*, p. 133

派占领的领土。① 此后,拜占庭与东部的阿拉伯人领土直接接壤,不断与东部阿拉伯人进行作战,几乎每年都定期发生冲突,双方各有胜负,拜占庭人曾短暂收复塞浦路斯,控制七年之后,再次失守。

瓦西里一世被认为是自康斯坦斯二世之后,第一位成功恢复帝国在西方势力的皇帝。他在与西部阿拉伯人的战争中取胜。此时,阿拉伯人控制着西里西亚的大部分地区和南意大利的一些重要据点。瓦西里一世曾派出由 139 只战船组成的舰队,以清除阿拉伯人在亚得里亚海的势力。意大利的复杂状况也给西方法兰克人皇帝路易二世提供了机会,在拜占庭人的帮助下,他于 871 年占领了重要城市巴里(Bari)。在路易二世去世后,巴里于 876 年接受拜占庭官员的管辖,成为拜占庭的属地。瓦西里一世意图与路易斯二世结成同盟,将阿拉伯人赶出意大利、西西里,但是联盟并未成功,很快瓦解。与此同时,阿拉伯人占领了具有重要战略地位的马耳他岛,在 878 年经过 9 个月的围攻后,占领了叙拉古,住在当地的修道士塞奥多西是这次战役的亲历者。这座城池陷落后,塞奥多西被阿拉伯人囚禁于巴勒莫。据他记载,在围城期间,城内发生了饥荒,居民不得不食用杂草、动物的皮毛、混着水碾碎的骨头,甚至是尸体。饥荒还引发了传染病,造成大量人口死亡。此后帝国在西西里岛的重要据点只剩东部海岸的塔罗米尼昂(Tauromenium)。880 年,老福卡斯将军成功占领了塔兰托及卡拉布里亚的大部分地区。瓦西里一世对阿拉伯人大范围反击的计划并未实现。②

瓦西里一世是马其顿王朝的创立者,在位期间多有建树,因此其后的皇帝都十分崇敬他,特别是以文见长的君士坦丁七世留下了大量有关他的描写,其中的赞美之词极尽歌功颂德,显然带有掩盖其阴谋篡位污点的意图。对于历史人物,后人的评价还是应该客观公正,要结合历史发展进程评价其历史是非,特别是在拜占庭千余年历史发展中的关键时刻考察其作用和贡献。如果采取这样的立场看问题,那么就可以毫不犹豫地认为瓦西里一世是具有智谋的君主,他不仅因为精明能干顺利进入帝国权力核心层,结束了前朝昏庸皇帝的统治,取而代之,而且

① John Skylitzes, *A Synopsis of Byzantine History, 811 – 1057*, pp. 135 – 137.
② A. A. Vasiliev, *History of The Byzantine Empire, 324 – 1453*, p. 304.

在位期间强化了拜占庭帝国中央集权制,使内政外交均恢复了大帝国专制皇帝正常的运作,奠定了其后皇帝在帝国政治治理和对外战争取胜方面的基础。如果说批评他道德存在污点的拜占庭史家带有"前朝正统"观念的时代局限性,那么他篡位夺权应该被视为其以智谋夺权的正当举动。一个更有作为的皇帝比一个祸害拜占庭帝国的昏君必定更有利于帝国的发展,而一个充满生机的王朝比一个命运多舛的王朝更有生命力,也更符合帝国的长远利益。瓦西里一世在位期间取得的成就自然也有利于拜占庭帝国的长远发展。

第二节

利奥六世(Leo Ⅵ)

886—912 年在位

　　利奥六世(Leo Ⅵ, Λέων ΣΤ′ ὁ Σοφός,生于 866 年 9 月 19 日,卒于 912 年 5 月 11 日,享年 46 岁)是马其顿王朝第二位皇帝,886 年 9 月 1 日登基,至 912 年 5 月 11 日,在位近 26 年。

　　利奥六世酷爱学问,热衷立法,被后人称为"智者"利奥。利奥六世是瓦西里一世的第二个儿子。他的兄长君士坦丁不幸于 879 年早逝,瓦西里一世去世后,皇位传给利奥六世,这也是马其顿王朝第一例父死子继的皇位传承。利奥六世出身于皇室,自幼接受一流教育,师承牧首弗提乌斯,博闻多识。利奥六世非常多产,是位优秀的修辞学家,他对神学十分感兴趣,撰写了大量用于礼拜仪式的诗、布道词、演讲稿以及父亲瓦西里一世葬礼上的长篇悼词,他还创作了许多关于世俗生活的诗。[①] 在《圣经·旧约》中,智者与法律制定密切相关,如上帝给予所罗门的礼物,就是裁定法律纠纷的智慧,学者称利奥六世为所罗门式的皇帝。[②] 利

---

① G. Ostrogorsky, *History of the Byzantine State*, p. 242.

② Meredith L. D. Riedel, *Leo Ⅵ and the Transformation of Byzantine Christian Identity*, Cambridge: Cambridge University Press, 2018, p. 6.

奥六世与他的父辈瓦西里一世不同,并非通过军功来建立皇帝的权威,他倾心于各类法律典章,通过法律权威巩固皇权,强调君权神授。这也与他的成长经历有关。作为瓦西里一世的第二子,利奥六世并不是第一序位的皇储,因此长期热衷于学习和学问,直至瓦西里一世的长子君士坦丁去世,他才成为最有可能的皇位继承人,在此之前,利奥六世将大部分精力投入学术生活,这对他此后的执政影响很大。

利奥六世上台之后采取了多项措施加强皇权,就此而言,他也是位务实的政治家。886 年,利奥六世上台伊始即罢免了牧首弗提乌斯。弗提乌斯曾是利奥六世的老师,但是似乎两人关系并不和睦,在利奥六世成为皇帝后,弗提乌斯被视为异己。据斯基利齐斯记载,弗提乌斯与权臣勾结,意图谋反,因而遭到罢免。[1] 利奥六世借此机会,清除了政敌,并加强了对教会事务的控制。利奥六世在内政、外交方面,除了继承瓦西里一世的大政方针,还有所拓展,特别是发挥了其才干,颁行了涉及法律、农业、工商业、军事等多方面的典籍,并吸取对外战争失利的教训,积极加强海军建设,为马其顿王朝此后的东征奠定了坚实基础,是拜占庭帝国第二个"黄金时代"重要的奠基者。

利奥六世的第四次婚姻是拜占庭历史上赫赫有名的政治事件,它不仅仅事关帝国最高统治者的婚姻问题,还涉及皇权与教权的博弈与妥协,甚至牵涉对外关系。利奥六世上台初期,皇嗣问题迟迟未能解决,他在第三次结婚后,也未能获得皇子,即使多次婚姻一再触犯基督教婚姻法,利奥六世也并未放弃获取男性子嗣的想法。他的第四次婚姻虽然终于如愿以偿获得皇子,但遭到教会人士的强烈反对,也造成了帝国政教间的重大分裂,并产生广泛的社会影响。892 年,利奥六世迎娶了第一任妻子塞奥法诺,并育有一女欧多基娅,但不久塞奥法诺便去世了。898 年,利奥六世迎娶第二任妻子邹伊,但这次结婚并不顺利,因为他与邹伊在此之前是非法情人关系,一直受世人诟病,而且受到教会婚姻法的限制,不能完全免于教会的谴责。此外,第二次婚姻还受到一些政界人士的反对,据记载,元老安东

---

[1] John Skylitzes, *A Synopsis of Byzantine History, 811－1057*, p. 165.

尼拒绝承认这场婚姻。① 邹伊婚后育有一女安娜,但她成为皇后 20 个月之后便去世了。900 年,利奥六世迎娶了第三任妻子欧多基娅,此次婚姻既违背了拜占庭世俗法也违背了教会法,其婚姻的合法性很难得到认可。一年之后欧多基娅死于难产,也并未留下皇子。905 年,皇帝的情妇"黑眼圈"邹伊为利奥六世生下一子,次年 1 月 6 日,牧首尼古拉为这个婴儿施洗礼,起教名君士坦丁(即后来的君士坦丁七世)。当然,举行施洗圣礼的条件是利奥六世与邹伊不再相见。显然,教会并不认可她的身份。

但是 906 年复活节后不久,利奥六世便公开迎娶了第四任妻子邹伊。他的这次婚姻受到牧首尼古拉的强烈反对,牧首拒绝承认利奥六世第四次婚姻的合法性,并禁止皇帝进入教堂,以至于在 906 年圣诞节、907 年主显节,利奥六世前往圣索菲亚大教堂时都被拒之门外。利奥六世转而寻求罗马教宗塞尔吉乌斯三世(Sergius Ⅲ)的支持,并很快获得了豁免权。一方面,罗马的婚姻法比拜占庭要宽松,另一方面,更重要的是拜占庭皇帝绕过自己的牧首而寻求教宗的支持,是对教宗至高权力的认可。② 获得教宗的支持后,利奥六世迫使牧首尼古拉辞职,并于 907 年 2 月任命优西米乌斯为牧首,还于 908 年 5 月 15 日加冕君士坦丁为共治皇帝。但是政教纷争并未就此停止,教会内部也出现了严重分歧。关于利奥六世的第四次婚姻,教会内部分成两大派,大部分教士支持尼古拉,拒绝认可利奥六世的第四次婚姻,并谴责新任牧首优西米乌斯;少部分教士支持利奥六世的第四次婚姻,拥戴牧首优西米乌斯。③ 利奥六世在位后期,为了缓和教会内部的纷争,重新起用了德高望重的尼古拉,罢免了优西米乌斯。④

学者们对利奥六世第四次结婚事件进行了深度解读。有学者从权力斗争的角度,认为此次事件是皇权与教权的再次博弈。⑤ 总体而言,在拜占庭帝国皇权高于教权,并未出现西欧社会皇权与教权分庭抗礼的局面,但是皇权与教权也存

---

① Tougher, Shaun, *The Reign of Leo Ⅵ (886 - 912): Politics and People*, Leiden; New York; Koln: Brill, 1997, p. 142.

② G. Ostrogorsky, *History of the Byzantine State*, p. 260.

③ A. A. Vasiliev, *History of The Byzantine Empire, 324 - 1453*, p. 333.

④ A. A. Vasiliev, *History of The Byzantine Empire, 324 - 1453*, p. 334.

⑤ 陈悦:《浅析拜占庭中期"婚姻法"的特点》,《西南大学学报(社会科学版)》2013 年第 1 期。

在此消彼长的博弈过程,随着教权逐步强大,皇权也受到一定挑战。皇权与教权主要从三个方面展开竞争:教义解释的主导权、教会高级教职人员的任免权以及教会对世俗事务的干预权。利奥六世的第四次婚姻,为皇权与教权的权力角逐提供了契机,按照教会法的规定,第四次结婚是被严格禁止的,牧首尼古拉拒绝承认利奥六世第四次婚姻的合法性,是在维护教会法对婚姻问题的法规,也是加强教会对世俗事务的干涉权。虽然利奥六世出于皇位传承的政治考量,坚持为君士坦丁七世加冕,迎娶邹伊为皇后,但是教会的反对之声一直存在,君士坦丁七世共治皇帝的身份也一再受到质疑,这似乎为君士坦丁七世之后坎坷的登基之路埋下伏笔。在利奥六世去世之前,为了恢复教会内部的稳定,重新起用了尼古拉,表现了皇帝一定程度的妥协。

利奥六世上台之后,对经济政策有所调整,涉及农业、工商业等领域,总体而言,加强了中央政府对经济的管控。但是,时人对其评价褒贬不一,特别是这些政策对于帝国社会经济的长远影响,在后世人中引起了很大争议。利奥六世在位时期颁布的关于农民出售土地的法令条例,引起很大分歧,法令规定:"允许土地的所有者不受干涉、无须公示地将土地出售给他满意的购买者。我们的皇帝允许那些有意愿履行所购土地财税义务的人购买土地,并不受邻人的反对。因为,如果贫困之人没有丰厚的财产,希望出售他的土地,而他的邻人日复一日私下等待他放弃土地,然后无偿占有土地,我们的皇帝认为这是极端不公正的。因此,我们授权所有贫困之人出售他们难以维持的土地。一旦土地的价值得到评估,那么通过公平交易获得土地的购买者将保有他的收获物。邻人在第一年的前六个月内可以提出申诉,并在归还购买者钱款之后,获得这一土地。期限一过,邻人将无权插手,土地的所有权也将归属于购买者。"①关于这则法令的解读,焦点在于该法令对农民优先购买权的态度,是限制、否定,还是仅仅弥补过往法令的漏洞。学者们的观点并不统一,奥斯特洛格尔斯基认为这则法令表明了利奥六世对优先购买权的限制,其更深远的后果是,权贵有可能更容易地获取小农土地,土地贵族力量必

---

① Eric Mcgeer, *The Land Legislation of the Macedonian Emperor*, Toronto: Pontifical Institute of Mediaeval Studies, 2000, p. 36.

将增强,土地兼并的现象更为严重,这加速了拜占庭的封建化进程。[①] 但也有学者持不同意见,勒梅勒认为利奥六世的这一举措,并非对优先购买权的否定,只是为了防止其被滥用,将邻人的优先购买权限制在六个月以内,这对陷于困境的农民是有益的。[②] 利奥六世的这则法令大概颁行于其统治后期,在其去世后,相关法规很快被替代,似乎并未产生很大影响。

利奥六世在位期间,也加强了对手工业和商业的管理,并颁行了《市政官手册》(To eparchikon biblion, Tò ἐπαρχικὸν βιβλίον)。《市政官手册》主要针对首都君士坦丁堡的工商业行会管理,共有 22 章,其中前 19 章都是关于行会的具体规定,是对各个行会经营运转的规范。具体的行会包括公证人、金银珠宝商、钱庄经营商、丝织品商人、从叙利亚和巴格达进口手工产品的商人、生丝商人、纺丝工、成丝染匠、亚麻布商人、香料商人、蜡烛商人、肥皂商人、杂货商人、皮革商人、屠夫、猪贩子、鱼贩子、面包师、酒馆商人等。[③] 从这部手册可以了解到拜占庭帝国的工商业管理制度,也能发现这个时期拜占庭工商业种类的多样及繁荣。汤普逊认为,《市政官手册》的编订表明了拜占庭工业组织的精密化。这种组织形式体现了政府严格的管制,但是他仍然认为这一时期拜占庭工商业管理制度已经有了很大进步:其一,不再强制要求行会团体履行公役;其二,行会的成员不再像罗马时代那样要求强制世袭。[④]

《市政官手册》手稿经历了两次被发现的重要时间节点,逐渐流传下来,并进入学者的研究范畴。1636 年驻君士坦丁堡荷兰使馆的牧师安东尼·莱杰(Antoine Léger)在希腊的卡尔西顿首次发现了《市政官手册》的手稿。这份手稿后传于著名法官雅克·戈德弗罗伊(Jacques Godefroy)。他去世后交由日内瓦的图书馆保存,之后一直无人问津,直至 19 世纪末期才再次被学者发现。时隔两个

---

① G. Ostrogorsky, *History of the Byzantine State*, p. 255.

② Paul Lemerle, *The Agrarian History of Byzantium from the Origins to the Twelfth Century*, Galway: Galway University Press, 1979, p. 91.

③ 毛欣欣、李强:《拜占庭〈市政官法〉译注》,《古代文明》2012 年第 3 期。

④ [美]汤普逊著,耿淡如译:《中世纪经济社会史》上册,北京:商务印书馆 1984 年版,第 432 页。

世纪,1891 年,朱尔斯·尼科尔(Jules Nicole)在日内瓦大学图书馆发现了这份手稿①,它来自 14 世纪,以希腊文写成,有许多缩写与速记符,并不易读。朱尔斯·尼科尔对其进行整理、翻译、研究,辨别手稿的真伪,并推断手稿的成书时间与作者。他根据手稿中的内容,结合拜占庭帝国与周边民族的关系,认为手稿应颁行于利奥六世时期。虽然他的推定也受到一定的质疑,但是一直没有新的研究成果,更未出现其他确凿的定论。这份手稿的发现对拜占庭经济研究具有举足轻重的意义,成为中世纪文明史、拜占庭商法、刑法、拜占庭文献、法律文本研究重要的原始资料。② 20 世纪以来,《市政官手册》受到学者更多关注。1929 年博克(A. E. R. Boak)将《市政官手册》翻译成英文。1931 年泽波斯(Zepos)将《市政官手册》编录进《希腊罗马法》。1938 年英国学者弗雷什菲尔德(Freshfield)将其收录进《拜占庭时期的罗马法》,并将其翻成英文本,这一译本堪称佳作,质量上乘。③ 除此之外,关于《市政官手册》的书评、相关论文更是源源不断地涌现出来。目前已有国内学者将《市政官手册》翻译为中文译注本。④

利奥六世继承了瓦西里一世的衣钵,在法律编撰方面亦有所建树。《皇帝法典》($Βασιλικά$)是在利奥六世统治期间编撰完成的,它是一部在拜占庭法律史上具有里程碑意义的法典,也是拜占庭帝国进入"黄金时代"的代表作品。这部法典的编撰工作早在利奥六世登基之前即已开始,瓦西里一世在位时期已逐步推行罗马法典的希腊语化,但并未完成,利奥六世即位后,于 892 年最终完成相关编撰工作。《皇帝法典》并不仅仅是对《查士丁尼法典》的翻译,而是选择性地重新选编,它广泛吸纳了查士丁尼之后的法律条文,包括毁坏圣像运动时期颁行的法典,特别是瓦西里一世、利奥六世颁行的法条。《皇帝法典》很少使用拉丁文资料,主要参考希腊文的译注条款。《皇帝法典》分为 6 册,共 60 卷。由辛巴提乌斯为首的法学家们负责编撰工作,包含教会法、民法与公法等内容。《皇帝法典》的附录还包含利奥六世颁布的 113 条法令,这些附录法令相比法典本身更具实用性,是

---

① E. Freshfield, Jules Nicole, *To eparchikon biblion. The Book of the eparch, Le livre du prefet*, London: Variorum Reprints, 1970, p. vii.

② E. Freshfield, Jules Nicole, *To eparchikon biblion*, p. xi.

③ E. Freshfield, Jules Nicole, *To eparchikon biblion*, p. vii.

④ 毛欣欣、李强:《拜占庭〈市政官法〉译注》,《古代文明》2012 年第 3 期。

针对具体现实问题而制定的。奥斯特洛格尔斯基认为利奥六世在模仿查士丁尼法令的行文格式。① 值得注意的是,利奥六世在法令中废除了库里亚大会及元老院的权力,事实上,源自古罗马的库里亚大会早已不复存在,而元老院的权力也徒有其名,利奥六世在法令中正式将其废除,旨在表明帝国立法和行政等各种权力已集中于皇帝一人。《皇帝法典》的手稿未能完整流传下来,其内容散落在不同的手稿中,法典约有三分之二的内容保存下来。11 世纪或 12 世纪时,由法学家帕奇斯(Patzes)编写的《提普克图斯》(Tipucitus, Τιπούκειτος)是《皇帝法典》的内容目录,每个标题下详细列出了重要章节的名称,目前这本书也未完整存世。②

《皇帝法典》对后世也产生了深远影响。近代希腊独立战争后,希腊人将《皇帝法典》吸收进希腊民法典中,并成为希腊私法的重要部分。③ 1833—1870 年,亨巴赫(Heimbach)将《皇帝法典》翻译成拉丁文,他的译作是 19 世纪最伟大的学术成就之一。④ 这里试举《皇帝法典》的部分条例,它们反映了这部法典的重要理念,也是这部法典有持久影响力的重要原因。"法律来自正义,它是善和公平的艺术。而且,法律要么是公法,要么是私法。它或者是成文法,或者是未成文法。要了解法律,不是去了解它的文字,而是它的意义。""法律应该是涉及频繁发生的事,而不是少见的事。立法机构应该忽略那些仅仅发生一两次的事,这些不值得被立法。法令主要用于命令、禁止、许可、惩罚。"⑤"债务来自合约、侵权行为或法律本身。无法实现的债务是无效的。无法亲自参与立约,可以通过信件、送信人完成。""可以向债务人索要金钱,即使这是违背他的意愿。他答应在某个特定地方还钱,就被认为在那个地方立了合约。在所有债务中,如果还款时间未定,那么应立即归还欠款。""善意的购买者或者是并不清楚卖给他的东西属于另一个人,或者认为售卖者作为代理人或监护人有权出售。"⑥

利奥六世在位期间还完成了军事战略方面的专著《战术》(Tactica, Τακτικ

① G. Ostrogorsky, *History of the Byzantine State*, p. 244.

② A. A. Vasiliev, *History of The Byzantine Empire, 324–1453*, pp. 342–343.

③ Charles P. Sherman, "Basilica", *University of Pennsylvania Law Review and American Law Register*, Vol. 66, No. 7/8 (Jun, 1918), p. 363.

④ Charles P. Sherman, "Basilica", p. 365

⑤ Charles P. Sherman, "Basilica", p. 365

⑥ Charles P. Sherman, "Basilica", p. 366

á)。《战术》颁行于 895—908 年[①]，由君士坦丁七世整理编辑而成。利奥六世借鉴了很多前人的著述，包括埃利亚(Aelian)、纳桑德(Onasander)的作品以及前辈皇帝莫里斯的《战略》。[②]《战术》的内容涉及广泛，分为 20 章[③]，分别为战术、将才、军队结构与等级、军事委员会及其决议、武器、骑兵与步兵的装备、训练、军法处分、行军、辎重车辆、露营、战前准备、战争前夕、战争当天、围城战、战后、偷袭、各民族的习性、海战、战争准则。[④]

利奥六世认为这部军事著作主要是给指挥官们提供战术方面的知识。"这样，那些有志成为指挥官的人就能学习到关于战役、军事征服方面的经验。这部手册的实用性在于，这些自古传下来的知识，也经过了历代政权实践的检验。"[⑤]他认为"指挥官们应花时间钻研战略战术，这点非常重要。毫无经验的人会认为，人够多、够勇敢，就可以打胜仗，而事实上，上帝的帮助、指挥官的才能、军队的纪律才是制胜法宝，指挥官们应在意这些，而不只是毫无章法地召集一大帮人。只有这样，才会获得安全、优势，否则只会面临麻烦与难以承担的开支"[⑥]。

值得注意的是，利奥六世在《战术》中加入了基督教的因素，他赋予作战行为以精神意义——为了"灵魂的拯救"，并将战争中牺牲的战士视为"殉道者"。利奥六世命令将军们必须接受基督教信仰的指引，指挥官和士兵们也应如此，这样"那些为了获得基督的赞许，为了他们的家人、朋友、国家、基督教友而战的人，能轻易克服饥寒交迫的窘境……因为他们所受的苦会获得上帝的补偿"[⑦]。利奥六世的这一举措是十分有益的。随着帝国军事战略的调整及军事战争的频繁发生，强化宗教信仰来为其服务，有助于提升军队士气，增强军队的凝聚力，特别是在对

---

① Paul Stephenson, *Just Wars, Holy Wars, and Jihads: Christian, Jewish, and Muslim Encounters and Exchanges*, Sohail H. Hashmi ed., New York Oxford University Press, 2012, p. 35.

② Edward N. Luttwak, *The Grand Strategy of the Byzantine Empire*, Cambridge, Massachusetts: Harvard University Press, 2009, p. 305.

③ Tougher, Shaun, *The Reign of Leo Ⅵ (886-912)*, p. 169.

④ Edward N. Luttwak, *The Grand Strategy of the Byzantine Empire*, pp. 305-306.

⑤ *The Taktika of Leo Ⅵ*, trans. George Dennis, Washington D. C.: Dumbarton Oaks, Research Library and Collection, 2010, pp. 8-9.

⑥ *The Taktika of Leo Ⅵ*, George Dennis trans., p. 9.

⑦ Paul Stephenson, *Just Wars, Holy Wars, and Jihads: Christian, Jewish, and Muslim Encounters and Exchanges*, p. 35.

付信仰伊斯兰教的阿拉伯人时,这是征服异教的宣传口号。学者里德尔认为《战术》体现了利奥六世对于信仰力量的重视,他将宗教思想与军事战略结合在一起,为军事行动增加新的动力,而且这种做法也绝非利奥六世的突发奇想,他充分意识到阿拉伯人长期侵扰引发的民族仇恨,以及拜占庭文化对基督教的深度认同,并将两者结合起来,给予拜占庭将士更多的精神激励,作为对抗阿拉伯人的有力精神武器。① 虽然利奥六世并不具有军事方面的实战经验,但是他在文化方面的敏感性为《战术》提供了很大助益,成就了这部著作的特色。

利奥六世时期的外部环境比瓦西里一世时严峻得多,帝国的外部威胁不再仅仅限于阿拉伯人,周边的保加利亚人、罗斯人、帕齐纳克人(Patzinaks)等强势崛起,使帝国面临极大的考验。在经历了初期的种种失利之后,利奥六世逐步加强军队建设,尤其着力于海军方面,对外战场的不利局面得到扭转,更为重要的是,利奥六世开启了帝国收复失地的序幕,虽然这一时期的成果还未十分显著,但是为之后帝国军事战略的重大调整奠定了基础。

利奥六世在位时期,帝国最大的威胁来自北方的保加利亚人。7 世纪时的保加利亚人兴起于东欧大草原的伏尔加河流域地区,属于突厥语系,半游牧民族,善骑射。有的学者认为他们最早来自中亚地区,在向西迁徙跨过欧亚大草原时,吸纳了其他族群,受到当地包括匈奴人等文化的影响,因此他们保留了许多欧亚大草原地区的习俗、制度、生活方式,信仰太阳神坦格拉(Tangra)。7 世纪时保加利亚人已经开始了半定居生活,635 年建立了保加利亚政权,668 年归属于哈扎尔帝国,679 年可汗阿斯巴鲁奇建立了第一保加利亚王国。随着保加利亚人在巴尔干半岛的快速发展,他们与拜占庭人的矛盾冲突不断。7—9 世纪,拜占庭帝国与保加利亚人的军事战争互有胜负。君士坦丁五世时期,与保加利亚人的战争变得十分频繁,君士坦丁五世多次击退保加利亚人的进攻,并恢复了拜占庭帝国在巴尔干半岛的主导权。②

利奥六世登基之后,拜占庭帝国与保加利亚王国之间的和平关系很快被打破。894 年前后,利奥六世将与保加利亚人的商贸活动委托给同大臣斯提连努

① Meredith L. D. Riedel, *Leo VI and the Transformation of Byzantine Christian Identity*, p. 33.
② G. Ostrogorsky, *History of the Byzantine State*, p. 169.

斯·扎乌奇斯(Stylianos Zautzes)关系密切的两位商人垄断,同时将贸易活动地区由首都君士坦丁堡迁至塞萨洛尼基,并大幅度提高了税收,这极大损害了保加利亚人的商业利益。① 此时保加利亚王国在伯利斯之子西米恩(Symeon,893—927年在位)的统治下,兵力日渐强盛,西米恩本人虽然长期接触拜占庭文化,但对拜占庭人非常敌视。保加利亚人在向拜占庭帝国抗议无效后,以此为借口向帝国的马其顿军区发动进攻。而此时安纳托利亚军区正遭遇塔尔苏斯的阿拉伯人的入侵,帝国驻守巴尔干半岛的兵力不足,利奥六世不得不派遣使节寻求马扎尔人(Magyars)的援助,寄望于马扎尔人从北方突袭保加利亚,迫使西米恩放弃对拜占庭帝国的作战。② 895 年,马扎尔人按照约定,向保加利亚北部发起进攻,与此同时,拜占庭将军尼基弗鲁斯·福卡斯(Nikephoros Phokas)占领了保加利亚的南部边境,帝国舰队将军尤斯塔修斯(Eustathius)则封锁了多瑙河入海口。西米恩迫于形势,假意求和,与拜占庭人签下停战协议,并利用休战的时间,积极拉拢帕齐纳克人,共同对抗马扎尔人,进而继续进攻拜占庭帝国。

896 年西米恩入侵马其顿军区,利奥六世听信扎乌奇斯的意见,撤换了拜占庭军队主帅,由利奥·卡塔卡隆(Leo Catacalon)接替尼基弗鲁斯·福卡斯。在保加罗菲特战役(Battle of Bulgarophygon)中,拜占庭军队损失惨重,大多被杀或被俘,利奥·卡塔卡隆侥幸逃脱,西米恩洗劫了色雷斯郊区,掳走了大量俘虏。③ 拜占庭帝国被迫与保加利亚人签订和平协议,西米恩归还拜占庭帝国 12 万士兵和民众,作为交换条件,拜占庭帝国每年要向保加利亚王国纳贡。④

拜占庭帝国的军力在与保加利亚人的作战中损耗极大,这也影响了其他战线的作战情况。利奥六世时期,阿拉伯人对帝国的威胁丝毫未有减弱,穆斯林舰队的活动日渐活跃,克里特岛的海盗经常袭击伯罗奔尼撒沿海、爱琴海诸海岛。⑤ 尼基弗鲁斯·福卡斯不得不中断在南意大利的战事,接手巴尔干地区的军事行动。在东部,帝国只能放任阿拉伯人对亚美尼亚的抢掠,此时阿拉伯人已经

---

① G. Ostrogorsky, *History of the Byzantine State*, p. 256.

② A. A. Vasiliev, *History of The Byzantine Empire, 324 - 1453*, p. 316

③ W. Treadgold, *A History of the Byzantine State and Society*, p. 464.

④ G. Ostrogorsky, *History of the Byzantine State*, p. 256.

⑤ A. A. Vasiliev, *History of The Byzantine Empire, 324 - 1453*, p. 305

开始进攻西里西亚,并在小亚细亚南部沿海展开军事行动。902 年 8 月,拜占庭在西西里的最后一个军事要塞塔奥米纳(Taormina)陷落,至此拜占庭失去了对西西里的控制。902 年,塞萨利海岸的迪米特里亚斯(Demetrias)小镇被毁。904 年,希腊叛徒的黎波里的利奥(Leo of Tripoli)带领阿拉伯军队在攻占阿拜多斯(Abydus)之后,向君士坦丁堡进军,后又改变计划,转向塞萨洛尼基,904 年 7 月,阿拉伯人最终攻陷塞萨洛尼基,并大开杀戒,之后才带着众多的俘虏及战利品离开。① 这座在经济和文化上仅次于君士坦丁堡的城市在阿拉伯人的袭击下,损失惨重。保加利亚的西米恩也趁火打劫,将保加利亚的领土扩大至塞萨洛尼基。②

　　在遭到一系列军事重创之后,拜占庭帝国开始在塞萨洛尼基、阿塔雷亚(Attaleia)加强防御工事建设,并着重发展海军。905 年 10 月,帝国舰队司令海姆里奥斯(Himerios)在爱琴海与阿拉伯舰队作战,大获全胜。910 年,他从塞浦路斯向叙利亚海岸进军,并突袭了劳迪西亚。911 年,海姆里奥斯带领舰队向克里特进军,开始了利奥六世时期最大规模的海上远征。君士坦丁七世在《礼仪书》中详细记述了这次远征集结的兵力及相关花费。③ 利奥六世为这次远征调集了各方面军,涉及海军、骑兵,还包括罗斯雇佣兵。据了解,此次利奥六世共派出 119艘战船,大约 4.3 万人的军队,花费高达 23.9 万诺米斯玛金币。④ 海姆里奥斯率军于这年秋季出发,计划于冬季向克里特发动进攻,但是阿拉伯人的海军将军的黎波里的利奥、塔尔苏斯的达米安(Damian of Tarsus)在希俄斯岛(Chios)附近突袭了海姆里奥斯的部队,重创了他的舰队⑤,致使此次远征以失败告终,利奥六世未能如愿收复克里特岛。但是拜占庭人为实现收复失地的夙愿一直努力,之后的皇帝们继承了利奥未竟的事业,继续为收复克里特岛而努力。

　　利奥六世时期,拜占庭帝国与罗斯人的关系,总体上相对缓和,在此期间,罗斯人进一步获得了合法贸易的权利,并成为拜占庭帝国雇佣兵的重要来源。9 世纪末至 10 世纪初,罗斯处于国王奥列格(Oleg)的统治下,国力日渐强盛。奥列格

---

① G. Ostrogorsky, *History of the Byzantine State*, p. 257.

② G. Ostrogorsky, *History of the Byzantine State*, p. 258

③ Constantine Ⅶ, *The Book of Ceremonies*, pp. 651 – 660.

④ W. Treadgold, *A History of the Byzantine State and Society*, p. 470.

⑤ W. Treadgold, *A History of the Byzantine State and Society*, p. 470.

逐渐控制了第聂伯沿岸的城市,并以基辅作为首都。他很快将战争的矛头指向拜占庭帝国的首都,但罗斯人的战争目标似乎在于获取更多的商业利益。罗斯人的编年史《往年纪事》详细记述了 907 年奥列格率军队从海上向君士坦丁堡发动的进攻以及之后双方签订和约的细节:"奥列格进抵帝都城下,希腊人封锁了舒特湾,城门紧闭。奥列格离船上岸,开始战斗,在城郊杀戮大批希腊人[1],毁坏许多宫殿,焚烧教堂。抓来的那些俘虏,有的被杀,有的受虐待,有的被射死,还有些被抛进海中,就像一般仇人的所作所为,罗斯人对希腊人还犯下了其他的种种罪行。奥列格命令自己的战士制造车轮,把它安装在战船上,他们顺风升起所有的布帆,从野外直逼城下。希腊人见此情景,大惊失色,急遣使节向奥列格求和。"[2]利奥六世许以重金结束战争,此外,双方也签署了有利于罗斯人来拜占庭帝国进行商贸活动的和约。"当罗斯人到来时,使节可以随意领取生活费用,但如果来的是商人,他可以领取六个月的月粮:面包、酒、肉、鱼和水果。还要为他们开放澡堂——次数不限。当罗斯人回国时,他们可以向皇帝索取途中的食物、锚、缆绳、帆以及所需要的物品。"[3]同时帝国也制定了关于罗斯商人的管理规定:"希望来的罗斯人都住在圣猛犸教堂附近。当我国派人来见他们,登记完名字后,他们才能领取月粮。先发给来自基辅的人,其次是来自切尔尼戈夫的人,来自佩列亚斯拉夫利的人以及来自其他城市的人。来的人只能从同一座城门由帝国官员护送进城,不准携带武器,50 人一批。他们可以任意从事贸易,不用缴纳任何税款。"[4]

912 年,奥列格派遣使臣与利奥六世签订和平协议,协议内容较之前更为丰富,其中关于贸易、雇佣兵的条款,规范了罗斯人与拜占庭人之间的责任与义务。"如果船舶遭遇风暴漂泊到异域,而那里有我们的罗斯人,(船主)想把船装上自己的货物重返希腊,那我们应帮助把船送过一切危险地点,一直送到安全地带;如果这条船被暴风雨或逆风阻隔而不能回到自己的地方,那我们——罗斯人应帮助该船的桨手,好好地陪他们采购;如果是罗斯的船舶在希腊国土的附近遭遇这种

---

[1] 此处的希腊人指拜占庭人。
[2] [俄]拉夫连季著,朱寰、胡郭伟译:《往年纪事》,北京:商务印书馆 2011 年版,第 21—22 页。
[3] [俄]拉夫连季:《往年纪事》,第 24 页。
[4] [俄]拉夫连季:《往年纪事》,第 24 页。

不幸,我们想把船驶回罗斯的国土,(在希腊时)就应准许(自由地)出售那船上的货物,凡那船上可以出售的东西,都应允许我们——罗斯人(畅通无阻地)把货物运上(希腊海岸)。当(我们罗斯人)来希腊经商或出使贵国皇帝时,那(我们希腊人)对他们船上出售的货物要客气地放行。如果我们随船来的罗斯人有人被杀或船上的财物被抢,那犯罪者应受到前面提过的惩处……如果要招募军队,而这些人(罗斯人)想要效忠你们的皇帝,无论他们有多少人,也无论在什么时候,他们按自己的志愿想留在你们皇帝这里服役,那就让他们能实现自己的愿望。"①除此之外,关于拜占庭人与罗斯人的纠纷,甚至涉及刑事案件,都有相应的处理条款,拜占庭人与罗斯人的关系日益紧密。"皇帝利奥以黄金、丝绸和贵重织品作为礼物赏赐给罗斯的使者,并派自己的壮士带他们参观华丽的教堂、金碧辉煌的殿堂以及存放在那里的财宝:大量黄金、绫罗绸缎、宝石和主蒙难的遗物——木冠、钉子、染血的衣袍和圣徒的干尸,向他们传播自己的信仰,向他们展示真正的教义,就这样隆重地欢送他们返回自己的国土。奥列格派来的使者返回后向奥列格禀告了两位皇帝的所有谈话,如何媾和和缔结了希腊与罗斯之间的条约,并确定了无论希腊还是罗斯都绝不违背誓言。"②利奥六世以经济利益换取了与罗斯人之间的和平,并将罗斯人发展成为雇佣兵的重要来源。

此外,利奥六世通过与周边民族交换战俘等方式,进一步扩大了拜占庭士兵的来源。908年,利奥六世与阿拉伯人交换战俘。他宽恕并接纳了许多杜卡斯(Ducas)的随从,包括其子君士坦丁。利奥六世任命杜卡斯的同僚为东部边境的将军,君士坦丁·杜卡斯(Constantine Ducass)为卡西安努斯(Charsianum)的将军,令亚美尼亚的首领美里阿斯(Melias)攻占了塞巴斯蒂亚(Sebasta)南部的领土。这些举措使拜占庭帝国获得许多出色的亚美尼亚士兵、更多的领土以及更强大的边境部队。③

卡琳·海特认为利奥六世极大地提升了帝国的海军建设,有效地阻止了阿拉伯人的进攻,"虽然海军远征付出了巨大代价,但是它避免了地中海成为萨拉森人

---

① [俄]拉夫连季:《往年纪事》,第27—28页。
② [俄]拉夫连季:《往年纪事》,第31页。
③ W. Treadgold, *A History of the Byzantine State and Society*, p. 469.

的内湖。他们没法防止萨拉森人接二连三的侵扰,同样萨拉森人也无法阻止拜占庭人的进攻"①。特里高德对利奥六世时期的军事活动予以高度肯定,说"他虽然从未亲征,但是这是自 7 世纪以来,帝国第一次在东部地区拓展了领土,并且这是自塞奥菲鲁斯改革以来,帝国第一次扩充军备"②。利奥六世注重军事建设,为此后帝国大规模东征奠定了基础。

912 年 5 月 11 日,利奥六世去世,此时他的儿子君士坦丁七世年仅六岁,还不足以统摄朝政,皇位传给利奥的弟弟亚历山大,这是马其顿王朝第一例兄终弟及,体现了皇位继承的多样性。利奥六世并不算杰出君主,其统治只能说是中规中矩,他基本上沿袭了其父亲瓦西里一世的方针,继续落实瓦西里开始的内外政策,既有收获也有损失。值得一提的是,他在立法方面完成了法典的编制,扩大了马其顿王朝的成就,进而在加强拜占庭帝国中央集权制方面有所贡献,包括其第四次婚姻留下的皇帝继承人君士坦丁七世。

第三节

亚历山大（Alexander）

912—913 年在位

亚历山大(Alexander, Αλέξανδρος,生于 870 年,卒于 913 年 6 月 6 日,享年 43 岁)是马其顿王朝第三位皇帝,九岁时成为其兄利奥的共治皇帝,912 年 5 月 11 日即位称帝,不久于 913 年 6 月 6 日病逝于首都,在位 13 个月。

亚历山大是瓦西里一世的第三子,利奥六世的弟弟,约 870 年出生后即被定为皇储,879 年被其父瓦西里一世加冕为共治皇帝,直至 912 年 5 月 11 日利奥六世去世后,才登基称帝,结束其 33 年的共治皇帝身份。他在位时间十分短暂,仅

---

① P. Karlin-Hayter, "When Military Affairs Were in Leo's Hands: A Note on Byzantine Foreign Policy (886—912)", *Traditio*, Vol. 23(1967), p. 39.

② W. Treadgold, *A History of the Byzantine State and Society*, p. 470.

仅 13 个月,而且在位期间并无突出政绩,史料中关于他的记载十分有限。

　　亚历山大以兄终弟及的方式登上皇位,体现了拜占庭皇帝继承制度的多样性。值得注意的是,利奥六世在四次婚姻后终于如愿以偿获得皇子君士坦丁七世,并迅即加冕他为共治皇帝。但是,利奥去世之后,皇位却"令人意外"地传给了其弟亚历山大,在众多因素中,皇子年幼是主要因素。利奥六世去世之年,君士坦丁七世年仅六岁,还不足以亲理朝政,为了避免因最高权力空虚而带来的政治动荡,将皇位传给已经成年的弟弟亚历山大显得更为妥当。而且利奥六世在其遗愿中也对君士坦丁七世做了安排。"君士坦丁,应该受到良好的教育,以符合其身份的方式被抚养长大;亚历山大应当选他作为最后的继承人。"①显然,在利奥六世的遗愿中,其弟亚历山大的继位只是过渡,皇位还是要传给君士坦丁七世。利奥六世传位给亚历山大可视为皇位父死子继的一种补充,即皇权保持在皇帝血亲中。但是,最高权力的继承一旦偏离父死子继的主线,是否还会顺利回归? 亚历山大是否会遵从利奥六世的遗愿,将君士坦丁七世抚养长大并将皇位传给他? 在亚历山大继位后,利奥六世的心腹们对此十分忧心,特别是亚历山大以希腊语"皇帝"(αύτοκράτωρ,也有"独裁者"的意思)来标榜自己,以庆祝自己结束 33 年共治皇帝的身份②,还竭力消除前任皇帝的影响力。亚历山大在位的 13 个月内,君士坦丁七世的储位问题一直悬而未决,直至亚历山大去世,皇位才回到这位正统皇子手中。

　　在史家的记述中,亚历山大的帝王形象总是负面的。在斯基利齐斯的笔下,亚历山大被描写成一副昏君庸才,他行为轻佻、耽于享乐、纵情声色,不具备皇帝应有的基本素养。③ 亚历山大在位期间的内外政策,也被认为毫无值得称道的地方。他登基之后,有意培养自己的心腹,很快撤换掉许多利奥六世的重臣,如罢免了优西米乌斯,重新召回尼古拉。"优西米乌斯刚被罢免,尼古拉的支持者们(教士)就开始像野兽一样袭击他。他们对他拳打脚踢,扇他耳光,拔他胡子,用各种

---

① John Skylitzes, *A Synopsis of Byzantine History, 811 –1057*, p. 187.

② G. Ostrogorsky, *History of the Byzantine State*, p. 261.

③ John Skylitzes, *A Synopsis of Byzantine History, 811 –1057*, p. 189.

方法折磨他,骂他是奸夫,玷污别人的妻子。"①优西米乌斯在被流放不久后死去,成为政治斗争的牺牲品。除此之外,他还将利奥六世最后一任妻子、皇后邹伊关进女修道院,以减少她对皇权的威胁。

亚历山大在位期间,意图向教会征税,尼古拉建言道:"我知道,皇帝在公共支出方面需要用钱。我为此忧虑,并想出这个办法……皇帝应该派足够多的人手,将主教们都抓起来,去他们的教区,审讯他们,从他们将我从主教位置上赶下来后到现如今的事,要一一盘问。之后,国家将会收到额外的利润。"②但是这次征税并未成功,"收税人一无所获。优西米乌斯提拔的那些人已经将钱转移给穷人。得知穷人每天收到救济品后,收税人很失望,不情愿地返回了"③。

亚历山大在对外事务上也并无任何建树,他最受世人诟病的方面在于,他的轻率、毫无远见打破了拜占庭帝国与保加利亚之间的和平,北部边疆烽烟再起,帝国与保加利亚之间开始了长达十几年的战争,不得不承担日益严峻的军事压力。在亚历山大登基后,西米恩派遣使节向他询问,是否愿意维持拜占庭与保加利亚之间的和平,并按照和约继续交纳贡金,被他毫不客气地回绝了。亚历山大十分自大傲慢,夸夸其谈并威胁西米恩,以为这样就能震慑住对方,而这恰恰给予了保加利亚人再次兵戈相向的借口。④ 亚历山大在位时间短暂,并未看到其决策带来的恶劣后果。

亚历山大统治期间,有关天象的记载也多不祥之兆。有彗星出现在西方,擅于观测天象的人将此称为剑鱼,他们认为这代表着首都将出现血雨腥风。⑤ 虽然时人的迷信不足为信,但是臣民对这位纨绔皇帝乱政行为将导致其下台似乎已经有了预感。果然亚历山大在位时间不长,且口碑极差,他的所作所为成为古今作家的众矢之的。然而,学者卡林·海特对于编年史家清一色的差评持怀疑态度,他认为史家们对于这位皇帝过于苛责。在卡林·海特看来,亚历山大的行为是可以理解的。亚历山大在其父亲瓦西里一世时即被加冕为共治皇帝,拥有继承皇位

---

① John Skylitzes, *A Synopsis of Byzantine History*, *811-1057*, p. 188.

② P. Karlin-Hayter, "The Emperor Alexander's Bad Name", *Speculum*, Vol. 44, No. 4 (Oct., 1969) p. 594.

③ P. Karlin-Hayter, "The Emperor Alexander's Bad Name", p. 594.

④ John Skylitzes, *A Synopsis of Byzantine History*, *811-1057*, p. 190.

⑤ John Skylitzes, *A Synopsis of Byzantine History*, *811-1057*, p. 189.

的可能,在其兄长利奥六世统治期间,他所表现出的不务正事、喜欢消遣,正是为了打消利奥六世的猜忌,属于自保之举。他登基之初,清除利奥六世时期的权臣,是巩固其皇权的正常举措。至于引发保加利亚战争的行为,也属无意之举。卡林·海特分析了一份匿名的关于保加利亚战争的文件,在文件中,西米恩向亚历山大提出的要求,已大大超出了以往的诉求,并无诚意可言,而且很多迹象表明西米恩发动战争蓄谋已久,亚历山大的拒绝只是为其提供了一个借口。[1] 卡林·海特为亚历山大正名的过程,也是对传统史料的梳理与反思,毕竟有关记载提供的内容有很多值得推敲之处。更为重要的是,编年史家对这位皇帝并无好感,他们的记载带有主观性、倾向性。为了全面、客观、公正地评价这位皇帝,卡林·海特对史料内容与编年史家的价值评判一一进行分析,同时他也在发掘新史料来佐证自己评断的客观性。卡林·海特表现出的求实、求真的历史研究态度,值得后人关注,至少是有关这位皇帝的一种观点。

第四节

君士坦丁七世（Constantine Ⅶ）

913—920 年, 945—959 年在位

君士坦丁七世(Constantine Ⅶ Porphyrogennetos, Κωνσταντῖνος Ζ΄ Πορφυρογέννητος[2],生于 905 年 5 月, 卒于 959 年 11 月 9 日,享年 54 岁)是马其顿王朝第四位皇帝,出生当年便被父皇利奥加冕为共治皇帝,913—920 年和 945—959 年两度登基,共在位 21 年。

君士坦丁七世出身于皇室,幼年继位,经历大臣辅政、母后摄政,岳父罗曼努斯一世篡位,直至 945 年才重新夺回帝位,历经重重政治动荡。君士坦丁七世在

---

① P. Karlin-Hayter, "The Emperor Alexander's Bad Name", pp. 585 - 596.

② 君士坦丁七世出生于紫色宫殿。紫色宫殿是皇子的出生地点,因宫殿由紫色的大理石装饰而得名,在此处出生的皇子意味着他们是在帝登基后出生的。

成长过程中,遭遇了很多磨难。他幼年失去父亲,母亲邹伊的合法地位一直备受质疑,而且在其叔叔亚历山大统治时期,邹伊被遣送至修道院,母子长时间分离,使得他的成长缺乏至亲陪伴。在被推上皇位后,他亲眼看见多次残酷的宫廷动荡,后又在其岳父罗曼努斯一世的监控下生活,其早期宫廷生活十分艰辛。由于长期被排斥在帝国政治核心圈之外,君士坦丁七世有充裕的时间潜心学习写作,对学问表现出广泛的兴趣。现流传下来的君士坦丁七世的著作主要有四部,分别是《礼仪书》《论帝国政府》《君士坦丁七世关于军队远征的三篇手册》《瓦西里一世传》。

913 年 6 月,亚历山大去世后,年仅七岁的君士坦丁七世继承皇位,由尼古拉为主的七位大臣辅政。这个摄政团体成立不久,即面临着内外困局的挑战,权力斗争导致摄政者的更迭。君士坦丁·杜卡斯,这位在地方掌握重兵的将军,秘密潜入首都后,意图谋反篡位,但是很快被摄政大臣之一的约翰·艾拉达斯(John Eladas)平叛。参与这次反叛的人受到了严酷惩处,杜卡斯本人在反叛中被杀。杜卡斯的岳父格里高利在反叛失败后躲入圣索菲亚大教堂避难,但仍然被艾拉达斯从教堂拖出,并被关入修道院。部分反叛者受到鞭刑,并被游街示众,或者被弄瞎双眼,遭到流放。① 摄政者对于反叛者毫无怜悯,处罚严厉,以震慑觊觎者,树立皇家权威。而来自保加利亚人的入侵,也考验着新成立的摄政团体,甚至导致了尼古拉的下台。此前,由于亚历山大拒绝继续履行与保加利亚人的和平协议,保加利亚国王西米恩以此为借口,再次入侵拜占庭帝国,并很快兵临君士坦丁堡城下。以尼古拉为首的摄政者们力主和平,希望尽快结束战争。当代拜占庭学家朗西曼认为,尼古拉的和平政策是出于教会控制权方面的考量,是为了牢牢把握住对保加利亚教会的控制权。此前君士坦丁堡教会在与罗马教会争夺保加利亚教会控制权中胜出,尼古拉担心战争会引发保加利亚教会的独立,甚至会倒向罗马教会,因此,即使在双方作战期间,他依然试图通过书信说服保加利亚宫廷接受和平协议。② 西米恩在攻城无果之后,接受了尼古拉的协议,并获得了两国联姻

---

① John Skylitzes, *A Synopsis of Byzantine History, 811 –1057*, p. 193.
② S. Runciman, *The Emperor Romanus Lecapenus and His Reign: A Study of Tenth-Century Byzantium*, Cambridge: Cambridge University Press, 1988, p. 51.

的提议,有望成为君士坦丁七世的岳父。

虽然在亚历山大选定的摄政七大臣中,尼古拉逐渐占据主导地位,但随着权力斗争的加剧,摄政者面临新一轮的更迭。君士坦丁七世的母亲邹伊,虽然其皇后身份长期得不到承认,被排斥在政治核心圈之外,但是从未放弃对权力的觊觎。由于君士坦丁七世年幼无知寻找母亲,邹伊得以重返宫廷,之后她加快培植亲信,摄政大臣之一的约翰·艾拉达斯成为其重要助手。在艾拉达斯的建议下,邹伊罢免了亚历山大的宠臣,并计划召回优西米乌斯替换尼古拉,但是遭到优西米乌斯的拒绝。不久,艾拉达斯也去世了,邹伊不得不答应与尼古拉共同执政,但她警告尼古拉管好自己的事(教会的事)。① 邹伊摄政期间,非常倚重宦官君士坦丁。

在她摄政初期,帝国最大的外部敌人还是保加利亚人,西米恩带领军队侵占色雷斯地区,邹伊向大臣们询问如何能够有效地解决西米恩的入侵,约翰·博加斯(John Bogas)自我举荐,如果能获得贵族头衔,他可以说服帕齐纳克人攻打保加利亚人。在得到封赏后,博加斯前去与帕齐纳克人签订协议,后者同意越过多瑙河打击保加利亚人,保加利亚人的进攻因此得到暂时遏制。然而,邹伊无法忍受保加利亚人连续不断的侵扰,决意主动进攻以绝后患,为此,她进行了精心的战前准备。她与萨拉森人签订和约,以便于集结东、西部所有军队对付保加利亚人。邹伊任命利奥·福卡斯(Leo Phokas)为征讨保加利亚人的主帅,所有部队集结于迪阿巴斯(Diabasis),参与此次出征的将领还包括巴尔达斯·福卡斯(Bardas Phokas)等②,军队中招募了大量亚美尼亚人士兵。917 年 8 月 6 日,拜占庭人与保加利亚人在阿彻鲁斯(Achelous)要塞附近交战,战争之初,拜占庭军队占据优势,但之后局势出现逆转,西米恩率领保加利亚人反击成功。关于造成战场形势改变及拜占庭军队溃败的原因,斯基利齐斯记载了两个版本,其主要区别在于对罗曼努斯一世的描述。第一个版本只字未提罗曼努斯一世,将战争的失败归咎于利奥·福卡斯的粗心大意,进而引起一连串的溃败。而第二版本则提及罗曼努斯一世负责运输帕齐纳克人增援大部队,但是在途中与博加斯争执不下,导致帕齐纳克人中途折返,利奥·福卡斯失去重要的外援而兵败。更为重要的是,利奥·福

---

① S. Runciman, *The Emperor Romanus Lecapenus and His Reign*, p. 52.
② 他是利奥·福卡斯尼基弗鲁斯二世的父亲。

卡斯听到传闻说罗曼努斯一世意图谋反,遂不顾战争有利的情况,迅速下令撤退,引发不明就里的士兵混乱,西米恩趁机反攻,并获得胜利。罗曼努斯一世在战后也被指控渎职,只是因为友人的帮助才免于重刑受罚。[1] 很明显,在第二个版本中,虽然战争失利要归咎于利奥·福卡斯,但是罗曼努斯一世也要承担相应责任。相比较而言,第一个版本对罗曼努斯一世避而不谈,更像是对其不光彩历史的遮掩,毕竟罗曼努斯一世之后篡位成功,登基做了皇帝。

对保加利亚人作战失利,不仅未能清除宿敌,也极大降低了邹伊的威望。外事未平,内忧又起,利奥·福卡斯与宦官君士坦丁勾结,意图篡位自立,君士坦丁七世的老师塞奥多利向罗曼努斯一世寻求援助,希望这位海军司令带领舰队护驾。利奥·福卡斯以清君侧的名义反叛,但迅即被揭穿,罗曼努斯一世派人将君士坦丁七世的诏令传于利奥·福卡斯的军营:"皇帝陛下认为罗曼努斯一世能力卓越、忠心耿耿,他会像父亲般守护臣民们……利奥·福卡斯总是心怀叵测,不满于皇帝的统治,如今更是显出隐藏已久的敌意。他失去了作为臣民的资格,只是篡位者、反叛者。"[2]参与反叛的军队将士在得知真相后军心大乱,溃败逃散。利奥·福卡斯的反叛以失败告终,但是它给罗曼努斯一世的上台提供了机遇。此后,罗曼努斯一世将女儿海伦娜嫁给小皇帝,他本人不仅成为君士坦丁七世的岳父,还被加冕为共治皇帝,进而取代君士坦丁七世成为执政者,而邹伊再次在权力斗争中失败,被赶出皇宫,结束了其皇后摄政生涯。

君士坦丁七世在位初期,经历了大臣摄政、皇后摄政和皇位遭到篡夺多次磨难,这暴露了皇权血亲世袭制度存在的风险。血亲世袭继承虽然降低了帝国最高权力交接中的社会成本,但是其制度性的不足也不容忽视。继任者所拥有的制度化权力与实际的执政能力并不一定对称,这种矛盾尤其体现在幼帝继位时。年幼的皇帝在各个方面还处于他人照料阶段,并不具备执掌帝国内外军政大权的能力,很容易出现最高皇权空虚的状态,为篡位者提供可乘之机。即便拜占庭帝国也出台了相应的摄政制度以作辅助,但是由于摄政者自身政治能力、政治野心及政治环境的不同,摄政权力也常处于不稳定的状态,很难保障皇权的正常运行。

[1] John Skylitzes, *A Synopsis of Byzantine History, 811－1057*, pp. 197－199.

[2] John Skylitzes, *A Synopsis of Byzantine History, 811－1057*, p. 203.

围绕着虚位的最高权力,必定形成多种势力的博弈,通常会酿成血腥的宫廷内讧。幼帝继位,皇帝成为象征,皇权则变为军事强人和大贵族争夺的目标,其与实际统治权相分离的状态必然形成权力真空,而摄政权的不稳固为篡位者提供了机遇。君士坦丁七世继位后,围绕摄政权的斗争是帝国政局不稳定的重要原因,也为罗曼努斯一世参与权力角逐提供了机遇。成为国丈后,罗曼努斯并不满足,他企图建立自己的王朝,不仅将其子加冕为共治皇帝,而且处处压制小皇帝。不幸的是,他的企图被自己的儿子们破坏了,他们发动政变将父皇废黜。

944 年 12 月 16 日,罗曼努斯一世被自己的儿子斯蒂芬、君士坦丁赶下台,并被流放至普罗特。斯蒂芬与君士坦丁开始联合执政,君士坦丁七世的复位计划也在悄然进行中。945 年 1 月 27 日,君士坦丁七世召集旧部,将斯蒂芬、君士坦丁流放,在权力角逐中胜出,年近 40 岁开始真正独立执掌政权,帝国的统治再次回到瓦西里一世的血亲后代中。君士坦丁七世独立执政前已迎娶皇后,当时,年幼的他也并无太大选择权。919 年,14 岁的君士坦丁七世迎娶了罗曼努斯一世的女儿海伦娜,共育有七个子女,儿子罗曼努斯二世出生于 939 年,并在君士坦丁七世复位后的 945 年被加冕为共治皇帝,五个女儿为邹伊、塞奥多拉、阿加莎、塞奥法诺、安娜,在罗曼努斯二世继位后,被流放至修道院。此外,他还有一个儿子利奥,不幸早逝。

关于君士坦丁七世的评价,历来褒贬不一。斯基利齐斯认为君士坦丁七世算不上合格的统治者。"一旦独自掌权,人们期待他成为一个能力卓著、精力充沛、全身心地投入国家事务中的统治者。但事实上,他比预期的要弱,几乎未完成人们期待的任何事。他喜欢饮酒、耽于享乐……他对错误难以容忍,并冷酷无情地施以惩罚。他对官员的提拔毫不关心,不愿意根据出身或功绩来任命或提拔他们。他委任官员时,无论是军事或民事的,往往不加选择,随意给予那些在场的人。因此这样的情况一再出现,一些卑鄙、可疑的人被任命为最高的民事官员……他的妻子海伦娜过多地干预他,还有瓦西里,他们要对买官鬻爵的事情负责任。"①约翰·沃特利(John Wortley)认为斯基利齐斯对君士坦丁七世一味否定的评价明显有失公允。詹金斯认为关于君士坦丁七世的种种评价,并不矛盾。君

---

① John Skylitzes, *A Synopsis of Byzantine History, 811 – 1057*, p. 229.

士坦丁七世往往被描述为软弱的、孤僻的、高傲的、专心的、勤奋的。"他大量饮酒，只是为了缓解害羞。如果说他有些严格，甚至残酷，这只是他性格内向的另一面。他爱好学术，很像他的父亲，这在他被幽禁时期更为明显。他缺乏自信，是因为长期受制于罗曼努斯一世。不过在这些年中他掌握了大量历史学、古文物的知识，这些知识积累成为他创作各式手册及历史研究的基础，他的作品向我们展示了中世纪东罗马帝国的组织机构。而且他在文化领域成就非凡，他支持典籍编撰，鼓励学术研究。"①

君士坦丁七世崇尚学术与教育，促成了古典学的复兴。他也提倡教授实践知识，传递经验的智慧。但是，他所在的时代这方面的书籍十分匮乏，于是他致力于此类书籍的编撰，并系统化地完成工作，在大量搜集资料的基础上，编撰选集、百科全书，并汇总商业和政府管理方面的实用信息整理成册。② 君士坦丁七世在位期间，积极推动算术、音乐、天文学、几何学等古典学术的复兴，聘请各领域的专家为教师，并大力奖赏勤奋努力之人。同时君士坦丁七世也亲自参与著书立说，为马其顿王朝的文化复兴作出了重要贡献。

君士坦丁七世著有《礼仪书》，内容包括帝国的宫廷礼仪与友邦的外交礼节等。这部著作的内容十分庞杂，涉及宗教传统节日的流程细节，如圣诞节、主显节、复活节、圣灵降临节、耶稣升天节等；帝王的仪仗队从皇宫前往圣索菲亚大教堂的路线、具体要求等；皇帝参与非固定的宗教宴会的仪式；皇帝的加冕、皇后的加冕需要穿着的服装、必要的盛典仪式；皇帝接见帝国官员、外国使臣的仪式；帝国官员任命的仪式；皇帝在大竞技场观看蓝、绿、红、白车队的比赛等。君士坦丁七世充分肯定了帝国礼仪的重要性，认为这是维护帝王权威的重要手段。同时，他编撰这部书籍，也是为了使重要的礼仪要求不会随着时间的流逝而被人们遗忘。目前存世的君士坦丁七世《礼仪书》的最早版本保存在莱比锡大学图书馆，是尼基弗鲁斯二世时期的手抄本，也是现存唯一易辨认的版本。在最初的手抄本中，这部著作的名称十分简单，即《皇帝汇编本》③，直至 18 世

---

① Constantine Ⅶ. *De Administrando Imperio*, p. 9.

② Constantine Ⅶ. *De Administrando Imperio*, p. 11.

③ 此处为"*A compilation and work truly worthy of imperial zeal*"的意译。

纪中叶的学者莱克(Leich)在编订过程中以拉丁语"De cerimoniis aulae Byzantinae"为其命名,这个名称与著作的第一部分内容相符合,现代学者沿用了这个名称,即《礼仪书》。①

君士坦丁七世还为其祖父立传《瓦西里一世传》,以歌颂这位马其顿王朝第一任皇帝的丰功伟绩。君士坦丁七世在作品中表达了著书立说的初衷,"一直以来我便希望将政府管理的经验、认知传给优秀的人,通过可记忆的、长久的历史记述这种方式。我打算详细记下罗马人统治拜占庭时期的显著成就——假设我能做到的话——皇帝的功绩,服务于他们的官员、将军、副官们的作为。但是这需要大量时间,全神贯注的投入,参阅众多的典籍,并从日常的繁杂事务中抽出身来,这些对我来说不太可能,我只能退而求其次:目前写下关于一位皇帝一生的事情……他做了很多有益于罗马帝国的事。通过这种方式,子孙后代才不会忘记帝国的根基、最初的样子,这样也为后代们立下标准——可供模仿的楷模"②。君士坦丁七世的《瓦西里一世传》保存在《塞奥法尼斯编年史续》中。11世纪时,一位匿名者将一些历史文本编辑成册,这些文本包括813—961年间的史事,分为四卷,其内容独立,形式各异,贝克(Bekker)的伯恩版本称其为"塞奥法尼斯编年史续"。第一卷的作者匿名,涉及813—867年的历史,他自称为忏悔者塞奥法尼斯的后继者,但是其作品的体裁未采用编年体,而是皇帝列传的形式。第二卷的作者即君士坦丁七世,他专门为其祖父瓦西里一世做传。第三卷非常接近大法官西米恩的作品。最后一卷明显写作于963年以前,作者可能是塞奥多利。③

君士坦丁七世著有《论帝国政府》,是写给他的儿子罗曼努斯二世的,希望将外交及军事方面的经验传授给他,培养罗曼努斯二世成为英明的君主。他在前言中写道:"我为你留下一份集知识与经验的手册,你以后将不会在好的建议及公共利益方面犯错:首先,哪个民族能够使罗马人获益,哪个民族会伤害罗马人? 以及

---

① Constantine Ⅶ, *The Book of Ceremonies*, xxiv.

② *Chronographiae Quae Theophanis Continuati Nomine Fertur Liber Quo Vita Basilii Imperatoris Amplectitur*, p. 11.

③ Alexander P. Kazhdan ed. , *The Oxford Dictionary of Byzantium*, p. 2062.

通过何种方式可以在战场上分别遇到其他民族并征服他们？其次,考虑到他们的贪婪、无法满足的胃口以及过度要求的礼物;之后考虑到不同民族的差异,他们的起源、习俗及生活方式,他们生活所在地的位置、气候,它的地理描述、测量,此外,考虑到不同时期罗马人与不同民族所发生的事情;因此,什么样的改革一直被引入我们的帝国,并贯穿罗马帝国始终。以上我通过个人的才智所了解的事情,希望未来都可以传达给你,我钟爱的儿子,因此你可以了解到不同民族间的差异,如何对待及安抚他们,或向他们开战并反击他们。"①

君士坦丁七世的这部著作,最初并无标题,直至迈尔修斯(Meursius)为其标注拉丁语的名称"De Administrando"。据学者推测,这部书大致完成于948—952年间。该著作的内容主要分为四大部分。第一部分论及外交政策的核心,主要针对最为危险、最复杂的北方民族和斯基泰人。第二部分总结外交教训,主要针对这一地区民族。第三部分,也是最长的部分,是关于帝国周边民族的历史、地理信息,从萨拉森人开始,到东南部的民族,环地中海、黑海各族群,直至亚美尼亚人。最后一部分,是关于帝国境内的历史、政治、组织机构的概述。君士坦丁七世这部著作的很多内容,是根据更早的古代作品改写的。

《论帝国政府》被完整翻译出版的译本共有四个,两个为拉丁语译本,一个为俄语译本,一个为克罗地亚译本。第一个拉丁语译本由迈尔修斯翻译,1611年出版,并在1617年进行了再版(未进行修改),采用的皆为拉丁语与希腊语的对照版。拉米在编撰迈尔修斯作品集时,将他的译本放在附录部分出版。安塞姆·班杜拉(Anselm Bandur)对迈尔修斯的译本进行了重大修正及补充,于1711年出版,1729年这一重修的版本在维也纳再版。拉米编撰的迈尔修斯作品集中,同样收录了班杜拉的重修本,并与希腊本相对照。贝克的1840年版本与米涅的1864年版本同样收录了这一译本。之后,《论帝国政府》相继被翻译成俄文、克罗地亚文等语言。关于《论帝国政府》的选编,被收录及被翻译的语种更为丰富,除了拉丁文、俄文,还被翻译成法文、德文、英文等。②

《君士坦丁七世关于军队远征的三篇手册》主要是关于帝国军队在远征之

---

① Constantine Ⅶ., *De Administrando Imperio*, pp. 45 – 47.

② Constantine Ⅶ., *De Administrando Imperio*, pp. 26 – 27.

前的准备及组织,也被认为是君士坦丁七世对罗曼努斯二世的经验传授。第一篇最为简短,列举了参与远征的军队名册以及各省区军队及其将领与皇帝汇合的地点。首先便是对各个军区的集结命令,列举了亚美尼亚(位于小亚细亚地区的东北部)军区的六个主要基地:马拉基纳(Malagina)、多里利昂、卡伯肯(Kaborkin)、科洛尼亚(Koloneia)、凯撒里亚、达兹蒙。之后便是对各个军区的集结命令。①

第二篇讲述皇帝在出征前需要做的准备工作。在征战方面,有两位值得学习的楷模——君士坦丁一世皇帝与凯撒大帝。也有学者认为不可能是他们,因为存在时代错误,凯撒大帝不可能是基督徒。这只是为了遮掩,实际上描述的是另外两位皇帝,即毁坏圣像运动时期的利奥三世和君士坦丁五世。书中详细记述了君士坦丁大帝在出征前的一系列流程,他对于是否开战十分谨慎,要询问相关人士的意见,决定出征时间、地点,充分了解敌情,并安排各级将领的职责。② 除此之外,君士坦丁大帝在出征前,会指定摄政人,在其离开首都期间注意护卫首都安全,以保障后方的稳固。③

君士坦丁七世在第三篇中直接表明是写给罗曼努斯二世的,作为父亲留给儿子的重要遗产。君士坦丁七世同样以先辈们作为榜样,分别是米哈伊尔三世、瓦西里一世、塞奥菲鲁斯。君士坦丁七世十分详细地列举了战争前的准备工作,包括收缴传统捐税(帝国各级官员、主教、修道院应缴纳的标准)、宴会上用的牺牲、帐篷、驮畜、衣物、作为礼物送予外邦的衣料等,之后还讲述了皇帝远征归来应做的事情,并以瓦西里一世、塞奥菲鲁斯的凯旋为例。第一篇及第三篇手册主要涉及小亚细亚地区,特别是叙利亚,这表明此时帝国对外战争的重点发生转移,也验证了在君士坦丁七世时期,帝国向东部地区收复失地的活动在逐步展开。

这三篇手册目前唯一的版本,是莱克和瑞斯克(Reiske)在1751—1754年间整理《论帝国政府》时,收在附录中的文本。④ 三篇手册各自独立,有很大区别。第三

---

① *Constantine Porphyrogenitus Three Treatise on Imperial Military Expeditions*, J. F. Halden trans., Vienna: Verlag der Osterreichischen. Akademie der Wissenschaften, 1990, p. 81.

② *Constantine Porphyrogenitus Three Treatise on Imperial Military Expeditions*, J. F. Halden trans., pp. 83 – 85.

③ *Constantine Porphyrogenitus Three Treatise on Imperial Military Expeditions*, J. F. Halden trans., p. 87.

④ *Constantine Porphyrogenitus Three Treatise on Imperial Military Expeditions*, J. F. Halden trans., p. 36.

篇手册写作的时间最靠后,大约开始于 10 世纪 50 年代后期,在君士坦丁七世时期似乎并未完成,后继的编辑者又补充进许多君士坦丁七世时期的资料。第二篇手册写作于 903—912 年间,主要参考了利奥·卡塔凯拉斯(Leo Katakylas)的作品。

君士坦丁七世在位期间,还颁布了保护军役土地的法令,这是拜占庭帝国第一部关于军役土地的成文法。君士坦丁七世强调:"军队之于国家,正如大脑之于身体,当它们发生改变,整体也会随之变动。如果不关注这些变化,就是罔顾自身安全,更不要说国家的安危。军役土地自创建之初,便是士兵生存、生活的根基,但是现在遭到了破坏,而且情况可能会越来越严重,我们的皇帝受命于上帝,要恢复并改善它们,这将给整个社会带来好处。"①

拜占庭帝国自中期以来,进行军饷制度改革,军役土地与士兵的供给、军役的履行密切关联,重要性日益突出。"由于 6 世纪晚期黄金储备的急剧下降,国家被迫开始部分以铜币而非金银来支付士兵的军饷。当然在贵金属有限的基础上,黄金依然用于支付,特别是用于捐赠。但是从 7 世纪 40 年代早期,国家提供给军事附加的捐赠只有通常的三分之一,国家的财政似乎已接近崩溃的边缘。维持军队供给的方式似乎从这一时期开始。"②通过向帝国外籍士兵授予土地,使其通过土地收入来维持个人的生活与作战,可以有效缓解帝国财政的困境。同时,拜占庭资料也显示被授予土地的农兵成为帝国的重要兵源。

君士坦丁七世的这部法令并无明确时间,麦克杰尔推测为其继位的初期,他认为这则法令是君士坦丁七世登基之初进行军事整顿政策的一部分③,也是君士坦丁七世力图消除腐败、裁撤不称职官员行动中的一部分。据《塞奥法尼斯编年史续》载:"让皇帝记忆犹新的是,在罗曼努斯时代(君士坦丁七世的岳父),悲惨、不幸的小农在军区将军、副官、士兵、骑兵手里遭受的不公及损害。那时他派遣正直及诚实的人前去减轻施加在备受折磨的小农身上的过分勒索造成的巨大压力。他派罗曼努斯·萨洛尼提斯(Romanos Saronites)前往安纳托利亚军区,派罗曼努

---

① Eric Mcgeer, *The Land Legislation of the Macedonian Emperor*, p. 71.

② J. F. Haldon, "Military Service, Military Lands, and the Status of Soldiers: Current Problems and Interpretations", *Dumbarton Oaks Papers*, Vol. 47(1993), p. 11.

③ Eric Mcgeer, *The Land Legislation of the Macedonian Emperor*, p. 68.

斯·穆瑟勒(Romanos Mousele)前往奥普斯金军区,派弗提乌斯前往色雷斯军区,派利奥·阿格拉斯图斯(Leo Agelastos)前往亚美尼亚军区,派其他人依次前往剩余的军区。在皇帝的命令下,他们为小农减去了一些痛苦。"①君士坦丁七世颁行军役土地与这一行动相呼应。

君士坦丁七世首先设定了军役土地不可转让的最低值,以保障军役土地的安全。"士兵(στρατιώτης)不得出售军役(στρατεία)土地②,每个负有军役的骑兵至少要持有价值4磅金币的土地。爱琴海、萨摩斯岛(Samos)、西比莱奥特舰队海员要自备装备,履行划桨水手的职责,还要承担沉重的劳役,因此我们规定他们持有的土地,要以此为参照。海员要承担帝国海军及其他海员的开支,长期以来,根据习惯法每份军役至少要有价值2磅金币的土地做保障。我们认为这是足够的。"③此外,法令肯定了军役土地可以通过遗产继承进行转移,但是明确土地与军役密不可分。"那些入军籍并拥有这个数量土地的士兵,未进行过出售,将它们保留了下来,可以依法将这些土地及其连带的义务传给子孙们,当然——不管继承到土地的人是多了或少了,是否是旁系亲属,不管这个遗产是在没有遗嘱的情况下被平均分配成几份,或按照遗嘱由法律上的、亲缘上的或毫无关系的继承人分别获得大小不等的份数(我们禁止那些权贵染指这些继承),我们规定需要履行的义务与得到的遗产份额相关。"④君士坦丁七世严禁权贵对军役土地的染指:"并不是任何人都可以进行购买,尤其是有名望的人,有尊贵头衔的人,大主教、教士、修道院长,或任何一种宗教机构,上至权贵下至普通官员,(如果他们被发现违反了法律)他们将不得要求归还购买的钱款、投入的花费,即使他们正好投入了大量的钱款用于所购土地的开发。他们可以带走原料,但是不能影响到土地现有的状况。"⑤

---

① Eric Mcgeer, *The Land Legislation of the Macedonian Emperor*, p. 68.

② στρατιώτης,即 stratiotes,意指拥有负有军役之人。见 Alexander P. Kazhdan ed., *The Oxford Dictionary of Byzantium*, p. 1965。στρατεία,即 strateia,或亲自服役,或承担士兵的供养。

③ 萨摩斯岛、爱琴海及西比莱奥特是海军军区,它们的建立是为了防卫岛屿及海岸免受军舰的袭击;西比莱奥特延伸至安纳托利亚的西南部海岸。麦克杰尔认为2磅黄金与君士坦丁七世在《礼仪书》中提及的数额略有差异:"骑兵必须有不动产,换句话说,土地要价值5磅,或至少4磅。帝国的海军中必须有不动产,即土地,价值3磅。"参见 Eric Mcgeer, *The Land Legislation of the Macedonian Emperor*, p. 71。

④ Eric Mcgeer, *The Land Legislation of the Macedonian Emperor*, pp. 71 - 72.

⑤ Eric Mcgeer, *The Land Legislation of the Macedonian Emperor*, p. 72.

此外,君士坦丁七世针对军役土地的转让,制定了优先权(Protimesis, προτίμησις)顺序,规定"那些登记在册的士兵的继承人,或是卑亲属,或是尊亲属,或是旁系亲属,根据亲缘关系拥有优先购买权,并被允许收回士兵不慎转让以及权贵霸占的土地。只有亲缘比较近的亲属不愿意或没有能力收回土地时,更远一些的亲属才被允许。如果所有的亲属以及那些姻亲关系的亲属都没有可能,那么他们在军队中关系密切的纳税人或战友也可以,如果他们也未出现,那么同一税区的更为贫困的士兵,可以通过这些土地来自给自足。如果这些人也未出现,那就有必要召集同一税区未入军籍的纳税人,以保障这份税收可以征集上来"[1]。

君士坦丁七世在法令最后再次谴责权贵对军役土地的侵占,明确指出"当权贵们急切地搜刮土地,并将不幸的农民纳为农奴时,他们并未想到会受到谴责,而当别人的贪婪超过自己时,他们认为自己受到了不公对待。这是邪恶的大范围扩散。灾难不仅没有止于权贵,而且开始往下蔓延,因为通常权贵的习惯会影响到民众。那些受命领导军队的人——虽然根据法律,将军也属于这类人——带领着士兵去往各处,他们收到礼物后就会免役。他们是些收受贿赂的家伙,玩忽职守,不喜战争,比蚂蚁还要卑鄙,比狼还要贪婪。由于这些原因,他们无法从敌人那获取贡金,便从我们的子民那盘剥钱财,结果造成了彻底的混乱,他们的好逸恶劳给帝国带来了深重的灾难"[2]。君士坦丁七世的这则法令,综合了各种不成文法、案件的处理结果等,是第一部关于士兵及其土地的成文法,为之后的军役土地法令提供了范例。

此外,君士坦丁七世还颁行了947年土地法令,进一步完善解决土地归还过程中的偿付问题,并对"贫困者"进行了界定。君士坦丁七世在947年法令中规定,"如果购买者是一位权贵或与权贵相熟,不论是世俗或宗教方面的(或许是一位教士),而出售者十分贫寒,资产少于50诺米斯玛,将被免除偿还购买土地的钱款。如果(出售者)资产超过50诺米斯玛,可以(从购买者那得到缓期),在三年之后偿还购买的钱款,作为村社的一员享有同样的权利,即使他是位官僚体系中

---

① Eric Mcgeer, *The Land Legislation of the Macedonian Emperor*, p. 75.
② Eric Mcgeer, *The Land Legislation of the Macedonian Emperor*, pp. 75 – 76.

的将军或官员"①。

君士坦丁七世在军事方面,继承了罗曼努斯一世的东扩政策,并且起到了承上启下的作用。君士坦丁七世继位后不久,便起用了将军巴尔达斯·福卡斯,随即开始对西西里、叙利亚、克里特等地展开攻势,但总体而言,君士坦丁七世时期的对外战争并不十分成功。莫里斯认为帝国军队在这一时期遇到的军事失利,是皇帝君士坦丁七世颁布军役土地法令的直接原因。②

帝国军队在 950 年前后遭遇了重大打击。莫里斯认为,帝国军队此时身心均受到重创,10 世纪末来自拉特洛斯(Latros)的圣保罗的传记,以绝望的口吻写到君士坦丁七世对圣徒预言视而不见,他们预言克里特即将发生厄运。③ 949 年,君士坦丁七世计划从萨拉森人手中夺回克里特岛,以平息他们对帝国的侵扰。此次行动,君士坦丁七世吸取了 911 年克里特岛战役的教训,策划了耗资更少、兵源更为精简、更为谨慎的攻占计划。他派遣舰队防护爱琴海及地中海区域,远至西班牙的后倭马亚、北非的法蒂玛(Fatimid)的海区,剩下的海军则有 4 100 名,前往克里特。④ 但是君士坦丁七世的用人不当,导致了帝国军队的再次失利。

克里特岛战役的主帅,是毫无战争经验的宫廷宦官贡戈利奥斯(Gongylios),他对营地的安全掉以轻心,给予敌人可乘之机。⑤ 帝国军队在阿拉伯人的突袭下很快溃不成军,只有主帅贡戈利奥斯及少数随从得以逃脱。克里特岛的失利很快激起了周边民族对帝国的侵扰,君士坦丁七世的军事压力日益沉重。哈姆丹王朝(Hamdan dynasty)的赛义夫·道莱(Saif al-Daulah)率军从利堪多斯(Lycandus)侵入拜占庭领土,在查尔西农军区大肆破坏。在亚美尼亚东部的莱库斯(Lycus)谷底,他击败了拜占庭将领巴尔达斯·福卡斯。不过当赛义夫返归时,在利堪多斯与日耳曼尼基亚之间的隘口处受到帝国将军利奥·福卡斯的伏击,损失 8 000 名士兵。

---

① Eric Mcgeer, *The Land Legislation of the Macedonian Emperor*, p. 64.
② R. Morris, "The Powerful and the Poor in Tenth-Century Byzantium: Law and Reality", *Past & Present*, No. 73 (Nov., 1976):9, p. 8.
③ R. Morris, "The Powerful and the Poor in Tenth-Century Byzantium: Law and Reality", p. 73.
④ W. Treadgold, *A History of the Byzantine State and Society*, p. 489.
⑤ John Skylitzes, *A Synopsis of Byzantine History, 811 -1057*, p. 237.

巴尔达斯·福卡斯出身军事贵族,他的家族几个世纪以来驻守在小亚细亚边境地区,战斗在抗击阿拉伯人的前线。他曾在941年击退罗斯人的战争中一战成名,并助力君士坦丁七世击败雷卡平兄弟,成为君士坦丁七世复位中的功臣。巴尔达斯·福卡斯也获得相应回馈,他被任命为皇宫近卫军军团司令,他的儿子尼基弗鲁斯、利奥、君士坦丁分别被任命为安纳托利亚、卡帕多西亚、西里西亚军区将军。① 福卡斯家族的势力日渐强大,尼基弗鲁斯·福卡斯之后篡位成为又一个帝王,此为后话。

巴尔达斯·福卡斯上任之后,帝国在军事上不断受挫。斯基利齐斯对巴尔达斯·福卡斯的评价十分负面,认为他在别人的领导下,还可以做个合格的将军,一旦自己成为主帅,需要独立判断,便对帝国毫无益处。② 据记载,当巴尔达斯·福卡斯遇到哈姆丹部队时,他的军队很快逃散,他本人只是由于随从拼死救护才不至于沦为俘虏。他的前额受伤严重,伤疤直至他临终也未痊愈。③ 他的儿子君士坦丁·福卡斯不幸被俘,并被杀害。不过巴尔达斯·福卡斯未竟的事业,由他两位儿子尼基弗鲁斯·福卡斯和利奥·福卡斯继承,他们在罗曼努斯二世统治时期逐渐崭露头角,并获得赫赫军功。

总之,君士坦丁七世一生命运多舛,因为母亲而长期受到他人对其皇储资格的质疑,一生深陷宫廷争斗的腥风血雨,恐惧和猜忌伴随始终。他的人格缺陷与生俱来,只能沉迷于知识的海洋,痴迷于对学问的追求。显然,他对基督教神学并不感兴趣,而对古典希腊罗马文化十分热爱,这种偏好世俗文化的特质显然有其父亲的遗传,与拜占庭历史上其他"文人"皇帝区别明显。他是个学究,而非智者,读书做学问是把好手,但治国理政、运筹帷幄的能力非常欠缺。如果说,他是个非凡的学者,那么他也是个糟糕的帝王,在拜占庭帝国治理上毫无建树。

---

① J. Harris, *The Lost World of Byzantium*, New Haven:Yale University Press, 2015, p. 137.

② John Skylitzes, *A Synopsis of Byzantine History, 811 – 1057*, p. 232.

③ John Skylitzes, *A Synopsis of Byzantine History, 811 – 1057*, p. 233.

第五节

罗曼努斯一世（Romanos Ⅰ）

920—944 年在位

　　罗曼努斯一世(Romanos Ⅰ Lekapenos, Ρωμανός Α' Λακαπηνός,生于 870 年前后,卒于 948 年 6 月 15 日,享年约 78 岁)是马其顿王朝第一位通过篡位上台的非皇家血统的皇帝,920 年 12 月 17 日加冕为皇帝,至 944 年 12 月 6 日被废,在位24 年。

　　罗曼努斯篡夺了皇室血亲君士坦丁七世的皇位,并将女儿海伦娜嫁给君士坦丁七世,以国丈身份称帝,以加强其篡夺皇位的合法性。罗曼努斯一世于 920—944 年在位,统治帝国二十余年,后被其子斯蒂芬、君士坦丁赶下皇位,并在流放过程中去世。他企图建立新王朝的计划破产,其苦心经营篡夺的皇位最终还是回到君士坦丁七世手中,他所代表的雷卡平家族最终未能取代瓦西里一世血亲的统治。

　　史料中关于罗曼努斯一世登基前的记载十分有限。其出身似乎并不显赫,他的父亲塞奥菲拉克特是位亚美尼亚农民,曾在泰夫里卡对抗萨拉森人的战争中救过皇帝瓦西里一世,而后成为宫廷卫队中的一员。罗曼努斯一世从未接受过良好教育,他的职业生涯开始于军旅,利奥六世时期,他成为一名海军军官,亚历山大时期,他被任命为海军舰队司令。[①] 他与妻子塞奥多拉生有四个儿子和四个女儿,他的长子克里斯托弗在罗曼努斯一世篡位前,已在军队中任职。其他三个儿子相对年幼,分别是塞奥菲拉克特、斯蒂芬和君士坦丁。他的四个女儿分别与权贵联姻,海伦娜嫁给了君士坦丁七世,这使罗曼努斯一世成为皇室姻亲;阿加莎嫁给了利奥·阿吉洛斯(Leo Argyros)的儿子;其他两个女儿分别嫁给了萨洛尼提斯、穆瑟勒贵族之家的儿子。罗曼努斯一世通过女儿的政治婚姻,与世家大族建立姻亲联盟,逐步扩大自己的权势。"9 世纪中期,在拜占庭文献中开始出现了大

———————————

① S. Runciman, *The Emperor Romanus Lecapenus and His Reign*, p. 63.

贵族家族,如福卡斯家族、杜卡斯家族和科穆宁家族。他们的实力是以祖辈获得的封赐地产为基础,以大地产和军事权力的结合为特点。"[1]至 10 世纪时,还出现了斯克莱罗斯、库尔库阿斯、阿吉洛斯等军事贵族大家庭,他们均拥有雄厚的军事、经济实力,也享有贵族特权。皇帝利奥六世在《战术》中明确表示,将军及更高的官职应该仅授予那些拥有地位及财富的人。[2] 罗曼努斯一世显然已经意识到同时代权贵势力的重要性,这成为他缔结姻亲关系的重要考量。

罗曼努斯一世并未满足于当上小皇帝岳父的身份,他觊觎皇位并最终成功。亚历山大去世后,复杂的政治环境为罗曼努斯一世提供了机遇。事实上,身为海军舰队司令的罗曼努斯一世,起初并未跻身帝国核心政治圈,亚历山大为君士坦丁七世留下的辅政大臣如尼古拉、艾拉达斯、军队主帅利奥·福卡斯等均掌握着重要权力,而且政治地位也高于罗曼努斯一世。但是摄政团队内部的钩心斗角、争权夺利为罗曼努斯一世提供了机会。君士坦丁七世的老师塞奥多利为了阻止利奥·福卡斯夺权,向罗曼努斯一世寻求援助,老谋深算的罗曼努斯没有放过这个天赐良机。

罗曼努斯一世借此机会,不断设法加强其在皇家中的地位,不仅做了小皇帝君士坦丁七世的岳父,还不断提出"僭越"的要求,如穿着只有皇室成员才能穿戴的红色鞋袜,特别是红色的山羊皮靴子。[3] 谙熟宫廷政治的罗曼努斯一世并未采取暴力方式夺取皇位,而是与马其顿王朝皇室建立姻亲关系,逐步取而代之。920年 9 月 24 日,罗曼努斯一世被封为凯撒,12 月 24 日被加冕为共治皇帝。921 年 1 月 6 日,罗曼努斯一世加冕其妻塞奥多拉为皇后,同年 5 月 20 日又加冕其子克里斯托弗为共治皇帝,紧锣密鼓地推进其建立新王朝的计划。罗曼努斯一世位于共治皇帝的第一序位,而克里斯托弗与君士坦丁七世的序位存在争议,克里斯托弗年长于君士坦丁七世,而且在重要仪式中,"在去往圣索菲亚大教堂、布拉海尔奈宫、圣徒教堂的典礼仪仗中,罗曼努斯一世与他的长子总是在最前面,君士坦丁七

---

① 陈志强:《拜占庭帝国史》,第 265 页。

② G. Ostrogorsky, *History of the Byzantine State*, p. 255.

③ Liudprand, *The Complete Works of Liudprand of Cremona*, translated with an introduction and notes by P. Squatriti, Washington, D.C.: Catholic University of America Press, 2007, p. 127.

世与他的另外两个儿子跟在后面"①。因此,在罗曼努斯一世统治期间,君士坦丁七世的序位排在克里斯托弗之后,罗曼努斯一世意图将皇位传给自己儿子的心思已是"司马昭之心路人皆知"了。

罗曼努斯一世打着姻亲关系的旗号,逐步篡夺了皇位,使他的统治具有一定程度的合法性。在帝国早期的政治实践中,姻亲继承均出现在皇室缺乏皇嗣、血亲继承无法实现的情况下,是为了王朝延续而采取的补救措施,并逐步获得合法性。只要与皇帝直系亲属结成姻亲关系,无论父系还是母系,任何人都具有了登基的资格。例如,塞奥多西二世(Theodosius Ⅱ,408—450 年在位)去世后并无子嗣,将皇位传于马西安(Marcian,450—457 年在位),而后者十分重要的身份是迎娶了皇室公主帕尔切里亚的皇室姻亲。帝国早期另一位十分著名的皇帝芝诺(Zeno,474—491 年在位),是伊苏里亚人的领袖,同时也是利奥一世(Leo Ⅰ,457—474 年在位)的女婿,他迎娶皇室公主阿里阿德涅(Ariadne)既是利奥一世对其的有意拉拢,也为其登上帝位提供了可能。在芝诺去世后,阿里阿德涅再嫁阿纳斯塔修斯,使后者以姻亲身份继承皇位。姻亲继承的出现有助于解决帝国屡次面临的皇嗣缺乏的问题,但是同时存在潜在的风险,当幼帝在位或新帝登基等皇位不稳之际,姻亲继承很容易被野心勃勃的篡位者所利用,增加其统治的合法性。罗曼努斯一世在不断获取权力的同时,与皇室建立姻亲关系,成为君士坦丁七世的岳父,在牟取皇位的过程中步步为营,并利用复杂的政治环境,取代马其顿王朝皇室血亲成为皇帝,并获得了一定的合法性,这也体现出拜占庭皇位继承制度存在制度上的漏洞。

罗曼努斯一世在位 20 余年,在内政外交方面均有一定拓展。拜占庭学家奥斯特洛格尔斯基对其评价极高,认为罗曼努斯一世是天生的政治家、外交家,谨慎又节制。他精力充沛,意志力坚定,虽然厌恶任何形式的激进举措,但是会以铁血手段执行计划,而不会有任何迟疑,也绝不降低目标。除此之外,他还具有统治者应有的一项重要品质——识人善用,重用塞奥法尼斯、库尔库阿斯帮助其管理内

---

① Liudprand, *The Complete Works of Liudprand of Cremona*, p. 128.

政、对外作战。[1]

　　罗曼努斯一世在位期间,颁行了两部重要的土地法令,即 922 年及 934 年法令,旨在打压权贵,限制他们兼并土地,并保护小农土地的安全。这两部法令的起草者是财政官科斯马斯,他在罗曼努斯一世时期升任高级财政官,并在法律事务方面富有经验,是优秀的民事裁判官。他曾在一次土地纠纷处理中,维护了耶里索斯(Ierissos)居民的利益。他也曾对于小农阶层进行过界定。

　　罗曼努斯一世在土地法令中重申小农的优先购买权。优先权,多指在土地交易过程中部分人享受的优先购买权。这一权利最早可追溯至希腊化时期[2],并在拜占庭时代得到延续。罗曼努斯一世认为古法中关于这项权利的态度前后不一,所以有必要通过这部法令明确立场。拜占庭早期法典对优先购买权存在着迥异的规定。《塞奥多西法典》中提及塞奥多西一世(Theodosius Ⅰ,379—395 年在位)于 391 年颁布的法令中规定:"之前,这一权利曾被授予近亲及共同合伙人,来阻止外人购买土地,人们不能随意出售土地。但是,因为这种空洞借口,迫使人们违背意志处理土地,是极端不公正的,因此,特颁布诏令如下,每个人都能自由选择购买者。"[3]《查士丁尼法典》中提及利奥一世于 468 年颁布的法令,"考察了人类动机后,我们认为有必要在关于'祖居村庄'的原有条款基础上加入以下规定,来阻止土地的所有者将土地转让给外人。如果某人愿意转让自己的土地,不论是依据何种协定,都不得将土地的所有权与持有权转让给本村社登记之外的任何人,因此,所有外人应该意识到,他们违背立法获得的土地所有权,每一次都是无效的。如果交易完成,土地已被转让,那么应归还土地"[4]。土地交易过程中,是否应设置优先购买权,除了法规中提及的考量,还与社会背景密切相关。

　　罗曼努斯一世皇帝颁行的 922 年法令,最为核心的部分是对优先购买权的重新调整。其一,在土地交易过程中享有优先购买权的人,不仅仅限于具有亲缘关

① G. Ostrogorsky, *History of the Byzantine State*, p. 271.

② A. E. Laiou, *The Economic History of Byzantium: From the Seventh through the Fifteenth Century*, Washington D. C.: DOP, 2002, p. 1072.

③ Theodosius, *The Theodosian Code and Novels, and the Sirmondian Constitutions*, Clyde Pharr trans., Princeton: Princeton University Press, 1952, p. 64.

④ Justinian, *Corpus Iuris Civilis*, 15:214.

系的人。"首先被提及的是共同拥有土地的亲属,其次是共同拥有土地的邻人,再次是那些与即将出售的土地比邻交错的土地的所有者,他们可能对于转让者来说是陌生人。然后是属于同一财政区的与即将出售的土地相邻的地产所有者,最后是那些有着部分联系的土地所有者。"①其二,在土地交易过程中享有优先购买权的人,不仅仅限于具有地缘优势的人。法令中规定:"属于同一财政区的成员,我们的意思是那些登记于同一税收区的人们,即使他们在不同的地点纳税。"②罗曼努斯一世在934年法令中再次强调:"如果考虑到人类的演化及时代的变迁,由于必要性的趋势,或仅仅由于意志的指向,那么让其顺其自然,所有者意在转让自己的土地,不论是部分的还是全部的转让,那么交易首先应该面向同一或邻近的地区或村庄。"③罗曼努斯一世对优先购买权的这一设定,旨在保护小农土地的完整性,也是为了保障政府的财政收入。拜占庭中期以来,推行集体纳税制(也称为"连保制",allelengyon, ἀλληλέγγυον),村社是帝国最基本的"连保"纳税单位,村社成员作为一个整体交纳赋税。如果农民陷入贫困或放弃财产,则另一农民(通常是其邻居)需代替他纳税,从而获得该土地的用益权。④ 村社土地税收的多寡,关系到帝国财政收入的高低。据学者估计,拜占庭帝国收入的95%来自农业,仅5%来自城市工商业。⑤ 因此,罗曼努斯一世在法规设定方面,极力维护村社土地的完整性,突显村社的财政意义,也是保障帝国的税收收入。

　　罗曼努斯一世在法令中对权贵进行了具体定义,并将其视为主要防范对象。他在922年法令中指出:"对权贵可作如下界定,即使不是通过个人,也可以通过与他们有联系的人施加影响,而能够威胁卖者,或以某些馈赠的许诺来满足他们的需要。"⑥他在934年法令中通过列举的方式,对权贵进行定义:"这些显贵之人,或者那些享有公职、官职的人,或者那些在政府或军事方面享有荣誉的人,或者那些在元老院任职,或隶属于军区的官员或非官方成员,或者是那些忠诚于上

① Eric Mcgeer, *The Land Legislation of the Macedonian Emperor*, p. 42.

② Eric Mcgeer, *The Land Legislation of the Macedonian Emperor*, p. 42.

③ Eric Mcgeer, *The Land Legislation of the Macedonian Emperor*, p. 54.

④ [英]M. M. 波斯坦、H. J. 哈巴库克主编,王春法主译:《剑桥欧洲经济史》,北京:经济科学出版社2002年版,第190—191页。

⑤ M. F. Hendy, *Studies in the Byzantine Monetary Economy*, p. 157.

⑥ Eric Mcgeer, *The Land Legislation of the Macedonian Emperor*, p. 46.

帝的虔诚人士,大主教、主教、教会职员,或宗教资产或皇家资产的管理者,不论是以私人的名义还是以帝国或教会地产的名义,都不得通过自己或者中介来侵蚀村庄,不得借以出售、赠礼或遗产的名义——不论是整体的还是部分的——也不得找寻其他借口。"[1]在法令的描述中,权贵与小农是相互对立的社会阶层,而拜占庭皇帝则以小农的保护者自居,这是法令出台的重要合法性所在。罗曼努斯一世皇帝强调"由于这些人(权贵)对小农的压迫,小农的生活更加悲惨,这给大量的仆人、雇佣人员或其他的附庸带来了混乱、迫害、胁迫以及其他的随之而来的痛苦和困难,只有通过立法结束这一情况,公共福祉才不会受到破坏"[2]。事实上,法令突出了权贵与小农的对立,借以掩盖权贵与皇权间的矛盾。罗曼努斯一世通过篡位上台,他深知权贵对皇权的威胁,他成为皇帝之后,重点防范的对象便直指权贵。虽然拜占庭皇帝在 10 世纪初即已通过将军区化大为小的方式限制军区将领的权力,但事实上促成了军事土地贵族权力的增强,"军区在规模上的减小、数量上的增多,事实上却促使凌驾于各个军区将军的军区司令来管理众多军区,而军区司令拥有更多的权势去反叛"[3]。因此,法令也具有加强皇权的政治意图。

927—928 年,东地中海地区出现罕见寒冬,并引发普遍的大饥荒。这对拜占庭社会经济产生了重大影响。"令人无法忍受的寒冬在这个月份来临了;大地冰冻了 120 天之久。一场比任何时候都要严重的饥荒伴随而来,从饥荒开始如此多的人饿死,以至于活的人已不够去掩埋死去的人。尽管皇帝已经竭尽全力来减轻灾情,用各种方式的援助来减弱寒冬及饥荒的破坏力,但是始终无法避免以上情况的发生。"[4]虽然民间也有一定的灾后救助,"圣徒们在帮忙减轻乡村居民的负担,向他们发放大量的、4 000 摩底(modioi)的谷物,以及喂养其牲畜的饲料"[5],但是似乎并未能阻止灾情的蔓延。瓦西列夫认为 927—928 年过早到来的霜冻、

---

① Eric Mcgeer, *The Land Legislation of the Macedonian Emperor*, pp. 54 – 55.

② Eric Mcgeer, *The Land Legislation of the Macedonian Emperor*, p. 55.

③ W. E. Kaegi Jr, *Army, Society and Religion in Byzantium, Collected Studies 162*, London: Variorum Reprints, 1982, p. 16.

④ John Skylitzes, *A Synopsis of Byzantine History, 811 – 1057*, p. 218

⑤ R. Morris, "The Powerful and the Poor in Tenth-Century Byzantium: Law and Reality".

饥荒、瘟疫使大量农民举步维艰。[1] 奥斯特洛格尔斯基认为饥荒加速了拜占庭权贵对农民土地的兼并。[2] 拉伊奥(Laiou)认为927—928年的寒冬在帝国社会经济的转轨中扮演了重要角色。[3] 这场寒冬也被认为是罗曼努斯一世颁布934年法令的直接原因。当帝国的权贵"看到小农由于饥荒所迫,他们便以极低的价格,有些以白银,有些以黄金,或以谷物或其他形式的交付,来购买不幸的小农的地产。比这些更为残酷的是,在这种时候,他们像瘟疫一样侵袭村庄里不幸的小农,像坏疽一样侵入村庄里,造成巨大破坏"[4]。由于小农经济的脆弱性,小农个体在面临严重的自然灾害时几乎毫无抵抗力,而将土地转让给权贵并成为后者的依附农,也成为灾民们的一个重要选择。在饥荒发生之后,陷入困境的小农纷纷出售土地以求活命,而土地供求关系的急剧失衡,也造成土地价格的大幅度下降,反而进一步刺激了权贵的土地兼并。土地弃耕现象也更为严重,"当部分土地因蛮族入侵或其他灾害而遭到放弃时,便很容易出现其他农民随之逃亡的风险,因为他们意识到那些已经逃亡的人的税收负担会附加到他们身上"[5]。这种连锁式反应迅速放大了土地兼并的范围和规模。927—928年寒冬对拜占庭帝国社会经济产生了深远的不利影响,小农经济不断解体,大地产日益壮大,帝国军区制陷入危机,进而加速了土地兼并的进程。

罗曼努斯一世统治期间发生了多次叛乱,叛乱的名目各不相同。他的个人经历显然会激发更多野心家的反叛,特别是以君士坦丁七世的名义来反抗罗曼努斯一世的统治,其中以财政官阿纳斯塔修斯的反叛为代表,反叛因泄密而终止,阿纳斯塔修斯被迫成为修道士。[6] 此外,君士坦丁·杜卡斯的反叛也产生了很大的影响。这位来自马其顿地区、名为瓦西里的人,借用大贵族杜卡斯的名字,煽动百姓,发动叛乱。之后他被名为艾莱芬提努斯(Elephantinos)的下级官员逮捕,押送到皇帝面前,并被砍下了一只手臂。他被释放后,为自己装上了铜手,并铸了一把

① A. A. Vasiliev, *History of The Byzantine Empire, 324 - 1453*, 1958, p. 346.
② G. Ostrogorsky, *History of the Byzantine State*, p. 274.
③ A. E.Laiou, *The Economic History of Byzantium*, p. 267.
④ Eric Mcgeer, *The Land Legislation of the Macedonian Emperor*, p. 56.
⑤ Paul Lemerle, *The Agrarian History of Byzantium from the Origins to the Twelfth Century*, p. 78.
⑥ John Skylitzes, *A Synopsis of Byzantine History, 811 - 1057*, p. 208.

大刀。他潜进奥普斯金军区,谎称他就是君士坦丁·杜卡斯,在集结了大量起义民众和军兵后,再次反叛。他攻占了佩特拉(Petra)要塞,还在那里储存了各式各样的必需品。以此为基地,他开始进攻周边地区。罗曼努斯一世派出军队镇压,伪君士坦丁·杜卡斯及其随从被逮捕。罗曼努斯一世对此十分重视,他仔细审查了一番,以确定君士坦丁·杜卡斯是否还有幕后支持者,但是并没有什么新发现,遂判决对君士坦丁·杜卡斯施以极刑,后者是在阿马斯特里安农(Amastrianon)被处以火刑的。[①] 值得注意的是,此次的反叛者为了获得更多的支持,伪托了杜卡斯的名字,这也表明杜卡斯家族在小亚细亚地区是非常受欢迎的土地贵族,大贵族势力的暴涨可见一斑。

罗曼努斯一世在位期间,获得了教会的支持,皇权与教权的关系和睦,教会内部的分歧也不断减少。他与牧首尼古拉基于共同利益,在处理教、俗事务上鼎力合作。罗曼努斯一世还未登基之前,920 年 7 月召开的大公会议宣布利奥六世的第四次婚姻非法,第三次婚姻在一定的条件下获得承认。尼古拉与罗曼努斯一世对此表示满意。在利奥六世时期,尼古拉因拒绝承认皇帝第四次婚姻的合法性而被罢免,而 920 年决议肯定了尼古拉关于婚姻法的意见,这是继他恢复牧首职位后,对他的再次褒奖。确认利奥六世第四次婚姻的非法,也意味着君士坦丁七世的皇储地位的非法性更加突出,对于篡位上台的罗曼努斯一世无疑是有利的。通过此次会议,罗曼努斯一世实现了教会的统一,教俗关系得以修复,世俗权力与教会权力处于理想的合作状态。显然,他调整教俗关系确实有利于其建立新王朝的政治图谋。

在尼古拉去世后,罗曼努斯一世牢牢控制着牧首的任免权,并费尽周折地将他的儿子塞奥菲拉克特推上牧首的位置,以确保对教会事务的掌控。925 年 5 月,牧首尼古拉去世,但此时罗曼努斯一世的儿子塞奥菲拉克特年仅八岁,还不足以担任这一职务,于是罗曼努斯一世先后选任斯蒂芬、特里丰(Tryphon)为牧首,以便为塞奥菲拉克特上任提供更多等待的时间。斯蒂芬去世于 928 年 7 月,之后由特里丰接任牧首。特里丰在任内极力摆脱皇权的控制,930 年 8 月被免职,此时塞

---

① John Skylitzes, *A Synopsis of Byzantine History, 811 - 1057*, p. 220.

奥菲拉克特年仅 13 岁,之后牧首的职务空缺了一年多,直至 931 年 10 月,年近 15 岁的塞奥菲拉克特被任命为牧首。为了雷卡平家族的荣耀,也为了增强其任命幼子的合法性,罗曼努斯一世派使臣前往西欧,并获得了教宗的认可①,后者当时恰好陷入西欧教俗之争,获得东部皇帝的支持也具有非常重要的意义。塞奥菲拉克特担任牧首期间,一切遵从罗曼努斯一世的旨意,相对于他的两位哥哥,他对父亲罗曼努斯一世保持一贯的忠诚。

罗曼努斯一世登基之后,延续前人东扩的军事战略,并有了实质性进展。罗曼努斯一世在军事上起用库尔库阿斯,后者在推进帝国东扩的进程中立下赫赫军功。“对于同时代仰慕库尔库阿斯的人们来说,他是查士丁尼时代后的伟人,他的杰出才能为东部边境带来新的曙光。”②“约翰·库尔库阿斯(John Kourkouas, Ιωάννης Κουρκούας, 915—946 年)在东部地区取得了一系列胜利,这成为马其顿皇室家族统治结束之前拜占庭历史的主要特征。库尔库阿斯似乎为帝国的东部政策注入新的精神,即极富自信的军事进攻。”③他于“934 年对梅利蒂尼及其领土的占领及合并突然间让世人注意到正在发生的事情……在罗曼努斯统治结束之时,帝国的边境已经扩展至底格里斯河的上游,许多穆斯林的城市、萨莫萨塔,以及凡湖(Lake Van)附近的城市、埃尔泽乌姆(Erzerum),所有这些地区均承认皇帝的最高权力。虽然这并不是大范围的征服,但这是第一次,这是重大的转折点。从此之后旧秩序被更改了。现在基督徒开始进攻了,穆斯林只能徒劳地反抗”④。

罗曼努斯一世在位初期,仍然要应对保加利亚人连年的进攻,直至西米恩去世,双方才签订和约。在此过程中,双方互有胜负,西米恩多次入侵色雷斯地区,对帝国造成了巨大破坏。921 年,西米恩再次入侵色雷斯,并很快抵达卡特斯尔泰(Catasyrtae)。波托斯·阿吉洛斯(Pothus Argyros)前去迎战,他的副官米哈伊尔成功突袭了保加利亚人。西米恩退至希拉克莱、塞林布里亚(Selymbria)附近。

---

① S. Runciman, *The Emperor Romanus Lecapenus and His Reign*, pp. 76 – 77.

② S. Runciman, *The Emperor Romanus Lecapenus and His Reign*, p. 69.

③ S. Runciman, *The Emperor Romanus Lecapenus and His Reign*, p. 135.

④ S. Runciman, *The Emperor Romanus Lecapenus and His Reign*, p. 241.

牧首尼古拉致信西米恩希望和谈,但是遭到西米恩拒绝。① 922 年,保加利亚人越过博斯普鲁斯海峡,再次进犯拜占庭帝国,罗曼努斯一世担心佩加(Pegae)的宫殿,派出阿吉洛斯兄弟、主教约翰、海军舰队司令穆瑟勒前去迎敌。但是帝国军队犯了大忌,在佩加狭窄的山谷扎营,保加利亚人趁势进行了围击,几乎未遇到抵抗,拜占庭将军纷纷逃亡,士兵大多被俘或被杀,佩加宫殿被烧毁,斯特努姆(Stenum)地区受到严重破坏。922 年下半年,保加利亚人再次出现在色雷斯城郊,逼近圣塞奥多拉宫殿。罗曼努斯一世为了避免佩加灾难的重演,再次派军队前往抗击保加利亚人,并取得了胜利。923 年,西米恩再次入侵色雷斯,亚得里亚堡的长官摩洛雷昂(Moroleon)率部队全力抵抗,但是饥荒导致保卫战的失败,作为惩罚,摩洛雷昂被保加利亚人处死。② 但是西米恩也未能进一步扩大对色雷斯的入侵,罗曼努斯一世策划了塞尔维亚亲王扎卡里亚对保加利亚的反叛,尽管叛乱以失败告终,扎卡里亚被关入牢中,但最终也分散了西米恩的注意力。

924 年 9 月,西米恩再次集结所有兵力进军君士坦丁堡,摧毁了马其顿地区村舍,在色雷斯地区大肆破坏,但是当他到达布拉海尔奈附近的时候,他通过牧首尼古拉请求与罗曼努斯一世议和。罗曼努斯一世接受了这一请求,但最后双方似乎并未达成共识。直至 925 年尼古拉去世之前,他仍坚持给西米恩写信,劝说后者尽快结束战争。"我给你的建议都是有益且有用的。这是我写的最后一封信,因为我为上帝子民的遭遇感到痛心,这包括千千万万保加利亚人和罗马人……你曾经说过:'我来是为了和平'……你和我们的皇帝会谈,收到了他的礼物,我记得你大概说过:'我们应结束战争,不再需要穿着护甲上战场。'……良知会提醒你要记着说过的话。"③尼古拉在信中还提及西米恩在罗曼努斯一世面前对他的指责。西米恩在战争中受伤,认为这是尼古拉祈祷的后果,尼古拉断然否定了此事,认为这纯属诬陷,他从不会做这样的祈祷,作为大主教,他呼吁保加利亚与拜占庭帝国尽快结束战争。④ 尼古拉在此之前,也多次致信西米恩,期盼双方的早

---

① S. Runciman, *The Emperor Romanus Lecapenus and His Reign*, p. 87.

② S. Runciman, *The Emperor Romanus Lecapenus and His Reign*, p. 88.

③ Nocholas, *Nicholas I Patriarch of Constantinople Letters*, pp. 208 – 209.

④ Nocholas, *Nicholas I Patriarch of Constantinople Letters*, p. 209.

日和平,然而拜占庭与保加利亚人最终签订和平协议时,尼古拉已去世两年,未能亲眼见证。

927年,拜占庭帝国与保加利亚人结束了多年战事。同年西米恩去世后,其子彼得继位,保加利亚很快陷入内外交困的境地。突厥人、塞尔维亚人、克罗地亚人听闻西米恩的死讯,纷纷计划出兵保加利亚。而保加利亚正遭遇严重的饥荒与虫灾,庄稼绝收,人口大量死亡。彼得为了避免拜占庭帝国的进攻,主动遣使求和,并提出联姻的请求。罗曼努斯一世很快应允了彼得的请求,双方议定了和平条约,彼得迎娶罗曼努斯一世的孙女玛利亚。[①] 彼得继位之初,他的兄弟约翰、米哈伊尔先后意图篡夺王位,约翰失败后,罗曼努斯一世为其提供政治避难,不仅派牧师将其带回君士坦丁堡,还赐予其大量财物,帮助其在首都安家。米哈伊尔去世后,他的随从们害怕彼得报复,纷纷迁入帝国的领土内,之后成为帝国的臣民。[②]

帝国在东扩过程中,面临北方更大的军事挑战。拜占庭人集中兵力于东部战场的同时,也不得不应对多线作战的压力。帝国对周边地区民族的政策主要服务于其东扩的军事战略。例如,针对亚美尼亚—高加索地区的民族,拜占庭帝国统治者便尽量帮助他们避免纳入阿拉伯人的势力范围。除此之外,拜占庭人这一时期的对外关系重心还在北方。[③] 帝国先后与保加利亚人、罗斯人签订和约,以避免腹背受敌,为东征调集更多兵力。

实力强劲的罗斯人三番五次骚扰帝国领土,以索取财物,获得更多贸易权利。941年,罗斯亲王伊戈尔(Igor)率军队进击帝国首都,"保加利亚人给皇帝送信,说罗斯人率船1万艘驶向帝都。船队开来,在维菲尼亚开战,征服了庞特海沿岸直到伊拉克利亚和帕弗拉戈尼亚一带土地,还占领了整个尼科米底亚地区,并烧毁了整个舒特湾区"[④]。而此时库尔库阿斯集结军队于安纳托利亚,准备在东部边境展开反攻,之前护卫首都的军队正随库尔库阿斯远征,帝国舰队正在爱琴海阻

---

① John Skylitzes, *A Synopsis of Byzantine History, 811 - 1057*, p. 215.
② John Skylitzes, *A Synopsis of Byzantine History, 811 - 1057*, p. 218.
③ S. Runciman, *The Emperor Romanus Lecapenus and His Reign*, p. 153.
④ [俄]拉夫连季:《往年纪事》,第35页。

击阿拉伯海盗,首都因此告急。罗斯人的进攻,加重了帝国军队负担,帝国临时集结军队应战,在战争中占据了上风,并击退了罗斯人。944 年,伊戈尔卷土重来,并募集了大批军队,包括"瓦兰人、罗斯人、波利安人、斯拉夫人、克里维奇人以及提维尔人,还雇佣帕齐纳克人,并从他们那里索取了人质,兵分水陆两路进犯希腊,决心为自己报仇雪恨"①。罗曼努斯一世得知消息后,许以黄金、贵重织物,罗斯人接受了礼物并返回了基辅。

罗曼努斯一世针对罗斯人以安抚为主,许以贸易权益。945 年,他派遣使者前往罗斯,伊戈尔也派自己的大臣去往拜占庭帝国,商谈恢复原有的和约。"罗曼努斯召见了贵族和大臣,并请求罗斯使者把双方的谈判记在羊皮纸上。"②双方延续了之前和约的内容,给予罗斯人来帝国贸易的各种便利,"罗斯大公及其贵族如同为他们所规定的那样,可向希腊大帝的希腊国土任意派遣载有使臣和商人的船只。从前使者携带金印,而商人携带银印,如今你们的大公盼咐带文书给我们皇帝;那些将被派遣来的使者和客商应携带写明情况的文书,上面写清:派来多少船只,以便我们从中了解他们是抱着和平的意图而来……当他们到达时,他们可住在圣母教堂附近,我们皇帝会派人登记你们的名字,可以让他们领取月粮——使节领取使者月粮,而客商领客商的月粮……他们由同一座城门进城,在皇帝武士陪同下不得携带武器。一次可进城 50 人,他们可随意买卖,然后出城;我们皇帝的武士负责保护他们"③。除了正常的出使、商贸,和约中还提及潜逃的奴仆等问题的处理方式。通过和约的延续,帝国再次维系了与罗斯人的和平。

约翰·库尔库阿斯在为帝国服务 22 年之后,因功高盖主引来种种猜忌,被免去了军区总司令职务。某位名为曼努埃尔的法官,专门为其做传,写有八卷本的作品,记述了库尔库阿斯的军旅生涯及其成就。在史家的评价中,库尔库阿斯可比肩于图拉真(Trajan,98—117 年在位)、贝利萨留(Belisarius),他对叙利亚的征服,极大地推进了帝国东征的进程。值得注意的是,库尔库阿斯被免职,除了上述提及的原因,与罗曼努斯一世抑制权贵的政治背景也密切相关。库尔库阿斯出身

---

① [俄]拉夫连季:《往年纪事》,第 36 页。
② [俄]拉夫连季:《往年纪事》,第 37 页。
③ [俄]拉夫连季:《往年纪事》,第 38—39 页。

军事世家,他的祖父是一名首都防卫部队的军官,他的亲属也大多在军中任要职,并立有军功,他的兄弟塞奥菲罗斯(约翰一世的祖父)曾攻占了美索不达米亚萨拉森人(阿拉伯人)的城镇,并征服了夏甲(Hagar)的儿子们。库尔库阿斯的儿子罗曼努斯也为帝国带来了众多战利品。[1] 库尔库阿斯及其家族是名副其实的军事贵族,不仅有家族传承,还在罗曼努斯一世时期有出色的军事表现,更加巩固了原有的势力。按照罗曼努斯一世922年法令、934年法令,库尔库阿斯已经归属权贵行列。对于库尔库阿斯的惩处不仅是对其名望及势力的削减,更是打击其所代表的军事家族,并且还可以震慑其他权贵。罗曼努斯一世在位期间,既要依靠军事贵族扩大帝国版图,完成其军事战略,也在提防后者,警惕其对皇权的威胁,这似乎是专制帝王进行统治的悖论,这种矛盾与冲突在马其顿王朝尤其明显,此后的皇帝们也面临着这方面的考验。

罗曼努斯一世最后被自己的儿子斯蒂芬、君士坦丁赶下台,惨淡退场。他在位时期,对继任者进行了培养与筹谋,但是一系列变故打乱了他的计划。罗曼努斯一世继位之后,便将长子克里斯托弗加冕为共治皇帝,并将克里斯托弗的继承位序置于君士坦丁七世之前,显然有意将其作为储君培养。928年,贵族尼基塔斯遭到流放,在当时轰动一时。尼基塔斯曾是罗曼努斯一世挚友,是克里斯托弗的岳父,与其有姻亲关系。但是因被怀疑唆使克里斯托弗反对罗曼努斯一世,被放逐至省区的修道院。[2] 这次事件之后的931年,克里斯托弗意外去世,这对罗曼努斯一世的打击很大,除了情感上的伤痛,储君的计划完全落空。克里斯托弗留下三个孩子,长女玛利亚嫁给保加利亚王,两个儿子仍然十分年幼,其妻子索菲亚也很快离开了宫廷。[3]

储位的空缺引起新一轮争夺,造成政治动荡。君士坦丁七世与罗曼努斯的两个儿子斯蒂芬、君士坦丁都在争取皇位。尤其是君士坦丁七世,被罗曼努斯一世篡夺皇位多年,十分期望重登帝位,而他周围聚集的旧贵族势力也策动他采取行动。斯基利齐斯记述道,君士坦丁七世策划了斯蒂芬与罗曼努斯一世的父子反

---

[1] John Skylitzes, *A Synopsis of Byzantine History, 811–1057*, p. 222.

[2] S. Runciman, *The Emperor Romanus Lecapenus and His Reign*, p. 71.

[3] S. Runciman, *The Emperor Romanus Lecapenus and His Reign*, p. 78.

目,因为斯蒂芬头脑简单,很容易冲动,没有主见,君士坦丁七世抓住了他的弱点,利用姻亲关系,拉拢斯蒂芬,承诺会帮他夺权,假意奉承他年富力强,比他的父亲更适合当皇帝。斯蒂芬听信了他的挑拨,不仅内心舒坦,而且更加信任小皇帝。他于 944 年 12 月 6 日联合另一个弟弟推翻了父亲罗曼努斯一世的统治。[①]

　　罗曼努斯一世的皇位,始于篡位,终于被篡夺,父子反目,败于离间计。显然,在培养继任者方面,老奸巨猾的罗曼努斯一世无疑是失败的。但是,他的失败也反映出拜占庭帝国皇帝专制制度的韧性,以及民众对这一制度的默认和接受。毫无城府、举止轻浮、思维简单的斯蒂芬和君士坦丁统治不久,君士坦丁七世联络旧部重新夺回了皇位,帝国统治重新回到马其顿王朝皇室血亲手中。罗曼努斯一世未能实现其建立家族新王朝的目标。

第六节

斯蒂芬和君士坦丁（Stephen，Constantine）

944—945 年在位

　　斯蒂芬·雷卡平（Stephen Lekapenos，Στέφανος Λακαπηνός,出生年月不详,卒于 963 年 4 月 18 日）、君士坦丁·雷卡平（Constantine Lekapenos，Κωνσταντίνος Λακαπηνός,出生年份不详,死于 946 年）分别是罗曼努斯一世的第二子和第三子,924 年 12 月 25 日,斯蒂芬与君士坦丁被罗曼努斯一世一同加冕为共治皇帝。[②] 他们与其父一样,是马其顿王朝第二位和第三位篡位皇帝,944 年 12 月 6 日发动政变推翻父皇,至 945 年 1 月 26 日,在位不足 50 天。

　　罗曼努斯一世的家族多为赳赳武夫,他对子弟的教育完全受其家庭军阀传统的影响。他在实施其篡夺马其顿王朝皇位的计划中,原本对长子克里斯托弗寄予厚望,但他失算的是,其亲家公尼基塔斯也是个凭借军权在手、觊觎皇位的将领。

---

① John Skylitzes, *A Synopsis of Byzantine History, 811 –1057*, pp. 226 – 227.
② John Skylitzes, *A Synopsis of Byzantine History, 811 –1057*, p. 213.

因此当他得到密报称后者正在唆使其女婿,也就是他十分信赖的长子克里斯托弗图谋不轨时,勃然大怒,决定提前动手铲除后患。于是,他不动声色地罢免了他这个以前的密友,而后大张旗鼓地将尼基塔斯流放至省区的修道院,严加看管。也许是无法调解缓和自己两位长辈的突然反目带来的精神压力,也许是其他意外事故造成的伤害,克里斯托弗于931年突然去世。这对罗曼努斯一世是个沉重打击,意味着其建立新王朝的计划全被打乱。特别是其长子去世引发的储位争夺造成了更复杂的政治动荡。君士坦丁七世与罗曼努斯的两个儿子斯蒂芬、君士坦丁都在他选择的范围内。但是,他的两个儿子显然不是他们姐夫的对手,不仅因为年龄差距较大,心智远不如后者成熟,而且后者周围一直聚集着一批反对派元老政客,他们将在争取皇位继承权的博弈中成为小皇帝最大的优势。正是在马其顿王朝老臣们的帮助下,君士坦丁七世利用与斯蒂芬和君士坦丁的年轻幼稚,百般亲近他们,并挑拨他们与其父皇的关系。这样的机会不难找到。

罗曼努斯一世统治期间,斯蒂芬与君士坦丁觊觎皇位的野心就表露的十分明显,但他们的父皇对两个不太成器的小孩子不以为然。他当时更加担忧的是杰出战将库尔库阿斯,后者的军事天赋令其逢战必胜,取得的胜利为其赢得了广泛的声誉。对于这个功高盖主的军事将领,罗曼努斯当然最为疑虑,他本人就是一个例证。为此,他计划通过联姻的方式笼络住他,于是想出了让君士坦丁七世的儿子罗曼努斯,也就是他的外孙子与大将军库尔库阿斯的女儿埃芙菲罗丝奈结为夫妻。然而,他没有想到这个联姻计划引起他的两个儿子的疑虑,他们担心马其顿王朝皇室血亲与库尔库阿斯的联合,会威胁到他们的皇位继承。[①] 虽然罗曼努斯二世最终并未迎娶埃芙菲罗丝奈,但此次罗曼努斯一世对罗曼努斯二世的婚姻安排,陡然增加了斯蒂芬与君士坦丁的疑心,使他们认为罗曼努斯一世会将皇位传于君士坦丁七世。小皇帝时常揣摩他的两个小舅子的心思,非常清楚两个人的想法,于是巧妙地利用了他们的单纯幼稚、年少冲动,私下里煽动,添油加醋地加强他们的疑心,并明里暗里允诺对他们发动政变的支持,还推心置腹地帮他们出谋划策。

---

① S. Runciman, *The Emperor Romanus Lecapenus and His Reign*, pp. 230 - 231.

斯蒂芬、君士坦丁两兄弟对君士坦丁七世的话信任有加，特别是后者一再感激岳父皇帝对他继位的承诺，这就更加深了两个涉世未深的孩子的恐惧和他们对皇权的渴望，却完全不知其中的阴谋险恶，决定不计后果、发动政变，抢先夺取罗曼努斯一世的皇位。他们的计划特别简单也非常容易实施，因为包括老皇帝在内，没有人能够想象得到这两个孩子能干出这样的事情，因而也就没有任何防范措施。944 年 12 月 20 日，斯蒂芬、君士坦丁趁着宫廷防卫松懈的时候，与他们的支持者一起潜入宫中，很快将年老病弱的罗曼努斯一世扣押起来，旋即带离君士坦丁堡，流放至普罗特严加看管。①

同时代的意大利外交使臣利乌特普兰德（Liutprand）在他的作品中记载了斯蒂芬、君士坦丁篡位后的情形。两个"熊孩子"发动宫廷政变已经让人惊掉了下巴，人们的想象力即刻被激发，谣言不胫而走，首都君士坦丁堡很快淹没在流言蜚语中，有人说罗马努斯一世被流放了，有人说他被两个不孝的儿子杀害了。君士坦丁七世的支持者们乘机四处煽风点火，造谣说小皇帝被杀了，还遭到了虐待。后面这一点立即激起了民众的愤怒，他们原本就对罗曼努斯怨气冲天，对他僭越正统皇帝的行为和建立新王朝的野心极度憎恶。因而在小皇帝的支持者带领下，他们聚集在皇家宫城前，大声喧哗，吵嚷着要面见小皇帝，直至君士坦丁七世在斯蒂芬、君士坦丁的同意下，公开露面，人群才满意地撤离。② 斯蒂芬、君士坦丁为了永绝后患，决意除去君士坦丁七世，但这个密谋又被泄露，谣言四起，无翼而飞，这其实是为小皇帝出谋划策的那些人的计策之一。在宫廷宴会上，君士坦丁七世主动出击，设下埋伏，生擒活捉了斯蒂芬、君士坦丁，而后将他们流放远恶边关，未几两个小舅子便消失了，再没了消息。③ 马其顿王朝皇室血亲再次执掌帝国。

这个略带滑稽的插曲结束了罗曼努斯另立王朝的计划，无论是老谋深算的罗曼努斯还是谙熟宫廷内斗的君士坦丁七世都无法理解他们和两个"熊孩子"无法摆脱、无力自拔的那种斗争背后的力量。事实上，围绕帝国皇权的争斗涉及拜占庭帝国中央集权制国家政治秩序的确立，皇帝所代表的帝国最高权力是这一政治

---

① S. Runciman, *The Emperor Romanus Lecapenus and His Reign*, p. 222.

② Liudprand, *The Complete Works of Liudprand of Cremona*, p. 185.

③ Liudprand, *The Complete Works of Liudprand of Cremona*, p. 187.

秩序最关键的因素。在帝国国家机器的完善建设、包括立法执法在内的法制体系建设、以基督教信仰为核心的官方意识形态建设、皇帝及其团队建设这几个决定性因素中,作为帝国多种最高权力的集中代表,皇帝权力交接是决定性环节,而皇帝自身综合素质则是重中之重。虽然君士坦丁七世的文史哲功底远超罗曼努斯,但在治国理政和东征西讨的能力上远不如罗曼努斯,而后者的两个孩子更不是君主的材料,然而,他们都希望问鼎帝国最高权位,在这场综合素质和能力的较量中,他们都各有其致命的缺陷,因此都无法挑战传统的皇帝血亲继承制度,马其顿王朝继续其统治。

第七节

罗曼努斯二世（Romanos Ⅱ）

959—963 年在位

　　罗曼努斯二世(Romanus Ⅱ,Ρωμανός Β′,生于 938 年,卒于 963 年 3 月 15 日,享年 25 岁)是马其顿王朝第五位正统皇帝,君士坦丁七世之子,在后者复位之后,于 945 年 4 月 6 日被加冕为共治皇帝, 959 年 11 月 9 日即位称帝,至 963 年 3 月 15 日去世,在位三年多。

　　罗曼努斯二世的父亲、外祖父都曾做过皇帝,他在年幼时期便见证了父亲与外祖父的皇位交替,以及宫廷中各派势力争夺皇位的明争暗斗、处心积虑、尔虞我诈,似乎也养成了残酷冷漠的性格。在史家的记载中,罗曼努斯二世通过弑父上位,之后便将手足姐妹赶出皇宫,毫无亲情可言。在斯基利齐斯的记述中,罗曼努斯二世与妻子塞奥法诺合谋毒害了他的父亲君士坦丁七世。罗曼努斯二世成年之后,便不满于君士坦丁七世的施政方针,想方设法要杀害他。虽然罗曼努斯二世的下毒,并未导致君士坦丁七世的直接死亡,但是极大损伤了君士坦丁七世的健康。[1] 君士坦

---

[1] John Skylitzes, *A Synopsis of Byzantine History*, *811 - 1057*, p. 237.

丁七世去世后,罗曼努斯二世继承了皇位。他的母亲是海伦娜,外祖父是罗曼努斯一世。

罗曼努斯二世经历了两次婚姻,944年,他迎娶了第一任妻子,即意大利国王的女儿欧多基娅,但是这次政治婚姻并未延续多久,949年欧多基娅便去世了,并未留下子嗣。956年,罗曼努斯二世迎娶第二任妻子塞奥法诺,她是一位旅馆老板的女儿。塞奥法诺生育了三个子女,即瓦西里二世、君士坦丁八世、安娜,分别出生于958年、960年、963年。瓦西里二世在960年4月22日被加冕为共治皇帝。罗曼努斯二世继位之后,并未善待自己的母亲及亲姐妹。他的母亲海伦娜听闻要被赶出宫,向罗曼努斯二世哭闹、威胁自杀,才勉强留下来,而他的姐妹则被放逐至约翰的修道院。海伦娜因女儿们的遭遇伤心不已,终日以泪洗面,于961年9月便过世了。①

利奥在《历史》中这样描述罗曼努斯二世:"总体上说,他人还不错,言谈举止令人愉悦,外貌出众,具备贵族的品格,对所有臣民亲切又公正。但是他也沉湎于年轻人的嗜好与享乐,并将鼓励他这一嗜好的人带到宫里,他本不该这样做。"②斯基利齐斯谈道:"罗曼努斯(二世)年纪轻,纵情享乐,他几乎将所有的事都交给约瑟夫·布林加斯(Joseph Bringas,Ἰωσῆῆφ Βρίγγας)处理。"③

罗曼努斯二世在位不足四年,基本延续了君士坦丁七世时期的大政方针。在土地法令方面,他再次明确了被转让土地的偿付义务,重申了对小农土地、军役土地的保护。在军事方面,罗曼努斯二世重用尼基弗鲁斯·福卡斯、利奥·福卡斯,成功收复克里特岛,并在叙利亚地区收复失地,进一步推进了帝国的东征进程,在帝国军事史上具有里程碑意义。

961年前后,罗曼努斯二世在回复省区官员的诏令中提及:"你对裁定的请求显露出了最近瘟疫带来的迫切压力及农业的严重歉收,我们将会妥善处理,以避

---

① John Skylitzes, *A Synopsis of Byzantine History*, 811-1057, p. 234.

② Leo, *The History of Leo the Deacon: Byzantine Military Expansion in the Tenth Century*, A. M. Talbot and D. F. Sulliran trans., Washington D. C.: Dumbarton Daks Research Library and Collection, 2005, p. 58; Leonis diaconi, *Caloënsis Historiae Libri Decem*, K. B. Hase ed. [Corpus Scriptorum Historiae Byzantinae], Bonn: Weber, 1828, TLG, No. 3069001.

③ John Skylitzes, *A Synopsis of Byzantine History*, 811-1057, p. 239.

免我们向不幸的小农施加的压力会猛于瘟疫。"①罗曼努斯二世在法令中提及的这次瘟疫,很可能是史料中记载的 960 年 10 月发生的牛疫。"在那段日子里已经困扰了罗马帝国一些时候的牛疫爆发了,这一疫病又被称为卡拉布拉,它摧毁损害着牛科动物。他们说它开始于老罗曼努斯(罗曼努斯一世)时期。据说正当他在博诺斯(Bonos)水池附近修建殿宇来避免夏日的酷暑,在挖地基的过程中发现了一个大理石牛头。发现的人将牛头粉碎并扔进石灰炉中,从那时起在罗马人统治的领土上,牛科动物所遭受的损害便没有停止过。"②牛疫的发生损害着农业中的主要畜力耕牛,也破坏着农业生产的正常进行,极容易引起谷物歉收等连锁反应。《塞奥法尼斯编年史续》记录了此时期君士坦丁堡谷物短缺的情况,流传下来的一则西米恩的信件中还提及了限制谷物价格来保证小农的购买力,很可能与这一形势有关。③

罗曼努斯二世在土地法令中,对被转让土地的还款问题,进行了更为细致的规定,而且他将君士坦丁七世时期设定的三年还款期延长至五年,有助于减少小农的负担。对于实在无力偿还钱款的小农,也制定了具体的过渡办法,明确双方的权利与义务。"关于省区管理军事的官员的请愿书,我们神圣的皇帝除要求这些人也归还购买的钱款外,其他并无更改。因为他认为对于那些并无过错,只是心怀好意付出钱款的人,不仅要被剥夺已付的钱款,而且购得的土地也要归还,这种处理十分过分并欠缺公平。为了充分理解情况,他针对所描述的穷人增加了一个(适当的)限制条款,以便那些人可以将已出售的土地直接收回来,如果他们很明显是村社的成员,他们便可以通过五年期而不是三年期归还购买土地的钱款。他们因为不在意或懒惰而浪费或错过期限的,让他们以五年的辛勤工作赎回,既然皇帝已经以特定的五年期引导他们养成努力劳作的习惯了。"④

"如果他们在法令颁布之前已经收回了土地而没有退款,他们将不会受到干扰;如果他们持有法官的裁定,他们可以保留这些财产,不会被没收。因为这项决

---

① Eric Mcgeer, *The Land Legislation of the Macedonian Emperor*, p. 81.

② John Skylitzes, *A Synopsis of Byzantine History, 811 - 1057*, p. 242.

③ Eric Mcgeer, *The Land Legislation of the Macedonian Emperor*, p. 77.

④ Eric Mcgeer, *The Land Legislation of the Macedonian Emperor*, p. 79.

定已经在法律中提及并被付诸实施,而之后皇帝的决定并不是为了重申过去的裁定。恰恰相反,司法守护者的皇帝已经明确地对他微不足道的仆人(我)表示,到那时已经处理过的案子会维持原状。如果贫穷的人得到了一个有利的裁定,不管以什么方式,并在不退款的情况下要求收回土地,他们提供了书面的决定,那么不要让你的权威打扰到这些人。"①

"尽管如此,他们也需要在一定的期限内归还购买土地的钱款。期限终止时,如果他们只归还了一小部分钱款,或正在筹集钱款,或者在获得另一个固定的期限来归还钱款,令上帝满意的法官会要求他们提供书面保证,他们要把这些呈交给买者,以便他们在另一个你决定的固定期限内归还余款或所有的款项。"②

"如果他们什么也没归还,特别是如果他们还向购买者立下了书面保证,但无力提供任何钱款,你要么将土地从村社中分离出去,如果你认为这对小农更为有利;要么暂且正式地将购买者安置在这些已售的土地中,从土地的使用权中按照比例划出未来的收入偿付给他,只要这些土地有必要被开发,大概三年,或更长,但是不超过十年;你应该安排双方亲自签订互惠的条款——购买者与村民,村民与购买者——以便当使用权在特定的期限内代替钱款属于购买者时,土地的使用将来还会再次归还到村社,小农也从来不会失去对它们的所有权。这种事情从文件中就必须澄清,不应因个人的不法行为而显得模糊。"③

"如果小农有能力并愿意这样做,他们应该尽可能偿付大部分的钱款,并划出一部分交给购买者掌管若干年以从购得的土地中赢利。他们必须提供尽可能多的钱款,并设定期限,但是购买者被允许按照适当的比例从土地的使用中获利。例如,作为出售者的小农收到了100诺米斯玛,十年的使用权将交给购买者;如果小农现在或之后可以存到50诺米斯玛,那么购买者仅被允许耕种购买的土地五年。"④

此外,罗曼努斯二世在法令的最后部分,严厉斥责了违法收购小农土地的人,

---

① Eric Mcgeer, *The Land Legislation of the Macedonian Emperor*, p. 79
② Eric Mcgeer, *The Land Legislation of the Macedonian Emperor*, pp. 79 - 80.
③ Eric Mcgeer, *The Land Legislation of the Macedonian Emperor*, p. 80.
④ Eric Mcgeer, *The Land Legislation of the Macedonian Emperor*, p. 80.

并认为在君士坦丁七世颁布法令之后的土地收购,将不予退还钱款,作为对违法者的惩罚。"你将尽力通过这种方式规范这些事件,从第一部皇帝法令到我们前任的极其神圣的皇帝颁布的诏令,中间间隔 18 年①。从已故皇帝的统治时期,你将毫无意外地收回所有的军役土地,并像百姓收回他们的土地那样不用归还任何钱款,因为这些人在如此多的法令及规定颁布之后还在侵入村社中,并怀着极大的贪欲破坏着村社,而且还胆敢从农兵或小农那购买土地,他们是毫无理由的。"②

961 年,帝国成功夺回了克里特岛,这是罗曼努斯二世统治期间最大的军事成就。罗曼努斯二世在帝国军队登基后,将尼基弗鲁斯·福卡斯提拔为军区司令,960 年春季,尼基弗鲁斯·福卡斯率军队从佩盖拉港出发,前往以弗所的南部,并于 7 月 13 日抵达克里特岛。这次远征共有 250 艘战船,超出以往的规模。这次征战的过程也十分艰辛,尼基弗鲁斯·福卡斯在七个月内尝试了各种攻城办法。③

据记载,尼基弗鲁斯·福卡斯在营帐内召集部下,高声说:"我认为你们没有人会意识不到阿拉伯人后裔的残酷、暴虐,他们对罗马人的劫掠和奴役(就)发生在他们在岛上居住的时候,这座岛原本归属罗马人,厄运降临,它才被阿拉伯人夺去。难道不是因为他们的掠夺,我们的沿岸地区已很少有人居住吗? 因此,上帝也绝不容忍这些谎话连篇、人面兽心、懒惰贪婪的人不断地蚕食罗马人的土地,在全能的神的帮助下,我们来到这里就是要将施加于我们的厄运加倍返回给他们。我们最近的胜利即是最好的证明。当我们刚刚登陆,晕船的状况还未缓解,在上帝的帮助下,我们已经杀了好多蛮族人。我们轻易地就将幸存者堵在城内。因此,我亲爱的士兵们,切忌懒惰与享乐;最近的灾难已经给了我们教训。如果与尼基弗鲁斯·帕斯提拉斯(Nicephoros Pastilas)一起出去侦察地形的人,能够听从我的警告不耽于享乐,他们也不会如此惨败。他们对我的警示置之不理,也为自己的愚蠢付出了代价。因此你们应该格外珍视同伴们的性命,保持冷静,密切留意,

---

① 这是在 927—945 年之间。

② Eric Mcgeer, *The Land Legislation of the Macedonian Emperor*, pp. 80 - 81.

③ John Skylitzes, *A Synopsis of Byzantine History, 811 -1057*, p. 240.

全力搜捕埋伏在这里的蛮族人，将他们从藏身地揪出来，一举击败他们。我们不要浪费时间在懒散、醉酒上面，要像一个罗马人，展示出我们高贵民族在军事战争中的实力与英勇。"①尼基弗鲁斯·福卡斯的这番说辞，很好地鼓舞了士气。

对克里特岛的攻取异常艰难，最后尼基弗鲁斯·福卡斯采取持久的围城策略，切断城内的供给，使城市产生饥荒问题。"当罗马将军尼基弗鲁斯看到城墙十分坚固，很难攻克及占领（因为几乎不可能通过强攻将其拿下，城墙如此之高，并被两条颇有深度的护城河所环绕），当他看到蛮族人不计后果的绝望以及他们的负隅顽抗，他决定不与那些决心死战的人战斗，也不去尝试不可能性。他认为他不应当让投掷物滚落到罗马军队身上，以至于使他们无端受到损失，但是他决定将城池交于饥荒之手，直至他得到机会可以准备攻城工具以及其他适于攻城的设备。因此他延迟了进攻，重新集结军队后，向军营进发。他用栅栏和沟渠巩固军营四周，操练着军队，并通过每日的训练使军队掌握了大量的经验。他同时命令选定的手工匠人准备围城的工具，一旦可用时他就让士兵们练习着进攻及突袭，他和他的军队在城池前度过了冬天。"②

现代社会行为学家罗伯特·德克斯（Robert Dirks）的实验证明，随着饥饿程度的加深，个体的社会行为也呈现阶段性的有迹可循的变化，在食物短缺及饥荒发生的初期，灾民会出现互助及合作的现象以共渡难关，但是当饥饿状况继续恶化时，焦虑、紧张、不安的情绪在灾民中会不断蔓延，而灾民的社会行为也会出现大幅度减少，原有的社会网络甚至家庭亲缘关系不断被抛弃，个人生存成为首要考虑的问题。③ 从这方面考虑，因自然灾害和因军事因素产生的饥荒，都会引发以上的结果。虽然因围城战引发的饥荒范围相对有限，但是其为帝国带来的不利影响仍然不可忽视。这不仅考验着帝国的物质供给，也为这一城池的战后重建带来巨大难题，帝国显然需要耗费大量财力、物力来缓解饥荒期间被围城池遭受的破坏。

---

① Leo, *The History of Leo the Deacon*, pp. 65 – 66.
② Leo, *The History of Leo the Deacon*, pp. 68 – 69.
③ R. Dirks, "Social Response during Severe Food Shortage and Famine", *Current Anthropology*, Vol. 21, No. 1 (Feb, 1980), pp. 21 – 44.

在付出巨大代价后,拜占庭帝国终于收复了克里特岛,这次军事胜利为帝国带来诸多益处。拜占庭几代人的夙愿终于实现了,帝国军队的士气大受鼓舞,为之后大规模的军事东征奠定了基础。这次作战不仅清除了威胁爱琴海岛屿及沿岸民众安全的阿拉伯海盗,同时也为帝国赢得了东地中海地区重要的海上航线和军事战略要地及商贸据点。

在罗曼努斯二世统治时期,尼基弗鲁斯·福卡斯不仅成功收复了克里特岛,还在叙利亚地区有所收获。尼基弗鲁斯·福卡斯带着大量战利品、俘虏返回首都,罗曼努斯二世在大竞技场为他庆功。尼基弗鲁斯·福卡斯受到众人景仰,受到皇帝大量赏赐,并被任命为东部军区司令。之后他率领军队越过博斯普鲁斯海峡,进军叙利亚,并大获全胜,将哈姆丹人赶至叙利亚最偏远的地区。962 年,尼基弗鲁斯·福卡斯发动了多次对赛义夫·道莱的战争。他击败了塔尔苏斯的军队,并夺取了阿纳扎巴(Anazarba)。12 月,在约翰·基米斯基的帮助下,尼基弗鲁斯·福卡斯突袭了阿勒颇(Aleppo),并取得胜利。①

在尼基弗鲁斯·福卡斯进击克里特岛时,哈姆丹趁机入侵帝国的东部地区。罗曼努斯二世派遣西部军区的将军利奥·福卡斯(尼基弗鲁斯·福卡斯的弟弟)迎击哈姆丹。利奥·福卡斯勇敢无畏、孔武有力,具有极好的判别力,在危机时刻能够提出最佳的应对之策。② 在利奥·福卡斯抵达亚洲地区后,面对兵力悬殊的逆境,他决定避免正面迎敌,而是攻占最有战略意义的据点,埋伏在那里,并守住敌人逃跑的路线,在敌人经过时,给予致命一击。利奥·福卡斯制定好作战计划后,为了鼓舞士气,发表了阵前演讲:"战友们,我们的皇帝悉知你们军团是最有实力的,既富有战争经验,又熟悉作战技术,所以把你们派来亚洲这一备受哈姆丹摧残的地区,并委任我完成这一任务。因此,我给你们的忠告是,对付敌人靠的不是蛮勇,而是完备的作战计划。因为胜利靠的不是一场激战,而是周密的战前筹备,关键时刻的智取才会获胜。你们清楚敌人的部署,他们分布在平原各处,人数众多,可以说不计其数。我知道你们的军队是勇敢的、有力量的,但是没有人敢说人数已经充足了。因此,因为我们是罗马人,我们必须准备妥当,找到解决困难问题

① John Skylitzes, *A Synopsis of Byzantine History, 811 - 1057*, p. 243.

② Leo, *The History of Leo the Deacon*, p. 71.

合适的解决方法,选择权宜之计而非以身涉险。因此,我们千万不要轻率、鲁莽地进攻,否则将陷入不幸。因为莽夫的行为往往带来危险,而谨慎的考量则可以拯救性命。"①"因此,兄弟们,我建议你们不要冒险在平原地区袭击蛮族人,而是要埋伏在险要之地,等待他们路过;给予他们猛烈一击,勇敢杀敌。我认为通过这种方式(可以说在上帝的帮助下),我们可以战胜敌人,可以将敌人从百姓手中抢走的东西拿回来。敌人通常会被出其不意的袭击打败,他们傲慢、自大的态度也随之消解。因此,听到我的号令后,带着你与生俱来的勇气与胆量去迎击敌人吧。"②利奥·福卡斯在敌众我寡的情况下,强调对战的技术性,指挥帝国军队取得了成功。

罗曼努斯二世在位仅三年零五个月,便于963年3月15日去世,皇子瓦西里二世年仅五岁,君士坦丁八世年仅三岁,由罗曼努斯二世的遗孀塞奥法诺皇后摄政。同年7月2日,尼基弗鲁斯二世在凯撒里亚被部下拥立为帝,并很快挥兵君士坦丁堡,同年8月16日,由牧首波利厄弗科斯(Polyeuktos)为尼基弗鲁斯二世加冕,完成拜占庭皇帝称帝的礼仪步骤。同年9月20日,尼基弗鲁斯二世与皇后塞奥法诺结为夫妻,成为马其顿王朝皇室姻亲,并获得一定统治合法性。关于尼基弗鲁斯二世称帝的直接原因,斯基利齐斯在其作品中记载了两种版本,分别为"被动说"及"主动说",他认为尼基弗鲁斯二世蓄谋篡位的主动说更接近事实③,而利奥在《历史》中仅记载了尼基弗鲁斯二世因受到朝臣约瑟夫·布林阿斯的猜忌不得不称帝自保的"被动说"④,似乎不太合理。对于两位史家记载的差别,学者认为利奥在写作《历史》的过程中主要采纳了对尼基弗鲁斯二世所代表的福卡斯家族有利的史料。尼基弗鲁斯二世的篡位,是军事贵族对皇权的成功篡夺,也体现了马其顿王朝的政治困局,他们既需要依赖军事贵族推进东征进程,却也要防备后者对皇位的觊觎,随着帝国东征的顺利进展,军事贵族获得赫赫军功,也更加具备篡夺皇位的实力。在幼帝继位、皇权不稳之际,这种篡位更易实现。

---

① Leo, *The History of Leo the Deacon*, p. 73.

② Leo, *The History of Leo the Deacon*, p. 74.

③ John Skylitzes, *A Synopsis of Byzantine History, 811 – 1057*, p. 247.

④ Leo, *The History of Leo the Deacon*, p. 32.

第八节

尼基弗鲁斯二世（Nikephoros Ⅱ）

963—969 年在位

　　尼基弗鲁斯二世·福卡斯（Nikephorus Ⅱ Phocas；Νικηφόρος Β′ Φωκᾶς；生于 912 年,卒于 969 年,享年 47 岁）是马其顿王朝第四位篡位皇帝,963 年 8 月 16 日至 969 年 12 月 11 日在位六年多。

　　尼基弗鲁斯二世是瓦西里二世和君士坦丁八世两位皇帝的共治皇帝。[①] 他早年的情况不详,大约生于 912 年前后,来自卡帕多西亚著名的军事家族。这个家族曾经出现了巴尔达斯·福卡斯、利奥·福卡斯等杰出将领。他的母亲同样出身显赫,是小亚地区马莱诺斯家族的成员。尼基弗鲁斯早年曾经娶妻子斯蒂法诺（Stephano）,后来他为了篡夺皇位,又娶了罗曼努斯二世皇帝的遗孀塞奥法诺。有关尼基弗鲁斯二世的外貌特征,拜占庭作家利奥做过描写:"他的肤色黝黑,并不是十分白皙;头发又浓又黑,灌木般的眉毛下面是黑色的眼睛,总是给人以全神贯注的感觉;他的鼻子既不宽也不窄,略微有一点鹰钩鼻;他的胡须浓密适中,灰白色的毛发稀疏生长在两侧的脸颊上;他稍微有些驼背,但是胸膛宽阔,两膀结实强壮,如同赫拉克勒斯在世一般。"[②]

　　在登上拜占庭皇位前,尼基弗鲁斯已立下赫赫战功,为帝国收复了许多领土。他早年从军,君士坦丁七世皇帝统治期间曾担任安纳托利军区将军。后来,他又于 954 年或 955 年取代了自己的父亲巴尔达斯·福卡斯,成为近卫军总司令（δομέστικος τῶν σχολῶν）。957 年 6 月,尼基弗鲁斯成功占领并摧毁小亚南部重镇哈达斯（Hadas）,在与哈姆丹尼德（Hamdanid）军队的战争中取得重大进展。

---

① 关于尼基弗鲁斯二世的研究可参见以下作品:G. Schlumberger, *Un empereur byzantin au Xe siècle: Nicéphore Phokas*, Paris, 1890; Τ. Κόλιας, Νικηφόρος Β′ Φωκάς (963 - 969), Ο στρατηγός αυτοκράτωρ και το μεταρρυθμιστικό του έργο, Αθήνα: Ιστορικές εκδόσεις Στ. Δ. Βασιλόπουλος, 1993; E. Turdeanu, *Le dit de l'empereur Nicéphore Ⅱ Phocas et de son épouse Théophano*, Thessalonike, 1976; R. Morris, "The Two Faces of Nikephoros Phoka", *Byzantine and Modern Greek Studies*, 12 (1988), pp. 83 - 115.

② Leo, *The History of Leo the Deacon*, 3. 8, pp. 98 - 99.

罗曼努斯二世登基之后,尼基弗鲁斯和他的兄弟利奥分别执掌帝国东、西两部分的军事大权。960年,尼基弗鲁斯率领一支庞大的军队起兵征讨克里特埃米尔国,这支大军由308艘战船和5万名士兵组成。① 登陆克里特岛之后,尼基弗鲁斯很快便开始为期九个月的对汉达克斯(Chandax)的围攻,最终于961年3月6日胜利进入该城,并且在不长的时间内占领整个克里特岛。② 征服克里特不久之后,尼基弗鲁斯再次率军返回东部前线,目的是占领西里西亚。962年2月,他攻占了阿纳萨尔波斯(Anazarbos),据说他还杀掉了一部分当地穆斯林居民,摧毁了该城的城墙。尼基弗鲁斯继续蹂躏西里西亚乡村,并且打败了塔尔苏斯总督伊本·萨雅(Ibn al-Zayyat),令后者引咎自裁。随后,尼基弗鲁斯攻下曼比耶,并且于同年12月24日与约翰·基米斯基一同攻陷了阿勒颇。③ 可能就是在这些战役期间,尼基弗鲁斯获得了"萨拉森人的苍白死神"这个绰号。拜占庭军队在此次征服中还缴获了39万银第纳里和1 400头骡子。

尼基弗鲁斯继位的方式虽然不属于正统的父死子继、兄终弟及,但是出于帝国危急局势的需要,国家呼唤一名能征善战的将领来执掌统治大权,这种皇位传承的形式在尼基弗鲁斯之前和之后均多次出现在拜占庭帝国。963年3月15日,罗曼努斯二世去世,他的两个儿子瓦西里二世和君士坦丁八世共同继位,罗曼努斯的遗孀塞奥法诺摄政。但是瓦西里年仅五岁,而君士坦丁只有三岁。④ 尼基弗鲁斯成为帝国军队的实际领导者,并且与权贵阶层保持着密切的关系。963年7月2日,他在凯撒里亚被自己的部下拥立为帝,主要的策划者无疑是他的外甥约

① W. Treadgold, *A History of the Byzantine State and Society*, p. 495.
② D. Tsougarakis, *Byzantine Crete from the Fifth Century to the Venetian Conquest*, Athens: Historical Publications St. D. Basilopoulos, 1988, pp. 58 - 74. 另外关于拜占庭与穆斯林在克里特的战事,可见以下作品:V. Christides, *The Conquest of Crete by the Arabs (ca. 824): A Turning Point in the Struggle between Byzantium and Islam*, Athens: Academy of Athens, 1984; C. G. Makrypoulias, "Byzantine Expeditions against the Emirate of Crete c. 825 - 949", *Graeco-Arabica*, 7 - 8 (2000), pp. 347 - 362; Κ. Τακιρτακόγλου, Οι πόλεμοι μεταξύ του Νικηφόρου Φωκά και των Αράβων, *Βυζαντινά Σύμμεικτα*, 25 (2015), pp. 57 - 114.
③ A. Kaldellis, *Streams of Gold, Rivers of Blood: The Rise and Fall of Byzantium, 955 A.D. to the First Crusade*, New York: Oxford University Press, 2017, p. 39.
④ Leo, *The History of Leo the Deacon*, 2.10, pp. 82 - 83.

翰·基米斯基。① 他随后派人送信至君士坦丁堡，要求自己的共治皇帝身份得到承认。但是主政的太监约瑟夫·布林加斯封锁了都城，迫使尼基弗鲁斯的父亲和兄弟或出逃或避难于教堂之中。② 但是，君士坦丁堡的民众强烈期盼能打善战的君主执掌帝国，因此抛弃了布林加斯，迫使后者在反对派暴乱中出逃。③ 同年 8 月 16 日，尼基弗鲁斯正式入主君士坦丁堡，由牧首波利厄弗科斯加冕为共治皇帝。称帝之后，尼基弗鲁斯将父亲、兄弟、外甥等亲信全部加官晋爵。④ 9 月 20 日，他与塞奥法诺结婚。

尼基弗鲁斯二世是该王朝又一位来自军功贵族家庭的皇帝⑤，从他开始的几个皇帝都是军事将领，如约翰一世，即便是正统皇帝瓦西里二世也从宫廷皇储成长为叱咤疆场的将军，拜占庭帝国开始由战略防御转为主动出击。尼基弗鲁斯在位前后，便在与帝国周边各民族的常年作战中收复了大量的领土。

尼基弗鲁斯二世在西西里岛的征战很难以辉煌胜利来形容，在一定程度上还有失败相随，这在他的军事履历中应该是很少见的。950 年前后，西西里岛上的穆斯林与基督徒之间的冲突不断升级。⑥ 962 年，法蒂玛王朝的西西里总督艾哈迈德·本·哈桑·卡勒比（Ahmad B. al-Hasan al-kalbī）攻占了塔奥米纳，该城是拜占庭帝国在岛上的最后据点之一。当时，另外一个重要据点罗梅塔（Rometta）要塞向尼基弗鲁斯求援，请求皇帝派兵抵御穆斯林的入侵。尼基弗鲁斯停止了向法蒂玛哈里发的贡奉，并且派出一支号称由 4 万人组成的庞大舰队开赴西西里岛，由贵族尼基塔斯和曼努埃尔·福卡斯率领。⑦ 但是这只拜占庭舰队在罗梅塔战役和海峡战役中溃败，不久之后（965 年）罗梅塔落入穆斯林之手，后者就此完

---

① Leo, *The History of Leo the Deacon*, 3. 4, p. 91; John Skylitzes, *A Synopsis of Byzantine History*, *811 – 1057*, p. 247.

② Leo, *The History of Leo the Deacon*, 3. 7, p. 96.

③ M. Whittow, *The Making of Orthodox Byzantium*, *600 –1025*, pp. 348 – 349.

④ Leo, *The History of Leo the Deacon*, 3. 8, p. 99; John Skylitzes, *A Synopsis of Byzantine History*, *811 – 1057*, p. 250.

⑤ A. Kaldellis, *Streams of Gold, Rivers of Blood*, p. 43.

⑥ L. C. Chiarelli, *A History of Muslim Sicily*, Venera, Malta: Midsea books, 2011, pp. 107 – 110; Y. Lev, "The Fatimid Navy, Byzantium and the Mediterranean 909 – 1036 C. E. / 297 – 427 A. H. ", *Byzantion*, 54 (1984), pp. 236 – 237.

⑦ Leo, *The History of Leo the Deacon*, 4. 7 – 8, pp. 115 – 116; John Skylitzes, *A Synopsis of Byzantine History*, *811 –1057*, p. 256.

成了对西西里岛的征服。967年，拜占庭帝国与法蒂玛王朝匆忙缔结了一纸和约，双方借此终止在西西里岛的敌对行为。停战的原因在于两大帝国都需要面对更加棘手的问题：法蒂玛王朝正在备战入侵埃及，而拜占庭与神圣罗马帝国则因为意大利问题而变得关系紧张。①

拜占庭帝国与神圣罗马帝国在10世纪时发生一系列对抗冲突，其中既有文化方面的冲突，也有宗教领域的对抗，但是最现实的原因还在于二者在意大利地区的领土纷争。神圣罗马帝国与拜占庭帝国都声称自己是罗马帝国的真正继承人。德意志奥托一世皇帝于968年率先入侵拜占庭人控制下的阿普利亚（Aprilia），但是没能攻占巴里。为此他派遣克雷莫纳（Cremona）的利乌特普兰德出使君士坦丁堡。表面上，利乌特普兰德的任务是促成奥托二世与罗曼努斯二世之女安娜的联姻，但是实际上，他要暗中观察拜占庭人对奥托入侵的反应，并且将以阿普利亚为条件换取对奥托帝王头衔的认可。② 969年初，奥托意图再次图谋阿普利亚和卡拉布里亚，但是仍旧没能攻下卡萨诺（Cassano）或波维诺（Bovino）。后来，拜占庭将军尤金（Eugenius）围攻卡普亚，进占萨勒诺。两大帝国在意大利的小规模冲突一直延续到了尼基弗鲁斯二世统治结束之后，然而两者都未能取得决定性的胜利。用一位现代学者的话说："双方都能够深入对方的领土，但是谁也没能强大到长久立足。"③事实上，以奥托为代表的德意志历代国王一直将意大利视为其所谓帝国的重要组成部分，因此称王者都将意大利事务摆在首位，这就与拜占庭帝国在意大利的统治发生冲突。然而，无论是德意志国王还是拜占庭皇帝都没有能力击败对方，最终夺取意大利。尼基弗鲁斯二世也是如此，在奥托咄咄逼人的攻势下，他采取积极反攻的策略，意图维护帝国在亚平宁半岛的传统利益。

---

① B. M. Kreutz, *Before the Normans: Southern Italy in the Ninth and Tenth Centuries*, Philadelphia: University of Pennsylvania Press, 1996, pp. 103 – 107.

② H. Mayr-Harting, "Liudprand of Cremona's Account of His Legation to Constantinople (968) and Ottonian Imperial Strategy", *English Historical Review*, 116 (2001), pp. 539 –556; Σ. Πατούρα, *Οι αιχμάλωτοι ως παράγοντες επικοινωνίας και πληροφόρησης* (4ος-10ος αἰ.), Αθ ήνα: Κέντρο Βυζαντινών Ερευνών, 1994, pp. 93 – 97.

③ G. A. Loud, "Southern Italy in the Tenth Century", in *The New Cambridge Medieval History*, T. Reuter ed., Vol. III c. 900-1024, Cambridge: Cambridge University Press, 2006, p. 630.

继位之后,尼基弗鲁斯二世继续着他先前在帝国东部的军事活动。10 世纪 60 年代的哈姆丹王朝陷入内部纷争,因此阿勒颇已经不再是拜占庭人进攻的首选目标。① 964—965 年间,尼基弗鲁斯率领 4 万人的大军征服了西里西亚,侵袭上美索不达米亚地区和叙利亚,同时军事贵族尼基塔斯·哈尔库基斯(Niketas Chalkoutzes)收复了塞浦路斯。②收复过程大体顺利,964 年夏天,尼基弗鲁斯攻占了阿纳萨波斯和阿达纳(Adana);在攻取莫普苏埃斯提亚(Mopsuestia)失败后,他回撤至凯撒里亚。差不多与此同时,在拜占庭人和阿拉伯人共同占据的塞浦路斯,尼基塔斯·哈尔库基斯策划煽动了一次政变。965 年夏,对西里西亚的征服开始了。7 月 13 日,尼基弗鲁斯和约翰·基米斯基一同攻占了莫普苏埃斯提亚,利奥·福卡斯则屯兵于塔尔苏斯,尼基弗鲁斯与约翰随后率军赶来。塔尔苏斯穆斯林将士在一番激战后最终于 8 月 16 日投降,尼基弗鲁斯允许城内居民毫发无伤地离开,但是他下令洗劫了城市。随着上述据点的陷落,拜占庭人占领了西里西亚地区。

此后,尼基弗鲁斯二世心中的下一个目标便是东方的另一重要城市安条克,这也是他对外战争中最重要的一个方向。安条克城在过往的诸多世纪中一直是东方重要的经济、文化中心,该城在 944 年时处于阿拉伯人赛义夫·道莱统治下。968 年,尼基弗鲁斯兵锋直指的黎波里,沿途攻陷许多要塞,其目的是要将安条克与其结盟军队隔断开。由于史料记载的混乱,关于此次出征的某些细节尚待考证,其经过大致如下。968 年 10 月,尼基弗鲁斯进兵叙利亚北部,从梅亚法里金(Mayyafariqin)一路杀伐,并于 19 日抵达安条克。从那里他继续向南,直抵埃梅萨(Emesa),然后跨越黎巴嫩山,于 11 月 5 日抵达的黎波里。尼基弗鲁斯继而转向北方,经一番围攻后最终占领了阿尔卡(Arka)。在返回的途中,尼基弗鲁斯夺取了许多要塞,抓获大量俘虏,并且通过谈判得到了劳迪西亚。他在阿马努斯山脉的巴格拉隘口修建了一座要塞,用来封锁对面的安条克。尼基弗鲁斯在巴格拉要

---

① W. Garrood, "The Byzantine Conquest of Cilicia and the Hamdanids of Aleppo, 959 - 965", *Anatolian Studies*, 58 (2008), p. 135.

② W. Treadgold, *A History of the Byzantine State and Society*, pp. 499 - 502; H. N. Kennedy, *The Prophet and the Age of the Caliphates: The Islamic Near East from the 6th to the 11th Century*, Harlow, UK: Pearson Education Ltd., 2004, pp. 278 - 279.

塞留下一支 1 500 人的队伍,由贵族米哈伊尔·伯尔齐斯(Michael Bourtzes)统领;但是伯尔齐斯没有听从尼基弗鲁斯的命令,自作主张奇袭了安条克。① 后来,在伯尔齐斯和贵族彼得的共同努力下,安条克城被拜占庭军队收复。

967—968 年间,尼基弗鲁斯二世通过外交手段吞并了塔罗(Taron)的亚美尼亚国家②,拜占庭帝国兼并塔罗的确切年代后人不得而知,根据学者们推断应该是在 10 世纪 70 年代左右。③ 这片区域位于梅利蒂尼和凡湖之间。阿拉伯人征服之后,统治塔罗的巴格拉提德(Bagratid)家族周旋于拜占庭皇帝与阿拉伯哈里发两大政权之间,多次改换阵营并参与两大政权之间的战争。到了 10 世纪,塔罗与拜占庭之间总体上保持和平状态。许多亚美尼亚人为拜占庭帝国服务,领受官职,得到封赏。④ 966 年,塔罗的阿舒特三世(Ašot Ⅲ)国王去世,他的两个儿子格里格尔(Grigor)和巴格拉特(Bagrat)决意将国土献给拜占庭帝国。

尼基弗鲁斯在位期间,拜占庭帝国与保加利亚的关系持续恶化。10 世纪的保加利亚已经发展成为巴尔干半岛最有实力的一个基督教政权。马扎尔人于 10 世纪 60 年代初期曾经多次侵袭拜占庭领土,为此尼基弗鲁斯亲自巡查色雷斯地区的各个要塞。⑤ 保加利亚人很可能与马扎尔人达成了协议,准许后者过境进入

---

① Leo, *The History of Leo the Deacon*, 4. 10－11, pp. 119－125; John Skylitzes, *A Synopsis of Byzantine History*, pp. 258－262; A. Kaldellis, *Streams of Gold, Rivers of Blood*, pp. 61－62.

② A. Kaldellis, *Streams of Gold, Rivers of Blood*, p. 50; Cf. K. N. Yuzbashian, "L'administration byzantine en Arménie aux Xᵉ-XIᵉ siècles", *Revue des Études Arméniennes*, n. s. 10 (1973－74), pp. 140－148.

③ B. Krsmanović, *The Byzantine Province in Change: On the Threshold between the 10ᵗʰ and the 11ᵗʰ Century*, Belgrade: Institute for Byzantine Studies, Serbian Academy of Sciences and Arts; Athens: Institute for Byzantine Research, National Hellenic Research Foundation, 2008, p. 93; N. Oikonomides, *Les Listes de préséance byzantines des IXᵉ et Xᵉ siècles*, Paris: Éditions du Centre national de la recherche scientifique, 1972, pp. 264－265, 355－356.

④ T. Greenwood, "Patterns of Contact and Communication: Constantinople and Armenia, 860－976", in *Armenian Constantinople*, R. G. Hovannisian and S. Payaslian eds., Costa Mesa, Calif.: Mazda Publishers, 2010, pp. 73－99; N. G. Garsoïan, "The Problem of Armenian Integration into the Byzantine Empire", in *Studies on the Internal Diaspora of the Byzantine Empire*, H. Ahrweiler and A. E. Laiou eds., Washington, D. C.: Dumbarton Oakes Research Library and Collection; [Cambridge, Mass.]: Distributed by Harvard University Press, 1998, pp. 53－124.

⑤ P. Stephenson, *Byzantium's Balkan Frontier: A Political Study of the Northern Balkans, 900－1204*, Cambridge; New York: Cambridge University Press, 2000, pp. 38－45.

拜占庭领土①,尼基弗鲁斯有可能于 967 年买通基辅罗斯人突袭保加利亚人作为他们未能阻挡马扎尔人入侵的报复②。尼基弗鲁斯二世统治时期拜占庭与保加利亚关系的恶化为后世瓦西里二世统治期间双方之间的战争埋下了伏笔。

在内政方面,尼基弗鲁斯二世主要面对并处理以下一些事务,即与教会的关系、关于修道院的立法、税收政策及货币的改革等。尼基弗鲁斯在内政方面的选择在相当大程度上源于外部战争的需要,因此他的某些政策既是无奈之举,同时也为自身的倒台埋下了隐患。

尼基弗鲁斯二世在位期间与教会的关系因各种原因而变得日益紧张。他规定所有的主教当选或就职都必须上报皇帝并且得到他的批准。③ 此外,他还希望教会将那些在与穆斯林作战中死去的士兵封为殉道者④,各地的主教们对此大为恼火,因为作为普通信徒的皇帝不能对教会指手画脚。此外,经济领域的冲突也是造成尼基弗鲁斯与教会不睦的重要原因。964 年,尼基弗鲁斯二世颁布一道敕令,禁止捐助修建新的修道院和慈善机构,禁止向旧的教堂、修道院赠予地产。⑤ 尼基弗鲁斯认为修道士应该恪守贫穷的理念,弃绝尘世,远离世俗的诱惑。皇帝的这一主张实际上反映了帝国境内的许多教堂和修道院将自己拥有的地产用于商业和其他用途,谋取巨额利益。这种行为同时还严重影响了中央政府对这

---

① Ιωάννης Ζωναράς, Επιτομή ιστοριών, εισαγωγή, μετάφραση, σχόλια, I. Γρηγοριάδης, τόμος Β΄, Αθήνα: Εκδόσεις Κανάκη, 1998, 16. 27, pp. 311 – 313. Ioannis Zonarae, *Epitome Historiarum*, L. Dindorf ed., 3 vols., Leipzig: Teubner, 1868, 1869, 1870, TLG, Nos. 3135001 and 3135003; Ioannis Zonarae, *Epitomae Historiarum*, *libri xviii*, T. Büttner-Wobst ed., vol. 3 [Corpus scriptorum historiae Byzantinae], Bonn: Weber, 1897, TLG, No. 3135002; Cf. I. Mladjov, "Bulgarians and Magyars as Allies and Rivals across the Early Medieval Frontier", in *South-Eastern Europe in the Second Half of 10th-the Beginning of the 11th Centuries: History and Culture*, V. Gjuzelev and G. Nikolov eds., Sofii a: Bŭlgarska akademii a na naukite, 2015, pp. 63 – 84.

② J. Fine, *The Early Medieval Balkans*, pp. 181 – 182; A. D. Stokes, "The Balkan Campaigns of Svyatoslav Igorevich", *Slavonic and East European Review*, 40 (1962), pp. 468 – 469.

③ John Skylitzes, *A Synopsis of Byzantine History*, *811 –1057*, p. 263.

④ M. Riedel, "Nikephoros Ⅱ Phokas and Orthodox Military Martyrs", *Journal of Medieval Religious Cultures*, 41 (2015), pp. 121 – 147.

⑤ N. Svoronos, *Les novelles des empereurs macédoniens concernant la terre et les stratiotes: introduction, édition, commentaires*, Athènes: Centre de recherches byzantines, F. N. R. S., 1994, pp. 151 – 161; Eric McGeer, *The Land Legislation of the Macedonian Emperors*, pp. 90 – 96.

些地产的有效管辖和利用。① 尼基弗鲁斯取消了前代诸帝对各教堂和修道院的补贴，禁止各教堂聚敛财富兼并土地，另外，当有主教去世时，他还派遣钦差大臣对每个教区的账目进行审计，没收它们多余的财产。②

尼基弗鲁斯在经济领域改革的主要动因在于其连年征战所面临的庞大开支和财政压力。为了满足军事活动或各级官兵的需要，他被迫推行严格的经济政策，开始征收更多的税，征用更多的财产，减少元老阶层的补贴。他还派遣大批税收官员前往省区各地征缴税款。③ 另外，为了防止小农阶层的破产，他还限制大地产阶层侵吞军役地产④，但这样做必然将税收的负担转移到了富有阶层的身上。尼基弗鲁斯的另外一项重要改革便是采取拜占庭货币贬值政策。他颁行了所谓的泰塔蒂隆金币（τεταρτηρόν，意为"四分之一"），每枚泰塔蒂隆比当时通用的标准足值金币希斯塔迈农（ιστάμενον）少 2 克拉（是 24 克拉的 1/12）的黄金。⑤ 此后，泰塔蒂隆和希斯塔迈农两种金币被国家赋予了同等的价值，一直延续使用至 11 世纪末期。通过发行泰塔蒂隆金币，尼基弗鲁斯确实从中得到了大笔收益，但是也在一定程度上造成了通货膨胀。⑥

尼基弗鲁斯二世虽然是一名军人皇帝，常年将主要精力用于领兵作战和治理国家，但是他也有文字作品传世，有几部军事方面的论著据说是尼基弗鲁斯所写或者归到他的名下。首先是著名的《论战争规则》（*Praecepta Militaria*,

① 关于此时期拜占庭修道院的地产和财富问题，可见以下一些作品：J. P. Thomas, *Private Religious Foundations in the Byzantine Empire*, Washington, D. C.: Dumbarton Oaks Library and Collection, 1987; K. Smyrlis, *La fortune des grands monastères byzantins: fin du Xe-milieu du XIVe siècle*, Paris: Association des amis du Centre d'histoire et civilisation de Byzance, 2006; Ι. Μ. Κονιδάρης, *Το δίκαιον της μοναστηριακής περιουσίας από του 9^ου μέχρι το 12^ου αιώνος*, Αθήνα: Σάκκουλας, 1979; R. Morris, *Monks and Laymen in Byzantium*, *843 – 1118*.

② John Skylitzes, *A Synopsis of Byzantine History*, *811 – 1057*, p. 263.

③ John Skylitzes, *A Synopsis of Byzantine History*, *811 – 1057*, p. 264; Leo, *The History of Leo the Deacon*, 4. 6, pp. 112 – 113; Ιωάννης Ζωναράς, *Επιτομή ιστοριών*, τόμος Β΄, 16. 26, pp. 305 – 307.

④ Svoronos, *Les novelles des empereurs macédoniens concernant la terre et les stratiotes*, pp. 177 – 181; Eric McGeer, *The Land Legislation of the Macedonian Emperors*, pp. 97 – 101.

⑤ M. F. Hendy, *Studies in the Byzantine Monetary Economy*, *c. 300 – 1450*, p. 507.

⑥ H. Ahrweiler, "Nouvelle hypothèse sur le tétartèron et la politique monétaire de Nicéphore Phocas", *Zbornik Radova Vizantološkog Instituta*, 8 (1963), pp. 1 – 9; P. Grierson, "Nomisma, tetartèron et dinar: Un plaidoyer pour Nicéphore Phocas", *Revue belge de numismatique*, 100 (1954), pp. 75 – 84; M. F. Hendy, "Light Weight Solidi, Tetartera, and The Book of the Prefect", *Byzantinische Zeitschrift*, 65 (1972), pp. 57 – 80.

$\Sigma \tau \rho \alpha \tau \eta \gamma \iota \kappa \grave{\eta}\ \ \acute{\epsilon} \kappa \theta \epsilon \sigma \iota \varsigma\ \ \kappa \alpha \grave{\iota}\ \ \sigma \acute{\upsilon} \nu \tau \alpha \xi \iota \varsigma\ N \iota \kappa \eta \phi \acute{o} \rho o \upsilon\ \delta \epsilon \sigma \pi \acute{o} \tau o \upsilon$)[①],共分为六章,包含许多拜占庭军队在 10 世纪新增加的内容,特别针对战争中的一些实际问题展开论述,如重骑兵楔形进攻的队形和使用、新式的混合步兵大队,如何适当拉开各队之间的空间,如何对这些空间进行防御,以及重型长矛的使用等。同时书中还涉及如何安营扎寨、侦查和使用间谍等问题,另外它还强调了宗教仪式在军队中的重要作用。此外,还有一部名为《论小规模战斗》($\Pi \epsilon \rho \grave{\iota}\ \Pi \alpha \rho \alpha \delta \rho o \mu \tilde{\eta} \varsigma\ \Pi o \lambda \acute{\epsilon} \mu o \upsilon$)[②]的作品也被归于尼基弗鲁斯的名下,作者很有可能是他的兄弟利奥·福卡斯。该书主要阐述在面对强大敌人进攻时如何采取游击战术进行有效的防御。

尼基弗鲁斯二世的遇刺身亡是拜占庭历史上最富戏剧性的一幕,不同史料关于此事的记载存在着出入,而且其间还夹杂着各种想象和道听途说。[③] 米哈伊尔·伯尔齐斯被解职、约翰·基米斯基与舅舅产生嫌隙,以及尼基弗鲁斯与皇后塞奥法诺之间的微妙关系,所有这些或许都成为这出悲剧的原因。当然,尼基弗鲁斯二世所推行的种种政策和各种失当行为也令他逐渐失去了民心,他的这些不得人心的行为,不仅在拜占庭史籍,甚至在其他国家史料中也有所提及。尼基弗鲁斯曾经在大竞技场中举行了一次军事演习,一些暴力的场景令观众惊骇不已,人们纷纷逃离大竞技场,造成了严重的踩踏事件,许多人因此丧命。[④] 另外还有一事加剧了人们对尼基弗鲁斯二世的不满。在 968 年君士坦丁堡的食物短缺期间,尼基弗鲁斯以高价兜售国库存粮,他的兄弟利奥也参与了这次投机活动。于是都城的民众开始抱怨并嘲讽皇帝。[⑤] 总之,尼基弗鲁斯丧失了民心,引发了反叛。[⑥] 宫廷中的权力斗争加剧了尼基弗鲁斯的倒台。965 年末,尼基弗鲁斯将外

① E. McGeer, *Sowing the Dragon's Teeth: Byzantine Warfare in the Tenth Century*, Washington, D. C.: Dumbarton Oaks Research Library and Collection, 1995, pp. 12 - 59.

② *Three Byzantine Military Treatises*, G. T. Dennis Text, translation and notes, Washington D. C.: Dumbarton Oaks Research Library and Collection, 2008, pp. 137 - 239.

③ Leo, *The History of Leo the Deacon*, 5. 6, pp. 136 - 140; John Skylitzes, *A Synopsis of Byzantine History*, *811 - 1057*, pp. 268 - 269; A. Kaldellis, *Streams of Gold, Rivers of Blood*, pp. 63 - 64.

④ John Skylitzes, *A Synopsis of Byzantine History*, *811 - 1057*, pp. 264 - 265; Leo, *The History of Leo the Deacon*, 4. 6, p. 112.

⑤ John Skylitzes, *A Synopsis of Byzantine History*, *811 - 1057*, pp. 266 - 267; Leo, *The History of Leo the Deacon*, 4. 6, pp. 112 - 113; Liudprand, *The Complete Works of Liudprand of Cremona*, 34, pp. 258 - 259, 44, p. 266; A. Kaldellis, *Streams of Gold, Rivers of Blood*, p. 60.

⑥ A. Kaldellis, *Streams of Gold, Rivers of Blood*, pp. 53 - 54.

甥基米斯基流放至小亚东部,因为后者的忠诚遭到了皇帝的怀疑。后来,塞奥法诺皇后出于某种我们不得而知的原因说服皇帝将基米斯基召回君士坦丁堡,然后二人里应外合刺杀了尼基弗鲁斯二世。969 年 12 月 11 日,在塞奥法诺的协助下基米斯基带人秘密潜入皇宫,在寝宫中将熟睡的尼基弗鲁斯杀害。[1] 基米斯基随后登上王位,是为约翰一世。

尼基弗鲁斯做事专横,说话粗鲁,在一些作家笔下,形象负面。例如,克雷莫纳的利乌特普兰德在其《出使记》中有一番生动的描写。"他是一个猛兽般的男人,身材矮小,肥头、小眼睛,像个鼹鼠,他的胡须半白,又短、又阔、又厚,令人生厌;脖子只有 1 英寸长,丑陋无比;他的头发长而密,根根直立,肤色像埃塞俄比亚人;在午夜遇到这样的人绝不会是令人高兴的事;他的肚子凸出,腰部缩小,短小身材更衬托出屁股长大,小腿短,正好与他的足跟和双脚相配;他穿的衣服很昂贵,但是太过时,而且气味难闻,年久褪色;他穿着一双西科扬鞋;言语鲁莽,凸显狐狸本性,满嘴谎话,大言不惭。"这位作者还有另一段对比性的描写,在其《出使记》专门将尼基弗鲁斯与奥托一世做了对比,用意与上段引文类似:"希腊人的国王留着长发,戴束腰外衣,有长袖,戴面罩,撒谎,骗人,无情,像只狐狸,高傲,虚情假意,吝啬,贪心,爱吃大蒜、洋葱和韭菜,喝洗澡水;与之截然不同的是法兰克人的国王,须发修剪得体,穿戴不同于女人,戴帽子,忠诚,老实,仁慈有度,严格有理,常常表现出真正的谦卑,绝不小气,不吃大蒜、洋葱和韭菜,因此可以放过各种动物,并且积蓄钱财,他会卖掉动物而不是吃掉它们。"显然,其形象在作者笔下很丑陋。利乌特普兰德对他外貌的描写带有强烈的贬义色彩,这或许是源自他出使君士坦丁堡那段不愉快的经历,以及在尼基弗鲁斯那里遭受的冷落。[2] 然而,拜占庭史家"执事官"利奥对尼基弗鲁斯外貌的记载是另一种样子[3],他笔下的尼基弗鲁斯虽然并非相貌过人、风度翩翩的美男子,但是也还算是个正常人,利奥突出了后者的英武气概,也给人留下了深刻的印象。[4]

---

① Cf. Ἰωάννης Ζωναρᾶς, Ἐπιτομή ἱστοριῶν, τόμος Βʹ, 16. 28, pp. 313 – 319.

② Liudprand , The Complete Works of Liudprand of Cremona , 3, p. 240; 40, p. 263.

③ Leo , The History of Leo the Deacon , 3. 8, pp. 98 – 99.

④ 赵法欣:《从〈历史〉中的人物样态看利奥的史学新思想》,《四川大学学报》(哲学社会科学版)2011 年第 3 期,第 22—23 页。

至于其个人品行和操守,尼基弗鲁斯二世向来以虔诚、克制而著称,这种风格在其登基前后没有太多变化。他一改罗曼努斯二世皇帝时代奢侈的宫廷风气,提倡朴素节俭。① 尼基弗鲁斯还是个极其虔诚的基督徒②,他帮助自己的朋友阿塔纳修斯(Athanasios)在阿索斯山(Mount Athos)修建了大劳拉修道院(Great Lavra Monastery)。③ 10 世纪的历史学家利奥对尼基弗鲁斯的这些优点给予了充分的肯定。当了皇帝之后,尼基弗鲁斯还经常会带着圣物从战场返回。④ 所有这些应该都与他个人的虔诚信仰有关。

尼基弗鲁斯二世来自小亚的卡帕多西亚地区传统的军人家庭,代表着崛起中的省区军事贵族阶层的力量。这些家族的成员往往聚敛着大量的土地和各种财富,同时凭借自身强大的军事实力多次试图染指拜占庭帝国的最高权力。帝国从10 世纪下半期开始的战略反击和大肆扩张,实际上是这些贵族阶层拓展地产行为在帝国境外的逻辑延伸,尼基弗鲁斯当属这个进程的积极践行者之一。他在位的几年中,拜占庭帝国的领土有了进一步的拓展,特别是在东部边境一带颇有收获。与领兵作战、开疆拓土相比较,尼基弗鲁斯的一些国内政策则给他带来了许多麻烦,皇帝不得不经常面对来自宗教和经济领域的各种困扰,其最后的倒台和遇刺在一定程度上也是因为某些政策而失去了民众的拥戴。因此我们可以说,尼基弗鲁斯·福卡斯在战场上的成就大于其治理国家,相比于做皇帝或许他更适合做一名出色的将领。

尼基弗鲁斯二世所处的时代是个军事将领展现其军事才能的时期,这不仅是因为拜占庭帝国军区制促使社会组织军事化为将领们提供了出人头地的机会,还因为东地中海世界及其周围广大地区出现了频繁的大规模人口迁徙,而流动中的族群交往通常是以交战的形式解决问题。拜占庭帝国恰好处于东来西往、南下北上的交汇处,和平时期,这里享受着过境贸易带来的巨额商业利润,被人们形象地

① Leo, *The History of Leo the Deacon*, 1.2, p. 58, 5.8, pp. 139 – 140.

② John Skylitzes, *A Synopsis of Byzantine History*, 811 –1057, pp. 245 – 246.

③ A. Kaldellis, *Streams of Gold, Rivers of Blood*, p. 68. "Lavra"亦被译作拉乌纳。

④ D. F. Sullivan, "Siege Warfare, Nikephoros Ⅱ Phokas, Relics and Personal Piety", in idem et al., eds., *Byzantine Religious Culture: Studies in Honor of Alice-Mary Talbot*, Leiden; Boston: Brill, 2012, pp. 395 – 409.

称为东西贸易的"金桥",战争时期也不可避免地卷入冲突,有时是主动的,有时是被动的。马其顿王朝中期的几位将军皇帝是主动进攻战略的典型代表,他们在相当长一段时间里,扭转了拜占庭帝国防守型的战略。客观而言,军人当政导致拜占庭帝国对外战事频繁,也是数百年间中亚、西亚、东地中海世界格局变化的结果,拜占庭帝国社会军事化只是这种变化的延伸结果,而军事贵族的兴起则是其必然结果。纵观拜占庭十几个王朝的政治史,特别是君士坦丁堡百名左右皇帝的历史,马其顿王朝属于军人干政、将领篡位比较频繁的时期,但恰恰是这些将领皇帝,很好地适应了这个时代人口大规模流动的新形势。正因为如此,他们的统治就赋予了"黄金时代"对外扩张的特征。

第九节

约翰一世（John Ⅰ）

969—976 年在位

约翰一世·基米斯基（John Ⅰ Tzimiskes,Ἰωάννης Α΄ Τζιμισκής,生于 925 年,卒于 976 年,享年 51 岁）是马其顿王朝第五位篡位皇帝,自 969 年 12 月 11 日登基,至 976 年 1 月 10 日病逝,在位六年有余。

约翰·基米斯基来自亚美尼亚的库尔库阿斯家族,他的母亲是尼基弗鲁斯·福卡斯的姐姐,而他的第一位妻子玛丽亚则是武官（μάγιστρος）巴尔达斯·斯克莱罗斯（Bardas Skleros）的姐姐。① 根据埃德萨的马修（Matthew of Edessa）的记载,约翰的故乡是科赞,此地位于拜占庭第四亚美尼亚省的帕弗纳吞地区。② "基米斯基"是约翰的绰号,一种解释是这个词源自亚美尼亚语,意为"鞋子",另一种

---

① Alexander P. Kazhdan ed. , *The Oxford Dictionary of Byzantium* , p. 1045.

② *Armenia and the Crusades: Tenth to Twelfth Centuries: The Chronicle of Matthew of Edessa* , Translated from the Original Armenian with a Commentary and Introduction by A. E. Dostourian, Belmont, M. A. : National Association for Armenian Studies and Research; Lanham: University Press of America, 1993, 1. 18, p. 28.

解释的含义为"身材矮小的"。① 库尔库阿斯和福卡斯都是卡帕多西亚地区著名
的贵族家族，属于小亚地区日渐崛起的军事贵族阶层。库尔库阿斯家族最著名的
人物当属约翰·库尔库阿斯将军，他曾经指挥拜占庭帝国军队征服收复了梅利蒂
尼和亚美尼亚大部地区。②

约翰的第一任妻子名叫玛丽亚·斯科利莱娜，她是潘塞里奥斯·斯克莱罗斯
之女，巴尔达斯·斯克莱罗斯的姐妹。③ 约翰通过这次婚姻与斯克莱罗斯家族攀
上了关系。但是玛丽亚在约翰登上皇位之前就去世了，我们对她的情况知之甚
少，他们二人可能也没有生养子嗣。

约翰在成为皇帝之前便已经在战场之上建立功勋，无论是在舅父尼基弗鲁斯
麾下还是自己统兵作战皆取得了辉煌的战绩。他很受各级军官的拥戴，善于在战
争中主动出击，并且经常能够扭转战局。约翰年轻时便参军，在舅舅尼基弗鲁
斯·福卡斯麾下服役，并且得到后者在军事作战方面的许多训练和指导。由于个
人能力出众，加之军事家族关系广泛，约翰在军中的地位与日攀升，在他 25 岁时
便已经成为亚美尼亚军区的将军。那时的拜占庭帝国正与东部几个邻国处于战
事不断的胶着状态，从阿拔斯哈里发国家分裂出来的一些小政权——最著名的无
疑是阿勒颇的哈姆丹埃米尔国，与拜占庭帝国因为领土纷争而摩擦不断。约翰跟
随舅父尼基弗鲁斯带队出征，一路凯歌高奏，夺取包括阿勒颇在内的 60 多个城
市，将帝国的边境大大向东推进。962 年，哈姆丹的统治者赛义夫·道莱求和，拜
占庭人遂以极为有利的和约结束了战争，帝国的东部边境在接下来的一段时间内
保持和平。④

约翰也是以武力夺取的拜占庭皇位，牺牲品正是他的舅舅尼基弗鲁斯二世皇
帝。963 年，罗曼努斯二世皇帝去世后，约翰力劝尼基弗鲁斯·福卡斯夺取皇位。
等到舅舅真的当上皇帝后，约翰继续奉命镇守东部边陲。但是因为一次无意卷入

---

① Leo, *The History of Leo the Deacon*, pp. 141 – 142.

② 关于约翰·库尔库阿斯的军事活动，可见 S. Runciman, *The Emperor Romanus Lecapenus and His Reign*,
   pp. 135 – 150; Alexander P. Kazhdan ed., *The Oxford Dictionary of Byzantium*, p. 1157。

③ Leo, *The History of Leo the Deacon*, p. 166.

④ H. N. Kennedy, *The Prophet and the Age of the Caliphates: The Islamic Near East from the 6th to the 11th
   Century*, pp. 277 – 279; M. Whittow, *The Making of Orthodox Byzantium*, 600 – 1025, p. 326.

谋反阴谋,约翰被剥夺了军事指挥权,并且遭到流放。后来,在皇后塞奥法诺的斡旋下,约翰回到君士坦丁堡,并且与皇后一起合谋,于 969 年刺杀了自己的亲舅舅尼基弗鲁斯二世皇帝。① 事实上,皇后塞奥法诺对尼基弗鲁斯厌烦透了,只是由于担心她们母子的安全才委曲求全下嫁这个赳赳武夫,因此在得到约翰的支持后,毫不犹豫地痛下杀手,害死了尼基弗鲁斯。

　　而后,经过皇后的运作,约翰一世很快在宫中被拥立为皇帝。他联合侍寝太监瓦西里,安抚皇宫内的各股势力。与此同时,约翰还对其他潜在的对手进行了清算:尼基弗鲁斯二世的弟弟利奥·福卡斯在反政变失败后逃至圣索菲亚大教堂,后来,他和自己的儿子尼基弗鲁斯遭到逮捕,并被流放至莱斯沃斯岛上。利奥·福卡斯的另一个儿子、查尔迪亚总督巴尔达斯也被逮捕,然后被拘禁在亚美尼亚军区的阿玛西亚(Amaseia)。② 这样就将福卡斯家族势力清除出朝廷。为了赢得牧首波利厄弗科斯的支持,约翰假惺惺地惩罚两名刺杀先帝的帮凶,将他们流放到边远地区,并把策划刺杀行动的塞奥法诺也驱逐出皇宫,以此表示出自己的悔改之意。③ 最终,约翰与牧首达成和解,后者于 969 年 12 月 25 日在圣索菲亚大教堂为约翰加冕。加冕称帝后,约翰一世派遣姐夫巴尔达斯·斯克莱罗斯去平定巴尔达斯·福卡斯的反叛,后者是约翰的表亲,也一直对皇位怀有野心。为了进一步巩固自己的皇位,约翰又于 970 年娶了君士坦丁七世皇帝的女儿塞奥多拉④,这次与马其顿皇家公主的联姻无疑再一次强化了他继位的合法性。

　　在对外关系方面,约翰一世的统治重心似乎在帝国东部和北部。在这两个区

---

① Leo, *The History of Leo the Deacon*, 5. 6 – 7, pp. 136 – 139; John Skylitzes, *A Synopsis of Byzantine History*, *811 – 1057*, pp. 268 – 269; Ιωάννης Ζωναράς, *Επιτομή ιστοριών, εισαγωγή-μετάφραση-σχόλια*, I. Γρηγοριάδης, τόμος Β΄, Αθήνα: Εκδόσεις Κανάκη, 1998, 16. 28, pp. 3 13 – 319; Cf. D. Dželebdžić & B. Krsmanović, "John Tzimiskes and Nikephoros Ⅱ Phokas: The Background and Motives of a Premeditated Murder", *Zbornik Radova Vizantološkog Instituta*, 47 (2010), pp. 83 – 120.

② Leo, *The History of Leo the Deacon*, 6. 2, pp. 144 – 146; John Skylitzes, *A Synopsis of Byzantine History*, pp. 271 – 272; Cf. J. -C. Cheynet, "Les Phocas", in *Le traité sur la guérilla (De velitatione) de l'empereur Nicéphore Phocas (963 – 969)*, texte établi par G. Dagron et H. Mihǎescu, traduction et commentaire par G. Dagron, Paris: Éditions du Centre National de la Recherche Scientifique, 1986, pp. 289 – 315.

③ Leo, *The History of Leo the Deacon*, 6. 4, pp. 147 – 148; John Skylitzes, *A Synopsis of Byzantine History*, pp. 272 – 273.

④ Leo, *The History of Leo the Deacon*, 7. 9, p. 174; John Skylitzes, *A Synopsis of Byzantine History*, p. 281; Ιωάννης Ζωναράς, *Επιτομή ιστοριών, εισαγωγή-μετάφραση-σχόλια*, I. Γρηγοριάδης, τόμος Γ΄, Αθήνα: Εκδόσεις Κανάκη, 1999, 17. 2, p. 17.

域,他常年用兵,或御驾亲征或派遣得力干将,最终为帝国赢得了许多领土。而在西方,拜占庭与神圣罗马帝国的关系较前代相比则有所缓解,战事基本停息。

战胜罗斯人是约翰一世统治期间所取得的最辉煌的一次胜利①,拜占庭史籍对这次战役的记载也最为翔实。969 年末,罗斯大公斯维亚托斯拉夫(Sviatoslav of Rus')已经控制了保加利亚东北部,包括其首都普雷斯拉夫(Preslav)及其沙皇伯利斯二世。但是胜利后的罗斯人不满足于已经取得的战果,故而打破了与拜占庭人的约定,继续一路南下,攻取了菲利普波利斯(Philippopolis),并且意图征服保加利亚西部,这就与拜占庭人发生冲突。斯维亚托斯拉夫说服伯利斯加入其反对拜占庭人的战争,这支大军中还包括马扎尔人和帕齐纳克人。② 此时的约翰一世正在忙于巩固自己的皇位,他曾经劝说斯维亚托斯拉夫退兵,但是没有成功。于是约翰调集东部大军,由其姐夫巴尔达斯·斯克莱罗斯和安条克的征服者佩得罗斯(Petros)统领。斯克莱罗斯首战告捷,罗斯人的一支小分队被击溃。971 年春,约翰一世御驾亲征,统领他亲手组建的"不死军"跨越海默斯山,抵达普雷斯拉夫。③ 拜占庭军队的突然出现令罗斯人措手不及,普雷斯拉夫最终陷落。伯利斯二世和整个保加利亚皇室沦为阶下囚。约翰将该城重新命名为约翰波利斯(Ioannoupolis),并且在这里设立了军区。约翰一世率军继续北上,攻占了普利斯卡和沿途的其他城市。4 月 23 日,拜占庭与罗斯两军在多里斯托伦(Dorystolon)交战,最终拜占庭人取胜;与此同时,拜占庭舰队从水上封锁了该城。撤进城内的罗斯人用了种种办法力求扭转战局,但是均未取得良好效果。约翰还切断了罗斯人的后勤供应,后者唯有拼死一搏。双方的决战于 7 月爆发,拜占庭人再次获胜。斯维亚托斯拉夫被迫发出和谈的诉求,并且要求面见约翰一世皇帝。④ 两位君主会面后达成了一系列协定:斯维亚托斯拉夫保证不再攻击拜占庭人或者其盟友,

① D. Obolensky, *The Byzantine Commonwealth: Eastern Europe, 500 – 1453*, New York: Praeger Publishers, 1971, pp. 129 – 130.

② Leo, *The History of Leo the Deacon*, 6. 10, pp. 155 – 157; John Skylitzes, *A Synopsis of Byzantine History*, pp. 275 – 276; Cf. A. D. Stokes, "The Balkan Campaigns of Svyatoslav Igorevich", *Slavonic and East European Review*, 40 (1962), p. 486.

③ Leo, *The History of Leo the Deacon*, 8. 2 – 4, pp. 177 – 180; John Skylitzes, *A Synopsis of Byzantine History*, pp. 281 – 282.

④ Leo, *The History of Leo the Deacon*, 9. 11, p. 199.

作为回报,罗斯人会得到粮食,然后平安离开,拜占庭使者随后会到帕齐纳克人那里商谈三方贸易事宜。① 之后,约翰一世凯旋君士坦丁堡,保加利亚则被拜占庭吞并。

尼基弗鲁斯二世遇刺后,拜占庭帝国东部的局势一度陷入不稳定的状况;与此同时,哈姆丹王朝也陷入一系列的内乱当中,于是拜占庭与赛义夫·道莱的旧臣之一卡尔古亚(Qarghuya)签订了《萨法尔条约》(Treaty of Safar)。条约承认了卡尔古亚对阿勒颇的统治权,承认它作为拜占庭帝国附庸国的地位;阿勒颇同意让出许多西北部的领土;拜占庭派一名专员征收贸易税;拜占庭皇帝拥有对未来埃米尔的任命权;埃米尔国不允许其他穆斯林军队过境;双方都不得惩罚宗教改宗人士。② 970 年 1 月,君士坦丁堡的宗教会议任命塞奥多利二世(970—976 年在任)为安条克的大主教,他本是亚美尼亚军区圣安东尼修道院的院长。③此后,安条克成为拜占庭统治叙利亚地区的中枢,约翰派遣昔日的征服者伯尔齐斯治理该城。④ 969 年,法蒂玛王朝占领埃及,四年之后,哈里发穆伊兹(Mu'izz)从突尼斯抵达开罗。扎乌哈尔(Jawhar)将军决意征讨叙利亚,意欲击退正在封锁安条克的拜占庭人。⑤ 970 年 10 月,贾法尔(Ja'far)围攻安条克,约翰一世派军迎战并取得胜利。随后,法蒂玛王朝的军队在叙利亚遭到当地伊斯兰教伊斯玛仪派的袭击,贾法尔战死。从此直到 11 世纪中叶塞尔柱突厥人到来,法蒂玛王朝与拜占庭帝国基本上保持和平状态,拜占庭人在这片地区一直安枕无忧。972 年,约翰一世起兵征讨北美索不达米亚。⑥ 他于 10 月 12 日攻占了尼西比斯(Nisibis),并且

---

① *The Russian Primary Chronicle: Laurentian Text*, S. H. Cross & O. P. Sherbowitz-Wetzor trans. and ed., Cambridge; Massachusetts: The Mediaeval Academy of America, 1953, pp. 89 – 90.

② M. Canard, *Histoire de la Dynastie des H'amdanides de Jazîra et de Syrie*, Alger, Impr. "La Typo-Litho" et J. Carbonel rúnies, 1951, pp. 667 – 674, 832 – 837; M. Miotto, *Ο ανταγωνισμός Βυζαντίου και Χαλιφάτου των Φατιμίδων στην εγγύς ανατολή και η δράση των Ιταλικών πόλεων στην περιοχή κατά τον 10° και τον 11° αιώνα*, Θεσσαλονίκη: Κέντρο Βυζαντινών Ερευνών, 2008, pp. 80 – 81.

③ Leo, *The History of Leo the Deacon*, 6.6, pp. 150 – 151; John Skylitzes, *A Synopsis of Byzantine History*, p. 273.

④ J.-C. Cheynet, *La société byzantine: l'apport des sceaux*, Vol. 2, Paris: Association des amis du Centre d'histoire et civilisation de Byzance, 2008, pp. 342 – 343.

⑤ M. Brett, *The Rise of the Fatimids: The World of the Mediterranean and the Middle East in the Fourth Century of the Hijra, Tenth Century CE*, Leiden; Boston: Brill, 2001, p. 308.

⑥ M. Canard, "La date des expéditions mésopotamiennes de Jean Tzimiscès", *Annuaire de l'institut de philologie et d'histoire orientales et slaves*, 10 (1950), pp. 99 – 108.

要求摩苏尔(Mosul)的哈姆丹埃米尔阿卜·塔里卜(Abu Taghlib)缴纳年贡。随后,约翰继续率军北上围攻梅亚法里金,但是没有成功。约翰于是留下东部军区总司令美里阿斯镇守边陲,自己带兵返回。但是,由于北美索不达米亚暴露于穆斯林政权的核心地区,始终处于阿拉伯军队攻击威胁之下,所以拜占庭帝国对这片地区的控制始终难以长久维持。①

在西方,拜占庭与神圣罗马帝国的关系出现了新的变化。970 年,约翰一世终止了与奥托一世在南意大利常年无休止的战争,他还派遣卡普亚-贝内文托公爵"铁头"潘德尔夫(Pandulf Ironhead)作为使节谒见正在波维诺的奥托。双方达成协议,此后不久,奥托便启程离开意大利,双方的战争状态就此终结。② 约翰批准了两国先前一直未能实现的政治联姻,他将塞奥法诺(很可能是他本人前妻的侄女)嫁给了奥托一世之子奥托二世,二人于 972 年完婚。③

关于约翰一世的国内政策,各方史料(特别是拜占庭方面的史料)记载不是特别系统、详细,后人只能在现有材料的基础上大致还原出其基本轮廓。

约翰继位初期,首先要面对的任务是巩固自己刚刚夺取的皇位,同时镇压那些意欲推翻他的反叛活动。罗斯战争期间,一群官员蓄意谋反,他们在凯撒里亚拥立出逃至此的巴尔达斯·福卡斯(尼基弗鲁斯二世的侄子)为帝。④ 与此同时,巴尔达斯的父亲利奥和兄弟君士坦丁也计划逃出流放地莱斯沃斯岛,然后到马其顿地区纠集军队,支援巴尔达斯。因此,约翰一世在对外两线作战(北部巴尔干半岛和东部两河流域上游)的同时,还要应对国内大贵族的反叛。但是随着起义军队内部的分化,几位领袖各自心怀鬼胎,这次起义最终失败。

在省区管理方面,约翰一世在那些新征服的领土(主要是保加利亚)上,做出了一些管理结构方面的重要调整。鉴于新近征服地区的军区面积呈日益减小的

① A. Kaldellis, *Streams of Gold*, *Rivers of Blood*, pp. 76 - 77.

② Βυζαντινά στρατεύματα στη Δύση (5ᵒˢ - 11ᵒˢ αι.): Έρευνες πάνω στις Χερσαίες και ναυτικές επιχειρήσεις· σύνθεση και αποστολή των βυζαντινών στρατευμάτων στη Δύση, υπό Β. Ν. Βλυσίδου, κ. ά, Αθήνα: Ε. Ἰ. Ε. / I. B. E., 2008, p. 392.

③ A. Davids ed., *The Empress Theophano: Byzantium and the West at the Turn of the First Millennium*, Cambridge; New York: Cambridge University Press, 1995.

④ Leo, *The History of Leo the Deacon*, 7. 1 - 8, pp. 162 - 173; John Skylitzes, *A Synopsis of Byzantine History*, p. 278 - 281.

趋势,约翰将这些军区集中归于一名地方性高官"总督"（Δουξ/Κατεπάνω）的管辖之下。在巴尔干半岛,设立总督的地区有亚得里亚堡、塞萨洛尼基和"西方美索不达米亚"（约在多瑙河三角洲附近）。① 相应的设置也出现在东部边境和南意大利等地。975 年远征叙利亚之后,约翰将东部边境的各个小规模军区整合起来,同样受各地地方性总督的统辖。这些地区的长官包括北部的查尔迪亚总督、中部的美索不达米亚总督以及南部的安条克总督（管辖北叙利亚和西里西亚）。② 这些举措显然带有政治上强化中央集权的目的,即在各军区将军之上设置具有实权的高官,以监督和遏制军区势力坐大。

由于材料所限,人们对约翰一世在经济领域的活动知之甚少。通过他推行的几项政策,大致可以看出,约翰统治时期拜占庭经济生活已经展现出一些过渡性和两面性的特征,这些特征在其继任者瓦西里二世皇帝时完全显现出来。③ 这种两面性的实质在于,以约翰为代表的拜占庭统治者一方面想尽各种办法保护中下层民众（特别是小农阶层）的利益,但与此同时又对教、俗两界的大地产主们广泛赐予特权,保障了这些利益集团在经济领域的特殊地位。譬如,面对困扰拜占庭帝国达三年之久的饥荒时,约翰从各地征收、进口大宗粮食,然后分发给灾民,遏制了灾难的进一步蔓延。④ 他还免除了一种名为"灶头税"的人头税,另外还减免了亚美尼亚军区民众的税款。⑤ 但与此同时,约翰对各大教堂、修道院和慈善机构大量地给予特权,他曾经给阿索斯山上的劳拉修道院以特权和捐赠,并且颁布一道黄金诏书,重申该修道院在阿索斯的显赫地位。劳拉修道院可以从皇帝那里

① N. Oikonomidès, *Les Listes de préséance byzantines des IXe et Xe siècles*, pp. 262 – 263, 344 – 346; A. Kaldellis, *Streams of Gold, Rivers of Blood*, p. 73; A. Madgearu, *Byzantine Military Organization on the Danube, 10th – 12th Centuries*, Leiden; Boston: Brill, 2013, pp. 39 – 43; B. Krsmanović, *The Byzantine Province in Change*, pp. 133 – 145.

② N. Oikonomidès, *Les Listes de préséance byzantines des IXe et Xe siècles*, pp. 262 – 263, 344 – 346. A. Kaldellis, *Streams of Gold, Rivers of Blood*, p. 79; W. Treadgold, *Byzantium and Its Army, 284 – 1081*, Stanford, Calif. : Stanford University Press, 1995, pp. 35 – 36.

③ A. E. Laiou and C. Morrisson, *The Byzantine Economy*, Cambridge: Cambridge University Press, 2007, p. 89.

④ Leo, *The History of Leo the Deacon*, 6. 8, pp. 152 – 153.

⑤ John Skylitzes, *A Synopsis of Byzantine History*, pp. 294 – 295; Cf. N. Oikonomidès, *Fiscalité et exemption fiscale à Byzance* (IXe-XIe s.), Athènes: Fondation nationale de la recherche scientifique, Institut de recherches byzantines, 1996, p. 30.

每年获得 244 个诺米斯玛金币,还有额外的 600 个诺米斯玛用来修建修道士们居住的宿舍。[1] 此外,在对外贸易领域,约翰于 971 年颁布一道禁令,严禁拜占庭人与伊斯兰国家进行武器和木材贸易活动,他同时要求自己的附属国威尼斯也遵守这一规定。[2] 这种干涉附属国经济活动的行为体现了拜占庭政府对市场需求的限定和规范,是国家强行介入经济生活的鲜明例证。[3]

约翰一世在宗教领域最著名的行为当属他对阿索斯山修道院生活的规范,他的政策对后世历史的发展产生了深远的影响。当时,阿塔纳修斯在阿索斯山的修道院发展迅速,其院落规模不断扩张,这引起了其他倡导独立隐修人士的不满,他们请求约翰皇帝介入此事。经过调解后,双方达成谅解。为此,约翰颁布了一份《典章》(Tragos),承认阿索斯山上各种修道方式的合理性。[4] 约翰的《典章》开启了阿索斯山各修道院多样性发展的新纪元,在随后的若干世纪里,它们的地产、人口、金钱不断增加,令拜占庭政府处在一种两难的尴尬境地:出于虔诚和社会福利的需求,皇帝们义无反顾地给予阿索斯山各种特权,免除它们在税收和法律方面的种种义务,与此同时,统治者又必须限制修道院的过度膨胀,以免它们侵害邻近居民和村庄的利益,特别是防止教会势力坐大。[5] 在地方教会的管理方面,约翰结束了对雅各布派大主教的迫害,允许他们返回梅利蒂尼,直至 1029 年为止,这些人都没有遭到拜占庭当局的干扰。[6] 同是在这一时期,亚美尼亚教会的教士首脑们在拜占庭的叙利亚领土上为亚美尼亚人建立了教区。[7] 另外,保加利亚教区

---

[1] R. Morris, *Monks and Laymen in Byzantium, 843 - 1118*, pp. 141, 189.

[2] Miotto, *Ο ανταγωνισμός Βυζαντίου και Χαλιφάτου των Φατιμίδων στην εγγύς ανατολή και η δράση των Ιταλικών πόλεων στην περιοχή κατά τον 10° και τον 11° αιώνα*, pp. 183 - 184.

[3] A. E. Laiou and C. Morrisson, *The Byzantine Economy*, p. 89.

[4] *Actes du Prôtaton* (Archives de l'Athos 7), édition diplomatique par D. Papachryssanthou, Paris: p. Lethielleux, 1975, pp. 209 - 215; "Tzimiskes: Typikon of Emperor John Tzimiskes", in *Byzantine Monastic Foundation Documents: A Complete Translation of the Surviving Founders' Typika and Testaments*, edited by J. Thomas and A. C. Hero, Washington, D. C.: Dumbarton Oaks Research Library and Collection, 2000, pp. 232 - 244.

[5] A. Kaldellis, *Streams of Gold, Rivers of Blood*, p. 68.

[6] A. Kaldellis, *Streams of Gold, Rivers of Blood*, p. 67.

[7] Γ. Α. Λεβενιώτης, *Η πολιτική κατάρρευση του Βυζαντίου στην ανατολή: Το ανατολικό σύνορο και η κεντρική Μικρά Ασία κατά το Β΄ ήμισυ του 11ου αι.*, Θεσσαλονίκη: Κέντρο Βυζαντινών Ερευνών, 2007, p. 35.

被废除,取而代之的是一个从属于君士坦丁堡的都主教区。[1]

约翰一世第二次征讨阿拔斯王朝归来后,突然于 976 年 1 月去世,享年 51 岁,随后被葬在自己修建的基督铜像教堂。有人认为约翰是被宫廷大臣瓦西里·雷卡平下毒致死,因为皇帝打算要剥夺瓦西里聚敛的巨额财富和土地。[2] 约翰一世去世后,瓦西里二世(960 年加冕为共治皇帝)开始了独立统治。

史籍中关于约翰一世外貌的描写有许多相似之处,大都着重突出他的身材矮小但动作灵活、四肢强壮有力。[3] 例如,"执事"利奥说:"他的肤色健康白皙,头发呈金黄色,前额部分有些稀疏;眼睛炯炯有神,鼻子很小但比例正好合适;脸上的毛发呈红色,自然下垂形成一个椭圆形,他的胡须长短浓密适中。约翰身材矮小,但是肩宽背阔。"另外就是关于约翰在武功技能方面的过人之处,不同史料也给予了充分的肯定:"他的力量巨大,双手既灵活又有力。他有着英雄般的精神,无畏、镇静,在矮小的身躯上显示出超凡的勇气;他从不畏惧独自一人攻击敌人的整支部队,在杀敌无数后还能毫发无伤地快速返回自己的阵营。他在跳跃、球类和投标枪以及拉弓射箭方面超过同时代的所有人。据说,约翰经常把四匹马列成一行,他从一端跳起,然后像鸟儿一样落在最后一匹马的背上。射箭时,他瞄得非常准,总能够箭射靶心。他还经常把一个皮球放在玻璃杯上面,然后用马刺刺马加速,在飞奔时他会用一根棍子击球使球跃起飞出,而杯子仍在原处,完好无损。"[4]斯基利齐斯对约翰外貌的描写与"执事"利奥大体相同,同样也突出了约翰作为一名战士和将领的过人风姿。[5] 但同时代另外两位拜占庭历史学家也都指

---

[1] P. Stephenson, *Byzantium's Balkan Frontier*, pp. 53, 55 – 58; Madgearu, *Byzantine Military Organization on the Danube*, 10th – 12th *Centuries*, pp. 101 – 114.

[2] Leo, *The History of Leo the Deacon*, 10. 11, pp. 219 – 221; John Skylitzes, *A Synopsis of Byzantine History*, pp. 296 – 297; Cf. W. Treadgold, *A History of the Byzantine State and Society*, p. 512.

[3] 当然,也有学者认为这些描写难免有理想化的成分,见 R. Morris, "Succession and Usurpation: Politics and Rhetoric in the Late Tenth Century", in P. Magdalino ed., *New Constantines: The Rhythm of Imperial Renewal in Byzantium, 4th – 13th Centuries: Papers from the Twenty-sixth Spring Symposium of Byzantine Studies*, *St Andrews, March 1992*, Aldershot, Hampshire, Great Britain: Variorum; Brookfield, Vt., U. S. A.: Ashgate Pub. Co., 1994, p. 210.

[4] Leo, *The History of Leo the Deacon*, 6. 3, pp. 146 – 147; Cf. N. Thierry, "Un portrait de Jean Tsimiskès en Cappadoce", *Travaux et Mémoires*, 9 (1985), p. 479, 481, figs. 2 & 5; W. Treadgold, *A History of the Byzantine State and Society*, p. 506, fig. 122.

[5] John Skylitzes, *A Synopsis of Byzantine History*, pp. 296 – 297.

出约翰的一些缺点,如酗酒以及纵情于肉欲的享乐等。①

约翰一世是尼基弗鲁斯二世和瓦西里二世两位君主之间的过渡者,他与前任和继任皇帝共同开创了拜占庭帝国战略反击、开疆拓土的新局面。② 经过这三代君主的努力,拜占庭帝国的国际声望大幅度提升,帝国实际掌控的领土也得到扩张。与其舅父尼基弗鲁斯二世皇帝比较而言,约翰一世似乎将更多的精力用于国内,尽管这方面的材料非常零散,但在约翰统治的近七年时间里,有几个年份基本没有战事发生,如970年、973年和974年,因而他有时间和精力投入国内治理。作为杰出的军事将领,约翰总能够从历次战争中获得大量的战利品,并将它们慷慨地分发给立功的将士,用来安抚军队,收买人心。③ 这些都是他比舅舅尼基弗鲁斯胜出的地方,可以这样认为,约翰一世既是一名杰出的军事将领,同时也是一位比较称职的君主。

马其顿王朝前期的历史有近百年,其间竟然出现了五位篡位皇帝,且他们都属于军事贵族出身,均有强大的军役土地产业为支撑。这种现象的出现反映出,拜占庭帝国中期历史的一个重要变化,即军区制改革引发社会结构的变动。自7世纪初开始推行军区制改革以来,拜占庭帝国强化了帝国管理机构的军事化,特别是地方军区军政权力合一,以军区最高首脑"将军"为首的军队将领占据优势地位。同时,中央政府委托军区将军执掌所辖军区的大权,在有效缓解边防压力的同时,无意中加大了从中央向地方下放权力的力度。这就为地方军事贵族势力的发展提供了机会,经过300多年、近十代人的发展,各地出现了大大小小的军事贵族,特别是在军区制首先出现的东部地区,军事贵族群体已经形成气候。其势力坐大既有拜占庭帝国军力提升的长处,也有军事贵族凭借军事实力干政的短处。马其顿王朝前期历史上诸多军事将领左右朝政的现象提供了这方面的例证。

---

① Leo, *The History of Leo the Deacon*, 6.3, p.147; John Skylitzes, *A Synopsis of Byzantine History*, p.297.

② W. Garrood, "The Illusion of Continuity: Nikephoros Phokas, John Tzimiskes and the Eastern Border", *Byzantine and Modern Greek Studies*, 37 (2013), pp.20-34.

③ A. Kaldellis, *Streams of Gold, Rivers of Blood*, p.80.

第十节

瓦西里二世（Basil Ⅱ）

976—1025 年在位

　　瓦西里二世（Basil Ⅱ，Βασίλειος Β′，Vasileios Ⅱ，生于958年10月25日，卒于1025年12月15日，享年67岁）是马其顿王朝第六位正统皇帝。如果计算篡位皇帝，他是第十一位皇帝，自976年1月10日独立统治，至1025年12月15日去世，在位49年，属于拜占庭历史上在位时间最长的皇帝之一。

　　瓦西里二世是马其顿王朝第五任正统皇帝罗曼努斯二世和皇后塞奥法诺的长子[①]，958年10月25日出生在君士坦丁堡大王宫，因此时人也称呼他为"生于皇帝紫色寝宫的"瓦西里。时人还称呼他为"小瓦西里"，以区别于他的高祖父，即王朝奠基者瓦西里一世。[②] 960年，他两岁时即被其父皇罗曼努斯加冕为共治皇帝，以此确定他的皇位继承人地位。但是，当其父皇于963年去世时，瓦西里二世年仅五岁未能亲政，而由母后摄政。为了确保瓦西里和其幼弟君士坦丁两个皇太子的地位，皇后塞奥法诺在老皇帝去世后仅仅几个月，便被迫下嫁掌控军权的大将军尼基弗鲁斯·福卡斯，以提前化解发动宫廷政变的威胁。她还承认后者为新皇帝，史称尼基弗鲁斯二世。

　　少年时代的瓦西里二世在继父统治下的宫廷中生活了六年，在此期间，其"共治皇帝"的身份一直得到承认，但他目睹了拜占庭帝国宫廷斗争的腥风血雨。皇后母子的实际境遇非常危险，专横跋扈的新皇帝并不在意其共治皇帝地位，而是企图安排福卡斯家族子弟继承皇位，进而建立新王朝。为了维护两位皇子的地位，皇后塞奥法诺委曲求全，千方百计与新皇帝周旋。瓦西里的少年生活一直笼罩在宫廷斗争的险恶气氛中，在他11岁时便亲身经历了又一次宫廷变故。被逼

[①] 根据后世人的研究认为，她来自伯罗奔尼撒半岛的斯巴达城，属于当地的希腊人。见 D. M. Nicol, *Byzantium and Venice: A Study in Diplomatic and Cultural Relations*, New York: Cambridge University Press, 1992, p. 44。

[②] W. B. Stevenson, "Chapter Ⅵ. Islam in Syria and Egypt（750 - 1100）", J. B. Bury ed., *The Cambridge Medieval History*, New York: The Macmillan Company, 1926, pp. 66 - 80。

无奈的皇后铤而走险,于 969 年联合其前夫罗曼努斯二世的妹妹塞奥多拉策动政变,尼基弗鲁斯二世的亲外甥约翰·基米斯基也参与其中。基米斯基作为尼基弗鲁斯的近亲曾经取得过显赫军功,但是后与皇帝不和受到迫害,只是由于皇后斡旋未被流放,遂支持皇后政变,参与谋杀了自己的舅舅。为了推卸谋害皇帝的罪名,约翰在教会的压力下软禁了皇后塞奥法诺,并迎娶了君士坦丁七世的女儿,即瓦西里的姑姑塞奥多拉,名正言顺地成为皇帝。这样,11 岁的瓦西里二世又成为其姑父约翰一世的"共治皇帝",并在母后和姑父的保护下长大成人。此后,约翰便以约翰一世的皇帝身份统治了七年,直到 976 年 1 月病故。这时,瓦西里二世已经长大成人,年方 20 岁出头。青少年时代经历的残酷宫廷生活也许对瓦西里的性格产生了深刻的影响,造就了他冷酷无情的性格。而他自幼好动顽皮、厌恶书卷的天性,在其走马放鹰、痴迷围猎的皇族生活中得到了释放。没有人知道,他青少年时代养成的生活习惯对于后来成就其帝王霸业产生了多大的影响,不仅锻炼了强健的身心,使之能够适应日后常年的军旅生涯,而且自幼培植了一支值得终身信赖的武将文臣队伍,在其近半个世纪的皇帝统治中成为其左膀右臂。[1]

瓦西里二世于 976 年 1 月 10 日登基,在位亲政 49 年,其间致力于强化皇帝专制的中央集权,严厉打击威胁其统治的大贵族势力,推行多项旨在振兴帝国经济的农业立法,并开展积极的外交政策和军事进攻战略,极大地拓展了拜占庭帝国的政治和文化影响。鉴于其取得的内政外交成就,后世研究者将其统治时期称为"拜占庭帝国权势的顶峰"和拜占庭历史的"黄金时代"。[2]

瓦西里二世的内政主要集中在两个方面。一是强化中央集权,即全力清除贵族反叛势力,镇压左右朝政的军事官僚集团,树立皇帝的绝对权威。在其亲政之初,就借助摄政王瓦西里·雷卡平(Basil Lekapenos)权势集团和军事将领巴尔达斯·福卡斯的力量,击溃东部军区总司令巴尔达斯·斯克莱罗斯于 979 年发动的

① Timothy E. Gregory, *A History of Byzantium*, p. 225; Michael Psellus, *The Chronographia*, E. R. A. Sewter ed., London: Routledge & K. Paul, 1953, p. 43; Michel Psellos, *Chronographie ou histoire d'un siècle de Byzance (976 – 1077)*, ed. É. Renauld, 2 vols., Paris: Les Belles Lettres, 1926, 1928, TLG, No. 2702001.

② Geory Ostroyorsky, *Byzantinische Geschichte*, München: Veriag C. H. Beck OHG, 1996, p. 250; A. A. Vasiliev, *History of the Byzantine Empire*, vol. I, p. 300; [南]乔治·奥斯特洛格尔斯基:《拜占廷帝国》,第 234 页。

军事叛乱,在三年内战后平息了帝国东部地区的乱局。事实上,瓦西里·雷卡平是前代外姓皇帝罗曼努斯一世的私生子,后凭借其在京城的人脉和超人的精明手段,不断升迁,官至宫廷宦官总管和元老院首席元老。作为拜占庭帝国官僚大贵族的首领,他希望能长期控制年轻的皇帝,也帮助皇帝首先除掉了军事贵族巴尔达斯·斯克莱罗斯。根据当时人的传言,瓦西里·雷卡平还是毒杀前任皇帝约翰一世的主谋,因为他担心约翰一世对其非法聚敛的庞大家产进行调查和处理。据当时的史家推测,巴尔达斯·斯克莱罗斯在帝国东部安纳托利亚军区叛乱的主要目的,是效仿尼基弗鲁斯·福卡斯和约翰·基米斯基登上帝位,并使小皇帝继续其傀儡生涯。其军事反叛最终以失败收场,巴尔达斯·斯克莱罗斯遭到流放,家产全部没收充公。

这场胜利成为瓦西里二世统治的良好开端。为了继续剪除长期干预朝政的大贵族官僚集团势力,瓦西里二世不惜与一度支持他本人打击巴尔达斯·斯克莱罗斯的瓦西里·雷卡平(如果按照家族关系论,瓦西里二世应该称呼他为舅爷,即其父亲罗曼努斯二世的舅舅)反目为仇。双方展开了复杂的政治军事较量,而羽翼已丰的小皇帝凭借已经扶植起来的新贵族集团和罗斯人及格鲁吉亚人武装力量,占据了主动权。他及时洞悉瓦西里·雷卡平联合巴尔达斯·福卡斯将军策划的宫廷政变阴谋,先发制人逮捕了所有参与政变的大贵族,不仅没收他们的家产,还将他们流放到远恶军区,从而消除了宫廷内的异己势力,为全面推行其各项强国改革措施扫清了障碍。①

遭遇挫折的巴尔达斯·福卡斯将军仓促举事,于989年发动军事叛乱。正在流放地的巴尔达斯·斯克莱罗斯闻讯逃脱监控,加入叛乱。两个同名为巴尔达斯的大军事贵族的叛乱对年轻皇帝是又一次威胁和挑战,因为他们在拜占庭帝国小亚细亚地区自立为帝,严重威胁瓦西里二世的统治。为了平息叛乱,瓦西里亲自统兵征战,并挑起两个叛乱领袖之间的纷争。巴尔达斯·福卡斯在战场上跌落马下阵亡,而继续领导叛乱的巴尔达斯·斯克莱罗斯则战败投降,被瓦西里处以瞽目极刑,投入修道院终老余生。为了平息贵族叛乱,瓦西里二世

---

① T. Reater, ed., *The New Cambridge Medieval History*, p. 596.

还通过谈判与基辅罗斯大公弗拉基米尔结盟,借助后者提供的 6 000 人军事力量,以及格鲁吉亚将军托奈科(Tornike)和其君主戴维三世(David Ⅲ)提供的 1.2 万名格鲁吉亚精锐骑兵,彻底剿杀了所有军事贵族的叛乱势力,最终恢复了拜占庭帝国的政治统一和皇帝至高无上的权威。对此,当代作家普塞洛斯给予了高度评价。[1]

　　强化皇权、实行帝国政令统一是瓦西里二世从自身痛苦的经历中得出的结论,他们母子长期受制于帝国高级军事将领使他认识到抑制军事贵族势力的重要性。为此他首先剿灭的是直接威胁皇权的宫廷军事贵族,并取得了决定性的胜利。然而,他也深知军事贵族在抵御外敌、维系帝国安全方面的重要作用,因此他一方面打击长期干预朝政且威胁皇权的军事贵族,另一方面亲自上阵领兵作战,培植一批效忠于他的新军事贵族。后者不同于前者的重要区别之一在于他们不掌握大土地产业,在经济上完全依赖皇帝为首的朝廷,故而其对皇帝的忠诚程度远超其前辈。瓦西里二世后来在战场上所向披靡依靠的就是这批聚集在他身边的将领,其中许多人都具有过人的军事天赋,但是他们都没有形成以大地产为后盾的军事贵族势力。瓦西里二世的这一深谋远略是后世学者尚未深入研究的课题,他们仅仅关注了这位拜占庭帝国"黄金时代"杰出君主的个人才能。

　　瓦西里二世推行的多项改革措施是其对内政策的第二个重点。他通过大量的立法,促进经济发展。他废除了前代皇帝有利于大土地贵族的立法,颁布新法律,以便扶植小农经济,振兴农业,全面推行其祖母的第二任丈夫、皇帝罗曼努斯一世压制贵族的农业政策,取消了有利于大土地贵族占有小农土地的 40 年优惠期,严令大地主将此前侵占小农的耕地无条件归还给原来的主人,试图恢复有利于拜占庭帝国中央集权的军区制和农兵军役土地制。他还严厉整治大量占有土地房产的教会,关闭了许多正在涌现的小修道院。同时要求所有地主为当地无力完税的小农缴纳"连保税",并取消了大贵族的免税权。总体看来,瓦西里二世明确前代马其顿王朝正统皇家血统的历代皇帝立法的正确性,声称:"朕作为皇帝十

---

[1] Michael Psellus, *The Chronographia*, p. 43.

分怀念的祖父君士坦丁七世,他的父亲利奥六世,以及朕祖父的祖父(高祖)瓦西里一世颁布的发令十分正确,并令上帝十分满意,它们将会继续有效……朕将亲自署名。"①瓦西里二世颁行的多部法令如前代皇帝的法令一样,不仅仅是为了保护小农土地经营权和村社占用土地优先权以便保证国家税收,同时还有其抑制土地兼并、限制军事贵族势力增长的目的。他通过严厉的小农土地立法有力地强化其作为皇帝保护小农并反对权贵侵蚀的职责,更是鲜明地对外宣示其维护皇帝至高无上的权力,带有鲜明的政治色彩。通过一系列富国强兵的改革,瓦西里二世使帝国财政状况根本好转,税收大幅增加,虽然内外战争不断,但国库充盈。现代学者研究认为,到瓦西里二世去世时,拜占庭国库聚敛了高达 1 400 万"诺米斯玛"金币,大约相当于 20 万镑的黄金。②

　　瓦西里二世从恢复小农土地交易"优先权"入手,极力纠正经济生活中的不正常秩序。他在立法中明确谈道:"因为是权贵,当他侵犯小农后,他还会长期处在权势之位,恐怕这位将军将会把他的权势传给后人,而他的后代同样地成为权贵并在 70 年或 100 年不断扩张,那么限制性的法规如何能够轻易发挥作用并借助普通的方式加以纠正呢? 那么我们会不会无法阻止他们,也无法给予那些因为被不正当地剥夺或掠走土地的小农以正义? 如果权贵恰巧正在获取或侵蚀村社土地,他的后代继承他财富的同时一并承接了他的影响力,这使得小农没有任何空间可以采取行动反对他们,特别是针对他们曾不正当地掠夺及剥夺的东西,非常明显,不论这些事情过去多久,小农在寻求及恢复他的所有权时不应当受到限制。如果我们不这样做,我们将会留给剥夺者机会,他们会说:'从今往后,我会越来越富有,而小农无法反对我,如果我的儿子也很富有或者我自己继续富有,因为我们的富有法令规定的时间限制在消逝,我们仍然保有我们的所得物而未受到没收,符合我的利益没有被剥夺。'"对于这种长期积累起来的经济不公,瓦西里二世深恶痛绝,并非常明确地表明新立法的目的就是"十分关注大众福祉及它的状

①　Eric Mcgeer, *The Land Legislation of the Macedonian Emperor*, p. 108. 麦克杰尔精通希腊语,专攻马其顿王朝土地法令,其译文极为准确,且融会学界最新成果,因此受到学界一致首肯,也为本文主要史料依据,由王妍博士翻译。

②　M. F. Hendy, *Studies in the Byzantine Monetary Economy, c. 300 – 1450*, p. 112.

况,包括正义,纠正因贪欲引起的可怕灾难"①。他希望通过经济活动的正常秩序增强整个帝国的经济实力,特别是打牢中央集权制政治秩序的物质基础,而法令触及的正是问题的关键所在。

瓦西里二世的外交业绩比其内政成就更为突出,主要表现在三个方面。

首先是通过武力征讨,击溃了巴尔干地区的外族侵扰,灭亡了第一保加利亚王国。当时,保加利亚王国在其铁腕君主塞缪尔(Samuel,997—1014年在位)领导下强势崛起,攻占了除塞萨洛尼基周边马其顿南部地区外的巴尔干半岛大部分地区,建立起以奥赫里德(Ohrid)为都城的帝国,并将扩张的矛头直指拜占庭帝国首都君士坦丁堡。瓦西里采取了正确的战略战术,从985年开始进行了为期近30年的长期战争。986年,他亲率3万大军征讨保加利亚首都斯雷迪特(Sredets,即今索菲亚),而后撤围回军色雷斯,但是在图拉真山门之战(Battle of the Gates of Trajan)遭遇埋伏,在其新组建的瓦兰吉亚人卫队的拼死搏杀下才全身而退。为了扭转战局,瓦西里企图分化瓦解敌军,劝说塞缪尔的弟弟艾伦(Aaron)投靠拜占庭皇帝,许以皇家公主为妻。这一计划最终因为艾伦发觉所谓皇家公主并非他属意的安娜公主而流产,但此事也足以令塞缪尔大怒,于次年处死艾伦。瓦西里破坏敌军指挥系统团结的目的达到了。此后,瓦西里忙于东、西两线作战,分别在小亚细亚和南意大利平息叛乱,无暇顾及巴尔干半岛事务。正是为了借用威尼斯人船只从海上运兵前往意大利南部地区,瓦西里与威尼斯人签约,允诺降低其海关税额。塞缪尔乘机占领了多瑙河进入黑海的出海口地区,从而将保加利亚人的控制范围扩大到黑海和亚得里亚海之间的广大地区,并不断派遣军队向希腊中部和南部侵扰。

拜占庭帝国派驻在巴尔干半岛抵抗保加利亚人的前线总指挥尼基弗鲁斯·乌拉诺斯(Nikephoros Ouranos)乘得意骄横、军纪散乱的保加利亚军队放松警惕之机,于塞萨利地区斯佩尔切奥斯河战役出击,打了保加利亚人一个措手不及,迫使塞缪尔带少数亲兵退回山区。② 这为拜占庭人在新世纪来临后全面反击保加利

---

① Eric Mcgeer, *The Land Legislation of the Macedonian Emperor*, pp. 109 - 110.

② G. Finlay, *History of the Byzantine Empire from DCCXVI to MLVII*, Edinburgh: Blackwood, 1856, pp. 440 -
  441.

亚人侵扰带来了胜利的曙光。瓦西里派遣尼基弗鲁斯·西非雅斯(Nikephoros Xiphias)和塞奥多罗卡诺斯(Theodorokanos)两位大将分兵进击保加利亚人,先后攻克占领了保加利亚首都大普雷斯拉夫和小普雷斯拉夫及塞尔维亚。① 此后,瓦西里在战略要地菲利普堡驻扎军队,夺取了西赫尔姆斯山脉直通多瑙河的主要公路,不仅为快速进兵打好了基础,也拦腰切断了困守巴尔干西部山区的塞缪尔与其东部主要根据地之间的联系。不久,拜占庭军队围困并占领了保加利亚人的又一个大城市维丁(Vidin)。作为反击,塞缪尔派出大批散兵侵扰、洗劫拜占庭帝国腹地色雷斯和该地区首府亚得里亚堡,但其满载战利品的大军在斯科比亚附近遭到皇帝瓦西里亲自统帅的拜占庭伏兵的袭击,塞缪尔侥幸逃脱,其所有战果毁于一旦。② 到了1005年,保加利亚人驻守战略重镇迪尔哈修姆(Dyrrhachium)的总督阿邵特·塔罗尼特斯(Ashot Taronites)眼见大势已去,便主动投降,将该城拱手献给了拜占庭皇帝。

被彻底孤立在巴尔干西部山区的塞缪尔只能退守人际罕见的山林,并严密封锁进入山区的所有山道隘口。1009年,塞缪尔挥军偷袭塞萨洛尼基未成,在克雷塔战役(Battle of Kreta)中惨遭大败。1014年,瓦西里二世按部就班地完成了发动战略决战的准备工作,决定于当年夏季捕捉到保加利亚人主力,并全歼之。7月29日,瓦西里与大将军尼基弗鲁斯·西非雅斯分头指挥大军设伏,将塞缪尔亲自统帅的保加利亚主力军队围困在克雷迪昂山口,全歼敌军。沙皇塞缪尔在其儿子的拼杀保护下再次逃脱,但其主力大军被全歼,大部被杀,剩余的1.5万名战俘也遭到残酷的瞽目酷刑,尽管被放回但已全部丧失了战斗力和劳动能力。塞缪尔无法忍受这一惨痛的失败,精神受到重创,突患脑出血,数日后于1014年10月6日去世。此后四年,瓦西里乘胜进兵,全面收复失地,将收复的土地全部并入重建的几个军区,从而将拜占庭帝国在巴尔干半岛的北方前线再度推进至多瑙河一线。③ 后世学者认为,这是拜占庭帝国在失去多瑙河边防400年后重新进入这一

① John Skylitzes, *A Synopsis of Histories, 811 - 1057 A. D.* , the year 6508.
② G. Finlay, *History of the Byzantine Empire from DCCXVI to MLVII*, pp. 442, 442 - 443.
③ G. Finlay, *History of the Byzantine Empire from DCCXVI to MLVII*, pp. 444 - 445; W. B. Stevenson, "Chapter Ⅵ. Islam in Syria and Egypt (750 - 1100)", pp. 2 - 4.

地区,恢复了帝国的军政管辖权。但瓦西里二世也因为此次战役胜利后对俘虏采取的无情惩罚而被后世人称为"保加利亚屠夫"。①

彻底征服保加利亚人的胜利,还使拜占庭帝国声威大震,巴尔干半岛其他小国人民,如克罗地亚人等,都纷纷向瓦西里二世表示友善、降服,承认拜占庭皇帝的宗主权,提交贡赋。而瓦西里则巧妙地推行以夷制夷的政策,选择真正投降的保加利亚贵族,委以重任,还授予他们拜占庭贵族头衔和重要官职。② 在新征服的保加利亚人住区,瓦西里二世还推行了一套与帝国其他地区有别的行政与税收措施,实行有限实物税,以此逐渐减低保加利亚人的抵抗情绪。困扰拜占庭帝国数百年的保加利亚人问题至此取得了阶段性的解决。

瓦西里二世军事外交成就的第二个方面是通过政治联姻与北方的基辅罗斯公国结盟。10世纪是基辅罗斯公国快速发展的时期,弗拉基米尔于972年其父死后,经历了家族内斗,在其兄雅罗波尔克(Yaropolk)滥杀亲兄弟并征占罗斯全境的压力下,他放弃担任的诺夫哥罗德君主权位,于976年被迫流亡北欧。后在其挪威亲戚的帮助下,招兵买马重建瓦兰吉亚军队,并重新夺取诺夫哥罗德,980年重新统一罗斯公国。到988年时,罗斯公国的疆域从波罗的海直到保加利亚边境。作为富有远见的君主,弗拉基米尔深刻认识到古代罗斯国家应该摆脱原始落后的生活方式,并开始了对古代罗斯公国社会变革意义最为深远的转型。他派遣几路使节分别考察了犹太教、伊斯兰教、罗马拉丁基督教和君士坦丁堡希腊基督教,最终确定接受拜占庭东正教信仰。有关弗拉基米尔接受拜占庭东正教的故事在拜占庭—俄罗斯史料中的说法与阿拉伯史料有很大区别。伊斯兰教作家众口一词地记载,988年"罗斯受洗"这一重大事件是瓦西里皇帝为借助罗斯大公兵力以平息贵族叛乱的交易结果。为了逼迫瓦西里皇帝履行将其妹妹安娜嫁给弗拉基米尔的约定,后者甚至出兵占领了克里米亚的克尔松。而瓦西里最终接受弗拉基米尔的要求,提出的条件是古代罗斯人接受拜占庭基督教信仰。根据古代罗斯人的第一部成文史书《往年纪事》,罗斯受洗事件并非两国的交易,而是罗斯大公主动的要求,"987年,弗拉季米尔召集群臣和全城长老",谈及保加利亚人、德意

---

① W. B. Stevenson, "Chapter Ⅵ. Islam in Syria and Egypt (750 - 1100)", pp. 89 - 96.

② J. Fine, *The Early Medieval Balkans*, pp. 277 - 278.

志人、犹太人和希腊人(即拜占庭人)都来劝说他接受他们各自的宗教信仰,为了了解真实情况,"大公……选拔出十名精干聪明的谋士"到各国探访,在君士坦丁堡,"皇帝瓦西里和君士坦丁召见了他们",并安排大牧首款待他们。他们为拜占庭帝国首都的一切深感震惊,以至于"不知道是在天上还是在人间"。在接受基督教信仰的问题上,弗拉基米尔为了满足迎娶帝国公主安娜的要求,主动受洗皈依了基督教。① 显然,罗斯大公接受基督教信仰是深思熟虑的结果,是罗斯国家摆脱原始落后状态开始文明化的重要步骤。无论如何,瓦西里二世巧妙地利用了古代罗斯社会转型的时机,扩大了拜占庭帝国的政治文化影响。

　　值得一提的是瓦西里二世调整了拜占庭外交结亲的传统,改变了拜占庭皇室长期蔑视法兰克人、日耳曼人、斯拉夫人为"野蛮人"的观念,将时年27岁的妹妹安娜嫁给了弗拉基米尔,开启了拜占庭皇家与周边不同民族政治联姻的范例,极大拓展了拜占庭帝国政治军事外交活动的空间。正是在瓦西里二世的积极促进下,弗拉基米尔不仅隆重地迎娶了拜占庭皇家血统的新娘,而且在古代罗斯国家大张旗鼓地接受基督教信仰,公开捣毁了罗斯人古代原始的宗教崇拜偶像,强令全国臣民跳入河中接收基督教洗礼,并聘用拜占庭建筑师到罗斯建立教堂。他还带头按照基督教传统,为自己取了个与其大舅哥瓦西里一样的名字。此后弗拉基米尔大公加强与拜占庭帝国密切的经贸和政治往来,进一步推进两国的政治军事同盟,按照拜占庭官职改造古代罗斯国家。此后数百年,拜占庭宗教和文化影响深刻地改变了东斯拉夫人的文明化进程,拜占庭传教士和知识分子不仅长期主导罗斯教区教会事务和文化生活,用古代斯拉夫语翻译《圣经》,并撰写了第一部罗斯人的史书《往年纪事》,而且将拜占庭建筑艺术和圣像艺术带入罗斯公国,因地制宜地建造了大量具有北方地区罗斯特征的拜占庭式教堂,完成了大量拜占庭风格的镶嵌画。瓦西里二世继承前代皇帝的斯拉夫政策,成功地扩展了拜占庭政治和文化影响,为塑造整个东欧地区共同的文化传统作出了积极贡献,其影响至今犹存。可以说,瓦西里二世统治时期,基本上完成了拜占庭政治文化和基督教信仰在东欧地区的扩张,正是这一长达百年的文化传播运动打造了所谓的"拜占庭

---

① [俄]拉夫连季:《往年纪事》,第87—89页。

联邦帝国"①,共同的宗教信仰、共同的政治理念、共同的文化价值观成为这个帝国的思想核心和联系纽带,其深远的影响持续了千余年,至今是大部分斯拉夫国家的共识,也是东欧地区大部分国家自觉或不自觉承认的文化传统。瓦西里对基辅罗斯公国采取的外交政策也被采用到拜占庭帝国在意大利的领地,有效地稳定了西部边防。

瓦西里二世也非常重视拜占庭帝国的东方前线,他极大地扩展了拜占庭帝国的东方疆域,这成为其军事外交活动的又一个重要内容。当时,埃及的法蒂玛王朝势力强大,控制整个西亚地区,与拜占庭帝国形成对持。987 年(或 988 年),双方订立了《七年和约》,确定双方交换战俘,认可拜占庭皇帝为法蒂玛王朝治下基督教徒的保护者,以及法蒂玛哈里发为拜占庭帝国内穆斯林的保护者。② 然而991 年,法蒂玛王朝发动对阿勒颇地区埃米尔国的清剿,也直接与拜占庭帝国安条克伯爵米哈伊尔·伯尔齐斯发生武装冲突,迫使拜占庭人在出手援助这个东部边疆地区同盟的同时,也援救拜占庭东部边防要塞。瓦西里二世于 995 年 4 月,应安条克伯爵的请求,亲自率领轻骑兵驰援,日夜兼程 16 天,从巴尔干半岛中部出击抵达阿勒颇前线。法蒂玛军队闻风而退,未经作战便撤出战场。拜占庭军队围攻的黎波里,攻占了叙利亚沿海城市塔尔苏斯,加固边防要塞,强化亚美尼亚军队的边境巡逻。近东地区两大势力的大规模冲突似乎一触即发,但随着法蒂玛王朝阿齐兹(al-Aziz)哈里发于 996 年 10 月病逝而暂缓。③

998 年,双方紧张局面再度加剧。拜占庭帝国新任安条克伯爵达米安(Damian Dalassenos)公开支持叙利亚边境城市提尔(Tyre)起义反抗法蒂玛统治,并对叙利亚名城阿帕梅亚(Apamea)发动攻击,但遭到法蒂玛军队的反击。瓦西里二世因此于 999 年 10 月,再度率军征战。④ 在此后三个月的战事中,瓦西里深

---

① 现代拜占庭学家甚至将这个名称用于其作品的书名。

② Yaacov Lev, "The Fatimids and Byzantium, $10^{th} - 12^{th}$ Centuries", *Graeco-Arabica*, 6 (1995), p. 202; W. B. Stevenson, "Chapter Ⅵ. Islam in Syria and Egypt (750-1100)", p. 251.

③ H. N. Kennedy, *The Prophet and the Age of the Caliphates: The Islamic Near East from the 6th to the 11th Century*, pp. 201-203; W. B. Stevenson, "Chapter Ⅵ. Islam in Syria and Egypt (750-1100)", pp. 251-252.

④ W. B. Stevenson, J. R. Tanner, C. W. Previte-Orton, Z. N. Brooke eds., *The Cambridge Medieval History: Contest of Empire and Papacy*, Vol. Ⅴ, Cambridge: Cambridge University Press, 1968, p. 252.

入叙利亚南部,挺进到巴尔贝克(Baalbek)和沙伊扎尔(Shaizar),烧毁夷平了法蒂玛边防要塞,并再度围攻的黎波里。次年初,瓦西里北上高加索以稳定亚美尼亚前线之际,派遣特使前往开罗。1000 年,拜占庭帝国与法蒂玛王朝签署《十年和约》。这一和约维持了西亚两大势力间的平衡,两国关系大体保持和平。[①]

瓦西里二世清醒地认识到,中亚地区塞尔柱突厥人势力的逐渐兴起将对拜占庭帝国东部地区造成威胁。为此他派遣拜占庭军队前往黑海北部的高加索地区,对早已被基辅罗斯人打败的哈扎尔汗国领地进行渗透。1016 年,拜占庭军队联合基辅罗斯公国最为强悍好战的米斯提斯拉夫(Mistislav)进攻克里米亚,生擒固守刻赤的哈扎尔汗国末代汗王乔治·特祖尔(George Tzoul),并在新征服的地区重建军区。哈扎尔汗国就是在此次致命打击之后逐渐从历史上消失的。不仅如此,瓦西里二世还乘亚美尼亚王国争权夺利的内讧之机,亲自率兵征讨反对派势力,凭借强大武力插手该王朝王位继承事务,迫使其末代国王允诺将格鲁吉亚王国大部分领土和亚美尼亚王国全部领土遗赠给瓦西里二世本人,最终吞并了该地区的广大领土。[②] 他在那里建立了美索不达米亚军区,从而将拜占庭帝国疆域扩张到两河流域上游。瓦西里二世统治时期的拜占庭帝国四周边界安定,周围民族与帝国的关系稳定,保持着基本的和平状态,这是拜占庭历史上难得的安定时期。

直到 1025 年底瓦西里二世去世时,拜占庭帝国的领土西起亚得里亚海西岸和意大利南部墨西拿海峡,东至幼发拉底河中、上游,北自多瑙河北部沿岸和黑海北部克里米亚地区,南抵克里特、塞浦路斯和叙利亚中部地区,这成为拜占庭历史上仅次于查士丁尼时代疆域最为辽阔的时期。同时,他在内政方面的改革和治理也奠定了此后拜占庭帝国半个世纪左右的稳定和繁荣,他在身后留下的帝国财政充裕,经济运行平稳。虽然其推行的各项保护小农政策效果并不明显,但作为帝国经济的农业基础依旧稳固,进而保证了工商业的持续活跃。也许后人不能苛求他彻底解决拜占庭帝国经济结构中的深层次矛盾,即大土地兼并和小土地经营之

---

① Yaacov Lev, "The Fatimids and Byzantium, 10th – 12th Centuries", pp. 203 – 205; W. B. Stevenson, "Chapter Ⅵ. Islam in Syria and Egypt (750 – 1100)", p. 252.

② W. Treadgold, *A History of Byzantine State and Society*, pp. 528 – 529.

间的冲突,这一矛盾最终导致拜占庭帝国走向衰败。

　　如果以瓦西里二世两岁加冕为开端计算,到他去世的 1025 年,他在位时间长达 65 年,是拜占庭帝国历史上在位时间最长的皇帝。即便从其独立统治的 976 年算起,他在位的时间也长达 49 年,也属于统治时间最长的皇帝之一。他虽然生长在皇家宫廷的优越环境中,青少年时代也有过声色犬马、骄横放纵的生活,但是,他亲政以后,一改往日的陋习恶行,全身心投入治国理政的统治生涯,热衷于禁欲苦修的军旅生涯,追求权威,津津乐道于战场上的征服与胜利。他习惯于身着戎装,从不佩戴金银首饰,既终身不娶,没有留下任何子嗣,也不接受任何宫廷典礼仪式,对文化艺术毫无兴趣,与其以多才多艺名留史册的祖父君士坦丁七世皇帝判若两人。[1] 他说话办事简捷精炼,言行举止粗犷豪气,一改拜占庭贵族的矫揉造作。早年的生活经历养成了他多疑猜忌的阴暗性格,他不信任任何人,甚至对亲情也敬而远之,总是以审慎的态度处理人际关系。他并不喜欢臣民的爱戴吹捧,只要求他们拥护顺从,因为他极为推崇拜占庭历史上那些伟大的君王,为此他命人在拜占庭皇家教堂君士坦丁堡圣索菲亚大教堂门楣上方,精心修建了纪念君士坦丁大帝和查士丁尼大帝功德的著名镶嵌画,既表现出他以这两位拜占庭帝国皇帝为榜样,强力推动拜占庭帝国走向鼎盛时代的雄心壮志,也为后世留下了极为珍贵的艺术遗产,使后人得以窥见帝国黄金时代的辉煌盛景。他终身为拜占庭帝国的强盛而奋斗,在内政外交方面均取得了显赫的成就,成为拜占庭历史上最杰出的皇帝之一。

　　如果说瓦西里二世有什么缺点足以对拜占庭帝国发展造成负面影响的话,那大概就是他没有注意解决皇位继承人的问题。他终身未娶,全身心投入帝国军政要务,以至于身后没有留下子嗣。也许不是他没有想到过这个问题,因为以他的治国理政能力和见识,他不会不去思考这样的重大问题;也许是他想到过而不想去解决这个问题,因为从他的一生经历看,他似乎没有找到解决这个难题的办法。事实上,作为长期执掌拜占庭帝国大权的皇帝,他完全有能力和条件精心培养满意的皇帝继承人,无论在皇家血亲后辈人中还是在属下杰出将领中,他都有可能

---

① Michael Psellus, *The Chronographia*, pp. 48 – 49, 45 – 46.

挑选出这样的人,但是他没有这样做,其真实的原因如今已经无从得知。也许后人从时人有限的记载中,能够了解其本人的性格特征和心理活动,即生性猜疑,对任何人都不信任。无论如何,他似乎把王朝延续的问题留给了他的弟弟君士坦丁八世,但是非常可惜,后者是个大玩家,完全没有注意到这样重大的问题,临到病重时,在处理其女儿的婚事时也没有真正考虑皇位继承人需要慎重选择,以至于酿成王朝悲剧。在高度中央集权化的拜占庭帝国,皇帝的家庭事务,特别是涉及皇位继承这样的大事,已经不再是皇帝个人的好恶和家庭内部小事,而是关乎帝国政治秩序稳定的头等大事。瓦西里二世最终没能解决好这个问题,没有在其长期统治期间培养出合格的皇帝继承人,可以被视为其一生伟大功业的败笔。

另外,后世也有人对他生前的内外成就提出质疑,认为他虽然征服了保加利亚人,但也留给其后人难以化解的民族仇恨,比如,他对罗斯人的开放态度使得这股最后纳入文明世界的原始部族力量迅速发展成为拜占庭帝国北方的强敌,他在亚得里亚海乃至意大利半岛强化的拜占庭帝国控制权嗣后也牵扯了拜占庭人的军力,他在东部前线的所有胜利都没能持久,他尽管内政改革成效显著,如打击大军事贵族强化了皇权,但是也只是瓦解了其仇家的势力,他扶植起来的军事贵族在拜占庭帝国衰败过程中都发挥了重要作用,等等。总之,这种认为瓦西里二世并非拜占庭历史上的杰出君主,而只是个好大喜功、穷兵黩武的军事型皇帝而已的看法有失偏颇。这样的分析固然有其后见知明的道理,但是如果将瓦西里二世置于当时的历史环境中,就不能不说这种后人之见确属苛求于前人了,就如同对于查士丁尼一世的分析一样缺乏历史感。笔者认为,有关瓦西里二世的研究还非常不够,特别是对他的全方位考察和再思考显得与其贡献不相匹配。他死后,无论马其顿王朝出现了什么问题,或者拜占庭帝国如何走向衰落,他本人生前的所作所为都说明他是拜占庭历史上少有的杰出皇帝,或者是拜占庭帝国最后一位伟大的帝王,一位与君士坦丁一世和查士丁尼一世一样的杰出君主,以他作为拜占庭历史"黄金时代"的代表性形象是当之无愧的。

| 第十一节

君士坦丁八世（Constantine Ⅷ）

1025—1028 年在位

君士坦丁八世(Constantine Ⅷ,Κωνσταντῖνος Η′,生于 960 年或 961 年,卒于 1028 年 11 月,享年约 68 岁)是马其顿王朝第十二位皇帝,也是第七位正统皇帝,962 年加冕为共治皇帝,1025 年 12 月 15 日继承其兄弟皇位,至 1028 年 11 月 11 日去世,独立统治近三年。

君士坦丁是罗曼努斯二世皇帝和皇后塞奥法诺的次子,瓦西里二世皇帝的弟弟。他于父皇罗曼努斯去世之际便已和哥哥瓦西里一同继承皇位,在尼基弗鲁斯二世、约翰一世和瓦西里二世统治时,君士坦丁虽然也是共治皇帝,但是常年养在深宫,躲在幕后偷窥,心惊胆战地过着帝王生活,直至瓦西里二世于 1025 年去世,君士坦丁才接过帝国的统治大权。

君士坦丁的妻子名叫海伦娜,是贵族阿里皮乌斯之女。他们夫妻二人共生育了三个女儿:长女欧多基娅早年出家修道,次女邹伊和小女塞奥多拉成为马其顿皇室的最后两名成员。[1] 她们虽然是皇帝直系亲属,深受其父亲的影响,但未能承担起延续王朝统治的重任。

君士坦丁自加冕之日起直到独立统治期间已经过去了 60 多个年头,他常年远离帝国的最高权力和核心政治圈,这一点颇有其祖父君士坦丁七世的遗风。关于君士坦丁的统治风格,当时作家的评价存在很大差异。拜占庭史籍对君士坦丁通常是负面的、否定性评价,而其他国家的,特别是东方史料对他的评价非常积极、正面。

根据拜占庭史籍的描述,65 岁的君士坦丁开始独自统治之后仍旧安于享乐,他对治国安邦没有丝毫的兴趣,而是将治理国家的重任推给了一班大臣。[2] 他每

---

[1] L. Garland, *Byzantine Empresses*, pp. 165 – 166.

[2] Μιχαήλ Ψελλός, *Χρονογραφία*, Τόμος Α′, μετάφραση-εισαγωγή-σχόλια: Β. Καραλής, Αθήνα: Εκδόσεις Κανάκη, 2004, p. 105.

天沉浸于赛马、赌博、喜剧演出和狩猎活动,国家大事交由一群令人厌恶的太监来治理。① 显然,他与其强势的哥哥瓦西里二世完全不同,后者在位期间多有建树,成为一代明主,而他继续早年的富贵生活,成为纨绔子弟式的老顽童。另外,君士坦丁八世的猜忌心非常重,常常将那些他无故怀疑的敌人处以剜去双眼的酷刑,这显然是与其早年一直生活在腥风血雨的皇宫后院有直接关系,那段担惊受怕的经历给他留下极为浓重的心理阴影。拜占庭史籍的这种敌视态度或许源自后世的科穆宁家族,因为这个家族当中有人曾经受过皇帝的残害。② 君士坦丁另外一个受指摘的地方便是过于残忍。当纳夫帕克托斯(Naupaktos)人民起义并杀死残暴的总督乔治后,君士坦丁无情地惩罚了许多人,他甚至还弄瞎了当地主教的眼睛。③ 君士坦丁这种无理由的迫害在贵族阶层中造成了很大程度的逆反心理,直接影响了后世帝国历史发展的走向。相比之下,东方史籍中君士坦丁八世的形象则显得正面且高大。这些作家笔下的君士坦丁慷慨、爱好和平④,对待寡妇和战俘尤其具有同情心,在他登基之后释放了许多犯人,其中便包括卷入西非雅斯和福卡斯反叛阴谋的那些人。他甚至命人将瓦西里二世修建的监狱付之一炬。⑤ 在同一个皇帝描述问题上,拜占庭史料与其他国家史料的立场大相径庭,譬如拜占庭作家斯基利齐斯说他对民众毫无仁爱之心,非常无情,在干旱不太严重的情况下,君士坦丁额外征收了瓦西里二世免除两年的欠缴税款。斯基利齐斯还说他心狠手辣,不顾民众死活,认为君士坦丁没有废除沉重的"连保税",致使很多人流离失所。⑥ 但是,也有赞扬他的意见,如叶海亚就称赞君士坦丁免除了欠缴税款,以及未耕种土地的赋税(即变相地废除了"连保税")。⑦ 或许叶海亚的

① John Skylitzes, *A Synopsis of Byzantine History, 811 – 1057*, p. 349.

② A. Kaldellis, *Streams of Gold, Rivers of Blood*, p. 155.

③ John Skylitzes, *A Synopsis of Byzantine History, 811 – 1057*, p. 351.

④ R. Bedrosian trans., *Aristakēs Lastivertc'i's History*, New York: Sources of the Armenian Tradition, 1985, 28.

⑤ *Armenia and the Crusades: Tenth to Twelfth Centuries: The Chronicle of Matthew of Edessa*, p. 50.

⑥ Alexander P. Kazhdan ed., *The Oxford Dictionary of Byzantium*, p. 69; John Skylitzes, *A Synopsis of Byzantine History, 811 – 1057*, p. 352, 354.

⑦ *Histoire de Yahya-ibn-Saʿīd d'Antioche*, Ⅲ, édition critique du texte arabe préparée par I. Kratchkovsky, et traduction française annotée par F. Micheau et G. Troupeau, in *Patrologia Orientalis*, 47 (1997), 483; A. Kaldellis, *Streams of Gold, Rivers of Blood*, p. 156.

记载更接近历史事实，因为瓦西里二世留下了一个充盈的国库①，他的继任者君士坦丁八世则花光了国库里的钱，他似乎心安理得慷慨大度地减免一些税款，而没有必要加重税收招致民怨沸腾。不同史家的记载立场各异，故而不可全信，权当一种看法参考。

在官员任命方面，君士坦丁八世虽然有所继承瓦西里二世的政策，但仍然显示出一些不同。② 他继续留任瓦西里二世时期一些比较称职的官员或者其亲属，此举无疑收到了良好的效果。在君士坦丁任命的一些官员中，萨摩斯岛海军将领乔治·塞奥多罗卡诺斯于 1026 年击败了一支阿拉伯舰队。西尔米乌姆（Sirmium）前哨司令君士坦丁·狄奥根尼斯（Constantine Diogenes，未来罗曼努斯四世皇帝的父亲）于 1027 年成为保加利亚总督，并且击退了一次帕齐纳克人的入侵，使得巴尔干地区保持安定，西尔米乌姆从这之后直到 1070 年前后一直被拜占庭人控制在手中。③ 罗曼努斯·阿吉洛斯（Romanos Argyros，即未来的罗曼努斯三世皇帝）被任命为君士坦丁堡市长，尼基弗鲁斯·科穆宁成为瓦斯普拉坎（Vaspurakan）总督。④ 显然，他对他哥哥比较信任的军事将领非常器重，基本上保持了重用军事贵族亲信的传统，因此拜占庭帝国边疆在相当长一段时间内维持安定。

当然，君士坦丁八世似乎更加器重自己身边的一些宦官，很多人被委以重任，其中最为突出的莫过于内廷总管尼古拉。君士坦丁将尼古拉任命为军队总司令，这也是该王朝首次由太监担任这个官职。⑤ 他还让其他一些宦官担任安条克、伊比利亚以及其他军事要地的总督。⑥ 这种做法可能借鉴了查士丁尼一世的做法，但明显助长了官宦势力的发展，也促生出官僚贵族群体，只是由于其在位时间短暂，其恶劣后果尚未显现罢了。当然，君士坦丁也清洗了一部分瓦西里二世时代的旧贵族势力，包括安条克征服者之子、君士坦丁·伯尔齐斯、两位叛军将领的孙子巴尔达斯·福卡斯和瓦西里·斯克莱罗斯、罗曼努斯·库尔库阿斯以及一些保

---

① Μιχαήλ Ψελλός, Χρονογραφία, Τόμος Α΄, 1.31, p. 83.

② W. Treadgold, *A History of the Byzantine State and Society*, p. 583.

③ A. Kaldellis, *Streams of Gold, Rivers of Blood*, p. 156.

④ John Skylitzes, *A Synopsis of Byzantine History, 811 - 1057*, p. 350.

⑤ S. Tougher, *The Eunuch in Byzantine History and Society*, London; New York; Routledge, 2008, p. 158.

⑥ John Skylitzes, *A Synopsis of Byzantine History, 811 -1057*, p. 349.

加利亚官员,上述这些人都被控以反叛罪,遭受了弄瞎眼睛的酷刑。这些家族的成员很多都被剥夺了职权,其家族也被排斥在帝国核心权力之外。后人无法确切了解他打击这些大家族是出于何种目的,大致推测是其性格阴暗、疑心过重所致,因为即便是瓦西里时代扶植崛起的军事贵族,也有一些人的子弟并不延续其长辈的传统人脉关系,特别是在复杂的政治变动中也并不继续效忠于皇室。

由于史料匮乏,后人对君士坦丁八世短暂统治的其他政策知之甚少,仅知道,他曾经迫于小亚地区军事贵族的压力而放弃了瓦西里二世时期的一些土地法。除此之外,君士坦丁还曾经与牧首阿莱克修斯·斯都底特斯(Alexios Stousites)于 1026 年7 月联合发布一道法律,将那些觊觎皇位、参与反叛以及为叛军出谋划策之人开除教籍。① 这也是君士坦丁利用宗教权威来强化皇权、维护统治的又一次尝试。②

在对外关系方面,史料记载有限,后人所知甚少。君士坦丁曾经与法蒂玛王朝进行外交斡旋,要求对方恢复圣墓教堂以及当地基督徒的权利,因为他们曾经在哈卡姆(Hakam,996—1021 年在位)统治下被强迫改宗。③ 君士坦丁在位时,拜占庭与格鲁吉亚王国曾经有过短暂的交战,但是各种史料的记载差异很大。1027年,格鲁吉亚国王乔尔吉一世(Giorgi Ⅰ,1014—1027 年在位)去世,国家最高权力由其遗孀玛利亚姆(Mariam)接管。根据叶海亚的记述,皇太后玛利亚姆占据了先王乔尔吉在上次战争中割让给拜占庭的几座要塞,于是拜占庭内廷总管尼古拉于 1028 年入侵格鲁吉亚,玛利亚姆被迫求和。④ 但是根据格鲁吉亚史料的记载,先是有一批格鲁吉亚领主背叛了巴格拉特四世(Bagrat Ⅳ)国王,然后叛逃至君士坦丁堡投靠皇帝,后者才于 1028 年派遣尼古拉攻入格鲁吉亚。拜占庭人攻占了一些要塞,其他一些则由它们的领主主动献出。⑤

① Alexander P. Kazhdan ed. , *The Oxford Dictionary of Byzantium* , p. 67.

② A. Kaldellis, *Streams of Gold, Rivers of Blood* , pp. 156 – 157.

③ K. -P. Todt, "Herrscher im Schatten: Konstantin Ⅷ. (960/961 – 1028)", *Thetis: Mannheimer Beiträge zur Klassischen Archäologie und Geschichte Griechenlands und Zyperns* , 7 (2000) , pp. 102 – 103.

④ *Histoire de Yahya-ibn-Sa'īd d'Antioche* , Ⅲ , 485.

⑤ S. H. Rapp Jr trans. , *Studies in Medieval Georgian Historiography: Early Texts and Eurasian Contexts* , Lovanii: Peeters, 2003, p. 66 – 69; *Rewriting Caucasian History: The Medieval Armenian Adaptation of the Georgian Chronicles: The Original Georgian Texts and the Armenian Adaptation* , Translated with Introduction and Commentary by R. W. Thomson, Oxford: Clarendon Press; New York: Oxford University Press, 1996, pp. 286 – 287; R. Bedrosian trans. , *Aristakēs Lastivertc'i's History* , 5. 30 – 31.

　　无论如何,君士坦丁八世对其后事,尤其是皇位继承问题似乎没有思考,对几个女儿的终身大事也未置一词,眼睁睁看着她们青春流逝,致使她们心灰意冷,两个女儿有意剃度出家。只有次女邹伊热情不减,一直等待出嫁,但其父皇想起此事时,她已经年过四十,早就过了适婚生育的最佳年龄。即便是对邹伊的婚事,君士坦丁八世的安排也难脱草率之嫌,他选择女婿即其皇位继承人的整个过程不啻为一出闹剧,令人啼笑皆非。直到临死前不久,君士坦丁才意识到自己只有三个女儿,为其中一个女儿挑选一位乘龙快婿并且继承皇位似乎成了他唯一的选择。君士坦丁一开始看中了安条克伯爵君士坦丁·达拉塞诺斯(Constantine Dalassenos),打算让他娶自己的二女儿邹伊为妻。彼时的达拉塞诺斯已经隐退至亚美尼亚军区自己的地产上,并且随着局势的变化他淡出君士坦丁八世的关注,取而代之的是当时的君士坦丁堡市长罗曼努斯·阿吉洛斯。然而,罗曼努斯是个已婚人士,于是君士坦丁暗中强迫罗曼努斯的发妻进入修道院,从而为后者与邹伊结婚创造条件。① 罗曼努斯与邹伊完婚后仅仅数日,君士坦丁便于 1028 年 11 月 11 日去世。罗曼努斯三世皇帝加冕并继承皇位。②

　　关于君士坦丁八世的外貌、学识、性格以及嗜好等方面的信息,我们可以在普塞洛斯的《编年史》中找到比较详细的记载。根据普塞洛斯的描述,君士坦丁身材魁梧,身高将近 9 英尺③,而且体魄强健。君士坦丁并没有多大的学问,对什么都属于一知半解,"如果以孩子的标准来衡量的话倒是足够了"。但是君士坦丁天生睿智,并且举止优雅。此外,他的语言精美雅致,能够用美妙的言语把脑海中的思想完美地表达出来。君士坦丁也会亲自口授一些帝国政令,他将此视为一种爱好,但是最快的记录员也难以跟上他的速度,因为他说话实在是太快了。④ 君士坦丁爱好广泛,尤其喜欢美食,他的食量惊人,对各种食物照单全收、来者不拒。他尤为擅长烹制开胃美食,菜肴色味俱佳,每每令人食欲大增。在食欲和性欲旺盛的同时,君士坦丁饱受关节炎的困扰,更为糟糕的是,他的双脚甚至无法行走,

---

① John Skylitzes, *A Synopsis of Byzantine History, 811 - 1057*, pp. 352 - 353；Μιχαήλ Ψελλός, *Χρονογραφία*, Τόμος Α΄, 2.9 - 10, pp. 109 - 111.

② É. Patlagean, *Un Moyen Âge Grec: Byzance, IXe-XVe siècle*, Paris: Albin Michel, 2007, pp. 131 - 132.

③ 英美制长度单位,1 英尺合 0.304 8 米。

④ Μιχαήλ Ψελλός, *Χρονογραφία*, Τόμος Α΄, 2.6, p. 105.

依据现代医学标准,可能是患有痛风,推测其是饮食毫无节制所致。出于安全考虑,他自登基以后,总是选择骑马而行,没有人看到过他自己步行。另外,君士坦丁还沉迷于戏剧和赛马,这些是他真正痴迷的事情,以至于他只顾着更换马匹,更新马具,并且焦急地注视着赛场内的起点,关注着输赢。废置已久的"格斗术"在他的统治期内得以复兴①,君士坦丁将它重新引入大竞技场。而且他不仅仅满足于当一名观众,甚至亲自做一名斗士,出场竞技。他并不希望对手们因为自己是皇帝而被击倒,他希望他们全力反击,这样他的胜利来得才更有价值。君士坦丁经常会高谈阔论自己的竞技,因此便和普通民众打成一片。剧院可以吸引他,狩猎亦然。一旦出猎,他会不顾酷暑严寒,不顾饥渴。他最为擅长与野兽搏斗,因此还学会了拉弓放箭、投掷长枪,他的剑法高超,可以轻而易举地箭射靶心。② 如前文所述,普塞洛斯如此细致地列举君士坦丁的各种嗜好,固然可以使这位君王的形象显得异常丰满,但是作者的主要目的还是在于反讽这位君主无心国事、纵情于声色犬马的特征。③ 正是这位玩心太重的皇帝不把其女儿们和帝国大业放在心上,仅用了一代人的时间便断送了瓦西里二世留下的强大帝国的基业,也断送了马其顿王朝的统治。

　　拜占庭学界对君士坦丁八世皇帝的评价大体上呈现出两种截然不同的态度。以奥斯特洛格尔斯基、瓦西列夫等人为代表的学者基本上沿袭拜占庭史籍的立场,即认为帝国自瓦西里二世去世后开始进入衰退阶段,而后一系列内忧外患的起点便是从君士坦丁八世独立统治开始的。④ 但是近些年来,一些学者开始对君士坦丁八世提出肯定性评价。他们或许是受到东方史料的影响,认为君士坦丁并非彻头彻尾的坏皇帝。他对臣民尤其是一部分贵族集团成员有些残忍,但是其统治下的帝国依旧稳固。他所做的最出格的事情可能就是对皇位继承的安排,以及相应地对二女儿邹伊丈夫人选的指定,皇位继承人最终敲定但留下了无穷后患。

---

① 一种单人的决斗形式,是罗马角斗的遗存。

② Μιχαήλ Ψελλός, *Χρονογραφία*, Τόμος Α´, 2. 7 - 8, pp. 105 - 107.

③ 赵法欣:《米哈伊尔·普塞洛斯〈编年史〉中的"帝王批判"研究》,《西南民族大学学报》(人文社会科学版) 2015 年第 10 期,第 226 页。

④ G. Ostrogorsky, *History of the Byzantine State*, pp. 320 - 321; A. A. Vasiliev, *History of the Byzantine Empire, 324 - 1453*, Vol. Ⅰ, pp. 300 - 302.

我们姑且可以认为,君士坦丁在位的三年正是拜占庭帝国由盛转衰的分水岭,国家在这段时间里发生了重要的变化。具体言之,它开启了帝国统治结构方面的变化,这种变化从长期效果来看是有害的,尤其令帝国政府陷入财政和军事上的窘迫境地。[①] 君士坦丁过分地依赖并赏赐文职官员的做法使省区各地的军事贵族阶层日益感到不满,他们因为担心受到皇帝冷落在朝中失势而诉诸不断的军事反叛和推翻皇权的行动,从而开启了文职官僚集团与军事贵族集团之间斗争的序幕,这种斗争自此之后长期困扰着晚期拜占庭帝国几个王朝的统治者。总之,将君士坦丁八世视为"败国之君"并不为过。

第十二节

邹伊（Zoe）

1028—1050 年在位

　　邹伊(Zoe,Zoë,Ζωή,约生于 978 年,卒于 1050 年 6 月 11 日,享年 72 岁)是马其顿王朝第十三位皇帝,也是第八位正统皇帝,1028 年 11 月其父皇去世后即位成为女皇,至 1050 年 6 月 11 日病逝,在位 21 年半。

　　邹伊是拜占庭皇帝瓦西里二世的侄女、君士坦丁八世的次女,其母为阿里皮乌斯之女海伦娜。[②] 邹伊这个名字在希腊语中是"生命"的意思,她在君士坦丁八世和瓦西里二世共治期间,约 978 年生于帝国首都君士坦丁堡大皇宫的紫色寝宫中,遂获称"出生于紫色寝宫的邹伊",以示其为皇帝正统血亲嫡系、地位尊贵。"出生于紫色寝宫"这个拜占庭帝国的荣誉头衔一般授予其父为皇帝、其母为帝国皇后并获得"奥古斯塔"称号,且合法婚姻所生,其本人又出生在装饰有紫色斑

---

① A. Kaldellis, *Streams of Gold, Rivers of Blood*, p. 158.

② 阿里皮乌斯出身显贵,声名赫赫,是当时该城的显赫人物之一;海伦娜容貌出众,品行高尚。Michael Psellus, *Fourteen Byzantine Rulers: The Chronographia of Michael Psellus*, E. R. A. Sewter trans. and introduct, Harmondsworth: Penguin Books, 1966, p. 55; Michael Psellus, *Chronographia ōu Histoire d'un sièle de Byzance (976-1077)*, ed. E. Renanld, 2 vols., Paris: Les Belles Lettres, 1926, 1928, TLG, No. 2702001.

岩的专用于分娩的紫色寝宫之中的皇帝子女。① 早在马其顿王朝以前,这个称谓并不常用,也没有人特别关注它。自从君士坦丁七世冠以这个绰号后,为后世皇帝所重视。其原因在于强调这位皇帝为利奥六世的亲骨肉,虽然其母亲的身份一直受到质疑。此后的皇帝们之所以采用这个称号,可能是因为宫廷斗争更趋激烈,帝国政治环境更加险恶。

君士坦丁八世没有儿子,只有三个女儿,分别是长女欧多基娅、次女邹伊和幼女塞奥多拉。欧多基娅在童年时不幸感染了天花,虽然保住性命,但是因此毁容,不适于婚配,因此欧多基娅早早便进入修道院,远离了皇室生活与权力核心。欧多基娅与大多数马其顿家族成员不同,她举止安详、情绪平和、相貌平平、与世无争。② 鉴于欧多基娅的状况,通过联姻增强拜占庭帝国国威和巩固马其顿家族统治地位的任务就落在了邹伊和塞奥多拉身上。

邹伊在作为帝国公主的早期生活中,曾被几次议婚。1001 年,神圣罗马帝国第二次向拜占庭帝国派出使团,由米兰大主教阿尔努尔夫(Arnulf)率领,后者出生于意大利贵族阿萨戈(Arsago)家族,曾于 1004 年 5 月前往帕维亚(Pavia)为萨克森的亨利即未来的神圣罗马帝国皇帝亨利二世加冕为意大利国王,与德意志君主关系密切。③ 此次遣使的目的是为神圣罗马帝国皇帝奥托三世(Otto Ⅲ)选取新娘。④ 由于当时的皇帝瓦西里二世没有子嗣,新娘便从共治皇帝君士坦丁八世的三个女儿中挑选。年长的欧多基娅已经被天花毁容进入修道院,年幼的塞奥多拉是个尚未长成的朴素女孩,身量苗条、口才出众、言语精练但不及邹伊貌美。相比之下,邹伊天姿国色、光彩照人、仪态万方、气宇不凡。⑤ 于是在阿尔努尔夫的撮合下,由瓦西里二世和君士坦丁八世首肯,时年 23 岁的邹伊被指

---

① Porphyrogenita 为 Porphyrogennetos 的阴性形式,一般授予皇帝亲生的公主。Alexander P. Kazhdan ed., *The Oxford Dictionary of Byzantium*, p. 1701.

② John Zonaras, *Epitome Historiarum*, T. Büttner-Wobst ed., vol. 3. Bonn: *CSHB*, 1897, 3.570.

③ 米兰大主教阿尔努尔夫二世,出生年月不详,卒于 1018 年 2 月 25 日的米兰,于 998—1018 年任米兰大主教。A. Davids ed., *The Empress Theophano*, p. 252.

④ John Julius Norwich, *Byzantium: The Apogee*, London: Penguin Norwich, 1993, p. 258.

⑤ Michael Psellus, *Fourteen Byzantine Rulers*, p. 55.

婚给神圣罗马帝国皇帝奥托三世。① 东、西罗马帝国对这门婚事都比较满意,两人年龄相当,地位尊贵,可谓秦晋之好、乘龙配凤。1002 年 3 月,邹伊随阿尔努尔夫前往意大利,到达巴里时,奥托三世突然去世的消息传来,她无奈又返回了君士坦丁堡。② 1028 年,神圣罗马帝国再次遣使求婚,是为康拉德二世(Conrad Ⅱ,1024—1039 年在位)的儿子亨利即未来的亨利三世(Henry Ⅲ,1039—1056 年在位)求娶良配。神圣罗马帝国的康拉德二世计划与拜占庭帝国建立婚姻联盟,康拉德二世将他的一位顾问斯特拉斯堡的主教沃尔讷(Bishop Werner of Strasbourg)派往君士坦丁堡。③ 沃尔讷是神圣罗马帝国皇帝奥托三世的亲信,也是后者任命的最后一位主教。1015 年,沃尔讷为在阿尔萨斯斯特拉斯堡的斯特拉斯堡圣母院(Notre-Dame de Strasbourg)举办奠基礼,故与德意志王室关系亲密。但因亨利还是一个年仅十岁的幼学之童,同邹伊年龄相差约四十岁,已单独执政的君士坦丁八世和邹伊并未同意,婚事就此作罢。④

此后,邹伊和妹妹塞奥多拉在皇宫中度过了相当漫长的单身岁月。因她们的大伯瓦西里二世在位期间,尽管对自己的侄女们也非常疼爱,但是对她们的未来特别是婚姻大事并不十分关心。⑤ 后人推测,瓦西里二世阻止他的侄女们与任何拜占庭贵族结婚也有政治上的考虑,因为此举会让她们的丈夫成为潜在的皇位继承人。⑥ 身为帝国皇帝的直系公主和未来的假定皇位继承人,她们无法行使任何统治权力,她们唯一的权利是选择,或者更是一种接受,接受或不接受那个在婚后

---

① 奥托本人出生于 980 年,比邹伊小两岁,他是拜占庭公主塞奥法诺的儿子,而塞奥法诺是拜占庭皇帝约翰一世的侄女,见 A. Davids ed., *The Empress Theophano*；John Julius Norwich, *Byzantium*, p. 253。

② 也有学者认为准新娘不是邹伊而是其妹妹塞奥多拉,并因此埋下了姊妹不合的祸根,见 F. Dölger, *Regesten der Kaiserkunden des oströmischen Reiches*, vol. 2：Regesten von 1025 - 1204, Munich & Berlin：Olderbourg, 1925, p. 784, 787；G. Wolf, "Zoe oder Theodora：die Braut Kaiser Ottos Ⅲ.?(1001/1002)", in Kaiserin Theophanu, *Prinzessin aus der Fremde：des Westreichs grosse Kaiserin*, ed. G. Wolf, Cologne：Böhlau, 1991, pp. 212 - 222。

③ 斯特拉斯堡主教沃尔讷一世,出生于 978/980 年,于 1001 年开始担任斯特拉斯堡主教,直至 1028 年去世。1028 年沃尔讷奉旨出使拜占庭帝国,在前往君士坦丁堡的途中,于 10 月 28 日在博斯普鲁斯海峡上因发烧病故。

④ John Julius Norwich, *Byzantium*, p. 269。

⑤ Michael Psellus, *Fourteen Byzantine Rulers*, p. 55。

⑥ Michael Psellus, *Fourteen Byzantine Rulers*, p. 43。

获得比她们更大权力的丈夫。① 瓦西里二世不愿任女婿等外戚觊觎皇权，威胁统治，而君士坦丁八世或者是在哥哥瓦西里二世前面假装纨绔，或者是真的沉浸于饱食终日、恣意享乐的生活，对女儿们的终身大事也采取瓦西里二世的态度。普塞洛斯记载君士坦丁八世"对国家大事不闻不问，一心扑在下棋和掷骰子上面，他对此是如此的痴醉着迷以至于全神贯注于游戏之中而对来朝的使节置若罔闻。无论多么重要的事情他也无动于衷，尽管他是一个彻头彻尾的吃货，当他想要玩儿掷骰子时，会没日没夜废寝忘食"②。瓦西里二世于 1025 年去世时没有子嗣，邹伊 65 岁的父亲君士坦丁八世成为唯一的皇帝。因为君士坦丁八世没有儿子，邹伊和她没有进修道院的妹妹塞奥多拉被卷入帝国政治中心的旋涡中。倘若君士坦丁八世在单独执政初期便为邹伊挑夫择婿，邹伊在理论上也许还有机会生儿育女，那时她大概 47 岁，已经接近古代女性生育年龄的极限了。③ 但是君士坦丁八世或许真的忧心他未来的女婿们会过多地干预皇室内部事务，因此他这三个女儿，除了大女儿欧多基娅进入修道院，次女邹伊和幼女塞奥多拉在皇家女性的闺房中度过了多年的空虚的生活，不惑之年仍孑然一身。④ 她们默许或是无奈接受了伯父和父亲的安排，很少考虑自身的前途主动要求嫁人。还可能是她们委婉提出的要求被委婉地拒绝，进而便不再考虑，或者破罐破摔地听凭命运的安排。

邹伊的婚事直至君士坦丁八世弥留之际才有了结果，她与其父选中的皇位继承人罗曼努斯·阿吉洛斯结婚。君士坦丁八世曾一度考虑过元老院中地位较高的贵族君士坦丁·达拉塞诺斯，后者是安条克的前任城市长官。⑤ 君士坦丁八世一开始愿将邹伊许配给他，但皇帝的顾问更喜欢他们可以控制的弱势统治者，皇宫卫队司令（drungarius vigiliae）西米恩更看好没那么强势的罗曼努斯·阿吉洛斯，彼时的达拉塞诺斯已经隐退至亚美尼亚军区自己的地产上，大臣们在君士坦

---

① B. Crostini, "The Emperor Basil Ⅱ's Cultural Life", *Byzantion*, vol. 66, 1996, pp. 76 – 79.

② Michael Psellus, *Fourteen Byzantine Rulers*, pp. 57 – 58.

③ 更年期是女性从生育期到老年期的过渡时期，在这期间卵巢功能逐渐衰退。从理论上来讲，只要女性还没有绝经，就还有自然受孕的可能。绝经多在女性 45—55 之间发生，取均数 50 岁，邹伊 47 岁已经很接近生育的极限年龄了，只能说在理论上还有可能。

④ John Julius Norwich, *Byzantium*, p. 258.

⑤ 这个职位在前 60 位大官中位列第 18，其职责包括维护城市秩序、监督大竞技场内的各个团体、管理手工业行会，以及最为重要的谷物供应。Michael Psellus, *Fourteen Byzantine Rulers*, p. 58.

丁·达拉塞诺斯被召唤到首都之后,说服他们的皇帝拒绝达拉塞诺斯而选择了罗曼努斯·阿吉洛斯。阿吉洛斯家族既高贵又富有,而且罗曼努斯的族妹玛丽亚·阿尔基亚(Maria Argyra)在 1004 或是 1005 年被瓦西里二世许配给了威尼斯总督彼得二世(Peter Ⅱ)的儿子乔万尼·奥尔塞奥罗(Giovanni Orseolo),只是他们后来遭遇不幸。玛丽亚和乔万尼·奥尔塞奥罗的婚礼在拜占庭首都君士坦丁堡伊科诺米乌斯宫(Iconomium Palace)举行,瓦西里二世赐予这对夫妇一对金色的冠冕,并举行了盛大的宴会。玛丽亚给她丈夫带去了一大笔嫁妆,包括在首都的一座皇家宫殿,供他们在婚礼后居住。瓦西里二世还赐予玛丽亚的丈夫贵族头衔。在婚礼上,玛丽亚使用了时尚前卫的黄金餐叉。在 11 世纪吃饭时使用餐叉是会引发争议的。威尼斯的神职人员因她的奢侈而全面地谴责她,其中一人甚至说,上帝在他的智慧中为人提供了自然的叉子:人类的手指,因此,在吃东西时用人工的金属叉替代它是一种侮辱。玛丽亚还使用玫瑰水和香料,这些行为也被威尼斯神职人员(如彼得·达米安)视为傲慢和亵渎神灵。在玛丽亚夫妇离开君士坦丁堡之前,玛丽亚向皇帝瓦西里二世请求带圣芭芭拉的圣物回威尼斯。夫妇二人后来有一个儿子,以皇帝瓦西里二世命名为瓦西里奥(Basilio)。在 1007 年,玛丽亚和她的丈夫以及儿子在瘟疫席卷城邦时死亡。神职人员认为他们一家悲惨地死亡是上帝因她拜占庭式的奢侈傲慢而降下的正义的判决。[①]

　　最初,罗曼努斯·阿吉洛斯议婚的对象不是公主邹伊,而是她的妹妹塞奥多拉,这使得姊妹两人无意间成了情敌。邹伊对此嫉恨交加,认为更为漂亮的自己竟然成了相貌平凡的塞奥多拉的备胎。塞奥多拉鉴于罗曼努斯的曾祖父曾娶罗曼努斯·雷卡平的一个女儿为妻,君士坦丁的祖父君士坦丁七世也同样娶了这位皇帝的一个女儿,因此塞奥多拉和罗曼努斯算是第三代堂兄妹,如果结婚的话血缘关系过于亲密,因此拒绝同罗曼努斯结婚。[②] 同时,塞奥多拉蔑视她的父皇,因为罗曼努斯已经结婚,如果要罗曼努斯同拜占庭皇家任何一位公主结婚,都势必

① F. Dölger, *Regesten der Kaiserkunden des oströmischen Reiches*, vol. 2, p. 794; Donald MacGillivray Nicol, *Byzantium and Venice*, pp. 44 - 47; John Skylitzes, *A Synopsis of Byzantine History, 811 -1057*, p. 325.

② A. E. Laiou, "Imperial Marriages and their Critics in the Eleventh Century; the Case of Skylitzes", *Dumbarton Oaks Papers*, no. 46, 1992, p. 169.

破坏他那段美好的婚姻。① 而君士坦丁八世为了不让罗曼努斯的原配夫人阻止他的计划,荒唐地令人告知罗曼努斯的妻子海伦娜,她必须立刻进入一个修道院,带上面纱成为修女,以此使罗曼努斯恢复单身,如果海伦娜拒绝这样做,她的丈夫会被剜瞎双眼。这位慈爱的妻子把她丈夫的利益放在第一位,谨慎地以圣母玛利亚的名义隐居到一个修道院中。② 邹伊和罗曼努斯的婚礼于 1028 年 11 月举行,此时邹伊已年过半百。婚后三天,君士坦丁八世驾崩,邹伊和罗曼努斯共同登上皇位,史称"罗曼努斯三世皇帝和邹伊一世女皇"。

　　婚后的邹伊所做的第一件事就是对付妹妹塞奥多拉。普塞洛斯认为,虽然她们是一母所生的亲姊妹,但她们二人之间相互嫉妒的关系是因为对权势认识差异和对联姻看法不同而最终转化成嫉恨,妹妹(塞奥多拉)瞧不起姐姐下嫁给罗曼努斯这个"二婚",而她的高傲举止也引起姐姐的百般妒忌。③ 邹伊先让罗曼努斯三世指派一个自己人去塞奥多拉家监视她。④ 然后指责塞奥多拉于 1029—1031 年间与保加利亚的普列西安二世(Presian Ⅱ of Bulgaria)和西尔米乌姆执政官君士坦丁·狄奥根尼斯密谋叛乱,图谋不轨。普列西安二世是保加利亚科米托普里王朝(Cometopuli dynasty)的末代统治者,1018 年短暂在位,在拜占庭皇帝瓦西里二世入侵保加利亚的战争中其父战死,其母被俘,他抵抗了一段时间后,于同年投降,被带回拜占庭首都君士坦丁堡,冠以羞辱性的宫廷头衔。1020 年左右,他卷入了他的姐夫罗曼努斯·库尔库阿斯针对君士坦丁八世的叛乱阴谋。1030 年(或 1029 年)他计划迎娶君士坦丁八世的女儿塞奥多拉,以篡夺皇位,报仇雪恨。⑤ 君士坦丁·狄奥根尼斯则是 11 世纪初拜占庭帝国的一位著名将军,活跃于巴尔干半岛。他在拜占庭皇帝瓦西里二世征服保加利亚的最后阶段参军服役,并

---

① John Julius Norwich, *Byzantium*, p. 270

② 关于她的离婚和剃发,见 A. E. Laiou, *Mariage, Amour et Parenté à Byzance aux XIe-XIIIe siècles*, Paris: de Boccard, 1992, pp. 113 - 116;罗曼努斯铭记自己妻子的牺牲,在继位后授予她 sebaste 的贵族头衔,邹伊对此没有异议,参见 G. N. Sola, "Giambografi sconosciuti del sec. Ⅺ", *Rome e l'Oriente*, 1916, no. 11, pp. 152 - 153。

③ Michael Psellus, *Fourteen Byzantine Rulers*, p. 142.

④ G. Finlay, *History of the Byzantine Empire from 716 - 1057*, Edinburgh: William Blackwood & Sons, 1853, p. 469.

⑤ 事发后,他于 1030 年被迫出家,并剜瞎双眼,其后可能被流放至匈牙利并在 1060 年左右在那里去世。J. Fine, *The Early Medieval Balkans*.

成为巴尔干地区的高级指挥将领。他于 1029 年被捕,因为他被指控与将军尤斯塔修斯·达夫诺梅里斯(Eustathius Daphnomeles)和公主塞奥多拉一起参与了反对皇帝罗曼诺斯三世的阴谋。狄奥根尼斯被监禁、殴打和游街后,被迫进入修道院,于 1032 年再次被调查期间自杀。他还是未来杜卡斯王朝罗曼努斯四世皇帝的生父。[1] 这两次图谋败露后,邹伊逼迫塞奥多拉离开宫廷,前往佩特里奥修道院隐居,邹伊亲自前往监督塞奥多拉发誓将终身侍奉上帝。[2]

邹伊认为宫廷中只能有一个女皇,那就是她自己。此时,权欲熏心和求子心切的女皇全然抛弃了姐妹之情,惩罚亲妹妹下手之狠比罗曼努斯三世有过之而无不及。事实上,妹妹塞奥多拉也忘却了亲情,不甘心被情断义绝的姐姐一再迫害,进入修道院后继续与狄奥根尼斯密谋。狄奥根尼斯计划利用罗曼努斯三世前往帝国东部期间逃往巴尔干半岛。这一计划被塞萨洛尼基的塞奥法尼斯泄露给了罗曼诺斯三世,狄奥根尼斯再次被捕,并被带至布拉海尔奈皇宫接受"孤儿院院长"约翰的审讯,在调查期间,他受不住刑讯逼供从城墙上跳下自杀,以免在酷刑下招供并牵连公主塞奥多拉。[3] 尽管塞奥多拉可能曾两次参与狄奥根尼斯的阴谋活动,罗曼努斯三世还是念其公主身份而确保了她的一些皇室特权。[4]

邹伊身为罗曼努斯三世的共治女皇并不关心军政大事,她把马其顿王朝的国祚绵延、拜占庭皇室的开枝散叶视为己任,一心求子,却不知自己年龄太大,已经丧失了生育能力。罗曼努斯三世虽然比邹伊年长 20 多岁,却也认为自己将在位多年,并且自己的子孙会延续万代统治。这对皇帝夫妇不顾高龄,频繁咨询御医并要求治疗他们的不孕不育症。罗曼努斯还自己偷偷进行药物和按摩治疗,邹伊不光如此,还使用了很多巫术,比如身上佩戴小鹅卵石,挂上符咒,身穿锁链,或者是采取其他迷信行为。[5] 但是二人的愿望最后落空了,皇帝在失望中选择了放弃。普塞洛斯认为罗曼努斯三世的热情在某种程度上已经消退,他也被折腾得筋

---

[1] Alexander P. Kazhdan ed. , *The Oxford Dictionary of Byzantium*, p. 627.

[2] G. Ostrogorsky, *History of The Byzantine State*, p. 289.

[3] Lynda Garland, *Byzantine Empresses*, p. 162.

[4] John Skylitzes, *A Synopsis of Byzantine History, 811 -1057*, pp. 354 - 356, 362 - 364; John Zonaras, *Epitome Historiarum*, 3. 574 - 575, 579; Michael Psellus, *Fourteen Byzantine Rulers*, pp. 142 - 143.

[5] Michael Psellus, *Fourteen Byzantine Rulers*, p. 65; John Zonaras, *Epitome Historiarum*, 3. 581.

疲力尽,毕竟他要比邹伊年长 20 多岁呢。[1] 两人似乎没有最终放弃,只想着自己亲生的子嗣,而没有想过抱养或从其他亲属过继后人。

不久,罗曼努斯三世错误地认为邹伊没有怀上孩子,两人见面颇为尴尬,因此开始对邹伊避而不见,冷落她的同时,还另外找了情妇。更有甚者,他开始讨厌邹伊,最后发展到限制邹伊的开销。[2] 按照皇帝的旨意,宫廷规定邹伊只能靠固定数额的津贴维持生活。失望的邹伊发现自己失去了丈夫也失去了财富,罗曼努斯已经不爱人老珠黄的她了,而她自己又无法自由使用国库。她自己和皇家血统都被羞辱,因而愤恨不已。处于更年期的邹伊认为罗曼努斯三世的冷漠和抠门是对她最大的侮辱,毕竟罗曼努斯只是与她这个女皇结婚而成为的皇帝,她邹伊才是真正的马其顿王朝的继承人。

两位帝王渐行渐远,他们之间的婚姻逐渐消亡。"看破红尘"的邹伊有一天在皇室活动中看到一位 20 多岁的年轻人英俊貌美,枯心大动。这位幸运的青年名叫米哈伊尔,他是法院的一位高级太监"孤儿院院长"约翰的弟弟,"孤儿院院长"约翰此时是整个拜占庭帝国最有权势的人之一,实际上管理着帝国。约翰早在瓦西里二世时期就得到迁升,他有四个兄弟——米哈伊尔、尼基塔斯、君士坦丁和乔治,其中后两个都是太监。该家族来自帕夫拉戈尼亚,很可能从事过某种无耻勾当,作家塞德林努斯(Cedrenus)暗示大概是伪造假币。约翰在罗曼努斯三世统治时期辅佐帝国政事,通过他的影响,其有病的弟弟米哈伊尔被升任为万神殿监管。约翰将自己的弟弟米哈伊尔推上王位,即后来的米哈伊尔四世,虽然他仍然只是孤儿院院长,但是掌管着帝国的行政和军事大权。[3] 约翰将他的弟弟米哈伊尔带入宫廷,告诉他大胆挑逗女皇。邹伊迅速被米哈伊尔迷得神魂颠倒,她邀请米哈伊尔前往她的寝殿共度良宵。斯基利齐斯称她对米哈伊尔的迷恋是一种"罪恶和疯狂的爱情"。[4] 普塞洛斯认为,米哈伊尔自己虽不情愿受到年老色衰的

---

[1] Michael Psellus, *Fourteen Byzantine Rulers*, p. 65.

[2] Michael Psellus, *Fourteen Byzantine Rulers*, p. 65; John Zonaras, *Epitome Historiarum*, 3.581.

[3] "孤儿院院长"约翰是拜占庭政治家,随着米哈伊尔四世的癫痫日益加重,约翰又策划了米哈伊尔五世登基,但是不久即被免职并遭流放,旋即于 1043 年 5 月 13 日死于莱斯沃斯岛。Michael Psellus, *Fourteen Byzantine Rulers*, pp. 65 – 66.

[4] John Skylitzes, *A Synopsis of Byzantine History, 811 – 1057*, pp. 354 – 356.

皇后的注意,但他同时也清楚地认识到他将通过这种关系获得巨大的权力和荣华富贵。米哈伊尔的家人也看到了皇后的爱情是通向权力的捷径,他的哥哥"孤儿院院长"约翰指导他如何恰当地取悦女皇。① 邹伊和米哈伊尔的幽会被人撞破,一个不幸的太监发现邹伊和米哈伊尔幽会时,邹伊拥着米哈伊尔坐在皇帝的宝座上,还配上了帝王权杖,邹伊表示她可以让米哈伊尔成为皇帝,吓得太监心惊不已。②

宫中谣言四起,罗曼努斯三世听到谣言后,也起了疑心,于是召见米哈伊尔问询,米哈伊尔否认了这些指控,声称自己这么年轻根本看不上高龄的女皇,骗得了罗曼努斯信任。③ 罗曼努斯三世的亲人和大臣却不相信米哈伊尔,他们不断提醒罗曼努斯,但是皇帝对他们的劝告充耳不闻,他反而觉得不被邹伊缠着睡在一张床上是一种令人欣慰的解脱。④ 两个偷情的人知道事情已经败露,如不提前下手必然惹祸上身,死无葬身之地。斯基利齐斯认为,邹伊乘罗曼诺斯三世御体欠佳的机会,于1034年初通过下毒,将罗曼努斯杀死。⑤ 同年4月11日,罗曼努斯三世在浴室驾崩,普塞洛斯认为邹伊和米哈伊尔要为罗曼努斯的死负责,并记载了浴室侍从企图溺毙罗曼努斯的经过。普塞洛斯写道:邹伊进入浴室,厌恶地看了一眼奄奄一息的皇帝,以确保罗曼努斯三世真的要死了,然后若无其事地走了出去。⑥

邹伊认为自己是马其顿王朝合法的继承人,罗曼努斯三世的死亡并不影响王朝的继承,她在此之后选择的任何丈夫都会自动成为拜占庭帝国的皇帝。她对于大臣给予的谨慎建议完全无视不闻,并迅速同情人米哈伊尔结婚,当晚便迫不及待地宣布其为皇帝,史称"米哈伊尔四世皇帝和邹伊一世女皇"。如果说,邹伊的第一次婚姻还抱有延续王朝统治的良好愿望,此时的女皇已经完全放弃了为王朝

---

① Michael Psellus, *Fourteen Byzantine Rulers*, pp. 75 - 76.

② Michael Psellus, *Fourteen Byzantine Rulers*, pp. 77 - 78; John Skylitzes, *A Synopsis of Byzantine History, 811 -1057*, p. 368; John Zonaras, *Epitome Historiarum*, 3. 582.

③ John Julius Norwich, *Byzantium*, p. 276.

④ L. Garland, "'How Different, How Very Different from the Home Life of Our Own Dear Queen': Sexual Morality at the Late Byzantine Court, with Especial Reference to the Eleventh and Twelfth Centuries", *Byzantine Studies/Études Byzantines*, n. s. 1/2, 1995/96, pp. 28 - 33.

⑤ John Skylitzes, *A Synopsis of Byzantine History, 811 -1057*, p. 368.

⑥ Michael Psellus, *Fourteen Byzantine Rulers*, p. 82.

和帝国着想的心思。

邹伊以为米哈伊尔四世会比罗曼努斯三世更像一个好配偶、好丈夫。一开始,米哈伊尔四世确实在新婚后满足邹伊的各种要求,并为她安排多项娱乐活动。但米哈伊尔患有癫痫,他对自己的情人隐瞒了病情。由于参与策划阴谋而导致罗曼努斯三世的非正常死亡,米哈伊尔内心极度纠结,特别是他曾经就与邹伊的奸情对罗曼努斯撒谎,精神极度紧张,这导致他的癫痫病更为严重。有人认为普塞洛斯在著作中暗示:米哈伊尔可能故意借此保持自己与邹伊的距离,因为他不希望过于频繁的接触会使邹伊看到自己癫痫症犯病的情形,同时米哈伊尔担心邹伊会用对付罗曼努斯的方式对待自己。① 邹伊被不正常性欲点燃的烈火遭到米哈伊尔冷冰冰的对待,像温水煮青蛙般被米哈伊尔逐渐幽禁并排斥在权力中心之外。米哈伊尔借口邹伊企图推翻他的统治,将邹伊关入皇宫中只有妇女居住的房间里,将她限制在自己的闺房里,并限制她的访客,解雇她的太监和忠实的女仆,米哈伊尔本人则设法不来见她。根据普塞洛斯的说法,米哈伊尔四世的家人似乎已经感受到了来自邹伊的威胁,将她视为潜在凶猛的母狮。② 邹伊彻底失望了,但也无计可施,暂时选择隐忍苟活、随遇而安、伺机报复。③ 邹伊曾密谋反对米哈伊尔四世的哥哥"孤儿院院长"约翰,希望以此为突破口,但是徒劳无益。1037年,邹伊暗中指使一位亲信太监贿赂约翰的医生去毒害他,乘着约翰寻找治疗便秘药物的机会下毒,而不是给他泻药。当医生的一名仆人告知约翰后,阴谋被发现,医生被放逐,从此邹伊受到更密切的监督,处于被软禁的状态。④

鉴于米哈伊尔四世的身体状况,米哈伊尔家族成员为继续掌控帝国的最高权力,让米哈伊尔四世建议邹伊收养米哈伊尔姐姐之子小米哈伊尔为养子兼继承人⑤,邹伊同意了。1041年,米哈伊尔带病御驾亲征,虽获得胜利,但是癫痫病更

---

① Michael Psellus, *Fourteen Byzantine Rulers*, p. 96; John Skylitzes, *A Synopsis of Byzantine History, 811 - 1057*, pp. 374 - 375; John Zonaras, *Epitome Historiarum*, 3. 583, 3. 596 - 597.

② Michael Psellus, *Fourteen Byzantine Rulers*, pp. 89, 95 - 96; John Skylitzes, *A Synopsis of Byzantine History, 811 - 1057*, p. 370; John Zonaras, *Epitome Historiarum*, 3. 586 - 587.

③ Michael Psellus, *Fourteen Byzantine Rulers*, pp. 95 - 96.

④ John Skylitzes, *A Synopsis of Byzantine History, 811 - 1057*, pp. 379 - 380; John Zonaras, *Epitome Historiarum*, 3. 595.

⑤ 米哈伊尔·卡拉发特斯(意为"填塞船缝的人"),未来的米哈伊尔五世,1040 年被邹伊认作义子。

加严重,其生命也走到了尽头。同年12月10日,米哈伊尔不堪内心煎熬,自知病重无治、来日无多,便进入修道院静思,向上帝忏悔自己的一生。邹伊此时显然已经有了更多的自由,当她得知米哈伊尔已至弥留之际,她异常悲伤,忘记了米哈伊尔四世对她所有的不好,拒绝了随从的陪伴,独自一人徒步穿越城市去见他最后一面,普塞洛斯对邹伊此举非常震惊。[1] 然而可悲的是,米哈伊尔拒绝了邹伊的探视[2],也许他真的对自己的无情后悔而无颜见邹伊,当日他削发为僧,并于当天驾崩。

　　1041年12月10—13日,皇帝权力暂时归还邹伊。但在简短考虑后,邹伊同意养子小米哈伊尔继位,是为米哈伊尔五世,邹伊成为皇太后,与他共同治理帝国。“孤儿院院长”约翰和他的家人恭维邹伊,并发誓说米哈伊尔五世只是名义上的皇帝,他会遵守邹伊所有的命令,将她视为“女皇、主母和母亲”。[3] 邹伊动用皇帝权力流放了米哈伊尔五世的三个叔叔,其中包括“孤儿院院长”约翰,作为他们先前违背诺言帮助米哈伊尔四世压迫她的惩罚。她以为新皇帝会尊重她这个63岁的女皇,至少不会也无法控制她。然而,她再一次想错了,这个20多岁的年轻人对帝国治理全然不知,但是对她惩罚他的家人极为不满,特别是想到他舅舅米哈伊尔四世的遭遇和下场,一种莫名的恐惧笼罩在心头。

　　米哈伊尔五世决定抢先动手,而不顾与邹伊订立的一系列协议。首先,他逐步将邹伊排斥在朝廷议政会议之外,而后禁止邹伊进入内阁会议室,还下令禁止她动用国库财产。很快,邹伊遭到监视,侍奉她的宫女们也受到控制,邹伊的私人卧室和其他活动空间无一例外地成为皇帝监督的目标。最后,1042年4月18日,也就是米哈伊尔五世继位五个月之后,他将邹伊逐出皇宫,流放到距离首都不远的小岛——普林西波岛。[4] 米哈伊尔四世时期她遭遇的一切又再次重演。根据

---

[1]　Michael Psellus, *Fourteen Byzantine Rulers*, p. 117.

[2]　Michael Psellus, *Fourteen Byzantine Rulers*, p. 117; John Zonaras, *Epitome Historiarum*, 3. 604.

[3]　Michael Psellus, *Fourteen Byzantine Rulers*, p. 122; John Zonaras, *Epitome Historiarum*, 3. 605 - 606.

[4]　Michael Psellus, *Fourteen Byzantine Rulers*, p. 134; John Skylitzes, *A Synopsis of Byzantine History, 811 - 1057*, p. 392; John Zonaras, *Epitome Historiarum*, 3. 609; Michael Attaliates, *The History*, Anthony Kaldellis and Dimitris Krallis trans. , Cambridge: Harvard University Press, 2012, p. 21; Michaelis Attaliotae, *Historia*, I. Bekker ed. [Corpus Scriptorum Historiae Byzantinae], Bonn: Weber, 1853, TLG, No. 3079001.

普塞洛斯的记载,邹伊在船上泪流满面地进行了一次演讲,高声向其伯父瓦西里二世的在天之灵祈祷,凸显自己才是正统皇位继承人。她说:"是你,我的伯父和皇帝,在我一出生的时候就用衣服把我包裹起来放在怀中,你爱我,赐予我比妹妹更尊贵的荣耀,我知道这些是因为那些经常觐见的人如此说,就像我自己亲眼所见一样。当你怀抱着我、亲吻我的时候,你说:'祝你好运,亲爱的孩子,愿你长命百岁,成为皇家的荣耀和我们帝国最美妙的礼物!'你是如此小心翼翼地训练我,你从我手中看到了一个帝国的美好未来。但是你的希望破灭了,因为我受到了羞辱……我求求你,从天堂看看我,保佑你的侄女吧。"①她还在试图以其正统皇家血统打动押解她的人。

米哈伊尔五世派了几个人前去为邹伊削发——或者更确切地说,是去杀害她②,但遭到拒绝。邹伊的处境引发了民众的不满:"堂堂的皇室后裔居然被贫民之子所取代。"人们呼喊着:"她会在哪里呢?那位心地善良、美丽的皇太后?她会在哪里呢?所有皇族的女主人,帝国的合法继承人,她的父亲是皇帝,祖父曾经是君主——是的,曾祖父也是统治者。这个出身卑微的小子怎么竟敢对这样出身高贵的女子图谋不轨呢?他怎么能够想出那么卑鄙的念头来对付她?这个世界上再没有谁如此大胆了。"③首都民众盛传着邹伊悲惨的故事,一时成了街头巷尾人们议论的话题,各种说法都有,谣言四起,甚至传言她已经遇害了,他们越来越同情她,很快就转化为愤怒的情绪,民众聚集起来发生了骚乱。

为了平息民众暴乱,邹伊被带回皇宫,她喜出望外,没有想到局势会翻转得这么快,以为一定是上帝的庇佑。但她还是心有余悸——她始终担心那个恶毒的米哈伊尔会对自己施以更加可怕的惩罚。④米哈伊尔五世强迫邹伊承诺,一旦危机解除,她必须重新回到修女的生活状态中去;而且,还要默许米哈伊尔早就为他自己设计好的前途。⑤邹伊被带至大竞技场的阳台之上,在那里与骚乱喧嚣的民众见面。但是民众看见身穿修女服饰的邹伊后更加怒不可遏,以至于米哈伊尔五世

---

① Michael Psellus, *Fourteen Byzantine Rulers*, p. 135.

② Michael Psellus, *Fourteen Byzantine Rulers*, pp. 134 – 135.

③ Michael Psellus, *Fourteen Byzantine Rulers*, pp. 138 – 139.

④ Michael Psellus, *Fourteen Byzantine Rulers*, p. 141.

⑤ Michael Psellus, *Fourteen Byzantine Rulers*, pp. 141 – 142.

不得不让邹伊即刻穿上皇家服饰。① 随后,他要求邹伊不能再公开露面。可是,民众在无法同邹伊取得联系的情况下,转而寻找邹伊的妹妹塞奥多拉。贵族君士坦丁·卡巴西拉斯(Patrician Constantine Kabasilas)率人前往佩特里奥修道院,说服塞奥多拉为了帝国和王朝,走出修道院和邹伊一起成为共治皇帝。② 米哈伊尔五世见大势已去,与其舅父仓皇潜逃,但还是被抓到,随后二人被弄瞎眼睛,投入监狱。③

1042年4月19日,邹伊与塞奥多拉在贵族高官和首都民众的拥戴下登上皇位,称“邹伊一世女皇和塞奥多拉女皇”。邹伊与塞奥多拉共同执掌政权两个月有余。姐妹俩发行了自己的金币,金币背面描绘了女皇们的加冕胸像,穿着带有宝石项圈的长袍和带有三角形图案的传统皇冠,上面刻有铭文“圣母庇佑邹伊和塞奥多拉女皇”④,可见邹伊的地位高于塞奥多拉。但是在禁止售卖官爵和促进司法公正方面,塞奥多拉发挥了更为重要的作用,是背后的推动者。另外,米哈伊尔五世的叔叔君士坦丁从流亡中被召回,承认他家里有一个蓄水池,他在其中藏了5 300磅金子,作为悔罪立功的表现,将它们献给了女皇们。之后,君士坦丁还是被流放,金子则被贪心的邹伊取走。⑤ 邹伊生性奢靡,塞奥多拉一贯简朴,两位女皇性格迥异,政见不一,拥有各自的支持者,对于帝国政令统一非常不利。于是,宫廷贵族们在邹伊64岁时,打算再立一位男性皇帝。年老色衰的邹伊又抢先提出,通过自己的第三次婚姻,为帝国找一位男性的统治者。

经过多方讨论和大臣们的沟通,邹伊最终选择了温文尔雅的君士坦丁·摩诺马赫(Constantine Monomachos),他们于1042年6月11日结婚。由于不能僭越婚姻法的规定⑥,于是牧首阿莱克修斯出面解决这次婚姻问题。牧首出于权宜之计

① John Skylitzes, *A Synopsis of Byzantine History*, *811 - 1057*, p. 394.

② John Skylitzes, *A Synopsis of Byzantine History*, *811 - 1057*, p. 393; Michael Attaliates, *The History*, pp. 25 - 27; John Zonaras, *Epitome Historiarum*, 3. 611 - 612; John Julius Norwich, *Byzantium*, p. 298.

③ John Skylitzes, *A Synopsis of Byzantine History*, *811 - 1057*, pp. 435 - 436.

④ P. Grierson, *Catalogue of the Byzantine Coins in the Dumbarton Oaks Collection and in the Whittemore Collection*, vol. 3. 2, Washington DC: Dumbarton Oaks, 1973, p. 731.

⑤ John Skylitzes, *A Synopsis of Byzantine History*, *811 - 1057*, p. 397.

⑥ 拜占庭教会禁止第三次婚姻。I. Kalavrezou, “Irregular Marriages in the Eleventh Century and the Zoe and Constantine Mosaic in Hagia Sophia”, in *Law and Society in Byzantium, Ninth-Twelfth Centuries*, eds. A. E. Laiou and D. Simon, Washington D. C. , 1994, pp. 241 - 259.

的考虑作出了让步，但他本人并没有在加冕仪式上为他们二人祝圣，只是在婚礼之后礼节性地拥抱了二人，加冕仪式于是顺利举行。① 新皇帝们在历史上被称为"君士坦丁九世皇帝、邹伊一世女皇和塞奥多拉女皇"。

对邹伊和塞奥多拉来说，她们的权威早就不复存在，在联合统治了三个月之后，两位女皇退居二线，不再介入国家事务。邹伊将政务全托付给了君士坦丁九世。君士坦丁九世有一个可称为一生挚爱的情妇斯科莱丽娜（Skleraina），他为了享受齐人之福，劝说邹伊接受斯科莱丽娜并结为闺蜜。邹伊此时已经度过了更年期，到了这把年纪已经不会为了这点事而嫉妒了。为此君士坦丁九世颁发了一道含有缔结友谊的文书，并且修建了一座亭台来纪念该文件的生效，邹伊、君士坦丁和斯科莱丽娜在前面就座，元老院成员陆续到场来见证这个不同寻常的约定，他们都感到羞愧不已，因此只是窃窃私语。尽管他们感到窘迫万分，但是元老们仍众口一词地称赞这个协议是上天的赐予，他们称其为"爱的纪念杯"，对它大加赞誉。② 而斯科莱丽娜为赢得邹伊对其畸形关系的支持，也为了表达感激之情，投其所好地献给邹伊大量的珍贵香料。③ 在君士坦丁九世统治期间的 1044 年，民众听信谣言，说君士坦丁九世的情妇斯科莱丽娜密谋刺杀邹伊和塞奥多拉，引发民众聚集，直到两位女皇再度出面才平息了民众骚动。④

普塞洛斯称邹伊"倾国倾城、光彩照人、帝王气度威仪非凡"⑤。她 60 岁的时候尽管双手不稳、稍有驼背⑥，但普塞洛斯仍形容"她金发白肤，岁月没有在她身上留下任何的痕迹；她四肢匀称比例姣好，如果你不知她是谁，那你很可能认为站

---

① 仪式于 1042 年 6 月 11 日举行，由教士斯底佩斯主持。Michael Psellus, *Fourteen Byzantine Rulers*, p. 165; John Skylitzes, *A Synopsis of Byzantine History*, *811–1057*, pp. 398–399; John Zonaras, *Epitome Historiarum*, 3. 617; A. E. Laiou, "Imperial Marriages and their Critics in the Eleventh Century: the Case of Skylitzes", *Dumbarton Oaks Papers*, no. 46, 1992, p. 172.

② Michael Psellus, *Fourteen Byzantine Rulers*, pp. 183–184.

③ Michael Psellus, *Fourteen Byzantine Rulers*, p. 186.

④ Philip Sherrard, *Byzantium*, Time-Life Books, 1966, p. 79.

⑤ Michael Psellus, *Fourteen Byzantine Rulers*, p. 55.

⑥ L. Garland, "'The Eye of the Beholder': Byzantine Imperial Women and their Public Image from Zoe Porphyrogenita to Euphrosyne Kamaterissa Doukaina (1028–1203)", *Byzantion*, 64 (1994), pp. 32–33.

在你面前的是一位年轻女子"①。根据普塞洛斯的记载,邹伊一生有三大兴趣爱好。一是爱财。邹伊在君士坦丁九世在位期间一如既往地十分爱财,她不是像西欧恶龙在山洞中囤积金银珠宝,更是像为了满足自己慷慨的冲动。其二是爱美。邹伊退隐之后,将全部精力用于保养。她在皇宫中设有私人实验室,用于香料、面霜和美容品的研制。邹伊特别钟爱一种来自印度的最纯的甜味香料,特别是那些刚刚采摘下来还带着天然湿气的原料,她同时还喜欢小个的橄榄和最洁白的月桂树花瓣。② 邹伊热衷于开发新的香料品种,或者说配制各种油膏。她还会自己调配一些,其他的则加以改进。她的卧室简直就像工匠和铁匠在市场上干活的小作坊,整个屋子摆满了燃烧着的火盆,到处都是器具和工具。甚至其每名仆人都有相应的分工:有的负责将香料装瓶,有的负责将它们混合,还有人负责其他类似的事情。如果是在冬天,那么显然大家是愿意从事这项工作的,因为在火炉旁干活可以驱寒;但如果是在夏季,炉火的高温几乎令人难以忍受。邹伊自己却置身于火炉之间,丝毫不受高温的影响。③ 邹伊的第三个爱好是爱秘术。④ 邹伊除了使用秘术备孕,还使用秘术预测未来。她为自己塑造了一尊耶稣像,通过这尊耶稣像变换颜色来寻求未来问题的答案。邹伊通过不同的色调可以预知即将发生的事情。普塞洛斯曾亲眼看见困境中的邹伊手里紧紧攥着那尊神圣的雕像,全神贯注,像对一个活人一样与其交谈,满嘴皆是甜言蜜语,滔滔不绝。普塞洛斯也见过邹伊躺在地上,泪水横流,浸湿了地板,她在那里顿足捶胸、埋头痛哭。如果看到小雕像呈现暗淡之色,她会沮丧地走开,但是如果小人儿变成红通通的颜色,色彩光芒四射,她便立即跑到皇帝那里向他预言将要发生的事情。⑤

　　邹伊于君士坦丁九世统治期间的 1050 年 6 月 11 日因高烧去世,享年 72 岁。

---

① Michael Psellus, *Fourteen Byzantine Rulers*, p. 158; T. Whittemore, "A Portrait of the Empress Zoe and of Constantine Ⅸ", *Byzantion*, 18 (1948), pp. 223 – 227; N. Oikonomides, "The Mosaic Panel of Constantine Ⅸ and Zoe in Saint Sophia", *Revue des études byzantines*, 36 (1978), pp. 219 – 236.

② Michael Psellus, *Fourteen Byzantine Rulers*, pp. 185 – 186.

③ Michael Psellus, *Fourteen Byzantine Rulers*, pp. 186 – 187.

④ 关于拜占庭秘术,见邹薇:《12 世纪拜占庭的秘术特征及其政治运用》,《四川大学学报》2015 年第 4 期。

⑤ Michael Psellus, *Fourteen Byzantine Rulers*, p. 188.

邹伊被埋葬在她为纪念"保护人"基督而建立的教堂里。^① 君士坦丁九世在她的坟墓前流下了眼泪，坚持认为邹伊坟墓上生长的蘑菇是一个奇迹，说明她的灵魂进入了天堂。^② 邹伊是拜占庭帝国和欧洲历史上的第二位女皇，先后成为皇帝罗曼努斯三世的妻子和共治皇帝（1028—1034 年在位）、皇帝米哈伊尔四世的妻子和共治皇帝（1034—1041 年在位）、皇帝米哈伊尔五世的养母和共治皇帝（1041—1042 年在位）、塞奥多拉女皇的二姐和共治皇帝（1042 年在位）、皇帝君士坦丁九世的妻子和君士坦丁九世与塞奥多拉女皇二人的共治皇帝（1042—1050 年在位）。她一生共结婚三次，靠婚姻和收养关系带给了拜占庭帝国四位男性统治者，延续了马其顿王朝的统治，是一位非常典型的拜占庭女性帝王。

邹伊的一生十分坎坷，虽然她生于皇家，长为公主，但因为难以抗拒的因素遭遇了一般皇室女性都没有经历过乃至无法承受的磨难。儿时的她便因为长辈卷入宫廷争斗而生活在压抑的环境中，无法回避的血腥经历造成了她的心理阴影。她虽然天生丽质却只能深藏皇宫内殿深宅大院之中，只能与自己的妹妹较劲，到了论婚待嫁的年龄本应享受天伦之乐，却因父母的溺爱过度和昏庸无能而错过时机。其情窦初开、欲为人母的天性一直遭到残忍的压抑，直到为了王朝接续而结婚的时候，其郎君又非如意的"二婚"，且是其妹妹没有相中的"甩货"，及至后来近乎疯狂寻觅怀孕秘方失败后，她大概已经几近性变态了。此后，她选择的对象似乎只有男性这唯一的标准了，不论门第身份、健康状态、相貌举止，好像只要是个男的就行，且稍不满意便弃如敝屣。她的一生真令后人唏嘘不已，还不如生在平常人家的女儿。如何看待邹伊这个历史人物，似乎是个比评断其他帝王更为复杂的课题，因为其中涉及的内容不仅仅是其在位时的政绩及其历史影响，而且还有其个人秉性、性别特征、心理变化等因素，而这些在其他皇帝那里不是太重要的事情，在她这里便成为决定王朝命运乃至帝国政局的大事。后人对她的了解多出

---

① Maria Mavroudi, "Licit and Illicit Divination: Empress Zoe and the Icon of Christ Antiphonetes", in Jean-Michel Spieser and Veronique Dasen, eds., *Les saviors magiques et leur transmission de l'Antiquité à la Renaissance*, Florence: Edizioni del Galluzzo, 2014, pp. 431 – 460.

② C. Chamberlain, "The Theory and Practice of Imperial Panegyric in Michael Psellus. The Tension between History and Rhetoric", *Byzantion*, 1986, no. 56, pp. 16 – 27; John Zonaras, *Epitome Historiarum*, 3. 647 – 648.

于普塞洛斯的记载,而这部多卷本的大书虽然叙述翔实,但关于她个人生活,尤其是心理活动的内容多为侧面观察和大胆推测。这也是可以理解的,因为作家不可能太过深入探访以避免嫌疑。所以,后人对她的研究也不可能深入细致。加之这种研究不是历史学家单独可以完成的,需要心理学、社会学、性别研究等多学科交叉才能进行下去,因此,本书的结论也多为合理想象和推测,仅供读者参考。

第十三节

罗曼努斯三世（Romanos Ⅲ）

1028—1034 年在位

罗曼努斯三世（Romanos Ⅲ Argyros, Ρωμανός Γ΄ Αργυρός,生于 968 年,卒于 1034 年 4 月 11 日,享年 66 岁）是继君士坦丁八世之后马其顿王朝女皇邹伊的第一任丈夫和皇帝,如果将篡位皇帝计算在内,他是该王朝第十四位皇帝,1028 年 11 月至 1034 年 2 月在位五年多。

罗曼努斯·阿吉洛斯来自拜占庭贵族阿吉洛斯家族,该家族 9 世纪中叶兴起于安纳托利亚,是军事贵族,11 世纪权势达到顶峰,其后衰落,直至 15 世纪拜占庭帝国灭亡。阿吉洛斯家族成员早期多在军中担任职务,鼎盛时期从政的罗曼努斯·阿吉洛斯就成为帝国皇帝罗曼努斯三世。[①] 该家族曾与皇室联姻,罗曼努斯·阿吉洛斯的曾祖父就迎娶了马其顿王朝罗曼努斯一世皇帝的女儿阿加莎·利卡佩娜（Agatha Lekapene）[②],也就是说他是罗曼努斯一世的外孙,但不具有马其顿皇室血统。

罗曼努斯·阿吉洛斯于 968 年出生在拜占庭帝国色雷斯军区的希拉波利斯

[①] 阿吉洛斯,希腊语为"银色"之意。后在科穆宁王朝时期,该家族被排斥在政权中心之外,其成员大多安于农庄生活并向学术界发展。Alexander P. Kazhdan ed., *The Oxford Dictionary of Byzantium*, p. 165.

[②] 君士坦丁八世的祖父君士坦丁七世也同样娶了这位皇帝的一个女儿。因此罗曼努斯和他未来的妻子邹伊（君士坦丁八世的次女）算是远亲。

（Hierapolis），其父母没有留下姓名，其早年生活不详，仅知他有两位兄弟和三位姊妹。① 罗曼努斯是这个家族当中第一个地位显赫的文职官员。他担任过奥普斯金军区的法官，其后被调任到首都君士坦丁堡担任高级司法职务，后成为帝国高等法院大竞技场的法官之一。此后，他获得负责高级法庭的头衔②，同时兼任圣索菲亚大教堂主管（οικονόμος）。③ 在君士坦丁八世统治期间，他成为君士坦丁堡市长、元老院的首席元老和皇帝的第一副官。④

1028 年，君士坦丁八世在弥留之际，在皇宫卫队司令西米恩的支持下，选择了不那么强势的罗曼努斯·阿吉洛斯为次女邹伊的夫婿和帝国皇位的继承人。⑤ 但是罗曼努斯·阿吉洛斯有一位原配妻子。⑥ 君士坦丁八世皇帝知道罗曼努斯的妻子必然反对这个计划，因此他假装极度迁怒于其夫，要将罗曼努斯的双眼刺瞎，还派人传话给她。其妻很爱罗曼努斯，因此立即向皇帝君士坦丁八世表示屈服。她被削掉头发，换上修女的黑色长袍，从此进入修道院生活，而她的丈夫则被带进皇宫，与邹伊公主结亲。他平生第一次见到皇帝君士坦丁的女儿，且是更美丽的一个女儿，心中大喜，很快便欢天喜地接受她成了自己的新娘。而新娘的父亲即在位皇帝勉强看着婚礼进行完毕就一命呜呼了，将帝国托付给自己的女婿罗曼努斯。⑦

1028 年 11 月，罗曼努斯和邹伊继位，史称"罗曼努斯三世皇帝和邹伊一世女皇"。罗曼努斯三世继位后，一心创立伟大功业，计划将自己的统治比附于伟大的罗马皇帝安东尼时代。⑧ 在军事方面，他不断拟定征服周边蛮族的计划。一开始

---

① 他的两位兄弟曾效忠于瓦西里二世皇帝。

② 该头衔在当时是帝国的高级头衔，主要授予帝国省长和将军，后来因为滥授而贬值，在科穆宁王朝头衔改革中被取消。

③ 该头衔主要授予教堂主管或是财务、运营主管。

④ Alexander P. Kazhdan ed., *The Oxford Dictionary of Byzantium*, pp. 165, 1807.

⑤ 另一位有力的竞争者是获得城市长官称号的君士坦丁·达拉塞诺斯，他在前 60 位大官中位列第 18，职责包括维护城市秩序、监督大竞技场内的各个团体、管理手工业行会，以及最为重要的谷物供应。由于他是拥有强大军事实力的贵族，受到君士坦丁八世身边近臣们的忌惮，而落选。John Skylitzes, *A Synopsis of Byzantine History*, 811 - 1057, pp. 352 - 353.

⑥ 即海伦娜-玛丽亚。

⑦ 君士坦丁仅仅卧病两天之后便于 1028 年 11 月 11 日去世，时年 70 岁。Michael Psellus, *Fourteen Byzantine Rulers*, pp. 58 - 59; John Skylitzes, *A Synopsis of Byzantine History*, 811 - 1057, pp. 352 - 353.

⑧ 即安东尼王朝时期，历时近百年（98—192 年），为罗马帝国的极盛时代。

罗曼努斯三世只是纸上谈兵,后来为了建立卓越武功,以便比肩自己的偶像图拉真和哈德良皇帝,或者是更著名的奥古斯都和凯撒,抑或是亚历山大大帝①,他不顾众臣反对,拟对边境上的各个蛮族开战。他扩充军队,新创设计战斗阵形,同时雇用了一支新军队。而后,罗曼努斯三世对叙利亚的阿拉伯人不宣而战,进攻阿拉伯人在阿勒颇的首府。② 1030 年,罗曼努斯三世御驾亲征,兵锋直指叙利亚。攻占安条克之后,他大肆庆祝一番。阿拉伯人不知其底细,故遣使议和,但是罗曼诺斯三世被胜利冲昏了头脑,拒绝了议和的请求。他继续率军深入,阿拉伯敌军则从山坡高处伏击,猛冲猛打,拜占庭人的新式阵形被打破,军心涣散,不战而退,一败涂地。罗曼努斯三世迅速撤军返回君士坦丁堡。尽管拜占庭帝国战败,阿勒颇的埃米尔还是提议谈判并签署了一项条约,再次承认拜占庭皇帝的宗主地位③,并允许拜占庭人管理该城市④。1031 年,拜占庭将军乔治·马尼亚基斯(George Maniakes,Γεώργιος Μανιάκης)攻占埃德萨,建立战功无数,算是部分地一雪前耻。但是,罗曼努斯三世因在军事上受挫,其雄心壮志似乎已经烟消云散。

在经济方面,罗曼努斯三世的贵族出身使他在经济政策方面偏向于大贵族。瓦西里二世所制定的限制贵族、保护小农的政策被他废弃。他允许军区的农兵自愿成为农奴,这种政策导向是不利于加强拜占庭军区制的,小农土地逐渐被大贵族兼并,小农失去人身自由依附于大贵族,使得拜占庭朝廷一再强调的军区制所能依靠的农兵越来越少,税收、兵源都受到影响,财政紧张,兵源减少,只能用更多的钱雇佣外国雇佣兵,进一步导致财政紧张的恶性循环,这一系列后果都是罗曼努斯三世所无法预料的。继位初期,他曾经十分慷慨地向贵族大臣赏赐帝国的荣誉头衔,在国库的用度上——无论是送礼抑或捐赠——也是一掷千金。⑤ 此时除了阿拉伯人的入侵,帝国的小亚地区遭受饥荒,瘟疫、因蝗虫灾害带来的粮食减产

---

① Michael Psellus, *Fourteen Byzantine Rulers*, pp. 67 – 68.

② 古时候称贝里亚。拜占庭帝国境内共有两个城市名为贝里亚,此处指的是叙利亚的贝里亚(Βέρροια),阿拉伯名称哈拉卜,位于安条克以东。A. P. Kazhdan, *Oxford Dictionary of Byzantium*, p. 283; Michael Psellus, *Fourteen Byzantine Rulers*, p. 66.

③ P. Charanis, "The Byzantine Empire in the Eleventh Century", in K. M. Setton and M. W. Baldwin eds., *A History of the Crusades*, Vol. 1, *The First Hundred Years*, Wisconsin, 1969, p. 180.

④ W. B. Stevenson, J. R. Tanner, C. W. Previte-Orton, Z. N. Brooke eds., *The Cambridge Medieval History*, p. 256.

⑤ Michael Psellus, *Fourteen Byzantine Rulers*, p. 65.

以及君士坦丁堡的大地震都使经济状况不佳,国库入不敷出,财政愈发吃紧。他审慎地使用国库资金希望能挽回损失,顺带博得节俭之美名。他甚至限制邹伊的吃穿用度,使两位共治皇帝愈发离心离德。

军事和经济上的挫败使罗曼努斯三世的危机感剧增,他向教会捐赠大宗财富,以期获得支持。罗曼努斯三世在帝国境内大兴土木,他远征叙利亚惨败后花费巨资兴建了一座修道院和附属教堂献给圣母玛利亚①,希望它引人瞩目、鹤立鸡群。他的这项工程受到各界广泛的批评,普塞洛斯写道:"兴建教堂的开销日益增加。他每天聚敛的钱财都要多于建筑所需,试图对工程加以节制的这个人整日里忧思不绝。可是如果有谁想出新的点子或是变换了新的建筑样式,那他很容易赢得皇帝的宠信。为了得到原材料,他命人挖遍了每一座山,他甚至将矿工的技艺看得比哲学本身还要高明。这些矿石有些被劈开,有些加以抛光,其他的则被制成雕像,他将加工这些矿石的工人当作菲迪亚斯、波利戈诺图斯和休克希斯看待②。在他眼中这世上没有什么东西配得上装饰他的教堂。他动用了所有的皇家珍宝,在这方面他一掷千金,从不吝啬。钱财都被耗尽,工程仍在进行,新的项目还层出不穷,一些已经建好的部分则被推倒重来。有时,不止一次地,工程会突然停止,忽而又重新开工,规模有些许扩大或者是做了某些更为精致的变化。如同河流汇入大海之际,水流到入海口之前已大致枯竭;这些钱也大抵如此,为修建教堂而征集到的钱款已经提前被挪用,同时浪费在其他项目上面。"③同时,罗曼努斯三世也开始重修耶路撒冷的圣墓教堂,并且为了圣索菲亚大教堂的金银内饰而不惜耗费巨资。

尽管罗曼努斯三世显得极为虔诚,但是他对婚姻并不忠诚。罗曼努斯三世在统治初期认为,他的登基"标志着一个新王朝的开始。马其顿人瓦西里开创的皇室家族已经和其先人一起寿终正寝了,现在要从他自己开始重新排列皇帝谱系"④。为此,他忽视他们夫妻二人的高龄现状,期待邹伊能为他生育皇位继承

---

① 即圣玛丽·佩里布雷普托斯教堂(Church of St. Mary Peribleptos),现为伊斯坦布尔的萨马特亚圣乔治教堂。
② 皆为公元前5世纪著名的希腊艺术家,菲迪亚斯是雕刻家,波利戈诺图斯和休克希斯是画家。
③ Michael Psellus, *Fourteen Byzantine Rulers*, pp. 71 – 72.
④ Michael Psellus, *Fourteen Byzantine Rulers*, p. 65.

人,他热衷于不孕不育的治疗,最后以失败告终,夫妻感情也受到影响。在和妻子邹伊的感情破裂之后,他另寻新欢,找了个情妇,拒绝和邹伊同床共枕,这使邹伊倍感羞辱,她所代表的整个马其顿皇室的尊严遭到践踏。① 罗曼努斯三世的言行导致了邹伊的不忠。1033 年,邹伊在太监约翰的引荐下结识了约翰的弟弟米哈伊尔,两人迅速坠入爱河。罗曼努斯三世听闻了风言风语,召见米哈伊尔,米哈伊尔被惊吓得癫痫病发作。罗曼努斯三世对米哈伊尔的病很是同情,相信邹伊不会成为一个癫痫病患者的情妇,因此对他二人的风流之事视而不见。皇帝的态度让皇帝的姐姐帕尔切里亚大为光火,围绕在帕尔切里亚身边的朝臣也义愤填膺。他们认为女皇二人肯定要谋害皇帝,因此准备提前动手处理掉邹伊和米哈伊尔,但是在密谋策划得如火如荼之时,帕尔切里亚去世了,密谋也终止了。邹伊和米哈伊尔深知两人偷情之事已经败露,一方面更加肆无忌惮,另一方面加紧密谋对策。②

根据普塞洛斯的记载,罗曼努斯三世"自幼接受希腊文学的熏陶,同时对于意大利拉丁文学作品也有深入了解。他谈吐优雅,气宇轩昂。他拥有一副英武之躯,举手投足皆透露出帝王风采"③。罗曼努斯三世继位后尤其关注两项事情:文学研究和战争艺术。对于后者他一无所知,就文学而言,他也并无多少造诣,实际上浮浅得很,略知皮毛而已。普塞洛斯认为罗曼努斯三世"总是过高估计自己的学识,以及由此造成的曲解,每每令他在重大场合笑话百出"④。他网罗了一大批哲学家和演说家,这些文人墨客整日忙于钻研科学却没有造就多少博学之士,"他们只能在亚里士多德学说的门外徘徊,简单复述着柏拉图的寓言,却根本无法理解其中隐义,以及这些哲学家们辩证的或三段论的演绎法研究。由于没有正确的标准,他们对于这些哲学家的评价也都是错误的"⑤。

1034 年前后,罗曼努斯三世的健康迅速恶化。时年 16 岁的普塞洛斯"多次亲眼看见罗曼努斯在游行过程中的愁苦悲痛,他其实已经与一具行尸无甚区别。他的脸完全肿胀,脸色吓人,还不如已经在坟墓里埋了三天的死人好看。他呼吸

① Michael Psellus, *Fourteen Byzantine Rulers*, p. 15; John Zonaras, *Epitome Historiarum*, 3. 581.

② Michael Psellus, *Fourteen Byzantine Rulers*, pp. 79 – 80.

③ Michael Psellus, *Fourteen Byzantine Rulers*, p. 65.

④ Michael Psellus, *Fourteen Byzantine Rulers*, pp. 63 – 64.

⑤ Michael Psellus, *Fourteen Byzantine Rulers*, p. 64.

急促,走几步便要停下来歇息片刻。头发基本已经掉光,如死尸一般,只留下稀疏的几根散乱地散落在前额,随着他的呼吸上下抖动"[1]。斯基利齐斯认为这些目击者的描写说明,邹伊在慢慢地给罗曼努斯下毒。[2] 普塞洛斯不想就此下定论,但是他的叙述也表明,邹伊使用的毒药也许是藜芦混合物,这在邹伊的私人实验室里是很容易提炼出来的。1034 年 4 月 11 日,罗曼努斯三世在浴室中被淹死,享年 70 岁。[3] 目击者称,"他们按住他的脖子让他的脸在水里浸泡了很长时间,然后他们才松开手"[4]。有人认为罗曼努斯被米哈伊尔的朋友们溺死,他们早有预谋[5],也有人认为他是被邹伊直接下令淹死的,因为她还走进浴室,亲自验证他是否确实被淹死了。[6] 耶稣受难节当日,罗曼努斯被安葬于他所建造的圣玛丽·佩里布雷普托斯教堂。[7]

　　罗曼努斯三世是个志大才疏的庸人,看似有鸿鹄之志,却才情平庸,外貌伟岸而内心虚弱。[8] 当初皇帝君士坦丁八世和宫廷贵族就是看他平庸无能、易于控制,所以才推举他做邹伊的新郎皇帝,也许他们才是慧眼识人,早就知道他不过是个酒囊饭袋。如前所述,当时的作家对他有截然相反的评述,后人也据此人云亦云,只不过是各自取材不同而得出不同评价。抛开拜占庭作家和日耳曼大使的偏见不论,如果客观观察,他确实是个适合生活在贵族庄园而不是坐在帝国的御座之上的人。拜占庭帝国皇帝专制政治体制在马其顿王朝最后几位皇帝统治时期持续遭到破坏,也充分暴露出这一制度存在的致命弱点。

---

① Michael Psellus, *Fourteen Byzantine Rulers*, p. 81.

② John Skylitzes, *A Synopsis of Byzantine History*, *811 – 1057*, p. 368.

③ G. Ostrogorsky, *History of the Byzantine State*, p. 324.

④ Michael Psellus, *Fourteen Byzantine Rulers*, p. 82.

⑤ 时间是 1034 年 4 月 12 日(耶稣受难节),皇帝那时已年过七十,见 John Skylitzes, *A Synopsis of Byzantine History*, *811 – 1057*, p. 368。

⑥ Anne J. Duggan, *Queens and Queenship in Medieval Europe*, Rochester: The Boydell Pres, p. 145

⑦ John Julins Norwich, *Byzantium*, pp. 279 – 280.

⑧ 奥斯特洛格尔斯基认为,罗曼努斯三世作为一个统治者,没有任何的能力,见 G. Ostrogorsky, *History of the Byzantine State*, p. 285。

第十四节

米哈伊尔四世（Michael Ⅳ）

1034—1041 年在位

米哈伊尔四世·帕夫拉戈尼亚人（Michael Ⅳ the Paphlagonian，Μιχαὴλ Δ' ὁ Παφλαγών，约生于 1010 年，卒于 1041 年 12 月 14 日，享年 31 岁）是继马其顿王朝女皇邹伊的第一任丈夫罗曼努斯三世之后的第二任丈夫和皇帝，如果将篡位皇帝计算在内，他是该王朝第十五位皇帝，1034 年 4 月 11 日登基成为皇帝，至 1041 年 9 月病重隐居退位，实际在位七年半。

米哈伊尔约 1010 年出生在小亚的帕夫拉戈尼亚地区[1]，父母是当地农民，姓名不详。其兄弟中最著名的是宦官约翰，又被称为"孤儿院院长"约翰。在其兄约翰的帮助下，他们兄弟几人得以在拜占庭帝国首都君士坦丁堡立足。约翰是长兄，在罗曼努斯三世时期任皇宫寝宫大总管，另两位弟弟分别是君士坦丁和乔治，也都是宦官，而弟弟尼基塔斯和米哈伊尔则没有净身入宫，约翰还有一个妹妹叫玛丽亚。最初，米哈伊尔是货币兑换商，曾涉嫌私造假币。[2] 1033 年，女皇邹伊和她的丈夫罗曼努斯三世感情破裂[3]，米哈伊尔被其兄宦官约翰引荐给了邹伊，成为邹伊的情人。米哈伊尔面对罗曼努斯三世的质疑时，先是惊慌失措引发了老病癫痫，后来哭天抹泪地对着圣物发誓，坚称他同邹伊绝对没有奸情，赢得了罗曼努斯三世的信任，1033 年他还担任了皇帝的私人侍从。[4]罗曼努斯误信他的原因，主要看他是个癫痫病人，不会让邹伊动心，且他们年龄差距太大。1034 年罗曼努斯三世驾崩后，坊间传闻说米哈伊尔和邹伊涉嫌谋害罗曼努斯三世，

---

① 帕夫拉戈尼亚位于黑海沿岸的安纳托利亚中北部，公元 5 世纪左右，帕夫拉戈尼亚成为拜占庭帝国一个独立的行省，约 7 世纪时成为奥普斯金军区的一部分，后来成为布凯拉里安军区的一部分，之后被分割出来，于 820 再次组建成一个单独的行省。

② Alexander P. Kazhdan ed. , *Oxford Dictionary of Byzantium* , p. 1365.

③ 奥斯特洛格尔斯基认为罗曼努斯三世作为一名统治者，没有任何能力。G. Ostrogorsky, *History of the Byzantine State* , p. 285.

④ Alexander P. Kazhdan ed. , *Oxford Dictionary of Byzantium* , p. 2228; John Julius Norwich, *Byzantium* , Ⅱ , pp. 275 - 276.

这种谣言不是没有道理。①

　　罗曼努斯三世的统治历时超过五年半,他驾崩时皇后邹伊似乎并不在场。邹伊在得知皇帝的死讯后,以皇位的合法继承人身份立即控制了局势,让臣民们觉得这是上帝的旨意。邹伊如此兴师动众并非为自己攫取权力,而是为了能够让自己的情夫米哈伊尔顺利登基。② 一开始米哈伊尔和邹伊受到多方反对,其一是拜占庭贵族君士坦丁·达拉塞诺斯,据塞德林努斯记载,他是唯一一个公开反对米哈伊尔继位的大臣。其二是与马其顿王朝皇室有着唇亡齿寒关系的官僚集团,以及那些自邹伊的父皇君士坦丁八世统治时期就身居高位的官员,他们暗中试图阻止邹伊贸然行事,把皇位的传承当作儿戏。因此,他们共同建议邹伊在做出任何决定之前先为自己谋划出最佳策略,比如他们认为,这个官僚集团中的某人成为皇帝,这个人必须是他们当中最杰出的一位,并且愿意按照皇后的身份而不仅仅是像对待配偶那样来对待邹伊。他们以各种理由游说邹伊,坚信邹伊这位看似足不出宫、见识短浅的妇人可以任意操控,他们会对这位女性的决定产生重大影响,邹伊也会发自内心按照他们的意愿行事。令他们诧异的是,邹伊坚定地支持米哈伊尔,矢志不移,没有任何理由,除了对米哈伊尔的一往情深,这是局外人的推测。③

　　米哈伊尔的哥哥"孤儿院院长"约翰是个机敏的投机分子,审时度势雷厉风行地行动起来,他亲自找到邹伊密谈。他对邹伊剖析当下的形势称:"如果米哈伊尔继位的事一拖再拖,我们就都得死。"④邹伊此时已经完全失去主见,慌不择路。她命人立即找来米哈伊尔,为他穿上镶金的长袍,佩戴皇冠,登上皇位,邹伊自己也身着皇后的服装和他坐在一起,而后召集群臣上殿。紧接着她便颁布一道懿旨,令住在皇宫的所有人在他们二人面前跪拜、三呼万岁。拜占庭京都君士坦丁堡大皇宫居住的不光有拜占庭皇室成员及伺候他们的宫娥、宦官、禁

---

① 参考邹伊和罗曼努斯三世部分。

② Michael Psellus, *Fourteen Byzantine Rulers*, p. 87.

③ Michael Psellus, *Fourteen Byzantine Rulers*, p. 87.

④ Michael Psellus, *Fourteen Byzantine Rulers*, p. 88.

军,还有宫廷教士和贵族官员,其人口以万计,几乎相当于一座城市。① 大多数人不明就里,纷纷依旨而行,他们鱼贯而入,在皇帝宝座前一躬到地,然后向皇帝行吻右手礼。②当皇宫以外的人们得知这个消息后,全城等待邹伊颁令,以便大肆庆祝一番。为了讨好新君,很多人假传旨意,万人空巷,游行庆祝。那可怜的老皇帝罗曼努斯三世如同累赘一样早已被臣民们抛诸脑后,君士坦丁堡的人们就是这样轻松愉悦地拥立米哈伊尔为帝。剩下来的事情只是选定加冕仪式和接收其他象征权力的权杖等器件的时间了。这对夫妇召集牧首阿莱克修斯(Ἀλέξιος ὁ Στουδίτης,1025—1043 年在任)主持新皇帝的加冕仪式。③ 牧首深知内情,拒绝合作,直到米哈伊尔和邹伊支付了 50 磅黄金,牧首才改变了主意采取折中的方式。④ 可见,后者也是个见利忘义之徒。

1034 年 4 月 11 日,邹伊与情人米哈伊尔完婚并将他推上皇位,是为"米哈伊尔四世皇帝和邹伊一世女皇"。米哈伊尔四世登上大统的方式并不十分光彩,且没有统治经验。他登基前不过是个混迹于京都市井的金钱兑换人,且有制作假币的劣迹。如果让他做些鸡鸣狗盗的事情也许还能上手,此时让他从事庞大帝国的统治管理则实在难上加难。他称帝后在一段时间内以一种儿戏般的态度对待帝国的军政大事,动辄推迟对紧急事务的决策,因为其大量的时间都花费在讨好他的妻子和寻欢作乐上面。⑤

米哈伊尔四世表面上年轻英俊,但是身体状况不佳,患有癫痫。癫痫是一种慢性神经疾病⑥,其特征是突然和复发性癫痫发作,是由大脑中神经细胞的信号缺失或过量引起的。癫痫发作症状可能包括抽搐,意识丧失,身体某些部位的奇

---

① 这与中国古代不同,中国帝王紫禁城中居住的是皇家核心家庭成员,一般明清皇子封王或拜亲王后都会迁出,或至分封之地或是出宫建府,官员大臣更不在宫内居住,除非特殊需要暂时留宿。

② Michael Psellus, *Fourteen Byzantine Rulers*, p. 88.

③ 牧首阿莱克修斯,是拜占庭帝国皇帝瓦西里二世任命的1025—1043 年间的牧首。阿莱克修斯来自施托迪厄斯修道院(Stoudios monastery),该修道院兴建于公元 462 年,是献给施洗者约翰的,其规章制度影响了阿索斯山上的诸多修道院,是君士坦丁堡历史上重要的修道院之一。

④ John Julius Norwich, *Byzantium*, p. 259.

⑤ Michael Psellus, *Fourteen Byzantine Rulers*, p. 90.

⑥ 古希腊人对此早有认知。Epilepsy 一词在希腊语中源自动词"epilambanein",意思是"抓住,拥有或折磨"。Emmanouil Magiorkinis, Kalliopi Sidiropoulou, Aristidis Diamantis, "Hallmarks in the History of Epilepsy: Epilepsy in Antiquity", *Epilepsy & Behavior*, vol. 17, no. 1, 2010, pp. 103－108.

怪动作或感觉,奇怪的行为和情绪障碍。癫痫发作通常仅仅持续一两分钟,但随后可能出现虚弱、混乱或无反应。[①] 因此,估计女皇偷情时间短暂,难以发现其病征。根据最古老的医疗记录显示,自人类开始记录病史以来,癫痫一直困扰着人类,在古代史中,这种疾病被认为是一种精神状态。[②] 最古老的癫痫发作的描述来自公元前 2000 多年的阿卡德文献,当时人们并没有癫痫这一疾病的概念,而是把癫痫发作视为受月神的影响,用驱魔仪式进行治疗。约公元前 1790 年的《汉谟拉比法典》中记载了癫痫发作的症状,以此作为购买奴隶可以退款的原因之一。公元前 1700 年的《艾德温·史密斯纸草文稿》(*Edwin Smith Papyrus*)描述了因癫痫而抽搐的病例。[③] 还有对于这一疾病最古老的记录出自一部公元前 1067—公元前 1046 年的巴比伦楔形文字的医学文本《症状》(*Sakikkū*)。[④] 古希腊人一方面将癫痫视为精神疾病,另一方面也将它同天才与神圣联系在一起,他们称癫痫为"神圣的疾病"(ἡ ιερὰ νόσος)。[⑤] 不知是否是受两河流域的影响,癫痫在希腊神话中也同月神有关。月亮女神塞勒涅(Selene)和阿尔提斯(Artemis)用癫痫折磨那些使她们感到不安的人。在古罗马,癫痫被称为"集会大厅疾病",是受神灵的诅咒。在意大利北部,癫痫曾经一度被称为"圣瓦伦丁之病"。人们不会和癫痫病患者共用陶器,同盘而食。患者发病时会呕吐在胸前,人们相信食具会传播疾病。根据阿普列尤斯(Apuleius)和老普林尼的记载,古罗马的医生会点燃产自

[①] 癫痫是一种相对常见的疾病,影响全世界 4 000—5 000 万人;它在男性中比女性稍微常见。该病症的原因包括脑缺陷、头部创伤、传染病、中风、脑肿瘤或遗传或发育异常。有几种类型的癫痫病是遗传性的。囊尾蚴病是一种大脑寄生虫感染,是发展中国家癫痫的常见原因。大约一半的癫痫发作原因不明,被称为特发性癫痫。

[②] Saraceno B, Avanzini G, Lee P, eds., *Atlas: Epilepsy Care in the World*, World Health Organization, 2005, p. 16.

[③] Magiorkinis E, Sidiropoulou K, Diamantis A, "Hallmarks in the History of Epilepsy: Epilepsy in Antiquity", pp. 103 - 108.

[④] 《症状》是公元前 1067—公元前 1046 年巴比伦国王阿达德-阿普拉-伊丁那(Adad-apla-iddina)的首席学者埃撒吉-金-阿普里(Esagil-kin-apli)的一部医学论文,主要通过症状来确定病因。Sakikkū 在苏美尔语中是指患病的静脉或是肌肉。《症状》第四章中记载了癫痫发作时的体征和症状,给出了详细的治疗方案和可能的后果,还描述了不同癫痫发作类型的不同特征。由于巴比伦人对疾病的本质没有深入生物医学的程度,因此他们将癫痫发作归咎于邪灵入侵,呼吁通过精神手段治疗这种疾病。见 Magiorkinis E, Sidiropoulou K, Diamantis A, "Hallmarks in the History of Epilepsy: Epilepsy in Antiquity", pp. 103 - 108; Saraceno B, Avanzini G, Lee P, eds., *Atlas*.

[⑤] Magiorkinis E, Sidiropoulou K, Diamantis A, "Hallmarks in the History of Epilepsy: Epilepsy in Antiquity", pp. 103 - 108.

现土耳其利西亚镇的黑玉(一种含有沥青和石油的褐煤宝石)来诊断癫痫,其烟尘将触发癫痫发作,偶尔使用旋转陶工的轮子,属于光敏性癫痫的发病原理。光敏性癫痫会因光源强刺激、闪光刺激等视觉刺激引起发作。现代医学临床上做脑电图检查时就是利用这种原理,对受检查者进行刺激,以期诱发发作,从而为临床诊断提供依据。[1] 希腊医学推进了人们的认识,希波克拉底(Hippocrates)认为癫痫是一种源于大脑的可被医治的疾病,希波克拉底学派认为癫痫不具有神圣和属灵的特征。希波克拉底指责那些通过对魔法的迷信将神圣归咎于无知疾病的传播,认为癫痫的病因是自然原因而不是超自然原因。希波克拉底提出遗传是癫痫的一个重要原因,如果癫痫在幼年时期发作会得到更糟糕的结果,他记录了与之相关的身体特征以及由此引发的社会排斥。他拒绝称其称为神圣疾病,而是“大疾病”,现代医学中癫痫强直-阵挛性发作中的大发作一词源自于此。尽管希波克拉底的著作详细说明了这种疾病的起源,但他的观点当时并未被接受。拜占庭医学对古希腊罗马医学,尤其是希波克拉底极为推崇,部分接受了希波克拉底对癫痫的论断。[2] 这里大段论及此病意在说明,拜占庭人接受了古人的看法,邹伊可能早就发现了他的疾病,但并未往心里去,她可能还将之视为“神圣的疾病”也未可知。

米哈伊尔四世即位之后癫痫发作更加频繁,不知是因为外部刺激,还是因为内心压力。[3] 鉴于癫痫发作后身体的不可控性,米哈伊尔四世信心不足,很少在公共场合抛头露面。无论是出席活动还是参加既定的典礼仪式,都会有专人负责观察照顾他。这些侍从在皇帝的两侧悬挂起大红帘子,一旦发现皇帝摇头、点头或者有其他他们知道快要发病的动作时,他们便立即屏退皇帝四周的人,拉上帘子,以便在帘子后面秘密地抢救皇帝。这个病发作很突然,可是去的也很突然,而

---

[1] Illes J., *Encyclopedia of Mystics, Saints & Sages*, Harper Collins: Harper One, 2011, p. 1238; Temkin O., *The Falling Sickness: A History of Epilepsy from the Greeks to the Beginnings of Modern Neurology*, JHU Press, 1994, p. Section 1; Stol M., *Epilepsy in Babylonia*, Brill: Siyx Publications Groningen, 1993, p. 143; Harding G. F., Jeavons P. M., *Photosensitive Epilepsy*, New York: Cambridge University Press, 1994, p. 2.

[2] Magiorkinis E, Sidiropoulou K, Diamantis A, "Hallmarks in the History of Epilepsy: Epilepsy in Antiquity", pp. 103 – 108; Saraceno B, Avanzini G, Lee P, eds., *Atlas: Epilepsy Care in the World*; 邹薇:《拜占庭对古典医学的继承和发展》,《世界历史》2017 年第 3 期; Rohaid Ali, Ian D. Connolly, Abdullah H. Feroze, Ahmed J. Awad, Omar A. Choudhri, Gerald A. Grant, "Epilepsy: A Disruptive Force in History", *World Neurosurgery*, vol. 90, 2016, pp. 685 – 690.

[3] Michael Psellus, *Fourteen Byzantine Rulers*, pp. 96 – 97.

且恢复之后毫无病发的迹象。米哈伊尔会迅速恢复正常,神志清醒,思维清晰。如果他徒步或者骑马出行,会有一圈护卫紧紧跟随,一旦他发病,这些人便会从四面簇拥上来将皇帝围住,照料他的同时也令外人看不到皇帝的发病惨象。然而有很多次,人们确实看到米哈伊尔从马上摔了下来。有一次,当他骑在马上越过一条小溪时,突然病发了,护卫们由于没有预见到这次突变,且当时离他比较远,皇帝猛地从马鞍上摔到地上,一阵痛苦抽搐,很多人都看到了这一幕。没有人敢上前把他扶起,但是都对皇帝的不幸报以万分的同情。①

米哈伊尔四世对皇后邹伊态度的转变也许同他的癫痫有关,根据普塞洛斯的记载,如果是在其他人面前发病,他也并不感到特别难堪,而且还有护卫遮丑。但唯独面对邹伊时,如果发病他便会因窘困而满脸通红,而且因为这个病何时发作难以预料,他的自尊心令他更觉难堪,极不愿意让邹伊看到他的样子。米哈伊尔感到如果让她看到自己发病时的模样,将是莫大的耻辱,毕竟她只图他外表英俊,还有就只是性欲冲动了。②

无论如何,米哈伊尔登基之后自卑心越来越重,深恐步前任罗曼努斯三世的后尘,被女皇抛弃。所以,他对邹伊一开始假意百依百顺,他的态度和眼神都显示出对皇后的爱,其实都是虚假的做作,他内心渴望的是帝王的尊贵和奢华。③然而米哈伊尔自知本相毕露后,索性远离她,甚至限制邹伊的人身自由。邹伊无法离开皇宫,被幽禁在女性的房间中,其他人想要拜见她比登天还难。如果有人前来觐见,守卫的长官会认真核查觐见者的身份、来历、目的,得到特别允许之后方可入内。④邹伊曾密谋反对米哈伊尔四世的哥哥"孤儿院院长"约翰,但是徒劳无益。1037年,邹伊的一位太监贿赂约翰的医生去毒害他,乘他寻找泻药的机会偷偷下毒,这是她的拿手好戏。但是,这位医生的一名仆人是约翰安插的眼线,阴谋败露,医生被惩罚放逐,邹伊则从那时起受到更密切的监督。

皇帝米哈伊尔四世逐渐远离皇后邹伊,后来更拒绝见面。普塞洛斯认为原因

---

① Michael Psellus, *Fourteen Byzantine Rulers*, p. 97.

② Michael Psellus, *Fourteen Byzantine Rulers*, p. 97.

③ Michael Psellus, *Fourteen Byzantine Rulers*, pp. 89 – 90.

④ Michael Psellus, *Fourteen Byzantine Rulers*, p. 95.

是多方面的。首先,皇帝米哈伊尔四世与邹伊的权欲加肉欲关系早就无法实现,其婚姻也就无法维系,米哈伊尔的癫痫病加重,导致他的健康严重受损,身体状况更差,无法满足邹伊的需求。其次,米哈伊尔认为自己背叛了皇后,面对邹伊总觉得羞愧难当,特别是年老而色不衰的皇后令他更加自卑。第三,米哈伊尔与一些圣徒交谈,向他们坦白自己当初为了获取皇位的所作所为,他从那些人那里得到了一些有益的建议,因此他杜绝享乐纵欲,甚至连应有的性生活都停止了。① 种种原因使皇帝米哈伊尔四世在临死时也不愿同皇后邹伊相见。

当米哈伊尔四世亲身接触到繁杂的朝廷事务,感受到帝国的庞大复杂,深知管理国家需深谋远虑,需面对多种多样的困难,而这些困难是一个真正的帝王所必须要克服的时候,他的性格骤然剧变。他"似乎一下子成熟起来,不再像一个懵懂的市井青年,从那一刻起,他迅速以一种更为成熟、更为出色的方式统治帝国"②。此时的米哈伊尔四世没有发病,平时表现得心智正常平稳。当时拜占庭的情况危急,阿拉伯人洗劫了迈拉③,塞尔维亚人摆脱了拜占庭的控制,而帕齐纳克人几乎可以随意出入塞萨洛尼基的城门。④ 米哈伊尔决定首先保证境内各大城市管理有序,然后阻止境外民族入侵拜占庭帝国的领土。他一靠派遣使节,二靠金钱贿赂,三靠每年炫耀军事力量来做到这一切。在这些手段的合力作用下,埃及、波斯和巴比伦的统治者们没有撕毁同拜占庭帝国缔结的和约。更远地区的民族也没有公开反对拜占庭人,他们当中的一些君主安分守己,另外一些看到米哈伊尔的审慎,也害怕将来遭到他的报复,因此都采取严格的中立态度。⑤ 局势很快得到稳定,在东部边境,阿拉伯海盗被捕或被杀。拜占庭人占领了凡湖东岸的穆斯林要塞伯克里(Berkri)。经过长期的围攻,埃德萨的困局大大缓解,并最终在 1037 年割让给了拜占庭帝国。⑥

由于患有癫痫,米哈伊尔四世将大部分内政事务交给自己的兄长"孤儿院院

---

① Michael Psellus, *Fourteen Byzantine Rulers*, p. 96.

② Michael Psellus, *Fourteen Byzantine Rulers*, p. 91.

③ 现为土耳其安塔利亚省的德姆雷(Demre)。

④ W. Treadgold, *A History of the Byzantine State and Society*, pp. 586 - 587.

⑤ Michael Psellus, *Fourteen Byzantine Rulers*, pp. 97 - 98.

⑥ G. Finlay, *History of the Byzantine Empire from 716 - 1057*, p. 486.

长"约翰,不过问公共财务的组织和管理以及政府管理的重大任务[1],以此借他人之手对帝国进行有效的统治。约翰一方面竭尽所能为自己家族牟利,甚至于觊觎牧首的职位[2],另一方面在军事和金融方面施行改革,加强了拜占庭帝国的军事力量,但是同时加重了民众的经济负担。他对内实施的加税政策引发了人们的不满。1035 年的天灾和蝗虫灾害造成农业严重歉收,饥荒加剧了不满情绪,各地暴动时有发生,主要集中在安条克、尼科波利斯(Nicopolis)和保加利亚地区。[3] 米哈伊尔四世试图加强对阿勒颇的统治,但导致了当地居民离心离德,逐步脱离了帝国统治。[4]

米哈伊尔四世对名将乔治·马尼亚基斯的囚禁更是导致了军人不满,后来发生了军事叛乱,不过那时已经进入君士坦丁九世统治时期。马尼亚基斯具有较高的军事才能,曾率军于 1030 年或 1032 年打退阿拉伯人对泰鲁赫城的进攻,又于翌年夺回埃德萨城。1038 年,米哈伊尔四世命马尼亚基斯率军进攻西西里岛。1038 年,马尼亚基斯在意大利南部登陆,很快占领了墨西拿(Messana)。然后,他击败了岛上分散的阿拉伯军队,占领了该岛西部和南部的城镇。1040 年,他重新征服了叙拉古,并将殉道者圣露西亚(Sancta Lucia,283—304 年)的遗物送回了君士坦丁堡。[5] 其军功显赫,威名远播,奥迪基亚(Ortygia)海角上的城堡甚至以马尼亚基斯的名字命名。他几乎成功地将阿拉伯人从岛上驱逐出去,但马尼亚基斯随后与他的伦巴第盟友失和,其用兵主力诺曼雇佣兵对他们的薪水不满意,雇佣军背弃了这位拜占庭将军,并在意大利本土发动了起义,导致马尼亚基斯暂时失去了巴里。[6] 随后,由于马尼亚基斯与海军司令斯蒂芬[7]发生分歧,受人诬陷,马尼亚基斯于 1040 年被召回并被囚禁于

[1] Michael Psellus, *Fourteen Byzantine Rulers*, p. 98.

[2] Kathryn M. Ringrose, *The Perfect Servant: Eunuchs and the Social Construction of Gender in Byzantium*, Chicago: University of Chicago Press, 2003, pp. 191 – 193.

[3] G. Finlay, *History of the Byzantine Empire from 716 –1057*, pp. 481 – 482, 485.

[4] W. Treadgold, *A History of the Byzantine State and Society*, pp. 586 – 587.

[5] 又被称为叙拉古的露西亚,是在戴克里先统治时期被迫害致死的基督徒,后封圣。

[6] John Julius Norwich, *Byzantium*, pp. 285 – 286.

[7] 未来米哈伊尔五世皇帝的父亲。

君士坦丁堡。① 接替他的斯蒂芬指挥不力,致使该岛于 1041 年再次沦陷。② 之后,尽管巴里最终被重新夺回,拜占庭人对西西里人的征服最终失败,他们对诺曼人的远征也遭遇了失败。③

紧接着,保加利亚人又于 1040 年爆发了起义。起义的根本原因是拜占庭人长期在该地区施行竭泽而渔的税收方式,导火索则是宦官约翰的税收改革。他剥夺了保加利亚人用实物代替钱币缴纳赋税的权利,强行推行货币税,这实际上增加了以实物换取货币的中间环节,加重了保加利亚人的负担,致使保加利亚农民的经济状况日益恶化。④ 他们对"孤儿院院长"约翰的贪婪严重不满,起兵反叛。⑤ 米哈伊尔四世得到军报时已经因为癫痫而半身不遂,腿部水肿且有坏疽。普塞洛斯称他"身体状况非常糟糕,甚至最轻微的活动也一度给他造成极大的痛苦,对他而言就连穿衣服都已十分困难"⑥。

1041 年,米哈伊尔四世不顾元老院和诸多亲属的反对,坚持带病御驾亲征。他亲率 4 万人的军队,由挪威雇佣兵协助,其中包括未来的挪威国王哈拉尔德三世(Harald Ⅲ of Norway)。保加利亚方面起义的领导人是彼得·德尔杨(Peter Delyan),他是前保加利亚沙皇塞缪尔之孙、加布里埃尔-拉多米尔(Gabriel-Radomir)的儿子,曾在拜占庭做奴隶,后来逃走。起义一度声势浩大,皇帝险些在塞萨洛尼基丧命。保加利亚人因约翰横征暴敛积累的愤怒找到了发泄口。德尔杨被拥立为保加利亚沙皇。但德尔杨和另一位起义领导人阿鲁西亚努斯(Αλουσιάνος)交恶,后者是保加利亚沙皇弗拉迪斯拉夫(Vladislav)的次子,生性温和,智力出众。宦官约翰曾以莫须有的罪名对他施以责罚,并且囚禁了他的妻子,导致他反叛。一开始,阿鲁西亚努斯因自己高贵的血统使大多数保加利亚人向他这位真正的沙皇继承人效忠,德尔杨处于下风。但起义军中一些人选择支持前者,另外一些人支持后者,然而两派都极力维护和平,于是力促两位领袖的和

① W. Treadgold, *A History of the Byzantine State and Society*, p. 588.

② P. Charanis, "The Byzantine Empire in the Eleventh Century", pp. 180 – 181.

③ John Julius Norwich, *Byzantium*, pp. 285 – 286.

④ D. Obolensky, *The Byzantine Commonwealth*, p. 277.

⑤ W. Treadgold, *A History of the Byzantine State and Society*, pp. 586 – 587.

⑥ Michael Psellus, *Fourteen Byzantine Rulers*, p. 111.

解。此后,他们二人享有同等的地位,经常会晤,但是"一山不容二虎",他们彼此互相猜忌。阿鲁西亚努斯率先发难,囚禁了德尔杨,"用一把做饭用的刀割去他的鼻子,弄瞎他的双眼"①,起义力量因此涣散。米哈伊尔四世乘机首先收复了塞萨洛尼基,然后夺取德里安,之后在保加利亚境内奇袭了普里莱普(Prilep)的防御营地。② 1041年9月前后,阿鲁西亚努斯孤掌难鸣独木难支,遭遇大败,战败后向拜占庭皇帝米哈伊尔四世求和,于是双方缔结和约。米哈伊尔赏赐给阿鲁西亚努斯高贵的头衔,而后将他押解回拜占庭首都。米哈伊尔四世为此凯旋返回首都,举行了盛大的入城仪式。③

　　米哈伊尔四世深知自己的病无法治愈,且来日无多,无法颐养天年。此时,他的身体已经完全坏死肿胀,没有任何人能对皇帝的水肿视而不见。他尝试过很多方法,比如祈祷和净化,希望可以得救。他向宗教寻求慰藉,在返程途中拜访了塞萨洛尼基的圣迪米特里教堂,还在君士坦丁堡赏赐修道士,兴建修道院④,并在君士坦丁堡东部扩建一座教堂以纪念阿纳尔基利(Anargyroi)。阿纳尔基利是那些免费为人治病的圣徒们的绰号,希腊文为"ἀνάργυροι",意为"免费"。最初指的是圣科斯马斯及其兄弟圣达米安,他们于4世纪戴克里先大迫害时被处死,由于他们曾经是内科医生,免费行医看病,故而被称为阿纳尔基利。查士丁尼曾修建教堂以纪念他们。⑤ 米哈伊尔为其"修建了围墙,里外重新装修,并建小礼拜堂使其更为壮丽"⑥。在很大程度上讲,皇帝此举都是为了崇敬上帝,希望能够劝慰安抚"上帝的仆人们",进而治愈他的病痛。但是这一切都是徒劳,因为他的气数已尽,他的健康状况继续恶化。于是他最终放弃了康复的希望。此时他唯一关注的便是末日审判的到来,他深信必须坚决地使自己摆脱罪孽,他要为那些罪行赎

---

① Michael Psellus, *Fourteen Byzantine Rulers*, p. 115.

② W. Treadgold, *A History of the Byzantine State and Society*, p. 587.

③ Michael Psellus, *Fourteen Byzantine Rulers*, pp. 113 - 116.

④ John Skylitzes, *A Synopsis of Byzantine History, 811 - 1057*, p. 388.

⑤ 阿纳尔基利作为一种圣徒的分类是东正教所独有的,单指纯粹出于对上帝和人的爱而医治的人,严格遵守耶稣的命令:"你自由地接受,自由地给予。"(马太福音10:8)Cyril Elgood, *A Medical History of Persia and the Eastern Caliphate: From the Earliest Times Until the Year A. D. 1932*, Cambridge: Cambridge University Press, 2010, p. 207.

⑥ Michael Psellus, *Fourteen Byzantine Rulers*, p. 105, 107.

罪。① 米哈伊尔四世进而希望上帝宽恕他的罪行,他花费国库中的大宗钱财在帝国境内修建修道院和女修道院。他还为拯救妓女的灵魂新建了一处收容所,命名为普托霍特洛菲昂(Ptochotropheium)②,希望通过拯救他人的灵魂使自己得到救赎。

"孤儿院院长"约翰也深知米哈伊尔四世将不久于人世,为了继续掌控帝国统治大权,处心积虑让皇后邹伊收养自己的外甥小米哈伊尔为义子③,并将其立为储君(凯撒),以便一旦米哈伊尔四世病故,帝国的权力仍然掌握在约翰家族手中。④ 为此约翰单独向米哈伊尔四世皇帝进言道:"我一直这样侍奉你,不仅像对待弟弟一样,而是对待主人和皇帝,上天是知道的,所有人也都知道;你自己也无从否认吧。当然,坦率地讲,我也要适当地满足家族中其他人的欲望,考虑他们的意见,关注他们的利益,这点你比任何人都清楚。所以我对你现在的皇位并不担忧。我只是想要保证,将来这个皇位可以安全顺利地继承下去。如果我无法管住人们的嘴,至少我的政策始终如一地将人们的注意转移到你一个人身上。如果你确信了我对你的忠心,如果你知道我忠实地履行了职责,那么我恳求你不要把我的话当作耳旁风。如果你那么做了,好了,我就不说了。我不会说我们的命运终结在哪一刻,免得冒犯了你⋯⋯陛下,想象一下人们无法亲耳得知或亲眼得见您正受病痛折磨,这是明显的事实,但是被秘而不宣。当然,我非常清楚这个病不会给你造成致命的伤害,但是人们总是喜欢以讹传讹,说你已经死了。我的担心是,一旦他们相信你去世了,很可能就会有叛乱发生。起义者会从民众当中推举出一个人,将他拥立为皇帝。就我自己而言,就我们整个家族而言,我没有什么好担心,我只是更加为你担忧。如果这么贤明这么公正的一位皇帝被说成是缺乏远见,那真是太可悲了。他或许可以逃脱危险,但是无法摆脱那种谴责⋯⋯如果我们的兄弟没有死,你便可以授予他帝国第二大职位——凯撒之职。但是死神已经

---

① Michael Psellus, *Fourteen Byzantine Rulers*, pp. 105 – 106.

② Michael Psellus, *Fourteen Byzantine Rulers*, p. 108.

③ 为宦官约翰之妹玛丽亚的儿子。

④ Michael Psellus, *Fourteen Byzantine Rulers*, p. 130; R. Janin, "Une ministre byzantin: Jean l'Orphanotrophe (XIe siècle)", *Échos d'Orient*, 1931, no. 34, pp. 431 – 443; Alexander P. Kazhdan ed. , *Oxford Dictionary of Byzantium*, p. 1219.

把他从我们身边带走,那么还有我们姐姐的儿子,就是统领你护卫队的那个米哈伊尔,你知道的。为什么不封他作凯撒呢？这样他就可以更好地为你效力,对于那个职位他只会将其视为名义上的职位。除了拥有头衔,他只是你的一个奴隶,只有最低级的官阶。陛下,你应该知道,按传统,帝国属于邹伊,整个民族也都对她更为效忠,因为她是个女子,是皇位的继承人。此外,挥金似土的她已经完全赢得了人们的心。因此我提议,让她成为我们外甥的母亲——如果邹伊收养了他,那将是非常有利的,同时劝说她将米哈伊尔升为凯撒。她不会拒绝的。邹伊是愿意与人方便的,而且无论如何她也不能反对我们。"①约翰的提议奏效了,1041 年,他们发布了一个举行公开仪式的公告,所有的要人都集中在京都西北角的布拉海尔奈皇家教堂内。② 教堂内人头攒动,皇后邹伊在养子的陪伴下,从宫中走出。米哈伊尔四世对于小米哈伊尔被皇后收养表示祝贺,并且正式擢升他为凯撒。人们向他欢呼,然后用应有的仪式和礼节向他表示祝贺。仪式结束后,"孤儿院院长"约翰坚信自己的一切忧虑都已解除,自己家族的命运也得到了保证。③

　　1041 年 12 月 10 日,米哈伊尔四世感受到了上帝的召唤,于圣阿纳尔基利修道院削发成为一名修道士。"他被搬运夫抬到了那里(修道院)。在这个静修冥想之所,他跪在教堂的地板上,向上帝祈祷,祈求自己的献身是令人满意的并且在献祭之后可以得到净化……他将自己交付给神职人员,请他们献上祭品,这些人围拢在他的两侧,吟诵向上帝献祭祈祷文的开篇。他们脱下他的皇袍和紫色服装,为他穿上基督的神圣斗篷。接着,他们摘下他头上的王冠,代之以拯救的头盔,在他胸前和后背配上十字架。"④病入膏肓的皇帝同时放弃了自己的皇位。邹伊听闻后抛开一切恩怨,徒步穿越君士坦丁堡希望见他最后一面,却未能如愿。⑤ 普塞洛斯认为米哈伊尔如此绝情或许是因为愧疚,或许是因为他全心笃信

---

① Michael Psellus, *Fourteen Byzantine Rulers*, pp. 100 – 101.

② 希腊语为 Βλαχέρναι,位于君士坦丁堡城西北角,此处水源丰富,建造了许多著名教堂。最著名的是 450 年由皇后帕尔切里亚建造的布拉海尔奈宫圣玛丽亚教堂。该教堂被皇帝利奥一世扩建,并在 6 世纪的时候由皇帝查士丁尼一世翻新。Alexander P. Kazhdan ed., *Oxford Dictionary of Byzantium*, p. 293.

③ Michael Psellus, *Fourteen Byzantine Rulers*, p. 101.

④ Michael Psellus, *Fourteen Byzantine Rulers*, pp. 116 – 117.

⑤ Michael Psellus, *Fourteen Byzantine Rulers*, p. 117; John Zonaras, *Epitome Historiarum*, 3. 604.

了上帝。① 米哈伊尔四世于 1041 年 12 月 10 日晚驾崩,时年 31 岁,统治拜占庭帝国七年。②

米哈伊尔四世相貌英俊、天性温和、顺和懦弱,他"从不允许身体的欲望超过理性,或者是以理性严格控制各种欲望",盖源于疾病。他目光如炬,神情总是保持冷峻,显然是努力恢复癫痫后的形象。此外,他擅长机智地反驳别人,巧言善辩,神经质性格明显,其语速很快说明他思维敏捷,他的讲话很少千篇一律,且其音色悠扬悦耳,令人回味无穷,这也许是他立即俘获邹伊芳心的原因。③ 米哈伊尔四世是女皇邹伊历任丈夫中最中意的,可惜疾病缠身、英年早逝。

第十五节

米哈伊尔五世(Michael V)

1041—1042 年在位

米哈伊尔五世·卡拉发特斯(Michael V Kalaphates, Μιχαήλ Ε' ο Καλαφάτης,约生于 1015 年,卒于 1042 年 8 月 24 日,享年 27 岁)是继马其顿王朝女皇邹伊的第二任丈夫米哈伊尔四世之后的皇帝,如果将篡位皇帝计算在内,他是该王朝第十六位皇帝,1041 年 12 月 14 日以邹伊养子身份登基,1042 年 4 月 21 日被废,在位仅 4 个月。

米哈伊尔五世·卡拉发特斯是女皇邹伊和米哈伊尔四世的养子,米哈伊尔四世的外甥。他于 1015 年出生,母亲玛丽亚是米哈伊尔四世的姊妹,嫁给了海军上将斯蒂芬。④ 斯蒂芬来自穷村僻壤,普塞洛斯称"其默默无闻,不为人所知,他来

---

① Michael Psellus, *Fourteen Byzantine Rulers*, p. 117

② John Skylitzes, *A Synopsis of Byzantine History*, 811–1057, p. 390.

③ Michael Psellus, *Fourteen Byzantine Rulers*, p. 90.

④ 他曾于 1035 年出任西西里舰队司令,大败于敌军。乔治·马尼亚基斯对他的无能极为愤怒,而马尼亚基斯因为斯蒂芬的阴谋而被召回。他很快便将马尼亚基斯的成果挥霍殆尽。参见 Michael Psellus, *Fourteen Byzantine Rulers*, p. 192。

自人迹罕至的穷乡僻壤,或者是地球上某个偏僻的角落"①。"斯蒂芬既不耕种谷物,亦不种植葡萄,因为他根本没有半点土地,也没有牛群可以放牧,没有羊群费心喂养,他既不是农场管家,也没有任何谋生手段,甚至没有一点上升空间。斯蒂芬只有将注意力投向大海,但他无心经营贸易,不愿在船上充当领航员,亦不愿在船只进港或出海时为它们领航并收取费用。"②于是他成为造船生产线上的重要一环,即捻缝工"卡拉发特斯"(Καλαφάτης),小米哈伊尔的这个绰号其实源自他父亲的这个职业。斯蒂芬的工作"既不是砍伐木材或者刨光造船所用木料,也不是在那里安装和钉牢木板。他的工作只是当其他人完成了安装船体组合的工作后,他非常熟练地用松脂涂抹黏合这些木板。每一艘新造的船想要在深水航行,必须先要由这个小伙子用他精巧的技术为其精雕细琢一番"③。小米哈伊尔母亲的世系也和其父亲大体相当,来自社会下层。

尽管米哈伊尔·卡拉发特斯出身卑微,但在其患有癫痫病的舅舅成为皇帝米哈伊尔四世之后,他也在另一个舅舅"孤儿院院长"约翰的帮助下,于1041年被皇帝米哈伊尔四世和女皇邹伊收为养子,同时被授予凯撒的头衔,成为皇位继承人。④ 根据普塞洛斯的记载,"孤儿院院长"约翰劝说米哈伊尔四世皇帝,他表示同意,当他们向邹伊宣布此事时,她一下就同意了。于是他们立即付诸行动。他们发布了一个举行公开仪式的公告,所有的要人都集中到布拉海尔奈教堂内。而后,皇后邹伊在养子小米哈伊尔的陪伴下,从宫中走出。皇帝对于小米哈伊尔被皇后收养表示祝贺,并且正式擢升他为凯撒。人们向他欢呼,然后用应有的仪式和礼节向他表示祝贺。⑤

小米哈伊尔成为凯撒后,受到皇帝米哈伊尔四世的猜忌。虽然米哈伊尔四世没有明确表示反悔,但是也没有给予小米哈伊尔一个凯撒所应有的待遇。米哈伊尔四世既没有按惯例授予他应有的荣誉,又只允许他享有表面上的和象征性的权

---

① Michael Psellus, *Fourteen Byzantine Rulers*, p. 102.

② Michael Psellus, *Fourteen Byzantine Rulers*, p. 102.

③ Michael Psellus, *Fourteen Byzantine Rulers*, pp. 102 – 103.

④ J. M. Hussey ed., *The Cambridge Medieval History: The Byzantine Empire*, Part 1, Vol. Ⅳ, Cambridge: Cambridge University Press, 1966, p. 198.

⑤ Michael Psellus, *Fourteen Byzantine Rulers*, p. 101.

利。普塞洛斯曾亲眼看到凯撒米哈伊尔站在一群宫廷高官之中手足无措的样子，他宛若透明人无人理睬，人们说什么重要事情都会越过他直接禀报皇帝米哈伊尔四世。小米哈伊尔还不得与皇帝同桌用餐，只有在官方宴会上他才能享有凯撒的席位。如果按惯例给他支起帐篷，门口也会有卫兵把守，外表与凯撒驻地有几分相像，但帐篷被安置在毫不起眼的角落里，地位同皇帝的其他兄弟别无二致，甚至更低。① 小米哈伊尔甚至被明升暗降、暗地流放，他的舅舅们在君士坦丁堡郊区给他修建了一处宅邸，看似是让小凯撒开府建衙，实际上是将他逐出皇宫朝廷核心权力之外。"小米哈伊尔无论出入都不能任由己愿，只能听从这些人的命令行事。即使是在无拘无束的梦境，他也不敢奢求舅父哪怕一点点的恩惠。"②

另一方面，小米哈伊尔的其他舅父因担心皇帝的健康，将整个家族的希望寄于这个外甥的身上，对这个孩子既控制又讨好。他们一方面对他进行了特别的防护，另一方面又要巧妙地取得小米哈伊尔的好感，将大量皇帝所享有的荣誉暗暗许给了他，为各自在未来的政府中谋求一个显赫官职而铺路搭桥。③ 但是他们没有发现小米哈伊尔具有超凡的本领可以掩盖"灰烬下面的火焰"，就是说，在他友善的外表之下隐藏着一副罪恶嘴脸。"在妄想和欺骗方面，他是一个天才。他从来不知报答自己的恩人，不会出于友情而感激任何人，也不懂得关心或热爱他人。但是靠着虚伪掩饰的才能，他将这一切悉数隐藏，不为人所见。"④小米哈伊尔升任凯撒之后，在距离他登上皇位的相当长一段时间内，都在暗自幻想自己成为真正的皇帝后的场景。他将每一位家族成员都在脑子里过了一遍，谋划将来要利用至高无上的皇权对他们做些什么。所有那些曾经帮助过他、提携过他的人，他都准备日后除掉，他对养母邹伊极为愤恨，他更要杀死几个舅舅，其他人一律流放，因为他们把他推上这个位置却不给他任何好处，明显是把他当成可以利用的傀儡。他每时每刻都在幻想着这些事情，在那些人面前他比以往更加小心谨慎地表现出友好姿态。

---

① Michael Psellus, *Fourteen Byzantine Rulers*, pp. 101 – 102.

② Michael Psellus, *Fourteen Byzantine Rulers*, p. 102.

③ Michael Psellus, *Fourteen Byzantine Rulers*, p. 102.

④ Michael Psellus, *Fourteen Byzantine Rulers*, p. 103.

米哈伊尔复仇计划的主要目标是他的舅舅"孤儿院院长"约翰。但是米哈伊尔不露声色，他觉得自己的性命安危全都系于约翰之手，于是坚持叫约翰"先生"，表现得在身份上低于约翰，借此迷惑对方。如果说其他人都被迷惑了的话，唯独世故老道的约翰感到小米哈伊尔可疑做作。但是，约翰处事谨慎并没有采取行动，两人表面上满口仁义道德，背地里暗藏杀机，各自静待时机，策划血腥的阴谋，可是他们两个人都认为自己蒙蔽了对方。①

1041 年米哈伊尔四世病逝之后，小米哈伊尔被紧急召回皇宫。② 12 月 10—13 日，帝国的最高权力归于邹伊之手，经过再三考虑，她同意小米哈伊尔继承国祚。在这一过程中，"孤儿院院长"约翰发挥了重大作用。约翰要求他的兄弟们不要僭越皇后独自行事，要尽一切可能赢得她的信任。于是他们步调一致地团结一心，开始提醒邹伊领养小米哈伊尔的事实。他们为她加上了许多谄媚的、应时应景的头衔，同时向她保证，他们的外甥只不过是名义上的皇帝，而她除了头衔，还可以拥有她靠继承父辈皇位而获得的权力。如果她愿意，她可以独自管理国家，她完全可以向他发号施令，让他像奴隶或是傀儡一样执行自己的命令。他们向她庄严宣誓，并手持圣物表示了自己的忠心，于是很容易就被虚荣心冲昏了头的邹伊就被置于约翰家族的股掌之中。邹伊当时已经完全失去了外援，并完全受控于他们这群市井无赖和奸诈之徒了。③

小米哈伊尔在他的叔叔去世三天后于 1041 年 12 月 14 日成为拜占庭人的皇帝并加冕，史称"米哈伊尔五世皇帝"。根据斯基利齐斯的描述，米哈伊尔五世从未经历过大场面，当邹伊为他戴上皇冠时，他竟然惊慌得晕厥倒地，人们忙用橄榄油、香料等物品才使他恢复神志。④

在军事外交方面，米哈伊尔五世释放了因同自己的父亲斯蒂芬不和，而被米哈伊尔四世关押的将军乔治·马尼亚基斯，并派遣他再次率军收复西西里。马尼亚基斯有机会再度展示其军事天赋，采取了各种军事策略，显然是要将侵略者彻

---

① Michael Psellus, *Fourteen Byzantine Rulers*, p. 104.

② A. Kaldellis, *Streams of Gold, Rivers of Blood*, p. 176.

③ Michael Psellus, *Fourteen Byzantine Rulers*, p. 104.

④ John Skylitzes, *A Synopsis of Byzantine History, 811 - 1057*, pp. 391 - 396.

底赶出那片土地,并且防止他们日后再次入侵。①

在内政方面,巩固皇权是米哈伊尔五世在任期间所有行为的根本目的,最后他也因此而被推翻。像前任几位皇帝一样,米哈伊尔五世登基后授予元老院成员各种荣誉和头衔②,反倒是对自己的舅舅"孤儿院院长"约翰阳奉阴违,口蜜腹剑。米哈伊尔五世表面上称约翰为"我的主人",将这句话时时挂在嘴边,还特地在自己的宝座旁边为约翰单独设置了一个座席,在开口说话之前总是让人见到他已经征得约翰的默许。③ 普塞洛斯认为是米哈伊尔五世自己疑神疑鬼,而斯基利齐斯认为是邹伊多心,无论是谁,他们因为约翰专横跋扈受到压制而心生怨恨。

米哈伊尔五世于是与自己的另一个舅父君士坦丁勾结在一起,此人对"孤儿院院长"约翰也是嫉妒有加。君士坦丁认为约翰是他们兄弟几个中唯一参与政务的高官,对待他们不像亲人更像是主人对待下人。先帝米哈伊尔四世对约翰极口称赞,视其为家族中的顶梁大柱,颇为倚重,而对家族中的其他人,则敬而远之,甚至深恶痛恨,只为了家族共同利益不愿深究他们的罪过,投鼠忌器罢了。然而木秀于林风必摧之,尽管几个兄弟皆嫉妒约翰的声望,尽管君士坦丁对约翰感到愤恨,但是他们在先帝在位时不敢,或者说不能采取任何行动来反对约翰。④ 可是到新帝米哈伊尔五世对约翰暗含杀机时,他们便可以动手了,因此蠢蠢欲动。君士坦丁在小米哈伊尔还是凯撒之时便与其私相授受,允许米哈伊尔随心所欲地使用自己的私人财产。君士坦丁以这种方式获得了皇帝米哈伊尔五世的信赖,而后他继续巩固与皇帝的友情,以便在对付约翰的行动中二人可以并肩战斗。⑤ 米哈伊尔登基后立即赐予君士坦丁高贵的头衔"大贵族"(Nobilissimus, $\nu\omega\beta\epsilon\lambda\acute{\iota}\sigma\sigma\iota\mu\sigma\varsigma$)⑥,以奖赏其忠心。该头衔地位一般在凯撒之下,众官之上,可穿戴皇家紫色的外衣、帷幔和腰

① Michael Psellus, *Fourteen Byzantine Rulers*, pp. 193 – 194.

② A. Kaldellis, *Streams of Gold, Rivers of Blood*, p. 176.

③ Michael Psellus, *Fourteen Byzantine Rulers*, p. 123.

④ Michael Psellus, *Fourteen Byzantine Rulers*, p. 124.

⑤ Michael Psellus, *Fourteen Byzantine Rulers*, p. 124.

⑥ 高级官衔,根据佐西莫斯的记载,该称号是由君士坦丁大帝创建,多由皇室成员担任。Alexander P. Kazhdan ed., *The Oxford Dictionary of Byzantium*, pp. 1489 – 1490; J. B. Bury, *The Imperial Administrative System of the Ninth Century-With a Revised Text of the Kletorologion of Philotheos*, p. 22; *Cletorologion*, sub auctore Philotheo, J. J. Reiske ed., vol. 1, TLG, No. 3023X06.

带,地位尊贵。从 11 世纪晚期开始,这个称号被授予高级军队指挥官,未来的拜占庭皇帝阿莱克修斯·科穆宁(Alexios Komnenos,1081—1118 年在位)是第一个获此殊荣的人。君士坦丁当上大贵族之后不久,便开始攻击约翰。而约翰则想将众矢之的的状态变为敌明我暗,好洞悉暗窥。他打算将家族和政府权力过继给他的侄儿,另一位君士坦丁,此人当时担任官僚长官(μάγιστρος)之职。① 约翰还打算借他人之手向皇帝开战。后来,由于害怕这位君士坦丁会事败被抓并判处反叛罪甚至牵连自己而作罢。约翰担心自己被供出便难以逃脱,而且这样做也无法将家族的其他成员斩草除根,故而试图和皇帝米哈伊尔五世和解。他说服皇帝赠予家族其他成员一些特权,皇帝准许了约翰的请求并且写下了他的承诺,为的是胁迫约翰对未来的行为作出保证。然而,那些诺言刚刚写在纸上,约翰就私自添加了一句话,即一旦其任何一个外甥被确认谋反,他既不会遭到惩罚也不会被判处罪行,受牵连,因此获得免于遭受审判的特权。② 约翰补充加上了这一条,便以为万事大吉,只需坐待良机。后来,他发现米哈伊尔对某些文件并不十分感兴趣时,便递上这份文件请他签署。皇帝粗略地通读一遍,痛快地签字批准了。约翰自然喜不自胜,但是他没有料到皇帝米哈伊尔五世心思更加缜密,皇帝因此就证实了其怀疑确着无疑。

一山不容二虎,一国不容二主。米哈伊尔五世认为自己要么保持皇帝权力的完整,要么与国家一起灭亡③,他绝不允许舅舅"孤儿院院长"约翰功高震主,不分轩轾。他不仅不再赐予"孤儿院院长"约翰应有的荣誉,甚至在政策上也开始不再顺从约翰的意见。某日,米哈伊尔五世和约翰同桌共餐,君士坦丁故意将话题引到某件有争议的事情上,米哈伊尔五世和约翰就此发表看法。两人意见不一,君士坦丁对皇帝的看法大加赞赏,称其为"精彩的判断,不愧出自皇帝之口",而把约翰的意见斥为"狡诈伎俩"。④ 君士坦丁还在皇帝授意下对约翰进行了激烈批评,回顾了约翰以往的专横傲慢,揭发他当下的敌意和虚伪。受到奇耻大辱的

---

① 宫廷高官,已无实权,是一种高级荣誉头衔,12 世纪科穆宁王朝时彻底消失。Alexander P. Kazhdan ed. , *The Oxford Dictionary of Byzantium* , p. 1267.

② Michael Psellus, *Fourteen Byzantine Rulers* , p. 127.

③ Michael Psellus, *Fourteen Byzantine Rulers* , p. 128.

④ Michael Psellus, *Fourteen Byzantine Rulers* , p. 128.

约翰愤而离席,甚至于没有回家,而是带着小包裹离家出走,去城外很远的地方暂居。当约翰离开时,他的私家护卫跟随着他,一大批元老也随他离去,还有部分民众也一起搬出城去。约翰为之一振,以此威胁皇帝,他认为这样一来会迫使皇帝苦苦哀求自己返回,他也就能很快返回宫中。米哈伊尔五世皇帝确实顾虑重重,害怕引发暴动。于是皇帝措辞巧妙地写了一封毫无恶意的信,一方面责备约翰过于敏感傲慢,另一方面希望他回来商议政务秘事。约翰拿到皇帝信函,一路狼烟赶回皇宫,他以为皇帝已经服软会亲自迎接他,结果他没有得到与自己职衔相称的礼遇,皇帝早早就去大剧场里贪欢逐乐去了。不仅如此,皇帝没有给约翰留下任何口信。

约翰深感自己受到了比之前更残酷的羞辱,皇帝对他已然弃若敝屣满不在意。约翰怒气填胸,毫不犹豫地再次回到郊区驻地。约翰盛怒之下没有见到皇帝就再次出走,留给政治对手一个把柄。他的对手是帝国最高统治者米哈伊尔五世,他手握皇权可以任意处置臣子,约翰臣子的身份是他最大的软肋。米哈伊尔五世下令要求约翰上船,一个人前来觐见,向皇帝解释为何蔑视皇帝,拒不服从皇帝的命令。① 约翰被迫挂帆启航,米哈伊尔五世在皇宫的高处注视着大海,当载有约翰的船即将抛锚入港时,皇帝在城墙上面朝正要进港的水手们做了个手势,要求他们调转船头。这一切早已经事先安排好了,另一支战舰迅速出海,尾随其后,向约翰的船开火并俘获了他,然后他们把约翰带到自己的战舰上,将他流放到偏远的莫诺巴泰修道院(Monobatae monastery),一个专门关押海盗罪犯的地方。② 米哈伊尔五世不给对手喘息的机会,对这位一手扶持自己上位的舅舅毫无怜悯之心,他阉割了"孤儿院院长"约翰的所有男性直系亲属。这样做还不解气,他于 1042 年乘约翰还在狱中时,安排君士坦丁堡牧首米哈伊尔·塞鲁拉利乌斯(Michael Ⅰ Cerularius, 1043—1059 年在任)下令弄瞎他的双眼。后来,约翰被流放至米蒂里尼(Mytylene),后任皇帝君士坦丁九世·摩诺马赫将他处死。③

---

① Michael Psellus, *Fourteen Byzantine Rulers*, pp. 129 - 130.

② "孤儿院院长"的护卫们也被放逐到了莫诺巴泰修道院。塞德林努斯(749D,535 页)的记载与此不同。他认为"孤儿院院长"约翰是被邹伊流放。

③ Michael Psellus, *Fourteen Byzantine Rulers*, p. 130, 147; Shaun Tougher, *The Eunuch in Byzantine History and Society*, p. 56.

紧接着米哈伊尔五世剑指皇太后邹伊。通常,皇太后邹伊的名号在公共场合,永远在他这个皇帝之前。虽然他在担任凯撒期间曾发誓效忠女皇邹伊,视她为主母和母亲,称帝后也谦逊地称邹伊为"皇太后""我的女主人",时时提及"我是她的仆人"以及"她决定所有的事情"诸如此类肉麻至极的话①,但实际上心怀怨恨。米哈伊尔五世先是以种种借口禁止邹伊进入内阁会议室,进而剥夺她动用国库财产的权力。他不仅监视着邹伊的一举一动,甚至监控侍奉的宫女们。他一度寄希望借助于星象变动来流放邹伊,因此命令占星士们观测星辰,仔细检测星星的整体位置。但是,占星士们看到的一切迹象均预示着血光与悲痛,于是他们告诫皇帝放弃这个计划。身边一些更为谨慎的人建议他推迟行事,以待时机。闻听此言,米哈伊尔五世哈哈大笑。他对这种把戏不屑一顾,说它是骗人的把戏,"见鬼去吧",他说:"我的冒险行动将会戳穿它!"②于是,米哈伊尔五世大肆编造和宣传皇太后邹伊的弑君之罪。1042 年 4 月 19 日,他在君士坦丁大帝法庭举行审判大会,由市长阿纳斯塔修斯主持,在这次审判中,皇太后邹伊被指控犯有叛国罪并曾与牧首阿莱克修斯合谋以毒杀的方式弑君,判决皇太后邹伊于 1042 年 4 月 18—19 日晚上,流放至离首都不远的普林西波岛。③

根据普塞洛斯的记载,邹伊被押送至船上时曾泪流满面,以近似挽歌的方式向其伯父瓦西里二世在天之灵祈祷,以此表明自己才是正统皇位继承人。④ 米哈伊尔五世强令她只能带一名侍女服侍,这是为了方便他杀掉皇后的下一步行动。旋即,米哈伊尔五世派人前去为邹伊剃光头发,实际是要杀害她。幸运的是,邹伊仅仅被削发出家,性命无恙。然而对于米哈伊尔五世而言,邹伊已经死了。紧接着,4 月 20 日,米哈伊尔五世向元老院生动转述了整个事件。⑤ 他向元老们揭露了邹伊的所谓阴谋,并且宣称自己已经怀疑邹伊很久了。更恶劣的是,他谎称自己曾多次目睹邹伊双手沾满鲜血,但是出于对元老们的尊敬而没有揭露她的罪

① Michael Psellus, *Fourteen Byzantine Rulers*, pp. 122 – 123; John Zonaras, *Epitome Historiarum*, 3. 605 – 606.

② Michael Psellus, *Fourteen Byzantine Rulers*, p. 133.

③ Michael Psellus, *Fourteen Byzantine Rulers*, p. 134; John Skylitzes, *A Synopsis of Byzantine History*, *811 – 1057*, p. 392; John Zonaras, *Epitome Historiarum*, 3. 609; Michael Attaliates, *The History*, p. 21.

④ 挽歌原文见"邹伊"词条,Michael Psellus, *Fourteen Byzantine Rulers*, p. 135。

⑤ A. Kaldellis, *Streams of Gold, Rivers of Blood*, p. 177.

行。在编造完上述谎言之后,米哈伊尔五世感觉得到了元老们的认可。按照拜占庭帝国的政治传统,米哈伊尔将目光转向了民众。他向追随他的一些民众又讲了一遍自己编造的故事,很明显,米哈伊尔也在这些人当中获得了部分支持。[1] 米哈伊尔五世觉得大势已定,自己可以高枕无忧了,对他皇权威胁最大的两个人均已成为阶下囚,他现在已然是整个帝国唯一的和最有权势的主人。

米哈伊尔五世以小人得志之心看待整个形势,自以为可以高枕无忧了,故而在皇宫之中夜夜笙歌、纵情声色。皇宫之外,似乎风平浪静,但这种平静酝酿着风暴。不满与困惑的情绪弥漫在整个君士坦丁堡的上空,萦绕在每个人的心头,不分贵贱,不计年龄。都城的那份天然的和谐宁静被打破,焦虑的暗流慢慢显现,每个人都关注着皇太后的"罪行",人们内心深处充满了不祥的预感,他们开始公开谈论这些事情。邹伊在上层中的境遇渐渐为人所共知,整个城市沉浸在一片哀恸之中。就像面临巨大的自然灾难一样,所有人心里充满了悲伤。翌日,没有人再保持沉默了。统治阶层的贵族、各级教士们甚至是皇族和宫廷成员都议论纷纷。君士坦丁堡的民众视米哈伊尔五世为篡位者,指责"这个卑贱的家伙怎敢对皇室血统的女皇动手"[2],他们关切邹伊的人身安全和在帝国的地位。事实上,这种弥漫全城的气氛也是一部分旧贵族和市政官员暗中煽动起来的。某日,米哈伊尔五世宣布邹伊因为叛国罪被流放,牧首阿莱克修斯也被免职[3],他乐观地认为君士坦丁堡的民众会站在自己一边,结果人民暴动了,皇宫围满了要求邹伊复位的民众,一些妇女和儿童加入保护邹伊的行列中。[4] 她们前往大皇宫为邹伊请命,君士坦丁堡其他民众也加入进来。"有人手持大斧,有人挥舞着大腰刀,有人持弓,还有人提长矛,而暴民们只是在衣服里藏了些大石头块,手里还拿着一些,他们的队伍杂乱无序。"[5]普塞洛斯当时正在大皇宫中,他亲眼看见了这一切,瞠目结舌难以置信。"在大多数人看来这是一次愚蠢的叛乱,但是我耳闻目睹了事情的前

---

[1] Michael Psellus, *Fourteen Byzantine Rulers*, p. 136.

[2] Michael Psellus, *Fourteen Byzantine Rulers*, pp. 136 - 138; John Zonaras, *Epitome Historiarum*, 3. 610; John Skylitzes, *A Synopsis of Byzantine History*, 811 - 1057, p. 393.

[3] John Skylitzes, *A Synopsis of Byzantine History*, 811 - 1057, p. 393; Michael Attaliates, *The History*, p. 23.

[4] Michael Psellus, *Fourteen Byzantine Rulers*, pp. 138 - 139.

[5] Michael Psellus, *Fourteen Byzantine Rulers*, p. 139.

因后果,现在星星之火已成燎原之势,唯有汇聚百川之水方能将其扑灭。"①

　　武装起来的君士坦丁堡民众按照传统,首先攻击拜占庭帝国官僚系统的总部,释放囚犯②,然后决定攻击朝廷贵胄,捣毁他们富丽堂皇的居所,他们所到之处皆被夷为平地。很多屋舍坍塌,地面上一片残骸。破坏的主力并非那些健壮的青年男子,反倒是年轻的妇女和儿童。③ 皇帝米哈伊尔五世此时还端坐于皇宫之中,对事态发展毫不动容,打算以不流血的方式来结束暴动。但他获知民众已武装起来,且武器装备精良之后,开始极度恐慌起来,在四面楚歌中变得手足无措。他既无内助也无外援,就连身边的雇佣军也不能全然信任,故缩手缩脚,既不敢贸然突围也无法抵御围攻。一筹莫展之际,米哈伊尔五世的舅舅大贵族君士坦丁驰援而至。他将自己的家丁全副武装起来,一遇阻拦格杀勿论,他们横穿都城,强行进入皇宫。皇帝米哈伊尔五世以极为喜悦的心情迎接这些在危急时刻赶来增援他的人。他们隐藏在皇宫的高处开弓放箭,射杀了很多民众④,在这次冲突中约有 3 000 人丧生。

　　米哈伊尔五世和君士坦丁自知无力抵抗到底,深知解铃还须系铃人的道理,于是决定立即召回流放中的皇太后邹伊。叛乱因她而起,内战以她为名,米哈伊尔五世为了平息暴动,不得已让邹伊返回皇宫。但是,米哈伊尔五世强迫邹伊承诺一旦危机解除,她必须重新回到修女的生活状态中去;而且,还要默许米哈伊尔早已为她设计好的死亡的命运。年迈的邹伊被带至大剧院的阳台之上,在那里与起义的民众见面,但是民众看见身穿修女服饰的邹伊后更加愤怒,以至于米哈伊尔五世不得不让邹伊临时穿上皇家服饰,米哈伊尔没想到事与愿违。⑤ 他随后便不允许邹伊再露面,"米哈伊尔将邹伊严格看管起来,好像一个税官等待对一艘即将进港的船只征税一样虎视眈眈"⑥。民众在无法同邹伊取得联系的情况下,转

---

① Michael Psellus, *Fourteen Byzantine Rulers*, p. 139.

② A. Kaldellis, *Streams of Gold, Rivers of Blood*, p. 177.

③ Michael Psellus, *Fourteen Byzantine Rulers*, p. 140.

④ Michael Psellus, *Fourteen Byzantine Rulers*, p. 141.

⑤ Michael Psellus, *Fourteen Byzantine Rulers*, pp. 141 - 142; John Skylitzes, *A Synopsis of Byzantine History, 811 - 1057*, p. 394 (称米哈伊尔五世只得让邹伊换上皇家服饰); John Zonaras, *Epitome Historiarum*, 3. 611.

⑥ Michael Psellus, *Fourteen Byzantine Rulers*, p. 144.

而寻找邹伊的妹妹塞奥多拉公主。1042 年 4 月 21 日清晨,米哈伊尔五世被废黜①,邹伊和塞奥多拉宣布成为共治皇帝②。

　　走投无路之际的米哈伊尔五世和他的舅父君士坦丁只得到施托迪厄斯修道院中寻求庇护。③ 然而在头脑更加清醒的女皇塞奥多拉的坚持下,刚刚上任的君士坦丁堡市长康帕纳里斯(Campanares)奉命前往修道院的教堂捉拿米哈伊尔与君士坦丁,君士坦丁对普塞洛斯坦陈,"如果我能够制止他的狂热,那么我们整个家族也许不会受到伤害,不会成为刀剑火海的牺牲品",而米哈伊尔则感叹"上帝是公平的……我现在是自食其果"。④ 为了阻止邹伊再次将米哈伊尔推上皇位,塞奥多拉的支持者们就地将二人双眼刺瞎⑤,君士坦丁勇敢地面对酷刑,而米哈伊尔则无助地挣扎着⑥,这更加刺激了愤怒的民众。随后米哈伊尔又被阉割,于 1042 年 8 月 24 日以修道士的身份去世,年仅 27 岁。⑦

　　世事无常,兴灭轮替。然无常之中必有规律可循,米哈伊尔五世统治短暂,但始终贯穿了围绕着皇权的冲突。拜占庭帝国自开国皇帝君士坦丁一世强化皇权,至查士丁尼一世皇帝定下"一个皇帝、一部法律、一个帝国"的基本国策之后,历任拜占庭皇帝无不以各种手段加强以皇帝为首的中央集权,皇帝总揽国家所有权力。因此,对于皇帝米哈伊尔五世来讲,卧榻之侧岂容约翰酣眠,宝座之后怎容邹伊垂帘。但米哈伊尔出身市井,性格有缺陷,一跃为凯撒之后被猜疑忌惮,完全没有接受作为储君的正规教育,先天不足后天失教。所以米哈伊尔既不像约翰自底

---

① Michael Attaliates, *The History*, pp. 25 – 26.

② Michael Psellus, *Fourteen Byzantine Rulers*, pp. 143 – 144; John Skylitzes, *A Synopsis of Byzantine History*, *811 -1057*, p. 393; Michael Attaliates, *The History*, p. 25; John Zonaras, *Epitome Historiarum*, 3. 611 – 612.

③ 位于君士坦丁堡的普萨马提亚地区,献给施洗者约翰,修建于 450 年左右。该修道院不仅是学术文化中心,也是失败反叛者或退位皇帝的囚禁地,米哈伊尔五世、伊萨克一世和米哈伊尔七世等都曾隐退至此。Alexander P. Kazhdan ed., *Oxford Dictionary of Byzantium*, pp. 1960 – 1961.

④ Michael Psellus, *Fourteen Byzantine Rulers*, pp. 146 – 147.

⑤ John Skylitzes, *A Synopsis of Byzantine History*, *811 -1057*, pp. 435 – 436.

⑥ Michael Psellus, *Fourteen Byzantine Rulers*, p. 150.

⑦ Michael Psellus, *Fourteen Byzantine Rulers*, pp. 147 – 148; John Skylitzes, *A Synopsis of Byzantine History*, *811 -1057*, p. 395; Michael Attaliates, *The History*, p. 29; John Zonaras, *Epitome Historiarum*, 3. 612; L. Garland, "Political Power and the Populace in Byzantium Prior to the Fourth Crusade", *Byzantinoslavica*, 1992, no. 53, pp. 17 – 52; Lynda Garland, "Street-life in Constantinople: Women and the Carnivalesque", pp. 163 – 165.

层摸爬滚打,经验丰富,颇有城府,也不像邹伊从小生活在权力漩涡的中心,耳濡目染,对政治天生敏感,能伸能屈。面对威胁皇权的这两大隐患,米哈伊尔五世无法谋定而后动,化阻力为助力。一系列悲剧事件的背后,反映的是米哈伊尔五世如何挑战拜占庭帝国已然成熟的政治传统,并最终自折羽翼作茧自缚,招致了悲惨的下场。

其一,米哈伊尔五世忽视了"正统"二字的重要性。拜占庭帝国皇权至上最重要的表现形式之一就是"家天下",整个国家包括臣民都是皇帝家族的产业,代代相传。自君士坦丁一世确立以血缘为正朔以后,帝王将国祚传承子嗣就逐渐成为王朝皇权至上的逻辑延伸,拜占庭帝国经过数百年的历史,其皇帝血亲世袭制度逐渐成熟。马其顿王朝绵延至此,已无男嗣,全靠公主邹伊以婚姻方式和收养关系使外姓男子继承皇位。拜占庭帝国以收养关系完成最高统治权的传递,虽然源自古罗马帝国的养子继承制传统,但也成为皇权血亲继承制度性缺陷的补充。① 米哈伊尔五世家族作为一破落户能登上权力的顶峰,马其顿王朝最后的直系血脉公主邹伊所赋予其"正统"地位至关重要,如果前任皇帝米哈伊尔四世是同邹伊结婚获取正统地位的话,米哈伊尔五世则是靠收养关系获取继承皇位的资格。然而米哈伊尔五世在羽翼未丰之际便头脑发热,流放邹伊,亲手切断了同皇权"正统"之间的唯一联系,名不正,则言不顺,言不顺,则事不成,可谓自掘坟墓。

其二,米哈伊尔五世未能在家族从贵族至皇族的转变中扮演好重要的调解角色,将个人好恶置于家族利益之上,滥用皇权,无端内耗,导致自己家族分崩离析,失去了重要的支持力量。大贵族对皇权的觊觎贯穿拜占庭帝国的历史,少数家族成功之后,如何平衡皇权和家族利益是一大问题。常人一般能明白皇室家族和皇帝个人之间唇亡齿寒的关系,但是米哈伊尔五世则不然。米哈伊尔五世家族能够崛起全拜"孤儿院院长"约翰一己之力,家族其他成员靠他鸡犬升天,是他引荐米哈伊尔四世给邹伊,是他劝说米哈伊尔四世和邹伊收养米哈伊尔五世以继承大统,约翰作为整个家族的中流砥柱,是米哈伊尔皇帝们的左臂右膀。然而米哈伊

---

① 陈志强:《拜占庭皇帝继承制度特点研究》,《中国社会科学》1999 年第 1 期。

尔五世甫一登基，旋即流放了约翰，阉割了家族其他男性成员。在家族利益和皇帝个人利益发生冲突时，米哈伊尔五世错误判断形势，迷信皇权的绝对权威，对家族中的异己无情铲除，在外部各种力量虎视眈眈之下自断其臂，使自己失去了最重要的靠山。

其三，米哈伊尔五世忽视了君士坦丁堡民众的力量。君士坦丁堡民众向来有参与政治的传统，这一习俗源自古罗马民众参与公共事务的"民主"习俗，皇帝是全体罗马人的公仆。虽然在查士丁尼一世统治时期，皇帝查士丁尼利用532年君士坦丁堡"尼卡"起义，部分改变了君士坦丁堡民众参与公共政治的传统，但是当皇位空悬，元老院、禁军和君士坦丁堡民众就成为拥立新帝的三大势力，不容小觑。米哈伊尔五世上台之后一心内斗，并不重视君士坦丁堡的民心向背，天真地以为民众渺若蚍蜉只会盲目服从于皇权，忘记了蚍蜉可撼大树，也不懂"君者，舟也；庶人者，水也。水则载舟，水则覆舟"的深刻道理。于是，当米哈伊尔五世自断政治上的"正统"道义，自毁家族中的强力支持，自视甚高违背民心，最终只能在1042年的起义中黯然下台，在痛苦中了此残生。简而言之，"德才全无"大概是米哈伊尔五世短暂一生的悲剧根源。

第十六节

君士坦丁九世（Constantine Ⅸ）

1042—1055 年在位

君士坦丁九世·摩诺马赫（Constantine Ⅸ Monomachos, Κωνσταντῖνος Θ′ Μονομάχος，约生于1000年，卒于1055年1月11日，享年55岁）是马其顿王朝女皇邹伊的养子米哈伊尔五世之后的皇帝，也是邹伊的第三任丈夫，如果将篡位皇帝计算在内，他是该王朝第十七位皇帝，1042年6月11日至1055年1月11日在位12年半。

君士坦丁九世来自摩诺马赫家族①,其父是瓦西里二世和君士坦丁八世两位皇帝的重臣塞奥多西·摩诺马赫(Θεοδόσιος Μονομάχος)。后因塞奥多西被疑谋反,君士坦丁的政治生涯也受到了影响。在君士坦丁迎娶了皇帝罗曼努斯三世的侄女为第二任妻子后,他的仕途又变得坦荡起来。在女皇邹伊和第二任丈夫米哈伊尔四世统治期间,他和邹伊因传出绯闻,而被米哈伊尔四世流放到莱斯沃斯岛的米蒂里尼。1042 年,随着推翻米哈伊尔五世皇帝的暴动,他从流放地被召回,并担任希腊地区的法官。②

1042 年,女皇邹伊与妹妹塞奥多拉共治期间,为了限制塞奥多拉的权利,邹伊决定第三次结婚。她选择了英俊潇洒、仪表堂堂、成熟老练的君士坦丁作自己的第三任丈夫。③ 1042 年 6 月 11 日,女皇邹伊与君士坦丁·摩诺马赫成婚,他们二人和塞奥多拉一起共治帝国,史称"君士坦丁九世皇帝、邹伊一世女皇和塞奥多拉女皇"。婚后的女皇邹伊和塞奥多拉退居二线,将帝国交由君士坦丁九世统治。④ 令人匪夷所思的是,女皇们为了安稳住君士坦丁九世的情绪,竟然同意他公开包养一个叫作斯科莱丽娜的情妇,为此还由皇帝君士坦丁九世颁发了一道文书,特别修建了一座纪念亭台,这一丑事居然还得到元老们的称赞。

君士坦丁九世登基之后,继续贯彻邹伊和塞奥多拉的清洗政策,将米哈伊尔四世的亲属和势力扫荡出权力核心层。同时,为稳固地位拉拢人心,他大力选拔官员,根据元老院每个人的行为品德颁令所有成员升官。⑤ 但即位之初,君士坦丁九世也遭到反叛。首先面对的是马尼亚基斯的叛乱。1042 年 8 月,可能是受到情妇斯科莱丽娜谗言的影响⑥,君士坦丁九世解除了将军乔治·马尼亚基斯的职务,导致身在意大利的马尼亚基斯举兵反叛,于 9 月自立为帝。君士坦丁九世为

① 字面含义是"单打独斗者"。该家族在君士坦丁堡拥有地产,其成员主要以法官为职业。这个家族从 11 世纪开始繁荣,最大的功臣就是君士坦丁九世皇帝。摩诺马赫家族的成员在整个科穆宁王朝时期默默无闻,但是自 12 世纪末期开始又重新登上拜占庭政治舞台,他们的影响一直保持到 14 世纪上半期。Alexander P. Kazhdan ed. , *The Oxford Dictionary of Byzantium*, p. 1398.

② Alexander P. Kazhdan ed. , *The Oxford Dictionary of Byzantium*, p. 504.

③ Michael Psellus, *Fourteen Byzantine Rulers*, p. 221.

④ Michael Psellus, *Fourteen Byzantine Rulers*, p. 165; John Skylitzes, *A Synopsis of Byzantine History, 811 - 1057*, p. 422 - 423.

⑤ John Skylitzes, *A Synopsis of Byzantine History, 811 - 1057*, p. 439.

⑥ Alexander P. Kazhdan ed. , *The Oxford Dictionary of Byzantium*, p. 1911.

了平息叛乱,派使臣劝降马尼亚基斯。据历史学家米哈伊尔·普塞洛斯记载:"使臣的目的既不是安抚献媚,也不是解决问题从而使马尼亚基斯重新归顺。确切地说,他们去是为了乘机杀死马尼亚基斯,或者温和一点讲,因为皇帝不友好的态度而去好好地责骂他一番。除了严厉斥责、投入监狱并将马尼亚基斯赶出城,使臣们也不会做别的事情了。"①马尼亚基斯被彻底激怒,于是他率领军队朝君士坦丁堡进发。1043年2月,马尼亚基斯在第拉修姆登陆。他途经保加利亚,兵锋直指塞萨洛尼基。3月,在奥斯特罗沃(Ostrovo),马尼亚基斯与太监斯蒂法诺统领的帝国军队展开激战,在形势一片大好的情况下马尼亚基斯却遭到致命一击,坠马身死,他的军队顿时溃败四散。斯蒂法诺将马尼亚基斯的首级带回君士坦丁堡,悬挂于一根长矛之上,最后被放在大竞技场的高处示众。② 君士坦丁九世举行了盛大的凯旋仪式,大肆封赏得胜的将领和士兵。

在君士坦丁九世统治期间还爆发了其他多次谋反。例如,塞浦路斯将军塞奥菲鲁斯·艾罗提科斯(Theophilos Erotikos),他煽动当地人杀害了一名税收官员。但是这次叛乱很快便被舰队镇压了,反叛者都被穿上了女人的衣服在大竞技场中示众。另一次谋反发生在1043年,参与者包括米提利尼将军和太监斯蒂芬。最终,斯蒂芬被削发并遭到流放,而那位将军则在削发后被剜掉眼睛,在广场上游街示众。君士坦丁九世还将前朝重臣、"孤儿院院长"约翰也流放了,因为他怀疑后者蓄意谋反,约翰最终死于流放地。③

在其统治后期,君士坦丁九世再一次面临叛乱的挑战,这一次的主角是利奥·托尔尼基奥斯(Leo Tornikios)。利奥·托尔尼基奥斯是君士坦丁九世的表兄弟、亚得里亚堡的贵族。此人"生性狡诈,满脑子反叛思想"④,却深受马其顿地区军队的支持。托尔尼基奥斯与君士坦丁九世的妹妹尤普里皮娅(Euprepeia)一度

---

① Michael Psellus, *Fourteen Byzantine Rulers*, p. 194.

② Michael Psellus, *Fourteen Byzantine Rulers*, pp. 196 - 199; *Michaelis Pselli Orationes panegyricae*, edidit G. T. Dennis, Stutgardiae: B. G. Teubner, 1994, 2. 723 - 724; John Skylitzes, *A Synopsis of Byzantine History*, *811 -1057*, 428; Michael Attaleiates, *The History*, p. 18 - 20.

③ John Skylitzes, *A Synopsis of Byzantine History*, *811 -1057*, pp. 429 -430; Michael Attaleiates, *The History*, p. 20.

④ *The Chronographia of Michael Psellus*, p. 205.

很亲密,尤普里皮娅则反对皇帝的政策①,并经常将托尔尼基奥斯与君士坦丁九世相提并论,这引起了皇帝的不满。于是君士坦丁九世以任命托尔尼基奥斯为伊比利亚总督为借口②,明升暗降,将他赶出君士坦丁堡。即便如此,关于托尔尼基奥斯脑后有反骨的传言还是此起彼伏,忧虑之中的君士坦丁九世命人将托尔尼基奥斯削发,并把他带回君士坦丁堡软禁起来。③ 但是居住在君士坦丁堡的一些马其顿人偷偷地将托尔尼基奥斯营救出来,他们返回亚得里亚堡之后立即宣布起义。1047 年,这些人拥立托尔尼基奥斯为帝,积极备战之后,挥军向君士坦丁堡进发。在进军的途中,又有很多人赶来加入托尔尼基奥斯的队伍。9 月,他们在君士坦丁堡附近驻扎。④ 此时,君士坦丁九世一方情况异常糟糕,"他没有国家的军队,身边也没有任何同盟军,只有一小队参加皇家仪式的外族雇佣军在那里。至于东部的军队,根本没有驻扎在自己的省区内,否则一旦得到命令便会迅速集结起来驰援危难中的皇帝。这些部队已经开往伊比利亚内陆,去抵抗某个蛮族的入侵"⑤。君士坦丁九世皇帝将宦官君士坦丁从德文召回都城,同时还在城防上面大做文章。他命人加固残垣断壁,在城墙上安置投石器。9 月,叛军的第一次攻城失败,但是在城内居民当中制造了极大的恐慌。无计可施的君士坦丁九世不得不释放了一些被关在监狱中的士兵,同时招揽了许多平民用来补充军队。此外,皇帝命人连夜挖了一道保卫陆地城墙的壕沟,并且安置了环城栅栏和路障,用来抵挡叛军的进攻。可是所有这些都不能阻挡叛军的攻击,皇帝的部队很快败下阵来。然而就在这一关键时刻,托尔尼基奥斯却犹豫不前,他没有立即进入君士坦丁堡,而是将进城的日期延迟了一天。⑥ 第二天,托尔尼基奥斯率军开拔,准备光荣入城,他命令一班俘虏在城下控诉君士坦丁九世的罪行,企图使用心理战术。

---

① L. Bréhier, *Le monde byzantin: Vie et mort de Byzance*, Paris, France: Éditions Albin Michel, 1946, p. 245.

② 拜占庭帝国东北部边境军区,由瓦西里二世皇帝创立,范围大致包括黑海东南沿岸及亚美尼亚中部地区。Alexander P. Kazhdan ed. , *The Oxford Dictionary of Byzantium*, p. 971.

③ John Skylitzes, *A Synopsis of Byzantine History, 811 –1057*, pp. 455 – 459; Michael Attaleiates, *The History*, pp. 30 – 31.

④ Bréhier, *Le monde byzantin*, p. 245.

⑤ Michael Psellus, *Fourteen Byzantine Rulers*, p. 210.

⑥ G. Ostrogorsky, *History of The Byzantine State*, p. 333.

然而就在此时,城内守军向叛军投射石块,有一块石头险些命中托尔尼基奥斯,造成巨大的恐慌。用历史学家普塞洛斯的话说,叛军的运气由此转变,他们先是撤回自己的营地,几日之后便拔营撤军了。随后不久,君士坦丁九世调集的东部军队赶到,追剿西撤的托尔尼基奥斯叛军,许多人向皇帝倒戈投降,另有很多人四散逃亡。托尔尼基奥斯与其忠实的部下约翰·瓦塔泽斯(John Vatatzes)在保尔加罗菲贡(Boulgarophygon)的一座教堂寻求庇护时,被诱骗离开教堂后被俘,1047 年 12 月 25 日,他们二人被处以刺瞎双眼的酷刑。① 这次反叛严重削弱了拜占庭帝国在巴尔干地区的防御部署,导致 1048 年这一地区被帕齐纳克人侵袭。

君士坦丁九世在内政管理方面也有一系列的改革。他建立了一个新的机构,由"裁决检察官"(ἐπὶ τῶν κρίσεων)统辖。地方法官必须呈报其审判笔录,以防止贪污腐败。② 自瓦西里二世在位以来,军区管理的民事属性实际上不断增强,行政官员的权力不断增长。大部分军区此时都出现了军事和行政双头管理现象,即由一位法官或其他文官掌管司法和财政事务,而地方军务则交给将军。③ 新机构的创立加强了中央对新出现的各省文职机关的控制,同时也极大削弱了军事长官的权力。

此外,君士坦丁九世还极为随意地将头衔、恩惠和声誉赏赐给那些出身低微之人,这些人往往在身份上低于宫廷官员的出身。④ 以往,宫廷头衔可以通过支付一大笔金钱从国家那里购买获得,同时领取一份薪俸。君士坦丁则促使不同阶层的人获得这些头衔,他将这些人含糊地称为"商人""中产阶级""劳动阶层"和"人民"。大多数的头衔持有者或许还是按照一般的方式购买得到权益,这令国家从中获利,但是,新政权通过升官和赠送"礼物"来拉拢越来越多的支持者,就

---

① Alexander P. Kazhdan ed., *The Oxford Dictionary of Byzantium*, p. 2097.

② Michael Attaleiates, *The History*, pp. 21 – 22; cf. *Michaelis Pselli Orationes panegyricae*, 5. 54 – 60; A. E. Γκουτζιουκώστας, *Η απονομή δικαιοσύνης στο Βυζάντιο (9ᵒˢ - 12ᵒˢ αιώνες): Τα κοσμικά δικαιοδοτικά όργανα και δικαστήρια της πρωτεύουσας*, Θεσσαλονίκη: Κέντρο Βυζαντινών Ερευνών, 2004, pp. 202 – 216.

③ H. Ahrweiler, "Recherches sur l'administration de l'empire byzantin aux IX-XIème siècles", *Bulletin de correspondance hellénique*, 84 (1960), pp. 50 – 52, 67 – 78; B. Krsmanović, *The Byzantine Province in Change*, pp. 206 – 210.

④ A. Kaldellis, *Streams of Gold, Rivers of Blood*, pp. 189 – 190.

一定导致财政困难。长此以往,此举加重了国家财政负担,同时令头衔贬值,11
世纪确实见证了贵族头衔数量的膨胀①,元老人数激增。

在他统治的最后两年(1053—1055 年),君士坦丁九世变成了横征暴敛的征
税者,尤以富人和宗教用地为目标。约翰·斯基利齐斯给我们提供的信息有些混
乱,他说君士坦丁强征暴敛以建造他的圣乔治教堂,皇帝还不择手段地捞钱,但
他同时也非常慷慨地赏赐,由此开始了拜占庭国家的瓦解。② 普塞洛斯的记载有
力印证了最后一项慷慨撒钱的指责,当然,这是对后来出现的衰落的一种后见之
明。③ 1044 年,君士坦丁派遣一名税收官员到马其顿地区去征税,那里的一些城
镇和村庄包括修道院都设法逃避国家的税收。④

在文化领域,君士坦丁九世最大的功绩是在一定程度上促进高等教育领域的
革新。⑤ 他于 1046—1047 年间颁布法律,将一所小型的私立法学学校转变成一所
官办教育机构。该机构由"法律督学"(νομοφύλαξ)掌管,其设置的职位由国库
支付薪俸和其他一些补助。我们对法律学校本身的情况了解甚少,只知道该机构
设立于曼加纳(Mangana)的圣乔治修道院中,拥有自己的图书馆。但是该学校的
课程体系没有保存下来,课程中至少包括罗马法和拉丁语。⑥ 与此同时,君士坦
丁很有可能重建了一所哲学学校。关于哲学学校,学界存有诸多疑问,但是可以
肯定的是君士坦丁九世设立了"首席哲学家"这一职位。"首席哲学家"由国库出
资支付薪俸,主要负责指导君士坦丁堡城内各个官办教育机构。⑦

---

① N. Oikonomides, "L'évolution de l'organisation administrative de l'empire byzantin au XIᵉ siècle (1025 –
1118)", *Travaux et mémoires*, 6 (1976), pp. 125 – 128; J. -C. Cheynet, "Dévaluation des dignités et
dévaluation monétaire dans la seconde moitié du XIe siècle", *Byzantion*, 53 (1983), pp. 453 – 477 . [= J. -
C. Cheynet, *The Byzantine Aristocracy and Its Military Function*, Aldershot (England); Burlington, VT:
Ashgate Pub. , 2006, Article Ⅵ.]

② John Skylitzes, *A Synopsis of Byzantine History*, 811 –1057, p. 476.

③ Michael Psellus, *Fourteen Byzantine Rulers*, 6. 5, pp. 7 – 8, 29 – 30, 48, 63, 153 – 154, 157 – 160, 185 –
188, 7. 55; Michael Attaleiates, *The History*, p. 50.

④ *Actes de Saint-Pantéléémon: édition diplomatique*, P. Lemerle et al. eds. , Paris: p. Lethielleux, 1982, 3.

⑤ J. M. Hussey, *Church and Learning in the Byzantine Empire*, 867 –1185, New York: Russell & Russell. INC. ,
1963, pp. 51 – 72.

⑥ Michael Attaleiates, *The History*, 21; Cf. A. P. Kazhdan & A. W. Epstein, *Change in Byzantine Culture in the
Eleventh and Twelfth Centuries*, Berkeley: University of California Press, 1990, pp. 122 – 123.

⑦ M. J. Kyriakis, "The University: Origin and Early Phases in Constantinople", *Byzantion*, 41 (1971),
pp. 170f.

11 世纪,拜占庭帝国在西方最为棘手的敌人无疑是诺曼人,双方拉锯战和争夺的焦点地区在南意大利。11 世纪的诺曼人擅长于侵占别国,他们能筛选出弱小或羸弱之国,攻击这些国家的军队,并且意在接管其政府,征服当地居民,并借此自肥,同时为进一步的扩张积累资金。1042 年,诺曼人在被其占领的梅尔菲(Melfi)选举坦克雷德(Tancred)之子"铁臂"威廉作为他们的领袖,后者的伯爵地位也得到诺曼人名义上的领主卡普亚的古艾玛五世(Guaimar Ⅴ)承认。坦克雷德的另一个儿子罗伯特(Robert)也于 1048 年到达该地,他被派遣到卡拉布里亚的一个遥远要塞。罗伯特证明自己擅长搞恐怖活动,因此获得了"吉斯卡尔"(Guiscard,意为"狡猾的")的称号。① 最终,诺曼人轮番的骚扰和洗劫活动使拜占庭在南意大利的领土逐渐被局限在沿海一带。②

受到与诺曼人关系的影响,拜占庭与罗马教廷的关系也出现了新的走向。教宗利奥九世(Leo Ⅸ, 1049—1054 年在任)于 1054 年 1 月派遣两名亲信——枢机主教亨伯特(Humbert)和财政官弗里德里希(Friedrich)前往君士坦丁堡,就先前东、西教会间关于信仰、仪式等一系列分歧进行会谈。使团成员同时携带着教宗写给君士坦丁皇帝和牧首米哈伊尔一世·塞鲁拉利乌斯的亲笔信。③在信中,利奥九世重申了罗马教宗的至高权力,同时试图联合拜占庭人共同抵抗诺曼人。君士坦丁皇帝向代表团成员保证,教宗的至高权力会得到支持,而塞鲁拉利乌斯牧首则对此完全不知情。7 月 16 日,代表团成员进入圣索菲亚大教堂,将一纸开除教籍的"诏书"放置在圣坛之上,目标直指塞鲁拉利乌斯及其同僚。"诏书"列举了牧首等人的各种"异端"行为,包括拒绝承认罗马教会关于洗礼和圣餐礼的惯例,以及关于圣灵的教义,即著名的"和子句"争论等。④ 可是同时,代表团成员却对皇帝和君士坦丁堡民众加以赞扬。作为回应,牧首米哈伊尔一世主持了一次针锋相对的宗教会议,亨伯特遭到斥责被开除教籍,他的各种错误遭到逐条批判,但

---

① G. A. Loud, *The Age of Robert Guiscard: Southern Italy and the Norman Conquest*, Harlow, England; New York: Longman, 2000, Chap. 3.

② A. Kaldellis, *Streams of Gold, Rivers of Blood*, p. 182.

③ 关于牧首米哈伊尔一世·塞鲁拉利乌斯,见 F. Tinnefeld, "Michael I. Kerullarios, Patriarch von Konstantinopel (1043 - 1058)", *Jahrbüch der Österreichischen Byzantinistik*, 39 (1989), pp. 95 - 127。

④ 关于"和子句"问题,见 A. E. Siecienski, *The Filioque: History of a Doctrinal Controversy*, New York: Oxford University Press, 2010, pp. 113 - 115。

是这次会议并没有斥责教宗或罗马教会。[1] 这次事件虽然在当时没有引起轩然大波,甚至两方的史籍对此都很少提及,但是现代学者一般将 1054 年事件视作东、西教会分裂的标志。

这一时期,君士坦丁九世又面临罗斯大公雅罗斯拉夫(Yavoslav,978—1054年在位)攻打君士坦丁堡的危机。[2] 当时,基辅大公雅罗斯拉夫于 1036 年在皇位争夺战中取得胜利,成为全罗斯大公,但在 1043 年进攻君士坦丁堡失败后,雅罗斯拉夫再次寻求与拜占庭帝国议和。双方于 1046 年缔结和约,君士坦丁九世皇帝的一个女儿与雅罗斯拉夫之子弗塞沃洛德(Vsevolod)联姻。[3] 引发冲突事件的导火索据说是一些罗斯商人在君士坦丁堡与当地人产生矛盾,几个罗斯贵族被杀。这便激怒了雅罗斯拉夫大公,他决心采取报复行动。君士坦丁九世试图遣使平息事端,但是罗斯大公心意已决。罗斯舰队于 7 月抵达博斯普鲁斯海峡入口,君士坦丁只得调集拜占庭舰队迎敌,他还命令陆军从侧翼包抄,皇帝本人也登上龙船和山上观战。[4] 罗斯人要求拜占庭人支付赔偿金,而且必须在罗斯人的船上交接。君士坦丁九世无法接受这种无礼条件,翌日双方于博斯普鲁斯海峡正式开战。拜占庭人靠着希腊火的威力以及有利的风向击败罗斯舰队。历史学家普塞洛斯当时与君士坦丁九世皇帝一同观战,并且记录下这一壮观的场景。"天气骤然改变。一阵微风吹过,在海上形成了飓风,海浪翻滚着扑向罗斯人。一些罗斯船只在原地即被汹涌的波涛吞噬;还有一些被风吹到很远的地方,撞在了岩石和悬崖上。我们的三层桨战船抓获了一些被风吹散的罗斯船只。有些敌船沉入海底,全体船员随之沉没。我们的将士将其余一些敌船拦腰撞断,并将这些已经部分浸没在水中的船只拖上附近的海岸。大量的蛮族被屠杀,以至于血流成河,血水将整个大海染成了红色。"[5]拜占庭海军舰队司令瓦西里·塞奥多罗卡诺斯用

---

[1] A. Kaldellis, *Streams of Gold, Rivers of Blood*, pp. 205 – 207.

[2] Alexander P. Kazhdan ed., *The Oxford Dictionary of Byzantium*, p. 1032.

[3] 关于这次事件可见 G. Vernadsky, "The Russo-Byzantine War of 1043", *Byzantinisch-neugriechische Jahrbücher*, 18 (1945 – 9, publ. 1960), pp. 123 – 143。

[4] John Skylitzes, *A Synopsis of Byzantine History, 811 – 1057*, pp. 430 – 433; *The Chronographia of Michael Psellus*, pp. 199 – 203; Michael Attaleiates, *The History*, pp. 20 – 21; *The Russian Primary Chronicle: Laurentian Text*, 138.

[5] *The Chronographia of Michael Psellus*, p. 202.

希腊火烧毁了敌舰七艘,另外击沉了三艘,还擒获了一艘,并屠杀掉船员。其余的罗斯船队在浅水域遭到拜占庭陆军的围剿。一只罗斯舰队残部在色雷斯海岸附近击败了一只拜占庭小分队,但这对整个战局并无影响。其余的罗斯军队在返回途中途经瓦尔纳时,被帕里斯特隆(Paristrion)总督卡塔卡隆·塞考麦努斯(Catacalon Cecaumenus)率领的军队击溃,另有 800 名战俘被带回君士坦丁堡,并且被刺瞎眼睛。双方于 1046 年缔结和约,拜占庭释放了罗斯俘虏,君士坦丁九世的女儿与大公雅罗斯拉夫的小儿子弗塞沃洛德联姻。① 在整个事件中,拜占庭海军反应迅速,组织有效,战斗力强悍,根本没有出现海军力量衰落的迹象。②

这一时期,拜占庭在处理亚美尼亚问题上可以说是相对成功的。③ 1043 年前后,亚美尼亚人推选出一位新君加吉克二世(Gagik Ⅱ,1042—1045 年在位),他是斯姆巴特三世(Smbat Ⅲ)国王的侄子。加吉克愿意承认拜占庭皇帝的宗主地位,但是不想献出首都阿尼(Ani),于是君士坦丁九世于 1044 年命令伊比利亚将军米哈伊尔·伊萨迪斯(Michael Iassites)武力侵占阿尼。战事进行得极为不顺利,因此,君士坦丁不得不重新起用君士坦丁八世的“侍寝太监”尼古拉走马出征。君士坦丁同时联络加吉克的敌人、第温[Dvin,又作杜比奥斯(Doubios)]的埃米尔阿布·阿斯瓦尔(Abu al-Aswar)一同进攻阿尼,并且答应后者,所有攻占的城池皆归埃米尔所有。最终,拜占庭人的伎俩得以奏效。加吉克前往君士坦丁堡,交出了自己的王位,只换得大量的财富和拜占庭贵族头衔。阿尼也于 1045 年初最终向伊萨迪斯投降,拜占庭人将其设置为一个领地,通常与伊比利亚联合管辖。④ 随后不久,君士坦丁九世又派伊萨迪斯出兵第温的埃米尔,意在收复阿尼的各处城池。阿布·阿斯瓦尔放水淹没了平原,令拜占庭军队陷入困境并遭到屠杀。伊萨

---

① 君士坦丁九世同女皇邹伊并无子嗣,此女是君士坦丁九世继位之前同情妇所生。D. Obolensky, *The Byzantine Commonwealth*, p. 294; Α. Γ. Παναγοπούλου, *Οι διπλωματικοί γάμοι στο Βυζάντιο (6ος – 12ος αιώνας)*, Αθήνα: Λιβάνης, 2006, pp. 195 – 196。

② A. Madgearu, *Byzantine Military Organization on the Danube, 10th – 12th Centuries*, p. 115.

③ A. Kaldellis, *Streams of Gold, Rivers of Blood*, pp. 191 – 192.

④ N. G. Garsoïan, "The Byzantine Annexation of the Armenian Kingdoms in the Eleventh Century", in *The Armenian People From Ancient to Modern Times*, Volume I: *The Dynastic Periods: From Antiquity to the Fourteenth Century*, ed. R. G. Hovannisian, New York: St. Martin's Press, 1997, p. 192.

迪斯和尼古拉分别被塞考麦努斯和一个名叫君士坦丁的阿拉伯宦官所取代,正当他们攻城略地之际,托尔尼基奥斯的反叛中断了这一战事。双方最终议和,阿布·阿斯瓦尔对此欣然接受,宦官君士坦丁遂得以驰援皇帝。① 帕赫拉弗尼的格里格尔二世(Grigor Ⅱ of Pahlavuni)也在此时期将自己统治的领土进献给拜占庭帝国,他本人被拜占庭皇帝封为"大官"(μάγιστρος),并且在埃德萨附近拥有封地。格里格尔没有接受卡尔西顿,而是在 11 世纪 50 年代被封为瓦斯普拉坎将军。②

　　随后不久,君士坦丁九世又需面对突厥人的入侵。拜占庭史家们将君士坦丁九世统治期间视为塞尔柱突厥人威胁的开始,并指出小亚细亚的大部分领土就是从那时开始逐步丧失。1045 年,君士坦丁九世吞并了亚美尼亚的阿尼王国,这次扩张将帝国暴露给了新的敌人——塞尔柱突厥人。1046 年,拜占庭人第一次与塞尔柱突厥人接触。易卜拉欣·伊纳尔(Ibrahim Inal)于 1048 年率军入侵伊比利亚地区,并且将商贸重镇埃尔泽乌姆夷为平地,城内居民被屠杀殆尽,财物被洗劫一空。③ 1049 年双方议和,但是君士坦丁九世非常不明智地解散了在亚美尼亚的帝国驻军以节约开支,此举对后来帝国亚洲领土的丧失有着深远的影响。11 世纪 40 年代,塞尔柱突厥人的另一位首领图格里尔·贝格(Tughril Beg)征服了伊朗东部地区,并一路向西兵峰直指白益王朝和其他政权。④ 1054 年,图格里尔·贝格再次率军入侵拜占庭帝国,塞尔柱突厥人在凡湖、埃尔泽乌姆和特拉布松之间的地区劫掠,甚至一度威胁曼兹科特(Manzikert)。在之后的若干年中,塞尔柱

① John Skylitzes, *A Synopsis of Byzantine History, 811 - 1057*, pp. 437 - 439; R. Bedrosian trans., *Aristakēs Lastivertc'i's History*, 10. 62; *Armenia and the Crusades: Tenth to Twelfth Centuries: The Chronicle of Matthew of Edessa*, I. 87.

② R. Bedrosian trans., *Aristakēs Lastivertc'i's History*, 10. 60; N. G. Garsoïan, "The Problem of Armenian Integration into the Byzantine Empire", in *Studies on the Internal Diaspora of the Byzantine Empire*, H. Ahrweiler and A. E. Laiou eds., Washington, D. C.: Dumbarton Oakes Research Library and Collection; Distributed by Harvard University Press, 1998, pp. 65, 87, 91, 99 - 100.

③ John Skylitzes, *A Synopsis of Byzantine History, 811 - 1057*, pp. 449 - 454; Michael Attaleiates, *The History*, 148; R. Bedrosian trans., *Aristakēs Lastivertc'i's History*, 11. 68 - 13. 89; *The Chronicle of Matthew of Edessa*, I. 92, 94; Γ. Α. Λεβενιώτης, *Η πολιτική κατάρρευση του Βυζαντίου στην ανατολή: Το ανατολικό σύνορο και η κεντρική Μικρά Ασία κατά το Β'ήμισυ του 11ου αι.*, Θεσσαλονίκη: Κέντρο Βυζαντινών Ερευνών, 2007, p. 90 - 96.

④ A. Kaldellis, *Streams of Gold, Rivers of Blood*, p. 197.

突厥人先后对塞巴斯蒂亚、阿尼、埃德萨、安条克和卡帕多西亚的凯撒里亚发动攻势,数位拜占庭皇帝对此无计可施。① 与塞尔柱突厥人大举入侵相伴随的是各突厥人部落的不断西进,从此之后,伊朗、阿塞拜疆、高加索和安纳托利亚等地遍布他们的足迹,其铁骑大军席卷整个中亚、西亚。

隶属于突厥人的帕齐纳克人在塞尔柱人入侵小亚之后,对巴尔干半岛造成持续的威胁,君士坦丁九世采取拜占庭人常用的外交怀柔政策来解决问题。他允许帕齐纳克人居住在巴尔干半岛附近,使得他们成为后来的拜占庭皇帝不可忽略的问题。他们的反叛时断时续,直到科穆宁王朝约翰二世(John Ⅱ,1118—1143 年在位)时期才得以彻底解决。② 至 11 世纪 40 年代,帕齐纳克人中的很多人被另一个来自中亚的土耳其人部落联盟乌古兹人(Oghuz)驱赶向西,一直到了多瑙河地区,最终这个活动范围一度幅员辽阔的游牧族群势力走向衰落,但是他们仍然能够扰乱拜占庭边境防御地区,甚至能打败帝国的军队。大约在 1046 年,两个由科根(Kegen)率领的帕齐纳克人部落与其他同族部落发生冲突,科根向拜占庭帝国寻求避难。这些帕齐纳克人来到多里斯托伦,通知帕里斯特隆的首领米哈伊尔,有 2 万名帕齐纳克人想成为帝国的臣民。拜占庭皇帝欣然同意,并送给他们一些给养,还邀请科根到首都,给他授衔,令其统管三个要塞,称其为罗马人民的朋友和盟友。修道士优西米乌斯被派去给所有帕齐纳克人施洗,科根采用了"约翰"这个基督教名字。1046 年 12 月(或 1047 年 1 月),河水结冰,科根的敌人提拉赫(Tyrach)大举渡河,并开始蹂躏拜占庭国土。君士坦丁九世迅速做出反应,命令科根和三位将领——米哈伊尔(帕里斯特里昂)、君士坦丁·阿里亚尼蒂斯(亚得里亚堡)和原来的修道士瓦西里(保加利亚)——围攻提拉赫的帕齐纳克人。但是这些帕齐纳克人已经饱受痢疾之苦,被包围之后随即投降。科根想要杀掉他们,但是被拜占庭人阻止,因为后者另有妙计。这些人被解除武装后安置在保加利亚地区,他们需要缴纳赋税并提供兵源。提拉赫本人和他的 140 名部下被送到

---

① P. Charanis, "The Byzantine Empire in the Eleventh Century", pp. 190‐191.

② Niketas Choniatēs, *O City of Byzantium, Annals of Niketas Choniatēs*, H. J. Magoulias trans., Wayne State University Press, 1984, p. 11; Nicetae Choniatae, *Historia*, J. van Dieten ed. [Corpus Fontium Historiae Byzantinae 11.1], Berlin: De Gruyter, 1975, TLG, No. 3094001.

君士坦丁堡,然后在公开的仪式中受洗。①

　　在生活上,君士坦丁九世苦于早年的流放生活,登基后便安于享乐,把公共事务、法律事务和军事事务一概交予其他人处理,自己只保留了很小一部分政务。② 他滥用国库金钱、挥霍无度。在征得年老色衰的邹伊同意之后,他将自己流亡时的情妇斯科莱丽娜接进皇宫,授予她各种尊贵的头衔。③ "为了满足她的欲望,不惜花掉所有的金币……他在皇宫里安置了一座铜制的、外面有人物装饰的珠宝箱,装满金银珠宝,作为礼物送给斯科莱丽娜。"④君士坦丁九世对斯科莱丽娜的宠爱引发了谣言,疯传斯科莱丽娜计划谋杀女皇邹伊和女皇塞奥多拉。谣言引发了 1044 年首都君士坦丁堡的一次暴乱,实际上矛头指向君士坦丁九世的统治,当时他正在君士坦丁堡的街道上参加宗教游行。君士坦丁九世安排邹伊和塞奥多拉在皇宫的阳台上公开露面,向人们保证她们没有遇到任何危险,暴乱平息了。斯科莱丽娜死后,君士坦丁又找了一位阿拉尼亚(Alania)的女子当情妇,集万千宠爱于一身。皇帝将这个情妇安置在曼加纳宫,并且封她为"奥古斯塔"。根据普塞洛斯记载,每年都会有来自阿拉尼亚的使者到拜占庭拜见这名女子两三次,君士坦丁会让她在使者面前露面。"皇帝自己会赏赐一些礼物给使者们,其余的则会由他美丽的'妻子'进行打点。"⑤另外,君士坦丁纵容邹伊和塞奥多拉奢侈的生活和对化妆品与护肤的怪异癖好。他还赏赐很多人各种头衔,而这些人贪位慕禄,其中还有麻烦不断的蛮族和那些曲意逢迎之人。

　　君士坦丁九世在宗教上极为虔诚。他谨遵基督教的美德,谦恭而友善。普塞洛斯认为君士坦丁九世"完全没有那种浮夸自负和骄傲自大,从他口中从来不会说出那些自命不凡的夸夸其谈"⑥。尽管他在生命后期频繁受到病魔的折磨,但他自始至终没有流露出半句对上帝的不敬之词。甚至当他发现有人在自己面前

---

① John Skylitzes, *A Synopsis of Byzantine History, 811 – 1057*, pp. 455 – 459; Michael Attaleiates, *The History*, pp. 30 – 31.

② Michael Psellus, *Fourteen Byzantine Rulers*, p. 179.

③ Michael Psellus, *Fourteen Byzantine Rulers*, pp. 181 – 184; *Ioannis Zonarae Epitomae Historiarum libri XIII-XVIII*, 3. 619 – 3. 620.

④ Michael Psellus, *Fourteen Byzantine Rulers*, p. 183.

⑤ Michael Psellus, *Fourteen Byzantine Rulers*, p. 237.

⑥ Michael Psellus, *Fourteen Byzantine Rulers*, pp. 170 – 172.

因遭遇苦难而向上帝抱怨时,便立即比往常更加严厉地将此人赶走。更有甚者,如果君士坦丁发现有谁胆敢对上帝出言不逊,"他要么将其流放,要么限制其活动范围,要么将其投入监狱严格看管起来,而且他自己也会恪守绝不赦免这些人的神秘誓言"①。正是出于这种虔诚,君士坦丁九世一方面迫害亚美尼亚教徒,试图迫使其教会与东正教教会联合起来。另一方面,1054 年东西方教会大分裂,拜占庭方面不同意罗马教会在圣餐礼仪中使用不发酵面饼的圣餐,导致双方相互开除教籍。君士坦丁九世试图进行干预,但是病倒了。② 不仅如此,他还致力于修建、重建各类宗教建筑。君士坦丁九世在 1042 年登基后立即着手修复被哈里发哈卡姆于 1009 年摧毁的耶路撒冷圣墓教堂,他从君士坦丁堡派遣建筑师前往圣城,同时划拨专项资金用于维修工作。拜占庭人的这种热情或许受到 11 世纪西方朝圣热潮的影响。③ 君士坦丁还根据罗曼努斯三世皇帝先前与哈里发阿里·艾兹-扎希尔所达成的协议,资助耶路撒冷的其他基督教机构。④ 此外,君士坦丁九世还修建了圣乔治修道院。

君士坦丁的健康状况从 1047 年开始每况愈下。关节炎使他难以行走,必须由人搀扶才能行动,即便如此他本人也异常痛苦。⑤ 但是,他的性欲依旧强盛,在这样的状况下依然找了一个新的情妇。1050 年,君士坦丁九世的妻子、女皇邹伊因发烧去世。君士坦丁九世在她的坟前流下了眼泪,然后却选择自己去世后将葬在斯科莱丽娜的墓旁。⑥ 他坚持认为邹伊坟墓上生长的蘑菇是一个奇迹,表明她的灵魂在天使中被编号了。君士坦丁九世在弥留之际试图传位给保加利亚总督尼基弗鲁斯·普洛特昂(Nikephoros Proteuon),而刻意忽视了退居二线的共治皇帝女皇塞奥多拉。因为据说塞奥多拉女皇与君士坦丁向来不睦,直至君士坦丁去世时二人都未能和解。⑦ 塞奥多拉的亲信得知君士坦丁不久人世的消息后,立即

---

① Michael Psellus, *Fourteen Byzantine Rulers*, pp. 224 – 243.

② A. Kaldellis, *Streams of Gold, Rivers of Blood*, pp. 205 – 208.

③ J. Shepard, "Holy Land, Lost Lands, *Realpolitik*", *Al-Qantara*, 33 (2012), pp. 527 – 535.

④ R. Ousterhout, "Rebuilding the Temple: Constantine Monomachus and the Holy Sepulchre", *Journal of the Society of Architectural Historians*, 48 (1989), pp. 66 – 78.

⑤ Michael Psellus, *Fourteen Byzantine Rulers*, pp. 222 – 224.

⑥ C. Chamberlain, "The Theory and Practice of Imperial Panegyric in Michael Psellus. The Tension between History and Rhetoric", pp. 16 – 27; *Ioannis Zonarae Epitomae Historiarum libri XIII-XVIII*, 3. 647 – 648.

⑦ Michael Psellus, *Orationes funebres*, Volume 1, I. Polemis ed., Berlin; Boston: De Gruyter, 2014, 1. 46.

将女皇护送进皇宫,并重新拥立她为唯一女皇。而候选人普洛特昂则遭到逮捕,然后被流放至小亚细亚的一所修道院中。1055 年 1 月 11 日,君士坦丁九世因病去世,死后被安葬在圣乔治教堂。①

普塞洛斯对于君士坦丁的举止风度极尽赞美之词,认为他"有着非常温和的性情,说话时声音柔和悦耳,令听众痴迷,另外他还有着迷人的笑容,见到他的人总会为此心旷神怡"。另外普塞洛斯称君士坦丁身体上的美是大自然的赐予,无论是他的身材、皮肤乃至头发都散发着非凡的魅力,"简直是一个奇迹,我们时代的任何一个人都无法与之相媲美"②。

长期以来,学术界对君士坦丁九世的负面评价居多,这在很大程度上是受到普塞洛斯《编年史》中内容的影响。很多人认为君士坦丁的治国才能有限。他在位期间的对外扩张和对周边民族的政策给帝国带来了新的隐患,对内的铺张浪费导致资金短缺,于是他试图增加贸易活动,充实国库,设立各种征税名目,任命心术不正之人,并通过他们大量非法聚敛钱财。为了节约开支,他甚至遣散了伊比利亚的 5 万人军队,开始从那个地方征税而不是获取兵源,这一目光短浅的行为导致帝国防御力量减弱。斯基利齐斯直言不讳地指出,正是由于君士坦丁九世的肆意挥霍与放荡,拜占庭帝国开始走向全面的衰败。③ 然而,近些年来有一些学者开始对君士坦丁做出积极、正面的评价。这一派认为,君士坦丁胜任皇帝之位,他经历丰富,善于应变,小心谨慎,甚至称他为帝国历史上最优秀的皇帝之一。④ 这两种极端对立的评价或许源自拜占庭学界关于 11 世纪的拜占庭帝国发生了巨大变革的讨论,也就是所谓科穆宁王朝的"中兴"问题,具体言之,11 世纪的拜占庭帝国究竟是延续了自瓦西里二世时代以来的辉煌,还是真的在各个方面

---

① John Skylitzes, *A Synopsis of Byzantine History*, 811 - 1057, pp. 477 - 478; Michael Attaleiates, *The History*, p. 51.

② *The Chronographia of Michael Psellus*, p. 220, 221. 另外,君士坦丁九世的形象还保存在两件艺术品中:其一是圣索菲亚大教堂二楼的"邹伊女皇镶嵌画",另一件就是著名的"君士坦丁王冠",现保存于匈牙利国家博物馆。E. Kiss, "The State of Research into the Monomachos Crown and Some Further Thoughts", in *Perceptions of Byzantium and Its Neighbours*: 843 - 1261: *the Metropolitan Museum of Art Symposia*, O. Z. Pevny ed., New York: Metropolitan Museum of Art; Yale University Press, 2000.

③ John Skylitzes, *A Synopsis of Byzantine History*, 811 - 1057, pp. 444 - 445.

④ A. Kaldellis, *Streams of Gold, Rivers of Blood*, p. 181.

均体现出衰败的迹象。① 对马其顿王朝时代不一样的定位和理解,无疑直接影响到我们对该时期内在位时间较长的一位君主的评价。

第十七节

塞奥多拉(Theodora)

1042—1056 年在位

塞奥多拉(Theodora,Θεοδώρα,约生于 980 年,卒于 1056 年 8 月 31 日,享年 76 岁)是马其顿王朝第九位正统皇帝,如果将篡位皇帝计算在内,她是该王朝第十八位皇帝,也是最后一位皇帝。1042 年 4 月 19 日,她与姐姐邹伊一同登基,至 1056 年 8 月 31 日病逝,在位 14 年。

出生于紫色寝宫的塞奥多拉是皇帝君士坦丁八世和皇后海伦娜的第三个女儿,也是最小的女儿,女皇邹伊的亲妹妹。她们的伯父瓦西里二世与其父君士坦丁八世不愿意为她们寻找夫君的原因可能是担心她们的丈夫会威胁帝国的皇位,因此长久以来,塞奥多拉一直单身,生活在皇宫内的女眷活动区(γυναικε ῖον)。② 与其姐姐邹伊相比,塞奥多拉似乎少了一分高贵与美貌,她的性格更为温和恬静,更加沉稳,行为语言更加简练迅捷。塞奥多拉与邹伊的关系自幼就不融洽,邹伊一直嫉妒塞奥多拉,因为君士坦丁八世一开始是考虑将塞奥多拉许配给罗曼努斯·阿吉洛斯,即邹伊的未婚夫。在君士坦丁八世弥留之际,塞奥多拉拒绝嫁给罗曼努斯,君士坦丁八世不得已才让邹伊和罗曼努斯结婚,并成为帝国

---

① 笔者此处无意深入探讨这个问题,有兴趣的读者可以参阅近几年出版的几部作品,或许可窥见一斑,详见:*Η αυτοκρατορία σε κρίση (;): το Βυζάντιο τον 11° αιώνα (1025 - 1081), επιμέλεια έκδοσης* B. Βλυσίδου, Αθήνα: Εθνικό Ίδρυμα Ερευνών, 2003; M. D. Lauxtermann and M. Whittow eds., *Byzantium in the Eleventh Century: Being in Between: Papers from the 45th Spring Symposium of Byzantine Studies, Exeter College, Oxford, 24 - 6 March 2012*, London; New York: Routledge, Taylor & Francis Group, 2017。

② L. Garland, *Byzantine Empresses*, pp. 11 - 39.

的共治皇帝。塞奥多拉本人拒绝嫁给罗曼努斯是因为后者不仅当时有妻子,而且与自己还是远亲。① 姐姐邹伊却顾不了那么多,毫不犹豫便按照父皇的旨意办了。邹伊和罗曼努斯结婚之后,马上迫使塞奥多拉前往佩特里奥修道院过上了与世无争的生活。而罗曼努斯在登基之后,确保了塞奥多拉皇室公主的一部分特权。② 但是邹伊说服罗曼努斯任命一名亲信作为塞奥多拉的内务总管,借机监视后者的行动。之后不久,塞奥多拉遭到指控,说她打算嫁给保加利亚人普里西亚诺斯(Prousianos),然后扶持自己的丈夫篡位。后来,普里西亚诺斯被弄瞎眼睛并被关在曼努埃尔修道院中。③ 塞奥多拉此后又因为卷入塞萨洛尼基将军君士坦丁·狄奥根尼斯的谋反活动而被逐出皇宫,被关押在佩特里奥的女修道院中。④ 最终,邹伊为了防止自己的妹妹再次卷入阴谋反叛,亲自前往佩特里奥为塞奥多拉削发。⑤ 从姐妹俩的上述记载看,塞奥多拉两次参与谋反的故事多半是姐姐的栽赃陷害。

在米哈伊尔五世皇帝被推翻的过程中⑥,宫廷的统治贵族阶层认为,轻浮的邹伊需要一名共治皇帝来牵制,最合适的人选就是塞奥多拉。一个由贵族君士坦丁·卡巴西拉斯率领的代表团,前往佩特里奥修道院,劝说塞奥多拉成为共治皇帝。可是塞奥多拉因为已经习惯了多年的隐居生活而拒绝了众人的要求,她甚至躲到修道院的小教堂中以求庇护。君士坦丁·卡巴西拉斯和众人将她强拉硬扯出教堂,把她的修女服换成了皇族的服装。在圣索菲亚大教堂中,众人拥立塞奥多拉为帝。邹伊掌权之后试图强迫塞奥多拉重新回到修道院中,但是元老院和君

---

① Michael Psellus, *Fourteen Byzantine Rulers*, pp. 58 - 59; John Skylitzes, *A Synopsis of Byzantine History*, *811 -1057*, pp. 354 - 357, 363 - 364, 397; Michael Attaliates, *The History*, p. 31; *Ioannis Zonarae Epitomae Historiarum libri* XⅢ-XⅧ, 3. 611 - 612, 3. 613.

② John Skylitzes, *A Synopsis of Byzantine History*, *811 -1057*, pp. 354 - 357, 362 - 364; *Ioannis Zonarae Epitomae Historiarum libri* XⅢ-XⅧ, 3. 574 - 575, 579; *The Chronographia of Michael Psellus*, pp. 142 - 143.

③ John Skylitzes, *A Synopsis of Byzantine History*, *811 -1057*, p. 355.

④ John Skylitzes, *A Synopsis of Byzantine History*, *811 -1057*, pp. 355 - 336.

⑤ John Skylitzes, *A Synopsis of Byzantine History*, *811 -1057*, p. 363.

⑥ 即著名的 1042 年暴动。关于这次事件可见 S. Vryonis, Jr., "Byzantine Δημοκρατία and the Guilds in the Eleventh Century", *Dumbarton Oaks Papers*, 17 (1963), pp. 303 - 308.

士坦丁堡的民众要求两姐妹共同统治。① 塞奥多拉在圣索菲亚大教堂任命了自己的官吏,拒绝了米哈伊尔五世试图与邹伊共治的请求,并下令确保废黜米哈伊尔五世。② 在米哈伊尔五世被废黜后,塞奥多拉一直拒绝离开圣索菲亚大教堂,直至收到邹伊的正式邀请,即加冕 24 小时后才起驾回宫。邹伊和塞奥多拉于 1042 年 4 月 19 日成为共治皇帝,是为"邹伊一世女皇和塞奥多拉女皇"。

与姐姐共治的短暂岁月,看似平静,实则暗流汹涌,二人的关系时刻处于紧张状态。总体而言,塞奥多拉并没有失去对姐姐的尊重,也没有侵犯邹伊的特权,反倒是邹伊处处刁难妹妹。在正式的场合,塞奥多拉虽然是女皇,但是地位略低于邹伊。③ 在二人联合执政期间,塞奥多拉是真正掌握着权力的那个人,她竭力遏制政府卖官鬻爵的行为,并努力实现司法公正。可是好景不长,邹伊不想理会朝政,但出于嫉妒又不想大权旁落以至于让塞奥多拉执掌帝国。尽管塞奥多拉和邹伊一起出席元老院会议,也时而一起出现在公众面前,但是姐妹二人联合掌权遭受了巨大的压力,在两位女皇的背后形成了不同的宫廷派系。在经历了姐妹二人两个月日益严厉的争斗之后,邹伊决定寻找一位新的夫君,以此使塞奥多拉失去扩大自己影响的机会,虽然她具有显著的治国才能。邹伊最终于 1042 年 6 月 11 日嫁给了君士坦丁·摩诺马赫,后者同时接过了帝国的管理权。④ 尽管塞奥多拉和邹伊仍然被承认为女皇,尽管塞奥多拉继续出现在所有的官方场合,但是权力转移到了她新任姐夫的手中。然而,塞奥多拉在宫廷和民众中仍然具有影响,最突出的一个例证是,她下令刺瞎流放中的太监约翰的眼睛。⑤ 约翰是米哈伊尔四世皇帝的兄弟,米哈伊尔五世皇帝的舅父,是前朝重臣,曾任罗曼努斯三世皇帝的首席大臣,米哈伊尔五世倒台后,约翰一直处于流亡状态。

君士坦丁九世在位期间,塞奥多拉过着半隐居的生活,但是她在民众的心目

---

① John Skylitzes, *A Synopsis of Byzantine History*, 811–1057, pp. 393ff; Michael Psellus, *Fourteen Byzantine Rulers*, p. 144.

② Michael Psellus, *Fourteen Byzantine Rulers*, pp. 182–183; Michael Attaliates, *The History*, p. 25 and 27.

③ Michael Psellus, *Fourteen Byzantine Rulers*, p. 151.

④ John Skylitzes, *A Synopsis of Byzantine History*, 811–1057, pp. 397–398; Michael Psellus, *Fourteen Byzantine Rulers*, p. 165.

⑤ John Skylitzes, *A Synopsis of Byzantine History*, 811–1057, p. 404. 也有人认为下令弄瞎约翰双眼的是时任牧首塞鲁拉利乌斯,见 K. M. Ringrose, *The Perfect Servant*, p. 192。

中依然保持高尚的地位,每到关键时刻总能成为人们寻求皇室正统的寄托。在其统治初年,君士坦丁九世给他的情妇斯科莱丽娜各种特殊待遇,引得流言四起,有人说他正在筹划谋害塞奥多拉和邹伊。这便导致了 1044 年君士坦丁堡民众的暴乱,当时的君士坦丁正沿着君士坦丁堡的大街参加宗教游行,人群中突然有人发难,声称不要斯科莱丽娜做皇后,甚至威胁到了皇帝的人身安全。最终邹伊和塞奥多拉出现在民众面前,并安抚这些暴民说自己并没有遭到暗杀的危险,人们方才善罢甘休。①

　　直至姐姐邹伊和姐夫君士坦丁先后去世,塞奥多拉才不受约束地放手执掌帝国的最高统治权。至邹伊于 1050 年去世前,塞奥多拉很有可能一度隐退至女修道院中,拜占庭帝国的江山由君士坦丁九世一人统治,直到他自己也于 1055 年去世。君士坦丁九世在弥留之际曾试图传位给保加利亚总督尼基弗鲁斯·普洛特昂。然而,塞奥多拉先发制人,尽管她年事已高,仍大力宣称自己对皇位的合法继承权,她召集元老院成员和皇家卫队,在君士坦丁九世去世前不久宣布:她为帝国唯一的皇帝。② 君士坦丁九世皇帝死后,塞奥多拉成为拜占庭帝国的最高统治者,有人猜测或许塞奥多拉会像她已经去世的姐姐邹伊那样找一个丈夫,同时将此人推上皇位,然而塞奥多拉的做法令很多人出乎意料,因为"她无意再扶植一个人坐上皇位","帝国成了她自己一个人的,她亲自管理国家事务"。③ 不仅如此,塞奥多拉女皇在一切政府事务中公开行使权力,就像一个男人一样履行职责,并且毫无困窘之情可言。她自己任命官员,极为庄严地在皇位上执行审判,在法庭上表明立场,颁布敕令。④

　　掌权之后,塞奥多拉首先惩处流放了那些试图篡位的人,包括外国雇佣军司令尼基弗鲁斯·布里恩纽斯(Nikephoros Bryenios)⑤和先前支持普洛特昂继位的

---

① John Skylitzes, *A Synopsis of Byzantine History,* *811 – 1057,* pp. 408 – 409.

② Michael Psellus, *Fourteen Byzantine Rulers,* pp. 259 – 260; John Skylitzes, *A Synopsis of Byzantine History,* *811 – 1057,* p. 445.; W. Treadgold, *A History of the Byzantine State and Society,* p. 596; L. Garland, *Byzantine Empresses,* pp. 165 – 166.

③ Michael Psellus, *Fourteen Byzantine Rulers,* p. 261.

④ Michael Psellus, *Fourteen Byzantine Rulers,* p. 261.

⑤ Alexander P. Kazhdan ed., *The Oxford Dictionary of Byzantium,* p. 329; W. Treadgold, *A History of the Byzantine State and Society,* p. 597.

那些人,她没收了这些人的财产并将他们流放。① 同时,她还坚定地约束高官和贵族们的行为,当利奥·帕拉斯庞迪洛斯(Leo Paraspondylos,也称斯特拉波斯庞迪洛斯)损害了女皇的声誉时,塞奥多拉就坚决处罚了他。塞奥多拉任命自己的太监担任一些重要的军事和行政职务,如塞奥多利出任东方总司令,受命前往东部抵御突厥人的入侵。她还任命尼基塔斯·西里尼特斯为海军舰队司令,任命曼努埃尔出任禁卫军司令。② 当然,塞奥多拉统治时期最受重用的权臣非利奥·帕拉斯庞迪洛斯莫属。③ 保加利亚大主教利奥去世后,塞奥多拉任命修道士塞奥多图斯接任此职位。④ 但是她任命神职人员的行为被视为是对牧首米哈伊尔·塞鲁拉利乌斯的冒犯,因为牧首认为这是男人的责任,而不是女人的权利。⑤ 当然,有时塞奥多拉过于严厉,致使像伊萨克·科穆宁(Isaac Comnenus,1057—1059 年在位)这样有才能的军事人才被小文官所取代。

塞奥多拉统治时期,拜占庭帝国对外关系整体上比较顺畅,没有出现较大的动荡,这点得到了当时历史学家的证明。⑥ 图格里尔·贝格于 1055 年 12 月占领巴格达,此后东部地区便处于突厥人的不断威胁之下⑦,塞奥多拉为此遣使巴格达。第温的埃米尔对拜占庭亚美尼亚的攻击也继续进行,塔罗总督塞奥多利·亚伦有足够的军队将他们数次驱走,但后来他在一次战斗中战死。塞奥多拉派遣东部军总司令,另一位塞奥多利去抵御他们的侵袭:"但是我们并不知道他做了些什

① John Skylitzes, *A Synopsis of Byzantine History*, *811 - 1057*, p. 447.

② John Skylitzes, *A Synopsis of Byzantine History*, *811 - 1057*, p. 447.

③ E. de Vries-van der Velden, "Les amitiés dangereuses: Psellus et Léon Paraspondylos", *Byzantinoslavica*, 60 (1999), pp. 315 - 350.

④ John Skylitzes, *A Synopsis of Byzantine History*, *811 - 1057*, p. 448; *Théophylacte d'Achrida Discours, Traités, Poésies*, introduction, texte, traduction et notes par P. Gautier, Thessalonique: Association de recherches byzantines, 1980, 31 - 32.

⑤ Michael Psellus, *Fourteen Byzantine Rulers*, p. 269.

⑥ Michael Attaliates, *The History*, p. 93; *The Chronographia of Michael Psellus*, p. 262; A. Kaldellis, *Streams of Gold, Rivers of Blood*, p. 215.

⑦ 关于此时期突厥人对小亚地区的入侵,可见 C. Cahen, "Le première pénétration turque en Asie Mineure (second moitié du XIe siècle)", *Byzantion*, 18 (1946 - 1948), pp. 5 - 67; S. Vryonis, *The Decline of Medieval Hellenism in Asia Minor and the Process of Islamization from the Eleventh through the Fifteenth Century*, Berkeley: University of California Press, 1971, pp. 70 - 113。

么。"①此外,埃及历史学家阿尔-马克里兹记载,塞奥多拉决定不派遣运粮船给法蒂玛王朝,尽管她的前任曾经就此做出过承诺,这便导致法蒂玛人占领了劳迪西亚以及安条克南部海岸地区。1056 年,安条克的拜占庭军队在君士坦丁堡派来的 80 艘战船的帮助下重新占领了这些地方。② 这支舰队在当时仍状态良好,军纪严明。

　　塞奥多拉于 1056 年 8 月下旬因肠道疾病而出现了并发症。她的排泄机能已经完全损坏,紧接着便是丧失食欲和开始呕吐。随后,她又开始剧烈腹泻,最终因肠功能的丧失而走向死亡的边缘。③ 8 月 31 日,在牧首的劝慰和见证下,塞奥多拉指定军队财政官米哈伊尔·布林加斯为皇位继承人,是为米哈伊尔六世皇帝。④ 几小时之后,女皇塞奥多拉驾崩,葬于君士坦丁堡的圣使徒教堂,马其顿王朝就此终结。

　　拜占庭史家关于塞奥多拉的记载和评价总体上趋于一致,但是存在一些细节上的差异,史家中普塞洛斯的记载无疑最为详尽。普塞洛斯笔下的塞奥多拉女皇十分节俭,如果与其姐姐邹伊相比则显得有些过于吝啬。普塞洛斯说塞奥多拉花钱时会仔细地算计,她平时最大的爱好便是收集聚敛波斯金币⑤,为此还特意打造了一个铜的保险箱。塞奥多拉独立继承皇位之后一改以往的惯例,并未对大臣和民众进行封赏,这引起许多人的不满。塞奥多拉对此有自己的理由,她坚持认为自己并未打破传统,因为这并不是她第一次掌握拜占庭帝国的权力,也不是一个新的皇位继承人,她早已从父亲那里继承了它,现在只不过是重新收回自己应得的遗产罢了。⑥ 与此同时,普塞洛斯认为,塞奥多拉做事果断,完全不受自身性

---

① R. Bedrosian trans., *Aristakēs Lastivertc'i's History*, 17. 110 – 18. 118; John Skylitzes, *A Synopsis of Byzantine History*, *811 – 1057*, p. 447.

② T. Bianquis, *Damas et la Syrie sous la domination fatimide (359 – 468/ 969 – 1076): Essai d'interpretation de chroniques arabes médiévales*, 2 vols., Damas: Institut français de Damas, 1986 – 1989, pp. 566 – 568; K. - P. Todt, "Die Frau als Selbstherrscher: Kaiserin Theodora, die letzte Angehörige der Makedonischen Dynastie", *Jahrbuch der österreichischen Byzantinistik*, 50 (2000), pp. 160 – 161; M. Miotto, *Ο ανταγωνισμός Βυζαντ ίου και Χαλιφάτου των Φατιμίδων στην εγγύς ανατολή και η δράση των Ιταλικών πόλεων στην περιοχή κατά τον 10° και τον 11° αιώνα*, Θεσσαλονίκη: Κέντρο Βυζαντινών Ερευνών, 2008, pp. 251 – 252.

③ Michael Psellus, *Fourteen Byzantine Rulers*, pp. 270 – 271.

④ John Skylitzes, *A Synopsis of Byzantine History*, *811 – 1057*, p. 448.

⑤ 希腊文 *δαρεικός*, 亦作 *δαρεικός στατήρ*, 等于 20 个希腊德拉克马。

⑥ Michael Psellus, *Fourteen Byzantine Rulers*, pp. 186, 249.

别的限制,并且非常看重自己皇室继承人的身份。这主要表现为,塞奥多拉对女性皇帝的职责理解不同,邹伊注重女性帝王传承皇位的中介作用,而塞奥多拉不被性别束缚,在其位谋其政,果敢坚强,较之于许多男性皇帝也并不逊色。相比之下,其亲姐姐邹伊则要逊色得多。

其他几位同时代或稍晚的历史学家关于塞奥多拉的记载都比较简短。斯基利齐斯在记载塞奥多拉之前诸帝的各卷中多次提及这位女性卷入谋反的行为,而这些内容在普塞洛斯那里几乎只字未提,从未记载。另外斯基利齐斯认为塞奥多拉任命利奥·帕拉斯庞迪洛斯是看中了后者的治国才能[1],这一点与普塞洛斯对帕拉斯庞迪洛斯一味地否定有所区别。阿塔利亚的《历史》中直接涉及塞奥多拉的内容也不过两小段,很重要的一部分内容是关于女皇对帕拉斯庞迪洛斯的任用。阿塔利亚对帕拉斯庞迪洛斯做出了积极的评价,认为此人利用法制治理国家,做到了公正无私,因此不仅拜占庭臣民,就连外邦人之间都因此消弭了纷争。[2] 埃德萨的马修称赞塞奥多拉是一位道德崇高的人,贞洁、正派、善良。马修称塞奥多拉释放了因禁于狱中的亚美尼亚国王阿贝尔的儿子们,将他们从囚禁的岛屿上召回,赐予他们很高的荣誉,并且让他们返回故土阿尔克尼要塞,同时告诫他们永远不要与拜占庭帝国为敌。[3]

显然,塞奥多拉虽然身为女性,但是个治国理政的人才,无论从其个人禀赋天性还是处理事务的能力看,都具有杰出君主的潜质,如果她有更多的机会执掌王朝大权,如果她的姐姐不因嫉妒处处压制她,那么不只是马其顿王朝,而且拜占庭帝国都将从中受益,那个短暂的"黄金时代"也许会持续得更久。根据时人的说法,她长相一般,在女孩子中不够漂亮,但她头脑清晰,做事果敢,虽然缺乏阴柔之美,却有不让须眉之巾帼英雄气概,在决定其个人大事如婚姻和国家大事如用人方面,都反映出超常的君主素质,具有先祖瓦西里二世的优秀基因。只是造化弄人,她生不逢时,作为妹妹,其一生被糟糕的姐姐压制着,时时处处处于后者的制约中,而没有展示其才华的机会。特别是邹伊属于拜占庭帝国的长寿之人,活了

① John Skylitzes, *A Synopsis of Byzantine History*, *811-1057*, pp. 447-448.

② Michael Attaliates, *The History*, pp. 93, 95.

③ *Armenia and the Crusades*, *Tenth to Twelfth Centuries*. *The Chronicle of Matthew of Edessa*, pp. 88-89.

72 岁,留给塞奥多拉治理帝国的时间非常有限。以才智论,她完全有能力也有机会取代邹伊为帝国作贡献,但她自我约束的性格促使她在姊妹关系中总是退让,似乎对邹伊的打压总是逆来顺受,多次放弃唾手可得的"翻身"机会,不断忍让,这看似是一种软弱,但也是其帝王性格的一部分。可惜,她这个杰出人才不能延续马其顿王朝少数几个杰出皇帝的风采,王朝最终断绝。

拜占庭帝国历史上也曾有过姐妹同心治理帝国,辅助文弱书生的弟弟,取得多项名留史册的政绩,那是塞奥多西王朝的一段佳话。如果马其顿王朝的姐妹俩能团结一心,塞奥多拉的治国理政能力得到更充分的展示,那么该王朝可能不会以如此悲惨的结局收场。这再次表明,拜占庭帝国中央集权制的核心制度即皇帝专制制度本身存在深刻的矛盾。一方面该制度将帝国所有大权集于皇帝一身,似乎有利于帝国权力的执政效率,但另一方面,权力无限的皇帝在决定身后继承人时因种种原因难以作出正确的选择,导致掌握大权的那个人不一定是合适人选。这种自身无法克服的弊端常常使拜占庭帝国陷入复杂的宫廷内争,而不适合的人坐上皇帝宝座加剧了帝国权力运行的恶性循环。鼎盛一时的马其顿王朝统治因此终止。

第十八节

米哈伊尔六世（Michael Ⅵ）

1056—1057 年在位

米哈伊尔六世·布林加斯（Michael Ⅵ Bringas,Μιχαήλ ΣΤ´ Βρίγγας,生年不详,卒于 1057 年前后）是马其顿王朝结束后的首位拜占庭皇帝[1],1056 年 8 月 22

---

[1] 学术界关于米哈伊尔六世的研究成果相对较少,有兴趣的读者可见:M. D. Spadaro, "La deposizione di Michele Ⅵ: un episodio di 'concordia discors' fra chiesa e militari?", *Jahrbuch der Österreichischen Byzantinistik*, 37（1987）, pp. 153 – 171; Alexander P. Kazhdan ed., *The Oxford Dictionary of Byzantium*, p. 1366。

日或 31 日继位，至 1057 年 8 月 30 日退位，在位近 1 年。①

　　米哈伊尔来自布林加斯家族，该家族中的著名人物包括 10 世纪的太监约瑟夫·布林加斯，后者是君士坦丁七世皇帝和罗曼努斯二世皇帝在位时期的朝臣，曾经担任舰队司令、内侍总管等职务。②

　　关于米哈伊尔早年的经历，文献中几乎没有任何记载，后人仅知道在塞奥多拉女皇弥留之际他被推举为皇位继承人，因为那时候年龄已经很大，遂被称为"老米哈伊尔"。斯基利齐斯认为米哈伊尔已经到了应该退休的年龄，而米哈伊尔·普塞洛斯更是形容他为"垂垂老矣，头发几近灰白"③。也有文献提及他此前在拜占庭军中任职，因而也被称作"军人米哈伊尔"。④ 米哈伊尔六世之所以能够当选，原因不在于他过人的统治才能或者杰出的道德品质，恰恰相反，他受到青睐的唯一缘由便在于他的平庸且对权力没有什么野心。以权臣利奥·帕拉斯庞迪洛斯为首的一班旧臣就是希望找一个傀儡皇帝，至少是顺从听话的君主，以便于他们可以继续掌握实权⑤，新帝只不过是有些资历又容易被这些权臣操控的贵族而已⑥。

　　即便如此，米哈伊尔六世在上台之初还是遭受了来自其他势力的威胁。他首先镇压了以塞奥多西·摩诺马赫为代表的一系列大贵族的反抗活动。塞奥多西是下台皇帝君士坦丁九世·摩诺马赫皇帝的堂兄弟，听到米哈伊尔六世继位的消息后，塞奥多西立即召集自己的亲随一众人等，于当晚从其府邸沿着中央大街朝着皇宫进发，他们一路抗议、申诉，反对新帝的人选。塞奥多西认为自己是先皇君

---

① John Skylitzes, *A Synopsis of Byzantine History*, *811 - 1057*, p. 449; Michael Attaliates, *The History*, pp. 94 - 95.

② Alexander P. Kazhdan ed., *The Oxford Dictionary of Byzantium*, pp. 325 - 326.

③ John Skylitzes, *A Synopsis of Byzantine History*, *811 - 1057*, p. 448; Μιχαήλ Ψελλός, Χρονογραφία, Τόμος Β΄, μετάφραση-εισαγωγή-σχόλια: Β. Καραλής, Αθήνα: Εκδόσεις Κανάκη, 2004, p. 203. 关于拜占庭帝国的老龄问题可见: A. -M. Talbot, "Old Age in Byzantium", *Byzantinische Zeitschrift*, 77 (1984), pp. 267 - 278。

④ 米哈伊尔的职务为军需总管 (λογοθέτης τοῦ στρατιωτικοῦ)。Michael Attaliates, *The History*, p. 95.《礼仪书》中对军需总管的权限做出明确的规定，它负责管理士兵家庭的免税和重新征税。该官职早期的职责只限于财政事务，至 11 世纪时开始兼具司法职能。关于该职位可见 *The Oxford Dictionary of Byzantium*, p. 1248。

⑤ Alexander P. Kazhdan ed., *The Oxford Dictionary of Byzantium*, p. 1586.

⑥ John Skylitzes, *A Synopsis of Byzantine History*, *811 - 1057*, p. 448; Michael Attaliates, *The History*, p. 95.

士坦丁九世的近亲,因而比米哈伊尔更有资格继承皇位。消息传到了皇宫,宫廷护卫紧急集合起来,随时准备与反抗的队伍开战。塞奥多西得知后,自知不敌,便率领人马转而前往圣索菲亚大教堂。他希望得到牧首塞鲁拉利乌斯和神职人员的支持,特别是期盼牧首可以先为自己加冕,使其政变获得合法性。但是,塞奥多西的如意算盘落空了,牧首命令将圣索菲亚大教堂的大门紧闭,拒绝面见塞奥多西或者让任何人进入教堂,因为见多识广的牧首知道骚乱者不过是些乌合之众,放其进入教堂的两种选择都不会有好结果,为其加冕则与乱民合流,不为其加冕必遭暴民攻击洗劫。塞奥多西的众多追随者看到如此情形便逐渐散去,他们大多是城市流浪汉,没有什么好处可捞取,自然一哄而散,最后只剩下塞奥多西父子形单影只地留在教堂门外。最终,父子二人被皇宫卫队捉住,然后押送到流放地帕加马。其他有类似野心之人也受到差不多的处置,米哈伊尔六世的皇位由此得以稳固。①

　　坐稳皇位后,米哈伊尔六世为了收买人心,开始毫无节制地对大臣和民众进行封赏,许多社会中下层人士的地位得以迅速攀升。② 米哈伊尔长期供职于朝廷,误以为笼络住贵族高官便可高枕无忧,故而其统治策略并不十分得当,其中最大的失误莫过于偏袒文官贵族集团的成员,而军事贵族集团的利益仍旧得不到重视。例如,他曾派遣尼基弗鲁斯·布里恩纽斯前去与突厥人作战,却无情地拒绝了这位将军收回自己被没收财产的请求,还对他说出了那句"先做事,后领赏"的名言。尼基弗鲁斯来自亚得里亚堡一带著名的军事贵族家族,曾担任帝国雇佣军司令(εθνάρχης)一职。早先,尼基弗鲁斯曾经卷入反对塞奥多拉女皇的反叛活动,失败后遭到流放,后来得到米哈伊尔六世的重新起用。根据安娜·科穆宁娜(Anna Komnena)的说法,她的夫君即后世历史学家尼基弗鲁斯是此人的孙子。③ 米哈伊尔轻视军事贵族可能与他曾担任负责军需的朝廷命官有关,军队将

① John Skylitzes, *A Synopsis of Byzantine History*, 811 - 1057, pp. 449 - 450; Ιωάννης Ζωναράς, *Επιτομή ιστοριών*, εισαγωγή, μετάφραση, σχόλια, I. Γρηγοριάδης, τόμος Γ΄, Αθήνα: Εκδόσεις Κανάκη, 1999, 18.1, p. 167.

② Μιχαήλ Ψελλός, *Χρονογραφία*, Τόμος Β΄, pp. 209, 211; John Skylitzes, *A Synopsis of Byzantine History*, p. 450; Ιωάννης Ζωναράς, *Επιτομή ιστοριών*, τόμος Γ΄, p. 165.

③ Alexander P. Kazhdan ed., *The Oxford Dictionary of Byzantium*, p. 329.

领为得到更多军事拨款和物资求助于他,甚至低三下四地贿赂他,使他产生了宫廷贵族掌控军事贵族的错误印象。

　　受到这种不公正待遇的还有一位军人,即诺曼雇佣军首领赫尔维·弗兰科普洛斯(Hervé Frankopoulos)。① 赫尔维曾经随同乔治·马尼亚基斯在西西里征战,立下战功无数,对拜占庭帝国可谓忠心耿耿。但是当赫尔维提出受封为"大将军"的时候遭到米哈伊尔六世的嘲讽,于是这个诺曼人决心报复。赫尔维离开君士坦丁堡前往亚美尼亚军区,纠集起一支诺曼人队伍,并与突厥人萨穆克兵合一处,誓取皇城坐上皇帝宝座。只是后来双方反目,赫尔维最终在赫里亚特城被捕,其所率诺曼人或被杀或被俘。②

　　后果最为严重的一次反叛发生在每年一度的皇家封赠仪式上,以伊萨克·科穆宁、卡塔卡隆·塞考麦努斯、米哈伊尔·伯尔齐斯和君士坦丁·杜卡斯等人为首的军人代表觐见皇帝,要求得到封赏,但是被米哈伊尔冷漠地拒绝了,并遭到奚落。这些将领都是帝国对外战争的中流砥柱,譬如来自科罗尼亚的将领塞考麦努斯曾与马尼亚基斯一起奉命前往西西里作战,取得不俗战功,后来于1042年镇压君士坦丁堡民众起义时,接受米哈伊尔五世皇帝重托,任军队司令官,而后还出任过阿尼和伊比利亚总督、东部军司令和安条克总督等职,甚至传闻他还多次击败过罗斯人、马扎尔人等外族入侵。③ 稍微明智一点的皇帝拉拢这些战将还唯恐不及,米哈伊尔可能在宫中权臣的压力下做了不明智的决定。

　　受了委屈的将领们自然心有不甘,其中伊萨克·科穆宁精于谋略。他在仪式上公开受到皇帝的侮辱却默不作声,任凭皇帝指责他治军无方,部下军纪败坏,毫

① 关于赫尔维·弗兰科普洛斯可见 A. Simpson, "Three Sources of Military Unrest in Eleventh Century Asia Minor: The Norman Chieftains Hervé Frankopoulos, Robert Crispin and Roussel de Bailleul", *Mésogeios*, 9 - 10 (2000), pp. 184 - 188; T. Ripper, *Die Marwaniden von Diyar Bakr: Eine kurdische Dynastie im islamischen Mittelalter*, Würzburg, 2000, pp. 155 - 156; Alexander P. Kazhdan ed., *The Oxford Dictionary of Byzantium*, p. 922。

② Michael Attaliates, *The History*, p. 97; Μιχαήλ Ψελλός, *Χρονογραφία*, Τόμος Β', pp. 209, 211; John Skylitzes, *A Synopsis of Byzantine History, 811 - 1057*, pp. 450 - 453; A. Kaldellis, *Streams of Gold, Rivers of Blood*, p. 216.

③ 至于著名的《战略》(Στρατηγικὸν τοῦ Κεκαυμένου)是否由塞考麦努斯所作,学术界至今存在争议。Alexander P. Kazhdan ed., *The Oxford Dictionary of Byzantium*, p. 1113. 可另见 N. Bănescu, "Un duc byzantin du XIe siècle: Katakalon Kekaumenos", *Bulletin de la section historique* [Académie Roumaine], 11 (1924), pp. 25 - 36。

无英勇行为或领导能力,甚至差点儿在 1056 年丢掉安条克这座城市。皇帝还斥责伊萨克极力搜刮民财以自肥,不但没有利用自己的军权在战场上获得荣誉,反而将这种权力当作满足个人贪欲的借口。[①] 当这些将领们试图通过利奥·帕拉斯庞迪洛斯再次与皇帝沟通时,又遭到这位朝中重臣的无礼对待。宫廷贵族们显然不知道将领们的厉害,他们都是拜占庭省区大军事贵族势力的代表,手握重兵。也正因为如此,这些受到皇帝冷落的将领们最终决定利用手中的军队来为自己争取利益。他们将一开始的牢骚抱怨变为实际行动。他们首先将前文提及的尼基弗鲁斯·布里恩纽斯拉拢过来,策划里应外合占领宫廷。正在他们准备共同举事期间,布里恩纽斯行事不慎,行为过于鲁莽,泄露了计划,在卡帕多西亚被俘,后被剜掉了眼睛,最终被押赴君士坦丁堡受审。其他将领担心反叛之事败露,于是紧急聚集到伊萨克·科穆宁在帕夫拉戈尼亚的营地,决定提前发动起义,并且推举伊萨克为皇帝。[②] 伊萨克经过仔细盘算,认为军事实力还有欠缺,于是一开始按兵不动,直到塞考麦努斯集合起一支由拜占庭东部军区部队和外族雇佣军组成的大军,才敢开始高举义旗,公开反对米哈伊尔六世。[③]

这些将领们起兵反叛固然是因为受到了皇帝的冷落,自身利益得不到应有的满足,但更深层次的原因在于以他们为代表的拜占庭军事贵族集团对垄断朝中大权的文官贵族集团和太监的不满情绪。普塞洛斯的一段话或许是对这件事最为生动、传神的阐释:"长期以来,士兵们发现这个国家的状况是不能容忍的……因为皇帝总是从另一个群体中选出,我的意思是文职官员。即便是关乎军队首领或者部队指挥官的决定事宜,领导权也是会交给那些毫无战争经验的人。那些生活在城市中的人比那些经受战争苦难的人获得了更高的职位。当需要有人去进行艰苦的战斗并抵抗厄运时,君士坦丁堡城里面的人可以像身处大城堡之中一样逍遥自在,而那些远离城市的乡下人则遭受极大的痛苦。由于这些原因,他们准备以非常暴力的方式抗议这种情况,他们的反抗活动一触即

---

① Μιχαήλ Ψελλός, Χρονογραφία, Τόμος Β′, p. 213.

② Μιχαήλ Ψελλός, Χρονογραφία, Τόμος Β′, pp. 215, 217; John Skylitzes, *A Synopsis of Byzantine History, 811‑1057*, pp. 454‑456; Michael Attaliates, *The History*, p. 97.

③ John Skylitzes, *A Synopsis of Byzantine History, 811‑1057*, pp. 456‑457.

发。然后它真就发生了。没有人询问他们关于新帝人选的意见,他们遭到了蔑视。"①

　　米哈伊尔六世得知消息后立即召集群臣商议对策,或许是普塞洛斯向他提出如下建议:与牧首塞鲁拉利乌斯和解,然后派遣使节前往伊萨克叛军阵营进行和谈,同时集合帝国西部的军队以及东部未参与反叛的军队(如安纳托利军区、查尔迪亚农军区和色雷斯军区等)紧急勤王,并且借助周边国家的力量和外族雇佣军,全力征剿叛军。② 皇帝采纳了这些意见,他开始调兵遣将,任命太监塞奥多利和伊萨克的妹夫亚伦统领军队剿灭叛乱。塞奥多利和亚伦带领帝国军队驻扎在尼科米底,伊萨克则率领叛军攻占了尼西亚。双方先是使用心理战术,让己方士兵劝说对方士兵倒戈,但是任何一方都没有达到目的。③ 两军最终在哈迪斯展开一场激战,伊萨克亲自在中路统领大军,同时命塞考麦努斯居左翼,罗曼努斯·斯克莱罗斯在右翼。而帝国军队方面,西部军司令瓦西里·特拉哈尼奥迪斯(Basil Trachaneiotes)率军在右翼,亚伦率部在左翼,与他一起的还有利坎西斯(Lykanthes)、普尼埃缪斯(Pnyemios)和法兰克人兰多夫等将领。最终,亚伦率部打退了斯克莱罗斯统领的叛军右翼,并且活捉了斯克莱罗斯,但是塞考麦努斯的部队也击溃了帝国军队的右翼,并且率部直捣敌方营帐,斩杀敌人无数。一度陷入慌乱的伊萨克由此重拾信心,战事也逐渐开始朝着有利于叛军的方向发展,帝国军队中的大量将领和士兵殒命沙场,最终败下阵来,太监塞奥多利倒戈投向叛军一方。④ 米哈伊尔六世见大事不妙,只能在首都依靠礼物和封赏来获得民众的支持。

　　打败了帝国军队之后,伊萨克率领部队离开尼西亚,来到尼科米底,这里距离首都近在咫尺。米哈伊尔六世派遣高级教士君士坦丁·利户迪斯(Constantine

---

① Michael Psellus, *Orationes funebres*, Vol. 1, 1.49; A. Kaldellis, *Streams of Gold, Rivers of Blood*, p. 217.

② Μιχαήλ Ψελλός, *Χρονογραφία*, Τόμος Β΄, p. 223, p. 225; John Skylitzes, *A Synopsis of Byzantine History, 811–1057*, p. 458.

③ John Skylitzes, *A Synopsis of Byzantine History, 811–1057*, pp. 459–460.

④ John Skylitzes, *A Synopsis of Byzantine History, 811–1057*, pp. 460–461; Michael Attaliates, *The History*, p. 99; *Armenia and the Crusades, Tenth to Twelfth Centuries. The Chronicle of Matthew of Edessa*, p. 89.

Leichoudes）①、利奥·阿洛波斯（Leo Alopos）和米哈伊尔·普塞洛斯出使叛军阵营和谈。② 双方于尼科米底展开会谈，皇帝的代表提出，可以册封伊萨克为凯撒以便日后继承皇位，并且要求他退兵。但是，占据军事优势的伊萨克拒绝了该提议，使节们回到君士坦丁堡。与此同时，伊萨克率军进抵莱阿，逼近都城，其前锋已经兵临城下。不久之后，在皇帝的授意下，使团再次来到伊萨克的营地，并且再次转达皇帝的意思，提议伊萨克可以被立为共治皇帝，并且成为皇位继承人，他的部下可以由伊萨克进行封赏，还特别提到利奥·帕拉斯庞迪洛斯将被剥夺权力。最终，伊萨克和他的部下们同意了，并且要求颁布黄金诏书对此予以确认。③ 伊萨克还答应立即停止一切军事行动，自己将亲自前往都城拜见皇帝。

可是就在此时，君士坦丁堡城内却发生了变数。在与伊萨克展开和谈的同时，米哈伊尔六世加紧在都城内继续收买人心，甚至要求元老院成员签署一份文件，禁止他们承认伊萨克的地位。④ 一些人深知胜利的天平已经倒向城外的叛军，他们终于按捺不住了，向皇帝施压，包括宫廷总长米哈伊尔、大贵族塞奥多利·赫里塞利奥斯（Theodore Chryselios）、赫里斯托弗·皮洛斯等人。他们可能是受到牧首塞鲁拉利乌斯的暗中怂恿，集结到圣索菲亚大教堂，要求面见牧首，说有要事商议。⑤ 表面中立的牧首自己没有出面，而是让侄子尼基弗鲁斯和君士坦丁与这些人交涉。随着更多的民众（甚至包括一些元老院成员）越来越深入地了解了眼前发生的事态，牧首最后似乎不得不抛头露面。一开始，这些人还理性地请求牧首作为代表到米哈伊尔六世皇帝面前去沟通，但是后来场面失控，人们肆无忌惮地为伊萨克呐喊助威，牧首本人同一些副手（如安条克主教塞奥多利等）也开始呼喊着要荡平那些反对伊萨克者的家园。人们要求将米哈伊尔六世碎尸万段，让伊萨克取而代之。⑥ 牧首随后向伊萨克派去使节，督促伊萨克尽快进入都

---

① 此人后来接替塞鲁拉利乌斯成为君士坦丁堡牧首，即君士坦丁三世牧首（1059—1063 年在任）。

② Ἰωάννης Ζωναράς, Ἐπιτομὴ ἱστοριῶν, τόμος Γ′, pp. 173, 175.

③ John Skylitzes, *A Synopsis of Byzantine History, 811 - 1057*, pp. 461 - 462.

④ John Skylitzes, *A Synopsis of Byzantine History, 811 - 1057*, pp. 462 - 463.

⑤ Μιχαὴλ Ψελλός, Χρονογραφία, Τόμος Β′, p. 263.

⑥ John Skylitzes, *A Synopsis of Byzantine History, 811 - 1057*, pp. 463 - 464; Michael Psellus, *Orationes funebres*, 1. 50.

城。最终,神职人员也加入反对米哈伊尔六世的行列中,牧首直接进言皇帝,劝他退位为妙,因为这是人民的呼声。[1] 米哈伊尔六世见大势已去,更无意让自己和家人流血,同时为了避免君士坦丁堡遭到杀戮和流血的摧残,他被迫脱下皇袍,宣布退位。

退位后的米哈伊尔六世接受牧首的建议,削发为僧,最终在一所修道院中度过余生。[2] 此时的伊萨克正在都城对面的克里索波利斯驻扎,静待京都乱局平息,君士坦丁堡的政局暂时由牧首塞鲁拉利乌斯主持。[3] 伊萨克又派遣塞考麦努斯带兵先行入城,并占领了皇宫,自己随后驾临都城。1057 年 9 月 1 日,伊萨克在圣索菲亚大教堂由牧首加冕称帝,是为伊萨克一世。[4]

由于米哈伊尔六世统治时间很短,其间拜占庭帝国与周边国家的关系也没有出现太大的变化,因此相关资料非常稀少,目前仅知米哈伊尔在位时继续推进与德意志君主的谈判,其目的是双方联合起来共同对抗愈发猖狂的诺曼人。[5]

米哈伊尔六世在位仅一年时间,而且他死后无嗣,此后帝国政坛的各派势力从原先的暗流涌动变成赤裸裸的王位之争,军事贵族集团逐渐占据了优势,宫廷贵族势力集团土崩瓦解,拜占庭帝国由此进入一个持续的衰落阶段。史籍中关于米哈伊尔六世的记载十分有限,而且大部分内容是关于其在位期间爆发的伊萨克·科穆宁领导的反叛活动。然而,米哈伊尔的统治见证了拜占庭帝国从文官政治向军人政治转变的过程。随后的科穆宁王朝、安茸鲁斯王朝及至末代的帕列奥列格王朝,几乎无一例外都是由军事贵族建立的政权,可以说一部晚期拜占庭帝国的历史就是军人主政和相互厮杀的历史。

---

[1] *The Chronicle of Matthew of Edessa*, p. 90.

[2] Michael Attaliates, *The History*, p. 1 07; John Skylitzes, *A Synopsis of Byzantine History*, *811 - 1057*, pp. 464 - 465; Μιχαήλ Ψελλός, *Χρονογραφία*, Τόμος Β′, p. 265.

[3] Michael Attaliates, *The History*, p. 1 05.

[4] John Skylitzes, *A Synopsis of Byzantine History*, *811 - 1057*, p. 465; Μιχαήλ Ψελλός, *Χρονογραφία*, Τόμος Β′, p. 273; Ἰωάννης Ζωναράς, *Επιτομή ιστοριών*, τόμος Γ′, p. 177. Cf. J. Shepard, "Isaac Comnenus' Coronation Day", *Byzantinoslavica*, 38 (1977), pp. 22 - 30.

[5] W. Ohnsorge, *Abendland und Byzanz: Gesammelte Aufsätze zur Geschichte der byzantinisch-abendländischen Beziehungen und des Kaisertums*, Darmstadt: H. Gentner, 1963, pp. 333 - 341; Ἰωάννης Ζωναράς, *Επιτομή ιστοριών*, τόμος Γ′, p. 292, note 1.

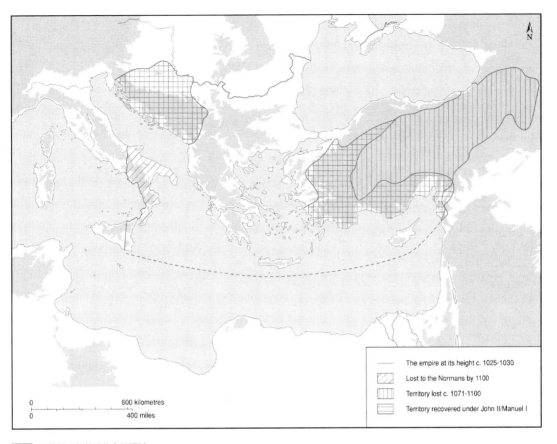

The empire at its height c. 1025-1030
Lost to the Normans by 1100
Territory lost c. 1071-1100
Territory recovered under John II/Manuel I

图2 马其顿王朝前后的帝国疆域

· The empire at its height c. 1025-1030
  约 1025—1030 年鼎盛时期的帝国
· Lost to the Normans by 1100
  1100 年之前被诺曼人夺走的领土
· Territory lost c. 1071-1100
  约 1071—1100 年丧失的领土
· Territory recovered under John II/Manuel I
  约翰二世或者曼努埃尔一世统治期间收复的领土

BYZAN
TINE
BYZAN
TINE
拜占庭
帝国
大通史

拜占庭护剑
10—11世纪，出土于保加利亚普利斯卡

拜占庭马镫
10—11世纪，出土于保加利亚瓦尔纳地区

拜占庭札甲
6—7世纪，出土于马其顿斯特鲁米查

拜占庭马刺
9—11世纪，出土于保加利亚

拜占庭丝绸织物（6—7世纪）　　　　　　拜占庭丝绸织物（8—10世纪）

拜占庭丝绸织物（9世纪）

拜占庭鱼纹碗
（10—13世纪，大都会艺术博物馆藏）

拜占庭舞者碗
（13世纪早期，贝纳基博物馆藏）

拜占庭鸟纹碗
（13—14世纪，拜占庭文化博物馆藏）

拜占庭权杖头
9—11世纪，佛罗里达博物馆藏

拜占庭权杖头
9—11世纪

拜占庭权杖头
10—11世纪，佛罗里达博物馆藏

拜占庭权杖头
10—11世纪

拜占庭系扣
10—11世纪，出土于君士坦丁堡神圣宫殿

拜占庭斧刃
10—11世纪，出土于保加利亚新帕扎尔地区

Part II

下编

军政改革：军区制与小农 （陈志强）

毁坏圣像运动 （庞国庆）

4—9世纪拜占庭帝国与中国的关系 （张绪山）

鼎盛时期的农业经济和社会发展 （尹忠海、王妍）

马其顿王朝时期的教会 （张日元）

从沙漠教父到修道院：修道制度的变迁 （田明）

科穆宁王朝时期的帝国治理 （李秀玲）

下编各章作者：

陈志强：南开大学历史学院教授，希腊亚里士多德大学博士

庞国庆：南开大学历史学院副教授，希腊雅典大学博士

张绪山：清华大学历史系教授，希腊约阿尼纳大学博士

尹忠海：江西财经大学人文学院教授，东北师范大学博士

王　妍：江苏省社会科学院历史研究所助理研究员，南开大学博士

张日元：泰山学院历史学院教授，南开大学博士

田　明：内蒙古民族大学法学与历史学院教授，南开大学博士

李秀玲：武警指挥学院政治工作系教授，南开大学博士

下编

拜占庭帝国的振兴

The Renewal of the Byzantine Empire

第一章

军政改革：军区制与小农

军区制改革

　　21 世纪初至今,国际拜占庭学界出现了一股反思现有学术成果的潮流。其中对拜占庭军区制改革的相关传统结论提出质疑是一个典型,一部分持有极端看法的学者甚至认为,历史上根本不存在这样的改革,那不过是后世学者编造出来的。当然,持有这种怀疑的人是第二次世界大战以后成长起来的拜占庭学专家。他们质疑的焦点在于,6—7 世纪的军区制是不存在的,大多是后人杜撰出来的,这些编出来的军区其实是出现在 300 年以后,即 9—10 世纪。其提出的问题是:"这些最初出现的军区是如何建立的? 我们掌握的最初确证都来自 9—10 世纪。这里的问题是,此时的这些军区是否还多多少少具有 7 世纪中期首度出现的军区那样的形态? 或者它们只是通过某种变革和变化过程才具有这样的形态?"[①]显然,作者不是说没有军区制,而是强调研究者没有 7 世纪的史料证据,而 9 世纪以

---

① C. Mango ed. , *The Oxford History of Byzantium*, Oxford:Oxford University Press, 2002, pp. 132 − 133.

后出现迅速增多的军役土地现象是后世学者向前追溯、合理推测的结论。①因为
这位质疑者在大胆怀疑后，还是提出如何从研究方法上寻求答案的办法，他提出
在文献不足的情况下要充分发掘和运用考古资料，"解开这个谜团的线索在于
659—668 年任'边境贸易官'的大教长斯蒂芬，这个最活跃的官员留下了 10 枚铅
封，涉及至少 3 个军区的 5 个仓库货栈"②。质疑者从其内心是不认可前辈人的
研究成果，即便他提到了考古研究的补充作用，但还是认为这个重要变革时期是
所谓"军事失败和内乱不断的可怕时期"，且军区制根本没有发挥积极作用，它们
只是造成了"军区反叛这个难题"。

　　作者认为，充分利用包括文献和文物史料研究军区制改革相关问题是合理
的，这两种史料都为后世研究提供了依据，可以互为补充。因为文献史料零散而
难以形成系统信息就否定其重要性是不可取的，因为 6 世纪的拜占庭帝国档案不
可能完整地保存到今天，即便是人们耳熟能详的大部分史书也多是后世人传抄以
致代代相传下来的。越是久远的史料越少见，越是久远的史实文献证据越难得，
这是史学研究的经验之谈。但是，现代研究者绝不可因此便轻易否定前人的研究
成果，以突出自己的研究价值。具体来说，在文献史料不足的情况下，补充考古证
据无疑是一个正确的选择，考古文物中首先应该重视铅封研究，在这个问题上，补
充和重视考古文物证据的意见显然是正确的，而以此否定前人文献研究的成果是
不合理的。从研究方法的角度看，文献资料也好，考古文物也好，都不是研究结论
的直接证据，两者提供的信息都只是后世研究者进行分析的依据，将两者对立起
来的思维本身就不可取。

　　另外，那种"怀疑一切"的质疑者提出的另一种批评也不合理，即根本否定历
史研究中的倒推法，似乎后人的研究只能按照年代顺序进行，而不能从后世的某

---

① C. Mango ed. , *The Oxford History of Byzantium*, p. 144. 当时，整个中央朝廷官僚机构似乎已经精简到约
　　600 人。各省区除了税收官，包括"边境贸易官"在内，很少见到任何行政官员了。C. Mango ed. , *The
　　Oxford History of Byzantium*, p. 148. 拜占庭皇帝们总结了大量政变的历史后，设法将一度成功的大军区分
　　划为更小的单位，避免了叛乱的发生，"或者不再像过去那样流行兵变。尽管拜占庭帝国能够预见到未来
　　会有许多麻烦，但是至少到此时，它不再被迫为生存苦苦挣扎"。C. Mango ed. , *The Oxford History of
　　Byzantium*, p. 142.

② C. Mango ed. , *The Oxford History of Byzantium*, p. 146.

种历史现象倒推其原初产生的史实。这里，质疑者明确指出以 9—10 世纪的文献资料研究推导出的军区制都不可靠，甚至怀疑前辈学者杜撰出军区制改革的重要事件。事实上，倒推法是历史研究的重要方法，历史研究本质上就是一种从结果看原因的学问，从后世的史实中寻求历史的原因，确定其发展的进程，这是历史研究的题中应有之意。譬如，7 世纪以后拜占庭货币发行量减少了，行政官员也减少了，明显展现出军区制改革成果在全国推行后，经济活动逐步向军区内集中，7世纪上半叶开始军区制改革的影响日益显现。这不能成为以 7 世纪以后否定 7世纪活动的根据。这是个容易想清楚的道理，如果没有军区制改革，就不会产生后来的变化，更不会有关于 9—10 世纪军区制发展的大量文献了。质疑者错误地将岁月造成的文献缺失和散乱归结为前代学者的杜撰，将数百年对历史文献的摧残归罪于前辈研究者的编造，显然其质疑是不能成立的。

正因为存在这类大胆的怀疑，本书认为应该就此做进一步的论述。本章节的作者因为多年前曾就此做过专题研究，遂结合目前的新进展在此探讨一二。[①]

一、　军区起源

我们遇到的第一个问题就是何谓军区制？拜占庭军区制又称塞姆制，是在拜占庭帝国境内自 7 世纪上半叶开始推行至 12 世纪逐渐瓦解的军事行政制度。经过军区制改革后，拜占庭帝国按军区、师、团、营（相当于现代军事单位名称）等军队序列管理帝国各级行政区域。学者们关于拜占庭"军区制"名称的来源意见不一，有的学者认为"塞姆"（$\Theta \acute{\epsilon} \mu \alpha$）一词源于阿尔泰语"杜曼"（Tuman），意为"万人"[②]，这种意见也许不可靠，因为阿尔泰语对希腊语产生影响的年代较晚，现在学界公认是从 8 世纪以后开始的，而军区制开始实行和推广则始于 7 世纪末。现代拜占庭学者伊科诺米斯基（Oikonomidès）的考证提供了更有力的证据，他认为这是个具有希腊语词源的名词，源于希腊语（$\Theta \acute{\epsilon} \sigma \eta s$）一词，其原意为"花名册"或

---

① 陈志强：《拜占庭军区制和农兵》，《历史研究》1996 年第 5 期。本章如无特别需要，将不再一一注释。

② A. Moffatt，*Maistor: Classcial, Byzantine and Renaissance Studies for Robert Browning*, Canberra: Brill, 1984, pp. 189 - 197.

"士兵名册"。①另外,马其顿王朝皇帝君士坦丁七世在其《论军区》一书中也明确指出"塞姆"一词来自希腊语。② 作为一种在帝国全境推行的制度,其特点是军政兼容、兵农合一,因此促使拜占庭农兵阶层加速形成和发展,以农兵为核心的小农经济快速兴起,进而对加强拜占庭军事抵抗实力、促进社会经济发展、进而繁荣文化生活都发挥了相当重要且深远的作用。但是,作为一种人为设定并加以推广的制度,其本身具有的优长也是存在时效性的,其内在深层次的矛盾也不容忽视。它在解决了拜占庭帝国中期一度紧迫的兵源和财源枯竭问题的同时,也不断下放原本属于朝廷掌控的权力和权利,将一部分原属于中央的利益转移给了地方"将军",从而降低了中央集权的控制力,并促进了地方势力的发展。本章将就此逐一深入分析。

军区制不是凭空产生的,也不是事先设计好的,更不是伊拉克略王朝创立者伊拉克略一世拍脑门想出来的。古代罗马帝国虽然也有总督,但作为帝国管理体系中是否存在过总督区,笔者不得而知。查士丁尼一世在其长期的帝国治理生涯中,有针对性地进行了迦太基和拉文纳两个地区的试点。在战胜汪达尔人和东哥特人之后,查士丁尼为了更有效地对这些地方进行管理,需要将军政合权。他在535年颁布的《查士丁尼新律》中规定,在非洲大区里有关土地的归属、教会的重建以及军队事务等都归大区长官管辖。这是帝国境内第一次将军政权力交由一人掌控。后世皇帝莫里斯继续沿袭了这一思路。③ 因此笔者断言军区制是由7世纪拜占庭"总督区"演变而来也是可信的。这两位皇帝在当时帝国大部分地区通行省区管理的基础上,在亚得里亚海和地中海西部两个战略要冲点,试行迦太基总督区和拉文纳总督区管理,分别由两地总督统辖。他们之所以选择这两个地方试设总督区是对整个帝国大战略深入思考的结果。它们在拜占庭中央政府管理系统中地位特殊,重要的原因是查士丁尼时代帝国战略重心的西移。两地不仅战略地位重要,而且适于大规模屯兵,因为迦太基控制西地中海航道霸权,又是自古

---

① N. Oikonomides, "The Etymology of Theme", *Byzantina* 1975 XVI, pp. 5–6.

② Constantino Porirogenito, *De thematibus*, introduzione, testo critico, commento, a cura di A. Pertusi. Città del Vaticano : Biblioteca apostolica vaticana, 1952, p. 5; Costantino Porfirogenito, *De thematibus*, TLG, No. 3023009.

③ 苏聪:《从军政分权到合权:拜占庭总督制探究》,《历史教学问题》2019年第5期。

以来的重要商贸港口和海军补给站。早在 4 世纪,这里就已经发展成为仅次于罗马的西地中海第二大城市。拜占庭人于 533 年重新控制该城,加速了其发展,使之一跃成为非洲大政区的首府和当地谷物出口的集散地。① 它扼守着东、西地中海海上交通咽喉,把控着马格里布北部沿海道路交通。同样的,拉文纳位于意大利东部中央地带,是掌控亚得里亚海的战略要冲。4—5 世纪东罗马(即拜占庭)帝国稳定崛起之际,西罗马帝国遭到日耳曼各部族持续不断的入侵,在几个世纪的战乱中,罗马和米兰等昔日名城都惨遭蹂躏,几度失陷于"蛮族的铁蹄",因此,拜占庭帝国将拉文纳设立为帝国意大利领地的首府,取代了罗马等城市的地位,将它作为帝国在亚平宁半岛的前哨站。拜占庭军队重点防守和驻扎在这两个城市也考虑到它们强大的经济实力,这一选择是极具洞察力的,同时也进一步确立了它们在帝国西地中海整体战略的重要地位。②

本书笔者没有两位皇帝有关战略思考的直接史料,但是时人普罗柯比的生花妙笔和其他零散材料还是能够证明上述论断。6 世纪中期,也就是查士丁尼一世时期,两地就被确定为总督区。它们在管理上最突出的地方,就是军事权和行政权合二为一,其最高长官称为"总督",控制其辖区内的一切最高权力。它们和帝国其他地区实行的行省省区制度有两点不同。一是军政权力合一,与行省省区管理两权分离不同。换言之,总督区内军事权和行政权虽然继续各自保留独立系统,但是它们都掌控在总督手里,而行省省区内则两权各自独立,军事区和行政区并不完全吻合,有的军区分散在几个省区内,有的省区也可能分散在几个军区里,因此军事权和行政权无法统一。二是它们适应外部入侵压力持续增强的新形势。由于它们相对于帝国在巴尔干半岛和小亚细亚的疆域更为遥远,且多处于外敌入侵最频繁的地带,其他各行省省区适行的管理体制在这两地难以维系。譬如,拉文纳总督区面临伦巴第人等的军事压力,而迦太基总督区则面临汪达尔人等日耳曼部落和当地土著部落的持续威胁,它们很难按照旧制及时应对紧急军情。总督区管理的好处就是总督大权独揽,军政一元化领导,面对紧急军情可以统一指挥,

① J. H. Humphrey,"Vandal and Byzantine Carthege:Some New Archaeological Evidence", in J. Pedley ed. , *New Light on Ancient Carthage*, Ann Arbor:University of Michigan Press,1980 ,pp.85 - 120.

② R. A. Markus, "Ravenna and Rome", *Byzantium*, vol. 51, 1981, pp.566 - 578.

也减少了军政两大系统通常存在的掣肘、延误军机的现象。①

　　那么,两位皇帝为什么此时进行总督特区试验且后来在伊拉克略王朝及其以后逐渐推行于整个帝国呢? 这与当时整个地中海世界发生的巨大变动分不开。其中最主要的一个新情况是,当时数百年全球性人口移动加剧了族群争夺生存空间的战争,拜占庭帝国周边族群军事入侵的巨大威胁陡然增大,帝国周边族群的骚动不仅使得帝国各个边关吃紧,而且加剧了对"食人生番"外族误解恐惧的扩散速度和范围。查士丁尼一世掌控帝国的半个世纪期间,拜占庭边疆地区的形势就已经开始恶化,他死后直到伊拉克略王朝统治初期,局势进一步恶化,有些地区如东部前线,情况极为严重。野心勃勃的波斯国王打破两国间达成的和约,大举侵入拜占庭帝国的亚洲属地,横扫两河流域西部广大地区,先后攻占了叙利亚、大马士革、耶路撒冷等原属于拜占庭帝国的大城市,甚至兵抵博斯普鲁斯海峡,直接威胁京城君士坦丁堡。同时,巴尔干半岛北部的阿瓦尔人统领各斯拉夫部落大举南下,深入帝国腹地,一度兵临首都城下。原来已经臣服或归属于帝国的哥特人也蠢蠢欲动,有的夺取了拜占庭帝国的西班牙属地,有的急于脱离拜占庭帝国控制建立独立王国,远在西地中海的迦太基也失陷于汪达尔人,伦巴第人则四处攻击拜占庭巡逻部队,迫使后者不得不退守拉文纳城。② 更为严重的是,阿拉伯哈里发军队自7世纪中期开始,四处征战,北路军在"真主之剑"哈立德(Khalid bin al-wolid)统帅下直捣皇城。拜占庭帝国朝野上下、京城内外一片恐慌,尤其是东部前线局势更加紧张,紧急战报猛击拜占庭人脆弱的神经,从文武百官到黎民百姓,人人惶惶不可终日。用当时作家的话说,人们确信上帝惩罚的利剑就要落下了,"世界末日来临了"③。严酷的现实压得人们喘不过气来,未经艰难时世的人早就精神瓦解了,以至于皇帝查士丁尼二世精神失常,不能理政。

　　正是在这艰难危急的背景下,刚刚起兵反叛夺取皇位的伊拉克略一世开始从东到西、自点到面逐步建立军区的军政管理体制调整方案,后世称之为"军区制改

① A. Guillou, *Regionalisme et Independance dans l'Empire Byzantin au VIIe Siecle*, Roma, 1969, chp. 2.
② I. Καραγιαννόπουλος, *Ιστορία Βυζαντινού Κράτους*, Θεσσαλονίκη, 1992, vol. 2, pp. 20-35.
③ Ιωάννης, *Εκκλησιαστική Ιστορία*, translated with Notes by E. Müller, Oxford, 1860, vol. 1, p. 3.

革"。不难想象，长于军事指挥的伊拉克略首先面对的是最紧迫的外敌入侵威胁。当时的帝国四面告急，多瑙河地区对阿瓦尔人和斯拉夫人的战事处于僵持，巴尔干半岛大部分地区已经沦为斯拉夫人的定居区，波斯国王科斯罗埃斯借口为"友好的"莫里斯皇帝复仇攻击篡位皇帝福卡斯[①]，大军横扫拜占庭军队。缺兵少钱的新皇帝原本打算从被俘的篡位皇帝那里讨得些钱财，最终空手而回，一怒之下处死了福卡斯。[②]但问题没有解决，兵源和财源枯竭的难题还是制约着帝国前线部队。后人并不知道，伊拉克略在焦急中是如何想到了实行军区制的。但是，最先建立的军区是小亚细亚地区的亚美尼亚和奥普斯金军区，其后，接着自东向西逐步建立了西比莱奥特、安纳托利亚、色雷斯军区。稍微具备正常思维的人都不难理解，伊拉克略一世在万般无奈之下，将其熟知的迦太基总督区管理模式搬到了东部前线。[③]后来事情的发展人们都知道了，7 世纪中期以后，军区制在帝国全境逐步推行，至 8 世纪中期时，帝国大部分辖区都建立了军区，先后共建立六大军区，并形成了一种制度，全国被置于军区制管理之下，后来建立的还有位于巴尔干半岛的希腊军区、海上军区，后者辖治爱琴海上大小岛屿。[④]这些军区尤其是亚洲军区在波斯战争中发挥决定性作用，它们成为伊拉克略一世得以屯兵备战、整修队伍，并最终击败波斯人的基地。该王朝及其后的皇帝们显然是从伊拉克略一世推行的正确方法中看到了军区制的优长，故而由点到面地大范围推行。毫无疑问的是，9—10 世纪大量出现的相关文献恰好证明了人们对这一过程认知的合理性。需要补充的是，近年来铅封研究提供的信息和结论，大体上更加充分地佐证了人们的认识。

那么，军区和总督区又有哪些不同呢？区别一是它们的内在管理结构不同，总督区的行政系统和军事系统都相对独立，各管各的，只是它们的最高长官是同一个总督，也就是说，总督区的最高首脑即总督总揽军政权力。军区就不一样了，不仅军事权力掌握在将军手里，而且行政权力也由同一个将军控制，问题到此就

---

① Sebeos, *History, Sources of the Armenian Tradition*, chapter 6.

② Nikephoros, *Nikephoros Patriarch of Constantinople Short History*, p. 37.

③ ［南］乔治·奥斯特洛格尔斯基:《拜占廷帝国》，第 80 页。

④ I. Καραγιαννόπουλος, *Χάρται Μέσης Βυζαντινής Περιόδου (565 –1081)*, Θεσσαλονίκη, 1976, p. 9.

更好理解了，军事长官自然以军队为先，军队建制不减少反加强，军区内的各级行政权力都依附于军事建制，各级机构也按军事系统的标准和要求调整。不用再多论证，军区首脑将军与总督相比，拥有更大的权力，可以看作其辖区的"皇帝"。其二是它们在帝国治理层面上的差异。换句话说，总督区只是个别地区的临时性试点，还没有形成制度。其实，这个时期的所谓边患大多是中等或小规模的边境摩擦，不需要罗马帝国时代大规模远征扩张的野战部队，所以，两个总督区设立在帝国边远地区。军区制则不然，它是作为一种中期拜占庭帝国国家治理的重要制度在全国推行的，从东向西的演进方向和节奏都表明，拜占庭帝国在中亚、西亚和地中海世界大范围的族群移动新形势下，逐步形成了新的制度，是在放弃西地中海乃至北非之战略收缩外，另一项决定帝国生死存亡的重大制度性变革。其三是两者的基础不同，仅从目前掌握的资料看，总督区下没出现稳定的农兵，更不要说农兵阶层了，将士们主要是领取军饷的职业军人，他们的收入全部或者部分来自国库，部分来自所在部队"自筹"，后来那种兵农合一的武装力量似乎还没有出现。但是军区制下的农民就不同了，他们不仅具有士兵的身份还兼有农民身份，平时务农，战时打仗。这是理论上的，实际操作中，他们凭借军役土地纽带将"兵"和"农"结合到一起，并逐渐形成了相对稳定的农兵阶层。过去那种单靠军饷为生的军队逐渐被靠土地经营为生的部队取代，特别是军区辖区内的其他农业劳动力都以农兵为核心，形成了相对稳定的农兵阶层。从操作层面看，他们也是职业军人，但其来源是当地的农民，其经济支撑也是当地的农业，有人出人，有钱出钱，愿意出人则出人，不愿意的便出钱养兵，反正那兵也是自己的子弟。这些士兵成为拜占庭帝国的中坚力量，他们在加强拜占庭军力、稳定形势方面的作用极为突出，其中一个非常重要的因素在于，他们作战不仅为钱更为保家卫产。

二、军区制发展

　　为了更方便理解问题，我们不妨说拜占庭军区制的发展大体经历了试行和推行两个阶段。当然，这一划分是笔者为说明军区制发展给出的，并非有实践意义。7世纪中期以前，还在尝试中的军区制仅在帝国个别地区施行，特别是那些东部前线边关吃紧的地区。后来的统治者看到效果明显,便在整个帝国境内推行,也可以说是第二阶段,直到将全国都纳入该制度中。目前,已有大量历史资料证实拜占庭军区制形成于 7 世纪,个别学者们对此虽然提出异议,但其声也弱,其论也乱,少为人采纳。

正如前面所说,拜占庭军区制的形成和推行是在走投无路时不得不采取的,它既不是皇帝一道命令建立的,也不是事前论证的结果,而是在摸索、试行、观察、调整的试验中进行的。正因为如此,其早期过程没有什么文献留存是完全合情合理且可以理解的。非要吹毛求疵地去找到像利奥三世那样毁坏圣像运动的命令,既不可能也不合理。事实上,军区制在行政管理和军事指挥方面的优长之处可能是从个别地区、个别战例中反映出来的,因此也并不是从一开始即为统治集团所认识。伊拉克略一世即便不是文盲,也不过就是长于作战的新皇帝,可以肯定的是他绝不是个理论家,边患噩耗就已经令他焦头烂额了,哪里还有仔细推敲军区制优劣的时间和精力。他充其量是把他比较熟悉的总督区管理方式拿来一用,稍加调整,赋予军事首脑更多的权力和更大的权限。当时,帝国受到四面外敌入侵的压力,在北非、两河流域、巴尔干半岛北部地区和亚平宁地区的驻军败绩连连,纷纷仓促撤向帝国京畿腹地。个别地区由于波斯军队主攻方向不同而压力稍小,有些地区如小亚细亚南部压力超大,这就促使除了京城附近地区的驻军和防务要重新部署,最东部前线压力较小的地区需率先开始调整。[①]这也是可以理解的,因为直面波斯大军攻击的部队没有时间浪费时机,抵抗住敌军的进击速度是第一位的。伊拉克略一世避开波斯军主力,从小亚细亚北部东进,希图从侧翼进攻敌人,他在屯兵养兵修整备战的地区,首先进行军区制的建设,并由此逐步推行,向西部展开。这个时期的边疆危机和北非、西亚以及巴尔干部分帝国领土相继丧失,也使作为国家税收和兵力主要来源的小农大量破产,抛耕农地大面积荒芜,小农经济全面衰退,拜占庭原有的社会经济结构发生重大变化。一方面是作为国家统治阶级基础的贵族自查士丁尼一世以来便衰败了,作为其经济基础的大地产也遭到毁灭性打击;另一方面,逃避战乱的农民居无定所、无心耕作,帝国税收锐减,大规

---

① M. F. Hendy, *Studies in the Byzantine Monetary Economy, c. 300 - 1450*, pp. 619 - 620.

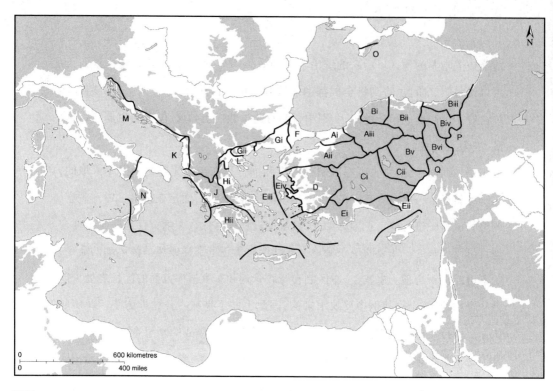

图3 拜占庭帝国的军区分布图

` Not shown here are short-lived commands such as Leontokômê, created in the region around Tephrikê after Basil I's armies destroyed the town c. 879, originally a kleisoura, then renamed and established as a thema by Leo VI

` 这里没有列出短命的军区，例如，莱昂托科梅（Leontokômê），该军区在大约879年瓦西里一世的军队摧毁泰夫里卡（Tephrikê）城之后创建于其周边地区，起初是一个边境小管区（kleisoura），后来被利奥六世更名并建立为一个军区（thema）。

` 引自约翰·哈尔顿（Haldon Warfare）：《战争、国家和社会》（State and Society）

New themata 新军区	Original themata 原军区	New themata 新军区
Ai　Optimaton 奥普提玛泰	Opsikion 奥普斯金	I　Kephallênia 凯法利尼亚岛
Aii　Opsikion 奥普斯金		
Aiii　Boukellarion 布克拉里昂		J　Nikopolis 尼科波利斯
Bi　Paphlagonia 帕夫拉戈尼亚	Armeniakon 亚美尼亚	K　Dyrrhachion[又拼写为 Dyrrachium] 迪拉基乌姆
Bii　Armeniakon 亚美尼亚		
Biii　Chaldia 查尔迪亚		L　Thessaloniki 塞萨洛尼基
Biv　Koloneia 科洛尼亚● [参见 Alexander P. Kazhdan (editor in chief), *The Oxford Dictionary of Byzantium, 3 vols.*, New York: Oxford University Press, 1991, p.1138。]		
Bv　Charsianon 查尔西农		M　Dalmatia 达尔马提亚
Bvi　Sebasteia 塞巴斯提亚● [现代锡瓦斯（Sivas）的古名。参见 Alexander P. Kazhdan (editor in chief), *The Oxford Dictionary of Byzantium, 3 vols.*, New York: Oxford University Press, 1991, pp.1861-1862。]		
		N　Laggobardia 拉戈巴迪亚
Ci　Anatolikon 安纳托利亚	Anatolikon 安纳托利亚	
Cii　Kappadokia[又拼写为 Cappadocia] 卡帕多西亚		O　Kherson 克尔松 [Kherson 又拼写为 Cherson]
D　Thrakêsion 色拉科西	Thrakêsion 色拉科西	P　Mesopotamia 美索不达米亚
Ei　Kibyrrhaiotai 西比莱奥特	Karabisianoi/Kibyrrhaiotai 卡拉比西亚尼 / 西比莱奥特	Q　Lykandos 利坎多斯
Eii　Seleukeia 塞琉西亚● [参见 Alexander P. Kazhdan (editor in chief), *The Oxford Dictionary of Byzantium, 3 vols.*, New York: Oxford University Press, 1991, p.1866。]		
Eiii　Aegaios Pelagos (Aegean Sea) 爱琴海		
Eiv　Samos 萨摩斯岛		
F　Thrakê 色雷斯	Thrakê 色雷斯	
Gi　Makedonia 马其顿	Makedonia 马其顿	
Gii　Strymôn 斯特雷蒙		
Hi　Hellas 希腊	Hellas 希腊	
Hii　Peloponnêsos 伯罗奔尼撒		

模养兵也不可能了。因此,军区制倒像是最后救命的上帝之手,一切都可以在乱局中重新安排,军区制的推行显然就是拜占庭社会经济结构的重新整合。在此过程中,皇帝们采取了三个重要措施,分步骤地最终确立了军区制,进而完成了社会经济政治和军事的全面调整。

首先,由东向西逐步建立军区,并逐步完善军区分级管理制度。最早的军区制是在其亚洲属地上设立的。由于波斯人入侵,帝国东线自 7 世纪初甚至更早时候,就不断吃紧。随着东部前线边防部队的后撤,伊拉克略一世在小亚细亚地区建立起亚美尼亚和奥普斯金军区。[①]其后,其他皇帝又建立了西比莱奥特、安纳托利亚军区和位于巴尔干半岛的色雷斯军区。9 世纪的资料记载亚美尼亚军区于629 年出现,并标示出该军区从幼发拉底河上游和黑海西南岸至小亚细亚中部卡帕多西亚的广大辖区范围,包括辖治的 17 个防区,兵力总数在万人左右。[②] 而后再向西是奥普斯金军区,位于亚美尼亚军区以西,其辖区范围自阿里斯河中下游至博斯普鲁斯海峡和达达尼尔海峡地区。也有研究认为,它可能比亚美尼亚军区早三年建立,可能是一种推测。奥普斯金军区所辖防区小一点,重要性也比亚美尼亚军区差点,因此地位略微于后者,其总兵力约 6 000 人。[③] 安纳托利亚军区在亚美尼亚军区西南,其南界将至爱琴海沿岸地区,比亚美尼亚军区压力更大,因为它地处波斯人进兵的必经之路上,地位似乎更重要,因此与亚美尼亚军区同为一等级军区就不奇怪了。它共有 34 个要塞,总兵力达 1.5 万人,显然因战事需要,其实力高于前两个军区。第四个是色雷斯军区,它以京都为核心点,辖区位于首都君士坦丁堡西侧,向西南和西北延伸出去,毫无疑问,其布局的重要性就在于防御西线之敌如斯拉夫人的攻击,拱卫君士坦丁堡。可能是当时西部压力不大,不如波斯前线紧急,毕竟斯拉夫人尚未成气候,因而该军区的作用与上述三个军区相比小一些,地位也略差,故史料记载不详。个别学者根据在该地区出土的拜占

① J. Haldon, *The Palgrave Atlas of Byzantine History*, New York: Palgrave MacMillan, 2005, pp. 66 – 69. 哈尔顿认为最早一批军区是在 7 世纪 40 年代及以后建立的,他在正文和地图中都没有提及伊拉克略一世。

② Theophanes, *The Chronicle of Theophanes*, H. Turtledove tnans., Philadelphia: University of Pennsylvania Press, 1982, vol. 2, p. 89; Theophanis, *Chronographia*, TLG, No. 4046001.

③ 亚美尼亚军区首脑官员年薪 40 金镑,而奥普斯金军区将军年薪为 30 金镑。M. F. Hendy, *Studies in the Byzantine Monetary Economy*, c. 300 – 1450, pp. 178 – 179.

庭铅封印章①,甚至认为它不是独立的军区,或是附属于奥普斯金军区,或是由奥普斯金军区将军兼任该军区首脑。这个看法可能有问题,因为两个军区保护首都的作用虽然相同,但前者在博斯普鲁斯海峡西侧,而后者在东侧,隔马尔马拉海和海峡相望倒是可以,调动军队作战则难上加难。至少从现存的 9 世纪地图看,前者后来大幅度向西扩张,总面积不亚于后者,两者合一的军区划分很难取得如此战果,也许是后来西侧辖区大增而将它一分为二也未可知。②第五个是西比莱奥特军区,位于拜占庭帝国小亚细亚南部沿海,成三角形插入塞浦路斯和克里特之间的东地中海,防御海上入侵的目的十分明显。它管辖沿海最重要的海军基地,虽然总兵力仅 3 000 人,但帝国海军主力的大部集中于此。由于当时帝国海军尚在转型之中,从罗马时代吃水深的大船向吃水浅的三排桨战船的过渡还没有完成③,而阿拉伯海军势力羽翼未丰,还没有对帝国沿海构成威胁,因此海上军区的作用也不太重要,这从该军区将军的年薪仅 10 金镑可以看出,这等年收入仅相当于第一等军区的中上级将领。④

　　早期军区的设立和后来军区制的发展都不是岁月静好的结果,更不是在和平环境中从容不迫构思策划审慎推行完成的,而是在战争持续恶化的环境中进行的。拜占庭军队原本沿袭罗马帝国旧制,早在 4 世纪内外战争中,君士坦丁一世就以晚期罗马帝国皇帝戴克里先改革为基础,不断调整帝国军队,以适应新形势。他将原来的罗马军团按军事功能重新编制,既有边防军(limitanei)和城防部队,又有皇帝直接控制的野战军(comitatenses)。5 世纪的帝国军队分五大主力,其中两大主力驻守多瑙河一线,抵御蛮族入侵,一支主力在幼发拉底河前线防御巡逻,还有两大主力留守首都地区,直接听命于皇帝。至公元 6 世纪,由于查士丁尼一世西征的需要,野战军的人数略有增加。但是,6 世纪末和 7 世纪前半期,局势突变,帝国边疆地区告急,特别是一连串的失败使拜占庭军队遭到重创,损失严重,

---

① 有关色雷斯的印章最早出现在 8 世纪上半叶,G. Zacos and A. Veglery, *Byzantine Lead Seals*, Basel: J. J. Augustin, 1972, p. 188。

② J. Haldon, *The Palgrave Atlas of Byzantine History*, p. 69.

③ 陈志强:《拜占廷主力战船"德龙猛"》,《海洋史研究》第十辑,北京:中国社会科学文献出版社 2017 年版,第 25—45 页。

④ H. Ahrweiler, *Byzance et la mer*, pp. 81 – 85, 131 – 135.

有些地区军队溃不成军,据说西部军队的 2/3 被击溃后撤,或坚守城池不出,东部军队也节节后退,损失的军力也在 1/7 左右。① 在这样的背景下,帝国原有的防务体系被彻底打乱,诸多边防要塞均遭破坏,帝国漫长的边境防线被撕开,敌军大举挺进,大片领土相继落入敌手。残余部队损失程度不一,在撤向内地的过程中,逐渐稳住了阵脚,并在驻扎地建立起军区。这才使得混乱的局面得到初步调整稳定,也为后续两个步骤的实施准备了条件。

其次,逐步建立和完善军区内部组织系统。与第一步建立军区并形成各军区间等级框架相比,嗣后进行的理顺军区内部军政关系和以军官为主干的军政等级关系难度更大。事实上,当时有一个良好的契机,即被外敌打败的拜占庭军队内部等级秩序也被破坏了。那时的拜占庭军队基本上沿袭 5—6 世纪旧有的序列和编制,只是在帝国军队普遍遭到重创、节节败退时,它们内部的组织系统也被破坏了。这样一来,重建和新建军区内序列的任务便重合起来,大大减少了军区制度构建的阻力。各新建军区首要的事情便是确定军事等级编制,明确各级官兵的关系,明晰军官上下等级间的权责。可能是各军区建立的时间前后不一,所以各自人数也不尽相同,最多的和最少的相差了数倍,但都是根据实际战事需要确定的。只是有一点是共同的,那就是内部编制大体相同,譬如五人一队的“五夫长”隶属于“十夫长”。以此类推,直到最高的军区。军区一般是由两到四个“杜马”(相当于近现代军队的“师”)组成,其下管辖五到七个团,团是由其下属的营、队等基层兵士单位组成。团级单位依据不同兵种人数不同,如骑兵团人数在 50—100 人,步兵团人数在 200—400 人。依此推算,人数最多的师级单位有3 000 人以上。②

确定军区内部序列编制非常重要。首先是军区权力机构自上而下地取代了地方行政管理系统,此前长期通行的行省、地区和村社的行政管理系统虽然没有完全取消,但都向军事序列靠拢,或是被军事官职所取代。以往作威作福或亲民廉洁的地方行政官员都没有“失业”,他们都凭借早就具有的管理能力和熟悉行

① A. H. M. Jones, *The Later Roman Empire (284 - 602)*, vol. 3, Oxford: Basil Blackwell, 1964, p. 355.
② J. Haldon, *Byzantine Praetorians: An Administrative, Institutional and Social Survey of the Opsikion and Tagnata C. 580 - 900*, Bonn: R. Habelt, 1984, pp. 172, 276.

政事务的经验,摇身一变为军区制下的"文职官员"。想来也是,惯于征战的赳赳武夫缺乏相关的行政知识与历练,让他们弃武从文既违背其意愿,也极大降低了军区内的管理效率。但"文职"官员必须为军事服务,军区内的社会生活军事化和单一化了,这为军区制最终形成提供了行政管理制度上的保证。其次是依据军事等级系列,各级各类军官的经济关系得到确定。根据 7 世纪阿拉伯作家和 10世纪拜占庭作家的记载,军区将军以下各级官员的年收入以金镑(金币)计算,将军最高为 36—40 金镑,师长为 24 金镑,团长、营长和队长分别为 12、6、1 金镑,普通士兵为 12—18 索里达金币,相当 1/6—1/4 金镑。[1] 由于各军区大小不同,地位不等,将军们的年薪也互不相同,最重要的军区即一级军区将军的年薪为 40 金镑左右,二级军区将军中最高年薪也不如前者最低收入,约为 30 金镑,三等军区将军仅为 10—20 金镑,大体相当甚至低于最高级军区师级军官的收入。[2]事实上,军区制的收入等级并没有完全落实,因为当时帝国国库没钱,那么军官经济等级关系的确立意义何在呢? 其重要性就在于理顺了他们之间的关系,并将这种关系具体化为实际的利益差距,这有助于军区制的最终确立。那么,是不是这种关系仅具有象征意义呢? 也不是。当时的帝国军队持续失利,帝国疆域萎缩,领土减少,特别是查士丁尼一世以来长期的战争,确实掏空了阿纳斯塔修斯一世皇帝精打细算留下的家底。战乱导致的全面经济衰退也使中央政府无力逐年支付军饷,于是不得不拖延发放军饷,采取每隔三五年分批分类给予军费的措施,将士们的军饷也难以及时足额保证。多种资料都证明了这个情况。[3]但恰恰是这个财政难题促使军区制从第二个步骤向第三个步骤推进,而第二个步骤也为后者创造了有利条件。

再者,军区制实行以田代饷,建立军役地产,进而形成农兵。他们不是集中耕作的农业军人,而是经营农耕的农兵及其农户,军役土地是维系一家老小生计的来源,其农地使用权的代价就是服兵役,形式虽然多样,但以农户养兵为共同点。

①　M. F. Hendy, *Studies in the Byzantine Monetary Economy*, c. 300 – 1450, p. 182.
②　Constantine Ⅶ, *De Administrando Imperio*, vol. 2,pp. 494, 696 – 697.
③　Constantine Ⅶ, *De Administrando Imperio*, vol. 1,p. 493; M. F. Hendy, *Studies in the Byzantine Monetary Economy*, c. 300 – 1450, p. 182.

这与商鞅重农耕和曹魏屯田还是有所不同,他们还是"皮肉两分离",而军区制下的农兵则是"皮肉合一"的。这一步骤是军区制最终形成的关键,军役土地制将兵农合一,农户养兵,因而造就了一个农兵阶层,他们成为军区制的经济基础和兵员源泉。诚如前述,帝国有地无钱,"以田代饷"是伊拉克略王朝有地无钱而被迫实施的权宜之计,后来其优长显现出来了,便加以推广。7世纪上半期帝国边界大步后退,国土资源严重丧失,特别是在财政收入中占极大比重的北非、西亚地区,战乱导致的国库岁入减少非常明显,有学者估计减少了1/2—2/3。埃及行省的丧失对帝国财政打击尤其严重,因为此地收入占帝国岁入的3/8,重要的是尼罗河流域提供的谷物支撑着地中海北岸各大城市的口粮。阿拉伯人占领北非地区造成帝国财税损失了1/3的收入,据粗略的估算,伊拉克略一世时的年收入仅相当于查士丁尼一世时代收入的1/3。[①] 据说,查士丁尼时代年收入高达11万金镑,而伊拉克略时代年收入仅为36 667金镑,不足前者的1/3,大约相当于2 639 952索里达金币。这是个什么概念呢? 当时对波斯作战最前沿的安纳托利亚一个军区,每年的军费开支就超过123万索里达金币,差不多占了国家岁入的一半,很明显,帝国岁入根本不能弥补国家财政预算的巨大赤字。[②] 无力支付军区军饷的帝国朝廷迫于无奈,只好以田代饷,将大量闲散弃耕土地充作军饷,暂时顶替久拖未发的军饷。好在这些弃耕土地复耕起来难度不大,而军士们大多是农耕的行家里手,于是按照军种和级别给各级官兵颁授土地便逐渐流行起来,并形成了制度。

以田代饷和军役土地随着军区制的推广而流行,从东到西,在小亚细亚、色雷斯等地出现了农田复耕的景象。究其原因,一是这些地区首先建立起军区,农兵和小农得到了制度性保护;二是这些地区有大量因战乱而弃耕的农田,复耕难度很小;三是北非那些原有的帝国"谷仓"丧失后,拜占庭人必须寻找新的谷物生产地,尤其是小亚细亚西南部沿海地区和中部丘陵坡地,水系比较丰富,气候适于农耕,特别是古代米利都城邦周围平原地区土地肥沃,农业一直比较发达。只是由于6世纪末和7世纪上半叶的战乱和瘟疫摧残了当地劳动力,人口锐减,劳动力

---

① M. F. Hendy, *Studies in the Byzantine Monetary Economy*, *c. 300-1450*, pp. 620, 626.

② 每金镑等于72索里达。M. F. Hendy, *Studies in the Byzantine Monetary Economy*, *c. 300-1450*, p. 183.

奇缺,土地被弃荒。这些土地就成为第一批军区军役田产的主要来源。此后,巴尔干半岛上建立的色雷斯军区更是有效地利用了色雷斯平原的农地资源,它们从此都成为支撑帝国首都和大中城市的主要粮食产地。

这里所谓"军役土地"与军事屯田性质不同,它是负有军役义务的田产。军区制下的农兵,不论何种兵种、军阶,都以经营军役田产的收入维持家庭用度,也作为其支付军需开支的主要经济来源。平时以种地为主,战时以打仗为主,后来他们中的一部分人平时训练,战时则听从号令集中起来作战。其他人则出钱养兵。他们定居在其部队驻守的地区,没有战事便经营田产,军区将军以下各级官兵都有农地,自给自足、自备口粮草料、兵器装备,剩余的都纳入家产。在服役期(一般为15年)内,他们的土地既不可剥夺,又享有免税权,农兵和小农兴起是必然的。这种军役土地在当时被称为"士兵田产",因为只有士兵才可以享有其占有权和使用权,一旦颁给士兵,即可永久占有。农兵对于这种土地享有自由处置权,可以买卖交易,也可以赠送他人,还可以将田产连同军役义务一同转给继承人或者亲属,从9—10世纪的法律看,甚至还可以优先转交给同村邻居。农兵有地可种,但也必须履行义务。通常采取两种形式,即直接服役和间接服役,前者由经营军役田产的士兵本人服役,他们要亲自参加战事,或参与修筑军事要塞和进军必需的架桥修路、营造舰船等与军事有关的劳役,也可以称之为工兵。后者由一户或几户出养兵钱,他们可以不出人,但要出钱,提供的钱数应足够维持一个士兵的全部军需。无论是直接服役还是间接服役,它们在文献中一律被称为"农兵"。[1]　农兵在经营军役田产的同时,要继续保持各自军队编制,而且军事任务是第一位的,要随时听从将军以下各级军官发号施令,随时准备集中作战,或者从事其他军事工程劳役。

军区制的产生和发展解决的不仅是迫在眉睫的外敌入侵等军事问题和连带的帝国财政吃紧问题。事实上,它解决了拜占庭帝国应对这个时代全球性人口大移动带来的军事冲突加剧的新难题,国家管理组织军事化是有效应对频繁边患和大规模军事冲突的唯一办法,再文明化的国家在兵匪面前都难以自保。但是随着国家军事化而产生的问题也来了,即军区制改革下放过多权力于地方引发的地方

---

[1]　A. H. M. Jones, *The Later Roman Empire* (284 – 602), p. 377; M. F. Hendy, *Studies in the Byzantine Monetary Economy*, c. 300 –1450, p. 619.

分离倾向,因此还要同时强化中央经济力量,于是小农应运而生。他们与农兵的经济结构和运作模式没有本质区别,只是一个由中央税收系统控制,一个由军区系统控制。由于军役土地制赋予农兵(同时涉及小农)更大的自由、更少的税务负担,农地耕作有利可图,因而农兵和小农的生产积极性得到极大的激发,随着军区制的发展小农经济必然兴盛。还有一个不容忽视的因素是外患少了,环境相对安定了,农业生产自然就提高了生产效率,农户的富足程度显著提升。战时和平时比例的此消彼长加速了良性循环局面的出现,以至于到马其顿王朝时,多位皇帝都异口同声地发出赞许之声,且一再出台法律保护农兵和小农。但是,作为历史研究的后见之明,笔者还不得不指出,军区制是人为采取的应对难题的良策,其积极效应和消极效应是同时存在的,比如军区将军凭借朝廷下放的诸多军事行政权可以随意处置其辖区内的土地,有效地控制军区内经济的运作。他们既可以利用颁授军役田产的权力,将优质土地据为己有或分给亲信,也可以变着法增加军事劳役的劳动量,还能够名正言顺地迫使异己分子和不听话的部下就范,其中最主要的是千方百计扩充本家族的产业,从而为数百年后军区制的最终瓦解埋下了隐患。

三、 改革结果

拜占庭历史上存在军区制几乎是学界的共识,即便质疑者也不否认这一点,后者只是说其出现的年代和发展过程中的变化疑点。那么,对于军区制的作用,学者们的认识就千差万别了。笔者属于奥斯特洛格尔斯基派的,只不过比他们更强调其多方面的作用。人们能看到的作用就特别明显,随着军区制的推行,以小亚细亚和巴尔干半岛地区为帝国中心的疆域逐步稳定,包括军力、财力等在内的国力得到加强,局势稳定带来的便是物质生活和精神生活的普遍繁荣,这大概也是学界公认的事实,不然不会把马其顿王朝称为帝国历史上的"黄金时代"。纵观史实,伊拉克略一世在对波斯人的战争中取得了决定性胜利,其影响虽然短暂,但一时还是威震四方的,因为早已进入巴尔干半岛的斯拉夫人表示臣服,都愿意成为拜占庭帝国的臣民。甚至连一度称霸多瑙河流域的阿瓦尔人也愿意和谈,其他较小的族群更是"纷纷来附",主动示好。当然,胜败乃兵家常事,但纵观此期拜占庭军事外交发展趋势,还是胜多败少,基本疆域不缩反扩,在拜占庭帝国中期历史中获得的多次重要胜利中,以瓦西里二世的武功战绩为强盛标志。所以,认真考察军区制的历史作用特别重要。

探讨军区制的结果,首先就要谈帝国军事化解决了当时面临的兵力资源短缺和财政资源枯竭的窘境。学者们有一种估计认为,4—5世纪即军区制出现以前,帝国军队总兵员达到65万人。[①] 考虑到查士丁尼帝国疆域广大,用兵频繁,这个数字是可信的。但是,连年战争对人力资源的消耗非常严重,且战乱造成的难民逃亡和人口流动对帝国编户秩序破坏也非常严重。有研究认为,至6世纪查士丁尼一世统治结束前后,帝国军队规模下降到15万人,对波斯用兵时投入兵力算是多的,其总兵员也不足6 400人。[②] 这个数字可能是有些问题的,因为疆域收缩是在查士丁尼一世去世半个世纪后的事情,它可能指的是野战军的数量。人力资源锐减大概是因为不断爆发的大瘟疫严重摧毁了帝国的人口基础,直接造成了军队兵源的巨大缺口。因此,帝国朝廷不得不采取大量招募日耳曼人雇佣兵的权宜之计,同时,也迫使国库财政收入的大部分不得不用作雇佣兵的军饷。[③] 帝国东征西讨,所占领地区必须驻扎军队,加上四面出击所需的巨额军饷就成为拜占庭国库必须承担的沉重负担。查士丁尼一世时期,帝国岁入约为11万金镑,其中80%都用于军费开支。[④]

军区制似乎解决了上述问题。这一制度将帝国臣民特别是农民作为军队的主要来源,使军队建立在广泛的本国人力资源基础上。军区制将一部分身强体壮的成年人编入军队,他们在军区制的编制中组织起来,屯田于边疆地区,或复耕或垦荒,携家带口,以户为单位种地,以村为单位纳税。军区管理机构根据需要或组

---

① Agathias, *The Histories*, J. D. Frendo trans., in Corpus Fontium Historiae Byzantinae 2A, Berlin, 1975, V, 13. Agathiae Myrinaei, *Historiarum libri quinque*, R. Keydell ed. [Corpus Fontium Historiae Byzantinae 2], Berlin: De Gruyter, 1967, TLG, No. 4024001; A. Cameron, "Agathias on the Sassanians", *Dumbarton Oaks Papers* 23 - 24, 1969, pp. 67 - 183.

② I. Καραγιαννόπουλος, *Ιστορία Βυζαντινού Κράτους*, τομ. 1, pp. 638 - 639; A. H. M. Jones, *The Later Roman Empire (284 -602)*, vol. 3, pp. 607 - 686.

③ A. H. M. Jones, *The Later Roman Empire (284 -602)*, vol. 3, pp. 619 - 623.

④ S. Runciman, *Byzantine Civilisation*, London: Edward Arnold, 1933, 1959, p. 96.

织操练,或完成必要的军事工程,军情紧急时则集中农兵,及时应对入侵,或者根据计划远途出征。7 世纪以后的多位皇帝还大规模迁徙人口补充边塞,将整村或者整个部落的人口定居在小亚细亚地区的军区里,从而使军队具有了广泛而稳定的兵源。这种长期推行的移民政策比较突出地表现在 7 世纪末年的一次记录上,当时迁入奥普斯金军区的斯拉夫人多达 7 万人,还有一次更为突出,即 762 年迁入小亚细亚军区的斯拉夫人达到 21 万之众。① 农兵耕作军役田产是具有世袭权的,不可随意剥夺,这使得拜占庭军队的将士有了源源不断的人力资源基础。同时,军区中除高级将领,如将军,从国库领取薪俸外,其他官兵都根据各自的兵种、军阶以经营军役土地所得满足各自所需的武器、装备和粮草,不需要从国库支付其供给。这就极大地减轻了朝廷的财政负担,迅速缓解了最初面临的财政压力,也获得了可持续的物质保障。可以想见,军区制作战效能提高也增强了帝国军队的战斗力,而家室定居在军区内的农兵积极参战,不仅仅具有捍卫帝国的神圣目标,更有着保家护产的直接动力。

军区制最为鲜明的特点是帝国军事化。事实上,拜占庭帝国自查士丁尼一世以后转型的战略属于防御性的,分军区防御多种规模的入侵效果最佳。为什么呢? 因为,军区制从制度层面调整了沿袭自晚期罗马帝国的军事体制。后者的大体分类是野战军、边防军和御林军(praesentales) 三种类型,其中边防军主要任务是驻扎于特定的边疆地区,通常是在大股敌军侵入的路线上,主要目的是阻击敌人大举入侵,他们在对抗小股奇袭时就显得特别笨拙。野战军为机动部队,多是由皇帝本人或亲信指挥的主力军,驻扎在皇帝附近的地点,随时奉旨调动。而御林军则一部分固定驻守于都城和某些大城市,一部分随同皇帝行动,负责保卫皇室和朝廷。②但是,在地方行政管理中,军权和行政权相互分离,军队首脑仅负责其辖区内的战事而不介入行政事务,其辖区与政区多不吻合。行政长官则掌控政权机构,管理行政事务,他们与军队的联系最多也就是根据朝廷指令提供军需。这种军政权力分立是从戴克里先和君士坦丁改革开始的,特别是后者的政区行政改革,其突出特点就是军政权力分离,使得各地军阀无法自立,曾一度有效地消除

① Theophanes, *The Chronicle of Theophanes*, vol. 2, p. 432.

② I. Καραγιαννόπουλος, *Ιστορία Βυζαντινού Κράτους*, τομ. 1, pp. 292 – 294.

了罗马帝国后期军阀割据的局面。

但是,由于军政权力难以合作、相互斗争,特别是在5—6世纪,拜占庭帝国中央和地方管理大调整时期,朝野内外,军政之间,常常出现军队出征御敌而得不到行政长官支持的现象。例如,普罗柯比的《战记》中记叙军政两权内讧、互挖墙脚的事情屡见不鲜,贝利撒留前方作战,行政官员后方捣乱,宫中谣言和佞臣谗言一直纠缠在皇帝身边。军区制的地方权力统一归于军事首脑干净利落地扫除了地方军政事务管理中的扯皮现象。而权力集中于将军一身使得地方最高官员能及时汇集信息,全面掌握动态,准确做出判断,果断拍板决定,集中处理辖区内一切事务,特别是那些紧急军情,抓住转瞬即逝的战机,大幅提升取胜率。行政长官或作为将军的幕僚听命于将军,或被挤出权力机构,或屈服于武夫压力尽量努力工作,都无形中提高了地方管理的效率。地方统治一元化和军事化极大地发挥了地方官员的积极性。早期拜占庭帝国皇帝特别是君士坦丁一世旨在削弱地方军阀势力、增强中央集权的行政改革,曾有效地打击了各地割据的军阀,其类似于我国秦朝"郡县制"的治理体制扩大了朝廷各部门的权力并形成了庞大的官僚体系。但是,这个体系在外敌入侵的紧急时刻,反应迟缓,运作缓慢,相对于战争需求而言,实在是难以应对随时变化的军情。后来人们看到的帝国多次战场失利当然有帝国实力下降的主要原因,但是军事指挥体制陈旧而不能适应新形势是十分关键的因素,特别是当大规模入侵令某一驻守边关的部队难以应付时,军队中枢指挥机构不能立即抽调其他部队前往增援,经常贻误战机。军区是依据防务需要划定辖区的,其建立也是根据军事压力大小而逐一推行的。在这个制度下,军区首脑按本辖区实际情况统筹谋划,或调动军队迎战,或组织军需工程建设,或强化军事训练,都有相机处置的灵活性。将军以其控制的军、政、财、司法等权利,相对独立地指挥,难以匹敌时,还可以提前向朝廷申报,其使下情及时上达和迅速执行朝廷命令的能力得到极大提高。毫无疑问,军区制适时提高军队应急能力是确定的,进而加强拜占庭帝国的国防综合力量也是公认的。现代拜占庭学家高度评价军区制的合理性,认为这一制度就是"赋予拜占庭帝国新活力的大胆改革,其意义极为深远"[1],这一看法

---

[1] G. Ostrogorsky, *History of the Byzantine State*, p. 86.

非常准确。

军区制的发展促进了农兵阶层的形成,这是该制度产生的最重要结果之一。以宏观视野观察地中海世界政治史,农兵和小农经济最适合高度集权制帝国,谁把它设计得好谁就稳定强盛,谁的体制有利于它的发展谁就最为富足,统治也相对稳定。拜占庭帝国推行的军区制恰好有利于这个阶层的兴起,因此对于拜占庭历史的演化影响深远。实事求是地讲,拜占庭帝国虽然商贸发达,但这个千年帝国还是农民占主体的国家,农业一直是其主要经济部门,农村还是帝国主要的基层组织。尽管其超大型和大型城市有几个长期占据欧洲地中海中古世界所有城市的前几位,但它本质上还是个农业社会。尽管由于其具有特别优越的过境贸易地理区位,使帝国的工商业名满天下、收入可观,但是,其农业生产仍然是决定国家命脉的决定性产业和岁入的主要来源,农业经济的盛衰一直决定拜占庭帝国的强弱。晚期罗马帝国和早期拜占庭帝国大体有两种土地占有形式,即国有和私有地产两大类,其中皇产、教产、市产、军产等成分复杂的土地都属于国有,而大地主的庄园和一部分隶农、自由小农的土地属于私产地。① 两类土地上的主要生产劳动者都是小农,也包括一部分富裕农民,他们是拜占庭帝国的主要纳税人。但是,6世纪后半期的连年战争和自然灾害,促使小农大量破产,纷纷逃亡,瘟疫疾病和重税迫使他们远走他乡,这种自由迁徙权是欧洲其他地方极为罕见的。② 可想而知,在战事最频繁的小亚细亚地区弃耕荒地日益增加,特别是昔日盛产谷物的田地被战祸夷为荒野。学者们公认5—6世纪拜占庭社会的一个突出特点就是小农大量破产和荒芜土地增加。③ 这在查士丁尼法典中得到充分的证明,为了稳定农民耕作,保持国家税收来源,这位勤奋的皇帝通过大量法令强迫小农固着于土地,不仅限制他们原有的迁徙自由,甚至还明确规定农民之子必须继承父业,不可从事其他职业。④ 显然,查士丁尼一世就是希望通过强制措施减少小农逃亡流动,以此保证帝国税收岁入,可惜并未奏效,因为总的局势没有彻底好转,大地产主对小

① I. Καραγιαννόπουλos, Ιστορία Βυζαντινού Κράτουs, pp. 396 - 402.

② 陈志强:《"查士丁尼瘟疫"影响初探》,《世界历史》2008年第2期。

③ G. Ostrogorsky, Quelques problemes d'histoire de la paysannerie byzantine, Bruxelles 1956, chp. 3.

④ Ιωάννηs, Χρονογραφ ία, Bonn, 1831, pp. 417 - 420; Ioannis Malalae, Chronographia, L. Dindorf ed. [Corpus Scriptorum Historiae Byzantinae], Bonn: Weber, 1831, TLG, No. 2871001.

农土地的兼并还在继续,而皇帝彻底打击贵族经济实力的做法连一度崇拜他的普罗柯比都变得对他恨之入骨。①

军区制,无论是权宜之计也好,还是歪打正着也好,恰好为小农经济的复兴创造了良好的外部环境。军役土地制将军事义务与小农耕作结合起来,实际上在制度层面上造就出负有军役义务的小农阶层。农兵在分得耕地且经营有所收获的同时,也履行其国家赋予的从军作战义务,他们以小农的经营方式,以家庭为单位从事农业生产,同时也依靠服兵役得到帝国制度的保护。这种小生产既有利于农民也有利于国家,因此就成为军区制农兵经济的主要形式,与此连带着小农也发展起来。农兵及其家属除了担负军区内的劳役甚至赋税,还要为从军作战做好一切准备,包括武器、装备、铠甲、马匹等。如果当农兵的长子继承了其父的军役义务和军事田产后,其他的兄弟便补充到负有军役义务但不从军作战的小农中,作为辅助部分的小农有能力开垦坡地、原始荒野,在后世的法令中人们就看到帝国保护这类新农地的措施了。②由此看来,农兵和小农并肩兴起就顺理成章了,他们的经济和社会地位没有本质的差异,故而帝国法令将两者同等看待也毫不奇怪了。据此,现代拜占庭学者认为"农兵和自由小农属于同一阶层"是非常合理的。③

7世纪军区制推广以后,拜占庭农兵阶层逐步形成,与自由小农同步发展,这个趋势很明显。正是由于小农阶层在军区制造成的相对良好的环境中稳定发展,经过百余年不断壮大的过程,人们就能够从8世纪颁布的《农业法》中看到其结果。后世人绝不能以为《农业法》的出现只不过是一种时间上的巧合,也不能将相关的规定简单归功于斯拉夫人村社制的影响④,这部此后长期适用于拜占庭农村生活的法律比较准确地反映了拜占庭农村中小农迅速发展的真实情况,是与拜占庭军区制发展存在密切关联的。这部著名法律共有85条,其中2/3条款涉及

① [东罗马]普罗柯比著,吴舒屏、吕丽蓉译,陈志强审校注释:《秘史》,上海:上海三联出版社2007年版,前言。
② 陈志强:《拜占廷立法中土地"优先权"解读——以马其顿王朝立法为例》,《经济社会史评论》2016年第4期(总第8期),第4—15页。
③ M. M. Postan ed. , *Cambridge History of European Economy* , Cambridge:Cambridge University Press, 1952, vol. 1, p. 208.
④ 陈志强:《拜占廷〈农业法〉研究》,《历史研究》1999年第6期。

小农问题。①当然,拜占庭中期历史上小农数量的增加还与帝国朝廷长期推行的移民政策有关。这项政策的经济意义特别重大,因为劳力资源的合理分布既可推动大片荒地的开发利用,加快扩大恢复国力资源的物质基础,又能极大地增加劳力规模,充实因天灾人祸和瘟疫流行造成的农业劳力短缺,进而扩大税收来源。这个时期拜占庭国家税收大幅度增加、财政状况根本好转除了其他因素,也和小农经济的恢复和兴起有直接的关系。据称,9—10世纪帝国的年收入最高时可达58.4万金镑,相当于查士丁尼一世时期年收入的5.31倍②,这还是考虑了帝国疆域面积已经大为缩小的背景,也就是说,在更小的面积上获得了更多的农业收益。显然,后人推断,以军区制农兵为主体、以自由小农为辅助的小土地经济在九十世纪之交达到其发展的最高阶段,这一认识是成立的。难怪这个时期的拜占庭帝国皇帝似乎不约而同地认识到小土地经营者对帝国经济的重要性,譬如皇帝利奥六世曾在其法令中明确指出:"朕以为有两种职业对国家长治久安极为重要,一为农民,一为兵士。朕以为此二业当在各业之首。"③又如皇帝罗曼努斯一世也说:"此种小土地占有者予国利甚巨,因其缴纳国家税收,提供军队服役之故。倘若此类农民数量减少,其利必失。"④瓦西里二世于996年颁布的法令特别鲜明地保护小农,甚至要求权贵子弟继承来的前辈土地都要无条件归还小农,指出:"不论这些事情过去多久,小农在寻求及恢复他所有的土地时不应当受到限制。"⑤这看似过分偏袒小农的法律规定,实际暗含着拜占庭君主们对小农作用的重视。

还有一个消极结果是不得不看到的,即以大土地为后盾的军事贵族势力逐渐扩大。6世纪末和7世纪初,随着查士丁尼一世打击贵族政策的实施和外敌入侵的不断加剧,大土地贵族也与小农逃亡同期迅速消失,到了7世纪时,拜占庭帝国几乎不存在世袭大贵族,这个事实已经是学界的共识。军区制在全国的推行一方面有助于小农经济的恢复和兴起,同时也为新兴军事贵族提供了机会,他们由小

---

① W. Ashburner, "The Farmer's Law", *The Journal of Hellenic Studies*, 32,1912,pp. 87 – 95.

② S. Runciman, *Byzantine Civilisation*, p. 96.

③ V. Leonto, *Basilika*, Athens, 1910, XI, p. 2.

④ I. Zepos, *Ius Graeco-Romanum*, Athens, 1931, vol. 2, p. 209.

⑤ Eric McGeer, *The Land Legislation of the Macedonian Emperor*, p. 111.

到大持续发展,兴起的速度甚至超过了小农的兴起。军事贵族和大地产的结合在军区制推行之初只是深藏在经济复兴之下的祸患,其发展是需要时间和适当的条件的。从拜占庭帝国皇权专制统治的阶级基础看,大贵族和地主阶级是国家统治集团依靠的主要力量。在实践层面上看,大贵族实力的增强是以权贵家族为单位的。拜占庭帝国历代皇帝为了获得大贵族的支持,都不得不大力扶植亲信贵族,不仅对他们委以重任,更赋予他们特权,尤其是经济上的优惠。军区制的推行就使地方贵族特别是军事贵族获得了发展的良机。他们的发展几乎与小农的发展同步,贵族经济和小农经济大体同时兴起。9 世纪中期小农复兴渐入佳境时,拜占庭文献开始出现大贵族家族的记载。这些贵族家族以先祖获得的封赐土地为基础,其突出特点便是大地产和军事权力相结合。据 10 世纪的史料研究,小亚细亚和巴尔干半岛地区出现了一大批"权贵者"。他们中既有军队高级将领,如军区将军,也有皇亲国戚为主的朝廷文官贵族,其地产连同官职和爵位由大家族的成员世袭。①无论是军事贵族还是文官贵族,其共同特征是拥有大量地产,而这个以大地产为后盾的贵族阶层的兴起,一定是以小农的牺牲为代价的,他们对小农阶层最大的威胁还在于经济上对小农利益的侵害。

那么,为什么大土地占有一定与小土地经营发生冲突呢? 从理论上看,这是所有中古世界各地带有普遍性规律的矛盾。以家庭为单位的农耕生产在工业化的农业出现以前是世界性现象,它既不同于此前长期存在的部落集体狩猎,也不同于此后的大机械作业,其稳定性受制于家庭规模的大小。但是,作为农本社会产生财富的主要资源,土地也是所有剩余财富投资的主要对象。因此,权贵阶层都把置办地产及其连带的房产作为最稳定的投资焦点。当权贵家族积累家财时,必定将土地作为首选目标。这就使得大土地占有和小土地经营成为一对此消彼长、难以分离的矛盾。事实上,以大土地为特征的拜占庭贵族经济具有比小农经济更优越的外在发展条件。拜占庭国家的直接劳动者大多为农民,他们又因纳税的不同渠道和方式被分为国有小农和私有农民,前者在国有土地上耕作,在国家直接控制下成为国家税收的主要税户,其中相当大部分在 7 世纪以后转化为军区

---

① I. Zepos, *Ius Graeco-Romanum*, vol. 1, p. 201.

制下的农兵,其原本直接缴纳给国库的租税也随之转化为军役义务;而后者即私有农民是在地主土地上耕作,或者是作为村民在集体所有的村社土地上劳作,其缴纳的赋税或直接或间接缴纳给国库。地主的优势不仅在于其抗压能力远比小农突出,还在于借助军区制带来的便利条件不同程度地控制着小农经济,他们可以通过各种手段将农民本应上缴国库的租税部分截流下来,或者以各种借口搪塞朝廷,而将其中很少一部分上缴国库,甚至还可以获取某种特权,逃避国家税收义务,而私吞下农民的全部劳动成果。这种情况愈演愈烈,到13世纪以后便盛行起所谓"普罗尼亚"制,亦即不仅占有了土地,连农民的人身自由也占有了。军事贵族还掌握着军区内农兵军役土地的分配权,他们一定会千方百计扩大自己的田产,"公平地"分配属下的土地。在私有农民数量增加的同时,国有农民的数量在减少,进而影响了国家的税收。不仅如此,朝廷为维持财政收支平衡,必然加重对国有农民的税收,小农经济因此在多方面的挤压下难以维持,受损严重的小农难逃破产的命运。

在13世纪前的数百年间,大地主和小农、大地产和小地产这两种经济势力此长彼消,总趋势的天平稳定地偏向前者。从拜占庭土地关系的本质上看,大地产和小地产是社会的深层次基本矛盾,大地主和小农始终是对立的阶层,大土地占有和小土地经营一直冲突,因为大地产兼并扩张的主要对象就是小土地。马其顿王朝皇帝们力图将小土地使用权升级为占有权乃至所有权,通过小农"优先权"冲击大土地所有权,显然没有成功。尽管军区制下的小农因负担国家主要赋税和兵役而成为帝国皇帝专制统治的经济基础,但是,小农经济天然十分脆弱,根本经受不住自然灾害或者战争动乱的打击。当以大地产占有为特征的军事贵族渐成气候时,小农经济瓦解的过程便极大加速了。大地主不仅兼并了小农的土地,还进一步控制了小农的自由权利,以庇护为名令后者部分依附于地主,10世纪以后的资料证明了这一点,小农迅速演变为地主的"农奴",很多情况下他们还是自愿的。[①]此后,小农是否还继续存在,还是几乎完全消失?这是个问题。以农兵为主体的小农经济随着军区制的瓦解而衰败,军事贵族为主的大家族势力

---

① G. Ostrogorsky, *Quelques problemes d'histoire de la paysannerie byzantine*, chp. 4.

在帝国各地兴起,晚期帝国祸乱朝政的几乎都是实力雄厚的军事贵族,其对拜占庭中央集权造成的直接威胁不仅表现在控制帝国军政大权,而且通过军事叛乱推翻王朝统治,或更换皇帝,或改朝换代。正是这种军事贵族干政的威胁日益严重,9—10世纪的皇帝们被迫采取措施,把原有的大军区变为更多小军区,7—8世纪建立的那些大军区后来都逐一划分为小军区,至8—9世纪时还不足十个军区,但到了10世纪就划分为25个,到11世纪时更上升为38个,最先设立的那个亚美尼亚军区后来变为十个小军区。[1]尤其值得注意的是,朝廷重新向地方委派行政官员,将军政合一的体制调整为军政权力分立,这种分权措施实际上恢复了军区制以前的军政两元化领导体制,相当于退回到总督区。在12世纪的文献中,人们几乎找不到"军区"和"将军"的提法了,军区制的"名称从此几乎完全消失了",实际上,军区制自消自灭了。[2]

四、 重要作用

　　结果与作用没有明显的界线,只是观察问题的角度和视野有别,或者说后者更多注意的是长远的结果。拜占庭军区制存在了大约500年的时间,其深远的历史作用特别值得关注,因为这些积极或消极的历史作用直接关乎着帝国的命运。[3]

　　最直接的作用表现在军事方面。在旧大陆军事冲突加剧的新形势下,军区制适时缓解了拜占庭帝国边关战事频繁、边防危机日益严重的问题。军区制通过地方管理体制军事化暂时和部分地解决了兵源和财源枯竭的困难,有效阻止了波斯人的入侵,进而逐步恢复了拜占庭军事力量。继而于7世纪,帝国军队彻底战胜波斯人,打败阿瓦尔人,迫使入主巴尔干半岛的斯拉夫人臣服,还将阿拉伯北路大军阻止在小亚细亚和东地中海一线,使其处于极盛时期横扫一切的攻击势头受到打击,不仅在海上受阻于君士坦丁堡城下,而且在陆上止步于小亚细亚西部。伊

---

① I. Καραγιαννόπουλος, Χάρται Μέσης Βυζαντινής Περιόδου (565 -1081), p. 30.

② G. Ostrogorsky, History of the Byzantine State, p. 368.

③ 陈志强:《拜占庭军区制的历史作用》,《南开学报》1990年第6期。

拉克略王朝成功扭转帝国军事劣势,使得查士丁尼一世去世后帝国军队节节败退的局势根本好转,显然与军区制的推行有直接关系,人们可以将这一系列军事上的成就视为推行军区制的一个结果。此后,拜占庭军队虽然在战场上也有败绩,但以 7 世纪的胜利为基础,军政管理体系得到合理调整和迅速加强,8—9 世纪期间又取得了一系列胜利,似乎这个时期能打善战的皇帝和军事将领很多,这还是与军区制的发展密不可分。后人在谈到当时拜占庭人对阿拉伯人的军事胜利时,都不约而同地给出了高度评价,甚至认为"保护欧洲免遭阿拉伯人侵略之主要屏障的荣誉无疑应归于拜占庭军队"①。这里,笔者不打算分析这一评价的欧洲视角和立场,只是想指出军区制在重振拜占庭军事实力上具有的积极作用和深远影响。不仅如此,帝国军队在巴尔干半岛方向粉碎斯拉夫人、保加利亚人及其他族群的联合,并在战争中屡屡获胜,最终灭亡称雄一时的保加利亚王国。②这些不争的史实被一些欧美学者归功于某些皇帝的军事天赋,如尼基弗鲁斯二世和瓦西里二世,认为其卓越的军事才能堪比贝利撒留,还有人把这些胜利归功于拜占庭军事艺术的改进,如步骑兵混同作战等③, 这些看法有其合理性。但是,军区制为拜占庭军事力量复兴提供的制度性保障和经济上的保证不能被忽视,应该得到更为充分的认识。

如果读者再将观察的眼界扩大些,对比军区制衰败后拜占庭军队一蹶不振的情况,便能更清晰地认清军区制的长远作用。晚期拜占庭军队中以本国兵源为主体的部队大量减少,罗斯人、诺曼人、土耳其人等外族雇佣兵比例越来越高,这些雇佣兵的军饷不仅成为国库的巨大财政负担,而且其极度不可靠性也成为帝国京畿重地的危险隐患。雇佣兵为钱作战的目的与本国农兵保家护产的目的区别很大,前者轻则阵前哗变,重则就地洗劫,他们多次在帝国境内肆意妄为,朝廷只能迁就退让。譬如 12 世纪时的诺曼人雇佣兵,就反叛帝国,在巴尔干半岛酿成匪患

---

① N. Baynes and H. Moss, eds. ,*Byzantium:An Introduction to East Roman Civilization*,Oxford :Oxford University Press,1948,p. 303.

② R. Browning, *Byzantium and Bulgatia:A Comparative Study Across the Early Medieval Frontier*, London:Temple Smith,1975,pp. 355 - 360.

③ C. W. Oman, *The History of the Art of War:the Middle Ages from the Fourth to the Fourteenth Century*, London:Methuen Co. , 1898, chp. 5.

兵祸长达数十年之久。①13 世纪初的拜占庭军队在宫廷贵族的刻意打压下衰落到
兵不能战或无兵可用的地步，终于在 1204 年败于数千十字军骑士，坚固的君士坦
丁堡城防工事未能挡住后者的攻击，轻易陷落。拜占庭帝国从此沦为东地中海的
二等小国，失去了昔日雄风。

　　经济上的作用也十分显著，大体上可以从两方面进行观察。首先是军区制有
利于小农经济的发展，其经济原理不难理解，即土地资源分配与农民小规模耕作
密切结合，劳动生产率提升，使得农业生产变得有利可图，农民的积极性提高。随
之而来的管理制度简化也减少了中间环节的克扣，农业生产的收益直接用于国
防，且收支两端利益紧密结合，剔除了行政体系的无用消耗，故而极大提高了国家
税收及国库支出的使用效率。具体分析已如上述，不再赘言。正是因为小农经济
在军区制提供的更为良好的环境中发挥了更大的作用，古往今来的作家都认为
"小农在国家税收方面成为拜占庭帝国财政的脊柱"②。拜占庭帝国岁入总量受
多种因素影响而时有起伏，但在实行军区制的几百年间达到其最高点是不争的事
实。戴克里先和君士坦丁改革也调整过税收制度，主要包括土地税和人头税。这
两种税收形式一直贯穿拜占庭帝国史，直到最后也没有发生根本性的变化，只是
征收的形式不同而已。③小农是帝国主要的纳税人，他们除定期缴纳土地税和人
头税外，还负担各种不定期征收的非常规税。而拜占庭国家岁入农业占比高达
95% 和工商业占比 5% 的情况表明，影响帝国岁入最主要的是农业，进而证明军区
制的积极经济作用特别突出。④军区制推行后，比较明显地提高了小农生产率，因
此也促使他们有能力完税，甚至能容忍较高的赋税。在拜占庭农村长期施行的
"连保制"也能帮助遭受短时困难的农民渡过难关，或保证其不被临时税压
垮。⑤为什么军区制发展最完善时期的帝国财政岁入能达到查士丁尼一世时代年

---

① P. Aube, *Les Empires nomands d'Orient*, *XI-XIII e siècle*, Paris, 1983, chp. 4, 5.

② M. M. Postan ed., *Cambridge History of European Economy*, vol. 1, p. 208.

③ G. Ostrogorsky, *Quelques problemes d'histoire de la paysannerie byzantine*, p. 235.

④ M. F. Hendy, *Studies in the Byzantine Monetary Economy*, *c. 300 – 1450*, p. 157.

⑤ 该项制度规定，荒芜农田的税金由其邻居和所在村社代缴。I. Καραγιαννόπουλος, *Ιστορία Βυζαντινού*
　 Κράτους, pp. 87 – 99.

收入的4倍以上,甚至比拜占庭帝国末期年收入高40余倍呢?[①]答案就在军区制发挥的重要经济作用之中。如果将拜占庭疆域变迁的因素考虑进去,则9—10世纪以巴尔干半岛、小亚细亚地区为主的疆域远比查士丁尼时代环地中海世界的帝国疆域小得多了,进而表明军区制的推行促使拜占庭人在较小的领土上获得了更多的收入,军区制对拜占庭农业经济产生的有利影响是不言而喻的。

观察军区制经济作用的另一个角度是其对城市工商业发展所起的间接促进作用。军区制在军事层面上的积极作用带来了普遍的和平局面,而相对安定的环境必然为城市工商业发展创造了最重要的外部条件,以君士坦丁堡为典型代表的拜占庭城市进入繁荣发达的阶段,而城市经济的核心部分工商业获得较快发展。一则,相对安定的环境促使君士坦丁堡、塞萨洛尼基等大中城市商贸活动更加活跃,手工业技术水平进一步提高,形成了欧洲地中海和西亚地区闻名遐迩的"名牌"产品,首都君士坦丁堡无论在工匠人数、手艺标准、产品质量和管理制度等方面都名列中古"世界之最"的城市之列。以各城市为中心形成的帝国境内贸易和国际贸易都达到了空前的昌盛,譬如首都君士坦丁堡的工商业投资和经营环境得到极大改善,其连接东西方贸易的"金桥"作用将其地理优势发挥到了极致。这个中古欧洲地中海世界最大的商业中心,百货集散,商贾云集,该城北部港湾"黄金角"的盛名传遍世界,成为中古丝绸之路的西端都城。小农经济的复兴为工商业的发展创造的物质基础条件也不容小视,更加富足的农村意味着更频繁的城乡经济交流,农村与大小城镇保持的密切联系不仅拓展了手工业制品更大的消费市场和更丰富的农副产品原料来源,而且各个经济区域逐渐形成了地区产品特色,将整个帝国的工商业纳入更加紧密的经济结构中。诚如学者指出的那样,军区制推行后的公元8世纪,"拜占庭商业经济史才真正开始","而9—10世纪,其商业活动处于鼎盛",那个时期也是军区制发展的鼎盛阶段。[②]

正面的作用说完了,再来看看军区制衰落以后的情况。拜占庭晚期衰落的历

[①] S. Runciman, *Byzantine Civilisation*, p. 96; Nicephorus Gregoras, *Historia Byzantina*, L. Schopen ed., Bonn, 1829, Ⅰ, p. 317; Nicephori Gregorae, *Historiae Byzantinae*, L. Schopen and I. Bekker eds., 3 vols., [Corpus Scriptorum Historiae Byzantinae], Bonn: Weber, 1829, 1830, 1855, TLG, No. 4145001.

[②] M. M. Postan ed., *Cambridge History of European Economy*, vol. 2, p. 132; S. Runciman, *Byzantine Civilisation*, p. 167.

史就是军区制瓦解后开始的,那以后,拜占庭经济持续下滑,国库入不敷出,财政危机不断。朝廷为维持税收量以满足不断增加的开支,采取增加税收额和新税种的方法,极大加重了对税户的剥削。这种杀鸡取卵的财政政策,加上日益严重的贪官腐败行为,将晚期拜占庭经济推入恶性循环的怪圈。军区制崩坏了,农兵减少甚至没有了,小农经济瓦解了,国库岁入量下降了,本国军队靠不住了,雇佣兵增多了,安全形势恶化了,工商业萎缩了,外敌入侵频繁了,疆域面积缩小了,人力物力资源枯竭了,农业生产无法维持了,一连串消极因素将拜占庭帝国拖入迅速衰落的深渊。有一个数字特别说明问题,14世纪时的拜占庭岁入不足1万金币,仅相当于中期拜占庭年收入的2.18%。连本应最隆重的皇帝约翰五世的婚姻大礼也几乎办不成了,当时的史家记载说,婚礼不得不因陋就简,整个皇宫"连金银杯盘都没有,一些杯盘是锡制的,其余的用陶土制成","婚礼上皇帝穿戴的衣帽礼服也仅有黄金宝石的样子,其实都是皮制的,或染上金色,或饰以彩色玻璃……到处可见类似具有天然魅力的宝石和绚丽多彩的珍珠一样的东西,但是这些都骗不过众人的眼睛"。①皇帝的婚礼盛典尚且如此,不用说其他礼仪活动和对外交往活动也寒酸味十足。

军区制的政治作用也特别明显。正如前文提到的那样,军区制是中央集权向地方下放权力的结果,它提高了地方军事和行政管理的效率,但同时也促进了以大地产为后盾的军事贵族的兴起,经过大家族间复杂的博弈,形成了与朝廷统治权力相抗衡的地方分裂势力,其中一些势力强大的军事家族甚至凭借其军事和经济实力干涉朝政,有的当上了皇帝,或改朝换代另建新王朝。事实上,军区制下农兵及小农阶层和大地主军事贵族阶层相互依存,又相互博弈,其势力的此消彼长形成一种互为因果的关系,而这种互为因果的关系在10世纪及其以后一段时间里突出地反映在拜占庭政治生活中。一些皇帝认识到保护小农对于维持统治的重要意义,并采取积极的立法措施限制大地主的扩张,就是在这种复杂的关系中做出的一种选择。他们斥责大地主"像瘟疫和坏疽一样降临不幸的村庄,吞食土地,侵入村庄的肌体,将它们逼近死亡的边缘"②,俨然一副小农保护者的形象。

① Nicephorus Gregoras, *Historia Byzantina*, Ⅱ, pp. 788 - 789.

② I. Zepos, *Ius Graeco-Romanum*, vol. 1, pp. 210, 233.

很多人认为马其顿王朝多位皇帝立法保护小农土地"优先权"的原因虽然很多，但其中一个重要的原因是政治，即以此为突破口限制权贵经济实力，从土地资源分配的基本物质层面削弱大军事贵族的经济基础。罗曼努斯一世即公开宣布："我们禁止权贵通过以下任何一种方式获得土地。"("922 年立法",2.1)[1]在其确定的"权贵之人"中，明确包括在"军事方面享有荣誉的人……隶属于军区的官员或非官方成员"("922 年立法",1.2)[2]。君士坦丁七世也将权贵当作打压的主要对象，"权贵的大多数并未放弃对小农危害深重的交易，以至于法官们受到施加于他们身上的压力"("947 年立法",1.1)[3]，而不敢公正执法。事实上，但凡"铁腕"帝王在位，无不高调打击贵族势力，因为他们深知以大土地为后盾的权贵势力是高居于中央集权顶峰上的皇帝的威胁，特别是那些手握重兵的军事贵族。例如，瓦西里二世于 996 年颁布的法令，实际上主要就是以瓦解地方分裂势力、加强中央集权为目的的。

但是，这里存在一个悖论。拜占庭皇帝为代表的统治阶层中部分有识之士虽然了解农兵和小农的重要性，也屡屡颁布法令对后者进行保护，但同时，他们需要依靠大军事贵族的政治势力维护其统治，更需要强大的军事力量抵御外敌。真正压制了大军事贵族就一定会削弱军区制，小农经济发展的保护性制度也难维持。10 世纪及以后，拜占庭军区不断由大变小，由小变无，就是皇帝们对大地主军事贵族势力已经相当强大情况的一种应对措施。后来的历史证明，对军事贵族的真正打击就等于取消军区制，以农兵为主的小农也一同消失了。因此，马其顿王朝众多皇帝反复就此立法似乎也表明，保护小农的效果并不理想，皇帝们的意图并未得到真正贯彻落实。多数皇帝对小农经济的瓦解实际上也是无能为力，他们对小农处境的恶化并没有听之任之，但很可能只是停留在发布几项立法的阶段。这些法律是否真的得到遵守，具体是如何操作的，文献似乎都没有提供相应的答案。这样，小农在各种天灾人祸的动乱打击下，其脆弱的本质便暴露无遗，他们的土地随时都处于被吞并的危险之中，其生存都难以为继，更不用说其人身自由权利了。

---

[1] Eric McGeer, *The Land Legislation of the Macedonian Emperor*, p. 39.

[2] Eric McGeer, *The Land Legislation of the Macedonian Emperor*, p. 51.

[3] Eric McGeer, *The Land Legislation of the Macedonian Emperor*, p. 61.

这种情况下,就算有几个皇帝为他们提供了各种程度不等的优先权,他们也没有能力依法维权,因为总体环境恶化的形势不改变,他们小土地经营也无法进行,只能自动放弃,或主动转让给大地主,以换取后者的保护。

这里,笔者举几个突出的案例来说明问题,看看大军事贵族是如何凭借其政治经济实力养兵自重,或参与皇室内讧及至爬上皇帝宝座的。马其顿王朝统治末期,势力已经坐大的军事贵族与朝廷官僚贵族势力围绕着皇权展开激烈争斗,他们之间的血腥较量构成了晚期拜占庭帝国政治生活的主线。早在马其顿王朝中期,个别羽翼丰满的军事贵族就在小亚细亚军区发动叛乱,刚刚执掌皇权的瓦西里二世就面临"两巴尔达斯叛乱"。①其中一个叫巴尔达斯·福卡斯的来自强大的福卡斯家族,另一个叫巴尔达斯·斯克莱罗斯的来自雷卡平家族,而皇帝依靠的军事将领瓦西里·雷卡平也是来自雷卡平家族,他们几乎都是小亚细亚地区的军事贵族。11 世纪期间的军事贵族叛乱更为频繁,参与其中的既有根基深厚的军事家族子弟,也有千方百计扩大联姻关系网的新任军事高官,其中五位以军事哗变的方式成为皇帝的,分别来自强大的科穆宁、杜卡斯等军事贵族家族。②末代王朝统治时期,最有实力的大军事贵族坎塔库震努斯(Kantakouzenos)家财万贯、富可敌国,曾在皇家内战中资助小安德罗尼库斯(Andronikos Ⅲ,1328—1341 年在位)打败老皇帝,成为皇帝,后者去世后,他又击败政敌,曲线称帝。③显然,晚期拜占庭帝国内战不断,除皇家政治的黑暗外,也与以大地产为基础的军事贵族瓦解中央集权制有直接关系,其为帝国最终灭亡的重要原因。以宏观视野看问题,军区制在政治方面的消极作用也不可忽视。

除晚期拜占庭贵族政治愈发腐败外,军区制对帝国社会生活也产生了负面作用。帝国自上而下推行的军区制通过颁授军役土地和屯田,大体稳定了社会各阶层的流动,使人口的横向流动和社会阶层的纵向流动得到控制。无官方组织规划的人群流动状态一度被纳入军区制的框架中,使复杂尖锐的社会矛盾得到一定程

---

① I. Καραγιαννόπουλος, Ιστορία Βυζαντινού Κράτους, τομ. 2, pp. 430 - 441.

② 即塞奥多拉、伊沙克一世、米哈利七世、尼基弗鲁鲁斯三世和阿莱克西斯一世。

③ D. M. Nicol, The Byzantine Family of Kantakouzenos, Washington:Dumbarton Oaks Center for Byzantine Studies, 1968, pp. 35 - 103.

度的调和。《查士丁尼法典》以职业世袭的强制性立法规定军人的后代只能从军,农民的子孙必须务农,其目的之一便是限制人口流动,以保持社会稳定①,但实行起来难度太大,这一政策并未奏效。破产小农或城市流浪汉到处流窜,或作为城市底层自谋生路,或聚集山林结草为寇,甚至追随起义领袖或叛军首领打家劫舍。空前尖锐的社会矛盾随时冲突激化,几乎推翻查士丁尼一世统治的"尼卡"起义就是人口和社会阶层无序流动的结果。②军区制不是采取强制手段,而是通过军政体制改革理顺各种关系,使农民有地可种,使流浪汉有家可归,在各安其位的环境中各司其职。这一制度从解决小农生计和加强地方管理入手,重新调整拜占庭社会各阶层的关系,从拜占庭政府的移民政策和措施也可以看出同样的结论。斯拉夫人各部落自 6 世纪初从多瑙河一线南下巴尔干半岛就是一种盲目而无政府的人口流动,而朝廷在军区制普遍推行后多次采取的迁移农民措施则是有组织的人口流动。在移民过程中,拜占庭帝国有效化解了大规模人口迁徙可能引起的社会问题。军区制避免了以严酷立法固化社会各阶层和职业的关系,抓住重点,解决社会各阶层人口固化的生存环境问题,这对社会稳定显然是有利的。随着军区制的崩坏,再度出现人口的无序流动,大量外国移民,如斯拉夫人、罗斯人、土耳其人、诺曼人、瓦兰吉亚人等也随着破产小农和盲流加入流浪大军。当科穆宁王朝的改革彻底中断了社会纵向流动的渠道后,这些流浪人群便卷入社会中下层,不仅加剧了拜占庭帝国境内兵匪横行的混乱,而且加剧了社会阶级矛盾的激化,他们往往成为城市骚乱和大规模起义的主力军,这也是拜占庭帝国最终灭亡的一个重要因素。

综上所述,军区制的历史作用是双重的,在高度关注其在拜占庭帝国历史上发挥的积极作用的同时,也要深入分析其消极作用,特别是在不同时期,军区制的历史作用呈现出不同的侧面。军区制从其形成之初本身就孕育着深刻的矛盾,作为拜占庭帝国长期推行的一种制度,当其积极作用发挥到极致,也就是说其优势

① I. Καραγιαννόπουλος, Ιστορία Βυζαντινού Κράτους, τομ. 1, pp. 415 - 430.
② 公元 532 年,在拜占庭帝国首都君士坦丁堡爆发了大规模人民起义,因以"尼卡"(Nika 意为胜利)为口号而得名。Procopius, *History of the Wars, I: The Persian War*, New York : Harvard University Press, 1961, XXIV, 1 - 41; Procopii Caesariensis, *Opera Omnia*, vols. 1 - 2, ed. G. Wirth (post J. Haury), Leipzig: Teubner, 1962, 1963, TLG, No. 4029001.

充分发挥之后，其深层次的矛盾便暴露出来，并上升为自身难以克服的主要问题。军区制形成发展的同时也埋下了自身毁灭的因素，其造成的不可调和的基本矛盾最终导致其瓦解，这种一度适合拜占庭帝国中央集权统治需要的制度最终消失了。

第二节

农村、农民、农业

军区制于 7 世纪上半叶开始推行，8 世纪中期便出现了著名的《农业法》，两者年代顺序上的巧合并不偶然，其中必有它们内在的联系。历史研究会敏锐地发现很多"巧合"事件，以及大量"偶然"现象，与非专业人士不同的是，历史学者会深入寻找所谓"巧合""偶然"背后的联系，以求得到深藏在历史表象之下的原因及其规律。本节就是重在探讨拜占庭军区制在普遍推行后，小农的兴起。

拜占庭学术界的共识是，帝国统治阶层在 7—8 世纪有意无意地调整了帝国的军事政治管理思路，因此触发农业经济发生结构性变化，而这个重要阶段开始的标志性事件就是军区制的出现。无论当下反思传统学术观点多么热烈，扎实认真的学者都认可军区制自此全面发展，这一时期拜占庭小农经济正在兴起，直到 13 世纪以后，"普罗尼亚"地产和劳动者大量出现。

本章节作者认为，拜占庭人放弃查士丁尼一世一直坚持的经济政策，在全国范围内推行军区制，其原因复杂且为情势所迫，但其实际效果是在客观上促进了小农经济的发展，对中央集权制帝国的生存产生了极为重要的后续影响，奠定了这个帝国此后数百年相对强盛的物质基础。因此，有极大必要深入了解拜占庭小农的生活状态、土地资源的配置、基层村庄的结构、农业生产的方式、农民的类型、农业经济在基层单位的运行，等等。不了解这个至关重要的方面，人们就很难理解以农为本的东罗马帝国何以长期存在,拜占庭帝国的千余年历史主脉络何以起起伏伏曲折发展,也不能很好认识与帝国历史密切相关的其他制度、文化和宗教等问题。①

一、 资料研究

相关研究首先遇到的困难就是史料太少,拜占庭《农业法》是散见的珍贵文献中最重要的立法文件。目前,人们所掌握的文献资料和考古文物均稀少且零散,可以看到的伊拉克略、伊苏里亚和阿莫里诸王朝涉及农村、农业和农民问题的立法都不系统,有的只是提及而已。这个时期的一些历史作品如塞奥法尼斯的《编年史》和君士坦丁堡牧首尼基弗鲁斯的《简史》也仅仅提供些许补充材料,难以做出系统研究。所以,有些新生代拜占庭研究者怀疑前辈的研究结论不成立。在这种情况下,《农业法》的资料价值就显得更加珍贵,其在相关研究中的地位就显得更为突出,毫不夸张地说,没有《农业法》想要研究拜占庭"三农"问题根本不可能,不深入研究这部农业法就无可能了解拜占庭"三农"发展史。拜占庭经济史家尤其是农业经济研究者非常注重这部立法,他们对该法成文年代、法规性质和其反映的具体情况等进行了多方面的探讨,因观察的角度和立论方法不同而观点各异,争论不休,比如拜占庭封建化相关问题就见仁见智。

《农业法》的成文年代及其版本是学术界争论最多的第一个问题。其重要性在于,这个问题的解决关系着对该法揭示出的拜占庭农村生产生活状况的时间定位,进而关系着对拜占庭"三农"发展史的整体认识。《农业法》最早发现的版本是个附录文件,附录在14世纪拜占庭帝国法学家颁布的立法汇编《六书》后面,作为附录文件的《农业法》当然既无标题也未署名作者,这就给后来的研究带来极大的困难。这个文件一经发现,便引起学者们的关注,他们推测该法可能出自《六书》编者之手。那么《六书》的编者是何人?他就是目前拜占庭学界知名度最高的拜占庭学者中的一位,全称君士坦丁·哈门诺布罗斯(Κωνσταντίνοs

---

① 陈志强:《拜占庭〈农业法〉研究》,《历史研究》1999年第6期。本作者结合最新研究成果和学习心得,做进一步论述。如非特殊必要,不一一注释。

Αρμενοπούλος,1320—1383 年),后世学者研究确定,他当时担任塞萨洛尼基城大法官,曾于 1345 年、1349 年和 1359 年先后三次签发颁布该法及其修订本,显然它非常适用于当时的案件审理。[①]此后的研究又发现,该法不仅广泛使用于拜占庭帝国各地,而且还在斯拉夫各国和土耳其人生活区发现了它的修订版本,直到 20 世纪初,其部分条款还保留在希腊的相关法律中。显然,该法符合这些地方农村的现实生活,又便于使用,受到广泛欢迎就不足为奇了。

进一步的研究表明,这部适合 14 世纪农村社会生活的新法似乎是从此前多位君主颁布的立法中选择相关条款汇编出来的。特别是《农业法》首先出现在 1352 年的《六书》附录中,而这个版本的《六书》并非原本,是 1349 年大法官签发的第二版《六书》于 1352 年的一个复本,经过对比,该法没有出现在 1345 年的第一版附录中。熟悉历史研究版本学、目录学、训诂方法的历史学家们由此推断,1345 年最初的《六书》中还没有《农业法》,1349 年的第二版《六书》也不一定有这个附录,可以确定的是在 1349—1352 年之间某个时候,有人将相关条款的汇编本纳入《六书》附录,这个使从事拜占庭法律研究的学者大惑不解的问题似乎得到了答案。当然 1359 年的《六书》中包含《农业法》就没有争议了。下一个问题:谁是《农业法》的摘编者? 学者们怀疑哈门诺布罗斯也不是《农业法》的摘编者,他不可能将《农业法》编成并入《六书》附录,因为 1345 年的初版并没有这个附录,摘编者另有其人,是大法官的后人在使用《六书》的过程中为了方便增加进去的,或在复制《六书》过程中添加的。这样,《农业法》的成文时间也暂时被推定为 14 世纪。

随着拜占庭研究的深入,《六书》因其与《农业法》的特殊关系而受到学者们的格外关注。最先采用新思路研究《农业法》的是德意志学者扎哈利亚·冯·林根绍尔(Zacharia von Lingenthal),他不仅仅停留在版本学方法上,而是从研究其内容上入手,因此在追踪《农业法》成文年代问题上获得突破性进展。他在其著名

---

① 《六书》传于后世的手抄本共有 70 余部,19 世纪中期经德意志法律史专家 G. E. 海姆巴赫整理出版(莱比锡 1851 年版),百余年后希腊拜占庭学者 K. G. 比察基斯重作整理注释出版(雅典 1971 年版)。近年来,这部法典又有新版。*A Manual of Roman Law, The Ecloga Published by the Emperors Leo Ⅲ and Constantine V of Isauria at Constantinople A. D. 726.*

的《希腊罗马法律手稿史》中提出的观点得到广泛的认同,即《农业法》是由哈门诺布罗斯大法官本人根据前代立法编入《六书》中,而非其后人摘编。他在比照了其对 12 世纪拜占庭帝国《皇帝法律选编》一书的研究后①,认为哈门诺布罗斯也不是《农业法》的摘编人,编入《六书》中的《农业法》来自更早的法典,因为其部分条款早在 8 世纪就已经出现在当时的《法律选编》中了。②《皇帝法律选编》是由无名氏法学家于 1142 年编辑的,其资料来源为更早的《皇帝法典》,从其注释中反映,选编者的目的是对 60 卷本的《皇帝法典》进行全文整理,但是,它最终没能完成,其主要部分只包括《皇帝法典》前 10 卷的内容。此外,《皇帝法律选编》对《皇帝法典》其他内容作了简要说明,并编入了 6—11 世纪间的一些常用法律,选编的方式也以大意解释、举例说明和简短介绍为主,其中对司法程序的举例最为详细。比《皇帝法律选编》早了三四百年的《法律选编》为伊苏里亚王朝皇帝颁布的法典,全书共分 18 章,主要涉及适用于当时社会生活的前代皇帝的法律,在婚姻、战利品分配和刑法方面作出诸多新规定,其对拜占庭帝国司法活动的强大影响持续了好几百年。林根绍尔采用文献学方法对该法内容研究得出的结论体现出德意志学术传统的严谨特点,其观点很快便得到大多数拜占庭学家的赞同并被接受。

正当众多学者们都认可和接受了林根绍尔的观点并几乎一致认为《农业法》成书于 8 世纪末或 9 世纪初时,后者又调整了自己的看法。林根绍尔经过数十年更为深入的研究后改变了自己的观点,明确提出《农业法》的内容和行文更多属于查士丁尼一世以后斯拉夫人大举迁徙定居巴尔干半岛的时代,其涉及的农村社会生活更接近伊苏里亚王朝皇帝利奥三世和君士坦丁五世时期颁布的《法律选编》,其中很多内容甚至条款都与后者相似,因此推断《农业法》是这两位皇帝在位时期制定颁布的,即 8 世纪中期成文的。③这一观点令学者们感到吃惊,并引

① Zacharia von Lingenthal, *Historiae Juris Graeco-Romani Delineatio*, Heidelberg:Sumtibus C. F. Winter, 1839, pp. 32-end.
② L. Burgmann, *Ecloga:das Gesetzbuch Leons Ⅱ und Konstantinos'v*, Frankfurt am Main:Lowenklau-Gesellschaft, 1983.
③ Zacharia von Lingenthal, *Geschichte des griechish-romischen Rechts*, Berlin:Weidmannsche Buchhandlung, 1892, p. 249.

起很大争论,进一步激发起学者们的热情,他们纷纷就有关问题进行多方探索,此后的所有著名拜占庭学家都在这个问题上提出补充意见,形成了拜占庭学界对《农业法》各种看法百花齐放的景观,当然其中观点之多样确实令人脑洞大开。可惜,他们观点虽多,都未能突破林根绍尔的研究结论,比如那种认为该法的文本风格与八九世纪之交的立法语言相符的看法远不如林氏论证更有力,因此后者在《农业法》成文年代上的观点一直影响到今天。这里不得不说,其最大贡献在于引导拜占庭学术界关注《农业法》原始文本的发掘。

正是林根绍尔掀起的这股热潮,极大促进了拜占庭学家们在此后百余年间陆续发现了 100 多个《农业法》文本。目前分散保存在欧洲各国博物馆或图书馆中的文献分属于 11—17 世纪的版本,既有希腊语文本,也有斯拉夫各民族语言文本和土耳其语文本,它们长短不一,表述略有差别。例如,14 世纪的《六书》附录《农业法》共有 96 条,分列在十章不同标题下,与 8 世纪的《法律选编》中的《农业法》有两点不同,一是条款数量比后者的 76 条多出了 20 条,二是条款经过整理分类排列,后者更具原文特点,即《法律选编》第 25 章中有 29 条、第 26 章中有 23 条属于《农业法》,其他 24 条则分散在《法律选编》第 12、15、18、20、21 和 24 各章中。[1]

特别值得注意的另一个问题是该法的原初作者是谁。学者们都非常重视现有《农业法》大部分文本中都明确标注出"摘引自查士丁尼法书的《农业法》条款",但是没有进一步指明是哪位查士丁尼。他究竟是 6 世纪后半期的查士丁尼一世,还是 7 世纪末的查士丁尼二世? 学者们围绕这个难题又展开了新一轮争论,形成了三种主要意见。其一为"查士丁尼一世说",该派重要代表为德国学者德尔格,他详细对比了《查士丁尼法典》和《农业法》的条款,力主此说。这种意见得到了法国拜占庭农业史专家保罗·勒梅勒(Paul Lemerle)的支持,他认为查士丁尼一世的《罗马民法大全》无论在当时还是后世都具有强烈而长远的影响,在他之后的皇帝们充分借重其权威性,并进行选择性摘编完全是顺理成章的。[2]这

---

[1] F. Dolger, "Harmenopulos und der Nomos Georgikos", in *The Collection of Law School of Aristotelian University for the 600th Anniversary of Ecloga*, Thessaloniki, 1951, pp. 151 - 161.

[2] Paul Lemerle, *The Agrarian History of Byzantium from the Origins to the Twelfth Century*, p. 34.

种辩解式的意见没有什么说服力。其二为"查士丁尼二世说",这一派重要代表人物是贝尔格莱德大学教授奥斯特洛格尔斯基,他对查士丁尼一世法典进行了语言学分析,提出"摘引自查士丁尼法书"这句话中重要词汇的用法这个分析线索,认为查士丁尼一世的《罗马民法大全》有多部,故而拜占庭人在涉及《查士丁尼法典》时的习惯用语也使用复数形式"查士丁尼各部法书"(των Ιουστιανών βιβλιών),而《农业法》使用的单数形式"查士丁尼法书"(του Ιουστιανού βιβλίου)不符合拜占庭人的习惯,因此"查士丁尼一世说"靠不住。这一论证得到了德国拜占庭经济史家斯坦因和美籍俄国学者瓦西列夫等人的支持。[1]这种单一证据的分析说服力也不强。其三为"伊苏里亚朝皇帝说",主要代表就是林根绍尔,其理由见前文。总之,目前大多数拜占庭学家还没有彻底解开《农业法》文本不一之谜,林根绍尔的结论可信度更高,故为多数学者所接受。

上述多种研究表明,学者们在《农业法》成书和文本沿革问题上存在着概念混淆的现象。尽管各派学者相互争论,多种意见表面看似对立,实际并无本质上的不同。问题的关键是必须首先明确《农业法》的性质,它不是法理深奥的法典,而是汇编的实用法律手册,其汇编的主旨就是为处理农村日常出现的大量民事纠纷提供法律依据,因此,其中的大部分条款不是说理,而是指导具体操作办法。这一点不仅在"摘引自查士丁尼法书的《农业法》条款"这个总标题中看得十分清楚,而且在该法条款鲜明的可操作性中得到证明。作为其他法书摘编本的《农业法》自然应该有其前代法律资料来源,也必然经过法律原初制定和《农业法》后续汇编两个加工过程,而后又经历了数百年的传抄过程。目前存在的多种意见,对于认识《农业法》很有帮助,它们从不同的视角对多种版本进行的整理分析都弥足珍贵,对于最终形成"百衲本"《农业法》都具有特殊价值。

本章作者对于前人研究深表赞许,并深知在新史料发现以前该说的话基本上已经说完了,除质疑外,暂时不会再有什么新突破。但是,本作者还是愿意在此回应尚存的一些争论,表明自己的观点。首先是关于《农业法》的题目问题。学界

---

[1] 他们的意见可以见 G. Ostrogorsky, *History of the Byzantine State*, p. 82, note 3; E. Stein, "Vom Altertum im Mittelalter. Zur Geschichte der byzantinischen Finanzverwaltung", in *Byzantinische Zeitschrift*, 31 (1931), p. 355; A. A. Vasiliev, *History of the Byzantine Empire 324 −1453*, p. 245。

有所争议的焦点是该法总标题中提到的"查士丁尼"究竟是指查士丁尼一世还是二世,本作者认为应该指的是前者。一个重要的理由是,近现代从事相关问题研究最深入、最全面且最专业的是林根绍尔,其他学者的研究不过是对其结论的补充或疑问,他们在这个拜占庭史研究绕不过去的重要问题上表达独立见解是可以理解的,但是相关专题研究都无法超越林根绍尔。

　　除了前述学者的意见,尚有几方面的分析需要补充。首先,大量历史证据均表明,作为拜占庭帝国最杰出的君主之一的查士丁尼一世极为重视立法,他在位之初便为后人留下了体系完备的《罗马民法大全》,有关史实翔实,影响广泛而深远,为世人公认,不必赘述,这部法典本身能够完整保留到今天就是一个无可辩驳的证明。反观查士丁尼二世,不仅在位时政绩甚少,而且几乎没有什么立法成果传于后世,在有关这位皇帝的历史记载中,后人也找不到任何相关的记载。时人塞奥法尼斯和尼基弗鲁斯不约而同地记述说,查士丁尼二世在位 16 年期间取得的内政业绩主要是建立了希腊军区,并进行了大规模的斯拉夫移民,在立法方面,他没有任何值得称道的建树。[1]两相比较,查士丁尼一世具有为其后人提供《农业法》汇编资料来源的条件,而处处效仿前辈但志大才疏的查士丁尼二世则没有类似的基本条件。后者充其量有可能做的事情,是在进行移民过程中,为解决斯拉夫小农日常生活中的冲突摩擦而令下属从其同名前辈的法典中收集一些条款,但是否成书不得而知。退一步说,即使后者有可能从事立法活动,人们也很难想象,两个查士丁尼的后人在摘编《农业法》时,会放着前者那部既系统周全又声名显著的法典不用,而采用名不见经传的后者的立法。

　　其次,若从立法内容和立法风格方面分析,《农业法》与《查士丁尼法典》有直接的联系。众所周知,法理体系完备是查士丁尼一世《罗马民法大全》最突出的特点,其中涉及农村社会生活的内容也非常丰富,譬如在法典的人法、物权法、债法和诉讼法等各个部分中都有"三农"问题的条款。那么,《罗马民法大全》与《农业法》比较有何不同呢? 最主要的不同在于,《农业法》集中谈论的是"三农"问题,而《查士丁尼法典》则侧重全面建立法典的法理体系,前者通过具体法律行为

---

[1] Theophanes, *The Chronicle of Theophanes*; Nikephoros, *Short History*, *Nikephoros*, *Patriarch of Constantinople*.

阐明农村法律纠纷的解决办法,而后者注重从法理上说明相关问题。这里对比一下两者的具体条款更能直观解释这一点。例如,《查士丁尼法典》中《法学汇纂》第47章第2节第40条规定"未经主人同意使用他人牲畜……应由法官裁定赔偿",而《农业法》内容相似的第37条涉及借用牲畜造成牲畜死亡的赔偿规定是"如果有人牵走牛去做工而后死亡,那么法官应去调查……他应赔偿一头牛的价值",前者强调法官在争端中的仲裁判定地位,后者强调处理结果的对等方法。又如,《查士丁尼法典》中《法典》第3章第35节第1条规定"因放火造成损害,应视为违法犯罪,充军并赔偿",强调对放火行为定罪和量刑的国家标准,而《农业法》关于毁坏林地的第57条规定"凡焚毁他人山坡林地或砍伐他人树木者应判有罪,并应双倍赔偿损失",强调的是对破坏造成损失的具体赔偿标准。①不仅如此,人们几乎可以在《查士丁尼法典》中找到《农业法》所有条款的文字根据,只不过《查士丁尼法典》更强调定罪的性质和处罚的国家标准,而《农业法》更主张具体操作的方法和对等量刑的公平性。此外,和其他法律相比,《农业法》规定的各种惩罚形式也清楚地表明它与查士丁尼法典的密切联系。《查士丁尼法典》成文的时代,基督教早就成为拜占庭帝国的国教,该法典以基督教原则指导立法中的惩罚标准,以去除使人犯罪的部分肉体代替中止罪犯生命,因为上帝创造的人类的生命是珍贵的。以此观察分析《农业法》,其尊重人命而处罚犯罪的特点明显,可杀可不杀的不杀,代之以包括割鼻、切舌、剜眼、断肢、鞭打、烙印等刑罚。罚款和鞭打是最常用的形式,火刑和绞刑是极端罕见的,以残废肢体取代极刑符合基督教精神,也和拜占庭帝国之初基督教化以后,停止了斗兽场、角斗场的血腥厮杀娱乐活动相吻合。②这与其他原始习惯法中以命抵命和古代罗马法中反映出的轻视生命原则相去甚远。基督教精神深刻地影响当世,也促使立法观念的更新。行文至此,笔者还要提到查士丁尼二世,学术界至今未能找到足够的证据来说明其对《农业法》有何影响。显然,仅使用训诂方法从语言学角度研究《农业法》是不够的,

---

① W. Ashburner, "The Farme's Law", pp. 87 – 95; Justinian, *The Digest of Justinian*, Th. Mommsen and P. Krueger trans. , Philadelphia:University of Pennsylvunia, 1985; Justinian, *The Civil Law(vol. 12)*,S. P. Scott trans. , New Jersey: The Lawbook Exchange, Ltd. , 2001.

② 《圣经·马可福音》第9章记载:"如果你的一只手使你犯罪,把它砍掉…… 如果你的一只脚使你犯罪,把它砍掉…… 如果你的一只眼睛使你犯罪,把它挖出来!"

其结论也缺乏说服力,还应进一步开阔分析的思路,选择多角度观察,使相关问题的解决具有坚实的学术基础。

笔者对于《农业法》汇编年代问题,倾向于林根绍尔的伊苏里亚王朝说,对他详细考证该法条款内容和语言符合 8 世纪中期的环境的结论深表信服。需要补充的分析还有将《农业法》与《法律汇编》其他附录进行对比的问题。与同样作为附录文献的《海洋法》和《军事法》一样,《农业法》的立法意义在《法律汇编》中是相同的,它们都是出于具体使用的目的,都是为了在具体执法中更为便利。这三个专门法令条款摘选文本作为法典附录在同一时间的出现也说明了一定问题,那就是摘编者采取同样的方法从其前代皇帝的法律中选取,只是分类不同罢了。虽然就像笔者前文所述,还不能完全排除 8 世纪以前伊拉克略王朝皇帝汇编专门法文本的可能性,但是就目前已经发现的资料分析,伊苏里亚王朝说更为合理。从两部法律的年代看,《农业法》成书的年代在查士丁尼一世统治后 200 年左右,在此期间,拜占庭军区制改革促使社会发生了深刻的变化,拜占庭人自上而下进行的军事行政、经济政治领域的结构性重组,以及帝国北方族群向拜占庭境内大量移居引发的农村人口增长,特别是斯拉夫人定居拜占庭农村对帝国农村社会生活带来的影响等,必定不同程度地改变了拜占庭小农生活的环境,进而产生了适当调整立法的必要性。另外,军区制改革促使国家军事化,促进农村中小农经济的复兴,以及形势相对稳定与国力逐渐恢复为包括海上贸易在内的工商业经济发展创造了条件,新生活或者上述领域发展的新形势都促使军事、农业和海上贸易问题凸现出来。伊苏里亚王朝皇帝针对社会生活诸多问题中最突出的方面,不仅编纂《法律汇编》的需求非常迫切,而且在此过程中借鉴前代著名法典、专门汇编专题法规就非常合理,毫不奇怪了。[①]拜占庭人具有重视法制的传统,其选编者首先考虑从《查士丁尼法典》中寻找适用的法律条文并加以合理的解释和补充,以为当代生活服务,这再正常不过了,进而也可以说明这一时期同时出现多部专门法

---

① 笔者还认为,在没有发现新的历史资料之前,对《农业法》成书问题的讨论不再会产生学术上的突破,对该法汇编者的考证充其量也仅是一种推测,缺乏学术意义,特别是一些学者为该法成文时间发生的争论仅涉及几年或十几年的短时段,并不影响我们考察《农业法》之上百年或数百年影响问题。Paul Lemerle, *The Agrarian History of Byzantium from the Origins to the Twelfth Century*, p. 29, note 1. 道格尔提到的"740年说"、格鲁梅尔的"741 年说"和奥斯特洛格尔斯基的"726 年说"。

规的现象了。

接下来的问题是《农业法》文本何以普遍混乱,很少有两部原始文本一模一样。要找到这个问题的答案只能深入其复杂的流传过程中。总体上看,《农业法》流传的空间范围广泛,流传的时间长远。这证明两方面的事实:一是其涉及的问题具体,处理的规定明确,在实践中易于操作;二是其涉及的现象符合农村实际生活,所以适用范围广泛,也广为流传,长期使用。后代法学家有时将它编进其他法律汇编中,有时以单行本的形式出现,或被拆散使用,以便为各级法官处理农村中农民间的纠纷时提供依据。《农业法》在数百年的反复抄写中,很可能并不总是以整体面貌出现,有些法学家根据自己编纂法律的需要只使用其中一部分,而其他的立法者则在需要时将其条款从不同的前代法典中重新集中起来。人们目前已知的百余个《农业法》古代版本中,最古老的文本是 11 世纪的手抄本。这个文本已经在该法成文年代后长达 300 年了,在此期间,人们不得不对它复制传抄,其中一些条款因此有可能经历了聚散离合的复杂流传过程,如果学者们能够对这百余个文本再进行深入研究,一定会发现其中更多的秘密。这至少可以解释为什么《农业法》各文本的条款数时多时少,甚至某些条款似乎有所重复。当某位后世执法者在具体使用《农业法》条文时就可能出现条款数量减少的情况,而当某位立法者在整理编辑其全部内容时,为了恢复其完整性,一定会注重其完整度,宁可重复而不漏掉任何条款。14 世纪哈门诺布罗斯编辑的《农业法》是属于后一种情况,他高度重视其完整性的结果就是《农业法》文本条款数达到 96 条,在所有文本中数量最多,其中至少有 1/3 都有重复之嫌。而 1166 年复制的《法律选编》中的《农业法》仅有 76 条,比前者少了 20 条,但它很可能接近 8 世纪中期《农业法》原文条款数字。①

今天,由现当代学者整理发表的四个《农业法》文本中,阿什伯尼尔编注的文本共有 85 条,学术水平最高,该文本是以 11 世纪初的马西亚努本为基础,参照其他六个年代更早的古本整理出来的,去掉了高度重合的条款,具有文本完整性和内容连贯性的特点。特别要指出的是,其原文和英文对照的文本深受学界的广泛欢迎,是迄今为止公认最权威的《农业法》文本,当然比俄文本更好些。②《农业

---

① 该文本现保存在法国巴黎国家图书馆,编号为巴黎·希腊手稿·1384 号。
② W. Ashburner ,"The Farmer's Law", pp. 87 - 95.

法》的俄文本与其他这里没有提到的文本在个别词汇和语句表述上的细微差异，也是其在长期流传过程中受不同时代和不同地区拜占庭希腊语变化影响的结果，对理解最权威的阿什伯尼尔《农业法》文本不存在大的影响。我国学界较早注意到该法的重要性，在 20 世纪 50 年代末译自俄文的第一批世界中古史资料中就包含了《农业法》，后来经过修订继续保留在 1974 年的《世界通史资料选辑》中。①《农业法》共有 85 条，但我国学者从俄文翻译来的仅有 37 条，在转译中存在不少需要斟酌的地方，30 多年前，笔者曾参照阿什伯尼尔文本和中译条文做过全文翻译，深感该法对于研究拜占庭"三农"问题的重要性特别突出。

二、　农村构成

《农业法》古代版本之多、使用时间之长、流传地区之广，在拜占庭法律史上可能是绝无仅有的，它短小精炼，实用性强，具有《罗马民法大全》无法比拟的特点。这一方面说明其各项规定能够满足拜占庭帝国农村的法律需求，另一方面也表明该法律比较真实地反映了 8 世纪以后拜占庭农村社会生活的一般状况，因此是观察和研究拜占庭"三农"问题十分重要的史料。本节将依据《农业法》提供的丰富信息，重点分析农村、农民和农业相关问题。

《农业法》记载的拜占庭农村以村庄为基层组织单位，大小不等的村庄是农民生活的主要空间。村庄（χωρίο）一词在这里主要是个地域概念，泛指农民居住的某个地区。从该法中就可以看到，农村是由一个个村庄构成的，其分布的稠密程度由所在地区的地形地貌决定，在那些适于农耕的地区，必定村庄比邻。它们之间显然会发生土地的纠纷，但村庄和村庄之间以地界（ὅρος）分开，它们之间存在着"古老的地界"（ὅρος ἀρξαῖος, ἀρχαία διατηρήσις），这种传自祖辈的地界是法官判断村庄之间因土地发生争执时的最权威的依据（第 7 条）。如果缺乏地界根据，那么判断的根据就是定居该地时间更长的一方优先。这里，似乎没有讨论土地纠纷的是非问题，而只是依据先到先得的原则处理。这就给读者一个关于

① 郭守田主编：《世界通史资料选辑（中古部分）》，北京：商务印书馆 1974 年版，第 69—74 页。

农村各地普遍存在的村庄的外部概念。

村庄的功能特别值得注意,根据该法,拜占庭农村中村庄的主要功能是纳税,每个村庄都具有纳税单位的责任。《农业法》规定:"如果农民因贫困不能经营其自己的葡萄园而逃匿移居到外地,那么,让那些被国库要求负责缴税的人们来采集收获葡萄"(第18条),还规定:"如果逃离自己田地的农民每年应缴纳国库特别税,那么,那些采集该田地果实和占用这块田地的人负担双倍税收"(第19条)。税收($\delta\eta\mu o\sigma i o$ $\lambda\acute{o}\gamma o$)一词在后一条中为单数($\tau o\widehat{v}$ $\delta\eta\mu o\sigma iov$ $\lambda\acute{o}\gamma ov$)形式,而在前一条中随其逻辑主语"被要求的人们"($o i \alpha\pi\alpha\iota\tau o\acute{v}\mu\varepsilon v o\iota$)使用复数($\tau\widetilde{\omega}$ $\delta\eta\mu o\sigma i\widetilde{\omega}$ $\lambda\acute{o}\gamma\widetilde{\omega}$)形式。这就很清晰地规定了每个农民必须履行纳税义务,他同时还必须去关照或经营邻近农民弃耕或暂时放弃管理的土地,与此相关的就是他要完成两块份地($\mu\varepsilon\rho i\delta\alpha$)的税收义务。当然,法规只是强调了农民因贫困而偷偷逃亡的行为,并没有涉及其逃亡的更多理由,但这两条法规比较清楚地指示出农民因破产而自由迁徙的权利。它们特别明确地肯定了与逃亡农民同在一个村庄的特别是比邻的其他农民具有使用弃耕农田和采摘果实的优先权。[①]一者强调因农民逃亡成为弃耕土地的使用和该土地产品的归属问题,一者强调的是纳税义务的转移和完税的责任问题。显然,《农业法》不是专门为国家税收官员提供执法根据的立法,而是处理村庄内农民间的生产与纳税问题。这两条法规向读者透露的重要信息是,当一块田地被弃耕后,附着在土地上的税收义务并未消失,或者说,弃耕田地承负的国家税收义务并不因为原主人的消失而消失,其税收义务不随着农民移动,而是确定在使用土地的农民身上。换言之,国家只关心土地税收,而不关心土地经营者究竟是何人,税收的义务既不附着在田地上,也不固定在具体的农民身上,而是确定在田地的耕种者身上。从国家的角度看,这是有利的,因为它只要能够保证完成政府税收,土地使用权的归属并不重要。这里村庄的作用就凸显出来了,作为村庄成员的邻居必须防止邻居弃耕,如果后者偷偷逃跑了,前者就要设法继续耕种。村庄成为国家确保农民完成税收的组织机构,它把纳税农民的义务捆绑在一起,迫使逃亡农民所在村庄的其他农民必须完成该弃耕土地的

---

① "优先权"($\pi\rho o\tau i\mu\eta\sigma\iota\varsigma$)后来被马其顿王朝皇帝充分利用来保护小农。陈志强:《拜占廷立法中土地"优先权"解读——以马其顿王朝立法为例》,《经济社会史评论》2016年第4期,第4—15页。

税收,但同时他们也通过接手逃亡农民的责任和义务换取到使用弃耕田地的优先权。国家通过立法杜绝土地抛荒,以强制村庄集体完税来保证财税收入。

拜占庭朝廷每隔三年时间就会测量全国耕地使用和产出的情况,以便确定诸多变动因素中相对稳定的税收额度。在每次测定后的"税收年"期间①,政府根据测定的地方纳税额度,通过村庄收取赋税。因此对村庄内农民而言,每块抛荒农田都意味着自身耕地的增加,也意味着农民需要缴纳的税收量的增加。为了解决这一问题,农民们当然会选择最好的办法,即占用弃耕土地。事实上,古今中外的农民们都存在生产能力和贫富程度的差距,由能力强的农民临时或者长期代替能力弱的农民,也是拜占庭税收制度的明智之举。②《农业法》从立法的角度提供了拜占庭帝国税收"连保制"的证据,按照这一制度,拜占庭帝国总能通过村庄的集体作用保证税收,因为抛荒农田有邻居农民代耕,可能会脱漏的税收由逃亡农民所在的村庄代缴。难怪拜占庭帝国皇帝们多次颁布"保护小农"的立法,除了政治上打压贵族,在经济上也保证了帝国财政的岁入。例如,皇帝罗曼努斯一世922年立法规定③,赋予农民及其所在村社享有优先占用农田和农村建筑物的权利,它在政治上具有通常人们理解的限制大土地发展、加强中央集权的意义,在经济上则有保护国库税收、维持财政岁入的作用。④

《农业法》不涉及国家行政问题,因此对于村庄是否存在管理机构没有说明。那么,什么人来处理该法规定的事务呢?《农业法》第7、37和67条多处提到"法官"(τὸ δικαίωμα,ὁ ἀκροατής),他们负责接受案件、调查事实、判决该法提到的有关地界、借用牲畜和利息等纠纷。从9世纪的《官职表》中可以发现,国家通过军区政府实现对地方的管理,地方则主要以派遣巡回法官和税收官吏将管理落实到基层村庄。⑤法官不定期地在辖区内巡回,或者定期在某一地区各村庄之间巡

① 陈志强:《拜占廷学研究》,北京:人民出版社2001年版,第278页。

② I. Καραγιαννόπουλος, Ιστορία Βυζαντινού Κράτους, pp. 90–99.

③ Eric McGeer, *The Land Legislation of the Macedonian Emperor*, p. 51.

④ I. Zepos, *Ius Graeco-Romanum*, vol. 1, p. 233.

⑤ 菲洛塞奥斯的《官职表》完成于9世纪,是研究此期数百年拜占庭帝国行政管理问题的最重要的资料,目前有多种文本行世,本文参考 J. B. Bury, *The Imperial Administrative System in the Ninth Century, with A Revised Text of the Kletorologion of Philotheos*, pp. 131–179 所附原文本。*Cletorologion*, sub auctore Philotheo, J. J. Reiske ed., vol. 1, TLG, No. 3023X06.

回判案。该法提到,同一村庄由多名农民作证的契约和协议具有法律效力(第3条),这一规定也说明法官并非常驻一个村庄,而是不定期巡回在各个管辖的村庄。由此可以推测,在某个法官离开某村庄期间,农民可以按照该法处理农民日常生活中发生的各类纠纷或就磨坊、林地,甚至田地订立契约。只是这些民间依法处理的决定需要等巡回法官到来后确认。这样一来,法官便具有某种行政管理的职能了,他是由政府任命的,通过解决纠纷的司法判决行使行政管理权。除了司法管理,《农业法》第17条还有法规涉及"三年"($\tau\rho\iota\alpha$ $\check\epsilon\tau\eta$)期限的土地划分,"如果农民进入他人的林地种植经营,那么在三年之内他本人可以享有林地的收获,而后他应把这块土地还给土地的主人"。也就是说,每隔三年进行的国家土地测量是一个清算机会,法官此时必定要积极参与所辖村庄的司法判决,也许更多的是对各庄农民自行解决问题结果的认定,或者是审核土地"划分"的合理性。这里提到的村庄土地"划分"显然是与村庄作为国家税收基本单位的作用紧密相关的。①根据文献和法典材料看,拜占庭帝国对村庄的税收管理主要是通过税务官于每年5月和9月征税具体落实的,他们每三年重新清查农村土地状况,以确定各庄纳税的总额。总之,村庄里没有常设管理机构。

村庄生活的外部稳定性也直接影响着其内部的安定。也许各地村庄建立早晚不同,其发展规模大小有别,内部空间分布各有特色,但与农民生产生活密切相关的建筑设施大同小异。功能比较齐全的村庄内,必定包括农民的住房、磨坊(第84条)、谷仓(第68条)、草垛区(第65条)、酒窖(第69条)、饲料棚(第65条)、车库(第63条)等生活必需的空间,还包括与农民生产直接有关的份地(第78条)、林地(第56条)、牧场(第27条)、打谷场(第64条)、菜园(第50条)、果园(第61条)、羊栏(第46条)、马厩(第47条)、驴棚(第39条)等,后三项涉及的家畜区很可能代了其他如牛、狗、鸡、鸭等家养动物的生存空间,最后是公共用地(第81条),多指未"划定"的林区、草地、河流、湖泊等。村庄内农民的住房都有房前屋后园区,有的种植小块菜地和花草,有的放置家用杂物等。而农户之间也存在各种形式的地面划分,甚至涉及光照、通风等空间部分,地面划分在该法律的

---

① 此期拜占庭帝国税收管理问题可见 I. $K\alpha\rho\alpha\gamma\iota\alpha\nu\nu\acute\sigma\pi\sigma\nu\lambda\sigma s$, $I\sigma\tau\sigma\rho\acute\iota\alpha$ $B\nu\zeta\alpha\nu\tau\iota\nu\sigma\acute\nu$ $K\rho\acute\alpha\tau\sigma\nu s$, p. 97。

第 1 条"界沟"(αὐλακας)和第 57 条"他人地界"(ὅρος ἀλλοτριον)的提法中得到体现,而空中光照影响则体现在第 31 条中"树荫遮挡"(ὑποσκιάζεται)的处理规定。无论是农民住区还是以此为核心分布着的农民生产区域并非按功能分划,而是自然交错分布,如气味难闻的牛棚马厩都设置在下风处,而耕作的份地则远离住区。一些新建的村落自有其发展过程,上述设施不太齐全的村庄也逐步增加缺少的部分,使得每一个村庄都朝着维持日常生活和独立生存的标准发展。

　　农村最主要的农民用地是《农业法》涉及最多的问题,在全部 85 条法规中有 44 条,占全部条款的一半以上。除了上文提到的生活用地,涉及使用土地行为的条款包括农田划分(第 8 条)、保存地界(第 1 条)、犁耕(第 2 条)、播种(第 4 条)、交换份地(第 3 条)、收获(第 6 条)、租佃土地(第 9 条)、田园管理(第 12 条)、果实分成(第 10 条)、土地租期(第 17 条)、土地权益(第 21 条)等。在任何村庄内,无论大小,大部分土地主要用于耕种。农民以家庭为劳动基本单位耕种份地,每块份地的大小和形态在《农业法》中没有反映,但种植谷物等粮食作物的田地可能在远离农民住区的地方。他们通常采取敞开式耕作方法,即收获季节以外,份地之间不设置篱笆。而该法强调农民份地之间以"沟渠"为界是提前预防农民土地纠纷的措施,就此,《农业法》明确规定合法耕种的农民"不得越过其邻居的界沟"(αὐλακασς τοῦ πλησίον),这里所谓"界沟"是指村庄内农民份地之间的分界(第 1 条),与第 7 条提到的两个村庄之间的"地界"不同,前者是固定村庄内各劳动空间的范围,而后者是确定村庄的外部边界。该法不硬性规定农民耕作经营的计划和作息安排,但是严格禁止农民在自家份地收割完便放入家畜,他们必须等待其他农户也完成收获之后,才能在敞开的农地上放养家畜。这种不许将牲畜放入农户已经先行收割而其他农民尚未收割农田的规定,说明农民份地之间设置的栅栏或篱笆等分界物不足以防止牲畜侵害他人农作物(第 78、79 条)。菜园(第 50 条)、果园(第 61 条)、葡萄园(第 18 条)和种植橄榄的林地也分配给农民使用①,它们大多以栅栏和壕沟环绕包围起来,以防牲畜啃噬和不法之徒偷盗。除此之外,村庄周边还保存一定数量的公共土地,特别是新建的村庄周围有大量草

---

① 橄榄树多种植在贫瘠的山坡地,《农业法》中多处论及,其中使用的词汇为当时拜占庭人习惯用语,这使个别学者误以为当时拜占庭人放弃橄榄种植。Paul Lemerle, *The Agrarian History of Byzantium*, p. 337.

地、荒地、坡地等,这些公共土地由村庄的农民集体掌控,也为村庄所有农民共同享有其使用权。由于它们分散在村庄内农民生活住区和生产农地周围地带,因此不存在草场放牧、生活用材砍伐、河畔磨坊河水驱动等冲突,有关的草场、林地、河流等公共土地在该法中没有明确规定,只是提到了发生利害冲突时的处理原则(第81、82、83条),即集体享用的原则。

《农业法》中有许多"土地划分"(μεριοίαν)法规值得注意,其特殊性在于说明土地使用状况的一种重要现象。这里举几个例子。第8条规定:"如果划分土地时,在分配份地或分配地点方面错待了农民们,那么,他们有权取消这次划分。"第32条规定:"'在尚未划分的地方种植的树木'归种树者所有,其所有权在土地划分以后不变,但是,划分后土地的新主人有权要求用另一棵树换取这棵树的所有权。"第82条规定:"'土地划分之后在其自己份地上'建筑的磨坊归建筑者,其他农民无权提出异议。"第83条又规定:"如果建造的磨坊有损于其他农民,则磨坊主人要做出赔偿。"这些规定表明,"土地划分"这种行为在村庄内的农民之间似乎经常进行。问题就因此产生了:为什么要进行土地划分? 既然农民已经在自己世代生活的土地上耕种经营,似乎没有理由重新进行土地划分。如果村庄里经常出现划分土地的现象,原因又在哪里? 划分的土地是哪些类型的土地? 是什么人参与划分土地? 每次土地划分间隔的时间有多久? 《农业法》对这些问题做了回答。

首先,划分的土地主要是弃耕土地。该法多次提到农民因"无力耕种""无力经营"(ἀπορήσαντος)(第11、12条)、"贫穷"(ἀπόρος)(第14条)和"因贫困不能经营自己的葡萄园而逃匿移居到外地"(第18条),这些偷逃农民造成的弃耕土地需要及时得到复耕,因为村庄集体纳税的压力迫使农民集体解决问题,这样,法规就确认在村庄里存在着数量不等的弃耕土地。其次,参与划分的土地还包括公共土地,也就是村庄集体公用的土地。该法多次提到了这种公共土地(第81条)和"尚未划分的地方"(τόπῳ ἀμερίστῳ)(第32条),很可能还包括真正开垦的荒地。这些复耕的弃耕土地、新开垦的土地和尚未划分的公共土地就成为村庄"土地划分"的内容。造成土地划分的原因可能就是每隔三年进行的农地普查测量。人们从有关村庄集体缴纳税收的研究中了解到,村庄为保持完税的能力,必须保证拥有足够的农地资源，不仅使弃耕的土地恢复生产，且不断扩大耕地面积。在军区制普遍推行和发展期间，农地和农民数量都在持续增加，特别是朝廷有计划地大规模移民促使农村人口增加，这就迫使村庄中的农民不断划分公共土地。由此可见，《农业法》提到的村庄进行土地划分不是全部土地的重新分配，而是对未定土地的追加分配，参与划分的土地不是全部农民用地，而是部分新的无主地和复耕地。参与划分活动的可能不仅有直接相关联的农户，还有间接相关的农民。正因为如此，《农业法》显示：村庄内平时即进行非正式的划分活动，有能力经营的农民们享有参与非正式的土地划分以及划分后土地的使用权利，特别是坚持谁劳作谁收获的原则。这种划分具有的合法效力还需法官的认可。这里，保证生产和收获是第一位的，该法第 21 条明确规定："如果农民在他人田地或份地上建造房屋或种植葡萄园，过了一段时间后，土地的主人们回来了，那么，土地的主人们无权推倒房屋或拔除葡萄藤……他们可以得到一块相等的土地。"而这块土地可以作为互换土地。可以想见，由于多户农民参与平时进行的非正式土地划分，难免会在划界走向、土壤肥贫、地点远近、公平等问题上产生争执，进而直接影响村庄的集体纳税，需要法官做出最终裁决和认定。只要确保土地生产和不造成税收方面的问题，任何农民（除了奴隶）都可以参与村庄内的土地划分。这里，人们再次看到由朝廷派遣的税务官的作用，了解到他们主持进行的正式土地划分具有的决定性意义。总之，除了平时进行的土地划分，朝廷每三年进行一次的农村土地清查测量就成为村庄内土地划分的时机。在正式土地划分期间，法官将按照《农业法》审查认定农民平时进行的土地划分的合法性，同时进行土地税收清查工作。

农民占用个人份地（ιδία μερίδα）的权利比较广泛，他们在土地划分后就对自己的份地享有完全自主的使用权和处置权。《农业法》第 3 条规定，"如果两个农民在两三个证人面前互相协商交换土地，并且同意永久交换，那么他们的决定和他们的交换应是牢固、可靠和不容置疑的"；第 5 条规定，"两个农民或暂时或永久交换其土地"均属合法行为；第 9、10 条规定，各种种植形式的土地均可以任何方式租佃、代耕和转让，其中包括"什一分成"租佃（μορτίτος）、代耕（第 11 条）、"对分"租佃（ήμισείαν）（第 13、14 条），等等。很显然，农民在自己的土地上有权决定怎样种植和种植何种农作物,有权采取包括筑篱笆、挖壕沟和设陷阱等保护庄稼的措施,并对因此造成的牲畜死亡不负任何责任(第50、51、52条)。这里,该法偏向于生产活动和收获物保护,而不在意疏于放养管理方的损害赔偿。《农业法》不仅保护农民的土地权利,而且保护农民所有农业产品的权益,强调土地收获的产品归劳动者所有的原则。值得注意的是,该法还保护农民经营活动的权利,规定虽取得土地经营权力但未进行整枝、松理土地、筑篱挖沟等必要管理劳动的农民无权获得该土地上的收成(第12条);经协商同意,在他人橄榄树林地经营的农民可以享有三年该林地的收获(第17条)。该法律对偷盗或故意毁坏他人劳动果实的行为处罚极为严厉,如偷割他人谷穗和豆荚者不仅要退回偷割的果实,还要遭受鞭打(第60条),而砍伐他人结果的葡萄藤或烧毁他人饲料棚者遭受更惨痛的惩罚,即被砍手(第59、65条),纵火焚毁他人谷堆者将被处火刑(第64条),屡次偷盗谷物和葡萄酒者被处瞽目(第68、69条),即刺瞎眼睛。就惩罚的等级看,毁坏农产品的处罚最重,偷盗农产品的次之,破坏劳作活动的相对较轻。

三、 农民成分

农民,顾名思义是指以农耕为生、常住农村的居民。《农业法》提到的农民成分非常复杂,描述的情况千差万别,他们的共同点就是本节开始的一句话。其中就包括什一分成租佃制和对分租佃制的承租人和租佃人(第10、13、14条)、领取工钱的雇工(第33条)、收取定金的代耕者(第16条)、破产逃亡农民(第18条)、牧牛人(第23条)、园林看管人(第33条)、奴隶主人(第71、72条)、磨坊主(第83条)、牧羊人(第75条)和奴隶(第45、46、47条)等。他们是在农村生活的居民,也是经营土地的劳动者,其中既有以种植农作物、耕作土地为生的农民,也有以饲养家畜、经营畜牧业为生的牧民,可能大多数是两者界限不清的生产者,或者还有渔猎为辅的农民,只是该法没有提及。他们有贫穷的,也有富有的,其贫富差异和生产劳动形式一样多种多样,但是除奴隶外,其他农民的地位是平等的,享有同等权利。

农民的权力都表现在哪些方面呢? 根据《农业法》,拜占庭农民拥有独立产权,其中不仅包括住房、库房、酒窖等固定财产,份地、果园、劳动工具和牲畜等生产资料占有权、支配权和使用权，而且包括农民对这些私人财产拥有完全的自由支配权，农副业和其他农业服务性劳动收获和收入之非固定财产拥有权和使用权，这些权利依法受到保护。除外，农民还享有人身自由权，比如迁徙移居权，在《农业法》中被称为"逃离"，即当他们面临破产时，可以将自己的土地委托他人经营而远走他乡，甚至偷偷逃走也不受追究。而当他们感到在本地更有利于自身的发展、返回原来的村庄时，该法并不认定其逃离行为属于非法，也不需要逃离后重新返回的农民承担任何"违法"责任，还仍然承认其原有对土地及其附着建筑物的占有权。该法第17条明确规定返回村庄的农民有权收回其原有的土地，第21条还提出了如果其原有土地的生产条件变动太大难以收回的补充措施，即"可以得到一块相等的土地"。但是，该法并不鼓励农民的逃离行为，在相应的补偿措施方面，多少倾向于常住的农民。到了马其顿王朝时期，通过赋予他们收回土地的优先权来鼓励农民回到原来的村庄。

除上述财产权外，常住于农村的农民还在其村庄内享有参与村庄公共事务的权利，他们不仅可以作为证人参加邻里之间的协议（第3条），而且参与集体监督村庄内共有土地和水资源的使用情况（第81、83、84条），他们有权否决村庄中不公平的土地追加分配（第8条），有权要求磨坊主对造成的损害进行赔偿等。《农业法》中提到的所有农民，无论贫穷还是富有，无论是土地出租者还是承租者，似乎无一例外的都是经营自己份地的劳动者，至少从《农业法》提供的信息看，村庄内没有不劳而获的地主和控制依附农民的领主，他们都是小块份地的地主，也都是纳税的农民。显然，用同一时期西欧农村中普遍存在的庄园制和领主制眼光，就无法理解拜占庭小农，换言之，位于东南欧的拜占庭农民和西欧农民存在极大区别。至少在《农业法》适用的地区和年代，以西欧农业发展史为依据得出的理论模式，完全无法解释拜占庭农村的农民。这也是为什么讨论了很多年的所谓拜占庭"封建化"问题毫无结果，最终不了了之的原因。①

---

① 苏联拜占庭史学界有一种观点力图以西欧历史发展理论套用于拜占庭历史，尤其在拜占庭社会封建化问题上纠缠不休，其代表作品反映在20世纪五六十年代我国翻译的有关论著中。其影响至今反映在许多世界历史教科书中。这一学术观点比较集中地表现在［苏］列夫臣柯著，葆煦译：《拜占庭》，上海：三联书店1962年版。

《农业法》赋予农民的各种权力和权利是反映在解决纠纷的具体办法中的,他们在实践中是否能够切实有效地落实还不仅仅靠一纸法规,因为农户间的贫富差异和抗击压力的能力不同,其实际享有的优惠也有差别。例如,逃亡的农民是无法享受到常住村庄的农民所享有的权利。又如村社里富裕农户的影响力超过贫苦户,他们自然比后者具有更多发言权。因此,在实践层面谈论农民的法权时还不得不考虑其贫富差异。《农业法》虽然赋予农民平等的法权,但其实际状况还是存在较大的区别,从该法规定细节中可以看出,村庄中最富有的农民拥有多份土地,其中既有其自家的份地,还有代耕暂时离开村庄农民的弃耕农田,第11条规定,这种代耕"约定"($\sigma\acute{\nu}\mu\phi\omega\nu\alpha$)是富有农户以犁耕劳动换取弃耕农户的部分收成,实际上就是取得了代耕农田的使用权。显然,只有富有农户才拥有更多的耕牛和更强的能力雇佣劳力。那些贫困户即便比邻弃耕土地,也没有能力享有耕作它的优先权,不得不放弃给富有农户。该法规定,按照对分(即土地收获各得一半)约定取得耕地权的农民如果提前通知地主他没有能力耕种了,而地主未予理睬,那么租地农民"不应负责"(第15条)。此处提到的佃户和地主就是处于村庄里贫富两极的农民。第16条还提到租地农户取得耕地种植权,同时收取了"定金",就必须按照约定耕作土地。此处的"定金"可以理解为借贷,而耕种权则可以理解为劳役。很明显,这些地主就是农村中的富有农民,他们既种植谷物,又经营葡萄园和橄榄树林,还饲养牲畜或拥有磨坊,甚至放贷取息,该法律对他们的财产明确作出保护。

需要指出的是,该法多次提到的这些"地主"($o~\kappa\acute{\nu}\rho\iota\text{o}\varsigma$)即富有农民,与晚期拜占庭历史上的大地产主有本质区别,后者被称为"权贵"($\acute{o}~\delta\nu\nu\alpha\tau\acute{o}\varsigma$),是不劳而获的土地所有者。而《农业法》中提到的地主是村庄中的普通成员,是经营份地的劳动者,理论上与其他农民拥有一样的权力,只是他们比其他农户更富有而已。其富有的原因多种多样,也许经营有道或运气更好,法规并未提及。与他们同住一村的贫困户只有少量的份地,一些外来农民则没有土地,后者依靠耕种租佃土地为生,其中"什一分成"租佃农民可以占有土地收成的9/10。他们从原来的村庄逃亡到此,虽然原因很复杂,但必定有利可图。还有一种对分租佃农民,只占有收成的1/2,他们为什么与什一分成租佃农民受益相差如此巨大呢? 其原因可能是约定中是否包含税收部分,也就是说,即什一分成租佃农承担了其租佃耕地的税收,而对分农民的租佃土地税由土地租佃人承担。根据学者们的研究,拜占庭帝国中期的土地税、园地税、牲畜税、户籍税和各种非常规特殊税总量大体占农民年收入价值的1/3①,计算下来,对分农民比什一农民最终少得一层收益。由此可以推测,农民逃亡的重要原因除了安全环境等因素,与税收有关,一些频繁增加临时赋税的村庄逃亡农户比较多,特别是在前线地区沉重的战时赋税促使逃亡农民暂避于新的定居地,以获得喘息之机,待形势好转再重归故里。对贫穷农户而言,逃避部分税收义务的最佳方法就是偷逃,反正他们也不会彻底失去原有份地,因为《农业法》赋予了他们这一权利。

最后还要谈谈《农业法》提到的"奴隶"(ὁ δοῦλός)。他们似乎不是古代罗马帝国时期的那种奴隶,该法第45、46、47条记载的信息表明,他们大多属于家奴,既不是在大地主庄园里集中劳作的奴隶,也不是在矿山监工皮鞭下劳作的奴隶,而主要被用于放牧牛羊。奴隶与农民的区别在于,奴隶不具有法理上自然人地位,如第45条规定,"如果奴隶在树林里杀死牛、驴或羊,那么他的主人应给予赔偿",第47条也明确规定奴隶主负责赔偿其奴隶造成的损害。6世纪的拜占庭帝国处于立法的高潮时期,当时就规定杀害奴隶的人以杀人罪论处②,但是奴隶本人不承担造成损害的法律责任。《农业法》中体现的奴隶地位与此类似,他们不再是古罗马人眼中"会说话的工具",后者地位仅高于牲畜。

四、 农业状况

学界关于《农业法》的性质讨论很热烈,不少问题很值得深思,因为这类讨论涉及对拜占庭农业的判断。它究竟是什么性质的法规？ 其中反映的拜占庭村庄与斯拉夫人农村公社是(κοινόν)什么关系？ 学者们对这类问题认识不同,争论激烈。总体看这些意见可以归纳为如下几种,它们主要集中在如何看待6世纪中期开始的斯拉夫人大迁徙,以及定居在帝国的斯拉夫人农村公社的影响。

① I. Καραγιαννόπουλος, *Ἱστορία Βυζαντινού Κράτους*, pp. 95 – 96.
② I. Zepos, *Ius Graeco-Romanum*, vol. 1, p. 68 –69.

　　苏俄学者和拜占庭学家大都主张"斯拉夫农村公社说",认为6—7世纪进入巴尔干半岛的斯拉夫人对拜占庭农村生活产生了决定性影响,他们不仅为帝国注入了新的活力,带来了大量有生的人力资源,而且也直接改变了拜占庭农村社会原有的制度,在旧有的农业经济制度中融入斯拉夫农村公社特有的原始特征。这一派的个别学者甚至提出,斯拉夫农村公社的强大影响彻底改变了拜占庭农村经济的发展方向,他们把这一时期称作"注定成为东罗马帝国经济发展史的起点"[1]。由于自白俄时期结束以来大批俄国学者前往欧美各国定居,包括乌斯本斯基、瓦西列夫斯基、鲁达柯夫、瓦尔纳德斯基等著名俄语学者的学术成果被外界所知,他们的观点也逐渐受到普遍的重视。在这个学术问题上,他们都支持"斯拉夫农村公社说",并使之一度主导了对《农业法》的研究。我国学界对这个问题的认识基本上受苏俄学者的影响,其中列夫臣柯的观点影响特别强烈,他大段引用马克思关于西欧日耳曼人农村公社的论述,以说明拜占庭帝国也经历了同样的过程:"正如'农业法'所讲,在拜占庭农村中广泛地建立了公社和公社土地占有制。正如第5世纪在西欧一样,大量的蛮族移民也给拜占庭带来了'真正氏族制度的残余,其形式是农村公社(马克)'。100年以后依然如此,但在人数上是比较少一些了。"[2]作为苏联拜占庭学者的代表,他试图以马克思主义解释拜占庭历史的发展,也认同以日耳曼农村公社观点说明拜占庭农业。

　　然而,很多欧美拜占庭学者不认同"斯拉夫农村公社说",他们从一开始就发文反驳这一观点,认为苏俄学者过分强调斯拉夫人的影响虽然情有可原,但带有民族偏见的科学研究对于认识拜占庭农业历史发展并无帮助,只能误导读者。他们反驳的理由是,通过对《农业法》条款与早期拜占庭立法的具体比较分析,提出了"拜占庭社会自身发展说"。这一派认为,《农业法》反映的拜占庭农村社会状况早于斯拉夫人大迁徙年代,拜占庭村社是其自身经历长期复杂演化的结果,而不是斯拉夫人外来影响的结果。这派意见中最有代表性的观点甚至认为,《农业法》提供的资料不仅能够在《查士丁尼法典》中找到,而且可以在更早的法律中找

① Th. Uspensky, *A History of the Byzantine Empire*, St. Petersburg, 1914, vol. 1, p. 28. 转引自 A. A. Vasiliev, *History of the Byzantine Empire 324 -1453*, pp. 244 - 245。

② [苏]列夫臣柯:《拜占庭》,第155页。

到,因此 6 世纪斯拉夫人大迁徙后的拜占庭农村社会与数百年前的情况没有明显区别,甚至断言"在我们考察的两个时代之间没有本质的区别……早期拜占庭社会表现出来的特点此时仍然存在"①。

本节笔者认为,合理的认识可能是两种观点的融合,因为两种对立的观点各自既有其合理之处,也有其不够准确之处。其中,苏俄学者先入为主的倾向性更为明显。"斯拉夫农村公社说"确实过分夸大了斯拉夫移民的范围和影响,也忽视了对拜占庭农村生活的宏观考察,只是聚焦于斯拉夫农村公社的时空范围,因此难免会从斯拉夫移民这一单一视角看待问题,进而高估了其对拜占庭农业历史发展的影响。而作为这一派的对立方"拜占庭社会自身发展说",也存在不足,即完全否认斯拉夫农村公社的影响,因为巴尔干半岛地区确实出现过所谓"斯拉夫化"的现象,那么在此过程中,农村生活也不可免除斯拉夫人的影响。本节笔者还是认为,这两种观点存在共同的不足,就是仅仅注重斯拉夫人迁居巴尔干半岛地区与拜占庭农业经济复兴在时间上的巧合,只着眼于斯拉夫农村公社和《农业法》提及的"村社"和"公社"名称上的类似。事实上,斯拉夫人大举进入拜占庭农村的 6 世纪中期,与《农业法》成书的 8 世纪中期相差近 200 年,它们在时间上的所谓"巧合"非常不准确。而且,在思考这个争论时还要从空间维度考虑,即斯拉夫移民的定居区集中在巴尔干半岛,而《农业法》则是在帝国全境都适用,在漫长的拜占庭帝国史上,小亚细亚、南意大利、西亚等地长期隶属于拜占庭统治。深入观察斯拉夫人农村公社和拜占庭农村村社的区别,是解决这一问题的另一个视角,要从比较全面反映前者的《罗斯法典》和反映《农业法》前拜占庭农村生活的法典,如《查士丁尼法典》等的对比中找到答案。俗话说得好,"一方水土养一方人",地中海世界的农业经济必定与南俄以北农业经济存在极大不同,两地的相关立法取向绝不可能偏向一方。当然,这里还要强调的是,古今中外,中古农村生活有诸多相似性,过分突出它们的区别甚至对立也是不可取的。在实践中,以更反映地中海世界农村生活的拜占庭习俗为主,部分融入新移民的习俗大概是更为合理的结论。

① Paul Lemerle, *The Agrarian History of Byzantium from the Origins to the Twelfth Century*, pp. 64 -65.

　　先来看看《罗斯法典》与《农业法》是否有内在的联系。《罗斯法典》编成于11—12世纪,是主要反映斯拉夫人习惯法的第一部古代法律。该法典反映出,斯拉夫人农村公社是以部落、氏族、大家族为单位的居民群体,各部落和氏族都有自己的活动区域,其重要特征如马克思指出那样,"这就是第一,公社的管理不是民主而是家长制的性质"[1],也就是理论上讲的以血缘关系为纽带的氏族公社的残余长期存在。通俗而言,斯拉夫人农村公社成员(κοινότης)之间大多具有血缘关系,在这类公社中,除父母子女外,还有七大姑八大姨等远亲。《罗斯法典》开章明义在第1条中肯定了"血亲复仇"的合法性,"被害人的兄弟可以为他复仇;子也可以为其父;父也可以为其子;或者是侄子为其伯叔;外甥为其舅父,向凶手复仇"[2]。血亲复仇是人们普遍称作原始"公社"(或马克)原生形态的基本特征,在公社的次生形态农村公社中继续保存下来。[3]《罗斯法典》这部11—12世纪的法典中沿袭了血亲复仇的法律,在斯拉夫人中继续使用。《农业法》对此没有任何反映,该法第81条提到"公社"和"公社成员",但通篇没有涉及村庄内的血缘关系问题,也没有对于亲属亲戚的优惠倾向。根据全面考察《农业法》的结论,拜占庭村庄实行的是法官和税务官管理,村庄居民之间保持法律上的平等关系,他们之间的关系纯粹属于地域联系而非血缘联系,与斯拉夫人农村公社实行的家长制没有任何相似之处。假定分析这一问题时,不把地域联系和血缘联系用发展先进或落后的标尺衡量的话,拜占庭农村村社与斯拉夫人农村公社确实不属于一个社会发展阶段,因此表现出的特点也完全不同。笔者确信,《农业法》涉及的农民间一定存在复杂的血缘关系,但是该法注重地主和佃户、官员和农民、农民邻里的关系,其没有提到血缘关系的重要原因不是它的疏忽,而是拜占庭农村现实的需求。

　　斯拉夫人农村基层组织称为"维尔福",与更早的公社相比,其以地域联系和经济关系为纽带的特点很突出,但还保持某些原始公社习惯法残余。例如,对于

---

① 《马克思恩格斯全集》第24卷,北京:人民出版社1963年版,第126—127页。
② 王钺译注:《〈罗斯法典〉译注》,兰州:兰州大学出版社1987年版,第1、43页。
③ 《马克思恩格斯全集》第19卷,第449—450页。关于马克思主义农村公社理论,见马克垚:《西欧封建经济形态研究》,北京:人民出版社1985年版,第253—256页。

"维尔福"中杀人、偷盗等犯罪行为的处罚,与《农业法》还是存在某些原则上的区别①,比如前者主要通过对等罚款和赔偿进行惩罚,而后者主要通过赔偿和残废肢体实施惩罚,反映出两者立法体系的不同。这里并非对比孰狠孰善,而是反映两种立法体系背后的生活惯性。譬如,基辅大公伊格尔于 10 世纪中期草拟的一份条约中,不仅保持着斯拉夫人"血亲复仇"的习惯,而且对严重犯罪行为也变为实行经济惩罚,其第 8 条规定,"被杀害者的近亲应捕捉凶手。他们应该杀死他",第 14 条规定,对武装攻击犯罪行为"应根据罗斯的习惯法,支付 5 升白银"。②这些都反映出斯拉夫人习惯法在实际生活中的长期影响,它们对拜占庭社会生活似乎没有影响,就罚款而言,还存在着斯拉夫人受到拜占庭立法影响的可能性。

至于对违法行为的处罚,《农业法》和斯拉夫人的习惯法也不同,前者实行的是比较严厉的刑法,而后者实行的是比较宽容的习惯法。例如,对于偷盗行为,《农业法》采取体罚和双倍赔偿的惩罚,而斯拉夫人习惯法则一律采取罚款的处罚,只是在罚款的多寡上反映罪行的轻重。《农业法》规定:偷盗牲畜者"应受鞭打,并应双倍赔偿牲畜和牲畜应做的全部工作"(第 44 条),而《罗斯法典》对此的惩罚是"交纳三格里夫纳"(第 33 条),第 41 条规定,"如果盗贼在畜圈或仓库盗窃家畜,若是一人,交纳三格里夫纳三十库纳"。这里,前者不仅重视以对等价值赔偿和肉体痛苦惩戒犯罪行为,而且还关注次生不利影响,还要保持生产活动的连续性,而后者只重视对犯罪行为的金钱赔偿惩罚。《农业法》规定:在谷仓中偷盗谷物的人"第一次被打一百鞭子并赔偿失主的损失……如果第三次被发现,他应被挖掉眼睛"(第 68 条),而《罗斯法典》第 43 条对同样的犯罪处罚"三格里夫纳三十库纳的罚金",在斯拉夫人中实行的《教会法规》也和《罗斯法典》一样采取同样的处罚。仔细分析,前者对毁坏农业产物的判罚特别严厉,而且有等次的区分,犯罪次数越多处罚越重,最严厉的处罚是对故意纵火烧毁打谷场或谷堆的罪犯实施的,《农业法》规定要将他"投入火中烧死"(第 64 条),同样的罪犯在斯拉

---

① 《摩诺马赫法规》第 70 条规定了"维尔福"在其成员犯罪时的连带责任,而《罗斯法典》以罚款作为处理几乎所有犯罪行为的办法。见王钺译注:《〈罗斯法典〉译注》,第 102 页。

② 王钺译注 :《〈往年纪事〉译注》,兰州:甘肃民族出版社 1994 年版,第 106 页;[俄]拉夫连季编:《往年纪事》,第 102 页。

夫法律中还是处以罚款,只是数量多了一些。显然,前者的处罚更为细致,而后者的处罚更为粗放,遍观《罗斯法典》,最严厉的处罚是流放和没收财产。《农业法》惩罚方式的残酷与斯拉夫人立法处罚方式的温和形成了比较明显的区别,这一方面反映出拜占庭村庄内血缘关系的淡漠和斯拉夫人农村公社中亲族关系的长期存在,另一方面也反映出两个立法体系的成熟度不同,一个更为细致成熟,一个更为粗放原始。特别值得提出的是后者的原始性还体现在所谓"自然审判"方式,《罗斯法典》多处提到疑难案件的"铁裁判",即使用烧红的铁块烙烫嫌疑人的皮肤,并根据是否烫伤决定犯罪是否成立。这在拜占庭《农业法》中没有任何类似的痕迹,相反,《农业法》重视取证和证人的证词,强调法官的调查,这不仅表明它更为成熟,而且表明它与斯拉夫人中保持的习惯法没有什么联系。为了找到《农业法》与前代立法的关系,如前所述,学者们得出该法几乎全部条款均与其前代的拜占庭法律有直接联系,此处不再重复论说。

斯拉夫人农村公社保持划分耕地的习惯,在《农业法》中也有相关规定。这是否可以当做主要论据来证明苏俄学者的观点呢? 根据中外学者对世界主要地区农村公社的比较研究认为,这种现象在所有原始公社中都普遍存在,"耕地和草地最初作为公有地分给各个家族使用。隔一定时间再把分配的土地收回,重新分配"[①]。苏俄学者认为是斯拉夫人农村公社对拜占庭人影响最大的地方,促使拜占庭农村公社出现了土地划分的现象。[②]事实上,《农业法》涉及的村庄土地划分与斯拉夫人农村公社土地划分性质不同,前者是国家保证税收的管理措施,后者则是平均分配土地所有权的手段,前者划分的主要是弃耕农田和开垦的土地,而后者划分的则是包括耕地和公有地在内的全部土地,进而可以说,前者的划分是土地的追加分配,而后者的划分属于土地重新分配,前者参与土地划分的人主要是有能力通过经营弃耕土地的农户和新移民,而后者参与土地划分的人是农村公社的全体成员,前者划分土地的目的在于取得弃耕农田承付的税收,而后者的目的是在这种划分中实现其平等权利。土地划分在两种环境中具有完全不同的经

---

① 朱寰主编:《亚欧封建经济形态比较研究》,长春:东北师范大学出版社 1996 年版,第 269 页。
② 瓦西列夫斯基的《关于拜占庭农村公社的说明》和乌斯本斯基的《关于拜占庭农民土地所有权的历史》均强调这一论点,转引自 A. A. Vasiliev, *History of the Byzantine Empire 324 -1453*, pp. 244 - 245。

济意义和性质。

斯拉夫移民对拜占庭农业经济发挥的作用集中体现在大量斯拉夫移民进入帝国农村后缓解了劳动力短缺的困境，并逐渐改变了人口的族群构成方面。从6世纪中期开始的斯拉夫民族大迁徙人数众多，他们不是以早期国家的组织形态而是以各个部落或部落联盟为群体，越过巴尔干半岛北部多瑙河和山脉逐步南下，最终定居在整个半岛地区，形成后来的南斯拉夫各族群。拜占庭帝国统治阶层对他们的认识也有逐步加深的过程，但是利用斯拉夫人解决劳力不足后来成为帝国朝廷积极的移民政策。他们定居在因缺乏劳动力而弃耕的荒芜地区，对于增加国库税收和提供粮食供给方面具有积极作用。譬如7世纪末年，拜占庭朝廷将7万斯拉夫人迁入奥普斯金军区，762年再次向小亚细亚军区移居约21万斯拉夫人。①至于斯拉夫移民对拜占庭民族构成的影响，是一个敏感但有待进一步深入探讨的课题。《农业法》在帝国政府移民过程中必定受到大批斯拉夫人带来的习惯法的某些影响，但是对于这些影响的探讨需要在更多细节层面上进行，要对具体内容进行细致分析。目前，这些研究还很欠缺。无论如何，小农阶层的兴起和农村生活的活跃以及农业经济的发展，主要是在军区制改革开始后和推行中实现的，军区制发挥的积极作用与斯拉夫人的迁徙有内在的联系，在看到后者的影响的同时，要充分肯定军区制的积极意义，否则就会出现本末倒置的误解。军区制在促进小农兴起的同时，也保证了斯拉夫劳动力在农业生产中发挥积极作用，充足的谷物供应使粮食价格急剧下降，使阿拉伯人占领拜占庭帝国埃及"谷仓"的负面影响大为降低，一度出现的粮食短缺情况得到彻底改变，时任君士坦丁堡牧首的尼基弗鲁斯因此错误地指责皇帝君士坦丁五世有意压低粮价，贪婪地从粮食投机中牟取利益。②根据目前学术界掌握的资料看，斯拉夫移民对拜占庭农村生活的巨大影响还难以得到证明，至少从《农业法》中找不到有力证据。

反映拜占庭农村生活的《农业法》是拜占庭社会自身发展的结果，更是早期拜占庭帝国立法发展的结果。特别是军区制推行后，小农阶层的快速发展直接促成了这部法规的形成。在此过程中，斯拉夫移民曾发挥了一定的影响，但是，我们

---

① Theophanes, *The Chronicle of Theophanes*, vol. 2, p. 432.

② Nikephoros, *Nikephoros Patriarch of Constantinople Short History*, p. 76.

不能对这种影响估计过高。具体而言,拜占庭《农业法》依据《查士丁尼法典》等前代帝国皇帝立法,由8世纪中期伊苏里亚王朝皇帝指令法学家摘编成册。该法生动而细致地规定了8世纪前后数百年拜占庭农村居民的生产生活行为规范,不仅为古代农民提供了村庄生活指南,也使后人了解拜占庭农村中小农的状况,由此可以推断这一时期拜占庭帝国农业经济的发展。通过《农业法》,人们不难看出,8世纪前后数百年拜占庭帝国农业经济以小土地经营为主,农村居民以拥有小块份地的自由农民为骨干。7世纪前半叶伊拉克略王朝开始推行的军区制改革对拜占庭小农经济发展产生了极大的促进作用,而小农经济的发展也加强了帝国数百年强盛的基础。《农业法》从一个侧面表明,拜占庭农业经济发展经历了与西欧社会不同的演变过程,在考察其发展时应实事求是,尊重史实,使人们对拜占庭农业的认识更接近客观真实。

第二章

毁坏圣像运动

毁坏圣像运动一词并非来自拜占庭帝国,而是现代学者的创造。在 16 世纪中期的一份印刷品中,拉丁语 *iconoclasmus* 第一次被使用,以描述 9 世纪西欧教士克劳迪乌斯(Claudius)反对圣像的行为;此人在 816 年被任命为都灵(Turin)主教。毁坏圣像运动一词被用于拜占庭历史,则是出自大名鼎鼎的爱德华·吉本的作品;自此之后,这一术语迅速流行起来。①

毁坏圣像运动指的是,726—843 年拜占庭帝国围绕圣像崇拜而出现的巨大争议。帝国因此被分裂为两大派别:崇拜圣像派(iconophiles)和毁坏圣像派(iconoclasts)。帝国统治者属于毁坏圣像派,因此,在这一时段内,帝国内全面禁止使用和崇拜圣像,并因此而打击、迫害一些公

---

① L. Brubaker, *Inventing Byzantine Iconoclasm*, p. 4.

然违背帝国政策的崇拜圣像者。帝国内许多重大事件都围绕这场运动而展开,因此,也有学者将这段历史称为"毁坏圣像时代"。①

这场历时 100 多年、声势浩大的运动,受到学术界的广泛关注。首先我们需要探讨的便是,这场运动为什么会出现。

第一节

毁坏圣像运动的原因

关于毁坏圣像运动爆发的原因,我们首先应该关注基督教会围绕圣像所产生的争议,否则我们无法解释为什么是圣像而非其他宗教元素成为这场运动的争议焦点。事实上,关于这一问题,学术界普遍存在一个误区,认为圣像崇拜在拜占庭初期,甚至基督教早期便已经确立。例如奥斯特洛格尔斯基在论及毁坏圣像运动的原因时声称:"几个世纪以来,教会中越来越流行对圣像的崇拜,它成为拜占庭人虔诚信仰的重要表达方式。"②另一位著名拜占庭史学家瓦西列夫也明确指出:"4—5 世纪,圣像崇拜在基督教会内部逐渐兴起和发展起来。"③这里实际上是混淆了拜占庭历史上早期存在的"基督教画像"与具有神圣性的"圣像"两个概念。④ 只有对圣像及其崇拜现象进行历史考察,才能更好地理解毁坏圣像运动的爆发。

① A. A. Vasiliev, *History of the Byzantine Empire 324 -1453*, p. 234.
② G. Ostrogorsky, *History of the Byzantine State*, p. 142.
③ A. A. Vasiliev, *History of the Byzantine Empire 324 -1453*, p. 254.
④ 在史料中,圣像被称为 εικών/eikon,其本意是"画像",这也是学术界将其混淆的原因之一。为了叙述方便,本文在行文中仍然统一称为"圣像",但需要强调,只有 6 世纪下半叶以后的基督教画像才可以称为圣像。

一、 关于圣像的争议

（一） 圣像的初始职能：教堂装饰与教导媒介

根据 787 年第七次大公会议决议中的界定，圣像指的是"让人崇拜的、神圣的画像，使用颜料、马赛克或者其他合适的材质（制作而成），放置于上帝的神圣教堂中、圣器或者圣袍上、墙上和木板上、屋内和街道上；即上帝、救世主耶稣基督、生而无原罪的圣母、可敬的天使和神圣的圣徒的像"①。但圣像并非在出现的时候就具有了神圣性，它的初始职能主要是教堂装饰物和传播信仰的教导媒介。

公元 4 世纪，基督教在拜占庭帝国内获得合法地位，继而成为国教。基督徒数量迅速增加，基督教也因此变得更加多元；受到古希腊文化的影响，有些基督徒使用古典艺术形式以及相应的风格和范式，来呈现基督教的某些经典神圣主题，于是早期基督教艺术逐渐发展起来，圣像从 4 世纪起大范围地出现在帝国境内。但是，这些圣像与神圣性毫无关系，而主要是用于教堂的装饰。例如西班牙诗人普鲁邓利乌斯（Prudenlius）的作品表明，大约在 4 世纪，圣像被广泛用于西班牙教堂的装饰。5 世纪初期，安卡拉的圣奈勒斯（St. Nilus of Ancyra）在给一座新建立的教堂提出建议时，强调宗教场所应该用一些描述圣经故事的画像来装点。②

此时，圣像是一种可视艺术，用于纪念所代表的人物，或者提供一个可以效仿的典范，或者是"还原之像"（ex voto images），即对圣像的原型在听到信徒祈祷后给予神助而表示感谢。③ 例如圣瓦西里（St. Basil）在给殉教者巴拉姆（Barlaam the Martyr）的颂词中，便呼吁基督徒画家为这位殉教者作画；他认为，相对于言语和颂词，画家可以用色彩更好地呈现这位殉教者的荣耀。④ 创作于 6—7 世纪之交的《小西蒙传记》表明，圣像用于感恩的传统在整个拜占庭早期一直存在；根据传记内容，一位安条克的居民被圣徒小西蒙治愈，于是在自家工坊门上悬挂着一幅

---

① *The Acts of the Second Council of Nicaea（787）*, translated with an introduction and notes by R. Price, Liverpool：Liverpool University Press, 2018, pp. 564 – 565.

② A. J. Visser, *Nikephoros und der Bilderstreit：eine Untersuchung über die Stellung des Konstantinopeler Patriarchen Nikephoros innerhalb der ikonoklastischen Wirren*, Haag：Martinus Nijhoff, 1952, pp. 14 – 17.

③ L. Brubaker, *Inventing Byzantine Iconoclasm*, p. 13.

④ D. J. Sahas, *Icons and Logos：Sources in Eighth-Century Iconoclasm*, Toronto, Buffalo and London：University of Toronto Press, 1986, p. 13

恩人的画像,并用帷幔和蜡烛进行装点,以示更伟大的敬意。①

　　除作为装扮的艺术品外,圣像在拜占庭初期还扮演着宣讲教义的教导媒介作用。它们可以帮助信徒更容易理解复杂的教义。根据史料记载,"金口"约翰(John Chrysostom,约347—407年在世)在桌子上放了一幅圣保罗的画像,当他深夜研习使徒书信时,这枚圣像似乎活了起来,开始与他交谈。② 圣像是有效的教育媒介,一如宗教仪式中的道具,但它们尚未获得神圣的力量,更没有成为崇拜的对象。圣像此时被视为类似于神龛、福音书、教堂等宗教器具。例如,当教士朱利安给以弗所主教伊巴提乌斯(Hypatius,531—538年在任)写信,质疑刻在目标、石头上的基督像时,伊巴提乌斯解释:"画像具有传授知识和教导的作用,因为那些不太完美的信徒可以借助描绘出来的景象去理解神圣的内容。"③圣像的这一职能被教会广泛接纳。事实上,在8世纪毁坏圣像运动中,面对第一位毁坏圣像皇帝利奥三世的新政策,君士坦丁堡牧首日耳曼努斯在为圣像辩护时,便主要依据圣像的传统职能,强调圣像的教导职能;他指出,圣像是鼓励信徒效仿圣徒行为的有效工具,是文盲"可视版的圣经"。④

　　在拜占庭早期,官方教会对圣像的态度也发生了巨大的变化,从初期的坚决反对逐渐转为默许。如前所述,圣像的出现是受到古希腊文化的影响,对基督教而言是新生事物。圣像的称呼"eikon",在古希腊文化中用于指代希腊众神的神像;在早期基督教的视域中,它们属于"多神教的",是《旧约圣经》中明确被禁止崇拜的"偶像"的一种,因此遭到基督徒的谴责。例如3世纪的《约翰教规》(Acts of John)中,有人为福音书作者约翰(John the Evangelist)的一枚圣像上挂上花环,像前点燃蜡烛,这招致约翰痛斥:"为什么,我看你仍然像个多神教徒一样在活

①　E. Kitzinger, "The Cult of Images in the Age before Iconoclasm", *Dumbarton Oaks Papers*, Vol. 8 (1954), p. 97.
②　St John of Damascus, *Three Treatises on the Divine Images*, A. Louth trans., New York: St Vladimir's Seminary Press, 2003, p. 55; *Die Schriften des Johannes von Damaskos*, B. Kotter ed., vol. 3, Berlin: De Gruyter, 1975, TLG, No. 2934005.
③　P. J. Alexander, "Hypatius of Ephesus: A Note on Image Worship in the Sixth Century", *The Harvard Theological Review*, Vol. 45, No. 3 (1952), p. 179.
④　A. Avenarius, "Der Geist der byzantinischen Ikonodulie und seine Tradition", *Jahrbuch der Österreichischen Byzantinistik* 42 (1992), p. 43.

着!"①及至拜占庭时期,基督教成为国教,基督教会对圣像的使用更加无法容忍。最早提及反对圣像理念的官方法令来自305或306年召开的西班牙埃尔维拉宗教会议,其颁布的第36条教规明确禁止崇拜教堂墙壁上描绘的圣像。②

早期最著名的"反对圣像者"毫无疑问是凯撒里亚的尤西比乌斯(Eusebius of Caesarea)。在写给皇帝君士坦丁一世的妹妹康斯坦提亚的书信中,尤西比乌斯拒绝了她索取基督圣像的要求;他使用基督论对此解释,认为圣像是非法的、偶像崇拜的:"为免堕入罪责,我认为圣像不应该得到广泛传播,以防止我们像偶像崇拜者一样,将我们的上帝置于画像中。"③尤西比乌斯的观点成为8世纪毁坏圣像派的基本理论。另一位4世纪的反对圣像者是萨拉米斯的埃毕法尼乌斯。根据史料记载,他毁坏了某村庄教堂中的帷幔,因为上面描绘了基督像。他还警醒基督徒要保持传统,不要将圣像置于教堂或墓地中。④ 这些神学家反对圣像,只是单纯出于对圣经的忠诚和认可。而4世纪存在如此多反对圣像的言论和行为,以至于有学者甚至将毁坏圣像运动的真正源头追溯到4世纪。⑤

但随着基督教化的进程,教会对圣像的态度变得含糊。这种含糊源于教会看到了圣像在宗教传播中的价值,即前文提到的教导媒介作用。因此,教会不再坚决反对,而是探寻更为合适的对待方式。在拜占庭帝国西部,教会采取明确的折中态度。6世纪时,马赛(Marseilles)主教塞雷努斯(Serenus)在辖区内将圣像扔出教堂毁坏;这一行为引起了罗马教宗格里高利一世(Pope Gregory the Great,590—604年在任)的注意。在给塞雷努斯的信中,格里高利一世强调:"你不应该毁坏那些悬挂在教堂中的画像,因为它们并非用于崇拜,而只是为了推动信仰的传播。崇拜圣像是一回事,但从圣像所描述的历史中去学习我们应该崇拜的内容则是另一回事。圣经可以给那些能够阅读的人使用,而圣像则适用于那些没有阅读能力

---

① L. Brubaker, *Inventing Byzantine Iconoclasm*, p. 13.

② A. J. Visser, *Nikephoros und der Bilderstreit*, p. 14.

③ *The Acts of the Second Council of Nicaea (787)*, translated with an introduction and notes by R. Price, pp. 665 - 668, 179.

④ Th. Sideris, "Theological Arguments of Iconoclasts during Iconoclastic Controversy", *Byzantine Studies/Etudes Byzantines*, 6/1 - 2 (1979), pp. 179 - 180.

⑤ L. W. Barnard, *The Graeco-Roman and Oriental Background of the Iconoclastic Controversy*, Leiden: E. J. Brill, 1974, p. 79.

的人。"①罗马教宗关于圣像的这一观点成为帝国西部的标准。在帝国西部,圣像并没有在私下里广为使用,而是主要用于教堂的某些公共区域,因为这些区域无法带来特别的崇拜。源于此,在毁坏圣像运动中,罗马教区虽然支持圣像,但同样反对对圣像的过度崇拜。② 事实上,源于此,在天主教,圣像从未获得过它在东正教世界中的崇高地位。③

相对于西部教会的明确态度,东部教会仍然在探索对待圣像的方式,这就导致教会的态度比较摇摆。史料表明,在 5 世纪上半叶,教会人士对待圣像的态度已经不再强硬。根据菲罗斯托吉乌斯(Philostorgius)的记载,帕尼亚(Paneas)著名的基督雕塑,从公共泉水池附近被转移到了教堂中的圣器室;作者指出,基督雕塑并非崇拜对象,因此不适合摆放在公共空间,但出于对这尊雕塑的敬重,因此将其收藏到更为合适的空间。作者描述的方式,显然是他认为在当时对待圣像的正确态度,即既不崇拜,也不毁坏。④ 在 6 世纪,教会对圣像的态度依然模糊。前文提到的以弗所主教伊巴提乌斯,在指出圣像的教导作用时,却也在强调,有学识的神学家不应使用圣像来颂扬上帝和圣徒,而应该通过"神圣的作品"。⑤ 换言之,身为主教,伊巴提乌斯知晓基督教经典中对圣像的反对,但又不得不考虑到其辖区内大量无法阅读圣经的信徒对圣像的需要;其含糊的态度是拜占庭教会在这一时期的真实体现。

一言以蔽之,在拜占庭早期,不管是教会还是信徒,并没有将圣像视为可以崇拜的对象,也不认为圣像拥有神圣的力量,而只是把它作为一种表现基督教历史发展的媒介和一种传播和理解基督教义的道具。出于这一目的,教会从最初的坚决反对,变得比较含糊,甚至在一定程度上默许了圣像的存在。

---

① Th. Sideris, "Theological Arguments of Iconoclasts during Iconoclastic Controversy", pp. 180 – 181.
② H. G. Thümmel, *Die Konzilien zur Bilderfrage im 8. und 9. Jahrhundert: das 7. ökumenische Konzil in Nikaia 787*, Paderborn, München, Wien, Zürich: Ferdinand Schöningh, 2005, pp. 79 – 80.
③ 张晓梅:《圣像敬拜:一种信仰生活方式》,《世界宗教研究》2018 年第 6 期。
④ E. Kitzinger, "The Cult of Images in the Age before Iconoclasm", p. 92.
⑤ P. J. Alexander, "Hypatius of Ephesus: A Note on Image Worship in the Sixth Century", pp. 179 , 181 – 182.

(二) 圣像的神圣化

如果说圣像的发展是普通基督徒积极推动、教会默许助长的结果的话，那么圣像崇拜的出现和发展，则体现了大众信仰和教会权威共同的需求。在既有的史料中，我们可以看到，从 6 世纪下半叶起，教会的态度发生转变，开始有意识地推动圣像向可崇拜的对象发展。这个过程经历了两个阶段。其一，借助在拜占庭历史上已经早早确立崇拜地位的圣迹，寻求在圣迹和圣像之间的模糊存在，进而论证圣像崇拜的合法性；这就是著名的"非人手制作的圣像"。其二，世俗世界创造的圣像，也由此获得神圣的力量，成为基督徒崇拜的对象。

第一个过程始于 6 世纪后半叶，史料中开始多次提及"非人手制作的圣像"。根据史料记载，这类圣像"由圣灵塑造，而非织工之手制作或者染工用染料来装点。出于这一原因，它们被视为具有神圣的特权"①。在拜占庭史料中，先后共出现过三枚这一类圣像。第一枚是卡穆里安奈圣像(Kamoulianai)，是在基督死后裹尸布上出现的基督像。它最早的记载出现在 569 年的叙利亚编年史中，一位渴望面见基督本人的妇女，在水井中发现了这枚漂浮在水面上、依然保持干燥的圣像。② 第二枚被称为孟菲斯圣像(Memphis)，由于基督将脸贴在亚麻布上而创造，最早出现在一位前往圣城耶路撒冷的朝圣者写于大约 570 年的记载中，但在后世的资料中少有提及。第三枚是埃德萨圣像，又称为曼迪罗圣像(Mandylion)，最早出现在大约 590 年的记载中。埃德萨圣像是基督将脸贴在布上而创造，它被基督赠与埃德萨国王阿布加尔(Abgar)，并治愈了后者的顽疾。③

此类圣像是基督本人创造，因此它们在拜占庭帝国出现后，立刻便具有了神圣的力量。帝国教会将它们塑造为帝国的保护者，这些圣像最先在战场上为帝国军队呈现出"神迹"。根据史料记载，在 586 年，帝国军队在美索不达米亚北部与波斯军队展开了著名的苏拉霍战役(Battle of Solachon)。由于帝国军队在此前的战争中损失惨重，为了提升士气，拜占庭将领菲利彼库斯在战前动员中举行了庄

---

① *The History of Theophylact Simocatta*, An English Translation with Introduction and Notes by Michael Whitby and Mary Whitby, Oxford: Clarendon Press, 1986, p. 46; Theophylacti Simocattae, *Historiae*, TLG, No. 3130003.

② E. Kitzinger, "The Cult of Images in the Age before Iconoclasm", p. 114.

③ L. Brubaker, *Inventing Byzantine Iconoclasm*, pp. 11－13.

重的仪式,向军队展示卡穆里安奈圣像。结果军队士气大振,取得了战争的胜利。① 埃德萨圣像在史料中的最早记载也与战事相关。根据埃瓦格里乌斯(Evagrius)在 6 世纪末期的记载,埃德萨在 544 年遭到波斯人的围攻,面临城破的危机。为了阻止波斯人的进攻,埃德萨守军必须从城内修建地下通道,经由此处将火势蔓延至城外,以烧掉波斯人独特的攻城器械。但是当工事完成后,埃德萨守军无法将火势引导至城外。"当他们濒临彻底绝望时,他们请来了神圣的'非人手制作的圣像',也就是阿布加尔渴望见到基督时基督送与他的那枚圣像。当他们将至圣的圣像带到通道处……神圣的力量立刻显灵,完成了他们此前无法做到的事情,木材立刻点燃",波斯人的攻城器械"迅速被大火吞噬"。②

在这两则史料中,圣像都呈现出神迹,它们在职能上服务于军队和城市的守护,这一点与圣迹非常相似。例如,前述拜占庭将领菲利彼库斯请求将著名圣徒"高柱"西蒙(Symeon the Stylite)的圣迹送到帝国东部,以保佑东部军队。③ 换句话说,在普通基督徒看来,"非人手制作的圣像"更接近于圣迹,一如圣母玛利亚的面纱等。因此,基督通过圣灵而制作的这些肖像被纳入圣像的种类,并非普通基督徒的理念,而是教会的举措。

教会希望将"非人手制作的圣像"树立为圣像的典范,从而推动普通圣像获得神圣的力量。这也就进入第二个阶段,即普通圣像逐渐获得神圣力量,成为崇拜对象。普通圣像的神圣化,既是圣像长期发展的结果,又是 6 世纪下半叶起拜占庭帝国所遭遇的灾难带来的影响。重大灾难强化了基督徒寻求救赎的需求,圣像的神圣化正是为了满足这种需求。

---

① *The History of Theophylact Simocatta*, An English Translation with Introduction and Notes by Michael Whitby and Mary Whitby, pp. 46 - 47.

② *The Ecclesiastical History of Evagrius Scholasticus*, translated with an introduction by Michael Whitby, Liverpool: Liverpool University Press, 2000, pp. 226 - 227; *The Ecclesiastical History of Evagrius with the Scholia*, J. Bidez and L. Parmentier eds., London: Methuen, 1898, repr. New York: AMS Press, 1979, TLG, No. 2733001. 埃瓦格里乌斯在写作这段历史时,主要依据普罗柯比的《战史》,但关于埃德萨圣像的记载却是完全新增加的内容。这一细节说明埃德萨圣像的出现和神迹崇拜都是 6 世纪后半叶出现的新现象;参见*The Ecclesiastical History of Evagrius Scholasticus*, translated with an introduction by Michael Whitby, p. 227 note 73。

③ *The Ecclesiastical History of Evagrius Scholasticus*, translated with an introduction by Michael Whitby, pp. 37 - 38.

基督教中最核心的教义之一便是基督徒的"原罪"以及相应的救赎之路。从帝国层面而言,重大的天灾和人祸被视为上帝对"天选之民"救赎不力的不满表现,被视为上帝的惩罚。而6世纪后半叶开始,帝国经历了一个漫长的"被惩罚"的过程。首先是著名的"查士丁尼大瘟疫",其超高的死亡率和死亡人数,必然对帝国各个阶层带来精神上的极大触动。根据相关研究,拜占庭帝国一致将"查士丁尼大瘟疫"视为上帝的惩罚。例如,普罗柯比将爆发的原因说成"上帝的惩罚";尼基乌主教约翰认为瘟疫是"上帝正义的审判";阿伽提阿斯(Agathias)认为"上帝惩罚的标志显示得特别明显";约翰·马拉拉斯(John Malalas)则称"我主上帝眼见人类的罪恶越来越严重,便向地上的人类施行惩罚"。显然,这场大瘟疫对拜占庭人的精神世界产生了强大的冲击,强化了拜占庭人对基督教的信仰。①

其次,在六七世纪之交,拜占庭再次遭遇外敌的频繁入侵,波斯人、阿瓦尔人、斯拉夫人等从不同方向对帝国发动入侵,帝国内的民众饱受战争之苦,极度缺少安全感,在宗教信仰上渴望慰藉。尤其是614年,圣城耶路撒冷落入异教徒之手,帝国朝野震动,基督徒再次感受到上帝严苛的责罚。根据史料记载,耶路撒冷遭到重创,数万基督徒被杀或被俘,牧首扎卡里亚和"真十字架"全都被掠到波斯。②"真十字架"即耶稣基督受难时的十字架,代表了基督为人世间基督徒赎罪;因此圣城和"真十字架"的沦陷,给基督徒带来更大的冲击。不久后,波斯调整对待耶路撒冷的政策,他们释放了基督徒战俘,允许重建基督徒的圣所,并临时委任了一位牧首,此人被称为莫迪司图斯。在他与亚美尼亚大主教柯米达斯(Komidas)的通信中,我们可以看到当时基督徒对耶路撒冷遭遇的理解。他们将此视为"上帝的惩罚",而耶路撒冷教会秩序和圣所得到重建则被视为"上帝的仁慈",进而他们强调基督徒的救赎,称赞朝圣者"通过忏悔、斋戒、仁慈和长途跋涉、不眠不休的朝圣之旅而洗涤罪责"③。"原罪、救赎与上帝的仁慈"也是被俘的

---

① 陈志强:《"查士丁尼瘟疫"影响初探》,《世界历史》2008年第2期,第82页。

② Theophanes, *Chronographia*, 300.30 – 301.5; Theophanis, *Chronographia*, TLG, No. 4046001; *Chronicon Paschale, 284 – 628 AD*, p.156; *Chronicon Paschale*, L. Dindorf ed. [Corpus Scriptorum Historiae Byzantinae], Bonn: Weber, 1832, TLG, No. 2371001.

③ *The Armenian History attributed to Sebeos*, R. W. Thomson translate and note, historical commentary by J. Howard-Johnston, Liverpool: Liverpool University Press, 1999, pp. 70 – 75.

牧首扎卡里亚在对被俘基督徒进行布道时的主题。①

在当时的基督徒看来,这些接二连三的灾难表明上帝长期存在不满,因此他们需要更加努力地履行救赎的责任。但出于对上帝的敬畏,基督徒的救赎受到了限制,他们与上帝的交流需要"调解者"作为媒介。圣母、圣徒、圣迹等都扮演着这一角色。但瘟疫、战争和动乱阻碍了基督徒前往公共场所参加宗教仪式,基督徒的信仰更加依赖私人空间。而圣像易于获得和携带,便于使用,因此日益重要。帝国内开始传播一种言论:基督像、圣母和圣徒的圣像既可以守卫城市,又可以治愈伤病残疾。② 例如,这一时期的圣徒传记记载,一位患有血液疾病的妇女怀着虔诚,瞻仰圣徒小西蒙的圣像,在内心里祈祷,"只要我能拥抱他的圣像,我就能被拯救"③;然后圣像展现了神迹,此人恢复了健康。

由此可见,圣像获得的神圣化最初盛行于个人空间。寻求救赎的基督徒开始将圣像等同于它们所描绘的本体,即基督、圣母和圣徒本人。史料表明,在7世纪下半叶,这种类比已经在拜占庭帝国内广泛盛行。一位盎格鲁-撒克逊人阿库尔夫(Arculf)前往圣城朝圣,688年在君士坦丁堡听闻许多此类举动,非常诧异。他发现,一位即将出发远征的士兵,站在圣乔治的圣像前,"开始同圣像交谈,好像是乔治本人在场一样",这位士兵祈求自己"可以免遭战争中的所有灾难"。史料中接着写到,"这是充满危险的战争,数千人惨死。但他……由于上帝的恩赐和乔治的颂扬,从各种不幸中幸存,得以安然返回……他再次与圣乔治的圣像交谈,好像圣徒本人在场一样"④。这则史料多次将圣像视为圣徒本人,真实再现了当时拜占庭人的观念:圣像已经和圣迹、圣徒一样,获得了神圣力量。

7世纪末期,官方教会摒弃了早期对于圣像的否定,由暗中推动圣像转为公开支持。在7世纪90年代反对异端的论战中,教会第一次将圣像塑造为正面形象;在其他史料中,我们还可以看到圣像已经得到仪式上的崇拜:蜡烛、熏香等被

---

① *The Armenian History attributed to Sebeos*, R. W. Thomson translate and note, historical commentary by J. Howard-Johnston, p. 210.

② L. Brubaker and J. Haldon, *Byzantium in the Iconoclast Era c. 680 –850*, pp. 56 – 57.

③ E. Kitzinger, "The Cult of Images in the Age before Iconoclasm", p. 109.

④ L. Brubaker, *Inventing Byzantine Iconoclasm*, p. 14.

用于圣像崇拜中。① 692 年特鲁罗大公会议（Trullo Council）的第 82 条教规，第一次在大公会议中提及基督的表现方式。它指出，在传统的宗教画像中，基督被描绘成羔羊，作为上帝恩典的象征；但现在基督已经通过圣灵而显现肉身，并通过自己的苦难和死亡而为尘世带来救赎，因此更完美的方式是使用基督自己人形的画像来描述基督。② 这则教规实际上是承认了基督圣像的合法存在。至此，圣像的神圣化得以完成。

（三）教会的反思与毁坏圣像运动的爆发

圣像得到官方教会的正面支持后，圣像崇拜在帝国生活中迅速发展，在七八世纪之交已经在帝国内盛行，几乎所有的军事胜利和政治变动都会和圣像相关联。甚至皇帝也公开支持圣像，使用圣像来标榜个人统治的正统性。一个著名的例证是查士丁尼二世将基督像放在他发行的铸币上，这在拜占庭历史上是第一次。③ 甚至连毁坏圣像运动的发起者利奥三世在统治初期也在自己的印章中放上圣母像。这枚印章的正面是年轻、没有胡须的皇帝半身像，带着皇冠，拿着十字架，而背面则是站立的圣母和左手怀抱着的圣子。④

在这种情况下，反对圣像的观念虽然是基督教最古老的传统之一，但在面对新兴且蓬勃发展的圣像崇拜时，只能在帝国宗教生活中拥有边缘性的影响力。当然，这并不意味着反对圣像的群体完全消失。反对圣像者坚持认为，圣像崇拜是一个创新，因为前六次大公会议无一提及圣像，圣像崇拜只是在此之后才被引入教会之中。⑤ 事实上，支持圣像者是行为在前，理论在后；而教会也是在大量圣像被使用的背景下，逐渐接纳这一现象的存在，但他们始终无法解决圣像的合法性问题。教会试图从基督教经典和圣徒传记中寻找例证，甚至试图建立某些理论，从哲学和神学角度来佐证崇拜圣像的行为，但由于圣像崇拜主要源于日常的虔诚

① L. Brubaker, *Inventing Byzantine Iconoclasm*, p. 13.
② *Concilium Quinisextum*, *Das Konzil Quinisextum*, übersetzt und eingeleitet von H. Ohme, Turnhout: Brepols Publishers, 2006, pp. 270 – 273.
③ Ph. Grierson, *Byzantine Coins*, London: Methuen and Co. Ltd, 1982, p. 98.
④ N. Lihacev, "Sceaux de l'empereur Leon Ⅲ l'Isaurien", *Byzantion* 11 (1936), pp. 469 – 482; L. W. Barnard, *The Graeco-Roman and Oriental Background of the Iconoclastic Controversy*, p. 23.
⑤ N. H. Baynes, "The Icons before Iconoclasm", *The Harvard Theological Review*, Vol. 44, No. 2 (1951), pp. 93 – 106.

行为,因此这一时期教会提出的理论非常原始,且缺乏系统性。《旧约圣经》中对圣像的反对始终横亘在拥护圣像者的面前。即便特鲁罗大公会议支持使用基督的圣像,却在另一则教规中明确指出,画像存在好坏之分,"感官很容易影响灵魂","任何污浊眼睛和思想的画像均被禁止"。① 这说明教会对圣像的主题、制作和使用尚未建立起规范化的准则,也对圣像的广泛使用有所保留。

　　另一方面,从 8 世纪初期起,帝国新近的灾难,反而助长了对圣像崇拜的质疑。新的灾难首先体现在帝国遭遇接连不断的内战。从 695 年查士丁尼二世倒台开始,到 717 年利奥三世上台,在短短 22 年时间里,帝国共经历了 7 任皇帝。皇位的频繁更迭伴随着战争和社会动荡。有些拜占庭人无法从宗教中获得慰藉,于是开始求助于巫术等旁门左道。"召唤恶魔""制作使用护身符以驱邪"等行为大行其道;社会上甚至出现了杀死孕妇、取其胎儿、煮水以祈求好运的荒唐之举。② 其次,"查士丁尼大瘟疫"的余波仍然在继续打击着帝国。"查士丁尼大瘟疫"之后,瘟疫并没有消失,而是继续潜伏,每隔一段时间便会爆发一次,在 8 世纪大约每 50 年会爆发一次。③ 其中在 718 年春季便出现一次小规模的瘟疫复发。据《教宗传记》(Liber Pontificalis)的记载,这次瘟疫连同饥荒杀死了君士坦丁堡内数万人。④ 除此之外,帝国这一时期最大的灾难在于帝国似乎随时可能被阿拉伯人占领。阿拉伯帝国自建立之后,占领了拜占庭帝国大片领土;在 8 世纪初期,耶路撒冷、安条克、亚历山大里亚三大教区已经沦陷,而阿拉伯人正在积极备战,准备攻陷帝国首都君士坦丁堡。虽然拜占庭帝国在 718 年取得了君士坦丁堡保卫战的胜利,但阿拉伯人的威胁并未停止;自 726 年起,阿拉伯人再度开启对拜占庭帝国的年度入侵。⑤

　　面对这些新的灾难,拜占庭人再次开始反思,有些人认为灾难源于他们新的

① Concilium Quinisextum, Das Konzil Quinisextum, übersetzt und eingeleitet von H. Ohme, pp. 288 – 289.

② 庞国庆:《时代之光:拜占廷〈法律选编〉中的公正理念》,《南开学报(哲学社会科学版)》2019 年第 2 期。

③ I. Antoniou and A. K. Sinakos, "The Sixth-Century Plague, Its Repeated Appearance until 746 and the Explosion of the Rabaul Volcano", Byzantinische Zeitschrift, 98 (2005), pp. 1 – 4.

④ The Lives of the Eighth-century Popes, the Ancient Biographies of Nine Popes from AD 715 to AD 817, p. 9. 史料中给出的数字是 30 万,这无疑被夸大了,不过足以呈现出帝国遭到的重创。

⑤ 庞国庆:《拜占廷帝国 717—718 年保卫战胜利的天气因素研究》,《云南民族大学学报(哲学社会科学版)》2017 年第 5 期;庞国庆:《拜占庭与阿拉伯帝国 719—740 年间战争的史料分析》,徐松岩主编:《古典学评论》第 4 辑,第 71—83 页。

罪责,而新的罪责则源于新近盛行的崇拜圣像的信仰。① 源于此,在经常遭受阿拉伯袭击的东部行省,最先出现积极反对圣像崇拜的行为。城市纳科里亚(Nakoleia)出现了对圣像的质疑,而克劳迪乌堡(Klaudioupolis)主教区已经出现将圣像移出教堂的举措。反对圣像已经超越个体行为,而成为区域性的群体问题。这种理念甚至在君士坦丁堡内也带来了混乱。牧首日耳曼努斯不得不通过书信等方式压制帝国内出现的反对圣像行为,但效果并不明显。②

至此,在 8 世纪初期,拜占庭帝国内围绕圣像,形成了支持者和反对者两个群体,双方之间的冲突已经不可避免。当 726 年锡拉岛火山大爆发时,帝国再度被警醒。根据史料记载,火山爆发时,浓烟弥漫,岩浆迸发,巨石被喷薄而出,落到整个小亚细亚、莱斯沃斯岛、阿比多斯和马其顿海岸,"那片海平面仿佛充满了浮石","周围水域如此之烫,以至于无法触摸"。锡拉岛的火山爆发是千年不遇的事件,利奥三世"听到这些事情后,将其视为上帝愤怒的征兆,然后开始思考招致上帝愤怒的缘由。于是,他……谋划移除圣像,认为这一征兆是由于圣像被崇拜"③。换句话说,关于毁坏圣像运动,皇帝利奥三世面向公众给出的理由是,圣像崇拜是错误的信仰,是帝国遭受劫难的原罪,而火山爆发就是上帝愤怒的表现。这一说法在当时无疑具有一定的说服力,毁坏圣像运动随即开始。

综上所述,反对圣像比崇拜圣像拥有更加悠久的历史。圣像崇拜直到 6 世纪下半叶才逐渐出现。在拜占庭早期,圣像扮演的角色是教堂的装饰物和传播基督教信仰的教导媒介,它为普通基督徒提供了直观的可视的宗教符号。对于原始基督教而言,圣像是外来物,但是它满足了基督教在大众层面进行传播的需求,因此得到了教会的默许。此外,教会在拜占庭早期,需要关注基督论更核心的教义,因此圣像并未成为争议的焦点。而拜占庭帝国在后查士丁尼时期至毁坏圣像运动结束之间,经历了诸多劫难。这些灾难既强化了基督徒寻求救赎的意愿,推动了圣像崇拜的出现,但也为反对圣像者提供了口实,认为它们源于圣像崇拜这种"错

---

① L. Brubaker and J. Haldon, *Byzantium in the Iconoclast Era c. 680–850*, pp. 18–22.

② H. G. Thümmel, *Die Konzilien zur Bilderfrage im 8. und 9. Jahrhundert*, pp. 28–45.

③ Nicephorus, *Breviarium*, C. de Boor ed., Leipzig: Teubner, 1880, 59.1–60.6; Nicephori archiepiscopi Constantinopolitani, *Opuscula Historica*, TLG, Nos. 3086001 and 3086002; Theophanes, *Chronographia*, 404.3–405.2.

误信仰"。当宗教和世俗权威介入其中,围绕圣像的争议便演变成了整个帝国内的宗教争端。

二、 强化皇权

然而,仅从宗教上寻找毁坏圣像运动的原因还不能说明全部问题,毁坏圣像运动与此前发生的多次宗教斗争有许多不同之处。一方面,在毁坏圣像运动中,皇帝们一改以往保持中立、充当仲裁人的立场,他们既不像君士坦丁一世和查士丁尼一世那样,在惩罚了非正统教派教士后又对被迫害者实行宽容、甚至优待政策①,也没有像伊拉克略一世那样提出折中理论以调解各对立派别的无休止的争论②,而是积极参与大规模的迫害行动。另一方面,毁坏圣像运动将教会内部的对立扩展到全社会,将教士之间的斗争演变为教士、世俗贵族和普通信徒之间的混战,形成了非常复杂的局面。

如果仅仅用宗教方面的原因阐说毁坏圣像运动,我们就难以回答为什么这场原本是在教会内发生的争论会演变成社会运动,为什么历来以调解人和仲裁者身份出现的皇帝在毁坏圣像运动中公开支持某一派,甚至成为他们的领袖。显然,在宗教原因之外,还存在政治方面的因素。只有从政治角度去考察这场运动,才能透过宗教争论了解其内幕,进而对许多问题作出正确回答。

毁坏圣像运动是拜占庭统治者强化皇权、重塑皇帝崇拜的重要举措。在古希腊时期,统治者被视为完美之神的复制品,这一理念被移植到了拜占庭帝国内。在拜占庭帝国第一位皇帝君士坦丁大帝统治时期,教会史学家尤西比乌斯运用这一理论,创造了皇帝崇拜的观念。皇帝像上带有神圣的光圈,正是源于古希腊时期国王由哲学的逻各斯(Logos)引导这一理念。③ 根据史料记载,君士坦丁大帝从弗里吉亚带回一尊巨大的太阳神青铜雕塑,将太阳神的形象换成自己的头像,且

---

① A. A. Vasiliev, *History of the Byzantine Empire 324 -1453*, pp. 151 - 153.
② J. Hefele, *A History of the Councils of the Church*, Edinburgh: T. & T. Clark, 1896, pp. 95 - 96.
③ L. W. Barnard, "The Emperor Cult and the Origins of the Iconoclastic Controversy", *Byzantion* 43 (1973), pp. 18 - 19.

头上仍然保有光束。这尊巨大的君士坦丁青铜雕塑长期伫立于广场上的大理石柱上。① 君士坦丁大帝的举措隐喻，皇帝在一定程度上是神圣的。此后，皇帝崇拜成为拜占庭帝国政治生活的重要内容。帝国创造了一系列复杂的仪式来强化皇帝崇拜。蜡烛和熏香早早地应用于皇帝崇拜。皇帝的肖像被广泛应用于庆典游行仪式、钱币上，甚至被放在教堂中，接受基督徒的崇拜。② 及至查士丁尼一世统治时期，臣民甚至需要对皇帝行跪拜大礼。

但是，查士丁尼大帝恢复的庞大帝国瞬间崩溃，给帝国居民带来极大的心理冲击。自 6 世纪末期起，特别是在 7 世纪，皇帝们走下神坛，皇帝崇拜由于帝国内外困境而逐渐衰落。这些因素也部分导致了皇帝的频繁更迭，间接造就了"二十年混乱期"。为了巩固皇位、重塑皇帝崇拜，拜占庭的统治者必然会采取措施强化皇权，强调皇帝在帝国生活中的核心地位。源于此，教会首当其冲，成为皇权打压的目标。

因此，毁坏圣像运动可以被视为皇权极力恢复对教会控制的斗争。自公元 4世纪基督教成为国教之初，拜占庭皇帝就享有控制教会的"至尊权"，这一权力是早期拜占庭皇帝作为羽翼未丰的教会的保护人而自然形成的。公元 313 年，君士坦丁大帝颁布《米兰敕令》(*Edictum Mediolanense*)，给予基督教合法地位，但同时对教会的控制也开始出现。这集中体现在 325 年第一次大公会议所颁布的《尼西亚信经》中，除确立了三位一体的正统教义之外，还确立皇帝为教会最高首脑，拥有包括召集宗教大会、解释教义和任免主教在内的教会最高领导权。从理论上讲，皇权和教权的结合是拜占庭君主权力的基础，两者相互支持，相互配合，皇帝需要教会从精神统治方面给以帮助，而教会则是在皇帝的直接庇护下发展起来。最初，皇帝对教会的权力是无限的，但是，随着教会实力的增加，这种权力被侵害。

在毁坏圣像运动爆发前，皇帝们维护其"至尊权"的斗争一直没有停止，且愈演愈烈，表现在如下方面。其一，控制召开基督教大公会议的权力。自君士坦丁一世于公元 325 年亲自主持召开第一届基督教大公会议后，此后拜占庭世界历次大公会议全部由皇帝召集。罗马教宗马丁一世曾企图自行召集拉特兰基督教大

---

① *Chronicon Paschale, 284 – 628 AD*, p. 16.
② L. W. Barnard, "The Emperor Cult and the Origins of the Iconoclastic Controversy", pp. 23 – 25.

会,但是,他旋即被皇帝君士坦二世下令押解至首都监禁,而后遭到流放,最终死于流放地。[①]

其二,控制基督教高级教职人员的任免权。早期基督教教会曾建立了五大教区,即罗马、君士坦丁堡、耶路撒冷、亚历山大里亚和安条克教区。依据第二次和第四次基督教大会的决议,罗马和君士坦丁堡两教区享有最高教区的特权。拜占庭皇帝紧密地控制这些教区,特别是罗马和君士坦丁堡主教和牧首的任命权,并对不与皇帝合作者撤职迫害。君士坦丁一世就曾免去亚历山大里亚主教阿塔纳修斯的教职,塞奥多西二世则通过宗教会议罢免了君士坦丁堡牧首聂斯托利(Nestorius,428—431年在任),并将其流放。查士丁尼一世统治时期,皇后塞奥多拉曾命令驻扎于意大利的拜占庭军队统帅贝利撒留罢免了罗马主教西尔维乌留斯(Silverius,536—537年在任)。直到公元8世纪中期,罗马教宗仍被迫听命于皇帝,必须服从皇帝的指令,随时到君士坦丁堡面君。皇帝们则利用这一权力将那些敢于抗旨的教宗置于死地,其中最突出的例子就是教宗马丁一世和维吉里乌斯(Vigilius,537—555年在任),后者曾被软禁在君士坦丁堡达七年之久,最后死于返回罗马的途中。[②]

其三,控制调解和仲裁教会争端的权力。拜占庭皇帝极为重视教会内部的思想动向,一方面是出于防止教会脱离皇权控制的考虑,另一方面则是及时制止宗教争端造成的社会分裂。自基督教成为国教以后至公元8世纪的数百年间,皇帝们几乎参与和决定了教会所有争端的最后结果。

毁坏圣像运动爆发前,基督教历史上曾发生过三次重大的神学争论。第一次是发生于公元4世纪的阿里乌派学说之争。争论主要围绕亚历山大里亚教士阿里乌提出的圣父和圣子并不同格的理论进行。他认为圣子基督仅仅是圣父上帝的创造物,因此不能与上帝同样具有神性,也不可能像上帝一样永恒万能。这一理论与基督教正统"三位一体"教义相悖,由此在教会内部造成巨大争端。这一教会争议最终由皇帝君士坦丁一世解决,后者主持召开基督教大公会议,将阿里

---

① J. Richards, *The Popes and the Papacy in the Early Middle Ages*, New York: Routledge, 1979, pp. 186 - 191.

② A. A. Vasiliev, *History of the Byzantine Empire 324 -1453*, pp. 152 - 153.

乌的学说斥为"异端"。① 第二次争论发生在公元 5 世纪,争论的焦点聂斯托利派(Nestorianism)学说。最终的裁决仍然是由皇帝进行,塞奥多西二世主持大公会议将其撤职流放。② 第三次争论被称为"一性论之争"。这场争论由查士丁尼一世通过 553 年大公会议进行了调解。

除了这三次重大教义之争由皇帝最终作出裁决,皇帝芝诺和伊拉克略还提出过旨在平息教义争端的"联合论"和"两性一意论"的新教义,康斯坦斯二世甚至颁发《信仰模式》作为全国基督徒共同遵守的教义准则。③ 皇帝们以此保持其凌驾于教会各派之上的最高权力形象。

拜占庭皇帝控制教会的努力是与基督教势力迅速发展同时进行的,换言之,随着教会实力从小到大、从弱到强的发展,教权一直力图摆脱皇权的控制。君士坦丁一世时期,基督教教会便获得了合法地位,实际上已经获得国教的地位。塞奥多西一世时,教会进一步获得了税收和司法等方面的特权。此后,教会势力大发展,不仅要求教、俗权力平等,甚至提出教权高于皇权的理论。

教会权力的扩大主要表现在下述诸方面。第一,教会司法权是最先摆脱皇权控制的。君士坦丁一世时,主教即有权审理世俗法庭经手的任何案子,而主教的判决被认为是终审判决,同时,任何世俗法官都必须接受教会法庭的判决。④ 教会司法权的扩大必然与皇帝为首的世俗司法权发生冲突,因此,塞奥多西一世在承认基督教为国教的同时,却取消了教会的"罪犯庇护权"。⑤ 值得注意的是,公元 5 世纪时尚处于拜占庭皇帝控制下的罗马主教获得了其决定具有法律效力的特权,这就为公元 6 世纪末、7 世纪初皇帝被迫承认教宗是基督教教规最高捍卫人,并有权对皇帝进行司法监督打下了基础。

第二,教会力图在宗教理论的争论中保持独立性,并积极发展教权高于君权

---

① H. M. Gwatkin, *Studies of Arianism*, Cambridge: Deighton Bell, 1900, pp. 1 - 2 , 16 - 55.

② F. Loofs, *Nestorius and His Place in the History of Christian Doctrine*, New York: Burt Franklin Reprints, 1974, pp. 5 - 25.

③ *The Ecclesiastical History of Evagrius Scholasticus*, translated with an introduction by Michael Whitby, pp. 147 - 149;J. Hefele, *A History of the Councils of the Church*, pp. 95 - 96.

④ A. A. Vasiliev, *History of the Byzantine Empire 324 -1453*, p. 53.

⑤ *Theodosian Code and Novels and the Sirmondian*, A translation with commentary, glossary and bibliography, by Clyde Pharr, Princeton: Princeton University Press, 1952, pp. 309 - 310.

的理论。公元451年,罗马主教利奥就公开否定了由皇帝认定的关于罗马教区和君士坦丁堡教区关系的决定,其目的不仅在于保持罗马教区在基督教世界的最高地位,而且在于摆脱皇帝控制。特别是在涉及核心教义方面,虽然拜占庭皇帝在统治期间可以利用皇权进行干涉,但教会不断抗争,迫使继任皇帝纠正教义上的错误。例如前述"一性论"争议,皇帝塞奥多西二世认可这一异端,并在449年的以弗所宗教会议上支持信仰"一性论"的亚历山大里亚牧首迪奥斯库鲁斯(Dioscorus),罢免了君士坦丁堡牧首,并颁布了会议决议。但正统教会继续抗争,迫使继任皇帝马尔西安在451年重新回归正统教义。而449年的以弗所宗教会议也被称为"强盗会议"(Robber Council of Ephesus)。[1]

　　公元5世纪和7世纪皇帝们提出的"联合论"和"两性一意论"也因为遭到教会的反对,而最终流产。公元5世纪初君士坦丁堡教长约翰即充当了反对当局的政治领袖,并著书立法,公开提出教权高于君权,教会高于世俗政府的理论。君权和教权之间的斗争自公元5世纪便愈演愈烈。当时尚由拜占庭皇帝控制的罗马主教格里高利一世公开与皇帝分庭抗礼,反对禁止官员和士兵在未完成职责以前进入修道院的皇帝敕令,并利用拜占庭世俗大贵族争夺皇权的斗争,迫使皇帝承认其"基督教教规最高捍卫者"的地位。[2] 至公元7世纪末,教宗塞尔吉乌斯在与皇帝的斗争中煽动军队反叛朝廷。[3]

　　总之,毁坏圣像运动爆发前夕,教会的势力已经发展到足以与皇权抗衡的地步,并在帝国政治生活中对皇权构成威胁,这就不能不引起世俗君主的极大恐惧。从这一角度观察问题,毁坏圣像运动的爆发就在情理之中了。

三、 皇权与教权对资源的争夺

　　皇权不仅试图控制教会,而且力图通过毁坏圣像运动打击教会,以获得帝国

---

[1] E. Peterson, *Der Monotheismus als politisches Problem*, Leipzig: Hegner, 1935, chapters two and three; Alexander P. Kazhdan ed., *The Oxford Dictionary of Byzantium*, p. 707.

[2] J. Richards, *Consul of God: the Life and Times of Gregory the Great*, London: Routledge & Kegan Paul, 1980, p. 105.

[3] F. Gorres, "Justinian II und das Romische Papsttum", *Byzantinische Zeitschrift* 18 (1908), pp. 440 – 450.

政府迫切需要的实际经济利益。

基督教教会在公元 4 世纪以前还是民间宗教组织,其有限的财产常常遭到罗马当局的查抄。公元 4 世纪以后,它作为拜占庭的国教,受到特殊保护,教会财产增加极为迅速,君士坦丁一世的《米兰敕令》即明确规定,发还教产,许可教徒向教会捐赠各种形式的财产。尼西亚基督教大会后,教会不仅得到了大量地产、金钱和粮食,而且在皇帝的直接支持下,兴建了大批教堂和修道院。君士坦丁一世和皇族其他成员在各大城市和帝国境内的基督教圣地直接捐建的教堂就有百余座。[1] 此后,教会逐步获得许多经济上的特权,其中最主要的权利包括免税权、征收教产税权和接受遗产权。这些特权使得教会产业急剧增加,教会的经济实力迅速增强,至公元 7 世纪末 8 世纪初,已经构成对皇权的威胁。教会强大的经济实力主要表现在四个方面。

第一,庞大的教会地产一般是由各级教堂和修道院控制经营。这种地产大多为庄园,或由教会委派的庄头管理,或由教堂和修道院直接经营。以君士坦丁堡教区为例,它拥有 29 处大小不等的庄园。[2] 各庄园内包括农用耕地、房产、橄榄园、葡萄园、山坡牧场、小型手工作坊、农户、畜群等。相比之下,世俗贵族的田产就逊色多了。公元 5 世纪拜占庭最富有的贵族奥林匹亚斯家族仅在首都和小亚细亚农村有不足 10 处庄园。[3] 据现代学者估计,当时拜占庭帝国有各种修道院千余所。[4] 各修道院除了直接控制的地产,还占有其他地产。在修道院的高墙内,有修道士的居室、工作间、教堂、会堂,其周围的田地由下级修道士耕作。公元 536 年,仅在君士坦丁堡就有 70 所这种修道院。可以想见,教会的财产是相当庞大的。

第二,教会通过接受捐赠、遗产和经营庄园等途径,每年都可以得到相当丰厚的收入,而且,其收入远远高出世俗封建主的收入。公元 6 世纪,拉文纳教区的年收入为 1.2 万金币,卡拉布里亚教区的年收入达到 2.52 万金币。[5] 而公元 535 年,帝国最高级官吏年薪不过数百金币,如非洲和拉文纳两大总督区的总督年薪

---

① A. Brilliantov, *Emperor Constantine the Great and the Edict of Milan*, London, 1937, p. 157.

② M. F. Hendy, *Studies in the Byzantine Monetary Economy*, c. 300 −1450, p. 214.

③ M. F. Hendy, *Studies in the Byzantine Monetary Economy*, c. 300 −1450, p. 203.

④ A. Bryer, "Byzantine Monasteries", *Church History*, 16 (1979), p. 219.

⑤ M. F. Hendy, *Studies in the Byzantine Monetary Economy*, c. 300 −1450, p. 204.

为 725—800 金币,统辖数省的大区长年薪也不过如此。①

第三,教会以教堂和修道院为核心聚敛大量财富,其富有的程度是世俗封建主难以攀比的。公元 7 世纪初,亚历山大里亚教会拥有 57.6 万金币的财产。② 而当时权倾一时的大将军贝利撒留的家产只有 21.6 万金币。③ 可能只有公元 5 世纪拜占庭最富有的贵族奥林匹亚斯家族可与之相比,据称其家产折合 82 万金币。君士坦丁堡教区除拥有几十处庄园和教堂外,还有 36 个金银制成的圣像,16 个镶满珠宝的珍贵十字架和圣物,29 匹金银线混纺的高级织物,110 匹马,15 头骡,4 头奶牛,47 对耕牛,72 头菜牛,238 头奶羊,94 头绵羊,52 头山羊及其他浮财。④ 显然,这使人得到一个突出的印象:教会是极其富有的大地主。

第四,大批青壮年人出家,成为教职人员或修道士。按照教会的规定,年满 18 岁的成年人都可以自愿为僧。他们分布于拜占庭上千所教堂和修道院,成为教会庞大经济的支柱。他们中的多数充当农庄式修道院的劳役僧侣,仅有少数过着独居或隐居或行游式的生活。据学者们保守的估计,毁坏圣像运动前,拜占庭帝国内有 10 万名修道士,约占总人口 2%。难怪俄国拜占庭学者安德列夫对此极感震惊,他写道:"鉴于目前在俄国广阔领土上居住的 1.2 亿人口中仅有 4 万名修士和修女,我们很容易想象,在拜占庭帝国相对狭小的领土上分布着何等稠密的修道院网。"⑤如果我们按各修道院平均人数为 100 人计算的话,那么,在 1 000 所修道院中共有 10 万名修士、修女的估计就毫不夸张了。

至此,我们对毁坏圣像运动前教会经济的状况作了初步考察。不难想象,基督教教会拥有的巨大财产激起世俗封建主何等强烈的羡慕,尤其在国家财政吃紧、税收不断增加的情况下,这种羡慕就逐步演化为嫉妒,乃至憎恨。同时,教会对大批青壮年人的吸引和收容对国家税收和兵源造成何等严重的流失,进而引起拜

① Justinianus Imperaor Theol. , Flavius, *Novellae* , 214. 14 – 34, 引自 *Corpus Iuris Civilis* , R. Schöll and W. Kroll eds. , vol. 3. Berlin: Weidmann, 1895 (repr. 1968) , TLG, No. 2734013。

② M. F. Hendy, *Studies in the Byzantine Monetary Economy, c. 300 – 1450*, pp. 204 – 205.

③ Prokopios, *The Secret History* with Related Texts, A. Kaldellis ed. and trans, Indianapolis and Cambridge: Hackett Publishing Company, Inc. , 2010, p. 20; Procopii Caesariensis, *Opera Omnia* , TLG, No. 4029002.

④ M. F. Hendy, *Studies in the Byzantine Monetary Economy, c. 300 – 1450*, pp. 203,214.

⑤ A. A. Vasiliev, *History of the Byzantine Empire 324 – 1453*, pp. 256 – 257.

占庭世俗统治集团何等强烈的不满和恐惧。在这种教、俗封建主经济利益激烈冲突的背景下,拜占庭统治者借助宗教问题削弱教会的经济实力就是必然的了。

综上所述,历时百余年的毁坏圣像运动是复杂的,引发这场运动的原因也是复杂的,在表面的宗教斗争之下,还存在着激烈的政治较量和深刻的经济利益冲突。

第二节

过程与影响

一、 毁坏圣像运动的过程

按照学术界的普遍观点,毁坏圣像运动始于 726 年,止于 843 年,历时百余年。这场运动大致可以分为两个阶段。第一个阶段从 726 年利奥三世颁布毁坏圣像运动的敕令开始。根据史料记载,在锡拉岛火山爆发之后,利奥试图将个人的教义强加给民众;塞奥法尼斯的表述更加明确,称"不虔诚的皇帝利奥公开发布声明,要移除圣像"。为此,利奥三世采取了试探措施。他派遣手下前往皇宫大门,将悬于其上的上帝像取下。[1] 皇宫大门上的圣像带有浓重的意识形态,相关变动往往意味着帝国宗教政策的重大变动。因此,这一事件一般被视为毁坏圣像运动的开端。这一举动立即引发了君士坦丁堡崇拜圣像基督徒的骚乱,君士坦丁堡牧首日耳曼努斯成为反对利奥毁坏圣像政策的代表。

利奥三世死后,其子君士坦丁五世继位,使这场运动的教义之争演化为对崇拜圣像者的残酷迫害,引起全社会的动荡,毁坏圣像运动进入新时期。君士坦丁五世在 754 年召集宗教会议,会上发布毁坏圣像法规:"因圣经和所有教父的支

---

[1] Theophanes, *The Chronicle of Theophanes Confessor*, pp. 558 - 559; Nicephorus, *Breviarium*, C. de Boor ed., 60. 6 - 7.

持,我们以圣三位一体的名义一致宣布,基督教教会将拒绝摆放、并清除和赌咒所有邪恶艺术画家创作的任何材料的圣像。将来任何人胆敢制作圣像、崇拜圣像、在教堂和私人宅院里摆放圣像、秘密拥有圣像,将遭到强烈谴责。如果他是主教、教士或宣道师,他将被罢免神职;如果他是修道士或普通信徒,他必须受到世俗法律的审判,成为上帝的敌人和所有教父共同制定的教义的敌人。"[1]法令公布后,掀起了新的毁坏圣像高潮。崇拜圣像者遭到迫害,许多人逃亡他处,仅意大利卡拉布里亚地区就接受了约5万名流亡者,有的人甚至流亡到阿拉伯国家。

毁坏圣像运动至君士坦丁六世继位之初发生了重大转折。以摄政皇后伊琳妮为首的反对毁坏圣像派大举反攻倒算,不仅全面废除了以前历代皇帝毁坏圣像的法令和宗教法规,而且对参加毁坏圣像运动的教俗人士大肆迫害。为了消除以前的毁坏圣像立法,君士坦丁堡大教长塔拉西乌斯于786年在首都召开宗教会议,罗马教宗应邀出席。但是,支持毁坏圣像的军队冲入会场,强行驱散了与会代表。伊琳妮撤换了军队将领。次年,基督教大会在第一次尼西亚宗教会议的旧址举行,与会主教超过300人,他们一致通过决议和法规,公开反对毁坏圣像,下令人人崇拜偶像,反对者立即被开除教籍,斥为人民公敌,所有因崇拜圣像而受到迫害的教士一律平反,发还财产。会议还规定世俗君主无权干涉教务。从此,毁坏圣像派的势力一度销声匿迹。

皇帝利奥五世继位标志着毁坏圣像运动进入第二阶段。利奥是毁坏圣像政策的坚定支持者,他以君士坦丁五世为榜样,重新推行前代毁坏圣像派皇帝颁布的法令,废除787年尼西亚基督教会议决议,并开始新一轮对崇拜圣像者的迫害。815年,毁坏圣像宗教会议在君士坦丁堡圣索菲亚大教堂举行,再次重申禁止制作和崇拜任何形式的圣像,公开嘲笑对圣像的崇拜无非是对"僵死的雕像"和"无生命的图画"的崇拜。但是,这个阶段的毁坏圣像的措施和第一阶段相比要缓和得多,社会动荡逐渐平息,这就为毁坏圣像运动的结束铺平了道路。842年,塞奥菲鲁斯去世,其幼子米哈伊尔三世继位,由皇后塞奥多拉摄政。她是坚定的崇拜圣像派,主持拜占庭朝政后立即推翻毁坏圣像的法令,恢复对圣像的崇拜。她实

---

[1] A. A. Vasiliev, *History of the Byzantine Empire*, 324−1453, p. 260.

行宗教安抚政策,为过去因这一运动受到迫害的教俗人士平反,从而最终结束了毁坏圣像运动。①

　　在概括介绍了毁坏圣像运动的两个阶段之后,我们来具体分析一下毁坏圣像运动的内容。具体而言,在整个毁坏圣像运动期间,拜占庭统治者目标明确,他们希望能够遏制圣像崇拜的发展,迫使教会体系服务于皇权,打击修道院和修道生活。首先,皇权希望能够打击,或者至少遏制圣像崇拜的发展。在既有的史料中,我们可以看到帝国采取了一些专门的措施去毁坏圣像。例如,730 年,利奥三世委任阿纳斯塔修斯成为新的牧首,并在此之后加大了对圣像的破坏。② 君士坦丁五世时期,毁坏圣像的行为达到顶点。皇帝甚至强迫帝国相关人群发誓,绝不会崇拜圣像。为了取代圣像,君士坦丁五世大力倡导对十字架的崇拜,要求在毁坏圣像的同时,用十字架予以替代。③ 由于君士坦丁五世对圣像采取的高压措施,帝国内出现了许多毁坏圣像的行为。牧首在自己的府邸内率先做出表率。根据记载,尼基塔斯将牧首府邸中小礼拜堂的马赛克圣像和大礼拜堂拱顶上的绘制圣像全都刮掉,然后将其他圣像的脸部进行破坏或者涂抹。④ 当皇帝和牧首都表现出毁坏圣像的坚决态度时,帝国内呈现出大规模的毁坏圣像行为。这一时期,帝国内很可能存在某个群体,他们到处搜查圣像,并予以处置。位于帕夫拉戈尼亚的曼提尼翁女修道院院长安淑莎的遭遇可以对此证明。大量圣像在她的修道院中被搜查出来;为了对她进行精神上的打击,搜查人员"在她的头上烧掉了大量圣像,燃烧着的灰烬扔到她的脚上,烧伤她的脚"⑤。

　　君士坦丁五世时期是毁坏圣像运动的高峰,也是圣像遭到破坏最为严重的时期。在此后的毁坏圣像运动中,对圣像的破坏行为仍然偶有发生。例如,在开启

---

① 陈志强:《拜占廷帝国史》,北京:商务印书馆 2006 年版,第 215—219 页。

② Theophanes, *The Chronicle of Theophanes Confessor*, p. 565.

③ Theophanes, *The Chronicle of Theophanes Confessor*, p. 604. 时至今日,我们仍然可以在伊斯坦布尔的圣伊琳妮教堂、圣索菲亚大教堂内看到毁坏圣像运动时期出现的十字。有关于毁坏圣像运动时期,教堂内圣像、十字架的变换,可以通过尼西亚的圣母升天教堂(Koimesis Church)的时代变迁体现出来; Ch. Barber, "The Koimesis Church, Nicaea. The Limits of Representation on the Eve of Iconoclasm", *Jahrbuch der Österreichischen Byzantinistik* 41 (1991), pp. 43 – 60。

④ Theophanes, *The Chronicle of Theophanes Confessor*, p. 611.

⑤ Alice-Mary Talbot ed., *Byzantine Defenders of Images, Eight Saints' Lives in English Translation*, pp. 17 – 18.

毁坏圣像运动第二阶段的利奥五世统治时期,耶尼修斯提到,"于是皇帝开始下令毁坏圣像"①。在其统治时期,比较著名的毁坏圣像行为类似于毁坏圣像运动爆发时利奥三世的行为。根据资料记载,利奥五世安排士兵们在皇宫大门外集结,然后用石头和土不停地攻击上面的圣像,同时高呼毁坏圣像的口号;随后,根据预定计划,皇帝命令将圣像移除,借口是防止它遭到亵渎。此后,利奥五世更是下令,将许多圣像移除或者毁坏,一些装饰有宗教景象的宗教礼拜器皿也未能幸免。② 第二阶段另一位积极进行毁坏圣像的皇帝是塞奥菲鲁斯。根据史料记载,他严格禁止圣像,教堂中的所有神圣人物都被清除,取而代之以野兽和鸟的图像。③ 但整体而言,在君士坦丁五世之后,帝国内对圣像的破坏行为并不明显,频繁、成规模的行为并不多见。事实上,利奥五世通过宗教会议宣布毁坏圣像时,并没有强调要毁坏圣像,而只是禁止圣像崇拜。④

其次,皇帝在毁坏圣像运动期间,迫使教会臣服于皇权。在前述726年皇宫大门事件中,皇帝利奥三世派去的手下遭到反击。首都民众对他们移除圣像的行为感到震惊,在宗教情感的支持下,杀死了执行任务的士兵。利奥三世对此进行了严厉惩处,反叛者的一些领袖遭到鞭打、流放等刑罚。⑤ 但利奥三世经由这一事件,明白不能采取简单粗暴的方式,而是应该通过官方教会的权威去推动运动的发展。为此,帝国必须迫使教会臣服于皇权,遵从皇帝的旨意去采取宗教措施。这集中体现在皇权对君士坦丁堡牧首的完全控制。

一方面,皇帝可以自由任免牧首。在利奥三世统治时期,牧首日耳曼努斯拒绝签署法令,在教会内毁坏圣像。于是在730年,利奥三世召开"肃穆会议",试图说服日耳曼努斯签署谴责圣像的文件;在遭到拒绝后,利奥三世将其免职,并任命阿纳斯塔修斯为新任牧首,后者忠于皇帝,帮助推动毁坏圣像。⑥ 利奥五世开始推行毁坏圣像运动时,也试图强迫时任牧首尼基弗鲁斯顺从这一政策,在遭到拒

① Genesios, *On the Reigns of the Emperors*, p. 15.
② W. Treadgold, *The Byzantine Revival 780-842*, pp. 210,215.
③ John Skylitzes, *A Synopsis of Byzantine History, 811-1057*, pp. 60-61.
④ W. Treadgold, *The Byzantine Revival 780-842*, p. 213.
⑤ Theophanes, *The Chronicle of Theophanes Confessor*, pp. 559-560.
⑥ Theophanes, *The Chronicle of Theophanes Confessor*, p. 565.

绝后,将其罢免流放。① 事实上,在整个毁坏圣像运动时期,包括圣像崇拜得到恢复的阶段(787—815 年间),牧首的任免完全由皇帝决定,皇帝尽情地展现着自己的"至尊权"。

另一方面,多位牧首遭到皇帝的羞辱,牧首颜面扫地。在君士坦丁五世时期,牧首阿纳斯塔修斯因为参与叛乱,而受到惩罚。根据史料记载,阿纳斯塔修斯裸着身子,倒坐在驴身上,皇帝安排让他如此装扮在大竞技场中游街,接受观众的唾弃。更为惊奇的是,君士坦丁五世并没有罢免他,而是让他继续担任牧首之职。② 另一位牧首君士坦丁在被免职流放之后,又被召回接受审讯,其过程更加羞辱。他的胡子、头发、眉毛被拔掉,穿上无袖的短袍,倒坐在配有马鞍的驴身上,用手拽着驴尾巴,然后被带到大竞技场游街,接受民众的唾骂、诅咒、扔土。③ 在这些场合之中,牧首完全丧失了尊严,更谈不上教会领袖的地位。换句话说,牧首就像是皇帝的奴仆,任由皇帝摆布。

皇帝对牧首实现完全控制,从而可以通过官方教会的渠道将毁坏圣像运动合法化。具体而言,这表现在牧首可以在宗教会议中,按照皇帝的意愿达成宗教决议。在利奥三世统治时期,皇帝将牧首日耳曼努斯撤换,正是为了借助教会最高领袖的权威来推动毁坏圣像运动。但利奥三世并未贸然召开大公会议。这一行为由继任皇帝君士坦丁五世实施。754 年,皇帝君士坦丁五世在海尔里亚宫召集338 位主教,他们来自君士坦丁堡、意大利、达尔马提亚、希腊和西西里;虽然安条克、亚历山大里亚、耶路撒冷、罗马教区都没有派出代表,但君士坦丁五世显然将其视为新的普世宗教会议。皇帝的意愿在这次决议中得到充分体现。在会议决议中,毁坏圣像的教义得到教会认证,毁坏圣像行为具有了官方法律效力。④ 皇帝通过控制牧首来推动毁坏圣像的合法性,在利奥五世时期更加明显。利奥五世将皇宫大门上的圣像移除后,毁坏圣像的意图昭然若揭。崇拜圣像派立刻做出回应,他们在 814 年圣诞前夜聚集在牧首府邸,有些主教历经数日行程专门前来声

---

① Genesios, *On the Reigns of the Emperors*, pp. 15 - 16.

② Theophanes, *The Chronicle of Theophanes Confessor*, p. 581.

③ Theophanes, *The Chronicle of Theophanes Confessor*, pp. 609 - 610.

④ Theophanes, *The Chronicle of Theophanes Confessor*, p. 591; L. Brubaker, *Inventing Byzantine Iconoclasm*, pp. 33 - 34.

援。聚集的人数多达 270 人,他们签字反对毁坏圣像。利奥五世暂时放缓了毁坏圣像的进度,私下试图说服牧首尼基弗鲁斯能够顺应自己的意愿。但尼基弗鲁斯将崇拜圣像派签署的书面誓言呈上,表明了自己绝不会在信仰上妥协的决心。利奥五世意识到,要想获得教会在毁坏圣像上的支持,只有撤换牧首,扶持毁坏圣像的牧首。利奥五世先是罢免并流放了尼基弗鲁斯在圣索菲亚的同僚;不久牧首尼基弗鲁斯遭遇同样的命运,前朝皇帝君士坦丁五世的女婿塞奥多图斯被委任为新牧首,并立即顺应皇帝的意愿着手召开宗教会议。借由牧首的权威,利奥五世不仅召开了宗教会议,从官方层面批准了毁坏圣像运动,将君士坦丁五世 754 年的海尔里亚宗教会议认定为第七次大公会议,否定了 787 年的第二次尼西亚大公会议,而且获得了绝大多数主教的支持。①

　　第三,皇权在毁坏圣像运动期间,打击修道士和修道生活。如前所述,修道院积累了大量财富,且吸引大量青年劳动力遁入修道生活,这对于"黑暗时代"缺少财政和兵力的帝国政府而言,是极大的诱惑。拜占庭帝国希望能够通过打击修道士和修道生活,改善帝国的资源状况。源于此,我们可以看到,在整个毁坏圣像运动期间,修道士一直是遭受迫害的最主要群体。在利奥三世时期,许多修道士"由于拥有真正的信仰而面临威胁,赢得了殉教者的桂冠"②。君士坦丁五世时期则是修道士遭受迫害最甚的阶段。皇帝采取刺瞎、割鼻、鞭打等传统刑罚,同时还发明了各种折磨的方法,去迫害修道士。有人被捆绑之后放进麻布袋里,用石头增加重量,然后抛入海中。许多著名修道士在这一时期遇害。"高柱者"彼得(stylite Peter)便是其中之一;他因为不屈从于皇帝的教义,被从修行的岩石上弄下来并绑住双脚,然后沿着首都梅塞(Mese)大道拖拽。③ 最著名的遇害者无疑是小史蒂芬。根据塞奥法尼斯的记载,士兵将小史蒂芬逮捕之后,一只脚绑上绳子,拖拽到行刑处,将其四分五裂。④ 他的圣徒传记提供了更为详细的遇害信息:在被砍掉头颅之后,这位圣徒的尸身也未能幸免;他的双手被砍,指甲被剥离,肋骨断裂,血流一

① W. Treadgold, *The Byzantine Revival 780–842*, pp. 210–214.

② Theophanes, *The Chronicle of Theophanes Confessor*, p. 565.

③ Theophanes, *The Chronicle of Theophanes Confessor*, p. 610.

④ Theophanes, *The Chronicle of Theophanes Confessor*, p. 604.

地;更有甚者,用巨石将其拦腰分成两段,在地上肆意拖拽。① 在第二个阶段,修道士遭受迫害的事情依然偶有发生。例如在塞奥菲鲁斯统治时期,撒尔迪斯前任主教优西米乌斯遭到重重的鞭刑,因年老无法承受而死去。② 此外,著名修士卡塔拉的约翰、佩里科特修道院院长马卡里乌斯(Macarius)、米哈伊尔·辛塞鲁斯及其两位兄弟塞奥多利、塞奥法尼斯等都是塞奥菲鲁斯毁坏圣像政策的受害者。③

除了修道士个体,修道院作为整体也遭受诸多迫害。一方面,修道院作为建筑群遭到皇权的打压。具体措施包括彻底毁掉、转变成世俗职能、变卖成钱财。君士坦丁五世时期,卡里斯特拉图斯、迪翁、马克西米努斯等修道院以及一些其他修士修女的住所被彻底破坏;而君士坦丁堡内著名的达尔马托斯(Dalmatos)共修院被转变成士兵的住所。色雷斯军区内许多修道院则被出售,财产上交国库。④ 另一方面,修道院作为一种精神寄托和生活方式,同样遭到打压,修道生活在一定程度上受到皇权的反对。根据史料记载,在君士坦丁五世时期,修道生活遭到影响,有些修道院内所有的圣器、书籍、牲畜全被变卖;只要发现有涉及修士和沙漠教父的资料,就会被烧掉。⑤ 当然,毁坏圣像派最令后世教会学者谴责的行为是迫使修道士还俗,这集中发生在君士坦丁五世统治时期。皇帝的忠实下属、色雷斯将军米哈伊尔·拉哈诺德拉孔将辖区内所有的修士和修女集中在以弗所,然后要求修士换上白袍,带走一位修女为妻,否则就会被刺瞎双眼然后流放。他对修道生活进行了极为残酷的打压,以至于后世史学家塞奥法尼斯在记载此事时疾呼:"他管辖的整个军区内,没有任何一个人能够继续修道生活。"⑥

由此可见,毁坏圣像运动不仅是对圣像崇拜的反对,同时也是对教会、修道院的打击。在这其中,毁坏圣像的程度如何,教士是否遭到迫害,皇帝的个人意愿扮演着相当重要的角色。

———————————

① *La vie d'Étienne le Jeune, par Étienne le diacre*;introduction, édition et traduction, Marie-France Auzépy, Aldershot [England];Brookfield, Vt.:Variorum, 1997, pp. 269 - 270.

② Genesios, *On the Reigns of the Emperors*, p. 43.

③ W. Treadgold, *The Byzantine Revival 780 - 842*, p. 280.

④ Theophanes,*The Chronicle of Theophanes Confessor*, pp. 611,615.

⑤ Theophanes,*The Chronicle of Theophanes Confessor*,p. 615.

⑥ Theophanes,*The Chronicle of Theophanes Confessor*, p. 614.

二、 深远的影响

这场旷日持久的毁坏圣像运动对拜占庭历史和文化发展影响极大。

毁坏圣像运动最直接的影响是在政治和军事领域,因为,刚刚建立统治的伊苏里亚王朝君主们首先面对的是威胁其统治地位的国内外敌对势力。在这些势力中,教会是与皇权抗衡的主要力量,至少成为皇帝专制统治的掣肘力量,在拜占庭政治生活中对皇权构成威胁。可以说,毁坏圣像运动是拜占庭教、俗统治集团之间政治较量的结果,这场运动也可以被视为皇权极力恢复对教会控制的斗争。毁坏圣像运动是自上而下的政治斗争,世俗君主对削弱教会势力更感兴趣,无论是支持还是反对毁坏圣像的皇帝,其打击反对派教士的积极性更甚于对圣像的处理。利奥三世撤换反对派大教长日耳曼努斯和任命拥护毁坏圣像政策的大教长阿纳斯塔修斯,都有力地打击了不断膨胀的教会势力。君士坦丁五世采取的暴力措施和在君士坦丁堡游斗教会上层人士,使教士的人格倍受侮辱,昔日威风尽扫。支持崇拜圣像的世俗君主在反攻倒算中也不甘示弱,对毁坏圣像派教士大肆迫害。这样,在毁坏圣像运动进行的百余年间,教会元气大伤,势力迅速下降,很难再与皇权对抗。843 年的法令确定了崇拜圣像的教义,同时再次明确皇权对教会的控制,使教会一度出现的摆脱皇权控制的趋势被遏止。在拜占庭历史上,东正教教会始终未能像罗马教会那样发展成为凌驾一切世俗君主之上的至高权力,其重要原因是毁坏圣像运动对教会势力的致命打击,这或许也可以被视为毁坏圣像运动的长期影响。

清除政治分裂势力和强化中央集权是毁坏圣像运动的另一个重要影响。在整个运动中支持毁坏圣像的皇帝大部分来自拜占庭帝国的东方省份,例如,利奥三世和君士坦丁五世是叙利亚人,利奥五世是亚美尼亚人,米哈伊尔二世是小亚细亚地区菲利吉亚人(Phirygian)。这批来自帝国东部省份的军事将领夺取皇权后,必然与以官僚为主体的西部贵族势力发生冲突。为了巩固统治地位,军事贵族集团利用毁坏圣像运动打击西部势力。利奥三世在罢免反对派教士的同时,对起兵反叛的希腊军区和爱琴海军区的贵族进行残酷镇压。君士坦丁五世也在迫害反对派高级教士的同时,处死一批反对派世俗权贵。毁坏圣像运动的政治实质是皇帝们努力恢复皇权的至高地位、在拜占庭教、俗各界重新确立"皇帝崇拜"的举措，是强化中央集权的重要步骤。

毁坏圣像运动在军事方面的影响是与其政治影响紧密联系在一起的。当时，拜占庭帝国最主要的外部压力来自阿拉伯军队的入侵，而担负抵抗入侵的主要军事力量集中在帝国的亚洲军区。早在毁坏圣像运动爆发以前，帝国各地教会内部在如何对待圣像问题上出现了两种意见。帝国东方和西方省区在这个问题上也形成了截然不同的派别。大体而言，包括希腊在内的西方省区支持崇拜圣像，而东方各省则支持毁坏圣像。拜占庭统治者十分清楚，如果不以明确的立法和政策支持东部军区的毁坏圣像的主张，就无法稳固军心，也不能使东部广大士兵得到安抚，进而对东线防务起到不利的影响。毁坏圣像政策的出笼确实鼓舞了东部各军区的士气，因而，8世纪中期的拜占庭军队在东部前线节节取胜，764年横扫小亚，进抵叙利亚北部地区。东部边境的军事胜利还使拜占庭帝国能够从容地实现其战略防务重点的转移，一方面它进一步扩充以东部各省士兵为主的武装力量，另一方面它可以更多地抽调东方前线部队到巴尔干半岛打击长期为患的保加利亚人势力，使之数十年不敢轻举妄动。

毁坏圣像运动在经济方面也产生了重要影响，这在遏止教会产业急剧膨胀和防止国家人力资源流失两方面表现得十分突出。由于基督教教会作为拜占庭帝国的国教受到皇帝的特殊保护，教会财产增加极为迅速，教会的经济实力急剧增强，因此，在运动之初，教会已经成为帝国内部最富有的利益集团。教会经济实力的急剧增长不仅成为它在政治领域与皇权分庭抗礼的基础，而且直接蚕食和损害国家人力、物力资源，特别是在拜占庭帝国连年战争、瘟疫不断、人力资源消耗严重、国库入不敷出的情况下，教会侵蚀国家经济基础的作用就显得特别恶劣。皇帝们多次试图征用教产，都因为教会的反对而未果。在毁坏圣像运动中，利奥三世首先对罗马主教的辖区开刀，将原来归属罗马教区管理的西西里、卡拉布里亚和伊里利亚教区强行划归君士坦丁堡教区，他还下令将意大利南部地区缴纳给罗马教会的什一税全部收归帝国国库。君士坦丁五世更是把没收教产、关闭修道院作为其主要的工作之一，以至现代学者评论说："与其称之为毁坏圣像运动，不如称之为毁坏修道院运动。"①尼基弗鲁斯一世则毫不留情地取消了教会的免税特权,甚至大幅度提高强加给教会的税收。为了阻止教会夺取国家直接纳税人,皇帝们多次颁布法令,禁止士兵、军官和国家官员在退休以前进入修道院当修道士。同时强迫大批教士修女还俗。这些措施有效地实现了皇帝们从经济上打击教会的目的,大幅度增加了国家的税户,进而增加了国家的收入。

最后,我们还应提到毁坏圣像运动在拜占庭文化发展过程中所起的重要作用。在毁坏圣像运动的高潮中,确实兴起了世俗艺术的热潮,在石灰水刷掉圣像的墙壁上出现了以皇帝图像和花草动物等自然物景为主的世俗绘画,其中不乏对重大战役、皇家生活、围猎、公众活动以及赛车竞技等场面的描绘。事实上,正是由于毁坏圣像运动对教会文化的打击,才遏止了5世纪以后教会文化迅速发展的势头,并为世俗文化的复兴提供了机会,此后,拜占庭教、俗文化在不同的领域共同发展,形成了拜占庭文化的一个重要特征。②

第三节

有关毁坏圣像运动的再思考

一、 君士坦丁五世毁坏圣像的再思考

在整个毁坏圣像时期,君士坦丁五世是对圣像破坏最甚、对修道打击最甚的皇帝。学术界已经有许多专题研究③,但有一个现象鲜有提及:君士坦丁五世在

---

① Αρχ. Παντελεήμων -Γ. Τσορμπατζόγλου, *Εικονομαχία και κοινωνία στα Χρόνια του Λέοντος Γ' Ισα ύρου: Συμβολή στην διερεύνηση των αιτιών*, Κατερίνη: Επέκταση, 2002, pp. 249 – 250.

② 关于毁坏圣像运动对拜占庭帝国修道院的地位、外交重心的转移和文化生活的影响,见赵法欣:《拜占廷帝国毁坏圣像运动的影响》,《四川民族学院学报》2013 年第 2 期。

③ S. Gero, *Byzantine Iconoclasm during the Reign of Constantine V, with Particular Attention to the Oriental Sources*, Louvin: Peeters Publishers, 1977.

754 年召开海尔里亚宗教会议,确定了毁坏圣像的宗教教义,但在此之前,他已经统治十余年,其间基本没有毁坏圣像的举措。那么是什么因素助推了君士坦丁五世继承父亲意志,再度开始加大毁坏圣像的力度呢? 以笔者之见,这与 747 年前后拜占庭帝国遭遇的重大瘟疫密切相关,帝国的人口降至谷底,而毁坏圣像运动以打击修道为名,鼓励生育为实,促进帝国人口增长,这是君士坦丁为了解决帝国在"黑暗时代"持续恶化的人口困境而采取的特殊举措。

（一）"查士丁尼大瘟疫"的复发与黑暗时代人口资源的锐减

"查士丁尼大瘟疫"是欧洲中古历史上两次大瘟疫之一。在传统研究中,学术界更为关注这场大瘟疫带来的直接影响,如君士坦丁堡人口死亡的数字、病死率等;[①]而"查士丁尼大瘟疫"在此后 200 多年时间里（542—747 年）在地中海世界多次复发,对拜占庭帝国的人口资源造成了持续性的破坏。[②] 而最后一次复发便是发生在 747—748 年的君士坦丁堡,这也是拜占庭首都在"查士丁尼大瘟疫"之后遭遇的最大一次瘟疫。

根据史料记载,瘟疫所到之处,几乎无人能够幸免。许多人在死亡之前出现过幻觉,认为自己身边有一些可怕的人陪同着,这些人与他们交谈,并将对话内容四处传播。在这次瘟疫中,"幸存者如此之少,而需要被掩埋的人如此之多。源于此,他们发明了一种道具,将木板放在带鞍具的负重牲畜身上,每头牲畜配以四个驮筐。他们在里面放进尸体,也顾不得得体","在所有的城市和乡村墓地,以及空的水池和沟渠都堆满了死尸后,许多葡萄园甚至旧城墙内的果园都被挖出地洞,以掩埋死尸,只有这样才能满足需求"。这场瘟疫持续了一年,最终大多数家庭完全死去,首都变得几乎荒废。[③] 皇帝君士坦丁五世甚至逃出首都,逃到尼科米底的乡下去躲避瘟疫,通过信函来处理帝国政务。[④]

———————————————

① 陈志强:《地中海世界首次鼠疫研究》,《历史研究》2008 年第 1 期;陈志强:《"查士丁尼瘟疫"影响初探》,《世界历史》2008 年第 2 期;刘榕榕、董晓佳:《试论"查士丁尼瘟疫"对拜占廷帝国人口的影响》,《广西师范大学学报(哲学社会科学版)》2013 年第 2 期。

② 关于 6 世纪后半叶的复发,参见刘榕榕、董晓佳:《浅议"查士丁尼瘟疫"复发的特征及其影响》,《世界历史》2012 年第 2 期。

③ Theophanes, *Chronographia*, 423. 19 - 424. 1;Nicephorus, *Breviarium*, C. de Boor ed., 67. 2 - 43.

④ Nicephorus, *Antirrhetici tres adversus Constantinum Copronymum*, in *Patrologia Graeca*, J. P. Migne ed., Paris, vol. 100, 1865, 496B.

在这场瘟疫中,君士坦丁堡人口锐减。牧首日耳曼努斯直言"没人可以数清这场瘟疫造成的死亡数"①。斯图迪特派的塞奥多利写到:"这座曾经人口密集的城市……在两个月后,几乎成为无人居住的不毛之地。"②而这只是"查士丁尼大瘟疫"的最后一次复发,在此之前,拜占庭帝国频繁遭遇瘟疫的打击,帝国人口资源锐减。人口困境是拜占庭黑暗时代的本质。

根据著名拜占庭史学家斯塔萨克布鲁斯(Stathakopoulos)的经典论断,在拜占庭帝国1 000多年的历史上,导致人口变动的最核心因素之一便是重大瘟疫和战争。③ 与"查士丁尼大瘟疫"相比,黑暗时代的瘟疫规模较小,拜占庭帝国因此而死去的人数相对较少,因此学术界对这些瘟疫并没有给予足够的关注,而是进行简单的梳理,缺少对影响的深入分析。④ 但事实上,瘟疫是拜占庭帝国在黑暗时代出现人口困境的最重要因素之一。

按照目前学术界的主流观点,"查士丁尼大瘟疫"之后,每隔一段时间便会爆发一次,在542—640年间,大约每15年就会爆发一次;在640—746年之间,则大约每50年会爆发一次。⑤ 事实上,通过对史料的整理,我们会发现,瘟疫的爆发更加频繁。据笔者不完全统计,在黑暗时代,拜占庭帝国内发生大小瘟疫至少16次;如果以查士丁尼一世时期的疆域为界定,那么瘟疫发生的次数还要增加10余次。⑥

在黑暗时代,拜占庭帝国的重要城市几乎全都未能幸免。首都君士坦丁堡首当其冲,除747—748年外,还先后四次遭遇瘟疫的袭击,且均造成大量人口死亡。

---

① Nicephorus, *Antirrhetici tres adversus Constantinum Copronymum*, 496B.

② D. Turner, "The Politics of Despair: The Plague of 746 - 747 and Iconoclasm in the Byzantine Empire", *The Annual of the British School at Athens*, Vol. 85 (1990), p. 424.

③ D. Stathakopoulos, "Population, Demography, and Disease", Elizabeth Jeffreys ed. , *The Oxford Handbook of Byzantine Studies*, p. 309.

④ 此类作品的代表为:Ιωάννης Γ. Τελέλης, *Μετεωρολογικά φαινόμενα και κλίμα στο Βυζάντιο*, Αθήνα, 2004. P. Allen, "The 'Justinianic' plague", *Byzantion* 49 (1979), pp. 5 - 20; D. Ch. Stathakopoulos, *Famine and Pestilence in the Late Roman and Early Byzantine Empire*, *A Systematic Survey of Subsistence Crises and Epidemics*, London and New York: Routledge, 2016。

⑤ I. Antoniou and A. K. Sinakos, "The Sixth-Century Plague, Its Repeated Appearance until 746 and the Explosion of the Rabaul Volcano", pp. 1 - 4.

⑥ 本文在考察相关区域时,以实际统治权为基准,因此,埃及、叙利亚和巴勒斯坦等在沦陷于阿拉伯人之后遭遇的瘟疫不在本文考察范围内。

第一次发生在 607—608 年,许多人畜死去,首都物资匮乏。① 第二次发生在 618—622 年,瘟疫降临首都,大量民众由此死去。皇帝伊拉克略极为消沉和绝望,决定逃往利比亚躲避瘟疫。他的计划暴露后,首都民众和君士坦丁堡牧首前来阻止,伊拉克略被迫发誓不会放弃皇城,但仍然难掩悲伤。② 君士坦丁堡显然是受到了极为悲惨的重创,才导致皇帝如此绝望。当时的传记作品给出了更加详细的瘟疫信息。根据其记载,这次瘟疫感染性极强,许多人突然被夺去生命;感染者腋下出现淋巴结肿胀,并逐渐变大,身上出现诸多黑斑,此后感染者奄奄一息,没有生机。③ 第三次瘟疫出现在 698 年,当帝国派遣人员清理君士坦丁堡的港口时,瘟疫爆发,在四个月内杀死了许多人。④ 第四次发生在 718 年阿拉伯人围攻君士坦丁堡时,根据拉丁文献的记载,城内"30 万男女老少死于瘟疫"⑤。这一数字无疑被夸大了,但也反映出君士坦丁堡遭到的重创之惨烈。

帝国许多其他的大城市也未能幸免。罗马城在黑暗时代至少遭遇四次瘟疫,对人口造成较大伤害的一次发生在 680 年。根据执事保罗的记载,这场瘟疫持续了三个月,死去的人如此之多,以至于父母和子女、兄弟和姐妹经常都被摆在停尸架上,运送至罗马城的坟墓。这场瘟疫还导致帕维亚人口大幅度减少,本应人来人往的市场和街道上却是草木丛生。⑥ 亚历山大里亚则是在"慈善家"约翰担任牧首期间发生过瘟疫。根据其传记记载,"瘟疫一度在城中肆虐",这位正直之人经常去照顾患者,为他们祈祷并参加死者的葬礼。⑦ 拜占庭帝国的另外两大核心区域叙利亚和巴勒斯坦则是黑暗时代瘟疫的重灾区。在两地被阿拉伯人占领之

---

① Theophanes, *Chronographia*, 296. 5 – 6;D. Ch. Stathakopoulos, *Famine and Pestilence in the Late Roman and Early Byzantine Empire*, *A Systematic Survey of Subsistence Crises and Epidemics*, pp. 337 – 338.

② Nicephorus, *Breviarium*, 8. 1 – 16.

③ *The Miracles of St. Artemios*, *A Collection of Miracle Stories by an Anonymous Author of Seventh-Century Byzantium*, V. S. Crisafulli and J. W. Nesbitt translate and note, Leiden, New York and Köln: E. J. Brill, 1997, p. 179.

④ Theophanes, *Chronographia*, 370. 25 – 27;Nicephorus, *Breviarium*, 41. 24 – 25.

⑤ *The Lives of the Eighth-Century Popes*, *the Ancient Biographies of Nine Popes from AD 715 to AD 817*,p. 9; Paul the Deacon, *History of the Lombards*, p. 288.

⑥ Paul the Deacon, *History of the Lombards*,p. 255.

⑦ E. Dawes and N. H. Baynes trans., *Three Byzantine Saints*, *Contemporary Biographies*, New York: St Vladimir's Seminary Press, 1996, p. 235.

前,史料中已经提及两次大规模且全境范围内的爆发,数万人死去。①

与此同时,瘟疫往往产生伴生性灾难,进一步导致帝国人口减少。例如,8世纪上半叶在克里特岛发生的瘟疫中,民众同时遭受着旱灾,由此导致物资极度匮乏。② 在教宗卜尼法斯四世(Boniface Ⅳ,608—615年在任)在任时期,罗马城在遭受瘟疫打击的同时,还面临着洪水泛滥,进而导致城中饥荒横行。③ 虽然这些灾难与瘟疫之间并不存在必然的联系,但在时人的认知中,瘟疫往往被视为最初的源头。叙利亚人米哈伊尔写道:"(约602—604年)瘟疫之后,叙利亚和巴勒斯坦地区长期缺水,再加上干燥的热风和普遍的干旱,橄榄树和其他树遭到摧毁。转年,不计其数的蝗虫到达叙利亚,摧毁了用于耕种的农作物种子。三年后,虫卵带来更大的破坏,物资普遍匮乏,饥荒加剧。"④而所有这些灾难几乎全都会带来一个共同的恶果,即物资匮乏,饥荒横行,尸横遍野。

概而言之,在黑暗时代,拜占庭帝国遭遇大小瘟疫10余次,帝国人口遭到锐减。现代学者通过估算,试图对拜占庭帝国人口发展趋势进行量化,相关研究成果也可以证明这一结论。根据鲁塞尔(J. Russel)的数据,拜占庭帝国在600年时人口为2100万,在800年时只有1000万,1000年时为1300万。另一种比较常见的观点来自特里高德,根据他的估算,拜占庭帝国在福卡斯统治时期的人口为1700万,8世纪80年代只有700万,在1025年则增加到1200万。⑤ 斯塔萨克布鲁斯另辟蹊径,通过研究拜占庭不同时期出现饥荒和粮食匮乏的次数,得出同样

---

① 第一次是626—627年,发生在巴勒斯坦;第二次是634—635年,发生在叙利亚和巴勒斯坦;见 Michel le Syrien, *Chronique*, J.-B. Chabot ed. and trans., pp. 412,419。两地在636和638年沦陷之后,频繁遭遇瘟疫;仅叙利亚人米哈伊尔的《编年史》中便记载了639年、646—647年、675—676年、725—726年、732—733年的疫情;见 Michel le Syrien, *Chronique*, volume Ⅱ, pp. 431, 445 - 449, 457, 491,504;另见 Agapius de Manbidj, *Kitâb al-Unwan*, A. A. Vasiliev ed. and trans., in *Patrologia Orientalis* 8 (1912), pp. 232, 246, 248。

② 这则信息源自《克里特的安德鲁传记》(*Vita of Andrew of Crete*),瘟疫发生的时间为711—740年间;转引自 D. Ch. Stathakopoulos, *Famine and Pestilence in the Late Roman and Early Byzantine Empire, A Systematic Survey of Subsistence Crises and Epidemics*, p. 367。

③ D. Ch. Stathakopoulos, *Famine and Pestilence in the Late Roman and Early Byzantine Empire, A Systematic Survey of Subsistence Crises and Epidemics*, pp. 341 - 342.

④ Michel le Syrien, *Chronique*, volume Ⅱ, p. 374.

⑤ 转引自 A. E. Laiou, *The Economic History of Byzantium*, p. 48;相关学术史,还可见 P. Charanis, "Observations on the Demography of the Byzantine Empire", pp. 2 - 4。

的结论。根据其统计,拜占庭帝国在7—8世纪虽然失去了"帝国粮仓"埃及,但史料中仅出现了31次饥荒或粮食不足,与之相对,在拜占庭4—6世纪则出现了103次。这说明在7—8世纪,帝国的疆域和基本物资遭到锐减的同时,人口损失的情况更甚,从而导致帝国现有人口并没有对既有资源带来压力。[①]

至于君士坦丁堡,在747年瘟疫之后,幸存人口的数字在4万—7万人。[②]这与君士坦丁堡常年维持的50万左右的人口相比,损失可谓惨重。即便是在"查士丁尼大瘟疫"之后,君士坦丁堡仍然拥有近40万人口。[③]

囿于史料中相关信息的匮乏,想要对拜占庭帝国人口进行精准量化并不现实,但无论是史料中呈现的数字、频次、文字记载,还是现代学者的各种推算,都表明帝国在黑暗时代人口资源出现了锐减。目前学术界基本达成共识,认为拜占庭帝国的人口在8世纪中期达到谷底,首都君士坦丁堡的人口低点则是747年瘟疫;此后拜占庭帝国人口开始出现上行趋势,直到12世纪帝国人口持续增加。[④]因此,在747年瘟疫之后,首都的人口问题刻不容缓,君士坦丁五世需要立刻缓解人口危机。这些政策大致可以分为即时性和长效性两类举措。

(二)即时性举措:人口迁移政策

君士坦丁五世的即时性举措指的是,帝国为了在短期内迅速补充某些区域的人口资源所采取的措施,这里主要指人口迁移政策。根据史料记载,君士坦丁五世的内向型迁移政策主要发生在747年大瘟疫之后。据史料记载:"在首都,民众由于瘟疫的原因人口减少,皇帝从海岛、希腊和南部迁徙家庭,让他们居住在首都,以便增加人口。"[⑤]通过这一政策,君士坦丁五世从不同地区抽调本国人口,优先满足帝国核心区域的人口需求,我们可以称之为内向型人口迁移政策。与之相对,外向型人口迁移指的是帝国迁移外邦人口,与本国民众共同生活,以增加人口资源。君士坦丁五世也是外向型人口迁移政策的坚定执行者。在754年,君士坦

---

① D. Ch. Stathakopoulos, *Famine and Pestilence in the Late Roman and Early Byzantine Empire*, *A Systematic Survey of Subsistence Crises and Epidemics*, pp. 23 - 24.

② J. Shepard ed., *The Cambridge History of the Byzantine Empire, c. 500 - 1492*, Cambridge: Cambridge University Press, 2008, p. 260.

③ P. Charanis, "Observations on the Demography of the Byzantine Empire", p. 6.

④ A. E. Laiou, *The Economic History of Byzantium*, pp. 48 - 50.

⑤ Theophanes, *Chronographia*, 429. 22 - 25; Nicephorus, *Breviarium*, 68. 1 - 3.

丁五世入侵塞奥多西波利斯和梅利蒂尼,将这些城市的大量叙利亚人和亚美尼亚人迁移到色雷斯。为了安置他们,皇帝下令在色雷斯建造城镇,并慷慨地赏赐所有必需品。① 761年,君士坦丁五世将一些斯拉夫部族迁移到小亚细亚的黑海海岸,其数量达到20.8万。②

人口迁移政策反映出君士坦丁五世的人口战略。人口迁移作为一项数代皇帝传承的政策,是拜占庭统治者进行帝国治理的重要举措,其目的是解决人口困境,在短期内增加帝国可以利用的人口资源,利用人口流动优化帝国资源分配,实现"衰后复兴"。人口迁移不仅影响地区人口分布,也是将劳动力作为一种资本进行重新优化,进而改善地区经济和政治格局。事实上,这并非君士坦丁五世始创。人口迁移始于7世纪中期,贯穿于此后整个黑暗时代。

在君士坦丁五世之前,查士丁尼二世是人口迁移政策的坚定执行者。查士丁尼二世先后采取了三条措施。其一,他将叙利亚日耳曼尼基亚等区域的民众迁移到色雷斯。③ 其二,他将塞浦路斯岛岛上的民众迁移到马尔马拉海岸的西奇库斯岛,结果大量塞浦路斯人在迁移途中被淹死或死于疾病。④ 其三,在688年,查士丁尼二世召集色雷斯地区的骑兵,征伐斯拉夫人聚居地,成功俘获了许多斯拉夫部族,然后他将这些斯拉夫人安置在君士坦丁堡东侧的奥普斯金军区。⑤ 而在君士坦丁五世之后,这一政策也被后世统治者延续。例如,在778年,利奥四世发动对西里西亚和叙利亚的远征,胜利后将叙利亚的"一性论"异端迁移到色雷斯,人数达15万。⑥ 尼基弗鲁斯一世则在809年9月—810年3月间,将小亚细亚民众迁移到帝国西部的斯拉夫聚居地。⑦

① Nicephorus, *Breviarium*, 73.1–5; Theophanes, *Chronographia*, 429.19–22.
② Nicephorus, *Breviarium*, 75.1–5.
③ 伊苏里亚王朝缔造者利奥三世的家庭正是在这次迁移中开始定居在色雷斯。见 Theophanes, *Chronographia*, 391.5–8。
④ J. D. Mansi ed., *Sacrorum Conciliorum Nova et Amplissima Collectio*, volume 11, p.961; Theophanes, *Chronographia*, 365.8–13.
⑤ Theophanes, *Chronographia*, 364.11–15; Nicephorus, *Breviarium*, 38.6–11.
⑥ Michel le Syrien, *Chronique*, J.-B. Chabot ed. and trans., volume Ⅲ, Paris: Ernest Leroux, 1905, p.2; Theophanes, *Chronographia*, 451.11–452.2; P. Charanis, "The Transfer of Population as a Policy in the Byzantine Empire", p.144.
⑦ Theophanes, *Chronographia*, 486.10–13.

值得注意的是,拜占庭帝国在进行外向型人口迁移时,并非完全依靠武力,而是同样热情接纳来自外邦的避难者。例如,687年叙利亚出现大饥荒,许多人迁徙到拜占庭境内,得到安置;[1]735年阿拉伯远征军内发生瘟疫和饥荒,许多士兵死去,另有"相当数量的"士兵到拜占庭避难,皈依了基督教。[2] 黑暗时代外邦人口自愿迁徙到拜占庭境内的最著名事件发生在皇帝塞奥菲鲁斯统治期间。在834年,阿拉伯帝国境内库拉米特派[3]叛军遭到大军镇压,叛军将领纳什尔由于莽撞而遭遇惨败。在大业无望的情况下,纳什尔带领手下军队决定进入拜占庭帝国,接受塞奥菲鲁斯的统治,并为此和所有手下都皈依了基督教。纳塞改名为塞奥福布斯,被皇帝赐予"贵族"头衔,而新增加的士兵被单独安置,帝国称其为"波斯人军团"。[4] 在837年,阿拉伯帝国内另一支叛军,因为主将巴巴卡在战斗中被杀,于是效仿库拉米特派,也逃到拜占庭境内,有大约1.6万人。皇帝塞奥菲鲁斯将他们安置在塞奥福布斯统领的波斯人军团中。[5] 于是拜占庭帝国获得了一支共计3万人的军队,他们在839年被平均分配到各大军区,每个军区大致增加2 000名波斯士兵,极大地提升了拜占庭军队的战斗力。[6]

无论是内向型还是外向型人口迁移,都体现出君士坦丁五世明确的人口战略。一方面,在人口匮乏的情况下,帝国优先考虑具有重要战略地位的区域,人口迁入地是帝国战略的体现。首先,君士坦丁堡作为帝国首都的重要性无须多言。因此,在747年瘟疫之后,君士坦丁五世立刻对其进行人口补充。其次,色雷斯对首都具有重要的经济和军事防御意义。在埃及沦陷于阿拉伯人之手后,色雷斯地区成为拜占庭帝国特别是首都君士坦丁堡重要的粮食供应地区。根据史料记载,装载谷物的船和运货马车从马其顿和色雷斯向东运往君士坦丁堡;在康斯坦斯二世统治时期,这些负责物资运送的船员在返程途中有时遭到居住在斯特雷蒙河岸

---

[1] Theophanes, *Chronographia*, 364. 3 – 4.

[2] Agapius de Manbidj, *Kitâb al-Unwan*, ed. and trans. A. A. Vasiliev, p. 249.

[3] M. Whittow, *The Making of Orthodox Byzantium, 600 –1025*, pp. 195, 215.

[4] John Skylitzes, *A Synopsis of Byzantine History, 811 –1057*, J. Wortley trans., pp. 67 – 69.

[5] W. Treadgold, *The Byzantine Revival 780 –842*, p. 295.

[6] John Skylitzes, *A Synopsis of Byzantine History, 811 –1057*, J. Wortley trans., pp. 67 – 69.

的斯拉夫部族的劫掠。① 著名拜占庭学者亚历山大通过分析认为,帝国在8世纪对色雷斯频繁进行大规模人口迁移,正是为了确保这一区域可以为君士坦丁堡提供谷物。②

与此同时,色雷斯是拱卫首都的重要军事据点。君士坦丁堡除了城内戍守部队,还在周围地区设有"御林军团",当君士坦丁堡遭到外敌入侵时,他们往往是君士坦丁堡城墙之外的最后一道防线。君士坦丁堡的"御林军团"在东侧主要安置在比提尼亚,其中包括西奇库斯;而西侧则驻守在色雷斯。"忏悔者"塞奥法尼斯给出了一份简易清单。根据其记载,在561年,由于阿瓦尔人此前已经跨过多瑙河,可能会对君士坦丁堡发动攻击,于是皇帝将驻守在尼科米底、普鲁萨、西奇库斯等地的禁卫军调集到色雷斯,与色雷斯当地的禁卫军共同加强防御。③ 君士坦丁堡三面环海,只有在西侧可以进行大规模陆地进攻,这可能是首都面临外敌攻击时,军队聚集在色雷斯的原因。

正是由于色雷斯地区的经济和军事意义,717—718年,阿拉伯人为了集中精力围攻君士坦丁堡,首先清除掉色雷斯的防御军队。④ 与此同时,阿拉伯人控制了色雷斯,既可以切断君士坦丁堡的补给线,又可以为己方提供充裕的粮草。根据阿拉伯史料的记载,阿拉伯人从色雷斯地区囤积物资,运货车源源不断地运来粮食,"粮草堆积如数座大山"⑤。

另一方面,不仅目的地能够体现出人口资源的重要性,而且迁移地同样反映了帝国的策略。当帝国整体人口资源不足时,从什么地方进行人口迁移同样需要战略眼光。其一,斯拉夫人聚居地是帝国人口迁移政策中多次涉及的区域。斯拉夫人自6世纪末期起逐渐控制了伯罗奔尼撒半岛,切断了拜占庭帝国与西部基督教世界的联系,甚至围攻塞萨洛尼基。源于此,拜占庭帝国在黑暗时代的核心政策之一便是

---

① J. L. Teall, "The Grain Supply of the Byzantine Empire, 330 – 1025", *Dumbarton Oaks Papers* 13 (1959), pp. 122 – 123.

② P. J. Alexander, *The Patriarch Nicephorus of Constantinople: Ecclesiastical Policy and Image Worship in the Byzantine Empire*, Oxford: At the Clarendon Press, 1958, pp. 123 – 124.

③ Theophanes, *Chronographia*, 236. 16 – 20.

④ Theophanes, *Chronographia*, 395. 15 – 16.

⑤ E. W. Brooks, "The Campaign of 716 – 718, from Arabic Sources", *The Journal of Hellenic Studies* 19 (1899), p. 23.

解决帝国西部的斯拉夫问题。为此,拜占庭帝国采取的措施是武力征服之后,将其融入帝国之中。这样帝国既夺回了对伯罗奔尼撒半岛的控制,又增加了帝国可用的人口资源。君士坦丁五世将斯拉夫部落迁移到小亚细亚,正是出于这一目的。

其二,边境区域是人口迁出的重要选择,这说明拜占庭帝国在与阿拉伯帝国争夺人口资源。在这一时期,整个东地中海世界都出现了人口锐减,人口已经成为重要的战略资源。① 在黑暗时代,阿拉伯帝国同样是瘟疫的受害者。根据现代学者的统计,在7—8世纪,阿拉伯人先后遭遇五次大规模和十余次小规模瘟疫,这导致穆斯林死亡惨重。甚至哈里发穆阿维叶二世也由于感染瘟疫,在即位仅几个月后便死去。仅在688—689年横扫巴士拉(Basrah)的瘟疫中,其中某三天的死亡人数分别为7万、7.1万和7.3万,由此这次瘟疫也被称为"洪荒之疫"。② 因此,阿拉伯帝国虽然在扩张中获得了大片领土和大量俘虏,但由于瘟疫之灾,也需要补充人口资源。特别是在7世纪40年代之后,托罗斯山脉(Taurus mountains)逐渐成为阿拉伯与拜占庭帝国的自然边界,阿拉伯帝国未能继续长久占领拜占庭帝国的其他领土,于是边境地区的民众随之成为争夺的焦点。

基于此,拜占庭帝国的人口迁出地经常发生在边境地区,包括梅利蒂尼、日耳曼尼基亚、西里西亚和塞浦路斯等。其中前三个地方均为阿拉伯人入侵拜占庭帝国的重要据点,也是双方长期争夺的焦点。以日耳曼尼基亚为例,在745年,皇帝君士坦丁五世入侵叙利亚,占领了日耳曼尼基亚,然后立刻将居住在这些区域的民众全部迁移到君士坦丁堡和色雷斯地区。③ 而当阿拉伯人占据优势时,在771年将日耳曼尼基亚的民众强制迁移到巴勒斯坦。④ 塞浦路斯的情形更能体现出两国争夺人口资源的局势。在黑暗时代的大部分时间里,两大帝国无法将其处于

---

① 作为这一时期的另一大政权,保加利亚沙皇从8世纪起也加入人口资源的争夺战中,更突显出人口资源的战略意义。根据塞奥法尼斯记载,在774年,保加利亚沙皇派遣1.2万军队,试图夺取要塞贝奇提亚(Berzitia),其目的是将其民众全部迁移到保加利亚境内;在812年,保加利亚沙皇克鲁姆通过围攻占领了蒂贝尔托斯(Debeltos)后,立刻将其民众全部迁移到保加利亚。Theophanes, *Chronographia*, 447. 11 - 13, 495. 20 - 24.

② M. W. Dols, "Plague in Early Islamic History", *Journal of the American Oriental Society*, Vol. 94, No. 3 (1974), pp. 374 - 380; D. Ch. Stathakopoulos, *Famine and Pestilence in the Late Roman and Early Byzantine Empire, A Systematic Survey of Subsistence Crises and Epidemics*, p. 362.

③ Theophanes, *Chronographia*, 422. 11 - 17.

④ Theophanes, *Chronographia*, 445. 1 - 2; Michel le Syrien, *Chronique*, volume II, p. 526.

绝对的控制之下,因此它处于一种相对中立的状态;两大帝国均可自由出入海港,它们在岛上没有各自的领域,但均分岛上的税收。① 而查士丁尼二世"无法容忍这一岛屿的中立"②,于是将人口迁移,这实际上是拜占庭帝国在争夺岛上的人口资源。同样基于争夺人口资源的原因,742 年,哈里发下令将塞浦路斯人迁移到叙利亚。③

由此可见,在面临人口困境时,君士坦丁五世坚持贯彻人口迁移的策略,优化人口资源分配,向帝国内输入外邦民众,从而在短期内增加帝国核心区域的人口资源,确保核心区域的战略地位。人口迁移的方法追求速效,但也容易带来一些弊端。在君士坦丁五世时期,这些人口迁移政策带来的弊端并不明显,但在其他统治者时期,史料中多有提及。

对于内向型迁移人口而言,被迁移人群需要承受背井离乡的痛苦,有时会逃出迁移地。在迁移过程中,许多财产不易随身携带,所以其祖辈积累下来的财富可能会因此而受到损失。在尼基弗鲁斯一世时期,小亚细亚民众被迁往斯拉夫人聚居地,被迁移人群将其视为非常悲惨的事情。塞奥法尼斯描述了他们的一些极端反应:"有的人违背上帝,祈祷敌人前来入侵;有的人到祖坟去哭泣,羡慕死者的欢愉;有些人甚至悬梁自杀,以从这种痛苦中解脱。"基于此,塞奥法尼斯将其列为尼基弗鲁斯"十大恶行"之首。同样源于此,当保加利亚人入侵拜占庭,帝国军队放弃抵抗逃跑时,这些被迁移到斯特雷蒙河畔的民众,趁机逃回自己的家园。④

外向型迁移人口政策虽然增加了帝国的可利用人口资源,但也带来一些隐患。外邦民众,无论是被迫还是出于自愿迁移到帝国境内,在短期内都无法建立对帝国的认同感,无法迅速实现文化和族群融合,因此他们容易背叛拜占庭帝国,进而带来更大的伤害。例如,查士丁尼二世从安置在奥普斯金的斯拉夫人中挑选3 000 人,组建成一支被称为"精挑细选者"(λαὸν περιούσιον)的部队,交由其中一位贵族内布鲁斯统率。出于对他们的信任,查士丁尼二世带领他们一起去攻打

① R. Jenkins, "Cyprus between Byzantium and Islam, A. D. 688 -965", in R. Jenkins ed. , *Studies on Byzantine History of the 9th and 10th Centuries*, London: Variorum Reprints, 1970, Chapter XXII , pp. 1006 - 1014.
② Michel le Syrien, *Chronique* , volume II , p. 470.
③ Theophanes, *Chronographia* , 417. 21 - 22.
④ Theophanes, *Chronographia* , 486. 13 - 23, 496. 5 - 6.

阿拉伯人,结果"精挑细选者"叛变,加入阿拉伯阵营,一起屠杀拜占庭人。而阿拉伯人受到鼓舞,对拜占庭帝国造成了更大的伤害。[1] 塞奥菲鲁斯统治时期的"波斯人军团"也在归降后参与过叛变。838 年,皇帝率军与阿拉伯人会战,结果拜占庭军队溃败,皇帝和大约 2 000 名波斯人士兵等被包围。在惊恐之余,波斯人打算将皇帝交给阿拉伯人换取自由;计划暴露后,波斯人军团害怕皇帝报复,将塞奥福布斯拥立为帝,盘踞在黑海沿岸,直到 839 年才再度归降拜占庭帝国。[2]

换言之,无论是内向型还是外向型,人口迁移政策都存在某种程度上的不确定性。因此,拜占庭统治者双管齐下,同时注重长效性增加人口的举措,鼓励人口生育,通过加速人口的自然增长,推动帝国人口可持续增加,而君士坦丁五世在毁坏圣像运动中,着力打击修道便是为了这一目的。

(三) 长效性举措:鼓励人口生育

毁坏圣像运动期间经常伴随着统治者对修道院的迫害。传统研究多从宗教和政治角度出发,但如果将其置于帝国人口困境的背景之下,就更容易理解反修道运动中蕴含的人口政策。在拜占庭帝国,无论是婚姻,还是生育,最大的阻碍都来自修道主义。修道院因其禁欲、远离俗世而闻名于基督教世界,在黑暗时代进一步成为不断遭受劫难和创伤的基督徒的重要归宿之一;换言之,修道院不仅收容着大量青壮年劳动力,而且还倡导修道生活,间接减小了世俗生活增加人口增长的潜在可能性。源于此,修道生活与人口增长的帝国目标之间存在一定程度的冲突。在黑暗时代,修道生活出现衰退,君士坦丁堡内的修道院数量在这一时期急剧减少。[3] 除了瘟疫和战乱的因素,另一个导致这一现象的因素就是统治者的打压。特鲁罗大公会议制定的第 42 条教规明确规定,修士如果前往城市、参与世俗事务,就是为自己的修道事业蒙羞;修士最好离开城市,居住在荒漠中。[4] 这一规定既是对修士回归修道生活本原状态的期望,同时也反映出首都对修道院的隐性驱逐。根据统计,610—787 年间,只有 8 位修士在君士坦丁堡因为参与世俗事

[1] Theophanes, *Chronographia*, 365.30 – 366.20; Nicephorus, *Breviarium*, 38.11 – 29.

[2] John Skylitzes, *A Synopsis of Byzantine History, 811 –1057*, pp. 67 – 69.

[3] P. Hatlie, *The Monks and Monasteries of Constantinople, ca. 350 – 850*, Cambridge: Cambridge University Press, 2007, pp. 216 – 219.

[4] *Concilium Quinisextum, Das Konzil Quinisextum*, übersetzt und eingeleitet von Heinz Ohme, p. 237.

务而出名,其中在 730 年之后更是只有 2 位。① 这些说明,修道生活并非只在毁坏圣像运动期间遭到打压,在黑暗时代大部分时间里,帝国统治者对修道群体都缺少热情,因为他们更加倡导世俗生活和由此带来的婚育,以达到帝国人口增加的目的。在整个黑暗时代中,最为著名的反修道皇帝无疑是君士坦丁五世。

在拜占庭史料中,君士坦丁五世采取了一系列反修道措施。他将修士描述为"难以启齿的"(ἀμνημόνευτος)群体;那些在政府中工作或者官居要职之人,如果打算遁入修道生活,则会被处以死刑。② 我们在前文已经详细论述了君士坦丁五世对修士和修道院的打击,而值得注意的是,君士坦丁五世所有反对修道的举措全都发生在 747 年大瘟疫之后。换言之,当 747 年大瘟疫之后,帝国和君士坦丁堡人口均触及谷底,君士坦丁五世充分意识到人口资源匮乏带来的危机,帝国需要增加人口,人口迁移政策便是明证,而反修道运动同样为此目的。③ 这可以从三个方面看出。

首先,小史蒂芬之死是君士坦丁五世被后世史家广为诟病的劣迹之一。但通过这些颂扬小史蒂芬的作品,我们仍然能够捕捉到一些额外的信息。小史蒂芬在当时声名远扬,"这个人受到所有人的尊崇,因为他曾经在他的隐修处待了大约 60 年,散发出许多高尚品德"。但他被处死的重要原因之一是"他劝告许多人进入修道生活"(ὡς πολλοὺς νουθετοῦντα πρὸς τὸν μονήρη βίον)④。这与君士坦丁五世迫切需要增加人口的帝国大政方针完全相悖。

其次,史料中提到,君士坦丁五世在 765 年任命新的牧首之后,要求他"采纳神父的削发而非修道的削发"(στεφανίτην ἀντὶ μοναχοῦ)⑤。表面上看,这是对削发形式的建议,但实际上皇帝希望教会能够宣扬一种理念:对那些有宗教热情的人,可以采取教士的生活方式,但应避免修道主义。这两者之间最大的区别之

---

① P. Hatlie, *The Monks and Monasteries of Constantinople, ca. 350 – 850*, pp. 226 – 228, 358 – 362.

② Theophanes, *Chronographia*, 442. 34 – 443. 1 , 443. 7 – 11.

③ P. Charanis, "The Monk as an Element of Byzantine Society", *Dumbarton Oaks Papers* 25 (1971), pp. 66 – 67.

④ Theophanes, *Chronographia*, 437. 5 – 9.

⑤ Theophanes, *Chronographia*, 437. 15 – 17.

一便是,修士禁欲,而普通教士可以结婚。① 换言之,君士坦丁五世希望帝国民众的宗教热情与婚育不相冲突,这样可以确保人口的可持续增长。

最重要的是,君士坦丁五世采取措施直接强迫修士还俗。根据史料记载,在765 年 8 月,他在大竞技场大肆羞辱修道习俗,强迫修士回归世俗生活;他命令每位修士手牵一位女士,在大竞技场中列队行进。在他的授意下,色雷斯将军米哈伊尔·拉哈诺德拉孔将辖区内所有的修士和修女集中在以弗所,然后要求修士换上白袍,带走一位修女为妻,否则就会被刺瞎双眼然后流放。②

由此可见,君士坦丁五世进行反修道主义是一种手段,其目的是将人口资源从修道院驱赶到世俗世界,进而通过婚育为帝国增加人口。君士坦丁五世对待曼提尼翁女修道院院长安淑莎的态度转变很好地证明了这一点。根据传记史料,君士坦丁五世先是对安淑莎大肆迫害,但是当这位女圣徒预言皇后欧多基娅会生下一对龙凤胎,并且为正在遭受怀孕痛苦的皇后祈福时,皇帝停止了对她的迫害,并默许皇后向这座女修道院捐献了大量钱财。安淑莎因此声名远扬,许多无法生育的人专程前来,希望能够借助这位圣徒的祈福而孕育后代。③ 君士坦丁五世对安淑莎从迫害转为支持,显然是因为这位圣徒开始成为鼓励生育、顺利生产的象征符号,而这与皇帝增加人口的政策不谋而合。因此,在黑暗时代,许多皇帝并非针对修道主义,而是反对禁欲、反对不生育。

当然,反修道主义与修道院直接发生冲突,容易引起教会的抵触,因此君士坦丁五世还采取引导的方式,将家庭生活与宗教精神相融合,改变生活风气,鼓励拜占庭人注重婚姻、家庭和子女。

首先,帝国通过法律和教会宣扬,将女性日益局限在家庭中,将女性的社会职能塑造为主要是生育和繁衍后代。④ 在这一时期最重要的法律文本《法律选编》

---

① 根据 692 年召开的特鲁罗大公会议决议的第 6 条教规:"那些成为教士的人,在被任职为副执事、执事、长老之前,可以缔结合法的婚姻。"*Concilium Quinisextum, Das Konzil Quinisextum*, übersetzt und eingeleitet von Heinz Ohme, p. 191.

② Theophanes, *Chronographia*, 437. 25 – 438. 1, 445. 3 – 12.

③ Alice-Mary Talbot ed., *Byzantine Defenders of Images, Eight Saints' Lives in English Translation*, pp. 18 – 19.

④ A. E. Laiou, "The Role of Women in Byzantine Society", *Jahrbuch der Österreichischen Byzantinistik* 31/1 (1981), pp. 233 – 234.

中,女性获得了更多的身份权、财产权等,在家庭中的地位显著上升,笔者曾撰文论述,在此不再赘述。① 但同样值得关注的是,这部法典中同时存在一些有悖于这一趋势的条款。最明显的例证是丈夫在无嗣情况下死去后妻子的继承位阶:妻子排在死者的父母、祖父母和兄弟姐妹、父母的兄弟们、其他亲戚之后。只有在没有任何亲戚存世的情况下,妻子才有权继承丈夫一半的财产,而另一半则归国家所有。② 这一条款显然有悖于妻子在家庭中拥有极高地位的结论。考察条款的细节,我们会发现,有无子嗣是造成这种天壤之别的关键因素。在丈夫先于妻子死去时,如果夫妻之间拥有孩子,那么妻子作为孩子的母亲,拥有极高的地位,可以掌控整个家庭的财产;③但如果没有孩子,妻子的继承位阶则几乎不被考虑。通常情况下,这样的妇女会回到娘家,与前夫的家庭不再产生任何关系。④

换句话说,《法律选编》确实提升了女性在家庭中的地位,但其根本目的是鼓励妻子尽快生育。这一时期女性圣徒传记的主题,也在一定程度上折射出这一社会现象;在拜占庭早期,女圣徒往往拥有狂热的宗教信仰,呈现的形象是"圣妓女"或者装扮成男人以进入修道院的女性,但在这一时期,女性圣徒的主体是虔诚的已婚女性,呈现的形象是"神圣的家庭主妇"。⑤ 这说明,在黑暗时代,社会上宣扬的理念是女性应该首先结婚生子,照顾子女。这与帝国鼓励生育、增加人口的国策是一脉相承的。

其次,儿童得到帝国统治者更大的关注,帝国希望能够保证他们的正常成长,以延续人口资源的长久发展。在传统的罗马法之中,子女依附于父母,所有重要的事情都由父母安排。而在《法律选编》中,子女在很大程度上(虽然不是完全)摆脱了家长权的束缚。⑥ 具体而言,《法律选编》重点保护子女的财产权和人身权。

---

① 庞国庆:《时代之光:拜占廷〈法律选编〉中的公正理念》,《南开学报(哲学社会科学版)》2019 年第 2 期。

② *Ecloga, Das Gesetzbuch Leons III. und Konstantinos V.*, ed. Ludwig Burgmann, 6.1–6.2.

③ *Ecloga, Das Gesetzbuch Leons III. und Konstantinos V.*, ed. Ludwig Burgmann, 2.5.1.

④ Κατερίνα Νικολάου, *Η γυναίκα στη μέση βυζαντινή εποχή. Κοινωνικά πρότυπα και καθημερινός βίος στα αγιολογικά κείμενα*, Αθήνα: Ινστιτούτο Βυζαντινών Ερευνών, 2005, pp. 27–28.

⑤ Alexander P. Kazhdan, "Η βυζαντινή οικογένεια και τα προβλήματα της", *Βυζαντινά* 14 (1988), pp. 227–231.

⑥ S. Runciman, *Byzantine Civilisation*, p. 77.

　　《法律选编》对子女财产权的保护可谓细心而全面。父母在准备孕育孩子之前,要先将财产的 1/4 储存起来①,以免子女的成长受到影响。最能体现《法律选编》对子女群体照顾的是"遗产限定份额"(nomimi moira)权的延续。所谓"遗产限定份额",指的是子女一个从父母遗产中获得的最小份额,不管子女有何种忘恩负义的行为,包括立遗嘱的任何人,都无法剥夺子女对这部分遗产的继承。② 根据条款 5.7 的规定,当死者有 4 个或者更少的子女时,这个份额占到遗产的 1/3;如果有 5 个或者更多的孩子,这个份额可以达到遗产的一半。这部分财产可以保障子女的日常生活。

　　遗产分配往往会导致子女的合法权益受到侵害。《法律选编》对此做了详细的安排,确保子女的权益。其一,在没有遗嘱的情况下,子女是继承遗产的第一顺位。即使死者的父母和祖父母依然健在,他们也无权分摊遗产。③ 其二,在有遗嘱的情况下,子女一般也是遗产的最大受益者。如果遗嘱忽略了子女(全部或者任何一个)的存在,那么《法律选编》将其视为可疑的遗嘱,法官必须全面调查,查明原因,以确保没有任何一个子女受到陷害,所有子女的利益都能得到保护。除此之外,《法律选编》甚至考虑到了遗腹子的利益。条款 5.5 规定,如果在遗嘱订立之后有遗腹子出生,那么新生婴儿有权与其他兄弟姐妹一起继承遗产。

　　在《法律选编》中,子女的人身权也得到很好的保护,这体现在两个方面。其一,丧偶家庭不得抛弃未成年子女。如果父母一方死去,未成年人不得不在一个不完整的家庭中成长。为了避免他们成为孤儿,《法律选编》禁止存世的父(或母)亲放弃抚养子女的义务,要求父(或母)亲必须将未成年子女妥善地抚养成人。④ 这一条款可能源于当时社会中存在大量孤儿⑤或者丧偶家庭中子女经常遭

---

① *Ecloga, Das Gesetzbuch Leons Ⅲ. und Konstantinos V*, 2.3.

② E. H. Freshfield trans., *A Manual of Roman Law, The Ecloga Published by the Emperors Leo Ⅲ and Constantine V of Isauria at Constantinople A. D. 726*, p.86; K. E. Zachariä von Lingenthal, *Geschichte des griechisch-römischen Rechts*, Berlin: Weidmannsche Buchhhandlung, 1892, p.202.

③ *Ecloga, Das Gesetzbuch Leons Ⅲ. und Konstantinos V*, 6.1 - 6.2.

④ *Ecloga, Das Gesetzbuch Leons Ⅲ. und Konstantinos V*, 2.5.3.

⑤ 例如圣徒安淑莎就收养照顾了很多孤儿,见 A.-M. Talbot ed., *Byzantine Defenders of Images, Eight Saints' Lives in English Translation*, p.23。

到家暴的现象。①《法律选编》的这些条款保护了未成年人正常成长受教育的权利。其二,《法律选编》中规定了"父债子不还"的条款。子女在继承遗产时,首先要审核可供支配的遗产数额和相应的债务数目,如果遗产可以偿还债务,那么子女继承多余的财产;如果遗产的数额不足以偿还债务,子女并无义务补偿债主的损失。② 子女可以利用这个不合情理的条款,保证自己不会受到父辈债务问题的牵连,从而获得新的人生起点。事实上,债权人不但在债务人死后不能损害债务人子女的利益,而且在债务人生前也不能殃及债务人子女。根据条款 10.2,如果在债务人生前,债权人带走债务人的子女、租出去做苦力工作,那么债务将全部被注销,而且作为补偿,债权人还要偿付债务数额的两倍。这些严苛的惩罚措施表明了帝国对家庭关系中子女权益重点保护的决心。

借助这些举措,帝国进一步宣扬并成功塑造了多生孩子的社会风气。这一结论通过梳理此后的圣徒传记,便可直观得出。皇帝君士坦丁五世是"公主"安淑莎的父亲,他育有多个孩子,仅第三任妻子欧多基娅便为他生下 6 个孩子;③圣徒米哈伊尔·辛塞鲁斯有许多姐姐;④圣徒莱斯沃斯岛的大卫(David of Lesbos)的父母虽然不是显赫家族,却育有 7 个孩子。⑤ 费拉里图斯的传记中也能折射出当时的这一社会风气。根据记载,他的一位穷苦同乡村民需要"养活妻子和 9 个孩子"。费拉里图斯本人也拥有一个大家庭:他自己有一儿两女,其中长女有 4 个孩子,次女有 6 个孩子,儿子有 4 儿 3 女共 7 个孩子。⑥ 在一夫一妻制社会中,家庭中普遍育有如此多子女,显然是形成了社会风气。无论是贫困还是富有,无论是平民还是皇室,都希望多子多孙。

---

① 例如根据《君士坦丁堡的塞奥多西亚传记》(*Vita of Theodosia of Constantinople*)的记载,塞奥多西亚在父亲死后,遭到母亲的虐待。A.-M. Talbot ed., *Byzantine Defenders of Images, Eight Saints' Lives in English Translation*, p. 5, note 24.

② *Ecloga, Das Gesetzbuch Leons* III. *und Konstantinos V*, 6.4.1 – 6.4.3.

③ Alice-Mary Talbot ed., *Byzantine Defenders of Images, Eight Saints' Lives in English Translation*, pp. 21 – 23; Theophanes, *Chronographia*, 454.20 – 23, 468.9 – 13.

④ *The Life of Michael the Synkellos*, Mary B. Cunningham Text, translate and comment, Belfast Byzantine Enterprises, 1991, p. 45.

⑤ Alice-Mary Talbot ed., *Byzantine Defenders of Images, Eight Saints' Lives in English Translation*, pp. 151 – 152.

⑥ L. Rydén ed., *The Life of St Philaretos the Merciful, written by his Grandson Niketas, A Critical Edition with Introduction, Translation, Notes and Indices*, Uppsala: Uppsala University Library, 2002, pp. 65 – 67, 89 – 91.

概而言之,君士坦丁五世大肆打击修道生活,将更多适龄婚育妇女驱赶到世俗世界,实际上是为了鼓励多生多育,增加帝国人口,缓解甚至试图解决帝国长期存在的人口困境。毁坏圣像的背后,蕴含着统治者的治国政策。

二、 毁坏圣像运动期间的帝国军队

学术界对军队与毁坏圣像运动之间的关系进行了诸多探讨,但结果不尽如人意。

一方面,在既有的史料中,崇拜圣像派在取得胜利后,对毁坏圣像派进行了全面抨击。坚持毁坏圣像政策的世俗和宗教统治者首当其冲,而紧随其后遭到崇拜圣像派极尽谴责的群体便是军队。史料中记载了军队多次参与毁坏圣像的行为,称他们和毁坏圣像皇帝们拥有"同样邪恶的歪门邪说"(ἔχοντες καὶ τὴν διδασκαλίαν τοῦ πονηροῦ αὐτῶν διδασκάλου)。①

另一方面,现当代学者对于军队在毁坏圣像运动中扮演的角色,大致存在三种观点。其一,传统研究中为追求方便,将军队作为一个整体,视为毁坏圣像运动者;②其二,凯基(Kaegi)专门就此问题进行探讨并认为,塔格玛禁卫军在毁坏圣像运动中扮演了重要角色,亚洲军区内虽然存在毁坏圣像者,但不能认为所有亚洲军区都是毁坏圣像派,军队与毁坏圣像之间的关系是复杂的。③ 其三,学术界最新有关毁坏圣像运动的研究认为,"在军队内部没有明确的派别去支持或者反对毁坏圣像"④。

在中古时期,军队是国家政权稳定的根本,这集中体现在两点:一方面,在对外层面,军队防御外敌入侵,保家卫国,或者发动远征,开疆扩土;另一方面,在对内层面,军队效忠于统治者,是统治者的执政根基,应对危及统治政权的行为,如镇压叛乱。换言之,军队并不是内政的积极参与者。因此,在毁坏圣像时期,军队

---

① Theophanes, *Chronographia*, 461. 21 - 22.

② E. J. Martin, *A History of the Iconoclastic Controversy*, New York: AMS Press, 1978, p. 69.

③ W. E. Kaegi, JR., "The Byzantine Armies and Iconoclasm", *Byzantinoslavica* 27 (1966), pp. 68 - 70.

④ L. Brubaker and J. Haldon, *Byzantium in the Iconoclast Era c. 680 - 850*, p. 648.

频繁参与到帝国内部的宗教争端,是非常奇怪的举动,这一现象值得深入探讨。

(一)军队:皇帝毁坏圣像政策的执行者和拥护者

在毁坏圣像运动时期,反对圣像在意识形态中是主基调,大多数皇帝明确奉行毁坏圣像的政策。皇帝为了落实这一政策,除了利用以牧首为首的君士坦丁堡教会,从神学教义方面为毁坏圣像提供理论支持和合法性认可,还有军队这一最忠实的盟友。史料中经常提及毁坏圣像皇帝具有"同流合污者"(ὁμόφρονες),实际上指的就是军队。例如,"忏悔者"塞奥法尼斯指出皇帝君士坦丁五世在首都拥有"许多同流合污者,他们是有贵族头衔、担任御林军团长官的安东尼,礼仪官彼得以及听命于皇帝的塔格玛禁卫军士兵;而在地方军区中,皇帝将其委任给前述将军"[1]。在这段史料中,地方行省的军区士兵和首都的塔格玛禁卫军显然都是军队。而彼得看似与军队不甚相关,因为礼仪官在8世纪主要负责宫廷礼仪;但此人的印章资料表明,他还同时兼任"御前首席带剑侍卫",负责皇帝人身安全。[2] 换句话说,这里的"同流合污者"全都是军队高官。塞奥法尼斯在另一处描述中更加直接地指出,"这些士兵……归咎于教父们所传下来的正统信仰……拥护皇帝的不虔诚"[3],即毁坏圣像信仰。由此可见,军队与皇帝的毁坏圣像政策密切相关。具体而言,军队的角色包括如下三类。

首先,军队是毁坏圣像运动最主要的执行者。毁坏圣像运动分为两个阶段,而这两次运动的爆发都是以军队毁坏圣像作为起点。在第一个阶段,皇帝利奥三世最早发动了毁坏圣像运动,他在726年派遣御前侍卫(σπαθάριοι)前去移除悬挂于皇宫大门之上的基督像。根据《圣徒小史蒂芬传记》记载,利奥三世"命令军队全副武装,前往牧首府去打击、羞辱牧首(日耳曼努斯)",然后"前去移除并焚毁悬挂在皇宫大门上的基督像";此举招致一些狂热女基督徒的抗议,她们冲上去推倒了梯子,结果导致执行移除命令的一名御前侍卫跌落地上摔死。[4] 一份后世

① Theophanes, *Chronographia*, 442. 24 – 28.

② J. B. Bury, *The Imperial Administrative System in the Ninth Century*, *with A Revised Text of the Kletorologion of Philotheos*, pp. 29 – 30; G. Zacos and A. Veglery, *Byzantine Lead Seals*, Basel: J. J. Augustin, 1972, p. 1266, nos. 2304 and 2305.

③ Theophanes, *The Chronicle of Theophanes Confessor*, p. 685.

④ *La vie d'Étienne le Jeune*, par Étienne le diacre; introduction, édition et traduction, Marie-France Auzépy, pp. 193 – 194.

史料补充到,在这名御前侍卫被杀后,利奥三世震怒,再度派遣 500 名士兵前去镇压动乱的人群。① 由此可见,军队在毁坏圣像运动伊始,便已经积极参与其中。

　　毁坏圣像运动第二阶段的开始也与军队密切相关。根据资料记载,在 815 年,大量士兵在皇宫大门外集结,他们用石头和土不停地攻击上面的圣像,同时高呼毁坏圣像的口号;在此情形下,皇帝利奥五世借口防止这枚圣像遭到亵渎,命令将其移除。此后,利奥五世正式下令在帝国内移除或者毁坏圣像,运动再次爆发。② 整个事件实际上由利奥五世自导自演,但士兵成为皇帝毁坏圣像的借口和事实上的盟友,说明在皇帝看来,军队是最适合发起毁坏圣像运动的先锋和主力。事实上,在整个毁坏圣像期间,军队始终是毁坏圣像运动最主要的执行者。史料中多次提及军队对圣像的破坏。例如,君士坦丁五世派遣一位"同流合污者",带着许多士兵,前往曼提尼翁女修道院,搜查并烧毁许多圣像。③ 此类例证不胜枚举。

　　其二,军队是毁坏圣像运动的坚定拥护者。这又表现在两个方面。一方面,对于那些反对毁坏圣像政策的群体来说,军队受皇帝委托,予以坚决镇压和打击。在毁坏圣像运动时期,反对这一政策的主要是修士,因此,他们经常遭到军队迫害。"高柱者"彼得便是其中之一;他因为不屈从于皇帝的教义,被皇帝派去的士兵从修行的岩石上弄下来并绑住双脚,然后沿着首都梅塞大道拖拽。④ 最著名的遇害者无疑是小史蒂芬。根据塞奥法尼斯的记载,士兵将小史蒂芬逮捕之后,一只脚绑上绳子,拖拽到行刑处,将其四分五裂。⑤ 他的圣徒传记提供了更为详细的遇害信息:在被砍掉头颅之后,这位圣徒的尸身也未能幸免。他的双手被砍,指甲被剥离,肋骨断裂,血流一地;更有甚者,用巨石将其拦腰分成两段,在地上肆意拖拽。⑥ 前述女圣徒安淑莎被士兵用牛皮鞭抽打身躯,导致胳膊和腿皮开肉绽;

① 与此事件相关的史料、争议,见 C. Mango, *The Brazen House*, pp. 112 - 118。

② W. Treadgold, *The Byzantine Revival 780 -842*, pp. 210, 215.

③ Alice-Mary Talbot ed., *Byzantine Defenders of Images, Eight Saints' Lives in English Translation*, pp. 17 - 18.

④ Theophanes, *The Chronicle of Theophanes Confessor*, p. 610.

⑤ Theophanes, *The Chronicle of Theophanes Confessor*, p. 604.

⑥ *La vie d'Étienne le Jeune, par Étienne le diacre*; introduction, édition et traduction, Marie-France Auzépy, pp. 269 - 270.

脚也被火烧了,还被流放。①

　　修道生活也遭到军队袭扰,一些修道院遭到破坏。卡里斯特拉图斯、迪翁、马克西米努斯等修道院以及一些其他修士修女的住所被军队彻底破坏;而君士坦丁堡内著名的达尔马托斯共修院被转变成士兵的住所。② 色雷斯军区军队更是将许多修道院出售,或者将修道院内的圣器、书籍、牲畜变卖。他们还烧掉修道院内涉及修士和沙漠教父的资料,迫使修道士还俗,最终导致"他管辖的整个军区内,没有任何一个人能够继续修道生活"③。

　　军队奉命迫害了大量修士和修道院,而现存史料绝大部分由崇拜圣像的修士和教士书写,军队被表现为邪恶的毁坏圣像者也就不足为奇。

　　另一方面,在崇拜圣像者主政时期,军队是少见的捍卫毁坏圣像政策的群体。在皇帝君士坦丁六世即位后,皇太后伊琳妮摄政,她是崇拜圣像者,采取了一系列措施准备恢复圣像崇拜,并在786年召集帝国内的主教、知名修士等共聚君士坦丁堡,计划在圣使徒教堂内召开大公会议,反对毁坏圣像运动。在会议前一天,君士坦丁堡内驻军集结到教堂内,明确宣布他们不会允许会议召开。在会议当天,士兵们聚集在教堂外,大声喧哗吵闹。此后,"当主教们坐在一起讨论时,一群御林军团、岗哨军团士兵以及其他的皇家近卫队,在长官的怂恿下(闯入教堂),亮出佩剑、袭击他们,威胁要杀死与会的主教、修道院院长和大主教。当皇后试图通过她在场的近臣遏制这些士兵时,他们并未动摇,反而大肆羞辱"。最终这次大公会议被迫解散,主教们返回各自驻地。④ 此后,皇太后伊琳妮设计将这些士兵调派到东部,随后解除了他们的武器装备;当这些"拥有邪恶思想""不虔诚的"士兵们无力再继续捍卫毁坏圣像政策时,第七次大公会议得以在787年召开。⑤

　　在另一位崇拜圣像皇帝米哈伊尔一世统治时期,军队中也流传出呼吁回归毁

---

① Alice-Mary Talbot ed. , *Byzantine Defenders of Images, Eight Saints' Lives in English Translation*, pp. 17 – 18.

② Theophanes, *The Chronicle of Theophanes Confessor*, pp. 611, 615.

③ Theophanes, *The Chronicle of Theophanes Confessor*, pp. 614 – 615.

④ Theophanes, *The Chronicle of Theophanes Confessor*, p. 635.

⑤ Theophanes, *The Chronicle of Theophanes Confessor*, pp. 635 – 636; P. J. Alexander, *The Patriarch Nicephorus of Constantinople*, pp. 19 – 20.

坏圣像的声音。首都的士兵拿起武器,宣扬对圣像的攻击性言论,甚至计划发动政变。米哈伊尔一世发现了这一阴谋,立刻采取措施;他在军队中公开发布演说,捍卫圣像崇拜的信仰;他处罚了罪魁祸首,将许多士兵从塔格玛禁卫军中除名。① 通过这些措施,米哈伊尔一世勉强遏制了军队中兴起的毁坏圣像思潮。但显然毁坏圣像的观念在军队中仍然有强大的影响力,不久后毁坏圣像运动便再度爆发。前述利奥五世利用军队推动毁坏圣像的过程,也印证了军队在这一时期支持毁坏圣像的政策。

其三,毁坏圣像与战场上军队的作战结果相联系。现代学者的研究表明,利奥五世在论证毁坏圣像运动的合法性时,并没有去寻找神学理论支持,而是通过实践进行佐证。他和一些官员探讨基督徒在很长时间内为何一直败于异教徒时,表达了这种观点。他认为崇拜圣像是原因:"有些皇帝崇拜圣像,有些则不。你们可以看到,那些崇拜圣像的皇帝们都遭遇厄运,要么被推翻,要么在战争中死去②;而那些不崇拜圣像的皇帝们得以在统治时自然死亡,在圣使徒教堂中拥有风光的葬礼。因此,我想效仿他们,毁坏圣像,以便我可以长治久安,而我的儿子可以继任我的王位,延续到第四和第五代人。"③换言之,利奥五世坚信,想要缔造王朝、取得对外战争的胜利,就应该恢复毁坏圣像。

事实上,在此之前,利奥五世的一个举措,已经可以看出他对毁坏圣像的伊苏里亚王朝的效仿。813 年圣诞节,利奥五世将自己不到 10 岁的长子辛巴提乌斯加冕为共治皇帝,同时召集首都及附近所有军队参加加冕礼并给予赏赐。在加冕礼上,利奥五世为儿子重新命名为君士坦丁,并让军队高呼"利奥与君士坦丁"。利奥五世此举"是在效仿秉持异端理念的前朝伊苏里亚皇帝利奥(三世)和他的儿子君士坦丁(五世),希望像他们一样千秋万代"(μιμούμενος τοὺς πρώην βασιλεύσαντας Λέοντα καὶ Κωνσταντῖνον τοὺς Ἰσαύρους, ὧν καὶ τὴν αἴρεσιν

---

① Theophanes, *The Chronicle of Theophanes Confessor*, pp. 679 – 680; W. Treadgold, *The Byzantine Revival 780 –842*, p. 182.

② 君士坦丁六世被其母废黜后刺瞎双眼;伊琳妮被推翻皇位后流放异乡;尼基弗鲁斯一世则在与保加利亚人的战争中被杀,头骨甚至被做成酒杯。

③ *Scriptor Incertus de Leone Armenio*, in Leonis Grammatici, *Chronographia*, I. Bekker ed. , Bonnae: Impensis Ed. Weberi〔Corpus Scriptorum Historiae Byzantinae 31〕, 1842, TLG, No. 3177001, 349. 5 – 15; W. Treadgold, *The Byzantine Revival 780 –842*, pp. 207 – 208.

ἀνενεώσατο, βουλόμενος ζῆσαι ἔτη πολλά, ὡς καὶ αὐτοί)①。在时人看来,伊苏里亚王朝因为毁坏圣像运动而臭名昭著,但同时他们也因为在对外战争中的彪炳功绩得到军队的高度认可。无论是利奥三世在帝国生死存亡时刻对君士坦丁堡的成功防御战,还是君士坦丁五世对保加利亚取得的重大征服战胜利,都在军队中产生深远影响。及至813年帝国遭到保加利亚人重创时,一些士兵撬开皇陵大门,跪拜在君士坦丁五世的墓前,呼唤他站起来帮助帝国;他们声称君士坦丁已经骑上战马,准备远征保加利亚。② 伊苏里亚王朝的军事成就为毁坏圣像运动带来了一定的合法性,这种理念在军队中尤为盛行。正是出于这种论证,在811年,保加利亚人将势力扩张到色雷斯和马其顿,占领了许多城堡,而拜占庭军队不战而逃,在此溃败背景下,军队中开始兴起毁坏圣像的言论,他们谋划让君士坦丁五世被废黜的儿子们重登皇位。③ 虽然这一阴谋最终被镇压,但对外战争的胜利与毁坏圣像的合法性之间存在内在联系,这种理念在军队中始终拥有一席之地。

概括而言,军队是毁坏圣像运动的主要执行者、拥护者。正因为此,士兵会刻意与崇拜圣像者保持距离。在一则圣徒传记中提到,安淑莎后来声名远扬,许多人慕名前来求子。传记中提到,"其中有位士兵,乔装打扮带着妻子前来(拜访安淑莎),祈求孩子,并承诺如能遂愿必来答谢"④。这里的两个细节值得思考。其一,士兵在拜访安淑莎时,需要乔装打扮,掩饰自己的士兵身份,他很可能担心自己接近崇拜圣像的圣徒,会给自己的职业带来不必要的麻烦。其二,前来求子的人员显然人数众多,但传记作者刻意提到这位士兵的行为,试图通过反差来塑造圣徒"改造敌人"的神奇力量。换言之,在传记作者看来,军队与毁坏圣像之间存在密切关系。

(二)军队的党阀属性

在论述了军队在毁坏圣像运动中的重要角色之后,我们再来看一下现当代学者观点上的分歧。以笔者看来,这源于研究视角的错乱。现当代学者主要在探讨

---

① Scriptor Incertus de Leone Armenio, 346. 2–10.

② Theophanes, The Chronicle of Theophanes Confessor, p. 684.

③ Theophanes, The Chronicle of Theophanes Confessor, p. 679.

④ Alice-Mary Talbot ed., Byzantine Defenders of Images, Eight Saints' Lives in English Translation, p. 19.

军队是否支持、信仰毁坏圣像教义，这属于宗教社会学的角度。但是，学术界执着于军队作为一个整体是否都是毁坏圣像派，这本身就是一个错误命题。一方面，任何一个群体，针对某一社会或宗教问题，都不可能始终保持同一个观念。另一方面，毁坏圣像运动也并不是一个在帝国各地都普遍兴起的运动，甚至有学者认为，毁坏圣像运动在大部分时间里，主要局限于首都君士坦丁堡及其周边区域。① 如果以此为出发点，一个并非整个帝国内普遍进行的运动，也不可能吸引整个帝国内的军队进行。

事实上，军队是否具有毁坏圣像的信仰，与军队是否毁坏圣像是两个课题，后者应该属于政治史。军队属于国家机器中的重要组成部分，他们遵从皇帝的旨意，完成皇帝的政策，这是政治层面最基本的内容。基于同样的政治史视角，我们就可以清楚地解决现当代学者的相关困惑，即帝国军队内部对待毁坏政策的不同态度。这种不同态度是军队面对帝国内政出现的分歧，而非专门针对毁坏圣像政策的分歧。换言之，军队是内政的积极参与者。现代研究表明，7—8世纪的军队呈现出前所未有的政治性。② 军队内部划分出来的派别，大致以军区为单位，但同时又综合了地域、排序、战略地位等，从而导致军队之间的政治关系错综复杂。笔者称其为这一时期军队的党阀属性，他们扮演的角色类似于传统政治体系中的大贵族，既是皇权的统治基础，又在相当程度上限制皇权。

军队之所以能够在这一时期拥有党阀属性，源于三个因素。其一，在这一时期，拜占庭的传统贵族阶层遭到沉重打击，他们的权利和影响力严重衰落，在拜占庭历史上能够青史留名的将领和大臣寥寥无几。在7世纪，拜占庭帝国对外战争频繁，先后与波斯帝国、阿拉伯帝国发生长年征战，许多贵族战死沙场，或者惨遭外敌洗劫。而"混乱时期"帝国内战频发，传统贵族卷入其中，数量进一步减少。例如，查士丁尼二世在705年重新夺回皇权后，对当年叛变他的元老院贵族大肆报复。

根据史料记载，皇帝提比略三世被逮捕送到查士丁尼二世面前。提比略的弟弟伊拉克略及其所有的拥护者，从色雷斯被带到君士坦丁堡，然后全部被钉死在

---

① L. Brubaker and J. Haldon, *Byzantium in the Iconoclast Era c. 680 - 850*, p. 645.
② L. Brubaker and J. Haldon, *Byzantium in the Iconoclast Era c. 680 - 850*, p. 628.

墙上。查士丁尼二世派兵去帝国各地搜寻提比略的支持者,然后用同样的方式将其处死……他还杀死了大量内政和军务大臣,有些被投入麻袋中、扔到海里痛苦地死去,有些则被邀请到宴会中,然后借机刺死或者砍死。人人陷入恐慌之中。①

这些因素导致贵族阶层的社会基础开始动摇,传统的元老院贵族逐渐退出历史舞台,他们在人数、财产和影响力方面都急剧缩减。② 根据考证,在688—717年间,文献资料中共出现34位官员带有"贵族"头衔,其中有14位出身于普通民众阶层,并且拥有相对卑微的绰号,例如"小贝壳"(Myakios)、"钉掌的"(Bouraphos)、"砍树根者"(Rizokopos)。这些人大多来自"20年混乱期",特别是查士丁尼二世第二次执政期间(705—711年),这很可能是由于查士丁尼二世大肆报复贵族之后,不得不从普通民众中擢升一部分人进入帝国最高管理层。③ 因此,毁坏圣像时期,传统贵族阶层处于几近缺失的真空期,这就为军队参与政治提供了机会。

其二,在毁坏圣像时期之前,拜占庭帝国面对外敌入侵,多次处于生死存亡之际,特殊的时代背景奠定了军队极为重要的地位。军队是抵御外敌、抵抗异教徒传播信仰的。无论是统治者,还是民众,对此都有清楚认识。埃及640年前后的一份纸草文书,将军队视为抵御敌人的守护者,这充分说明军队在民众中的中心地位。拜占庭统治者更是多次传达出他们对军队的重视。君士坦丁四世在680年第六次大公会议上的开场白中特意强调军队的重要性,而查士丁尼二世在687年的诏令中再次明确认可他们在帝国格局中的地位。④ 基于此,在这一时期,帝国的资源在相当程度上集中于军队身上。一个简单的例证是,在7—8世纪,帝国内几乎所有的建筑活动全都集中于军事要塞,唯一的例外是君士坦丁五世时期修建水渠。根据史料记载,在766年君士坦丁堡遭遇大旱,城中蓄水池完全干涸。为了解决这个问题,"君士坦丁五世决定重修皇帝瓦伦斯统治时期修建的水渠,因为它在伊拉克略皇帝统治时期被阿瓦尔人破坏。他从罗马疆域内征集大量精于

① Theophanes, *Chronographia*, 375. 3 – 21.
② L. Brubaker and J. Haldon, *Byzantium in the Iconoclast Era c. 680 –850*, pp. 575 – 576.
③ L. Brubaker and J. Haldon, *Byzantium in the Iconoclast Era c. 680 –850*, pp. 580 – 581.
④ L. Brubaker and J. Haldon, *Byzantium in the Iconoclast Era c. 680 –850*, p. 28

建筑的工匠,从公共财政中挥霍许多钱财,以完成这项工作"①。水渠涉及君士坦丁堡城市内的水源供给,与首都的日常运转息息相关,但在伊拉克略时期遭到外敌破坏之后,帝国在一个多世纪里始终没有进行维修,可见帝国资源对军队的倾斜。军队由此具备了干预内政的政治资本。

其三,军区军队越来越地方化,在政治理念方面并不总与首都保持一致,它们会为了利益而与首都相背离。② 军区军队驻扎在军区后,开始融入当地社会;随着时间的推移,军队开始扎根于当地。士兵们与当地的姑娘结婚、构建自己的家庭,他们有自己的土地,由当地财政支付军饷,从当地征募新兵,需要听命于包括将军在内的当地官员。基于此,同一个军区内几乎所有士兵都会对政事有相近的观点,对政策有相似的态度;他们已经把自己的利益置于国家和帝国军队整体的利益之上。③ 当帝国政策与军区军队利益一致时,军区军队选择效忠皇帝。伊苏里亚王朝在扩大军队规模、取得战争胜利从而为军队赢得荣誉方面,作出了重大贡献,这也是军队在多数情况下愿意执行毁坏圣像政策的原因。但是,当帝国政策与军区利益无关或者相悖时,军区军队就会表现出淡漠或者反对的态度。例如在715年,当时的皇帝阿纳斯塔修斯二世派遣舰队和奥普斯金军区前往打击阿拉伯军队。但是奥普斯金军区对这位皇帝并不认可,因为在713年,奥普斯金军区参与叛乱,推翻了皇帝菲利彼库斯,但上台的阿纳斯塔修斯并非他们的皇帝人选。因此,在715年,奥普斯金军区拒绝执行阿纳斯塔修斯二世的命令,进而发动叛变,最终成功把奥普斯金军区当地的税收员推举为皇帝。当奥普斯金军区兵发皇城时,其他军区则对这场内战熟视无睹,"海军舰队就此散去,每个军团都直接返回自己的基地"④。军区军队的地方化导致它们注重各个军区自身的利益,但实质上,它们已经演变成不同的党派。

及至毁坏圣像时期,军区围绕各自利益,在帝国内政中相互博弈和斗争。而

① Nicephorus, *Breviarium*, 85.1 – 12.
② J. F. Haldon, "Military Service, Military Lands, and the Status of Soldiers: Current Problems and Interpretations", pp. 44 – 46.
③ W. E. Kaegi, JR., "The Byzantine Armies and Iconoclasm", pp. 49 – 50.
④ Theophanes, *The Chronicle of Theophanes Confessor*, pp. 533, 535 – 536; Nicephorus, *Breviarium*, 50, 1 – 18.

有些军区在某些时刻似乎是反对毁坏圣像政策,但其真正意图并不在此。据笔者统计,史料中提及军队以此为借口,参与内政的事件主要包括四个,我们不妨简单回顾。第一个事件发生在利奥三世开始毁坏圣像运动之后,希腊军区和基拉泽斯群岛的民众,谴责这种不虔诚,于是反叛皇帝。他们集结了一支舰队,拥立一位新帝,然后兵发君士坦丁堡,最终兵败遭到镇压。① 对此,学术界几乎达成共识,认为这是"混乱时期"军队频繁颠覆皇权的延续,希腊军区认为利奥三世根基未稳,有机会将其推翻,而反对毁坏圣像政策则是反叛的理由。②

第二个事件是在 741 年,利奥三世死后,女婿阿尔塔巴斯杜斯起兵叛乱,控制了君士坦丁堡,君士坦丁五世逃至安纳托利亚军区避难。彼时,叛乱者将其塑造成圣像的捍卫者,阿尔塔巴斯杜斯在击退君士坦丁五世的第一次反扑之后,在首都恢复圣像崇拜。③ 但是既有的史料完全没有提及阿尔塔巴斯杜斯拥有崇拜圣像的信仰。④

其三,在 786 年,当皇太后伊琳妮召开大公会议试图恢复圣像,结果被塔格玛禁卫军驱散。于是伊琳妮说服当时驻扎在色雷斯的亚洲军区与之合作,塔格玛禁卫军被调遣到东部后,这些亚洲军区的军队接管了首都戍卫,第七次大公会议得以召开。⑤ 但同样是亚洲军区的军队,在 790 年废黜了伊琳妮的摄政权,在 802 年推翻了她的统治,因此,这些军队显然并非因为圣像而帮助伊琳妮恢复圣像崇拜。⑥

最后一个事件发生在 820 年,在米哈伊尔二世成为皇帝后,"斯拉夫人"托马斯立刻起兵反叛。《塞奥多利·斯图迪特传记》中提及,托马斯自称是被废黜的皇帝君士坦丁六世,"接纳并崇拜圣像"⑦。但这一信息在其他相关史料中都无法得到佐证,真实性值得怀疑。考虑到托马斯的反叛旗号是为前任皇帝利奥五世复仇,而利奥五世是毁坏圣像运动的复辟者,因此,托马斯应该不会以崇拜圣像作为自己争夺拥护者的策略。

---

① Nicephorus, *Breviarium*, 60. 8 - 18; Theophanes, *The Chronicle of Theophanes Confessor*, p. 560.

② Θ. Κορρές, "Το κίνημα των Ελλαδικών", *Βυζαντιακά*, 1 (1981), pp. 37 - 49.

③ Nicephorus, *Breviarium*, 64. 15 - 42; Theophanes, *The Chronicle of Theophanes Confessor*, p. 575.

④ L. Brubaker and J. Haldon, *Byzantium in the Iconoclast Era c. 680 - 850*, pp. 156 - 158, 643.

⑤ Theophanes, *The Chronicle of Theophanes Confessor*, pp. 635 - 636.

⑥ Theophanes, *The Chronicle of Theophanes Confessor*, pp. 641, 655.

⑦ 转引自 W. E. Kaegi, JR., "The Byzantine Armies and Iconoclasm", p. 66。

　　由此可见,表面上因为圣像而发生分歧的军队内战,都蕴含其他政治利益和诉求。每个军区都因为自己的多重身份和标签而积极参与内政,从而呈现出党阀属性。在这其中,塔格玛禁卫军与行省军区军队之间,安纳托利亚和亚美尼亚两大最古老军区之间,海洋军区与陆地军区之间,东部军区与西部军区之间,经常因为利益而发生对抗。我们不妨以塔格玛禁卫军与行省军区军队之间的对抗做一简要分析。

　　塔格玛禁卫军作为职业军队出现在君士坦丁五世时期。它的出现源于皇权对军区军队干预帝国内政的担忧。在塔格玛禁卫军出现之前,首都的戍卫主要依赖奥普斯金军区;考虑到奥普斯金军区的重要性,其最高军事长官不是将军,而是单独设立为伯爵,在所有军官中军衔最高。① 由于奥普斯金军区直接负责首都防卫,因此,它从 8 世纪初便频繁参与帝国内政,在 713 年和 715 年先后推翻了两任皇帝。在 741 年阿尔塔巴斯杜斯的叛乱中,也是奥普斯金军区与其勾结,趁着君士坦丁五世驻扎在此军区,发动了突袭。②

　　考虑到奥普斯金军区的威胁,君士坦丁五世在掌权后,将其一分为三,除辖区大为缩减的新奥普斯金军区之外,还增加了布塞拉隆军区和奥普提玛泰军区,而且将他们最高军事长官的职衔降低一级,从而彻底消除了奥普斯金军区对皇权的实质性威胁。③ 与此同时,为了确保首都的防御力量,君士坦丁五世开始在传统禁卫军的基础上,增强军力,组建新的塔格玛禁卫军,包括"御林军团"和"岗哨军团"。④ 它们是职业军队,武器装备全部由国家提供,是皇帝亲自掌握的最重要军力。皇帝的重视带来塔格玛禁卫军的忠诚,因此,我们可以发现,他们是最常见的毁坏圣像群体。君士坦丁堡内与毁坏圣像相关的事件大多由塔格玛禁卫军完成。牧首尼基弗鲁斯对此有着明确的认识,他表示:"曾经在塔格玛禁卫军服役的相当一部分人构成了毁坏圣像的群体……他们中的大多数,由于在征召时已经极度粗

---

① Ralph-Johannes Lilie, "'Thrakien' und 'Thrakesion', zur byzantinischen Provinzorganisation am Ende des 7. Jahrhunderts, mit zwei Karten", *Jahrbuch der Österreichischen Byzantinistik* 26 (1977), pp. 9 – 10.

② Theophanes, *The Chronicle of Theophanes Confessor*, p. 575.

③ J. F. Haldon, *Byzantine Praetorians*, pp. 212 – 213.

④ J. F. Haldon, *Byzantine Praetorians*, pp. 228 – 233.

野和无知,因此坚持那个古老而不虔诚的教义。"①但塔格玛禁卫军在786年驱逐君士坦丁堡内准备恢复圣像的宗教会议时,首先强调的并非信仰背叛,而是皇权背叛。《圣塔拉西乌斯传记》提及:塔格玛禁卫军围攻教堂大门,"声称无法忍受君士坦丁曾经颁布的敕令遭到僭越,'我们不允许他的教义被背叛,也不允许有言论支持圣像崇拜。我们不会背叛他,不会放弃他的信仰,不会接纳崇拜圣像的论断。但如果有人在我们面前尝试如此,或者反对他召集的宗教会议,那么我们将用神父们的鲜血染红这片土地'"②。换言之,塔格玛禁卫军反对恢复圣像,并非因为坚守毁坏圣像的信仰,而是出于对君士坦丁五世的拥护,因为他们明白崇拜圣像者当权后,必将弱化他们的重要性。事实确实如此,伊琳妮在控制首都后,立即从色雷斯军区抽调士兵,组建听命于自己的塔格玛卫队,这就是著名的"数字军团"(Arithmos/Vigla);而尼基弗鲁斯一世则将阿纳多利亚军区内的一个图尔玛克调遣到君士坦丁堡,从而建立了被称为"盟邦军团"的塔格玛卫队。③ 塔格玛卫队的替代呈现的是政治权力的变更。

与此同时,由于塔格玛禁卫军在内政中极具影响力,因此它们遭到地方军区的嫉妒。786年,亚洲军区乐于帮助伊琳妮,将塔格玛禁卫军驱逐出首都,正是源于这种对抗。这一举措导致君士坦丁堡军队干政出现短暂的真空期,军区军队乘虚而入,试图重夺对首都统治阶层的控制。亚美尼亚军区表现得最为明显。他们先是在790年拒绝向皇太后伊琳妮宣誓效忠,成功罢免了伊琳妮的摄政权,扶持君士坦丁六世成为唯一的统治者。但亚美尼亚军区仍然未能对君士坦丁六世施加有效的影响,后者甚至在朝臣的压力下,违背亚美尼亚军区的政治意愿,再度恢复了伊琳妮的共治权,于是792年亚美尼亚军区将自己的军区将军阿莱克修斯·穆瑟勒视为皇帝人选。虽然亚美尼亚军区的叛乱遭到镇压,但是他们明确呈现出与塔格玛禁卫军争夺首都影响力的意愿。④ 无论是塔格玛禁卫军的毁坏圣像,还是亚美尼亚军区对崇拜圣像的君士坦丁六世的支持,都无关圣像信仰,而是政治

---

① 转引自 W. E. Kaegi, JR., "The Byzantine Armies and Iconoclasm", p.66。

② Ignatios the Deacon, *The Life of Patriarch Tarasios*, translation and commentary by S. Efthymiadis, Aldershot, Brookfield: Ashgate, 1998, p.182.

③ J. F. Haldon, *Byzantine Praetorians*, pp.236-252.

④ W. E. Kaegi, JR., "The Byzantine Armies and Iconoclasm", p.64.

斗争的体现。

概而言之,在宗教社会学视角中,拜占庭帝国围绕圣像可以分为两个派别,即毁坏圣像派和崇拜圣像派。但是在军队的政治属性中,军队的派别并非围绕圣像而产生,更不是非此即彼的关系,而是围绕军区利益形成了多个党派。如果用一种简单的二元关系来看待军队的政治属性,自然产生了既有研究中的困境。军队是毁坏圣像最主要的群体,这是部分军队效忠毁坏圣像皇帝的体现,而不是这些军队信仰毁坏圣像教义的表征。军队内部呈现的多元对抗,表明我们无法从整体上分析军队对待圣像的态度。我们应该探讨的并非军队在毁坏圣像运动中的角色,而是这一时期军队在帝国内政中的作用。

第三章

4—9世纪拜占庭帝国
与中国的关系

第一节

欧亚大陆政治格局中的拜占庭帝国与中国

这一时期拜占庭—中国的关系与欧亚大陆政治格局变化密切相关。欧亚大陆的政治格局以7世纪中叶为限分为前后两个阶段。拜占庭—中国关系主要存在于前一个阶段。在这个阶段,欧亚大陆政治格局中几个重大势力关涉最为密切:拜占庭帝国、波斯萨珊帝国、中亚势力(嚈哒、突厥)、中华帝国。阿拉伯伊斯兰势力在7世纪中叶以后强势崛起,冲击并打破了欧亚大陆此前的政治格局,也改变了这几个势力之间的关系。

330年,君士坦丁大帝将罗马帝国的首都由罗马迁往博斯普鲁斯海峡西岸的希腊旧城拜占庭,改名为君士坦丁堡,这一行动表明帝国中心已经东移,一个新型帝国在原来的罗马帝国框架内已经形成。5世纪后半叶,帝国西部的统治覆亡于蛮族入侵的洪流中,帝国中央集权制传统中断。新的东部帝国虽也遭受了蛮族的入侵,但凭借着其优越的地理和社会优势,以及灵活的外交策略,顶住了内部危机和蛮族入侵的冲击而生存了下来,并且显露出勃勃生机,经过几代皇帝的励精图治,帝国在内政外交上都已渡过难关,走上了复兴之途,到阿纳斯塔修斯时代,帝国已经从蛮族入侵造成的破坏和萧条中恢复过来。到查士丁一世(Justin I,518—527 年在位)和查士丁尼一世时代,一个新的强大帝国已经初步形成。这一历史时期,拜占庭帝国不仅成功地经受住来自北方边境的蛮族冲击和破坏,而且转入反攻,重新征服被蛮族占领的罗马帝国西部领土,将整个地中海东部至于控制之下;在东部边境,拜占庭帝国成功地遏制了波斯萨珊帝国的攻势,保持了东部边境的完整,伊拉克略时期拜占庭帝国对波斯军事行动取得巨大成功,但这种成功只是昙花一现,持续的时间很短,旋即被新崛起的阿拉伯势力所取代。

中国经历了相似的政治形势。在经历了两汉的繁荣以后,中国也进入了一个国力衰退的时代。东汉帝国中央政权倾覆以后,国家陷于混乱。随后而来的是魏、蜀、吴三国并立以及西晋(281—317 年)的短暂统一。中国北部陷于入侵的蛮族之手,317 年晋朝迁都南京,使欧亚大陆两端的两大帝国——中华帝国与罗马帝国——的政治形势呈现出极大的相似性。所不同的是,君士坦丁堡的建立在很大程度上意味着古希腊文化传统的复振,而东晋的定都建康则意味着中国传统文化的中心地带陷于蛮族之手。不过,与蛮族政权建立后罗马帝国西部的蛮族化所不同的是,统治中国北部的蛮族迅速同化于发达的中原文明,特别是 439 年拓跋部建立的北魏(386—534 年)统一北方各小王朝后,中国北部逐渐发展、繁荣起来。534 年北魏分裂为东魏和西魏,而二者又分别于 550 年和 557 年为北齐和北周所取代。与此同时,中国南部则先后历经四个王朝:宋、齐、梁、陈。继起的隋王朝以及它在 589 年的一统天下,标志着中国进入统一的新阶段。隋王朝的政治成果为生机勃勃的唐王朝所继承。南北朝晚期中国北方王朝与嚈哒、突厥交往频繁,隋朝对西域的经营十分积极,唐初期向中亚地区的经营和扩张达到历史上的空前规模,在西域形成长期而持续性的影响。

萨珊波斯与中亚政权(嚈哒与突厥)是处于拜占庭与中国之间的两大势力,这四种势力并存于欧亚大陆,成为主导这一时期国际关系的主要力量。

公元 226 年,阿尔达希尔一世(Ardashir I,224—242 年在位)建立萨珊王朝,取代此前统治伊朗高原的帕提亚王朝,建都泰西封。新兴波斯萨珊朝帝国几乎与拜占庭帝国同时走上复兴与强盛,地缘政治决定了它要与拜占庭帝国角逐西亚霸权,同时应对来自中亚的新兴势力对东部边境的威胁。公元 232 年,阿尔达希尔一世挥师东进，征服贵霜帝国。公元 260 年，沙普尔一世（Shapur Ⅰ）在埃德萨击败了罗马帝国，俘虏罗马皇帝瓦勒良（Publius Licinius Valerianus，253—260 年在位）。阿尔达希尔一世与沙普尔一世之后，萨珊王朝五代君主均平庸无能。公元 298 年，罗马皇帝戴克里先在萨塔拉战役中打败萨珊王朝，波斯割让亚美尼亚和亚述地区。萨珊王朝一代明君沙普尔二世（Shapur Ⅱ，309—379 年在位），于公元 363 年在萨迈拉战役中大败罗马帝国，夺回亚美尼亚和亚述地区。此后萨珊王朝和罗马—东罗马帝国基本上维持着和平局面。

6 世纪初叶以后，拜占庭与波斯的关系特点是敌对与友好交错，战争与和平相随。524 年波斯军队侵入伊伯里亚（即格鲁吉亚），527—531 年双方的冲突扩展到两河流域。532 年查士丁尼为了将军队集中于地中海西部进行征服活动，曾以支付巨额年金为代价与波斯缔结和约，但波斯不愿看到拜占庭军队在西部的成功，当拜占庭帝国军队在著名将领贝利撒留忙于征战时，于 540 年发动对叙利亚的攻击，进至安条克并洗劫之。此后两国冲突不断，直到 562 年拜占庭帝国支付重金与波斯缔结 50 年和平协约。但是两个帝国对高加索地区各小国的觊觎和争夺，很快再次引起冲突。575 年，波斯击败拜占庭，576 年拜占庭又击败波斯，随后两国间又进行了一系列小规模的战争，一直持续到 591 年两国缔结和平条约。602 年，波斯皇帝科斯罗埃斯二世再次发动对拜占庭帝国的战争，611 年占领安条克，612 年占领大马士革，614 年占领耶路撒冷和埃及。然而，一代雄主伊拉克略迅速遏止了波斯的攻势，并于 622—628 年彻底击溃之。连绵不断的冲突和战争给两个帝国带来了毁灭性的后果：在最后的决斗中，它们的有生力量消耗殆尽，当新兴的阿拉伯伊斯兰势力对两个西亚大帝国发动猛烈的征服战争时，两国军队无力组织有效的抵抗，波斯很快被征服，拜占庭则永远失去了帝国东部的大部分领土。

在拜占庭帝国与波斯帝国的关系中，兴起于波斯背后的中亚政权发挥着重要作用。它可以为拜占庭所利用来缓解拜占庭—波斯边境压力，也可以被波斯联合攻击拜占庭帝国。

5 世纪以后，中亚的嚈哒成为波斯东部边境的威胁。嚈哒人即白匈奴，中国史籍称之为"滑国"，公元 4 世纪末从塞北进入粟特地区（Sogdiana）。从 5 世纪 20

年代开始,嚈哒人入侵萨珊波斯。波斯国王巴拉姆五世(Bahram V,420—438年在位)在木鹿地区大败嚈哒,杀其王。其子亚兹达吉尔德二世(Yazdagird Ⅱ,438年在位)为应对嚈哒,对拜占庭采取守势。卑路斯一世(Peroz Ⅰ,459—484年在位)同嚈哒作战,两次被俘,在公元484年第三次对嚈哒开战时战死,嚈哒夺取呼罗珊等地,征服整个东伊朗地区。嚈哒对波斯的入侵行动似乎受到拜占庭的鼓动。① 嚈哒南进征服大部分北印度地区,东进葱岭以东。6世纪初嚈哒势力达到极盛,"西域康居、于阗、沙勒、安息及诸小国三十许皆役属之,号为大国"(《魏书》)。5世纪末至6世纪中叶,嚈哒统辖犍陀罗、粟特、大夏、布哈拉、呼罗珊、和阗、喀什噶尔,成为中亚地区的主人。②

突厥最初居于准噶尔盆地之北,叶尼塞河上游,后迁至高昌的北山(今博格达山)。5世纪前叶,柔然攻占高昌,突厥沦为柔然的奴隶,成为从事锻铁之业的"锻奴"。546年,突厥首领阿史那土门,率其部众击败了进攻柔然的铁勒各部,降其众5万多人,突厥由此势力大振。土门恃其强势,向柔然首领求婚,遭到侮辱性拒绝。土门盛怒之下率部众反叛,于552年击灭柔然,自称伊利可汗,建立突厥汗国。突厥汗国分为两部:东部(或称北部)以鄂尔浑河为中心,由土门统辖,拥可汗称号;西部以伊犁河即所谓乌孙故地为中心,由土门之弟室点密(Istarni,562—576年在位)统领,拥叶护称号,此为西突厥。东、西两突厥在584年前后发生政治分裂。③ 659年,西突厥被唐朝征服。从6世纪中叶到7世纪中叶,中亚地区见证了突厥帝国的兴起和强盛。

柔然势力覆亡以后,突厥成了嚈哒的近邻。公元531年,波斯一代雄主科斯

---

① 484年波斯国王被嚈哒击败。史料记载:"匈奴人从波斯人把守的关口和山区冲出,入侵波斯领土,卑路斯大惊,召集军队前往迎击。他向匈奴人追问何以策划和入侵他的国土,后者告诉他:'波斯国以贡物方式给我们的的东西,对我们外邦人而言是不够的 …… 罗马国王遣使向我们许诺,只要我们断绝与你们波斯人的友好关系,将给我们两倍的贡物'……匈奴人的四百名首领在一起,与他们在一起的是阿帕梅亚(在叙利亚境内——引者注)的精明商人尤斯塔斯……商人尤斯塔斯鼓励匈奴人说,即使他们人数更少,也不应该惊慌。"见Zachariah of Mitylene, *Ecclesiastical History*, Ⅶ, 3; F. J. Hamilton and E. W. Brooks trans., *The Syriac Chronicle Known as that of Zachariah of Mitylene*, London, 1899, pp. 151–152, Étienne de la Vaissière quoted, James Ward trans., *Sogdian Traders: A History*, Leiden-Boston : Brill,2005, p. 233。

② [俄]李特文斯基主编,马小鹤译:《中亚文明史》第3卷,北京:中国对外翻译出版公司2003年版,第112页;余太山:《嚈哒史研究》,济南:齐鲁书社1986年版,第1—3页。

③ [法]沙畹著,冯承钧译:《西突厥史料》,北京:中华书局2004年版,第193—194页;马长寿:《突厥人与突厥汗国》,上海:上海人民出版社1957年版,第16—33页。

罗埃斯一世即位,励精图治,波斯势力达到鼎盛时期。波斯与新崛起的突厥结盟,
南北夹击嚈哒,突厥攻击布拉哈,萨珊进攻拔汗那,嚈哒于560年前后灭亡。萨珊
波斯恢复在东伊朗地区的统治。西突厥占有阿姆河以北的嚈哒旧土,以阿姆河的
铁门为界,成为波斯的直接邻国①,不久突厥将势力向南扩展到罽宾(Kapisa,迦毕
试),将嚈哒旧壤从波斯手中完全夺取,西部扩展到里海北岸和高加索以北,在东、
北两个方面对波斯构成了严重威胁。② 此时的波斯发现自己正面临着一个比嚈
哒更强劲且危险的敌人,意识到突厥不可能安于现状,迟早会觊觎波斯本土,必须
尽一切努力加以防范。两国间的敌对倾向由此产生。

在这一时期欧亚大陆政治格局中,拜占庭帝国与中华帝国之间的关系,基本
上是以东西交流早已存在的商贸联系为基础的间接性的交流,同时服从于拜占庭
与波斯、中亚势力(尤其是突厥)的互动。

对拜占庭帝国本身而言,6世纪初叶以后国力达于鼎盛,版图囊括西亚、地中
海东岸和北非,成为横跨欧亚非三大洲的大帝国,具备了对东方交往的客观条件。
君士坦丁堡位处欧亚之间,地理位置优越,是联系东西方的金桥,商业发达、经济
繁荣之下的财富积累条件得天独厚,贵族阶级竞相奢华,对东方奢侈品特别是香
料、丝绸的需求增加。帝国内部存在对东方交往的动力。从地理位置上,拜占庭
帝国与波斯帝国接壤,互为竞争对手。拜占庭帝国面临北部边境与西部边境的压
力,希望从波斯的东边边境寻找同盟以制衡波斯,因此关注波斯东部边境,尤其是
中亚力量的变化。新兴游牧民族嚈哒,尤其是突厥崛起,自然会吸引拜占庭帝国
的注意力,成为其外交活动的目标。

而对于中亚的突厥政权,与波斯的敌对关系促使其从拜占庭帝国方面寻找同
盟以便对付波斯。这种地缘政治加上经济利益的推动,使其迅速采取行动。中亚
商业民族粟特人从嚈哒政权之下转移到突厥政权之下,不失时机地利用突厥在中
亚确立的威望推动自己的事业,希望进一步拓展商业空间。粟特人利用西突厥威

---

① 余太山:《嚈哒史研究》,第103—113页。
② [法]沙畹:《西突厥史料》,第197—202页;D. Sinor,"The Historical Role of the Turk Empire",*Journal of World History*, Paris, 1953, vol. 1, no. 2, p. 429; D. Sinor, *Inner Asia and its Contacts with Medieval Europe*, London:Variorum Reprints, 1977, pp. 427 - 434。

势,试图打开波斯的丝绸市场,遭到波斯严厉拒绝后,转而敦促西突厥将丝绸直接销往君士坦丁堡。西突厥和拜占庭帝国由此展开近十年(568—576年)的密切交往,并形成共同对付波斯萨珊朝的军事联盟。①

为了应对来自中亚的威胁,波斯主动展开与中原王朝的外交。455年,波斯首次向北魏派出使团,至魏孝明帝正光三年(522年),达10次之多。北魏于献文帝皇兴二年(468年)也向波斯遣使。魏宣武帝正始四年(507年),魏孝明帝熙平二年(517年)及魏废帝二年(553年),不仅有波斯遣使,也有嚈哒国遣使,说明此时的中国北方虽未统一,但已经出现相对强大的政权,在欧亚大陆的政治格局中重新成为一个政治力量,在波斯与嚈哒的角逐中,成为二者竞相结交的对象。突厥取代嚈哒而成为中亚强权后,不仅对波斯构成威胁,而且利用北周、北齐对立角逐北方霸权的机会,予取予夺,分化利用,乘北周、北齐鹬蚌相争之机大获其利,成为波斯和中国共同的敌人。(北周)天和二年(567年),波斯王向北周遣使(《周书·异域志》,显示出波斯联合中国抗击新兴之敌突厥之意图;②而中国主动与波斯发展关系,显然也是因为突厥勃兴造成的巨大压力,使中国产生联合波斯以牵制突厥的需求。隋炀帝(605—618年)时,派遣李昱出使波斯,波斯随之遣使随李昱入隋。李唐勃兴之后,中国进入经营西域、解决突厥威胁的重要时期,终于在659年击灭西突厥,彻底解决突厥问题。

唐朝与波斯最密切的交往是在抗阿拉伯穆斯林勃兴时期。面对咄咄逼人、势不可挡的阿拉伯征服势力,事关生死存亡,波斯帝国殊死抵抗。但在阿拉伯人的凌厉进攻中,萨珊波斯由于此前与拜占庭角逐西亚霸权而耗尽国力,很快就失去了有效抵抗。末代皇帝耶济德三世组织的大规模抵抗失败,皇帝本人于651年逃到吐火罗的梅尔夫(Merv),旋即被杀害,波斯帝国灭亡。8世纪初叶阿拉伯人将

① Menander: *The History of Menander the Guardsman: Introductory Essay*, Text, Translation and Historical Notes, by R. C. Blockley, Liverpool: Francis Cairns Ltd, 1985, pp. 111 - 127, 171 - 179; *Excerpta historica iussu imp. Constantini Porphyrogeniti confecta, vol. 1: excerpta de legationibus*, C. de Boor ed., pp. 1 - 2, Berlin: Weidmann, 1903, TLG, Nos. 4076003 and 4076004; *Excerpta historica iussu imp. Constantini Porphyrogeniti confecta, vol. 4: excerpta de sententiis*, U. P. Boissevain ed., Berlin: Weidmann, 1906, TLG, No. 4076005; F. Halkin ed., "Un nouvel extrait de l'historien byzantin Menandre?" *Zetesis (Festschrift E. de Strycker)*, Antwerp: De Nederlandsche Boekhandel, 1973, TLG, No. 4076006. 张绪山:《6—7世纪拜占庭帝国与西突厥汗国的交往》,《世界历史》2002年第1期,第81—89页。

② H. Yule, *Cathay and the Way Thither*, vol. Ⅰ, London: Hakluyt Society, 1915, p. 96.

中亚作为征服目标并展开强大攻势,波斯皇室残余力量坚持的抵抗逐渐失去效力,中国最终成了亡国的波斯皇族和数以万计波斯流亡者的避难地。据《册府元龟》,从贞观二十一年(647 年)至大历六年(771 年),波斯向中国派遣使节近 30次,目的是向唐政府请求援助。①

阿拉伯伊斯兰势力的崛起及扩张,改变了欧亚大陆的政治格局。最显著的表现首先是波斯帝国灭亡;其次是拜占庭帝国永久地失去了在非洲、地中海东岸以及小亚的大片领土,曾经领土横跨欧亚非的帝国风光不复存在,疆域局促于小亚与巴尔干半岛一隅,虽然后来转入反攻,领土有所扩展,但终究再未达到此前的规模,而且始终未能摆脱伊斯兰教势力包围之下面临的威胁。阿拉伯穆斯林势力吞并北非领土,渡过直布罗陀海峡,占领比利牛斯山脉以南地区并向欧洲推进,732年败于查理·马特统治下的法兰克军队以后,才停止向欧洲腹地入侵;另一方面,穆斯林势力向东扩张至中亚,占领河中地区,并推进到印度北部。751 年,阿拉伯军队与唐朝军队在中亚的怛逻斯遭遇并爆发战争,唐朝军队败绩。755 年安史之乱的爆发更使唐朝经营西域的力量受到削弱,唐朝在中亚的势力逐渐萎缩乃至最后放弃西域。

随着阿拉伯成为欧亚大陆的主导力量,拜占庭帝国、萨珊波斯帝国、中亚突厥帝国与中华帝国四大势力并立的局面不复存在,拜占庭帝国与中国也随之疏远。

第二节

拜占庭帝国与中国的商贸联系

330 年罗马帝国首都由亚平宁半岛的罗马迁往黑海沿岸的君士坦丁堡,大大提高了穿越伊朗高原的中部丝绸之路和北方草原之路的重要性。北方草原之路

---

① H. Yule, *Cathay and the Way Thither*, vol. Ⅰ, p. 96; J. Gaston-Mahler, *The Westerners among the Fugurines of the Tang Dynasty of China*, Roma:Is. MEO, 1956, pp. 13 - 14.

上部落众多,造成交流上的不稳定性和障碍,使罗马帝国沿这条道路与东方的交流处于相当低的水平上。6世纪中叶,由于地理位置,不管是经过亚洲陆路而来的商路,还是经过波斯湾和红海水路的商路,都被波斯帝国所控制。这一时期拜占庭与波斯间进行的频繁战争,很大程度上缘于贸易,且丝绸贸易是其主要因素;波斯利用其天然的有利条件成功垄断了对罗马帝国的丝绸供应。由于6世纪中叶以前中国是生丝的主要来源,所以,拜占庭帝国为打破波斯丝绸贸易垄断所做的种种努力,其目的都是获得中国的丝绸货源。

一、 丝绸在拜占庭社会生活中的意义

自建都君士坦丁堡之后,丝绸成为拜占庭帝国不可缺少的物料,拜占庭帝国成为生丝的最大消费者。随着国力的壮大,特别是由于与东方的接近,拜占庭帝国上流社会的奢侈之风越来越重,追求东方情调和东方奢侈品,尤其是对中国丝绸的兴趣愈益浓厚,对远东奢侈品的嗜好已经远甚于罗马帝国盛期。

对于拜占庭帝国而言,丝绸不仅仅是一种简单的消费品,它的意义也不仅仅局限于消费领域。在拜占庭帝国境内,丝绸已被赋予了社会意义,承担着普通物品难以具备的社会功能。拜占庭社会是一个等级社会,从皇帝到各级官僚形成一个金字塔式的等级结构,在很大程度上类似于延续2 000余年的中国封建社会。正如中国社会的等级制度通过一套相关服饰制度加以保障一样,拜占庭社会的等级制度也主要是由服饰加以体现的。皇帝身穿锦缎,头戴冠冕,身佩珠玉,流光溢彩,炫人眼目;各级官僚在衣着上虽然不及皇帝华丽,但也是丝服赫然,与芸芸众生迥然不同。因此,在拜占庭帝国,丝绸衣装作为身份地位象征,大量消费于王公贵族等上流社会,与帝国宫廷和贵族阶级的政治地位和特权联系起来。

在世俗权力体系之外,教会也是一个特权阶级。313年基督教会的合法性确立以后,政治地位提高;由于大量接受财产赠予,经济势力逐渐强大。4世纪成为教会迅速发展的时期,不仅表现在教堂的大规模兴建,而且表现在教士生活方式的变化,教会盛行以丝绸装饰教堂,以丝绸制作教士法衣,以丝绸裹尸体下葬,成

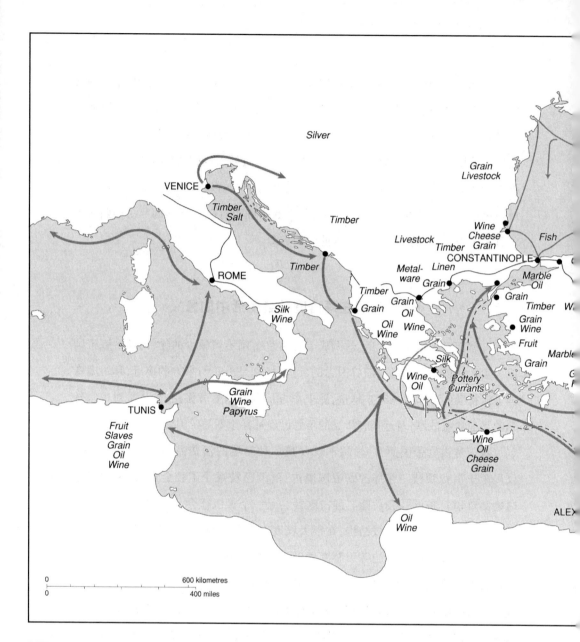

图4 中期拜占庭帝国的商贸路线图

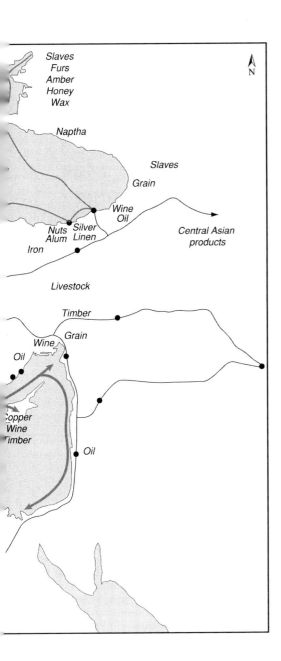

- VENICE 威尼斯
- Timber 木材
- Salt 盐
- ROME 罗马
- Silk 丝绸
- Wine 葡萄酒
- Grain 谷物
- Papyrus 纸莎草纸
- TUNIS 突尼斯
- Fruit 水果
- Slaves 奴隶
- Oil 食用油
- Silver 银
- Livestock 牲畜
- Metalware 金属器皿
- Linen 亚麻布
- Cheese 奶酪
- CONSTANTINOPLE 君士坦丁堡
- Pottery 陶器
- Currants 葡萄干
- Fish 鱼
- Marble 大理石
- Horses 马匹
- Copper 铜
- Furs 毛皮制品
- Amber 琥珀
- Honey 蜂蜜
- Wax 蜡
- Naptha 石油
- Nuts 坚果
- Alum 明矾
- Iron 铁
- Central Asian products 中亚的产品
- ALEXANDRIA 亚历山大城，或译亚历山大里亚
- Cotton 棉花
- Spices 香料
- Porphyry 斑岩

为丝绸、香料等奢侈品的大消费者。①

普通民众不能穿着与贵族同等质量的丝绸,也不能私自生产某些上等丝绸。不过,皇帝和特权阶级乐于保持普通民众对于外邦人(尤其是蛮族)的优越感,所以并不干预他们从事普通质量的紫色颜料、丝绸的生产,也不禁止他们穿着低等的丝服。4世纪后期马尔切利努斯(Marcellinus)写道:“丝绸的使用曾经仅仅限于贵族阶级,现在却毫无差别的遍及所有阶级,甚至社会最下层。”这种描述有夸张的成分,社会最下层的民众购买丝绸的能力不会太大,但上流社会奢侈生活的流风所及,已感染到社会下层民众,确是无可怀疑的事实。

丝织业成为国家收入的主要来源之一,也使整个拜占庭社会获得好处。正如洛佩斯所说:“由于丝绸(对外)的垄断,富裕的市民可以将自己和他们的家庭装饰地异常华丽。对于广大的中产阶级的工匠和商人,丝织业是生计和繁荣的来源。即使是下层社会,不管是否意识到,他们也从垄断所保障的金融稳定和政治威望中享受到好处;他们享受到较低的征税,也较少遭到入侵。”②

11世纪中叶以前,拜占庭帝国是欧洲唯一掌握养蚕制丝技术的国家,正如从前波斯从它对丝绸贸易的操控中显示其国家力量一样,拜占庭帝国对于它的北方蛮族国家和西欧国家,也处于类似的独特地位:它不仅可以从生丝贸易中赚取大量金钱,同时也通过操控这种紧缺物品显示其国家力量。丝绸与奢侈生活方式的联系,对于权威的象征意义,使拜占庭外交获得一个有力的武器。这个武器有两种作用:一是以丝绸为外交礼物赠送蛮族,以达到敦促邦交的目的;③二是以丝绸

① [美]汤普逊:《中世纪经济社会史》上册,第84—85页。

② R. Lopez, “Silk Industry of the Byzantine Empire”, *Speculum*, 20/1 (1945), p. 2; R. Lopez, *Byzantine and the World around it: Economic and Institutional Relations*, London: Variorum Reprints, 1978, Ⅲ.

③ 在拜占庭的外交活动中,丝绸作为极端富贵的奢侈品发挥了独特作用。帝国为阻止蛮族入侵,把大量奢侈品送与蛮族首领,满足他们的贪欲,同时也借此显示帝国的富裕,提高君士坦丁堡的威望。408年,阿拉里克率领西哥特军队围攻罗马,向帝国政府勒索大量财物,其中包括丝绸外衣4 000件。见 G. F. Hudson, *Europe and China: A Survey of Their Relations from the Earliest Times to 1800*, London: Edward Arnold& Co, 1931, pp. 116 - 117;448年拜占庭使节马克西姆在撒尔底迦(Sardica)宴请匈奴首领阿提拉出使君士坦丁堡的使节,赠送丝绸衣袍和印度宝石。J. Bury, *A History of the Later Roman Empire from Arcadius to Irene (395 AD to 800 AD)*, vol. Ⅰ, p. 213.

作为炫耀国家威仪的手段,慑服潜在的外邦敌手,杜绝其觊觎之心。① 由于丝绸在拜占庭帝国的广泛使用,4—7 世纪的拜占庭帝国成为西方世界最大的包括丝绸在内的奢侈品消费者。

二、 普罗柯比记载中的丝绸贸易

3 世纪危机以后,随着罗马地位的衰落和新的政治、经济中心东移君士坦丁堡,丝绸之路的西段也逐渐北移,与波斯帝国的关系因地缘政治而变得更为重要。为了遏制丝绸贸易中的不利因素,抑或是为了帝国东部边境的安全,罗马帝国为这种贸易限定了几个中心:298 年罗马帝国皇帝和波斯萨珊国王纳尔泽斯(Narses)达成协议,以底格里斯河上游的尼西比斯为两国丝绸贸易点;408—409 年两国又增加幼发拉底河上游左岸的卡利尼古姆(Callinicum)和波斯—亚美尼亚地区的阿尔塔哈塔(Artaxata)两个贸易点。帝国为这个协定颁布的一项敕令解释说,帝国政府做出这样的限制的目的,是害怕"外国人窥探到一些秘密"②。此后两大帝国在这三个通商口岸的丝绸贸易进行了大约 2 个世纪。③

根据普罗柯比的记载,6 世纪上半叶,波斯—亚美尼亚地区的第温成为两国的重要贸易地。"从印度和伊比利亚的邻近地区,以及差不多波斯各族那里,以及罗马人统治下的许多地区,他们带来商货在这里彼此交易。"④中国丝绸应是这里

---

① 从 4 世纪以后,拜占庭帝国就形成一套程序:从边境接待使节到护送使节进京觐见皇帝,都有固定的程序。其目的是防止使节窥伺帝国要津的军事防御,同时充分利用心理战,阻止潜在敌对势力对帝国领土或财富的觊觎,或者化解潜在的危险或威胁;其基本手段之一,是利用外国使节来访的机会,将帝国的强大和辉煌烙印在使节的记忆里。这个过程的高潮是身穿华丽丝袍的皇帝对使节的接见,以及故弄玄虚地制造摄人心魂的神秘气氛。F. Tinnefeld, "Ceremonies for Foreign Ambassadors at the Court of Byzantium and Their Political Background", *Byzantinische Forschungen*, XIX (1993), pp. 193 - 213, 202 - 203.

② *Cod. Just .*, IV, 63, 4; A. A. Vasiliev, *Justin the First: An Introduction to the Epoch of Justinian the Great*, Cambridge Mass:Harvard University Press, 1950, p. 359.

③ A. H. M. Jones, *The Later Roman Empire* (284 - 602), vol. 2, p. 827; L. Boulnois, *The Silk Road*, Chamberlin trans., New York:E. P. Dutton & Co, 1966, p. 119; I. M. Frank & D. M. Brownstone, *The Silk Road: A History*, New York & Oxford:Factson File, 1986, p. 153.

④ Προκόπιος, *Opera Omnia*, I, J. Haury, Lipsiae 1962 - 1964, pp. 263 - 264; Procopii Caesariensis, *Opera Omnia*, vols. 1 - 2, TLG, No. 4029001.

贸易的主要商货之一。① 普罗柯比没有特别提到丝绸贸易,可能是因为丝绸贸易是拜占庭帝国与波斯边境贸易不言自明的内容。在一段有关进入拜占庭的"米底布"的记载中,普罗柯比写道:"这就是丝绸,人们现在习惯于以它制造衣装,从前时候希腊人称之为米底布,现在称之为赛里斯布。"②从前希腊人之所以称丝绸为"米底布",是因为希腊人直接从波斯境内西北部的米底人(Medians)手中购得丝绸,其与丝绸相关的知识仅限于直接的经营者米底人;拜占庭人称之为赛里斯布,说明此时他们知道丝绸这种物产来自远方的丝绸之国赛里斯(Seres),米底人只不过是居间经营者,并非生产者。

　　普罗柯比对第温的商业重要性的记载,证明这一时期丝绸之路具有不容置疑的重要性。这一点也为科斯马斯·印第科普莱特斯(Cosmas Indicopleustes)对"秦尼扎国"的记载所证实。科斯马斯说从"秦尼扎国"出发,丝绸商队从陆地上经过各国辗转到达波斯,所需要的时间比较短,而由海路到达波斯的距离大得多,他以此解释"波斯何以总是积储大量丝绸"。在这种贸易中,波斯帝国处于主动的垄断地位,拜占庭帝国则不得不仰给于波斯。③

　　拜占庭帝国无时不想摆脱波斯的控制,打破波斯的垄断,开通另外一条道路以到达中国的丝源。6世纪初叶锡兰(今斯里兰卡)成为新的丝绸市场,引起拜占庭帝国的高度重视,燃起拜占庭帝国打破波斯垄断的希望之火。然而,从3世纪起,罗马的统治仅限于红海北部,曼德海峡以远的东方贸易由埃塞俄比亚地区的阿克苏姆王国控制。经常出入锡兰的是埃塞俄比亚人和波斯人,拜占庭帝国无法越过他们直达自己的目标。④

　　不过,埃塞俄比亚王国对拜占庭帝国长期保持友好关系,这使拜占庭帝国可以利用这种关系来达到自己的目的。查士丁一世利用帝国与埃塞俄比亚王国宗

① A. A. Vasiliev, *Justin the First*, p. 358.

② Procopius, *History of the Wars*, H. B. Dewing ed., London: William Heinemann Ltd; New York: Harvard University Press, 1958, Ⅰ, xx, 9-12.

③ [美]汤普逊:《中世纪经济社会史》上册,第208—209页。

④ Cosmas Indicopleustes, *The Christian Topography of Cosmas*, J. W. McCrindle trans., New York, 1897, pp. 365-366; Cosmas Indicopleustès, *Topographie Chrétienne*, W. Wolska-Conus ed., 3 vols., Paris: Cerf, 1968, 1970, 1973, TLG, No. 4061002.

教信仰相同这一有利条件为己服务。尽管埃塞俄比亚王国信仰一性派基督教,而拜占庭是东正教派,但在处理与异教的关系上具有相同的立场。524—525 年,拜占庭帝国为埃塞俄比亚王国提供许多船只,支持埃塞俄比亚发动对阿拉伯南部的希米亚提王国的战争,并摧毁之。毫无疑问,拜占庭帝国与如此遥远的国家发展关系,其动力是商业利益。① 这种友好关系有利于拜占庭帝国实施其计划。

531 年左右,查士丁尼皇帝展开外交活动,派遣使节到埃塞俄比亚国和希米亚提国,劝诱他们前往锡兰购买丝绸,然后转卖给罗马人,其劝诱之词的关键,是向他们指出了拜占庭帝国的计划一旦付诸实施,将给双方带来的好处:"这样做可以赚取很多钱,而罗马人也可以在一个方面受益,即不再把钱送给它的敌人波斯。"埃塞俄比亚人和希米亚提人接受了请求,却未能实现诺言。普罗柯比解释失败的原因:"波斯人总是占据印度(锡兰)船开进的每一个港口(因为他们是邻国),通常收购了所有货物,埃塞俄比亚人不能进港购得丝绸;而希米亚提人则无法渡过如此广阔的沙漠,与如此好战的民族(波斯)对抗。"②普罗柯比的解释揭示了这一历史事件的部分真相③,但不是全部。埃塞俄比亚人和希米亚提人不能如拜占庭人的愿望行事,原因还在于,他们在长期的东方贸易中与波斯人已达成默契,即埃塞俄比亚人和希米亚提人垄断香料贸易,而波斯垄断丝绸贸易,他们不愿为拜占庭帝国的利益而卷入两败俱伤的竞争;另一种可能是,锡兰人从商业利益考虑,可能也不愿为拜占庭帝国的利益损坏已与波斯建立起来的商业关系。④ 不管出于何种原因,拜占庭帝国计划的受挫,说明波斯不仅垄断了中部丝绸之路,同时在很大程度上控制了海上贸易。

拜占庭帝国所需生丝的供给几乎完全依靠它与波斯的关系。波斯人十分清楚地知道自己掌握的这种优势,因此充分利用这种优势,使之成为一种强大而有

---

① A. A. Vasiliev, *Justin the First*, p. 296; R. Browning, *Justinian and Theodora*, London: Weidenfeld and Nicolson, 1971, pp. 241 - 242; J. B. Bury, *History of the Later Roman Empire: from the Death of Theodosius I to the Death of Justinian*, vol. Ⅱ, New York: Dover Publications, 1958, p. 316.

② Προκόπιος, *Opera Omnia*, Ⅰ, xx, 9 - 12.

③ T. Daryaee, "The Persian Gulf Trade in Late Antiquity", *Journal of World History*, vol. 14, no. 1, 2003, pp. 9 - 11.

④ G. F. Hudson, *Europe and China*, p. 157; G. F. Hourani, *Arab Seafaring in the Indian Ocean in Ancient and Early Medieval Times*, Princeton, N. J.: Princeton University Press, 1951, p. 44.

效的武器,迫使拜占庭帝国在处理两国关系时做出妥协。531年,拜占庭对埃塞俄比亚人的外交活动失败以后,拜占庭帝国在两国的条约中重新承认波斯作为生丝供应者的地位。但是,查士丁尼皇帝时期两大帝国的敌对状态和战争,不能不对拜占庭帝国的丝绸业产生影响,其结果是生丝价格飞涨。查士丁尼解决这个问题的办法,是加强国家对生丝的垄断。他命令帝国官员,即商务代理人(kommerkiarioi)经营国家垄断的生丝,商务代理人从两国边境固定的交易点买回生丝,交给帝国的丝绸加工场,或者卖给丝绸商或纺织商。[1]

　　这一措施在起初帝国政府手中掌握大量生丝存货的情况下,对稳定国内的生丝价格是有效力的。根据普罗柯比的记载,查士丁尼禁止私人丝织者以每磅8个金币以上的价格出售丝织品。这个价格低于私商从波斯人手中的购买价,结果大量丝商急忙秘密卖掉剩余的生丝,而独立的纺织商因生丝缺乏而破产。540年,第二次波斯战争爆发,与波斯的生丝贸易停止,政府所存生丝又不敷用,为了保证帝国政府作坊的供应,查士丁尼根据财务大臣彼得·巴尔塞米(Peter Barsymes)的建议,宣布接受私人丝织场为国有,这样,生丝的进口和丝织品的加工生产全部变为国家垄断。拜占庭丝织业陷于萧条长达十余年之久,拜占庭帝国一直为丝织业的萎靡不振而焦虑不安,直到552年左右蚕种传入拜占庭,这种焦虑才有所好转。

三、 科斯马斯记载的中国地理与丝绸贸易

　　科斯马斯的《基督教世界风土志》也涉及两个方向上的丝绸贸易。

　　科斯马斯出生于埃及的亚历山大里亚,其父母可能是希腊人。对于他早年的生活经历,我们所知甚少。只有少量间接材料说明他生活在查士丁皇帝时代。[2] 其少年时代应在5世纪末的最后20年,而其一生的主要活动则是在6世纪的上半叶。

　　据科斯马斯自述,他从青年时代起就四方漂泊经商,航行过地中海、红海、波斯湾和阿拉伯海,遍访西奈半岛以及从埃及到赤道以北的红海西岸的广大地区,包括

---

[1] N. Oikonomides, " Silk Trade and Production in Byzantium from the 6th to 9th Century: The Seals of Kommerkiaroi", *Dumbarton Oaks Papers*, 40 (1986), p. 34.

[2] J. P. Migne, *Patrologia Cursus Completus*, *Series Graeca*, Paris: Brill, 1857, pp. 68 – 69.

现在的埃及、苏丹、埃塞俄比亚和索马里。他如此早地投身商业活动,显然与拜占庭帝国繁荣的东方贸易有关。他晚年嘲笑"有些人为可鄙之利不惮千难万险到大地的尽头去寻找丝绸",大概正是他对自己所处时代拜占庭帝国社会时尚和繁荣的商业活动所作的写真,更可能是他本人早年从商经历的自况。科斯马斯对经商所到之地的事物敏于观察,并乐于向当地人进行实地调查,为后来的地理学著述积累了丰富的素材。他对印度动植物以及锡兰岛地理详细而生动的描述,表明他游历过印度西部海岸和锡兰①,也因为这种航海经历,他又被称作"印第科普莱特斯",意思是"航行过印度的水手"。以当时的经商环境来看,科斯马斯的活动显然不仅仅限于海上,他可能到过尼西比斯、埃德萨、哈兰和达拉等城市②,那里是拜占庭与波斯的边境地区,两国的势力变化不定,但商业活动主要集中在这个地区。

　　晚年的科斯马斯在访问过耶路撒冷之后,回到亚历山大里亚定居③,在那里放弃尘俗生活,出家成为修士,将晚年的全部精力用于对《圣经》的理论诠释和地理学、世界志的写作。他留存于世的著作只有一部《基督教世界风土志》,其他著作均已佚失。④ 就目前人们见到的这个综合版本而论,这是一部神学和地理学掺在一起的大杂烩。其中心议题是反驳异端哲学关于地球为圆体的观点,以《圣

---

① J. W. McCrindle, Industruction, *The Christian Topography of Cosmas*, pp. v-vi; H. Yule, *Cathay and the Way Thither*, vol. Ⅰ, p. 25; M. V. Anastos, "Aristotle and Cosmas Indicopleustes on the void", in *Studies in Byzantine Intellectual History*, London; Vaviorum Reprints, 1979, p. 38; A. H. M. Jones, *The Later Roman Empire (284 - 602)*, vol 2, p. 825; Κορδ ώσης, "Η Ελληνικ ή παρουσ ία στον Ινδικό κατ ά την Πρωτοβυζαντινή ΕποΧή", Ιστορικογεωγραφικά, τομ. 3, Θεσσαλονίκη 1989 -1990, pp. 264 -273.

② [美]詹姆斯·奥唐奈著,夏洞奇、康凯、宋可即译:《新罗马帝国衰亡史》,北京:中信出版社1913年版,第7页。

③ M. A. Anastos, "The Alexandrian Origin of the Christian Topography of Cosmas Indicopleustes", *Dumbarton Oaks Papers*, vol. Ⅲ (1946), pp. 75 - 77.

④ 这部著作大约完成于535—547年,主要经两个版本流传下来。一个属于10世纪,藏于佛罗伦萨的劳伦斯图书馆。这个羊皮纸抄本除最后一张羊皮纸缺失外,包括著作的全部内容。一个属于8—9世纪,藏于梵蒂冈图书馆。该抄本用优美的安色尔字体(uncial)书写,包括科斯马斯本人所作的素描图,但缺少最后的一卷即第十二卷。另外,维也纳的帝国图书馆也藏有一部分,但数量很小。这部著作长期被人遗忘,17世纪下半叶才由法国学者埃默里克·比戈(Emeric Bigot)将其首次公之于世。这位学者访问意大利时,从佛罗伦萨抄本中复制了阿杜利地方的碑铭以及有关埃塞俄比亚和印度的片段。这些文字后来发表于 *Thevenot; Relation de divers Voyages*,附有法文译文。20年后的1706年,孟特福康(Montfaucon)将佛罗伦萨和梵蒂冈所存两个抄本进行综合编辑,出版一个完整的版本,内容包括正文十二卷和一个附录。孟特福康是本尼迪克派(本笃会)修士,教会文献知识渊博。这个版本中,希腊文正文除外还配有博学的导言和优雅、准确的拉丁文译文,而附加的注释则主要指出各抄本间的差异。麦克林德尔(J. W. McCrindle)于1897进行英译时,依据的就是孟特福康版本。Cosmas Indicopleustes, *The Christian Topography of Cosmas*, pp. x-xi; D. B. Montfaucon, *Nova Collectio Patrum et Scriptorum Graecorum, Eusebii Caesariensis, Athanasii, & Cosmae Aegyptii*, Parisiis 1706; H. Yule, *Cathay and the Way Thither*, vol. Ⅰ, p. 25.

经》和教父们的理论为依据,证明地球是一个长方形的平面,长度为宽度的两倍。整个著作显示着一位修士的神学偏见,同时包含着一个商人应有的实际知识,如对印度、锡兰和中国的知识。有人推测,这方面的论述可能来自已经佚失的另外的地理著作。①

　　《基督教世界风土志》记载的中国是西方世界向往的"丝绸之国"。不过,科斯马斯对这个"丝绸之国"的称呼,并不是希腊—罗马世界所熟悉的传统的"赛里斯"或"秦奈",而是一个陌生的"秦尼扎"(第 2 卷写作 Τζίνιτζα,英文作 Tzinitza)和一个稍有差异的"秦尼斯达"(第 11 卷形式为 Τζίνιστα,英文作 Tzinista)。这两个形式稍异的称呼来自梵文或波斯文。②古代印度对中国的称呼是"支那"(Cina,Cini)③,梵文 Cinasthāna 用以称中国,乃转自中亚语言。英国探险家斯坦因从中亚发现的公元初期的一封粟特文书中,有 Cynstn 一词,意指中国。Cynstn是 Činastān(=Čina + stān,即 Cina 国)的一种写法;粟特文中 stan 中不带 a,西安景教碑叙利亚文部分作 Tzinista。④粟特语属于波斯语方言之一,由粟特语到中古波斯语(Pahlevi),"中国"为 Čin、Činistan 或 Cinastān。⑤科斯马斯是聂斯托利派教徒⑥,他与波斯人有过商贸交往,并有可能从波斯商人或聂斯托利派教徒那里得闻"丝绸之国"的名称。波斯语 Činistan 或 Činastān 进入科斯马斯的记载,即转

---

① Cosmas Indicopleustes, *The Christian Topography of Cosmas*, p. viii; J. Bury, *History of the Later Roman Empire, from the Death of Theodosius I to the Death of Justinian*, vol. Ⅱ, p. 320.

② 戈岱司(G. Coedes, 1886—1969 年)认为,它们都是梵文 Cinasthāna 的希腊文译法;见[法]戈岱司著,耿昇译:《希腊拉丁作家远东古文献辑录》,北京:中华书局 1987 年版,第 30 页。考迪埃持有相同见解,认为"Tzinista 是梵文 Cinasthāna 的希腊文转写",见 H. Yule, *Cathay and the Way Thither*, vol. Ⅰ, p. 28, n. 1。亨利·裕尔似乎倾向于两种可能性:"科斯马斯称呼中国的名字是一个引人注目的 Tzinitza……它又表现为更确切的形式 Tzinista,代表古印度语 Chinasthána,波斯语中的 Chinistan。所有这些名称都与西安发现的叙利亚文石碑中对中国的称呼 Tzinisthan 是一致的。"H. Yule, *Cathay and the Way Thither*, vol. Ⅰ, p. 28。《基督教世界风土志》最新的法文版译者则将两个不同的写法合而为一,均作 Tzinista。Cosmas Indicopleustès, *Topographie Chrétienne*, I-III, W. Wolska-Conus, Paris, 1968 – 1973, vol. Ⅰ, pp. 353 – 355; vol. Ⅲ, pp. 345 – 347.

③ [法]伯希和著,冯承钧译:《支那名称之起源》,《西域南海史地考证译丛》第 1 卷第 1 编,北京:商务印书馆 1995 年版,第 42—43 页。

④ [法]伯希和:《支那名称之起源》,《西域南海史地考证译丛》第一卷第一编,第 48 页;[美]劳费尔著,林筠因译:《中国伊朗编》,北京:商务印书馆 2001 年版,第 403—404 页。

⑤ 龚方震:《唐代大秦景教碑古叙利亚文字考释》,《中华文史论丛》1983 年第 1 期,第 9 页。

⑥ Cosmas Indicopleustes, *The Christian Topography of Cosmas*, pp. ix-x; Alexander P. Kazhdan ed., *The Oxford Dictionary of Byzantium*, p. 1152.

为 Tzinista。"秦尼扎"和"秦尼斯达"二名写法虽小有不同,但差异仅在词尾,词根为相同的 Τζίνι,对应于粟特语 Cynstn 即 Cyn(i)st(a)n 中的 Cyn(i),梵文 Činistan 中的 Čini,可知两个名称同指一个国家,即中国。

《基督教世界风土志》记载,在"秦尼扎"的名称下(第2卷),科斯马斯从印度和锡兰方向指出中国的相对位置:"我们看到,有些人为可鄙之利不惮千难万险到大地的尽头去寻找丝绸……我可以提一下,产丝之国位于印度诸邦中最遥远的地方,当人们进入印度洋时,它位于左侧,但远在波斯湾和印度人称为赛勒第巴(Selediba)、希腊人称为塔普罗巴奈(Taprobane)的岛屿以远的地区。这个国家叫秦尼扎,其左侧为海洋所环绕,正如同巴巴利的右侧被同一海洋所环绕一样。被称为婆罗门的印度哲学家们说,如果从秦尼扎扯一条绳子,经波斯到罗马领土,那么大地恰好被分成两半。他们也许是对的。"

他又对中国和波斯的相对位置加以比较:"秦尼扎国向左方偏斜相当严重,所以丝绸商队从陆地上经过各国辗转到达波斯,所需要的时间比较短,而由海路到达波斯,其距离却大得多。首先,从海上去秦尼扎的人,从塔普罗巴奈及以远地区驰向其目的地,需要穿越很长的路程,其距离犹如波斯湾进入波斯(的距离),甚至更大些;其次,从波斯湾到塔普罗巴奈及其以远地区(从那里人们左转往到秦尼扎),需要穿越整个印度洋,其距离也是非常大的。所以,经陆路从秦尼扎到波斯的人就会大大缩短其旅程。这可以解释波斯何以总是积储大量丝绸。秦尼扎以远既不能航行也没人居住。"

"秦尼扎"是否指中国?早期的研究者比资雷(Beazley)认为,秦尼扎"大概只是含糊地指马来亚或交趾支那;科斯马斯所说的向北转弯的地方可能指暹罗湾"①。但从科斯马斯所表达的观念看,"秦尼扎"不能与这一地区对应。最根本的一点,"秦尼扎"是出产丝绸的国度,是向外输出丝绸的地方,世界任何其他地区很难与此相配。此外,科斯马斯书中还有几点信息。首先,从秦尼扎扯一条绳

---

① C. R. Beazley, *Dawn of Modern Geography*, Vol. Ⅰ, London:The Clarendon Press, 1897, vol. Ⅰ, p.193;但同书第473页又说:"查士丁尼时代,科斯马斯……向我们模糊地描述了一个远东国家,可能是阿萨姆和中国本身。"可见他对科斯马斯文的理解上存在矛盾。张星烺认为"比资雷所言有理"。见张星烺:《中西交通史料汇编》第一册,北京:中华书局2003年版,第157页。

子经波斯到罗马领土,可以将大地分成两半。这一方面说明,在科斯马斯看来,秦尼扎在重要性上是可与罗马帝国相提并论的国家,另一方面则说明他将秦尼扎置于与波斯、罗马相同的纬度。其次,秦尼扎的丝绸沿陆路西传,波斯具有地利之便,所以总是积储大量丝绸。从陆地到达波斯的丝绸从来不是来自马来亚或交趾支那。第三,科斯马斯列数从东方到西方的各国家和地区,顺序如下:秦尼扎、波斯边境、翁尼亚(Unnia,即匈奴国)、印度、巴克特里亚国、尼西比、塞琉西亚、罗马、高卢、伊比利亚(西班牙),到大洋边的外伽第斯(Outer Gades)。这实际上是丝绸之路的走向。第四,秦尼扎处于亚洲的极东地区,对中国的东境也有粗略的认识。他在说明中国内地通往波斯的丝绸之路后,称"秦尼扎以远既不能航行也没人居住","秦尼斯达以远再没有其他国家,因为大洋从东方环绕秦尼斯达国"。

从整体上说,可以认为,科斯马斯对于中国在世界的位置已经具有大致准确的认识,他不再把中国说成是半神秘状态的国家,基本上了解中国的真实轮廓。科斯马斯是第一位做到这一点的希腊或罗马作家。[1]

科斯马斯证实了丝绸在拜占庭社会生活中的影响,以及丝绸贸易的巨大诱惑力,"有些人为可鄙之利不惮千难万险到大地的尽头去寻找丝绸",同时又不无自豪地指出,拜占庭帝国与东方贸易所使用的金制货币,在其东方贸易中具有明显的流通优势。他说:"罗马帝国还有许多安全保障:它是最强大的国家,它最早皈依基督教,在各个方面都为基督教各国的经济提供服务。上帝赋予罗马人特权的另一标志是,从世界的一端到另一端,所有国家都用他们的货币进行商贸交易,所有人都以羡慕之情接受这一事实,因为他们国家没有类似的货币。"[2]科斯马斯所

---

[1] H. Yule, *Cathay and the Way Thither*, vol. I, p. 25;F. Hirth and W. W. Rockhill, *Chau Ju-kua, His Work on the Chinese and Arab Trade in the Twelfth and Thirteenth Century, Entitled Chu-fan-chi*, Taipei, 1970, p. 5;张星烺:《中西交通史料汇编》第一册,第 156 页。法国学者安田朴对科斯马斯所记中国地理的理解是:"科斯马斯了解两条丝绸之路:从敦煌到拜占庭的一条确保了陆路的联系,海陆则绕过印度半岛。虽然大家不知道他本人是否接近过印度,但他肯定听人谈论过我们所说的中国(在他的书中作'秦尼斯达',即Tzinista)。此人介绍了一种他将此归于婆罗门僧的理论。他还坚持认为,如果大家在'秦尼斯达'和罗马之间拉一条直线,那么就会把有人烟的大地分成两等份,他认为有人烟的地方呈一种长方形的盘子状,有一片大洋环绕。他也可能希望测定这一矩形的长度(约 400 天的行程),也就是说从秦尼斯达开始。我们必须由此而得出结论,认为此人清楚地知道位于有海洋环绕的东方之中国形成了欧亚大陆的东端。"[法]安田朴著,耿昇译:《中国文化西传欧洲史》,北京:商务印书馆 2000 年版,第 55 页。

[2] Cosmas Indicopleustes, *The Christian Topography of Cosmas*, pp. 72–73; A. H. M. Jones, *The Later Roman Empire (284–602)*, vol. 2, p. 825.

言并非无稽之谈。《隋书·食货志》提到,后周(557—580 年)之初"河西诸郡,或用金银之钱,而官不禁"。这里的"金银之钱"中,金钱即拜占庭金币,银钱则是波斯萨珊朝银币。①两方面的记载可谓互为印证。

　　拜占庭金币在东西贸易中的运用也为考古发现所证实。自 19 世纪末至 20 世纪末的一个世纪内,中国境内至少发现拜占庭金币 30 次,数量逾 42 枚②,是迄今为止我国境内发现的数量上仅次于波斯银币的外国货币,是拜占庭帝国对外贸易的有力见证。这些拜占庭金币表现出几个特点:第一,发现地点主要集中于丝绸之路沿线,与波斯银币的发现不仅在大范围上相同,即华北地区,而且在发现地点上亦多相合之处,可知传播路线和媒介大致相同,以传统丝绸之路为主干。第二,从铸币的年代上看,5—7 世纪中叶的金币表现出很大的连续性。第三,就数量论,以 6 世纪上半叶为最多,主要集中于阿纳斯塔修斯一世、查士丁一士和查士丁尼三朝。这正是科斯马斯生活的时代。

　　海上丝绸贸易的繁荣也为科斯马斯的记载所证实。科斯马斯描述锡兰岛:"该岛(锡兰岛)地处中心位置,从印度、波斯和埃塞俄比亚各地很多船只经常访问该岛,同样它自己的很多船只也远航他方。从遥远的地区——我指的是秦尼斯达和其他输出地——它接受的是丝绸、沉香、丁香、檀香和其他产品。这些产品又从该岛运往这一边的其他市场,如没来、卡利安那、信德(Sindu, 即印度河口的 Diul Sindh)、波斯、希米雅提(即也门)和阿杜里(红海非洲之滨的 Zula)。没来出产胡椒;卡利安那出口黄铜、胡麻木和布匹,亦为一大贸易市场;信德出产麝香、海狸皮及甘松香。该岛也输入上述各地的物产,转而输往更遥远的港市;同时该岛向两个方面输出自己的物产。"③

　　大宗丝绸由海路的输出得益于晋代以后江南地区经济的发展。东汉末年以后,北方饱受战乱之苦,而南方相对稳定,北方民众大量南迁,长江以南至珠江流

---

① 夏鼐:《咸阳低张湾隋墓出土的东罗马金币》,《考古学报》1959 年第 3 期,第 67—74 页;夏鼐:《夏鼐文集》下卷,北京:社会科学文献出版社 2000 年版,第 82—91 页;夏鼐:《综合中国出土的波斯萨珊朝银币》,《考古学报》1974 年第 1 期;康柳硕:《中国境内出土发现的波斯萨珊银币》,《新疆钱币》2004 年第 3 期;孙莉:《萨珊银币在中国的分布及其功能》,《考古学报》2004 年第 1 期。

② 张绪山:《我国境内发现的拜占庭金币及其相关问题》,《西学研究》第一辑,北京:商务印书馆 2003 年版。

③ Cosmas Indicopleustes, *The Christian Topography of Cosmas*, pp. 365 - 366; F. Hirth and W. W. Rockhill, *Chau Ju-kua*, p. 3.

域的中国南方得到全面开发。"自晋氏迁流,迄于太元之世,百许年中,无风尘之警,区域之内晏如也……自此以至大明之季,年逾六纪,民户繁育……地广野丰,民勤本业,一岁或稔,则数郡忘饥。会土带海傍湖,良畴亦数十万顷,膏腴上地,亩直一金,鄠、杜之间,不能比也。荆城跨南楚之富,扬部有全吴之沃,鱼盐杞梓之利,充仞八方;丝绵布帛之饶,覆衣天下。"(《宋书》卷五四)南朝各代与西方海上交流相当活跃,丝绸贸易亦多见于记载。[①]411 年,我国高僧法显游历印度和锡兰后乘"商人大船"回国,至耶婆提(即今爪哇)后在换乘商船赴广州,这时的商人已经熟知"常行时正可五十日便到广州"。可见,中国南部与印度、锡兰及更远的波斯(安息)间建立了固定的商贸交流,锡兰已成为东西方海上重要的丝绸贸易中心。[②]

第三节

中国养蚕术传入拜占庭帝国

在拜占庭帝国与中国关系中,最重大的事件无疑是养蚕术传入拜占庭。

关于这一事件,拜占庭史料记载凡三处,其中以历史家普罗柯比的记载最为详细。普罗柯比在《哥特战争》中提到 552 年前后育蚕术传入拜占庭帝国的经过:"大约在同一个时候,几位来自印度人(居住区)的修士到达这里,获悉查士丁尼皇帝心中很渴望使罗马人此后不再从波斯人手中购买丝绸,便前来拜见皇帝,许

---

① 《宋书》卷九七:"商货所资,或出交部,泛海陵波,因风远至……舟船继路,商使交属。"《南齐书·荀伯玉传》记载:"世祖(萧赜)在东宫,专断用事,颇不如法,任左右张景真……又度丝锦与昆仑舶营货,辄使传令防送过南州津。""昆仑"是中国古代文献对东南亚人的称呼;昆仑舶即东南亚的商船。南州津是建康南朱雀门外秦淮河的大港,可见南齐时东南亚的商船已进至长江下游进行贸易,并运走丝绸产品。《梁书·王僧儒传》:"天监初,海舶每岁数至,外国贾人,以通贸易。旧时州郡,以半价就市,又买而即卖,其利数倍,历政以为常。"官府参与同外国商人的交易,且"历政以为常",可知贸易已达到相当规模。

② E. Warmington, *The Commerce between the Roman Empire and India*, London: Cambridge University Press, 1974, p. 120; G. F. Hourani, *Arab Seafaring in the Indian Ocean in Ancient and Early Medieval Times*, p. 40.

诺说他们可以设法弄到丝绸,使罗马人不再受制于波斯人或其他民族,被迫从他们那里购买丝货;他们自称曾长期居住在一个有很多印度人、名叫赛林达(Serinda,Σηρίνδα)的地区。在此期间他们完全弄懂了用何种方法可使罗马国土上生产出丝绸。查士丁尼皇帝细加追寻,问他们如何保证办成此事。修士们告诉皇帝,产丝者是一种虫子,天性教它们工作,不断地促使它们产丝。从那个国家(赛林达)将活虫带来是不可能的,但可以很容易很迅捷地设法孵化出活虫,因为一个丝蚕一次可产下无数蚕卵;蚕卵产出后很长时期,以厩粪覆盖,使之孵化——厩粪产生足够热量,促成孵化。修士们做如是解释后,皇帝向他们承诺,如果他们以行动证明其言不妄,必将酬以重赏。于是,教士们返回印度,将蚕卵带回了拜占庭。他们以上述方法培植蚕卵,成功地孵化出蚕虫,并以桑叶加以饲养。从此以后,养蚕制丝业在罗马领土上建立起来。"①

在普罗柯比之后,还有两位作者记载此事。仲纳拉斯的记载很简单,对于研究这一事件作用不大,只提到此前罗马人不知蚕丝如何生产,甚至不知丝乃蚕所吐。② 塞奥法尼斯生活在6世纪末,他的记载虽不及普罗柯比详尽,但有其独特价值。其记载是:"查士丁尼执政时,某一位波斯人在拜占庭展示了丝蚕孵化之法。此前罗马人对这件事一无所知。这位波斯人离开赛里斯国(Seres,Σήρες)时,以手杖盛蚕卵,将它们带走,安全地携至拜占庭。阳春告始,他将蚕卵置于桑叶上。蚕以桑叶为食。蚕虫食桑叶后长成带翅的昆虫并完成其他任务。后来查士丁皇帝(即查士丁二世——作者注)让突厥人观看育蚕吐丝之法,突厥人大为吃惊,因为当时突厥人控制着赛里斯人的市场和港口,这些市场和港口从前曾为波斯人所控制。嚈哒王爱甫萨拉奴斯(Ephthalanus,嚈哒族名实由该王名字转来)征服卑路斯和波斯人。波斯人丢城失地,嚈哒人攘而夺之。但稍后突厥人又征服嚈哒人,夺取这些地方。"③

对比两处记载,可以发现两点明显的差异:第一,以普罗柯比的记载,蚕种输

---

① Προκόπιος, Ιστορία τών πολέμων, Αθήνα, 1996, Ⅷ, ⅹⅶ, 1-7.

② Annals, xiv, vol. ii, Paris 1687, p. 69; Ioannis Zonarae, Epitome Historiarum, L. Dindorf ed., 3 vols.; Ioannis Zonarae, Epitomae Historiarum, libri xviii, T. Büttner-Wobst ed., vol. 3.

③ Müller, Fragmenta Histor. Graec., iv, Paris, 1868, p. 270.

出的地点是赛林达,以塞奥法尼斯的记载,则是赛里斯国;第二,在前者的记载中,将蚕种传入拜占庭者是"几位来自印度人(居住区)的修士",在后者的记载中,则是来自赛里斯国的一位波斯人。可见,解决这一历史事件的关键,一是考证出蚕种传出地;二是解决事件中主要人物——蚕种携出者的身份。这两个问题的解决,有助于另一个问题,即蚕种携出是否为偷运这个问题的解决。

自18世纪以来,学者们做出了巨大努力以期复原这个重要事件的过程。然而,时至今日,仍未有十分令人信服的结论。由于从陆上丝绸之路和海上之路都有接近桑蚕出产地的可能,故学界存在"陆路说"与"海陆说"的分歧。

"陆路说"认为从陆地上接近蚕卵出产地,地点应在中亚,但在具体地点上也有不同意见。一种意见认为是和阗①,主要依据:一是这一地区养蚕业的较早发达;二是赛林达这个名称所包含的地理学意义,即它表示介于赛里斯和印度之间的中间区域。② 另一种意见认为是粟特地区③,主要考虑粟特地区和粟特人在中西交流中的枢纽地位,以及这一时期中亚和拜占庭之间的频繁交流。④

较之"陆路说","海路说"论据较为薄弱。"海路说"最早的也最著名的坚持者是英国著名史学家爱德华·吉本。吉本在其名作《罗马帝国衰亡史》中根据拜占庭史料生动地演绎了这个事件。吉本认为,此一时期基督教徒已经定居印度与锡兰,他们到达了南京并在那里居住多年,熟悉了养蚕之法,获悉查士丁尼急于打破波斯垄断的想法之后,将获得的养蚕知识告诉了皇帝。"查士丁尼予以慷慨的鼓励,并且许以重诺……教士们再次返回中国,将蚕卵藏在一根空杖中,骗过了一

---

① 坚持这一观点的学者主要有德国地理学家李希霍芬、英国汉学家裕尔和探险家斯坦因等。见 F. Richthofen, *China*, vol. Ⅰ, Berlin, 1877, pp. 529, 550; A. Stein, *Serindia. Detailed Reported of Explorations in Central Asia and Westernmost China*, vol. I-III, Oxford:Cambridge University Press,1921。以 Serindia 为标题以指示和阗,显然取自普罗柯比记载中的 Serinda; Xavier Trembly, *Pour une histoire de la Sérinde: la manichéisme parmi les peuples et religions d'Asie Centrale d'après les sources primaires*, Wien, 2001 主要研究吐鲁番摩尼教文书,但仍使用转自普罗柯比 Serinda 的 Serinde。朱杰勤:《华丝传入欧洲考略》,《中外关系史论文集》,郑州:河南人民出版社 1984 年版,第 179 页。

② H. Yule, *Cathay and the Way Thither*, vol. Ⅰ, p.25;季羡林:《中国蚕丝输入印度问题的初步研究》,《季羡林文集》第 4 卷,南昌:江西教育出版社 1996 年版,第 101 页。

③ R. Browning, *Justinian and Theodora*, p.242; J. J. Norwich, *Byzantium: The Early Centuries*, New York: Viking, 1992, p.266.

④ M. Κορδώσης, Πρεσβεῖες μεταξύ Fu-lin (Βυζάντιο) καί Κίνας κατά τή διάρκεια του Μεσαίωνα, *Δωδώνη*, τόμος ΚΓ', 1994;科尔多西斯:《中世纪拂菻(拜占庭)和中国的外交》,《多多尼》第 23 卷,1994 年,第 139—140 页。

个富有嫉妒心的民族,携带着东方的战利品洋洋得意地回来了。"从此种桑养蚕业在拜占庭发展起来。十几年后,粟特使节出使拜占庭,见到了拜占庭的养蚕制丝业成就,感到吃惊。①

吉本立论的前提,主要是南北朝末期东西方海路交流,尤其是印度和锡兰与中国南朝之间交流的繁荣。但是,没有证据说明此一时期基督教活动范围已经扩展到中国南方乃至南京。吉本的这种观点显然不能成立。其次,吉本断定蚕种携带者是"波斯教士们",并称他们此举动是因为"对宗教或利益的追求超越了对其祖国的热爱",也是猜测之词。第三,吉本将中国人称为"富有嫉妒心的民族",将当事人置蚕卵于空杖内的做法解读为偷运行为,也是想当然的臆测之词,是大有问题的。

"海路说"中还有一种意见认为,赛林达指的是交趾支那(Cochin-china)②,或者说,就是柬埔寨,其根据是:"如果赛林达就是柬埔寨即占婆,那么把那里的居民说成是印度人就是正确的,因为这两个国家都曾变成印度移民的殖民地,而他们也可以被说成是赛里丝人,因为他们产丝。"而且,"6世纪佛教大盛,这个时期和阗和塔里木盆地的其他地方,在文化上确实主要属于印度型,但无法证明在当时的语言中被认为是印度的一部分,而向东到达安南的一切都包括在托勒密所说的'恒河以外的印度'(India extra Gangem)"③。这一观点的薄弱之处是,没有证据说明这个地区能够包含在希腊罗马世界通常使用的"赛里斯"地理概念中。

就普罗柯比和塞奥法尼斯的记载而论,关键问题是对赛里斯地望的考证,因为普罗柯比的Serinda实际上是由Ser(es)和Ind(i)a两部分构成,它的前一部分也就是塞奥法尼斯记载中的Seres。

在公元前后几个世纪中,希腊罗马世界对中国的称呼主要有两个:赛里斯和秦奈(Sin,Chin,Sinae)。前者在大多数情况下是西方人自横穿亚洲大陆的丝绸

---

① E. Gibbon, *The Decline and Fall of the Roman Empire*, Ⅳ, London, 1925, pp. 233 - 234。此段文字根据吉本著作重译,与齐思和译文有所不同。齐思和译文见《中国和拜占庭帝国的关系》,上海:上海人民出版社1956年版,第21—22页。又可见[英]爱德华·吉本:《罗马帝国衰亡史》第4卷,第53—54页。

② J. Bury, *History of the Later Roman Empire*, vol. Ⅱ, p. 332, note 2.

③ G. F. Hudson, *Europe and China*, p. 121;英国著名中国科技史家李约瑟赞同这一观点,见 J. Needham, *Science and Civilization in China*, Ⅰ, Cambridge:Cambridge University Press, 1988, pp. 185 - 186。

之路接近中国时的称号，后者是西方人自南部海路接近中国时的称号。① 赛里斯一称在公元初几个世纪里频繁出现于希腊罗马作家笔下，最初是人种称号，不久演变为地理名称。虽然秦奈(或相应的演变形式)有时也用以指称中国北方②，但赛里斯一名用来指称中国南部的例证至今没有发现③。公元 2 世纪下半叶是罗马人沿海路向东方探索力度最大的时代，获得的东方知识也最多。这一时期的另一位地理学家托勒密根据当时到东方从事贸易的商人提供的消息，提到"赛里斯国和它的都城在秦奈国的北方，赛里斯国和秦奈国的东方是未知地，遍布沼泽泥潭，生长着大藤，大藤极密实，人们能凭密藤而跨越沼泽泥潭。他们(商人们)还说，从赛里斯和秦奈诸国不仅有一条道路经石塔去往巴克特里亚，还有一条道路经帕林波特拉(Palimbothra)去印度"④。这表明托勒密已经指出了传统丝绸之路葱岭以东段的存在。⑤ 但这是希腊罗马人从海路方向对中国的认识，从传统丝绸之路方向上，他们所意识到的东部边界实际上并未超出敦煌以东。例如，波撒尼亚斯在《希腊指南》中记载他获得的消息是，赛里斯人"是斯基泰人和印度人的混血种"。这实际上也是将赛里斯认定在中亚。可见，依照希腊罗马世界的传统用法，无论是普罗柯比的赛林达，还是塞奥法尼斯的赛里斯国，都应于中国传统文献中所称的"西域"范围内寻求。

普罗柯比提到由米底进入拜占庭的"米底布"时写道："这就是丝绸，人们现在习惯于以它制造衣装，从前希腊人称之为米底布，现在称之为赛里斯布。"⑥从前希腊人称丝绸为"米底布"，说明直接经营丝绸贸易的中介者是波斯西北部的

---

① H. Yule, *Cathay and the Way Thither*, vol. Ⅰ, p. 1.
② 英国探险家斯坦因从中亚发现的公元初期的一封粟特文书中，有 Cynstn 一词，意指中国。Cynstn 是 Činastān(即 Cina 国)的一种写法；粟特文中 stan 中不带"a"。[法]伯希和:《支那名称之起源》,《西域南海史地考证译丛》第一卷第一编，第42—43 页。
③ 戈岱斯辑录和研究希腊罗马古典作家有关东方的记载，得出的结论是，"如果这一名词明显地起源于东亚，那么它就是相继或者同时指一些差别大的部族，对于西方人来说，所有生产和贩卖丝绸者都是赛里斯人……这一术语实际上是泛指许多种族的。"同时，他根据罗马作家普林尼有关赛里斯人身材高大，红头发，蓝眼睛的记载，认为赛里斯人居住的地区应在"突厥斯坦"。[法]戈岱斯:《希腊拉丁作家远东古文献辑录》，第12、14 页。
④ [法]戈岱斯:《希腊拉丁作家远东古文献辑录》，第29—30 页;H. Yule, *Cathay and the Way Thither*, vol. Ⅰ, pp. 193 - 194.
⑤ 冯承钧:《西域地名》，北京:中华书局 1980 年版，第 35、67—68 页。
⑥ Procopius, *History of the Wars*, Ⅰ, xx, 9 - 12.

米底人,是他们将丝绸卖给希腊罗马世界;后来拜占庭人称之为赛里斯布,说明当时他们知道赛里斯人是丝绸的主人,米底人不过是居间经营者,并非生产者。米底人得到的丝绸是经过横亘伊朗高原的传统丝绸之路而来。

根据塞奥法尼斯的记载,569年西突厥遣往拜占庭的使者到达君士坦丁堡时,查士丁二世皇帝曾向突厥人展示育蚕制丝之法,后者大为吃惊。查士丁尼此举显然是故意为之,目的是在突厥-粟特人急于发展对拜占庭丝绸贸易的情况下,欲擒故纵,为自己在双方的丝绢贸易谈判中争取更有利的条件;①而在另一方面,突厥人的"大为吃惊",似乎在很大程度上暗示,拜占庭人所得到的蚕种正是来自突厥人控制下的赛里斯国。

突厥在中亚的领土取自嚈哒人。5世纪末6世纪初,嚈哒势力达到顶峰,统治了粟特,占领了整个吐火罗斯坦,包括帕米尔和阿富汗斯坦的相当大一部分地区,同时,嚈哒人控制了"东突厥斯坦",即塔里木盆地两缘,在北道,达到焉耆以东乃至敦煌;在南道,则控制了喀什噶尔和于阗、姑墨乃至以远地区。② 560年前后新兴的突厥与波斯联合灭亡嚈哒,占有了嚈哒旧壤,以阿姆河为限与波斯为邻③,换言之,突厥继承了嚈哒人控制的阿姆河以东的领土。这样一个区域范围,显然涵盖了塞奥法尼斯的"赛里斯"和普罗柯比的"赛林达"。

在这样的地域范围内,我们知道已有几个地区早已掌握了育蚕术:和阗在419年掌握了育蚕术;④6世纪初叶,这项技术不仅已传到拔汗那(费尔干那)和粟特地区,而且还传入了木鹿绿洲和里海东南岸的古尔甘。⑤ 因此,无论认为从和阗还是中亚其他地区获得育蚕术,都是可能的。至于具体地点,根据目前的资料,我们尚无法做出更进一步的考订。

---

① D. Sinor, *The Historical Role of the Turk Empire*, p. 431.
② [俄]李特文斯基主编:《中亚文明史》第3卷,第112页;余太山:《嚈哒史研究》,第1—3页。
③ [法]沙畹:《西突厥史料》,第202页;余太山:《嚈哒史研究》,第103—113页;[俄]李特文斯基主编:《中亚文明史》第3卷,第145页。
④ [美]劳费尔:《中国伊朗编》,第367页;"有一条线索,言在公元551年有基督教僧人把蚕茧带到君士坦丁堡;而这些僧人被视为居住在中国。但是,这些僧人更可能是居住在东波斯,或者是居住在中亚的西部或东部;这些地区,例如和田绿洲,在当时已懂得养蚕结丝的技术了。"[德]克林木凯特著,林悟殊翻译增订:《达·伽马以前中亚和东亚的基督教》,台北:淑馨出版社1995年版,第93页。
⑤ [苏]克里亚什托尔内编著,李佩娟译:《古代突厥鲁尼文碑铭》,哈尔滨:黑龙江教育出版社1991年版,第107—108页。

关于蚕种携出者的身份,普罗柯比的记载是"几位来自印度人(居住区)的修士",而塞奥法尼斯则称其为"一位波斯人"。综合两种记载,蚕种携出者的身份要符合三个条件:一、来自印度人(居住区);二、可以被称作"波斯人";三、职业是"修士";换言之,蚕种携出者是居住在印度人(居住区)的"波斯"修士。在这一事件发生的 6 世纪中叶,符合上述条件而与东方和拜占庭帝国同时保持着联系的人物,似乎只有景教徒。①

景教本属于拜占庭帝国境内基督教的一个分支。聂斯托利派教徒向东逃亡,经叙利亚、两河流域和波斯向东传播。5 世纪末景教已在中亚的嚈哒人中发展起来。498 年,波斯王卡瓦德与其兄弟争夺王位失败逃亡嚈哒,受到嚈哒人的景教徒的善待和帮助。景教徒活动的地区,正是传统上希腊罗马人称为"赛里斯"的地区,将这一地区发展起来的育蚕术传到拜占庭,是可能的;而且他们长期活动在波斯境内,自然可以被称为"波斯人"。景教初传中国时,景教徒曾被称为"波斯僧",景教则被称为"波斯经教"。② 事实可能是,景教徒在得到拜占庭皇帝的许诺之后,从中亚某地得到蚕种再将它们带到君士坦丁堡。③这些活动可能就是 10 余年后西突厥与拜占庭帝国建立联盟的先声。568—576 年间,西突厥与拜占庭帝国联盟,得力于粟特人使节的往来穿梭。④

希腊罗马世界何以迟迟不能获悉育蚕术? 对于这个问题,西方学术界差不多都少不了这样的叙述:中国对养蚕术严格保密,禁止蚕子外传,致使育蚕术长期不为他人掌握。这种千篇一律的陈词滥调几乎充斥于所有的著作,包括那些极为严

---

① [法]L. 布尔诺娃著,耿昇译:《丝绸之路:神祇、军士与商贾》,昆明:云南人民出版社 2015 年版,第 143 页。

② 《唐会要》卷四九载,贞观十二年(638 年),唐太宗下诏:"波斯僧阿罗本远将经像,来献上京,详其教旨,玄妙无为,生成立要,济物利人,宜行天下。所司即于义宁坊建寺一所,度僧二十一人。"同卷又载,天宝四年(745 年)九月玄宗诏令:"波斯经教,出自大秦;传习而来,久行中国。爰初建寺,因以为名。将欲示人,必修其本。其两京波斯寺宜改为大秦寺。天下诸府郡置者,亦准此。"

③ 布朗宁认为:"6 世纪,粟特地区的中介人像一个世纪之前将罗马的玻璃制造技术卖给中国皇帝一样,将养蚕知识卖给了查士丁尼皇帝。"R. Browning, *Justinian and Theodora*, p. 243; P. Brown, *The World of Late Antiquity*, *AD 150 -750*, London and New York: W. W. Nsrton & Company, Inc., 1989, pp. 161 - 162.

④ Menander, *The History of Menander the Guardsman*, pp. 111 - 127, 171 - 179; Siméon Vailhé, Projet d'alliance Turco-byzantine au VIe siècle, *Échos d'orient*, 12 (1909), pp. 206 - 214.

肃的学术著作中。① 甚至一些学者在强烈批评欧洲中心论的同时,也接受这样的成说。② 长期以来,西方学术界就是根据这样的臆想,想当然地推测中国人不愿与其他民族分享育蚕术的成果,以如此没有根据的猜想解释育蚕术西传迟缓的原因。我国学者对此已有驳论。③

具有讽刺意义的是,直到今天西方学者虽仍在坚持旧说,却不能从欧洲文字或中国文字中找到一件具有充分说服力的直接证据。中国历代王朝虽然颁布过许多与蚕丝业相关的法律,但并没有禁止蚕种出口的律令。④

既然中原王朝没有禁止育蚕术外传的法律和政策,近代以来的西方学者何以在没有直接证据的情况下如此固执地坚守中国人不愿与他人分享育蚕术秘密的观点呢? 实际上,这样的见解并非基于历史考察,而是建立于纯粹的逻辑推理。我们知道,由于丝绸产品在古代世界各国政治文化中的特殊地位,以及丝绸在东西方贸易中的巨大利润,丝绸西传经过的每一个民族都会在自己的控制范围内实行垄断策略,这一点在波斯和拜占庭帝国表现最为典型。早在3世纪时,中国人就知道罗马帝国"常欲通使于汉,而安息欲以汉缯彩与之交市,故遮阂不得自达"

---

① G. Richter, "Silk in Greece", *American Journal of Archaeology*, p. 29; L. Boulnois, *The Silk Road*, pp. 22, 40; I. M. Frank and D. M. Brownstone, *The Silk Road*, p. 2; Charles Singer etc, *A History of Technology*, Oxford, 1972, p. 197; A. Stein, *Ancient Central-Asian Tracks*, London, 1933, p. 63. [美]汤普逊:《中世纪经济社会史》上册,第207页;[美]德克·卜德:《中国物品转入西方考证》,中外关系史学会编:《中外关系史译丛》第1辑,上海:上海译文出版社1984年版,第214页。代表性的观点是:"如果说丝绸于公元前1世纪时,就在罗马为人所熟知,那么其来源之地的秘密,在当时却远未曾翻越出长城以外。当时有成千上万的中国人为这种产品而工作,但天朝那卓有成效的海关与警察,却禁止任何一条桑蚕成虫的外流。"F.-B. Huyghe, E. Huyghe, *Les empires du mirage: hommes, dieux et mythes sur la route de la soie*, Paris, 1993,见[法]F·-B·于格、E·于格著,耿昇译:《海市蜃楼中的帝国:丝绸之路上的人、神与神话》,北京:中国藏学出版社2013年版,第83—84页。

② "如果在6世纪中叶,丝绸的秘密已泄露给西方,那是由于两名景教修士蓄意所为。他们以非法走私偷运的方式把珍贵的'蚕种'藏在一根空心竹杖中,成功地把活蚕种一直带到君士坦丁堡,从而使查士丁尼皇帝创建了养蚕业,由此而诞生了欧洲的丝绸工业。正如我们今天各个国家都争相利用间谍诡计而窃取核武器或电子计算机的机密一样,当时的基督教修士们的情况也如此,他们无疑都有意冒着被处死的危险而完成慈善事业,因为中国的法律要惩罚那些泄露制造最漂亮丝绸秘密的人。"[法]安田朴:《中国文化西传欧洲史》,第65页。

③ 雷海宗:《世界史上一些论断和概念的商榷》,《历史教学》1954年第5期;雷海宗:《伯伦史学集》,北京:中华书局2002年版,第327页;齐思和:《中国和拜占庭帝国的关系》,第22页。

④ 夏鼐:《新疆新发现的古代丝织品——绮、锦和刺绣》,《考古学报》1963年第1期;夏鼐:《夏鼐文集》(中),北京:社会科学文献出版社2000年版,第328页;雷海宗:《世界史上一些论断和概念的商榷》,《伯伦史学集》,第327页;齐思和:《中国和拜占庭帝国的关系》,第22页。

(《后汉书·西域传》),而拜占庭帝国是历史上公认的"专卖制和特权的天堂",丝绸贸易始终为政府所垄断,6世纪中叶获得养蚕术以后迅即实行国家控制政策,视之为如同希腊火一样重要的国家机密。[①] 熟悉这些历史事实的现代西方学者自然会由此推想中国人也会实行同样的垄断政策。在这个问题上,西方学者"大胆假设"有余,而"小心求证"不足,其论证上的缺陷是非常明显的。

第四节

拜占庭帝国与西突厥的交往

在整个古代时期,中国与希腊—罗马世界的交往路线,除了中部亚洲绿洲之路(即狭义"丝绸之路")与"海上丝绸之路",还有一条北方欧亚草原之路。这条道路主要由两部分组成。东西两段交汇于阿尔泰地区。东段从华北(内蒙古草原的河套地带)地区出发,跨越戈壁沙漠、蒙古草原,由准噶尔山口到达阿尔泰地区;西段经由南西伯利亚草原,沿咸海、里海北部,到达黑海沿岸。由于皮毛贸易占有重要地位,故又被称作"皮毛之路"。这条交通线在突厥(西突厥)势力主导中亚秩序的百年间,尤其是6世纪下半叶的一个时期内,欧亚大陆东西方的交流曾出现繁荣局面。

突厥出现于历史舞台的这个时期,正是中原的南北朝(420—589年)末年。早在突厥从柔然的统治下独立之前,突厥就已开始与中国北部的东、西魏发展关系。每年冬天,突厥人都来西魏边境从事交易,以其牲畜和铁器换取丝货,或者从事抢掠活动。542年西魏曾以军事手段阻止突厥人的抢掠(《周书·突厥传》)。不久,突厥可汗土门遣使西魏朝廷,建议两国建立正常贸易关系,《周书·突厥传》记载:"其后曰土门,部落强盛,始至塞上市缯絮,愿通中国。"突厥向中原王朝

① R. Lopez, *Silk Industry of the Byzantine Empire*, pp. 41-42; Lopez, *Byzantine and the World around it*, Ⅲ, pp. 1-42.

遣使的目的,是利用同中原王朝的贸易以增加实力。

6 世纪 50 年代,突厥摆脱了柔然的压迫而独立,逐渐成为中亚强权;而此时北齐和北周王朝分别取代了东魏和西魏,成为主宰中国北部的主要力量。为了角逐对华北的统治权,北齐和北周处于胶着的敌对状态。为了避免突厥的入侵,同时为了避免突厥支持对方,北齐和北周争先恐后地对突厥行使贿赂政策,赠予大量丝绢①,以致佗钵可汗(572—581 年在位)骄横异常,对其臣下曰:"但使我在南两儿常孝,何忧于贫!"开皇元年(581 年)隋文帝统一北方后转而谋求统一江南,无暇顾及北方的突厥,对突厥仍采取守势。突厥趁机以"贡献"为名威迫隋朝进行贸易。《隋书·突厥传》记载,隋高祖开皇八年(588 年),"突厥部落大人,相率遣使贡马万匹,羊二万口,驼、牛五百头,寻遣使请缘边置市,与中国贸易。诏许之"。所谓"贡马万匹,羊二万口,驼、牛五百头"乃是旧史家的说辞,实际上并非毫无所求的"贡献",而是以这些东西换取中原王朝的回赠,即进行传统的"朝贡贸易"。在这种贸易中,突厥获得的是它想攫取的中原王朝的丝帛等。中国优质丝绸通过突厥可以源源不断地输往西方包括拜占庭帝国。

而在拜占庭帝国,即使在获得蚕种以后,也没有立即结束从波斯进口生丝。当地的产品要满足市场的需要,还要很长时间,优质丝绸产品仍然来自中国。② 迟至 10 世纪,输入君士坦丁堡的生丝仍免除关税,其原因无疑是当地生丝产量不足,无法满足蓬勃发展的丝织业的需要。③ 这个事实不仅为拜占庭帝国内部的人们所了解,而且也为这一时期操纵中亚新崛起的突厥帝国与拜占庭帝国之间外交活动的粟特人所了解,所以 6 世纪下半叶他们获得大量中国生丝后,首先想到的是敦促突厥人率先开辟波斯市场,通过波斯这个渠道将丝绸销往拜占庭帝国。

突厥-粟特人为推进丝绸贸易而发展与拜占庭帝国关系的这段历史,主要见

---

① 《周书·突厥传》:"自俟斤以来,其(突厥)国渐强,有凌轹中夏志。朝廷既与之和亲,岁给缯锦彩十万段。突厥在京师者,又待以优礼。衣锦食肉者,常以千数。齐人惧其寇掠,亦倾其府库以给之。"突厥每年至少从中国攫取 20 万皮丝绸;马长寿:《突厥人与突厥汗国》,第 104 页。

② R. Browning, *Justinian and Theodora*, pp. 242 - 243;

③ R. Lopez," China Silk in Europe in the Yuan Period", *Journal of American Oriental Society*, 72 (1952), p. 72; Bury, *History of the Later Roman Empire*, vol. Ⅱ, pp. 121 - 122.

于米南德(Menander)的《希腊史残卷》。关于米南德其人,人们所知甚少。米南德出生于君士坦丁堡,其父是该城的居民,所受教育不多,米南德青年时代学习法律。莫里斯皇帝执政后,奖掖文学艺术,激起了米南德从事历史写作、争取自己事业前程的热情。他的历史著作,主要记述558—582年间拜占庭帝国的历史,尤其是外交史。他能够利用帝国档案,说明他的写作具有官方背景。他写成的著作《历史》已佚失,仅在10世纪拜占庭皇帝君士坦丁七世的《使节行录》(*Excerpta de legationibus*)中保留了一些片段。[①] 对于后人了解这一时期突厥与拜占庭交往历史,具有极为重要的价值。

米南德在《希腊史残卷》中提到,粟特人在突厥击败嚈哒人之后转属突厥统治之下,他们很快即想到利用突厥的威势打开波斯的丝绸市场,建议突厥可汗派使团到波斯,请求波斯允许粟特人在波斯境内自由贸丝。[②] 突厥-粟特使团携带大量丝绢到达波斯宫廷,向波斯王提出粟特人在波斯自由贩卖生丝的请求。波斯王对此要求极为不快,不愿意让突厥人自由进入波斯境内。波斯王将突厥-粟特带来的丝绢悉数买下,然后当其面全部焚毁,以示绝不与突厥人发生任何联系。突厥-粟特使者扫兴而归,毫无所获。室点密并不甘心,第二次派遣使团。为阻止突厥人再次前来,波斯王令人于接待使者时鸩杀使者,幸免者仅三四人。波斯王令人散布谣言,说突厥使者死于波斯干燥气候,但突厥王对其中真相已了然于胸。[③] 这一事件传达出的基本事实是:波斯帝国如果接受粟特人的建议,则意味着粟特人可以直接将生丝卖给波斯消费者或来自拜占庭帝国的生意人;虽然波斯的生丝供应依靠突厥-粟特人,但波斯人绝对不允许突厥-粟特人得寸进尺,进占波斯境内市场,剥夺波斯转手贸易获得的丰厚利润。[④] 在波斯人可以控制锡兰和印度港口生丝市场的情况下,控制波斯境内市场,意味着从根本上控制了拜占庭

① B. Baldwin," Menander Protector", *Dumbarton Oaks Papers*, No. 42 (1988), p. 106; Menander, *The History of Menander the Guardsman*, p. 4; M. Whitby, *The Emperor Maurice and his Historian : Theophylactus Simocatta on Persian and Balkan Warfare*, Oxford:Clarendon Press, 1988, p. 243.

② Menander, *The History of Menander the Guardsman*, 10, 1, p. 111 – 113; Étienne de la Vaissière, *Sogdian Traders*, pp. 209 – 210.

③ Μένανδρος Προτήκτωρ, *Fragmenta: Fragmenta Historicorum Graecorum*, Ⅳ, frag. 10, 1; Menander, *The History of Menander the Guardsman*, pp. 110 – 115.

④ D. Sinor, *The Historical Role of the Turk Empire*, p. 430 – 431.

帝国这个主要生丝消费者的咽喉,在同拜占庭的生丝贸易中处于予取予夺的主动地位,不仅可以从中获得可观的利润,而且可以利用拜占庭帝国对这种重要产品的需求,迫使拜占庭帝国在两国关系中做出让步。波斯帝国政府充分意识到牢固掌握国内丝绸市场的重要性,绝不可能让突厥-粟特人攫取原本属于自己垄断的商业利益。况且,突厥在中亚地区已经表现出咄咄逼人的进取姿态和领土野心,让波斯在政治上感到巨大压力,波斯国王自然不愿给予突厥人以可乘之机,觊觎波斯领土。①

而在拜占庭帝国方面,此时面临的形势是,既然无法从贯穿波斯领土的丝绸之路上绕过波斯获得丝绢,也无法从海路上达到目的,那么巩固它在克里米亚半岛的据点,从这一据点出发,通过欧亚大陆的南俄草原之路建立与突厥控制下的中亚地区的关系,似乎是唯一可以实现的前景。但是,南俄草原众多的游牧民族的存在,使这条交通线上的贸易更难进行。因此,在突厥人将其实力扩展到里海以远地区,乃至黑海沿岸之前,这种努力不太可能获得成功。

米南德提到,在突厥-粟特派往波斯的使团未能说服波斯开放丝绸市场,以失败告终之后,粟特人首领马尼亚克(Maniach)趁机向突厥可汗建议:"为突厥利益计而与罗马人建立友好关系,将生丝售给他们,因为罗马人对生丝的消费多于他国。"最终突厥可汗接受了这位粟特头领的建议,由他带领突厥-粟特使团,"携带珍贵生丝并国书前往罗马帝国"。这个使团通过高加索地区,抵达君士坦丁堡,最终促使两国达成和平协议,建立联盟关系。这个联盟在 568—576 年之间维持了近 10 年,二者多次交换使节。米南德特别提到一个值得注意的细节:576 年拜占庭使团最后一次前往西突厥时,将此前居留君士坦丁堡的 106 名突厥人一并携回。② 568—576 年之间西突厥与拜占庭帝国的联盟,使拜占庭通过西突厥获得了需要的中国生丝,在一定程度上打破了波斯对优等中国丝绸的垄断。拜占庭与波斯连年攻战,其内在的原因,在很大程度上仍然是经济的:拜占庭认为中部丝绸之路远优于欧亚草原之路,借突厥之力征服波斯并夺取已存在的商路比维持欧亚草

---

① 对于波斯决策的商业、政治背景分析,见 Étiennede la. Vaissière, *Sogdian Traders*, pp. 229 - 232。

② Menander, *The History of Menander the Guardsman*, 19, 1, p. 171; Siméon Vailhé, Projet d'alliance Turco-byzantine au VIe siècle, *Échos d'orient*, 12 (1909), pp. 206 - 214。

原之路更为容易。①

即使在双方友好关系破裂后,乃至数世纪内,丝绸贸易仍然是拜占庭帝国与中亚交往的一个重要因素和内容。② 1967 年,在北高加索山区库班河上游支流巴勒卡的莫谢瓦亚及其东部的墓葬区,出土了 200 余件丝织品残片,据研究属于 8—9 世纪的产品,其中 60% 产于中亚(布哈拉),中国和拜占庭的产品各占 20%。③ 这说明中国最优质的丝绸一直在向西传输,但随着拜占庭丝织业的发展,在输入中国优质丝的同时,也开始输出自己的生丝。拜占庭帝国直到元代仍在输入中国优质丝绸④,原因是,西方世界虽然掌握并发展起育蚕缫丝技术,但长期不懂得须将蚕子在化蛾前杀死的关键技术,所得的蚕丝纤维短,颜色暗。质量最佳的丝绸仍需要依靠从中国进口。

从 6 世纪下半叶到 7 世纪上半叶,随着突厥崛起带来欧亚大陆交流的繁荣局面,中亚成为中国、印度、波斯和拜占庭几大文明之交汇中心。《新唐书·西域传》记载:"何(国)或曰屈霜你迦,曰贵霜匿,即康居小王附墨城故地。城左有重楼,北绘中华古帝,东突厥、婆罗门,西波斯、拂菻等诸王。"⑤何国是中国史书记载的"昭武九姓"之一,屈霜你迦在撒马尔罕附近。婆罗门指印度,拂菻即拜占庭帝国,波斯即萨珊王朝统治下的波斯帝国。屈霜你迦建筑体上描绘四方国王形象,说明突厥主导下的中亚地区与周边主要文明的交往已相当频繁与密切。撒马尔罕地区已成为周边国家消息的集散地,周边国家可以借助与突厥-粟特人广泛的联系获得远方相关国家的消息。⑥ 由于突厥同时与周边几个主要文明保持着

① D. Sinor, *The Historical Role of the Turk Empire*, p. 431; K. Shiratori, "A New Attempt at the Solution of the Fu-lin Problem", in *Memoir of the Research Department of the Toyo Bunko*, 15, Tokyo, 1956, p. 217.

② R. Lopez, *China Silk in Europe in the Yuan Period*, pp. 72 - 76; D. Obolensky, "The Empire and its Northern Neighbours", in J. M. Hussey ed., *The Cambridge Medieval History*, Ⅳ, Cambridge : Cambridge University Press, 1966, p. 487.

③ 张广达:《论隋唐时期中原与西域文化交流的几个特点》,《西域史地丛稿初编》,上海:上海古籍出版社 1995 年版,第 285—286 页。姜伯勤根据其他材料所做统计略有不同,见氏著:《敦煌吐鲁番文书与丝绸之路》,北京:文物出版社 1994 年版,第 19 页。

④ R. Lopez, *China Silk in Europe in the Yuan Period*, pp. 72 - 76.

⑤《新唐书》卷二二一下《西域传》。

⑥ 有人推测此时中亚的交通形势:"一位在君士坦丁堡待过几年的突厥使者,也许在下次出使时被派往中国,而来自印度和中国的佛教徒,也许会在突厥可汗的汗帐里,与拜占庭的基督教徒或波斯的琐罗亚斯德教徒讨论宗教问题。"D. Sinor, *The Historical Role of the Turk Empire*, p. 433.

频繁交往,外交技巧娴熟的拜占庭外交人员自然可以从突厥人那里获得有关突厥人和中亚其他各族的消息。突厥所获得的有关中原王朝的消息,成为塞奥菲拉克特·西摩卡塔(Theophylact Simocatta)《历史》中有关中国记载的知识来源。

第五节

西摩卡塔对中国历史片段的记载

对于塞奥菲拉克特·西摩卡塔的生平,人们所知甚少。根据现在的研究,他大约于580年以后出生在埃及的亚历山大里亚,父母为政府部门的官员。他在亚历山大里亚完成早期的学业。20多岁时可能到了君士坦丁堡,在那里学习法律。610年,拜占庭帝国的一代雄主希拉克略发动兵变,推翻依靠兵变夺取莫里斯皇帝权位的福卡斯,此时西摩卡塔可能已在其手下供职。641年西摩卡塔出任希拉克略政府的帝国法官。[①] 他在620—630年间完成了平生最重要的著作《历史》。[②] 这部著作记述莫里斯皇帝执政时期拜占庭帝国经历的重大历史事件,有关中国的记载见于此著作中。

西摩卡塔《历史》的主题有两个,一是拜占庭帝国在东部边境上与波斯的冲突和战争,一是在巴尔干半岛上对抗斯拉夫人和阿瓦尔人入侵的战争。在涉及当时频繁冲击帝国边境的阿瓦尔人时,他把笔触转向了阿瓦尔人的故乡中亚地区,提到了突厥崛起后中亚地区政治形势的变动,也提到了与中亚形势变化有关的"桃花石"(Taugast,Τανγάστ)国的知识。他在叙述同时期拜占庭帝国多瑙河边境发生的相关事件时,将这些知识插入其叙述中,写道:"我们既已提到高加索及

---

① Theophylactus Simocatta, *The History of Theophylactus Simocatta: An English*, translation with introduction and notes, by Michael and Mary Whitby, Oxford, 1986. pp. xiii-xvii; Theophylacti Simocattae, *Historiae*, C. de Boor ed., Leipzig: Teubner, 1887, repr. Stuttgart, 1972, TLG, No. 3130003; M. Whitby, *The Emperor Maurice and His Historian*, pp. 28–33.

② Theophylactus Simocatta, *The History of Theophylactus Simocatta*, pp. xiv-xv.

北方的斯基泰人,那么就让我们中断一下我们的历史叙述,记载一下这个时期这些重要民族的大事。这一年夏天到来以后,东方的突厥著名大汗遣使于莫里斯皇帝,呈国书以叙述其武功。"接着叙述了可汗领导突厥人在中亚开疆拓土的活动,以及与突厥有关系的"桃花石"国的情况。

在他的记载中,"桃花石"是一个国家的名称,同时又是一座城市的名称。"桃花石是著名的城市,距突厥 1 500 里,与印度为邻,居住在桃花石的外邦人,为人数极众而极勇敢的民族,世界诸国几乎无与其匹。"阿瓦尔人被突厥击败后,有一部分逃到桃花石。接着,他又有一段关于桃花石国的较详细叙述:"桃花石国的统治者,在拉丁文中称作 Taisan,在希腊文中称作 Ταϊσαν,意为'上帝之子'。桃花石国从不受王位纷争之扰,因家族血统为他们提供了选取君主的办法。桃花石国盛行雕像崇拜(θρησκεία αγάλματα),但有公正的法律,生活充满中庸的智慧。有一种风习类似法律,禁止男人佩戴金饰,虽然他们从规模巨大、利润丰厚的商业活动中获得大量金银财富。一条大河将桃花石国土划分为二,这条大河过去是彼此争战的两个大国间的边界,其一国衣服尚黑,另一国尚红,但在今日莫里斯皇帝君临罗马时,黑衣国跨过大河攻击红衣国,取得胜利,一统全国。据说马其顿的亚历山大在征服巴克特里亚人和粟特人,烧杀 12 万人之后,建筑了桃花石城。在桃花石城,国王的皇后妃子们乘金车出入,以一头牛挽车,饰以昂贵的黄金、珠宝,极为奢华,牛的龙头也以镀金装饰。当朝临政的君主有 700 名妃子。桃花石国显贵们的妻妾乘坐银车。国王死,妃嫔剃发衣黑致哀终生;法律规定她们永远不得离开国王的墓陵。据说,亚历山大在桃花石城几里外建筑第二座城市,异邦人称之为库姆丹(Khubdan,Χουβδάν)。库姆丹城有两条大河流横贯其中,大河两岸柏树依依。桃花石人拥象甚多;与印度的商贸交往频繁。据说他们是印度人,因生活在北方,肤色为白。生产赛里斯丝线的蚕虫在这个民族中到处可见;它们已经历许多代的变化,色彩斑斓。这些异邦人非常热衷于驯养这种动物的技艺。但是,我们的叙述不要脱离正题太远了……"①

据西摩卡塔自述,他对突厥和"桃花石"国的知识来自 598 年突厥可汗致莫里

---

① Theophylactus Simocatta, *The History of Theophylactus Simocatta*, pp. 191 – 192; H. W. Haussig, "Theophylakts exkurs über die Skythischen völker", *Byzantion* 23 (1953), pp. 285 – 286.

斯皇帝的国书①,但我们将看到,这些知识并非一件国书所应容纳,也不是国书所能承载。整个记载显示,西摩卡塔书中的内容并非来自一个渠道。他利用了7世纪20—30年代在君士坦丁堡可以得到的30—60年前保存下来的官方档案,包括他的前辈米南德对拜占庭-突厥外交活动的记载。② 换言之,西摩卡塔记载的内容,一部分可能取自外交使节的国书;另一部分则可能取自拜占庭朝廷对突厥-粟特人的询问记录。如果考虑到106名突厥人在君士坦丁堡的长期居留,以及拜占庭外交人员刺探情报的优秀能力,这种情况是不难理解的。西摩卡塔之所以对突厥人及中亚历史事件产生兴趣,则可能因源于拜占庭皇帝伊拉克略于626—628年间联合突厥可萨部对波斯的进攻行动。③ 可能是这次联合行动促使他转向利用君士坦丁堡官方保存的有关中亚突厥人及相关民族的材料。④

　　西摩卡塔的中国记载中,最为引人注目的莫过于 Ταυγάστ 一名。这个名称作为中国的一个称谓出现于域外文字中,这是目前我们所能见到的最早的例证;而在汉籍中,这个名称记作"桃花石"。

　　关于 Ταυγάστ(Taugast)一名的起源,长期以来在中外学者中可谓众说纷纭。"大魏说"认为此名来自南北朝时期鲜卑拓跋部在中国北方建立的元魏政权。⑤ 此说牵强过分,不仅在于 Taugast 与"大魏"对音困难,而且没有证据证明外族确以此名称呼中国。"唐家说"认为源自唐王朝。⑥ 此说虽有学者详加论证,但迂曲难通之处在于,西摩卡塔所用史料是在唐朝建立以前获得,后来名称自然无见闻于前代之理。伯希和(Pelliot)采纳提出"拓跋"说,认为来自占领中国北部之

① M. Whitby, *The Emperor Maurice and His Historian*, p. 315 断为 595 年,似误。见 J. Bury, *A History of the Later Roman Empire: from Arcadius to Irene (395 AD to 800 AD)*, vol. Ⅱ, p. 136 以下;[法]沙畹:《西突厥史料》,第 220 页;[俄]李特文斯基主编:《中亚文明史》第 3 卷,第 282 页。

② Theophylactus Simocatta, *The History of Theophylactus Simocatta*, p. 23;张绪山:《6—7 世纪拜占庭帝国与西突厥汗国的交往》,《世界历史》2002 年,第 1 期,第 81—89 页。

③ [法]沙畹:《西突厥史料》,第 227—229 页。

④ M. Whitby, *The Emperor Maurice and His Historian*, pp. 316 - 317。

⑤ 早期的法国汉学家德经提出"大魏"(Ta-göei)说,认为此名来自南北朝时期鲜卑拓跋部在中国北方建立的元魏政权,见 H. Yule, *Cathay and the Way Thither*, vol. Ⅰ, p. 33。至今仍有人接受之,如 I. M. Frank & D. M. Brownstone, *The Silk Road*, p. 163。

⑥ 德国汉学家夏德(F. Hirth)提出"唐家"说;日本学者桑原骘藏则发挥之,引申为"唐家子"。见[日]桑原骘藏著,陈裕菁译:《蒲寿庚考》,北京:中华书局 1954 年版,第 103—109 页。

元魏的旧名"拓拔"①,日本学者白鸟库吉亦力倡此说②。但问题是,拓跋鲜卑族入主中国北部后迅即开始汉化,王朝之名亦采用汉化之"魏",其本族名称"拓跋"扬名于他族的可能性似不大。在中国学者中,则有"大贺氏"说,认为即契丹大贺氏之旧称;③另外还有突厥文"Tangri(天)"说④,"大汗"说,等等。⑤

　　在以往学界诸说中,"大汉"说最具说服力。⑥ 从语音上,希腊语 Ταυγάστ 尾部的 τ,除非与其他韵母构成一个独立音节,一般不发音,因此 Ταυγάστ 的读音应为 Ταυγάς,这也可由突厥碑铭中的 Tabγač 得到印证。阿拉伯、波斯和西亚作家著作中的写法稍异,有 Tabga č、Tabghaj、Tamgama、Tamghaj、Tooghaj、Tamghaj、Timghaj 等,但读音基本无大异。⑦ 这些名词的词根为 Tauga,而 s、č、j 等为词根辅助音。⑧ "拓跋"的古代读音为 T'ak bwat,中古读音为 T'ak buat。比较 Tau-ga、Tab-ga、Tab-γα、Tab-gha、Tam-ga、Tam-gha 等可知,Tau、Tab、Tam、Tan 相对于"拓""大"都有通转的可能,但以"大"更为通便。而以 bwat 或 buat 对 ga、γα、gha 则不相应。希腊语中的 γ 对应于拉丁语族的 g。在诸多亚洲语言,如突厥语、波斯语和印度

---

① [法]伯希和:《支那名称之起源》,《西域南海史地考证译丛》第一卷一编,第36—48页。

② [日]白鸟库吉著,王古鲁译:《大秦国及拂菻国考》,《塞外史地论文译丛》第一辑,上海:上海商务印书馆1939年版,第43—47页。

③ 清末洪钧《元史译文证补·西域补传上》考曰:"多桑书,字音如曰'唐咯氏',义不可解……及注《西游记》,有谓汉人为桃花石一语,循是以求,乃悟即契丹之'大贺氏'。蒙古读中国为契丹,今俄罗斯尚然……是知契丹盛时,仍沿大贺氏之旧称,故临国亦以氏称之。"张星烺:《中西交通史料汇编》第一册,第193页。

④ 梁园东在1944年发表的文章中认为,Tabγač 是由突厥文"天"(Tangri)转化而来,其义为"司天者",以 Tabγač 称中国是以中国皇帝的称号指称中国。梁园东:《"桃花石"为"天子","桃花石汗"为"天可汗"说》,《边政公论》第3卷第4期,1944年,第48—54页。

⑤ 1983年章巽发表文章提出"大汗"说,认为草原民族以自己习惯的称号"汗"称呼中国皇帝,并加"大"以为尊称,久之"大汗"便成为中国的统称。章巽:《桃花石与回纥国》,《中华文史论丛》第2辑,上海:上海古籍出版社1983年版,第39—43页;岑仲勉:《释桃花石》,《东方杂志》,第33卷21号;岑仲勉:《桃花石之新释》,《突厥集史》下册,北京:中华书局1958年版,第1049页。

⑥ 此说最早有张星烺提出:"吾谓陶格司(即桃花石——引者注)恐为大汉二字之转音。今代日本人读大汉二字为大伊干(Daigan),日人之汉字读音,多学自隋唐时代。汉朝虽亡,而以后之人,仍称本国为汉土。法显、玄奘之纪行书可覆视也。"张星烺:《中西交通史料汇编》第一册,第192页。

⑦ H. Yule, *Cathay and the Way Thither*, vol. Ⅰ, pp. 33-34. 至于 Timghaj 中的 ti 与其他形式中的 ta 实无重大区别,如西突厥可汗 Dizaboul 在阿拉伯人的记载中又作 Sindjibou,突厥官名 Jabgu 又作 Djibghu,可知 i 与 a 可互转。见[法]沙畹:《西突厥史料》,第200—201页。

⑧ Zhang Xu-shan: *Η Κίνας καί τον Βυζάντιο, Ιστρικογεογραφικά*, Αθήνα, 1998, pp. 68-70. 芮传明认为,在古突厥语中,一个名词加上后缀"č"便生成一个新词,表示"敬爱的""可爱的"之类的意思,故 Tabγač 便是"尊敬的大汉王朝"之意。此又可备一说。《Tabγač 语源新考》,《学术集林》卷十,上海:上海远东出版社1997年版,第263页。

西北俗语中,g／gh／h 之间的互转是通例。例如,突厥语 Jabgu 译为汉语作"叶护";波斯语 muγ 汉文作"穆护";①印度西北俗语 lahu 转为 laghu;ogha 转为 oha;samga 转为 samgha;goduma 转为 ghoduma。② 这些都是显著的例证。因此 han 或 gan("汉"之中古读音为 gan)与 ga、γα、gha 之间的互转,仅在于韵尾的些微变化,而韵尾的 a、an 互转是音韵学上的通例,是常见的。

从历史方面,中国之见闻于外族无疑早于两汉,但就中国与北方及中亚民族之关系论,两汉时期最为频繁,影响亦为最大。汉代张骞出使西域,致有中原朝廷与西域各国之外交行动达到空前规模。《史记·大宛列传》称:"诸使外国一辈大者数百,少者百余人……汉率一岁中使多者十余,少者五六辈,远者八九岁,近者数岁而反。"③后汉班超经营西域 30 余年,击退匈奴在西域的势力,更使汉威响震西域,声名远被。两汉时期中原王朝的对外交往中,与匈奴的交往尤为频繁。在这些交往中,汉臣很早就已惯于自称"大汉",其例甚多。例如,明帝派郑众再次出使匈奴时,郑众上书表示不愿出使:"臣前奉使不为匈奴拜,单于恚恨,故遣兵围臣。今复衔命,必见陵折。臣诚不忍持大汉节对毡裘独拜。如令匈奴遂能服臣,将有损大汉之强。"④又如,建初三年(78 年)班超上书汉廷请兵定西域:"昔魏绛列国大夫,尚能和辑诸戎,况臣奉大汉之威,而无铅刀一割之用乎?"都是显著的例证。⑤ 由于与汉朝的频繁交往,"大汉"也成为匈奴对中原政权的称呼。太始二年(公元前 95 年)单于遣使致汉书云:"南有大汉,北有强胡。胡者,天之骄子也,不为小礼以自烦。今欲与汉恺大关,取汉女为妻,岁给遗我蘖酒万石,稷米五千斛,杂缯万匹,它如故约,则边不相盗矣。"这是带有威胁性质的说辞⑥,其中"大汉"显然不像汉廷用作自称时具有夸耀性质,而是匈奴对中原王朝的惯称。

汉人自两汉以降涉及自称时往往称"汉",对应于外族的"大汉"之称谓。对中原的称呼不会随着中原王朝的更迭而改变,相反会相袭沿用,成为北方游牧民

---

① ［美］劳费尔:《中国伊朗编》,第 361 页。
② 林梅村:《犹太入华考》,《西域文明》,上海:东方出版社 1995 年版,第 86 页。
③ 《史记》卷一二三《大宛列传》。
④ 《后汉书》卷三六《郑众传》。
⑤ 《后汉书》卷四七《班超传》。
⑥ 《汉书》卷九四《匈奴传》。

族对中原政权与民族的称呼,所以,两汉以降北方游牧民族均以匈奴旧称"大汉"以呼中原政权。①518—519 年间,波斯王居和多与北魏通使,上书贡物云:"大国天子,天之所生,愿日出处常为汉中天子。波斯国王居和多千万敬拜。"②可见,即使在鲜卑拓跋部统治中国北方时期,中亚、西亚民族仍延续以往"汉"的称呼。波斯国书乃汉译,原文似应为"大汉"。见诸记载的"汉家""汉""汉人""汉儿"之类名称,实即"大汉"的汉译。两汉以后的两个多世纪,中国北部诸小王朝势小力微,声威难以扬于域外,鲜卑族拓跋魏与中亚之交往,似不过恢复两汉对西域的影响而已。

　　"桃花石"一名见诸域外文字,就目前所知,以西摩卡塔为最早。但西摩卡塔的 Ταυγάστ 之名来自突厥人,此名之为突厥人使用当在此前。可惜更早期的突厥文字证据并未流传下来。8 世纪以后,"桃花石"以 Tabγač 的形式频繁出现于突厥碑铭中,作为一个民族名称使用,同时又作为修饰词和限定词使用,如"Tabγač 的可汗""Tabγač 的民众""Tabγač 的官衔"等,但它指称中原政权,是毫无疑问的。③ 西摩卡塔时代之后,中亚及西亚民族也以 Tabγač 或 Tabghāj 之类的名称指示中国④,但在使用过程中意义逐渐发生演变:突厥民族在以"桃花石"称呼中原王朝的同时,也将"桃花石"称谓用到自身之上。⑤

　　西摩卡塔中国知识中最重要的内容,无疑是前文提到的关于桃花石国内部战事的记载。这段记载历来受到学者的重视。关于 Ταϊσαν(Taisan)的比对问题,有学者被认为即"天子"对音⑥,但对音并不完全吻合;有学者则认为这是唐朝一

① 朱彧《萍洲可谈》卷二:"汉威令行于西北,故西北呼中国为汉,唐威令行于东南,故蛮夷呼中国为唐。崇宁间臣僚上言,边俗指中国为汉唐,形于书文,乞并改为宋……诏从之。"朱彧:《萍州可谈》卷二,上海古籍出版社编:《宋元笔记小说大观》二,上海:上海古籍出版社 2001 年版,第 2318—2319 页。胡三省曰:"汉时匈奴谓中国人为秦人。至唐及国朝(宋),则谓中国为汉,如汉人、汉儿之类,皆习故而言。"徐松:《汉书·西域传补注》下,上海:上海商务印书馆 1937 年版,第 74 页。

② 《魏书》卷一〇二《西域传》。

③ 芮传明:《古突厥碑铭研究》,上海:上海古籍出版社 1998 年版,第 133 页。

④ 冯家升:《回鹘文写本〈菩萨大唐三藏法师传〉研究报告》,《考古学专号》丙种第一号,收入《冯家升论著辑粹》,北京:中华书局 1987 年版,第 376—379 页。(宋)李志常著,党宝海译注:《长春真人西游记》,石家庄:河北人民出版社 2001 年版,第 51 页;*Travels of an Alchemist: the Journey of the Taoist Ch'ang Ch'un from China to the Hindukush at the summon of Chingiz Khan*, recorded by his disciple Li Chih-Ch'ang. Translated with an introduction by A. Waley, London, 1931 (= London, 1979), p.86.

⑤ 黄时鉴:《"倐贯主"考》,《东西交流史论稿》,上海:上海古籍出版社 1998 年版,第 34—38 页;P. Pelliot, *Notes on Marco Polo*, Ⅰ, Paris:Impr. nationale, 1959, p.274.

⑥ J. Klaproth, Mention de la Chine donnée par Théophylacte Simocatta, p.229;[日]白鸟库吉:《大秦国及拂菻国考》,《塞外史地论文译丛》第一辑,第 43 页。

代英主"太宗"的音译①,但西摩卡塔写作时代早于唐太宗之时,与史实扞格不通。
最合理的看法,应是"太上"的希腊语对音。"太上"是"太上皇"的简称,秦始皇称
皇帝以后,追尊其父庄襄王为"太上皇",汉高祖刘邦尊其父太公为"太上皇"。但
此类称呼均为荣誉,并无实际权力。南北朝乃至隋唐时期,许多皇帝让位于其子
而自称"太上皇",但仍掌握要政,逊位后仍执国务大权特别是外交大权。故中原
皇帝以这个称号为突厥所熟悉,并被突厥使节传播于拜占庭史家。②

　　西摩卡塔所记桃花石国土隔河攻伐的战争即黑衣国统一红衣国,多被认为
589年隋朝渡江攻灭陈朝的战争,隋朝都城所在的陕西境内,人民着衣黑色。③ 这
种观点大可置疑。自古以来,中国南北方的普通百姓的服装在样式上或有区别,但
在颜色上并无整体性的区别,换言之,普通民众衣红或衣黑者各地都有,并无显著差
异。西摩卡塔所谓"黑衣"和"红衣"两国,不是后世学者所认为的普通民众衣装的
颜色,显然应指军队的着装。隋朝军队旗帜尚赤,制衣尚黄④,隋灭陈之战不符合西
摩卡塔关于"黑衣国灭红衣国"的记载。与此记载相当的是后周灭北齐⑤,分划两

---

① H. Yule, *Cathay and the Way Thither*, vol. Ⅰ, p. 33 - 34;张星烺:《中西交通史料汇编》第一册,第193页。

② P. A. Boodberg, "Marginalia to the Histories of the Northern Dynasties", *Harvard Journal of Asiatic Studies*, 3 (1938), pp. 235 - 238.

③ H. Yule, *Cathay and the Way Thither*, vol. Ⅰ, p. 30, n. 2;[法]戈岱司:《希腊拉丁作家远东古文献辑录》,第31—32页;[日]白鸟库吉:《大秦国及拂菻国考》,《塞外史地论文译丛》第一辑,第43—44页;张星烺:《中西交通史料汇编》第一册,第193页;G. F. Hudson, *Europe and China*, p. 127;[日]内田吟风:《柔然(蠕蠕)与阿瓦尔同族论的发展》,《中外关系史译丛》第2辑,上海:上海译文出版社1985年版,第176页;梁园东:《"桃花石"为"天子","桃花石汗"为"天可汗"说》,第48页;范文澜:《中国通史简编》第三编第二册,北京:人民出版社1965年版,第298页。

④ 《隋书·高祖纪》:"(开皇元年)六月癸未,昭以初受天命,赤雀降祥,五德相生,赤为火色。其郊及社庙,依服冕之仪,而朝会之服,旗帜牺牲,尽令尚赤。戎服以黄。"这是直接证据。《隋书·五行志下》:589年隋军攻灭陈朝前夕,陈后主"梦黄衣人围城。后主恶之,绕城橘树,尽伐去之。隋高祖受禅之后,上下通服黄衣。未几隋师攻围之应也"。陈后主梦中的"黄衣人"显指隋朝军队。此为间接证据。

⑤ 《隋书·五行志下》:"后周建德五年,黑龙坠于亳州而死。龙,君之象。黑,周所尚色。坠而死,不祥之甚。"《北齐书·安德王延宗传》:576年北周军队围攻晋阳时,"周军围晋阳,望之如黑云四合"。《广弘明集》卷五:"周祖已前,有忌黑者,云有黑人,次膺天位,周太祖初承俗谶,'我名黑泰,可以当之',既入关中,改为黑皂,朝章野服,咸悉从之。"后周军队为黑色,可无疑。北齐军队衣制尚红也可推知。《北齐书·神武帝纪上》:"孝昌元年,(高欢)从(尔朱)荣徙据并州,抵扬邑人庞苍鹰,止团焦中。每从外归,主人遥闻行响动地。苍鹰母数见团焦赤气赫然属天。又苍鹰尝夜欲入,有青衣人拔刀叱曰:'何故触王!'言迄不见。始以为异,密觇之,唯见赤蛇蟠床上,乃益警异。"是以赤色附会北齐君主。《隋书·五行志下》:"后周建德六年,阳武有兽三,状如水牛,一黄,一赤,一黑。与黑者斗久之,黄者自傍触之,黑者死,黄赤俱入于河……黑者,周之所尚色……后数载,周果灭而隋有天下,旗帜尚赤,戎服以黄。"此时北周、北齐相争,而杨坚势力虎视北周政权。《隋书》所记,无非是以阴阳五行之说,以预卜天道的形式附会后来的历史演变。隋"戎服以黄",北周戎服尚黑已如前述,则赤色喻北齐戎服,可无疑。

国而为其边界的大河,应为黄河而非长江。西摩卡塔记载中称此战事发生在"今日莫里斯皇帝君临罗马时",这种错误之所以发生,是因为这些消息经突厥人向西传播过程中纪年标准的转换:577年周灭齐的战争发生在突厥达头可汗初年,而达头可汗与莫里斯皇帝为同时代人;西摩卡塔以拜占庭皇帝为纪年,只能将"黑克红"之战事归于莫里斯皇帝秉政时,即582—602年间。① 突厥与北朝关系极为密切,北周灭北齐这样的重大历史事件经突厥传播到拜占庭,可谓顺理成章。不过,如果考虑到西突厥可汗在598年尚有遣使拜占庭之举,则589年隋朝灭陈朝而统一全帝国的事件也有可能为突厥人所传播,造成遥远的拜占庭史家的混淆,将中国北方统一的大事件与中国南北方的统一事件误为一谈,而形成黑衣国攻击红衣过"取得胜利,一统全国"之说。

西摩卡塔把亚历山大传说与中国联系、混杂在一起,虽属奇思异想,但也饶有意味。"据说马其顿的亚历山大在征服巴克特里亚人和粟特人,烧杀12万人之后,建筑了桃花石城。""据说亚历山大在桃花石城几里外建筑第二座城市,外邦人称之为库姆丹。库姆丹城有两条大河流横贯其中,两岸柏树依依。"西摩卡塔明言"据说",表明有关亚历山大的传说内容并非取自突厥使节的国书,有可能得自驻留君士坦丁堡的突厥人或粟特人。

库姆丹一名向中亚的传播似应归功于粟特人。粟特人从相当早的时期就开始以"库姆丹"一名称呼长安。早在4世纪初叶,此名称已见于粟特人信中。1907年斯坦因在敦煌西北长城烽燧遗址中发现一组粟特文信件,据考证是凉州(姑臧)地区的粟特商人于312—313年前后写给撒马尔罕的家乡人的,其中就有"库姆丹"一名,作xwmt'n,其所指即"长安"。② 同样,2003年6—10月,西安市北郊大明宫乡井上村发掘的北周史君墓粟特文汉文题铭中,也有粟特文"xwmt'n",也是指"长安"。据汉文题铭,粟特人史君于大象元年(579年)死于长安家中③,时间上正是西突厥与拜占庭帝国交往频繁时期过后不久。明天启年间(1623—1625年)西安发现的781年的景教碑的叙利亚文中,景教徒也是以Khumdan(或

① P. A. Boodberg, *Marginalia to the Histories of the Northern Dynasties*, p. 231.

② W. B. Henning, "The Date of the Sogdian Ancient Letters", *Bulletin of the School of Oriental and African Studies*, 12, 3 - 4 (1948), pp. 601 - 616.

③ 吉田丰:《西安新出史君墓志的粟特文部分考释》,《粟特人在中国:粟特人在中国:历史、考古、语言的新探索》,《法国汉学》第十辑,北京:中华书局2005年版,第26—29页。

Khubdan)指西安。这些事实表明,在西摩卡塔时代的前后两个世纪中,库姆丹是中亚和西亚民族对长安的称呼。不过,关于这个名称的起源,现在仍是众说纷纭,莫衷一是。① 有学者认为源于"咸阳"的古音转化,可备一说。② 但要彻底解决,还需要进一步的研究。

西摩卡塔称亚历山大建立桃花石城和库姆丹城,这种怪诞的说法,表明他本人不仅对这个"桃花石"国的历史并无真正的了解,对于这个国家的地理位置也是蒙昧不清。西摩卡塔在记载中称桃花石"距突厥1 500里",不管认定西突厥汗庭是在阿尔泰山还是天山,以此为基点衡量,都不准确,同时他又称"桃花石""与印度为邻",则更是把"桃花石"置于中亚地区了。有学者认为,西摩卡塔笔下有两个"桃花石":一指中国,另一个则在巴克特里亚和索格底亚那。③ 其实不然,在西摩卡塔的头脑中,"桃花石"究竟在何处,是根本不清楚的。虽然他提到"生产赛里斯丝线的蚕虫在这个民族中到处可见;它们已经历许多代的变化,色彩斑斓。这些异邦人非常热衷于驯养这种动物的技艺",却没有将它与此前希腊罗马作家频繁提及的"赛里斯"联系起来。这也证明他不了解桃花石这个国家的确切地理位置。

马其顿亚历山大在公元前4世纪下半叶对亚洲远征,不仅将希腊文明带到中亚,而且也把中亚的知识带回了希腊化世界。亚历山大在中亚建筑大量城市是希腊—罗马世界所熟知的历史事实,也为考古发现所证实。对后世的希腊罗马人而言,这位富有传奇色彩的亚历山大和中亚以及有关中亚的事物,似乎有某种不可割断的联系④,这种联系很容易引起丰富联想:当他们与来自中亚的突厥-粟特人

---

① H. Yule, *Cathay and the Way Thither*, vol. I, pp.31, 108;张星烺:《中西交通史料汇编》第一册,第224页;岑仲勉:《外语称中国的两个名词》,《中外史地考证》,北京:中华书局1962年版,第282—285页;葛承雍:《唐长安外来译名Khumdan之谜》,《中国文物报》,2002年6月28日;收入氏著:《唐韵胡音与外来文明》,北京:中华书局2006年版,第328—333页;又氏著:《Khumdan为唐代长安外来译名的新证》,《中国历史地理论丛》第20卷第3辑,2005年,第334—341页。

② P. A. Boodberg, *Marginalia to the Histories of the Northern Dynasties*, pp.241 - 242;W. B. Henning, *The Date of the Sogdian Ancient Letters*, p.608.

③ H. W. Haussig, "Theophylakts exkurs über die Skythischen völker", *Byzantion* 23 (1953), pp.389 - 390.

④ L. Boulnois, *The Silk Road*, pp.161 - 163;B. Laufer, "The Diamond:A Study in Chinese and Hellenistic Folklore", *Anthropological Series*, vol. XV, no. 1, 1915;J. A. Boyle, "The Alexander Legend in Central Asia", *Folklore* 85, London, 1974, pp.217 - 228;[法]法兰兹·格瑞内著,阿米娜译:《法国—乌兹别克考古队在古代撒马儿干遗址阿弗拉西阿卜发掘的主要成果》,《法国汉学》第八辑,北京:中华书局2003年版,第515页。

接触,并获知富有浪漫色彩的"桃花石"的消息时,可能不由自主地将亚历山大及其相关事物与这些消息联系起来。粟特文的亚历山大传奇的存在证明,亚历山大传奇在中亚地区的流传已有相当悠久的历史①,因此也有可能是熟悉亚历山大传奇的粟特人故意向拜占庭人传播这种错误信息。以亚历山大遗产而自豪的希腊人自然乐于接受。② 由于西摩卡塔在地理位置上存在错误,他将亚历山大与"桃花石"和"库姆丹"联系起来这一事实就不难理解了。

总之,西摩卡塔对桃花石国的记载,对于历史事件与一些风俗事物,确实"有着异常准确的叙述"③,但他对这个国家的地理概念的理解是错误的。这个时期的欧洲在基督教宗教氛围中,理性的探索精神已经衰落,即使是文明程度最高的拜占庭帝国,当时的地理知识已不足以廓清如此遥远民族的地理;从商业角度,在两国交往中扮演关键角色的精明的粟特商人,也许并不愿意将真实的交通地理告诉它的拜占庭商客,因此,他们向拜占庭宫廷传达有关中国的信息时,可能有意避开准确的地理细节。大概正是这些因素导致了西摩卡塔地理概念的混乱。

第六节

中国典籍记载的拜占庭帝国地理与历史

在中国古代史籍中,罗马帝国,特别是它统治下的东部地区即地中海东岸,被称为"大秦";由罗马帝国东部疆域演化而来的拜占庭帝国则更多地被称为"拂菻",但在许多情况下仍继续沿用旧称"大秦",或"大秦""拂菻"并用。"拂菻"用指拜占庭帝国,在隋唐时期的典籍中最为明确,也最为频繁。对于"拂菻"这个名

---

① L. Boulnois, *The Silk Road*, p. 162.

② I. M. Frank & D. M. Brownstone, *The Silk Road*, p. 164.

③ G. F. Hudson, *Europe and China*, p. 127.

称的语源问题,学界存在许多富有启发性的见解。① 现在看来,这个名称可能源自"罗马"一词,经波斯和中亚语言进入汉语。330年以后兴起的以拜占庭为中心的东部帝国在对外关系中仍以"罗马"(Róm,Rüm)相称。Róm 一词进入亚美尼亚语演变为 Hróm(Hórum),进入波斯语系后 h 转为 f,故中亚的呼拉子密语和粟特语中又转为 Fróm(Furum),Fróm 在汉语中转读为"拂菻"。②

公元589年,隋王朝一统江山,汉末以来延绵数世纪的战乱结束,域内至此再告安定。隋炀帝好大喜功,经营西域之心膨胀。当时西域商人多到张掖经商,裴矩秉承炀帝旨意,诱使他们述说其国山川地理及通达路线,写成《西域图记》三卷上奏。《西域图记》已散佚,《隋书·裴炬传》收录其序言,记载由敦煌到达西海的三条道路,南道经塔里木盆地南缘,越葱岭,至阿富汗北部后南下,沿印度河至印度河口和印度西海岸;中道沿塔里木盆地北缘,越葱岭西去,经伊朗高原到达地中海东岸;北道为通达拂菻的道路,"从伊吾经蒲类海、铁勒部、突厥可汗庭,度北流河水、至拂菻国,达于西海"。"北流河水"即锡尔河,这条道路的走向是,从伊吾翻越天山,出蒲类海(即巴里坤湖),沿天山北路西行,过突厥可汗庭,伊犁河,沿锡尔河绕咸海北岸西行,经里海之北跨乌拉尔河和伏尔加河,到达黑海("西海")。

对拜占庭帝国以东各民族的地理位置,《隋书·铁勒传》也有准确记载:"拂菻东有恩屈,阿兰,北褥九离,伏嗢昏等。"恩屈即 Ongur(Ogur, Ugur),又作 Oɣor,南北朝末期及隋代居于里海与黑海之间、伏尔加河下游流域以西地带;阿兰即 Alans,居于高加索山脉之北,里海西北部;北褥九离即 Baskirs,居于乌拉尔河上游至卡马河流域之间;伏嗢昏即 Bulgars,散布于伏尔加河中游流域至卡马河下游流域之间。③ 可见,由于欧亚草原之路即裴矩所记北道保持畅通,自咸海经乌拉尔河至黑海各族以至拂菻国的地理位置,都为中国人所知。《旧唐书·西域传·天

---

① 关于"拂菻"名称起源的讨论,见张绪山:《"拂菻"名称语源研究述评》,《历史研究》2009年第5期。

② P. Pelliot, "Sur l'origine du nom de Fu-lin", *Journal Asiatique*, XIII (1912), pp. 497-500; K. Shiratori, "A New Attempt at Solution of the Fu-lin Problem", pp. 186-195. 劳费尔认为,其转化过程应为:Rum 或 Rom 先转为 Rim,进入中亚语言后转为 Frim 或 Frīm,转为汉语即"拂菻"。见[美]劳费尔:《中国伊朗编》,第262—263页。关于其他学说,见张星烺:《中西交通史料汇编》第一册,第79—82页。

③ K. Shiratori, "A New Attempt at the Solution of the Fu-lin Problem", pp. 210-246;张星烺:《中西交通史料汇编》第一册,第169—181页。

竺国》:"隋炀帝时,遣裴矩通西域诸国,独天竺拂菻不至,为恨。"隋炀帝欲通使拜占庭,与中原对于拂菻国知识的增多大有关系。这种知识上的增长得益于突厥崛起于中亚地区之后欧亚大陆东西交流的加强。

裴矩经营张掖时,是否有拜占庭帝国商人到达中国境内难以断定,但《隋书·裴矩传》载,裴矩"访采胡人,或有所疑,即详众口,依其本国服饰仪形,王及庶人,各显容止,即丹青模写,为《西域图记》,共成三卷,合四十四国,仍别造地图,穷其要害。从西顷以去,北海之南,纵横所亘,将二万里。谅由富商大贾,周游经涉,故诸国之事,罔不遍知"。可知《西域图记》配有图像。裴孝源《贞观公私画史》载,隋大臣杨素藏有拂菻人物器样两卷,此"拂菻人物器样"画像很可能是当时丹青妙手依照裴矩所存图像重绘。杨素为隋文帝创基功臣,并于文帝死后拥立杨广践祚,位高权重,有可能得此宝物。

唐太宗贞观元年(627年),著名僧人玄奘动身往印度求法巡礼,遍游印度,历时17年。玄奘游历印度之时,正是阿拉伯崛起于西亚的初期。玄奘对于未履之地着墨甚少,对于拜占庭帝国只留下简短的文字:"波剌斯国西北接拂懔国,境壤风俗同波剌斯,形貌语言,稍有乖异。多珍宝,亦富饶也。"同时还记载了与拂菻国有关的"西女国"的传说。①《大慈恩寺三藏法师传》卷四记载大略相同:"(波剌斯)国东境有鹤秣城,西北接拂懔国",也是从地理方位角度提供拜占庭帝国(拂懔国)的消息。

七世纪三四十年代,欧亚大陆政治形势骤然改变。在西亚方面,阿拉伯伊斯兰势力兴起,迅速夺取拜占庭帝国在地中海东部和北非的领土,征服萨珊波斯,迫使抵抗失败的萨珊波斯王庭及大量波斯贵族向中国境内迁徙。同时,也使景教徒进入中国境内。随着对景教徒在中国的活动研究的深入,景教在传播波斯和希腊-拜占庭文化中的作用更加清楚、明晰。② 他们在中国境内的活动,增加了中国了解拜占庭帝国和波斯帝国相关知识的一个重要途径。《旧唐书》卷一九八记载阿拉伯的兴起及其对拜占庭、波斯的征服:"(隋)大业中,有波斯胡人牧驼于俱纷

---

① 玄奘、辩机:《大唐西域记校注》下,第942—943页。
② 荣新江:《一个入仕唐朝的波斯景教家族》,《中古中国与外来文明》,上海:生活·读书·新知三联书店2001年版,第238—257页。

摩地那之山,忽有狮子人语,谓之曰:'此山西有三穴,穴中大有兵器,汝可取之。穴中并有黑石白文,读之便作王位。'胡人依言,果见穴中有石及稍刃甚多,上有文,教其反叛。于是纠合亡命,渡恒曷水,劫夺商旅,其众渐盛,遂割波斯西境,自立为王。波斯、拂菻各遣兵讨之,皆为所败。"

此中知识不尽准确,所谓"波斯胡人"乃指先知穆罕默德;摩地那即 Medina,现通译为"麦地那"。摩地那山闻听"狮子人语"的传奇,乃由穆罕默德的清修故事演化而来:传说穆罕默德在 40 岁时(610 年)离家到麦加东北的希拉山的洞穴隐修,据说他在冥思中听得安拉命其以真主名义传道的启示,遂开始传播宗教教义。由于受到麦加贵族的迫害,622 年 9 月 20 日夜,穆罕默德带领其忠实信徒出走麦加,前往雅特里布,建立一个政教合一的国家。雅特里布改称"麦地那",意为先知之城。在穆罕默德领导下,阿拉伯半岛开始了统一的过程,这就是所谓"反叛"的含义。恒曷水可能是"达曷水"之误,指底格里斯河。所谓"纠合亡命,渡恒曷水,劫夺商旅,其众渐盛,遂割波斯西境,自立为王",实际上说的是阿拉伯人在西亚崛起的过程;而所谓"波斯、拂菻各遣兵讨之,皆为所败"云云,则是指阿拉伯人对波斯、拂菻的战争:第二任哈里发欧麦尔时期,阿拉伯人的扩张大规模展开,638 年 8 月于约旦河支流雅姆克河畔取得对拜占庭军队的决定性胜利,乘势进取大马士革、安条克、阿勒颇等,638 年攻取耶路撒冷,旋即占领巴勒斯坦全境。在波斯境内,636 年,阿拉伯军队在卡迭西亚击溃波斯军队主力,次年占领其首都泰西封;642 年,在尼哈温彻底粉碎波斯的抵抗,波斯萨珊帝国覆亡。中国史书将哈里发时代的战事一并归于穆罕默德名下,或是史书作者在史料处理上的错误,但更有可能是消息提供者本身叙事混乱的结果。张星烺认为,"此数语乃詈人之语,必非彼教中人所语,乃波斯人之口吻也"[1],是很有道理的见解。

8 世纪上半叶阿拉伯势力向印度和中亚的扩张进入一个高潮阶段。710 年,阿拉伯大将哈西姆率军征服了马克兰后,继续东进,711—712 年征服信德,即印度河下游河谷和三角洲地区,713 年征服地区北达旁遮普南部和木尔坦。[2] 与此同时,另一部阿拉伯军队由屈底波统率,兵锋直指中亚地区,于 705 年征服吐火罗

① 张星烺:《中西交通史料汇编》第二册,第 685 页。
② [美]希提著,马坚译:《阿拉伯通史》上册,北京:商务印书馆 1979 年版,第 243—244 页。

斯坦及其首府巴里黑,706—709 年征服布哈拉及其周围地区,710—712 年征服撒马尔罕和花拉子模,713—715 年深入费尔干纳,建立政权。屈底波之后,奈斯尔被任命为河中地区的长官,于 738—740 年在中亚地区展开征服活动,751 年击败高仙芝率领的唐朝军队,占领撒马尔罕东北的赭时(塔什干),确立在中亚的霸权地位。①

这一时期为后世留下有关拜占庭帝国的重要资料的旅行者之一是僧人慧超。慧超是新罗人,大约于开元十一年(723 年)前往印度巡礼。《往五天竺国传》是他在印度和中亚地区巡礼时见闻的记录。慧超在印度巡礼之时,正是阿拉伯对印度和中亚的大规模征服活动结束不久,故所到之处能听到与阿拉伯扩张有关的消息。727 年他到达吐火罗国,大食(阿拉伯)人在此地的扩张活动引发了慧超的兴趣,使慧超将获闻的大食向波斯、拜占庭帝国这两个主要邻国扩张的历史事实也一并记载下来。

在慧超的记录中,拜占庭帝国以"拂临"见称,"拂临"与"拂菻"乃一名异译。慧超所记载拜占庭帝国的内容,也如同对于中亚各国记载,主要涉及它与阿拉伯的关系:"从波斯国北行十日,入山,至大寔②国。彼王不住本国,见向小拂临国住也。为打得彼国,彼国复居山岛,处所极罕(牢),为此就彼……又小拂临,傍海西北,即是大拂临国。此王兵马强多,不属余国。大寔数回讨击不得。突厥侵亦不得。土地足宝物,甚足驼、骡、羊、马、叠布等物。衣着与波斯、大寔相似,言音各别不同。"③

慧超记载异乎其他记载之处,是他将拜占庭帝国区别为"小拂临"和"大拂临"。然而,对于"小拂临"和"大拂临"具体所指,学者尚有不同见解。④ 我认为,慧超所谓"彼王不住本国,见向小拂临国住也。为打得彼国,彼国复居山岛,处所极罕(牢),为此就彼",应校释为"彼王不住本国,见向小拂临国住也。为打得彼

---

① [美]希提:《阿拉伯通史》上册,第 241—243 页。
② 旧《唐书》、新《唐书》、《经行纪》与《诸蕃志》均作"大食"。
③ 慧超著,张毅笺释:《往五天竺国传笺注》,北京:中华书局 2000 年版,第 108、116 页。
④ F. Hirth, "The Mystery of Fu-lin", *Journal of American Oriental Society*, XXXIII (1913), p. 205; Shiratori, "A New Attempt at the Solution of the Fu-lin Problem", pp. 266‐268; 慧超著,张毅笺释:《往五天竺国传笺注》,"前言",第 8—9、112—115 页。

国,彼国复居山岛,处所极牢,为此就彼"。意思是:"大食国王并不在本国居住,而是住在小拂临国。因为小拂临国已被征服,且该国有山地和海岛,地势险峻牢固,因为这一点,国王在那里居住。"大食王住在小拂临国,并不意味着住在形势险峻的山地或海岛。这里的山应是陶鲁斯山,而海岛应指672年占领的罗德岛和674年占领的克里特岛。"为此就彼"之"此"指小拂临地势险峻这一特点,而"彼"则指"小拂临"。因此,"小拂临"是指阿拉伯人夺取的以叙利亚为中心的拜占庭帝国领土,而"大拂临"则是指以君士坦丁堡为中心的领土,尤其是小亚细亚。[①] 这段文字所反映的是阿拉伯人征服叙利亚后,将政治重心转往叙利亚的历史。

"又小拂临,傍海西北,即是大拂临国"一语,似可断为:"又小拂临,傍海,西北即是大拂临国。"既然"小拂临"是叙利亚,则所"傍"之"海"为地中海,其西北的大拂临国,正是以陶鲁斯山为界与阿拉伯对抗的拜占庭帝国统属的小亚及欧洲部分。"此(大拂临国)王兵马强多,不属余国。大寔数回讨击不得,突厥侵亦不得",指的是这一时期拜占庭帝国在阿拉伯军队进攻面前所进行的成功的自卫战争:662年和672年穆阿维亚两次围攻君士坦丁堡,而717年、718年哈里发苏莱曼也两次围攻君士坦丁堡,均损兵折将,无功而返。"突厥"是指西突厥的一支,以Khazars见称于西方历史,杜环《经行纪》称之为"可萨突厥",《新唐书》称"突厥可萨部"。这一族群活动于高加索以北地区,与拜占庭帝国保持着敌对和联盟的复杂关系,慧超说他们对拜占庭帝国"侵亦不得",并不为错。概言之,慧超从中亚地区所获闻的拜占庭相关知识,大致反映了此前的历史事实。

杜环是《通典》作者杜佑的族子,他随唐将高仙芝出征中亚,在751年怛逻斯一战中被阿拉伯军队俘虏,在地中海东部游历10余年后[②],于宝应元年(762年)乘商船经海路返回中国,著成《经行记》,记述他在被阿拉伯人征服的原拜占庭帝国领土上旅行时的见闻,真实度很高。但《经行记》不幸失传,仅有部分存留于杜佑《通典》。杜环《经行记》云:"拂菻国在苫国西,隔山数千里,亦曰大秦。其人颜色红白,男子悉着素衣,妇人皆服珠锦。好饮酒,尚干饼,多淫巧,善织络。或有俘

---

① 张星烺:《中西交通史料汇编》第一册,第211页。
② 宋岘:《杜环游历大食国之路线考》,谢方主编:《中西初识》,郑州:大象出版社1999年版,第232—250页。

在诸国,守死不改乡风。琉璃妙者,天下莫比。王城方八十里,四面境土各数千里。胜兵约有百万,常与大食相御。西枕西海,南枕南海,北接可萨突厥……又闻西有女国,感水而生…… 其大秦善医眼及痢,或未病先见,或开脑出虫。"①

《经行记》存留片段对于拜占庭帝国重要知识具有贡献,主要为四点。

第一,拜占庭的地理。苫国即 Sham 国,乃阿拉伯人对叙利亚的称呼。此时叙利亚早已被并入阿拉伯帝国版图,但除了向哈里发缴纳赋税表示臣服,行政上仍由当地人管理,保持原貌,且文化仍有别于其他地区,故被视为一"国"。拂菻相对于叙利亚应为西北,杜环所说稍欠精确。"隔山数千里",二者所"隔"之"山"乃陶鲁斯山,其基点应是大马士革与君士坦丁堡。②

《经行纪》又云:拂菻"西枕西海,南枕南海,北接可萨突厥"。杜环游历西亚之前,阿拉伯哈里发帝国对拜占庭帝国的战争,以 717—718 年的失败而告终,此后停止了一个时期,726 年以后又卷土重来,每年都发动对小亚细亚的进攻,这种骚扰性的战争持续到 740 年,这一年双方在小亚细亚的阿克洛伊农进行战略决战,拜占庭军队取得对阿拉伯十万骑兵的决定性胜利。从此拜占庭帝国完全控制了小亚细亚,并利用倭马亚王朝被阿拔斯王朝取代之际发动进攻,将边界推进到两河流域的上游。这种进攻势态保持到 782 年才有所改变。③ 换言之,杜环在阿拉伯世界游历期间,正是拜占庭帝国控制小亚细亚后向东推进的时期。他对拂菻国"西枕西海,南枕南海,北接可萨突厥"的记载,其观察点显然是阿拉伯人此时控制的叙利亚或阿拔斯王朝的伊拉克地区,因此杜环的"西海"应指达达尼尔海峡到爱琴海的一片水域,而"南海"应指小亚细亚以南的地中海水域,虽然此时的拜占庭帝国在希腊半岛和意大利半岛还有领土。④

《经行纪》提到拂菻"北接可萨突厥",同时也提到"苫国在大食西界,周回数

① 张一纯:《经行纪笺注》,北京:中华书局 2000 年版,第 12—19、23 页。
② [日]白鸟库吉:《大秦国及拂菻国考》,《塞外史地论文译丛》第一辑,第 27—28 页。
③ [南]乔治·奥斯特洛格尔斯基:《拜占廷帝国》,第 133—134 页;[美]希提:《阿拉伯通史》上册,第 234—235 页;陈志强:《拜占廷帝国史》,第 206—209 页;徐家玲:《拜占庭文明》,北京:人民出版社 2006 年版,第 85 页。
④ 白鸟库吉认为:"杜环《经行纪》所记拂菻国西枕的'西海',当然是指地中海,但'南枕南海'一语,可作两解。裕尔(Yule)氏目之为普洛涝的(Propontis)固属有理,但亦可解释,这是在小亚细亚与埃及间的地中海一部(即阿拉伯人所谓显姆海或露姆海)。"见氏著:《大秦国及拂菻国考》,《塞外史地论文译丛》第一辑,第 29 页。

千里。其苫国有五节度,有兵马一万以上,北接可萨突厥"。《新唐书·西域传》
云"波斯国……北邻突厥可萨部"。杜环称可萨在拂菻之北,又称可萨在苫国之
北、波斯之北,皆指大略方位。可萨即哈扎尔,是西突厥西迁的一支,7世纪初已
经移居到里海以西、高加索以北地区,7—8世纪间可萨突厥人对阿拉伯人进行了
一系列战争。685年前后,哈扎尔人越过高加索山脉南下,占领格鲁吉亚、亚美尼
亚和阿塞拜疆大部。8世纪20年代阿拉伯人反攻哈扎尔人,737年再次打败哈扎
尔人,将其逐回高加索山以北。阿拉伯人虽取得对哈扎尔人的胜利,但不能越过
高加索而深入北进,哈扎尔人成为阻挡穆斯林势力向高加索山以北扩展的障碍,
而哈扎尔人也没有力量跨越高加索向南推进,高加索山成为边界。同时,可萨突
厥向西扩张到克里米亚和黑海北岸,甚至达第聂伯河。从拜占庭帝国控制的东方
领土,断言可萨突厥汗国位于北方,是没有问题的。

第二,民俗。此时的拜占庭帝国规模已大为缩小,居民主要是以希腊人为主
的白种人,称其"颜色红白",可谓名实相副;希腊人自古就以善饮酒著称,所以杜
环的"好饮酒"描述完全符合事实;所谓"有俘在诸国,守死不改乡风"大概是指拜
占庭帝国的战俘在外国拒绝放弃基督教信仰;而君士坦丁堡的马赛克玻璃制造术
也称得起"琉璃妙者,天下莫比"的称誉;"王城方八十里,四面境土各数千里",符
合君士坦丁堡和拜占庭帝国疆域的实际。[①]

第三,与新崛起的阿拉伯帝国的关系。杜环描述为:"胜兵约有百万,常与大
食相御。"这里的"百万"似应理解为军队数量庞大,不可执着于具体数字。这一
记载显然是指7世纪下半叶以来绵延于8世纪上半叶的阿拉伯帝国对拜占庭帝
国的战争。其真实性可与稍前慧超的记载相印证:"此王兵马强多,不属余国。大
寔数回讨击不得,突厥侵亦不得。"

第四,对拜占庭传统技艺的记载。据《经行记》所载:"大秦善医眼及痢,或未
病先见,或开脑出虫。"杜环这里记录的是流行于地中海东岸希腊世界具有悠久传
统的开颅疗盲术。这种医术在唐代随着景教徒入华而传入中原。[②]

最后需要指出,杜环称"拂菻国……亦曰大秦"最终澄清了"大秦"与"拂菻"

① H. Yule, *Cathay and the Way Thither*, vol. Ⅰ, p. 46.
② 张绪山:《景教东渐及传入中国的希腊—拜占庭文化》,《世界历史》2005年第6期,第82—84页。

两个名称的关系。贞观九年(635年)景教徒达到长安以后的活动,无疑有助于澄清"拂菻"与汉魏史册中"大秦"的关系。天宝四年(745年)九月玄宗颁布诏令,改两京"波斯寺"为"大秦寺",并令天下诸府郡照改,说明唐人已经明晓景教本源,同时也意味着,官方承认了拂菻即古代大秦的认定。将拂菻等同于大秦的认识并非始于杜环,而在杜环回国之前13年即天宝四年(745年)已经完全确立①,但以亲身经历肯定"拂菻"即古之"大秦"的认识,则是杜环作出的独特贡献。

第七节

中国文献记载的拜占庭与中国外交关系

在魏晋南北朝时期,中原地区的政权处于分裂状态,中原王朝失去对西域的控制,直到隋朝才恢复经营西域的努力。《隋书》卷六七:"隋炀帝时,遣裴矩通西域各国,独天竺、拂菻不至,为恨。"《旧唐书》卷一九八:"隋炀帝常将通拂菻,竟不能致。"《旧唐书》卷二二一:"隋炀帝时,遣裴矩通西域诸国,独天竺、拂菻不至,为恨。"这是两汉以后中原王朝欲与希腊罗马世界遣使通聘的又一次努力,此前只有东汉班超经营西域大获成功之时于和帝永元九年(97年)派遣甘英出使罗马帝国。589年,隋朝消灭苟安于江南的陈朝,统一中国,经过近20年的经营,中原王朝已逐渐恢复元气,经营西域被提到日程之上。

隋炀帝经营西域的蓝图主要是由大臣裴矩负责规划和实施。《隋书·裴矩传》记载裴矩汇报经营西域的情况后,隋炀帝表现出经营西域的热情:"帝大悦,赐物五百段,每日引矩至御座,亲问西方之事。矩盛言胡中多诸宝物,吐谷浑可并吞。帝由是甘心,将通西域,四夷经略,咸以委之。转民部侍郎,未视事,迁黄门侍郎,帝后令矩往张掖,引致西蕃,至者十余国。大业三年帝有事于恒岳,咸来助祭,

---

① K. Shiratori, "A New Attempt at the Solution of the Fu-lin Problem", pp. 284.

帝将巡河右,复令矩往敦煌,遣使说高昌王麴伯雅及伊吾吐屯设等,啗以厚利,道使入朝。及帝西巡,次燕支山,高昌王、伊吾设等,及西蕃胡二十七国,谒道于左…… 帝见而大悦,竟破吐谷浑,拓地数千里,并遣兵戌之,委输以亿万计,诸蕃摄惧,朝贡相继。”

607年隋炀帝并吞吐谷浑,是夺取西域通道、经略西域的重要一步;作为经营西域的内容之一,通聘远国只有在打通西域通道之后才有可能。所以,隋炀帝很可能是在并吞吐谷浑之后,将目光投向西域以及更远的西方世界,包括此时正处于盛期的拜占庭帝国。611年,隋炀帝的注意力已经东移,准备发动对高丽的战争,此后已不可能考虑通西域的问题。很显然,隋炀帝通聘拂菻的计划很可能是在607—611年间形成的。

夏德认为:雄心勃勃的隋炀帝欲通拂菻的目的,“也许是由于他希望能见见景教的学人,因为京都洛阳,在他的要求下,已经成为东方世界第一流人物的集合之所,其中包括道教和佛教的大师”[1]。白鸟库吉对夏德的看法不以为然,认为,“隋炀帝因裴矩等处,得悉拂菻国事情,所以欲遣使赴拂菻国,其目的似为通商或政治,决非如夏德氏所说,在于迎接景教僧侣”[2]。夏德所论固然非是,但白鸟所谓“通商”说亦未中鹄的。在整个古代,中国由通商要求而遣使的实例在中国史册中几乎难以寻到。在“天朝上国,无所不有”的文化心态中,只有四方蛮夷主动进行的“朝贡贸易”,不会有“天朝”主动推动的商贸活动。隋炀帝遣使拂菻,正如608—609年遣常骏从海路出使赤土国,其动机均为政治目的,即所谓“布德政于四方,扬国威于万邦”。

隋炀帝通聘拂菻的计划何以未能实现,其中可能有两个原因。一是隋炀帝欲通拂菻的想法怎样传达给拜占庭皇帝。从中国史籍记载看,隋炀帝显然没有派出使节前往拜占庭帝国报聘。裴矩是从熟悉拜占庭帝国情况的胡商那里得到拂菻消息。《隋书·裴矩传》记载:“炀帝即位,营建东都,矩职修府省,九旬而就。时

---

[1] F. Hirth, *China and the Roman Orient: Researches into Their Ancient and Medieval Relations as Represented in Old Chinese Records*, Leipsic & Münich, Shanghai-Hongkong, 1885, p. 285;朱杰勤译:《大秦国全录》,北京:商务印书馆1964年版,第126页。

[2] [日]白鸟库吉:《大秦国及拂菻国考》,《塞外史地论文译丛》第一辑,第43页。

西域诸蕃多至张掖,与中国交市。帝令矩掌其事。矩知帝方勤远略,诸商胡至者,矩诱令言其国俗山川险易,撰《西域图记》三卷,入朝奏之。"同样,隋炀帝之意愿也可能是通过商人们传递。隋朝并无遣使拂菻国之记载。因此,隋炀帝的愿望能否传达至拜占庭宫廷,乃是大可置疑的。其二,即使隋炀帝欲通拂菻的想法传到了拜占庭帝国,那么,当时执政的福卡斯也不可能回应隋朝廷的建议,因为这位军人出身的粗鲁皇帝正忙于对内镇压敌对势力[1],对外疲于应付对波斯的战争,根本无暇顾及其他事情;此时隋朝经营西域刚刚开始,势力未及中亚,不可能促使这位谋略不足的皇帝像他的后任伊拉克略皇帝那样,将唐代中国作为外交联合的对象。

隋炀帝通拂菻的计划失败后的30余年,拂菻使者到达了唐帝国朝廷。此事在中国史册上有明确记载。《旧唐书》卷一九八《西域传》:"贞观十七年拂菻王波多力遣使献赤玻璃、绿金精等物。太宗降玺书答慰,赐以绫绮焉。自大食强盛,渐陵诸国,乃遣大将军摩栧伐其都。因约为和好,请每岁输之金帛,遂臣属大食焉。乾封二年,遣使献底也伽。大足元年复遣使来朝,开元七年正月,其主遣吐火罗大首领献狮子、羚羊各二。不数月,又遣大德僧来朝贡。"又《册府元龟》卷九七〇、九七一各记载一次:"景云二年十二月,拂菻国献方物。""天宝元年五月,拂菻国遣大德僧来朝。"以文献记载,从贞观十七年(643年)到天宝元年(742年)的100年间,拂菻国向中国遣使前后凡七次,即643年一次,667年一次,701年一次,711年一次,719年两次,742年一次,以对第一次遣使的记载透露的信息为最多。

643年"拂菻"使节的拜占庭身份,可由使节带来的礼物做出最基本的判断。据《旧唐书》的记载,"拂菻"使节带给唐朝廷的礼物是"赤玻璃、绿金精等物"。绿金精为何物,不能确知。玻璃亦作"玻瓈"或"颇黎",汉魏以后的琉璃(也作流离、瑠璃等)实即玻璃。玻璃最早为埃及人发明,公元前12世纪时,埃及人已经能够制造玻璃。腓尼基人从埃及人学会制造玻璃的方法,叙利亚成为制造玻璃的中心。拜占庭时期,君士坦丁堡也发展起玻璃制造业。[2] 在古代中国,玻璃被归于玉石类,一直受到珍视,被视为宝货。拜占庭人以玻璃为外交礼物,符合中国人之

---

[1] J. W. Barker, *Justinian and the Later Roman Empire*, Madison:University of Wisconsin Press, 1966, p.228.
[2] 齐思和:《中国和拜占庭帝国的关系》,第26页。

所好,有学者认为这次使节贡献给唐朝廷的"赤玻璃"可能是仿造的假红宝石。① 643年"拂菻"使节带来的"赤玻璃",证实了拂菻使节的拜占庭帝国身份。

拜占庭帝国遣使的目的何在? 根据学者的研究,拜占庭外交活动中的对外遣使大致有七种情况:一是新皇帝即位时,向外国君主遣使通告,同时申明继续维持两国关系;二是外国新君主执政伊始,向其派遣使者表示祝贺、承认其政权;三是遣使向外国君主通告发生的重大事件,如对入侵之敌作战的胜利,个人事件如皇帝的婚庆、继承人的确立等;四是向外遣使邀请外国君主介入拜占庭宫廷内部事务;五是遣使商定两国商贸事宜;六是遣使阻止敌对国家的入侵行动或对邻国宣战;七是遣使结束战争、缔结和约。② 不过,这些类型的外交活动多半是针对与拜占庭帝国有着密切关系的邻国而言,对于远方的中国,其遣使动机似乎不在以上诸范畴之内。

7世纪上半叶欧亚大陆的政治形势,从拜占庭帝国方面,最引人注目的大事,莫过于对东部边境的老对手萨珊波斯的战争和北部边境多瑙河防线对斯拉夫人的战争;这二者之中,尤以对萨珊波斯的战争对帝国命运的影响为大。从603年始,波斯国王科斯罗埃斯二世发动对拜占庭的战争,到627年拜占庭帝国的一代雄主伊拉克略在尼尼微击败波斯军队,解除波斯对帝国的威胁,西方两个最强大的帝国几乎将全部力量消耗在战争上。由此造成的结果是,面对崛起于阿拉伯半岛的新兴伊斯兰势力的暴风骤雨般的攻击,这两个帝国均无力组织有效抵抗。630年,阿拉伯军队打败萨珊波斯;634年,在艾支那丹打败拜占庭军队;635年阿拉伯军队占领大马士革和艾美萨;636年波斯首都泰西封陷落,同年在决定性的雅穆克河战役中,拜占庭军队几乎全军覆没;638年圣城耶路撒冷失陷;640年凯撒里亚落于阿拉伯军队之手;同年阿拉伯军队侵入埃及,642年攻陷拜占庭帝国的海军基地亚历山大里亚,至此,阿拉伯伊斯兰势力已夺取了拜占庭帝国在亚洲和北非的大部分领土。阿拉伯势力的兴起造成的危机是波斯和拜占庭两大帝国面临的最大难题。

---

① F. Hirth, *China and the Roman Orient*, p. 228.

② E. Χρυσός, *Βυζαντινή Διπλωματία ως μέσο Επικοινωνία: Η Επικοινωνία στο Βυζάντιο*, *Πρακτικά Β' Διεθνούς Συμποσίου*, Αθήνα, 1993, p. 402.

在中国方面,此时在唐太宗的筹划下,正是全面出击东、西两突厥获得成功,唐帝国威望在西域趋于高峰之时,唐朝的统治权远及费尔干纳、大夏以及阿富汗、呼罗珊的部分地区。在波斯帝国已为阿拉伯军队所灭亡的情况下,拜占庭政府希望在中亚找到可以利用的力量,与之建立友好关系,结成联盟,以便帮助他们抵御新兴起的阿拉伯敌人,是十分可能的。如果考虑到此前(638年)曾有萨珊波斯末代君主耶济德派使者向中国求援的事实,那么,拜占庭使团也应是为了从中国得到援助,应对来自阿拉伯势力的凌厉攻击。[①]

拜占庭帝国久已习惯于这种外交策略。早在这次拜占庭遣使中国之前,拜占庭帝国为了对付东方强大的波斯萨珊王朝,就已经利用中亚力量从后翼牵制波斯。拜占庭帝国在5世纪时曾利用中亚的嚈哒即白匈奴人攻击波斯。[②] 当西突厥击败嚈哒而成为中亚的主宰力量时,拜占庭帝国又派遣使节到西突厥组织反波斯的联盟,尤其是568—576年间对西突厥的遣使,导致西突厥与萨珊波斯长达20年的战争。西突厥从波斯的东部边境对波斯的进攻大大缓解了波斯对拜占庭边境的压力。拜占庭外交获得巨大成功。[③] 7世纪20年代,西突厥中西迁的突厥可萨部自高加索北部直接参与对波斯的军事行动,有力地支援了伊拉克略对波斯的战争,也是拜占庭外交活动的重大成果。[④]所以,面对横扫一切、势不可挡的阿拉伯军队,拜占庭帝国军事力量已无能为力,拜占庭帝国所熟悉的、在以往对敌战争中屡试不爽的外交活动,似乎成了化解阿拉伯危机、挽救帝国危亡的希望所在。于是,势力已经扩展到中亚的唐帝国便成为拜占庭联合抗击阿拉伯势力的对象,进入了其外交活动的范围。因此,"拂菻"的首次遣使应是拜占庭传统外交行为的再次实施。

643年的拜占庭帝国遣使以求援为目的,可由这个特别细节表现出来:"自大食强盛,渐陵诸国,乃遣大将军摩栧伐其都,因约为和好,请每岁输之金帛,遂臣属

① H. Yule, *Cathay and the Way Thither*, vol. I, pp. 54 - 55; G. F. Hudson, *Europe and China*, p. 130; 杨宪益:《唐代东罗马遣使中国考》,《译余偶拾》,第209页;齐思和:《中国和拜占庭帝国的关系》,第15—16页。

② Zachariah of Mitylene, *Ecclesiastical History*, VII, 3; F. J. Hamilton and E. W. Brooks trans., *The Syriac Chronicle Known as that of Zachariah of Mitylene*, London, 1899, pp. 151 - 152, Étienne de la Vaissière quoted, James Ward trans., *Sogdian Traders*, p. 233.

③ 张绪山:《6—7世纪拜占庭帝国与西突厥汗国的交往》,《世界历史》2002年第1期,第81—89页。

④ [法]沙畹:《西突厥史料》,第227—230页。

大食焉。"这段记载不见于此前的典籍,显然是拜占庭使节带来的新消息。如果这次通使也像以往历史上的所谓"遣使"一样是由逐利的商贾所冒充,那么也就没有必要刻意突出大食与拜占庭的战争,以及拜占庭帝国在阿拉伯人面前遭受的败绩。所以,这段记载内容虽然幽晦,但确实是中国人获得了有关拜占庭帝国真实消息之最令人信服的证据。

对于这段文字所涉及的历史事实,学者们的见解颇不一致。[1] 德国汉学家夏德正确地认识到这段记载与贞观十七年(643 年)到达中国的拂菻使团的关系,他说:"围攻拂菻都城虽然在日期上没有见诸记载,但是《唐书》上详列的事实所体现的编年顺序,清楚地说明这一事件发生在 667 年之前。这件事载于 643 年的遣使之后,有力地说明关于其国政治变化的消息是由该使团带到中国,围攻事件实际发生于 643 年以前。阿拉伯人第一次围攻君士坦丁堡始于 668 年,持续到 675 年,虽然该城因纳贡而免于陷落,但时间有异,《唐书》记载所指不能是此事;而且,君士坦丁堡从来没有像中国史书记载的拂菻都城那样臣服于阿拉伯人。相反,安条克曾在 638 年受到阿拉伯人的围攻,这座'东方明珠'靠纳贡而得以保全生命及宗教自由,成为哈里发帝国的一个省区之城。"《旧唐书》卷一九八《大食传》记载:"龙朔初(大食)击破波斯,又破拂菻,始有米面之属",夏德据此分析:"这段文字清楚说明,对拂菻的征服结束于上文提到的这一年,正是在这一年,穆阿维亚在为大权长期斗争之后成为哈里发帝国(即波斯、叙利亚和埃及)的唯一君主。这段文字也许意味着拂菻都城此前数度落于阿拉伯人之手,但在我看来,它排除了这样一个假定,即拂菻都城遭到围攻及其被征服发生在 661 年之后。"[2]

夏德的说法解释了中国史书中的大多数要点,但没有澄清一个至关重要的环节:穆阿维亚并不是围攻安条克之战的最高指挥官,中国史书何以将伐攻拂菻都城与穆阿维亚联系起来? 夏德坦白承认:"《唐书》称攻伐安条克的大食将领为摩栧,

---

① H. Yule, *Cathay and the Way Thither*, vol. 1, pp. 48 – 49;G. F. Hudson, *Europe and China*, p. 130. 关于摩阿维亚围攻君士坦丁堡,见[南]乔治·奥斯特洛格尔斯基:《拜占廷帝国》,第 96—97 页;Chavannes, E.'Notes additionnelles sur les Tou-kiue (Turk) Occidentaux', pp. 38 – 39;中译文见[法]沙畹:《西突厥史料》,第 303—304 页;张星烺:《中西交通史料汇编》第一册,第 201 页;齐思和:《中国和拜占庭帝国的关系》,第 16 页;沈福伟:《中西文化交流史》,上海:上海人民出版社 2006 年版,第 130 页。

② F. Hirth , *China and the Roman Orient*, pp. 296 – 297.

这个名称显然就是 Muaviya,此人大约生于 600 年,644 年当上叙利亚总督。史书载明受命征服安条克的将领是阿布·乌拜德(Abu Ubeida)和哈立德,我无从解释中国史书的记载。现在还不能说明 Muaviya 是否参与了对安条克的征服战争。"①于是,穆阿维亚在阿拉伯人征服叙利亚战争中的作用成为有待解决的问题。

白鸟库吉在 1904 年发表的文章中,根据多桑(D'ohsson)辑录的《高加索民族志》,认定拂菻国指亚美尼亚,《唐书》中的摩栧征伐,指的是哈里发奥斯曼时期美索不达米亚总督穆阿维亚遣将对亚美尼亚的征伐。②但是,按照白鸟的观点,相关消息就不能与 643 年拂菻第一次遣使联系在一起,因为这次遣使不能将 644 年即位的奥斯曼时期的事情传达给唐朝廷。可能是认识到这一看法存在的问题,白鸟在 1931—1932 年发表的论文里修正了自己的观点,认为《旧唐书》有关摩栧征服拂菻都城的记载,涉及阿拉伯对叙利亚战争的史实,中国史籍"说摩栧指挥了对拂菻都城的攻伐,不仅是因为他以军功而声名卓著,而且也因为他自 639 年以后成为叙利亚的统治者,在远东大有名气"③。白鸟的这一修正使自己的见解更接近于历史事实。

撰诸阿拉伯历史,从 633 年开始,阿拉伯军队分三路进攻叙利亚,其中一路由穆阿维亚的兄长叶齐德指挥,穆阿维亚在其兄长的麾下做旗手。④叶齐德的军队占领巴勒斯坦,638 年 8 月攻陷安条克。他的弟弟穆阿维亚作为副将参加攻击安条克的战争。主持叙利亚战争的乌拜德于 639 年死于瘟疫,叶齐德接替他的职务,不久也死于瘟疫,穆阿维亚以大马士革总督的身份接替其兄长叶齐德之职,统治整个叙利亚。⑤这一切说明他在整个叙利亚战争之间立下过不俗的军功,扮演过重要角色,享有很高的声望。

对于拜占庭帝国而言,在取得昙花一现的对波斯战争的辉煌胜利之后,叙利亚的丧失实在是一场噩梦的开始。638 年 8 月雅穆克河大决战失败以后,伊拉克略在大势已去的绝望中悲叹:"叙利亚!永别了!在敌人看来,这是多么优美的地

---

① F. Hirth, *China and the Roman Orient*, pp. 296 – 297, n. 1.
② [日]白鸟库吉:《大秦国及拂菻国考》,《塞外史地论文译丛》第一辑,第 33—35 页。
③ K. Shiratori," *A New Attempt at the Solution of the Fu-lin Problem*", pp. 289 – 290.
④ [美]希提:《阿拉伯通史》上册,第 171—172 页。
⑤ [美]希提:《阿拉伯通史》上册,第 178—179 页。

方啊!"①可以想见,阿拉伯人征服叙利亚在拜占庭人心中引起何等剧烈的震动。因此,将这一事件与主导这一事件结局的任何一位重要人物联系起来,都似乎不无可能。况且,穆阿维亚本人确实参加了对叙利亚的征服战争。就穆阿维亚一生的历史而论,他能够在波谲云诡的权力决斗中历经曲折,于661年问鼎哈里发宝座,建立倭马亚王朝,说明他是一位纵横捭阖、精于谋略的政治家,这一事实似乎也可以间接说明,穆阿维亚在此前的叙利亚战争中虽不是最具影响力的人物,但一定是发挥过极重要作用的人物之一。将叙利亚的征服与这样的一个重要人物联系起来并不离谱。

至于在大食攻击面前,"因约为和好,请每岁输之金帛,遂臣属大食"的都城,叙利亚境内原属于拜占庭帝国的许多重镇,如耶路撒冷、大马士革、安条克、阿勒颇,都可当之。以"缴纳人丁税"换取和平保障,这是阿拉伯征服过程中常见的做法。许多城市投降阿拉伯军队时都有类似的条款,据说这些条款都是以大马士革投降条约为范本的。②由于中国王朝与外族交涉中,无论是主动和亲还是迫于压力的赔款,通常都是以"输之金帛"的形式达成,所以,将中原王朝习惯使用的词汇用于异族间缔结的和约,是不难理解的。况且,在阿拉伯与拜占庭帝国的条约中,确实有阿拉伯人每年向拜占庭帝国"输之金"——交付3 000金币——的条款。因此,不管中国史籍中的拂菻都城是指叙利亚境内的哪一座城市,其描述的情形并不失真,没有必要如夏德那样刻意假定必为安条克。

以《旧唐书》的记载,雄才大略而又精明务实的唐太宗,如同对于波斯的求援使节一样,没有同意拜占庭的建议,采取针对阿拉伯人的军事行动,不过,唐太宗对使团"降玺书答慰,赐以绫绮",展现了对这次通聘的高度重视,在婉拒其要求时仍然表现出友好的姿态。唐太宗对拂菻遣使的友好姿态,可能是因为拂菻国乃中原王朝所熟悉、感兴趣的西方大国;而拒绝拜占庭帝国的请求,则可能出于三个方面的原因:一是中国传统外交政策是"远交而近攻,离强而和弱",对中国来说,阿拉伯和拂菻都是"远交"的对象,它们之间的战争胜负无关乎中国的根本利益,无须中国兴师动众,耗费国力;二是这时的唐朝廷正出于经略西域、出击西突厥的

---

① [美]希提:《阿拉伯通史》上册,第177页。
② [美]希提:《阿拉伯通史》上册,第175页;纳忠:《阿拉伯通史》上卷,北京:商务印书馆2005年版,第197页。

关键时刻,尚无力量干预过多;三是此时的阿拉伯人还没有将扩张的矛头指向东方的中亚地区,还没有与唐朝廷在中亚的利益发生冲突,唐朝对新兴的阿拉伯人并没有负面的看法。①

　　派遣使者的拜占庭王"波多力"是何人? 对此一问题,学者们也没有形成一致的看法。② 以往的研究大多从拜占庭帝国皇帝的名称上考证其可能性,方向偏颇,自然也难得其正鹄。所谓拜占庭王"波多力",其实并不是哪位皇帝或教皇的名字,而是当时拜占庭皇帝新启用的称号 βασιλεύς 的转音。③ βασιλεύς 是古希腊国王的称号,罗马帝国时期被代之以"凯撒""奥古斯都"等称谓。在拜占庭帝国初期,这个称号虽长期非正式地用作拜占庭皇帝的称号,但作为正式称号是由伊拉克略于 629 年采用的;此前这个名称的意义相对低微,在伊拉克略时代才变成与 Imperator 即"皇帝"意义相同的称谓④,故拂菻王"波多力"应指伊拉克略⑤。由于拜占庭使节与唐朝官员交涉时以"皇帝陛下"的旗号强调这次外交行动的重要性,遂使 βασιλεύς 一词深印入中国史官的脑海,从而被作为拂菻王的名称保留下来。⑥ βασιλεύς 一词的第一个音节在希腊语中读若 va,v、b 均为唇音,可以互转,va 可转为 ba,故 βασιλεύς 转为拉丁文作 basileus,ba 与汉语的"波"相当;第二个音节 σι 以拉丁文转写为 si,可与 ti、to 互转,对应汉语"多";⑦而 leu 转为"力",

---

① H. Yule, *Cathay and the Way Thither*, vol. 1, p. 96, n. 3.

② H. Yule, *Cathay and the Way Thither*, vol. 1, pp. 54 - 55, n. 2;张星烺:《中西交通史料汇编》第一册,第199—200 页。

③ E. Chavannes, "Notes additionnelles sur les Tou-kiue (Turk) Occidentaux", p. 2.

④ M. Κορδώσης, Πρεσβείες μεταξύ Βυζάντιο καί Κίνας κατά τή διάρκεια του Μεσαίωνα, Δωδώνη, τόμος ΚΓ', Ιωαννίνων, 1995, pp. 182 - 183;[南]乔治·奥斯特洛格尔斯基:《拜占廷帝国》,第 85 页; Chrysos, "The Title Βασιλεύς in Early Byzantine International Relations", *Dumbarton Oaks Papers*, p. 59。

⑤ C. R. Beazley, *Dawn of Modern Geography*, p. 474; H. Yule, *Cathay and the Way Thither*, vol. 1, pp. 54 - 55; G. F. Hudson, *Europe and China*, p. 130;齐思和:《中国和拜占庭帝国的关系》,第 15—16 页。

⑥ 以帝号称呼外国帝王,在中国史册中不乏其例。如《旧唐书·大食传》:"永徽二年,(大食王)始遣使朝贡,其姓大食氏,名嗷密莫末腻。""嗷密莫末腻"是 Emir al mumenin 的译音,意为"信从者的君主",是哈里发奥斯曼(644—654 年)的称号;《宋史·大食传》:"大食本波斯之别种……(开宝)七年,国王诃黎佛又遣使不罗国。""诃黎佛"为 Caliph(哈里发)的译音。张星烺:《中西交通史料汇编》第二册,第 685、809 页。

⑦ 关于 s 与 t 的互转问题:古希腊语的 σ、τ 对应于拉丁语的 s、t,二者的互转是常见现象,如 θάλαττα(海)又常写作 θάλασσα。关于 ti、to、ta 的互转问题:希腊人说皇宫所在地为"εἰς τήν πόλιν",意为"在都城里";"εἰς τήν πόλιν"转为拉丁语为 Istinpolin,阿拉伯作家马苏第写作 Istán-polin,明初西班牙人克拉维约(de Clavijo)记作 Estomboli,而德国旅行家 Johann Schiltberger 则记作 Istimboli。可知 ti、ta、to 的互转是极为常见的。Yule, *Cathay and the Way Thither*, vol. Ⅳ, p. 8;张星烺:《中西交通史料汇编》第一册,第 182 页。沙畹以为在"波多力"这个汉文名称中,"多"可能是"悉"字刊误。E. Chavannes, "Notes additionnelles sur les Tou-kiue (Turk) Occidentaux", p. 2.从中国古代文字误刊例证上,这也并非不可能之事。

在音韵转变上已有先例。《魏书》卷一○二《西域传》:"波斯国都宿利城。""宿利城"即 $\sum\varepsilon\lambda\varepsilon\acute{u}\kappa\varepsilon\iota\alpha$（Seleukia），可证 leu 在汉语中可作"利"或"力"。[①] 从史实角度,这一观点也符合拜占庭的历史实际:在拜占庭军事力量无法挽救国家危机的情况下,伊拉克略这位亲自率军经过长期战争击败波斯帝国,将拜占庭国势推向鼎盛局面的皇帝,肯定比其他任何人更急于用外交手段来力挽狂澜。况且,如前所述,在 7 世纪 20 年代对波斯的战争中,他曾有过联合突厥可萨部一起攻击波斯的成功的外交经验。

如果上述观点能够成立,那么我们似乎有理由断言,643 年到达中国的使节很有可能是伊拉克略在 641 年 2 月死前不久所策划。虽然具体执行者在他死后才将这次外交行动付诸实施,但仍以他的特别称号——"波多力"——来昭示这次外交行动的非同寻常的意义,希望以此打动中国皇帝下定决心,与拜占庭帝国联盟,共同抗击咄咄逼人的阿拉伯势力的攻击。由于此时阿拉伯人已经占领波斯全境,封锁了通过伊朗高原的丝绸之路的交通,拜占庭使节只能从北部欧亚草原之路东行,即跨越里海、咸海北岸、天山南麓、哈密,到达长安。这条道路正是 6 世纪下半叶拜占庭帝国与西突厥互通使节时两国使节往返的道路,也是裴矩在《西域图记》做过逆向描述的道路,即"经蒲类海、铁勒部、突厥可汗庭,度北流河水,至拂菻,达于西海"的路线。

643 年的遣使以后,拂菻国还向中国六次遣使。其中三次（719 年两次,742 年一次）与中亚的景教徒有关,其他三次（667 年、701 年和 711 年）未明言,难以判定。但我们看到,其中乾封二年（667 年）拂菻使节所献贡物中有底也伽,此物是西亚出产的一种名贵药物,与景教徒的行医传教习惯密不可分。[②] 由此可以认为,这六次遣使中至少有四次与景教徒有关。

[①] F. Hirth, "The Mystery of Fu-lin", p. 197; 张星烺:《中西交通史料汇编》第二册,第 1043 页;阎宗临:《古代波斯及其与中国的关系》,《山西师院学报》1958 年第 2 期;阎宗临:《世界古代中世纪史》,桂林:广西师大出版社 2007 年版,第 260 页。

[②] 明代来华耶稣会士意大利人艾儒略:《职方外纪》"如德亚国"（Judea,即巴勒斯坦）条称:"土人制一药甚良,名的里亚加（即底也伽——引者注）,能治百病,尤解诸毒。有试之者,先觅一毒蛇咬伤,毒发肿涨,乃以药少许咽之,无弗愈者,各国甚异之。"谢方校释:《职方外纪校释》,北京:中华书局 1996 年版,第 55 页。

第八节

入华景教徒传入中国的希腊拜占庭文化

一、 景教东渐及入华

　　景教即聂斯托利教,原为拜占庭帝国国教基督教之支派,在我国称为"景教"。其创立者聂斯托利,生于叙利亚的泽马尼西亚(Germanicia),428 年被任命为君士坦丁堡大主教,因拒绝承认圣母玛利亚为"神之母",主张基督的神性和人性分离说,于 431 年被以弗所宗教会议判为异端,驱出教会,451 年死于埃及。聂斯托利派教徒主要活动于叙利亚和两河流域;受到拜占庭帝国迫害后,已不可能在帝国境内进行合法活动,遂逃亡到波斯境内。由于拜占庭帝国与波斯不时发生冲突和敌对,聂斯托利派教徒因其与罗马帝国的渊源而受到猜忌和迫害,不得不向东部迁移。景教于是开始了东传的进程。

　　基督教东方教会的势力何时到达中亚,似乎难以确定。424 年的宗教会议资料提到木鹿的主教。五六世纪之际,中亚地区已有景教徒活动。此时正是嚈哒人统治中亚的时期。出生在埃及的希腊商人科斯马斯于此一时期在印度洋游历经商,到达印度和锡兰。有学者认为,此人本身就是景教徒。[①] 晚年他成为修士,撰写了《基督教世界风土志》,其中写道:"在巴克特里亚人、匈奴人、波斯人和其他印度人……以及整个波斯地区,都有无数的教堂、主教和大量基督徒,殉教者为数很多,禁欲弃世之隐士亦不乏其人。"[②]这里提到的"匈奴人"即嚈哒人。6 世纪前期,嚈哒人已与木鹿的基督教徒有接触,549 年嚈哒统治者曾派遣一名基督教教士前往萨珊朝首都,请求波斯境内的景教首领马尔·阿布哈一世任命这一教士为

---

① McCrindle, "Industruction", *The Christian Topography of Cosmas*, p. ix.

② Cosmas Indicopleustes, *The Christian Topography*, pp. 118 - 121.

所有嚈哒基督教徒的首领。① 科斯马斯从事商业活动的时代,嚈哒势力达于鼎盛,统治范围南及印度,西部以阿姆河为界与波斯接壤,北接高车,并控制葱岭以东部分地区。②

560年前后新兴的突厥与波斯联合灭亡嚈哒,占有了嚈哒旧壤,以阿姆河为限与波斯为邻。③嚈哒人中盛行的基督教为突厥所继承。据6世纪末7世纪初的拜占庭史家塞奥菲拉克特·西摩卡塔记载,590年波斯名将巴赫兰叛乱,591年引安国(即布哈拉)国王的突厥兵与波斯王库萨和及其联合的拜占庭军队作战,大批士兵为库萨和所俘,库萨和将俘虏以大象踏死,只留额头上刺有十字的突厥兵送与拜占庭皇帝莫里斯;莫里斯皇帝询问十字的由来,得知昔日中亚地区曾一度流行可怕的瘟疫,一些基督教徒规劝突厥妇女在孩子们的前额上刺十字印记,接受上帝的庇佑。突厥妇女接受了劝告,孩子们安然无恙地活下来。④ 景教不会是在560年前刚刚传入中亚,突厥妇女很容易被说服,接受当地教徒的劝告,说明景教在中亚已有相当大的影响。

景教何时入华? 这个问题很难予以精确的回答。然以确切的正史记载应是贞观九年(635年)。正是在这一年,景教进入唐都长安,受到唐太宗的优礼相待,"帝使宰臣房公玄龄总仗西郊,宾迎入内。翻经书殿,问道禁闱。深知真正,特令传授"。唐太宗优礼景教徒,可能与他经营西域的战略有关系,即抗击突厥诸国,扩疆拓土;换言之,他此前对景教徒早有了解,知道这些人可为他经略西域的目标提供帮助,需要这些熟悉西域行情的景教徒提供情报,其情形一如劝玄奘还俗辅政,"翊赞功业"。⑤ 入华之景教乃经波斯而来,故初传之时以"波斯经教""波斯景教"见称,一个多世纪之后的天宝四年(745年)九月,波斯寺才改名大秦寺。⑥

---

① [德]克林木凯特:《达·伽马以前中亚和东亚的基督教》,第12、23页;[苏]加富罗夫著,肖之兴译:《中亚塔吉克史》,北京:中国社会科学出版社1985年版,第99页。

② 余太山主编:《西域文化史》,北京:中国友谊出版公司1996年版,第145页。

③ [法]沙畹:《西突厥史料》,第202页;余太山:《嚈哒史研究》,第103—113页。

④ Theophylactus Simocatta: *The History of Theophylactus Simocatta*, pp. 146‐147;[法]沙畹:《西突厥史料》,第219页。

⑤ 葛承雍:《从景教碑试论唐长安景教的兴衰》,《碑林集刊》第六辑,2000年,第215页。

⑥ 《唐会要》卷四十九:"波斯经教,出自大秦;传习而来,久行中国。爰初建寺,因以为名。将欲示人,必修其本。其两京波斯寺宜改为大秦寺。天下诸府郡置者,亦准此。"

　　7世纪30年代以后,阿拉伯伊斯兰教势力勃兴,欧亚大陆政治形势为之大变。阿拉伯伊斯兰势力兴起后,以摧枯拉朽之势灭亡萨珊波斯,夺取拜占庭帝国在亚洲和北非的大部分领土;与此同时,东方大唐帝国在太宗和高宗皇帝筹划下,全面出击东西两突厥而告成功,唐朝的统治权远及费尔干纳、大夏以及阿富汗、呼罗珊的部分地区,在西域的威望趋于高峰。面对横扫一切、势不可挡的阿拉伯军队向小亚和中亚地区的迫近,以及唐帝国在中亚影响的扩大,国亡后的波斯萨珊王室展开殊死抵抗,同时积极展开外交活动,争取唐朝廷的军事援助。贞观年间景教徒阿罗本的入华,可能与波斯的抵抗运动有关。[①]

　　7—8世纪是其最具传教精神的时期,景教在中亚发展规模已蔚为可观,木鹿、哈烈、撒马尔罕均有大主教区。7世纪中叶时,景教大主教耶稣雅布(Jesujabus,650—660年在位)在一封信中慨叹,木鹿省数以千计的基督徒在伊斯兰势力入侵面前,为了避免财产损失而叛教。[②] 阿拉伯人向中亚的扩张,对景教形成压迫,使之与退居中亚的波斯王室的抵抗运动合流[③],景教徒参与了波斯萨珊王室领导的抵抗运动及波斯对中国的外交请援活动。[④] 唐朝廷对于波斯的请求极为谨慎,力避与阿拉伯人发生正面冲突,但这种努力最终没有完全实现。751年高仙芝统率的唐朝军队在怛逻斯被阿拉伯军队击败,唐朝势力退出西域,阿拉伯人成为中亚的绝对强权。阿拉伯人虽对各地区人民的抵抗残酷镇压,但在征服后对其他教徒相对宽容,这种政策削弱了包括景教徒在内的抵抗势力的反抗。流寓中原内地的景教徒已难有作为,只能专注于教徒队伍的发展和自身教义的传播。

　　景教在高宗时期获得发展,但在武则天时受到压抑,玄宗时期景教徒增加新生力量,气象达于鼎盛。唐朝政府已经知道景教并非出自波斯,而是来自大秦,于是以波斯寺所称的景教寺改称大秦寺。天宝四年(745年)九月,玄宗诏令:"波斯

---

① 朱谦之:《中国景教》,上海:东方出版社1993年版,第63—64页。

② H. Yule, *Cathay and the Way Thither*, vol. 1, pp. 103-104;[德]克林凯特著,赵崇民译:《丝绸古道上的文化》,乌鲁木齐:新疆美术摄影出版社1994年版,第84页。

③ [德]克林木凯特:《达·伽马以前中亚和东亚的基督教》,第99页。

④ 《册府元龟》卷九七一:"开元二十年九月,波斯王遣首领潘那蜜与大德僧及烈朝贡。"又同书卷九七五:"开元二十年八月庚戌,波斯王遣首领潘那蜜与大德僧及烈来朝。授首领为果毅,赐僧紫袈裟一副及帛五十匹,放还番。"及烈为"大德僧",其为景教徒无疑。

经教,出自大秦;传习而来,久行中国。爰初建寺,因以为名。将欲示人,必修其本。其两京波斯寺宜改为大秦寺。天下诸府郡置者,亦准此。"(《唐会要》卷四九)至此,景教徒与唐朝廷均承认景教为大秦教。天宝十四年(755年),安史之乱爆发,玄宗逃往蜀中,肃宗即位于危难之中,但仍给予景教以保护,景教徒则以实际行动参与了唐朝廷的平叛,景教徒伊斯效力于唐朝名将郭子仪麾下。德宗建中二年(781年)建立景教碑,也说明景教徒活动的成功。只是好景不长,会昌五年(845年)武宗下令禁绝佛教,景教受到牵连而陷于绝境,其在中土合法存在共210年。至晚唐五代完全歇绝。980年,六位基督教教士被大主教派往中国,整饬中国的基督教事务,发现中原基督教已归于灭绝,遂匆匆返回巴格达。① 从9世纪中叶遭禁到10世纪下半叶活动消歇,在中原难以合法立足的景教徒在此期间可能有一部分放弃其信仰,而大部分可能迁往政府控制松弛的边缘地区。

二、 景教徒传入中国的希腊-拜占庭文化

从历史看,景教活动的舞台主要在波斯境内,但其前期历史及其所接受的教化,则与拜占庭帝国不可分割。景教徒继承了拜占庭帝国保存的希腊罗马文化的许多内容,他们在传教活动中将这些知识和技术发扬光大,为己所用。

景教徒掌握由古希腊继承的医学、医术和实际的治疗方法,在东方以其医道见称。②以医疗活动帮助传教,在其全部传教活动中的确占有突出地位。6世纪中叶中亚地区突厥部落中流行瘟疫时,景教徒积极营救、医治患者,并展开宗教宣传活动,赢得不少信徒。③ 景教徒进入中国境内以后,为了有效展开传教活动,积极从事包括医疗活动在内的慈善事业。《大秦景教流行中国碑》记载当时景教徒的活动状况:"每岁集四寺僧徒,虔事精供,备诸王旬。馁者来而饭之,寒者来而衣

---

① H. Yule, *Cathay and the Way Thither*, vol. Ⅰ, pp. 113 - 114.

② H. Yule, *Cathay and the Way Thither*, vol. Ⅰ, p. 103; F. Hirth, *China and the Roman Orient*, p. 303; E. A. W. Budge, *The Monks of Kublai khan, Emperor of China*, London, 1928, p. 37, 转自朱谦之:《中国景教》,第69页。

③ [法]沙畹:《西突厥史料》,第219页; Theophylactus Simocatta: *The History of Theophylactus Simocatta*, pp. 146 - 147。

之,病者来而起之,死者葬而安之。"所谓"病者来而起之"显然属于与民众生活密切相关的医疗活动。它和景教徒在饥、寒、死等方面所做的工作,成为其争取信众所必须做的慈善事业的重要内容。

景教徒为了传教事业,将此种"以医助教"的方法推及唐代的上层乃至唐朝廷内部。《旧唐书》卷九五《诸王传》记载:"(开元)二十八年冬,宪寝疾,上令中使送医药及珍膳,相望于路,僧崇一疗宪稍瘳,上大悦,特赐绯袍鱼袋,以赏异崇一。"此事亦见于《新唐书·诸王传》。

两个版本的记载中最令人感兴趣的,是为李宪治病的崇一。此人之身份,学者曾多有推测。早在 1924 年,陈垣就推断,崇一乃景教医生。① 1927—1930 年又详加论证,其根据之一乃僧崇一的名字:"据唐书诸王传,明皇长兄名宪,患病,请僧崇一医之。病霍然愈,乃大赏之,我在高僧传中,找不着一僧名崇一者。考僧中一字辈极少。唐代曾有以一置之名上者,如一行等,然以一列下者,则遍找不得。由此我想崇一乃景教僧。"越来越多的研究证明,入华景教徒的名字确是其景教身份的一大标志。② 陈垣支持其结论的另一根据是大秦国的医疗传统:"唐天宝年间有将名杜环者,乃著通典杜佑之同族。他随了高丽人高仙芝征西域,不幸大败而被俘。后释放,经海道回国,著经行记,述沿途所见所闻,及各教情形,讲回教最详;中有一段说大秦法善医。的确,聂斯托利派是负有医名的。我们看凡在教堂旁,总有医院一所,至今犹然。由此我们决定,僧崇一乃景教僧无疑。"③ 陈垣对僧崇一的研究涉及景教的三个方面:一是景教徒的取名习惯与意涵;二是景教医学;三是基督教行医传教传统。陈垣的研究揭开了景教徒行医史研究的端绪。

后来又有学者对"崇一"这个名字的内在含义进行了更深一步的研究,指出:"崇一这个名字,含有'崇敬一神'的意思,景教徒中以'一'为名的,如景教碑中所列的人名中有'元一'、'守一'、'明一',以'崇'为名的,也有'崇敬'、'崇德'等类,可知'崇一'是个景教教士,而不是和尚。"同时,又胪列了其他理由:"据《唐书

---

① 陈垣:《基督教入华史略》,《陈垣学术论文集》第一集,北京:中华书局1980年版,第85页。
② 入华景教徒取名多与其信仰有关,如唐代入仕中国的景教徒李素诸子分别取名作景亮、景弘、景文、景度。见荣新江:《一个入仕唐朝的波斯景教家族》,《中古中国与外来文明》,第252—257页。
③ 陈垣:《基督教入华史》,《陈垣学术论文集》第一集,第97页。

舆服志》,绯袍是红色的品官服饰:'四品服深绯色,五品服浅绯色。'鱼袋也是唐
朝一种大官所用的东西,上面刻着官姓名,随身悬佩。都不是和尚所用的,故可以
断定这崇一是景教徒之明医的。又杜环《经行记》说:'大秦善医眼及痢。或未病
先见,或开脑出虫。'足证西医已于此时随景教以输入,而为传教的一种工作
了。"[1]把各种理由综合起来,放到当时的历史背景中进行考察,崇一是景教徒。[2]

　　杜环在 751 年怛逻斯一战中被大食军队俘虏,在地中海东部游历十余年后返
回中国。《经行记》所记是他在被阿拉伯人征服的拜占庭帝国的领土上旅行时的
见闻。《经行记》佚失。《通典》卷一九三引杜环《经行记》:"大秦善医眼及痢,或
未病先见,或开脑出虫。"《新唐书》卷二二一《西域传》下取《通典》记拂菻国:"有
善医能开脑取虫,以愈目眚。"希腊传统医术盛行于地中海东岸地区,"开脑治盲
术"是尤能使人深刻印象的医术之一。

　　这种"开脑"术实即穿颅术。穿颅治盲术是希腊古代医学的重要成就之一。
希波克拉底出生于爱琴海科斯岛,在西方世界被誉为"医神",早在公元前 5 世纪
(约前 420 年)他就在《论视觉》(Περὶ ὄψιος)中记载了眼睛失明的治疗方法:"当
眼睛毫无显著病症便失明时,应切开颅骨,将脑软组织分开,穿过颅骨使产生的液
体全部流出。这是一种治疗方法。以这种方法治疗,病人便可治愈。"杜环所记载
的大秦善医"开脑取虫,以愈目眚",指的就是这种长期流行于地中海东部的医疗
方法。这种失明可能是由于一个脓包或良性肿瘤压在脑部,所谓的"虫"是出于
想象而加上去的字眼。[3] 景教徒在波斯境内活动时期,就已经熟悉了希波克拉底
的理论与实践,在阿拉伯统治时期,他们也在哈里发治宫廷里从事医疗活动,将希
腊医学著作翻译成阿拉伯文。[4]

　　盛唐时期已有实施这类医疗术的例子。唐刘肃《大唐新语》卷九"谀佞"第二
一:"高宗末年,苦风眩头重,目不能视。则天幸灾逞己志,潜遇绝医术,不欲其愈。

---

[1]　王治心:《中国基督教史纲》,上海:上海文海出版社 1940 年版,第 41 页。

[2]　林悟殊:《景教在唐代中国传播成败之我见》,饶宗颐主编《华学》第三辑,北京:紫禁城出版社 1998 年版,
　　第 88 页。

[3]　夏德:《大秦国全录》,第 303 页;[英]李约瑟:《中国科学技术史》第一卷第二册,北京:科学出版社 1975 年
　　版,第 452 页。

[4]　H. Yule, *Cathay and the Way Thither*, vol. Ⅰ, p. 103;季羡林:《印度眼科医术传入中国考》,《国学研究》第
　　二卷,北京:北京大学出版社 1994 年版,第 556 页。

及疾甚,召侍医张文仲、秦鸣鹤诊之。鸣鹤曰:'风毒上攻,若刺头出少血,则愈矣。'则天帘中怒曰:'此可斩! 天子头上岂是试出血处耶?'鸣鹤叩头请命。高宗曰:'医之议病,理不加罪。且我头重闷,殆不能忍,出血未必不佳。朕意决矣。'命刺之。鸣鹤刺百会及脑户出血。高宗曰:'吾眼明矣。'"这一事件也见于正史两《唐书》(《旧唐书》卷五《高宗本纪》下,《新唐书》卷七六《列传第一》)及《资治通鉴》卷二〇三。几处记载完全一致,唐高宗目盲症被治愈之事殆无疑义。

但为高宗治病的秦鸣鹤是否是景教徒? 学界对此争议颇大。① 这里需要注意几个事实:首先,穿颅治病之术在中国可以追溯到很久远的时代。《三国志·魏志·华佗传》记载,三国时代神医华佗曾为曹操实施这种医疗术,"太祖苦头风,每发,心乱目眩,佗针鬲,随手而差"。针鬲,即以针刺横膈膜的穴位。这是以穿颅术医治头痛的方法,不是治疗目盲。穿颅治盲(目眚)在唐代以前无疑是未知的,否则它不会给中国人留下如此深刻的印象。

其次,大秦医生善医眼疾还有其他例证。大和四年(830年),李德裕任成都尹,求南诏所俘工匠,得成都"医眼大秦僧一人"②,此人也是从事医疗职业的景教徒③。精于医治眼疾并非景教徒个别人的独特本领,应是景教团体的专有技艺。

第三,秦鸣鹤之身份。《大唐新语》和《新唐书》称为高宗医治者为侍医张文仲、秦鸣鹤二人,而《旧唐书》与《资治通鉴》独称秦鸣鹤一人,可知秦鸣鹤在高宗眼疾治疗上的主导作用。既然能治愈皇帝的目眚,秦鸣鹤应是一代名医,名垂史册,但其名不见经传,事迹难觅,张文仲却是名留青史,与李虔纵、韦慈藏以医显

① 否定性的观点认为高宗疾病之治疗手段乃中国传统针刺疗法。见王颜、杜文玉:《唐高宗刺颅出血与中外医学交流新论》,《江汉论坛》2016 年 11 期;范家伟:《中古时期的医者与病者》,上海:复旦大学出版社 2010 年版,第 134—152 页。
② 《李文饶集》卷十载,南诏攻入成都撤走,李德裕清点户口,"蛮共掠九千人,成都郭下成都、华阳两县只有八千人,其中一人是子女锦锦、杂剧丈夫两人、医眼大秦僧一人,余并是寻常百姓,并非工巧"。"医眼大秦僧一人"被特别记载,可见其独擅之治疗眼疾技术非同寻常。
③ 段玉明:《云南景教考》,《云南民族学院学报》1993 年第 4 期,第 58—59 页。

名,《旧唐书》有传。① 原因何在? 最有可能的一种解释是,会昌五年(845 年),武宗禁绝外夷各教以后官方对景教采取敌对态度,他的景教徒身份成为禁忌,于是其名字也随之归于沉寂。②

　　第四,在中国,虽然"秦"姓未必都意味着外族血统,但来自大秦(罗马帝国)的人员多以"秦"为姓是一个值得注意的事实。③ 中国历史上,归化中国的外国人多以其母邦为姓。这种习惯在唐代尤为盛行。④ 景教入华之初,以"波斯经教""波斯景教"见称,经一个多世纪才被唐朝获知"出自大秦",原称"波斯寺"的景教寺院于天宝四年(745 年)改称"大秦寺",乃至有建中二年(781 年)"大秦景教流行中国碑"之建立。"大秦"一名弘扬于大唐朝野,原因固不止一端,景教徒的慈善事业在信众中建立的良好声誉,为皇家成员提供效劳赢得的皇室垂青,尤其是以其医术效力于唐朝廷而不遗余力,要为重要之原因。秦鸣鹤为高宗疗病,僧崇一为李宪医治,同为一理。⑤ 但也与景教徒了解到汉魏史册对大秦国美好赞誉之后的自我宣传大有关系⑥,而以母邦为姓既是光耀母邦文明的手段,也是肯定既有宣教成绩的体现。秦鸣鹤名以"秦"为姓,其目的在彰显其"大秦"国人身份。

---

① 《旧唐书·张文仲传》:"张文仲,洛州洛阳人也。少与乡人李虔纵、京兆人韦慈藏并以医术知名。文仲,则天初为侍御医……文仲尤善疗风疾。其则天令文仲集当时名医共撰疗风气诸方,仍令麟台监王方庆监其修撰……撰四时常服及轻重大小诸方十八首表上之。文仲久视年终于尚药奉御。撰《随身备急方》三卷,行于代。"

② 方豪:《中西交通史》上册,第 421 页;罗香林:《唐元两代之景教》,香港:中国学社 1966 年版,第 85 页注 11;马伯英:《中国医学文化史》,上海:上海人民出版社 1994 年版,第 393 页;黄兰兰:《唐代秦鸣鹤为景医考》,《中山大学学报》2002 年第 2 期,第 61—67 页。

③ 《梁书》卷五十四《诸夷传》:"孙权黄武五年,有大秦贾人字秦论来到交趾。太守吴邈遣送诣权。权问论方土风俗。论具以事对。时诸葛恪讨丹阳,获黝歙短人。论见之曰:'大秦希见此人。'权以男女各十人,差吏会稽刘咸送论。咸于道物故,乃径还本国也。"

④ 向达:《唐代长安与西域文明》,上海:三联书店 1957 年版,第 4—27 页。

⑤ 季羡林先生认为,为高宗治疗眼疾可能采用针刺手术。这种医术可能传自印度,但他同时指出,"印度的这一部分也有外来成分,它在古代近东一带已经流行"。实际上,他指出了穿颅治盲术源自地中海东部的希腊罗马世界。季羡林:《印度眼科医术传入中国考》,《国学研究》第二卷,第 556、559 页。

⑥ 景教徒在入华之初并不了解历史上"大秦"在华夏族人心目中的地位,后逐渐熟知汉魏时代华夏族人视"大秦"为典章完备、文章华美的仙境般的理想国度,甚至说大秦人体貌"皆长大平正,有类中国"(《后汉书·西域传》,或"人皆长大平正,似中国人而胡服,自云中国一别也"(《魏略·大秦国》),或"其人端正长大,衣服车旗,拟仪中国"(《北史·西域传》)。景教徒认识到此种情感大可用来拉近与李唐朝廷的关系,遂将景教发源地与汉籍中的"大秦"曲加比附,为传教之助力。景教碑文有:"案西域图记及汉魏史策,大秦国南统珊瑚之海,北极众宝之山,西望仙境花林,东接长风弱水。其土出火浣布、返魂香、明月珠、夜光璧;俗无寇盗,人有乐康;法非景不行,主非德不立;土宇广阔,文物昌明……愿刻洪碑,以扬休烈。"可见景教徒颇善于利用华夏典籍中于己有利之资源。

至于"鸣鹤"一名是否转自 Markus 的叙利亚语读法,不敢遽下断论。Markus 在基督教圣经中为使徒之一,教徒中以此为名者不乏其人,此名也见于景教碑的叙利亚文字。

医疗、医药知识伴随景教徒的医疗活动而得到传播。唐代景教文献《志玄安乐经》提及:"若复有人,时逢疾病疠。病者既众,死者复多。若闻反魂,室香妙气,则死者反活,疾苦消愈";"病若新愈,不可多饮,恐水不消,使成劳复"。孙思邈《千金翼方》卷十二《养性》"养老食疗第四"记载:"服牛乳补虚破气方。牛乳三升,毕拨半两,末之绵裹。上二味,铜器中取三升水,和乳和,煎取三升。空肚,顿服之,日一。二七日,除一切气。慎面、猪、鱼、鸡、蒜、生冷。张澹云:波斯国及大秦甚重此法,谓之悖散汤。"[1]孙思邈明确记载张澹的话,称"波斯国及大秦甚重此法",似强调出处渊源,以示不掠人之美。

景教徒还将制钟技术传输到了中国。《旧唐书》卷一九八《西域传》记拜占庭帝国:"其都城叠石为之,尤绝高峻……城东面有大门,其高二十余丈。自上及下,饰以黄金,光辉灿烂,连曜数里。自外至王室,凡有大门三重,列异宝雕饰。第二门之楼中,悬一大金称,以金丸十二枚,属于衡端,以候日之十二时焉,为一金人,其大如人,立于侧。每至一时,其金丸辄落,铿然发声引唱,以纪日时,毫厘无失。"(《旧唐书》卷二二一下《西域传》"拂菻国条"略同)我们无法弄清这段描述指的是君士坦丁堡还是其他城市。有学者认为,中国文献对拂菻国的记载出乎史家的臆造,即将中国唐代存在的事物推想为拂菻国必定存在的事物。[2]但据 6 世纪拜占庭史家普罗柯比的记载,在加沙地带或安条克等城市都有这种金钟。根据 13 世纪初的文献记载,12 世纪有人在大马士革大清真寺的东门上见到过这类计时钟。其上部是黄道十二宫符号,计时依次出现人像并燃亮灯盏;在它的下面,从铜鹰嘴里有金球落入铜杯,发出鸣响;还有五个组成自动乐队的人像。今日的摩洛哥非斯城的布安奈尼亚学院内仍有这样的一座钟。[3]

景教碑提到波斯僧大德及烈,《新唐书》卷一一二《柳泽传》记载这位名称及

---

① 孙思邈著,朱邦贤、陈文国等校注:《千金翼方》,上海:上海古籍出版社 1999 年版,第 369 页。
② K. Shiratori, "A New Attempt at Solution of the Fu-lin Problem", p. 317.
③ [英]李约瑟:《中国科学技术史》第一卷第二分册,第 449—450 页。

烈的景教徒与中国官员的来往活动：玄宗开元中（713—741年），"市舶使周庆立者，呈现奇器为柳泽所劾"。《册府元龟》卷五四六记载更详："柳泽开元二年为殿中侍御史、岭南监选使，会市舶使右卫威中郎将周庆立、波斯僧及烈等，广造奇器异巧以进。"庆立、及烈所进"奇器异巧"为何物，文中未明言，不得而知，但非中原物产，似可肯定。朱谦之先生认为："景教僧及烈和市舶使周庆立所设计的'奇器异巧'，一定是达到当时机械科学的最高峰。恰如利玛窦之上自鸣钟、日晷、地图一样，是珍奇物品，景教徒献上宫廷作为结纳权贵的手段，是会使唐皇帝惊心动魄的。所以后来及烈竟得到宫廷之宠，给景教恢复了名誉。"同时他还提到，《旧唐书》卷五一《后妃传》记载"扬（扬州）益（益州）岭表（广州交州）各地刺史，必求良工造作奇器异服以奉贵妃献贺，因擢居高位"，认为"这显然是市舶使周庆立的异曲同工，也许和波斯商人或景教僧之制造有关联"[1]。景教徒长于机械制造，可为不易之论。景教徒是否在中国制造了自鸣钟？李约瑟指出，"自古以来，中国人对漏壶的构造便已熟悉，水钟所能引起兴趣的部分，只不过是能敲鸣的机械装置"，拜占庭制钟术的介绍对中国制钟术可能会产生"激发性"影响，即"这种激发适时到来，促使中国的工程师们全力以赴，以便超越东罗马帝国水钟的自鸣报时机构的机械玩具"[2]。从这个角度，无论景教徒是否参与中国境内的制钟活动，拜占庭的制钟术对中国的影响都不应忽视。

对于拜占庭建筑技术的介绍，景教徒也有贡献。《旧唐书·拂菻传》记拂菻国都城："至于盛暑之节，人厌嚣热，乃引水潜流，上编于屋宇，机制巧密，人莫之知。观者惟闻屋上泉鸣，俄见四檐飞流，悬波如瀑，激气成凉风，其巧妙如此。"有趣的是，中国史籍中亦载有相似的建筑。唐玄宗所建起凉殿即是这类建筑。[3] 李唐一代这种建筑并非唐皇所独有，大臣也有建造者。开元、天宝之际（8世纪上半叶），杨国忠、李林甫得势。京兆尹王鉷攀结李林甫，并得到玄宗宠任，奢侈过于群

---

① 朱谦之：《中国景教》，第71—72页。
② ［英］李约瑟：《中国科学技术史》第四卷第二分册，科学出版社、上海古籍出版社1999年版，第532页。
③《唐语林》卷四："玄宗起凉殿，拾遗陈知节上疏极谏。上令力士召对。时暑毒方盛，上在凉殿，座后水激扇车，风猎衣襟。知节至，赐坐石榻，阴溜沈吟，仰不见日，四隅积水成帘飞洒，座内含冻，复赐冰屑麻节饮。陈体生寒栗，腹中雷鸣，再三请起方许，上犹拭汗不已。陈才及门，遗泄狼籍，逾日复故。谓曰：'卿论事宜审，勿以己方万乘也。'"

臣。后来因罪被赐死,有司籍没其家舍,数日不能遍寻,其中即有类似的建筑,名曰自雨亭子。《唐语林》卷五记载:"武后以后,王侯妃主京城第宅,日加崇丽。天宝中,御史大夫王鉷有罪赐死,县官簿录太平坊宅,数日不能遍。宅内有自雨亭子,簷上飞流四注,当夏处之,凛若高秋。"

从当时的历史环境看,中国境内出现的这种建筑与景教徒在华活动有关。向达先生认为:"玄宗凉殿,'四隅积水成帘飞洒,座内含冻'。王鉷自雨亭子亦复'簷上飞流四注,当夏处之,凛若高秋'。与《拂菻传》所述俱合,当即仿拂菻风所造。清乾隆时圆明园中水木明瑟,'用泰西水法引入室中,以转风扇,冷冷瑟瑟,非丝非竹;天籁遥闻,林光逾生净绿'。所谓凉殿与自雨亭子,或即后世水木明瑟之类耳。"[1]所以,景教徒传入中国的建筑技术中也有希腊-拜占庭成分。

景教徒还将希腊-拜占庭天文知识介绍到了中国。景教碑文称:"(天宝)三载大秦国有僧佶和,瞻星向化,望日朝尊。"佶和似精通天文星象。事实上,来华景教徒中的确精通天文学者不乏其人。1980年1月西安出土的波斯人李素及夫人卑失氏墓志表明,李素家族为来自波斯的景教徒;墓志称:"公(李素)天假秀气,润生奇质,得神髦之天文,究巫咸之艺业。握算枢密,审量权衡,四时不忒,二仪无忒。"荣新江对墓志的研究证明,大历中(766—779年),李素因天文星历之学的专长而被征召入京,任职于司天台,前后共50年,经历了代、德、顺、宪四朝皇帝,最终以"行司天监兼晋州长史翰林待诏"身份于元和十二年(817年)去世。又,《新唐书》卷五九《艺文志》丙部:"《都利聿斯经》二卷,贞元中,都利术士李弥乾传自西天竺,有璩公者译其文。陈辅《聿斯四门经》一卷。"《通志》卷六八:"《都利聿斯经》二卷《本梵书》五卷,唐贞观初有都利术士李弥乾将至京师,推十一星行历,知人命贵贱。《新修聿斯四门经》,唐待诏陈辅重修。"唐典中的这些著作实际上是"源出希腊托勒密的天文学著作"。都利聿斯即"托勒密"的音译,《四门经》则可能是托勒密的天文著作 Tetrabiblos。这些希腊天文学著作经人转译和改编,在贞元初年由景教徒带到中国,并在李素任职司天台时协助翻译出来。[2]可见,景教徒虽多来自波斯,但在希腊-拜占庭文化上多为博学之士,对于希腊-拜占庭世界

---

① 向达:《唐代长安与西域文明》,第41—42页。
② 荣新江:《一个入仕唐朝的波斯景教家族》,第246—227页。

流传的文化著作包括天文著作的译介,作出了不少贡献。

最后应提及的是景教艺术。景教碑称:"大秦国大德阿罗本,远将经像,来献上京。"这里的"经"乃是基督教经典,而"像"则可能是基督像之类。景教徒在新的环境中想必会创作与宗教有关的绘画雕刻作品,以便利其传教活动。1900年英国探险家斯坦因在敦煌藏经洞找到一些景教经典和一幅残破的绢画,学者们认为这幅绢画乃景教画并对它做了复原。① 1904年勒柯可在高昌古城郊外发现一批景教壁画,表现信徒和基督的形象,其一是一位穿红衣的女子正在忏悔,另一幅表现圣枝节,表达"基督进入耶路撒冷"的主题。② 这些事实表明景教艺术确曾在一定范围内盛行过,并对当时的艺术内容和风格产生过影响。

---

① ［日］羽田亨著,耿世民译:《西域文明史概论》,北京:中华书局2005年版,第158页;M. Kordosis, *Tang China, the Chineses Nestorian Church and Heretical Byzantium* (*AD 618 -845*), Ioannina, 2008, p.452;林梅村、宋妮雅:《景教艺术在西域之发现》,见"数字丝绸之路网",网址:http://dsr. nii. ac. jp。
② ［日］羽田亨著,耿世民译:《西域文化史》,乌鲁木齐:新疆人民出版社1981年版,第73—74页;［日］羽田亨:《西域文明史概论》,第18—19页;林梅村、宋妮雅:《景教艺术在西域之发现》。

第四章

鼎盛时期的农业经济和社会发展

文明具有双相特征,无论是鼎盛时代还是低谷时期,人们总是要面对有序与无序、繁荣与危机、灾害与康乐、动荡与稳定、兴盛与衰亡等关系的动态演进。①拜占庭文明亦复如是。查士丁尼说:"皇帝的威严不但依靠兵器,而且须用法律来巩固,这样,无论在战时或平时,总是可以将国家治理得很好。"②他阐述清楚了一个重要问题,即无论是经济社会发展,还是乡村社会秩序的维系,帝国都需要一靠制度,二靠法律的治理效能,而非兵器。尤其对于通过政府严密控制经济社会发展的拜占庭帝国而言,制度中轴的良性运行尤其重要。比如,《市长手册》就表明帝国对城市经济、行会的行政控制非常强大。又如,为了掌控国家经济,中期拜占庭帝国就已经出现了税

---

① 夏明方:《文明的"双相":灾害与历史的缠绕》,桂林:广西师范大学出版社 2020 年版,第 9 页。
② [古罗马]查士丁尼:《法学总论——法学阶梯》,北京:商务印书馆 1989 年版,第 1 页。

务大臣、皇产大臣、圣库大臣等职位。由于帝国经济社会发展重心依赖于乡村社会,军区制对于解决帝国经济社会发展的重要性不言而喻。正如陈志强所言"军役土地正是军区制形成的关键"①,是帝国乡村治理要面临的关键议题。换言之,军区制和土地立法活动为建构帝国秩序提供了制度依据,为边疆治理提供了婚姻与社会习得的方向,为帝国经济社会发展提供了制度支持。同时,修道院在帝国经济运行中也独具特殊地位。在教会法中,修道院院规的地位非常重要。从经济社会发展来看,修道院无疑是马克斯·韦伯笔下的经济团体。它在中世纪拜占庭的土地要素配置中影响甚大,对经济社会发展影响甚大。从修道院院规来看,9—11世纪的修道院院规对自身经济要素与内部矛盾进行了制度优化。制度演化往往与灾变相关,与社会阶层的流动及其控制紧密相关。制度优化为经济社会发展提供了强有力的支持,9—11世纪帝国经济社会发展进入了顶峰时代。分析9—11世纪帝国经济社会发展与乡村治理首先离不开对军区制演化的研究。同时,帝国乡村治理机制既涉及世俗权力,又涉及教会权力。因此,帝国政教双方都非常重视对合理性、合法性的道德论述、制度调整。这样,帝国的乡村治理实际上带有综合性特征,也取得了较好的调节效果,推动帝国迈入黄金时代。

第一节

军区制的演化与史诗中的军事权贵

　　罗马文明的重大遗产之一是为经济社会发展提供了一套制度建设的系统性历史经验。拜占庭文明是罗马文明的继承者与创新者。正如孟德斯鸠所论,"罗马的得救是由于它的制度的力量"②,而制度变迁和一定的地缘空间紧密相关。文明交往与一定地缘空间中的边疆危机绞合在一起。众所周知,一定的地缘空间

---

① 陈志强:《拜占廷帝国史》,第178—179页。
② [法]孟德斯鸠著,婉玲译:《罗马盛衰原因论》,北京:商务印书馆1962年版,第22页。

会导致大量争夺地带。制度变革的关键内容之一则是通过"内部事务之严密组织的官僚机构、外部事务之军队和外交使团",进而强化"皇帝意志的执行",提高战时国家机器的运行效率。①如若要实现稳定对外征服的成果,则需要建立接管体制来管辖新的征服地区。军区制是拜占庭从制度变革层面经略边疆的典型。古代边疆往往涉及帝国的乡村治理。军区制之所以是帝国的制度中轴,还在于这一制度也是乡村治理的关键。也就是说,军区制运行的效果深刻地影响着帝国在东地中海民族交往中的兴衰成败,影响着帝国的经济社会发展。同时,军区制的演化机理中已经蕴含了社会阶层调控取向,因为一定的制度往往和资源配置、等级分化相联系。军区制为军事权贵集团的兴衰提供了制度前提。就史料而言,除了土地立法活动文本等官方文本,史诗《狄吉尼斯·阿卡里特斯》(*Digenis Akrites*)等民间传颂的文学作品既能反映帝国边疆的文化风貌,也反映了边疆军事权贵的财富状况、政治文化与生活样态。

一、 关于军区制的论争

拜占庭学界十分关注军区制的兴起与演变,研究亦相对深入。大略而言,人们基本上把军区制和7世纪以来的帝国边疆的各种压力联系在一起。从政治地理空间来看,帝国处于东地中海的战略要津之处,边疆压力是一种历史常态。然而,为何军区制恰在此时应运而生,而非在此前出现抑或在此之后出现? 同时,学者们承认,一方面军区制在客观上导致了军事权贵在社会结构中具有举足轻重的影响;另一方面,军事权贵也引发了地方分离主义势力,中央与地方的良性运行关系遭遇巨大挑战。9—11世纪,帝国中央政府不得不为此而投入了大量资源。那么,军区制为何还能够长期存在?

从文献来看,马其顿王朝皇帝君士坦丁七世在《论军区》中已经明确指出"Theme"一词来源于希腊语②,即"Thesis"。但是,人们对于该词的词源仍然存

①　Wilhelm Ensslin, "The Emperor and Imperial Administration", in N. H. Baynes and H. St. B. Moss eds., *Byzantium*, p. 268.

②　陈志强:《拜占廷学研究》,第51页。

疑。国内学界认为,词源的争论实际上和制度起源、功能与效果紧密相关。相关争论主要集中于以下几个方面。①

　　一是"Theme"的溯源与军区制起源。制度在发生学上的意义在于后人从求知的角度思考和观察人类自身,尽管制度起源时的真实样态与历史真貌可能相差甚远。② 军区制的起源吸引了大量学者思考制度的实际作用与意义。道格拉斯·约翰斯通(Douglas Johnstone)认为,该词可能来自阿尔泰词源"Tümän",意即"万人"。而尼古拉·伊科努米底(Nicholas Econumidis)则认为该词意为"katalogos",即一种士兵清单。从起源的时间来看,奥斯特洛格尔斯基以塞奥法尼斯的记载为据,断定该词可能出现在 622 年左右。并且,他认为军区制相当于以往的总督制。尽管它中断了戴克里先、君士坦丁大帝设定的有关原则。但是,它并非对总督制的简单模仿,而是吸收了古代边防军屯兵经验,即将边防与一定土地资源配置结合起来,并使之和总督制相结合。这样,新军区制实际上把若干行省合而为一了。③然而,与奥斯特洛格尔斯基强调小亚细亚地区因素不同,柏图斯(Pertusi)却认为,南部军区系在 634 年后才创立,而北部军区是在 679 年后才创立。换言之,柏图斯认为军区制度架构的形成是一个逐步扩展和演变、完善的过程。其演变过程超出了伊拉克略统治时期及其后的统治者。持与此相类似的观点还有卡拉扬诺普努斯(Karayannopulos)与莉莉(Lilie)。他们认为军区制改革不是一次性的,而是一种组织的连续发展过程。只不过,后者更加强调军区制在

----

① Alexander P. Kanzhdan ed., *The Oxford Dictionary of Byzantium*, p. 2034. 下文关于军区制的学术争论如无注明,皆出自该词典。陈志强、徐家玲、郭建淮等人在军区制上的深入研究亦对本书颇有启示意义。郭建淮:《略论军区制在拜占廷历史上的地位和作用》,《东北师范大学学报(哲社版)》1993 年第 4 期,第 22—25 页;陈志强:《拜占廷学研究》,第 50—73 页;徐家玲:《拜占庭文明》,第 221—225 页。

② 苏力:《制度是如何形成的》,北京:北京大学出版社 2007 年版,第 52 页。

③ George Ostrogorsky, *History of the Byzantine State*, pp. 86 - 7. 奥斯特洛格尔斯基强调伊拉克略改革和戴克里先、君士坦丁改革的差异,但是并不意味着奥斯特洛格尔斯基否定了伊拉克略改革的古代渊源。他明确在第 87 页的注释中表示:在这一点上是"不用猜测"的。所谓戴克里先和君士坦丁原则是指在戴克里先、君士坦丁的行政与军事改革中,采取了把土地幅员广阔的行省缩小之措施。比如,在戴克里先时期,就把行省增加到 100 余个。但是,无论戴克里先,还是君士坦丁,都把军队分为军团和边防军。参阅[俄]科瓦略夫著,王以铸译:《古代罗马史》,上海:上海书店出版社 2007 年版,第 14—21 页。在国内,陈志强理清了军区制和总督制的区别。他认为,军区制和总督制的区别在于管理结构,军区制中的首脑拥有更大权力。不仅如此,总督制没有向军区制那样形成了一种稳定而强大的阶层基础。参阅陈志强:《拜占廷学研究》,第 53 页。尹忠海对上述争论进行了梳理。尹忠海:《权贵与土地:马其顿王朝社会解析》,北京:人民出版社 2010 年版,第 110—112 页。

8世纪中期的发展。

二是军区制功能的多种面相。学界越来越认识到,军区制不仅仅具有治边功能,也具有乡村治理功能;不仅仅有军事价值,也具有推动经济社会发展的价值。虽然卡拉扬诺普努斯认为,军区制更多的是行政管理功能,对其功能与地位不宜过高评价。但是,包括奥斯特洛格尔斯基和列夫臣柯在内的学者认识到军区制的功能是一个逐步完善的过程。在这一过程当中,其承担的功能越来越多,越来越呈现综合性特征。这部分学者承认,军区制是适应于6世纪以来东地中海地缘政治的结果,是帝国治理边疆危机的结果。为了能够应对这些危机,帝国不得不逐渐把地方管理权转移给军事长官。[①]列夫臣柯还认为,这种管辖权的专业化发展也是渐进的。他认为,即便到7世纪末期,帝国的部分地区行政管辖权尚未完全转移到军事长官手中。其后,这一进程逐步加快。最终,行政功能和军事功能逐步结合;这种结合使得军事权贵的地位得以提升。到10世纪,军区制达到了最鼎盛的时期。军区制进一步获得了征收赋役与税收功能。正因为这样,《牛津拜占庭词典》在综合各派观点的基础上提出,军区制具有军事指挥、行政管辖、司法管辖等功能。

其中,相较而言,亨迪的概括更为全面一些。亨迪主要基于经济史的角度理解军区制的功能。他在梳理斯特拉托斯、汤因比、莉莉、哈尔顿、W·E·凯奇、琼斯、勒梅勒等人的成果基础上,把争论中的共性问题概括为"两种内涵、两大基本进程、两种基本方法与两大要素"[②]。首先,关于两种内涵。亨迪认为,有必要从制度的资源基础来理解其功能的内涵。他认为,在688—695年间,帝国士兵必须开始为自己的装备和武器承担责任;这样,有必要考虑士兵的资源基础。为此,制度设计者认为,有必要定居在一定需负军役的土地上。因此,亨迪提出了一个问题,军区制的起源和本质是什么? 是制度运行与地权分配的关联性。其次,关于演化进程。从此一角度来看,必须解释制度演变的两个阶段是如何完成过渡的。具体来说,就是晚期罗马的 magister militum 和早期拜占庭帝国基于一定领土范围的正式权限是如何转变为军区制的将军 stratēgos;士兵又是如何从由国家长期提供给

① G. Ostrogorsky, *History of the Byzantine State*, p. 87. 亦可见[苏]列夫臣柯:《拜占庭》,第156—157页。
② M. F. Hendy, *Studies in the Byzantine Monetary Economy, c. 300 - 1450*, pp. 634 - 636.

养与薪水转变为在很大程度上实现自给的,是如何能够从土地产出中剥离一部分资源来承担一定役务。第三,制度转型的两大基本方法。亨迪对制度转型的解读主要是从外因与内因两个角度来进行的,即"灾变说"(catastrophist)与渐进主义(gradualist)。最后,关于资源配置的基本要素。他认为,军区制的资源要素主要包括装备、武器供应与维护。为此,有必要考虑兵源以及与之相联系的土地关系。这样,军区制必然与帝国乡村治理紧密关联。也就是说,维护军区制的良性运行本身就具有乡村治理功能,具有对社会秩序进行调控的功能。

二、 文明交往、资源配置与乡村社会等级关系

可见,亨迪试图综合"灾变说"与渐进主义各自的合理成分,通过经济社会史的角度把讨论进一步引到定居、土地与军事收支的关系这一深层次问题上来。应该说,亨迪抓住了军区制演变的实际,从经济社会关系角度切中了本质。这样,讨论9—11世纪的帝国乡村社会等级关系就难以离开军事权贵与兵农(亦译作"军农")两个群体之间的相互联系、相互冲突、相互作用。故而,在讨论军区制时,学界往往倾向于为把宏大的文明交往与微观层面的资源配置关系、乡村社会交往关系联系起来。例如,约翰·哈尔顿把边疆文明冲突、士兵招募与土地资源的配置结合起来理解拜占庭乡村社会关系。

文明间的交往关系深刻地影响着军区制的形成与演变。尽管"灾变说"倾向于强调皇帝伊拉克略在面对波斯人威胁时表现出的制度创新勇气,强调他所具有的个人特质与能力的重要性[①],但更重要的是,伊拉克略的制度改革适应了当时东地中海文明交往的战略格局。拜占庭是积累甚深、历时甚长、影响甚广的地缘文明实体。文明既是一种与一定生活模式、生存方式相联系的生命形态,又是一种和一定的思维样式或信仰样式相联系的历史文化共同体。[②]就其文明传承而言,拜占庭文明或许像许多学者所认为的那样,带有综合与保守并存的特征。有学者就把拜占庭文明视为古典希腊罗马文明、近东文明、基督教观念、罗马法制观

---

① M. F. Hendy, *Studies in the Byzantine Monetary Economy*, c. 300 – 1450, p. 635.
② 阮炜:《地缘文明》,上海:上海三联书店2006年版,第1页。

念的综合体。[1]制度是文明交往的重要内容之一。[2]

从地理条件来看,地中海相对较为平静。在社会交往较为容易的东地中海出现不同文明之间的制度借用尤可理解。只不过从文明的内容形式来看,有些借用是语言形式上的,有些借用可能是实质内容。在军事上,罗马人与波斯人长期雄视,拜占庭与阿拉伯人亦长期对峙。实际上,大量文明往往会在烈度较高的交往形式——征服——中实现适应、更新与绵延。文明交往对军区制演变的影响既反映在微观层面,也反映在宏观层面。在微观层面,词语的借用、语义的变化反映着文明交往对制度演化的影响。其实,在拜占庭军事文明中,诸如此类的词语并不在少数。比如 Τάγμα、εξάρχω、βά 等词汇表征了文明交往的存在。比如,"Bandon(βάνδον)"一词最初是指"旗或军旗"。在早期的史料当中,它通常指波斯旗手。其后,该词逐渐有军事小分队之意。马拉拉斯提起过波斯皇室旗手;塞奥法尼斯曾经记载过伊拉克略捕获了 28 个波斯旗手。在 7 世纪的圣徒传记中,曾经出现过"Banda"一词。该词在一定程度上具有族群意义。莫里斯的《战略》则把它界定为"bandophros",意即军事小分队的扛旗者。到 10 世纪时,"Tourma"一词是指由 5—7 个军事小分队组成的编队。从人力资源配置来看,每个军事小分队则由 50—100 名士兵组成,或由 200—400 名步兵组成。军事小分队的指挥则被称作为"Komes"。马其顿王朝皇帝君士坦丁七世把"bandon"等同于"topoteresia",而"bandon"则被看作一定的领土单位。可见,"Bandon"一词延续的时间甚长,且其内涵与外延一直在变化。从历时性来看,该词至少保存到了特拉比宗帝国之时。[3]虽然如前所论及,人们对"Theme"的词源仍然存有争议,但争论本身就反映了文明交往对军区制演变的影响,只不过君士坦丁七世的认定强调了拜占庭的希腊文化因素。

在宏观层面,文明交往的烈度对制度演变影响甚大。它意味着统治者必须通过制度创新来应对外部文明实体的威胁。地处东地中海的拜占庭文明非常重视

---

① 徐家玲:《拜占庭文明》,第 2 页。

② 彭树智认为文明交往的基本内容包括四个部分,即物质文明交往、精神文明交往、制度文明交往和生态文明交往。彭树智:《〈中东国家通史〉卷首叙意》,黄维民:《中东国家通史·土耳其卷》,北京:商务印书馆 2002 年版,第 7 页。

③ Alexander P. Kanzhdan ed. , *The Oxford Dictionary of Byzantium* , p. 250.

地缘战略的选择。自6世纪以来,尤其是自伊拉克略统治以来,东地中海文明交往格局发生了巨大变化:在西部,罗马教会发生了深刻的裂变,与君士坦丁堡教会的冲突一直存在,甚至有时候出现剧烈冲突;在巴尔干,人口结构发生变化,尤其是斯拉夫人的到来不仅改变了这一地区的族群结构,也改变了其政治结构与政治文化;最引人注目的事件是伊斯兰势力的崛起。按照亨迪的观点,奥斯特洛格尔斯基的观点似乎可以列入"灾变说"之列。因为他特别强调小亚细亚地区在军区制形成过程中的重要影响。彼时,小亚细亚是拜占庭与波斯剧烈冲突的前沿地带,具有重大战略价值。并且,他鲜明地提出,再往东而去的地区以及巴尔干地区则没有条件,也不可能推行军区制。①从当时的地缘政治情况来看,治理边疆本身就和乡村治理紧密联系在一起。

　　可见,文明交往、经略边疆与制度更新紧密结合。由此来看,部分军区制改革措施并非是突兀的,而是与帝国应对危机、变革图存紧密有关。比如,边疆地区的耕作如何保持稳定?军区制与农兵阶层的扩大有何关系?这种关系的强弱程度为何?诸如此类的问题往往牵涉帝国在边疆地区的乡村治理策略选择。迄今为止,这些问题还有许多值得研究的空间。实际上,莫里斯皇帝撰写的《战略》一书就在某种程度上为此提供了依据。莫里斯是在边疆危机之中出现的军人皇帝。在其统时期亦涌现出了一批名将。在《战略》一书中,他专门讨论了不同民族的战争艺术。可见,《战略》一书本身就反映了文明交往的基本情况。② 在书中,他已经提到要用农兵来取代雇佣兵。③钮先钟把他的国防制度改革总结为四个方面:一是健全人事制度改革,加强中央管辖权,把军事人员升迁权收归中央;二是缩减雇佣兵人数,降低经济压力;三是建立能够戍边的民兵制度,并增加要塞网络;四是对民兵采取免税与授田措施。④ 第四条表明,军区制具有边防与乡村治理的双重价值。我国经济学家厉以宁也在瓦西列夫的基础上分析了莫里斯的行

① G. Ostrogorsky, *History of the Byzantine State*, pp. 87 – 8.

② [拜占庭]莫里斯一世著,王子午译:《战略:拜占庭时代的战术、战法和将道》,北京:台海出版社 2019 年版,第 105— 108 页。Mauricius, *Arta Militara*, H. Mihaescu ed. [Scriptores Byzantini 6], Bucharest: Academie Republicii Socialiste Romània, 1970, TLG, No. 3075001.

③ T. E. Gregory, *A History of Byzantium*, Malden, Oxford, Carlton: Blackwell Publishing, 2005, p. 153.

④ 钮先钟:《西方战略思想史》,桂林:广西师范大学出版社 2003 年版,第 65 页。钮先钟把"Maurice"译为"毛里斯"。

政改革。不过,他认为,此时的军事长官仍然处于总督领导之下。① 也就是说,莫里斯的改革很可能是由总督制向军区制演进的重要环节。可见,伊拉克略及其后的拜占庭统治者在推行军区制过程中事实上吸收了制度设置的历史经验。故此,制度演化很难脱离文明交往及其历史成果。

　　然而,如果把视野扩展到军区制存续的长时段来看,"灾变说"非但不和渐进主义相互矛盾,还构成了相互补充的关系。军区制之所以能够延续甚久,其原因之一就在于,当文明交往以战争形式表现时,军区制往往就成为政治选择目标之一。准确而言,它出现的初期实际上带有战时体制或战后接管体制的特征。因此,不难理解,奥斯特洛格尔斯基为何会把军区制的兴起放置在拜占庭和波斯对抗的历史背景之下。②后来,当阿拉伯人在海上的威胁上升时,帝国非常重视海上军区的组建。747 年,正是西比莱奥特区的将军,亦是海军司令,击败了来自埃及亚历山大里亚的阿拉伯舰队。当斯拉夫人在包括伯罗奔尼撒半岛、巴尔干半岛等地区对帝国构成巨大威胁时,中央政府先后在这些地区设立了一系列军区。7 世纪晚期,在巴尔干半岛最初设立的两个军区分别是色雷斯军区与希腊军区③, 其后,帝国又增设了伯罗奔尼撒等军区。当瓦西里二世征服保加利亚之后,他不仅从赋税政策上加强了统治影响,而且下令设立了帕拉顿纳翁军区、保加利亚军区、塞尔米乌姆军区等新军区。而在高加索的新征服地区,瓦西里二世则设立了塔隆、梅里特奈、伊贝里亚等军区。

　　由此可见,军区制的发展是一个动态过程。当文明交往的烈度达到一定程度并产生一定后果(比如某一民族被暂时征服)之时,该制度往往会得以巩固。由此不难理解后文所论及的土地立法活动往往会与治理边疆、乡村治理联系在一起。但是,从辩证唯物主义与历史唯物主义的角度来看,战争的结果往往导致军事权贵崛起,导致中央和地方的互动关系更加复杂。对马其顿王朝政局产生过重

---

① 厉以宁:《罗马—拜占庭经济史》,北京:商务印书馆 2006 年版,第 556 页。

② G. Ostrogorsky, *History of the Byzantine State*, p. 86.

③ 前者是在查士丁尼二世写于 687 年的信件中提到,后者可能在 687—695 年之间设立。J. Fine, *The Early Medieval Balkans*, 1983, pp. 71 - 72.

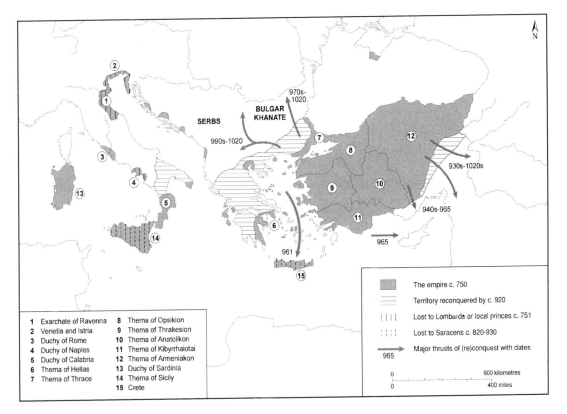

图5 中期拜占庭帝国的行政区

1　Exarchate of Ravenna　拉文纳总督区
2　Venetia and Istria　威尼西亚和伊斯特里亚
3　Duchy of Rome　罗马公爵领地
4　Duchy of Naples　那不勒斯公爵领地
5　Duchy of Calabria　卡拉布里亚公爵领地
6　Thema of Hellas　希腊军区
7　Thema of Thrace　色雷斯军区
8　Thema of Opsikion　奥普斯金军区
9　Thema of Thrakesion　色拉科西军区
10　Thema of Anatolikon　安纳托利亚军区
11　Thema of Kibyrrhaiotai　西比莱奥特军区
12　Thema of Armeniakon　亚美尼亚军区
13　Duchy of Sardinia　撒丁公爵领地
14　Thema of Sicily　西西里军区
15　Crete　克里特岛

·　SERBS　塞尔维亚人
·　BULGAR KHANATE　保加利亚汗国

·　The empire c. 750　大约750年的帝国
·　Territory reconquered by c. 920　约920年前收复的领土
·　Lost to Lombards or local princes c. 751　约751年被伦巴第人或当地王公夺走的领土
·　Lost to Saracens c. 820-930　约820—930年被萨拉森人夺走的领土
·　Major thrusts of (re)conquest with dates　主要（再）征服的方向及其时间

大影响的斯克莱罗斯家族的先辈——斯克莱罗斯正是来自伯罗奔尼撒军区的将
军。因此,对军区权力的制约又成为必要。而控制地权冲突问题必须与约束军事
权贵的力量联系在一起,与处理中央和地方的关系联系在一起。控制地权冲突也
是帝国政府解决社会发展的一项重要议题。

还有军区制中的等级、薪金即农兵的基础地位与乡村治理问题。[1]如上所论,
在周边诸力量经常与帝国对垒的环境之下,帝国需要考虑资源配置的合理性。因
此在制度设计中,拜占庭既要考虑腹地乡村治理在应对外部威胁中的地位与作
用,也要考虑边疆乡村治理的基本情况。后文论及的土地立法活动留下的文献亦
提到了与不同权力等级的相关头衔。

在帝国政治力量常常发生的残酷斗争中,一些相对贤明的皇帝们深得权力运
行之道。在一些典籍中,皇帝往往从资源组织与应用的角度认识战术:"战术就是
使人们能够组织和操作一群被武装的人们处于有序状态的技艺。战术可以分成
四个部分:与战役相应的人的合理组织;按照每个人的需要分配武器;处于一定模
式中的军队武装主体之运动合乎战机;人员和物质的战时管理。"[2]因此,一些体
现战术战略的制度往往和社会层级关系、资源配置紧密关联。也就是说,制度中
蕴含的权力分层与集中是一种常态。在一定程度上,军区制反映了战术需要,反
映了战术思想的持续性重组。它通过理顺层级关系、制约关系把权力逐步集中到
将军手中。这样,军区制不可避免就与行政功能紧密联系起来。这种联系性有助
于帝国在紧急情况下能够迅速集中资源,应对边疆危机。这种情况在前文论述过
的应对伊斯兰势力的最为艰困的年代里体现得尤为明显。何况,从长时段来分
析,拜占庭帝国官僚制度延续了罗马文明的一些特征,具有科层性。例如,在层级
关系上,军区制的纵向分层特点明显延续了相关传统。对此,哈尔顿等人以骑兵
的等级与头衔为例进行了比对,见表1。

---

① 实际上,军队内部权力等级关系的存在不仅仅限于军区制当中,在帝国其他兵种当中亦同样存在。伯里
等人在这方面的研究就表明了这一点。见 J. B. Bury, *The Imperial Administrative System in the Ninth
Century, with A Revised Text of the Kletorologion of Philotheos*, pp. 39 – 68。

② J. Haldon, *Warfare, State and Society in the Byzantine World, 565 –1204*, p. 107.

表 1 骑兵等级与头衔①

6 世纪早期到 7 世纪之间的等级	《论军区》中关于 590—610 年间的等级
comes/tribunes	komes/tribounos
vicarious	bikarios
primicerius	
senator	
ducenarius	ilaches
centenarius	hekatontarches
campiductor	kampidouktor
draconarii，signiferi	drakonarioi，bandophoroi，ornithoborai
primus	lochagos
circitor	dekarches
tubatores	boukinator，toubator
biarcus	pentarches
semissalis	tetrarchs
miles（比如，士兵）	stratiotes

　　该表显示，尽管语词发生了变化，但是分层原则没有变化。哈尔顿在解释表中术语变化时指出："与叫作'tetrarchs''pentarchs''dekarchs'的低级军官相对应的则是'detachments''pentekontarchs''hekatontarchs'"，只不过他们更多地以希腊语来表达。"②进而论之，虽然帝国内部文化结构及其地位发生了悄然变化，但军区制本身不可能离开权力等级的配置。不仅如此，权力等级的纵向配置实际上在很大程度上决定了资源配置的多寡。也就是说，军区制同样是行政权力分配与资源分配的一个完整体系。在这一体系中，农兵和中低层军官无疑是乡村社会的重要组成部分。值得注意的是，军区制中的等级关系和一定的土地资源、薪金收入紧密相关。同时，军区制本身的配置还和兵力部署有关。兵力部署的情况也能

---

① J. Haldon, *Warfare, State and Society in the Byzantine World, 565 -1204*, p. 109.

② J. Haldon, *Warfare, State and Society in the Byzantine World, 565 -1204*, p. 110.

反映帝国人口状况。加之,随着制度演化的深入,军区制还具有赋税功能。这样,军区制本身的经济社会影响就不可低估。

在此基础上,约翰·哈尔顿借助信件、圣徒传记、阿拉伯地理学家的描述等各种史料提出,军区制的职衔等级、兵力配置与国家行政控制力紧密相关。在配置结构中,中央和地方的关系、军事权贵与农兵的基础地位是关键性问题,也是帝国乡村治理要面对的基本问题。后文论及的土地立法活动的一些文本就与此紧密相关。约翰·哈尔顿的思路在特里高德那里亦能得到共鸣。后者以色雷斯军区为例,分析了660年以后军区制的组织结构。从时间来看,大部分集中在阿莫里—马其顿王朝时期,见表2。

表2　660—936年间色雷斯军区的发展

职衔	职衔数量			
	660—840年	840—902年	902—936年	936年以来
将军(strategus)	1(1:8 000)	1(1:10 000)	1(1:9 600)	1(1:9 600)
旅长(turmarch)	2(1:4 000)[a]	2(1:5 000)[b]	4(1:2 400)[c]	4(1:2 400)[d]
伯爵 (count of the tent)	1	1	1	1
士兵注册官 (chartulary)	1	1	1	1
卫队长(domestic)	1	1	1	1
团长(drungaries[e])	8(1:1 000)	10(1:1 000)	24(1:400)	24(1:400)
伯爵(counts)	—	50(1:200)	48(1:200)	48(1:200)
秘书长 (protocancellarius)	1	1	1	1
传令长官 (protomandator)	1	1	1	1
旗手头领 (protobandophorus)	—	—	—	1
禁卫队长 (protodomestics)	—	—	—	24
百夫长头领 (protocentarchs)	—	—	—	24

续　表

职衔	职衔数量			
	660—840 年	840—902 年	902—936 年	936 年以来
百夫长(centarchs)	80(1:100)[f]	250(1:40)[g]	96(1:100)	96(1:100)
五十夫长 (pentecontarchs)	160(1:50)	—	192(1:50)[h]	192(1:50)
十夫长(decarchs)	800	1 000(1:10)	960(1:10)	960(1:10)
普通士兵	7 200	9 000	8 640	8 640
合计(Totals)	8 256	10 318	9 970	10 019

注:W. Treadgold, *Byzantium and Its Army, 284 - 1081*, p. 101. 在职衔的翻译上,"旅长、团长"等部分词汇按照我国军队现有编制人数来对应,尽管可能有牵强的嫌疑,但是考虑到一时难以斟酌到更准确的译法之前,以及考虑到便于对层级关系的理解,这里没有像前表一样保留原文,而是仍然采用这些译法,请方家谅解。原表中注:a 塞奥多西阿斯和维克托里斯的旅长。b 塞奥多西阿斯和维克托里斯的旅长。c 塞奥多西阿斯、维克托里斯、海滨和梅里亚奇的旅长。d 塞奥多西阿斯、维克托里斯、海滨和梅里亚奇的旅长。e 也叫作 chiliarchs。f 包括私人卫队的百夫长,将军卫兵指挥官。在百夫长中,有 64 位步兵指挥(包括私人卫队的百夫长),16 位骑兵指挥。g 包括私人卫队的百夫长和伯爵、将军的两个警卫指挥官。在这些百夫长中,有 200 位指挥步兵(包括私人卫队的百夫长和伯爵),50 位指挥骑兵。h 包括私人卫队的百夫长和副官,将军的两个警卫指挥官。在这些五十夫长中,有 144 个(包括私人卫队的百夫长和伯爵)指挥步兵,48 个指挥骑兵。

从表 2 可以看出军区制发展的如下几个特点。

第一,职衔配置与农兵数量。具体来说,军区制头衔按照士兵数量的多寡设置等级。阿拉伯文献中亦可得到印证。[①]据地理学家伊本记载,将军一般统帅 1 万人,下设两个"turmarch";每个"turmarch",又下设 5 个"drungar";而每个"drungar"又可分成 5 个"komites"。930 年,另外一位阿拉伯人库塔玛(Kudāma)的记载也可以佐证这一点。他记录了一个拥有 4 000 名骑兵的军区司令,该司令辖有两个"turmarch"。

第二,等级关系与功能紧密结合。比如士兵注册官即是典型的军队招募官员。同样,旗手头领、秘书长、传令兵等是另一些典型的功能型配置。从表中涉及的这一类型的军官来看,功能配置是多样的,而非单一的。一旦功能配置恰当,那么制度的运行就会较为顺畅。

第三,农兵数量增加与军区制管辖权的约束。值得注意的是,自阿莫里王朝

---

① J. Haldon, *Warfare, State and Society in the Byzantine World, 565 -1204*, p. 107.

以来,将军所辖士兵数量有了相当幅度的增加,增幅在1 600—2 000人。可见,权力集中于将军的体制在840年以后得到了进一步加强,这也是马其顿王朝不得不面对尾大不掉的地方分离势力的原因之一。该王朝的军区将军所辖兵力虽有波动,不过仍然可以达到9 600人左右。936年以后,则超过了1万人。同时,如此庞大的数量导致保护农兵土地来源成为帝国必须要处理的重大政治议题之一。

将军手中拥有大量权力不仅体现在兵力多寡上面,更重要的是,还表现在财政权、行政权、管辖权等方面。我国学者陈志强、厉以宁、徐家玲对此做了深入而富有启示意义的研究,此不详述。不过,权力集中在将军手中并非是线性的强化。有关史料和学者们的探究表明,总体来看,军区数量在11世纪之前呈现出递增的态势,见表3。军区数量的增加进一步要求帝国中央政府加大力气处置地权冲突,以利于维护乡村秩序、边疆秩序的稳定。

表3　不同时间段的军区数量表

年　份	军区数量(单位:个)	增长趋势
11世纪	38	
927年	30	递减 ⬇
899年	25	
7世纪初	4	

注:该表依据徐家玲的研究成果整理而成。参阅徐家玲:《拜占庭文明》,第222—225页。

但是,军区数量的增加同样反映了帝国削弱地方分离势力的策略。741年,亦即在君士坦丁五世时期,帝国幅员最大的奥普斯金军区军官阿塔瓦斯多斯(Artavasdos)发动了大规模叛乱,对皇权产生了严重威胁。[1]叛乱使得帝国必须约束军事权贵的分离势力。这样,缩减管辖范围成为许多皇帝的制约策略之一。包括奥普斯金在内的一些大军区就被分解为几个小军区。该措施一直从8世纪延续到9世纪。比如,亚美尼亚军区多次被缩减管辖空间。824年,查尔迪亚被从亚美尼亚军区剥离出来;826年,帕夫拉戈尼亚从亚美尼亚军区剥离出来;863年,科

---

[1] W. Treadgold, "The Struggle for Survival (641 –780)", C. Mango ed., *The Oxford History of Byzantium*, p. 140.

洛尼亚和查尔西农进一步被分出;879 年,泰夫里卡被剥离出来。到 10 世纪,亚美尼亚地区的军区又多次被迫重组。911 年米索不达米亚军区和 916 年里卡多斯又先后得以设立。尽管被分割,但是军区制在 9—11 世纪并未取消。值得注意的是,分割大型军区并不能完全确保帝国中央权力的安全,一方面这一措施会促使将军之间相互联合;另一方面,它会因为军区地方官僚体系的膨胀,导致财政负担增加,进而加重农兵负担。其典型后果是,军官比例呈现出上升趋势。840—902 年,普通士兵在色雷斯军区所占比例维持在 90%以上。其后,马其顿王朝时期的色雷斯军区普通士兵一直未超过 90%,这可能反映了军区制内部官僚化加剧的状况。农兵负担加剧的后果之一是他们不得不逃离原来的军区。后文论及的土地立法针对的问题之一正是农兵的逃离现象。

　　由上可见,到马其顿王朝时期,以将军为核心的军人阶层的支配权日益加强。表 4 是特里高德的另外一组关于兵力与人口之比的计量数据,或许能进一步说明这一现象。该表表明,1025 年,帝国军队总人数是 641 年的 2 倍,绝对数据增加到154 200 人。如若考虑到士兵及其家庭结构,这一总兵力所能直接影响到的人口总量亦是相当可观的。如此庞大的数量对帝国财政负担,尤其是乡村税负影响甚大。帝国亦正是在兵力达至又一个顶峰之后趋向衰弱的。正因为这样,拜占庭学界对此颇有批评之声。

表 4　641—1025 年间帝国总兵力及其与人口之比

年　份	总兵力及其与帝国人口之比
641 年	129 000(1.2%)
775 年	118 500(1.7%)
842 年	154 600(1.9%)
959 年	179 400(2.0%)
1025 年	283 200(2.4%)

　　注:该表是根据作者资料简化得出的。见 W. Treadgold, *Byzantium and Its Army 284 – 1081*, p. 162。

再有一个资源配置与阶层分化的问题。上述等级关系的存在本身就表明了军区制度不可避免会导致阶层分化。从社会心理层面来看,这使得处于结构下层的军官有着向上流动的强烈动机。在资源配置上,土地作为核心要素受到了学者们的重视。权力是配置其他资源的关键资源。就资源配置而言,军区制则实现了行政权、财政权的合一。其实现形式是通过农兵合一来解决财政收支平衡问题。无疑,军事行动需要巨额财政为保障。虽然帝国竭尽全力把包括土地在内的关键资源集中到中央政府。但在战时状态,巨额的军事支出仍然会对国家构成巨大压力。授田制度正是由此而来。土地一旦授予士兵,无论是直接服役,还是服带有军事意义的劳役,抑或是几户农兵联合起来提供给养与后勤,士兵只需履行上述军役,便可以自由处置地权,即可以买卖,可以赠予。这样,军区制良性运行的逻辑前提是国家必须有地可授,且国家能确保对地权具有强大的支配能力。一旦国家无法从军事中获得更多的土地资源,或者当人口出现大幅度增长,抑或土地兼并迅猛发展之时,军区制必将遇到重大挑战,乡村社会秩序亦会遭遇巨大挑战。实际情况表明,国家所需军役土地的数量的确为数不少,表5是马其顿王朝兴起前夕的军地状况。

表 5 840 年军役土地规模

土地所有者	数 量 (名)	拥 有 量 (摩的)	总 量 (百万摩的)
军区骑兵	16 000	720	11.52
常规部队骑兵	16 000	720	11.52
西比莱奥特的海军	2 000	720	1.44
其他海军	6 000	432	2.592
军区步兵	64 000	150	9.6
常规部队步兵	10 000	150	1.5
合 计(百万摩的)	38.172		

注:参见 W. Treadgold, *Byzantium and Its Army 284 - 1081*, p. 178。

在战时如遇有灾害,人口与土地之比降低。军区制运行的前提可以保障。但在农兵生活困窘,利益团体有资本大规模购买土地之时,军区制的危机必然出现,其后果是原有农兵阶层——村社的关键力量必然挑战原有社会秩序。对此,罗曼努斯在法令中之所以措辞激烈,其原因就在于军役土地遭到利益集团的蚕食。正如陈志强所言,"军役土地正是军区制形成的关键"①,关键链条崩落,国家焉能有安全可言。同时,兵制变化亦会进一步加剧军区制内部阶层分殊。表5还表明,不同的兵种所配置的地权亦不同。常规部队骑兵所拥有的军役土地是同为常规部队步兵的近5倍。因此,在国家土地授予数量不足的情况之下,由一般家庭给骑兵提供役务支持显然不具有可行性。就阶层而言,能够实现骑兵自给的只能是家庭条件较好的小权贵。此一群体恰恰可能就是乡村社会的精英团体成员。这就可能导致家庭状况较好者能够获得优先升迁的机会。尼基弗鲁斯的改革正是将军役土地价值增加3倍,以利于发展重装骑兵。改革需要成本,尼基弗鲁斯的改革表明帝国财力还是比较雄厚的。改革大幅度提升了军队的机动能力,军事权贵也因之受益,但是导致维系军区的成本大幅度上升。

单就等级关系而言,军区制的影响既表现在体制内,又包括社会结构的其他组成部分。一方面,军役地产的配置机制存在着阶层分化的可能性。由于国家偏重军人阶层,因此相对其他类型的农民来说,农兵整体上的社会地位相对较高。哈尔顿的研究注意到了士兵的分化:能自给自足的军区军队;完全由国家支付薪水或存在其他薪资来源提供的职业士兵;为专门的军团或战役而招募的士兵。②11世纪以后,这些类型的士兵分化更为复杂。但整体而言,帝国的利益分配机制对其仍然有利。对此,哈尔顿评论道:"无疑,在帝国的整个历史中,军队的士兵绝大多数来自相当低下的阶层。然而,在9—10世纪里,军区普通士兵的社会地位得到改善。他们在自己的团体中似乎拥有相对较高的地位,这部分是因为其特殊的财政和法律身份:他们被豁免了额外的税收和国家分配下来提供给皇室的劳役以及总是附加给普通人群(为其他士兵、军官、帝国官员所提供)的义务。并且他们能够分配自己的财富,而不用严格遵守关于在继承人之间的财产分割的罗马遗产法。士兵们所得较多,而且没有特别的支出。这样,社会剩余品使之有别

① 陈志强:《拜占廷帝国史》,第178—179页。
② J. Haldon, *Byzantium at War, AD 600 -1453*, Oxford : Blackwell Publishing Ltd , 2002 , p. 62.

于普通人。这使得他们拥有一种群体的认同与团结感。"[1]显然,哈尔顿认识到,军区制具有社会阶层调整和财富分配作用。这些功能对于帝国从乡村社会招募士兵起到了重要作用。也就是说,军区制本身在客观上起到了乡村治理作用,如劳役、军役的分配。

另一方面,薪金差异则直接与权贵内部的等级关系息息相关。这种等级关系也深刻地影响着乡村社会秩序。罗曼努斯在法令中提到了这种状况。10 世纪帝国军区将军的薪金收入状况可参阅下表 6。

表 6　军区等级与将军薪金

(单位:镑)

军区等级	薪　金
第一等级	8 560
第二等级	6 420
第三等级	4 280
第四等级	2 140
第五等级	1 070

注:R. Byron, *The Byzantine Achievement: An Historical Perspective*, Routledge & Kegan Paul, 1929, pp. 143 - 144. 本表在引用时只选用了部分数据。

上表清晰地显示,最高等级和最低等级之间相差甚大,高达 8 倍。尽管很难把军区按照不同收入等级进行分类,但这些分类研究已经得到许多学者认可。其标准之一就是军区本身在边疆地区的地缘战略地位。例如,小亚细亚的军区基本上高于马其顿和色雷斯军区。在利奥六世时期,安纳托利亚军区和亚美尼亚军区的薪金约为 40 金镑,而马其顿军区则为 30 金镑。卡帕多西亚等军区又有所降低,为 20 金镑。而其他军区则只有 5—10 金镑。[2]这种差异往往导致势力强大的军区有大量资源拉拢小军区的将军,进而威胁中央权力。那么,为何人们愿意接受此一差异化分配机制呢? 原因正在于边疆危机导致的社会内部团结。现代学者对此评论道:"军区制是一个利用地区爱国精神的自给单位,并且他的将军被允

[1] J. Haldon, *Byzantium at War, AD 600 -1453*, p. 61.

[2] G. Ostrogorsky, *History of the Byzantine State*, p. 223.

许有一定程度的家族统治的自治权。"①

也就是说,在边疆乡村社会,军事权贵的家族统治获得了合法的军区制支持。由此看来,军区制的兴起不仅有着深远的历史基础与内在逻辑,还是边疆文明冲突与融合的结果,是7世纪以来边疆形势、土地分配、国家财源与权力有效运转等诸因素综合作用的结果。作为一种治理机制,它之所以能够长期存续,是因为它边演化,边纠错;边调整,边完善。军区制导致了军事权贵的崛起。强大的军事权贵以一定管辖空间为基地,以土地资源配置为基础,让农兵依附其下。而尚武之心与向上流动的渴望则成为一种军事权贵家族的政治文化。史诗《狄吉尼斯·阿卡里特斯》则佐证了这种情况的存在。

三、 尚武之风与边疆社会习俗

乡村治理也和一定的社会风气、社会习得紧密相关。如果说军区制是持续甚久的正式制度的话,社会风气则是约束行为的非正式制度。由于史料来源的有限性,与之相关的研究往往需要从包括史诗在内的素材中进行合理地逻辑推论,因为"史诗的经典地位分别映衬着各个民族历史车轮的颠簸"②。《狄吉尼斯·阿卡里特斯》正是拜占庭文明与周边地区文明剧烈交流、碰撞出来的伟大作品。它虽然对主人公有不少溢美之词,但它真实反映了文明交往与冲突背景下的社会风貌——军事权贵的隆起。诗歌所描述的婚约与婚礼能够反映帝国边疆经济社会发展的风貌。迄今为止,学界对于史诗的版本仍然有不同看法。除汇编本之外,伊丽莎白·杰弗里认为史诗至少还有六个版本。其中,最重要的两个版本是G本和E本,因为其他四个版本皆来自这两者。③她编辑的希腊语—英语对照本选用

---

① P. A. Blaum, *The Days of the Warlords: A History of the Byzantine Empire, A. D. 969 - 991*, Lanham: University Press of America, 1994, p. 2.

② 王洪琛:《史诗研究与非文本诗学》,《文艺争鸣》2007年第7期。

③ 这六个版本包括:特拉比宗本(Trebizond)、安德罗斯本(Andros)、帕斯查里斯本(Paschalis)、牛津本(Oxford)、格罗塔菲拉塔本(Grottaferrata)、伊斯科里亚(Escorial)。伊丽莎白把他们分别简称为T本、A本、P本、O本、G本、E本。至于汇编本则被称为Z本。Elizabeth Jeffreys, *Digenis Akritis: the Grottaferrata and Escorial Versions*, Cambridge: Cambridge University, 1998, pp. XIII - XXIII. 约翰·马罗戈达托(John Mavrogordato)所提的"七版本说"则和伊丽莎白的观点存有差异。关于七个版本的详细信息可见李伶俐:《史诗〈狄吉尼斯·阿卡里特斯〉与瓦西里二世统治时期的拜占庭社会》,东北师范大学硕士学位论文,2005年,第2页。

的正是 G 本和 E 本。这里选用的史料皆来自该版本。就内容而言,吟诵者反复强调故事的真实性。诗人先是叙述埃米尔的人生故事,然后叙述其儿子——史诗的主人公狄吉尼斯·阿卡里特斯的传奇。尚武之风与缠绵之爱情往往成为史诗传颂的主题之一。史诗中反复出现的意象与母题集中体现了这一点。尚武之风往往推崇勇猛、力量等观念。

> 因为青春年少激荡着心灵
>
> 对策任何未曾经历的每一件事情,无所畏惧
>
> 临海者,根本不惧失火
>
> 渴求一旦扎根
>
> 怪物、狮子及其他野兽
>
> 不过区区小事
>
> 土匪? 不值一提!
>
> 把黑夜当作白昼,把山隘当作平原
>
> 把失眠当作休息,把遥不可及看作触手可及
>
> 因为渴求爱情多少信仰,可以被断绝①

　　"史诗是人类首次战胜自然力的产物"②,在《狄吉尼斯·阿卡里特斯》中,狮子成了象征符号,它的勇猛成了颂扬埃米尔和狄吉尼斯的反衬背景。诗人把埃米尔比作参孙。而参孙正是《圣经·旧约》中的人物。据载,参孙曾经手无器械,像撕羊羔一样,撕裂了狮子。③当勇猛、力量和爱情合而为一时,人们一往无前。

　　和勇士形象结合在一起的母题是抢婚。该母题甚至构成了史诗的重要类别之一——抢婚型史诗。史诗一开篇就描述,埃米尔正是在抢婚中战胜了狄吉尼斯的舅舅之后提出婚姻要求。最终,埃米尔因为爱情皈依正教。于是,狮子意象和抢婚母题充分反映了民族交往的状况——宗教冲突与边疆治理紧密相关。在此背景之下,文化所传播的观念、行为方式实际上为勇士们获得更多社会资源提供了合法性论证。关于这一点尤其表现在狄吉尼斯的婚礼中,表现在与帝国皇帝的

---

① Elizabeth Jeffreys, *Digenis Akritis*, p. 68.

② 格日勒扎布:《关于史诗理论的几个问题》,《内蒙古社会科学》1989 年第 6 期,第 87 页。

③ 《圣经·旧约·士师记》。

会面中。皇帝正是因为其勇猛而赐予其治理边疆的权威地位。这表明帝国非常重视通过形塑精英们的权威形象来治理边疆社会。

就爱情故事所包含的文化观念在代与代之间传递而言，狄吉尼斯·阿卡里特斯的经历和其父颇有相似之处。狄吉尼斯和另外一位帝国将军的女儿互相爱慕。狄吉尼斯在掠走她时与其军队发生激战。在将军赶到之前，这些军队被杀得片甲不留。少年的英勇深深地感动了她。诗人不惜笔墨地描写他们的缠绵与挚爱。其间，尚武之风流淌在字里行间。他"翻身下马，亲吻她，千万次/有我呢，可爱的女孩，为我作证/女孩深情地赞扬了少年/甜蜜地接受了，他那，深深的吻"①。

接着，狄吉尼斯遵其吩咐，打败了她的兄弟，但是又未伤害他们。再然后，他骄傲地告诉赶来的将军：

> 请原谅！大人！不要责备我
>
> 你的军队如此笨拙，如此弱不禁风
>
> 因此，他们中的大部分已经下了地狱
>
> 我非出生低贱之人，亦非懦弱而无用之徒
>
> 如果你命令我永远为你服膺
>
> 你定能得到理想的女婿
>
> 如果你想严格地检视吾之所为
>
> 你将为之庆幸，因为你得到了珍贵的财富②

由上可见，狄吉尼斯为了突出自己的勇敢与出生高贵，强调了士兵的笨拙与弱不禁风。因而，诗歌反映了军事权贵的精英意识。同样，将军的回答同样具有精英意识：

> 上帝呵，你解决了我们的所有麻烦
>
> 您以难以形容之智慧
>
> 满足了我们的利益
>
> 因为我已经认定了这是我需要的女婿

---

① E. Jeffreys, *Digenis Akritis*, p. 105.

② E. Jeffreys, *Digenis Akritis*, p. 107.

　　　　他,帅气而高贵,机敏且勇敢

　　　　他,举世无双①

　　利益决定婚姻——一个出生高贵的女婿,一个勇敢而机敏的女婿,自然完美地满足了这位军事权贵的需要。可见,身份地位是权贵们思考日常生活的考量标准之一。帝国如若要治理边疆地区,就不得不面对是否要接受权贵们的精英意识。将军如此,皇帝亦复如是,两者思维似乎存在某种同质性逻辑。孔武有力且有正义感者正是皇帝治理国家时的用人标准。符合这些标准者在社会升迁中很容易获得大量社会资源。狄吉尼斯正是这方面的典型。从民间意识来看,这一典型正是精英权威形象的象征。这样,从帝国中央到边疆社会达成了共识。诗歌表明,皇帝早已获知其威名。皇帝接见了狄吉尼斯。他让狄吉尼斯挑选任何想要的作为赏赐。但是,狄吉尼斯从帝国军事收支需要和正义观念的角度说:"皇上,把所有东西都留着吧!"他道:

　　　　对我来说,只需要你独一无二的爱,那就足够了

　　　　我无权接受而宁愿给予

　　　　因为军队需要,你的支出难以想象

　　　　我恳乞光荣的陛下

　　　　垂爱臣民,怜悯其所困

　　　　拯救那些为恶所迫之人

　　　　宽宏那些无意犯错之人

　　　　注意勿为诽谤左右

　　　　勿接受不正义之事

　　　　震慑异教并巩固正教

　　　　皇上,所有这些乃正义之武器

　　　　有了这些,面对敌人,你将战无不胜②

　　诗歌中的这段话具有浓厚的国家治理观念。围绕着正义观念,狄吉尼斯阐述

---

① E. Jeffreys, *Digenis Akritis*, p. 107.

② E. Jeffreys, *Digenis Akritis*, p. 129.

了自己对国家治理的看法：一垂爱臣民，怜悯百姓；二收支协调，不浪费资源；三勿为恶，宜宽宏且兼听则明。自然，龙心大悦。于是，皇帝授予少年狄吉尼斯以"patrikios"等级，赐予他继承爷爷遗产并管理边疆事务的权力。不过，狄吉尼斯还是试图在现场展现自己的勇猛有力。他展现了游牧与狩猎所需的能力。诗歌以驯服烈马，击败猛狮子作为勇敢的象征行为：

> 当他想要后退之时，狮子从小树林里冲出
>
> 在场的人为之震惊
>
> （因为那儿有许多狮子出没）
>
> 皇帝甚至转身就跑
>
> 但是，少年立即迎向狮子
>
> 抓住它的后腿
>
> 剧烈地摇晃，把它摔在地上
>
> 并且向每一个人展示：它已被杀死
>
> 像抓野兔一样，把它拽在手里
>
> 交给皇帝，"给你"，他说
>
> "这是你仆人的猎物，皇上，是为你猎获的"
>
> 所有人都震惊了，并且感到害怕
>
> 因为他们意识到，他具有超人的力量①

诗人是以治理合法性结束了诗歌的第四部："因为诏令，他理应统治边疆。"②查诸全诗，诗人事实上一直在为狄吉尼斯获得权力与财富做铺垫。具体而言，包括三个方面。

其一，强调了名门望族的出身。从家族谱系来看，他的爷爷来自金纳莫斯（Kinnamos）家族；而奶奶则是出于名门的将军夫人，来自帝国赫赫有名的杜卡斯家族。从词源来看，狄吉尼斯的原意就是"两大家族的后裔"。最典型的是埃米尔盘问狄吉尼斯舅舅的一段话："埃米尔开始问他们：'你们是谁，来自何方？'属

---

① E. Jeffreys, *Digenis Akritis*, p. 131.

② E. Jeffreys, *Digenis Akritis*, p. 131.

于什么家族? 生活在哪个军区?"①舅舅回答道:来自安纳托利亚军区;世系和金纳莫斯家族、杜卡斯家族有关,且有 12 个将军。②显然,军事权贵集团已经家族化了。考虑到皇帝赐予了狄吉尼斯继承爷爷财产的合法权,皇权与军事权贵家族的联合事实上已经成为帝国治理的手段之一。

其二,强调家族联姻契约的有效性。军事权贵与家族谱系文化的结合自然会体现在联姻关系当中。在将军许诺狄吉尼斯可以称为其女婿的条件中,至关重要的一条就是达成婚约。婚约达成的关键是产权的归属。这就必然涉及财产继承权。这表明,财产继承权在帝国经济社会发展中具有重要地位。除了 20 个金诺米斯玛做成的宝物,女孩父亲所许诺的嫁妆还包括银器、价值 500 里特拉的壁橱、地产、400 头品质一流的牲畜、80 位马夫、14 个厨师和面包师、150 个奴隶、70 个女仆等。诗歌继续描述道:

> 新娘娘家的人
>
> 那是颇有名望和真正富裕者
>
> 同样,还有母亲的珠宝
>
> 举世闻名的花冠——一件值得赞美的艺术品
>
> 采用黄金和价值连城的宝石工艺
>
> 至于我,将给你超过其他孩子的偏爱
>
> 除了可计算的财富、不可计数的产权
>
> 此外,我将提供更多物品③

狄吉尼斯的婚约充分反映了军事权贵的奢华生活,反映了边疆家庭与社会生活中尚有浓厚的游牧生活气息,反映了帝国权贵们强烈的产权意识。不过,值得注意的是,诗中提到了地产、国家税收、奴仆等。这不但充分反映了土地关系、国家权力关系、社会等级关系在帝国生活中已然进入婚姻等日常生活当中,而且表明边疆地主的经济实力十分强大。帝国军事权贵之间的家族关系足以和中央权

---

① E. Jeffreys, *Digenis Akritis*, p. 71.

② E. Jeffreys, *Digenis Akritis*, p. 19.

③ E. Jeffreys, *Digenis Akritis*, p. 109.

力相抗衡。诗中没有具体叙述狄吉尼斯爷爷被流放的原因,但是这至少反映了军区制演变的结果之一,反映了军事权贵在帝国权力运行中的影响已然举足轻重,这一点在小亚细亚等边疆战略地区体现得尤其明显。有学者甚至认为"源于亚美尼亚—斯拉夫的马其顿王朝统治当局倾向于平民或少数群体,小亚细亚的军事贵族获得了更加重要的影响。并不令人惊讶的是,6 世纪以来的所有伟大的皇帝本身就是东部边疆的产物"①。

其三,社会习得与军事权贵的合法性。诗歌表明,军事权贵在社会等级中具有广泛的影响力。这种影响力和其社会习得相关。社会习得是除了来自教育所能提供的技能之外的一种社会融人、承认的重要途径。与社会风气紧密相关的经济状况、价值取向往往可能影响人们如何选择技艺。为此,有必要回顾狄吉尼斯习得技艺的经过。从孩提时代起,狄吉尼斯就被父亲送到老师那里学习了整整三年,这表明帝国权贵阶层非常重视教育。其后,他继续学习马术。狄吉尼斯还想学习打猎,但其父并不赞同。为了说服他,狄吉尼斯表示,为了维护家族的社会声望,为了光宗耀祖,他必须学。狄吉尼斯的经历表明军事权贵的家庭教育有助于他们后代的社会升迁。正是在与皇帝的会面中,他展示了自己精湛的马术技艺和高超的猎狮技艺。考虑到诗歌广为流传,这表明社会习得、日常技艺与帝国阶层流动状况紧密相关。

第二节

马其顿王朝土地立法中的地权和阶层

从法律依据来看,拜占庭帝国可使用的法源既包括世俗法,也包括教会法。帝国可以通过组织力量对以往法律进行修订、颁行新律与敕令、引述教会法、加强法律教育等多种渠道来实现对乡村的治理,以利于应对重大灾害,维护帝国社会

---

① P. A. Blaum, *The Days of the Warlords*, p. 5.

秩序。比如,927—928 年,拜占庭帝国面临漫长的寒冷冬季,导致农业歉收。接着,帝国又面临灾难性的瘟疫。重大自然灾害与疫病的接踵而至导致物价不稳定,帝国面临巨大危机。对此,罗曼诺斯采用了颁行 934 年法律的方式来调控地权冲突。[①] 本节重点从土地立法的角度分析帝国应对经济社会发展中的地权冲突与阶层分化问题。

一、 马其顿王朝时期的土地立法

学界非常重视马其顿王朝立法活动对于帝国发展的重大影响。许多学者认为该王朝是罗马法第二阶段的重要时期,甚至可以说是超越时期。[②]这些观点有很强的依据为支撑。王朝的奠基者瓦西里一世积极推动净化古法运动,着力编撰了《法律手册》(Prochios Nomos)。[③]其后,智者利奥更是勤于立法,专门设立了法律委员会。他依靠辛巴提乌斯等著名法学家,编撰了多达 60 卷的《皇帝法典》。[④]作为一部系统而全面的希腊语法典,它具有极强的法制史价值,对于思考查士丁尼所说的通过法律来推进国家治理具有很强的继承性、延续性。《皇帝法典》的编纂者不仅整理了查士丁尼时代留下的法律文化遗产,而且增添了破坏圣像时代以及瓦西里一世留下的法律文本。伊科诺米斯基系统整理了利奥六世的《新律》。许多学者认为,由于内容的增添、表达方式的改变,《皇帝法典》获得了"最好的希腊文作品"之一的美誉。[⑤]

土地立法活动是这一阶段法律成就的代表性成果之一。保罗·勒梅勒和埃里克·麦克杰尔等学者系统整理并研究了 10 世纪与调适地权冲突相关的一系列新律。埃里克·麦克杰尔的《马其顿王朝诸帝的土地立法》从版本信息、学术论争、社会背景以及诸新律翻译等方面开展了系统比对、整理和研究。勒梅勒的清

---

① [南]乔治·奥斯特洛格尔斯基:《拜占庭帝国》,第 280 页。
② [英]巴里·尼古拉斯著,黄风译:《罗马法概论》,北京:法律出版社 2000 年版,第 44—45 页。沃伦·特里高德,认为与 741 年的《法律选编》相较,利奥六世的立法因更具完整性,而更具超越性。W. Treadgold, A History of the Byzantine State and Society , p. 463.
③ 参阅 E. H. Freshfield, The Procheirs Nomos , Cambridge : Cambridge University Press, 1928。
④ 意为"Royal Law"。在国内,尚有三种不同译法:《华西里法》《帝国法律汇编》以及《皇帝法典》。
⑤ [英]巴里·尼古拉斯:《罗马法概论》,第 44 页。

单则基本上是以德国学者道奇(Dölger)的成果为基础。埃里克·麦克杰尔依然采用了勒梅勒的清单编制成果。该清单列举了马其顿王朝在10世纪颁行的14条法令。这些文本包括利奥六世之A令,罗曼努斯一世之B令与C令,君士坦丁七世之D令与E令,罗曼努斯二世之F令,尼基弗鲁斯·福卡斯之H令、J令、K令、L令、M令,以及瓦西里二世颁行的N令与O令。这些法令大体可以分成两种:一是新律;二是敕令。所谓新律,主要是皇帝主动对以往立法中存在的遗漏或需要补充之处进行创制或增补。所谓敕令是皇帝就某一类型的案例所做出的答复。可见,两类形式都有利于帝国对旧法做补充,有利于针对重大现实问题进行及时调整,具体情况参见表7。

表7　10世纪拜占庭帝国诸皇颁行之土地法令

序号	新律名称	颁行时间
A	利奥六世颁行之新律	900 年
B	罗曼努斯一世·雷卡平颁行之新律	922 年或 928 年
C	罗曼努斯一世·雷卡平颁行之新律	934 年
D	君士坦丁七世·波尔菲洛格尼托斯颁行之新律	947 年
E	君士坦丁七世·波尔菲洛格尼托斯颁行之新律	947 年
F	罗曼努斯二世之敕令	961 年
G	罗曼努斯二世之新律	962 年(?)
H	尼基弗鲁斯二世·福卡斯之敕令	在 963 年到 969 年之间
J	尼基弗鲁斯二世·福卡斯之新律	964 年
K	尼基弗鲁斯二世·福卡斯之新律	967 年
L	尼基弗鲁斯二世·福卡斯之新律	967 年(?)
M	尼基弗鲁斯二世·福卡斯之敕令	在 963 年到 969 年之间
N	瓦西里二世之新律	988 年
O	瓦西里二世之新律	996 年

　　文献来源:Paul Lemerle, *The Agrarian History of Byzantium from the Origins to the Twelfth Century*, pp. 87－88; Eric Mcgeer, *The Land Legislation of the Macedonian Emperor*, p. 4.

二、 从国家治理到乡村治理：
罗曼努斯土地立法活动及其合法性的巩固

利奥六世无疑是以文治而见长。学者拉伊奥评价道，他"更喜欢笔，而不是剑"[①]。与之不同，罗曼努斯常常被一些学者评价为"杰出的觊觎者"[②]。从治理的角度来看，罗曼努斯的立法活动的确体现了其杰出的一面，他非常重视国家治理与乡村治理的强关联性。布朗沃思结合边疆治理的需要写道："帝国的防御力量依靠的是农民阶级，他们构成了国民军队的基石。但边境的大部分地区大多变成了富裕阶层的私产，因为贵族阶层正以惊人的速度将土地私吞。"[③]从某个角度来看，上文论及的史诗能够在某种程度上支持布朗沃思的观点。

罗曼努斯选择结束这种局面的治理手段正是加强土地立法活动。由前表可见，在其统治时期，B 令与 C 令皆为新律。表格还反映了 B 与 C 令的重大区别，即学界对于 B 令的颁行时间究竟是 922 年还是 928 年仍然存有争议。研究表明，B令有三个版本：除了序言，第一个版本共由两部分组成；而第二个版本则在序言之外有三个部分；第三个版本则是对第一个版本的摘要。[④]对于上述版本的真伪，斯沃罗诺斯(Svoronos)进行了甄别。他认为 B 令的第一个版本尽管有拼凑嫌疑，但反而显得更加真实可靠。而奥斯特洛格尔斯基则恰好相反，认为其拼凑特点需要人们更加谨慎地鉴定有关法令的真实性。在他看来，B 令中的第一部分内容更加真实。相对来说，934 年颁行的 C 令无论是制订时间，还是关于版本情况的争议都相对较少。C 令和 B 令在内容上存在巨大的差异。

首先从 B 令的内容来看。罗曼努斯较为重视该法令的延续性和问题指向。他在序言中明确提出，自己之所以颁行该新律，主要是针对"古老的法律"而来。[⑤]这位

---

① A. E. Laiou, "Law, Justice, and the Byzantine Historian: Ninth to Twelfth Centuries", in *Law and Society in Byzantium: Ninth-Twelfth Centuries*, Washington D. C.: Dumbarton Oaks Research Library and Collection, 1994, p. 215.

② [美]拉尔斯·布朗沃思著，吴斯雅译：《拜占庭帝国：拯救西方文明的东罗马帝国》，北京：中信出版社2016 年版，第 202 页。

③ [美]拉尔斯·布朗沃思：《拜占庭帝国：拯救西方文明的东罗马帝国》，第 207—208 页。

④ Eric Mcgeer, *The Land Legislation of the Macedonian Emperor*, p. 37.

⑤ Eric Mcgeer, *The Land Legislation of the Macedonian Emperor*, p. 40.

皇帝提及"古老的法律",便是利奥六世于 900 年左右颁行的新律,亦即前表中所列出的 A 令。它的颁行可能就在杜卡斯叛乱发生前后。为了进行内容上的比较,在此有必要将 A 令译录如下。

> 财产所有者被允许不受干涉地和无须给予公示地向任何人出售他希望(出售的财产)。朕允许,只要购买任何财产者的财政义务能服从国库,则邻居不应反对出售。因为如果一位贫贱者、穷困潦倒者没有强烈的意图希望出售他自己的财产,而邻居背地里日复一日地等待他们放弃财产,以致一无所获。朕认为这不公平。因此,允许所有贫乏而穷困者出售他们不可能保留的财产,一旦它们的价值得到估价,那么公平的购买者可以保留他所得。邻居可以在第一年的六个月内提出申诉,并且在归还购买者价格的基础上获得这一财产。当这一期限终止,邻居因此被排除在外,财产的所有权被确认给购买者。[①]

可见,A 令主要针对贫贱者土地出售的优先次序进行了规范,其目的旨在加速土地交易进程。为了维护公平交易,法令又给了交易者的邻居以 6 个月的申诉期限。但是,利奥的法令在客观上导致了土地兼并的混乱状态,许多研究者认为它实际上只是满足了部分权贵阶层的利益。不过,勒梅勒提出,A 令主要针对的是既存法律存在着的矛盾现象。因为皇帝认为,帝国的一部分法律规定任何亲属都不能阻止土地所有者出售其财产,而另外一些法律则强调土地不能出售给同一财政区之外的居民。[②]这样,土地交易就存在停滞的可能。勒梅勒的观点对于前一看法具有补充作用。因为法律条文之间的矛盾的确会导致治理效果不佳,不能满足现实所需。因是之故,利奥从一开始就强调财产转让是有先决条件的,即财产转让必须有利于满足国库所需。在此基础上,才能满足先占权原则。[③]这样,先占权原则在某种程度上可以说是被废弃了。可是,利奥六世并未在 A 令条款中明确提出废除旧法。

---

① Eric Mcgeer, *The Land Legislation of the Macedonian Emperor*, p. 36.

② Paul Lemerle, *The Agrarian History of Byzantium from the Origins to the Twelfth Century*, p. 91.

③ 扎赫尼亚(Zachariä)、G·帕拉通 (G. Platon) 、奥斯特洛格尔斯基、斯沃罗诺斯、伊略塞里亚·帕帕杰尼 (Eleutheria Papagianni)等人对优先购买权有过系统研究,见 Paul Lemerle, *The Agrarian History of Byzantium from the Origins to the Twelfth Century*, p. 90 和 E. Papagianni, "Protimesis (Preemption) in Byzantium", in A. E. Laiou., *The Economic History of Byzantium*, pp. 1071 - 1082。

这样,A 令仍然存在一定程度的灰色地带。其后果是,利奥的先占权条款的治理效果极差,导致了土地兼并蜂起。也就说,利奥六世颁行的 A 令涉及了帝国渊源较长的先占权问题。对此,罗曼努斯在 B 令中站在了不同的立场上。他在 B 令的序言之后首先表达了自己对公共税收的关注,对规范先占权的关注。接着,把财产转让问题加以细化,其重点是针对先占权中的顺序问题进行了明确规范。他下令,无论是采取出售抑或是出租的形式,一般而言,五类人具有优先权:占有相邻之土地的任何亲属;邻近该地的其他所有者;与行将转让的土地在空间上具有相互交错关系的地产占有者;具有共同纳税关系的相邻土地占有者;其他类型的相邻土地占有者。剩余的购买者则必须在与这五类人完全没有关联的前提下才能进入土地交易程序。可见,罗曼努斯实际上是为了保护小地主。和利奥一样,其深层次目的依然是保护国家税源。只不过,他在法令中所展现的治理方式是不一样的。尤其值得注意的治理方式是,罗曼努斯在该法令中试图防止大权贵跨地域进行土地兼并,其方式是强化程序性障碍。长期以来,与之相关的法令和程序遭到了贵族们的敌视。其后,即 967 年,代表权贵势力的尼基弗鲁斯二世·福卡斯颁行法律,进一步废除了农民的先占权。

进一步比对,不难发现,B 令和 A 令差别最大的是第二部分内容。如前所论,利奥六世在法令中规定,除了 6 个月过渡期,他实际上取消了先占权。但罗曼努斯在第二部分明确规定如下:"朕禁止权贵今后获得任何土地,无论是收养或者捐赠,无论是平常时期,还是因为突发事件而获得的捐赠,或通过遗嘱安排的方式,亦通过独自使用,或通过某种形式的保护与支持。他们最好少为之,除非是他们的亲戚。他们也不能与任何没有自己财产的村庄与部落中的所有者开展新交易、租赁或交换。"[1]

不仅如此,罗曼努斯还在 B 令中对权贵作出了界定。他说权贵"是那些……有能力胁迫出售者或者以某种利益满足他们的人"[2]。值得注意的是,出生于农兵的罗曼努斯尤其不能容忍在交易中对农兵进行胁迫。故而,B 令的第二个版本的第三部分规定的内容还是有一定可信度,其内容如下:"除了这些问题,我们命

---

[1] Eric Mcgeer, *The Land Legislation of the Macedonian Emperor*, p. 46.

[2] Eric Mcgeer, *The Land Legislation of the Macedonian Emperor*, p. 46.

令 30 年内或可能在这一事件之后的无论以任何方式转让的农兵土地,必须再次无偿地恢复义务和他们各自的军役服务,除非土地足够留给农兵,甚至转让考虑了某些登记军事服务去完成新的军役。"①

由上可见,该规定表明,B 令本身存有重大缺陷,即对权贵的界定过于含混,不利于操作。同时,第二个版本中的 B 令之第三部分已经触及了军事地产。这表明自 7 世纪以来,军区制作为一项重大制度,具有广泛的影响力,其客观结果是农兵阶层在社会结构中具有重要地位。同时,从国家治理的角度来看,有必要注意两者之间存在的共性:一、无论利奥六世,还是罗曼努斯都重视保护国家税源;二、两者都将规范的核心问题指向了先占权;三、两者都重视规范所有权交易;四、涉及了时效性问题;五、在社会关系上,两者都重视村社的共同体属性,重视邻居在交易中的角色,并试图理清交易序列。

有趣的是,B 令并未像后来的 C 令那样明确指向教会地产。这或许可以从巩固政权的合法性角度得到解释,因为罗曼努斯是在尼古拉等教会权贵支持下上台的。此时,政权初建尚不过三年,稳定统治合法性压倒一切。此后,随着地权冲突恶化,随着合法性得到巩固,颁行新法的时机成熟了。这就需要进一步地分析934 年新律,即 C 令。从内容来看,相对而言,C 令显得更加丰富。除了序言与后记,该新律主要内容如下。

首先,是《序言》部分。罗曼努斯大量使用宗教语言表达了三层意思:邪恶和贪婪会导致人们利用或规避法律;必须要从社会正义的角度来保护贫贱者;为了维护神圣的正义,有必要完善法律,使之更加严密。

其次,是正文部分。主要包括七个方面。

第一小部分,主要包括 2 条。在此,罗曼努斯一方面继续强调了和先占权相关交易的合法性,另一方面从伦理上强调权贵集团务必对贫贱者有仁爱之心。值得注意的是,该部分采用列举法,把权贵集团的构成如军事、行政、教会权贵及其仆从一一列出,并严令他们不要有侵犯弱者的动机。

第二小部分,共计 3 条,主要对不公平交易进行规范。这些不公平交易现象

---

① Eric Mcgeer, *The Land Legislation of the Macedonian Emperor*, p. 48.

主要包括利用贫贱者困难、串通等种种情况。针对参与不公平交易者,罗曼努斯采取了驱离出村社,并补偿原物主等一系列措施。

第三小部分,仅有1条,但是充满着宗教语气,告诫那些由卑微至高贵者不要忘乎所以地掠夺邻居优质资产,要与邻为善。

第四小部分,共计2条,主要针对跨村土地交易。该条款强调如果交易不在同一村社类发生,那么侵占他人财产者必须在规定日期内归还所得。对于那些已经构成侵占者,将对其处以驱逐、流放以及没收所得等处罚。

第五小部分,共计3条。该条旨在进一步规范土地转让行为。法令强调转让必须按照自由且非胁迫方式,以及按照价格公平原则进行才能免于交纳惩罚性税收。同时,法令还设置了3年过渡期,并以利润多寡来进行惩罚。

第六小部分,仅有1条,该条旨在进一步规范修道院地产交易乱象。法令非常重视道德论述,从原罪角度提出,僧侣、修道院不能通过欺诈、阴谋诡计来获得土地。

第七小部分,仅有1条。该条款仍然带有道德论述色彩,强调了裁决的仁爱之心。同时,该部分强调不论权贵身份,只要存在该法令颁行之后依然以身试法者,将予以严惩。

最后,关于后记部分。罗曼努斯主要从人的自由、宗教、外敌入侵与内部政局等角度,以高度抽象之语言强调该法的重要性。①

经过梳理,不难发现,在A令到C令中,存在着一条主线,即如何处理规范土地转让问题,如何调整不同阶层不同利益群体之间的社会关系问题。从土地立法的内容转变与利益选择来看,帝国立法活动并非像一部分学者所认为的那样缺乏新意。恰恰相反,拜占庭文明虽然有其保守的一面,但其制度变迁仍然有着自身的逻辑,帝国政府仍然尊重现实需要而不断进行修正。如果进一步考察该新律的特征及其社会背景,那么可以看到,罗曼努斯时代是帝国黄金时代极为重要的阶段。

诚如前论,比对C令和B令的共同特点,可以发现规范土地交易,对权贵进行界定并予以恰当约束是皇帝立法活动考虑的基本动因。从具体内容来看,两者都

---

① Eric Mcgeer, *The Land Legislation of the Macedonian Emperor*, pp. 53 – 60.

涉及多种交易和转让形式如出售、捐赠、遗赠等，且都涉及先占权。但需要注意的是，C 令还在其他许多方面出现了与 B 令较大的差异。

首先，从先占权来看，应该说 B 令已经规定得十分严格。例如，针对串通作伪证进行欺诈交易者，该法令明确规定："所有转让给村社和那些因嫁娶、婚前捐赠、遗嘱布置、交换或定居而转让给村社外来者的人们，在由于某些原因而秘密出售或租给没有获得先占权者的条件下，没有人公开他靠弄虚作假获得了捐赠、遗产或任何前面提到的转让。正是由于这一原因，拥有先占权者必须恪守与出售者和购买方之间的誓约。如果转让者厚颜无耻地做一些违背法律规定之事，且公然假装做其他事情，他们将被认定在发誓后犯罪，他们和那些参与欺诈者将因此受到伪证罪的惩罚；购买者也将被剥夺财产。"[1]

B 令规定得如此严密，但罗曼努斯仍然出台新法，由此可见，土地交易非常活跃且存在大量非法土地兼并。C 令延续 B 令，仍然非常重视惩戒的严厉性。法令已经提到了流放、驱逐、罚金、没收等惩戒措施。但是，C 令并未停留在严厉惩戒的基础之上，反而进一步使用了大量道德说教的语言。可以说，C 令试图把严厉惩戒和道德说教两者结合起来，这充分反映了罗曼努斯认为土地交易不仅仅只是一个法律问题。他试图通过外在的法律惩戒与内在道德化育来训导并制约权贵的非法获利行为。这些道德说教并未停留在世俗世界，而是试图综合宗教的力量。这种努力主要表现在以下几个方面。

一、宗教观念。毁坏圣像运动结束之后，宗教在世俗社会中的地位逐渐得以稳定。法令反映了这种状况。在《序言》部分，法令首先从上帝与灵魂安居、末日审判说起。同时，法令还引述《赞美诗》，表达皇帝必须代表上帝，怜悯和倾听贫贱者的叹息，清洗和祛除贪婪之好。由此，罗曼努斯试图通过道德论述强化统治的合理性与合法性。他明确表明立法是基于"普遍之道德"。[2] 通过宗教语言进行道德论述的内容不仅出现在《序言》当中，而且出现在正文法条当中。他引述《马太福音》中的比喻，把贪婪的土地兼并者斥责为掺杂在麦子中间的毒麦。"毒麦之喻"似乎未完全表达其愤怒。他还在《序言》中进一步把内部敌人斥为与上

① Eric Mcgeer, *The Land Legislation of the Macedonian Emperor*, p. 45.
② Eric Mcgeer, *The Land Legislation of the Macedonian Emperor*, p. 54.

帝为敌。①

二、权力观纠偏。罗曼努斯的论述是全方位的,而非仅仅运用宗教语言对权贵们加以斥责。在法令中,他还试图从权力观的角度训导官吏。尽管措辞激烈,但需要看到的是,罗曼努斯并不想把自己置于权贵集团的对立面。他明言,对于盗取贫贱者财富的行为进行惩罚,其本意是为了皇权与统治集团内部的共同利益,为了维护既定的共同秩序。这里的"共同",毫无疑问包含了权贵集团。②如前所论,他在《正文》第三小部分中着力强调了,既然权贵们的权力来自神授,那么更应该珍惜和感恩上帝的眷顾,不宜过于贪婪。罗曼努斯还更为直白地说:"裁决已经从十分仁爱的角度进行解释,并非常适度地惩罚了贪得无厌者,裁决是有利于国家之举。"③权力的核心在于对利益进行合理分配。"仁爱"两字清楚表明了他在立法中的利益取向与利益选择。而对土地兼并者的惩治若以"毒麦之喻"来形容的话,那么罗曼努斯其实最担心的局面是毒麦危及良麦,尤其是危及统治集团的整体利益,进而危及皇权之稳定。从《圣经》来看,稗子与麦子是对立的,前者是用于对付敌人的。毒麦往往被隐喻为异教徒、敌人等。考虑到基督教在当时的传播广度,可以说,罗曼努斯试图通过毒麦之隐喻来孤立敌人,打击政敌。

宗教语言、道德说教与权力观形塑使得法令显得有些抽象。罗曼努斯在法令中大量使用了"共同利益""自由""秩序""自然秩序""解放""公平""公正"等抽象概念,进而表达自己的立法理念,强调立法之合理性与必要性。可见,C 令的确在一定程度上做到了抽象性与操作性的结合。从文本来看,使用抽象语言最多的部分出现在法令的《结语》部分。它论述了立法目标、法令效力等内容:"如果我们在上帝的垂顾之下已经努力地给臣民提供免于敌人进攻的伟大自由,把它作为我们祈祷和努力的目标:我们将在完成反对外部敌人的屠杀之后,怎能不清除我们自己内部的敌人——自然秩序之敌、造物主之敌、正义之敌,通过侮辱和压制贪得无厌,通过切除贪婪的性情,以及通过把臣民从暴政的奴役下解放出来,用现行法律的锋利之剑以带有公正目的之高压手段和思想解放他们呢? 为了上帝的垂

---

① Eric Mcgeer, *The Land Legislation of the Macedonian Emperor*, pp. 54 – 60.

② Eric Mcgeer, *The Land Legislation of the Macedonian Emperor*, p. 55.

③ Eric Mcgeer, *The Land Legislation of the Macedonian Emperor*, p. 59.

顾,为了共同的利益,为了受之上帝的朕之帝国,让每一个进入司法程序的人们注意到这些条款将永久地保持着效力。"[1]

一般而言,保障自由与公正,确保公共利益的关键就在于法律在具体实践情境中是否具有可操作性,进而实现法令所设定的目标。而操作性往往系之于法令是否具有针对性。这方面,罗曼努斯在法令中翔实地谈到了一系列扭曲正常土地转让,进而达到土地兼并目标的贪婪行为。从法令来看,土地兼并对帝国的经济社会发展产生了巨大影响。这些贪婪行为花样繁多。比如,部分权贵通过与土地出售者相互串谋,试图通过遗赠、礼赠等形式来掩盖其行为,让土地兼并合法化。又如,土地兼并者往往乘人之危,利用饥馑的巨大威胁,用谷物利诱,以极低价格获得土地。针对这些贪婪成性且威胁社会秩序的行为,罗曼努斯在法令中都提出了具有针对性的解决办法,把抽象理念与问题针对性、措施操作性相结合。

法令虽然着重强调了敌人的威胁,但不能不看到的是,宏观政令背后还有复杂的社会背景,还有罗曼努斯自身的人生历程因素的影响。从研究方法来看,需要充分考虑宏观、微观背景之间的连续性互动,进而穿透社会背景,从人生历程的角度解读934年新律。

法令就像现代社会的电报。罗曼努斯把自身的人生经历和对政局的观察融入立法文本当中。在东地中海文明格局的宏观结构中,罗曼努斯的人生经历与应对文明冲突的军事形势息息相关。如前所论,罗曼努斯是农兵之子。他自身就是军区制的受益者,他深知农兵在帝国社会结构中的重要性。同时,他还是常常要面对边疆战事的将军,是统治集团中的一员。他深知,调适土地关系,防止地权冲突上升为经济社会危机至关重要。但是,从正义的观念史来看,中世纪的正义观念依然是与等级关系紧密联系在一起的。[2]尤其在军区制走向成熟之后,作为农兵的罗曼努斯知道,既要应对内政与外交的挑战,又要确保不能彻底颠覆既定的等级关系。因此,在934年法令中,罗曼努斯提到了两类敌人:一类是帝国边疆面临的外敌入侵;第二类是因土地关系调适不畅导致冲突升级,进而导致政局动荡。

---

[1] Eric Mcgeer, *The Land Legislation of the Macedonian Emperor*, p. 60.

[2] [加]戴维·约翰斯顿著,张安译:《正义简史》,北京:新华出版社2018年版,第1页。

在他看来,这两种敌人都深刻地影响着局势的发展,危及皇权及其臣民之自由,甚至颠覆着权贵集团的整体利益。同时,应对这些问题都需要强有力的军事手段。而军事手段必须要以强大的军需为基础,因此提供制度保证是必要的。虽然罗曼努斯在法令中也谴责了部分军事权贵,但是他知道军事权贵在等级关系中的重要性。因此,包括 C 令在内的制度保证力求既有利于军事权贵自身,又有利于维护农兵阶层的稳定性,防止其经济社会地位遭受威胁。

在觊觎皇权的过程中,率军远征保加利亚的将军——皇后的宠臣利奥·福卡斯是其竞争对手。福卡斯家族在拜占庭社会等级结构中举足轻重。罗曼努斯让年轻的君士坦丁七世娶了自己的女儿。他摇身一变为"basileopater",即皇帝的岳丈。他击败了福卡斯。在君士坦丁七世 15 岁时,他被任命为帝国凯撒。接着,他成为共治皇帝。从农兵之子到帝国凯撒,再到共治皇帝,罗曼努斯始终把原则性与灵活性结合在一起。比如,虽然他最终自封为帝,但始终坚持不去废止君士坦丁七世的皇权。

罗曼努斯深知治理边疆对于稳定统治合法性的重要性。在获得皇权之初,罗曼努斯政权并未只是待在君士坦丁堡。他率兵席卷北部美索不达米亚,在边疆战事中进展顺利。他非常重视军事权贵的战斗力,任用了名将约翰·库尔库阿斯(John Courcouas),沉重打击了阿拉伯人。在巴尔干半岛,为了有效对付西蒙治下的保加利亚,罗曼努斯采用了远交近攻的地缘政治策略。拜占庭以出让达尔马提亚和部分岛屿的管辖权为代价,同托米斯拉夫(Tomislav,约 910—928年在位)领导的克罗地亚交好。同时,拜占庭还在塞尔维亚与西蒙争夺保护人的地位,失败的西蒙不得不采用军事手段征服塞尔维亚,但是消耗了实力,结果败在克罗地亚人手下。927 年,自称"罗马和保加利亚人的皇帝"西蒙去世,取而代之的是他软弱的儿子彼得。帝国采用了与彼得联姻的政策化解威胁。北部的边疆威胁暂时得到缓解。但军事胜利需要稳定的内部政局与后勤保障来巩固。如前所述,约在 927—928 年间,酷寒来临了,帝国农业经济面临巨大威胁,农兵生活面临巨大威胁。尽管在此之前颁行了 B 令,但罗曼努斯认识到该法令对权贵约束力并不大,绩效也不佳。比酷寒更为严重的是社会面临失序的危机。贪得无厌的利益集团,尤其是大地主们乘机成片成片地,成块成块地蚕食和吞灭更加贫穷的邻居土地。①如前所论,自 7 世纪以来,拜占庭帝国之所以能够在外敌入侵之下确保自己长期生存下去,正是依靠对军区制等制度的不断完善,进而培育稳健的政治基础。而农兵不仅是兵源,更是帝国强大的财源。罗曼努斯不得不采取措施稳定局面。

可见,天灾人祸激化了社会矛盾,羸弱的经济状况与复杂的地权冲突形势则使得帝国的外敌威胁加剧。在 934 年新律颁行的前夕,当局正和阿拉伯人在米尼特尼展开生死斗争。同时,帝国内部还发生了大规模叛乱。大约在 932 年,在帝国的奥普斯金军区有一个叫瓦西里的人,绰号为"铜手"。其时,瓦西里重新召集支持者,发动起义,反对帝国皇帝罗曼努斯。起义表明,帝国必须重视和起义者争夺政治基础,尤其是获得贫贱者的支持,为此有必要向贫贱者做出某种妥协——至少是文字表面上的妥协。从社会心理角度来看,面对作为外部威胁的起义者,帝国权贵集团内部也需要团结的政局。因此,利益集团对措辞激烈的法令也具备了一定的心理承受能力。准此而言,法令要求权贵们要有仁爱之心,实际上是在警告他们善待贫贱者就是善待自己。因此,法令中所谓"共同利益""自由"等措辞皆和这种特殊的社会背景、政治生态紧密相关。故而,罗曼努斯政权实际上是想通过 934 年新律来团结权贵利益集团,缓和阶层冲突,以便为紧急军事需要提供制度保障。

然而,法律毕竟是制度的有机组成部分,具有战略性、长期性。如果只是因为紧急情况而创制,则往往失之于粗疏,使更加糟糕的局面出现。值得肯定的是,罗曼努斯充分考虑到了这一点,他强调法令是能够"永久地保持效力"的。从内容来看,C 令的确体现了紧迫性与严密性相结合之特征。严密性进一步确保了法律在操作上的严谨性和有效性。严密性主要体现以下两个方面。

一、进一步堵塞旧法之漏洞。一方面,罗曼努斯引述查士丁尼时代留下的古法,指出了土地兼并所造成的危害,斥之犹如瘟疫一样可怕;另一方面,他也看到了旧法的粗疏之处。正如奥斯特洛格尔斯基所阐明的那样,在 B 令颁行之后,疯狂的土地兼并者利用先占权规定中的模糊地带掠夺农兵土地。因此,法令的执行

---

① Eric Mcgeer, *The Land Legislation of the Macedonian Emperor*, p. 248.

效果亦不如预期。①尤其值得注意的是,旧法漏洞产生了错误的导向,由于土地可以自由买卖,在极端困苦之下,作为受害者的农民亦只能选择把土地赠送给权贵或修道院,以确保在紧急状况之下能够维护自身的生存之需。对于这些现象,B令都未加详细规制,而C令对此则作了进一步补充,及时堵塞了土地兼并者的投机漏洞。

二、加强具有针对性的分类惩戒。分类惩戒主要表现在两种情形当中。首先,法令仔细分析包括勾结与串谋在内的各种兼并手段。其次,依据犯罪事实予以恰当的惩戒。关于这一点,C令在《正文》的第五个小部分中规定得十分明确。该小部分针对价格赔偿问题做出了具体规定。②法令从利润角度把犯罪行为划分为三种类型,并提出了针对性的处罚措施。例如,一旦土地的真实价格超过了实际交易价格的2倍以上,那么为了抑制土地价格,防止爆炒土地现象,必须把土地购买者驱逐出村社。换言之,一旦土地兼并者以极其低廉的价格获得土地,且土地真实价格远超交易价格2倍以上的话,他们将被驱逐出村社。再如,假定所得利润和价格相等的话,那么必须对购买者进行惩罚,让其一无所获。此外,针对土地兼并利润较低的情况,C令亦做出了具体规定。对于合法的土地出售行为,法令的规定比较温和,C令规定出售者可以在3年的过渡期里通过向土地购买者交纳与交易价格时一样的资金,进而收回土地。

由上足见,934年法令是在紧急状态下制定的,但又经罗曼努斯深思熟虑的结果。法令既有痛心疾首的宗教压力,又有措辞严厉的道德论述,更有针对性很强且具有可操作性的惩戒措施。可见,罗曼努斯在C令的制定上用心极为细致,但遗憾的是,还是有一些学者对于934年新律的评价并不是太高。奥斯特洛格尔斯基认为,该法令虽然在措辞上很严厉,却可能因为农民失去回购土地的能力,以及因为购买者可能就是当地官员或其亲属而无法严格执行,更无法产生强有力的震慑力。③这样,学者们必然把讨论引向从不同权贵集团的斗争来解释法令为何

---

① G. Ostrogorsky, *History of the Byzantine State*, pp. 242 – 244.

② Eric Mcgeer, *The Land Legislation of the Macedonian Emperor*, p. 58.

③ 奥斯特洛格尔斯基关于"中世纪拜占庭的农业状况"的讨论参见[英]M. M. 波斯坦、H. J. 哈巴库克主编:《剑桥欧洲经济史》,第193页。

会出台。斯蒂文·朗西曼曾经专门为罗曼努斯撰写了一本带有传记色彩的书籍。该书关于土地立法活动的篇幅十分有限。其中,涉及934年新律者仅仅一段。不过,他对于C令的评价还是值得注意。①首先,他认为罗曼努斯的性格和政治取向并不属于特别冒险型的。原因在于,他在法令中制定了十分详细的补偿条款。这些条款想尽可能地通过程序性障碍让大地主所得甚少。可见,罗曼努斯真正的用意并非彻底解决该问题,而只是试图阻止土地兼并形势恶化。另外一位学者布朗沃斯也从人格方面提出,罗曼努斯在本质上,并非一个残暴之君。②其次,他认为,立法活动取得了某种程度上的成功,也保留了部分法律效力。对此,沃伦·特里高德亦持有相同观点,他认为,不少权贵拒绝与抵抗本身就说明法令是有效的。③

尤为重要的是,朗西曼指出了罗曼努斯立法活动的最大缺点在于,关于C令的土地立法活动要有巨大成效的话,恰恰必须依赖优秀的行政管理人员。而这正是奥斯特洛格尔斯基所怀疑之处。原因在于"作为制度变迁关键的组织必须是有效组织"④,组织的有效性往往和利益的一致性相关。然而,如果要执行者执行不利于自身利益的法令,委实难以彻底实现法律效力。由是观之,奥斯特洛格尔斯基和朗西曼持有相同的实践逻辑前提——由于国家在经济社会结构中占据极强的主导地位⑤,帝国制度变迁属于强制型变迁⑥。这就决定了官僚体系必然有大量机会深刻影响法令的执行及其成效。法令表明,当时存在着官员大量参与土地兼并的现象。这部分利益集团显然难以认同罗曼努斯所声称的公共利益。何况,罗曼努斯自身形象就是一个篡位者。福卡斯集团崩溃也和政治投机紧密相关。于是,法令在执行中往往会遇到选择性投机行为,由于阻力过大,效力自然大打折

① S. Runciman, *The Emperor Romanus Lecapenus and His Reign*, p. 227.
② [美]拉尔斯·布朗沃思:《拜占庭帝国:拯救西方文明的东罗马帝国》,第205页。
③ W. Treadgold, *A History of the Byzantine State and Society*, p. 482.
④ 卢现祥:《西方新制度经济学》,北京:中国发展出版社2003年版,第80页。
⑤ 关于国家在拜占庭帝国中的功能,参见 N. Oikonomides, "The Role of the Byzantine State in the Economy", in A. E. Laiou ed., *The Economic History of Byzantium*, pp. 973 - 1058。
⑥ 人们把制度变迁分为强制型变迁与诱致型变迁两种。所谓强制型变迁是由政府命令和法律引入与实现的,其主体是国家。国家在制度设定中主要提供法律和秩序,并保护产权以换取税收。见卢现祥:《西方新制度经济学》,第110—111页。我国学者则把拜占庭帝国的制度视为刚性体制,参阅厉以宁:《罗马—拜占庭经济史》下编。还有学者认为,拜占庭的以皇权为核心的官僚体制早在3世纪危机中就开始孕育了,参阅 Wilhelm Ensslin, "The Emperor and Imperial Administration", p. 268。

扣。罗曼努斯最终凄凉下台,也和此紧密相关。两位学者都以帝国的另外一项立法活动作为共同的证据。在罗曼努斯去世之后,软弱的君士坦丁七世,也就是罗曼努斯的女婿不得不颁行新的法令来重新调整土地交易行为。[①]他在947年的法令中明确规定,对于财产不到50个金币的农民在回购已经出让的土地时,可以得到豁免权。但是,由于权贵集团竭尽全力反对,该法令很快就被废除。

当然,学界还有另外一种值得注意的观点。与奥斯特洛格尔斯基、朗西曼、特里高德等人的评价相比较,埃里克·麦克杰尔的评价就高多了。他认为,有必要尊重具体的法令产生的历史环境。在他看来,934年新律的分页行毫无疑问是在特殊社会背景下调适阶层关系、经济关系的重要举措。就此而言,它可以称得上"土地法的里程碑"。因为"它对'权贵'建立了法律上的界定类型,并且使得帝国即便在饥馑之年,也能够获得治理土地交易与转让财产的转折点"[②]。

综上所论,可以看到,对C令的评价需要面对两个基本问题:一是如何看待打击权贵进行土地兼并,抑制地权冲突的效果;二是如何评价C令绩效的影响时限。要理清这两个问题,也许需要放大分析视野,进一步分析C令颁行前后的拜占庭帝国社会状况,分析文本中所反映的罗曼努斯之政治意图。

首先,就法令文本来看,罗曼努斯的最终目标并非是要彻底击溃权贵集团。如前所论,927—928年间,帝国出现了因严寒而导致的严重饥馑的情况。其后,内部阶层矛盾激化。932年,发生了"铜手"瓦西里大起义。在边疆地带,帝国东方战线面临巨大威胁,激战正酣。以大起义而言,正如一些学者所指出的那样,参加大起义者主要是贫贱者,但其结果导致了小农大量破产,权贵乘机兼并。起义虽然被镇压下去了,但是土地关系的基本矛盾非但没有得到妥善解决,反而进一步被激化。此时,帝国内部权贵集团的社会关系盘根错节,家族联姻文化盛行,地方分离主义倾向已经非常严重。同时,由于罗曼努斯是通过篡位上台,统治集团内部的反对势力不在少数,他很难真正做到彻底打击这些家族势力。何况,作为农兵之子的他早已经位列权贵集团之中。他本人能够获得皇权,也是因为得到了

---

① S. Runciman, *Emperor Romanus Lecapenus and His Reign*, p. 227. 奥斯特格洛尔斯基关于"中世纪拜占庭的农业状况"的讨论参见[英]M. M. 波斯坦、H. J. 哈巴库克主编:《剑桥欧洲经济史》,第194页。
② Eric Mcgeer, *The Land Legislation of the Macedonian Emperor*, p. 53.

尼古拉等摄政委员会成员、约翰·库尔库阿斯和太子太傅等高官的支持。因此，对他来说，最佳选择是既要把自己打扮成为权贵利益的维护者，又要防止贫贱者揭竿而起；既要把自己论证为贫贱者的代言人，又要全力防止地方权贵的分离主义；既要利用贫贱者的反抗，又要防止他们与权贵阶层对立过分严重。他试图均衡各方势力，尽可能照顾各方利益，把自己塑造成能够被广泛接受的人物，这样既有利于扩大国家税基，更有利于扩大其统治基础。

　　表面看来，罗曼努斯在 C 令中的态度十分强硬，对权贵的定义似乎显示了他打击所有来自军队、官僚、教会等利益集团权贵的决心。甚至，有些学者还可以从文本中找到罗曼努斯对修道院的斥责，尤其是直指修道院的道德不洁净来表达他真心要打击权贵的态度。其实不然，罗曼努斯所要打击的对象范围实际上要小很多。或许考虑到上述因素，残酷的政治现实迫使罗曼努斯必须强调："我们不是出于对权贵之仇恨或者预谋而制定该法，而是出于对贫贱者和公共福利的仁爱与保护。然而，那些权力来自上帝的人，那些声望和财富上远超他者的人，应该把对贫贱者的关心当作一项重要任务。把贫贱者视为其掠夺对象的权贵们令人愤恨，因为他们确实不应该以此暴富。"[1]

　　显然，法令的打击对象主要是靠非法掠夺而暴富的权贵，并非全部贵族！即便如此，罗曼努斯仍然没有忘记提醒权贵们注意这些裁决仍然是"仁爱的"，是"适度的"。[2] 当然，不能不看到，法令中的大量内容涉及了对贫贱者的保护，反映了他从农兵之子到皇帝的身份转变，以及对农兵与军区制的关注。同时，长期在边疆担任军官的经历使得他对农兵的实际处境有着切身体会，亦深知农兵阶层在帝国统治中的重要地位。攫取皇位之后，他考虑更多的是边疆稳定、自然灾害、内部战争等一系列因素。这些因素表明，打击部分权贵实在是罗曼努斯不得不为之事。罗曼努斯在《正文》第三小部分的叙述值得注意，因为这部分叙述也许能够反映他的内在心理。他似乎有些自说自话。他说，受上帝垂顾，许多卑微者得以提升，甚至成为高等级社会成员；对他们来说，更应该与人为善，与邻和处；否则，

---

① Eric Mcgeer, *The Land Legislation of the Macedonian Emperor*, p. 54.
② Eric Mcgeer, *The Land Legislation of the Macedonian Emperor*, p. 59.

上帝定会裁之以惩罚。①

故而,罗曼努斯更关注的是稳定政局,是统治集团能够顶住内外压力,在天灾人祸之中全身而退。从皇权平稳和统治集团共同利益的角度来看,C令只能牺牲部分暴富的新贵。这种牺牲也的确达到了震慑并约束权贵的效果,缓解了社会矛盾,取得了很大成功。只不过,具有悲剧意义的是,所谓"内部的敌人"就在他的亲属当中。罗曼努斯在约束权贵方面的最大败笔恰恰就在于未能管好自己的几个子女。罗曼努斯至少有八个子女。他意识到自己的子女不能有效统治帝国。于是,他发布法令,正式宣布君士坦丁七世为自己的继承人。罗曼努斯的子女们彻底失去了继位的可能性。帝国的权力中心实现了较为平稳的转移。不能不说,虽然罗曼努斯晚景凄凉,但是从帝国政局来看,他的确在一定程度上践行了自己在涉及权力合理性、合法性时所提出的观点。

回顾罗曼努斯的一生,人们在评价打击权贵效果时,往往会把利奥六世于900年颁行的A令与瓦西里二世于996年颁行的O令进行比较。一些学者认为利奥六世的A令满足了权贵的利益,满足了通过加快土地交易增加国库收益的需要,而罗曼努斯和瓦西里二世的B令、C令、O令则沉重打击了部分权贵集团。该观点固然有其值得肯定之处,但不能不说,该观点也忽略了A令、B令、C令、O令之间存在的共性。

如前所论,正是A令中存在的巨大漏洞及其导致的社会乱象,才使得罗曼努斯必须颁行新律。但正因为这一点使得学者们忽视了A令与B令、C令之间的共性,忽视了利奥六世在A令中的前提性条件,即帝国维持行政运行、军事以及其他公共事务的财政资金主要来自土地及其产出。为此,帝国必须要从财政上维持顺畅的赋税来源,以利于国库充盈;而利奥允许的交易之前提也正在这里。此一前提条件恰恰是观察帝国历史演变的十分重要的线索之一。拜占庭帝国的衰亡实际上亦和税基薄弱,兵源匮乏,皇权难以履行公共职能等因素息息相关。琼斯曾经提出,5—6世纪,帝国税收中土地产出的收益是贸易和手工业部分的近20倍。

---

① Eric Mcgeer, *The Land Legislation of the Macedonian Emperor*, p. 56.

就大体的统计数据而言,其财政能力95%来自土地产出,而5%来自贸易。①7世纪以来,制度变迁和内部冲突也印证了这一点。如前所论,7世纪以来的最重要制度演变就是军区制的出现与逐步完善,因为它解决了帝国在面对边疆危机时的兵源与财源问题②,同时破坏圣像一直持续的马其顿王朝立朝前后,也和修道院地产的膨胀紧密相关。亨迪则认为帝国国库收益在不同地域不同阶段有不同的表现。比如,在特拉比宗帝国时代,其税收70%—80%来自土地产出,20%—30%来自贸易。③正是为了保障帝国财力,利奥六世在法令中采取了土地市场交易的自由放任态度,即在交易中,土地购买方只要能且愿意履行该税区的财政义务,并且这一义务有利于国库,其交易即为合法。需要注意的是,军区制本身并没有反对土地自由买卖。虽然缺少罗曼努斯C令中严厉且富有宗教色彩和道德说教的抽象概念,然而和罗曼努斯、瓦西里二世一样,利奥也需要塑造公平公正的帝王形象。只不过,为了安抚邻居情绪,缓和社会冲突,他又给予了6个月的申诉期限。

　　同样,罗曼努斯治国理政也难以摆脱这一主线索。只不过,罗曼努斯在B令中更进一步,明确对何谓"同一财政单位"进行了界定。所谓同一财政单位应是"指所有那些居住在同一税收区域者,即使他们在不同地点纳税"④。罗曼努斯同时规定,只要土地转让有违国家财政收入,交易即可视为非法。⑤在天灾人祸条件下,物价并不稳定之季,战争激烈进行之时,国家公共支出更加庞大,维护财政税源的任务自然十分急迫。准此而言,不难理解,罗曼努斯的C令比B令更加频繁地提到承担国家财税义务,维护公共利益。只不过在不同的地方,分别使用了"公共福利""公共纳税""利于国库""利于国家""共同利益"等含义略有差异但主旨一致的措辞。诸如此类的措辞在C令中大约使用了9次。

　　"忧虑就在头上,那里戴着王冠。"⑥由上可见,从A令到C令,再到O令,皇帝们一以贯之的思维是维护皇权稳定,由此,皇帝们害怕因为权贵的贪婪而导致

① A. H. M. Jones, *The Later Roman Empire (284-602)*, vol 1, p.465; vol 2, pp.869-872.

② 陈志强:《拜占廷学研究》,第50—73页。

③ M. F. Hendy, *Studies in the Byzantine Monetary Economy, c.300-1450*, p.158.

④ Eric Mcgeer, *The Land Legislation of the Macedonian Emperor*, p.43.

⑤ Eric Mcgeer, *The Land Legislation of the Macedonian Emperor*, p.46.

⑥ Eric Mcgeer, *The Land Legislation of the Macedonian Emperor*, p.113.

地权冲突,进而影响国家税基,激发社会矛盾,影响国家军需,影响皇位稳固。只
不过,罗曼努斯的立法受内外环境影响和自身认知因素影响,更加强调保护农兵
土地。无疑,该法令依然强调了保护国家财政来源、解决内外危机的重要性。但
不能不看到,法令在很大程度上反映了军功集团的利益。由于罗曼努斯系篡位
者,因此为了维护政权稳定,他也重点谴责了暴富的新贵。然而,忧虑不会因为 B
令和 C 令的颁行而消失。同样的忧虑也时刻弥漫在瓦西里二世心中。瓦西里二
世颁行的 O 令深受罗曼努斯 C 令的影响。与之不同,瓦西里二世年少时曾经被
试图篡位者控制。因此,史家普塞洛斯评论其性格时强调了其强硬且坚韧的一
面。瓦西里二世喜欢御驾亲征,其正式控制皇权时又曾经遭遇地方分离势力叛乱
的巨大挑战。因此,他颁行的法令同样受到了内部权贵集团斗争格局的影响,同
样非常重视保护农兵,但又防止地方分离势力。总体来看,土地立法活动反映了
马其顿王朝治理社会矛盾的综合性与系统性,缓和了因地权冲突而导致的阶层矛
盾,为帝国重新开疆拓土提供了财政支持。这样,帝国在 10—11 世纪时再次走向
了其发展的顶峰时代。

三、 修道院与地权冲突

帝国经济结构中的另外一个重要组成部分是修道院经济。考虑到地权在中
世纪经济发展的重要地位,有必要进一步分析修道院面对地权冲突的态度。在帝
国土地立法中,很容易找到修道院参与土地兼并的例证。因此,修道院对待地权
的态度、地产管理的方式等都深刻地影响着帝国的乡村治理效能。

从政治结构来看,在帝国权力分配体系中,存在着以修道院为基础的宗教政
客派别(politico-religious party)。[1]该派别在破坏圣像运动中逐步壮大,但在利奥
六世的婚姻争论和尼基弗鲁斯统治时期先后遭受重大打击,甚至曾经沉寂了半个
世纪之久。[2]然而,来自 10 世纪修道院的基本书献表明,修道院在政治结构中的影
响还有很大研究空间。只要道德权威性不受根本性冲击,修道院仍然有许多渠道

---

[1] S. Runciman, *The Byzantine Theocracy*, Cambridge: Cambridge University Press, 1977, p. 110.

[2] S. Runciman, *The Byzantine Theocracy*, pp. 123 – 124.

延伸至皇权。例如,关于利奥六世的婚姻争论本身就表明,如何进行道德论述本身就成了或有意或无意的权力斗争筹码。其中,通过斗争扩大修道院地产利益本身就是一个长期存在的问题。

不管如何,不同于世俗世界,追求道德洁净乃是僧侣们的底线。他们试图以此与物质主义划清界限。阿塔纳修斯一世从约翰·科利马库斯(John Klimakos)的《天梯》(*Ladder of Heaven*)中摘录了关于僧侣的定义:"僧侣是在不洁的和物质的躯体中执行灵魂的秩序与规则;僧侣是那些每日、每地、每事都仅仅迷恋于上帝之人;僧侣是本性的持续性力量和理性的恒常引导者;僧侣是圣洁的躯体,是纯净的嘴巴,是启蒙的思想;僧侣有一颗忧伤的灵魂,他在死亡的持续意识中冥思,或在睡眠中或在清醒中以及所有的休息中冥思。"①然而,面对实际需要,道德洁净的理念很难得到真正贯彻。从世俗法令来看,一些权贵借助修道院在乡村进行土地兼并的现象非常严重。因此,修道院并非安宁的天梯。也就是说,洁净的灵魂总是要面临各种考验。从修道院的人员构成来看,它并非一个单一而彻底封闭型的存在,其内部构成同样十分复杂,外部扰动也始终存在。马其顿王朝时期的修道院亦复如是。

(一)里拉(Rila)修道院中的道德论述与地权冲突:荒野隐喻及其他

如前所论,为了调控地权冲突,世俗法已经开始使用宗教语言来阐述道德观念。一般使用"Asceticism"一词来描述所谓的"道德洁净"。该词意为"禁欲主义"。在希腊语中,该词('άσκησις)的原意为"锻炼,训练"。从当时的历史条件来看,禁欲主义和独身、隐修等生活方式以及贫穷等生存状态紧密相关。对这些生存方式和生活方式的偏好实际上在《圣经》当中多有陈述。"若有人要跟从我,就当舍己,背起他的十字架来跟从我"②一语便出现在《圣经》三部福音书当中。"舍己"的基本要求包括培养自我约制、道德向善等要求,而脱离世俗的、生活简单的禁欲修行则是天人对话,理解上帝的方式之一。③其中,土地利用状况往往成

---

① G. Constable, "Preface", in John Thomas, Angela Constantinedes Hero, eds., *Byzantine Monastic Foundation Documents*, DOP, 2000, p. ⅩⅣ. 本节所用的三个 10 世纪的修道院文献条文皆以此书为依据。

② 见《马太福音》16:24、《马可福音》8:34、《路加福音》9:23。

③ H. W. Hassig, *A History of Byzantine Civilization*, J. M. Hussey trans., New York, Washington: Praeger Publishers, 1976, p. 76.

为道德隐喻的一个重要象征符号。

荒野反映了人类对土地利用的缺乏状态,但也是僧侣偏爱的隐修好去处。荒野隐喻着一种经济观念,一种道德取向。据记载,3世纪的查理曼和保罗或许是这方面的先行者之一。[①]部分修道院的创建者们也常常于孤寂的荒野当中静修。历史地来看,公共修道院制度亦是在沙漠中兴起的。4世纪早起,帕科米乌斯(Pachomius)是该制度的奠基人。他为修道院集体生活制定了第一部院规。[②]在修道生活制度化方面作出重要贡献的另一个人是凯撒里亚的主教瓦西里。他出生于基督教大地产家庭,但他同样坚持认为贫穷、施舍、冥想、独身等是更完美的基督徒生活。可见,荒野是一种生活方式的隐喻,一种与修道者自我约制、自我完善等道德洁净相关的隐喻。拜占庭文明是保守的,到10世纪,这一传统仍然得到了延续。其中,里拉的约翰即是典型。

约翰约在876—880年间出生于科尤斯腾迪尔(Kjustendil),946年8月18日去世。他的信徒分布广泛。其遗体先后被送到索菲亚、匈牙利、图诺沃等地,最后被运送回里拉。[③]从其人生经历来看,其修道生活大体反映了10世纪前后帝国在边疆地带的影响程度。10世纪前后,拜占庭帝国拓展边疆的重要手段之一是加强宗教文化的影响。843年,反对破坏圣像运动派取得了胜利。9世纪中后期,拜占庭传教士在保加利亚人中努力进行传教的活动终于获得实质性发展,其标志便是徘徊于东西教会之间的伯利斯选择了君士坦丁堡牧首作为宗主。同时,在摩拉维亚事件之后,西里尔的许多门徒借此进入了保加利亚教区。[④]927年,保加利亚大教区建立了自治教会。[⑤]而从人生史来看,约翰正是生活在此一时期。945年君士坦丁堡承认保加利亚教区。第二年,约翰离世。

在生命临近终点之际,约翰认为有必要在里拉河畔创建一座修道院。941年

① [英]玛丽·坎宁安著,李志雨译:《拜占廷的信仰》,北京:北京大学出版社2005年版,第63—64页。亦可参阅[法]罗伯特·福西耶主编:《剑桥插图中世纪史(350—950年)》,第132—134页。

② 徐家玲:《拜占庭文明》,第390页。

③ Alexander P. Kazhdan ed., The Oxford Dictionary of Byzantium, vol. 2, p. 1066.

④ 徐家玲:《拜占庭文明》,第377页。

⑤ 另一说法认为是924年。见 W. Timothy, The Orthodox Church: An Introduction to Eastern Christianity, Penguinbooks,1993, pp. 84 - 85.

3 月 25 日,他为之立下遗嘱①,作为日后垂范。该遗嘱共 20 条。从开篇和结尾,约翰在遗嘱中都提到了"荒野"。他在开篇第一条就以基督教的原罪道德观,承认自己是一位"卑下与罪恶之人"。接着,他如此描写荒野:"天可蔽体,地可作床,草可为食……迄今为止,尚无人居住于此,只有野兽。"为了强调只因上帝存在,荒野并不可怕,门徒们只需专心于美善即可,约翰遂引述《圣经》经文说:"因为他顾念吾之卑微(路加 1:48),恩赐万福于我,并且他的支持助我渡过万事——不是我,而是我心中全能的基督,因为各样美善的恩赐和各样完备的赏赐都是从上头来(雅各 1:17)。"②在遗嘱落款当中,他再次强调同样内容:"谦卑而最罪孽深重的约翰,里拉荒野的第一位居民,亲手签字并确认上述成文遗嘱。"③除了落款,约翰还分别在第 2、3、7、15、17 等诸条文中提到了"荒野""旷野""无人居住"等字眼。④

　　从上述相关条文看来,约翰回答了为何可以在荒野修道,以及荒野修道如何可能等问题。其目的在于通过道德提升来找寻与上帝沟通,并获得上帝垂爱的路径。在第 2 条中,约翰否认了物质中介对于道德提升的作用。在回顾自己在无人居住之地的生活之后,他强调自己的遗产并不像俗众那样,仅仅留下金银和其他财产。⑤在第 6 条中,他认为隐修之士的财富不是由金银组成的。他继承了基督教的传统,认为财富由赤贫、意志和崇高的谦卑精神构成。为此,他分别引述《提摩太后书》(6:10)与《马太福音》(10:9)来印证自己的观点。在此基础上,他得出结论说:"金银是僧侣之大敌,并且像蛇一样咬那些拥有者。"⑥在第 7 条中,约翰则再次以自身经历强调了在荒野之地抵制对金银的诱惑需要坚定的态度。所谓约

---

① I. Iliev trans. , "Rila: Testament of John of Rila", in John Thomas, Angela Constantinedes Hero eds. , *Byzantine Monastic Foundation Documents: A Complete Translatiom of the Surviving Founders' Typika and Testaments* , with the Assistance of Giles Constable, Washington D. C. : Dumbarton Oaks Research Library and Collection, 2000, p. 133.

② I. Iliev trans. , "Rila: Testament of John of Rila", p. 129.

③ I. Iliev trans. , "Rila: Testament of John of Rila", p. 134.

④ I. Iliev trans. , "Rila: Testament of John of Rila", pp. 130, 133.

⑤ I. Iliev trans. , "Rila: Testament of John of Rila", p. 129.

⑥ I. Iliev trans. , "Rila: Testament of John of Rila", p. 130.

翰的亲身经历是指当时保加利亚国王彼得给他暗示,可以予以财政帮助。①但在他看来,自己之所以能够抵制诱惑,是因为上帝赐予的力量。他进一步引述《以赛亚书》(49:15)说,上帝曾经强调"妇人焉能忘记她吃奶的婴孩,不怜恤她所生的儿子? 即或有忘记的,我却不会忘记你"。因此,僧侣要做的就是专心致志地加强道德提升。在上述遗嘱的第 3 条中,约翰明确提出:"在上帝面前,肉体与灵魂变得更加强大,通过保持对上帝的恐惧,可获得道德提升。因为我相信上帝,故而自我年轻之时起,我就侍奉吾主,且自始便热烈地顺服之。这片至今仍然可怕且渺无人迹的荒野将有大量弃民定居。所书写的,吾必将履行之:'没有丈夫的,比有丈夫的儿女更多。'"②对于如何加强道德修养,除了戒贪守贫、训练意志、谦卑悔罪,约翰还提出了思先贤而悟教规。在第 16 条,他提出了修道之路:"多读教父的书籍,并且尽力模仿圣父安东尼、塞奥多西以及其他人,因为他们的善行像灯光一样照亮了俗世。"③故此,在他看来,荒野而非沃野之存在形式正是上帝的考验之地,是道德洁净的衬托与隐喻。

荒野并非仅仅是独身隐修之地,它也是僧侣们的共同修道之所。无论是独自修道,还是共同修道,诱惑之源非常广泛,远不止金钱之祸。何况拜物欲本身和其他形式的诱惑往往是紧密相连的,仅仅反物质主义显然不够。因此,约翰非常重视经济观念、道德观念在修道院制度中的作用。他似乎十分担心自己创建的修道机构会卷入大量世俗问题。在金钱之惑外,他最担心的另一个问题是权力诱惑。约翰清醒地认识到,权力之惑不会因修道院地处荒野之所就不出现。在遗嘱中,他重点论述了两种权力类型。

一、世俗权力之惑。在第 8 条中,他明确指出不要把修道院的希望寄托在王侯将相等权贵身上。他说:"既不要被俗间国王和王子所赏识与喜爱,更不要把希望寄托在他们身上。"④在约翰看来,追求修道院之外的世俗权力本质上是源自拜

---

① Dujčev, "Réforme", p. 263; Historv et al., Rila Monastery, p. 12. 转引自 I. Iliev trans., "Rila: Testament of John of Rila", p. 130。

② I. Iliev trans., "Rila: Testament of John of Rila", pp. 129 – 130.

③ I. Iliev trans., "Rila: Testament of John of Rila", p. 133.

④ I. Iliev trans., "Rila: Testament of John of Rila", pp. 130 – 131. 约翰在遗嘱中的此一看法或许是基于自己的亲身经历。他强调修道院的独立性,曾经拒绝了保加利亚统治者彼得前来表达敬意。

物欲。他强调"不要说'吃什么,喝什么,穿什么',向贵族祈求这些东西"。然后,他引经据典告诫门徒抵制权力诱惑。他用《马太福音》(6:26)的话反问门徒:"你们看那天上的飞鸟:也不种,也不收,也不积蓄在仓库里,你们的天父尚且养着它。你们不比飞鸟贵重得多吗?"①

二、内部权力等级关系。约翰多次强调修道院要遵守教义在内部保持同而为一。比如,他引述《罗马书》(12:5)说"在基督里成为一身"。他还引述《诗篇》(133:1)云:"看哪,弟兄和睦同居,是何等的善,何等的美!"约翰非常担心内部冲突会影响修道院稳定与和睦。因此,他进一步引述《约翰福音》的合而为一思想(17:11;17:20—21),强调之所以立下遗嘱,其目的之一也在于让门徒们能够做到合而为一,和平相处。然而,无论修道院,还是教堂,都会存在不同等级,享有不同权力。无疑,亦可支配包括土地在内的不同经济资源。约翰明显意识到等级关系的普遍存在,自己所建立的里拉修道院亦难以例外。遗嘱提到了修道院院长、监督者、副牧师、解经者、讲道者等职位。为了避免内部矛盾与纷争,他在12、13条分别进行了详细的告诫。他在第12条告诫门徒不要追求首要之位,亦不可追求权威之位;在第13条当中,他明确告诫修道院院长不可人人可任,勿因任期与职位而相互倾轧。在第14条中,约翰把上述有关不良的倾向视为毒根,强调一旦出现此类人员,必须将其开除。②

由上可见,约翰是禁欲主义的典型代表。遗嘱承继了修道院传统之一,即把维护修道院的道德洁净形象视为最重要资本。全文主线之一便是把荒野与静修视为戒贪财贪权势的鲜明反衬。甚至,荒野修行本身就是向善求平和,与上帝对话的重要途径之一。它表明,荒野不仅仅是一种土地形态,更是一种经济观念,一种道德取向,它是马其顿王朝社会风气的重要表征,也是帝国社会控制机制的重要组成部分。然而,要远离金银远离权力知易行难。10世纪的另外一位重要人物,大劳拉修道院的阿塔纳修斯便深深地卷入了权力斗争。

(二)阿塔纳修斯:权力关系网络与土地资源分配

大劳拉修道院初建于希腊恰尔基迪半岛东部的阿索斯山上,是圣山上最为显

---

① I. Iliev trans. ,"Rila:Testament of John of Rila", p. 131.

② I. Iliev trans. , "Rila:Testament of John of Rila", p. 132.

赫的修道院之一。据记载,1045 年,大劳拉修道院的僧侣总数已经从 100 人上升到 700 人。到 15 世纪末期,则超过了 2 000 人。① 900—1118 年之间,阿索斯山从帝国获得的特许权也是最多的,高达 13 次。②

提起大劳拉修道院就不能不提阿塔纳修斯,其出生年份不详,大约在约翰去世前的 20 年,即大略出生在 925—930 年之间。③ 1001 年 7 月 5 日,阿塔纳修斯去世。其一生经历了罗曼努斯一世、君士坦丁七世、罗曼努斯二世、尼基弗鲁斯一世、尼基弗鲁斯二世、约翰·基米斯基、瓦西里二世六位皇帝的统治。在尼基弗鲁斯和约翰·基米斯基统治时期,阿塔纳修斯的社会影响达到高峰期。纵观其一生,阿塔纳修斯无疑是权力关系网络的既得利益者。

与权贵家族的结识是阿塔纳修斯的人生转折点。有学者针对修道院与社会阶层的关系提出,精神之父的选择取向往往受到家族的影响。而家族的共同精神之父则往往反映权贵之间的社会和政治联盟状况。④当不同家族和同一个精神之父相联系时,精神之父本人也必须和不同家族的社会关系展开互动。阿塔纳修斯最初是一位教师。其后,他离开君士坦丁堡,前往基米纳斯(Kyminas)的比塞尼亚(Bythynian)修道院修行。虽然他的成就主要体现在他对圣山阿索斯的重要影响方面,但他在比塞尼亚修道院获得的社会关系网络对他影响甚大。952—958 年,他在比塞尼亚修道院和一个重要人物米哈伊尔·马林努斯(Michael Maleinos)在一起。而这位马林努斯和后来称帝的尼基弗鲁斯皇帝属同一家族,是后者的叔叔。据史家斯西里兹斯记载,后者在睡觉时经常用马林努斯穿过的熊皮盖在身上。⑤尼基弗鲁斯本人亦成为其顾问,和权贵家族保持着广泛的联系,⑥大约 962 年或 963 年,在尼基弗鲁斯支持下,阿塔纳修斯前往圣山阿索斯,开始筹建大劳拉

① G. Constable, "Preface", in John Thomas, Angela Constantinedes Hero eds. , *Byzantine Monastic Foundation Documents* , pp. XVI‐XVII.

② R. Morris, *Monks and Laymen in Byzantium*, *843 ‐1118*, pp. 296‐297.

③ Alexander P. Kazhdan ed. , *The Oxford Dictionary of Byzantium* , vol. 1, p. 219.

④ R. Morris, *Monks and Laymen in Byzantium*, *843 ‐1118*, pp. 101‐102. 莫里斯曾经对 10—11 世纪的政治圣徒有过专题性研究成果。"The Political Saint in the Tenth and Eleventh Centuries", in J. Petersohn ed. , *Politik und Heiligenverehrung in Hochmittelatter* Published as *Vorträge und Forchunggen*, 42, 1994, pp. 384‐402.

⑤ R. Morris, *Monks and Laymen in Byzantium*, *843 ‐1118*, p. 102.

⑥ Alexander P. Kazhdan ed. , *The Oxford Dictionary of Byzantium* , vol. 1, p. 219.

修道院。

关于他和尼基弗鲁斯的关系,阿塔纳修斯在修道院法规中多有提及。这份法规大约出台于973—975年之间,共计56条。该文献表明,在前往阿索斯山之前,他和尼基弗鲁斯的关系就已经十分密切,和马林努斯则是圣子关系。与权贵家族的这种密切关系是他成为大劳拉修道院创建者的社会基础。在第2条,他提到,已有文功武略的尼基弗鲁斯在基米纳斯山投入了大量资源,安排了许多僧侣,而筹建大劳拉修道院的时间大约在尼基弗鲁斯称帝前后。①

考虑到米哈伊尔·马林努斯、尼基弗鲁斯之间的关系,比塞尼亚修道院实际上被两者所在家族控制,而阿塔纳修斯则成了该家族在阿索斯山扩充自己势力的中介力量。第3条清晰地陈述了这一点。他不仅提到了与尼基弗鲁斯皇帝之间的叔侄关系,而且把米哈伊尔视为最神圣的僧侣,并谈到了米哈伊尔·马林努斯对他的影响。他坦承记忆力极强的尼基弗鲁斯因此熟悉和了解了他。而在该文献的其他部分,阿塔纳修斯多次对此报以感恩之心。

阿塔纳修斯的角色定位与利益保证至关重要。②在这份文献中,阿塔纳修斯不仅谈到了家族背景与修道院之间的关系,而且深入分析了修道院内外的权力关系与土地利益取向。如若仔细分析该文献的出台时间,可以发现当时正是约翰·基米斯基统治时期。而约翰·基米斯基在篡位时谋杀了尼基弗鲁斯。但在这份文献中,阿塔纳修斯对两者皆使用了相同的措辞,对两者称为"最受护佑的皇帝"。其原因恐怕在于阿塔纳修斯善于进行角色定位。他务实地把自己定位为有感恩之心的修道院领导者,而非单一权贵家族的利益代表者。因为,修道院作为一个特殊的社会团体本身有自己的独立性,有自己的特殊利益取向。

一、集体记忆中的利益垂顾。在修道院文献中,有许多文本通过回忆机构创

---

① G. Dennis trans. , "An Typikon: Typikon of Athanasios the Athonite for the Lavra Monastery", in John Thomas, Angela Constantinedes Hero eds. , *Byzantine Monastic Foundation Documents* , p.251.

② 角色是一定社会地位的外显,是人们的一套权利、义务的规范与行为模式,它往往和人们对一定角色的社会期待联系在一起,是社会群体与组织的基础。比如对修士的角色期待就包括灵魂净化、道德向善等。如果修士们的角色扮演出现问题,就可能导致他所在的团体面临合理性和合法性危机。郑杭生主编:《社会学概论新编》,北京:中国人民大学出版社2003年版,第106—109页。

建的历史,尤其是创建者故事来建构或延续其集体记忆。①与里拉修道院的约翰回顾荒野状况不同,阿塔纳修斯大约用 14 条来回忆大劳拉修道院的筹建过程。战争和宗教集体记忆经常被联系在一起。②据阿塔纳修斯回忆,在尼基弗鲁斯力劝之下,他才着手筹建大劳拉修道院。彼时,正值尼基弗鲁斯衔罗曼努斯二世之令进攻克里特之时。尼基弗鲁斯趁着和阿塔纳修斯在岛上逗留之时,再次竭力劝说他到阿索斯山建修道院。取得对阿拉伯人的战争胜利之后,尼基弗鲁斯回到君士坦丁堡。接着,他派遣僧侣美多迪乌斯携信件和 6 里特拉的黄金前往阿塔纳修斯在阿索斯山的修道室。此时,阿塔纳修斯已经接任了圣山领袖职位。因此,他的地位不再显得卑下了。

阿塔纳修斯承认,美多迪乌斯和他共同生活了六个月,并向其施加了巨大压力。他被迫同意为尼基弗鲁斯修建修道间。这就在事实上为尼基弗鲁斯提供了介入修道院事务的合法性。不久,尼基弗鲁斯称帝。据阿塔纳修斯自述,在他获得帝位后,阿塔纳修斯去了君士坦丁堡一趟。他获得了两点重要保证:尼基弗鲁斯保证不留恋皇权,将回圣山完成修道工作。这实际上等于让尼基弗鲁斯承认了对圣山的保护者角色。尼基弗鲁斯还保证不能让修道院的修建工作半途而废。在第 8 条中,阿塔纳修斯明确承认,皇帝为修道院作了捐献。尽管阿塔纳修斯也在第 9 条中回忆了自己面临寻找、搬运、堆积石材等困苦,但他仍然在回忆中凸显了皇帝尼基弗鲁斯所起的重大作用。③

阿塔纳修斯还在法律制度上获得了重大扶持。在第 12 条,他记载了尼基弗鲁斯 964 年左右为大劳拉修道院颁行的诏令,这条诏令是该文献承上启下的重要线索之一,兹译录如次:"朕诏令,在我们之后,大劳拉修道院归最尊敬的僧侣阿塔纳修斯所有,并且当朕仍然活着之时,朕要求同样最让人尊敬的僧侣阿塔纳修斯是大劳拉修道院 8 个僧侣当中和劳拉周围的静修间的、不受干扰的院长。任何事

---

① [法]莫里斯·哈布瓦赫著,毕然、郭金华译:《论集体记忆》,上海:上海人民出版社 2002 年版,第 188 页。角色的模塑和一定的社会记忆紧密相关,关于集体记忆与社会记忆等概念的关系还可参阅[德]韦尔策编,季斌、王立君、白锡堃译:《社会记忆:历史、回忆、继承》,北京:北京大学出版社 2007 年版。

② [法]莫里斯·哈布瓦赫:《论集体记忆》,第 145 页。

③ G. Dennis trans. , "An Typikon: Typikon of Athanasios the Athonite for the Lavra Monastery", in John Thomas, Angela Constantinedes Hero eds. , *Byzantine Monastic Foundation Documents*, pp. 251 - 252.

情都必须由他按照至爱的上帝来管辖,并且必须和修道院制度保持一致。在他去世之后,假如朕还活着,在大劳拉修道院及其静修者的杰出之人,并且在阿塔纳修斯去世前,获得其信任者,应该接任院长之位。但是,当上帝把我们从徒然的生活中召唤出来,并且让我们同时分享死亡的圣杯之时,我们要求任何其他人都不能任命大劳拉修道院院长,除非劳拉的僧侣及其静修者集中在一起,并经过仔细核查,认定了道德突出且有能力行使职权者时,他们将确定他为院长。决不允许来自劳拉之外的僧侣或修道者成为院长。甚至,在我们去世之后,任何人不得允许任何世俗的或教会的人甚或僧侣认定修道院附属于其他修道院。这是我们的意志与命令:宁可让其保持自由与自治。"①

　　由上可见,诏令内容主要包括三方面:修道院归属权问题;院长产生与续任问题;修道院的独立与自治问题。在所有权归属问题上,诏令规定修道院系阿塔纳修斯所有。在院长产生问题上,可分三种情况,即当阿塔纳修斯在世时,他是当然且不受干预的院长;当他去世,则由皇帝决定;当两人同时去世,则由修道院僧侣与静修者经仔细核查后选出。在大劳拉修道院的独立与自治问题上,则强调修道院的院长应来自内部;如若两人都去世,院长的产生则不应受外力干扰,更不能归附于其他修道院。由此可见,诏令的核心内容是修道院管辖权和院长的产生问题。皇权介入修道院内部权力关系显然亦是以此为切入点。诏令确立了阿塔纳修斯在修道院的核心领导地位。但是,阿塔纳修斯的高明之处还在于,他强调皇帝非常重视自己,强调了诏令对他的充分授权,但他不会只是大谈皇帝如何照顾自己的利益。相反,他多次提到自己如何拒绝皇帝提出的要求。从文献来看,阿塔纳修斯并未忘记修道院作为社会团体存在的独立的实际需要,没有忘记修道院毕竟是精神世界的社会团体。

　　二、土地拓耕与团体之存续。无疑,修道院地产和大地产的扩张有一定关系,但又不能一律把修道院地产看作基于扩张的需要和结果。作为实体存在,修道院必须要满足自身延续的需要、象征仪式的物质需要、与外界交往的需要等等。它需要土地拓荒,需要在管理好原有地产的同时,利用权力拓展物质储备的来源。

① G. Dennis trans. , "An Typikon: Typikon of Athanasios the Athonite for the Lavra Monastery", pp. 253 – 254.

在第 9 条,阿塔纳修斯谈到了这一点。在离大劳拉修道院 10 里左右的一个名叫米罗珀塔莫斯(Mylopotamos)的地方,他曾经有过开荒的经历。开荒过程显然比较艰辛,因为该地地形陡峭且草木丛生。之所以开荒,是要为建教堂和静修室提供土地,并在土地上种植葡萄以便圣餐仪式和招待各种宾客之用。①由此可见,修道院的创建与发展过程对于拜占庭经济的发展起到了推动作用,也在一定程度上缓和了人口与土地之间的矛盾。在第 11 条,阿塔纳修斯描述道:"圣山这儿的许多人忙于耕地和种植葡萄……"②

阿塔纳修斯为自己作了辩护。他强调之所以允许这种状况存在,原因在于角色选择需要和一定的具体时空环境相契合。圣山自身的地理状况使得他不得不照顾修道院长期存续的物质基础。对此,他提前在第 10 条中做了详细的解释。阿塔纳修斯主要从气候、地形与交通条件的综合角度来解释。在当时,沿着圣山向南向北皆没有港口,而其他海岛则相距遥远。海岸两侧又难以找到任何避身之所,更找不到锚地。冬天来临时更不能通过海陆获得供给。临陆地的那一侧,道路太长,而且地势十分险要,连牲畜都难以行走。因此,阿塔纳修斯强调鼓励种植葡萄是他不得不为之事。他承认,让僧侣接触商业是不光彩的,但修道院的地理位置决定了在某种程度上,这又是他不得不容忍之事。不过,有一点阿塔纳修斯没有明确指出,即物质惩罚本身是维护修道院内部凝聚力的重要手段。在第 29 条,他就提到对于某些犯错修士的管理措施之一就是惩罚其不能获得酒和橄榄油。③

但圣山的地理范围毕竟有限,管理土地开垦与耕作自然是文献要陈述的题中之义。相关管理措施包括内部约束与外部约束两种。在内部约束上,阿塔纳修斯禁止修建更多的静修室,开垦田地。领导者同样也不可带头再开垦和耕作田地,为了提醒他人,他加重语气强调"连花儿大小的土地也不可"④。内部约束还包括修道院内部团结问题,像里拉的约翰害怕因分裂而导致修道院消亡一样,他同样

---

① G. Dennis trans. ,"An Typikon:Typikon of Athanasios the Athonite for the Lavra Monastery", p. 253. 后文提到该文献第 10 条时皆出处相同不再注明。
② G. Dennis trans. ,"An Typikon:Typikon of Athanasios the Athonite for the Lavra Monastery", p. 254.
③ G. Dennis trans. ,"An Typikon:Typikon of Athanasios the Athonite for the Lavra Monastery", p. 258.
④ G. Dennis trans. ,"An Typikon:Typikon of Athanasios the Athonite for the Lavra Monastery", p. 264.

不允许内部存有小山头、小派别。在外部约束上,阿塔纳修斯至少面临着两个基本问题。一是外来流动人口的问题。对此,他在第53条中坚决否定了外来修道院的僧侣到大劳拉修道院及其属地开垦荒地并耕种。

其次是关于阿塔纳修斯未明确指出的方面。10世纪,拜占庭帝国权贵往往通过筹建修道院来获得地产。通过修道院的归附进而获得更多地产本身就是重要途径之一。在10世纪早期,这种地权扩张方式甚至还威胁到国家财政收益①,以至于罗曼努斯不得不出手打击。在该文献的第51条中,阿塔纳修斯亦记载了这方面的案例。在外部力量——皇帝尼基弗鲁斯的支持下,大劳拉修道院完成了吞并佩里斯特莱(Peristerai)的圣安德鲁修道院事宜。在君士坦丁七世时,该修道院就获得了财政特权。②这次吞并使得大劳拉修道院获得了塞萨洛尼基的所有财产。而阿塔纳修斯的政治艺术亦十分高明,坚持尊崇该修道院的原领导者。

阿塔纳修斯自然知道院长职位的重要性,他对继承人的标准要求甚高。前述提到的第12条引文已经明确提出要保持修道院的独立性。虽然,他对外来的陌生人持某种较为开放的态度,认为绝不能对这些人抱有敌意,但是他在第20条中又一次不厌其烦地提出一定要约束好非修道群体和修道院以外人员,不能让他们成为院长。③不仅如此,他还强调该条款是他让尼基弗鲁斯在皇帝诏令中加入的,并使之更为清晰化。阿塔纳修斯对皇权的游说能力和决策影响力由此可见一斑。但是,他依然对权贵势力不放心。他在第23条中对陌生人采用了否定方法的定义方式,矛头所指向的正是其他权贵势力。他规定:"由为了控制大劳拉修道院的权贵介绍进来的人,则应被定义为陌生者。"④考虑到大劳拉修道院的捐赠主要来自皇帝尼基弗鲁斯和约翰·基米斯基,该定义实际上是修道院排斥性的反映,即其他权贵势力不能危及他们在修道院中的主导地位。

虽然阿塔纳修斯对"院长"和"陌生人"进行了充分论述,提出了严密的条件

---

① [英]玛丽·坎宁安:《拜占廷的信仰》,第73—74页。

② A. Harvey, "The Monastic Economy and Imperial Patronage from the Tenth to the Twelfth Century", in Anthony Bryer and Mary Cunningham ed., *Mouth Athos and Byzantine Monasticism*, Ashingate : Routledge, 1996, p. 92.

③ G. Dennis trans., "An Typikon: Typikon of Athanasios the Athonite for the Lavra Monastery", p. 256.

④ G. Dennis trans., "An Typikon: Typikon of Athanasios the Athonite for the Lavra Monastery", p. 257.

与定义,以防其他权贵势力对大劳拉修道院的渗入。但是他和权贵来往密切本身就会引起拜占庭社会的非议。他本人亦在文献中提到,除了尼基弗鲁斯,约翰·基米斯基亦有常规捐赠给修道院。在拜占庭,正如前论,对教会与修道院过于和权力接近,人们多有诟病,而里拉的约翰的态度则十分鲜明:严禁修道院及其成员和权贵接触。因此,阿塔纳修斯不得不回答在道德洁净与现实需要之间该如何达致恰到好处的契合?

三、道德洁净与权力制约。事实上,阿塔纳修斯坦承了自己的内在矛盾心理。一方面,他表明了自己认同道德洁净,并且还认为那些通过独自生活、沉思冥想等方式从圣灵那里获得了思想、肉体和灵魂圣洁的人乃是灯塔。他认为应该过自己喜欢的生活,从而真正做到自我拯救。他对尼基弗鲁斯的赞扬也可以此标准观之,认为他是一个以"美德而著称"的人。①另一方面,他还逐步认识到仅有自我拯救是远远不够的。他以反思的笔触写道:"我对别人的拯救还不是足够热情。"但是,如若要拯救别人,则很可能会卷入复杂的利益分配漩涡当中。况且,修道院本身还有大量现实困扰需要解决。比如,前述论及的世俗生活。阿塔纳修斯曾经提出商业活动有利于且可以满足教堂的供给,但他又不得不承认,派遣僧侣到城市和乡村售酒的确是不光彩和不适宜的事情,可能导致僧侣遭受污秽。因此,他要做的就是寻找可分担忧虑的方式,使修道生活能够以较好和更完美之状态获得较好结果。②那么,该如何处理道德洁净、灵魂拯救与人们实际需要之间的现实关系呢?他至少从三个方面做了回答。

首先,阿塔纳修斯构连道德洁净与现实需要之间的桥梁,认为两者实际上并不互相排斥。他正是基于修道院的本质,即修道院作为一个社会团体存在,有着实际利益需要来认识相关问题。在他看来,满足修道院实际需要的强大根基正是塑造其道德洁净形象。在第 27 条中,他宣布修道院的最高目标就是根除自己意志,聚精会神加强德性修炼与修养。③然而,形象塑造过程并非就能做到断绝物质之现实需要。因此,他认为,一方面要必须完全保障能够代表修道院道德形象的

---

① G. Dennis trans. , "An Typikon: Typikon of Athanasios the Athonite for the Lavra Monastery", p. 250.
② G. Dennis trans. , "An Typikon: Typikon of Athanasios the Athonite for the Lavra Monastery", p. 253.
③ G. Dennis trans. , "An Typikon: Typikon of Athanasios the Athonite for the Lavra Monastery", p. 257.

僧侣们的基本物质需求;另一方面又要对他们律之以最严格的道德标准。比如,第37条中就规定修道院的120位僧侣中应有5位能在外独自修行。在37、40等条中,他对他们提出了一系列道德规约:他们必须一无所有,必须聚精会神于修道,守护自身思想,必须加强自我控制,必须厉行节约,不可放纵肉身,必须对修道院领袖保持尊重,保持谦卑。①可见,阿塔纳修斯认识到,道德洁净必须以满足基本的现实需要为前提。为此,他规定,独自修行的僧侣们在一定时期内可以获得3个诺米斯玛、5升谷物的生活补贴。考虑到修道院可能存在的一些内部矛盾,在第41条中,他强调独自静修者不应在争吵与侮辱中受到干扰,认为"他们对道德的勤奋追求不应被视为懒惰"②。除了静修僧,为扩大社会影响,修道院自身也需要强大的物质基础。在第35条,阿塔纳修斯提到修道院不能停止供应济贫院的穷人,哪怕修道院自身需求被削减到1升。③

阿塔纳修斯还认识到捐赠不仅可以给修道院带来物质支持,也可能给修道院带来内部冲突。因此,他规定了包括谷物、土地在内的捐赠的分配方案。这些分配方案往往和道德洁净紧密联系。比如,在第49条,为避免僧侣们分心和装腔作势,他规定入门做修士者的礼赠必须分给穷人。至于通过礼赠来获取特权,并让其他修士感到自卑,则更不允许。④

其次,扩大资源的获取渠道。如前述,阿塔纳修斯认识到自然地理环境、交通状况等因素使得靠自身耕作可能满足不了修道院的现实需要。而且,阿塔纳修斯雄心勃勃,希望修道院能够获得更大发展。在第36条,他就提到,希望修道群体的总人数能够在100—200人。⑤ 同时,修道院承担了包括济贫等在内的经济社会责任,这也需要物质支持。自我存在、发展扩大与社会责任等都需要修道院有持续的捐赠。来自皇权及权贵集团的持续捐赠是修道院持续生存下去的关键。从他透露的数据来看,从皇帝尼基弗鲁斯到基米斯基都维持了对修道院的固定供应,约翰·基米斯基甚至增加了244诺米斯玛作为对修道院的常规捐

① G. Dennis trans. , "An Typikon: Typikon of Athanasios the Athonite for the Lavra Monastery", pp. 260 - 261.
② G. Dennis trans. , "An Typikon: Typikon of Athanasios the Athonite for the Lavra Monastery", p. 261.
③ G. Dennis trans. , "An Typikon: Typikon of Athanasios the Athonite for the Lavra Monastery", p. 260.
④ G. Dennis trans. , "An Typikon: Typikon of Athanasios the Athonite for the Lavra Monastery", p. 263.
⑤ G. Dennis trans. , "An Typikon: Typikon of Athanasios the Athonite for the Lavra Monastery", p. 260.

赠。不能不注意的是,尼基弗鲁斯系被约翰·基米斯基斯谋杀,而阿塔纳修斯本人是尼基弗鲁斯的顾问,两人过从十分密切。因此,他能够维持常规捐赠并获得增加确实不易。不仅如此,约翰·基米斯基还从赋税方面给予支持,他赐予莫雷斯的征税所得要永远归大劳拉修道院所有。显然,这其中可能存在政治经济方面的某种交换。不过皇权或其他权贵一旦成为机构资助者后,修道院本身就会具有很强的排他性,即修道院不能再任命任何其他的权势显赫,即便对团体有利的人作为自己的院长。不管如何,这些记载真实地反映了大劳拉修道院和两位皇帝的密切关系。事实上,阿塔纳修斯奠定了修道院的现实主义原则。这一原则对大劳拉修道院的长期发展影响甚大。1057 年,皇帝米哈伊尔六世不仅再次确认了这些前任皇帝所赐予的特权,而且在此基础上进一步增加了 3 镑黄金的捐赠。①

除皇室捐赠、税收豁免或转让、修道院自身拓荒与垦种的土地、修士们的捐赠外,该文献还提到了圣山中的属地、城市属地等名词。它们表明,阿塔纳修斯的确为修道院开辟了非常广泛的资源获取渠道。因此,他十分高兴地在第 34 条叙述道:"在上帝的眷顾与恩赐之下,他们捐赠给我的地块已经足够了,(你)只需把它们照管好。"②它同样表明,10 世纪修道院的地产扩张状况:通过拓荒扩大地产的同时,修道院借助依附世俗权力等获取捐赠手段,全面扩张了地产来源范围。这种扩张状况即便在严厉的瓦西里二世统治时期也难以得到彻底解决。甚至,修道院通过强大的游说能力让这位皇帝于 978 年颁行敕令,要求有关方面以财政手段支持大劳拉修道院,使其能够维持供养 500 名僧侣的规模。③

最后,关于权力配置及其约束。在阿塔纳修斯看来,权力配置及其约束的绩效必须要综合考虑正确处理道德洁净与利益取向的关系。在第 13 条,他认为修道院的领袖与管理者必须获得充分的支配权和权威,以利于制定规则与标准。但是,规则与标准的效力首先取决于管理者本身必须以身作则,绝不能滥权。如有

---

① A. Harvey, "The Monastic Economy and Imperial Patronage from the Tenth to the Twelfth Century", p. 92.
② G. Dennis trans., "An Typikon: Typikon of Athanasios the Athonite for the Lavra Monastery", p. 259.
③ G. Dennis trans., "An Typikon: Typikon of Athanasios the Athonite for the Lavra Monastery", p. 209.

违反,必须剥夺其继承权。他以创建者的身份为继承者提出了一系列约束其权力的要求。在道德的内在约束与外在评价方面,他强调权力受之于上帝原则,管理者首先必须首先忠于上帝,忠于神圣、同质同体、完美的三位一体的上帝;必须不断践行德性,团结修道院内的不同群体,不能搞分裂,必须思考修道院团体如何能够得到最好的服务。正如阿塔纳修斯在第15条所强调的,修道院管理者必须"在最优秀的人当中,有能力做到在道德上熠熠生辉"①。但道德优秀者必须能为修道院带来实际的利益,亦即道德内在约束与满足他人利益是并行不悖的,阿塔纳修斯在第30条引述了著名的塞奥多利·斯图迪特修道院之规定,并清晰地阐明了这一看法:管理者既要能够为修道院储备好必需品,又不能自私自利,为自己储备任何东西。因而德性之践行必须引入外在评价机制,他为此规定,继承人必须经过修士们的严格评价,并参与选举才具有合法性。

权责的合理职分同样有助于道德洁净。修道院团体作为宗教力量自然要净化灵魂,以良好的德性修养获取上帝之欢愉。同时,修道院团体本身需要生存、发展,需要雄厚的物质基础。因此,修道院团体的领导者在职司上如何合理分工显得十分重要。为此,阿塔纳修斯在第52条谈及修道院行政管理时,规定在维持自身权力唯一性支配地位的同时,院长可以任命总管。而总管对物质需要进行管理。不过,总管必须在德性言语方面力求完善,其行为行动能让上帝愉悦。这样,道德洁净又转而成了运用职权合理与否的评价标准,并反作用于权力本身,构成约束机制的有机组成部分。阿塔纳修斯还提到了葡萄酒酒库管理者、财库管理者等不同岗位的人员。这表明职分细化是修道院内部分工的常态,亦是权力约束的途径之一。然而,自我约束并非能解决权力有效运行的所有问题,当修道院内部权力约束机制难以形成且面临着冲突时,就需要包括皇权在内的其他外部力量介入了。事实上,皇帝约翰·基米斯基就介入过圣山的事务。

(三) 羊皮卷教规②中的权力斗争与土地问题

权力具有强大的诱惑力,对经济社会发展起着重大影响。修道院的地产经济往往也与权力斗争紧密相连。所以,无论是里拉的约翰,还是阿塔纳修斯,都在教

① G. Dennis trans. , "An Typikon: Typikon of Athanasios the Athonite for the Lavra Monastery", p. 255.
② 这里所用的"羊皮卷教规"是指"Tragos",亦称作"billy goat""he-goat"。它的原始文件写在薄羊皮纸上。

规中使用了相当篇幅来告诫修道院的僧侣要力求团结,要保持和平相处。但要做到和平相处并不容易,尤其是在修道院扩大规模之后,不仅面临大量内部矛盾,还会面临同在圣山中的其他修道团体的巨大压力。阿塔纳修斯本人就遇到了此类争端。争端演化为激烈的冲突,甚至出现了僧侣受伤的情况。当冲突已经喧嚣了一周时,皇帝约翰·基米斯基也不得不介入,以避免它发展成"丑闻"。[①] 介入的结果之一就是在此要分析的约翰·基米斯基于971—972年间留下来的一份文献。它由斯图迪特的僧侣优西米乌斯起草,约翰·基米斯基签署,较之阿塔纳修斯遗留下来的修道院文献要早三年。除了教会法与世俗法之别,两者在背景上和针对性上皆不相同。

第一,敕令中的群体与冲突。实际上,阿塔纳修斯提到了973—975年间发生的许多事情。其中,包括约翰·基米斯基对阿索斯山、大劳拉修道院颇有助益的支持措施。但是,他对此所用篇幅甚少,亦未明确细致地陈述皇帝签署的这份法令。从文献内容来看,除较长的开篇外,它还包括28条左右的条文。约翰·基米斯基开门见山,在开篇就直接切入主题。他提到圣山中的两派因争端无法解决而试图依靠更强大的皇权来干预。值得注意的是,与前两个文本不同,这份文件是以共同签字方式来落款。除皇帝之外,参与共同签字者,还有56个签名,阿塔纳修斯以圣山总督与大劳拉修道院院长的名义各签了一次。[②]争端大约发生在约翰·基米斯基继位前后。争论涉及阿索斯山的三个不同的修道群体:修道院僧侣;较小的独修群体;独处的隐士。

从敕令来看,相关矛盾与问题主要包括以下几种。

一是修道院之间的矛盾。矛盾的焦点之一是权力分配。具体来说,就是圣山首席院长阿塔纳修斯与其他修道院院长之间的关系处理。敕令的第1条就试图协调并理顺两者之间的关系,而非仅仅"确认修道院长权力"[③]。该条一方面规定院长必须在处理纠纷等相关事务上获得圣山总督的认可;另一方面该条亦规定如果圣山首领未获得领导者集体会议同意或建议,无权做任何未经他们同意的事

---

① G. Dennis trans. ,"Tzimiskes: Typikon of Emperor John Tzimiskes", p. 235.

② G. Dennis trans. , "An Typikon: Typikon of Athanasios the Athonite for the Lavra Monastery", pp. 241 - 242.

③ Alexander P. Kazhdan ed. , *The Oxford Dictionary of Byzantium*, vol. 3, p. 2103.

情，即便它"看起来对公共的善或某些个体特别有利，他也无权做"①。显然，它表明，阿塔纳修斯与其他修道院领导人之间存在某种程度上的矛盾。第 2 条则涉及两个修道院之间的僧侣迁移问题。该条规定已经被其他修道院剃度的僧侣，如若要被圣山接受，需要经过合理的认定程序，且无权购买土地和任意占领无主之地。②可见，圣山存在较为严重的地权与人口比例失衡的现象，以至于修道院之间存在着严重的矛盾，乃至冲突。

二是修道院内部亚群体间的矛盾。比如，第 4 条、第 5 条就规定如果门徒对修行导师不满意，可以通过一定程序更换修行导师。③第 18 条则涉及内部群体成员之间遇到脱离关系时，该如何处置财产的问题。④第 26 条则规定了财务公开制度，即总管的账目公开问题。⑤由此可见，圣山并非彻底的道德洁净之所，第 18 条和第 26 条表明，修道院内部不同群体之间存在财产纠纷。因此，修道院不是单纯的宗教机构，修道院财产经济、地权冲突如何处置是拜占庭帝国必须面对的问题。要理解帝国经济社会发展，离不开对修道院经济运行规律的分析。

三是隐修群体的相关问题。在隐修群体和阿塔纳修斯之间存在着比较尖锐的矛盾，尤其是对他与世俗权力保持过分密切的关系，参与过多的商业活动颇有不满。他们更愿意过宁静的独修生活，而不是被世俗事务干扰。而约翰·基米斯基所颁行的这份敕令保护了更愿意独居或单独隐修的僧侣群体。在第 10 条中，他规定只要僧侣愿意专心致志地践行德性，在精神和禁欲方面表现得十分优秀，就可以单独进入旷野苦修，进而真正做到禁欲。⑥事实上，对于这些问题，阿塔纳修斯在 973—975 年间为自己作了辩护，同时也在一定程度上采取了一系列措施保护隐修士。

四是关于修士和俗众之间的关系。阿塔纳修斯同样进行了自我辩护。他强调自己也不愿意僧侣与俗众之间有过多的接触。显然，他是针对反对者的批评，

---

① G. Dennis trans. , "Tzimiskes: Typikon of Emperor John Tzimiskes", p. 236.
② G. Dennis trans. , "An Typikon: Typikon of Athanasios the Athonite for the Lavra Monastery", p. 236.
③ G. Dennis trans. , "Tzimiskes: Typikon of Emperor John Tzimiskes", pp. 236 - 237.
④ G. Dennis trans. , "An Typikon: Typikon of Athanasios the Athonite for the Lavra Monastery", p. 239.
⑤ G. Dennis trans. , "An Typikon: Typikon of Athanasios the Athonite for the Lavra Monastery", p. 240.
⑥ G. Dennis trans. , "An Typikon: Typikon of Athanasios the Athonite for the Lavra Monastery", p. 237.

尤其是约翰·基米斯基的相关规定。在第 14 条中,约翰·基米斯基明确规定,任何修士不允许离开圣山。①第 25 条中,敕令还对建筑工人带学徒的问题做了专门规定。②

五是管理层的仆从问题。敕令开篇就涉及修道院内不同人员。比如,敕令规定,圣山的总督能够带三位门徒,阿塔纳修斯则可带两位仆从,保罗修士也可以带一人,而其余人则不得有仆从。约翰·基米斯基明确指出,在特权的羽翼之下,仆从群体之间很容易发生混乱与冲突③,影响修道院和圣山的稳定。

可见,敕令具有很强的问题导向性,它针对不同群体不同冲突,尽可能地采取平衡关系的方式来处理,以利于缓和矛盾。不过,值得注意的是,阿塔纳修斯和修道院院长们的权力还是得到了确认,获得了很大程度的保证。比如,如果僧侣要独自隐修,就必须要得到修道院院长们的一致同意和裁决。然而,在土地和财产关系的处理上,约翰·基米斯基要面对十分困难的局面。

第二,敕令中涉及的土地与财产关系。如前所论,阿索斯山的地形决定了修道院要做到自给十分困难。阿塔纳修斯是一位现实主义者,他深知,修道院的发展状况、僧侣数量、社会救济等一系列责任都需要通过土地拓耕、修道院兼并、参与商业活动、大量募捐等渠道来满足需求。但是,这些行为必然导致圣山的不同群体在不同程度上存在复杂的矛盾。对此,约翰·基米斯基在第 2、6、7、8、13、15、18、19、20、21、22、23、24、26、27 诸条中对土地与财产关系做了细致规定。相关条款总数多达 15 条,占整个敕令条款的 50%以上。由此可见,敕令非常重视调适土地和财产关系,这同样表明与修道院相关的土地与财产关系的冲突当时已经十分剧烈。

首先,关于土地所有权和使用权问题。

在这 15 条当中,与土地所有权及使用权相关的内容是最多的一部分。其中,第 2 条针对的是从外部转入的僧侣。它规定这部分僧侣无权购买田地或主动地、

---

① G. Dennis trans., "An Typikon: Typikon of Athanasios the Athonite for the Lavra Monastery", p. 238.

② G. Dennis trans., "An Typikon: Typikon of Athanasios the Athonite for the Lavra Monastery", p. 240.

③ G. Dennis trans., "An Typikon: Typikon of Athanasios the Athonite for the Lavra Monastery", pp. 235 – 236.

肆意地占有无主土地。①第6、7、8条针对的则是修道院领导人。具体内容包括:当他尚且在世时,可以处置其去世后的财产。他可以选择出售、捐赠或其他方式转让自己的土地。转让对象包括其门生在内的任何他愿意转让者,亦即他可以按照自身意愿行使其所有权和充分的自由权。②但当他临近去世之时,圣山上的领导者之一应把土地留给管理者。这些土地不能被归属于大劳拉修道院或归到任何其他人名下,或附加到其他人的土地产权当中,或者归属于亡者名下。但是,他可以选择捐赠给任何没有其他土地的人。由此可见,大劳拉修道院的地产可能已经达到很大规模,其土地兼并行为是矛盾的焦点之一,也是条文约束的对象之一。

同时,第8条规定,对于此类情况的处置,应按照卡里斯提克制度来处理。③当门徒退出时,如果退出者依然留在圣山云游,却又不愿意完成自身租佣服役者,应该受到警告。第18条中则对其他情况做了进一步规定:如果一些门徒不是因为受修道院领导人困扰而退出,他可以从其所继承的土地中获得一半;如果系领导人所致,则可以获得全部土地。④可见,这些条款表明了修道院内存在着人身依附关系。因这种依附关系而产生的矛盾在第19条中可以得到充分印证,只不过皇帝约翰·基米斯基在某种程度上对处于弱势的门徒给予了保护,苦工僧即是其存在形式之一。在希腊语当中,苦工僧对应的形式是"kelliotai"。它表明修道院内存在群体之间的支配与被支配的等级关系,也反证了部分修道院领导层和管理层的严苛程度,以至于约翰·基米斯基在第20条中强调不允许强迫苦工僧劳动。这也表明了拜占庭帝国借教会法缓和社会矛盾的用意。这样,教会法和其他世俗法令构成了相互作用的社会控制手段。

除苦工僧群体外,敕令中关于土地所有权转让的规定还涉及专门通过土地买卖获利的群体。由此可见,地权交易在帝国已经非常活跃,土地买卖已经专门化了。约翰·基米斯基在第13条对该群体的活动特征及其危害进行了定义。敕令

① G. Dennis trans. , "An Typikon: Typikon of Athanasios the Athonite for the Lavra Monastery", p. 236.

② G. Dennis trans. , "An Typikon: Typikon of Athanasios the Athonite for the Lavra Monastery", p. 237.

③ 一种转让私人宗教机构的制度,希腊语表示为"Χαριστική"。

④ G. Dennis trans. , "An Typikon: Typikon of Athanasios the Athonite for the Lavra Monastery", p. 239.

认定该群体主要是通过出售地块,然后购入他人地块,并通过哄抬两者差价获得利润。甚至,哄抬地价者往往通过不体面的方式获得利润。显然,一些僧侣可能参与了哄抬地价。他认为这些参与土地商业交换的僧侣会危及其灵魂修行,必须予以严厉警告。经过警告后仍然行径恶劣者,应该被驱离圣山。[1] 该条款表明 10 世纪时,帝国的土地买卖十分盛行,甚至打破了远离陆地的圣山的修道院之宁静生活。

其次,关于葡萄园、林木、牲畜等财产处置问题。

如前所论,葡萄园及其酿酒与修道院礼拜、祭祀活动、对外交往等方面紧密相关,是修道院的必需用品。第 15 条主要针对的是葡萄及其酒类出售的问题。该条款规定任何人不得通过圣山的河流去向俗众售酒,以免堕落。如有多余的葡萄,可以出售给圣山中的僧侣。只有当俗众极其短缺且经常出入圣山时,才可允许进行酒类交易。[2]敕令第 18 条主要针对的则是试图离开圣山的修士。该条认为离开圣山的修士可以拿到在葡萄园期间工作的一半费用。[3]在林木方面,约翰·基米斯基在第 24 条中提出,僧侣在圣山上所砍的木柴不能运到圣山外出售,但在圣山内部出售则不受惩罚。同时,只有紧急状况之下才可以向俗众出售。[4]上述条款既表明,圣山在商业方面具有优先权,还表明,修道院对商业交往腐蚀修道精神抱有担忧态度。同时,条款也证明了 10 世纪马其顿王朝运用教会法中的道德取向对包括土地、林木在内的资源配置乱象进行制约。

在牲畜饲养方面,约翰·基米斯基在第 22 条规定不得凭借特权将其带入。如果习惯上确有需要的牲畜,则应得到修道院院长会议批准。[5]不过,在第 23 条中,约翰·基米斯基还是给予了大劳拉修道院以特权,即只有该修道院可以拥有牲畜的轭。[6]敕令中对大劳拉修道院诸如此类的有利条款不在少数。可见,在阿塔纳修斯领导下,大劳拉修道院即便在矛盾冲突剧烈时,也获得了不少的特权。显然,条款表明,修道院领导人物已然可以利用职位来影响敕令的出台和内容选

① G. Dennis trans., "An Typikon: Typikon of Athanasios the Athonite for the Lavra Monastery", p. 238.
② G. Dennis trans., "An Typikon: Typikon of Athanasios the Athonite for the Lavra Monastery", p. 238.
③ G. Dennis trans., "An Typikon: Typikon of Athanasios the Athonite for the Lavra Monastery", p. 239.
④ G. Dennis trans., "An Typikon: Typikon of Athanasios the Athonite for the Lavra Monastery", p. 240.
⑤ G. Dennis trans., "An Typikon: Typikon of Athanasios the Athonite for the Lavra Monastery", pp. 239 – 240.
⑥ G. Dennis trans., "An Typikon: Typikon of Athanasios the Athonite for the Lavra Monastery", p. 240.

择。换言之,敕令把特权予以制度化。①制度化的结果是,权力的排他性保证了捐赠、土地兼并、税收特权流向教会权贵们。不过,约翰·基米斯基的敕令还通过制约内部财务权力运行以及为弱势者留下一定的生存空间保证了圣山的稳定与和谐。

最后,关于修道院的财务问题。

修道院财务问题主要包括相关人员的薪水与津贴、账目信息、基金等。前文已经提到修道院管理者对僧侣的压榨问题,主要体现在薪水与津贴的发放方面。关于这一点,第19条规定得十分清晰,现译录如次:"如果一位僧侣来到之后,并同意为管理者之一工作一年,但是在超过指定时间里因忽视责任而离开者,可获得为管理者工作的报偿。但是,如果管理者行径坏透了,并且该僧侣已经为其服务4—6个月的时间,他竭力通过不付薪而赶走他并导致修士受损者,我们命令修士获得全额薪水。但是如果他恶劣地剥夺之,并顽固不化地不付给薪水,他应该受到资格更老者的控告,应该不受延误地从这位恶劣的管理者那里获得全额薪水,薪水给原告。在诸如此类的方式中,如果一个人履行了没有合同的服务,却因被管理者赶走或受其骚扰而想离开,我们命令他应该从领导者那里获得全额津贴。"②

由上可见,修道院内部的盘剥形式多样,行径恶劣者为数不少,而驱离和骚扰修士的行为尤其会让矛盾激化。在账目管理上,修道院一般会设有专门的财务总管。对此,约翰·基米斯基在第26条中规定了账目公开原则,即财务总管必须在圣母斋安息日那一天公布委托给他的职权范围之内的账目。如果经圣山首领和领导者核查满意且账目执行良好,则总管可得到连任;如果出现不满意者,需要让财务总管承担相关责任,并另行选任新人。至于修道院基金,敕令未作详细的规定,只是谈到两次会议施压所得基金的剩余部分必须经预算后用于长者安慰,或者增补为津贴,分配给修道院的僧侣们。

---

① 伦斯基专门从权威和影响、职位与财产所有权等角度分析了制度化权力的种类,他认为随着社会发展制度化,权力成了最有用的资源,是斗争中较为高雅的形式的最后保证。他还认为制度化权力能够为社会接受,有隐蔽性,保证的是群体利益而非个体利益。[美]格尔哈特·伦斯基著,关信平等译:《权力与特权——社会分层的理论》,北京:社会科学文献出版社2018年版,第73—74页。

② G. Dennis trans.,"An Typikon: Typikon of Athanasios the Athonite for the Lavra Monastery", p. 239.

　　由上可知,三份不同文献都十分关注道德伦理与权力关系,关注道德、权力背后的经济社会关系。并且这些道德伦理和权力关系都通过不同形式与地权冲突存在某种关联性。只不过在里拉的约翰那里,土地的荒野形态得到了强调,体现的是远离世俗权力与权贵的态度,这一点和阿塔纳修斯的政治现实主义态度截然不同。后两份文献都反映了与土地及其产出紧密相关的社会矛盾,反映了地产与修道院经济的紧密关联性。它们表明,皇帝和修道院自身都制定了有关规则,试图理顺权力关系、群体矛盾以及与之相关的经济冲突问题。换言之,无论是阿塔纳修斯制定的院规,还是约翰·基米斯基颁行的敕令都试图采取较好的制度设计来解决修道院的日常需求与供应,解决土地及其附加产出问题。这些努力在推动了帝国良性发展的同时,也因修道院自身所具有的封闭性、修道院中的权贵集团利用皇帝偏好而展开对世俗权力的游说,并最终获得包括尼基弗努斯等皇帝在内的支持而使得法令具有双重性,即法令一方面试图照顾相对弱势群体的利益,另一方面也更多地偏向修道院的领导层与管理层。其结果是,法令和修道院院规的绩效被大大削弱了。这样,这些制度为帝国进入黄金时代提供了强有力的支持,但是必须认识到10世纪修道院地产的扩张仍然没有得到根本的遏制。修道院地产的扩张充分反映了政教力量既矛盾又合谋的特殊关系。

四、 地权冲突控制机制与帝国黄金时代

　　从制度演化来看,地权冲突的控制机制既包括对正式制度的观察,如行政体制、立法活动、修道院院规等;也包括对非正式制度的观察,如道德论述、社会心理约束机制等内容。这两者的结合使得自然秩序与人为秩序紧密啮合,为帝国进入黄金时代提供了制度支持。同时,制度演化过程中,总会有一定的社会群体成为受益者和保护对象。如史诗所反映的边疆军事权贵。总体而言,帝国在9—11世纪的经济社会发展与地权冲突的控制机制紧密相关。这一机制的系统性表现如下。

　　第一,国家优先,稳住皇权的中心地位。从前述土地立法活动,不难知道,皇权是帝国权力体系的中心,只有这一中心具有足够的权威地位,拥有强大治理能

力,才能获得稳定帝国的治权。否则,帝国将面临哈贝马斯所说的合法性危机。因此,在土地立法中,马其顿王朝统治者深知正确处理国家整体利益与权贵利益关系的重要性。大量立法活动强调必须坚持国家优先的立场。这一立场集中表现为:(1)国家利益论。坚持立法应该从帝国的共同利益出发,共同利益优先是所有权贵必须坚持的原则。从具体条款来看,这种坚持首先体现在帝国统治者强调自身立法的合理性就在于基于国家利益,诚如罗曼努斯一世、君士坦丁七世都在 D 令、E 令等法令中所强调的是为了帝国之“共同利益”。①(2)国家实力论。在文明冲突的东地中海格局中,为了维护帝国的共同利益,就必须提升国家力量。因此,土地立法的一些文本强调,解决地权冲突就是防止削弱帝国实力。瓦西里二世在墓志铭中就强调了帝国扩大地缘政治影响力的重要性。(3)国家财政能力论。财政的汲取能力与合理分配能力在国家实力当中占据着关键地位。从法令来看,虽然不同的统治者在不同的法令中可能会采取不同的立场、不同的利益取向,但他们都非常重视和强调国家财政的汲取能力和分配能力。正是基于国库所需,利奥六世颁行了加快土地交易的 A 令。为了夯实帝国财政基础,罗曼努斯一世则重申了罗马法中早已存在的基本财政单位概念。为了防止税源流失,强硬的瓦西里二世提出要加强检查、审核。(4)国家安全论。在立法中强调国家安全的典型是罗曼努斯一世颁行的 C 令,即 934 年新律以及君士坦丁七世所颁行的 E 令。他们认为,安全指向的就是免于恐惧的自由。罗曼努斯一世在 C 令中明确强调,自己的立法活动旨在让城市、乡镇的臣民们能够面对外部压力,享受免于敌人进攻的恐惧之自由。君士坦丁七世则在 E 令的开篇就警告各方“对安全事务不予以强烈关注的人,将因此误入歧途”②。瓦西里二世在 O 令中强调安全状态,不仅仅是短期的,更应该着眼于国家长期的、未来的安全。(5)国家秩序论。相关法律文本表明,秩序即安全。统治者对于秩序抱有两种基本态度。首先是对失序现象的忧心忡忡。例如,君士坦丁七世担忧农兵土地问题;尼基弗努斯二世担忧农兵逃离现象导致边疆失序。瓦西里二世担忧乡村修道院地权扩张导致恶劣影响,导致道德败坏。其次是表达坚决维护国家秩序的态度与决心。关于这种表

① Eric Mcgeer, *The Land Legislation of the Macedonian Emperor*, p. 55.
② Eric Mcgeer, *The Land Legislation of the Macedonian Emperor*, p. 71.

态，罗曼努斯一世在 C 令中的论述最为典型。

总体来说，立法表明，多数统治者基本能够认识到上述五个方面如果出现重大挑战，皇权合法性就会遭遇彻底削弱。也就是说，坚持国家优先本身就是强化皇权合理性与合法性的表现。在此前提下，他们会依据具体情况，在土地立法中选择一定的巩固皇权合理性与合法性策略。史料表明，马其顿王朝在中前期较好地维护了皇权的延续性及其中心地位。他们能够依据自身权力来源的不同，选择不同的策略。王朝的创立者瓦西里一世因谋杀阿莫里王朝皇帝而获得皇权，故而他竭尽全力维护王朝皇统。利奥六世、君士坦丁七世、罗曼努斯二世、瓦西里二世等后代不断努力基本巩固了皇权延续传统。而罗曼努斯一世、尼基弗努斯二世以及约翰·基米斯基等是从权贵成员变成帝国皇帝。因此，他们一方面需要扩大统治基础，另一方面则需要继续巩固自身所在利益集团的支持。不同的权力来源属性，使得统治者在土地立法方面也采用不同的策略。例如，罗曼努斯一世一方面基于帝国面临的自然灾害带来的挑战、地权冲突对政权合法性带来的巨大挑战，以强硬的态度颁行了 B 令和 C 令，但另一方面，他又对权贵群体暗示，立法已经预留了一定的法律空间。来自尼基弗努斯二世的法令表明，他所在的利益群体可能在自己家乡加强了土地兼并活动。同样，虽然尼基弗努斯二世颁行了对教会和修道院态度较为强硬的法令，但修道院院规表明，他对大劳拉修道院的建设和地产扩张给予了支持。

第二，加强甄别，确保中枢制度良性运行。尽管帝国统治者试图以维持国家整体利益优先，但毕竟社会运行的常态是不同利益群体的大量互动活动。总体来看，土地立法活动表明，统治者秉持了一种现实主义态度，试图通过甄别不同的利益群体进而定义不同的利益群体，来确定土地立法的调适目标与策略。定义是利益边界确定的过程，反映了统治者对群体特征进行确认的过程。因此，定义也是统治者处置社会关系的过程。如前所论，在马其顿王朝土地立法文本中，罗曼努努斯一世、瓦西里二世先后对权贵进行了明确界定。其他统治者虽然没有给出界定，但也从某个维度确定了奖惩范围。这些范围也涉及权贵。大略而言，统治者强调了权贵在权力与特权、资源配置权、关系支配权、资源转换能力等方面的特殊性。土地法令也强调了约束权贵的职位优势、等级优势、财富优势、人际纽带优势、法律制定与诠释优势的重要性。比如,在确定收入标准时,马其顿王朝曾经把收入低于50诺米斯玛者视为低收入者。尽管标准非常清晰,但这并不意味着贫贱者就会简单接受相关标准。恰恰相反,贫贱者在日常生活中有着一套丰富的博弈与反抗策略,包括逃离村社与税区、规避、合谋、寻求庇护等多种方式。这些策略既在某种程度上构成了对权贵的困扰,又在某种程度上对社会秩序构成了持续的冲击。这些策略的出现本质上和土地资源配置不均紧密有关。对帝国政府来说,必须要尽可能获得更为广泛的税收和土地租金来源。贫贱者在一方面接受了帝国的规训与惩罚,另一方面也被训练出了一套逃避统治的艺术。即便在修道院,他们也有一套自身的实践逻辑来规避严密的统治体系。尤其在灾荒之年与动荡之年,生存本能往往促使他们深入思考并广泛运用逃避统治的艺术。至于反抗策略,它本身就是不愿接受现状,试图逃避统治的一种态度,一种选择。面对这些实践逻辑与实践策略,统治者并未在法令中一味地采取打击的态度,而是区分不同策略尽可能和平地予以瓦解。因而,虽然出现过"铜手"瓦西里起义等现象,但是马其顿王朝总体上未出现过太多对统治者具有颠覆性的大规模暴力事件。这表明,帝国在缓和地权冲突,尤其是贫贱者与权贵之间的矛盾上取得了一定效果。

"在国家发展的每一个阶段,军事利益都处于最显著的位置。"[1]无疑,封建国家职能之一便是为皇帝——国家的最高军事首领提供物质利益和经济保障。虽然军事权贵是国家机器的关键部分。但与国家整体利益相比,与帝国最高统治者相比,还是在立法中居于次要的地位。因而,在围绕着权贵斗争而衍生出的一系列矛盾中,最主要的矛盾是军事地主与农兵之间的矛盾与冲突。从土地立法来看,帝国充分认识到了军区制作为中央与地方关系的中枢地位,尤其是这一制度在帝国物质利益保障和安全利益保证中的重要地位。君士坦丁七世在法令中叙述得非常清晰。他强调,如若要关注帝国安全和秩序,就必须维护军区制的有序性、持续性,为此,就必须像保护熊爪一样采取有效措施保护农兵。因此,整体来看,在处置军事地主与农兵的土地关系上,帝国中前期大体上强调了保护农兵的

---

[1] [奥地利]尤根·埃利希著,叶名怡、袁震译:《法律社会学基本原理》,北京:中国社会科学出版社 2009 年版,第 101 页。

重要性。具体来说,这些保护措施包括:(1)确保登记制度的真实性、有效性。从法令来看,一些军事地主为了扩张地产,或者为了争夺强壮的农兵作为劳动力,他们往往想尽办法规避登记制度。(2)确保不同兵种类型的农兵能获得基本供给标准。从土地法令来看,帝国的措施具有很强的针对性,按照海军农兵、重装士兵以及其他不同兵种规定提供了基本供给标准,出现了4金镑、12金镑等标准。君士坦丁七世、尼基弗努斯二世等皇帝通过法令确认了这些标准。(3)确保农兵来源和构成的稳定性。从法令来看,部分农兵会从经济社会状况较差的军区逃离,到较好的军区生活。这种情况对帝国军区之间的关系,对较为穷困的边疆战略区域构成了巨大冲击。同时,农兵在亚美尼亚等地区都出现了不同程度的抛荒现象,导致大量无主之地出现。帝国不得不采取针对性措施。例如,加强军事地主的连带责任制,村社的连带责任制;重新理顺先占权等。(4)确保农兵能通过一定的渠道获得向上流动的可能性,获得改善生活的希望。如前所论,帝国军区制也是严格的等级结构。不同等级享有不同薪酬、不同收入。同时,军区制与授衔制紧密结合在一起。而授衔又与声望、权力紧密结合在一起。这样,一套等级性激励制度形成了。从马其顿王朝的历史来看,在罗曼努斯一世以后,帝国曾经经历过一段较长的军政时期。此时,军功利益集团在权力主导、资源配置方面都具有强大的话语权。农兵通过军区制能获得一定的社会资源和流动机会。瓦西里二世又能主动提拔年轻军事将领,帝国军事人才进一步涌现。

与保护农兵一体两面的是帝国对军事权贵也采取了一定的约束措施。长期以来,人们往往是从政治、军事层面去思考对军事权贵的约束。事实上,帝国土地立法留下的文件表明,对军事权贵集团的约束同样是综合性的:(1)对于已经严重威胁中央权力稳定者,采取严厉的军事打击措施。典型的例证是瓦西里二世对"两巴尔达斯"叛乱的打击。(2)采取缩小辖区或重整辖区的方式,防止地方割据势力崛起并调整中央权威。10世纪,亚美尼亚地区的军区就曾经多次被重组。(3)借助约束和调整社会关系,尤其是通过防止军事权贵通过联姻等方式来扩大实力,或者通过继承来延续综合实力。史诗《狄吉尼斯·阿卡里特斯》的主人公的故事也反映了边疆军事权贵之间的确存在联姻的事实。而在土地立法中,则存在对联姻、世袭、遗产继承等进行约束的条款。部分条款的措辞还十分激烈,如瓦西里二世的措辞。(4)防止军事权贵利用豁免权等方式积累经济资源。这样,帝国通过调整军事地主与农兵的关系,恰当地约束军事权贵,维护了核心制度的稳定性与持续性。这样,军区制在9—11世纪依然保持了制度生命力。

第三,两手齐抓,强化多维度调控。长期以来,人们从现代制度体系的角度去思考拜占庭调整社会关系,防止社会冲突的一系列措施。其中,表现之一是试图将道德与法律分离开来思考制度变迁,并以此评价中世纪的社会变迁。这种分析性思维对于深入理解帝国的社会控制机制,尤其是乡村治理机制并没有太多助益。一般而言,社会控制有两种基本程序。一种是群体规范的内化,其重点是通过群体类的学习机制,塑造能够遵从规范的动机,进而实现自我控制,比如前文论及的法律条款引述《圣经》的毒麦之喻便是一种有利于群体内传播的表达方式。另一种则是通过外部压力进行控制,其重点是通过对违规者进行惩罚与对尊重规则者进行奖励,进而引导行为选择。①从土地立法、修道院院规等成文史料来看,帝国试图两手齐抓,缓和社会冲突,优化社会秩序。

"人性中如果没有独立于道德感的某种产生善良行为的动机,任何行为都不能是善良的或在道德上是善的。"②土地立法文献表明,帝国统治者试图借助道德规劝手段,从善与道德的高度来思考纾解地权冲突的可能路径。这种思考不是一种抽象的理念宣导,而是根植于日常生活中的行为选择动机。例如,在修道院院规中,面对彼岸世界修行时,总是难以回避实际物质需要。修道院领导者必须在现实主义还是理想主义理念之间做出选择。人的行为特征往往具有群居取向。无论是教会,还是国家,都重视道德规范在社会冲突中的控制功能及其重要地位。这种控制功能主要体现于帝国试图在加强舆论引导与心理疏导中,强化人性向善的社会风气,以建构合理合法合宜的行为标准。从文本来看,土地立法文献和修道院院规中都包含了大量对贪婪、暴富等心理与行为的斥责。为了推进规范而有

---

① 群体规范的内在化借助的主要途径是民俗、习惯以及民德等。惩罚机制往往被称为消极制裁;奖励机制往往被称为积极制裁。参阅[美]史蒂文·瓦戈著,梁坤、邢朝国译,郭星华审校:《法律与社会》,北京:中国人民大学出版社2011年版,第203页。

② [英]休谟著,关文运译,郑之骧校:《人性论》,北京:商务印书馆2005年版,第519页。

序的土地交易,相关文献还强调了诚实交易、诚信占有的重要性。尽管在财富观和权力观上,还存在理想主义与现实主义两种立场,但在修道院院规中,教会依然强调了树立正确而非贪婪的财富观是灵魂修行的关键组成部分,强调了对待权力的正确态度。

同时,马其顿王朝在进行土地立法时充分考虑了将调控社会冲突的道德标准与共同体生活有机结合起来。无疑,共同体是一定地缘关系、血缘关系等诸社会关系相互互动的结果,既有物质利益的结合,也有精神联系,还有一定的社会纽带。[1]这种结合需要法律与制度来不断加以规整,加以调适,以利于维系内部秩序的稳定与活力。帝国继承了罗马文明的法律文化,将内部秩序与道德、正义、善等个体艺术结合,将良善与公正之法律规范建构成为内部秩序的支柱。无疑,法律规范是构造强有力秩序的最强有力的支柱。马其顿王朝非常重视土地立法活动,并通过土地立法来加强乡村治理,维护地权交易的合理性与合法性。关于构造方法,可以意指联合体中的规则——根据该规则,联合体中的每一位成员被分配以相应的地位(不管是统治的还是从属的)和职责。[2]史诗《狄吉尼斯·阿卡里特斯》反映了基督教文明与伊斯兰文明冲突背景下的地缘安全、集体记忆与共同体认同、个体行为选择之间的巨大张力。史诗能够直面张力,而维护帝国安全的边疆英雄们自然在联合体中继承和获得了强有力的支配地位。例如,君士坦丁七世的法令就反映了基于共同体的安全感。他试图强调安全感的重要性,以此来说服臣民支持其土地法令,进而维护帝国秩序。可见,就集体安全而言,帝国立法体现了安全即善的观念。

除此之外,帝国还试图加强统治集团的内部凝聚力。然而,利益与欲望是难以磨灭的。何况,社会本身就意味着"人们漂浮在一个陌生人和匿名者组成的海洋上"[3]。社会要有序运行必须超越此一漂浮状态,尤其是拜占庭帝国必须面对广阔的国土,面对复杂的利益群体进行有效的社会整合。比如,在马其顿王朝,帝

---

① [德]斐迪南·滕尼斯著,林荣远译:《共同体与社会》,北京:北京大学出版社 2010 年版,第 53 页。
② [奥地利]尤根·埃利希:《法律社会学基本原理》,第 28—29 页。
③ 社会控制理论非常重视对陌生关系的挑战,参阅[美]詹姆斯·克里斯著,纳雪沙译:《社会控制》,北京:电子工业出版社 2012 年版,第 9 页。

国征服保加利亚人之后,就迅速调整了与土地收益紧密相关的税收政策。统治者们清醒地认识到从利益与欲望约束的角度加强统治者内部凝聚力的重要性。前述研究表明,帝国试图扩大政治基础,强调统治集团的共同利益的整体性,警告统治集团要有谦卑精神,切勿因贪婪而太跋扈,或者有太强的侵害动机和侵害行为。罗曼努斯一世就在法令中强调为了提升法律效能,统治者应该以共同利益为重,而非努力维护贪腐的共犯结构。部分知识阶层的精英也对于统治者浪费帝国资源,一味满足利益集团贪欲的包庇行为进行了某种程度的批评。普塞洛斯就在其史书中记载了相关情况。

这样,共同利益的整体性就成为超越陌生的漂浮状态的共同的社会心理基础,部分土地立法和修道院院规成功地将其转化为统治集团的共同政治基础。转化手段之一就是观念形塑。土地立法文本竭力彰显公平正义观,强调权力的合法性,展现上层社会对底层的同情心。例如,尼基弗努斯二世曾经强烈谴责土地兼并者忽视贫贱者生存状态的现象。由此可见,立法者还非常重视共同体在整合自然秩序与人为秩序中的作用,进而建构有效的乡村治理体系。又如,帝国认识到村社、家庭在社会控制机制中的基础地位。大量土地立法文本表明,许多土地兼并者往往利用村社内不同社会关系渠道,渗入村社生活,掠夺农兵土地。这些文本还表明,包括中世纪家庭内部继承关系及其亲属序列关系等被土地兼并者利用。这些兼并活动不仅冲击了基本的人为秩序,更冲击了基本的自然秩序——乡村伦理关系。

由上可见,帝国的乡村治理体系是较为完整的。这一体系既包括正式的土地立法活动,也包括非正式制度的运用,如借助宗教道德论述构成舆论压力;既包括对宏观制度的调整,也包括村社内部关系的挑战。这一治理体系仍然是以皇权为核心,以道德与法律并重为两翼,以乡村内部利益与阶层关系为主线。虽然土地交易活跃,地权冲突剧烈,但是乡村治理体系的完整性确保了帝国能够应对重大自然灾害、疫情灾害以及军事挑战,确保了帝国能够较为顺畅地走向黄金时代。

第三节

东地中海饥荒灾害与拜占庭帝国经济转型
（10—11 世纪中叶）

一、 自然灾害引发的饥荒

"饥荒,又称饥馑,是指一个国家或地区在某个时期内没有足够的粮食,因持续时间相当长的粮食短缺,导致局部或全局性的人们逃难,或因饥饿导致的占人口比例较大的非正常死亡的现象。饥荒由自然灾害或人为因素引起,属于灾难。"[1]从拜占庭史料的记载来看,公元 10—11 世纪中叶东地中海地区进入自然灾害多发期:地震、寒冬、强风、干旱、洪水、瘟疫、雹暴、蝗虫灾害频繁出现,并成为饥荒灾害发生的直接诱因。目前国内外学界已经对此阶段的饥荒灾害有所关注,如 927—928 年因寒冬而引起的大饥荒已受到学者的普遍注意,瓦西列夫认为过早的霜冻、严重的饥荒、瘟疫使大量农民举步维艰。[2]奥斯特洛格尔斯基认为饥荒加速了拜占庭权贵对农民土地的收购。[3] 拉伊奥认为 927—928 年寒冬在帝国社会经济的转轨中扮演了重要角色。[4] 斯沃罗诺斯强调 11 世纪前半叶小亚细亚及欧洲地区的饥荒或由干旱或由冰雹引发,并伴随着疫病及人口流动。[5] 然而目前学术界对于 10—11 世纪中叶东地中海地区的饥荒灾害仍缺乏翔实及系统的论述,下文将以原始材料为基础,并结合现代学者的研究成果,对此阶段的饥荒灾害进行考察,并分析其对于拜占庭帝国历史转折期的重要影响,以期丰富灾害史、生态环境史等相关领域的研究。

（一）10—11 世纪中叶动地中海自然灾害与饥荒

根据公元 10—11 世纪中叶的拜占庭史料记载,东地中海地区屡次发生的饥

---

[1] 此条目参考维基百科中对于饥荒的定义:http://zh. wikipedia. org/wiki/。

[2] A. A. Vasiliev, *History of The Byzantine Empire*,324 - 1453, p. 346.

[3] G. Ostrogorsky, *History of the Byzantine State*, p. 274.

[4] A. E. Laiou , *The Economic History of Byzantium*, p. 267.

[5] A. E. Laiou , *The Economic History of Byzantium*, p. 269.

荒灾害,其直接诱因源于此阶段多样性的自然灾害,下文首先对其进行梳理及分析。

927—928 年拜占庭帝国因遭遇罕见的寒冬而发生了自 10 世纪以来第一次严重的饥荒,斯西里兹斯在作品中记载"令人无法忍受的寒冬这个月来临了;大地冰冻了 120 天之久。一场比任何时候都要严重的饥荒伴随而来,从饥荒开始,有如此多的人饿死,以至于活的人已不够去掩埋死去的人"①。现代学者莫里斯通过分析《隐修者圣卢克的生活》,认为其中记载的发生在 925—928 年之间安纳托利亚军区兰佩附近的严重饥荒,极有可能与 927—928 年的这场大饥荒相吻合,并认为如果这场饥荒遍布于安纳托利亚,那么食物短缺的情况则十分严重。② 而现代学者特里高德认为来自保加利亚地区的蝗虫灾害有可能加重了 927—928 年的饥荒:"927 年保加利亚地区的蝗虫灾害引起了国内大范围的饥荒。而保加利亚的饥荒是拜占庭饥荒的前导,蝗虫很可能已经蔓延到拜占庭境内,更为严重的是 927—928 年的寒冬带来了 4 个月的冰冻,许多人冷于严寒,许多人因牲畜及谷物受损而挨饿。"③

967—968 年间,地震、强风与饥荒相继出现,斯西里兹斯在《历史概要》中将饥荒归因于自然灾害的频发:"在诏令的第十一年,9 月 2 号的晚上 12 点,一场异常罕见的地震为霍诺丽亚(Honoriad)及帕夫拉戈尼亚带来了巨大的破坏。诏令的同年 5 月出现了强风,损毁着庄稼,甚至是葡萄树等,结果在诏令的第十二年,出现了严重的饥荒。"④利奥的《历史》对此有更为详细的记载,并认为帝国在遭遇地震、强风之后,还面临着严重的洪灾威胁。⑤

1029—1030 年间发生的洪灾被认为是之后发生饥荒的原因:"雨水如柱地持续到 3 月。河水溢出,凹陷处成为湖泊,结果是几乎所有的牲畜都被淹死,庄稼也被淹没。这成为下一年发生严重饥荒的原因。"⑥

---

① John Skylitzes, *A Synopsis of Byzantine History, 811 -1057*, p. 218.

② R. Morris, "The Powerful and the Poor in Tenth-Century Byzantium: Law and Reality", *Past & Present*, No. 73 (Nov., 1976), p. 9.

③ W. Treadgold, *A History of the Byzantine State and Society*, pp. 479 - 480.

④ John Skylitzes, *A Synopsis of Byzantine History, 811 -1057*, p. 266.

⑤ Leo, *The History of Leo the Deacon*, pp. 117 - 119.

⑥ John Skylitzes, *A Synopsis of Byzantine History, 811 -1057*, p. 356.

在罗曼努斯三世时期爆发了严重的蝗虫灾害,其对农业生产的打击几乎是毁灭性的。"东部省区的某段时间遭遇了蝗虫灾害……最后蝗虫被一场强风吹走,落入赫勒斯滂(Hellespont)的深海区,之后便被淹死。它们被冲到海边并覆盖在沙滩上。"①其反复出现更加重了农业受灾的情况,米哈伊尔四世时期,"曾经在赫勒斯滂海岸消失的蝗虫又开始重新出现,并在赫勒斯滂沿海地区蔓延,侵扰了色雷斯军区整整三年。之后又出现在帕加马(Pergamon)地区,并在那里消失,这一景象为主教的仆人们亲眼所见"②。从史料中体现出的蝗虫灾害的严重程度、反复发生的频率来看,很可能伴随谷物歉收及饥荒的发生。

米哈伊尔四世时期发生的严重的雹暴造成了物质的短缺。"复活节那天的11点出现了严重的雹暴,如此之猛烈,不仅树木被毁坏(结有果实或其他),房屋及教堂也出现了倒塌。庄稼及葡萄树纷纷被打落。因此之后那段时间出现了严重的物质短缺。"③

1036年接连发生干旱及雹暴灾害并引发饥荒,"因为发生了干旱,已经连续六个月末下雨,皇帝的兄弟举行了宗教游行……大教长及教士们还进行了另一次宗教游行,不仅仅没有雨水,还出现了一场大雹暴,它损毁着树木,砸坏了城市屋顶的砖瓦。城市陷入饥荒之中"④。

1037年地震之后再次发生了饥荒问题:"1037年11月2日当天的10点发生了地震,大地持续地震动至1月。色雷斯、马其顿、斯特雷蒙、塞萨洛尼基及塞萨利地区发生了饥荒。"⑤

以上多是史料中明确记载的与饥荒问题相关联的自然灾害,而实际上在史料记载中,这一时期的自然灾害有20多次,同时也具备了诱发饥荒的可能,这也意味着此阶段东地中海地区的饥荒次数可能要远超此。根据上述统计,除了10世纪的两次大饥荒,其他饥荒灾害多集中于11世纪上半叶,而拜占庭帝国在10世纪末、11世纪初已呈现出由盛转衰的趋势,中央政府的赈灾能力实际上处于下

① John Skylitzes, *A Synopsis of Byzantine History, 811 –1057*, p. 367.
② John Skylitzes, *A Synopsis of Byzantine History, 811 –1057*, p. 372.
③ John Skylitzes, *A Synopsis of Byzantine History, 811 –1057*, p. 371.
④ John Skylitzes, *A Synopsis of Byzantine History, 811 –1057*, p. 377.
⑤ John Skylitzes, *A Synopsis of Byzantine History, 811 –1057*, p. 379.

滑状态。同时,由于饥荒所涉及的区域较为广泛,加之古代交通及运输能力有限,赈灾任务往往十分严峻。

(二) 以拜占庭皇帝为首的中央政府的灾后救助

此阶段以拜占庭皇帝为首的中央政府已经具备一定应对饥荒灾害的经验,从史料记载来看,以拜占庭皇帝为首的中央政府在 10—11 世纪中叶的饥荒灾害发生后,进行了一系列常规的救助方式,显示了其对灾情的关注及投入。

其一,进行直接的物质援助,这是最主要的援助方式,具体体现为拨款、分发谷物、重修基础设施等。同时教会及修道院人员也因其承担的慈善功能而加入救灾的行列中。据载,在 927—928 年大饥荒之后,"罗曼努斯(一世)在君士坦丁堡为无家可归的穷人提供临时的救济所,并分发钱款给予那些因物价昂贵而无法购买食物的人"①,"圣徒们在帮忙减轻乡村居民的负担,向他们发放大约 4 000 摩底的谷物以及喂养他们的牲畜的饲料"②。罗曼努斯三世在东部地区发生地震、蝗虫灾害之后,"给每个人发了三金币,并安排他们返乡……更换了将水源送往城市的管道以及储藏水源的贮水池。他修复了麻风病患者的房屋以及其他因地震受到损害的救济所"③。米哈伊尔四世在发生了干旱、雹暴之后,"从伯罗奔尼撒及希腊购买了 100 000 蒲式耳的谷物;城市的居民因此得以缓解"④。

其二,干预市场,调控物价。在饥荒灾害出现之后,市场往往因为必需品的短缺而出现通货膨胀的情况,这会进一步加深饥荒的严重程度,因此有效地抑制物价上涨也成为帝国民众期许的中央政府赈灾的重要职责。在 968 年的饥荒之后,皇帝尼基弗鲁斯二世被指责利用贫困者的不幸来获利,1 蒲式耳的谷物价格已经由 1 金币上升为 2 金币。⑤之后在首都民众的抗议下,尼基弗鲁斯二世召开民事会议,谴责官员未能及时地告知谷物短缺的情况,并立即将皇家及公共仓库中储存的谷物投放市场,并规定 12 蒲式耳的谷物售价为 1 金币。⑥以上显示拜占庭皇帝

---

① W. Treadgold, *A History of the Byzantine State and Society*, p. 480.
② R. Morris, "The Powerful and the Poor in Tenth-Century Byzantium: Law and Reality", p. 9.
③ John Skylitzes, *A Synopsis of Byzantine History, 811 –1057*, p. 367.
④ John Skylitzes, *A Synopsis of Byzantine History, 811 –1057*, p. 377.
⑤ John Skylitzes, *A Synopsis of Byzantine History, 811 –1057*, p. 266.
⑥ John Skylitzes, *A Synopsis of Byzantine History, 811 –1057*, p. 267.

是在民众的强烈意愿下进行物价调控,同时也表明拜占庭皇帝得以进行物价调控的基础取决于帝国的仓储状况。

其三,举行宗教祈愿仪式。基督教在 4 世纪成为拜占庭帝国国教之后,便不断被拜占庭帝国皇帝所用以加强统治的根基。自然灾害的发生在基督教的视角中往往意味着上帝的惩戒,而灾情发生时举行宗教仪式以获得上帝的支持及庇护,也是拜占庭民众祈报心理的反映,受到中央政府的重视及支持。米哈伊尔四世时期,在旱灾发生后不久即出现了以祈雨为目的的宗教活动。"因为已经 6 个月未有雨水而出现了干旱,皇帝的兄弟们举行了仪式,约翰护送着曼德兰基督圣像,民政长官携带着基督写给阿布加尔的信件,宫廷典衣大臣乔治拿着圣洁的襁褓带。他们徒步从大教堂前往布拉海尔奈宫的圣母教堂。大教长及教士们还进行了另一次宗教游行。"[1]

拜占庭皇帝虽然采取了一定的救灾措施,但是无法克服实际救灾能力有限及不断下滑的困境。据拜占庭史家记载,在 927—928 年大饥荒之后,"尽管皇帝已经竭尽全力来减轻灾情,用各种方式的援助来减弱寒冬及饥荒的破坏力,但是始终无法避免以上情况的发生"[2]。这反映出在拜占庭人的视角中,赈灾能力具有令人无可奈何的局限性。而现代学者也认同饥荒灾害的不可控性常常超出政府所具有的应对能力,"约翰比较幸运的是在他继位之后,持续三年的饥荒结束了,正如多数人一样,拜占庭人倾向于指责他们的政府,尽管灾难已不可控"[3]。与此同时,拜占庭中央政府实际的救灾能力在 10—11 世纪间也有逐步下滑的趋势,以上拜占庭皇帝的救灾措施很大程度上建立在帝国的财政状况之上。而拜占庭帝国自 10 世纪开始调整军事战略,对外战争大规模增加的情况极大消耗了帝国的财政储备,因此很难想象帝国在逐渐面临财政困境时还有余力应对严重的饥荒。

(三)饥荒灾害对于社会秩序的破坏

饥荒灾害的蔓延很容易造成灾区民众的大量死亡,拜占庭史家将 927—928 年的大饥荒的后果描述为"从饥荒开始如此多的人饿死,以至于活的人已不够去

---

[1] John Skylitzes, *A Synopsis of Byzantine History, 811–1057*, p. 377.

[2] John Skylitzes, *A Synopsis of Byzantine History, 811–1057*, p. 218.

[3] W. Treadgold, *A History of the Byzantine State and Society*, p. 507.

掩埋死去的人"①。但是史料中缺乏对于具体人口损失的记载。而实际上饥荒灾害不仅会带来帝国人口的减少,其对帝国社会秩序的负面影响也十分显著。

首先,此阶段的饥荒灾害造成帝国社会流动性增强。这既包括地区性的人口流动,也包含社会阶层之间的流动,而后者更具持久性。在饥荒灾害发生之后,往往会出现大量难民逃亡临近城市或地区以寻求救助的现象。在 927—928 年大饥荒之后,"罗曼努斯在君士坦丁堡为无家可归的穷人提供临时的救济所,并分发钱款给予那些因物价昂贵而无法购买食物的人"②。这也在表明财力、物力相对充裕的帝国首都往往成为难民的流亡去处。此外,由于修道院承担了社会救助的职能,也会在饥荒发生时为帝国民众提供救援,也成为灾民寻求救助之所,如上所述在 927—928 年大饥荒之后,圣徒们帮忙减轻乡村居民的负担并向他们发放谷物及喂养牲畜的饲料。灾民在饥荒发生后应急性地逃亡往往具有暂时性,但是因饥荒灾害而加速的社会阶层之间的流动影响更为深远。此阶段的饥荒灾害无疑加速了自由小农投靠教俗贵族成为依附农的趋势,作为帝国根基的自由小农阶层逐步减少。拜占庭法官认为依附农是拜占庭早期科洛尼(半自由农民)的后代,他们可以拥有动产,在 30 年之后可保有佃农的地位。③ 10 世纪时法官科斯马斯制定法令依然强调依附农对于他们佣种的土地无任何权利,他们不可转让或出售之。④尽管有学者认为拜占庭中期以后依附农的境况已经有所改善,但是在法律地位及实际权益方面,他们仍然低于自由小农。而自由小农甘愿转让或放弃田产成为教俗权贵的依附农,多是源于赋税压力或小农经济的脆弱性。据学者研究,小农逃避税收投附于权贵并成为依附农的现象在 10 世纪已十分常见。⑤ 974—975 年由官员塞奥多利·卡拉东(Theodore Kladon)发布的两份文件提及马其顿地区的农民为了躲避财政义务而投附于大地产或宗教地产。塞奥多利·卡拉东由皇帝指派去寻找他们并恢复他们应向国家缴纳的税收。⑥ 而 10—11 世纪中叶饥

---

① John Skylitzes, *A Synopsis of Byzantine History, 811 - 1057*, p. 218.

② W. Treadgold, *A History of the Byzantine State and Society*, p. 480.

③ A. E. Laiou , *The Economic History of Byzantium*, p. 238.

④ A. E. Laiou , *The Economic History of Byzantium*, p. 238.

⑤ A. E. Laiou , *The Economic History of Byzantium*, p. 239.

⑥ A. E. Laiou , *The Economic History of Byzantium*, p. 239.

荒灾害的频发进一步暴露了小农经济的脆弱性并加速了这一趋势的发展,以至于拜占庭皇帝对教俗权贵侵蚀小农土地并将后者变成依附农的现象进行公开谴责:"当他们看到小农由于饥荒所迫,他们便以极低的价格,有些以银,有些以黄金,或以谷物或其他的形式交付,来购买不幸的小农的土地。比这些更为残酷的是,在这些时候,他们像瘟疫一样侵袭村庄里不幸的小农,像坏疽一样侵入村庄里,造成巨大破坏。"①

其次,饥荒灾害的频发触发了拜占庭帝国的信仰危机,无论是基督教信仰还是普世价值观方面都开始受到冲击。其一,饥荒灾害的频发无疑成了滋生罪恶的温床,而这有悖于基督教中的正义观。罗曼努斯一世在其颁布的934年法令中以小农的保护者自居,意图恢复小农在927—928年大饥荒之后流失的土地,并声称正是为了弥补已受到破坏的基督教视野中的正义。"那些认为这一工作既不伟大也非神圣的人们,存在着否定创造物及忽视裁判的危险,这些人只关注尘世的生活,只选择在尘世的生活,他们的决定也随之而来。"②"罪恶是多种多样的,所有的罪恶——不仅只有贪婪,如果没有如此之多——都在不断地逃脱法律及律令的控制,并对神圣的正义视而不见。"③其二,利用饥荒灾害来趁机获取小农土地的人也包括教俗权贵,尤其修道院的世俗化违背了圣经中的救赎观及对禁欲主义的提倡。"上帝的圣经极大关注我们的拯救,并向我们展示它如何降临到我们身上,以及我们如何在实践中坚守禁欲及其他的(美德)来获得它,上帝很好地说明了财富及对许多财产的获取都是对(拯救)的阻碍。经文上说富人想要进入天堂是困难的。它希望我们勤俭节约,因此它不仅禁止我们考虑另一个职位、资财、披风,甚至不许我们想到翌日的食物。但是现在我注意到修道院甚至是虔诚的机构十分明显的灾难(这个灾难被我们称之为贪欲),我不知道我将设计怎样的修正措施,我也不知道如何限制他们的无节制。他们遵守什么样的上帝,他们从哪得到的灵感,以至于他们这样过度地误入歧途(以圣人戴维的口吻说话)。"④"日复

---

① Eric Mcgeer, *The Land Legislation of the Macedonian Emperor*, p. 56.
② Eric Mcgeer, *The Land Legislation of the Macedonian Emperor*, p. 53.
③ Eric Mcgeer, *The Land Legislation of the Macedonian Emperor*, p. 54.
④ Eric Mcgeer, *The Land Legislation of the Macedonian Emperor*, p. 92.

一日,他们不断侵吞数千英亩的土地,大量的建筑,不计其数的成群的马、牛、骆驼及其他牲畜。他们的灵魂主要关注对这些事情的吞并,以至于修道生活与世俗生活已无任何差别,充满着各种欲望。"①再次,饥荒灾害的频发使普世价值观受到威胁,在饥荒发生初期灾民还可能通过互助的方式共渡难关,但当饥荒的程度日益严重时,原有的社会纽带甚至血缘纽带都面临解体的危险,个人的生存成为首要考虑的问题,在此情况下,社会中甚至家庭中的老弱群体成为最先被抛弃的对象,在罗曼努斯三世时期发生蝗虫灾害后,"当地居民不得不卖掉自己的孩子迁往色雷斯……"②

马修在《历史》中记述,1032 年东部省区发生饥荒之后出现人口买卖现象,"许多人为了获得面包而卖掉了妇女及儿童",并感慨道:"这片土地被饥荒吞噬着。"③这一方面反映出饥荒灾害的严重程度,另一方面也体现出在极端环境下家庭纽带的破裂,基本人伦观遭到摒弃。饥荒灾害加重了帝国乡村社会的矛盾冲突。灾情的加重很容易引起帝国民众情绪的巨大波动,不安、焦虑、易怒的心理变化会直接作用于社会行为中,对有限资源的争夺也会加剧个体甚至群体间的冲突。例如,马修在《历史》中对 954—955 年间埃德萨地区饥荒年间的社会失序状况进行了描述:"饥荒更为严重了。许多人发疯发狂,残忍、野蛮地袭击对方,毁灭着彼此。"④

(四) 饥荒灾害对于政治秩序的冲击

此阶段的饥荒灾害还对拜占庭帝国皇权政治的发展产生了深远的影响。首先,饥荒灾害减弱了拜占庭皇帝对帝国基层社会的控制力。其次,饥荒灾害使拜占庭皇帝在与教俗贵族的对抗中逐渐处于不利地位,进一步降低了中央集权及皇权的权威。

根据 10—11 世纪期间拜占庭帝国的一份匿名的《财政手册》显示,拜占庭皇帝意在减少农民逃亡的政策调整,却使集体纳税制名存实亡,同时也消解了村社

---

① Eric Mcgeer. *The Land Legislation of the Macedonian Emperor*, p. 92.
② John Skylitzes, *A Synopsis of Byzantine History*, 811 -1057, p. 367.
③ *Armenia and the Crusades: Tenth to Twelfth Centuries: The Chronicle of Matthew of Edessa*, p. 55.
④ *Armenia and the Crusades: Tenth to Twelfth Centuries: The Chronicle of Matthew of Edessa*, p. 21.

的财政含义,他对基层社会的控制力在此过程中被削弱。集体纳税制是在拜占庭帝国长期存在的十分重要的财政政策之一,其最为重要的原则为税收的共同担负,即村社作为最基本的纳税单位,村社成员作为一个整体交纳赋税。如果农民陷入贫困或放弃财产,则另一农民(通常是其邻居)需代替纳税,从而获得该土地的用益权。[1] 集体纳税制是帝国传统纳税体制的根基,并赋予村社以财政意义,其在帝国的长期存在有利于财政收入的稳定。据学者估计,拜占庭帝国收入的95%来自农业,仅5%来自城市工商业[2],因此来自小农经济的税收是帝国主要的财政来源。

但是与此同时,这一制度的存在也意味着农民税收负担的加重,特别是当弃耕土地问题日益严重时,这无疑会使情况雪上加霜,"当部分土地因蛮族入侵或其他灾害而遭到放弃时,便很容易出现其他农民随之逃亡的风险,因为他们意识到那些已经逃亡的人的税收负担会附加到他们身上"[3]。而此一阶段饥荒的频发显然会造成饥民大量逃亡的情况愈演愈烈,为了遏制住这一趋势的发展,以拜占庭皇帝为首的中央政府在10—11世纪间开始进行调整。"当一块土地被弃耕处于非生产状态时,它便被临时性地解除赋税,如果30年之内原有主人或他们合法的子孙返回,那么土地重新纳税,并恢复至它原有的财政地位,这一操作被称为复原,并会被有步骤地施行,来节约使用重返农民的资源。但是另一方面,如果这块土地在30年之后依然处于被放弃的状态,它不再属于村社的一部分,同时村社也不必共同担负这块土地上的税收。这块土地之后成为国家地产,国家可出售、转让或赠予。"[4]这一财政政策的变更显然使长期存在的集体纳税制名存实亡,虽然它通过消除弃耕土地所带来的额外税收显示了对于村社的同情心,但是破坏了村社的完整性。[5] 弃耕土地的永久性分离导致了村社重要性的下降。[6] 拜占庭皇帝对于基层社会的控制力也随之减弱。

---

① [英]M. M. 波斯坦、H. J. 哈巴库克主编:《剑桥欧洲经济史》,第190—191页。

② M. F. Hendy, *Studies in the Byzantine Monetary Economy: c. 300 – 1450*, p. 157.

③ Paul Lemerle, *The Agrarian History of Byzantium from the Origins to the Twelfth Century*, p. 78.

④ Paul Lemerle, *The Agrarian History of Byzantium from the Origins to the Twelfth Century*, p. 81.

⑤ A. E. Laiou, *The Economic History of Byzantium*, p. 281.

⑥ Paul Lemerle, *The Agrarian History of Byzantium from the Origins to the Twelfth Century*, p. 82.

其次,10 世纪拜占庭帝国因饥荒灾害而陆续出台的皇帝法令,凸显出拜占庭皇帝与教俗权贵对抗的不利处境,在此过程中中央集权及皇权权威受到了极大威胁。罗曼努斯一世皇帝,其在 934 年法令中以法律及道德的双重标准谴责权贵在饥荒后对小农土地的侵占,并规定:"从颁布第一个诏令开始(即从灾荒的到来或途经的时候起),那些显贵们,在上述诏令中提及的那些人们,将被禁止,那些已经控制村庄,或者已经得到更多的财产,不论是以部分的还是以整体的形式,都要被驱除出去,他们可以从原主或他们的后代、亲属那里得到退款,如果这些人没有这种意愿,那么他们可以从公共纳税人或村社那获得退款。"①"制定三年之期,在这期间土地将要归还于小农,并且小农也可以毫无痛楚地退款。"②土地归还的三年之限也是备受学者们质疑的问题。学者奥斯特洛格尔斯基考虑到小农的经济能力不足,认为"在灾荒年间大量被出售的农民的土地依然保留在权贵的手中。因为很难令人相信由于急迫需求转让土地的农民在三年之内有能力偿付土地的购买价"③。此外法令的设计被认为与实施者利益相违背,"即使是不正当的交易,需要无偿地退还获得的土地,很有可能土地的占有权事实上也归还不到农民的手中,因为在大多数事例中,违规的购买者正是地方官吏或他们的亲戚或朋友"④。学者莫里斯认为马其顿王朝皇帝颁布的法令真正体现的是皇帝与具有离心力的权贵之间的矛盾。⑤

事实上,在 10—11 世纪期间,拜占庭帝国的教俗权贵已经拥有充足的财力、权力及社会影响力。首先,随着拜占庭教会世俗化的加深,教会人士尤其是教会上层获得更多积累财富的机会,修道院作为重要的宗教组织,也获得快速发展,拥有大量地产。一方面,随着帝国基督教化的加深,基督教思想成为帝国的主流价值观,修道生活不再是社会边缘的生活方式,而开始备受世人推崇,修道院的社会地位也在不断提升,并获得源源不断的世俗捐赠,这也是修道院快速发展的原因。另一方面,宗教训诫可能对于部分虔诚的信徒有一定约束作用,但是随着修道院

---

① Eric Mcgeer, *The Land Legislation of the Macedonian Emperor*, p. 56.

② Eric Mcgeer, *The Land Legislation of the Macedonian Emperor*, p. 58.

③ G. Ostrogorsky, *History of the Byzantine State*, pp. 274 - 275.

④ G. Ostrogorsky, *History of the Byzantine State*, pp. 274 - 275.

⑤ R. Morris, "The Powerful and the Poor in Tenth-Century Byzantium: Law and Reality", p. 27.

社会威望的提高,投身修道的也不再仅仅是虔诚的信徒,还有不少怀有世俗目的之人,他们将修道院视作获取权力及财富的重要平台。在拜占庭帝国早期,来自世俗社会的捐赠受到皇帝法典的认可与保障。《查士丁尼法典》规定:"任何人都有权把其意愿留给教会的财产遗留给神圣尊严的教会。他的意愿不应被宣布为无效,只要其临终的意思表示是自由的。"①但是随着修道院地产的日益扩张,进而威胁到帝国的税收安全时,拜占庭统治者逐渐改变以往法令中有利于修道院的条款。利奥三世的《法律选编》已废除了修女结婚或世俗之人无合法理由离婚时财产必须转让给修道院的规定。② 10世纪,拜占庭皇帝以立法的形式,将限制土地捐赠的对象由修道士逐步扩大到社会各阶层,这也是对《查士丁尼法典》的重大修正。罗曼努斯一世在法令中旗帜鲜明地禁止修道士对修道院捐赠土地。"我们已经制定井井有条的措施,不允许这样的借口,即那些已经成为修道士或希望成为修道士的人,要把自己的土地转让给神圣的修道院。"③尼基弗鲁斯二世进一步强调:"从现在开始,不允许任何人以任何方式将土地或资产转让给修道院、养老院,或旅舍,也不可以转给大主教或主教,因为这对他们来说毫无益处。"④尼基弗鲁斯二世认为世俗之人热衷于新建修道院,而不是去帮助陷入困境中的修道院,是为了以创建者的名声流传后世,是虚荣心的表现。⑤尼基弗鲁斯二世的改革也因此受到后世史家的指责:"他对臣民们极为残暴,不仅施加于他们额外的税收,向他们征收所有形式的供需品,而且还难以想象地进行掠夺。除此之外,他还停止了元老们的部分常规津贴,并宣称他因为战争而缺乏钱款,他完全取消了之前敬畏上帝的皇帝们赏赐给宗教团体及教会的钱款。他甚至颁布法令不允许教会增加地产,因为(他居心叵测地认为)教士们被取消的收入应该给予陷入贫困的小农及士兵。"⑥他的这一举措主要是为了防止土地资源流向宗教机构,保护小农土地的安全,进而保障帝国财政税收的稳定。

---

① [意]桑德罗·斯奇巴尼选编,张礼洪译:《民法大全选译·公法》,北京:中国政法大学出版社1999年版,第135页。

② A. E. Laiou, *The Economic History of Byzantium*, p. 1064.

③ Eric Mcgeer, *The Land Legislation of the Macedonian Emperor*, p. 59.

④ Eric Mcgeer, *The Land Legislation of the Macedonian Emperor*, p. 95.

⑤ Eric Mcgeer, *The Land Legislation of the Macedonian Emperor*, p. 94.

⑥ John Skylitzes, *A Synopsis of Byzantine History, 811 –1057*, p. 263.

尼基弗鲁斯二世的修道院改革有助于缓解帝国的财政压力,但是并不能真正遏制修道院的发展。以修道院为代表的宗教机构日益扩张,教会人士特别是教会上层拥有大量财富。据悉,君士坦丁堡牧首阿莱克修斯于 1043 年去世时,他的私人财库中大概留下了 2 500 金币(相当于 18 万诺米斯玛)的财产。圣阿莱克修斯曾是皇帝尼基弗鲁斯二世的教父,为其提供精神上的指导,而后者为表达感谢,不仅通过自己的虔诚,还通常提供物质层面的土地赏赐。① 直至 12 世纪中晚期,曼努埃尔一世上台后,再次重申了 10 世纪修道院的改革措施,历史学家尼基塔斯记述道:"他非常不认可现在的情形,那些自称是修道士的人要比世俗的人更富有、更忧心忡忡,他意图恢复英勇、智慧的尼基弗鲁斯皇帝的法令,这些法令禁止修道院扩充地产,但是最后成了一纸空文并失去了权威,他添上鲜血般红色墨汁的签名,让这些法令再次生效。"②但是在宗教大地产日益扩张,中央权威日渐衰落的趋势下,这种尝试往往力不从心,据学者估计,在拜占庭帝国被土耳其人攻陷时,帝国半数土地在教会和修道院手中。③

其次,军事贵族在拜占庭帝国统治阶层中的势力不断上升。"拜占庭中期官僚体制一个显著特征是,军事官员的强大优势及军区将军的显著地位。在职官排名中,对于首都管理极为重要的市政长官仅列官职的第 18 位,排在 12 个军区将军、禁卫军司令之后,另外,此阶段 25 个军区将军地位都在各部部长之上。"④虽然拜占庭皇帝在 10 世纪初即已通过将军区化大为小的方式限制军区将领的权力,但事实上促成了后者权力的增强,"军区在规模上的减小、数量上的增多,事实上却促生了凌驾于各个军区将军的军区司令来管理众多军区,而军区司令拥有更多的权势去反叛"⑤。皇帝利奥六世在《战术》中明确表示将军及更高的委任应该仅授予那些拥有地位及财富的人。⑥ 尼基鲁斯二世出身的福卡斯军事贵族家族的影响力从 9 世纪末一直持续到 11 世纪初,自尼基弗鲁斯二世的祖父福卡斯时,

① R. Morris, "The Powerful and the Poor in Tenth-Century Byzantium: Law and Reality", p. 16.

② A. E. Laiou, *The Economic History of Byzantium*, p. 1064.

③ P. Charanis, "The Monastic Properties and the State in the Byzantine Empire", *Dumbarton Oaks Papers*, Vol. 4 (1948), p. 118.

④ G. Ostrogorsky, *History of the Byzantine State*, p. 252.

⑤ W. E. Kaegi Jr, *Army, Society and Religion in Byzantium*, p. 16.

⑥ G. Ostrogorsky, *History of the Byzantine State*, p. 255.

福卡斯家族的多位成员相继担任军区司令,成为显赫一时的军事贵族家族。① 而拜占庭帝国在此阶段开疆扩土的军事战略调整为军事贵族的发展提供了十分有利的背景。7 世纪时,拜占庭帝国遭遇波斯人、阿拉伯人的入侵,疆域大幅锐减,此后帝国长期以防御为主要对外战略,直至 10 世纪初期,随着国力的提升,拜占庭帝国的统治者逐渐改变被动的对外战略,开始在东部地区积极收复失地。"934 年对梅利蒂尼及其领土的占领及合并突然间让世人注意到正在发生的事情……在罗曼努斯统治结束之时,帝国的边境已经扩展至底格里斯河的上游,许多穆斯林的城市,萨莫萨塔,以及凡湖附近的城市,埃尔泽乌姆,所有这些地区均承认皇帝的最高权力。虽然这并不是大面积的征服,但是这是第一次;它们是重大的转折点。从此之后旧秩序被更改了;现在基督徒开始进攻了,穆斯林只能徒劳地反抗。"②10 世纪帝国军事战略的改变,对于军事贵族来说,既是挑战也是难得的机遇,他们可以凭借战功获得快速提升。以克里特岛的收复为例,利奥六世皇帝于 911 年派出 119 艘战船,大约 4.3 万人的军队,花费高达 23.9 万诺米斯玛。③ 君士坦丁七世时期计划重夺克里特,949 年他派遣舰队看护爱琴海及地中海,远至西班牙的倭马亚、北非的法蒂玛,分散了如此多的兵力以后,剩下的海军从军区及首都运送 4 100 名士兵前往克里特。④ 至罗曼努斯二世时期,帝国派遣尼基弗鲁斯率兵再次攻夺克里特,此次派出 307 艘战舰,是 911 年或 949 年的 3.5 倍,水手及士兵大概在 7.7 万人,几乎是 911 年的 2 倍,949 年的 3 倍。⑤ 直至 961 年,时任拜占庭帝国将军的尼基弗鲁斯二世最终收复了对帝国具有战略地位的克里特岛,尼基弗鲁斯二世带着大量的战利品返回君士坦丁堡,他受到了皇帝罗曼努斯二世的隆重接待,并在大竞技场庆祝了胜利……在庆祝胜利及接受所有民众的崇敬之后,皇帝罗曼努斯二世赠予他极为慷慨的礼物,并任命其为亚洲地区的司令。⑥ 军事将领在对外作战中收获了大量的财富、地位与声

① W. E. Kaegi Jr, *Army, Society and Religion in Byzantium*, p. 28.

② S. Runciman, *The Emperor Romanus Lecapenus and His Reign*, p. 241.

③ W. Treadgold, *A History of the Byzantine State and Society*, p. 470.

④ W. Treadgold, *A History of the Byzantine State and Society*, p. 489.

⑤ W. Treadgold, *A History of the Byzantine State and Society*, p. 495.

⑥ Leo, *The History of leo the Deacon*, p. 81.

望,自身实力不断得到扩充。此外,权贵家族的发源地多偏安一隅,地缘优势也有利于其摆脱以皇帝为首的中央政府的管控。村社的抵制有可能在安纳托利亚的海岸平原及附近的内陆最为严重,因为它根深蒂固且多元化,使中央政权更容易管理此地的事务。① 但是在安纳托利亚的高原地区情况则不同,村社沿河谷地带线性分布,并呈现小聚居的状态,在洼地地区及更广阔的乡村地区更有利于畜牧业而甚于农业。权贵的兴起实际上是不可避免的,并出现了金字塔形式的权贵社会秩序,由少数权贵家族的成员来统领。②

　　10 世纪时期,军事贵族对于皇权的挑战愈演愈烈,多次出现军事贵族篡位登基的情况,而马其顿王朝皇室的联姻又赋予篡位者一定的合法性。罗曼努斯一世、尼基弗鲁斯二世、约翰一世均出身于军事贵族,又通过篡位上台。首先,拜占庭帝国的皇位继承制度存在一定缺陷,为有野心的篡位者提供了可能性。血亲世袭继承是一种非智能型的继位方式,继任者所拥有的制度化的权力与实际的执政能力并不一定对称,这种矛盾尤其体现在幼帝继位时。年幼的皇帝在各个方面还处于他人照料阶段,并不具备执掌帝国内外政治的能力,这很容易造成最高皇权空虚的状态,为篡位者提供可乘之机。即便拜占庭帝国也存在相应的摄政制度以作辅助,但是由于摄政者自身政治能力、政治野心及政治环境的不同,摄政权也常处于不稳定的状态,很难保障皇权的安全。10 世纪的拜占庭帝国频繁出现幼帝继位的现象,皇权仅作为象征,与实际统治权相分离的状态,而摄政权的不稳固为篡位者提供了机遇。

　　其次,皇位继承人范围的扩展为非皇室血亲登上帝位提供了可能。在帝国早期的政治实践中,姻亲继承均出现在皇室缺乏皇嗣、血亲继承无法实现的情况下,即为了王朝延续而采取的补救措施,并逐步获得合法性。例如,塞奥多西二世去世后并无子嗣,将皇位传于马西安,而后者十分重要的身份是迎娶了皇室公主帕尔切里亚的皇室姻亲。帝国早期另一位十分著名的皇帝芝诺,是伊苏里亚人的领

① J. D. Howard-Johnston, "Crown Lands and the Defence of Imperial Authority in the Tenth and Eleventh Centuries", *Byzantinische Forschungen XXI* (1995), p. 81.

② J. D. Howard-Johnston, "Crown Lands and the Defence of Imperial Authority in the Tenth and Eleventh Centuries", pp. 81 – 82.

袖,同时也是利奥一世的女婿,他迎娶皇室公主阿里阿德涅既是利奥一世对其的有意拉拢,也为其登上帝位提供了可能。在芝诺去世后,阿里阿德涅再嫁阿纳斯塔修斯,使后者以姻亲身份继承皇位。姻亲继承的出现有助于解决帝国屡次面临的皇嗣缺乏的问题,但是同时存在潜在的风险,当幼帝在位或新帝登基等皇位不稳之际,姻亲继承很容易被野心勃勃的篡位者利用,增加其统治的合法性。10 世纪拜占庭帝国三位篡位成功的军事贵族罗曼努斯一世、尼基弗鲁斯二世以及约翰一世均在篡位前后与马其顿王朝皇室进行联姻以获得王朝姻亲的身份增强其统治的合法性。罗曼努斯一世在篡位前将其女儿海伦嫁与君士坦丁七世为妻,罗曼努斯一世也因此被加冕为国父。① 尼基弗鲁斯二世在登基后迎娶了皇室遗孀塞奥法诺为妻,成为皇室姻亲。约翰一世在登基后迎娶了皇室公主、君士坦丁七世之女塞奥多拉为妻,"这让臣民们十分地开心,因为帝国的权力仍然保留在(瓦西里一世的)家族中"②。学者莫里斯通过分析约翰一世在篡位之后对皇帝形象的重塑,包括最核心的与皇室家族的联姻,不得不感慨:"拜占庭帝国的政治理论及说辞甚至可以轻易解决凶手的问题。"③

势力日增的教俗贵族在经济领域不断扩张。此阶段拜占庭帝国的教俗权贵们最主要的经济投资体现在收购土地方面。"权贵的经济来源主要有三种途径:一、从地产中收取租税;二、投资商业、贸易或物品的生产来获取利润;三、服务于王室或帝国的行政机构来获得薪金。"④在这三种获得财富的方式中,第二种方式所受局限性最大,在拜占庭各城市商业中受到严格控制,个人的创造力难以发挥,贸易和工业方面的规定十分详尽,受政府的密切监督。⑤ 而"从事农业投资与在政府部门任职都可以获得大量收获,但是前者更为诱人"⑥。10—11 世纪随着教俗势力的增长,其收购土地、为依附农提供庇护的行为也日益增多,特别是在帝国遭遇自然灾害饥荒盛行的时期,这一局势则更为严峻。尤其是军事贵族家族,"他

---

① John Skylitzes, *A Synopsis of Byzantine History, 811 -1057*, p. 202.

② John Skylitzes, *A Synopsis of Byzantine History, 811 -1057*, p. 281.

③ P. Magdalino ed., *New Constantines: The Rhythm of Imperial Renewal in Byzantium, 4th - 13th Centuries*, p. 241.

④ J. Haldon ed., *Social History of Byzantium*, Oxford :Blackwell Publishing Ltd., 2009, p. 193.

⑤ [英]M. M. 波斯坦、H. J. 哈巴库克主编:《剑桥欧洲经济史》,第 192 页。

⑥ S. Runciman, *The Emperor Romanus Lecapenus and His Reign*, p. 255.

们拥有着充分的统辖术、技战术及富饶财富,没有任何一个皇帝可以同时清除所有家族"[1]。更为重要的是教俗贵族虽然对小农土地的存亡构成威胁,但同时也是拜占庭皇帝统治帝国所依赖的中坚力量,这一双重关系的存在成为皇帝法令难以行之有效的重要原因。即使是 10 世纪末拜占庭皇帝瓦西里二世依靠强权颁布法令强制要求权贵代替贫困的小农纳税[2],但是这项法令在其退位后很快便弃之不用。从总体上来看,拜占庭皇帝在饥荒灾害之后应对教俗权贵的无力,降低了中央集权及皇权的权威。

　　10—11 世纪中叶东地中海的饥荒灾害实际上加速了拜占庭帝国在此阶段由盛转衰的发展趋势。"瓦西里二世的去世标志着拜占庭历史的重大转折。此后拜占庭帝国的外交政策完全依仗于先前获得的威望,在帝国内部则放任各种分裂力量的发展,衰退时期随之而来。"[3]"皇权停止了遏制权贵的斗争,因为它自身已经成为这一阶层的工具。"[4]与此同时拜占庭帝国自中期以来形成的社会经济结构已开始逐步瓦解,以小农经济为基础的军区制也在逐步消亡。[5]"1071 年拜占庭军队在曼兹特克战役中的惨败成为一个重要转折点,从此帝国军力由强变弱,军区组织趋于瓦解。"[6]"至 11 世纪末军区制几乎完全被取消,有关的名称在此后的史料中也消失了。"[7]而 10—11 世纪中叶发生在东地中海地区的饥荒灾害,加速了小农阶层的解体,减弱了拜占庭皇帝对于基层社会的控制力,威胁到了皇权及中央集权,这些不可逆转性的影响更进一步加速了拜占庭帝国的衰微趋势。

二、 人为因素造成的饥荒

　　7 世纪时,拜占庭帝国遭遇波斯人、阿拉伯人等外敌入侵,疆域大幅度缩减,

---

① W. E. Kaegi Jr, *Army, Society and Religion in Byzantium*, p. 27.
② John Skylitzes, *A Synopsis of Byzantine History, 811 – 1057*, p. 329.
③ G. Ostrogorsky, *History of the Byzantine State*, p. 320.
④ G. Ostrogorsky, *History of the Byzantine State*, p. 320.
⑤ 军区制又称塞姆制,是拜占庭帝国自 7 世纪以后在其境内推行的重要军事及行政改革,以军政兼容、军农合一为其主要内核,而军役地产及农兵阶层的形成成为其存续的重要基础。
⑥ 陈志强:《拜占廷学研究》,第 103 页。
⑦ 陈志强:《拜占廷学研究》,第 103—104 页。

国力受到重创,之后长期推行以防御为主的对外战略。10世纪以后随着帝国国力的增长,拜占庭皇帝逐渐调整了对外军事战略,在东部地区不断展开收复失地运动。这既意味着帝国投入了更多的人力、物力,同时在具体作战过程中其战略战术的运用也出现了鲜明特征,如围城战术的广泛运用,即通过围城来切断敌人的物质供给,使城内居民因饥荒问题而被迫投降。这一战术在拜占庭军事理论方面的书籍中有所提及:"首先,如果可能的话,围城者需要将必需品,如食物、水,尽量远离城内的人们。如果被困者拥有大量的必需品,那么需借助攻城的工具展开战斗。"显然人为产生的饥荒在此被用作攻取敌人城池的重要手段。但是这一攻城战术对于围城一方也具有不可避免的挑战性,在等待被围困城池内居民投降的同时,围城军队也面临必需品大量消耗的代价,因此这一战术的出现也多是久攻不下的无奈选择。而围城战术在10世纪以后拜占庭帝国军队对外作战中的普遍运用,主要服务于帝国军事战略的整体需要,为了攻克必要的战略要地,需要付诸一切可行的军事战术,围城战术自然也包含其中。

934年拜占庭帝国将军库尔库阿斯及美里阿斯率领大约5万人进攻梅利蒂尼,他们围城后以饥饿战术使梅利蒂尼投降。利奥在《历史》中详细记载了960年收复克里特以及965年夺取塔尔苏斯时,帝国军队对于围城战术的运用以及具体过程。960年,时任帝国东部军区司令的尼基弗鲁斯二世率军收复克里特岛,在久攻不下的情况下,采取持久的围城,以切断城内的供给,使城市产生饥荒问题。"当罗马将军尼基弗鲁斯看到城墙十分坚固,很难攻克及占领(因为几乎不可能通过强攻将其拿下,城墙如此之高,并被两条颇有深度的护城河所环绕),同时看到蛮族人不计后果的绝望以及他们的负隅顽抗,他决定不与那些决心死战的人战斗,也不去尝试不可能性。他认为他不应当让投掷物滚落到他们身上,以至于使罗马军队无端受到损失,但是他决定将城池交于饥荒之手,直至他得到机会可以准备攻城工具以及其他适于攻城的设备。因此他延迟了进攻,重新集结军队后,他向军营进发。他用栅栏和沟渠将军营的四周加以巩固,操练着军队,并通过每日的训练使军队掌握了大量的经验。他同时命令选定的手工匠人准备围城的工具,一旦可用时他让士兵们练习着进攻及突袭,他和他的军队在城池前度过了冬天。"

965 年,已成为拜占庭皇帝的尼基弗鲁斯二世,率军进发塔尔苏斯,史料记载:"当皇帝尼基弗鲁斯意识到这座城池难以攻取,几乎以武力难以办到,他决定放弃以欠考虑的方式进行作战的机会,而是使城池陷入饥荒之中,通过必需品就可以使它屈服,甚至违背它的意愿。在制定这个计划之后,他命令勤勉的士兵包围了这座城池。塔尔苏斯人不断从塔楼上向罗马人投掷标枪,只要饥荒还未发展得严重,也还未完全让他们难以承受。但是当它开始冷酷无情地消耗他们时,他们的身体因为缺乏食物而变得虚弱,之后就可以看得到可怕的苦楚以及严重的沮丧压迫着整个城市;人们变得极为苍白,无异于幽灵的影子。饥饿令人十分可怜并极具破坏力;它使身体日渐消瘦,使寒冷侵入体内,它使皮肤覆盖在骨头上像一层蜘蛛网一样,并慢慢召唤着死亡。""当他们遭受到饥饿而难以战胜如此庞大的军队时,他们与皇帝进行商议并且屈服,条件是那些希望进入叙利亚腹地的人可以不受阻挡。"

值得注意的是,根据现代社会行为学家罗伯特·德克斯的实验证明,随着饥饿程度的加深,个体的社会行为也呈现阶段性的有迹可循的变化,在食物短缺及饥荒发生的初期,灾民会出现互助及合作的现象以共渡难关,但是当饥饿状况继续恶化时,焦虑、紧张、不安的情绪在灾民中会不断蔓延,而灾民的社会行为也会出现大幅度减少,原有的社会网络甚至家庭亲缘关系不断被抛弃,个人生存成为首要考虑的问题 。从这方面考虑,因自然灾害和军事因素产生的饥荒,都会引发以上的结果。虽然相对来说,因围城战而引发的饥荒多出现在边境地区,范围相对有限,但是其为帝国带来的不利影响仍然不可忽视。这不仅考验着帝国的物质供给,也为这一城池的战后重建带来巨大难题,帝国显然需要耗费大量财力、物力来缓解饥荒期间被围城池遭受的破坏。这对于帝国来说意味着更多的财政支出,也增加了帝国民众的税收负担。

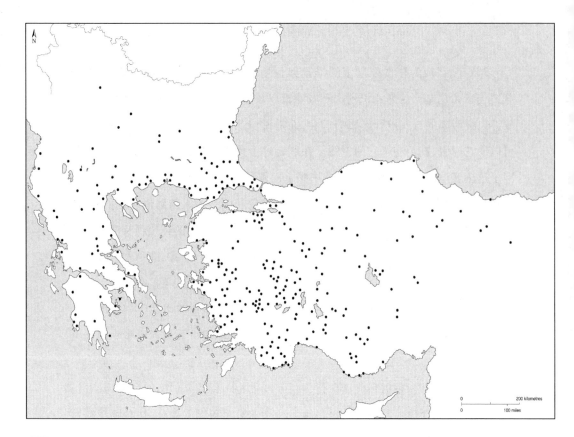

图6 10 世纪前后拜占庭帝国的城市分布图

· 引自亨迪（M.F. Hendy）：《约 300—1450 年拜占庭货币
经济研究》（*Studies in the Byzantine Monetary Economy
c.300–1450*），剑桥：剑桥大学出版社，1985 年。

第五章

马其顿王朝时期的教会

第一节

马其顿王朝之前的教会发展

公元 313 年《米兰敕令》的颁布是基督教发展史上的一个重要转折点。自此之后,基督教获得了合法的宗教地位,并开始得到拜占庭帝国君主的大力扶持。基督教之所以获得帝国君主的"青睐",与其为帝国君主的统治提供了"神圣君权论"密切相关。[1]

一、 基督教成为帝国官方意识形态的核心

基督教自诞生之日起,如何处理与世俗君主的关系,是其面对的一个"政治"难题,一方面基督徒的理想是彼世的天国而非世俗之国,另一方面基督徒又生活

---

[1] 许多学者认为,自君士坦丁大帝时代起拜占庭帝国进入了一个基督教神权政治时代,见 S. Runciman, *The Byzantine Theocracy*。近年来有个别学者对该观点提出了挑战,如美国的史学者 A. 卡尔戴利斯,他认为罗马的共和传统仍然在帝国后期的政治中扮演着重要角色,但他又承认这是对传统观点的一种修正,实际上并没有完全否认基督教政治理论的影响,见 A. Kaldellis, *The Byzantine Republic*: *People and Power in New Rome*, Cambridge(Mass.) and London: Harvard University Press, 2015。

于世俗之国且需要处理好与世俗君主的关系。这种两难的困境鲜明地反映在其经典《圣经》及早期基督教父的著作中。当然,几种著作对世俗君权的相关论述,并非一致。

基督教兴起之初,复活与永生是一条重要的教义,即耶稣基督将要再来,所有的人都要复活,接受最后的审判。信耶稣基督的人罪得赦免,得到永生;罪不得赦免的最后会下地狱。于是,末世成为基督徒关注的焦点,基督复临成为信徒们的重要期盼,"这世代还没有过去,这些事都要成就。天地要废去,我的话却不能废去"①。而且耶稣在彼拉多面前受审时也强调"我的国不属这世界"②。显然,在早期基督徒的信仰中,基督王国是其追求目标,并且基督王国将要替代世俗之国,因而世俗之国被漠视,并在一定程度上成为基督王国的对立物。《圣经》中《但以理书》的第七章将世俗之国幻化为四大怪兽,并预言世俗之国将被"人子"王国所替代。至2世纪末3世纪初时,一些重要神学家仍然怀有早期教会对国家的情感,典型者如希腊人里昂主教伊里奈乌(Irenaeus of Lyons,约130—200年)和罗马的希波利特(Hippolytus of Rome,170—236年),他们通过寓言式地利用《但以理书》中尼布甲尼撒的梦,将国家描绘为可怕、淫荡的权力的最终体现。③ 甚至,4世纪的著名拉丁教父米兰主教安布罗斯(Ambrose,340—397年)也对世俗之国持有一种消极看法,"虽然安布罗斯也认为奥古斯都即位平息了战争,使得使徒走向帝国各地,但他的观点为,帝国既不是消极的,也不是积极的"④。

可是在基督教兴起之时,世俗之国罗马帝国已存在且将继续存在的事实,以及基督复临时间的不确定性,又使得基督教经典和基督教父对世俗之国的存在予以认可。同样在基督教经典《圣经》中,就存在着对世俗权威的另一种态度。每个合法的统治者,即便是异教的皇帝,甚至是暴虐的、镇压基督徒的皇帝,都是上帝的代表。服从主所指定的每一个人的命令,或者是作为至高者的君主,或者是

---

① 《马太福音》24:34-35;《马可福音》13:30-31;《路加福音》21:32-33。
② 《约翰福音》18:36。
③ W. G. Sinnigen and Arthur E. R. Boak, *A History of Rome: To A. D. 565*, (six edition), New York: Macmillan Publishing Co., Inc., 1977, p. 382.
④ J. Moorhead, *Ambrose*, London and New York: Longman, 1999, p. 104.

行政官员,因为主派他们来到世间惩罚恶者,奖赏善者。① 没有权柄不出于神,所以抗拒掌权的,就是抗拒神的命。抗拒的必自取刑罚。② 凡人所当得的,就给他;当得粮的,给他纳粮;当得税的,给他上税;当惧怕的,惧怕他;当恭敬的,恭敬他。③ 我劝你第一要为万人恳求、祷告、代求、祝谢,为君王和一切在位的,也该如此,使我们可以敬虔、端正、平安无事地度日。④ 对上帝应畏惧,对皇帝应尊敬。⑤ 著名基督家神学家奥利金在写于 3 世纪 40 年代的《驳塞尔苏斯》(Against Celsus)一文中也表明了这一点,如针对塞尔苏斯所提出的基督徒不愿为皇帝而战、不承担公共义务的指责,奥利金反驳道:"事实上,一个人越虔诚(对上帝——作者注),他就能够更有效地帮助皇帝—— 远远超过冲锋陷阵的士兵";"如果说基督徒确实没有承担一些公共义务,他们实际上并非逃避公共义务,而是他们为了人类的救赎,需要在上帝的教会从事更神圣、更必要的服务"。⑥ 显然,奥利金认为基督教并没有否认世俗权威。而对于《启示录》(17:5-6)中描写的象征巴比伦的她正饮着圣徒和基督的血,学者马克·爱德华(Mark Edward)认为,这并不代表对世俗统治者的不服从,因为《启示录》的作者从来没有暗示一位基督徒违背异教徒官员的命令是合法行为,当然殉道除外,但殉道也是一种公民服从的形式。⑦ 著名学者 F. 德沃尼克(F. Dvornik)也表述了相似的观点:他指出 1—3 世纪的教会从来就不认为世俗国家是撒旦的作品,尽管它帮助撒旦反对上帝王国,但迫害基督徒的皇帝本身并非敌基督者,他们充其量是敌基督者的工具。⑧

　　实际上,即使伊里奈乌和希波利特都承认基督徒参与到异教世界中是不可避

---

① 《彼得前书》2:13-14。

② 《罗马书》13:1-2。

③ 《罗马书》13:7;《提多书》3:1。

④ 《提摩太前书》2:1-2。

⑤ 《彼得前书》2:17。

⑥ Origen, *Against Celsus*, 8. 73, 8. 75; A. D. Lee ed., *Paganisms and Christians in Late Antiquity: A Sourcebook*, London and New York: Routledge, 2000, pp. 46-48; Origène, *Contre Celse*, M. Borret ed., 4 vols., Paris: Cerf, 1967, 1968, 1969, TLG, No. 2042001.

⑦ Simon Swain and Mark Edwards eds., *Approaching Late Antiquity: The Transformation from Early to Late Empire*, Oxford: Oxford University Press, 2004, p. 192.

⑧ F. Dvornik, *Early Christianity and Byzantine Political Philosophy: Origins and Background*, Volume Two, Washington: Trustees for Harvard University, 1966, p. 609.

免的①,但事实上,公元 1 世纪的基督教作家们已看到了基督教的国家观念与罗马的君主统治观念之间达成一致是可能的。罗马的克莱门特(Clement of Rome,30—100 年)坚信基督王国一定会来临,他在写给科林斯人的书信中也提出了"让我们尊敬那些统治我们的人"②的主张。罗马皇帝马尔库斯·奥里利厄斯(Marcus Aurelius,161—180 年在位)统治时期的护教士再次有力地论及了这个主题,特别是撒尔迪斯的主教梅利托(Melito)。③ 梅利托认为,奥古斯都的统治与耶稣基督诞生的巧合是罗马帝国与基督教会幸运结合的有利证据。④ 拉丁教父德尔图良(Tertullian,约 145—220 年)则在其护教篇中最明确地指出了世俗君主与基督教之间的关系,"更确切地说,凯撒是我们的,因为是我们的上帝赋予他权力"⑤。早期希腊教父奥利金认为,罗马世界的和平与耶稣基督的诞生是上帝的安排。⑥

进而,基督教父又进一步阐明了基督徒对世俗君主的忠诚。公元 185 年殉教的阿波洛尼厄斯(Apollonius)面对执政官和元老院的指控,清楚地表明了基督徒对罗马君主的忠诚。当他们(基督徒)拒绝崇拜皇帝时,他们并没有否认皇帝应有的荣耀,他们也没有拒绝承认帝国本身的神圣性质。相反,他们是最早承认它的,因为他们知道皇帝之所以成为皇帝,是因为他们上帝的意志,因为这个原因,他们荣耀他,并为他的救赎祈祷。⑦

在某种程度上,德尔图良发展了为皇帝祈祷来替代献祭这个主题,如阿波洛尼厄斯一样,他坚持这个祈祷是向天国中的上帝祈祷这个事实,是上帝将世俗帝国赋予皇帝。⑧ 德尔图良在一封致帝国地方行政官员的公开信中,慷慨激昂地反

---

① W. G. Sinnigen and Arthur E. R. Boak, *A History of Rome*, p. 382.

② P. Schaff ed., *ANF01. The Apostolic Fathers with Justin Martyr and Irenaeus*, Grand Rapids, MI: Christian Classics Ethereal Library, 2002, Chapter XXI, p. 20; Clément de Rome, *Épître aux Corinthiens*, ed. A. Jaubert, Paris: Cerf, 1971, TLG, No. 1271001.

③ M. Sordi, *The Christians and the Roman Empire*, London & Sydney: Croom Helm Ltd., 1983, p. 172.

④ Raymond Van Dam, *The Roman Revolution of Constantine*, New York: Cambridge University Press, 2007, pp. 4 - 5.

⑤ P. Schaff ed., *ANF03. Latin Christianity: Its Founder, Tertullian*, Grand Rapids, MI: Christian Classics Ethereal Library, 2006, Apology XXXIII, pp. 62 - 63.

⑥ J. Moorhead, *Ambrose*, p. 104.

⑦ M. Sordi, *The Christians and the Roman Empire*, pp. 177 - 178.

⑧ M. Sordi, *The Christians and the Roman Empire*, p. 178.

驳了异教徒对基督徒不敬神、不道德和颠覆国家的普遍指控。他认为,正是异教
徒自身应为反社会与国家的罪行负责,对基督徒自身而言,拒绝接受罗马神灵和
任何形式的皇帝崇拜并不意味着道德败坏;相反,基督徒拥有很高的道德水平,并
且是爱国的臣民。即使他们不向皇帝祈祷,但假如帝国保证了正义与和平的话,
他们会为皇帝与其帝国的平安祈祷。① 而"我们知道他们(皇帝)拥有上帝想让他
们拥有的,因而我们渴望上帝想要拯救的应被拯救,对我们来说,这远比任何誓言
更强大"②;正是帝国阻止了威胁全人类甚至临近世界末日的巨大灾难③。于是,
"基督徒为皇帝们祈祷,祈祷他们长命百岁、帝国稳定、皇室安宁、军队勇敢、元老
院忠诚、臣民敦厚、世界和平"④。并且德尔图良在另一篇护教辞中再次重申,为
了帝国的和平稳定与罗马人的福祉,基督徒必须再次为皇帝祈祷。⑤

　　学者玛塔·索尔迪(Marta Sordi)认为,所有基督教作家,包括拉克坦提乌斯
(Lactantius,约250—325年)、安布罗斯和圣奥古斯丁,都将阻止反基督到来的力
量等同于罗马帝国及其皇帝,所以没有理由说基督徒相信罗马帝国在各方面与其
信仰不一致。⑥

　　显然,大多数基督教作家认为世俗君主的存在是合理的,"我们知道律法原是
好的,只要人用得合宜。因为律法不是为义人设立的,乃是为不法和不服的,不虔
诚和犯罪的,不圣洁和恋世俗的,弑父母和杀人的,行淫和亲男色的,抢人口和说
谎话的,并起假誓的,或是为别样敌正道的事而设立的"⑦。同时,世俗君主是神
圣的,因为他是上帝指定的律法的维护者和世俗世界的统治者。"基督教作家认
为,君主制是保障正义、法律和秩序的合理形式。基督教徒们所争论的,是君主制
最终只能属于上帝……"⑧

　　公元313年《米兰敕令》的颁布成为基督教发展史上的一个重要转折点,基督

① W. G. Sinnigen and Arthur E. R. Boak, *A History of Rome*, p. 382.

② P. Schaff ed., *ANF03. Latin Christianity*, Apology XXXII, p. 62.

③ M. Sordi, *The Christians and the Roman Empire*, p. 173.

④ P. Schaff ed., *ANF03. Latin Christianity*, Apology XXX, p. 61.

⑤ P. Schaff ed., *ANF03. Latin Christianity*, Apology XXXII, p. 62.

⑥ M. Sordi, *The Christians and the Roman Empire*, p. 173.

⑦《提摩太前书》1:8-10。

⑧ [英]克里斯托弗·罗、[英]马尔科姆·斯科菲尔德主编,晏绍祥译:《剑桥希腊罗马政治思想史》,北京:
　　商务印书馆2016年版,第607页。

教获得了合法的宗教地位,罗马帝国逐渐转变为一个基督教帝国。于是,基督教作家需要进一步完善其世俗君权理论。"在君士坦丁大帝之前,基督教从来没有预想到会出现一位基督徒皇帝。结果,君士坦丁大帝的统治是如此的出乎意料,正如作为共和国皇帝的奥古斯丁的统治,这导致了对皇帝的'全新思考'。"①在这个时期,凯撒里亚的尤西比乌斯对基督教世俗君权理论的最终形成扮演了奠基者的角色。他提出了罗马帝国是基督王国摹本的观点;②此后,视君士坦丁大帝为上帝在世俗间的代表的政治理论逐渐成了拜占庭政治理论基础。③ 正如学者查尔斯·弗雷曼(Charles Freeman)所言,到公元350年时,基督教会成为帝国体制的组成部分,并全力支持帝国的战争。最终构成圣经的一系列文本已可以对时代的转变采用神学与历史的阐释。对《圣经》的关注从《福音书》转向了《旧约全书》,因其为统治者提供了圣经依据,统治者是由上帝指定,其身份依赖于战争中的胜利。④

　　基督教"神圣君权论"之所以能够融入罗马帝国的政治制度并最终成为其政治理论基础,除了罗马帝国的逐渐基督教化,另一个重要因素是罗马帝国君权自身的逐步神化,这种趋向与基督教"神圣君权论"的发展在君士坦丁大帝时代自然交汇,并最终被基督教君权论融合。如学者所言,"尤西比乌斯可能正在给希腊化的王权或戴克里先的专制主义加以逻各斯教义的洗礼"⑤。

　　在奥古斯都时代,罗马帝国君权已开始具有神圣的意味。奥古斯都(公元前27年—公元14年在位)原名盖乌斯·屋大维·图里努斯(Gaius Octavius

---

① Raymond Van Dam, *The Roman Revolution of Constantine*, p. 10.

② W. H. C. Frend, "The Church in the Reign of Constantius Ⅱ (337 – 361) Mission-Monasticism-Worship", Orthodoxy, *Pagaism and Dissent in the Early Christian Centuries*, Aldershot, Burlington: Ashgate, 2002, Ⅰ, p. 77. 林中泽教授对此有精彩的评述:贬低圣子基督,无非是为了相应抬高世俗君王的地位,其最后结果就是把二者同列于一个崇拜档次之内,让他们一起接受上帝的调配和节制。而君士坦丁的军事胜利和皈依,则恰逢其时地为尤西比乌斯神化世俗君王提供了一个天赐良机。尤西比乌斯坚持认为,基督和君士坦丁都是上帝的工具,其中一个是宣布上帝王国的到来,另一个是确立一神教。见[古罗马]尤西比乌斯著,林中泽译:《君士坦丁传》,北京:商务印书馆2015年版,第xiii页。Eusebius Werke, *Über das Leben des Kaisers Konstantin*, ed. F. Winkelmann, Berlin: Akademie-Verlag, 1975, TLG, No. 2018020.

③ A. Cameron, *The Mediterranean World in Late Antiquity AD 395 – 600*, Routledge: London and New York, 1993, p. 67.

④ C. Freeman, *AD381: Heretics, Pagans and the Christian Empire*, London: Pimlico, 2008, Preface xiv-xv.

⑤ S. L. Greenslade, *Church and State from Constantine to Theodosius*, London: SCM Press Ltd, 1954, p. 11.

Thurinus），在早年已自诩为"神之子"（*divi filius*），即神圣的尤利乌斯·凯撒之子。① 在公元前 31 年他获得阿克图姆战役胜利后，东部地区的城市曾召开了一次行省会议，会上将奥古斯都视为人类的拯救者，认为他将结束人世间的战争，给人类带来和平，因此应将其视为神来崇拜。② 公元前 12 年，当大祭司长马尔库斯·埃米利乌斯·雷必达去世后，奥古斯都继任大祭司长，这一职务从此以后成为皇帝特权的组成部分③，而大祭司长的正式职位是"国家宗教之首领"。实际上，"奥古斯都"这一称号中的"受命于神"的意味已经多少使元首的形象高于凡人。④

自此，罗马君主逐步走向神圣化。历史学家塔西佗（Tacitus）在 2 世纪早期的著作中，虽将皇帝提比略描述为终有一死的君主，但他认为帝国是永恒的，皇位是神圣的，因而塔西佗事实上承认皇帝这一角色具有神圣性。⑤ 1 世纪的皇帝卡里古拉在宣称"应当有一位统治者和一位国王"时，间接提到了《伊里亚特》中关于阿加门农对其联盟统治权的解释，即阿加门农声称其权力直接来自神王宙斯；卡里古拉在位时已准备接受君主王冠；并且，他命人将一些著名的神像，包括奥林匹亚的朱庇特雕像从希腊运到罗马，去掉它们的头部，换上自己的头像。⑥ 在皇帝提图斯时期，当两名贵族青年被揭发有谋取王位的企图后，该皇帝警告他们放弃这种企图，指出皇权是命运赐给的。⑦ 图密善（Domitian，81—96 年在位）则是第一个在其生前妄称拥有神圣荣耀的罗马皇帝，在公共文件中被冠以"我们的主和

---

① J. Boardman, J. Griffin and O. Murray eds., *The Oxford History of The Roman World*, Oxford: Oxford University Press, 1986, pp. 161 – 162. [英]约翰·博德曼、[英]贾斯帕·格里芬、[英]奥斯温·穆瑞编，郭小凌等译：《牛津古罗马史》，北京：北京师范大学出版社 2015 年版。

② A. H. M. Jones, *A History of Rome Through the Fifth Century Volume* II : *The Empire*, London. Melbourne: Macmillan, 1970, pp. 318 – 319.

③ 塞奥多西一世是第一位不再采用传统头衔"大祭司长"的罗马皇帝。参见 W. G. Sinnigen and Arthur E. R. Boak, *A History of Rome*, pp. 479 – 480. 从字面意义上而言，"大祭司长"这个词可以阐述为"建桥者"，因为大祭司的主要责任便是连接沟通上帝的天堂与世俗世界。见[美]拉尔斯·布朗沃思：《拜占庭帝国：拯救西方文明的东罗马帝国》，第 53 页。

④ J. Boardman, J. Griffin and O. Murray eds., *The Oxford History of The Roman World*, pp. 161 – 162. "奥古斯都"拉丁文意为"神圣的"或"被占卜师选定的"。虽然奥古斯都对罗马的传统神明非常虔诚，不愿意自己被神圣化（被奉为神明）。然而，他死后，元老院官方宣布其为神明。参见[美]米夏埃尔·比尔冈著，郭子龙译：《古代罗马帝国》，北京：商务印书馆 2015 年版，第 48—49 页。

⑤ G. Downey, *The Late Roman Empire*, New York, Chicago, San Francisco, Altanta, Dallas, Montreal, Toronto, London, Sydney: Holt, Rinehart and Winston, Inc., 1969, p. 24.

⑥ [古罗马]苏维托尼乌斯著，张竹明等译：《罗马十二帝王传》，北京：商务印书馆 2018 年版，第 192—193 页。

⑦ [古罗马]苏维托尼乌斯：《罗马十二帝王传》，第 373 页。

神"的称号;①在图密善设立的五年竞赛会上,他往往头戴一顶上面饰有朱庇特、朱诺和弥涅尔瓦肖像的金冠。② 根据文献资料记载,3 世纪上半叶的皇帝埃拉伽巴路斯(Elagabalus,218—222 年在位)曾私下戴着王冠。③ 罗马皇帝卡拉卡拉在杀掉共治者不久后,便向罗马元老院宣称,正如众神之中的宙斯独自拥有权力,因而他(宙斯)将世俗权力也赋予了人类中的一人。④ 3 世纪下半叶的皇帝奥勒利安(Aurelian, 270—275 年在位)是第一个公开戴王冠的罗马君主,并且该王朝时期的铭文和钱币上称其为"神"和"主"。学者认为,在罗马帝国真正开始建立独裁统治的正是皇帝奥勒利安。⑤ 而戴克里先和马克西米安(Maximian,286—305 年在位)通过采用宙斯和赫拉克勒斯的头衔,将君主和国家神灵紧密地联系在了一起。⑥ 显然,自奥古斯都起,罗马皇帝已开始了"皇权神圣化"之旅。在奥古斯都的继承者统治下,不敬拜皇帝甚至会受到叛国罪的指控。⑦ 众所周知,在《米兰敕令》颁布之前,基督徒受到迫害的一个重要原因就是不参与敬拜皇帝仪式。

当然,罗马帝国君权的神圣化并非一帆风顺。在罗马帝国初期,共和制的传统依然根深蒂固,实为"独裁者"的帝国开创者奥古斯都也未贸然自称君主,而是灵活地采用了"元首"称号。虽然在埃及,奥古斯都被视为昔日的法老,但在意大利和欧洲西部其他地区,奥古斯都在生前从未被正式明确地神化;⑧在罗马国家宗教信仰中,只有去世后的皇帝才会被神化。⑨ 所以,坚持罗马共和传统的那些

---

① J. Westbury-Jones, *Roman and Christian Imperialism* , London: Macmillan and Co. , limited, 1939, pp. xvii-xviii.

② [古罗马]苏维托尼乌斯:《罗马十二帝王传》,第 379 页。

③ A. A. Vasiliev, *History of the Byzantine Empire,324 -1454*, p. 61.

④ G. Fowden, *Empire to Commonwealth : Consequences of Monotheism in Late Antiquity* , Princeton, New Jersey: Princeton University Press, 1993, p. 50.

⑤ A. A. Vasiliev, *History of the Byzantine Empire,324 -1454*, p. 61. 关于第一位戴王冠的罗马君主,美国学者拉尔斯·布朗沃思则认为是戴克里先。参见[美]拉尔斯·布朗沃思:《拜占庭帝国:拯救西方文明的东罗马帝国》,第 7 页。

⑥ J. Geffchen, *The Last Days of Greece-Roman Paganism* , Sabin MacCormack trans. , Amsterdam, New York, Oxford: North-Holland Publishing Company, 1978, p. 32.

⑦ A. H. M. Jones, *A History of Rome Through the Fifth Century Volume* Ⅱ, pp. 320 - 321.

⑧ J. Boardman, J. Griffin and O. Murray eds. , *The Oxford History of The Roman World*, pp. 161 - 162.

⑨ A. H. M. Jones, *A History of Rome Through the Fifth Century Volume* Ⅱ, pp. 320 - 321. 事实上,在东罗马帝国的一些地区,人们在皇帝在世时就将其作为神明来崇拜。尽管罗马政府不鼓励此种做法,但是也不禁止,因为这样的行为强化了边陲地区对帝国的效忠。参见[美]米夏埃尔·比尔冈:《古代罗马帝国》,第 126 页。

罗马统治阶层中的大贵族也反对皇帝崇拜,甚至在罗马皇帝中也有该传统的坚守者。例如,奥古斯都的继任者提比略明确拒绝皇帝崇拜,皇帝图拉真也有这样的表现。①

但随着罗马帝国向东部地区的扩张,其政治制度不可能不受到希腊化东部地区的影响。如著名学者瓦西列夫所言,"希腊化东方的政治影响逐渐改变了罗马君主对其权力的认识,他们很快就对东方及其君权观念产生了浓厚兴趣"②。事实上,早在亚历山大大帝时代,对统治者的崇拜就已传到西方,并被罗马人所接受和采纳。③ 而且在奥古斯都之前的希腊化东部地区,神圣君权已成为一种政治传统,这些地区的民族习惯于将他们的国王崇拜为神。④ 例如,希腊化的叙利亚国王安提奥库斯已经取得了"埃庇腓尼斯"即神之化身的称号;⑤埃及的君主被视为古代的法老,并且希腊化传统认为,国王是"活的律法";⑥在古代地中海世界的许多地区,用神圣的语言和形象来表现至高无上的政治权力是传统的做法。⑦ 同时,随着罗马的扩张,她的臣民包含不同的民族与种族,形成了一个帝国。而在古代,"帝国的实质是,所有被征服的民族被统一于一个君主管理下的国家,而这个世界的统治者获得了神灵的保护,是神圣权力的代表,在某种意义上他本人被视为神"⑧。因而,"自奥古斯都开始,罗马的皇帝们作为天国在世俗间的特别代理人统治和保护着全体国民。死后升入更高的国度,他们继续作为天国中的帝国的特殊代理人"⑨。

所以,罗马帝国君权的神圣化可以说是一种历史的必然。早在奥古斯都统治

① M. Sordi, *The Christians and the Roman Empire*, pp. 174 – 175.

② A. A. Vasiliev, *History of the Byzantine Empire, 324 –1454*, p. 61; R. MacMullen, *Constantine*, London: Weidenfeld and Nicolson, 1970, p. 197.

③ P. Fredriksen, "Christians in the Roman Empire in the First Three Centuries CE", D. S. Potter ed., *A Companion to the Roman Empire*, p. 593.

④ [英]莱斯莉·阿德金斯、[英]罗伊·阿德金斯著,张楠等译,张强校:《探寻古罗马文明》,北京:商务印书馆 2008 年版,474 页。

⑤ [英]克里斯托弗·罗、[英]马尔科姆·斯科菲尔德主编:《剑桥希腊罗马政治思想史》,第 613 页。

⑥ G. Fowden, *Empire to Commonwealth*, p. 51.

⑦ [英]玛丽·比尔德著,王晨译:《罗马元老院与人民:一部古罗马史》,北京:民主与建设出版社 2018 年版,第 435 页。

⑧ G. Downey, *The Late Roman Empire*, p. 2.

⑨ P. Fredriksen, "Christians in the Roman Empire in the First Three Centuries CE", D. S. Potter ed., *A Companion to the Roman Empire*, p. 593.

时期,"永恒罗马""永恒之城""神圣之城"等术语已出现于诗人和历史学家的作品中。罗马在神灵的指示下建立,并因神灵的庇佑和罗马人的美德而走向伟大。[1] 罗马皇帝就是罗马帝国的化身,因而是永恒的,担任皇帝的人应具有神圣性。例如,在罗马帝国早期,维伯芗(Vespasian,69—79 年在位)能够行神迹的能力就为其登上皇位提供了有力支持。在埃及,就是在维伯芗称帝前不久,他通过向一个盲人的眼睛上吐唾液使其重见光明,通过用脚后跟接触一个瘸子的大腿使其行走正常。[2] 其后的罗马皇帝图密善虽然没能够使其臣民称他为"主或神",但这些表述后来成了皇帝奥勒利安和戴克里先头衔的固定组成部分。[3] 即使前面提到的皇帝提比略不赞成皇帝在生前受到崇拜,但他并没有对神化其父表示异议。[4] 从库尔提乌斯·鲁弗斯(Curtius Rufus)和阿里安(Arrian)各自关于亚历山大大帝的描述中,我们可以清楚地看出人们对皇帝态度的变化。在公元 1 世纪鲁弗斯的著作中,作者对这位马其顿人拥有神的荣耀的要求进行了大力谴责,视其为东方的堕落、暴君和渎圣的傲慢的一种表现。但到 2 世纪安东尼·庇护(Antoninus Pius,138—161 年在位)统治时期,阿里安发现很容易证明亚历山大大帝要求的合法性,认为他所要求的这种荣耀仅是权力及其行使的神圣性的一种迹象。安东尼王朝的皇帝们本身没有要求其臣民崇拜他们,事实上,他们不许可这样做,但群众甚至知识分子争相将神圣的荣耀赋予皇帝及其家庭。[5]

　　罗马帝国"3 世纪危机"进一步促进了君权神圣化。在安东尼王朝结束后,罗马帝国进入了史家所称的"3 世纪危机"。帝国在面临境外蛮族不断侵扰的同时,国内军事政变不断发生,皇帝如走马灯般轮换,且多数死于非命。在公元 253—268 年间,帝国内各地称帝者竟达 30 人,政治混乱达于极点,普通民众处于风雨飘摇之中,人人自危。政治动荡的同时,货币大幅贬值,物价疯涨。帝国民众需要一个稳定的帝国,渴望拥有一位强有力而神圣的君主。例如,242 年在马其顿地区

---

① G. Downey, The Late Roman Empire, p. 1.

② [古罗马]苏维托尼乌斯:《罗马十二帝王传》,第 355—356 页。

③ G. Downey, The Late Roman Empire, p. 24. Kyrios(主)在埃及、叙利亚和小亚细亚,是对许多神的固定尊称。罗马帝国皇帝采用 Kyrios(Dominus 即主人)的称号,是要十分明确表示,他们的最高权力来自神授。参见[美]G. F. 穆尔著,郭舜平等译:《基督教简史》,北京:商务印书馆 2003 年版,第 17 页。

④ A. H. M. Jones, A History of Rome Through the Fifth Century Volume Ⅱ, pp. 320 - 321.

⑤ M. Sordi, The Christians and the Roman Empire, p. 56.

的贝罗(Beroea),第一次出现了荣耀皇帝的一个奥林匹亚节日,皇帝被赋予奥林匹亚宙斯之名的神圣荣耀;①皇帝伽列努斯(Gallienus,253—268年在位)的雕塑呈现为太阳神的形象。② 罗马皇帝奥勒利安似乎已感到尘世的独裁者需要一个神圣的影像:一旦这个神圣的独裁者被接受,他的世俗的对应者可能会得到更高的荣耀。于是,奥勒利安不再"像神一样",而是"属于神"。③

因此,有学者认为,"在整个罗马世界,活着的皇帝受到了非常类似神明的待遇。他在向神明致敬的仪式中拥有了一席之地,人们称呼他时使用了与称呼神明类似的语言,人们还认为他拥有某些类似神明的力量。比如,奥古斯都的名字被加入某些宗教祷文中。逃亡的奴隶可以通过抱住皇帝的雕像寻求庇护,一如抱住神像"④。当然,皇帝并不能够完全等同于神明。在罗马,接受祭祀的往往是活着的皇帝的"力量",而非他们本人。从更大范围来看,希腊世界授予皇室的一揽子荣誉被称作 isotheoi timai,即"等同于(iso-)神明(theoi)的荣誉(timai)"。无视神明和活着的皇帝的区别一直是僭越之举,无论后者可能多么像神。⑤

最终,罗马帝国的神圣君权制由戴克里先和君士坦丁一世确立。学者瓦西列夫认为,罗马帝国君权的发展深受托勒密埃及和后来的萨珊波斯的影响⑥,而君主专制和君权神化是托勒密埃及和萨珊波斯君权制的重要特点。于是,戴克里先在公元285年夏的马格斯战役(Battle of the Margus)中击败另一位皇帝卡里努斯(Carinus,283—285年在位)成为罗马帝国唯一的皇帝后,便进行了一系列政治改革。皇帝的称谓 Imperator(最高统帅)的内涵由军事层面扩及到了整个帝国的方方面面,并将皇帝描述为半神半人的化身与大祭司长,戴克里先称自己为主和神。他不再出现在平民面前,如果有访客时,访客则需要俯卧于地上,不可直视皇帝,以视隆重,且访客只被允许轻吻皇帝的外袍底部。与皇帝相关的一切都被赋

---

① J. Geffchen, *The Last Days of Greece-Roman Paganism*, p. 28.

② [瑞士]雅各布·布克哈特著,宋立宏等译:《君士坦丁大帝时代》,上海:上海三联书店2017年版,第208页。

③ G. Fowden, *Empire to Commonwealth*, p. 51.

④ [英]玛丽·比尔德:《罗马元老院与人民:一部古罗马史》,第436页。

⑤ [英]玛丽·比尔德:《罗马元老院与人民:一部古罗马史》,第436—437页。

⑥ A. A. Vasiliev, *History of the Byzantine Empire*, 324-1454, pp. 61-62.

予"神圣"之名,如神圣铸币厂、神圣宫殿、神圣敕令等等。① 由此,戴克里先创造了一个神权政治的专制政府。

戴克里先去世之后,"四帝共治制"虽无法继续推行,但其君权神化的思想被君士坦丁大帝所继承和发展。君士坦丁大帝敏锐地注意到了一神教与其时代专制君主制之间的天然联系,"已将一神论视为渴望统治整个世界的独裁者的恰当教义"②。这时,在君士坦丁大帝时代基督教逐步发展形成的"神圣君权论"恰恰为其提供了理论武器。

凯撒里亚的尤西比乌斯是基督教"神圣君权论"的系统阐释者,也可以说是中世纪基督教王权论的奠基者。尤西比乌斯认为:正如独一的全能的上帝在天堂统治他的国民一样,一个至高的皇帝也应该如此在地上施行公义。地上的皇帝是按照神圣的样板被授予权柄的。他有天上神圣统治者的形象,是他的代表。因此基督徒皇帝不仅体现上帝的权柄,还体现上帝对人类的仁慈与保护。他的职责是保护帝国免受野蛮人和不信者的侵害并在教会及帝国中促进和平。③ 如他在庆祝君士坦丁大帝统治30周年的致辞中说道:"从上帝而出的唯一的道,从无始之初到无穷无尽之末,都是他的父的王国的搭档。(我们的皇帝)也永远为他所爱,因为他是皇帝权力从上而来的源头。我们的皇帝也在他神圣头衔的权柄之下强大,已经统治这个世界上的帝国很长时间了。"④

并且,尤西比乌斯在这篇《皇帝君士坦丁颂辞》(Oratio de landibus Constantini)中还阐述了皇权的"唯一性":"因为君主权力源自独一的上帝,所以尘世的君主权力是唯一的。君主政体超越于任何其他的政治体制与管理形式。事实上,多头政治(例如民主)就是一种抉择政治,因为它体现了身份上的平等,

① R. MacMullen, *Constantine*, p.15. 在皇帝提比略时期,该皇帝曾谨慎地避免使用"神圣的"这一术语,参见 [古罗马]苏维托尼乌斯:《罗马十二帝王传》,第150页。

② G. Fowden, *Empire to Commonwealth*, p.106.

③ [英]玛丽·坎宁安:《拜占廷的信仰》,第39—40页。

④ Eusebius, *NPNF2 -01. Church History, Life of Constantine, Oration in Praise of Constantine*, P. Schaff ed., New York: Christian Literature Publishing Co., 1890, The Oration of Eusebius, Chap. Ⅱ, p.1109; Eusebius Werke, *Über das Leben Constantins, Constantins Rede an die heilige Versammlung, Tricennatsrede an Constantin*, Leipzig: Hinrichs, 1902, TLG, No. 2018021;在4世纪,一位普世主教可能已经认为罗马世界与基督教世界是一致的。R. A. Markus, *Christianity in the Roman World*, London: Thames and Hudson Ltd, 1974, p.141.

易引起无政府状态和冲突。因而,只有一位上帝,而不是两个、三个或更多。多神信仰事实上是不敬神;宇宙间只有一个至高统治者上帝,因而他的尘间化身与尘世律法也是唯一的……"①

尤西比乌斯的这些观点也在早期基督教著名护教士拉克坦提乌斯那里得到了共鸣:"至高神的神意已将您(君士坦丁一世)擢升至君主这一尊贵之位,使您能够专心挫败其他世俗者的邪恶阴谋,并纠正其错误,而且为了人类的安定,您要以父爱般的温和精神,采取措施将上帝交于您手中的邪恶之徒从世俗王国中清除出去,以使所有人类都能够认识君权的真正本质……凭借与生俱来的神圣品质,在真理与上帝的引导下,您在一切世俗事务中圆满地贯彻了上帝之正义。因此,在对人类事务的安排时,上帝将您作为其代理人和执行者是合理的。"②

显然,上述君权论必然深受当时世俗统治者的欢迎,随着罗马帝国基督教化的深入,它也逐步被帝国君主确立为罗马帝国正统的神圣君权论,并且在确立的过程中,该理论也得到了进一步的阐释与发展,并产生了深远影响。同时,基督教会得到了帝国君主越来越多的扶持。

二、 君主对教会的扶持:以法律文献为研究路径③

第一,赋予教会经济特权。在经济方面,自4世纪起基督教会获得了最基本的经济权利,即财产所有权。④ 313年,在皇帝君士坦丁一世和李锡尼联合颁布的《米兰敕令》中已对教会的财产做出了如下规定:凡有人以国库或任何其他来源

---

① D. J. Geanakoplos ed. , *Byzantium: Church, Society, and Civilization Seen through Contemporary Eyes*, Chicago: University of Chicago Press, 1984, p. 18.

② Lact, *Divin. Instit.* ⅶ. 26. (Migne). C. N. Cochrane, *Christianity and Classical Culture: A Study of Thought and Action from Augustus to Augustine*, New York: Oxford University Press, 1957, p. 186.

③ 本节中的法律文献指的是4—6世纪期间罗马帝国所颁布的两部重要法典——《塞奥多西法典》和《民法大全》。

④ 据凯撒里亚主教尤西比乌斯记载,基督教会第一次获得该经济权利是在260年皇帝伽列努斯单独统治时期,但该法令很快就被废除,没有产生太大影响。Eusebius, *The Ecclesiastical History* (vol. 2), J. E. L. Oulton trans. , London: William Heinemann, 1942, Book Ⅶ, Chap. 13, p. 169; Eusèbe de Césarée, *Histoire Ecclésiastique*, G. Bardy ed. , 3 vols. , Paris: Cerf, 1952, 1955, 1958 (repr. 3: 1967), TLG, No. 2018002.

购买了基督徒的聚会场所,须将其归还原先的基督徒所有者,不得索要报酬,不得提出任何补偿要求,不得疏忽或迟疑。倘若有人碰巧因为收礼而得到这些场所,他们也不得耽搁,须将其归还原先的基督徒所有者。关于基督徒拥有的一些不属于个人而属于群体的财产,应毫无疑义地归还基督徒,也就是说,还给他们的社团和协会。①

在获得基本经济权利的同时,教会也逐步获得了大量经济特权。首先是教会获得了公共义务的豁免权和免税特权。在君士坦丁王朝,教会神职人员最早获得了上述特权。在 313 年,皇帝君士坦丁一世颁布敕令规定,罗马公民按照公共惯例需要承担的某些公共义务和收税人职责,教会神职人员应享有豁免权。② 进而在 319 年,该皇帝在颁布的法令中免除了教会神职人员的所有强制性的公共义务。③ 在随后的几年中,君士坦丁一世又不断地对上述法令予以重申,并提出了一些明确要求,如教会神职人员的公共义务的豁免无须经过民众的同意④,诵经员、助祭和其他神职人员不应被传唤到市政会⑤,等等。这样,主教——当时大约有 1 800 名主教——和其他神职人员也得以免税、免服兵役,其他公民为公共工程必须付出的多日劳动也因此豁免。⑥

皇帝康斯坦提乌斯二世继承了君士坦丁大帝的上述政策,并进一步扩大教会神职人员的经济特权。该皇帝于 343 年颁布法令规定,教会神职人员及其奴隶与特别的税收无关,并且不负有为过路士兵和政府官员提供膳食、住宿之义务;如果教会神职人员因生计而从事商业,他们也享有商业税收豁免权。⑦ 在 349 年他又规定,所有的神职人员不应承担城市元老院议员之责,且不应受到任何市政义务的烦扰。而且,如果他们的儿子没在市政议会的话,应继续服务于教会。⑧ 该法令在 5 年后又被再次重申。353 年,皇帝康斯坦提乌斯更进一步规定,神职人员及

---

① Eusebius, *The Ecclesiastical History*, vol. 2, Book Ⅹ, Chap. 5, pp. 445–453.

② Clyde pharr trans. , *The Theodosian Code and Novels and The Sirmondian Constitutions*, Princeton: Princeton University Press, 1952, 16-2-1.

③ Clyde pharr trans. , *The Theodosian Code and Novels and The Sirmondian Constitutions*, 16-2-2.

④ Clyde pharr trans. , *The Theodosian Code and Novels and The Sirmondian Constitutions*, 16-2-6.

⑤ Clyde pharr trans. , *The Theodosian Code and Novels and The Sirmondian Constitutions*, 16-2-7.

⑥ [美]胡斯托·L. 冈萨雷斯著,赵城艺译:《基督教史》(上),上海:上海三联书店 2016 年版,第 141 页。

⑦ Clyde pharr trans. , *The Theodosian Code and Novels and The Sirmondian Constitutions*, 16-2-8.

⑧ Clyde pharr trans. , *The Theodosian Code and Novels and The Sirmondian Constitutions*, 16-2-9.

其辅助人员享有一切税收的豁免权,他们也无须参加任何与体力有关的公共义务。此外,他们被减免了一切贸易税。并且,他们的妻子、孩子及其仆从,无论男女一律平等对待,也同样享有上述特权。①

毋庸置疑,教会神职人员所享有的公共义务豁免权和免税特权是如此之多,必定使得许多世俗者渴望成为神职队伍中的一员,对当时社会中的富有阶层来说尤其如此。因为根据当时罗马帝国的惯例,富有的社会阶层成员不但要承担一些强制性的公共义务,如免费为路过的士兵和政府官员提供住处和膳食等,而且他们还必须为其所在城市的居民提供免费的竞技赛会和戏剧表演。② 这些负担往往使得一些富有阶层成员的财政"捉襟见肘",在动荡的帝国西部地区尤其如此。于是有大量的富有阶层成员庇身于教会,成为神职人员,以逃避上述繁重的义务与负担。而这些富有阶层成员的大量流失也引起了当时帝国君主的警觉。于是在 364 年,皇帝瓦伦提尼安一世(Valentinian Ⅰ,364—375 年在位)颁布敕令规定,禁止教会接纳富有的平民为神职人员。③ 对于城市元老家族成员,该皇帝则采取了折中的方案。他于 370 年颁布法令规定,出身城市元老家族的神职人员,如果他担任神职时间少于 10 年,则其应被市政议会召回,承担按惯例规定的市政义务;但如果他担任神职已达到 10 年的时限,且在这期间没有受到任何公共义务烦扰的话,他本人及其继承的财产则享有永久豁免市政义务的权利。④ 在 371 年,皇帝瓦伦提尼安一世又减少了享有豁免权的担任神职期限,即在 364 年前献身于教会事务的元老家族成员都可享有这一权利。⑤ 并且在第二年,该皇帝又重申了上述规定,并将适用对象扩大至贞女。⑥

此后,教会享有上述经济特权的适用对象进一步扩大。在 381 年皇帝塞奥多西一世颁布的法令中,教堂或圣地的监护人,以及献身于宗教义务的人都被免除了公共义务。⑦ 到 6 世纪皇帝查士丁尼一世统治时期,该皇帝继续重申了"所有

---

① Clyde pharr trans. , *The Theodosian Code and Novels and The Sirmondian Constitutions* , 16 - 2 - 10.
② Clyde pharr trans. , *The Theodosian Code and Novels and The Sirmondian Constitutions* , Intro. ⅹⅺ.
③ Clyde pharr trans. , *The Theodosian Code and Novels and The Sirmondian Constitutions* , 16 - 2 - 17.
④ *Clyde pharr trans. , The Theodosian Code and Novels and The Sirmondian Constitutions* , 16 - 2 - 19.
⑤ Clyde pharr trans. , *The Theodosian Code and Novels and The Sirmondian Constitutions* , 16 - 2 - 21.
⑥ Clyde pharr trans. , *The Theodosian Code and Novels and The Sirmondian Constitutions* , 16 - 2 - 22.
⑦ Clyde pharr trans. , *The Theodosian Code and Novels and The Sirmondian Constitutions* , 16 - 2 - 26.

的神职人员可免征不恰当的税,可免除额外的负担"①的法令规定。他还进一步颁布敕令规定:"无论是根据死因赠予或者非死因赠予,或者是根据死者的临终意愿而留给尊严的教会的财产,根据城市议会的慷慨行为,就这些赠予物免予征税。以前那些法律规定应征税的规则尽管对其他人仍有效力,但对教会和那些与教会相关的组织不产生法律约束力。"②

其次,教会因拥有土地而应承担的公共义务也得以豁免。③ 在412年,皇帝霍诺留和塞奥多西二世在颁布的敕令中,对此作出了具体的规定:"奉献给教会神圣奥秘的大片地产不应受到卑贱的公共义务的烦扰。修建与维护道路的义务不应强加于享有这些特权的任何一块纳税土地。这样的纳税土地不应承担特别的义务或税负;应免除桥梁修复和运输义务;免除黄金和其他类似的税负。最后,除了正常的税负,其他任何特别需要的临时义务都不应强加于这些土地上。如果有人违反这条法令,将受到犯有渎圣罪的严厉惩罚,然后被永久流放。"④

最后,教会获得接受捐赠和遗赠的权利。早在321年,君士坦丁大帝已颁布敕令规定,每个人在临终前可以自由地将其财产遗赠给教会,并且规定这样的遗嘱是有效的。⑤ 在一个基督教信仰逐渐盛行的时代,该权利对教会财富的增长具有极其重要的意义。因为,对彼世的关怀使得大量财富通过遗赠途径流入教会财库中。因此而流失的财富数量是如此之多,以至于后来的皇帝不得不对此加以限制,如在370年和390年,皇帝瓦伦提尼安一世在颁布的法令中对一些女性的捐赠和遗赠的有效性作出了明确规定。⑥

但上述限制性的规定,并没有一直被后来的皇帝们所奉行。到6世纪时,皇帝查士丁尼一世继续重申了君士坦丁一世所颁布的教会接受遗赠的相关法令。⑦ 该皇帝在528年还颁布敕令明确规定,因虔诚目的奉献给神圣教会或与教

① Clyde pharr trans. ,Justinian, *The Civil Law* , C. 1, 3, 2. Vol. 12, pp. 29 - 30.
② [意]桑德罗·斯奇巴尼:《民法大全选译·公法》,第 138 页。
③ Clyde pharr trans. , *The Theodosian Code and Novels and The Sirmondian Constitutions* , 16 - 2 - 15.
④ Clyde pharr trans. , *The Theodosian Code and Novels and The Sirmondian Constitutions* , 16 - 2 - 40; Sirm. 11.
⑤ Clyde pharr trans. , *The Theodosian Code and Novels and The Sirmondian Constitutions* , 16 - 2 - 4.
⑥ Clyde pharr trans. , *The Theodosian Code and Novels and The Sirmondian Constitutions* , 16 - 2 - 20; 16 - 2 - 27.
⑦ [意]桑德罗·斯奇巴尼选编:《民法大全选译·公法》, 第 135 页。

会相关的慈善组织的捐赠,即使没有书证,上述捐赠也是有效的。① 除颁布上述相关法令外,查士丁尼一世还身体力行,例如,在其统治时期,帝国内已存在大量的修道院,仅仅君士坦丁堡就有 67 座修道院,卡尔西顿则有 40 座,但查士丁尼一世还是赐予修士团体大量金钱以资助他们在首都和行省各地建立更多的修道院。其皇后塞奥多拉也积极支持建立更多的修女院。② 并且,查士丁尼一世时期教会所接受的捐赠或遗赠的所有权得到了保障,该皇帝颁布敕令规定,不准许任何人出售、质押或抵押那些捐献给教会,且在神圣的基督教礼拜仪式中必需的财物,包括最神圣和奥秘的器皿、衣物和其他物品等。如果这些财物在这之前已被出售、质押或抵押,则必须将其追回。③

自然,上述经济特权的获得,使教会成为罗马帝国内一个重要的享有经济特权的组织,为其成为帝国内一个重要的经济"实体"铺平了道路。对于教会所获得的经济特权,也许我们从吉本的感慨中更能体会到其对于教会的意义:"整个正统教会教士人数比罗马军团的士兵更多,皇帝却豁免他们应尽的公私劳役、个人赋税、奉献捐赠和市政职务,这对一般公民来说那可是难以忍受的沉重负担。"④

第二,赋予教会司法特权。4 世纪后,教会在获得经济特权的同时,也被罗马帝国君主赋予了司法特权。首先,教会获得了比较独立的专属司法管辖权。在318 年,君士坦丁一世颁布法令规定,如果上诉案件适用于主教法庭,世俗法官一定不能干预;如果有人希望其诉讼得到基督教法律的裁决,即使其最初已在世俗法官前申诉,教会法庭也有权接受该上诉,并且无论主教法庭的判决结果是什么,其判决都应当被视为是神圣的。⑤ 在 333 年,君士坦丁一世颁布的另一法令规定,即使诉讼一方反对上诉于主教法庭,主教也有权裁决该诉讼案,而且如有必要,民事法官要执行主教的裁决。⑥ 而且,除了确认的刑事诉讼应由常任和特别法官,

---

① Justinian, *The Civil Law* (Vol. 12), C. 1. 2. 16, p. 26.

② C. A. Frazee, "Late Roman and Byzantine Legislation on the Monastic Life from the Fourth to the Eighth Centuries", *Church History*, Vol. 51, No. 3 (Sep., 1982), p. 271.

③ Justinian, *The Civil Law* (Vol. 12), C. 1. 2. 17, p. 26.

④ [英]爱德华·吉本:《罗马帝国衰亡史》第 2 卷,第 737 页。

⑤ Clyde Pharr trans., *The Theodosian Code and Novels and The Sirmondian Constitutions*, 1 - 27 - 1.

⑥ Clyde Pharr trans., *The Theodosian Code and Novels and The Sirmondian Constitutions*, The Sirmondian Constitutions, 1 - 1.

或者最高行政官员审理,与宗教惯例相关的其他诉讼应在教会法庭或所在主教区的宗教会议上得到审理。① 例如,在408年,异教徒舞蹈者在卡拉巴(Calama)引起了一场骚乱,在反基督徒的暴力行动中,民众焚毁了当地的教会建筑。当骚乱平息后,帝国政府将对犯罪者的控告置于主教手中,于是主教圣奥古斯丁在其中扮演了重要角色。② 甚至,主教法庭也能对帝国的高级官员做出最终裁决。典型者如托勒密主教辛尼修斯(Synesius)对人称利比亚恶魔的行省长官安德洛尼库斯的裁决。该行省长官不但毫无忌惮滥用权力,压榨百姓和使用酷刑,而且亵渎神明。在辛尼修斯用温和的劝诫方式劝告无效后,该主教利用主教法庭对其进行了最后裁决,使得安德洛尼库斯、其同伙以及家族,全部遭到人类和上天的唾弃。③ 另外,根据法律规定,主教还拥有自由进出监狱并为狱中犯人提出申诉的权利。④

随着越来越多的帝国官员及民众皈依基督教,主教法庭接受的诉讼不断增加。而且在现实中,与世俗法庭相比,主教法庭审理诉讼案件耗时少、花费低,因而更受帝国民众欢迎,以至于希波主教圣奥古斯丁经常抱怨其投入了大量的时间来审理众多的诉讼,使得他几乎没有时间来进行写作。⑤ 著名拜占庭史家瓦西列夫曾将君士坦丁大帝统治时期的主教法庭的特权归结为三点:一是主教的判决应视为终审判决,讼案中所涉及的任何年龄的人都必须接受;二是不管被诉讼方是否反对,任何民事诉讼案件在审理的任何阶段都可转交主教法庭审理;三是世俗法庭必须执行主教法庭的判决。⑥ 独立的教会司法管辖权对于教会的发展具有重要意义,特别是对于帝国西部的拉丁教会更具有深刻的意义,随着帝国政治重心的东移,教会法庭逐步代替了当地的世俗民事法庭。

其次,主教和其他神职人员享有一定的世俗司法豁免权。按照罗马帝国的法律规定,如果主教被起诉,只能由身为主教的同僚对他进行审判。即使主教犯下

---

① Clyde Pharr trans. ,*The Theodosian Code and Novels and The Sirmondian Constitutions*, 16 - 2 - 23.
② Johannes Geffchen, *The Last Days of Greece-Roman Paganism*, p. 229.
③ [英]爱德华·吉本:《罗马帝国衰亡史》第2卷,第742—743页。
④ Clyde Pharr trans. ,*The Theodosian Code and Novels and The Sirmondian Constitutions*, Sirm. 13.
⑤ S. L. Greenslade, *Church and State from Constantine to Theodosius*, p. 64.
⑥ [美]A. A. 瓦西列夫:《拜占庭帝国史》,第86—87页。

严重的罪行,也只是由其同侪组成的宗教会议来判决他是否有罪。① 例如,在355年,皇帝康斯坦提乌斯二世颁布敕令规定,禁止任何人在世俗法庭上对主教提出指控,如果有人对一位主教提出控诉的话,该诉讼必须在主教法庭由其他主教作出裁决。② 后来,主教的上述司法特权也扩及到了所有的教会神职人员。在412年,皇帝霍诺留在颁布的敕令中进一步规定,所有基督教会神职人员,从主教、神父、辅祭以及所有品级更低的神职人员,都享有不在宗教法庭之外接受审讯的权利,同时,如果原告不能证实其指控,将失去自己的名誉和身份地位。③ 而这样的法庭除非因为个人仇恨关系,或是宗教观点不能相容而激起的愤怒,一般对犯罪的教士总是尽量宽容,甚至公然偏袒。④

最后,教会获得了一定的司法保护权。在392年时,皇帝塞奥多西大帝颁布敕令规定,如果有人妨碍基督教正统信仰及其信众,且如果他没有听从法律的告诫或没有得到应有的惩戒,他将被处以流放。⑤ 6年后,皇帝阿卡狄乌斯(Arcadius,395—408年在位)颁布敕令做出了更加严厉和具体规定:"如果有人侵入教堂,施暴于司铎和神父,或干扰礼拜仪式、破坏礼拜之所,他们便犯了渎圣罪。市政议员、地方法官和管理者应通过信函,而被称为乡村警察的命令执行官应通过正式报告,将发生的这一切上报当权者,以便能够揭露那些可以被确认名字的人……因而,行省的官员应知道,前述有罪的或坦白的罪犯,因其对教堂的司铎、神父、神圣礼拜和礼拜之所施与的暴行,必须被处以死罪……对所有人来说,对上述暴行提出控告,且对这些罪犯施以惩罚,不但合法,而且值得称赞。针对这样的罪行,甚至在必要时可以使用军队来协助。"⑥

教会还拥有特殊的庇护权。随着基督教的合法化,教堂也被视为神圣之地,并逐渐拥有神圣的庇护权。教会圣所的庇护权虽与异教先例一样源自传统惯例,

---

① [英]爱德华·吉本:《罗马帝国衰亡史》第2卷,第740—741页。

② Clyde Pharr trans. , *The Theodosian Code and Novels and The Sirmondian Constitutions* , 16 - 2 - 12.

③ Clyde Pharr trans. , *The Theodosian Code and Novels and The Sirmondian Constitutions* , 16 - 2 - 41; Sirm. 15.

④ [英]爱德华·吉本:《罗马帝国衰亡史》第2卷,第740—741页。

⑤ Clyde Pharr trans. , *The Theodosian Code and Novels and The Sirmondian Constitutions* , 16 - 4 - 3.

⑥ Clyde Pharr trans. , *The Theodosian Code and Novels and The Sirmondian Constitutions* , 16 - 2 - 31.

但在四五世纪期间已获得了帝国法律的认可。[①] 早在 395 年,东罗马皇帝阿卡狄乌斯的摄政王鲁菲努斯(Rufinus)被杀死后,其妻子和儿女就因在教堂得到庇护而幸存下来。[②] 到 419 年时,皇帝塞奥多西二世正式颁布敕令规定,逃到教堂寻求庇护者,在教堂门前 50 步范围之内将会获得保护,如果有人在此范围内将其拘捕,则会受到渎圣罪的惩罚。[③]

第三,对异教的压制。4 世纪后,基督教在获得合法宗教地位的同时,基督徒也成了罗马帝国君主的"宠儿"。据凯撒里亚主教尤西比乌斯记载,从君士坦丁大帝时代起,帝国皇帝已开始倾向于让基督徒来担任行省总督、禁卫军统领等一些高级官职。[④] 而随着基督教成为罗马帝国国教,基督徒身份也成了帝国官员的首要人选。甚至,基督教在被确立为国教的前一年——即 391 年,罗马皇帝在颁布的法令中已规定,不管一个人的社会地位是多么显赫,只要其背弃基督教信仰而皈依异教,他将会失去自己的一切身份和地位,被烙上永久的恶名,其地位被列入最卑微的民众之下。[⑤] 此后,在 408 年皇帝所颁布的法令中规定,对基督教会怀有敌意的人不能任职于帝国宫廷[⑥],被教会所抛弃的不虔诚之人也不能任职于帝国政府[⑦]。两年后,类似规定再次被重申。[⑧] 到 425 年时,皇帝塞奥多西二世在其颁布的法令中则明确指出,犹太教徒和异教徒不能任职于帝国政府。[⑨] 显然,自 4 世纪起,基督教在获得罗马帝国君主扶持的同时,异教却逐渐地受到了帝国政府的压制。

在君士坦丁大帝统治时期,该皇帝采取了灵活的宗教政策,一方面对基督教加以扶持,另一方面对异教信仰采取了温和的宽容政策,如他在 320 年颁布的敕令中规定:"古代的习俗应被遵守,如果我们的宫殿或任何其他公共建筑被闪电击

---

① S. L. Greenslade, *Church and State from Constantine to Theodosius*, p. 65.

② [英]爱德华·吉本:《罗马帝国衰亡史》第 3 卷,第 1151—1152 页。

③ Clyde Pharr trans., *The Theodosian Code and Novels and The Sirmondian Constitutions*, Sirm. 13.

④ [古罗马]尤西比乌斯:《君士坦丁传》,2:44。

⑤ Clyde Pharr trans., *The Theodosian Code and Novels and The Sirmondian Constitutions*, 16 - 7 - 5.

⑥ Clyde Pharr trans., *The Theodosian Code and Novels and The Sirmondian Constitutions*, 16 - 5 - 42.

⑦ Clyde Pharr trans., *The Theodosian Code and Novels and The Sirmondian Constitutions*, Sirm. 9; 16 - 2 - 39.

⑧ C. N. Cochrane, *Christianity and Classical Culture*, p. 334.

⑨ Clyde Pharr trans., *The Theodosian Code and Novels and The Sirmondian Constitutions*, Sirm. 6.

中,应向预言者询问其中的征兆。关于该事的书面记载应被仔细收集,以便借鉴古代贤人之智慧。"①但君士坦丁大帝是第一个也是最后一个允许异教崇拜的基督徒皇帝。②

到341年时,君士坦丁一世的儿子康斯坦提乌斯已开始颁布敕令对异教活动加以限制:"迷信应被终止;狂热的献祭应被废止。献祭就是违犯圣君、我们父的律法以及上帝的命令,任何敢于这样做的人,他将立即受到审判,得到罪有应得的惩罚。"③有学者认为这一年标志着一个重要的转折点:帝国第一次颁布了严厉谴责献祭的法令。虽然该法令的效果大打折扣,但该法令对基督徒来说具有煽动性的影响。④ 此后,在康斯坦提乌斯统治时期,禁止献祭的法令被一再颁布,且惩罚也越来越严厉。346年,皇帝康斯坦提乌斯颁布敕令规定,献祭者的财产将被收归国库,对此罪行视而不见的地方官员,也将受到同样的惩罚。⑤ 356年该皇帝又规定,如果有人被证实投身于献祭或崇拜偶像,他们将被处以死罪。⑥

在379年,皇帝塞奥多西一世的继位在基督教发展史上具有重要的意义,在该皇帝统治时期,基督教于392年被确立为国教,同时他也开始了对异教的严厉压制。塞奥多西一世反对异教的立法活动始于381年,一直持续到其统治结束。在381年的敕令中,皇帝塞奥多西一世规定:如果有人为了占卜,在白天或夜间参加被禁止的宗教仪式,或者为了此类目的使用现存的神殿或圣坛,其将被定为渎圣罪。⑦ 在这个时期,塞奥多西一世的宗教政策也得到了帝国西部皇帝的呼应。例如,在382年帝国西部皇帝格拉先(Gratian,367—383年在位)没收了维斯塔贞女(Vestal Virgins)和官方祭司的地产,并取消了国家对他们的所有财政支持。异教祭司也失去了他们存在已久的公共义务豁免权。而且,元老院门口的异教象征——胜利女神祭坛——也被移走。⑧ 进而在385年,塞奥多西一世又颁布敕令

---

① Clyde Pharr trans. ,*The Theodosian Code and Novels and The Sirmondian Constitutions*, 16 - 10 - 1.
② Simon Swain and Mark Edwards eds. , *Approaching Late Antiquity*, Instruction p. 13.
③ Clyde Pharr trans. ,*The Theodosian Code and Novels and The Sirmondian Constitutions*, 16 - 10 - 2.
④ J. Geffchen, *The Last Days of Greece-Roman Paganism*, p. 121.
⑤ Clyde Pharr trans. ,*The Theodosian Code and Novels and The Sirmondian Constitutions*, 16 - 10 - 4.
⑥ Clyde Pharr trans. ,*The Theodosian Code and Novels and The Sirmondian Constitutions*, 16 - 10 - 6.
⑦ Clyde Pharr trans. ,*The Theodosian Code and Novels and The Sirmondian Constitutions*, 16 - 10 - 7.
⑧ S. L. Greenslade, *Church and State from Constantine to Theodosius*, p. 72.

规定,禁止一切形式的占卜行为。①

　　在 391 年之后,一系列反异教的法令相继颁布。在这一年,皇帝塞奥多西一世颁布敕令对异教献祭和崇拜偶像行为作出了如下规定:"人们不应因献祭动物而使自身堕落;人们不应屠杀无辜的动物;人们不应走近神龛,不应流连于神庙,或崇拜人力制作的偶像,以免违反圣法和俗法。一般的行省官员也要遵守这一普遍规定,如果有人热衷于渎神仪式,并在旅途中或城市中为了这个目的而进入神庙,他将立即被处以 15 磅黄金的罚金,且其属下也会被处以相同数目的罚金,除非他们抵制这个官员,并举报他。违反这一规定的其他不同等级的官员及其属下都有相应的经济处罚。"②

　　这可以说是到 391 年为止罗马皇帝颁布的最全面的针对异教崇拜的禁令,并且从理论上讲,自君士坦丁大帝以来,这也是帝国基督教立法史上最重要的时刻。在康斯坦提乌斯统治时期,一些类似的反对"迷信"和献祭的立法虽然曾经颁布过,但并没有相应的强制措施来履行这些法令。塞奥多西大帝颁布的这道禁令,其效果就会有效得多,因为它们更少地依赖于残酷惩罚的威胁,而更多地依赖于根除异教信仰的支持者——政府官员——的策略。③ 并且在塞奥多西一世统治末期,罗马帝国一些地区的基督徒暴民也已被允许拆除异教神庙。在 391 年,亚历山大里亚地区著名的塞拉皮神庙(the Serapeum)即被狂热的修道士摧毁。④

　　在 392 年,塞奥多西大帝试图更广泛地禁止异教习俗,包括禁止私人礼拜仪式。⑤ 并且在这一年,塞奥多西大帝颁布了最后一道针对异教的最严厉的敕令:"不论任何阶层或等级的人,不管他是平民百姓还是高官显贵……都不应该在任何地方或任何城市中用无辜的牺牲向无意义的偶像献祭……如果任何人胆敢为献祭目的宰杀牺牲或用血淋淋的动物内脏占卜,等同于反叛罪,被认为是侵犯了

① Clyde Pharr trans. ,*The Theodosian Code and Novels and The Sirmondian Constitutions* , 16 - 10 - 9.

② Clyde Pharr trans. ,*The Theodosian Code and Novels and The Sirmondian Constitutions* , 16 - 10 - 10.

③ I. J. Davidson, *A Public Faith: From Constantine to the Medieval World, A. D. 312 - 600*, Oxford, UK and Grand Rapids, Michigan: Monarch Books, 2005, p. 113.

④ N. King, Church and State Relations, Ian Hazlett ed. , *Early Christianity* , Nashville: Abingdon Press, 1991, p. 252.

⑤ I. J. Davidson, *A Public Faith* , p. 114.

所有人,将会受到应有的判决……"①

显然,经 4 世纪罗马帝国君主的不断压制,异教信仰难以避免衰落的命运。至塞奥多西大帝统治时期,公共运动会和大竞技场娱乐虽可以继续举办,但这些活动已不能进行传统的异教献祭活动。在礼拜日或基督教节日,如复活节和圣灵降临日,也被禁止举办大竞技场娱乐和戏剧表演。② 从 4 世纪的一本流行的民众宗教小册子里,我们可以看到异教信仰衰落的一些迹象:法令将会禁止古老的宗教信仰,神圣之地、神庙之家将会成为坟墓与死人之地。③

对于塞奥多西一世的宗教政策,有学者评述道:"4 世纪 80 年代,在古典史,事实上在欧洲史上是一个关键时期。国家将唯一的宗教信仰强加于其臣民,而同时压制其他的信仰选择,这在以前的希腊或罗马世界从来没有出现过。"④甚至有学者提出,到 4 世纪 80 年代和 90 年代时,传统的罗马贵族想要继续维持其身份地位,最好的途径就是皈依基督教。⑤

在塞奥多西一世之后,继任的罗马皇帝对异教的压制非但没有停止,而且更加严厉。在 396 年,塞奥多西一世的继任者皇帝阿卡狄乌斯颁布法令,取消古代法律所赋予异教祭司的特权。⑥ 399 年,该皇帝又下令,在异教信仰盛行的乡村地区,当地的神庙应被拆除。⑦ 在 408 年,皇帝塞奥多西二世进一步颁布敕令规定,位于城市、市镇中或市镇外的神庙建筑本身应被改作他用,所有地方的祭坛应被拆除,位于君主地产上的所有神庙应用作他途。⑧ 而且到 415 年时,不仅异教徒的信仰活动场所被取缔,异教徒的世俗政治生活也被限制。在这一年,塞奥多西二世颁布法令规定,禁止异教徒进入君主政府,他们不能成为行政或司法官员。⑨ 在 435 年,该皇帝颁布了在其统治时期内针对异教信仰的一道最严厉的敕

① Clyde Pharr trans. , *The Theodosian Code and Novels and The Sirmondian Constitutions* , 16 - 10 - 12.

② I. J. Davidson, *A Public Faith* , p.114.

③ J. Geffchen, *The Last Days of Greece-Roman Paganism* , p.173.

④ C. Freeman, *AD381*, p.1.

⑤ Michele Renee Salzman, *The Making of a Christian Arsitocracy* , Cambridge, Massachusetts and London: Harvard University Press, 2002, p.200.

⑥ Clyde Pharr trans. , *The Theodosian Code and Novels and The Sirmondian Constitutions* , 16 - 10 - 14.

⑦ Clyde Pharr trans. , *The Theodosian Code and Novels and The Sirmondian Constitutions* , 16 - 10 - 16.

⑧ Clyde Pharr trans. , *The Theodosian Code and Novels and The Sirmondian Constitutions* , 16 - 10 - 19.

⑨ Clyde Pharr trans. , *The Theodosian Code and Novels and The Sirmondian Constitutions* , 16 - 10 - 21.

令:"我们命令,所有异教徒的神殿、神庙和圣地,即使现在一些仍保存完好,应在市政官的带领下将其捣毁,并竖立起十字架标志以纯化这被玷污之地。如果有确切证据表明,有人蔑视这条法令,则他将被处以死罪。"①

到查士丁尼一世统治时期,异教徒受到了更严厉的压制,异教徒的公民与政治权利被进一步剥夺。如学者所言,当将所有的异端、异教徒、犹太人和撒马利亚人全部皈依基督教被证明是不可能时,这些人就被置于无民事行为能力者之列。② 在这个时期,"异教徒不得担任官职及履行民事管理职责"③;皇帝利奥禁止异教徒从事法律职业④,查士丁尼一世则剥夺了异教徒教书的权利,并于529年关闭了作为异教新柏拉图主义"圣地"的雅典学院,被驱逐的学者们纷纷前往波斯万王之王的宫廷寻求庇护。⑤ 而且,在查士丁尼一世时期异教徒也被剥夺了举行任何形式的聚会的权利⑥,"如果异教徒一旦被查明参加了禁止性的聚会或在某建筑物内进行宗教活动,该建筑物将被收归教会"⑦。甚至,异教徒不能拥有财产所有权⑧,不能订立契约⑨,不能继承财产⑩。

自4世纪起,罗马帝国君主不但颁布了大量的压制异教的法律,还极力予以执行。例如,皇帝塞奥多西一世可能担心其官员不能认真履行帝国反异教的法令,于是他采用了一个非常的手段:委派一名帝国高级官员巡视帝国内各个行省,根据其自身的判断,监督和督促宗教法令的履行。⑪ 大区行政长官辛乃格乌斯(pretorian prefect Cynegius)成为被选定的上述高级官员,他似乎是这一任务的恰

① Clyde Pharr trans., *The Theodosian Code and Novels and The Sirmondian Constitutions*, 16‐10‐25. 其他反异教的相关律法:*CTh* Ⅺ. 5. 43; 10. 19; sirm. 12, posted at Carthage in the forum on 5 June 408。

② G. Downey, *The Late Roman Empire*, p. 117.

③ Justinian, *The Civil Law* (Vol. 17), Nov. 144, 2, p. 167.

④ A. H. M. Jones, *The Decline of the Ancient World*, London: Longmans, 1966, p. 323.

⑤ [南]乔治·奥斯特洛格尔斯基:《拜占廷帝国》,第57页。

⑥ Justinian, *The Civil Law* (Vol. 12), C. 1, 5, 5, p. 65.

⑦ Justinian, *The Civil Law* (Vol. 17), Nov. 132, pr, p. 132.

⑧ J. Moorhead, *Justinian*, London: Longman Group UK Limited, 1994, p. 27.

⑨ H. St. L. B. Moss, *The Birth of the Middle Ages (395 −814)*, London: Oxford University Press, 1979, p. 113.

⑩ J. A. S. Evans, *The Ages of Justinian: The Circumstances of Imperil Power*, London, New York: Routledge, 1996, p. 68.

⑪ J. Geffchen, *The Last Days of Greece-Roman Paganism*, pp. 169‐170; R. A. Markus, *The End of Ancient Christianity*, Cambridge: Cambridge University Press, 1990, p. 114.

当人选,因为他深受妻子阿坎西娅(Acanthia)的影响,而其妻则是反异教信仰的狂热修士们的支持者。在 388 年,辛乃格乌斯到了埃及,除塞拉皮神庙在一段时间没受到影响外,他关闭了整个埃及地区的无数神庙,特别是在亚历山大里亚。① 据异教徒史家佐西莫斯(Zosimus)所言,辛乃格乌斯在整个埃及地区禁止了自古以来就存在的献祭,并关闭了所有的先人祭祀场所。② 在辛乃格乌斯的狂热带领下,埃德萨的神庙被捣毁;③在他的保护下,主教马塞卢斯(Marcellus)破坏了阿帕梅亚的宙斯神庙。④ 在公元 400 年左右,加沙主教波菲利(Porphyry)不但获得了摧毁该城著名异教圣所的君主敕令,还得到了帝国军队的帮助。⑤

在对异教的压制方面,查士丁尼一世可以说做到了"极致"。在其即位后不久,查士丁尼一世在君士坦丁堡对异教徒实行了恐怖统治,许多最杰出的异教徒被逮捕、关押、审问和拷打,这些异教徒包括律师、官员、贵族,还有一些是语法学家、诡辩学家和教授。⑥ 在 529 年,皇帝查士丁尼一世甚至命令所有的异教徒接受洗礼,否则将被没收财产或流放。⑦ 此后查士丁尼大帝对异教徒的迫害便一浪接着一浪,542 年,在小亚细亚的乡村地区,7 万名异教徒被迫接受洗礼。⑧ 其中比较著名的几次发生于 545—546 年、562 年,及其统治之末。塞奥法尼斯曾对其最后一次迫害描述道:"(查士丁尼大帝)对异教徒发动了一次重要的大迫害,许多异教徒失去了其所有的财产……三个月内必须皈依基督教的最后期限可怕地笼罩在所有异教徒心中。"⑨在埃及,军队被派去捣毁处于最偏远地区但仍然活跃

---

① J. Geffchen, *The Last Days of Greece-Roman Paganism*, p. 170.

② [东罗马]佐西莫斯著,谢品巍译:《罗马新史》,上海:上海人民出版社 2013 年版,第 123 页。Zosime, *Histoire Nouvelle*, F. Paschoud ed., Paris: Les Belles Lettres, 1971, 1979, 1986, 1989, TLG, No. 4084001.

③ J. Geffchen, *The Last Days of Greece-Roman Paganism*, p. 170.

④ P. Schaff ed., *NPNF2 - 03. Theodoret, Jerome, Gennadius, & Rufinus: Historical Writings*, New York: Christian Literature Publishing Co., 1892, *The Ecclesiastical History of Theodoret*, Book Ⅴ, Chap. 21, pp. 257 - 258; Theodoret, *Kirchengeschichte*, L. Parmentier and F. Scheidweiler eds., 2nd edn. Berlin: Akademie-Verlag, 1954, TLG, No. 4089003.

⑤ R. A. Markus, *The End of Ancient Christianity*, p. 154.

⑥ R. MacMullen, *Christianity and Paganism in the Fourth to Eighth Centuries*, pp. 58 - 59.

⑦ A. H. M. Jones, *The Decline of the Ancient World*, p. 323; G. Downey, *The Late Roman Empire*, p. 117.

⑧ G. Downey, *The Late Roman Empire*, p. 117.

⑨ R. MacMullen, *Christianity & Paganism in the Fourth to Eighth Centuries*, New Haven and London: Yale University Press, 1997, p. 27.

地作为异教崇拜中心的神庙;在帝国中心和安纳托利亚地区,许多军队不停地从一个地区赶往另一个地区,强迫所到之处的人们放弃其古老的宗教信仰而皈依基督教。① 随后,"皇帝查士丁尼大帝把注意力转向那些异教徒,以酷刑残害他们的肉体,掠夺他们的土地。在这些异教徒中,那些决定成为名义上的基督徒的人暂时保全了自己;但是不久,他们因实行奠酒礼和献祭礼以及其他不圣洁的礼仪而被捕"②。可以说,皇帝查士丁尼一世毫不留情地抹去了异教徒的最后一丝残迹。③

　　律法的颁布并不意味着一定会达到预期的结果,对于4—6世纪罗马帝国颁布的宗教法令来说也是如此,典型者如压制异教的法令并没有"立竿见影"。一方面是因为异教信仰在罗马帝国根深蒂固,去除其影响不可能一蹴而就。对异教采取严厉态度的塞奥多西一世在388年曾遇到了戏剧性的一幕。该皇帝在这一年访问埃默纳(Emona)时竟然受到了一场隆重的异教仪式的接待;④到396年时,加沙城的基督教团体总人数仅为280人,这包括男人、女人和孩子,而且在加沙,尽管塞奥多西大帝颁布了针对异教的严厉法令,异教崇拜仍然公开地在城内的所有神庙内举行。⑤ 另一方面,晚期罗马帝国的行政机构与现在的官僚机构几乎没有可比性,管理混乱、效率低下,并且官员得到的报酬很低;⑥因此,"在一个幅员辽阔、行政管理不完善的帝国,任何推行到行省的法令都会失去其效力,甚至一些法令可能从来没有被彻底地执行"⑦;同一法令被不断地重申就有力地说明了这一点。即使对异教持如此严厉态度的塞奥多西一世,学者也认为该皇帝颁布的禁令并没有真正得到贯彻执行。在许多城镇和城市中,包括献祭等异教礼拜仪式仍然秘密地持续了数代,而在乡村地区,异教信仰仍然盛行。在6世纪之前,塞奥多西大帝对违反禁令者罚没金钱的措施也可能很少被贯彻执行。⑧

———————————

① R. MacMullen, *Christianity and Paganism in the Fourth to Eighth Centuries*, p. 27.

② [东罗马]普罗柯比:《秘史》,第59页。Procopii Caesariensis, *Opera Omnia*, TLG, No. 4029002.

③ [西]西里尔·曼戈主编:《牛津拜占庭史》,第154页。

④ R. MacMullen, *Paganism in the Roman Empire*, New Haven and London: Yale University Press, 1981, p. 133.

⑤ A. H. M. Jones, *The Decline of the Ancient World*, p. 323.

⑥ A. Cameron, *The Later Roman Empire*, AD 284 −430, pp. 40 − 41.

⑦ Charles Freeman, *AD381*, p. 2.

⑧ I. J. Davidson, *A Public Faith*, p. 114.

　　甚至有些皇帝也"言行不一",比如塞奥多西一世之子、阿卡狄乌斯皇帝享有给予异教崇拜决定性一击的美誉。他在这一问题上的立法是真正残酷无情的,可是当时一篇有幸保留至今的文献表明,该皇帝在400年10月并没有批准加沙主教拆毁马尔纳斯(Marnas)神庙的请求。阿卡狄乌斯对此说道:"我很清楚地知道,这座城镇充满了邪神偶像:但是它忠诚地履行了它的纳税义务,而且对国库贡献巨大。如果我们突然对这些民众施以恐怖手段,他们便会四处逃亡,而我们就将失去相当巨大的赋税收入了。"①

　　但是,在君士坦丁堡大帝之后,除背教者皇帝朱利安之外,其他所有罗马帝国君主一以贯之地持一种压制异教信仰的态度,这足以最终达到法令所预期的结果。因此,在4—6世纪,基督教会及其神职人员从罗马帝国君主手中得到了大量的经济与司法特权,而异教受到了帝国君主越来越严厉的压制。这一方面使得皈依基督教和担任教会神职成为"令人向往之事",从而推动了帝国的基督教化;但另一方面,在帝国君主的扶持下,教会逐渐成了帝国内一个重要的经济实体和特权群体,为教会的世俗化和教俗之争埋下了隐患。

第二节

马其顿王朝时期的教俗关系

　　自313年《米兰敕令》颁布起,基督教不但获得了合法的宗教地位,而且从此之后得到了拜占庭帝国君主的大力扶持,基督教会逐渐发展壮大。教会组织遍布帝国各地,教义逐步统一,教会财富不断增加,于是,教会成为帝国内一个重要的"权力实体"。而随着教会的不断发展与壮大,教会也开始关注自身的传统权利。这样,教俗之争难以避免,教俗关系也成为拜占庭帝国政治史中的一个重要内容,

---

① N. H. Baynes and H. St. L. B. Moss eds., *Byzantium*, p. 131. 该书中引用之处的表述参考中文译本［英］N. H. 拜尼斯主编:《拜占庭:东罗马文明概论》。

甚至有学者认为,拜占庭帝国的教会史可以被描述为一部教会与国家之间的斗争史。① 因而,维持教会与国家之间的合作,保持两者之间的平衡成为拜占庭帝国政治稳定的一个重要前提。到马其顿王朝时期,拜占庭帝国的教俗关系已历经6个世纪的发展,在这长达6个世纪的教俗博弈中,无论是在理论上还是在现实的实践方面,拜占庭帝国的教俗关系都已基本发展成形。而且,马其顿王朝是拜占庭中期史上的一个黄金时期,政治比较稳定,这便为我们考察教俗关系提供了一个极好的"标本"。

一、 教俗文献和图像描述的君主与教会关系

在4世纪,凯撒里亚主教尤西比乌斯在《皇帝君士坦丁颂辞》中对君主在尘世间的"核心"作用进行了系统阐述,该阐述被视为整个拜占庭史中君权论的圭臬,后来关于这个主题的所有表述基本上都沿用了同样的观点。② 例如,在6世纪,圣索菲亚大教堂的辅祭阿伽佩图斯(Agapetus)在其著名的专题论著中,既吸收了古雅典演说家伊索克拉底和希腊教父著作中的观点,同时也反复重申了尤西比乌斯关于君权主题的基本要旨:"尊贵的皇帝,您拥有超越于任何其他人的高贵,首先,您应该将这荣耀归还于授之于您的上帝。因为他已经将统治尘世的节杖交给了您,以便您能使人世间沐浴于正义之中,您应该惩罚那些胆敢违犯正义之法的人——您本人要服从于正义之法,从而使您合法地统辖隶属于您的那些臣民。从肉体方面来说,皇帝与所有人类都是平等的,但从他高贵的权力来说,他类似于统辖一切的上帝。因为在尘世间没有任何人能统辖他。"③

关于君主与教会的职责,全面而经典的表述则为《查士丁尼法典》中的一篇序言:"人类获得的最大神恩是仁慈的上帝在天国赐予我们的两件礼物:教士和君主。教士主管圣事;帝国君主勤勉地管理凡俗事务;但这两种权力都来自独一的上帝,都是为了完美人类生活。因而教士的尊贵和荣耀是君主最关心的事情……

---

① N. H. Baynes and H. St. L. B. Moss eds. , *Byzantium*, p. 130.

② D. J. Geanakoplos ed. , *Byzantium*, p. 18.

③ D. J. Geanakoplos ed. , *Byzantium*, pp. 19 - 20.

因为,如果教士在上帝面前对尘世间任何事情都没有抱怨,而是满怀虔诚,如果君主恪守其职责,公正而恰当地造福于其臣民,这样,有利于人类福祉的一种教会和君主之间令人愉快的和谐将会随之出现。因而,上帝的真正教义以及教士的尊贵和荣耀是我们最关切之事;我们相信,如果教士们能够保持其尊贵和荣耀,我们因之将会获得最重要的礼物,牢牢拥有我们已获得的,安心等待将要到来的上帝的恩赐。"①

在这篇序言中,查士丁尼一世似乎遵循了教宗格拉修一世(Gelasius Ⅰ,492—496 年在位)所提出的"双头权力论"②,但他提倡的是两头权力的统一而非分裂,这两种权力都具有神圣的源头,共同为人类的福祉负责。而且,"上帝的真正教义以及教士的尊贵和荣耀是我们最关切之事",表明他相信最终的权力存在于君主。如学者所言,"对于皇帝与教会的关系,在查士丁尼一世及其继承者的观念中,皇帝职责与教会是平行且合作的关系,但并不完全等同于人类社会的方方面面。作为上帝的代理人,皇帝对作为一个公共机构的教会的福利及其基督徒臣民的福利负有责任"③。显然,皇帝查士丁尼一世认为其统治帝国的权力应高于教会,教会应服从君主的领导。

该序言中关于皇帝职责的描述也反映于当时的图像艺术中,例如,在查士丁尼时代拉文纳圣维塔利教堂主祭坛上方的镶嵌画《皇帝查士丁尼与随从者》就是当时人们关于世俗君主观念的一种典型写照。在这幅镶嵌画中,皇帝查士丁尼一世身穿紫色皇袍,头戴华丽的皇冠,头顶金色光环,手持盛有圣水的圣器,威严而又冷漠,他居于画面的中心且显得最为高大,他的左手侧是牧首和教士,右手侧是两个教士和军队将领,并且其身边的这些随从者恰好是 12 个人,使人十分自然地联想到基督的 12 个门徒,皇帝就是基督在世间的代表。

到马其顿王朝时期,在以瓦西里、利奥和亚历山大诸位皇帝名义颁布的《序

---

① Justinian, *The Civil Law*, vol. 16, nov. 6, pr, p. 30; D. J. Geanakoplos ed., *Byzantium*, p. 136.

② 罗马教宗格拉修一世宣称人世是由教宗和世俗君主共同统治者,在这两者之中,神职人员的地位要更重要一些,因为在上帝面前,他们不仅要对普通人的救赎负责,甚至还要为君主的救赎负责。在世俗事务上,神职人员应遵守君王的律法,因君王凌驾于万民之上,其权威源自神;但在圣礼与信仰有关的问题上,君王必须遵从那些主管圣事的人,尤其是统领全教会的教宗所做的决定。F. Dvornik, *Early Christian and Byzantine Political Philosophy: Origins and Background*, Ⅱ, Washington: Trustees for Harvard University, 1966, pp. 804 - 805.

③ G. Downey, *The Late Roman Empire*, p. 116.

言》中对皇帝与牧首的职责也做了简洁的界定。该《序言》原本是拟用作编纂的
大型法典序言的,大约成书于 880 年,据学者推测作者应为当时的牧首弗提乌
斯。①《序言》的第三个主题对牧首的职责以及牧首与皇帝之间的关系做了如下
阐述:"牧首的职责是成为一名教师,对一切人,无论高贵、低贱,都平等、公平相
待;要仁慈地主持正义,而对不信者又不要心存怜悯,作为真理的代言人与(正
统)教义的维护者,在国王面前宣讲时要理直气壮,而不要唯唯诺诺。牧首应独立
阐释前任牧首们已采纳的教规以及神圣宗教会议所规定的教义。牧首应关切和
裁定古代教父们在大公会议和地方宗教会议上所提出的任何问题,无论是教父们
已经解决的,还是有待解决的,无论是特殊的,还是普通的……既然有各种角色和
成员构成的国家组织类似于人的身体的构成,那么其最重要和最必要的角色是皇
帝和牧首。正因如此,臣民心灵与身体的宁静和安康依赖于国王和教士在各个方
面的融洽、和谐相处。"②

　　皇帝保证其所有臣民享有良好的物质生活,牧首负责拯救人的灵魂③,两者
的职责是平等的。著名拜占庭史家奥斯特洛格尔斯基认为,《序言》提出了世俗
和教会权力之间的理想的关系模式,与教会正统圈子里流行的思想相一致。④ 而
在此后皇帝利奥六世的立法中,关于皇帝职责的阐述则基本上沿袭了《查士丁尼
法典》的观点。皇帝是上帝选派的,受天意的保护。他是整个帝国政府的主宰、军
队总司令和唯一的立法者、教会的保护人和正确信仰的捍卫者。⑤

　　马其顿王朝所铸造钱币的图案也直观、生动地展现了上述观念。从 9 世纪中
期开始,拜占庭帝国所发行金币索里达的正面图案为基督的形象,并且在该图案
中基督被描述为"耶稣基督,万有之王",而该金币背面的图案往往是皇帝或皇室
成员的形象,这表明皇帝虽然没有上帝那么重要,但他是上帝在人世间的代表,是

————————

① Ernest Barker, translated with an instruction and notes, *Social and Political Thought in Byzantium*, Oxford: The
　Clarendon Press, 1957, p. 89.
② D. J. Geanakoplos ed. , *Byzantium*, p. 137; Ernest Barker, *Social and Political Thought in Byzantium*, pp. 91 -
　93.
③ Ernest Barker, *Social and Political Thought in Byzantium*, pp. 89, 91.
④ [南]乔治·奥斯特洛格尔斯基:《拜占廷帝国》,第 201 页。Timothy E. Gregory, *A History of Byzantium*,
　p. 223.
⑤ [南]乔治·奥斯特洛格尔斯基:《拜占廷帝国》,第 203 页。

上帝创造的世界毋庸置疑的统治者。① 另一事例为皇帝君士坦丁七世的象牙雕刻像,该皇帝手持十字架权杖,头顶光环。②

从上述文献及相关图像可以看出,在拜占庭人的观念中,帝国君主与牧首各有其职责,皇帝负责臣民的"肉体",牧首拯救人类的"灵魂"。因而,皇帝与牧首之间密切合作、和谐共处是维持帝国繁荣昌盛的保证。但是,对于皇帝与牧首职责之间的关系没有明确的界定,在君主眼中,自己是上帝在人世间的代表,牧首应服从于君主;而在牧首眼中,其职责与君主的职责是平等的,两者的地位也应平等。因而,马其顿王朝时期的教俗关系取决于历史现实中君主与牧首的博弈。

二、 教俗之间的博弈

在马其顿王朝时期,皇帝在与教会的博弈中往往占有主动权,这主要表现在三个方面。一是基督教大公会议的召集和决议认可权掌握于皇帝手中。根据拜占庭律法,自从君士坦丁大帝时代起,召集与指导大公会议属于皇帝的一项特权。③ 按照惯例,在君士坦丁堡举行的宗教会议应由皇帝主持,如果皇帝因故不出席的话,也要安排官员代表自己到场主持。④ 一般来说,应召参加宗教会议的主教在讨论教会事务时往往会屈从于皇帝的压力。而且,基督教大公会议颁布的教规一般需要皇帝的签字,否则,宗教会议的决定便不能成为所有公民都应遵守的帝国法律。⑤

二是东部教会之首——君士坦丁堡牧首——的任命和命运往往掌握于皇帝手中。关于君士坦丁堡牧首的产生,按照教会法规定,先由当地的教职会议推选出三名候选人,最后再由皇帝从其中确认一人为牧首。但在现实中,一些皇帝会越过教职会议推选候选人这一程序,而根据自己的意图自行任命牧首。例如,摄政皇后塞奥多拉在咨询了几个非常有影响的主教之后,直接任命修士伊格纳提乌

---

① T. E. Gregory, *A History of Byzantium*, p. 218.

② T. E. Gregory, *A History of Byzantium*, p. 233.

③ F. Dvornik, *The Photian Schism*, p. 71.

④ F. Dvornik, *The Photian Schism*, p. 189.

⑤ F. Dvornik, *The Photian Schism*, p. 194.

斯为牧首。① 更典型者为牧首弗提乌斯的经历,当皇帝米哈伊尔三世上台后,因牧首伊格纳提乌斯与前朝君主和狂热派关系密切,新皇帝不可能与其友好合作,该牧首被迫辞职;②于是,弗提乌斯在一周内从一位世俗者历经所有神阶而被皇帝米哈伊尔三世擢升为君士坦丁堡牧首。③ 而弗提乌斯在 867 年的下台也与帝国君主的变动相关。马其顿人瓦西里在 867 年 9 月 24 日谋杀米哈伊尔三世后,求助于前倒台王朝的对头伊格纳提乌斯派和他们的英雄,并且新皇帝一改其前任的宗教政策,转向与罗马教宗的联合,于是当时的牧首弗提乌斯必须为伊格纳提乌斯让位。④ 牧首弗提乌斯在 887 年的第二次下台也与君主的更迭相关,年轻的皇帝利奥六世曾是他的学生,学识渊博,但他担心其老师对教会的巨大影响,会使自己失去对教会的控制。⑤ 因而,当利奥六世即位后,就立即罢免了弗提乌斯,使得这位显赫一时的君士坦丁堡牧首最终退出历史舞台,最后死于流放地亚美尼亚。⑥

为了确保对教会的控制,马其顿王朝的皇帝常常任命亲信之人甚至皇室成员来担任牧首一职。皇帝利奥六世在即位之初,为了调和教会内部派系之间的矛盾,同时也为了实现自己对教会的控制,他便安排自己的弟弟斯蒂芬出任君士坦丁堡牧首一职。⑦ 后来,当利奥六世因第四次婚姻问题与牧首尼古拉·米斯提库斯冲突呈现白热化时,他联合罗马教宗强迫牧首尼古拉退休,并于 907 年 2 月安插了虔诚而单纯的优西米乌斯担任牧首一职。⑧ 同样,在皇帝罗曼努斯一世当政时,当牧首尼古拉·米斯提库斯去世后,他将自己 16 岁的儿子斯蒂芬二世祝圣为牧首,这样该皇帝在其统治的大多数时间里就能够有效地控制教会。⑨ 而在牧首特里封(Trephon,928—931 年在任)之后,罗曼努斯一世设法使牧首职位悬置了一

---

① F. Dvornik, *The Photian Schism*, pp. 18, 31, 48.

② G. Ostrogorsky, *History of the Byzantine State*, p. 224.

③ N. H. Baynes and H. St. L. B. Moss eds., *Byzantium*, p. 110; F. Dvornik, *The Photian Schism*, p. 50.

④ N. H. Baynes and H. St. L. B. Moss eds., *Byzantium*, p. 111; F. Dvornik, *The Photian Schism*, pp. 132, 137.

⑤ S. S. M. George Every, *The Byzantine Patriarchate*, London: S. P. C. K, 1947, p. 139.

⑥ G. Ostrogorsky, *History of the Byzantine State*, p. 241; T. E. Gregory, *A History of Byzantium*, p. 225.

⑦ N. H. Baynes and H. St. L. B. Moss eds., *Byzantium*, p. 111.

⑧ G. Ostrogorsky, *History of the Byzantine State*, p. 260.

⑨ T. E. Gregory, *A History of Byzantium*, pp. 229 - 230.

段时间,而后提升他年仅 6 岁的儿子塞奥菲拉克特担任牧首。在 933 年 2 月 2 日,皇帝罗曼努斯特意从罗马请来了教宗特使,为其儿子塞奥菲拉克特履行了主教圣职礼,这位年幼的牧首完全盲目地听从其父亲的安排。另外,这位牧首对于驯马与赛马的爱好远远甚于对教会事务的关心,并且这种兴趣与爱好没有任何中断地一直持续到 956 年他去世。①

三是皇帝往往扮演着教会保护者和教会调解者的角色。例如,皇帝利奥六世在其父瓦西里一世的葬礼演说中曾提到,皇帝瓦西里一世的一个重要作为就是解决了教会中的纷争,使伊格纳提乌斯和弗提乌斯两派和平相处。② 而且,皇帝的这一角色也早已得到了教会的认可,例如,867 年弗提乌斯在圣索菲亚大教堂的布道中将皇帝米哈伊尔三世描述为:一位伟大的皇帝,战无不胜且勇敢;一位有智慧的管理者;深受民众欢迎;熟知如何向民众讲话,并善用其财富;满怀虔诚,关心教会;一位真正的“国家之父”。③ 而正是皇帝这一教会的保护者和正统教义的维护者的角色为其干预教会事务打开了方便之门,加之在现实中教俗事务之间的界限很难厘清,这就使得拜占庭皇帝真正成了上帝在尘世之国的代理人。

但是,教会也拥有自己专有的权力并对君主权力形成一定的制约。如学者亨利·格雷瓜尔(Henri Gregoire)所言:“确实,拜占庭帝国的皇帝总是将自己与宗教事务联系在一起:他努力维持或保证教义的统一,但正如我们所看到的,教会并不总是顺从地接受他的主张。事实上,拜占庭人认为在宗教事务上反对皇帝的旨意是正常的和合法的。”④首先,教会拥有确定正统信仰的权力。虽然在查士丁尼一世时期,该皇帝曾经撇开教会而按照自己的意愿确定正统的教义和信条,但这种先例并没有被后来的皇帝所效仿,他们一般都会尊重教会确定正统信仰的权威。例如皇帝利奥六世,作为国家的主宰,他拥有至高权力,但在宗教事务中也会受到约束。他只能是教会的保护人,而不能成为教会的领袖。他可以改变前任皇帝颁布的法律,但不能废除或修改宗教会议的决定;决定信仰事务的权力属于教会会

① G. Ostrogorsky, *History of the Byzantine State*, p. 272; T. Reuter ed., *The New Cambridge Medieval History*, Ⅲ, p. 608.
② F. Dvornik, *The Photian Schism*, pp. 169 - 170.
③ F. Dvornik, *The Photian Schism*, p. 133.
④ N. H. Baynes and H. St. L. B. Moss eds., *Byzantium*, p. 130.

议,皇帝的职责是保护正统的教义。在宗教事务方面,君士坦丁堡牧首拥有比皇帝更大的权力和威望。[1]

其次,牧首扮演着皇帝道德监督者的角色。在马其顿王朝,无论皇帝拥有多大的专制权力,在道德上都会受到教会的监督与制约,因为在传统上这是教会的职责。在这方面,马其顿王朝最轰动的事件是因皇帝利奥六世的婚姻问题而导致的牧首尼古拉·米斯提库斯与该皇帝的冲突。在年轻时利奥六世遵从其父瓦西里一世的意愿与塞奥法诺成婚,但在 897 年皇后塞奥法诺不幸去世。她死后,利奥便与其情妇邹伊——斯提连努斯·扎乌奇斯的女儿——在 898 年结婚。然而,邹伊在 899 年病逝,没有留下男孩。在 900 年夏季,皇帝利奥又迎娶了他的第三位妻子非利吉亚人欧多基娅·贝亚娜,这就公开违背了教会和国家的法规。在几年前,利奥六世本人曾亲自颁布特殊立法,严格禁止第三次婚姻,甚至不赞成第二次婚姻。而且根据东部教会的规定,一般允许配偶去世或离婚者可以再婚,但只能一次,即一个人只能合法地结婚两次。[2] 因此,利奥六世的第三次婚姻受到教会的谴责。但不幸的是,欧多基娅·贝亚娜也很快去世,并且没有留下后嗣。利奥六世很快又被"黑眼圈"邹伊所吸引,而为了避免因再次结婚进一步激怒教会,最初利奥只是将邹伊作为自己的情妇,但当邹伊在 905 年生下一男孩后,利奥六世还是在 906 年迎娶邹伊作为皇后。这激怒了牧首尼古拉·米斯提库斯和大多数教会人士,皇帝被禁止进入教堂。[3] 虽然利奥六世通过向罗马教宗塞尔吉乌斯上诉获得西部教会的认可,并罢免了反对他的牧首,但下台后的尼古拉·米斯提库斯在东部教会中获得了极大的声望,当利奥六世死后,他再次成为牧首,并且其地位达到了令人难忘的辉煌顶点。在尼古拉·米斯提库斯之后,牧首伯利埃乌克特斯(Polyeuctes,956—970 年在任)也扮演了类似的角色。当皇帝尼基弗鲁斯·福卡斯在 969 年被篡位者约翰·基米斯基及其朋友谋杀后,伯利埃乌克特斯坚决主张罪犯应受到惩罚,他要求基米斯基必须忏悔,并从皇宫中驱逐其情妇——淫荡邪恶的皇后塞奥法诺,还要严惩在谋杀皇帝尼基弗鲁斯行动中他的同谋者,最

---

① G. Ostrogorsky, *History of the Byzantine State*, p. 246.

② T. E. Gregory, *A History of Byzantium*, p. 227.

③ T. E. Gregory, *A History of Byzantium*, p. 227.

终皇帝被迫服从牧首的所有要求。之后，牧首才允许他进入教堂，并为其加冕。①

再次，教会并没有放弃争取自己的专有权力的努力，这一点比较明显地表现在一些个性强硬的牧首身上。在上述牧首中，最典型的代表人物为米哈伊尔·塞鲁拉利乌斯，他被称为拜占庭史上最顽强、野心最大的牧首。米哈伊尔·塞鲁拉利乌斯的理想不仅是使得东部教会摆脱罗马教会的影响实现完全独立，还要改变东部教会与国家之间的关系，实现教会事务由教会自己来管理。米哈伊尔·塞鲁拉利乌斯曾帮助伊沙克·科穆宁逼迫皇帝米哈伊尔六世退位，于是，当伊沙克加冕称帝后，以前属于皇帝特权的圣索菲亚大教堂的管理权被移交给这位牧首。米哈伊尔·塞鲁拉利乌斯试图寻求教会的完全独立，据说他曾经穿上了紫色靴子，以废黜皇权来要挟皇帝，因为在传统上，紫色靴子是皇权的一个重要标志。最终，皇帝伊沙克·科穆宁与该牧首达成协议，皇帝不再干涉教会事务，教会事务完全由牧首负责，皇权与教权平等。在双方发生冲突后，即使皇帝伊沙克·科穆宁设法在1058年罢免了米哈伊尔·塞鲁拉利乌斯的牧首一职，但他发现去世的牧首甚至比其活着时更具威胁性，一年后皇帝伊沙克被迫宣布退位，进入斯图迪特修道院成了一名修道士。②

最后，在马其顿王朝时期，教会不但在信仰与道德上拥有重要的影响力，而且成为帝国内的一个重要政治力量，特别是在帝国政局动荡不安时，教会甚至能够左右帝国的政局。在马其顿王朝，帝国统治权一般掌控于官僚贵族或军事贵族之手，于是两者之间往往处于对立状态，这样，作为第三力量的教会便在帝国的政治生活中具有了举足轻重的作用。例如，在1057年，教会联合军事贵族推翻了皇帝米哈伊尔六世，而在两年后，教会又联合敌对的官僚贵族推翻了皇帝伊沙克·科穆宁。君士坦丁十世随后登上皇位，在其统治时期，贫困的国家几乎到了崩溃的边缘，但该皇帝对教会的赏赐还在不断增加，因为触怒教会而引起怨恨就会引发下台的危机。③ 前述皇帝伊沙克·科穆宁的遭遇便是一个典型事例，他之所以

---

① G. Ostrogorsky, *History of the Byzantine State*, p. 293; C. Holmes, *Basil II and the Governance of Empire (976 -1025)*, Oxford: Oxford University Press, 2005, p. 449.

② T. E. Gregory, *A History of Byzantium*, p. 254; G. Ostrogorsky, *History of the Byzantine State*, pp. 339 - 341.

③ G. Ostrogorsky, *History of the Byzantine State*, pp. 341 - 342.

能够夺取拜占庭帝国皇位,与牧首米哈伊尔·塞鲁拉利乌斯的支持密不可分,但成为皇帝的伊沙克为了解决帝国财政困难而采取了没收教会财产的措施,因之与牧首塞鲁拉利乌斯产生了冲突,于是官僚贵族乘机又联合该牧首在 1059 年废黜了皇帝伊沙克。[①] 事实上,在 11 世纪拜占庭帝国皇位的每一次变更中,几乎都能看到教会的身影。

当然,拜占庭帝国的教俗之间除博弈之外,更多的是一种合作关系。因为在拜占庭帝国,教会与国家之间不是分立而是融为一体,即拜占庭教会几乎将自身与帝国等同[②],而且帝国君主是上帝在人世间的代理人。

三、 教俗之间的合作

在拜占庭人的观念中,帝国的安宁与臣民的福祉依赖于教会与世俗君主的分工与合作。正如斯提利特派圣徒达尼埃尔对皇帝瓦西里库斯(Basilicus,475—476 年在位)和君士坦丁堡牧首阿卡西乌斯(Acacius,471—489 年在位)所说,当他们之间存在分歧时,就会使神圣的教会陷于混乱,整个世界不得安宁。[③] 因而,教会与国家之间密切合作是拜占庭帝国的一个典型特征,这一点在毁坏圣像运动结束之后仍然如此。[④]

首先,在信仰与道德方面拥有重要影响力的教会可为君主的统治提供“神圣支持”。在尤西比乌斯提出“神圣君权论”之后,牧首为皇帝加冕仪式出现,从形式上进一步加强了皇权的合法性与神圣性。皇帝马西安的继承人利奥一世是第一位由君士坦丁堡牧首加冕的皇帝。加冕仪式的出现最初是为了解决皇位继承合法性问题,但它完全符合拜占庭帝国的神圣君权理论,故而演变为登基典礼的重要组成部分。[⑤] 此后,拜占庭皇帝在即位时必须由牧首在君士坦丁堡的圣索菲

---

① T. E. Gregory, *A History of Byzantium*, pp. 253 - 254.

② A. Momigliano ed., *Conflict Between Paganism and Christianity in the Fourth Century*, Oxford: The Clarendon Press, 1963, p. 15.

③ N. H. Baynes and H. St. L. B. Moss eds., *Byzantium*, Introduction, p. XXIX.

④ G. Ostrogorsky, *History of the Byzantine State*, p. 220.

⑤ [法]罗伯特·福西耶主编:《剑桥插图中世纪史(350—950 年)》,第 113 页。

亚大教堂为其加冕。在马其顿王朝时期,这一传统也被一些篡位者所利用,例如,当尼基弗鲁斯·福卡斯在凯撒里亚被其部下拥立为皇帝后,旋即于963年8月14日进军君士坦丁堡,并于8月16日在圣索菲亚大教堂加冕称帝;在皇帝米哈伊尔七世被迫退位后,安纳托利亚军区将军尼基弗鲁斯·博塔尼埃蒂兹宣布成为皇帝,在1078年3月24日,他进入首都君士坦丁堡,就在同一天,君士坦丁堡牧首为其举行了加冕礼。① 牧首的施洗也具有类似的意义,典型事例为,当皇帝利奥六世的情妇"黑眼圈"邹伊为其生下一个儿子时,为使这个婴孩获得合法身份以便将来继承皇位,皇帝利奥想方设法使得牧首尼古拉·米斯提库斯于906年初为该婴孩施行了洗礼。②

其次,在帝国的君主统治中,教会也扮演了一个重要辅助者的角色,特别是当皇帝年幼或帝国陷入危机之时,教会往往是帝国君主的重要辅助者或合作者。早在7世纪初,当拜占庭帝国处于内忧外患之际,皇帝伊拉克略一世正是在教会强大的经济援助下走出困境,从而赢得了对波斯的战争。君士坦丁堡牧首塞尔吉乌斯一世自愿将教会的钱贷给国家,教会也将其收益交给了皇帝伊拉克略一世。③ 在860年,当罗斯人第一次出现于君士坦丁堡城下之时,拜占庭皇帝米哈伊尔三世在牧首弗提乌斯的协助下,成功地守住了都城。④ 在马其顿王朝时期,一些牧首也积极地介入了帝国的管理。在这些牧首中,弗提乌斯是最典型的一个人物,他积极投身于当时的政治事务中,其多卷本的书信(写给外国统治者的,以及写给教会官员的)显示了他支持拜占庭帝国在所有地区利益的敏锐理解力、深刻洞察力和决心。他是扩张主义政策的塑造者之一,扩张主义也随后成为整整两个世纪拜占庭国家和教会具有的特征。⑤ 当皇帝亚历山大于913年去世后,因马其顿王朝剩下的唯一男丁君士坦丁七世年仅7岁,以牧首尼古拉一世为首的摄政会议成为处理军国大事的主要机构。⑥ 于是在901—925年间,牧首尼古拉在拜占庭

<hr />

① G. Ostrogorsky, *History of the Byzantine State*, pp. 285, 348.

② T. E. Gregory, *A History of Byzantium*, p. 227.

③ S. Runciman, *The Byzantine Theocracy*, pp. 54 – 55.

④ [南]乔治·奥斯特洛格尔斯基:《拜占廷帝国》,第193页。

⑤ T. E. Gregory, *A History of Byzantium*, p. 223.

⑥ T. E. Gregory, *A History of Byzantium*, p. 228.

帝国政治生活中发挥了重要影响,他自由地与保加利亚国王、伦巴第和亚美尼亚王子,甚至摩尔人的埃米尔以及修士、传教者、教宗和大主教们互通信函。[1]

最后,教会在拜占庭帝国的对外关系中也扮演了一个积极角色。在马其顿王朝时期,斯拉夫人建立的王国日益成为帝国的严重威胁,将斯拉夫人纳入东正教信仰圈成为帝国君主与教会消除上述威胁的一个共识。于是,东正教会与帝国君主密切合作,积极地在斯拉夫人中传播东正教信仰和拜占庭文化,最终成功地将斯拉夫人建立的两大王国——罗斯和保加利亚——纳入拜占庭文化圈内。[2]

第三节

东正教的传播

一、 对外传播的背景

在马其顿王朝时期,罗斯人和保加利亚人开始频繁地侵扰拜占庭帝国边界,甚至深入帝国境内进行抢劫,因而,如何消除罗斯人和保加利亚人的威胁成为拜占庭帝国必须面对的一个重要问题。事实上,在马其顿王朝之前,罗斯人的祖先斯拉夫人[3]和保加利亚人[4]的祖先古保加利亚人就早已与拜占庭人接触。关于斯拉夫族群,其最初的家园在俄罗斯的西部森林地区,而对其早期的历史,我们所知甚少。直到6世纪末,斯拉夫人出现于易北河、波希米亚森林、朱利安阿尔卑斯山

---

[1] S. S. M. George Every, *The Byzantine Patriarchate*, p. 140.

[2] 该部分内容,详见第三节。

[3] 关于罗斯人的祖先是一个极其复杂且具争议的问题。参见[美]尼古拉·梁赞诺夫斯基、[美]马克·斯坦伯格等著,杨烨等译:《俄罗斯史》,上海:上海人民出版社2007年版,第20—24页。

[4] 保加利亚人这一称呼出现于10世纪,是对保加利亚王国的古保加利亚人和斯拉夫人的称呼。R. J. Crampton, *A Concise History of Bulgaria*, Cambridge: Cambridge University Press, 2005, p. 15.

和巴尔干半岛等地区时,其历史才开始逐渐清晰。① 据《往年纪事》记载,斯拉夫人是一个整体:他们包括那些住在多瑙河流域,后被乌果尔人征服的斯拉夫人、莫拉瓦人、捷克人、波兰人,以及现在称为罗斯人的波利安人。② 而最早出现在拜占庭帝国史中的斯拉夫族群是罗马人所称的斯克拉文尼人(Sclaveni),在 6 世纪中期,他们和其同族安特人(Antae)作为游牧民族在多瑙河以北活动,而且,在查士丁尼一世统治时期,他们跟随其他族群,比如古保加利亚人(the Bulgars),多次袭击拜占庭帝国的巴尔干行省地区。③ 对于古保加利亚族群,学者认为他们最早是属于匈奴人的一个族群。④ 古保加利亚人与拜占庭帝国的接触早于前述斯拉夫人。早在皇帝阿纳斯塔修斯一世统治时期,古保加利亚人已出现于巴尔干半岛地区,并迅速进入帝国内部,如入无人之境,且在其之后,匈人等其他族群也尾随而至,以至于皇帝阿纳斯塔修斯不得不兴建一道起自黑海终于马尔马拉海的"长城"以拱卫都城君士坦丁堡。⑤

自 6 世纪起,斯拉夫族群和古保加利亚族群便成为拜占庭帝国的梦魇。597年,新一轮的斯拉夫人入侵浪潮席卷巴尔干半岛。这一年的入侵者主要是斯拉夫各部落,一些阿瓦尔人和古保加利亚人也夹杂其中。入侵者的野心可能仅仅是洗劫塞萨洛尼基,但他们的攻击依然非常猛烈。虔诚的塞萨洛尼基人认为,只是他们的守护神圣迪米特里的亲自显灵才保住了这座城市。到 7 世纪 40 年代时,除海岸线、阿尔巴尼亚山脉和色雷斯等地区外的整个巴尔干半岛都有斯拉夫人居住。⑥ 9 世纪时,斯拉夫人建立的国家成为拜占庭帝国的更大威胁。在 842 年,当拜占庭皇帝米哈伊尔三世开始执政时,罗斯国的名称开始出现。⑦ 在 860 年 7 月,罗斯人便第一次出现于君士坦丁堡城下。面对罗斯人对君士坦丁堡的围攻,拜占

---

① N. H. Baynes and H. St. L. B. Moss eds. , *Byzantium* , p. 338.

② [俄]拉夫连季:《往年纪事》,第 19 页。

③ N. H. Baynes and H. St. L. B. Moss eds. , *Byzantium* , p. 338;Tia M. Kolbaba, *Inventing Latin Heretics: Byzantines and the Filoqu in the Ninth Century* , Kalamazoo:Western Michigan University, 2008, p. 40.

④ N. H. Baynes and H. St. L. B. Moss eds. , *Byzantium* , p. 341.

⑤ [德]哈特温·布兰特著,周锐译:《古典时代的终结:罗马帝国晚期的历史》,上海:上海三联书店 2018 年版,第 181 页。

⑥ Norman H. Baynes and H. St. L. B. Moss eds. , *Byzantium* , pp. 339 - 340.

⑦ [俄]拉夫连季:《往年纪事》,第 13 页。

庭帝国清楚地认识到了罗斯人带来的危险。① 从907年拜占庭与罗斯订立的一个
商业协议中,也可以看出拜占庭人与罗斯民族打交道时表现出了极为紧张的心
态。在该协议中,拜占庭给予了罗斯人在君士坦丁堡城内永久的贸易权,并豁免
关税,条件是罗斯人要缩减进城的人数,并把兵器放在城外。② 拜占庭帝国的另
一个重要威胁来自古保加利亚人建立的王国。在6世纪末阿瓦尔帝国衰落后,古
保加利亚人开始在黑海北岸建立王国。③ 到7世纪晚期,古保加利亚人已占领了
多瑙河下游地区南部的拜占庭莫西亚行省的大部分地区。④ 而到查士丁尼二世
时期,也就是在8世纪早期,古保加利亚人已对拜占庭帝国的外交和外部事务产
生了重要影响。⑤

面对罗斯人与保加利亚人的不断侵扰,拜占庭人一劳永逸的战略就是将其纳
入"盟国"之列,而使其皈依基督教是实现这一目标的重要途径,拜占庭帝国君主
和教会也早已深刻认识到了这一点。就其本质而言,基督教是一个鼓励传教的宗
教。早期的基督徒热衷于强调其宗教的"国际性"特征和各民族的原生平
等。⑥ 因而,一些早期的护教士认为基督教对帝国是有益的,因为它有助于"软
化"蛮族人的野性。⑦ 拜占庭教会作为一个基督教会和国家教会——更确切地说
是作为普世国家的教会——具有将《圣经》传遍整个人间世界的双重责任。在教
会征服罗马帝国以前,它就已经传播出了帝国的边界。当基督徒还在罗马遭受迫
害时,亚美尼亚王国就皈依了基督教。自君士坦丁大帝时代起,基督教传教士的
活动总是为帝国服务。⑧ 可以说,在拜占庭人的心中,普世基督教的观念与拜占
庭人从来没有完全放弃的世界帝国思想联系在一起。⑨ 拜占庭帝国君主也充分

---

① Andrzej Poppe, "The Christianization and Ecclesiastical Structure of Kyivan Rus' to 1300", *Harvard Ukrainian Studies*, Vol. 21, No. 3/4 (December 1997), p. 312; Ihor Sevcenko, "The Christianization of Kievan Rus'", *The Polish Review*, Vol. 5, No. 4 (Autumn 1960), p. 30; [南]乔治·奥斯特洛格尔斯基:《拜占廷帝国》,第193页。

② [英]杰弗里·霍斯金著,李国庆等译:《俄罗斯史》,广州:南方日报出版社2013年版,第31—32页。

③ N. H. Baynes and H. St. L. B. Moss eds., *Byzantium*, p. 341.

④ J. Shepard ed., *The Cambridge History of the Byzantine Empire, C. 500 –1492*, p. 318.

⑤ [美]查尔斯·金著,苏圣捷译:《黑海史》,上海:东方出版社2011年版,第80页。

⑥ J. Shepard ed., *The Cambridge History of the Byzantine Empire, C. 500 –1492*, p. 305.

⑦ J. Shepard ed., *The Cambridge History of the Byzantine Empire, C. 500 –1492*, p. 307.

⑧ N. H. Baynes and H. St. L. B. Moss eds., *Byzantium*, p. 116.

⑨ J. Shepard ed., *The Cambridge History of the Byzantine Empire, C. 500 –1492*, p. 332.

利用了这一点,皇帝君士坦丁一世曾考虑过利用信奉基督教的亚美尼亚打败罗马在亚洲的宿敌波斯人。① 著名的拜占庭皇帝查士丁尼一世更是深谙此道,在 527年,该皇帝为波斯普拉匈人(Bosporan Huns)的王子哥罗德(Grod)和日耳曼族群的统治者格雷普(Grep)施行了洗礼。在阿布哈兹(Abkhazia),许多新教堂建立于距海岸很远的内地。这些教堂显然是为蛮族人建立的;这些教堂内有供成年人施洗的洗礼堂。② 甚至有学者认为,在查士丁尼时代,对于拜占庭人来说,蛮族人的"温和"与"基督教化"仅仅意味着一件事:不会攻击帝国。③ 皇帝伊拉克略一世在使巴尔干斯拉夫人归附帝国的过程中就充分利用了基督教这一重要武器。面对混乱无序的巴尔干斯拉夫人,该皇帝充分意识到,如果这些斯拉夫人能够获得帝国文明的恩赐,他们就可能在获得种族和民族意识之前融入帝国④,而"对斯拉夫人取得文化同化的最有效方式是使其皈依基督教"⑤。于是,他首先通过炫耀武力诱导多瑙河南部的斯拉夫人承认其宗主地位,而后又通过在上述斯拉夫人中传播基督教,获得他们的臣服。⑥

在 860 年,罗斯人第一次出现于君士坦丁堡城下时,当时的著名牧首弗提乌斯已认识到使这个年轻的国家皈依基督教并使之纳入拜占庭影响之下,将是拜占庭帝国避免来自这个国家入侵威胁的最有效的办法。⑦ 在 866 年,该牧首已自负地向其东部的同侪宣称,基督教在凶悍的罗斯人中取得了进展,并派遣了一位主教去罗斯人中传教。同时,拜占庭人也在巴尔干和中欧斯拉夫人——保加利亚人、塞尔维亚人、摩拉维亚人和潘诺尼亚人——中进行了传教。⑧ 虽然在这一年,罗斯军队又一次兵临君士坦丁堡城下,进攻舒特湾(即金角湾),杀死了很多基督徒,并用 200 艘战船围住了君士坦丁堡城。幸而"上帝"相助,罗斯人逃回故土。⑨ 但是第二年,牧首弗提乌斯在写给东部大主教的一封信中宣称,不久前还

---

① N. H. Baynes and H. St. L. B. Moss eds., *Byzantium*, p. 116.

② J. Shepard ed., *The Cambridge History of the Byzantine Empire, C. 500－1492*, p. 307.

③ J. Shepard ed., *The Cambridge History of the Byzantine Empire, C. 500－1492*, p. 308.

④ N. H. Baynes and H. St. L. B. Moss eds., *Byzantium*, p. 340.

⑤ Dimitri Obolensky, *The Byzantine Commonwealth*, pp. 110－111.

⑥ N. H. Baynes and H. St. L. B. Moss eds., *Byzantium*, p. 340.

⑦ [南]乔治·奥斯特洛格尔斯基:《拜占廷帝国》,第 193 页。

⑧ I. Sevcenko, "The Christianization of Kievan Rus'", p. 30.

⑨ [俄]拉夫连季:《往年纪事》,第 15—16 页。

敢攻击罗马帝国的野蛮民族罗斯人已接受了纯粹而纯正的基督教信仰,开始对我们持友好态度。① 因而,基督教一直是拜占庭皇帝对付保加利亚人和罗斯人的强有力武器。虽然使保加利亚人和罗斯人皈依基督教并不总是能够平息他们与拜占庭帝国之间的冲突,但从拜占庭的角度来看,冲突的性质发生了变化,从与不信教者之间的战争变成了基督教世界的内战。如果紧邻的国家不能纳入帝国中或是结成同盟,次好的办法就是把他们纳入教会的管辖范围。②

同时,基督教对罗斯人和保加利亚人来说,并不是一个完全陌生的宗教。罗斯人对黑海沿岸城市的洗劫以及与拜占庭人的商业联系等方面的影响使得罗斯人对基督教并不陌生。③ 对于保加利亚人,早在777年,保加利亚可汗本人跑到拜占庭帝国宫廷,接受洗礼并迎娶了一位希腊新娘。④ 在可汗克鲁姆时期,保加利亚王国又占领了多瑙河下游南部的更多地区,使得大量讲希腊语的基督徒生活于古保加利亚人的统治之下。这些讲希腊语的基督徒对到来的古保加利亚人的宗教信仰产生了重要影响。像往常一样,基督徒俘虏和当地的基督徒都对古保加利亚人进行了传教。⑤ 在克鲁姆的儿子奥穆尔塔格统治时期,保加利亚王国与拜占庭帝国缔结了《30年和平条约》。在这和平时期,来自拜占庭帝国的商人穿梭于保加利亚各地。传教士紧随拜占庭商人之后,基督教开始在保加利亚为人所知,特别是在斯拉夫人中间传播。虽然保加利亚当局反对新信仰,而且奥穆尔塔格纵容对基督教的迫害,但是新信仰还是在保加利亚人中慢慢扩散。⑥

随着保加利亚人和罗斯人对基督教的不断了解,其统治者对基督教也逐渐有了新的认识。在保加利亚可汗马罗米尔(Malamir,831—836年在位)统治时期,基督教继续在保加利亚人中传播,同时,保加利亚王国也经历了斯拉夫化。更多的斯拉夫人被委以官职,这使得保加利亚可汗获得了新的支持以反对传统的大贵

---

① A. Poppe, "The Christianization and Ecclesiastical Structure of Kyivan Rus' to 1300", p. 312; A. A. Vasiliev, "The Second Russian Attack on Constantinople", *Dumbarton Oaks Papers*, Vol. 6(1951), p. 168; A. Poppe, "The Political Background to the Baptism of Rus': Byzantine-Russian Relations between 986 – 89", *Dumbarton Oaks Papers*, Vol. 30(1976), p. 201.

② [美]查尔斯·金:《黑海史》,第81页。

③ A. Poppe, "The Christianization and Ecclesiastical Structure of Kyivan Rus' to 1300", p. 312.

④ N. H. Baynes and H. St. L. B. Moss eds., *Byzantium*, p. 343.

⑤ J. Shepard ed., *The Cambridge History of the Byzantine Empire, C. 500 – 1492*, p. 318.

⑥ N. H. Baynes and H. St. L. B. Moss eds., *Byzantium*, p. 345.

族,而对于可汗所向往的君主政体,还需要合法的神圣依据,基督教恰恰能够迎合其需要。在中世纪早期,基督教是君主政体的伟大盟友。根据基督教神圣君权理论,世俗君主由上帝委派,其权力由上天神授。马罗米尔的继承者伯利斯认识到了基督教的这一价值,他看到基督教并不一定意味着拜占庭的影响。① 同样,基辅大公弗拉基米尔一定感到其公国需要一个能促进内在凝聚力和赢得外族支持的力量。② 而在 10 世纪,这意味着必须要采纳一种明确的宗教信仰。弗拉基米尔可能尝试过利用当地的宗教信仰,曾试图为其公国建立一座异教万神殿,但其木偶像无法与基辅公国临近地区的更高级的宗教信仰相竞争。③ 并且,对于一个不仅只是想打仗,还想和平统治多民族的辽阔疆域的君主来说,基督教有两个明显的优势:它谴责血腥的战争,并给予君权超自然的支持。④ 因而,在某种意义上可以说,罗斯人皈依基督教不是由于拜占庭文明自身的扩张,而是来自古老的罗斯社会上层在基督教价值框架内为自身存在寻求解决之道的努力。正是成熟的时机与正确决定的有机结合导致了 987—988 年划时代事件的到来。⑤

二、 在保加利亚和罗斯的传播

在马其顿王朝时期,拜占庭帝国的对外传教活动往往是由教会和帝国君主共同发起的。在 860 年罗斯人第一次围攻君士坦丁堡时,在协助皇帝米哈伊尔三世成功守卫都城后,牧首弗提乌斯随之产生了一个征服新世界的蓝图:他不仅要把基督教传播给巴尔干的斯拉夫人和古保加利亚人,而且也要传到罗斯人中。于是,弗提乌斯派遣了一名主教去罗斯人中传教,并取得了一定进展。在弗提乌斯被废黜后,其继任者伊格纳提乌斯继续倡导向罗斯人传教,而且为罗斯教会任命了一位大主教。⑥ 除教会外,拜占庭帝国君主也鼓励对外传教。学者谢尔盖·

---

① N. H. Baynes and H. St. L. B. Moss eds. , *Byzantium*, p. 346.

② I. Sevcenko, "The Christianization of Kievan Rus'", p. 30.

③ I. Sevcenko, "The Christianization of Kievan Rus'", p. 31.

④ [英]杰弗里·霍斯金:《俄罗斯史》,第 35 页。

⑤ A. Poppe, "The Political Background to the Baptism of Rus': Byzantine-Russian Relations between 986‐89", p. 244.

⑥ N. H. Baynes and H. St. L. B. Moss eds. , *Byzantium*, p. 370.

A. 伊万诺夫(Sergey A. Ivanov)认为,在9世纪下半叶拜占庭人对蛮族人的传教活动中,牧首弗提乌斯确实扮演了重要角色,但帝国君主的作用也不能低估。例如,在这个时期,有几次对外的传教活动是由皇帝米哈伊尔三世发起的。① 该皇帝要求君士坦丁(未来的圣西里尔)和美多迪乌斯兄弟创立了一套用于圣经翻译的斯拉夫字母,并派这两人去摩拉维亚、保加利亚人和罗斯人地区传教。② 继承其位的是在传教事务中将自己等同于使徒的第一位拜占庭皇帝瓦西里一世③,他关于拜占庭帝国应该在斯拉夫世界发挥作用的看法,与被其废黜的牧首弗提乌斯的意见完全一致。在巴尔干地区,一些主教区,如著名的马其顿和塞萨利主教区,似乎是专门针对管理当地的斯拉夫人群而设立,并且多数主教区设立于瓦西里一世统治时期。④ 瓦西里一世还进一步扩大了对罗斯人的传教工作,使巴尔干半岛西部地区的斯拉夫人皈依了基督教,在传教过程中也使他们屈从于拜占庭帝国的影响。⑤

　　当然,东正教的对外传播并非一帆风顺。在东欧,第一次基督教发展的尝试曾遭到失败,可能是另一支来自斯堪的纳维亚的斯拉夫人取代了支持基督教的基辅统治者。⑥ 在907年,奥列格把伊戈尔留在基辅,自己带兵出征希腊人。最终,利奥六世皇帝和亚历山大与奥列格缔结和约,保证缴纳贡物,并相互发誓:皇帝亲吻十字架,而奥列格及其侍从则按罗斯的习俗发誓,他们以自己的武器及雷神佩伦、畜牧神沃洛斯的名义宣誓,确立了合约。⑦ 从罗斯人的起誓仪式可以看出,他们还是遵循了其传统信仰。但在签订911年条约后,皇帝利奥在向罗斯人展示实力的同时,也在向他们传播基督教信仰。他以黄金、丝绸和贵重织品作为礼物赏赐给罗斯的使者,并派自己的壮士带他们参观华丽的教堂、金碧辉煌的殿堂以及存放在那里的财宝,并向他们传播自己的信仰,向他们展示真正的教义,就这样隆

① J. Shepard ed. , *The Cambridge History of the Byzantine Empire, C. 500 - 1492*, p. 314.

② J. Shepard ed. , *The Cambridge History of the Byzantine Empire, C. 500 - 1492*, p. 316.

③ J. Shepard ed. , *The Cambridge History of the Byzantine Empire, C. 500 - 1492*, p. 316.

④ D. Obolensky, "The Balkans in the Ninth Century: Barrien or Bridge?", in J. D. Howard-Johnston ed. , *Byzantium and the West, C. 850 -C. 1200*, Amsterdan: Adolf M. Hakkert, 1988, pp. 52 - 53.

⑤ [南]乔治·奥斯特洛格尔斯基:《拜占廷帝国》,第197页。

⑥ I. Sevcenko, "The Christianization of Kievan Rus'", p. 30.

⑦ [俄]拉夫连季:《往年纪事》,第21—24页。

重地欢送他们返回自己的国土。① 从那时起,特别是从 925 年后,有令人信服的证据表明基督教开始在基辅扎下了根基。因为,支持 10 世纪中期的罗斯—拜占庭条约的一些罗斯人是基督徒。同时,在基辅城中有一座奉献给圣以利亚(St. Eliah)的教堂。② 据《往年纪事》记载,"在公元 945 年,伊戈尔派遣的使者同希腊的使者一起回来见伊戈尔,向他转达了罗曼努斯皇帝所说的一切话……次日,伊戈尔招来使者,一起来到雷神所在的小丘,放下自己的兵器、盾牌和黄金,伊戈尔和他的人——罗斯人中的多神教徒——宣了誓。而罗斯的基督徒集合在圣以利亚教堂宣誓,该教堂在帕申奇会议街末端的鲁契耶上;这是个大教堂,因为有很多基督徒——瓦兰人和哈扎尔人。"③

在伊戈尔去世后,公元 954—955 年或 957 年罗斯女大公奥尔加(Olga)在君士坦丁堡受洗成为基督徒。但女大公皈依基督教并没有导致罗斯的基督教化。④ 当奥尔加在君士坦丁堡接受洗礼返回基辅后,曾劝其子斯维亚托斯拉夫接受洗礼,但他并没有听从母亲的话,仍然按照传统的宗教习俗生活。⑤ 因为在斯维亚托斯拉夫统治时期,许多强有力的罗斯人反对皈依基督教。⑥ 在 972 年,罗斯与拜占庭签订条约中的立约誓言表明,传统的多神教信仰仍盛行于罗斯人中。该条约中罗斯一方的立誓语如下:"正如我(罗斯大公斯维亚托斯拉夫)向希腊皇帝发誓过的那样,我的贵族、所有罗斯人和我都将恪守前约;倘有食言,违反上述条款,就让我与我的随从和部下受到我们所信奉的神灵——雷神和畜神的惩罚,让我们像黄金一样发黄,就让我们死于自己武器之下。"⑦

罗斯的基督教化是由奥尔加的孙子弗拉基米尔在公元 988 年开启的。⑧ 但在980 年弗拉基米尔成为基辅大公时,其仍然崇奉传统神灵。他在其内宫大院后面

---

① [俄]拉夫连季:《往年纪事》,第 31 页。

② I. Sevcenko, "The Christianization of Kievan Rus'", p. 30.

③ [俄]拉夫连季:《往年纪事》,第 43 页。

④ J. Shepard ed., *The Cambridge History of the Byzantine Empire*, C. 500 - 1492, p. 325.

⑤ [俄]拉夫连季:《往年纪事》,第 51 页。

⑥ Maureen Perrie ed., *The Cambridge History of Russia (Vol. 1)*, Cambridge: Cambridge University Press, 2006, p. 59.

⑦ [俄]拉夫连季:《往年纪事》,第 61 页。

⑧ J. Shepard ed., *The Cambridge History of the Byzantine Empire*, C. 500 - 1492, p. 325.

的小山岗上供奉的神像,有银首、金髭和木身的雷神佩伦,然后是霍尔斯、达日季神、斯特里神、西马尔格和马科什。[1] 而对于弗拉基米尔后来在988年皈依基督教这一事件,非常遗憾的是,在当时拜占庭作家的著述中并没有留下只言片语。[2] 对于其皈依基督教这一事件的线索,主要来自《往年纪事》。据该书记载,弗拉基米尔是在考察了伊斯兰教、天主教和东正教之后,才最终在988年于科尔松城中心的圣瓦西里教堂接受洗礼,皈依东正教信仰。[3] 对于其皈依之因,除《往年纪事》所述外,还有一个重要原因是弗拉基米尔如同之前的许多王公一样,认识到了基督教在加强专制统治方面的价值,并且已做了大量工作来确立基辅对其他俄罗斯地区的权威地位。[4] 宗教信仰上的统一则更有助于其基辅大公权威地位的建立,学者认为,早在接纳基督教之前,弗拉基米尔似乎已有意要把各部落不同的神的崇拜统一起来,以便从宗教上巩固自己的国家。[5] 于是,在罗斯人中已有一定信仰"根基"的东正教信仰自然会引起大公弗拉基米尔的关注。在988年受洗回到基辅后,弗拉基米尔便强令其臣民接受洗礼,并下令拆毁神庙,捣毁原有的神像,而在原先供奉神像的那些地方建立教堂。例如,在曾供奉过雷神及其他神像,大公和臣民曾为之祭祀过的山上,他修建了一座纪念圣瓦西里的教堂。他也开始在其他城市中修建教堂,在教堂中设立神父,并在所有城市和乡村引导人们接受洗礼。他派人从优秀的家族中挑选一些孩子,送他们去读经书。[6]

此后,东正教在罗斯大公的扶持下,逐渐传播到罗斯人的各个部落。虽有学者认为罗斯公国的基督教化到13世纪时才基本完成,但到11世纪时,社会上层和主要城市中心的居民都已成为基督徒。[7]

如同在罗斯的经历一样,东正教在保加利亚的传播也是一波三折。保加利亚人皈依基督教发生于9世纪中期,在858年,拜占庭皇帝米哈伊尔三世率领军队从陆海两路进击保加利亚人。保加利亚人得知此举难以抵抗,就去请求洗礼,答

---

[1] [俄]拉夫连季:《往年纪事》,第66页。

[2] J. Shepard ed. , *The Cambridge History of the Byzantine Empire, C. 500 - 1492*, p. 325.

[3] 详见[俄]拉夫连季:《往年纪事》,第70—90页。

[4] N. H. Baynes and H. St. L. B. Moss eds. , *Byzantium*, p. 357.

[5] [俄]拉夫连季:《往年纪事》,第384页。

[6] [俄]拉夫连季:《往年纪事》,第94—96页。

[7] A. Poppe, "The Christianization and Ecclesiastical Structure of Kyivan Rus' to 1300", pp. 311 - 312.

应降服希腊人。① 964 年,保加利亚可汗伯利斯接受了来自拜占庭帝国的传教士的洗礼,并按照拜占庭皇帝的名字取教名为米哈伊尔,皇帝则成为他的教父。希腊教士根据牧首的指令行事,立即着手建立保加利亚教会。② 对于伯利斯皈依基督教的原因,至今仍存争议。留存下来的文献资料往往强调了神灵介入的奇迹、饥荒、皇帝的外交策略或伯利斯随从的劝说。例如,根据史料《塞奥法尼斯编年史续》的记载,伯利斯之所以皈依基督教,是受到了其曾经在拜占庭帝国生活过的一个姊妹和一名叫塞奥多利·库法拉斯的修士俘虏的劝导;同时,伯利斯也宣称是在 864 年或 865 年的一次严重干旱之后才最终决定皈依基督教。③ 但毋庸置疑,政治因素也是伯利斯关注的一个重点。"通过皈依基督教,完全有理由设想,这将有助于消除在保加利亚的两个族群即古保加利亚人和斯拉夫人之间的隔阂。"④而且,接受基督教意味着伯利斯会获得保加利亚王国内在人数上占极大优势的斯拉夫人的支持,有利于其实行集权统治。⑤ 伯利斯意图通过保加利亚的基督教化,使得保加利亚成为基督教世界中的平等一员,自己也成为一位神圣的基督君王。因而,尽管保加利亚王国皈依基督教使其文化得以进步和内部得以统一,从而产生了巨大进步,但这位刚刚接受基督教的君王还是感到极大失望。拜占庭帝国一方的打算是把希腊教士控制下的保加利亚教会合并到君士坦丁堡教区。而伯利斯则希望使其刚刚成立的教会完全独立,由自己的牧首管辖。当其要求未得到满足时,便与拜占庭帝国翻脸,转而投靠罗马。⑥ 后因罗马教宗拒绝为其任命都主教,拒绝保加利亚教会的独立地位,在 869—870 年的君士坦丁堡宗教大会之后,保加利亚才最终正式归属于拜占庭教会。在 870 年,拉丁教会的神职人员被保加利亚驱逐,希腊教士返回保加利亚,并且牧首伊格纳提乌斯任命了一位大主教,前去管理保加利亚教会。⑦ 自此之后,保加利亚始终处于拜占庭文明

---

① [俄]拉夫连季:《往年纪事》,第 14 页。

② [南]乔治·奥斯特洛格尔斯基:《拜占廷帝国》,第 194—195 页。

③ J. Shepard ed. , *The Cambridge History of the Byzantine Empire, C. 500 – 1492*, p. 318.

④ R. J. Crampton, *A Concise History of Bulgaria*, p. 11.

⑤ Matthew Spinka, *A History of Christianity in the Balkans: A Study in the Spread of Byzantine Culture among the Slavs*, Chicago: The American Society of Church History, 1933, p. 37.

⑥ [南]乔治·奥斯特洛格尔斯基:《拜占廷帝国》,第 195 页。

⑦ D. Obolensky, *The Byzantine Commonwealth*, pp. 128 – 129.

的影响范围中。①

三、 东正教更广泛的影响

  基督教化意味着放弃古老的斯拉夫习俗和宗教信仰,因而,基督教在斯拉夫人中的传播最初受到了很大的抵制。但是后来,特别是当斯拉夫语成为基督教的布道语言时,因其带来的政治和文化上的优越性,斯拉夫人的统治者——自愿或非自愿地——普遍地接受了基督教,普通民众追随其后。而随着斯拉夫人的基督教化,拜占庭的法律思想、艺术与建筑、文学、商业等独特的拜占庭文明开始对斯拉夫人产生影响。最终,原始的斯拉夫文明仅存于普通人中。斯拉夫文学或者是希腊著作的直接翻译,或者其创作完全地受到了拜占庭思想的影响。艺术与建筑,虽然仍存在一些本土因素,但同样基本上是对拜占庭的效仿。② 学者格里高利认为,斯拉夫人接受了所有形式的拜占庭艺术、字母、文学,甚至拜占庭的思想。③

  对于罗斯来说,基督教传入的本是一片原始而蛮荒的土地:所有文化必然从教会扩展开来,而且在这片土地上没有一个对手可与基督教教会的权威竞争,教会在罗斯的文化发展方面居于中心地位,而且,在 11 世纪和 12 世纪的罗斯人的主教区中,高级主教几乎都是希腊人。④ 在基辅时期,只有两位都主教是罗斯人,即 11 世纪的伊拉里昂和 12 世纪的克莱门特。⑤ 因此,拜占庭东正教信仰对罗斯的早期文化产生了重要影响。在文学方面,圣西里尔字母成为罗斯民族文学的基础。虽然罗斯人与拜占庭的早期条约以及这些条约被译成斯拉夫语的事实证明罗斯人早在公元 988 年之前就能够书写了,但是皈依基督教这件事才使得书面语言在罗斯永久地扎了根。⑥ 一项关于 11 世纪的拜占庭编年史的罗斯语译本与其

---

① [南]乔治·奥斯特洛格尔斯基:《拜占廷帝国》,第 197 页。

② M. Spinka, *A History of Christianity in the Balkans*, p. 185.

③ N. H. Baynes and H. St. L. B. Moss eds., *Byzantium*, p. 118.

④ J. Shepard ed., *The Cambridge History of the Byzantine Empire, C. 500 - 1492*, p. 327.

⑤ [美]尼古拉·梁赞诺夫斯基、[美]马克·斯坦伯格:《俄罗斯史》,第 48 页。

⑥ [美]尼古拉·梁赞诺夫斯基、[美]马克·斯坦伯格:《俄罗斯史》,第 48—49 页。

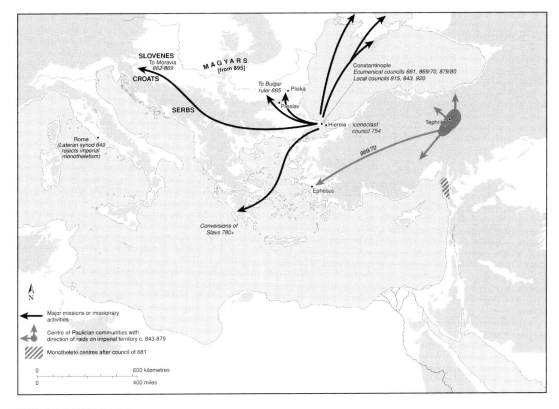

图7 拜占庭基督教的变动图

- SLOVENES 斯洛文尼亚人
- CROATS 克罗地亚人（或克罗特人）
- To Moravia 862-869 862—869 年到摩拉维亚（传教）
- MAGYARS (from 895) 马扎尔人（895 年之后）
- Rome (Lateran synod 649 rejects imperial monotheletism) 罗马（649 年拉特兰宗教会议抵制皇帝的基督单一意志说/基督一志论）
- SERBS 塞尔维亚人
- To Bulgar ruler 885 885 年到保加利亚人统治者那里（传教）
- Pliska 普利斯卡，保加利亚人的第一个首都[参见 Alexander P. Kazhdan (editor in chief), *The Oxford Dictionary of Byzantium, 3 vols.*, New York: Oxford University Press, 1991, p.332, p.1685。]
- Preslav 普雷斯拉夫，保加利亚人的第二个首都[参见 Alexander P. Kazhdan (editor in chief), *The Oxford Dictionary of Byzantium, 3 vols.*, New York: Oxford University Press, 1991, p.332, p.1686。]
- Constantinople 君士坦丁堡
- Ecumenical councils 681, 869/70, 879/80 基督教普世公会议（681 年，869/70 年，879/80 年）
- Local councils 815, 843, 920 地方宗教会议（815 年，843 年，920 年）

- Hiereia – 'iconoclast' council 754 海尔里亚——754 年"反圣像崇拜"宗教会议[参见 Alexander P. Kazhdan (editor in chief), *The Oxford Dictionary of Byzantium, 3 vols.*, New York: Oxford University Press, 1991, p.929.]
- Tephrike 泰夫里卡[今土耳其的 Divriği（迪夫里伊）。参见 Alexander P. Kazhdan (editor in chief), *The Oxford Dictionary of Byzantium, 3 vols.*, New York: Oxford University Press, 1991, p.2025.]
- Ephesus 以弗所
- Conversions of Slavs 780+ 780 年后斯拉夫人的皈依

- Major missions or missionary activities 主要的传教地区或传教活动
- Centre of Paulician communities with direction of raids on imperial territory c. 843-879 大约 843—879 年保罗派中心及其突袭帝国领土的方向
- Monothelete centres after council of 681 681 年宗教会议之后的基督一志论派中心[关于一志论派，参见 Alexander P. Kazhdan (editor in chief), *The Oxford Dictionary of Byzantium, 3 vols.*, New York: Oxford University Press, 1991, pp.1400-1401。]

希腊原文的比较研究显示,80%的希腊语词汇在罗斯语中有相对应的精确词汇。① 而且,因为教会是罗斯文化的唯一来源,早期罗斯文学自然与教会密切相关,必然是一种宗教和修道文学。据统计,生活于16世纪之前的240位罗斯作家中,至少有190人为修士,20人为世俗神职人员,而只有30人为世俗人士。② 书面文学包括各种教会祈祷书、被称为"帕拉尔"(Palaea,这个词来自希腊语)的《旧约全书》故事集(其中既有真经,也有伪经)、布道集和其他类似的说教作品、赞美诗以及圣徒的生平传略。③ 一些罗斯大公也支持教会文学的发展,例如,11世纪初的大公雅罗斯拉夫。该大公热衷于基督教经书,经常不分白天黑夜地攻读。他聘请了许多抄书者,让他们把相关的希腊文书籍译成斯拉夫文。④ 因而,通过东正教,拜占庭文学对早期罗斯文学产生了重要影响。甚至,学者弗洛林斯基认为,罗斯的早期文学尝试只不过是对拜占庭文学的毫无创见的模仿罢了。⑤

　　在建筑、艺术方面,早期罗斯教堂都是由希腊建筑师设计,由希腊工匠建造。因为,当弗拉基米尔皈依基督教后,大批的希腊工匠从拜占庭来到罗斯建立教堂。⑥ 教堂的装饰自然模仿君士坦丁堡的样式:通过镶嵌画和圣像,通过神圣的等级,希腊的等级观得到真实的复制,这个等级是从圣徒、各等级天使直到最高的主即所有人类的圣主耶稣。⑦ 至今,有大约20多个基辅时期的石质教堂保存下来,它们的基本形式模仿了拜占庭建筑,诸如正方形或长方形组成的十字形结构,还有许多其他特征也是模仿拜占庭的。⑧ 其中,在基辅始建于1037年的圣索菲亚大教堂,建筑师是希腊人,并以君士坦丁堡的一座教堂为模型,内部装饰有精美的镶嵌画和壁画,是拜占庭建筑风格的一个重要纪念碑。⑨ 当然,在教堂建筑方面,罗斯人也并不是一味地完全照搬拜占庭风格,在罗斯教堂发展过程中也逐渐形成了具有自身建筑发展的特点,比如其典型的"洋葱形穹顶"、厚厚的墙壁、小窗户

---

① [美]尼古拉·梁赞诺夫斯基、[美]马克·斯坦伯格:《俄罗斯史》,第49页。
② N. H. Baynes and H. St. L. B. Moss eds., *Byzantium*, p. 375.
③ [美]尼古拉·梁赞诺夫斯基、[美]马克·斯坦伯格:《俄罗斯史》,第50页。
④ [俄]拉夫连季:《往年纪事》,第132页。
⑤ [美]尼古拉·梁赞诺夫斯基、[美]马克·斯坦伯格:《俄罗斯史》,第46页。
⑥ [英]杰弗里·霍斯金:《俄罗斯史》,第37页。
⑦ N. H. Baynes and H. St. L. B. Moss eds., *Byzantium*, p. 373.
⑧ [美]尼古拉·梁赞诺夫斯基、[美]马克·斯坦伯格:《俄罗斯史》,第53页。
⑨ I. Sevcenko, "The Christianization of Kievan Rus'", pp. 31 – 32.

和陡峭的屋顶等。另外,罗斯石质建筑的出现也与罗斯人皈依东正教有关,并且受到了拜占庭的深刻影响。① 在艺术领域,肖像绘画艺术也与基督教一起从拜占庭来到罗斯。② 可以说,拜占庭绘画为罗斯圣像画确立了模板,典型者如12世纪著名的圣像"弗拉基米尔夫人"。③ 当然,罗斯文化的拜占庭化并不是单向的,因为每个民族都有它特有的人生态度、需求以及道德和审美传统,于是随着罗斯文化的逐渐发展与成熟,拜占庭文化的罗斯化也开始渐显。

同时,东正教的传入对罗斯的政治文化也产生了重要影响。首先,基辅罗斯保留了拜占庭教会所提出的"君王理论",即君王是教会的最高首领,君王既要维护教会的神圣不被亵渎,又要维护教义的圣洁,还要确保支持教规法律。而且,罗斯大公与教会之间保持了相对较融洽的关系。④ 其次,东正教会为罗斯王公的统治提供了有益的辅助。因为知识与文化主要掌握于罗斯教会的高级僧侣手中,对罗斯大公而言,他们需要主教与修士的建议;在王公之间发生争执时,需要他们的调停;当大公"登基"之时需要主教的祝圣,或者当大公准备开战之时需要主教的祝福。同时,修道院也是罗斯诸王公召集会议之处。⑤ 可以说,东正教信仰已成了联系和协调罗斯各王公之间关系的一条重要纽带。在1072年,当圣殉教者伯利斯和格列勃的遗体向伊斯亚斯拉夫建造的新教堂迁葬之时,出席者不仅有当时的都主教、一些主教和修道院长,还有雅罗斯拉夫的三个儿子——以兹亚斯拉夫(Iziaslav)、斯维亚托斯拉夫、弗谢沃洛德(Vsevolod),他们共同举行祭祀,欢庆节日。⑥ 而在1097年,斯维亚托波尔克(Svyatopolk)、弗拉基米尔、达维德·伊格列维奇(Igorevich)、瓦西里科·罗斯提斯拉维奇、达维德·斯维亚托斯拉维奇和他的兄弟奥列格,他们在柳别奇(Любеч)开会结盟,商议订立合约。会后,大家吻十字架起誓:"今后如果谁对别人图谋不轨,则正义的十字架和我们大家将一致群起而诛之。"⑦因而,整个基辅罗斯时期教会与国家之间的关

---

① [美]尼古拉·梁赞诺夫斯基、[美]马克·斯坦伯格:《俄罗斯史》,第51页。
② [美]尼古拉·梁赞诺夫斯基、[美]马克·斯坦伯格:《俄罗斯史》,第54页。
③ N. H. Baynes and H. St. L. B. Moss eds., *Byzantium*, p. 357.
④ [英]杰弗里·霍斯金:《俄罗斯史》,第38—39页。
⑤ N. H. Baynes and H. St. L. B. Moss eds., *Byzantium*, pp. 373 - 374.
⑥ [俄]拉夫连季:《往年纪事》,第161页。
⑦ [俄]拉夫连季:《往年纪事》,第230页。

系是合作而非冲突。①

　　同样,东正教对保加利亚也产生了深远影响。当保加利亚可汗伯利斯于869—870年最终决定皈依东正教时,这已注定了保加利亚基督教史、文化史甚至政治史的发展特征。② 伯利斯决定把拜占庭东正教立为其官方宗教信仰,而且要培育一种书面的斯拉夫语,以便吸收拜占庭优越的文化成就,并形成与其竞争之势。于是,他为西里尔和美多迪乌斯的追随者提供庇护,在保加利亚国内,西里尔和美多迪乌斯的信徒恢复了拜占庭宗教文献的翻译工作,这次是将其译成所谓的"旧保加利亚语"(有别于"教会的斯拉夫语")。③ 西里尔字母④也随之开始应用于斯拉夫语言中。而西里尔字母的应用使得保加利亚人能够创建自己的文学。新的字母同样促进了重要的世俗课本,诸如法典《里乌蒂姆审判法》(*Zakon Sudnii Liudim*)的出现。⑤ 于是,自保加利亚可汗伯利斯皈依东正教起,拜占庭文化成为一种"时尚",希腊语成为统治阶层的流行语言,送儿子们去君士坦丁堡学习被贵族们视为一个明智之举,伯利斯本人便将其小儿子西蒙送往君士坦丁堡学习。⑥ 在西蒙大帝统治时期,他曾在宫廷中召集了一批学者,让他们将当时希腊文学中最优秀的著述译成古保加利亚语。因而,在这个时期,不仅圣经、一些礼拜仪式书被译成古保加利亚语,而且还包括一些神学、教谕、立法和圣徒传记等希腊著述。甚至,在即位前西蒙自己已翻译了希腊教父约翰·克里索斯托的部分著作。⑦ 除国王外,保加利亚教会也成为拜占庭文化的重要推广者。例如,11世纪上半叶的保加利亚大主教优西米乌斯,他为保加利亚人编纂了大量的神学和传记作品,其中许多作品均以拜占庭书籍为蓝本。⑧

---

① [美]尼古拉·梁赞诺夫斯基、[美]马克·斯坦伯格:《俄罗斯史》,第48页。

② M. Spinka, *A History of Christianity in the Balkans*, p. 43.

③ [英]罗伯特·拜德勒克斯、伊恩·杰弗里斯著,韩炯等译,庞卓桓校:《东欧史》(上册),上海:东方出版中心2013年版,第80—81页。

④ 关于西里尔字母,编年史家虽然断言是西里尔-君士坦丁创造的,但这绝不意味着西里尔创造的字母是最初的斯拉夫字母,在它以前没有别的字母。见[俄]拉夫连季:《往年纪事》,第234页,注释194。

⑤ R. J. Crampton, *A Concise History of Bulgaria*, p. 15.

⑥ M. Spinka, *A History of Christianity in the Balkans*, p. 43.

⑦ M. Spinka, *A History of Christianity in the Balkans*, pp. 53 - 54.

⑧ N. H. Baynes and H. St. L. B. Moss eds., *Byzantium*, p. 331.

随着东正教的传入,教堂开始建造于保加利亚境内。在保加利亚可汗伯利斯皈依东正教后,来自拜占庭帝国的希腊建筑师和工匠在保加利亚建造了希腊风格的教堂。① 保加利亚国王也热衷于教堂的修建,例如,国王塞缪尔主持了各种教堂的建造。在奥赫里德,可能有一座宏伟的巴西利卡式基督教堂被建造或被重新整修。② 而在塞缪尔成为国王之前,曾在其作为主要居住地的一个岛屿上建立了一座长达44米的大教堂。③

另外,东正教也成为保加利亚王权合法化的一个重要基础。为了寻求王位的合法性和神圣性,在985或986年塞缪尔在其建立的一座大教堂里供奉了从拉里萨(Larissa)迁移过来的圣徒阿基利乌斯(Achilleus)的圣物,以此来赢得保加利亚各族群对其王位的接受与忠诚。因为在当时的信仰中,如果塞缪尔是一位篡位者,曾经的拉里萨的庇护者和守卫者圣徒阿基利乌斯便不会允许塞缪尔迁移其圣物。④

综上所述,通过东正教的对外传播,拜占庭帝国将东部斯拉夫人纳入了自己的信仰文化圈内。尽管上述斯拉夫人仍保留自己的语言,拥有政治上的独立,但他们在精神上已被拜占庭帝国同化。⑤ 可以说,到11世纪时,拜占庭文化已主宰了东部斯拉夫人;⑥东欧的各个民族往往认为自己属于东正教王国的成员,在这个基督教王国中,君士坦丁堡教会居于首要地位,是整个东正教会的管理中心。⑦ 因此,东欧斯拉夫人皈依东正教,也必然会对东、西教会之间的关系产生深远影响。

① M. Spinka, *A History of Christianity in the Balkans*, p. 43.

② T. Reuter ed., *The New Cambridge Medieval History*, Ⅲ, p. 599.

③ T. Reuter ed., *The New Cambridge Medieval History*, Ⅲ, p. 598.

④ T. Reuter ed., *The New Cambridge Medieval History*, Ⅲ, p. 598.

⑤ M. Spinka, *A History of Christianity in the Balkans*, pp. 185 – 186.

⑥ N. H. Baynes and H. St. L. B. Moss eds., *Byzantium*, p. 358.

⑦ D. Obolensky, *The Byzantine Commonwealth*, p. 14.

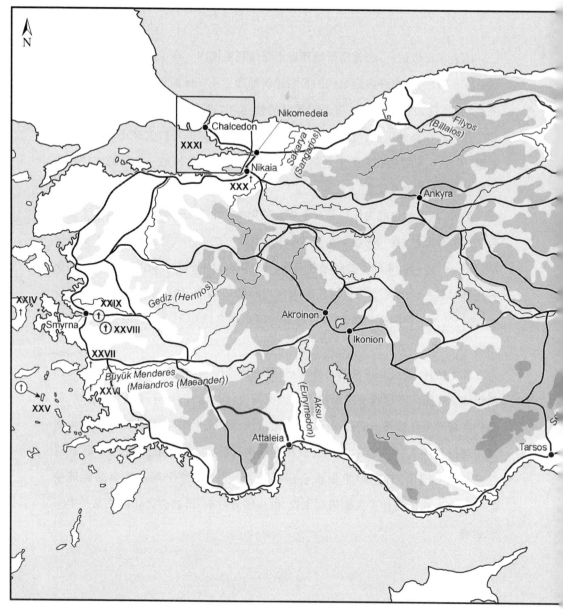

图8 拜占庭修道士的活动区域与中心

- Chalcedon 卡尔西顿
- Nikomedeia 尼科米底亚
- Nikaia[即 Nicaea（尼西亚）] 尼西亚
- Sakarya (Sangarios) 萨卡里亚河（桑格里斯河）
- Gediz (Hermos) 盖迪兹河（赫尔穆斯河）
- Smyrna 士麦那
- Büyük Menderes (Maiandros [Maeander]) 大门德雷斯河（梅安德洛斯河 [迈安德河]）
- Aksu (Eurymedon) 阿克苏河（攸利梅敦河）

- Attaleia 阿塔雷亚
- Akroinon 阿克洛伊农
- Ikonion ●[现在的 Konya（科尼亚）。参见 Alexander P. Kazhdan (editor in chief), *The Oxford Dictionary of Byzantium, 3 vols.*, New York: Oxford University Press, 1991, p.985。] 伊科尼姆，现在的科尼亚
- Ankyra 安基拉 ●[现代城市安卡拉（Ankara）的古名。参见 Alexander P. Kazhdan (editor in chief), *The Oxford Dictionary of Byzantium, 3 vols.*, New York: Oxford University Press, 1991, p.102。]
- Filyos (Billaios) 菲利约斯河（古名为比莱奥斯河）

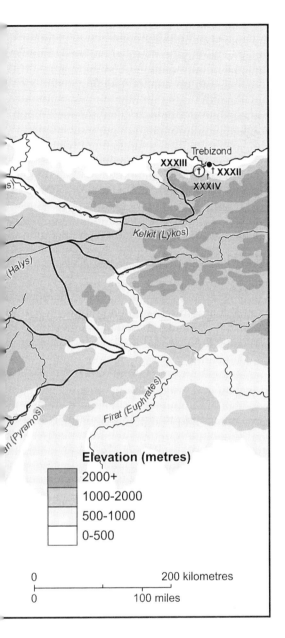

†   Monastery 修道院

🕀   Monastery with imperial connections 与帝国有联系的修道院

·   Key to monastic names/locations 修道院名称／地点的关键词

XXIV   Nea Monē (Chios) 新莫尼（希俄斯岛）（修道院）

XXV   John the Theologian (Patmos) 神学家约翰(帕特莫斯）（修道院）

XXVI   Mt Latmos (several) 拉特摩斯山（几座修道院）

XXVII   Mt Galesion 盖勒西昂山

XXVIII   Lembos 莱姆博斯（修道院）

XXIX   Tōn Sōsandrōn 东索桑德隆（修道院）

XXX   Maleinos 马林努斯（修道院）

XXXI   Marmara region (40 monasteries in Skopos region and Bithynian Olympos region) 马尔马拉海地区（在斯科波斯 [Skopos] 地区和比提尼亚的奥林匹斯 [Bithynian Olympos] 地区有 40 座修道院）

XXXII   H. Eugenios 圣尤金（修道院）

XXXIII   Vazelon 瓦泽隆（修道院）

XXXIV   Soumela 苏梅拉（修道院）

·   Sinope 西诺普

·   Yeşilirmak (Iris) 耶席尔河（古名埃里斯河）●[Yeşilirmak 为土耳其语，意为"绿河"。]

·   Kızılırmak (Halys) 克泽尔河（古名哈里斯河）●[Kızılırmak 为土耳其语，意为"红河"。]

·   Kaisareia 凯撒里亚

·   Tarsos 塔尔苏斯（圣经中旧译"大数"）●[Tarsos 即现代的 Tarsus（塔尔苏斯），参见 Alexander P. Kazhdan (editor in chief), *The Oxford Dictionary of Byzantium*, 3 vols., New York: Oxford University Press, 1991, p.2013。]

·   Seyhan (Saros) 塞伊汉河（古名萨罗斯河）

·   Ceyhan (Pyramos) 杰伊汉（古名皮拉莫斯河）

·   Trebizond 特拉比宗

·   Kelkit (Lykos) 凯尔基特河（吕科斯河）

·   Firat (Euphrates) 幼发拉底河●[Firat 是土耳其语，即幼发拉底河。]

·   Elevation (metres) 海拔（米）

·   kilometres 千米

·   miles 英里

第四节

1054 年东、西方教会大分裂

　　1053 年，应拜占庭牧首米哈伊尔·塞鲁拉利乌斯的要求，奥赫里德的大主教利奥谴责了"法兰克人的神职人员和受人尊敬的教宗"，因为他们在圣餐中使用了无酵饼。[①] 随后，东、西方教会关于信条和仪式问题的争论不断升级，无法达成任何妥协。与此同时，希腊主教在君士坦丁堡将遵守拉丁仪式者革除教籍的消息也传到西方教会。为了回应持续的危机，教宗利奥九世派遣了一个包括锡尔瓦坎迪达的亨伯特、洛林的弗里德里希和阿马尔菲的彼得等人组成的代表团前往君士坦丁堡。1054 年 7 月 16 日，在经过一系列激烈的辩论后，教宗的代表团在圣索菲亚大教堂的主祭台前宣布将塞鲁拉利乌斯及其支持者开除教籍。作为"回敬"，牧首塞鲁拉利乌斯也召集了一次宗教会议，开除了亨伯特及其支持者的教籍。[②]此后，东、西方教会彻底分裂。[③] 因此，1054 年的这个事件被称为"教会大分裂"，它对基督教史乃至欧洲史都产生了深远影响。本节对 1054 年教会大分裂之因作一初步探讨，以期对该问题有一个比较清晰的认识。

一、 相异的文化政治背景

　　早期基督教王国主要包含希腊语和拉丁语两个不同的文化区，而基督教的传播必然会受到当地文化的影响，形成不同的基督教特质。希腊化时期，罗马对东

---

① B. Whalen, "Rethinking the Schism of 1054: Authority, Heresy, and the Latin Rite", *Traditio*, Vol. 62 (2007), p. 1.

② B. Whalen, "Rethinking the Schism of 1054: Authority, Heresy, and the Latin Rite", p. 1. 关于该事件的叙述，还可参见[美]胡斯托·L. 冈萨雷斯：《基督教史》（上），第 313 页；[美]拉尔斯·布朗沃思：《拜占庭帝国：拯救西方文明的东罗马帝国》，第 252—254 页。

③ 菲利普·谢拉德认为，如果词语"分裂"（schism）意指教会性质的根本分裂，那么这个词语本身就是一种误导。P. Sherrard, *The Greek East and the Latin West: A Study in the Christian Tradition*, London: Oxford University Press, 1959, p. 48.

部地中海地区的征服形成了一个本质上具有希腊成分的罗马帝国,但希腊东部和拉丁西部从来没有且不可能完全融合。① 因为,一是"与重视文化知识的希腊人相比,罗马人更喜欢展示肌肉;罗马人不喜欢玄思与精致的演讲(除非能对选举或诉讼有所帮助);罗马人喜欢命令胜于辩论。相反,希腊人却热爱他们的语言和新思想"②。二是在罗马帝国晚期之前,罗马国家已给予了东部希腊地区的政治与物质上的保证,规定保留希腊地区的文化传统。③ 此外,拉丁文化本身具有很强的排他性。④ 拉丁人对"不诚实"和"缺乏男人气概"的希腊人怀有敌意在罗马世界属于老生常谈。⑤ 例如,导致 1054 年教会大分裂的主角之一、罗马教会的枢机主教亨伯特就对希腊人没有好感。⑥

　　两种文化的难以融合阻碍了希腊东部与拉丁西部地区在语言上的交流与沟通,随着 4 世纪罗马帝国政治中心的东移,语言的障碍更加突出。在 4 世纪下半叶,对希腊语的学习在罗马已开始衰落。⑦ T. S. 布朗认为,在一个政治中心位于君士坦丁堡的帝国政府在语言和种族构成上逐渐希腊化的时代,希腊语在意大利几乎不为人所知。希腊语在罗马的这种悲惨现状是罗马教会非常欢迎东部移民的一个原因,因为这些移民能够帮助罗马教会处理与拜占庭皇帝以及东方教会之间的必要事务。⑧ 在 5 世纪,当君士坦丁堡牧首聂斯托利与亚历山大里亚主教西里尔发生教义争执时,双方都选择向当时的罗马教宗塞勒斯廷(Coelestin,422—

① G. Downey, *The Late Roman Empire*, p. 121.

② R. MacMullen, *The Second Church: Popular Christianity, A. D. 200 - 400*, Atlanta: Society of Biblical Literature, 2009, Preface X.

③ G. Downey, *The Late Roman Empire*, p. 121.

④ [美]彼得·布朗著,钱金飞、沈小龙译:《希波的奥古斯丁》,北京:中国社会科学出版社 2013 年版,第 8 页。

⑤ T. S. Brown, "The Background of Byzantine Relations with Italy in the Ninth Century: Legacies, Attachments and Antagonisms", in J. D. Howard-Johnston ed., *Byzantium and the West, C. 850 -C. 1200*, p. 28.

⑥ S. Runciman, *The Eastern Schism: A Study of the Papacy and the Eastern Churches During the XIth and XIIth Centuries*, Oxford: Clarendon Press, 1955, p. 44.

⑦ J. M. Petersen, "Did Gregory the Great know Greek?", in D. Barker ed., *The Orthodox Churches and the West*, Oxford: Basil Black Well, 1976, p. 121.

⑧ T. S. Brown, "The Background of Byzantine Relations with Italy in the Ninth Century: Legacies, Attachments and Antagonisms", in J. D. Howard-Johnston ed., *Byzantium and the West, C. 850 -C. 1200*, p. 28.

432 年在任)申诉,而该教宗不熟悉希腊语。① 甚至教宗大格里高利也声称他不了解希腊语,尽管他本人曾作为其前任教宗贝拉基二世(Pelagius Ⅱ,579—590 年在任)派驻君士坦丁堡宫廷的使节②,并且在君士坦丁堡居住长达六年③。同样,拉丁语在希腊东部地区也几乎不为人所知,教宗尼古拉一世在一封写给君士坦丁堡皇帝的信中就提到,拜占庭人只懂得希腊文,根本就不识拉丁文。④ 事实上,在许多争执中,东、西方教会间的相互敌视往往是无意的语言翻译错误所致⑤,例如在1053 年,奥赫里德大主教利奥的谴责信可能因语言上的障碍而使当时的罗马教宗产生了更深的误解。⑥

　　而作为文化载体的语言,对东、西方教会自身的发展产生了重要影响。希腊语是一种精妙而灵活的语言,能够极好地表达抽象思想的每个细微变化,拉丁语却显得呆板而生硬,无法灵活的表述抽象思想;并且,拉丁语具有明确、具体和不妥协的特点,是一种完美的律师语言。⑦ 于是因语言的不同,东、西部地区对基督教的认识便有了差异。帝国西部,像德尔图良那样,倾向于从法学角度来看待基督教;而东部,则倾向于用哲学观点来看待它。⑧ 在对待教义问题上,东方教会的基督徒喜欢思辨与争论;但官方教会往往对非本质的教义分歧持宽容态度。西方教会对正确与错误的信仰观念则持一种更简单、严厉与墨守教义条文的态度。⑨ 因而,西方教会对人们日常生活的控制比起东方教会严格得多。⑩

　　上述差异也与帝国东西部地区民众的受教育水平相关。中世纪初期,在西部

① N. H. Baynes, *The Byzantine Empire*, London: Thornton Butterworth Ltd, 1925, p. 94. 学者 J. M. 彼得森在其文章《大格里高利懂希腊语吗?》一文中考证认为,大格里高利懂得一点希腊语;但他无法否定大格里高利对希腊语的敌视态度。J. M. Petersen, "Did Gregory the Great know Greek?", pp. 121 - 134.

② [美]威利斯顿·沃尔克著,孙善玲等译:《基督教会史》,北京:中国社会科学出版社 1991 年版,第 219 页。

③ J. M. Petersen, "Did Gregory the Great know Greek?", p. 121.

④ [英]沃尔特·厄尔曼著,夏洞奇译:《中世纪政治思想史》,南京:译林出版社 2011 年版,第 72 页。

⑤ N. H. Baynes, *The Byzantine Empire*, 1925, p. 95.

⑥ S. Runciman, *The Eastern Schism*, p. 42.

⑦ S. Runciman, *The Eastern Schism*, p. 8.

⑧ [美]威利斯顿·沃尔克:《基督教会史》,第 199 页。另见[英]沃尔特·厄尔曼:《中世纪政治思想史》,第 16 页。

⑨ S. Runciman, *The Eastern Schism*, p. 11.

⑩ [美]威利斯顿·沃尔克:《基督教会史》,第 200 页。

地区几乎没有识文断字的平信徒；[1]但罗马帝国东部行省地区的民众受教育水平要远远高于西部行省。在东部地区，世俗者和神职人员都热衷于神学争论。[2] 因为，"在帝国东部，教师、政府官员、甚至士兵通常都会接受神学教育。他们中的许多人都认为自己完全有资格参与神学争论。没有人认为，神学是神职人员的独占领域"[3]。而在西部地区，平信徒却极少被允许干预任何宗教事务。[4]

　　在上述因素的影响下，东、西方基督教会的发展逐步出现了分离。在拜占庭时代的前几个世纪中，甚至在 330 年作为"新罗马"的君士坦丁堡建立之前，基督教世界的希腊与拉丁教会之间在礼拜仪式、文化以及狭义的宗教方面已出现了某些差异。[5] 此后，东方教会和西方教会发现越来越难以理解对方的观点。虽然它们都拥有相同的关于耶稣基督、圣三位一体和圣餐的基本信仰。[6] 但东、西方教会的宗教仪式完全不同，甚至它们关于圣餐礼的主持也产生了分歧。它们的每一个神学观点基本都与对方格格不入。[7]

　　在文化因素之外，罗马帝国东西部政治上的分裂也影响了各自地区的基督教发展。在罗马帝国经历"3 世纪危机"后，取得帝国政权的戴克里先采取了一系列措施来加强中央集权，其重要措施之一是，在帝国管理方面实行"四帝共治制"，这实际上开创了罗马帝国东西部分治的先河。虽然君士坦丁大帝在其统治时期成为帝国唯一的统治者，但其去世后帝国又处于分治状态。395 年，塞奥多西大帝去世。临死前，他把帝国分为东西两部，分别交给他的两个儿子掌管。罗马帝国东西部正式分裂。此后，帝国东西部的政治发展渐行渐远。6 世纪末，西部行省与伊利里亚的丧失使得帝国的重心由拉丁语区转向了希腊语区，这促进了东部罗马帝国向一个本质上为希腊国家的转型，这次转型进一步加深了帝国东部与西部之间的宗教分歧。[8] 西部日耳曼王国的建立又增添了政治不统一的因素。当

---

① S. Runciman, *The Eastern Schism*, p. 9.

② S. Runciman, *The Eastern Schism*, p. 4.

③ S. Runciman, *The Eastern Schism*, p. 7.

④ S. Runciman, *The Eastern Schism*, p. 9.

⑤ D. J. Geanakoplos, *Byzantine East and Latin West*, p. 1.

⑥ S. Runciman, *The Eastern Schism*, pp. 10 - 11.

⑦ S. Runciman, *The Eastern Schism*, p. 11.

⑧ W. G. Sinnigen, A. E. R. Boak, *A History of Rome*, p. 499.

800 年教宗为日耳曼人查理曼加冕为罗马皇帝,否认拜占庭的主张时,真正的政治分裂出现于罗马帝国的东部与西部。[①]

而从 4 世纪末至发生教会大分裂的 11 世纪,帝国东部基本上保持了政治上的稳定,教会在君主支持下稳步发展,形成了"二元一体"的教俗关系,即罗马帝国东部的现实政治权力体系中存在着教会与世俗君权两种权力体系,而在这两种权力体系的发展过程中形成了"君主至尊权"一体的格局。[②] 这种关系在马其顿王朝时期得到了充分体现,皇帝是上帝选派的,是整个帝国政府的主宰,是教会的保护人和正确信仰的捍卫者,但他不是教会的首脑,不能决定信仰事务。[③] 在东部稳定的政治环境与"二元一体"的教俗关系中,一方面,君士坦丁堡大主教逐渐成为东部教会之首,成为罗马教会的有力竞争者;另一方面,君士坦丁堡大主教又生活于皇帝的阴影之下,难以脱离世俗政治的影响。

在帝国西部,日耳曼人成为罗马人的噩梦。410 年,西哥特人攻陷罗马,并对罗马城进行了 6 天的洗劫。到 5 世纪中叶,帝国西部的大部分地区都已被"蛮族"占领,成了"蛮族"的势力范围。476 年 9 月,西部的末代皇帝罗慕路斯被日耳曼籍的雇佣军首领奥多亚克废除,西罗马帝国的统治不复存在。而随着帝国政府的崩溃,西部教会成为受到认可的法律、秩序与知识文化的监护人,罗马教宗拥有了越来越高的声望与权威。因而,帝国权威在帝国西部的衰弱导致了教宗权力的加强,且取得了意大利的政治权力。使西欧保持普世帝国教会理想的正是教宗,因为西部基督教王国开始认可罗马大主教的最高地位。[④] 并且,建立于共享权利与共担义务基础上的共和国观念仍然在帝国西部根深蒂固,正如安布罗斯于 386 年致瓦伦提尼安二世(Valentinian Ⅱ,375—392 年在位)信中所明确声明的,国王是其制定法律的首要监护人,并且他的权力(potesta)要受到上帝权力的限制,"*to whom he*,*too*,*is subditus*",他因上帝而管理他的帝国。[⑤] 这样,在西部地区形成了

---

① D. J. Geanakoplos, *Byzantine East and Latin West*, p. 1.

② 关于"二元一体"教俗关系的具体阐述,见张日元:《四至九世纪拜占庭帝国的教俗关系》,《西南大学学报(社会科学版)》2014 年第 6 期。

③ [南]乔治·奥斯特洛格尔斯基:《拜占廷帝国》,第 203—204 页。

④ W. G. Sinnigen and Arthur E. R. Boak, *A History of Rome*, p. 498.

⑤ M. Sordi, *The Christians and the Roman Empire*, p. 172.

教俗关系"二元分立"甚至教权高于王权的理论与实践。例如,教宗格拉修一世在写给皇帝阿纳斯塔修斯一世的信中指出,教士的权力高于帝国权力;[1]教宗尼古拉一世主张,君主的权力只能由教宗授予。[2]

事实上,帝国东、西方教会对教俗关系的态度在 4 世纪中期就已出现了不同。343 年,大约 170 名主教参加了索菲亚宗教会议。对于这次宗教会议的召集,帝国东部主教抱怨这种无聊的行程使帝国官员转移了对主教需要的关注,而西部主教则对教会事务变成帝国公共事务的这种趋势持有异议。西部主教呼吁康斯坦提乌斯限制行省官员参与教士案件的审判;并且他们还赞同教会秩序自治的决定,规定上诉的对象不是帝国的世俗等级,而是圣彼得的罗马继承者。[3]

显然,由于文化的差异和政治处境的不同,原罗马帝国的东西部地区逐渐走向了分裂,"也许到 9 世纪时,拜占庭与欧洲西部几乎已成了两个不同的世界"[4]。这对基督教的发展也产生了重要影响,正如奥斯特洛格尔斯基所言:"几个世纪以来,基督教世界被政治和文化斗争撕裂,所有事情似乎都与保持统一普世教会的意愿背道而驰。"[5]

二、 对宗教最高权威的追求

在基督教早期,因其永恒的司铎身份,作为使徒继承者的所有主教在裁决权和品级方面都拥有平等的权利。但随着君士坦丁大帝归信基督教,以及整个帝国世界的基督教化,为了维持与巩固基督教信仰的统一与社会秩序,主教的上述平等权利便逐渐消失。从 4 世纪起,主教所在城镇的城市等级决定了其在教会中的地位。[6] 因此,在"新罗马"君士坦丁堡建成之前,罗马城作为帝国真正的"首要城

---

① W. G. Sinnigen and A. E. R. Boak, *A History of Rome*, p. 482.

② T. S. Brown, "The Background of Byzantine Relations with Italy in the Ninth Century: Legacies, Attachments and Antagonisms", p. 36.

③ A. Cameron, P. Garnsey, *The Cambridge Ancient History(vol. XIII): The Late Empire, A. D. 337 – 425*, New York: Cambridge University Press, 1998, pp. 238 – 239.

④ D. J. Geanakoplos, *Byzantine East and Latin West*, p. 12.

⑤ [南]乔治·奥斯特洛格尔斯基:《拜占廷帝国》,第 282 页。

⑥ P. Sherrard, *The Greek East and the Latin West*, p. 81.

市",其主教在整个基督教会中逐渐具有至高无上的地位,"早在 2 世纪,罗马主教权威就已确立于该城市的世界性与普世性特征"①。

从 4 世纪起,罗马主教的首要地位逐步得到强化和发展。4 世纪初,在一些场合下罗马主教已被称呼为"最荣耀的"。② 4 世纪下半叶,在罗马主教达马苏一世(Damasus Ⅰ,366—384 年在任)的领导下,罗马的教会地位发展到了前所未有的高度。③ 在 382 年的罗马宗教会议上,他正式宣布其权威源自使徒彼得,而不是基于教会会议的规定,以此反击在 381 年君士坦丁堡大公会议上,东部主教所支持的君士坦丁堡大主教所主张的教会地位。④ 显然,达马苏特别注意到了罗马主教区的使徒源头,强调罗马过去的辉煌并不是完全在于帝国的荣光,而更多的是因为她的基督教遗产;这是圣彼得和保罗为其信仰殉道的城市,在这座城市,他们的圣体使该地教会享有显赫的灵性地位。于是,充分利用其教会象征意义上的重要性及罗马城拥有的神圣史上的"巨人"遗迹,达马苏将罗马城描绘成了唯一的基督教中心。⑤

在这之前,达马苏还采取了其他措施来加强罗马教会的权威。例如,在 380 年,他在塞萨洛尼基安排了一位新主教埃科利乌(Acholius),将其视为他在巴尔干各行省的代理人,坚持对这一属于君士坦丁堡教会管辖权的地域拥有权利。⑥ 此外,罗马主教达马苏还鼓励在罗马教会的礼拜仪式中使用拉丁语。虽然在很长时间内,希腊语并没有被完全取代,但达马苏开启了罗马教会的礼拜仪式由官方语言向方言的转变。⑦ 并且他委托哲罗姆修订拉丁语《圣经》版本,以加强一个"恰当"的拉丁语传统。⑧

在 5 世纪,精力充沛的英诺森一世(Innocent Ⅰ,402—417 年在任)和利奥一世进一步推动了教宗的权利要求。利奥特别强调了圣彼得在使徒中的首要地位,

---

① A. Cameron, P. Garnsey, *The Cambridge Ancient History*(*vol.* ⅩⅢ), pp. 248 - 249.

② I. J. Davidson, *A Public Faith*, p. 279.

③ I. J. Davidson, *A Public Faith*, p. 120.

④ A. Cameron, P. Garnsey, *The Cambridge Ancient History*(*vol.* ⅩⅢ), p. 249.

⑤ I. J. Davidson, *A Public Faith*, p. 120.

⑥ I. J. Damidson, *A Public Faith*, p. 120.

⑦ I. J. Davidson, *A Public Faith*, p. 122.

⑧ I. J. Davidson, *A Public Faith*, p. 123.

并认为该首要地位由其罗马主教区的继承者所承袭。由此,他劝告皇帝瓦伦提尼安三世(Valentinian Ⅲ,425—455 年在位)于 455 年命令整个西方教会都要遵从罗马主教的管辖。与此同时,在帝国西部,"pope"("教宗"源自希腊语 pappas,即"父亲")成为罗马主教的独有头衔。教宗是对帝国西部都主教和行省主教拥有裁决权的唯一大主教或主教;在与帝国东方的主教打交道时,他是西方教会的唯一代表。并且,在普世基督教会议上,罗马主教的首要地位得到其他主教的认可。教宗的理想是按照帝国的模式来组织教会,教会的首领是教宗。① 在 482 年,曾同意芝诺为争取一性论者而颁布《合一通谕》(Henotikon)的牧首阿卡基奥斯(Akakios,471—489 年在任)被教宗菲力克斯三世(Felix Ⅲ,483—492 年在任)于 484 年逐出教会,并开除教籍。这个事件为当时的教宗法庭首领后来继任教宗的格拉修一世提供了一个进一步发展圣彼得权利(Petrine claims)的机会,他主张教宗拥有听取一切教会申诉的权利,且能够不经教会会议讨论作出裁决。这显然贬低了君士坦丁教会在教会组织中的地位,并且他否认皇帝拥有干预教会的权利。② 格拉修宣称统治这个世界的主要有两大权威:教宗神圣的权威和君主的权威。其中,祭司的权威远较王权伟大,因为在末日审判时,即使人间贵为君王者,他们的行为也得由祭司向上帝交代。502 年帕维亚主教恩诺迪乌极力主张只有上帝能审判教宗。③

　　9 世纪,"尼古拉一世是在大格里高利和希尔德布兰间最能干、最武断的教宗。他对教宗权利提出了种种要求,后世教宗几乎不能提出再多的了"④。866 年,他在给保加利亚国王伯利斯的回信中,承认存在五大主教区,但强烈否认君士坦丁堡主教区位居第二的主张,宣称这座城市虽自称为"新罗马",是归因于其政治地位,而非理智的考量。⑤ 显然,到 9 世纪时,罗马主教已明确提出了其为"教会之首"的权利主张。在该权利主张的发展过程中,使徒彼得继承者的身份是其

① W. G. Sinnigen and A. E. R. Boak, *A History of Rome*, p. 482.
② G. Dagron, *Emperor and Priest: The Imperial office in Byzantium*, J. Birrell trans., Cambridge: Cambridge University Press, 2003, pp. 300 – 301.
③ [美]威利斯顿·沃尔克:《基督教会史》,第 156 页。
④ [美]威利斯顿·沃尔克:《基督教会史》,第 245 页。
⑤ D. Obolensky, "The Balkans in the Ninth Century: Barrien or Bridge?", in J. D. Howard-Johnston ed., *Byzantium and the West, C. 850 – C. 1200*, pp. 60 – 61.

主要的权利依据。

此外,当时的一些教会史著作和其他相关文献资料也为罗马教宗的至高权威主张提供了一定依据,该依据与第一位基督徒皇帝君士坦丁大帝密切相关。一是关于君士坦丁大帝的洗礼,最初的描述是,按照当时的习俗,其在临终前可能由一位阿里乌派主教在尼科美底亚施与洗礼。但在其圣徒传记中及随后苏格拉底(Socrates)、索佐门(Sozomen)、塞奥多莱(Theodoret)和埃瓦格里乌斯的教会史中,其受洗的地点转到了罗马,由罗马教宗西尔维斯特(Sylvester,314—335 年在任)施行洗礼。① 明显地,君士坦丁大帝洗礼主持者和洗礼地点的转变,意在表明罗马是基督教世界的中心,罗马主教是教会之首。于是在 5 世纪下半叶编纂于罗马的《西尔维斯特传记》(Actus Silvestri)中,我们看到了这样的描述:在君士坦丁大帝受洗之后的第四天,授予罗马教会和教宗一项特权,规定在整个罗马世界,正如官员以皇帝为首领,所有神父也要以罗马教宗作为首领。② 二是关于"君士坦丁赠礼"。据考证,"君士坦丁赠礼"的伪造者可能是 8 世纪下半叶罗马教会的一名神职人员。在"君士坦丁赠礼"中,教宗不仅被君士坦丁大帝认可为整个基督教会的首主教,而且其管辖权高于安条克、亚历山大里亚、耶路撒冷和君士坦丁堡大主教。③

事实上,罗马主教的权利主张也确实得到了一些世俗皇帝的支持。在 355 年,康斯坦提乌斯承认"罗马都城"的普世象征决定了其主教利比里(Liberius,352—366 年在任)的教会首要地位。而在 378 年,罗马主教达马苏及其主教们认为可以寻求皇帝格拉先和世俗官员的支持来加强教宗的管辖权。④ 他们获得了成功,在立法中,皇帝格拉先承认教宗拥有审判都主教的权利,并且如果必要的话,行政官员可将有关的都主教带往罗马。⑤

查士丁尼一世统治时期,罗马主教区享有至高的教会权威。在查士丁尼写给罗马主教的信中,查士丁尼称其为"教宗""罗马教宗""使徒之父""教宗与牧首"

① G. Dagron, *Emperor and Priest*, pp. 145 – 146.
② G. Dagron, *Emperor and Priest*, pp. 241 – 242.
③ G. Dagron, *Emperor and Priest*, pp. 242 – 243.
④ A. Cameron, P. Garnsey, *The Cambridge Ancient History*(vol. XIII), pp. 248 – 249.
⑤ S. L. Greenslade, *Church and State from Constantine to Theodosius*, 1954, p. 30.

("Pope""Pope of Rome""Apostolic Father""Pope and Patriarch")等等,并且教宗头衔为罗马主教独自享有。在一封信中,皇帝查士丁尼一世称教宗为"所有神圣教会的首领",并且在《新律》中,他明确规定,新罗马这个最神圣的君士坦丁堡大主教的教区,位列旧罗马这个最神圣的使徒教区之后。[①] 7世纪初的拜占庭皇帝福卡斯在位时,接受了罗马教宗格里高利的抗议,禁止君士坦丁堡大主教使用"全基督的"头衔,并且宣称"圣彼得的使徒宝座属于所有教会之首"。[②] 甚至,拜占庭的皇帝们支持罗马教会的普世大一统的观念,而不支持希腊教会的观念,例如瓦西里一世及其继承者,从自己的利益出发,希望保持拜占庭国家的大一统,并要求他们在意大利的权力。[③] 正如朗西曼所言,"东罗马皇帝往往视教宗如牧首一样为其臣属,而且在其心中,教宗的地位显得更加重要,因为教宗在实际上不易控制,且政治上因其在意大利的影响力而对皇帝更加有用。因而,如果教宗和牧首发生冲突时,皇帝通常偏袒教宗"[④]。

与西方教会不同,东方教会不是一个集权的或统一的教会,而是一个建立于"联邦制原则"之上的教会。从东部帝国早期开始,亚历山大里亚、安条克和耶路撒冷教区已被视为与君士坦丁堡教区处于同等地位;将罗马视为同伴,且实际上是一个地位较高的同伴的拜占庭人接受并承认五牧首联合治理教会的理论。东方大多数基督徒对西方的教宗首位权观念几乎不感兴趣。[⑤] 联邦理论因而植根于东部地中海地区,并且到5世纪末时被东部教会确立为一个传统。[⑥]

但在后来的历史发展中,君士坦丁堡教会的地位越来越突出。早在382年的君士坦丁堡宗教会议上,君士坦丁堡大主教高于其他东部主教的地位得到认可,其地位仅次于罗马大主教。[⑦] 而且,君士坦丁堡大主教在东部教会的首要地位在451年的卡尔西顿大公会议上得到重申。甚至,这次宗教会议认为君士坦丁堡大

---

① A. A. Vasiliev, *History of the Byzantine Empire, 324 −1453*, p. 149.

② A. A. Vasiliev, *History of the Byzantine Empire, 324 −1453*, p. 174.

③ [南]乔治·奥斯特洛格尔斯基:《拜占廷帝国》,第282页。

④ S. Runciman, *The Eastern Schism*, p. 17.

⑤ W. H. C. Frend, "Eastern Attitudes to Rome during the Acacian Schism", in D. Barker ed., *The Orthodox Churches and the West*, pp. 76 −77.

⑥ Ernest Barker, *Social and Political Thought in Byzantium*, pp. 41 −42.

⑦ W. G. Sinnigen and A. E. R. Boak, *A History of Rome*, p. 482.

主教的地位与罗马主教等同。并且,在这次大公会议上,君士坦丁堡大主教获得了独有的对未开化地区(蓬托斯、小亚细亚和色雷斯)的主教区主教的祝圣权。① 在 476 年 12 月 17 日,君士坦丁堡主教区的特权被再次确认(*Cod Just* 1.2.16)。② 另外,至少从牧首约翰二世(John Ⅱ,518—520 年在任)时代起,"普世大主教"("ecumenical patriarch")这个头衔就已经在君士坦丁堡使用;此后,君士坦丁堡牧首使用该头衔成了惯例。③

在 553 年举行的第二次君士坦丁堡大公会议上,君士坦丁堡牧首与罗马教宗的地位问题再次成为会议的一个主题。该次会议的第三条教规宣称:君士坦丁堡主教仅次于罗马主教,因为君士坦丁堡是新罗马。④ 到 7 世纪初时,君士坦丁堡不但被视为新罗马,而且逐渐被尊崇为新耶路撒冷、圣马利亚特别佑护的圣城,将在基督复临和世界末日的启示录戏剧中扮演重要角色的"人类中心"。⑤ 在 692 年,由查士丁尼二世召集在君士坦丁堡举行的"五六会议"(*Concillum Quini-sextum*,因为它完成了第五、六次公会议未完成的工作,故被称为"五六会议")上,君士坦丁堡大主教与罗马大主教享有同等的特权再次被提出。⑥

君士坦丁堡牧首是拜占庭帝国的教会之首。他是教会法和正确教义的法官和仲裁者,其权威得到君士坦丁堡教会行省内所有主教的认可。现存的 9 世纪牧首弗提乌斯和 10 世纪初期牧首尼古拉一世·米斯提库斯的书信集表明,他们干预了整个帝国内的教会事务。⑦ 至此,牧首与教宗之间的这种几乎对等性已不需要任何一位具有雄心的君士坦丁堡大主教来推动,它与现实相适应。在追溯至 7 世纪宗教分裂的背景中,君士坦丁堡大主教成为东部的"教宗"。⑧

---

① P. Schaff ed., *NPNF2－14. The Seven Ecumenical Councils*, Grand Rapids, MI: Christian Classics Ethereal Library, 2005, Canon ⅩⅩⅧ, p. 425.

② W. H. C. Frend, "Eastern Attitudes to Rome during the Acacian Schism", p. 70.

③ I. J. Davidson, *A Public Faith*, p. 337; W. H. C. Frend, "Eastern Attitudes to Rome during the Acacian Schism", p. 81.

④ A. A. Vasiliev, *History of the Byzantine Empire, 324－1453*, p. 81.

⑤ M. Whittow, *The Making of Orthodox Byzantium, 600－1025*, p. 127.

⑥ [美]威利斯顿·沃尔克:《基督教会史》,第 186 页。

⑦ M. Whittow, *The Making of Orthodox Byzantium, 600－1025*, pp. 130－131.

⑧ G. Dagron, *Emperor and Priest*, p. 235.

三、 难以避免的冲突

在统一基督教王国观念盛行的时代，"对于罗马来说，就像对拜占庭帝国来说一样，唯一能够接受的世界秩序就是将整个基督教世界包含在一个单一帝国框架内的等级制国家"[1]，东、西方教会都相信，基督教会——神圣的大公教会——应是唯一且普世的[2]，因此，东、西方教会对教会至高权威的诉求必然会引起冲突。在 6 世纪 80 年代晚期，坚称圣使徒彼得继承者的罗马大主教就已对君士坦丁堡牧首使用"普世大主教"极为不满。对此，罗马教宗大格里高利激烈地抗议道，对他的主教兄弟而言，该头衔的继续使用是不可接受的傲慢自大的表现。他认为，该头衔是对罗马主教地位的一种侵害。[3] 而大格里高利本人习惯使用的头衔是罗马主教至今仍在使用的"上帝的众仆之仆"。[4] 此外，"尽管东部主教就正统信仰问题常常向教宗申诉，但东部教会从来没有完全承认教宗的权威"[5]。

因此，自 6 世纪末起，君士坦丁堡与罗马之间的争论常常演变为激烈的争吵。拜占庭皇帝有时也在东、西方教会之间的冲突中扮演了"火上浇油"的角色。例如，在 8 世纪中期（具体时间仍存争议），根据拜占庭帝国的法令，将以前属于罗马主教管辖的伊利里亚教区转归到君士坦丁牧首的管辖权之下；[6]这一事件成为教宗尼古拉一世的心病。[7]

随着法兰克王国的兴起，"联邦制"基督教王国的观念开始萌芽，这导致了西方教会与东罗马帝国之间的疏离与冲突。虽然，到 772 年时，罗马教宗在公文中仍承认东罗马皇帝为最高统治者[8]，但在 751 年拉文那失去之前，教宗就已经渴望

---

① ［南］乔治·奥斯特洛格尔斯基：《拜占庭帝国》，第 153 页。

② S. Runciman, *The Eastern Schism*, p. 12.

③ I. J. Davidson, *A Public Faith*, p. 337.

④ ［美］威利斯顿·沃尔克：《基督教会史》，第 220 页。

⑤ W. G. Sinnigen and A. E. R. Boak, *A History of Rome*, p. 482.

⑥ D. Obolensky, "The Balkans in the Ninth Century: Barrien or Bridge?", p. 51.

⑦ T. S. Brown, "The Background of Byzantine Relations with Italy in the Ninth Century: Legacies, Attachments and Antagonisms", p. 36.

⑧ ［美］威利斯顿·沃尔克：《基督教会史》，第 235—236 页。

获得政治与宗教的独立,在这之后,罗马教区将法兰克人视为保护者。[①] 799 年,罗马教宗利奥三世被罗马贵族所逐,向法兰克国王查理求援。查理率大军进兵罗马,恢复了教宗权位。800 年圣诞节,利奥三世为报答查理的恩德,在罗马圣彼得大教堂为查理加冕,称其为"罗马人的皇帝"。于是,通过 800 年的行动,罗马城放弃了对君士坦丁堡的忠诚,并因此为自己获得了加洛林帝国宗教与思想世界的中心地位。塞奥法尼斯可能评论道,"罗马现在掌握于法兰克人手中"[②],当然在 9 世纪的大部分时间里教宗与东部帝国冲突不断。

同时,圣像毁坏运动也进一步恶化了东罗马帝国和罗马教会之间的关系。皇帝利奥三世在 725 年禁止在礼拜中使用圣像,这一禁令遭到了罗马教宗的抵制。731 年,教宗格里高利三世在罗马召开宗教会议,谴责拜占庭人的毁坏圣像政策,把反对圣像者革除教籍,而利奥三世则将格里高利三世的代表投入监狱。[③] 另外,这位皇帝还不准教宗管辖西西里的全部和他所控制的意大利地区,以此作为报复。[④] 于是,"在毁坏圣像时代之后,特别是在西方帝国的建立而产生的更直接的影响下,教会两大势力间针尖对麦芒的关系进入了新阶段"[⑤]。

"弗提乌斯分裂"(Photius Schism)事件使得东、西方教会之间的冲突进一步加剧。858 年,极为精明且精力充沛的尼古拉一世登上圣彼得教宗宝座,其终生的抱负就是将罗马普世主义的世界建立在一个坚实的基础上。尼古拉一世想要确立起这样的原则,即他作为基督教世界的首脑,无论在西方还是在东方,对教会事务争端都享有最终裁决权。而且,他为此目的毫不动摇。863 年,尼古拉一世在拉特兰宫召开会议,公布了与其使节相反的决定,宣布罢免君士坦丁堡牧首弗提乌斯。[⑥] 但是尼古拉一世低估了其对手的实力,弗提乌斯积极应对这个挑战。在 879—880 年召开的恢复弗提乌斯教职的宗教会议,已迈出了使君士坦丁堡与

① T. S. Brown, "The Background of Byzantine Relations with Italy in the Ninth Century: Legacies, Attachments and Antagonisms", p. 31.

② T. S. Brown, "The Background of Byzantine Relations with Italy in the Ninth Century: Legacies, Attachments and Antagonisms", p. 36.

③ [南]乔治·奥斯特洛格尔斯基:《拜占廷帝国》,第 137—138 页。

④ [美]威利斯顿·沃尔克:《基督教会史》,第 187 页。

⑤ [南]乔治·奥斯特洛格尔斯基:《拜占廷帝国》,第 191 页。

⑥ [南]乔治·奥斯特洛格尔斯基:《拜占廷帝国》,第 191—192 页。

罗马获得同等地位的第一步,这次宗教会议谴责了东部教会向罗马申诉,并贬低了东部安条克、亚历山大里亚和耶路撒冷大主教的地位。弗提乌斯参与编纂的《序言》则明确取消了古老的五大教区理想,认可了东部基督徒的团结与基督教世界的划分。① 这对以君士坦丁堡为首的东部教会的地位来说是一次新的"定位",因为几乎在同一时代的教会政治家斯图迪特派的塞奥多利在一封信中仍将罗马大主教置于使徒继承者的第一位,君士坦丁堡为第二位。②

如果教宗为自己确定的任务是行使其基督教世界普世权力的话,那么君士坦丁堡牧首也同样把确立自己的独立性当作其任务。③ 弗提乌斯甚至将自己确定为整个西方教会的仲裁者,他尖锐地指责他们在圣餐礼和教会纪律上的错误,特别是攻击西部教会关于圣灵从圣父到圣子这一过程的说教(即化质说)。他以东正教名义斥责罗马为异端,而教宗曾打算召弗提乌斯到其教宗宝座前接受审判。④ 因而,著名拜占庭史学者 E.巴克提出,正是弗提乌斯提出了最终导致东、西方教会大分裂的决定性问题。⑤

11 世纪,"弗提乌斯分裂"重演,这一次的主角是教宗利奥九世和牧首米哈伊尔·塞鲁拉利乌斯。在经历 10 世纪教宗权力的长期衰落之后,利奥九世是 11 世纪中第一个对西方教会改革的教宗,他意志坚定而自负。在这次教会改革中,西方教会逐渐统一,教宗利奥九世的权力得到极大加强。"在西方教会中,教宗成为其教会的化身。对教宗的侮辱如同于对整个西方教会的侮辱。"⑥对于东方教会,利奥九世及其重要助手枢机主教亨伯特只着眼于基督教世界中的罗马,强调使徒彼得为普世教会的奠基者,并贬低君士坦丁堡位列亚历山大里亚、安条克与耶路撒冷大主教之后,从而破坏了东方教会的合法性。⑦ 此外,罗马教宗及其支持者极力在普世教会的圣职、教义和圣礼中确立罗马教宗的首要地位。⑧

---

① G. Dagron, *Emperor and Priest*, p. 234.

② Ernest Barker, *Social and Political Thought in Byzantium*, p. 88.

③ ［南］乔治·奥斯特洛格尔斯基:《拜占廷帝国》,第 192 页。

④ ［南］乔治·奥斯特洛格尔斯基:《拜占廷帝国》,第 195 页。

⑤ Ernest Barker, *Social and Political Thought in Byzantium*, p. 111.

⑥ S. Runciman, *The Eastern Schism*, p. 10.

⑦ G. Dagron, *Emperor and Priest*, p. 239.

⑧ B. Whalen, "Rethinking the Schism of 1054: Authority, Heresy, and the Latin Rite", p. 4.

而同时期的君士坦丁堡牧首米哈伊尔·塞鲁拉利乌斯,在所有方面与其对手利奥九世旗鼓相当;①并且受到罗马教会改革的影响,他成了教宗的对手与模仿者。② 在其授意下,奥赫里德的大主教利奥给意大利南部拉丁与希腊宗教传统共存的特拉尼主教写了一封信,在信中对西方教会的礼拜仪式和教宗提出了指责;不久,君士坦丁堡的希腊主教也将遵守拉丁仪式的那些人革除教籍。③ 面对东方教会的指责与做法,西方教会寸步不让,最终发生了 1054 年教会大分裂,并且这次大分裂从来没有得到弥合。④

几乎与罗马帝国同时兴起的基督教在传布过程中,因受希腊和拉丁两大文化的影响,具有了不同的文化"基因",进而形成了希腊和拉丁两大教会共同体,也就是我们所熟悉的东、西方教会。并且,随着罗马帝国的东、西分治,以及西罗马帝国的灭亡和日耳曼国家的兴起,东、西方教会也处于不同的政治环境中,这对各自教会的发展产生了重要影响,东、西方教会渐行渐远。

在西罗马帝国灭亡之前,东、西方教会虽日益疏离,但还统一于一个普世帝国之下。当然,随着以君士坦丁堡牧首为代表的东方教会的崛起,罗马教会的至高地位受到挑战,东、西方教会的冲突难以避免。当西罗马帝国灭亡、日耳曼王国兴起之后,东、西方教会的冲突更加激化。随着东罗马帝国普世帝国理想的幻灭,罗马教会的普世教会观念也让位于东、西方两大教会并存的现实。

对教会至高权威的争夺、罗马教宗和君士坦丁堡牧首的强硬个性的碰撞以及教义和礼拜仪式方面的争执,导致了东、西方教会之间的一系列冲突,最终出现了 1054 年的教会大分裂。此后,因东罗马帝国的衰弱、罗马教会的改革和十字军战争等一系列事件,1054 年出现的东、西方教会之间的裂痕再也没有愈合。

---

① T. E. Gregory, *A History of Byzantium*, p. 251.

② G. Dagron, *Emperor and Priest*, p. 238.

③ B. Whalen, "Rethinking the Schism of 1054: Authority, Heresy, and the Latin Rite", p. 1.

④ T. E. Gregory, *A History of Byzantium*, p. 251.

第六章

从沙漠教父到修道院：
修道制度的变迁

　　拜占庭帝国修道制度一词来自希腊语 monachos，原意为"孤独的生活"，现指一些虔诚的基督教徒，摒弃尘世生活，禁欲苦修，过着终日沉思、祈祷和敬拜上帝的生活，以达到灵魂和上帝相融的境界。基督教修道制度起源于罗马帝国统治后期的埃及，长期以来也被视为埃及教会对基督教世界最伟大的贡献，后来的基督教修道制度都直接或间接地起源于埃及。修道制度在埃及的发展主要经历了两个阶段，先是以安东尼（251—356 年在世）为代表的原始修道制度模式，即单独隐修；而后又经帕科米乌斯等人的发展，出现了所谓的集体修道院。尽管以后修道院遍布于拜占庭帝国境内，但各个派别都始终认为埃及是修道主义的核心区、不同修道院共同的家。修道院后来发展成为东正教组织的重要组成部分，在拜占庭帝国历史上发挥了极其重要的作用。

第一节

修道主义的滥觞

　　对基督教修道制度起源的研究是一个异常复杂的课题,它包含历史学、宗教学、哲学、社会学等多方面的内容。从修道制度诞生之日起,就有人对此关注。其覆盖面之广、研究方法之多,使得许多学者涉猎其中,乐此不疲。本节主要拟从思想来源、社会政治和经济等方面对修道制度兴起的原因进行探究。当然,文中也用较多的笔墨描述了作为修道制度滥觞之地的埃及,其本土文化对基督教修道制度的影响。

一、 早期修道制度研究综述

　　修道制度是罗马拜占庭帝国时期基督教世界的一项重大变革,因而在基督教史领域中研究得也较为充分。一般认为,基督教修道制度起源于罗马帝国统治后期的埃及,其创始人为埃及的安东尼。当然也有不同意见,如第一个把《圣经》翻译成拉丁语的哲罗姆就把修道制度创始人归功于一位叫保罗的人。保罗在早期科普特资料中很少出现,他的事迹的传播主要是哲罗姆拉丁文本《使徒行传》一书的结果。然而现代学者不同意他的观点,如德里弗(Driver)主张哲罗姆不过是把保罗作为自己的英雄来崇拜。[①] 哈里斯(Harris)更是怀疑哲罗姆的著作作为历史文献的真实性。[②] 它也许是哲罗姆在流行的圣徒传记文学领域的一篇论文,更代表了一位隐士的理想,并把这种理想置于一位可疑的历史人物身上。通常安东尼还是被视为基督教修道制度真正的奠基人,是他把独修生活推向了高峰,也成了早期修道运动的代表人物,当然这在很大程度上要归功于阿塔纳修斯。

　　对于修道制度兴起的思想渊源,学术界有较大的分歧。如奥尼尔(O'Neil)等

---

① S. D. Driver, *John Cassian and the Reading of Egyptian Monastic Culture*, London：Routledge, 2002. p. 46.

② J. R. Harris ed., *The Legacy of Egypt* (2nd edition), Oxford：Clarendon Press, 1971, p. 403.

人主张基督教修道主义直接来自犹太教的禁欲传统，隐修者只是恢复了犹太苦行教派的生活方式；① 还有人认为修道制度受到了佛教的一定影响，甚至主张佛教的西传直接导致了地中海地区修道院运动的兴起。② 的确，早在亚历山大帝国时代，西方就和印度有了一定的接触，佛教的出世思想传入希腊化的埃及也不是没有可能。有些学者更愿意从基督教自身探讨修道制度的起源，如费尔巴哈在其《基督教的本质》一书中就主张修道制度直接由基督教本身之中导引出来，因为基督教之本质重要的目的，便在于脱离世界，脱离物质，脱离类生活。③

近来一种解释是试图证明沙漠教父是犹太—巴勒斯坦旅行传教士和先知们的继续。逊克尔在他的《非洲教会史》一书中认为正是这些人的后裔在寻找更激进的改革，进而建立了与激进生活完全一致的社会。④ 其证据是圣安东尼虔诚的声望吸引了许多信徒，以致不得不查明他们是埃及人还是耶路撒冷人，只有后者才有资格和他讨论精神问题。此外，修道主义思潮不可避免地流下了当时流传甚广的希腊哲学痕迹。爱德华·吉本就认为修道制度兼有斯多葛学派、毕达哥拉斯学派和犬儒学派的特点，如藐视财富、痛苦和死亡，主张沉默和顺从以及厌恶文明社会的一切形式和礼仪等。⑤

费雷德（Frend）从经济方面探讨了修道制度兴起的原因，认为这些隐修士的目的在于逃避纳税义务，并脱离社会去过一种强制信仰的宗教生活。⑥ 敦恩（Dunn）也持这种观点。⑦ 他认为源于希腊语的"隐士"一词，本身就有双重含义：一是指逃避赋税的人，另外指隐退以强化宗教信仰的人。如果从国家的观点出发，这些沙漠教父确实是兵役和税收的逃避者，但仅仅用逃避赋税义务来解释修

---

① J. C. O'Neil, "The Origin of Monasticism", in Rowan Williams ed., *The Making of Orthodoxy*, Cambridge: Cambridge University Press, 1989. pp. 270 - 87.

② R. L. Fox, *Alexander the Great*, London: The Dial Press, 1975. p. 484.

③ ［德］费尔巴哈著，荣振华译：《基督教的本质》，北京：商务印书馆1995年版，第217—218页。

④ Sundkler and Steed, *A History of the Church in Africa*, Cambridge: Cambridge University Press, 2000. p. 13.

⑤ ［英］爱德华·吉本著，黄宜思、黄雨石译：《罗马帝国衰亡史》（下册），北京：商务印书馆2005年版，第115页。

⑥ W. H. C. Frend, "the Monks and the Survival of the East Roman Empire in the Fifth Century", *Past and Present* 54 (1972). pp. 3 - 24.

⑦ M. Dunn, *The Emergence of Monasticism: from the Desert Fathers to the Early Middle Ages*, Oxford: Wieley-Blackwell, 2000, p. 2.

道制度的起源似乎略显牵强。戈尔林(Goehring)的研究也证实了这一点。考古证据显示,367—368 年的一份税收表记载了塔巴尼斯修道院的修士阿努比亚缴纳的赋税,证明在帕科米乌斯死后 21 年,该修道院已经向当地政府交纳赋税的事实。由此可见,帕科米乌斯修道院在社会和法律框架内,拥有自己的土地并且交纳赋税。①

格利戈斯(Griggs)则认为合理的解释就是,修道主义的兴起是罗马帝国对待基督教政策的回应。② 基督教兴起之初,一直不容于罗马帝国,并多次受到帝国的迫害。诸多的迫害导致个人沿着荒凉的沙漠边缘去寻找庇护所。特别是在"大迫害"中涌现出大量的殉教者。正是在这种精神的鼓舞下,许多人开始从事另类的宗教活动。因此,马龙(Malone)等人主张,修道运动的兴起是基督教殉教者价值的体现。③ 而多茨(Dodds)在其著作中指出,一种普遍的发自内心的焦虑增添了人们对社会的厌倦,隐修士的出现就是一种消极的反抗。④

以上几种解释尽管有一定合理成分,但是,这些主张中没有一个因素可以完全说明修道运动兴起和快速扩散的原因,而且一个明显的不足是忽略了埃及本土思想的作用。须知,3 世纪以来,整个罗马帝国都存在社会危机和经济衰退,而且对基督教的迫害也并不局限于埃及,为什么单在这里兴起了修道运动? 更令人费解的是,接踵而来的帝国基督教政策转变之后,为什么修道运动依然活跃,甚至规模更大,还出现了集体修道院,并逐步传播到帝国各地? 近年来,学者们对此也给予了不同的回应,但更多强调了埃及自身的特点。

例如,《科普特百科全书》就主张修道主义是埃及古代宗教(塞拉匹斯的隐遁)某种程度的复兴,尽管这种观点带有一定的冒险性。⑤ 当代学者的研究中也注意到了修道运动与埃及民族主义兴起的关系。的确,在探寻埃及修道制度起源

① J. E. , Goehring, "Withdrawing from the Desert: Pachomius and the Development of Village Monasticism in Upper Egypt", *The Harvard Theological Review*, Vol. 89, No. 3 (Jul. , 1996), pp. 267－285.
② C. W. Griggs, *Early Egyptian Christianity from its Origin to 451CE*, Leiden:Brill, 1990, pp. 102.
③ E. E. Malone, *the Monk and the Martyr*, Washington, D. C. :Catholic University of America Press, 1950, p. 208.
④ E. R. Dodds, *Pagan and Christian in an Age of Anxiety: Some Aspects of Religious Experience from Marcus Aurelius to Constantine*, New York: Cambridge University Press, 1992, p. 28.
⑤ A. S. Atiya, *The Coptic Encyclopedia*, New York, Oxford , Singapore, Sydney: MacMillan, Collier Maxwell, 1991, p. 1661.

的时候,学者们不应该忽视其民族文化的影响。埃及人以古老民族自豪,修道主义便是基督教传入埃及后这种精神的体现。埃及从来就不是一个典型的罗马行省,并且始终和帝国保持一种若即若离的关系。因此米尔尼(Milne)认为,当"君士坦丁敕令"颁布以后,基督教取得合法信仰的地位,通过修道活动以摆脱帝国控制,保持宗教信仰自由,这是埃及人的第一条出路。①

因而人们经常看到一种奇怪的现象,当帝国反对基督教时,埃及有许多虔诚的教徒;而当帝国推行有利于基督教的政策时,埃及又表现出了另类的特点。贝尔(Bell)主张修道制度某种程度上可能是土著埃及人的产品,埃及教会也因此带有强烈的民族主义。② 卡米勒(Kamil)明确提出了修道运动和埃及民族主义觉醒的一致性的观点。③ 哈里斯甚至主张土著埃及人信仰的改变也正是在修道士运动中显现出来。④ 所以这些由隐修士组成的有组织社团,汇集在修道院中,其力量之大以至于敢于公然藐视皇帝的权威,维护自己的民族利益。

关于集体修道院的形成,学术界一般把它归功于退役的罗马士兵帕科米乌斯,哈里斯把他与圣安东尼一道视为东方教会的伟大支柱。⑤ 后来的修道士也记录了一些有关帕科米乌斯的生平事迹,尽管比较混乱,有时甚至有一点自相矛盾,但现代学者还是从中梳理出一些有意义的史料。罗塞亚(Rousseau)的《帕科米乌斯:4世纪埃及社团的形成》一书,记录了帕科米乌斯创立集体修道院的过程。⑥《非洲教会史》一书中记载了帕科米乌斯修道院的结构和程序。帕科米乌斯制定了194款条例要求修士们严格遵守,所有修道士都是同事,但必须服从修道院长的领导。⑦《剑桥非洲史》的作者认为帕科米乌斯修道院事实上是一个自

---

① J. G. Milne, "Egyptian Nationalism under Greek and Roman Rule", *The Journal of Egyptian Archaeology* (Vol. XIV), London, 1928, pp. 226 - 234.

② H. I. Bell, *Egypt from Alexander the Great to the Arab Conquest*, Amen House, London: Oxford University Press, 1956, p. 113.

③ J. Kamil, *Christianity in the Land of the Pharaohs*, London and New York: Routledge, 2002, p. 8.

④ J. R. Harris, ed., *The Legacy of Egypt* (2nd edition), pp. 400 - 410.

⑤ J. R. Harris, ed., *The Legacy of Egypt* (2nd edition), p. 415.

⑥ P. Rousseau, *Pachomius: the Making of A Community in Fourth-Century Egypt*, Berkeley: University of California Press, 1985.

⑦ Sundkler and Steed, *A History of the Church in Africa*, p. 15.

给自足的经济单位。① 并以某修道院 300 余名修道士的不同职业为例,其中包含了裁缝、金属匠、木匠、漂洗工等不同工种,甚至还有专业的骆驼运输队。

学者们还从不同的角度分析了埃及集体修道院的起因。卡米尔认为帕科米乌斯的修道院继承了上古埃及高墙内的神庙形式和某些社会职能,如参与丧葬仪式、致力慈善事业等。② 戈尔林主张,这种集体修道生活来自使徒时代的禁欲主义,它是使徒时代村镇修道运动和后来拜占庭帝国城市修道院之间的联系纽带。③

其他还有如敦恩的《修道主义的出现——从沙漠教父到早期中世纪》、伽布拉(Gabra)《科普特修道院——埃及修道艺术和建筑》、伯尔曼(Bolman)《修道院印象——红海圣安东尼修道院的壁画》等著作也从不同侧面介绍了埃及早期的修道院。④ 埃及是基督教修道制度的滥觞之地,对后来的单独隐修生活和集体修道院都有启迪的作用,因而连极端鄙视修道制度的吉本也不得不承认,迷信果实累累的母体埃及为修道院生活提供了第一个范例。⑤

对于修道制度的评价,学者们有不同的看法。从诞生之日起,带有出世特征的修道制度就一直饱受人们的指责。深受启蒙运动思想影响的吉本也对修道制度进行了批判,认为这些不幸的脱离社会生活的人全受着阴森的、无法制服的迷信精灵的驱使。⑥ 现代新教徒和无神论者也倾向于修道士是懦弱者,他们逃避世界及其责任。

与之相反的是,一些学者和宗教人士对修道制度几乎完全持肯定态度。如早期遁世者反对称他们为逃避,相反认为这是独自与撒旦斗争,是一种反对肉体欲望和精神诱惑的内在斗争。他们的虔诚和自律也令人赞叹不已,如阿塔纳修斯就称安东尼是那个时代"在道德上最为优秀的唯一人选"。他们在从事拯救自身灵

① J. D. Fage, ed., *The Cambridge History of Africa*, Cambridge: Cambridge University Press, 1978, p. 433.
② J. Kamil, *Christianity in the Land of the Pharaohs*, p. 129.
③ J. E. Goehring, "Withdrawing from the Desert: Pachomius and the Development of Village Monasticism in Upper Egypt", pp. 267 – 285.
④ M. Dunn, *The Emergence of Monasticism*; E. S. Bolman, *Monastic Visions: Wall Paintings in the Monastery of St. Antony at the Red Sea*, London: Yale University Press, 2002.
⑤ [英]爱德华·吉本:《罗马帝国衰亡史》(下册),第 115 页。
⑥ [英]爱德华·吉本:《罗马帝国衰亡史》(下册),第 114、118 页。

魂活动的同时，还积极为其他人祈祷。现存不列颠博物馆的一些由亚历山大里亚主教阿塔纳修斯写给帕菲奴提乌斯（一位4世纪的隐修士）的纸草信件中，反映出他们的祈祷被视作反对黑暗势力的有效武器，"你的祈祷因为神圣的爱而带来许多收获，因此希望你能为国家繁荣祈祷"①。多茨也认为有些学者对修道制度简单化处理，并给它贴上了"不仅背叛了世界，也背叛了身体"②的激进标签。

对于修道士在埃及基督教发展中所起的作用，学者们也给予了不同的评价。随着4世纪早期"大迫害"的结束，那些殉教的修士也成为乡村教会顶礼膜拜和大众虔信的英雄。埃及的修道士们还是一个潜在的势力集团，并在基督教世界，特别是东正教的教义分歧中发挥重大作用。当然，由于修道士思想的局限性，他们经常也会做出一些无知和狂热的举动。例如，打击亚历山大里亚的犹太人并把他们赶出这座城市，包括后来许多重大教会事件中他们的活动都受到指责。那时的修道士，以"当代圣徒"的名义大肆攻击所谓"异教文化"，破坏了古代遗留下来的科学、哲学、文学、艺术作品和图书等。德茨里斯卡（Dzielska）记载了狂热的修道士如何迫害著名的女哲学家希帕提亚（Hypatia）并最终将其折磨致死。③《非洲教会史》一书认为，早期修道士也并非不食人间烟火，相反，他们与现实世界的联系比那些世俗社团的皈依教众们更紧密。④

国内学者对基督教修道制度产生的原因作了一定的研究。陈志强认为当时罗马帝国社会危机严重，人们朝不保夕，精神颓废，避世思想流行，因此安东尼的事迹传出后立即吸引了大批追随者，效仿他的行动，聆听他的教诲。⑤ 这成为修道制度兴起的社会心理原因。王亚平认为这种隐居方式表现出了东方宗教的性质，尽管还没有发现具有出世特征的佛教与埃及的古代宗教有直接接触的文字资料和遗迹。⑥ 而杨巨平则通过研究表明了佛教在孔雀王朝的阿育王统治时代就已经传到了埃及，并且可能导引了修道制度的产生。⑦ 吴舒屏从基督教本身出

---

① H. I. Bell, *Egypt from Alexander the Great to the Arab Conquest*, p. 110.
② E. R. Dodds, *Pagan and Christian in an Age of Anxiety*, p. 29.
③ M. Dzielska, *Hypatia of Alexandria*, F. Lyra trans., Cambridge: Harvard University Press, 1995.
④ Sundkler and Steed, *A History of the Church in Africa*, p. 11.
⑤ 陈志强：《拜占廷帝国史》，第419页。
⑥ 王亚平：《修道院的变迁》，上海：东方出版社1998年版，第1页。
⑦ 杨巨平：《公元前希印文化关系初探》，《南亚研究》1993年第3期，第66—73页。

发,主张"彻底否认尘世的追求"是修道主义的本质特征。① 田明则较为详尽地分析了基督教修道制度产生的思想根源、政治与社会因素及其经济背景,并进一步强调了埃及在基督教修道制度兴起中的作用。②

王亚平的《修道院的变迁》一书中还简单叙述了修道院的埃及起源,认为恶劣的自然环境迫使荒野中独居的修道士不能真正做到单独地生活,只得结伴而居,以求自我保护。③ 对于基督教修道制度的评价,于可转引弗利切和马丁合写的《教会史》一书的观点:如果大家都进入修道院过着与世隔绝的生活,那么谁去传播福音的工作呢?④ 修道制度所极力推崇的禁欲主义,在现代语言里通常也被定义为一个贬义词。这种思想也长期占据了国内学界对基督教修道制度评判的主流。彭小瑜批判了人们对"禁欲主义"一词的误解,认为用"修道精神"来描绘这种思想更为妥帖。⑤ 许列民博士所著的《沙漠教父的苦修主义》一书,对安东尼等早期修道士活动及其思想做了深入探讨。⑥

二、 修道主义的根源

关于修道制度兴起的思想渊源,学术界有较大的分歧。有人认为基督教修道主义直接来自犹太教的禁欲传统⑦,隐修者只是恢复了犹太苦行教派的生活方式。修道主义在形成过程中还可能受到东方思想的一定影响,虽然还没有发现具有出世特征的佛教与埃及的古代宗教有直接接触的文字资料和遗迹,但是这种隐居方式表现出了东方宗教的性质。事实上,早在亚历山大帝国时代,西方就和印度有了一定的接触,佛教的出世思想传入希腊化的埃及也不是没有可能。特别是

① 吴舒屏:《试析东正教的遁世主义修道理念在拜占廷时期的发展》,《世界宗教研究》2002 年第 1 期,第 58—66 页。
② 田明:《试论基督教修道制度的起因》,《西南大学学报(社会科学版)》2007 年第 5 期,173—176 页;田明:《论修道制度兴起的埃及因素》,《历史教学》2008 年第 3 期,第 63—66 页。
③ 王亚平:《修道院的变迁》,第 3 页。
④ 转引自于可主编:《世界三大宗教及其流派》,长沙:湖南人民出版社 2005 年版,第 83 页。
⑤ 彭小瑜:《西方历史误读的东方背景:法律革命、宗教改革与修道生活》,《历史研究》2006 年第 1 期。
⑥ 许列民:《沙漠教父的苦修主义》,上海:上海人民出版社 2009 年版。该书对基督教修道制度做了比较全面的阐述。
⑦ J. C. O'Neil, "The Origin of Monasticism, Rowan Williams", pp. 270 - 87.

在印度孔雀王朝的阿育王统治时期,曾经派使者前往亚历山大里亚等地传播佛教,在当地也发现了带有佛教法轮和三股叉的石碑。因此有学者主张,正是这些佛教传教士推动了地中海地区的第一次寺院运动。① 近来一种解释是试图证明沙漠教父是犹太—巴勒斯坦旅行传教士和先知们的继续。这些人的后裔在寻找更激进的改革,建立了与激进生活完全一致的社会。② 其证据是圣安东尼虔诚的声望吸引了许多信徒,以致不得不查明是埃及人还是耶路撒冷人,毕竟只有后者才有资格和他讨论精神问题。

有些学者更愿意从基督教自身探讨修道制度的起源,确切地说,使徒时代的基督徒就在宣扬着欲望与永生的矛盾。如使徒保罗认为:"情欲和圣灵相争,圣灵和情欲相争,这两个彼此相敌。"③索佐门诺斯第一次用"哲学"这一术语来形容修道士的肉体和灵魂④,把这视为一种"智慧"的行动和哲学联系起来。近代哲学家费尔巴哈就主张,"想仅仅由东方导引出僧侣生活来,那就是自己欺骗自己了"。我们宁可说僧侣制必须直接由基督教本身之中导引出来,因为人在上帝里面达到自己的目的,每一个个体都是独自与上帝同在的。只有上帝,才是基督徒所需要的,为此,基督徒并不需要别人、人类、世界,他缺乏对别人的内在需要。所以,基督教之本质重要的目的,便在于脱离世界,脱离物质,脱离类生活。⑤ 基督教徒个人认为"彻底否认尘世的追求"才能达到和上帝灵魂交融的目的,这也成为修道主义的本质特征。⑥

此外,修道主义思潮难免也会受到当时流传甚广的希腊哲学的影响。古典时代之后,希腊化时代的学术中心由雅典转向了埃及的亚历山大里亚,希腊哲学在这里有了新的发展。而且,正如前一章所述,埃及是当时两希文化结合的媒介,二者的交汇之地也正是在埃及的亚历山大里亚。埃及成为基督教神学诞生的助产

---

① 转引自杨巨平:《公元前希印文化关系初探》,《南亚研究》1993 年第 3 期,第 66—73 页。

② Sundkler and Steed, *A History of the Church in Africa*, p. 13.

③ 《加拉太书》5:17。

④ Sozomenos, Walford trans., *A History of the Church in Nine Books from AD 324 to AD 440*, London: S. Bagster, 1846, 6. 28. 1 - 2; Sozomenus, *Kirchengeschichte*, J. Bidez and G. C. Hansen eds., Berlin: Akademie-Verlag, 1960, TLG, No. 2048001.

⑤ [德]费尔巴哈:《基督教的本质》,第 217—218 页。

⑥ 吴舒屏:《试析东正教的遁世主义修道理念在拜占廷时期的发展》,《世界宗教研究》2002 年第 1 期,第 58—66 页。

士,而在这一文化发展过程中,亚历山大里亚所起的作用更为明显。在深入的文化互动中,亚历山大里亚首先成为希腊化犹太教的中心,后来又变成了希腊化基督教的神学中心,代表了当时基督教研究的最高水平。这里是基督教神学思想和体系诞生的圣地。修道主义思想中也依稀可以看到希腊哲学的影子:"这些僧侣,在藐视财富、痛苦和死亡方面真不在斯多葛学派之下;毕达哥拉斯的沉默和顺从在他们的奴隶般的纪律中又复活起来了;他们也和犬儒学派一样坚定地厌恶文明社会的一切形式和礼仪。"①

3—4世纪罗马帝国的变化是修道制度产生的社会原因。当时,罗马帝国社会危机严重,人们朝不保夕,精神颓废,避世思想流行,因此安东尼的事迹传出后立即吸引了大批追随者,人们效仿他的行动,聆听他的教诲。② 同时,基督教教会组织性质的变化在基督徒中引起了不满。最初由社会下层民众自发组成的早期基督教社团,带有一定的宗教慈善组织性质,它的成员互助互救,扶危济困。公元2世纪以后,基督教会逐渐被富有者把持,他们以手中的财富在基督教社团中占据特殊的地位,垄断了本应由选举产生的主教一职,使这个民众的宗教社团开始向有等级的、官僚的组织机构发展。特别是君士坦丁敕令颁布之后,加入基督教也成为许多人谋求政治或社会地位提高的途径,许多投机者也成为教会的成员。教会组织性质的变化在基督徒中引起了不满和各种形式的反抗,一种普遍的发自内心的焦虑增添了人们对社会的厌倦③,隐修士的出现就是一种消极的反抗。

对于修道主义的兴起,另一个合理的解释就是罗马帝国对待早期基督教政策的回应。④ 基督教兴起之初,一直不容于罗马帝国,并多次受到帝国的迫害。早在3世纪中期,罗马皇帝戴克留斯就开始迫害基督徒。284年,戴克里先即位为罗马帝国的皇帝,除进行一系列改革外,统一动机下最有影响的活动当属他对基督教的迫害。用武力粘合起来的帝国包含了许多在背景、语言、文化方面不同的种族和民族,这种差异普遍反映在国教信仰问题上。拒绝异教形式的基督徒,是政

---

① [英]爱德华·吉本:《罗马帝国衰亡史》(下册),第115页。
② 陈志强:《拜占廷帝国史》,第419页。
③ E. R. Dodds, *Pagan and Christianity in an Age of Anxiety*, Cambridge:Cambridge University Press, 1965, p. 28.
④ C. W. Griggs, *Early Egyptian Christianity from its Origin to 451CE*, pp. 102, 146 – 148, 152.

治上不相容和未同化的元素,因此帝国自然要逐步同化或消灭他们,而且似乎可以看出大迫害并非出自戴克里先的个人动机。① 经过一系列流血冲突,教堂被摧毁了,宗教典籍也被焚毁了,涌现出大量的殉教者。殉教者的精神和事迹鼓舞着基督教徒去从事另类更严格的宗教活动,或许可以这样说,修道运动的兴起是基督教殉教者价值的体现。②

　　以上几种解释尽管有一定合理成分,但一个明显的不足是忽略了埃及本土思想的作用。而且,这些因素中没有一个可以完全说明修道士运动兴起和快速扩散的原因。须知,迫害并不局限于埃及,为什么仅在这里兴起了修道运动? 更令人费解的是,在接踵而来的帝国基督教政策转变之后③,为什么修道运动依然活跃,甚至规模更大,还出现了集体修道院,并逐步传播到帝国各地? 这一问题的答案或许要从埃及本土因素中去寻找。

三、 修道制度兴起的埃及因素

　　修道制度的形成是一个漫长的历史过程,其兴起原因是多方面的,但修道制度率先在埃及萌芽,这绝不是一个偶然现象。罗马帝国对埃及的高压统治及其"竭泽而渔"的政策,是修道制度产生的政治经济原因;埃及还遭受了基督教历史上最严重的迫害之一,作为对罗马帝国基督教政策的回应,并受到殉教者精神的鼓舞,这或许是修道制度出现的宗教原因;埃及民族主义的复兴及其独特的文化背景是修道制度兴起的文化原因;此外,埃及的气候与环境也使最初的遁世隐修成为可能。

　　公元前30年,屋大维率领罗马军队攻入埃及,托勒密王朝末代女王克娄巴特拉(Keleopatra)及其情夫安东尼自杀身亡,取而代之的是罗马帝国的统治,埃及成为罗马帝国的一个行省。但是,与其他行省不同的是,它在罗马皇帝的直接控制下。罗马皇帝对埃及直接行使权力,表现在当地长官由他个人任命,并且也直接

---

① H. I. Bell, *Egypt from Alexander the Great to the Arab Conquest*, p. 103.
② E. E. Malone, *The Monk and the Martyr*, p. 208.
③ 指的是313年,君士坦丁颁布"米兰敕令",正式承认了基督教的合法地位。

任命其他官员(如财政官),让他们以皇帝的名义发号施令。在整个帝国范围内,唯独这里以罗马皇帝纪年而不用执政官任期纪年。实际上,皇帝后来甚至明确禁止元老院成员进入埃及,而且严格地执行这条规定。① 由此可见,埃及已经成为罗马皇帝的私人领地。

在托勒密王朝统治时期,诚然埃及的产品也绝大多数归于王室,但这个王室的全部利益都在埃及,而罗马皇帝将埃及视为帝国粮仓。埃及的小麦等粮食源源不断地输往罗马,并无任何实质性的补偿。皇帝把这些小麦散发给罗马平民,借以取得他们的拥戴。在相当长一段时期内,罗马的统治没有受到触动,埃及则在"罗马帝国和平"中过活,其代价是按时足额缴纳各种捐税,这也成为周期性叛乱和反抗的根源。

从2世纪起,此起彼伏连续不断的埃及人民起义一直持续到拜占庭帝国统治结束。公元152年发生的埃及人民起义,持续了一年多,严重地威胁了罗马帝国的粮食供应。罗马皇帝安东尼不得不亲临埃及督察,恢复社会秩序。公元3世纪末,连亚历山大里亚城也发生了反罗马统治的埃及人民起义。罗马统治者被迫采取了"众建其地而少其力"的办法来对付埃及人的反抗。297年,皇帝戴克里先决定改革埃及。他把埃及分成三个行省,每个省都由一名军事长官全权负责,取消了所有地方自治的虚衔,驻扎了以前3—4倍的军队,用来打击叛乱。这些英勇的、不成功反抗的结果就是遭到一次次更严厉的镇压。在肉体和精神的双重打击下,人们只有一条路可以选择,那就是逃往沼泽或沙漠地带,寻求一种精神寄托和安慰。

在托勒密时代,如果一个农民感到处境艰难,他可以进入众多神庙寻求庇护,直到得以救济才离开。罗马统治下,这种权利被严格限制。正如前面所述,随着基督教组织性质的变化,面对越来越恶劣的状况,土著埃及人很难从正统教会中找到慰藉。教会性质的蜕变引起了普通信徒的不满,无助与失望增添了人们对社会的厌倦,出现了最初的隐修士。

修道运动兴起的一个不可忽视的原因就是当时的经济问题。3世纪以来罗

① [埃及]G.莫赫塔尔主编:《非洲通史》第二卷,北京:中国对外翻译出版公司1985版,第157—158页。

马帝国陷入全面危机,农业凋敝,商业萧条,城市衰落,社会动荡,道德败坏,衰败的社会经济和骄奢淫逸的生活方式形成了鲜明的对比。帝国通过向"罗马粮仓"——埃及征收前所未有的高额赋税来满足统治者贪得无厌的需求,缓和 3 世纪危机所带来的恶果。早在帝国统治初期,罗马统治者出于自己的需要,采用分而治之的办法,按昔日的习惯恢复了希腊人的特权地位,即埃及人要交纳人头税,希腊人可以免交。即使后来的埃及人变成了罗马公民,仍不能免除其人头税。戴克里先改革以后,基于财产和人头的赋税已经重到无法忍受的地步,还要收取一些军事费用。这一时期的书信往来也反映出当地人需要承担部分士兵的开支。[①]

除此之外,因为包税制,埃及人民还深受当地贵族的盘剥。收税者采取了非常粗鲁的方式,而且严厉惩罚那些逃税者,他们享受着财富增加的乐趣,当时的埃及呈现出一种"富者愈富,贫者愈贫,中产者走投无路"[②]的经济状况。特别是 4世纪早期通过购买方式把国有土地变成私产的结果,使得大地产者的势力足够强大以至于可以给予农民佃户一定程度的保护,用来对付那些政府的代理人,如贪婪的税收官、爱生事的官员和粗暴的士兵,这使得不少小农户又主动"献地",寻求一种庇护。面对土地兼并和高额的赋税,不堪重负的贫苦农民开始了一场丢弃农庄向沙漠逃亡的运动,并蔓延开来。

埃及遭受了早期基督教史上最严重的迫害。正如前文所述,3 世纪中期的戴克留斯时代,埃及亚历山大里亚遭到了更为严重的迫害。从 249 年秋冬季起,亚历山大里亚几乎和罗马同时开始受到迫害,但结束时间比罗马还要晚半年。那是因为埃及相对偏远,结束迫害的宽容法令直到 251 年春季才到达。[③] 在那里,血腥的镇压持续了一整年,教会史家尤西比乌斯用比较大的篇幅记载了这一事件。[④] 许多基督徒遭受肉体迫害,如棒打、刺伤脸部和眼睛,甚至被投入监狱直至杀害。

然而比起后来的戴克里先大迫害,这次迫害不过是小巫见大巫了。戴克里先

---

① J. D. Fage, ed., *The Cambridge History of Africa*, p. 425.

② *The New Encyclopaedia Britannica* 18, Encyclopaedia Britannica, inc. Chicago, 1993, p. 129.

③ M. Sordi, *The Christians and the Roman Empire*, p. 103.

④ Eusebius, *The Ecclesiastical History* Ⅱ, pp. 93 - 131；Eusèbe de Césarée, *Histoire Ecclésiastique*, TLG, No. 2018002.

的迫害使年轻的埃及教会遭受重大创伤,并永远留在教徒们的记忆中,科普特教会成为名副其实的"殉教者"教会。科普特教会开始于"殉教时代",迄今为止,科普特历法并不是以耶稣诞生而是以戴克里先即位的 284 年开始纪元的,而事实上,戴克里先的大迫害发生在 299—304 年。

但埃及教会的苦难还不止于此。当西方的君士坦丁已开始采用保护基督教的宽容政策时,埃及却在东方的马克西米努斯统治时(311—312 年)被迫害到了顶点。同时代的教会史家尤西比乌斯亲眼见证了这场变故。亚历山大里亚主教彼得殉难,这件事在罗马教会中也有记载。最大的悲剧发生在埃及的底比斯:一天接一天地,50—100 名"顽固"的农民——科普特基督徒殉难。286 年,驻扎在瑞士的罗马军队中的由埃及人组成的底比斯军团,在首领圣梅里斯的带领下,也进行了同样"顽固"的抵抗,遭到"逢十出一"的杀害,直至最后一人。① 诸多的迫害导致个人沿着荒凉的沙漠边缘(它限制着尼罗河谷的居民区)去寻找庇护所。

在探寻埃及修道制度起源的时候,学者们不能简单地把埃及看成是希腊语国家而忽略其民族文化,出土的大量世俗体文献展现了埃及土著生活的继续,他们秘密敌视希腊化并且以古老民族自豪,修道主义便是基督教传入埃及后这种精神的体现。同样,人们也不能把埃及简单看成是罗马—拜占庭帝国的一部分,而忽略其本身的政治文化背景。埃及从来就不是一个典型的罗马行省,并且始终和帝国保持一种若即若离的关系。因而我们经常看到一种奇怪的现象,当帝国反对基督教时,埃及有许多虔诚的教徒;而当帝国推行有利于基督教的政策时,埃及又表现出了另类的特点。因此随着"君士坦丁敕令"的颁布,在基督教取得合法信仰的地位以后,通过修道活动以摆脱帝国控制,保持宗教信仰自由,这是埃及人的第一条出路。②

尤其是在 3—4 世纪期间,尽管物质实力很弱,埃及的修道士们却是一个潜在的势力集团,并在基督教世界,特别是东正教的教义分歧中发挥重大作用。这些由隐修士组成的有组织社团,汇集在修道院中,其力量之大以至于敢于公然藐视

---

① D. F. O'Reilly, "The Theban Legion of St. Maurice", *Vigiliae Christianae*, Vol. 32, No. 3 (Sep. , 1978), pp. 195 – 207.

② J. G. Milne, "Egyptian Nationalism under Greek and Roman Rule", pp. 226 – 234.

皇帝的权威,维护自己的民族利益。"修道制度某种程度上可能是土著埃及人的产品,埃及教会也因此带有强烈的民族主义"①,进而,有的学者明确指出了修道运动和埃及民族主义觉醒的一致性②。

　　早期修道运动完全是埃及人的,其代表人物安东尼和帕科米乌斯无疑都是地道的埃及人,因为他们不讲希腊语,也没获得希腊模式的教育。而土著埃及人信仰的改变在修道运动中显现出来,尽管确切数目很难估计。作为一个特殊的例子,奥克西林库斯有1万个修道士,在亚历山大里亚和周围地区有7 500个修道士。③ 随着修道院的创建,用科普特语书写在红陶和纸草上的商业和司法文献以及私人信件突然涌现出来,这些遗物不仅反映了社区的社会和经济生活,还反映出他们与世俗世界的联系。更重要的事是,作为民族语言的科普特语大量出现,而不是官方使用的希腊语或罗马语。

　　遁世修道思想还受到埃及本土文化的很大影响。尽管人们很难把这种个人虔行与法老文明及其泛神论信仰联系在一起,但事实上埃及法老时代的一些信件和铭文中有许多和修道类似的话,如"通向神之路""自己祈祷""召唤我的名字"。在埃及的"帝王谷"就有这样一类词汇,如"精神上的荒寂""仁慈地照顾我"和"不要因为我的罪来惩罚我",可见在基督教之前很多世纪就有人以这种方式祈祷。④ 希腊化时代以来,托勒密王朝信奉的是兼有法老埃及和希腊文化双重特征的塞拉匹斯神,并一直延续到罗马帝国时期,而塞拉匹斯本身就带有浓厚的神秘主义和禁欲主义色彩。所以有人主张修道主义是埃及古代宗教(塞拉匹斯的隐遁)某种程度的复兴⑤,尽管这带有一定的冒险性。的确,在基督教出现之前,埃及甚至已经有了"神"的概念,如考古发现的1世纪的斯林格纸草便证明了这一点。该纸草记载了埃及人心目中的上帝,如创世记和末日审判等内容。⑥

　　埃及早期基督教神学家克莱门特在其《对新受洗礼者的劝勉》一文中就宣传

---

① H. I. Bell, *Egypt from Alexander the Great to the Arab Conquest*, p. 113.

② J. Kamil, *Christianity in the Land of the Pharaohs*, p. 8.

③ J. R. Harris, ed., *The Legacy of Egypt* (2nd edition), pp. 400 – 410.

④ J. Kamil, *Christianity in the Land of the Pharaohs*, p. 37.

⑤ A. S. Atiya, *The Coptic Encyclopedia*, p. 1661.

⑥ M. Lichtheim, *Ancient Egyptian Literature* (3 Vols). California:University of California Press, 1974, p. 184.

了禁欲主义思想。"无论是白天或夜晚,都要向上帝倾吐自己的思想,不要让过多的睡眠占用了你祈祷和赞美上帝的时间……不要因欢宴和痛饮而松懈你的灵魂……你要从对上帝的希望里寻找安危,抛弃对身体的诸多忧虑;上帝必将为你提供足够的所有必需品,维持生命的食物,遮蔽身体的衣物,还有抵御严寒的抗冻物。"即使面临巨大的肉体痛苦,也应该"以不可动摇的决心勇敢地承受磨难"①。其后的奥利金更是曾自我阉割,禁欲苦修,足以说明这种思想在埃及之根深蒂固。安东尼的思想就深受奥利金的影响。后来的修士们都把奥利金看作最令人敬畏的权威。② 加之埃及位于地中海之角,是东西方的接触点,也是东西方文化的融合之地,这里的宗教深受东西方不同传统的影响。希腊哲学、犹太神学甚至来自遥远东方的佛教思想,都在这里留下了很深的痕迹。

除此之外,埃及的自然条件也是修道运动形成的一个不可忽视的原因。相比而言,古代埃及的自然环境也较易于隐修士野外生存。中埃及和上埃及的温度是如此的适宜,降雨是如此的稀少,以至于在旧坟墓、石坑或岩洞的庇护下进行野外生活,不会遭受太大的痛苦。大型食肉性动物在这里难觅踪迹,有一定的安全性。尼罗河两侧荒寂的沙漠中的干河或许还可以找到一些水源。早期修道者完全有可能离开居民区而到沙漠中荒僻的地方去,在那里从事一种苦行和祈祷的忏悔生活。可见,作为滥觞之地,埃及对修道制度的勃兴起了相当大的、有时甚至是决定性的作用。

早期修道运动的代表人物是埃及的安东尼,他把独修生活推向了高峰,大多数人将他视为基督教修道制度真正的奠基人,因而被尊称为"修道制度之父"。安东尼在20岁左右时,抛家舍业独自禁欲苦修,后来又隐退到一座距离村庄较远的空墓中。为了避免信徒的打扰,安东尼后来退居到了一个更偏僻的地方,在尼罗河东岸一个废弃的堡垒中生活了20年,这后来成为西方中世纪艺术家特别喜欢的一个主题。尽管他长期隐居深山,但名声传播到西班牙、高卢、罗马和非洲。自此以后,

---

① [古希腊]克莱门著,王来法译:《劝勉希腊人》,北京:生活·读书·新知三联书店2002年版,第192页。Clemens Alexandrinus, *Fragmenta*, O. Stählin, L. Früchtel and U. Treu eds., vol. 3, 2nd edn., Berlin: Akademie-Verlag, 1970, TLG, No. 0555008.

② J. D. Fage, ed., *The Cambridge History of Africa*, p. 417.

那些生活在埃及荒漠中为灵魂而战斗的孤独修道士就成了基督徒的典范。

继安东尼之后,帕科米乌斯引入了"共修"的生活方式。他改变了挑战生命极限的独修方法,通过一些戒律和教导,把这些隐修社团重组成一个整体,建立了高墙环绕的定居社团,即所谓的集体修道院。帕科米乌斯修道院借鉴了上古埃及神庙的组织形式,所以二者之间有一定的相似之处。除形式以外,还包括某些社会职能方面,如参与丧葬仪式、致力慈善事业等。帕科米乌斯修道院对后来的修道院制度有一定的启蒙作用。例如,小亚修道制度的创立者巴塞尔就曾造访过埃及,他的教规仍被东正教遵从着;修道院制度通过哲罗姆和一些朝圣者的记录而传入西方世界。帕科米乌斯修道院的独修和共修的混合生活也成为本尼狄克(Benedict)的榜样,后者于6世纪创立以埃及为模型的更严格的修道院,并成为后世西方修道士的精神领袖。正如吉本所言,埃及为后世修道院生活"提供了第一个范例"①。

第二节

走出埃及的沙漠教父

早在基督教纪元之前,就有人们过着一种精神上独自沉思的生活,不仅见于埃及,还存在于巴勒斯坦、波斯和印度等地。最早的基督教修道制度起源于什么时间,目前还不太清楚。但人们一般把修道制度的创立归功于埃及的安东尼,因同时代大主教阿塔纳修斯的《安东尼传》使之死后享有了更高的盛名,获得了"修道制度之父"的美誉,并成为圣人而名垂千古。② 与后来的教会史中修士写主教生平不同的是,早期埃及教会中是主教和大主教在圣安东尼死后不久就开始记载修士生平。

---

① ［英］爱德华·吉本:《罗马帝国衰亡史》(下册),第115页。
② Athanasius, *The Life of Antony and the Letter to Marcellinus*, Gregg trans., New York, 1980; Athanasius, *Vita Antonii*, MPG 26, TLG, No. 2035047.

一、 早期修道士的生活

谁是第一个基督教修道士,至今还是众说纷纭。在西方的传说中,此桂冠给了一位叫保罗的埃及人。据说在他 20 岁左右时,为了躲避戴克留斯对基督教的迫害,退居沙漠,在一棵棕榈树旁的山洞里居住多年,仅靠树上的果实维生,最后定居埃及东沙漠地区,后来在那里建立了以他的名字命名的修道院。据说圣安东尼在保罗 113 岁时曾经拜访过他。[①] 保罗在早期科普特资料中很少出现,他的事迹的传播主要是哲罗姆拉丁文本《使徒行传》一书的结果。人们之所以知道保罗,是因为哲罗姆把他作为自己的英雄来崇拜。[②] 但该书作为历史文献,其真实性值得怀疑;它也许不只是哲罗姆在流行的圣徒传记文学领域的一篇论文,更代表了一位隐士的理想,并把这种理想置于一位可疑的历史人物身上。[③]

其他教会史著作也记载了一些早期修道士。苏格拉底记载了另外一位埃及修道主义的创始人阿穆恩(Ammoun),他戒绝油和酒,只吃少许谷类食物。[④] 同时代的教会史家索佐门诺斯也描述了一位名叫提奥纳斯(Theonas)的埃及早期修道士。此人精通罗马、希腊和埃及语言,但自我禁闭,不言不语地一直持续了 30 年。[⑤]

可以确定的是,在安东尼之前,已经有人过着一种独自苦修的生活。他们希望能过上严格的独修生活,但大都离自己的村庄不远。例如,在安东尼的邻村有一位从年轻时就过着独修生活的老者,他还曾善良地给予安东尼一些建议。安东尼从事修道生活之前,把自己的妹妹托付给一个受人尊敬、令人信任的老修女照看,试图让妹妹也过着修女的生活。可见当时已经有人甚至包括一些女性,过着一种修道生活。与安东尼同时代还有许多人从事单独隐修活动,如上埃及的阿穆

① I. C. Hannah, *Christian Monasticism: A Great Force in History*, New York, 1925, p. 19.

② S. D. Driver, *John Cassian and the Reading of Egyptian Monastic Culture*, p. 46.

③ [英]哈里斯主编,田明等译:《埃及的遗产》,上海:上海人民出版社 2006 年版,第 344 页。

④ M. Socrates ed., *The Ecclesiastical History of Socrates*, London, 1853, 4. 23. 11; Socrates, *Ecclesiastical History*, W. Bright ed., 2nd edn., Oxford: Clarendon Press, 1893, TLG, No. 2057001.

⑤ Sozomenos, *A History of the Church in Nine Books*, 6. 28. 3.

恩和帕勒摩(Palaemon)，后者是帕科米乌斯的精神导师。① 但那时埃及还没有许多修道院，也没听说有沙漠修士。

二、　安东尼其人

尽管如此，安东尼还是被视为基督教修道制度真正的奠基人，是他把独修生活推向了高峰，也成了早期修道运动的代表人物。据阿塔纳修斯的记载②，大约251 年，安东尼出生在赫拉克利奥坡里斯附近的考玛村一个农场主家庭中，从种族上说是一个土著的埃及人或科普特人。③ 他的父母有着很好的出身并且相当富裕，因为他们都是基督教徒，所以对安东尼也按基督教的方式培养。尽管不是文盲，但他不讲希腊语，也没获得希腊模式的教育。到了应该受教育的年龄，为了不脱离和其他孩子的友谊，他并未学习文化。他的愿望就是平淡地活着。当然他也陪着自己的父母光顾了教堂，他既没有孩子的妄动，也没有年轻人的轻狂；而是听从父母的教导，注意倾听诵经并陶醉其间。在其孩童期间，从不纠缠其父母以求得到各种食物或奢侈品，只是满足自己的基本需求即可。

在安东尼 18 或 20 岁的时候，父母双亡，他独自承担了家庭和照顾妹妹的责任。父母亲去世大约 6 个月以后，一次他走进教堂，正好里面在诵读福音书，突然他听到一个声音对自己说："如果你想更完善，走，卖掉所有的财产，你将得到天堂的赏赐。"听完此言，他立刻退出教堂，把祖上留下的大量肥沃土地分给村里的人们，卖掉了其余所有的物品，所得的钱除少部分留给妹妹外，都捐赠给了穷人。他把妹妹托付给一个受人尊敬、令人信任的老修女照看，自己戒绝家庭生活，开始严格苦修。

一开始他和其他修道士一样，也居住在村庄周围，像聪明的蜜蜂一样到处倾听别人的意见。但从没有返回自己原来的住处，也不接受路人的施舍。他在这里度过了最初的修道生涯，然后决定不再回到父母造就的生活，并忘记过去的记忆，全身心地投入修道事业。他每隔两天或四天收到送来的食物，一天只在日落后进

---

① J. O. Hannay, *The Spirit and Origin of Christian Monasticism*, London: Methuen & Co, 1903, p. 103.

② 以下关于安东尼的描述，除非特别标明，都来自 Athanasius, *The Life of Antony*，恕不一一注明。

③ I. C. Hannah, *Christian Monasticism*, p. 21.

食一次。他的食物只是面包和盐，喝的只有水，根本不会涉及酒和肉。安东尼睡在一张粗席上就很满足了，更多的时候是睡在裸露的地面上。他从不刻意去放松身体，但习惯性劳动。他开始用自己的双手工作，最初只做面包和其他必需品。他已经没有时间概念，日复一日苦修，经常祈祷，因为他懂得对个人而言，祈祷是不能中止的。

后来，为了更严格地修道，安东尼决定远离村庄，定居于一个古代废弃的墓穴中。他委托朋友定期送来面包，离开时再关好墓门，安东尼独自生活在墓穴中。大约285年，为了进一步强化信仰，他决定退居到一个更偏僻的地方。安东尼朝山里走去，穿过一条河，在现在戴尔·梅蒙附近找到一个荒凉的沙漠堡垒。当时里面满是爬虫，但他毅然走进去，并定居在那里。为了防止别人的打扰，他把入口堵上，里面储存了够半年用的水和食物，自己在一个神龛里独自虔修。很长时间里，安东尼延续这种禁欲生活，信徒一年中仅仅通过屋顶给他送两次面包，渗漏的湿气给他提供饮水，这也成为西方中世纪艺术家特别喜欢的一个主题。

安东尼的名声传开了，但他对那些来寻求其精神建议的人们的恳求置若罔闻，所以他的信徒来看望他时经常在外面待上几天几夜。近20年的时间里，他一直过着这种苦修生活，既不贸然出来，也不轻易见任何人。直到后来他的一些朋友和信徒强行毁坏堡垒的门，安东尼才出来给大家讲解一些神示和神启。当人们看到他时，非常惊讶地发现安东尼仍然保持原来的状况，既没有因为缺乏锻炼而发胖，也没有因为禁食以及同魔鬼的斗争而变得憔悴，和他隐退之前几乎一模一样。他的灵魂更加纯洁，没有因悲痛而萎缩，也没有因愉悦而放松，他已经超然物外，不受悲喜影响。当他看到那么多人簇拥在自己周围时，依然保持平静。但他给那些痛苦的人以安慰，并调解人们的纠纷。

围绕安东尼，一种共同的生活方式被这些信徒们建立起来了。在他居住的整座山上布满了唱诗班似的小帐篷，人们在那里谈天、学习、禁食、祈祷，为未来的恩惠而欢喜，为了施舍而工作，他们彼此间保持着一种爱与和谐的关系。这看起来像是一块自己所有的、奉献和正义的土地，这里既没有犯罪，也没有不公平的审判，更听不到税收者的责难。这里有大量不同类型的修道者，但他们有一个共同的理想，那就是建立一种圣洁美德。于是，在山里和沙漠中涌现出大量的修道士，他们脱离了世俗社会，为成为天国公民注了册。

此后，安东尼按照自己的习惯再度回到自己的寓所潜心苦修，强化戒律。他经常仰望天空反省，为人类的短暂生命而叹息。当他吃饭、睡觉或做其他生活所必需的事时，会因考虑灵魂的智慧而羞愧。当他和其他修道士一起进餐时，经常会想到精神食粮，于是找借口远离大家，如果被别人看见自己吃东西他会脸红。他经常劝诫大家应该把全部的时间奉献给灵魂，而不是身体。

在戴尔·梅蒙生活了20年以后，由于厌倦了由他的名誉带来的对其苦修生活经常性的打扰，安东尼打算去上底比斯一个没有人知道的地方去修行。他坐在尼罗河岸边等待船经过时，听到一个声音对他说："如果你确定想独处，现在应该就朝山里走。"安东尼听从了这个建议，沿着艾尔·阿拉巴干河①，经过三天三夜的跋涉，来到了考尔佐恩山附近。这里的山下有清凉、甜美的泉水，山间平原中还生长着一些不知日期的棕榈，他决定在此定居。

安东尼的追随者就像儿子挂念父亲一样，对他的生活非常焦虑，于是沿着他出行的路线再次找到他，并给他送去大量面包。安东尼认为这样做负担太重，所以请求一些人给自己带来锄、斧和少量谷物种子。之后他在山下的平原中开垦了一小块适合耕种的荒地，种植了一些庄稼，并引来泉水灌溉，这样收获的谷物就足够自己一年的食物了，也避免给他人带来负担。但从此他又被人们发现，于是安东尼又种了一点蔬菜，以便给那些经过长途旅行的造访者提供一些必要的补给。他和信徒在此建立了第二个社区，但是，安东尼及其弟子没有建立修道组织，他和弟子之间也只是保持精神上和道德上的关系。② 直到今天，这里仍然是一个修道院——戴尔·马尔·安顿诺斯，从此经过苏伊士湾向外可看到西奈山。中世纪的很多亚历山大里亚大主教来自这里。高墙之内现有七个教堂，现代朝圣者可以看到在修道院高处的圣安东尼密室，通常认为他在105岁时死在这里。

此后50年间，安东尼几乎一直居住在这里，其间尽管也有过几次出行（下面有专门的描写，这里不再赘述）。他年复一年、日复一日在山中过着祈祷和禁欲的生活，逐渐成为一个风烛残年的老人，他的信徒探望他时甚至问他是否需要下次

---

① 此干河是从尼罗河的伯尼·苏伊夫到红海的商道。

② 陈志强：《拜占廷学研究》，第181页。

带点儿橄榄油来,作为临终涂抹身体之用。

安东尼自己对待死亡很平静。一次,他知道自己不久于人世,像往常一样来到山外那些信徒的驻地,对大家说:"这是我最后一次看望大家,我已经105岁了,该是接受惩罚的年代了。"听完这些话,弟子们都争相亲吻这位老人,而他自己平静得就像出海旅行一样。他告诫门徒不可偷懒和放松戒律生活,要反对异端的阿里乌教派。几个月后,他病危了,对身边的人做了临终嘱托,再次告诫大家坚定信仰和反对阿里乌主义。不要把自己的尸体运回埃及,也不要保存,就地埋葬即可。他还把自己仅有的衣物捐献给别人,把一张羊皮和一件破损的斗篷送给阿塔纳修斯主教,另一张羊皮送给塞拉皮亚主教,剩下的一件毛衣留给身边的一位弟子。

自从献身修道生活后,安东尼一生保持苦行生活,从不因年纪增长而屈从于食物的诱惑,也从未因身体虚弱而改变穿衣方式,甚至从来没有用水洗过脚。但不管何种方式,安东尼总是避免受伤。他到老仍然是耳聪目明,但牙齿因年龄原因掉光了;手脚很健康,比一般老人强健得多。安东尼经常性禁食,长长的头发成为他的外衣,皮肤裸露在外直至去世。他从来不洗澡,也不洗脚,除非万不得已是不会把它们放入水中的。但是除了在他死后埋葬时,没有任何人曾经看到安东尼裸体或不穿衣服。

三、 安东尼的思想和主张

作为修道制度的创始人,安东尼不仅创导了一种生活,还提供了修道生活的神学理论基础。首先,安东尼主张笃信上帝并强调基督的作用。他说:上帝为这个世界奉献了自己的独子,而且为我们又放弃了他。作为回报,人们应该为上帝奉献自己,最好的方式当然就是过这种禁欲的修道生活。安东尼描述了自己在主的帮助和教导下,一次次战胜了肉体和精神上的敌人。据说,一次,他的信徒从他寓所顶部的小洞中看到他和魔鬼在争吵,他告诉魔鬼自己不会变节,高唱"让主升起吧,让他的敌人粉碎吧……轻烟升起时,他们就消失了……"

对于基督,安东尼认为因他的降临使人类获得了第三次赎罪的机会。耶稣带有除原罪以外一切人的特点,以确保能拯救人类。基督的出现及其教导将恢复人类与上帝的和谐,那是因为人类的罪及堕落而被破坏的。① 整个世界是建立在基督普遍的爱之上。他断言耶稣与圣父同在,是主的一部分。他在不同的场合称自己为"上帝的仆人"或"基督的仆人"。在帮助一些人治疗病痛时,他所采取的最主要的方式就是向上帝祈祷或呼唤基督的名字。

其次,安东尼非常重视人的灵魂修养,而这种思想很大程度上源于 3 世纪亚历山大里亚伟大的神学家奥利金。② 奥利金认为人类是三位一体的统一,即每人可以一分为三,包括身体(肉体)、灵魂和精神。身体是第一本质,但只是灵魂的寄居地。天使和魔鬼为争夺人的灵魂而战斗,灵魂只有和上帝一致才能达到升华。安东尼主张修道生活是一种自我知化、净化的经常性斗争过程,以便能够达到和造物主灵魂的统一。他时刻遵从使徒的教诲,"当我身体虚弱时,我的灵魂更强健"。他经常说我们应该把全部时间贡献给灵魂,而不是身体。他奉劝大家不要给身体留下超出必需的任何时间,用绝大多数的时间来关注灵魂的利益。我们不能因身体愉悦而拖累灵魂修养,只能做一些对灵魂有帮助的事。

第三,安东尼认为人类应该蔑视现实社会,努力追寻通向天国之路。一天他走出自己的寓所,用朴素的埃及语给信徒们讲道:我作为长者,把我的所知和经验与你们共享。你们应该全部过苦修生活,因为世上每一件东西都可以购买,而永恒的生命是买不到的,永恒的生活是世间万物无法比拟的。世俗的生命不过 80年,最多 100 年。我们放弃了人间的财产,但我们得到了天堂的承诺。我们抛弃了易腐朽的身体,但我们得到了不朽的回报。

他接着说:因此我的孩子们,让我们不要遗失心灵。我们不要考虑时间太长或我们做得有多伟大,现世的事物不值得我们夸耀。我们不要考虑世俗事物,它们和天堂的联系非常小。世间之主和弃绝尘世的天国是无法比拟的,就像人们为了得到 100 德拉克马而轻视 1 德拉克马那样,因为人类已经是尘世之主了,何不用很小的损失求得百倍的回报? 财富生不带来,死不带去,倒不如因为圣洁而放弃它。我们为什么不去追求那些我们能够得到的东西,如审慎、公平、节欲、勇气、智慧、爱、关心穷人、信仰基督、脱离愤怒、好客,如果我们拥有了这些,那就准备好

---

① M. Dunn, *The Emergence of Monasticism*, p. 5.

② M. Dunn, *The Emergence of Monasticism*, p. 4.

在善良的土地上接受殷勤的待遇吧!

要和短暂的幸福斗争,时刻关注着末日审判。为了达到这一目的,必须设想自己随时都可能死去。早上起来,考虑到傍晚会死;晚上睡觉,考虑到明早不会醒来。我们的生活如此不确定,就不应该过多关注日常生活,这样就不会犯罪,不刻薄于任何事情,不会埋怨任何人,就能够宽恕任何人或事件。

第四,安东尼极力强调禁欲生活的重要性,认为它是战胜魔鬼最伟大的武器和最好的方式。恶魔会害怕禁欲生活的某些方面,如禁食、守夜、祈祷、温顺、慷慨、蔑视金钱、摒弃虚荣心、谦逊、爱护穷人、施舍、脱离愤怒以及对基督虔诚的信仰。安东尼认为禁欲主义很伟大,是拥有辨识精神的礼物。他知道人们的需求和欲望,所以不顾别人的嘲笑,鼓励那些痛苦的人禁欲苦修。他教他们如何推翻魔鬼的阴谋,并描述了魔鬼的外强中干。作为证据,安东尼还列举了自己如何同魔鬼及其化身战斗的故事。

他教导信徒们说,魔鬼不一定以"恶魔"的形象出现,因为上帝的受造物没有坏的,他们也是由好的物质制成,只是从天国堕落了。魔鬼会化身妇女、野兽、爬虫、巨人和士兵来引诱和攻击我们,就是为了让我们害怕而放弃信仰。但是这些恶魔最终会在基督徒的脚下被踩得粉碎。这些魔鬼威胁要吸干海水和统治世界,这证明他们不能阻止苦修活动。魔鬼有时还可化身为不同的形状以至于无形,甚至和你一样读圣经、唱赞美诗,所以对待魔鬼最好的办法就是保持沉默。我们专心于苦修生活,不被他们误导,也不受他们的诱惑。但安东尼同时也认为没有必要害怕魔鬼,即使他们攻击修道士甚至威胁到生命。事实上,这些恶魔不过是貌似强大的"纸老虎",因为他们的堕落所以力量也就消失了。正是在这种情况下,魔鬼就像下台的暴君一样,不可能保持沉默,肯定会发出威胁,哪怕仅限于口头上。通过禁欲苦修,我们能够锁上门躲开他们的骚扰,而那些恶魔妄图伤害那些热爱和尊敬上帝的人们,但他们没有力量去实施,只能发出威胁。实际上,如果他们真有权力的话,是不会容忍一个基督徒生存的。通过这些劝导,安东尼强化了修道士们的信仰,使他们成为反对"黑暗权力"的代表。①

---

① N. H. Baynes, "St. Antony and the Demons", *The Journal of Egyptian Archaeology*, Vol. 40. (Dec., 1954), pp. 7-10.

安东尼还告诫人们不要被愤怒所淹没，因为"易愤怒的人不适合为上帝的正义工作"，所以要把全部的精力投入反对阻止进入天国的精神敌人身上。他还特别强调福音书中关于愤怒的描述，主张在日落之前抛却愤怒和其他有罪的行为。

第五，安东尼不强调教育的重要性。他认为：希腊人抛家越海去寻求一种教育，对于基督徒而言是不必要的。不需要到天国之外去寻求知识，因为主曾经说过，"神的王国就在你心中"。所有的圣洁思想都源自人们心中，灵魂中的知识部分来自自然。安东尼认为基督徒尽管没有希腊推理中的神秘事物，但是拥有上帝通过耶稣基督提供的力量；尽管没有学习过文字，但信仰上帝，通过它的作品了解世间万物。希腊的推理和哲学并没有使基督教希腊化，而是通过传教士让所有人都认可了基督是神和神之子。

最后，我们有必要谈谈安东尼对"性"的看法。禁欲主义最普遍的形式就是节制性欲：放弃性被视为隔绝人类与低等级生物的关系，被视为自我改变的基础，以此达到精神层面的更大提高。安东尼还把性视为卑贱的需求，认为应该加以控制。从他的信件可知，安东尼主张独身是某种程度上灵魂和身体的统一，暗含着独身更容易使自己或灵魂升华，与上帝融为一体。这种思想在埃及有很大影响，后来的一些传教士甚至公开宣扬结婚者不能升入天堂。

四、 安东尼的事迹及其影响

阿塔纳修斯在《安东尼传》中记录了他的许多事迹，当然其中也包括一些荒诞不经的传说。为了进一步了解安东尼，这里也选择了一些有代表性的事件加以陈述，以便能够对他做一个更全面的评价。

首先，安东尼支持正统教派，反对异端的阿里乌主义。他和正统教会关系很好，甚至也帮一些教区做过事。在信仰方面，他做得很好，而且也属于正统。他从不和异端交朋友，除非劝说他们改邪归正。同样，安东尼极其厌恶阿里乌异端，他告诫所有的人都不要跟随其错误信仰，接纳阿里乌的教义比进入监狱还要糟糕。

一次，阿里乌教派假意声称，安东尼和他们持同样的观点。安东尼被其言行激怒了。随后在主教和兄弟们的邀请下,他离开山中前往亚历山大里亚,在那里公开谴责了阿里乌教派,称他们是最后的异端和反基督主义者。他教导大家说圣子不是一个受造物,它不仅来自非人类的物质,还是圣父永恒语言和智慧的结晶。因此,他断言圣子与圣父同在。如果说圣子和圣灵是受造物,那和异端没什么区别,造物主会生气,因为主的部分也成了受造物。

当人们听说反对基督的异端受到这样一个人的斥责都兴奋异常,城市里所有的居民都跑来看安东尼。希腊人和教徒们都称之为"神的人",因为他能使人摆脱魔鬼的纠缠。许多希腊人争相接近他,在其影响下,几天内皈依基督教的人们比以往一年都要多。

其次,安东尼反对统治者对基督教的迫害,但也和一些亲基督教的官员有过往来甚至是合作。在马克西米安统治时期,埃及发生了针对基督教的大迫害,安东尼也前往亚历山大里亚,准备投入战斗直至殉教。他给矿井和监狱里的受害者提供后勤保障,并在法庭上进行辩护。法官看到安东尼无所畏惧,便发布命令禁止修道士出现在法庭上,而且不允许他们继续待在城市里。当其他修道士聪明地躲起来那天,安东尼沐浴更衣,站在原地等候总督的到来。总督在卫队的簇拥下路过时,看见他平静地站在那里,也为之震惊。在主的保护下,安东尼成为这场灾难的幸存者,以便他能够更好地造福别人。迫害结束后,安东尼再度回到山中,过着更严格的苦修生活。

还有一次,一位名叫巴拉修斯的军事长官因为热衷于阿里乌主义而迫害其他基督徒,他野蛮地折磨、拷打修女和修道士。安东尼给他去信,写道:"你的所作所为令人愤怒,停止迫害,否则你将遭到报应。"巴拉修斯非常轻蔑地笑着把信仍在地上,在信上吐了口唾沫,并让送信人转告安东尼,要把他也找出来。结果不到5天,巴拉修斯在一次骑马中摔了下来,回城后三天就死了。所有人都惊诧于安东尼的预言如此快地实现,这是他对那些残暴者的一次警告。

安东尼的声名甚至传播到皇帝的耳中。当君士坦丁及其子康斯坦提乌斯和康斯坦斯听说这些事后,他们像对待父亲一样给他写信,并渴望能够得到回复。安东尼并没有因此而欣喜若狂,只是和以往一样简单地给皇帝回了封信。他告诫其他修士说:不要把皇帝写信给我们看得很惊奇,因为他是一个人。事实上,应该惊奇的是上帝把他制定好的律法通过自己的儿子告诉我们。因为这些统治者是基督徒，所以有资格来读这些律法。他们承认自己信仰基督，所以不仅仅要面对现实事务，也开始考虑末日审判，并且认识到基督是唯一正确的、永恒的统治者，只不过通过这些世俗君主来影响其他人。

安东尼还曾应邀给一位总督讲道，在陈述完拯救原则后，拒绝了总督的挽留，赶紧返回山中苦修。他对总督说自己不可能和他们待在一起："修道士放松戒律就像鱼儿被放到干涸的地方接受惩罚一样。因此，我们必须回到山中，就像鱼儿回归大海一样。"听完这些，这位总督认为他确实是神的仆人，在普通人中很难有如此伟大而真实的智者，除非他是上帝所钟爱的人。

再者，安东尼尽管没有学习过文字，但曾睿智地同一些希腊学者辩论，有力地维护了基督教的教义。有一次，两名希腊哲学家造访他，安东尼认为他们可能会考问自己，于是首先发问："你们作为哲学家，遇到什么麻烦以至于来造访一位愚蠢的人。"当他们回答说他并不愚蠢后，安东尼接着说："如果你们遇到一个愚蠢的人，你们的工作是徒劳的；如果你们认为我是聪明的，那就应该效仿我也成为基督徒。"他们大为吃惊地离开了，终于明白为什么连魔鬼都害怕安东尼了。

还有一些人嘲笑他没有学过文字，并借基督被钉死在十字架一事对他进行奚落。安东尼对他们说："文字和思想哪个是第一位的？是思想导致文字的产生还是文字造就思想？"当他们回答思想是第一位的，并且是文字的创造者，安东尼接着说："现在你们看到的就是一个思想很殷实但不需要文字的人。"对于神圣十字架，安东尼认为那是一种勇气的标志，是蔑视死亡的证据。对肉身的崇拜总比崇拜一些四足生物和爬虫要好得多。而且怎么敢说基督是以一个人的形式出现的，他是整个人类的救世主，是来拯救人们的灵魂的。

安东尼还提到了埃及的奥西里斯和伊西斯神话，并列举了希腊人所遵奉的天后赫拉、太阳神阿波罗、海神波塞冬等诸神，认为他们尽管不崇拜上帝，但尊崇上帝的受造物，或许因为受造物的美丽而形成了神话。他把这一切比作建筑师和他所建造的房子的关系。他最后反问说："告诉我们，你们的神谕现在在哪里？埃及人的咒语现在在哪里？自从基督的十字降临后，所有这一切都趋于消亡或丧失其力量。你们的宗教从来没有遭到迫害，并且在每个城市都受到尊敬，然而我们的宗教现在比你们的更繁荣、增长更快,这不能不说是个奇迹。基督的信仰和教义,尽管被你们嘲笑,被统治者经常破坏,但其信徒仍遍布世界。无疑,上帝看到了殉教者的视死如归,看到了因为信仰基督使得教会修女变得更纯洁。这些证据足以证明只有信仰基督才是信仰上帝最可靠的方式。"那些哲学家听完他的论述,对于安东尼的智慧大为惊讶,但他本人并不自傲,认为这是信仰基督的结果,并奉劝他们信仰基督,从而也能达到这种效果。

最后,安东尼虽然一生致力于独修生活,但也积极为其他人祈祷,看来带有"出世"特征的修道制度一开始就没有完全脱离基督教的"救世"特点。一次,安东尼和其他修道士进行一次旅行,途中水喝光了,沙漠中无处取水。安东尼看着这些生命垂危的人们,双膝跪地祈祷,在他祈祷的地方喷涌出泉水,这是主送来的。大家喝水后,都苏醒过来。这次旅行安东尼也很欣喜,因为它不仅看到了修士们的热情,还见到了已经成为年长修女的妹妹,而且她指导了一些年轻修女。

一个名叫费拉托的人舌头受伤、即将失明,他求安东尼为自己祈祷,安东尼让他远走埃及,并为之祈祷,结果他真的痊愈了。他还曾通过祈祷治愈了一个少女的眼病;在他的祈祷下,病人还脱离了魔鬼的纠缠。事实上,安东尼救治病人并未发出什么指令,只是祈祷和呼唤基督的名字。很明显这不是他自己能够做到的,而是主把自己的仁慈通过安东尼进行传递,进而达到治愈那些受病痛折磨的人。

以上的事迹尽管带有浓厚的传说色彩,但也表明了安东尼在当时人们心目中的崇高地位。正如阿塔纳修斯所言,即使在他所处的那个时代,安东尼也是毫无争议的、在道德上最为优秀的唯一人选。他的虔诚、苦修,使他的灵魂和品质为上帝所钟爱,证据就是他在不同地方人群中很著名,许多从未见过他的人也深深怀念他。见过他的男人很多都成为勇敢和恶魔战斗的人,见过他的女性成为献身基督的修女,其中甚至还包括一些见过他的外国人。尽管他长期隐居深山,但名声传播到西班牙、高卢、罗马和非洲,只有上帝才能使他声名如此显赫。①

此后,基督徒的典范不再是那些被拖到罗马斗兽场中在野兽面前勇敢无畏的主教,也不是那些倒挂在十字架上流尽最后一滴血的殉教者,而是那些生活在被

---

① Athanasius, *The Life of Antony and the Letter to Marcellinus*, p. 98.

人遗弃的埃及荒漠中抵抗魔鬼的孤独的修道士。他们虔信基督，蔑视撒旦，为一个人的灵魂而战斗，尽管这在现代人的思维中有时是无法理解的。

第三节

集体修道院的形成与发展

在埃及兴起的修道运动吸引了越来越多人的参与，并逐渐发展成为一些修道团体。史料证明，最早的修道团体出现在埃及尼特利亚和塞特沙漠的修道士中，他们三五成群分散居住在沙漠的简陋茅屋中，只在星期六和星期日集中举行礼拜仪式，由德高望重的年长者担任领袖，聚会时以讨论《圣经》和神学问题为主。[①] 而把这种半集体化的修道生活转变为真正修道院，应该就要归功于帕科米乌斯了，在后来的科普特文献中，他与圣安东尼都被看成是东方教会的伟大支柱。[②] 正是在帕科米乌斯创导下，作为一种有规则的社会生活——集体修道院制度首先发端于上埃及。

一、　帕科米乌斯与集体修道院制度的创立

关于集体修道院出现的原因，学者们给出了不同的解释。归纳起来，主要包含自然、社会和文化等几个方面的缘由。

首先，自然环境导致修士们进行一种集体生活。荒野中独居的修道士常常受到自然的威胁，恶劣的环境迫使他们不能真正做到单独生活，只得三三两两结伴而居，以求自我保护。[③] 早在安东尼时代，就有一些追随者不能忍受独修生活之

---

① 陈志强：《拜占廷学研究》，第 181 页。
② J. R. Harris, ed., *The Legacy of Egypt*, p. 407.
③ 王亚平：《修道院的变迁》，第 3 页。

苦和环境恶劣之艰,组成了一个修道社区。这种社区生活方式不鼓励狂热的无节制,在一定程度上缓和了严格的苦修原则。后来的修道士中出现了曾经担任过罗马皇帝家庭教师的罗马哲学家阿森尼乌斯以及其他罗马人。这些人渴望修行但难以接受沙漠的恶劣条件,于是建立了所谓的"罗马人的小房间"。再后来,这些房间被围起来,成为纳特伦干河最北的幸存的圣母修道院。

其次,当时的社会和人为因素也促成了集体修道院的出现。并不是所有人都认为独修是修道生活的唯一方式,连教会里的一些人也认为这种考验身体极限的修道方式并不利于精神修养,甚至还有一些鄙视和嘲弄。再加上游牧部落对沙漠居民点的袭击使修道士们遭受了重大损失,迫使这些隐士们进入一种高墙背后更紧密的社区组织状态。①

近来,人们从历史和文化角度来探讨集体修道院的起因。有人主张,这种集体修道生活来自使徒时代的禁欲主义,它是使徒时代村镇修道运动和后来拜占庭帝国城市修道院之间的联系纽带。② 还有学者认为,帕科米乌斯的修道院和上古埃及高墙内的神庙有一定相似之处,除了形式,其证据还包括某些社会职能方面,如参与丧葬仪式、致力慈善事业等。③

事实上,在探讨集体修道院起源的过程中,我们的目光应该更多聚焦于它的创始人——被称为"集体修道院"之父的帕科米乌斯身上。帕科米乌斯大约290年出生于上底比斯的埃斯纳附近村庄的一个异教徒家庭中,自小就跟随信奉偶像崇拜的父母学习一些埃及的神话和科学。与安东尼一样,帕科米乌斯不懂希腊语,直到其生命的后期,为了教育那些打算追随他的陌生人才在生活中学会了这门语言。他从小就温顺和谦恭,但厌恶参加一些崇拜偶像的仪式。

在暴君马克西米努斯统治埃及时期(310—312年),为了发动同君士坦丁和李锡尼的战争,他大量征募军队,20岁的帕科米乌斯被迫应征入伍。当他作为一名新兵在罗马军队服役时,与基督教徒产生了最初的联系,并得到了友好对待。

---

① [英]哈里斯主编:《埃及的遗产》,第348页。

② J. E. Goehring, "Withdrawing from the Desert: Pachomius and the Development of Village Monasticism in Upper Egypt", pp. 267-285.

③ J. Kamil, *Christianity in the Land of the Pharaohs*, p. 129.

据说他们几个新兵乘坐一艘小船,顺流而下,一直到达了底比斯。那里有很多基督徒,他们像对待自己的孩子一样对待这几名新兵,悉心照顾他们,给他们提供钱和一些必要的供给,最大程度地解除了他们的痛苦。这次不寻常的经历使得基督教在帕科米乌斯心目中留下了美好的记忆,给了他一盏新的指路明灯。在这里,他第一次听说耶稣基督是上帝唯一的儿子,他是为了这个世界的赏赐而来的,为了全人类的美好而工作。

在马克西米努斯被推翻后,他的军队被解散了。帕科米乌斯从罗马军队退役后,受到底比斯当局的敌意对待并被捕入狱。在狱里他有机会和一些基督徒进一步交谈,并且被他们的团结所感染,认为是得到了基督的拯救。320 年被释放后,帕科米乌斯没有很快返回家乡,而是到了底比斯的一个教堂,并且在那里接受了洗礼,成为一名虔诚的基督教徒。

帕科米乌斯加入基督教阵营后决定成为一位修道士。他定居于帕布地区的一个废弃砖窑中,寻求当地一位虔诚而又学识渊博的隐修士帕勒摩底精神教诲。此后的七年中,帕科米乌斯一直过着帕勒摩式的生活。他定居在离尼罗河岸 10 英里的一个沙漠村庄中。不像安东尼,帕科米乌斯并没有使自己远离社会而深入沙漠腹地,他的独修生活完全是另一个方向。在心灵得到净化和战胜魔鬼后,帕科米乌斯和他的追随者开始过一种更有组织的生活。[1]

经过一段日子的严格苦修后,帕科米乌斯带领他的追随者离开帕布地区来到塔巴尼斯地区。这里人口众多,有不少人正在寻求“拯救之路”。当然,并不是所有人都愿意强迫自己生活在恶劣条件下,也就是前面所提到的独修生活。确实有些修道士选择在西沙漠的谷地或东沙漠的山洞中隐修,但也有一些人过着一种“半稳定”的共同生活。也就是说,人们从家庭生活中脱离出来,但并未完全脱离社会,对上帝的信仰并不妨碍他们用自己的才能去帮助那些更需得到帮助的人们。在这种信仰的支持下,他们居住在一起,过着某种有组织的社区生活。帕科米乌斯发现尼罗河谷许多人倾向于自发组成团体,于是制定了正式的成文法则来规范人们的行为和实践。

---

[1] P. Rousseau, *Pachomius*, p. 60.

可能是他的军队生涯历练了其组织和纪律才能,加上偶然发现的集体修行的力量激励了他,帕科米乌斯引入了"共修"的生活方式,他通过一些戒律和教导,把这些社团重组成一个整体。宗教生活的方式是允许修士们自由地决定他们自己的赎罪课程,引导他们在自己的密室中祈祷和忏悔。一定程度的社区生活方式和严格苦修原则的折中,提高了对于共同意志的意识,不鼓励狂热的无节制。这里,与早期修道制度相关的过度苦行的例子几乎没有。他改变了挑战生命极限的隐修方法,建立了高墙环绕的定居社团,高墙不仅是隐修还是合作的标志。

在宗教传说中,帕科米乌斯受了上帝的指示而准备去建立一所修道院。[①] 在取得其精神导师帕勒摩底支持后,帕科米乌斯开始着手修建修道院。尽管没有修造修道院的原材料,但是在村镇附近的冲积平原、沙漠村落和台地上,高墙内的集体修道院还是第一次建成了。帕科米乌斯给了这场运动一种结构和程序。他制定了一个有 194 款的条例,修士们要严格遵守,社团中都是同事,但必须服从指引社团神圣方向的领导者即修道院院长。[②] 更大的可能是,这些规章制度是帕科米乌斯在集体修道院实践过程中逐渐积累的,同时,其原创性也是无可置疑的。[③]

二、 早期集体修道院的发展

按照规定,每一名修士都有一间属于自己但不能锁闭的小居室。他们一起生活在一个大宅院中,这里的神父就是他们的首领。修道院还有一些公共设备,诸如厨房、面包房、蓄水池、酿酒房等作坊。每人白天到晚上的规划条例都已设计好了,食物也是由特定的食堂在固定的时间内提供。这里一日两餐,同样一天也有两次祈祷会,分别是凌晨和深夜。早上的会上要诵读 12 首赞美诗,晚上的数目减少到 6 首,并伴随祈祷和两次功课。每周日圣餐后由修道院院长进行教义讲座,每周三、五有宅院的神父讲解教义。帕科米乌斯还鼓励修道士之间互相监督,而

---

① 据说,上帝派天使把一块集体修道院规范的圆额送给帕科米乌斯,并且这块牌圆一直存在到索佐门诺斯 时代。Sozomenos, *A History of the Church in Nine Books*, 3. 14. 4 - 17.

② Sundkler and Steed, *A History of the Church in Africa*, p. 15.

③ J. O. Hannay, *The Spirit and Origin of Christian Monasticism*, p. 122.

不单单依靠修道院院长的督促。①

除了祈祷和冥思，帕科米乌斯修道院还要求修士们工作。为了让祈祷者没有睡意，修士们不得不经常在纺轮旁工作到深夜，嘤嘤作响的纺轮也可能在不经意间成为催眠曲。为了生活，这些修士们还掌握了在土地上耕作等实用技术。修道院还给他们提供编篮和建筑的原材料，并教他们制造小船在尼罗河上航行或迁往邻近小岛上耕作。因为社区是自给自足的组织，所以每一个社区都有独特的手艺，如编席、织亚麻布或者做制毡工和裁缝。后来还出现了专门的饲养场，并向修道院提供绵羊、山羊、牛和驴等礼物。帕科米乌斯修道院变成了一个自给自足的经济单位。有人列举了潘诺坡里斯（Panopolish）修道院300余名修道士的不同行当：有15名裁缝、7名金属匠、4名木匠、15名漂洗工以及12名赶骆驼人组成的运输队。② 所有行业如果有一定的剩余产品，还可以转赠给女修道院和监狱。

修道院成为一个福利中心，使修士们免受风暴和沙漠边缘蛮族的侵扰。帕科米乌斯修道院继承埃及上古神庙的慈善目的，也吸引了许多非基督徒加入。他们没有皈依，但是和教众一起耕作田地，放牧，或者履行一些仆人的义务。也正是在修道制度的感召下，越来越多的埃及人皈依了基督教。在许多异教社团中都有基督教同情者，甚至还包括驻扎在埃及的罗马军团。但是，有多少人因修道院的影响而皈依基督教并不清楚。

对于那些准备申请加入修道院的人，帕科米乌斯并没有要求他们展示在肉体禁欲方面的非凡忍耐力。作为新手，申请者仅需要经过一段时间的见习期，此间如果他能够胜任修士工作并且能够学会和服从这些规范，之后就可以穿上修士的衣服正式成为修道院的一员了。帕科米乌斯选择一些有领导才能的人去教其他人做一些日常宗教仪式、行为和义务，修道院比照世俗社会建立了一套严格的等级制度。最有才能的人帮助帕科米乌斯从事灵魂的拯救，下设几名总管及副手主要负责修道院的食宿以及照顾生病人员。③ 当然这些职务随时可以变动。

----

① P. Rousseau, *Pachomius*, p. 67.

② J. D. Fage, ed. , *The Cambridge History of Africa*, p. 433.

③ Bohairic, *Life of Pachomius*, Veilleux trans. , Kalamzoo：Cistercian Publication, 1980, p. 26.

为了防止唤起人们潜在的欲望,帕科米乌斯修道院的高墙外都设有一个会客室,但不允许个人接待参观者。据说提奥多拉(帕科米乌斯的继任者)的母亲想看一看自己的儿子,最后只被允许从邻近房子的屋顶上看一眼。据科普特史料记载,一次帕科米乌斯的妹妹玛丽来看自己的哥哥,但被拒绝入内。帕科米乌斯托看门人捎口信说:"你知道我活着,因此没有必要见到我。但是,如果你想摒弃尘世和上帝交融的话,你可以加入我们的行列,而且我确信主召唤你和其他许多人加入。"[1]由于受到了她哥哥的鼓舞,玛丽选择了在帕科米乌斯修道院附近的一座山洞中修行,许多和她有相似思想倾向的妇女也加入她的行列。帕科米乌斯任命一位年长的修道士彼得作为导师,把男修道院的规范传授给她们。此后的女修道院就是在此基础上发展起来的。

帕科米乌斯的修道院还为周围的居民点、有时为整个村庄服务。他们给穷人以施舍,照顾孤寡,帮助生病的人,并给予他们兄弟般的爱,对那些丧失亲人的人加以关怀并为死去的人祈祷。他们修建教堂用来做礼拜,并和邻近的教区保持一定的联系。那里的教士每隔一两个星期来修道院一次,给修士们带来圣餐供大家分享。

作为当时城乡精神文化的焦点,帕科米乌斯修道院的修士们还被认为是神恩的仲裁者。修士们不仅承担治疗人类灵魂的义务,有时还真的从事治愈人身体的活动。就像法老时代的神庙一样,帕科米乌斯修道院还有专业的医生。这些医生的活动范围很广,这一点或许可以从流传下来的医疗器材中了解一二。科普特博物馆收藏的古代医疗器械还包含妇科和儿科的用具,比如一些实用的合金工具,甚至还有一些小孩的木制玩具。[2] 可见,除服务于修道院自身外,这些医生们还可以救助世人。修士们扮演城市和农村的中间角色,他们拥有自己的土地,并从事生产、销售和贸易,与之相伴的科普特语(而不是希腊或罗马语)商业和法律文献也开始出现了。

帕科米乌斯成功地在塔巴尼斯的沙漠边缘建立了第一个修道社团,随着时间的推移,他又决定寻找第二个沙漠村庄。他在帕布建立了第二个修道院,位于塔

---

① J. Kamil, *Christianity in the Land of the Pharaohs*, p. 126.

② J. Kamil, *Christianity in the Land of the Pharaohs*, p. 130.

巴尼斯以西距离尼罗河 3 公里的地方。帕布是帕科米乌斯修道院中迄今为止仍保存的唯一一处遗址，即现在的法坎比拉村，至今还幸存着一个建于 5 世纪的大教堂。① 帕布也不是一个沙漠修道院，四周都是肥沃的田地，且靠近尼罗河岸边。此后，帕科米乌斯又连续在斯尼特、西敏、泰斯和泰闵尼等地修建了不同的修道院。

　　但是，帕科米乌斯修道院不是位于沙漠腹地或者是沙漠边缘，而是在他们所出生的村镇里或非常接近的地方。他们不是阿塔纳修斯所赞扬的沙漠之城的一部分，相反他们在上埃及的村镇中发展了修道活动。他们的社团代表了禁欲主义从早期到晚期的发展过程，构建了拜占庭时代城市和次城市修道院的框架。帕科米乌斯修道院描绘了埃及村镇中禁欲主义的发展。这种修道院不是沙漠运动的产物，相反是对以前埃及修道主义的沙漠现象的一种挑战。帕科米乌斯乡村修道院预示着拜占庭时代城市修道主义的到来。②

　　帕科米乌斯的集体修行制度很快取得了成功，整个尼罗河谷和三角洲地区的城镇和乡村，到处都有全部或部分的人群追随帕科米乌斯的原则，加入集体修道院的队伍中来。帕科米乌斯的声名一直传播到亚历山大，他的演讲甚至比主教的说道更有吸引力。③ 346 年，集体修道院的创始人帕科米乌斯在一次瘟疫中去世，此时，埃及已有 9 座男修道院和 2 座女修道院，其中的一座女修道院就是由他妹妹领导的。一些已婚妇女也加入这个行列，据说在塔本纳岛（Tabennan Island）远离尼罗河的一角上就居住着这样一个社团。④

　　在埃及，修道运动的高峰期，修道士数量和占总人口的比例是多少，学术界只能猜测。作为特例，仅在奥克西林库斯一地就有 1 万个修道士，亚历山大里亚及其周围地区也有 7 500 个修道士。这一运动的迅速发展还可以从 390 年的复活节庆典中看得出来，当时，有不少于 5 万名修士庆祝了这一节日。⑤ 尽管古代数目的

① J. E. Goehring, "Withdrawing from the Desert: Pachomius and the Development of Village Monasticism in Upper Egypt", pp. 267－285.

② J. E. Goehring, "Withdrawing from the Desert: Pachomius and the Development of Village Monasticism in Upper Egypt", p. 267.

③ Bohairic, *Life of Pachomius*, p. 28.

④ I. C. Hannah, *Christian Monasticism*, p. 25.

⑤ Sundkler and Steed, *A History of the Church in Africa*, p. 15.

估计经常被视为过分夸张的文字推测,然而大家清楚的是,宗教人群的数目占据了总人口的一个重要百分比,"在埃及找神容易找人难",这在其他基督教世界是无法比拟的,不由令人想起了处于不同历史时期的某些佛教国家。

后来的基督教修道制度都直接或间接地起源于埃及。巴塞尔于大约357年访问了埃及,在那里度过了几年,并成为帕科米乌斯的一个信徒。后来他成为小亚凯撒里亚的主教,作为小亚修道制度的组织者和创导者,他的教规至今仍被东正教遵从着。因把《圣经》翻译成拉丁语而著名的教父哲罗姆也曾造访过埃及,或至少到过亚历山大里亚,并留下了一些有关其经历的记录,散见于他的书信中。而此刻正值埃及修道制度发挥其重大影响时,哲罗姆及其随行者也颇受感染。再次回到伯利恒后,他们还建立了一所男修道院和一所女修道院,哲罗姆亲自担任男修道院的院长。① 修道思想和集体修道院最早就是通过哲罗姆的一个拉丁版本的介绍而为西方世界所了解的。

帕科米乌斯修道院的独修和共修的混合生活也成为本尼狄克的榜样,后者于6世纪在卡西诺山建立了以埃及为模型的更为严格的修道院,并成为后世西方修道士的精神领袖。此外,埃及的基督徒莫罗兹在罗马军队中服役时,先后到北欧和瑞士传道,现在瑞士的一个小镇上还有以他名字命名的修道院。还有一些证据表明,科普特传教士的活动甚至远达爱尔兰。爱尔兰的修道制度明显更接近于帕科米乌斯式的,而不是本尼狄克派的。② 尽管后来埃及的修道士生活并没有发展起来,但对于帕科米乌斯修道院的启蒙作用,连一贯极力反对修道制度的爱德华·吉本也不得不承认,"迷信的果实累累的母体埃及为僧侣的寺院生活提供了第一个范例"③。

① 王晓朝主编:《信仰与理性——古代基督教教父思想评传》,上海:东方出版社2001年版,第247页。
② J. Kamil, Christianity in the Land of the Pharaohs, p. 132.
③ [英]爱德华·吉本:《罗马帝国衰亡史》(下册),第115页。

第四节

修道院的改革与完善

当修道成为一种普遍的社会现象后，它就不可能再是孤立的、离世的，甚至一些基督教神学家也逐步认识到，修道制度对实践基督教的教义的作用和进一步基督教化所能产生的影响，看到了一条通过自我严律的生活方式达到宗教理想化的途径，因而开始有目的地将这种隐修生活纳入基督教会中。[①] 希腊神学家巴西勒开启了这种模式。修道院制度还通过哲罗姆和一些朝圣者的记录而传入西方世界。帕科米乌斯修道院的独修和共修的混合生活也成为本尼狄克的榜样，后者于6世纪创立以埃及为模型的更严格的修道院，并成为后世西方修道士的精神领袖。

一、 修道院的改革与西传

巴西勒是一位受过极好教育的教士，就学于凯撒里亚的修辞学校，以及君士坦丁堡和雅典的学园，学识渊博。巴西勒因在君士坦丁堡不赞成阿里乌派的宗教观点几度险些被流放，357年、358年在埃及游历时接触到了帕科米乌斯的修道社团，留下了深刻的印象。回故乡后，他隐居小亚北部阿纳西附近的荒郊，在那里组建了一个修道院。巴西勒把隐修看作基督徒追随上帝的一种虔诚的方式，他认为，如果一个人放弃了他所有的一切，他被上帝选中的机会就更大，只有赤裸的人才能追随赤裸的基督，只有苦修才能专心地侍奉上帝，要在精神上和行动上都以基督为榜样。巴西勒认为，人必须要有一种团体的生活，以遵循基督教"道成肉身"的基本教义，这种团体的生活就是修道院的生活。他为修道院规定了共同生活的原则，进入修道院的修士要立誓守贞洁、守神贫，要放弃自己的意愿，绝对地服从修

[①] 王亚平：《修道院的变迁》，第5页。以下部分参考此书，不再一一注明。

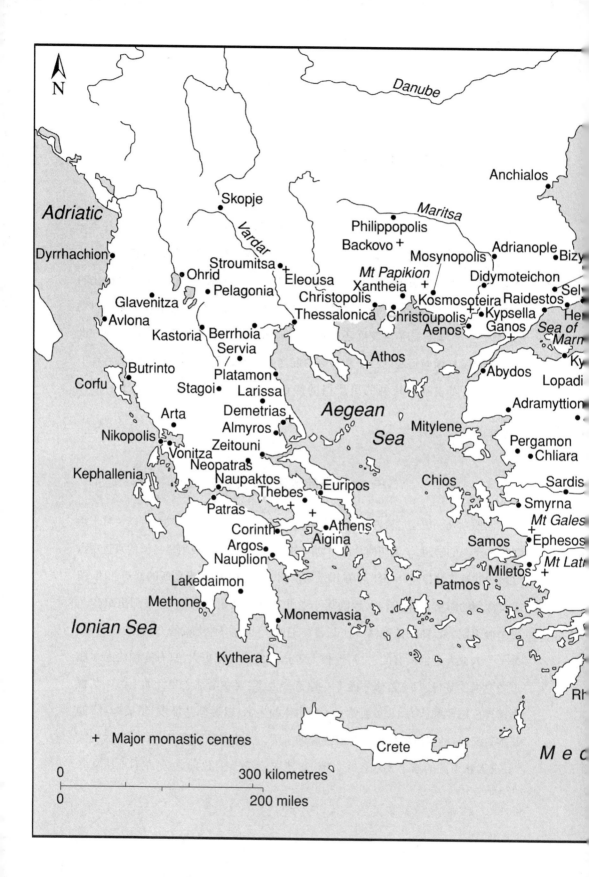

N

Danube

Adriatic

Anchialos

Skopje

Maritsa

Philippopolis

Backovo +

Mosynopolis

Adrianople Bizy

Dyrrhachion

Stroumitsa

Ohrid

+ Eleousa

Mt Papikion

Xantheia

Didymoteichon

Sel

Pelagonia

Christopolis

+

Kosmosoteira

Raidestos

Glavenitza

Thessalonica

Christoupolis

+ Kypsella

He

Avlona

Aenos

Ganos

Sea of

Kastoria Berrhoia

Athos

Marn

Servia

+

Abydos

Ky

Butrinto

Platamon

Lopadi

Corfu

Stagoi

Larissa

Aegean

Adramyttion

Arta

Demetrias

Sea

Mitylene

Almyros

+

Nikopolis

Zeitouni

Pergamon

Vonitza

Chliara

Neopatras

Kephallenia

Naupaktos

Euripos

Chios

Sardis

Thebes

+

Smyrna

Patras

+

Athens

Mt Gales

Corinth

Aigina

+

Argos

Ephesos

Nauplion

Samos

Mt Latr

Lakedaimon

Miletos +

Methone

Patmos

Monemvasia

Ionian Sea

Kythera

+ Major monastic centres

Crete

M e

0   300 kilometres

0   200 miles

Black Sea

Kastamon
●

stantinople

Gangra
●

● Nikomedeia Klaudiopolis
Kibotos   ●
● Nikaia
●
Malagina   *Sangarios*
Dorylaion   Ankyra
●   ●

on●

delphia   Philomelion
●
Sozopolis
●
●Soublaion   Ikonion (Konya)
Khonai   ●   ●
ia   Myriokephalon

L Pousgouse

Attaleia
●
akre

r a n e a n   S e a

图 9　晚期拜占庭帝国教俗势力中心分布图

- Adriatic 亚得里亚海
- Ionian Sea 爱奥尼亚海
- Mediterranean Sea 地中海
- Black Sea 黑海
- Danube 多瑙河
- Skopje 斯科普里
- Dyrrhachion[又拼写为 Dyrrachium] 迪拉基乌姆
- Vardar 瓦尔达尔河
- Stroumitsa 斯特鲁米察
- Ohrid 奥赫里德
- Pelagonia 佩拉戈尼亚
- Glavenitza 格拉韦尼扎
- Avlona 阿夫洛纳
- Kastoria 卡斯托利亚
- Berrhoia 韦里亚[此处的韦里亚位于马其顿。]
- Servia 即 Serbia，塞尔维亚
- Butrinto 即 Butrint，布特林托
- Platamon 普拉塔蒙
- Stagoi 斯塔戈伊
- Larissa 拉里萨
- Arta 阿尔塔
- Demetrias 迪米特里亚斯
- Almyros 即 Halmyros，哈米洛斯
- Zeitouni 泽图尼
- Vonitza 沃尼察
- Nikopolis 尼科波利斯
- Corfu 科孚岛
- Neopatras 新帕特拉
- Naupaktos 纳夫帕克托斯
- Thebes 底比斯
- Euripos 尤里波斯
- Athens 雅典
- Aigina 埃伊纳岛
- Kephallenia 凯法利尼亚岛[又拼写为 Kephalonia，或 Kefallinia，或 Cephallenia，或 Cephalonia。参见 Alexander P. Kazhdan (editor in chief), The Oxford Dictionary of Byzantium, 3 vols., New York: Oxford University Press, 1991, pp.1122-1123; https://www.britannica.com/place/Cephallenia。]
- Patras 帕特拉
- Corinth 科林斯
- Argos 阿哥斯
- Nauplion 纳夫普里翁
- Lakedaimon 拉凯泽蒙
- Methone 马沙尼

- Monemvasia 莫奈姆瓦夏
- Kythera 基西拉岛
- Eleousa 慈祥童贞女圣母（修道院）[Eleousa，希腊文为 Ἐλεοῦσα，意为温柔仁慈，是对婴儿耶稣基督依偎在童贞女马利亚脸颊上这种圣像中圣母的描绘。关于这座修道院，参见 Alexander P. Kazhdan (editor in chief), The Oxford Dictionary of Byzantium, 3 vols., New York: Oxford University Press, 1991, pp.684, 2157. Byzantine Monastic Foundation Documents: A Complete Translation of the Surviving Founders' Typika and Testaments. Ed. John Thomas and Angela Constantinides Hero, with the assistance of Giles Constable. 5 vols. Washington, D.C.: Dumbarton Oaks Research Library and Collection, 2000, pp. 167-189.]
- Christopolis 克里斯托波利斯
- Thessalonica 塞萨洛尼基
- Athos 圣山阿索斯
- Maritsa 马里察河
- Philippopolis 菲利普波利斯
- Backovo 巴奇科沃（圣母修道院）[关于这座修道院，参见 Byzantine Monastic Foundation Documents: A Complete Translation of the Surviving Founders' Typika and Testaments. Ed. John Thomas and Angela Constantinides Hero, with the assistance of Giles Constable. 5 vols. Washington, D.C.: Dumbarton Oaks Research Library and Collection, 2000, pp. 507-557.]
- Mt Papikion 帕皮基翁山[帕皮基翁山在 11—15 世纪是著名的修道院中心，可与圣阿索斯山相媲美。http://www.ipet.gr/cultureportalweb/print.php?article_id=869&lang=en&print_mode=article.]
- Xantheia 山塞亚
- Mosynopolis 莫西诺波利斯
- Kosmosoteira 救世主圣母（修道院）[Kosmosoteira，意为救世主（Saviour of the world）。关于该修道院，参见 Byzantine Monastic Foundation Documents: A Complete Translation of the Surviving Founders' Typika and Testaments. Ed. John Thomas and Angela Constantinides Hero, with the assistance of Giles Constable. 5 vols. Washington, D.C.: Dumbarton Oaks Research Library and Collection, 2000, pp. 782-849。]
- Christoupolis 克里斯托波利斯
- Adrianople 哈德良堡，或译亚得里亚堡
- Bizye 比兹[Bizye 是现代 Vize（维泽）城的古名。参见 Alexander P. Kazhdan (editor in chief), The Oxford Dictionary of Byzantium, 3 vols., New York: Oxford University Press, 1991, pp.292-293。]
- Didymoteichon 狄迪摩蒂克[Didymoteichon 为希腊语，意为"双层城墙"。关于这座城市，参见 Alexander P. Kazhdan (editor in chief), The Oxford Dictionary of Byzantium, 3 vols., New York: Oxford University Press, 1991, p.620。]
- Tzouroulon 祖鲁隆[现代乔尔卢城（Çorlu）的古名，参见 Alexander P. Kazhdan (editor in chief), The Oxford Dictionary of Byzantium, 3 vols., New York: Oxford University Press, 1991, p.2137.]
- Constantinople 君士坦丁堡

- Selymbria 塞林布里亚[●][现代锡利夫里（Silivri）的古名。参见 Alexander P. Kazhdan (editor in chief), *The Oxford Dictionary of Byzantium, 3 vols.*, New York: Oxford University Press, 1991, p.1867。]
- Herakleia 赫拉克利亚[●][拜占庭时代称为 Herakleia 的城市有三座。此图中的 Herakleia 位于色雷斯，马尔马拉海北岸。关于这座城市，参见 Alexander P. Kazhdan (editor in chief), *The Oxford Dictionary of Byzantium, 3 vols.*, New York: Oxford University Press, 1991, p.915。]
- Raidestos 雷德斯托斯
- Kypsella 基普塞拉
- Ganos 加诺斯山[●][加诺斯山是一个修道院中心，10-14 世纪有关于它的史料记载。参见 Alexander P. Kazhdan (editor in chief), *The Oxford Dictionary of Byzantium, 3 vols.*, New York: Oxford University Press, 1991, p.822。]
- Aenos 埃诺斯
- Sea of Marmara 马尔马拉海
- Kastamon 卡斯塔蒙
- Gangra 恒格拉
- Nikomedeia 尼科米底亚
- Klaudiopolis 克劳狄奥波利斯
- Kibotos 吉博图斯
- Pylai 皮莱[●][现在的亚洛瓦（Yalova）。参见 Alexander P. Kazhdan (editor in chief), *The Oxford Dictionary of Byzantium, 3 vols.*, New York: Oxford University Press, 1991, p.1760。]
- Nikaia[即 Nicaea（尼西亚）] 尼西亚
- Kyzikos 西奇库斯
- Abydos 阿比多斯
- Lopadion 洛帕蒂翁
- Prousa 普鲁萨
- Malagina 马拉基纳
- Dorylaion 多里利昂
- Adramyttion 阿德拉米提翁[●][即 Atramyttion，今天的 Edremit（埃德雷米特）。参见 Alexander P. Kazhdan (editor in chief), *The Oxford Dictionary of Byzantium, 3 vols.*, New York: Oxford University Press, 1991, p.23, p.227。]
- Achyraous 阿西拉奥斯[●][希腊文为' Αχυράους，拉丁文为 Esseron。参见 Alexander P. Kazhdan (editor in chief), *The Oxford Dictionary of Byzantium, 3 vols.*, New York: Oxford University Press, 1991, p.14。]
- Kotyaion 科提埃昂[●][参见 Alexander P. Kazhdan (editor in chief), *The Oxford Dictionary of Byzantium, 3 vols.*, New York: Oxford University Press, 1991, p.1154。]
- Pergamon 帕加马[●][希腊语，即 Pergamum（帕加马），今天的 Bergama（帕加马）。参见 Alexander P. Kazhdan (editor in chief), *The Oxford Dictionary of Byzantium, 3 vols.*, New York: Oxford University Press, 1991, p.1628; https://www.britannica.com/place/Pergamum。]
- Chliara 克利亚拉[●][参见 Alexander P. Kazhdan (editor in chief), *The Oxford Dictionary of Byzantium, 3 vols.*, New York: Oxford University Press, 1991, p.425。]
- Sardis 撒尔迪斯[●][参见 Alexander P. Kazhdan (editor in chief), *The Oxford Dictionary of Byzantium, 3 vols.*, New York: Oxford University Press, 1991, p.1843。]
- Philadelphia 费拉德尔菲亚
- Philomelion 菲洛美利昂
- Sozopolis 索佐伯利斯
- Smyrna 士麦那
- Mt Galesios 盖勒西昂山[●][11—14 世纪以弗所以北的修道院中心。参见 Alexander P. Kazhdan (editor in chief), *The Oxford Dictionary of Byzantium, 3 vols.*, New York: Oxford University Press, 1991, p.817。]
- Ephesos 以弗所
- Meander 迈安德河[●][即 Maeander 或 Menderes。参见 https://www.britannica.com/science/meander-river-system-component。]
- Soublaion 苏布莱昂
- Khonai 科奈
- Laodikeia 劳迪西亚[●][参见 Alexander P. Kazhdan (editor in chief), *The Oxford Dictionary of Byzantium, 3 vols.*, New York: Oxford University Press, 1991, p.1177。]
- Mt Latros 拉特洛斯山
- Ikonion (Konya) 伊科尼姆（科尼亚）
- Myriokephalon 米利奥克法隆
- L Pousgouse 普斯古斯湖
- Attaleia 阿塔雷亚
- Makre 马克里[●][现在的费特希耶（Fethiye）。参见 Alexander P. Kazhdan (editor in chief), *The Oxford Dictionary of Byzantium, 3 vols.*, New York: Oxford University Press, 1991, pp.1271-1272。]
- Rhodes 罗德岛
- Patmos 帕特莫斯
- Miletos 米利都
- Samos 萨摩斯岛
- Chios 希俄斯岛
- Mitylene 米蒂里尼，又拼写为 Mytilene
- Ankyra 安基拉[●][现代城市安卡拉（Ankara）的古名。参见 Alexander P. Kazhdan (editor in chief), *The Oxford Dictionary of Byzantium, 3 vols.*, New York: Oxford University Press, 1991, p.102。]
- Sangarios 桑格里斯河
- Aegean Sea 爱琴海
- Crete 克里特岛

+ Major monastic centres 主要的修道院中心

道院院长,过共同的生活:同在一室睡觉,同在一桌吃饭,同做弥撒,同去劳动。巴西勒制定的修道院规程没有以文字的形式流传下来,但是留存在他之后的修道院中,他被后人称为东正教修道院之父。①

4 世纪末期,著名的基督教希腊教父圣克罗索斯托曾以自亲身的所见所闻记述了叙利亚安条克修士们的日常生活。每天太阳升起之前,他们就起床,非常清醒,齐声唱赞美上帝的赞美诗,然后在院长的带领下,双膝跪地,向上帝祈祷,诵读圣经的篇章,在此之后去劳作。3 点钟、9 点钟、12 点钟是他们的祈祷时间。在完成一天的劳动之后,他们所食用的只是一顿仅有面包和盐,有时有一些豆类食品的晚餐。唱完感恩的赞美诗后,他们毫无烦恼,没有悲伤,也没有怨言地躺下睡觉。当他们之中有人死去,他们会说,"他已经超脱了",齐声地向上帝祈求同样的归宿,让他们也能达到永恒的安息,见到上帝。②

从巴西勒起,修道院的生活方式被看作基督徒,特别是基督教教士应该遵守的准则,同基督教神学研究联系在一起。修道院制度引入西欧后,西欧拉丁教父们对此更是乐此不疲,从而把修道院制度纳入正统基督教教会的轨道,使修道院制度得以在教父们的支持下普及、发展。

到了 5 世纪时,本尼狄克创立了西欧最早的修道组织——本尼狄克会(本笃会),他又被称为西方修道院制度的创始人。529 年,他在卡西诺山(Monte Cassino)建立了修道院,协调了教会与修道院之间的隔距,制定了合理的禁欲生活规则,同时订立了修道院的守则。本笃修会强调纪律,《本笃会规》便是修院的生活规章。不过这不是一部叠床架屋式的庞然巨著,而是薄薄的加起来不足 1.2 万字的一小本。在这个篇幅之内,已包罗了修院组织、修士权责、日常生活安排、新修士的训练、接待探访者、供应病患者、违规者的惩罚等,连所唱的诗歌、所赞的书、每日时间的分配运用、修院内不同人所负责的岗位,都有所规定,一切都是简明清晰的。表面看来,整个规章限定了事无大小的每个层面,但由于会规精简,每

---

① C. H. Lawrence, *Medieval Monasticism, Form of Religious Life in Western Europe in the Middle Ages*, London, 1984, pp. 9 - 10.

② P. Schaff, *History of the Christian Church*, Vols. 3, Michigan: Christian Classics Ethereal Library, 1987, pp. 168 - 189.

个细节都有详细规限，所以留有一定空间让人有发挥余地，使不同地方的修道院能各自发展其特色和重点。

本笃修会最大的目标是顺服的操练。在会规开端便已清楚指出，修士必须学习顺服的功课。人远离上帝的最大原因是不顺服。人犯罪并非因着吃了禁果，而是这个行动反映人选择背叛上帝。保罗也曾指出，因一人的悖逆，众人都犯了罪。人必须学习顺服，以抵消罪的势力。为要实践顺服的操练，修士要在日常生活中顺服修院规条制度，而最重要的是顺服修院院长，因为院长是基督的代表，故必须顺服他如同顺服主一样。这种顺服是无条件的，每当院长发出命令，修士就必须立即执行，不能有任何不满、犹豫、质询或怨言，因为这是不顺服的第一步。会规中有两次提到在任何情况下，均不得窃窃私语。

一个人想加入修道院，他只能以一个试用的、接受观察的身份进入。试用期为一年。这一年，其他的修道士就会好好地观察，与他交流，了解他。经过一年的考验，如果他符合了要求，他就必须起誓。这个誓言基本上有三个方面：守贫穷（彻底放弃世上任何特质的拥有权）、守贞洁（远离情欲、守独身，禁止享受）、守服从（完全顺从修道院院长的任何要求）。当他成为正式的修士后，他在修道院要做两方面的事：一为静修（读经、祷告、默想），二为体力劳动（照院长的分配，达成修道院的生活自给）。此外，修道院的生活也特别强调祷告的时间。其中一个修会安排了这样一个时间表：规定在凌晨两点、四点半、清晨六点、早上九点、中午十二点、下午四点、傍晚六点为祷告敬拜的时间。

在中世纪，本笃修会发展迅速，修院遍地开花。最初它们只吸引普罗大众加入，但逐渐地开始贵族化，招收的都是贵族子弟，后来加入修道院甚至成了贵族的专利。本笃修会在 11 世纪发展到极峰后，逐渐衰落。自 11 世纪开始，陆续有人公开表达对《本笃会规》的律法主义的不满，他们要求摆脱这种强调外在行为的修道形式，追求个人更深度的敬虔，并认为这些外在规范限制了他们的属灵追求。11 世纪伟大的神学家与主教安塞姆（Anselm，约 1033—1109 年在世），他主理贝克与坎特伯雷（Canterbury）两间修院，极欲遏制这种反本笃修会的属灵模式的浪潮。他指出内在的敬虔须以依循外在的规范来表达，有些修院规章即使在表面上没有意义，要是勉力遵循，也会产生良好的属灵效果。他更声言，若有修士认为他可以达到一个比修院所容许的更敬虔的生活,他本身就已犯错;修士必须学习顺服于上帝的判断,唯有上帝知道他可以达到的属灵程度。

在 13 世纪以后,本笃修会没落的情况愈来愈明显。其中一个现象是修院人数大幅下降,例如坎特伯雷的基督教会修院在 1120 年尚有 120 名修士,在 1207年减至 64 人。造成修士减少的原因很多,贵族化是其中一个。由于院长及高级修士在各样享受与艺术搜集上花费大量金钱,与此同时修院收入又无法增加,唯一的出路便是减少修士的人数了。

二、 拜占庭帝国修道院的完善

与西方修道院不同的是,拜占庭帝国的修道院呈现出鲜明的国家特点。一方面政府出资专门建设修道院,把分散的修道士集中统一管理,以防止不自律的修道士任意滋事或者不法之徒浑水摸鱼;同时也下令禁止修道士随意离开修道院,出入于市井之中。比如,在卡尔西顿会议的决议中明确指出,许多人对修道生活缺乏足够的了解,因此其修道活动不是为了追求更高的思想境界,而是为了博取虚名。还有一些人到处游说,募集资金筹建修道院,只为身后留名,因此禁止未经大主教或主教批准随意建立新的修道院,要求修道士必须服从主教,任何修道士除必须外不得走出修道院,其职责就是在高墙内虔诚祈祷。对于修道士来源问题,明令禁止修道院未经核查和主人允许就接收奴隶成为修道士。规定修道士和修女一经宣誓即不可结婚,也不得以任何借口分割或占有修道院的财产。《查士丁尼法典》中明确指出:修道士从事静思苦修的修道生活是神圣的事业,它使人的灵魂与上帝相通,不仅为修道的人服务,也对所有人有益。[1] 法典具体规定修道院的作息时间,修道士的居住条件,要求修道院必须以高墙围筑,由可靠的年长者管理,看守大门,不经院长同意,任何人不得擅自出入;还要求男女修道院必须分开。这样,东正教修道制度逐步完善。[2] 修道士不得接受世俗权力监护和世俗职位,必须服从修道院纪律和院长的管理。《查士丁尼法典》成为此后拜占庭东正

---

① N. H. Baynes and H. L. B. Moss eds. , *Byzantium*, p. 146.
② 陈志强:《拜占廷学研究》,第 184 页。

教修道制度的统一标准。

7世纪以后，贵族出身的塞奥多利推动了拜占庭帝国修道制度的改革。他曾在奥利匹亚山区的修道院学习，后来又陆续担任过该地区和君士坦丁堡斯都底奥斯修道院的院长。他的改革首先明确了修道院的职级制。自己作为修道院院长被赋予最高权力，负责安排修道院的工作和维持修道院的秩序与纪律，并且监督和检查修道士的工作完成情况。这种修道院院长的权威被其后两个世纪的《修道院规范》所继承，并进一步明确了修道院院长的选举过程，通过具体措施保证院长的廉洁，院长本人也需要每天早晚两次反省和向上帝悔罪。修道院的各级管事均由院长任命，并只对院长负责。[①]

塞奥多利的改革还包括确立了修道院的级别，从院长、高级修士、管理执事，到司务长、车夫、伙夫、木匠分别属于各自的级别，各级明确自己的职责。伴随着修道院院长的集权化，围绕修道院院长的一些重要职务也产生了，如"教堂司事（负责教堂和圣器事务）""财务管事（负责财务和账目）""实物总管（采买和分发生活用品）""值班修士（负责维持）"以及"司务长（负责饮食）"等。在修道院制度日益世俗化改革的同时，却又不断强化出世和禁欲苦修的原则。例如，严格禁止妇女和任何雌性动物进入修道院，禁止雇佣世俗民众到修道院工作，以防止伤风败俗事件的出现。为此还专门制定了一系列惩罚措施，对违反和破坏制度者加以惩戒。同时增加修道院的学习时间，利用讲座宣传顺从、守贫、禁欲、仁慈和富于同情心等神学原理，并就这些内容进行测验和考核。这些管理措施和条款至今仍然被希腊北部阿索斯山修道院所沿用。

拜占庭帝国的女修道院规则和男修道院大体相同，但与世隔绝的特征更为突出。从伊琳妮皇后为圣母女修道院制定的法规中了解到，修女们地位完全平等，所有人均一视同仁，除患病和例假以外，对修女的要求严格程度绝不亚于男性修道士。主持修女的神职人员也是专门阉割过的男性主教（东正教不允许女性担任主教一类的神职）。女修道院同样遵从顺服、守贫、禁欲的原则，饮食和服装均有统一规定，严禁分配任何财物，按需分配生活必需品，劳动所得归全体共有。白天

---

① 陈志强：《拜占廷学研究》，第186页。

要做适当的体力劳动和祈祷,不许偷懒和无所事事,也禁止任何人参观访问。女修道院院长一般由年长且德高望重的老年修女担任,她们没有男修道院院长严苛,这大概是和男修道院唯一有所区别的地方,因此女修道院也更为稳定。

从诞生之日起,带有出世特征的修道制度就一直饱受人们的指责。在这里我们应该用历史主义的方法来客观评价早期修道制度及其作用。除了其宗教本身功效,修道院在拜占庭帝国政治和文化中所起的作用也不容忽视。

三、 早期修道制度评价

从理论上说,出世型宗教的终极目标本质上都是个人的解脱,而不是社会的拯救。[①] 有组织的宗教生活都是远离社会,遁世苦修,修道制度也不例外。所以,从 4 世纪起,修道士们被指控为不理世事,退化人类的威严,并侮辱人类的智慧。启蒙运动的学者也对此进行了批判:"这些不幸的脱离社会生活的人,全受着阴森的、无法制服的迷信精灵的驱使。"[②]现代学者描写宗教运动的时候,经常会简单化处理,如修道制度就被贴上了"不仅背叛了世界,也背叛了身体"[③]的激进标签。修道制度所极力推崇的禁欲主义,在现代语言里通常也被定义为一个贬义词。

现代新教徒和无神论者也倾向于认为修道士是懦弱者,他们逃避世界及其责任。正如在弗利切和马丁合写的《教会史》一书中评论道:"如果大家都进入修道院过着与世隔绝的生活,那么谁去传播福音的工作呢?"[④]的确,从国家的观点出发,这些沙漠教父不过是兵役和税收的逃避者。学者们也注意到了逃避赋税义务和隐居修道之间的某种联系。事实上,源于希腊语的"隐士"一词,通常有双重含义:一是指逃避赋税的人,另外指隐退以强化宗教信仰的人。[⑤] 有人认为这些隐修士的目的在于逃避纳税义务,并脱离社会,去过一种强制信仰的宗教生活。[⑥]

---

① 吕大吉:《宗教学通论新编》,北京:中国社会科学出版社 2004 年版, 第 370 页。

② [英]爱德华·吉本:《罗马帝国衰亡史》(下册),第 114、118 页。

③ E. R. Dodds, *Pagan and Christian in an Age of Anxiety*, p. 29.

④ 转引自于可主编:《世界三大宗教及其流派》,第 83 页。

⑤ M. Dunn, *The Emergence of Monasticism from the Desert Fathers to the Early Middle Ages*, p. 2.

⑥ W. H. C. Frend, "the Monks and the Survival of the East Roman Empire in the Fifth Century", pp. 3 - 24.

　　与之相反的是，一些学者和宗教人士对修道制度几乎完全持肯定态度。针对逃避现实的指责，早期遁世者反对称他们的行为为逃避，相反认为是独自与撒旦斗争，因为长期以来沙漠被埃及人视为魔鬼之家、塞特的领地。现代心理学家也承认这是一种反对肉体欲望和精神诱惑的内在斗争。事实上，正像在埃及那样，人们依靠这些告诫生活。举一个例子来说明。希波城的主教奥古斯丁，一位伟大的教会学者，承认他是第一位通过阅读西塞罗的《霍滕西亚》而被激发去保卫智慧的人，然而他仍然祈祷他的性欲充斥而非被灭绝，并且把他最后的皈依归功于在米兰的一次神秘经历，他一直遵从着从朋友那里听来的圣安东尼的生活方式。①

　　这些修道士们在从事拯救自身灵魂活动的同时，还积极为其他人祈祷。现存不列颠博物馆的一些写给帕菲奴提乌斯（一位4世纪的隐修士）的纸草信件，反映出他们的祈祷被视作反对黑暗势力的有效武器。其中亚历山大里亚大主教阿塔纳修斯写给他的信件中有这样的话："你的祈祷因为神圣的爱而带来许多收获，因此希望你能为国家繁荣祈祷。"②

　　隐修者的勇气和苦修赢得了尊重，许多人慕名从遥远的地方前来求教，他们的简单而虔诚的告诫可能对希腊化精神衰落的世界产生一种复杂的心理影响，因此也吸引了大量信徒。沙漠修道士还是《圣经》释义发展史上的一个重要阶段，他们通过口耳相传的方式解释了《圣经》知识并把它传播开来。③ 他们的虔诚和自律也令人赞叹不已，如阿塔纳修斯就称安东尼是那个时代"在道德上最为优秀的唯一人选"。随着4世纪早期大迫害的结束，那些殉教的修士也成为乡村教会顶礼膜拜和大众虔信的英雄。

　　对于遁世隐修，单单用逃避来解释是不够的，那是当时主观条件（修道思想）和客观条件共同作用的结果。就逃避税收而言，似乎主观臆测的成分居多。因为，367—368年的一份税收表记载了塔巴尼斯修道院的修道士阿努比亚缴

---

① Augustine, *The Confession of St. Augustine*, pp. 103 – 107.

② H. I. Bell, *Egypt from Alexander the Great to the Arab Conquest*, p. 110.

③ D. Burton-Christie, "Oral Culture, Biblical Interpretation, and Spirituality in Early Christian Monasticism", in Blowers, P. M. ed., *The Bible in Greek Christian Antiquity*, United States: University of Notre Dame Press, 1997, pp. 415 – 440.

纳的赋税,证明在帕科米乌斯死后 21 年,该修道院向当地政府交纳赋税的事实。不管怎么说,帕科米乌斯修道院在 4 世纪的埃及的合法地位是很明显的。由此可见,帕科米乌斯修道院在社会和法律框架内,拥有自己的土地并且交纳赋税。

修道主义也不是完全的"出世"宗教。"救世"的基督教会和"出世"的修道院二者的差异是相对的,不仅在两种类型之间存在着半出世、半救世的过渡形态,而且它们各自也不是纯粹的、一成不变的。很多出世型宗教组织常常在一定社会条件下参与了种种社会活动和政治斗争,早期修道组织也不例外。比如在 3—4 世纪期间,尽管物质实力很弱,但埃及的修道士们是一个潜在的势力集团,后来又汇集在修道院,成为有组织社团。修士是教会的传道者,他们同时还是 5 世纪科普特民族运动高涨时涌现出的地方领袖。他们从事教义问答工作,讲授圣经中的新老故事和殉教者的生活。他们在东正教的教义分歧中发挥积极作用,甚至敢于公然藐视皇帝的权威,这一点从安东尼对待皇帝的态度就可以看出来。"神权高于王权"的思想看来不是奥古斯丁时代才出现的。例如,埃及亚历山大主教阿塔纳修斯为了躲避皇帝康斯坦提乌斯的搜捕,流亡到埃及沙漠中,一直和修道士们居住在一起,并且在他们的帮助下,在沙漠中过着东躲西藏的生活。一开始,他还对皇帝抱有一丝幻想,希望康斯坦提乌斯有朝一日能够收回成命。最后,他终于对这个"异端的皇帝"绝望了,愤怒地宣布:皇帝无权统治教会。主教的裁决为什么还要由皇帝批准? 康斯坦提乌斯把异端集合在一起,帝国政府成了异端的代言人。① 这是基督教历史上第一次提出"教会自由"的口号,对后世影响极大。

但出世型的修道制度,其社会作用,特别是对社会政治生活发挥作用的方式,大都是间接的;而它在宗教方面的作用则比一般的基督教会表现得更为直接和明显。特别是宗教的消极作用方面表现得更突出,即转移了苦难人民对现实社会的注意力。修道制度的出现,很大程度上源于人们对现实社会的不满与失望;它却造成了人们对现实社会的容忍和逃避,因为它为这种不满与失望提供了某种精神

---

① Athanasius, *Arian History*. Part Ⅶ, 52. *Athanasius Werke*, ed. H. G. Opitz, vol. 2.1, Berlin: De Gruyter, 1940, TLG, No. 2035009.

补偿。但换一个角度看,修道制度又通过逃避社会来抗议社会,通过退出政治来参与政治,这正如"不合作主义"也可以成为一种政治手段一样。①　不过总的说来,修道制度的社会作用在多数时候会把积极的反抗人士转化为消极的旁观者或遁世者,这对统治者维护现存秩序是有利的。

当然,由于修道士思想的局限性,他们经常也会做出一些无知和狂热的举动。那时的修道士,以"当代圣徒"的名义大肆攻击所谓"异教文化",破坏了古代遗留下来的科学、哲学、文学、艺术作品和图书等,如打击亚历山大里亚的犹太人并把他们赶出这座城市,杀害了著名的女哲学家希帕提亚,包括后来许多重大事件中他们的活动都受到指责。可见,早期修道士们并非不食人间烟火,相反,他们与现实世界的联系比那些世俗社团的皈依教众们更强烈,也许"他们不喜欢垄断福音生活"②。

特别是在修道制度兴起之后,大量土著埃及人通过这种方式皈依基督教,人数的增加无形中扩大了教会的势力。土著埃及居民秘密敌视希腊化并且以古老民族自豪,修道运动某种程度上和埃及民族主义的觉醒是一致的。亚历山大里亚主教一直注意与修道士保持良好的关系,而修道士的本质特征就是他们对亚历山大里亚主教的忠诚。当埃及的主教受到来自帝国或其他教区的攻击时,修道士们给予了空前强大的支持,使得他们能够安然无恙地度过困难期或在教会斗争中取得一次又一次的胜利。例如阿塔纳修斯被帝国军队围捕时,修道士们掩护他巧妙离开,并且在他们的帮助下,在沙漠中度过了五六年的流亡生活。西里尔在修道士的支持下,在以弗所会议上把君士坦丁堡大主教聂斯托利定为异端并革除教职。当然,修道士这种狂热性和民族性也因他们在第二次以弗所会议上的"强盗行为"而遭到谴责。

比如在431年召开的以弗所大公会议上,那些来自埃及的修道士再次扮演了政治斗争的重要角色,修道士的本质特征是他们对亚历山大里亚大主教的忠诚。在一部有关修道士的舍努特的《传记》一书中,记载了修道士在这次全基督教大

---

① 吕大吉:《宗教学通论新编》,第374页。
② Sundkler and Steed, *A History of the Church in Africa*, p11.

公会议上的影响。① 下面看看修道士舍努特陪同亚历山大主教西里尔在以弗所
会议上的表现吧：

> 现在我们神圣的教父们聚集在一起,在一个议事会上,打算把那个令人
> 厌恶的异端的聂斯托利驱逐出教会。我们神圣的教父和先知阿帕·舍努特,
> 与亚历山大里亚大主教,神圣的西里尔一起出现了。他们走进教堂并按安排
> 好的椅子就座,一把椅子被放在大家的中间,四本福音书放在它的上面。那
> 令人厌恶的异端聂斯托利极端骄傲地走进来,拿起那四本神圣的福音书扔在
> 了地上,并坐在那把椅子上。现在当我的神父阿帕·舍努特看到聂斯托利所
> 做的一切时,立刻被激怒了,他穿过人群,挤出一条路。他从地上捡起了四部
> 福音书,并向聂斯托利的胸膛推了一拳。他说:“你想做什么? 让神的儿子在
> 地板上,而你坐在椅子上?”不虔诚的聂斯托利对我的神父反驳道:“你在这
> 个议事会上有什么职务? 你不是主教或大主教或者祭司,你是一个修道士。”
> 而我的神父对他反驳道:“我是一个神希望到这里来的人,我可以因你的罪孽
> 而谴责你,并公开你的错误,揭露你已经背弃了唯一给予生命的神的儿子的
> 受难,他正在为我们的利益而忍受痛苦,他可能把我们从罪孽中挽救出来。”
> 此时,神圣的西里尔站起来,并把他的手放在了我的神父阿帕·舍努特的头
> 上,把自己肩上的斗篷披在了我的神父阿帕·舍努特的肩上,并亲吻他。他
> 把自己的权杖放在他的手中,使他成为大主教。并且所有来到这个议事会的
> 人都呼喊,说:“可敬的,可敬的,可敬的大主教。”②

这份有关舍努特如何被提升为主教之职的记录有多大可靠性,值得怀疑。当
然,从上述记载中大家也不难想象出会议场面的混乱程度。会议变得一团糟糕,
不得不再次依靠皇帝的权威来解决。而皇帝塞奥多西二世和他的前辈们一样,更
关心的是宗教的统一以及如何为帝国服务,教义本身并不是他最在意的问题。于
是,皇帝开始对各方大力施压,双方的政治与宗教斗争暂时平息。

449 年,第二次以弗所会议召开,130 名主教参加了这次会议。亚历山大里亚

---

① 关于修道士舍努特的事迹, 见 Bell Besa trans., *Life of Shenoute*, Kalamazoo: Cistercian Publications, 1983。
② 转引自[英]哈里斯主编:《埃及的遗产》,第 353—354 页。

主教狄奥斯克鲁斯带领了大批修道士出席，很快就用近乎武力的方法控制了大会。狄奥斯克鲁斯认为此前对优迪克（一性论的创始人）的判决并不公平，需要对他的问题重新讨论。在一种充满暴力和无序的场面中，优迪克得以平反复职，尽管他的地位并没有得到其他教会的承认。他的信条"在结合之前具有二性，但是在结合之后或只有一性"得到大会的批准，成为正统教义。而安提阿大主教多米努斯和君士坦丁堡大主教弗拉维亚及其支持者都被免职。更有甚者，当君士坦丁堡大主教弗拉维亚带着罗马主教利奥反对优迪克的信件抵达会场准备宣读时①，狄奥斯克鲁斯所带来的狂热的修道士们对他群起而攻之，过度惊恐之下，身心俱受打击的弗拉维亚不久之后就一命呜呼了。修道士们还叫嚣着要烧死那些持不同信仰的主教们。第二次以弗所大会上修道士活动是如此的缺乏纪律，以至于这次会议被人们用罗马教宗利奥一世不朽的短语给出了"强盗会议"的绰号。

几乎所有著名的修道士在历次拜占庭帝国政治斗争中都不甘寂寞甚至"青史留名"。例如，著名的石柱修道士达尼埃尔也曾离开自己长期居住的石柱顶端，来劝说皇帝瓦西里库斯改变自己的宗教观点；伊拉克略王朝时期的修道士马克西姆公开反对皇帝的"两性一意论"，即使遭到严刑拷打和流放对待也不放弃自己的观点，成为著名的反对派精神领袖；前述推动修道院改革的塞奥多利就是毁坏圣像运动后期反对派的主要领导人，不仅公开反对皇帝利奥四世的宗教政策，而且组织教众反抗政府，带领大批修道士高举圣像上街游行。② 甚至在其被流放期间，仍然写信鼓动其弟子们继续斗争。

在拜占庭帝国基督教史上，除了那些以身殉教的虔诚信徒，还有大量禁欲苦行的修道士，在宗教方面也影响极大。他们尽管没有牺牲自己的性命，但把自己的一生奉献给了对上帝和基督的信仰。修道士把自己称为"上帝的仆人"或"基

---

① 会议召开之前，君士坦丁堡大主教弗拉维亚曾向罗马教宗利奥求助，并得到后者的支持。利奥写了一封很长的书信给弗拉维亚，谴责优迪克，并且提出一个建立正统基督论的计划，在教会史上被称为《利奥的大卷》(Leo's Tome)。这封书信对于解决这场令人遗憾的教义冲突扮演了重要角色。利奥也因此成为第一位履行教宗功能的罗马主教。详见[美]奥尔森著，吴瑞诚、徐成德译：《基督教神学思想史》，北京：北京大学出版社2003年版。

② 陈志强：《拜占廷学研究》，第184页。

督的仆人"。他们认为信仰上帝最好的方式就是过这种禁欲的修道生活。他们日复一日苦修,从不中止祈祷。除了冥思,也用自己的双手劳作。集体修道院兴起之后,修道士数量最多的埃及在 390 年的复活节庆典中就有不少于 5 万名修士庆祝这一节日。① 尽管总量无法确切估算,但可以肯定的是占据了总人口的一个重要百分比。一时间,对上帝和基督的虔诚信仰似乎成了大部分埃及人的思想主流。

据当时著作记载:"多少即将出嫁的少女决定献身基督,成为一名修女;多少青年男子因为受到修道士精神的感染而从事修道生活;多少父亲劝说自己的孩子、又有多少孩子劝说自己的父亲去过基督教的禁欲生活;多少妻子劝说丈夫、又有多少丈夫劝说自己的妻子按照使徒所说的方式,专心祈祷;多少孤儿寡母因为受到教众的帮助,不再过着'衣不蔽体,食不果腹'的生活。总而言之,人们努力追求高尚情操,虔诚的祈祷,这里的每家每户都像一个教会。"②亚历山大里亚主教阿塔纳修斯用饱含深情的笔墨勾勒了一幅埃及教会与修道院的和谐场景。

---

① Sundkler and Steed, *A History of the Church in Africa*, p. 15.

② Athanasius, *Arian History*, Part Ⅲ, p. 25.

第七章

科穆宁王朝时期的帝国治理

科穆宁王朝时期是指科穆宁家族统治帝国的时期，包括伊萨克一世①、阿莱克修斯一世、约翰二世、曼努埃尔一世、阿莱克修斯二世、安德罗尼库斯一世六位皇帝100余年的统治。这是拜占庭帝国历史上的一个重要时期，社会各个领域呈现重大变化，军区制瓦解，小农经济破产，帝国的政治、经济和军事实力由盛转衰，许多学者都把阿莱克修斯一世的登位视为拜占庭帝国晚期历史的

---

① 他是科穆宁王朝的第一位皇帝，史学界通常将其称为科穆宁王朝的开创者。他退位时，曾打算将皇位让给在其统治期间身居要职的兄长约翰·科穆宁(John Comnenos)，但遭到拒绝，最终被以米哈伊尔·普塞洛斯为首的官僚贵族集团强迫让位给了君士坦丁·杜卡斯。

开端。① 帝国虽然确立了新的强国根基,实现了短暂中兴,却没有避免最终走向
衰亡的命运。本章将对科穆宁王朝的百年治理进行研究。

第一节

研究概述

国内外学者对科穆宁王朝时期的研究取得了大量成果,有相关专著和论文问
世。下面将对主要研究成果进行概述。

涉及这一时期的主要原始文献有:普塞洛斯的《编年史》②、米哈伊尔·阿塔利亚
的《历史》③、安娜·科穆宁娜的《阿莱克修斯传》④、约翰·仲纳拉斯的《历史》⑤、尼
基弗鲁斯·布里恩纽斯的《历史素材》⑥、约翰·金纳莫斯的《功德记》⑦、尤斯塔

---

① 拜占庭帝国的历史通常被分为早中晚三个阶段,但对于具体的起始时间,学术界意见并不统一。关于晚
   期的开始时间也存在不同看法,大体可以分为两种:一是 1056 年米哈伊尔六世上台,见陈志强:《独特的
   拜占廷文明》,北京:中国青年出版社 1999 年版,第 5—6 页;Jack Lindsay, *Byzantine into Europe*, London:
   Bodley Head Ltd, 1952 等。二是 1081 阿莱克修斯一世统治的开始,见徐家玲:《早期拜占廷和查士丁尼
   时代研究》,长春:东北师范大学出版社 1998 年版,第 12—16 页;G. Ostrogorsky, *History of the Byzantine
   State*; A. A. Vasiliev, *History of the Byzantine Empire, 324 - 1453*; Robert Browning, *The Byzantine Empire*,
   Washington D. C: Catholic University of America Press, 1992 等。
② Michael Psellus, *Fourteen Byzantine Rulers: The Chronographia of Michael Psellus*, E. R. A. Sewter trans.,
   Harmandsworth: Penguin Books, 1966.
③ Michael Attaliates, *Historia*, G. Dennis trans., typescript in Dumbarton Oaks Library.
④ *The Alexiad of Anna Comnena*, E. R. A. Sewter trans., Harmandsworth: Penguin Books, 1969; Anna
   Comnène, *Alexiade*, B. Leib ed., 3 vols., Paris: Les Belles Lettres, 1937, 1943, 1945, TLG, No.
   2703001.
⑤ John Zonaras, *Epitome Historiarum*, Vol. 3, M. Büttner-Wobst ed., Bonn, 1897.
⑥ Nicephoros Bryennios, *Materials for a History*, Augustus Meinecke ed., *Corpus Scriptorium Historiae
   Byzantinae*, Bonn, 1836.
⑦ John Cinnamus, *The Deeds of John and Manuel Comnenus*, C. M. Brand trans., New York: Columbia
   University Press, 1976; Ioannis Cinnami, *Epitome rerum ab Ioanne et Alexio Comnenis Gestarum*, A. Meineke
   ed. [Corpus Scriptorum Historiae Byzantinae], Bonn: Weber, 1836, TLG, No. 3020001.

修斯的《塞萨洛尼基陷落记》①、尼基塔斯·侯尼雅迪斯的《记事》②。通过解读这些原始文献,对帝国的某段历史进行研究的成果主要是学位论文和专著。代表性成果有:任军锋(2016年博士学位论文)在研究拜占庭历史学家约翰·金纳莫斯《功德记》的基础上探讨了12世纪初期至中期拜占庭帝国的政治、军事外交和社会生活;赵法欣(2011年博士学位论文)在研究拜占庭历史学家米哈伊尔·普塞洛斯《编年史》的基础上,重构了10世纪中后期至11世纪初期帝国的政治和社会状况;邹薇(2009年博士学位论文)通过解读拜占庭历史学家尼基塔斯·侯尼雅迪斯的《记事》,认为12世纪的帝国在政治、军事外交、社会生活等领域出现了重大变化;李秀玲(2014年)立足拜占庭女史学家安娜·科穆宁娜的《阿莱克修斯传》,分析了阿莱克修斯一世的内政外交,认为11世纪中后期至12世纪初期的帝国经历了重建与复兴。③

这类研究侧重于某个方面,成果主要为论文和专著,主要包括以下几个方面。

第一,皇室妇女的权力与地位。代表性成果有:孙鹏(2004年博士学位论文)、刘洪英(2005年硕士学位论文),从性别史角度对11—12世纪的贵族和皇室家族妇女进行了研究,认为她们在政治、经济、宗教文化和婚姻家庭等领域拥有较高的权力和地位;王航(2010年硕士学位论文)研究了安娜·科穆宁娜的生平经历及其女性观与皇权观;李秀玲《论拜占庭皇室妇女在帝国政治中的角色——安娜·达拉西妮个案研究》(2009年)以阿莱克修斯一世的母亲安娜·达拉西妮在帝国政坛的权力和行为为例,研究了皇室妇女在政治领域的显著影响力与自身能力和时代背景的密切关系。④

第二,战争外交的得失。代表性成果有:李秀玲(2017年)认为阿莱克修斯一世登位时,拜占庭帝国正处于内忧外患的艰难形势之中,为此他进行了包括镇压

---

① Eustathios of Thessalonika, *The Capture of Thessalonika*, J. Melville-Jones trans., Canberra, 1988. Eustazio di Tessalonica, *La espugnazione di Tessalonica*, S. Kyriakidis ed., Palermo: Istituto Siciliano di Studi Bizantini e Neoellenici, 1961, TLG, No. 4083004.

② Niketas Choniates, *O City of Byzantium, Annals of Niketas Choniates*, Harry J. Magoulias trans., Detroit: Wayne State Universicy Press, 1984; Nicetae Choniatae, *Historia*, TLG, No. 3094001.

③ 李秀玲:《安娜·科穆宁娜及其笔下的拜占廷帝国》,北京:燕山出版社2014年版。

④ 李秀玲:《论拜占廷皇室妇女在帝国政治中角色——以安娜·达拉西妮为例》,《历史教学》2009年第12期。

军事贵族叛乱,重新分配军权,大力征召新兵,恢复海军建设,调整战术,提高部队素质在内的军事治理等措施,较好地控制了军队,成功抵挡了外敌入侵,维持了政局稳定;①罗春梅(2012 年)认为 11—12 世纪西方国家对拜占庭的入侵给后者带来了沉重灾难,是致使其衰弱的重要原因;②李强(2008 年硕士学位论文)分析了拜占庭与诺曼人在 1081—1085 年间的战争,认为拜占庭在与诺曼人的战争中接连失利,最终导致在意大利领土的丧失,西部边界陷入危机;张立可(2008 年硕士学位论文)和蓝琪(1991 年)认为拜占庭帝国在与塞尔柱突厥人对小亚细亚的争夺战中屡遭战败,致使其逐渐突厥化,这一地区逐渐丧失对帝国影响深远;③李秀玲(2006 年)分析了阿莱克修斯一世外交政策的特点及其原因,认为统治者的外交政策更注重私人联系,对待外族显贵的态度亲切友善,倾向和平而不是扩张,这些特点是帝国当时日益衰落的国力在外交领域的反映;④葛晓鸾(2005 年硕士学位论文)认为 12—14 世纪,拜占庭在与威尼斯和热那亚的战争中,逐渐丧失了对东地中海商业的控制权,走向衰落。

第三,政治经济发展的新趋向。代表性成果有:陈志强(2016 年)认为阿莱克修斯一世致力于推行帝国治理,采取加强普罗尼亚制、推行多种增加财政税收、罚没教会贵族产业和促进经济发展的措施,充实国库以增强中央朝廷的实力,同时大力推进"任人唯亲"的贵族等级制度改革和吏治改革,强化帝国精英阶层的团结以稳固科穆宁王朝统治基础,大力开展积极的军队治理,扩大军队规模,恢复帝国军事实力,降低雇佣兵比例,不仅成功抵抗外敌入侵,而且扩展了帝国的势力范围,一度扭转了拜占庭帝国的颓势;⑤李秀玲(2006 年)认为阿莱克修斯一世实行的家族政治暂时稳定了国内政局,但为激烈的皇权争夺埋下了隐患;⑥白玉(1990年)认为"普罗尼亚"是一种有条件的大地产,国家以此解决了兵役问题。⑦

国内现有的拜占庭通史都包括 11—12 世纪的内容,一般是按照时间顺序,以

① 李秀玲:《阿莱克修斯一世的军事治理探析》,《内蒙古民族大学学报》2017 年第 2 期。
② 罗春梅:《1204 年君士坦丁堡的陷落》,北京:人民出版社 2012 年版。
③ 蓝琪:《拜占庭帝国与塞尔柱突厥人在小亚细亚的争夺》,《贵州师范大学学报》1991 年第 4 期。
④ 李秀玲:《试析阿莱克修斯一世外交政策的特点及其原因》,《南开学报》(增刊)2006 年。
⑤ 陈志强、李秀玲:《皇帝阿莱克修斯的帝国政治治理研究》,《华中师范大学学报》2016 年第 1 期。
⑥ 李秀玲:《论阿莱克修斯一世的政治体制改革》,《史学集刊》2006 年第 6 期。
⑦ 白玉:《十至十二世纪拜占庭封建大地产的几点考察》,《宁波大学学报》1990 年第 4 期。

王朝史的形式阐述统治者的内政外交。代表性成果有:厉以宁(2015年)认为马其顿王朝盛期,兵源和税源充足带来帝国的强盛,科穆宁王朝后期兵源和税源枯竭,帝国因赖以生存的基础瓦解而走向衰亡;[①]陈志强(2003年)认为这一时期帝国从黄金时代走向衰败。[②]

国外研究成果丰硕,有大量专著和论文,内容涉及11—12世纪拜占庭帝国的政治、经济、军事、宗教等各个领域。主要包括以下几个方面。

第一,政治治理研究。这方面研究认为这一时期拜占庭政治领域的变化主要体现在贵族的崛起,贵族与皇权之间的矛盾与妥协以及家族政治的形成。迈克尔·安高德(Michael Angold)是此领域研究的代表人物,其著作《拜占庭帝国政治史:1025—1204年》(1984年)主要剖析了11—12世纪拜占庭帝国政治治理的演变,认为这一时期虽然有科穆宁王朝的短暂中兴,但从整体趋势看,帝国逐渐走向衰败;[③]其论文集《9—13世纪的拜占庭贵族》(1984年)是研究拜占庭贵族的代表作,通过论述贵族的理想形象、阶层标志、贵族家族的构成与谱系、贵族对宗教建筑和文学艺术的赞助等,认为贵族家族开始在各个领域占据重要地位。[④] 彼得·弗兰克潘(Peter Frankopan,2007年)剖析了科穆宁王朝时期统治阶层成员的构成,认为王朝的血族关系与权力分配存在密切联系。[⑤] 保罗·马格达利诺(Paul Magdalino,1996年)认为阿莱克修斯一世通过政府改革建立了家族政治。[⑥]

第二,经济发展研究。这方面研究认为拜占庭帝国的经济在11—12世纪经历了一个迅速扩张的时期。代表性成果有:艾伦·哈维(Alan Harvey,1989年)认为10至13世纪的帝国经济尤其是农业经济处于发展和扩张态势,农业收益显著提高;[⑦]拉伊奥(2002年)分析了7—15世纪的拜占庭经济史,认为11—12世纪的

① 陈志强:《拜占廷帝国史》。

② 厉以宁:《罗马—拜占庭经济史》,北京:商务印书馆2015年版。

③ Michael Angold, *The Byzantine Empire (1025 -1204): A Political History*, London: Longman, 1984.

④ A. Micheal ed., *The Byzantine Aristocracy IX to XIII Centuries*, Oxford: BAR International Series, 1984.

⑤ F. Peter, "Kinship and the Distribution of Power in Komnenian Byzantium", *English Historical Review*, 2007, CXXII, pp. 1 – 34.

⑥ P. Magdalino, "Innovations in Government", in Margaret Mullett and Dion Smythe, *Alexios I Komnenos, I: Papers*, Belfast, 1996, p. 157.

⑦ A. Harvey, "Financial Crisis and the Rural Economy", in Margaret Mullett and Dion Smythe, *Alexios I Komnenos, I: Papers*, Belfast, 1996, pp. 168 – 169.

帝国经济得到了较快发展。①

第三,军事战争与外交研究。这方面研究认为军区制的逐步瓦解和频繁的对外战争,致使帝国军队的兵力构成和供给以及战略战术等发生重要变化;新的入侵者出现,外交政策呈现新的特点。代表性成果有:伯尔克奈尔(J. W. Birkenmeier, 2002 年)《科穆宁王朝军队的发展(1081—1180 年)》是研究科穆宁王朝统治时期拜占庭军队的力作,主要探讨了军队在武器装备、兵力构成、战略战术等方面的演变;②T. 道森(T. Dawson, 2007 年, 2009 年)是研究 10—13 世纪拜占庭骑兵和步兵的代表人物,认为帝国骑兵和步兵在各个方面出现了不同于以往的特点;P. 斯蒂芬森(P. Stephenson, 2000 年),分析了 10—13 世纪巴尔干北部地区的政治变动,认为它与拜占庭帝国外交政策的变化密切相关。③

第四,文化与宗教研究。这方面研究认为 11—12 世纪的家庭结构向大家族转变,社会更加重视高贵出身和家族世系,社会垂直流动逐渐停滞,人物形象的塑造呈现新的特点,皇权与教权的势力此消彼长。代表性成果有:卡日丹和伊普斯坦(A. P. Kazhdan & Ann Wharton Epstein, 1985 年)分析了 11—12 世纪早期拜占庭文化的转变,认为其家庭结构和观念、主流思想、社会流动、文学艺术等领域都出现了重大变化;④安高德(1995 年)论述了科穆宁王朝统治下拜占庭教会和修道院与世俗社会的相互关系,认为修道院对帝国经济和社会生活的影响有所增强,其地产的扩张威胁到国家的人力和经济资源。⑤

第五,皇室妇女研究。这方面研究认为皇室妇女在这一时期的许多领域的影响力非常突出。代表性成果有:林德·加兰(Lynda Garland, 1999 年)介绍了 6—13 世纪拜占庭皇后的生平经历,认为 11—12 世纪的皇后们在帝国政坛上发挥了重要影响,个人野心和时代背景都是这种影响力的重要动因;⑥芭芭拉·希尔

① A. E. Laiou, *The Economic History of Byzantium*.

② J. W. Birkenmeier, *The Development of the Komnenian Army: 1081 -1180*, Boston: Brill, 2002.

③ P. Stephenson, *Byzantium's Balkan Frontier*.

④ Alexander P. Kazhdan & Ann Wharton Epstein, *Change in Byzantine Culture in the Early Eleventh and Twelfth Centuries*, 1985.

⑤ A. Micheal, *Church and Society in Byzantium under Comneni, 1081 -1261*, Cambridge: Cambridge Univercity Press, 1995.

⑥ L. Garland, *Byzantine Empresses*.

（Barbara Hill，1999 年）提供了 11—12 世纪拜占庭皇室妇女的总体状况，认为她们在政治、宗教、文学等领域非常活跃，影响显著；[1]塔利亚·古玛-彼得森（Thalia Gouma-Peterson，2000 年）主编的论文集《安娜·科穆宁娜和她的时代》是有关安娜及其著作研究的力作，认为君士坦丁堡上层社会妇女在 11—12 世纪普遍的受教育状况，为安娜提供了成长与写作的社会环境和文学氛围，曲折的婚姻和政治叛乱的失败是其成为历史学家的重要诱因。[2]

代表性成果有：A. A. 瓦西列夫《拜占庭帝国史》（1958 年）[3]、乔治·奥斯特洛格尔斯基《拜占庭国家史》（1956 年）是研究拜占庭通史的经典著作[4]，均以王朝史的形式详细叙述了科穆宁王朝的历史，认为帝国虽然经历了短暂辉煌，但内部资源的严重消耗使其昙花一现；西里尔·曼戈著，张本慎等译的《拜占庭建筑》（2000 年）涉及拜占庭中晚期建筑样式的发展及其背后的社会动因；[5]西里尔·曼戈主编，陈志强等译的《牛津拜占庭史》（2015 年）将 11—12 世纪的拜占庭纳入"中期帝国"的范围进行了叙述；[6]弗尔迪纳德（Ferdinand Chalandon，1900 年）主编的论文集《11—12 世纪的拜占庭帝国研究》，认为这一时期帝国的政治、经济、军事外交、宗教文化等均出现显著变化。[7]

国内研究虽然取得了一定成果，尤其是在原始文献的研究方面，但仍旧相对薄弱，研究视角和方法比较单一。国外研究成果较多，研究对象和内容几乎囊括了这一时期的各个方面，并有相关专著。但从研究对象和内容看，国内外的大部分研究成果都是对某个时间段、某个皇帝或某个领域的专题研究，而没有整体和连续地呈现科穆宁王朝时期帝国在各个领域的重要演变，进而探究其治理失败的深层次原因及影响。本章的研究尝试为此做出一些努力，有助于读者更好地理解帝国在晚期逐渐走向衰弱的趋势和原因，以及了解当时东地中海世界整体国际形

[1] B. Hill, *Imperial Women in Byzantium 1025－1204: Power, Patronage and Ideology*, London: Longman, 1999.

[2] T. Gouma-Peterson, ed., *Anna Komnena and Her Times*, New York & London: Garland Publishing, 2000.

[3] A. A. Vasiliev, *History of the Byzantine Empire, 324－1453*.

[4] G. Ostrogorsky, *History of the Byzantine State*.

[5] ［西］西里尔·曼戈著，张本慎译：《拜占庭建筑》，北京：中国建筑工业出版社 2000 年版。

[6] ［西］西里尔·曼戈主编：《牛津拜占庭史》。

[7] F. Chalandon, *Studies of Byzantine Empire from XI to XII Centuries*, Ⅰ, *Essayes of the Alexius I Comnenus, 1081－1118*, 3vols, Paris, 1900.

势的变化。

第二节

科穆宁王朝的经济治理

　　科穆宁王朝皇帝阿莱克修斯一世登位时，拜占庭帝国正处于内忧外患的艰难
形势之中，外敌三面入侵，国内形势动荡不安，贵族叛乱频繁，统治阶层内部存在
激烈的权益纷争。经济上，军区制彻底瓦解，小农经济破产，大地产迅速发展，货
币严重贬值，国库空虚，财政困难。根据安娜的记载，当阿莱克修斯成为皇帝时，
拜占庭帝国正面临令人绝望的困境，"经过了长期的衰弱之后，罗马帝国已经被贫
穷压垮了"①。"它似乎从未衰弱到如此悲惨的程度"②，既没有军队也没有库存。
国库已经被其前任者挥霍一空，它是如此的空空如也，甚至国库的大门都不用上
锁，任何想从此穿越的人都不会被阻止。③ 整个形势非常严峻，以至于一个征税
员在丢失了征集的税收之后，担心空手回去将被投入监狱而选择了逃亡。④ 造成
这种情况的一个重要原因在于大地产开始成为占主导地位的土地所有制形式，构
成国家收入主要来源的农业税不再进入国库。为此，阿莱克修斯一世进行了包括
货币税收制度、"普罗尼亚"制度等在内的一系列改革，以恢复和重建国内的经济
秩序。他的后继者们基本上延续了这些政策，从实质上讲，这些改革在某种程度

---

① *The Alexiad of Anna Comnena*，Ⅴ，p. 157.

② *The Alexiad of Anna Comnena*，Ⅲ，p. 125.

③ *The Alexiad of Anna Comnena*，Ⅴ，pp. 156 - 157.

④ 凯撒约翰·杜卡斯在去参加科穆宁兄弟军事叛乱的路上，遇到一个叫拜占丢斯(Byzantios)的征税员正驮
　　着征收的大量金币返回都城，便向他表示友好，邀请他与自己共餐并住在一起。在第二天的黎明时分，拜
　　占丢斯套上马鞍，焦急地向都城骑去。约翰赶上他，将他拦住，强迫他与自己一起走，当他拒绝时，约翰命
　　令将他的所有行李强行装到自己驮运物品的牲畜上。在这种情况下，拜占丢斯放弃了返回都城的打算，
　　因为他担心当国库官员看到他两手空空时，会将他投入监狱。同时，自从科穆宁兄弟公开叛乱以来，各地
　　形势处于一片混乱之中。因此，他不愿按原路返回，便不情愿地跟随着凯撒。见*The Alexiad of Anna
　　Comnena*，Ⅱ，pp. 88 - 89。

上是对大地产贵族既得利益的承认和妥协,在制度上进一步加强和巩固了以科穆宁家族为核心的皇室家族和与之有血缘或婚姻关系的贵族家族的经济实力。

小农经济破产、大地产的崛起经历了一个长期的过程,并与帝国政府的土地政策密不可分。

一、 土地政策的演变与大地产的兴起

自 7 世纪初开始推行的军区制,缔造了一个以服兵役换取土地耕种权利的农兵阶层,他们与自由小农一起促进了小农经济的发展,曾使帝国的经济实力一度达到鼎盛。罗曼努斯一世就明确指出,"此种小土地占有者于国利甚巨,因其缴纳国家税收,提供军队服役之故。倘若此类农民数量减少,其利必失"[1]。但在土地作为主要财富形式的古代社会,土地兼并似乎是不可避免的历史现象。10 世纪以后,随着贵族阶层的重新崛起和军区制开始瓦解,小农经济逐渐解体,农民的地位不断下降,日渐依附于新兴的大地产主。大土地所有者对自由小农土地的兼并威胁到中央政府的征兵和税收,减少了国家公共领地的农业人口,农村庇护领主的存在意味着国家军事和财政机构的权威在这些地区的终结。[2] 马其顿王朝的皇帝首先意识到保护小农对于维持帝国生存的重要意义,因此,从罗曼努斯一世到瓦西里二世统治期间的皇帝几乎都制定了严厉的法律,捍卫小农的权利,限制大地产的扩张。他们在立法中保护小农,斥责大地主"像瘟疫和坏疽一样降临到不幸的村庄,吞噬土地,侵入村庄肌体,将它们逼近死亡的边缘"[3]。

罗曼努斯一世是第一个意识到大地产将损害国家利益的皇帝,并率先颁布保护小农地产的法律[4],从而拉开了帝国统治者限制大地产扩张的漫长斗争的序幕。922 年 4 月,他颁布法令,规定农民在转让土地的过程中,无论买卖还是租借,

---

① 陈志强:《拜占庭军区制和农兵》,《历史研究》1996 年第 5 期,第 122 页。

② [英]佩里·安德森著,郭方、刘健译:《从古代到封建主义的过渡》,上海:上海人民出版社 2000 年版,第 295 页。

③ Zepos, *Ius Graeco-Romanum*, Vol. 1, Greece, 1931, p. 210,转引自陈志强:《拜占庭军区制和农兵》,第 127 页。

④ 有学者指出利奥三世已经觉察到土地兼并问题的存在及其可能带来的恶果,并采取了一些措施,但没有取得显著的效果。见厉以宁:《罗马—拜占庭经济史》,第 580 页。

以下五种人按照固定顺序享有优先权:1、共同拥有这块土地的任何亲属;2、其他共有者;3、与这块土地相互交叉的地产所有者;4、与这块土地共同纳税的地产所有者;5、相邻地产的其他所有者。只有当这五种人放弃自己的优先权时,这块土地才被允许转让他人。① 这一法令具有防止大地主购买小农土地和土地过分分割的双重目的,意味着除非大地主碰巧属于上述五种人,否则他们将不能购买或租借农民的土地,无权得到其土地遗产。士兵的地产,如果转让之后,其价值不足以支付一个士兵所必需的战斗装备,那么无偿归还的规定则追溯到过去 30 年之内已被转让的地产。任何违反法令的人不仅必须无偿归还地产,而且要向国家交纳罚金。尽管法令的规定很严厉,但在实际执行过程中并没有取得理想的效果。

在 927—928 年间,漫长而严酷的罕见寒冬导致粮食歉收,饥荒严重,瘟疫横行。大地主利用危机形势,趁机以低价或以提供生活必需品为条件从饥饿的农民手中收购土地。在这种情况下,罗曼努斯一世谴责大地主比最严酷的饥寒或瘟疫更残忍,于 934 年 9 月,又颁布一道法令,宣布所有赠予、遗产和类似的契约均无效,规定所有以低于公平价半价的价格购买的地产必须无偿归还,但没有下令全面没收地主从农民那里得到的土地。对于其他交易,原主人要收回地产必须在 3 年之内支付购买价。为了制止大地主将来购买农民的土地,法令规定此类交易地产必须无偿归还卖主并向国库交纳罚金。② 但是因为两个方面的原因,这一法令像 922 年的法令一样并没有得到有力的贯彻执行:一是迫于无奈出售土地的农民几乎没有能力在 3 年之内以购买价赎回土地;二是那些非法交易的土地也并非全部物归原主,因为其购买者大部分都是地方官员或其亲戚朋友。地主和官员相互勾结,朋比为奸,就像一个官员会在任职的地方侵吞土地一样,有野心的富裕地主也试图向官僚阶层渗透,通过谋取官职或头衔获得必要的社会地位并构建有利的社会关系网络。可见,地主和官僚互相交织,往往具有双重身份,既是土地所有者又是官员。因此,中央政府限制地产买卖的政策注定遭到拥有强大经济实力和重

---

① G. Ostrogorsky, *History of Byzantine State*, p. 242.

② G. Ostrogorsky, *History of Byzantine State*, p. 243.

要社会影响的既得利益集团的强烈反对。① 同时,作为保护对象的农民也抵制政府政策。因为超负荷的税收负担导致庇护制盛行,经济上破产的农民甘愿放弃人身自由而依附于许诺解除他们沉重负担和义务的地主。他们不仅自愿出卖土地,有时甚至主动将地产送给土地贵族,以求逃避国家课税和不稳定的生活。可见,试图保护自由小农利益的国家在与地主贵族的斗争中必然面临各种严峻的困难和挑战。

君士坦丁七世继续推行罗曼努斯一世保护小农经济的政策。他在 947 年 3 月颁布法令,责令地主立即无偿归还自 945 年以来,从农民那里得到的所有地产;今后,在地主进行的土地交易中,农民也拥有优先购买权;对于从 927 年的饥荒到 945 年期间进行的土地买卖,罗曼努斯一世在 934 年颁布的法令仍然有效。但出于对地主的妥协,在 934—945 年之间的土地交易需要原来的地产主支付购买价,支付期限从 3 年延长到 5 年,财产少于 50 金币的土地出售者可以免费收回出卖的土地。君士坦丁七世还颁布了有关士兵地产的法令,规定士兵用以维持生计和购置战争装备的地产不能进行买卖,骑兵、爱琴海、萨摩斯岛以及西比莱奥特军区的水兵每人拥有地产的价值不得少于 4 磅金币,在帝国海军中服役的水手拥有的地产价值不应少于 2 磅金币。如果士兵的继承人能够联合完成服役义务,其土地则可以被分割。如果士兵的地产价值超过了法定的最小数额,他有权将多余部分转让给除军区将领之外的任何人。此外,关于无偿偿还非法占有的士兵地产的古老规定必须被严格执行,不仅原来的地产主有要求归还的权利,而且按照优先权,这种权利可以追溯到其六代之内的血亲,然后依次是与其共同负担军役的人,与其共同纳税的更贫穷的士兵,属于同一纳税单位的农民。②

君士坦丁七世的儿子罗曼努斯二世继承了父亲的政策,在 962 年 3 月颁布法令,强化关于转让军役地产的古老规定,重新处理 927 年的饥荒期间没有完全解决的问题。另外,重申在 945 年之后被合法转让的农民和士兵的地产应该无偿归

---

① G. Ostrogorsky, "The Peasant's Pre-Emption Right", *Journal of Roman Studies*, 37(1947), p. 117, 介绍了地方官员抵制政府法令的各种方式。

② G. Ostrogorsky, *History of Byzantine State*, pp. 248 – 249.

还原主,违法的交易必须交纳额外的罚金。① 据说这一法令主要针对色雷斯军区
的地产买卖问题。

如果农民出身的罗曼努斯一世的政府开始了遏制大地产扩张的斗争,那么尼
基弗鲁斯二世的登位则标志着这种趋势在一定程度上的逆转。他在位期间,实行
了保护贵族政治经济利益的政策。他在967年颁布的法令声明,他的前任者作为
农民的保护人所实行的政策违反了对所有臣民一视同仁的公平原则。为此,他取
消了穷人在地主的地产转让中享有的优先权,规定地产交易只能在同一阶层中进
行,即穷人只能从穷人那里获得地产,富人只能从富人那里获得地产。尽管其他
规定仍然有效,但在927年的饥荒之前交易的地产,原业主对地产所有权的要求
归于无效。② 事实上,农民在贵族地产的交易中能否真正使用优先权尚存疑问,
所以这项法令可能没有对实际情况造成重大影响,但它产生的心理作用无疑是巨
大的,因为按照这一法令,贵族能够以公正的名义公开反击以前的立法对他们的
遏制。同时,尼基弗鲁斯二世保护和增加军役地产,宣布以前有关军役地产的法
令继续有效,但由于士兵装备的费用增长,因此规定不可转让的军役地产的最小
价值上升为12磅金币,超出最低价值的部分仍旧允许转让。将士兵地产的价值
提高三倍的政策导致了军队组织结构的变化。拥有价值为12磅金币地产的重装
士兵不再属于穷人阶层,他们可能成为并非贵族出身的新崛起阶层的重要组成部
分。但是,尼基弗鲁斯二世试图禁止教会和修道院地产的增长。罗曼努斯一世的
法令只是顺带提及这个问题,他则在964年专门颁布法令,禁止将土地转让给修
道院和教堂,禁止建造新的宗教建筑。任何想为宗教机构提供捐助以表达虔诚精
神的人,可以通过修缮破败旧建筑的方式,但鼓励人们在荒郊野外建立隐居
地。③ 这一限制宗教财产扩张的法令被其继承者约翰一世被迫废除。约翰一世
通过谋杀尼基弗鲁斯二世登上皇位,其篡位行为受到牧首伯利埃乌克特斯的强烈
谴责,后者以严惩谋杀帮凶作为为他加冕的条件。约翰一世最终对教会屈服,不
仅废除了前任者的上述宗教法令,并且公开承认"弗提乌斯教义"(Photian

---

① G. Ostrogorsky, *History of Byzantine State*, p. 249 - 250.

② G. Ostrogorsky, *History of Byzantine State*, p. 253.

③ G. Ostrogorsky, *History of Byzantine State*, pp. 254 - 255.

Doctrine）：“我认为世界上存在两种权力：教会和帝国。上帝把拯救灵魂的权力委托给前者，把照料外部身体的权力委托给后者。只有两部分都不受到损害，世人的福利才能得到保障。”①

瓦西里二世重新恢复了遏制大地产的政策并更加严厉地将其推行。为了将小农经济置于帝国法令的保护之下，他在 996 年颁布的法令对以前立法最重要的补充是，取消了要求归还土地的 40 年期限，规定自从罗曼努斯一世在 922 年发布第一个相关法令以来，地主从穷人那里得到的所有地产，不管期限多长都必须无偿归还。② 几年之后，他又强制推行“连保制”③，规定根据村社集体纳税的原则，同一纳税单位的农民有义务负担荒芜农田的税收以补足需要交纳的全部税额。④ 按照瓦西里二世的法令，这一负担全部转嫁给了贵族地主，由他们负责交纳这部分税收。这一切中要害的政策可谓一箭双雕，既沉重打击了贵族势力，又确保了国家对“连保制”的征收。因为替邻居衰败的地产纳税经常超出农民的财力，他们的被迫迁移最终将损害国家的利益。另一方面，瓦西里二世重新限制宗教机构在吞并农民土地基础上的扩张，规定已经在农民的土地上建造的修道院和只有少量僧侣的修道院，将改为附属于村社的教堂，免除向主教纳税的义务。有 8 个僧侣以上的修道院仍旧归主教管辖并拥有对财产的自主处理权，但禁止它们获得新的土地。⑤

瓦西里二世严酷的镇压政策曾一度遏制了大地产的进一步膨胀。但在他去世之后的 20 多年里，其继承者们为了获得教会的支持，对其进行慷慨捐赠并颁布有利于教会的法令，致使教会地产重新膨胀。同时，他们向贵族妥协，逐步废除了抑制大地产的法令。君士坦丁八世在其短暂的统治期间荒于政务，致使瓦西里二世推行的许多法律被逐渐废弃。而罗曼努斯三世统治的最突出特点就是全面废弃了瓦西里二世保护小农地产的规定。他屈从于大地主的压力，废除了瓦西里二

---

① G. Ostrogorsky, *History of Byzantine State*, pp. 260 - 261.
② G. Ostrogorsky, *History of Byzantine State*, p. 271.
③ allelengyon 源于希腊文，意思是“相互保证”。戴克里先皇帝在位时进行了税收制度改革，要求村社农民为自己村中的弃田缴纳集体税，此即连保地税制度。这项传统起始于托勒密时期的埃及，戴克里先时期被广泛采用，查士丁尼时期得到最充分的发展。见［美］汤普逊：《中世纪经济社会史》上册，第 213—214 页。
④ 陈志强：《拜占庭军区制和农兵》，第 125 页。
⑤ G. Ostrogorsky, *History of Byzantine State*, p. 272.

世要求贵族地主负责缴纳荒芜农田的额外税收的政策。因为农民早已无力交纳，而贵族不愿意交纳，"连保制"从此在帝国的税收制度中消失。① 尽管前代皇帝们禁止贵族获得小农和农兵地产的法令没有被完全正式废止，一些忠于职守的法官仍然认为这些法令具有法律效力，但事实上，随着瓦西里二世的去世，一系列保护小农的法令也随之终止。这对帝国局势的发展产生了重大影响，因为即便是 10 世纪期间极为严厉的政府法令都不能完全制止大地主侵吞小农和军役地产，此时政府所实行的消极放任政策实际上为大地主肆意兼并土地大开绿灯，自罗曼努斯一世到瓦西里二世的中央政府一直设法阻止他们鲸吞小农土地的艰辛努力最终付之东流。大地主对自由小农和农兵土地的大规模兼并，瓦解了帝国得以立足的基础，到 12 世纪，军区制被完全取消，"军区"和"将军"等与军区制有关的名称从此几乎全部消失。② 随之而来的帝国军事实力的削弱和经济资源的枯竭使帝国最终走向衰弱和灭亡。

奥斯特洛格尔斯基认为将开启这样一个恶性循环的责任归于罗曼努斯三世有失公允。尽管从表面上看，他的政策变化致使形势的发展失去了控制，但事实上，它们只是强大而不可逆转的社会经济力量不断发展的必然结果。所以，罗曼努斯三世废除保护小农土地的上述法令，实际上并没有给局势带来任何实质性的改变。③ 可见，在这位拜占庭学专家看来，大地产的发展是不可避免的历史现象，并非人力所能左右。他尤其强调了经济规律在其中的决定作用，认为统治者的人为政策仅在一定程度上延缓或加速了这一进程。对此，陈志强先生表达得更为明确。他认为帝国统治者不可能真正采取措施打击大地主，因为一方面，他们要倚重贵族的政治势力维护其统治，另一方面，大地产贵族的产生是实行军区制的必然副产品，在大地产贵族的势力已经相当强大的情况下打击大贵族就意味着取消军区制，小农经济也难以为继。因此，皇帝们并没有开出解决防止小农破产的有效良方，其保护小农经济的立法不能真正地贯彻执行。这样，即便政府法令为小农提供了种种优先权，面对各种灾变动乱，他们仍旧无法摆脱随时被吞并的境地，

① [南]乔治·奥斯特洛格尔斯基:《拜占廷帝国》,第 275 页。
② G. Ostrogorsky, *History of Byzantine State*, p. 368.
③ G. Ostrogorsky, *History of Byzantine State*, p. 286.

只能将土地自动放弃或转让给大地主。[①]

拜占庭帝国经济实力最强大的阶级,通过大规模购买农民地产增强经济力量,除了因为土地是古代社会最重要的财富,还部分地缘于帝国政府的商业政策。首先,政府对城市经济活动的控制比对农村更严厉[②],这在很大程度上打击了个人投入商业领域的主动性和积极性;[③]其次,帝国法律明令禁止贵族[④]参与商业和手工业等经济活动。[⑤] 这两方面的因素促使他们将剩余资金投资于固定资产,土地自然成为其重点投资对象,从而加速了土地的兼并。通常而言,获得更多土地的途径有两种,一是兼并行省的小地产,这种方式将破坏既定的社会机构;另一种是通过对外战争夺取敌国的土地,10 世纪的拜占庭便依靠小亚细亚的军事贵族进行的对外战争拓展东部边界的领土。

但是,应该指出的是,大地产的兴起并不意味着自由小农的完全消失。尽管他们中的一部分人投靠到了大地产主的门下,但仍有一些自由农民散布各地,独立进行经营。例如,伯罗奔尼撒半岛山区的斯拉夫裔农民居住区,依旧保留了传统的公社形式,居民只服兵役,不缴纳私人地租,也不向国家纳税。[⑥] 这种情况表明,尽管从 11 世纪以后,随着军区制的瓦解,拜占庭帝国公社性质的土地占有形式日益减少,私人地产越来越多,但其土地占有形式仍是多样化的。[⑦]

---

① 陈志强:《拜占庭军区制和农兵》,第 127—128 页。

② 关于拜占庭帝国政府在伊苏里亚王朝到马其顿王朝之间的城市经济政策,厉以宁:《罗马—拜占庭经济史》,第 536—554 页。

③ G. Ostrogorsky, *History of Byzantine State*, p. 255.

④ 但有学者认为在拜占庭帝国,经商是自由的,没有人因为自己地位高贵而不愿经商,只有皇室家族成员才不允许卷入商业。参见[英]M. M. 波斯坦、爱德华·米勒主编,钟和译:《剑桥欧洲经济史》第二卷,北京:经济科学出版社 2004 年版,第 117 页。

⑤ N. Oikonomides, "Title and Income at the Byzantine Court", in Henry Maguire, *Byzantine Court Culture from 829 to 1204*, Washington, D. C.: Dumbarton Oaks Research Library and Collection, Harvard University Press, 1997, p. 207.

⑥ Alexander P. Kazhdan and Ann Wharton Epstein, *Change in Byzantine Culture in the Early Eleventh and Twelfth Centuries*, p. 58.

⑦ 厉以宁:《罗马—拜占庭经济史》,第 683 页。

二、 普罗尼亚制度的推广

经过几个世纪的发展,当阿莱克修斯一世成为皇帝时,大地产在土地所有制中的主导地位已经成为不可争议的事实。以他为代表的科穆宁王朝的皇帝们没有试图改变既定的发展趋势,而是进一步推广了普罗尼亚制度,以从经济上巩固统治阶层的政治地位。

在拜占庭历史上,皇帝赐予显赫家族财政特权是司空见惯的现象,但大部分特权仅限于允许地主在其地产上拥有一定数量的免税农民。这种特权必须定期得到黄金诏书的确认以及税吏定期征税的政策的支持,确保国家能够对免税农民的数量进行严格控制。① 但是,以"普罗尼亚"的形式赏赐的经济特权则有所不同。"普罗尼亚"最早出现在 11 世纪中期,君士坦丁九世是第一个将"普罗尼亚"赐给大臣的拜占庭皇帝②,当时这种土地来自皇室地产而且赏赐规模相当有限。作为为帝国服务的报酬,皇帝将一块地产连同上面的税收一起赐予服务者,接受者拥有土地的终生使用权,但无权转让和买卖,也不可世袭,这种土地在当时尚与军事服役无关。③ 科穆宁王朝统治期间,普罗尼亚制度进一步得到推广。④ "普罗尼亚"的所有权和自由处理权仍旧控制在国家手中,其接受者像以前一样对此无权世袭或买卖,这一时期的封地具有军事服役的特征。⑤ 但有观点认为,在科穆宁时代,军事义务已经转变为一种财政义务,与土地占有无关。这似乎是一种误解,大部分拜占庭学者都认为"普罗尼亚"在曼努埃尔一世统治时期已经变得非常重要。但是,认为"普罗尼亚"完全代替了其他支付方式,或者认为它反映了拜

① A. Harvey, "Financial Crisis and the Rural Economy", in Margaret Mullett and Dion Smythe, *Alexios I Komnenos*, I : *Papers*, pp. 168 – 169.

② 学者们对此提出了不同看法,一种观点认为,"普罗尼亚"最早出现在伊萨克一世统治期间,一个名叫君士坦丁的官员因为管理"普罗尼亚"和国家事务而享有盛誉,被称为特权的捍卫者。白玉:《十至十二世纪拜占庭封建大地产的几点考察》,《宁波大学学报》1990 年第 4 期,第 40 页。也有观点认为农兵破产是"普罗尼亚"制度产生的前提条件和存在基础。在科穆宁时代,自由农变成了依附农奴,被强大的家族和教会所控制,所以,"普罗尼亚"地产的出现时间应该定在 12 世纪 30 年代,在约翰二世统治期间,才发展成为一种正式的制度。J. W. Birkenmeier, *The Development of the Komnenian Army: 1081 –1180*, p. 153.

③ G. Ostrogorsky, *History of Byzantine State*, p. 292.

④ Michael Angold, *The Byzantine Empire*, (1025 –1204): *A Political History*, p. 126.

⑤ G. Ostrogorsky, *History of Byzantine State*, p. 329.

占庭帝国农村社会结构巨大转变的结论也是不合理的。一般情况下,农民的经济富裕与国家的富裕联系在一起,但科穆宁时代并非如此。合理利用主要生产者的剩余物品,对于拜占庭的军事征用和税收征集而言都很重要,科穆宁王朝军事力量的基础不同于马其顿王朝,后者的军事力量建立在保护军役土地和打击大家族势力的基础上,而科穆宁王朝正是以这些大家族的势力为基础,建立了政治军事组织机构,实行大贵族家族的联合统治,军事力量部分地依靠新的军役土地形式"普罗尼亚",但仍旧主要依靠由国库直接支付军饷的军队。科穆宁王朝的统治体制使 10 世纪和 11 世纪早期的一些军事义务财政化,从而增强了地方统治者对抗中央政府的力量,通过扩展家族网络进行统治的政策也导致了集权制的衰落,当安德罗尼库斯一世试图改变这种体制并削弱大家族的权力时,以家族政治为基础的科穆宁政体本身便陷入崩溃。[1] 统治者们赏赐的地产不再局限于皇室领地,而是来自国家的国有土地。普罗尼亚土地制度的推行使皇室家族和与之有血缘或婚姻关系的大家族成员得以聚集巨大的财富。[2] 约翰·奥克夏(John Oxite)指责皇室家族是国库的沉重负担,因为他们都过着像皇帝一样的生活。[3] 约翰·仲纳拉斯提到阿莱克修斯一世将国家的公共财产在其亲属和随从中分配,他们聚敛的财富需要"用马车装运"[4],并且拥有庞大地产,有的面积甚至大如一座小城市,例如,他的舅子迈利西努斯得到了塞萨洛尼基,拥有对该地区包括财政收入在内的控制权;两个兄弟尼基弗鲁斯和阿德里安(Adrian)得到了查尔基地克(Chalkidike)的周围地区;迪奥格尼斯获得了克里特岛;[5]乔治·帕库里亚努斯(George Pakourianos)拥有对其地产进行征税的特权,并有权占有因地产改善而增加的收入;利奥·克弗拉斯(Leo Cephlas)因军功被皇帝赏赐了四块地产,除了一块要向国家纳税,其余三块都可以自行征税。[6]

　　上述事实表明拜占庭帝国的官员从中央政府获得俸禄的方式和性质已经出

---

[1] J. W. Birkenmeier, *The Development of the Komnenian Army: 1081 -1180*, p. 144.

[2] M. Angold, *The Byzantine Empire, (1025 -1204): A Political History*, p. 126

[3] Margaret Mullett, "The Imperial Vocabulary of Alexiad I Komnenos", in Margaret Mullett and Dion Smythe, *Alexios I Komnenos, I: Papers*, p. 369.

[4] John Zonaras, *Epitome Historiarum*, Vol. 3, p. 767.

[5] M. Angold, *The Byzantine Empire, (1025 -1204): A Political History*, p. 126.

[6] A. Harvey, "Financial Crisis and the Rural Economy", p. 169.

现了某种变化。伊苏里亚王朝规定帝国高级官员的俸禄由国库支付,借此抑制官场的贪污腐败,这种制度从 8 世纪一直持续到 11 世纪。① 在马其顿王朝时期,高级官员的俸禄主要由皇帝以现金的形式发放,下面的事例生动地体现了皇帝亲自发放年俸的壮观场面。950 年 3 月 24 日,正值棕枝全日(Palm Sunday),在大皇宫的一个餐厅内,君士坦丁七世亲自为帝国官员发放俸禄。他坐在一张巨大的桌子后面,桌面上堆满了成袋的金币和昂贵的丝袍。官员们挤满了大厅,按照官阶的高低被叫到桌子前面从皇帝手中接受年俸。首先来到桌前的书记官米哈伊尔·雷卡平是前皇帝罗曼努斯一世的儿子,并不属于当朝的皇室成员,他得到了四件丝袍和大量金币,数量非常巨大,以至于不得不扛在肩上。随后前来的是拜占庭军队总司令和海军舰队司令,他们也得到了大量赏赐。接下来是军区总督,他们各自得到 24 磅金币和两件丝袍。在其后面的官员的俸禄比他们的少一半,官阶更低的官员,其薪俸依次递减,直到最后年俸为一磅金币的官员。上述官员的俸禄由皇帝亲自发放,少于一磅金币的则由一个官员在次日专门负责发放。整个过程在复活节之前结束。② 这种俸禄制度加强了最高统治者及其官员之间密切的个人关系以及后者对前者的经济依附。皇帝对此有绝对控制权,他可以想方设法地完成每年一次的俸禄发放,但也能随意缩减其数量或者将之完全废除。例如,伊萨克一世第一次削减了官员的年俸;尼基弗鲁斯三世则连续三年停发所有显贵和行政官员的俸禄,使整个俸禄体制陷入瘫痪。③

阿莱克修斯一世明确取消了按照传统支付给荣誉头衔持有者的年俸④,有关皇帝颁发年俸的记载从此在史料中消失。在其统治期间,服务的酬劳开始部分地采用"普罗尼亚"土地及其税收的形式。这种俸禄不同于以前的年俸,是以终生割让土地和国家税收为基础,尽管并不是一种新事物,但在程度和规模上有了实质性的不同。过去的一种特殊恩惠现在变成了正式的制度,过去的主要受益人是宗教机构,现在开始被世俗贵族大量获得。⑤ 科穆宁王朝的统治者把"普罗尼亚"

① N. Oikonomides, "Title and Income at the Byzantine Court", p. 202.

② N. Oikonomides, "Title and Income at the Byzantine Court", pp. 200 – 201.

③ N. Oikonomides, "Title and Income at the Byzantine Court", p. 208.

④ John Zonaras, *Epitome Historiarum*, pp. 732 – 733.

⑤ N. Oikonomides, "Title and Income at the Byzantine Court", p. 212.

赐予一定范围内的统治阶层成员,以此为其支持者的政治地位提供财政支持。在曼努埃尔一世统治时期,"普罗尼亚"逐渐成为普遍的土地占有形式,其所有权也由终身制变为世袭制。12 世纪中叶,为了通过普罗尼亚制度建立一支帝国军队,他在 1143 -1158 年颁布了一系列新法,命令禁止将授予的土地转让给不属于元老院或没有军事义务的官员。利用普罗尼亚制度维持军队有两个方面的意义,首先,它将军队的军事供给置于一种固定的基础之上,中央政府不再为他们提供军饷,在这个意义上,它类似于军区制下的军役地产;其次,这意味着接受"普罗尼亚"的士兵只为向他们提供土地的皇帝负责,中央政府直接管理驻扎在行省的士兵供给,行省总督的权力被削弱,其责任仅限于控制和维持军队的数量和训练士兵。①

　　普罗尼亚制度的推广根源于当时的形势需求。首先,因为大地主兼并土地并截流原本应向国库缴纳的租税,国家的税收体制遭到破坏,库存急剧缩减。"普罗尼亚"作为俸禄的替代品,是帝国国库空虚、缺少财富储备的体现。但有学者认为这是一个经济增长的时期,例如,巴尔干地区尚有未开垦的大量荒芜土地;至少到曼努埃尔一世统治末期,中央政府一直能够牢牢地控制国家财政。② 阿莱克修斯一世在其统治初期面临的经济危机,实质上是由 11 世纪七八十年代的军事失败和政治动乱引起的,巨大的战争开销使国家对税收的需求剧烈增长,但税收体制无法充分应对费用的突然飙升。帝国的经济结构又严格限制了经济扩张的幅度,国家的主要生产单位是农户,他们提高生产率、增加收入的方式极为有限。尽管改良土壤,改善排水渠道和灌溉体系也能取得一些成效,但增加财富的最主要的手段还是扩大耕地面积。此外,农村经济的扩张是一个长期的过程,不可能立刻向国家提供充足的税源以满足突然增长的军事费用,尤其在塞尔柱突厥人侵入小亚细亚造成国土面积大大缩减的情况下。所以,统治者必须通过其他方式解决对金钱的迫切需求。普罗尼亚制度能够变相地减少国家的军费支出并为国家提供一定数量的本族士兵,自然成为统治者开源节流政策的一部分。其次,科穆宁家

① J. W. Birkenmeier, *The Development of the Komnenian Army: 1081 -1180*, p. 152.

② J. Haldon, *The State and the Tributary Mode of Production*, London and New York: Verso, 1993, pp. 130 - 131, 134 - 136; M. Angold, *The Byzantine Empire, (1025 -1204): A Political History*, p. 254, 260 - 261.

族是小亚细亚的军事贵族,其政权的支持者大部分也是来自这个地区的大家族。在阿莱克修斯一世登位之初,小亚细亚地区已经几乎全部落入塞尔柱突厥人手中,只有少数沿海城市仍旧处于帝国的控制之下。由于这个新的统治集团丧失了在上述地区的大规模地产,因此,他们力图在中央和欧洲各省的政府中占据最重要的职位,谋取最大的肥缺,并在欧洲地区补偿自己的土地财产。① 再次,在某些时期,国家需要根据当时的形势重新分配土地财富,以使之最有利于统治集团的利益和满足他们的需求。作为篡位者,阿莱克修斯一世的统治缺乏合法性,为了巩固皇权,需要赢得强大贵族家族的支持。但在其统治前期,严峻的军事形势和混乱的经济状况导致国库空虚,所以他必须在赐予恩惠和增加税收之间维持一种平衡,前者是维持统治的政治需求,后者则是军事行动的基本保证。为此,阿莱克修斯一世缩小经济特权的授予范围,在将之慷慨赐予皇室家族和与之有血亲关系的家族成员的同时,把其他贵族排除在外并且不允许他们担任最重要的政府职位。② 他的继承者们延续了他的政策。最后,普罗尼亚制度的进一步推广,与当时国家的军事力量开始依靠经济实力雄厚的大地产主有关。由于小农和农兵逐渐破产,帝国军队力量的重心日益向大地产主偏移,因为他们有能力为国家提供装备昂贵的重装骑兵,而其他地产者则只能提供在军队中处于相对次要地位的轻装步兵。③ 普罗尼亚的接受者不仅必须为国家提供兵力,而且负担许多军事义务,例如,在地产集中的地区修建新的防御堡垒等,从而在一定程度上有助于解决帝国的兵源和军事防御问题。在当时的情况下,普罗尼亚制度似乎是征募军队的合理财政方式,在强有力的皇帝的严格控制下,它并不意味着中央政府完全放弃了土地税的征收权。

　　有些学者将普罗尼亚制度与拜占庭的封建化联系在一起,认为"普罗尼亚"是拜占庭帝国封建化特征最为明显的形式,随着以这种方式封授的大地产数量的持续增加,帝国的封建化过程迅速加强④,在科穆宁时代,封建制度最终确立,拜

---

① 梁作檊:《罗马帝国与汉晋帝国衰亡史》,广州:广东高等教育出版社1997年版,第443—444页。
② A. Harvey, "Financial Crisis and the Rural Economy", pp. 170 - 171.
③ 白玉:《十至十二世纪拜占庭封建大地产的几点考察》,《宁波大学学报》1990年第4期,第41页。
④ [南]乔治·奥斯特洛格尔斯基:《拜占庭帝国》,第312页。

占庭帝国步入封建社会。[1] 这种观点把"普罗尼亚"视为封建制度的标志,将它等同于西欧的封建领地——封土,与仲纳拉斯对阿莱克修斯一世财政政策的评价类似。也有学者对此持不同的意见,认为尽管普罗尼亚制度同西欧的采邑制相似,但两者之间存在诸多不同。西欧的采邑制度在社会经济中占据主导地位,在此基础上形成了一套完整的封建等级制度并与各种封建特权紧密联系在一起。采邑主不向国家上缴地租,也不是国家的公职人员,不仅拥有庞大地产,享受豁免权,并且可以在自己的领地内实行司法、行政、财政、军事等权力,强大的采邑主甚至在自己的领地内成为独立的君主,与国王相抗衡。[2] 国王丧失了对这些土地执行司法、征收赋税和征募军役的权力,也丧失了对生活在这些土地上的生产者的控制权。[3] 但拜占庭帝国实行高度中央集权的君主专制制度,皇帝在理论上拥有对全国土地的所有权,无论皇产、教产还是农民或地主的私产,都处于皇帝的控制之下。国家以纳税为条件将土地通过多种形式分配给个人使用,个人之间以地租为条件转换使用权,但国家始终保持对所有土地的税收权和没收的权力。[4] 帝国存在土地国有制、小农土地所有制、地主土地所有制等多种土地所有制形式[5],像普罗尼亚这种有条件的土地所有制直到 12 世纪才得到充分发展,并且普罗尼亚主只拥有对土地的征税权而没有司法、行政等其他特权。另外,"普罗尼亚"始终也没有像采邑在西欧那样成为拜占庭帝国占据主导地位的土地所有制形式,亦没有发展出西欧的骑士制度和强调相互权利与义务的封君封臣制度。

三、 税收和货币体制改革

税收和货币制度的稳定对于维持帝国庞大的官僚机构和军队起着异常重要的作用。面对税收体制遭到破坏,经济秩序陷入混乱的局面,在赐予家族成员税

① 杨连山:《关于拜占庭封建制起源与封建化问题的探讨——对许宏杰同志"拜占庭封建化过程的几个问题"一文的商榷》,《史学月刊》1957 年第 1 期,第 26、29 页。

② 黄开贞:《试论拜占庭帝国社会发展的特殊性》,《南充师院学报》1985 年第 3 期,第 67—68 页。

③ [美]汤普逊:《中世纪经济社会史》上册,第 318 页。

④ 陈志强:《拜占廷帝国史》,第 392—393 页。

⑤ 黄开贞:《试论拜占庭帝国社会发展的特殊性》,《南充师院学报》1985 年第 3 期,第 67 页。

收特权的同时,为了增加财政收入,填充空虚的国库,阿莱克修斯一世进行了税收与货币体制改革。

　　拜占庭帝国通常的货币体系包括金币诺米斯玛①、银币米尼阿里萨(miniaresion)和铜币弗里斯,每金镑等于72金诺米斯玛,每金诺米斯玛等于12银米尼阿里萨,每银米尼阿里萨等于24铜弗里斯。② 从4世纪中期到10世纪末,帝国的货币体系一直保持稳定,拜占庭金币甚至长期享有国际货币的信誉。但从11世纪中期起,伪币和劣币出现,货币开始贬值。金币诺米斯玛也因为掺杂劣质金属,其重量和含金量逐渐下降,失去稳定性,从而导致税收体制的混乱。一般的足值金币为24克拉(carat),从君士坦丁九世开始,1金币的价值下降到18克拉,此后,金币就没有再恢复足值。曼兹科特战役的失败更使其价值一落千丈,在尼基弗鲁斯三世统治期间,1金币只相当于8克拉。③ 阿莱克修斯一世在即位之初继续使用贬值货币,拥有不同价值的各种货币在社会上并行流通,有些金币的含金量竟不到2克拉。④ 货币体系的混乱严重影响了国家税收和经济生活的正常运行,恢复币值稳定成为亟待解决的问题之一。

　　1092年,阿莱克修斯一世进行了货币和税收体制改革,具体内容包括大力推进包税制、税收货币化和规范税种。首先,发行了一套含有合金的货币单位。金币希帕皮隆(nomisma hyperpyron)的价值相当于20.5克拉,阿斯皮隆(aspron trachy nomisma)、特拉吉(trachy)、特塔特隆(tetarteron)是金银合金,分别是金币价值的1/3、1/48和1/864。⑤ 尽管帝国经济状况的混乱状态源于货币的贬值,但货币改革之后,这种情况依然延续。归结原因,一方面是因为新旧货币的替代需要一个过程,大部分旧币尚处于流通之中并且其实际价值都低于标准价值。另一方面,大地主仍旧用贬值货币纳税,试图抵制国家的货币改革政策,这必然影响税收

① 诺米斯玛是拉丁语金币索里达的希腊语名称,最早其含金量是98%,重4.48千克。[英]M. M. 波斯坦、爱德华·米勒主编:《剑桥欧洲经济史》第二卷,第721页。
② 陈志强:《拜占廷帝国史》,第473页。
③ M. Angold, The Byzantine Empire, (1025 -1204): A Political History, pp. 59 - 60.
④ 金币长期贬值是拜占庭财政危机的反映,也是财政危机导致的必然结果。马其顿王朝末年,庞大的军费和官僚机构支出成为帝国沉重的财政负担。在这种情况下,削减军费,可能引起军心不稳,将领叛变;削减行政经费和官员薪俸,可能导致政府运转不灵;增加税收则会加重农民的负担,激起他们的不满。因此,金币贬值似乎成了唯一的办法。参见厉以宁:《罗马—拜占庭经济史》,第595页。
⑤ A. Harvey, "Financial Crisis and the Rural Economy", pp. 172 - 173.

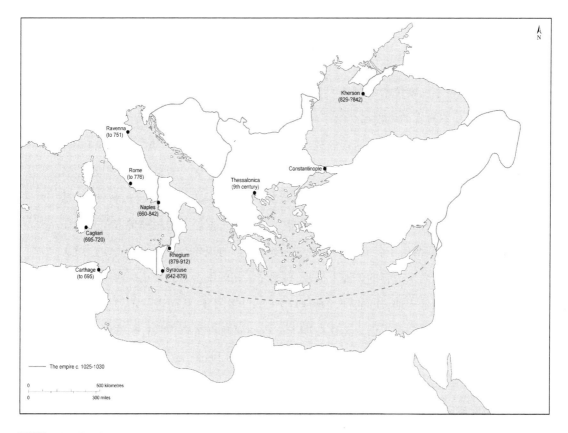

图10 拜占庭帝国造币厂

- Ravenna (to 751) 拉文纳（至 751 年）
- Rome (to 776) 罗马（至 776 年）
- Naples (660-842) 那不勒斯（660—842 年）
- Cagliari (695-720) 卡利亚里（695—720 年）
- Rhegium (879-912) 利基翁 [现代雷焦迪卡拉布里亚（Reggio di Calabria）的古名。参见 Simon Homblower and Anthony Spawforth (eds.), *The Oxford classical dictionary*, Oxford University Press, 1999 (3rd edition), p.1312; https://www.britannica.com/place/Reggio-di-Calabria-Italy。]（879—912 年）
- Syracuse (642-879) 叙拉古（642—879 年）
- Carthage (to 695) 迦太基（至 695 年）
- Thessalonica (9th century) 塞萨洛尼基（9 世纪）
- Constantinople 君士坦丁堡
- Kherson (829-?842) 克尔松（829—?842 年）

体制的正常运行。

在科穆宁王朝统治期间,包税制度继续发展,12世纪初期已经成为一种常规,几乎所有行省的税收都交给了包税人。在帝国长期的历史发展中,征税过程中一直存在不公正和敲诈勒索的现象,包税政策则加剧了这一点。在包税制下,包税商负责征收某一地区的税收,按照包税额向政府上交。国家为了征得足够多的税收,通常将包税的任务委托给最高投标者,而包税人为了谋取私利,中饱私囊,必然会设法征收远远超出规定上交数量的税额。据说,"包税商负责在某省征税时,经常征到两倍于名义税额的税,是极为正常的现象"①。同时,税收必须从塞尔柱突厥人尚未占领的土地上征收,科穆宁王朝的统治者们又从这些仅存的土地中抽取了大量土地,连同它们的税收赐予了皇亲国戚,从而进一步加重了包税人的负担。许多包税人因为无法按期上交税额而倾家荡产,例如,色雷斯和马其顿行省的税收曾被承包给迪米特里·卡马特鲁斯(Demetrius Camaterus),1104—1105年,他曾承诺从这些行省征收双倍的税收,但因为没有如期完成任务,他在都城的住宅被没收。1105—1106年,这项任务被委托给了尼基弗鲁斯·阿尔塔巴斯图斯(Nikephorus Artabastus),后者成功地征收了规定的数量。他曾向阿莱克修斯一世报告各个村庄交纳的税收标准存在相当大的差异,这种多样化因为长期存在已经成为一种惯例。②

1106—1109年,阿莱克修斯一世进行了税收体制改革。这次改革主要统一了基本土地税的税率,规定一律用价值为8克拉、相当于足值金币价值1/3的诺米斯玛征收,不足一个诺米斯玛的则用铜币征收。③ 国家通过改变税率的方式,在地产税率提高的情况下,让地产主占有与以前纳税额相符的土地面积而没收其多余土地,从而剥夺了地产主对一部分土地的所有权。④ 同时,阿莱克修斯一世对包括"两克税"(δικερατον)、"六弗税"(εξαφολλον)、"习惯税"(συνηθεια)和"士兵税"(ελατικον)等在内的附加税也进行了改革。这些附加税根据基本税的

---

① [英]M. M. 波斯坦、爱德华·米勒主编:《剑桥欧洲经济史》第二卷,第197页。

② A. Harvey, "Financial Crisis and the Rural Economy", p. 177.

③ M. Angold, *The Byzantine Empire*, (1025 –1204): *A Political History*, p. 132.

④ A. Harvey, "Financial Crisis and the Rural Economy", p. 174.

不同而存在差异。① 自 11 世纪以来,附加在农民身上包括以实物支付的费用和劳役在内的义务,例如,建造舰船、修筑要塞、为架桥铺路提供物资和劳动力、为官员和军队提供膳食和居所、免费或以极低的价格为过往军队提供运输服务和各种食物等,已部分地存在用现金支付的趋势。从阿莱克修斯一世开始,科穆宁王朝加速了这种货币化进程,而且改变了附加税税率不一致的现象,规定为统一的标准即 33 弗里斯,当时每个诺米斯玛相当于 96 个弗里斯。②

可见,货币和税收改革存在密不可分的关系,任何一方的滞后都会影响改革成效。当时两者之间的长期间隔存在两个方面的原因。首先,在正常情况下,税收政策的变化只有在一个稳定和连续的货币体制中才有意义,而新货币取代旧货币需要一定的时间,在货币改革的前几年,旧币依然使用,后来随着每年的征税和新币的大量流通才逐渐消失。其次,官僚机构运作的缓慢是拖延其改革进程的另一个因素,例如,所有重要事宜都必须向统治者汇报,而后者经常不在都城,并且在改革期间,官员之间经常存在对其命令的不同解释。③

尽管没有进行根本性的重大财政改革,基本税的征收内容和原则仍与以前相同。戴克里先皇帝在位期间,在农业税方面实行了"轭丁制"改革,规定以一定面积的土地"轭"(即牛轭,是罗马时期的土地单位,一般以一副牛轭,即两牛一犁一天能耕种的土地为一轭,因此,因平地或坡地的不同,一轭土地的实际面积也各不一致)为基本的征税单位。可耕地面积以及在这块土地上耕种的各种主要作物的种植比例,土地上的劳动力数量和牲畜数量等,都被地方官在编辑地籍时加以载明,以此作为征税的基本依据。同时,土地上其他方面的因素,例如土质、地形地貌、作物种类等也是估定应征税额的依据。在拜占庭帝国,这一核定土地和税收标准的方式在东地中海地区长期存在,直到奥斯曼土耳其人征服地中海东部地区和巴尔干半岛之后,仍旧实行这种制度。④ 没有份地的农民交纳人头税,拥有份地的农民交纳人头税和土地税的联合税;税额根据所占份地的面积和耕犁的数量

---

① 〔南〕乔治·奥斯特洛格尔斯基:《拜占庭帝国》,第 311 页。
② A. Harvey, "Financial Crisis and the Rural Economy", p. 179.
③ A. Harvey, "Financial Crisis and the Rural Economy", p. 180.
④ 徐家玲:《拜占庭文明》,第 247—248 页。

计算。但是自阿莱克修斯一世开始,帝国把某种规范引入货币制度中,从而改变了混乱的经济状况,使税收体系得以稳定有效地运行,为国家税收的顺利征收提供了稳定的机制保障①,确保了国库的充盈,使国家机构的正常运转和击退持续不断的入侵外敌成为可能。

第三节

科穆宁王朝的政治治理

11 世纪随着贵族势力的崛起,统治阶级内部争权夺利的斗争日趋激烈,频繁的政治叛乱导致国内形势动荡不安。为了巩固皇位,缓解皇权与贵族之间的利益冲突,维持国内政治秩序的稳定,皇帝转而依靠自己的家族进行统治,将希望寄托在家族成员的忠诚支持上面。从杜卡斯家族的皇帝开始,就已经出现高级官职和军队的领导权被集中到皇室家族手中的趋势。科穆宁家族是小亚细亚地区军事贵族的代表,其军事叛乱的成功得益于来自这个地区的军事大贵族的支持和彼此之间的和解,这些家族通过婚姻的纽带联合在一起。科穆宁王朝的统治者将权力集中到皇室家族和与之有婚姻或血缘关系的家族手中,使帝国政治中早已存在的事实在制度上正式确立下来,成为其统治原则。

一、 贵族的崛起

6 世纪末,由于连年战争和自然灾害,小农大量破产,大地产贵族也几乎全部消失,以至于到 7 世纪时拜占庭帝国几乎不存在世袭大贵族。② 拜占庭贵族家族

---

① A. Harvey, "Financial Crisis and the Rural Economy", p. 133.
② 陈志强:《拜占庭军区制和农兵》,第 122—123 页。

的出现可以追溯到 8 世纪①,其势力的发展壮大经历了一个长期过程,其中军区制的推行和帝国统治者的政策变化是影响其发展进程的两个最重要的因素。

7—12 世纪的军区制为新兴军事贵族和大地产阶层的重新崛起创造了条件。② 军区制以田代饷建立了军役地产,即负有军事义务的田产。因为军区将军以下的各级官兵都需要自给自足,自备武器装备,因此不论何种兵种军阶的士兵都把经营土地的收入作为支付军事费用的经济来源,他们定居在所属部队驻守的地区,平时经营田产,战时参军作战。在其服役期间,军役土地可以被永久占有,不可剥夺并享有免税权。士兵拥有自由处理土地的权利,可以买卖、赠送他人,也可以将田产连同军役义务作为遗产留给继承人。他们构成了帝国的农兵阶层。③ 以农兵为主体包括自由小农在内的小土地占有经济在九十世纪之交达到发展的最高阶段,拜占庭帝国的税收也因此大幅度增加,财政状况得到根本好转。在这两个世纪中,帝国的年收入最高时达到 58.4 万金镑。④

同时,军区制改革带来了地方组织的军事化,标志着中央政府将权力向地方下放,赋予军区将军很大的自治权。他们凭借掌握的军事和行政权力有效地控制了军区的经济发展,利用颁发军役地产的机会将辖区内的优质土地据为己有,并通过增加军事劳役的手段迫使小农放弃土地,趁机将之侵吞,以扩充自己的地产。事实上,贵族的大地产经济原本就具有比小农经济更优越的外在发展条件。处于统治阶层的大地主常常得到各种特权,逃避国家税收,他们控制着在其土地上耕作的农民的经济,以各种手段将农民本应上缴国家的租税截留据为己有,只将很少一部分上缴国库。而军区制下的小农经济本身就很脆弱,经受不住自然灾害和

---

① 对于贵族家族出现的时间,存在几种观点。有的学者认为在 9 世纪中期,拜占庭文献中开始提及贵族家族,见陈志强:《独特的拜占庭文明》;有的学者认为在 8 世纪末,见 M. Angold, *The Byzantine Empire, (1025‑1204): A Political History*;有的学者认为在 8 世纪晚期,见 W. Treadgold, *A History of the Byzantine State and Society*;奥斯特洛格尔斯基认为贵族发展的开端可以追溯到 8 世纪,当时许多大贵族王朝已经相继出现,见 G. Ostrogorsky, *History of Byzantine State*。在笔者看来,尽管随着军区制的普遍发展和帝国形势的逐步稳定,贵族也随之出现,但如果将创始者出身贵族的王朝称为贵族王朝的话,8 世纪的拜占庭帝国并未出现大量的贵族王朝。

② 军区制又称塞姆制,是 7—12 世纪在拜占庭帝国境内推行的军事和行政制度。陈志强:《拜占庭军区制和农兵》,第 114—128 页。

③ 陈志强:《拜占庭军区制和农兵》,第 119 页。

④ S. Runciman, *Byzantine Civilisation*, p. 96.

战争的双重打击,经常处于破产的境地,大地主便借天灾人祸以提供庇护为条件
吞并小农土地。10世纪以后的资料表明,小农日益丧失其独立性沦为大地主的
农奴,在11世纪之前的一个多世纪中,许多农民已落入大土地所有者手中。在一
些地区,土地主要由奴隶和雇佣劳动力耕种,尽管农民还维持自己的财产,却把租
金和税收交给地主而不是国家。此外,拜占庭国家的税收制度具有逆向性,越富
的人交纳的税额往往越少,因为他们通常获得免税特权。不容忽视的事实是,如
果一个村庄成为这些人的庇护对象,即使村民继续耕种自己的土地,所纳税额比
直接交给国家的还是要少得多。① 因此,有些农民自愿放弃对土地的所有权以寻
求庇护。到11世纪时,帝国的国有农民几乎完全消失。② 可见,军区制改革为以
大地产为后盾的贵族势力的重新兴起和发展提供了条件,“一个人数众多的军事
贵族阶层逐渐形成”③。

在拜占庭帝国,皇权统治的基础是地主阶级。为了赢得他们的支持,历代皇
帝都在贵族中培植亲信,委以重任。在利奥六世统治期间,贵族势力已经开始形
成独立的阶层,迫使国家承认其特权地位。皇帝的立法便反映了贵族势力不断增
强的事实,其发展的最后阶段将动摇皇权的专制统治,瓦解帝国的统治大厦。但
在当时,贵族势力的发展对中央政权的威胁尚具有潜在性,并没有引起最高统治
者的重视。所以尽管利奥六世曾在法令中提出,“朕以为有两种职业对国家的长
治久安极为重要,一为农民,一为士兵。朕以为此二业当在各业之首”④,却在经
济领域增强贵族的经济实力。为了限制官员利用职权贪赃枉法、中饱私囊,拜占
庭的法律规定,官员在其任职期间,如果没有得到皇帝的恩准,不得在当地购买土
地和货物,不得接受礼物和遗产。但是在官僚贵族的要求下,利奥六世废除这条
法律。此后,在地方行省除了军区将军之外,其他官员都被解除了这条禁令的束
缚。但因为执掌军事和行政大权,军区将军总有谋取私利的机会。利奥六世还颁
布立法,废除了紧邻农户优先购买废弃土地和在六个月之内可以暂时不为购买的

---

① M. Angold, *The Byzantine Empire*, (1025 -1204): *A Political History*, p. 66.
② 陈志强:《拜占庭军区制和农兵》,第123页。
③ 黄开贞:《试论拜占庭帝国社会发展的特殊性》,《南充师院学报》1985年第3期,第67页。
④ 陈志强:《拜占庭军区制和农兵》,第122页。

土地付款的权利,这原是为了防止农民的土地落到地主手中而采取的措施。① 此规定的废除造成了恶劣影响,使贵族更容易兼并农民的土地,有助于其经济势力的增强。利奥六世的政策留下了严重的后遗症,迫使其后继者不得不进行制止大地产膨胀,保护小农经济的长期艰苦斗争。

利奥六世还在《战术》中明确规定,包括军区将军在内的高级官职只被封授给具有一定社会地位和财产的人。② 这反映了帝国的军事领导权逐渐集中到贵族手中的趋势。例如,10世纪初,当保加利亚国王西蒙洗劫第拉休姆和塞萨洛尼基的城郊地区时,领导帝国军队与其作战的最高司令官是来自福卡斯家族的利奥·福卡斯,他的军事同僚包括其兄弟即未来的皇帝尼基弗鲁斯二世的父亲巴尔达斯·福卡斯和帝国许多重要大家族的代表人物。③ 尽管在出身军事贵族家族的尼基弗鲁斯二世和约翰一世两位皇帝的统治期间,马其顿王朝作为正统皇室合法代表的权力在表面上保持完好,但皇位应该属于出生在皇宫紫色产房的皇子们的传统在贵族的观念中日渐淡泊,国家实权被来自大贵族家族的某个将领所控制的现象逐渐成为一种惯例。到10世纪,在小亚细亚和巴尔干半岛的北部地区出现了一批“权贵者”。他们主要由中央高级官吏和高级军官组成,前者被称为文职贵族,其财富主要来自在宫廷的官职和地位,后者被称为军事贵族,以行省的大地产作为经济后盾④,两者之间争权夺利的斗争从未间断。对帝国而言,小亚细亚的军事贵族是进行对外战争的主要依靠力量,几个世纪以来一直向帝国提供最优秀的将领,保卫边境的安全。与此同时,他们也是国家政治动乱的祸源所在,随着自身力量的增强,逐渐成为挑战中央集权和政治稳定的主要威胁。这在10世纪末已经初见端倪,来自安纳托利亚地区的两个最著名的家族就在这一时期起兵反抗瓦西里二世,给帝国带来了严重破坏。

贵族势力的发展对皇权的潜在威胁逐渐引起帝国统治者的警惕,马其顿王朝的皇帝开始采取措施抑制他们的发展,从统治者颁布的法律来看,削弱大土地贵

① G. Ostrogorsky, *History of Byzantine State*, p. 226.

② G. Ostrogorsky, *History of Byzantine State*, p. 226.

③ [南]乔治·奥斯特洛格尔斯基:《拜占廷帝国》,第213页。

④ H. Maguire, *Byzantine Court Culture from 829 to 1204*, p. 169.

族的势力是该王朝的重要政策。自罗曼努斯一世率先在 922 年颁布保护小农地产的法令开始到瓦西里二世重新恢复反贵族政策的近一个世纪中,帝国政府的土地政策曾在一定程度上沉重打击了贵族的势力,有效地保护了小农经济。如果说罗曼努斯一世意识到了大地产的扩张会给国家的经济和社会机构带来严重影响的话,瓦西里二世则看到了其政治后果,遏制贵族的措施也因此更为严酷。他在996 年的法令中明确谴责一些大家族世代占据高级官职的时间已经长达 70 年甚至百年左右[1],福卡斯家族和马莱尼家族就是当时势力极为强大的贵族家族的代表。瓦西里二世不畏权贵们的激烈反对,即使他们得到了牧首塞尔吉乌斯的支持,也没有动摇他坚决摧毁其势力的决心,严厉惩办了大批贵族。尤斯塔修斯·马莱努斯的经历便是其中的典型事例,此人是卡帕多西亚地区的贵族,曾在发动军事叛乱的巴尔达斯·福卡斯军队中担任将领,瓦西里二世在从叙利亚战场返回的途中受到他的热情招待。这位大贵族拥有的包括庞大地产、奴仆和依附者在内的巨额财产给瓦西里二世留下了极为深刻的印象,引起他的恐惧和担忧,以至于最终将这位让他寝食难安的贵族监禁在都城并剥夺了其全部财产。[2] 许多位高权重的大贵族也遭遇了与尤斯塔修斯相同的命运,例如,瓦西里二世将朝廷命官菲洛卡勒斯(Philokales)贬为庶民并没收了其非法聚敛的大量家产;解除了大贵族瓦西里·雷卡平的摄政王职务,没收其财产,并将其囚禁在修道院;罢免巴尔达斯·福卡斯的禁卫军司令职务,将其流放到安条克;平息巴尔达斯·福卡斯和巴尔达斯·斯克莱罗斯发动的军事叛乱等。[3]

瓦西里二世严厉的镇压政策使贵族们在其统治期间比较安分守己,但在他去世之后的 20 多年里,其继承者们向贵族妥协,逐步停止了遏制贵族势力膨胀的斗争。罗曼努斯三世来自当时帝国最显赫的家族之一阿尔吉利家族,在成为皇帝之前担任都城市长, 或称市政总监,是拜占庭帝国行政机构中的最高官员,也是宦官不得问津的少数职位之一,在 10 世纪的《礼仪书》中被称为"城市之父",其地

---

[1] H. Maguire, *Byzantine Court Culture from 829 to 1204*, p. 169.

[2] G. Ostrogorsky, *History of Byzantine State*, p. 271.

[3] 陈志强,《拜占庭帝国史》,第 253 页。

位在宫廷中仅次于皇帝。有学者认为,他享有除皇权之外的所有尊荣①,在皇位空缺时可以代行皇帝职权。他有权维持都城的秩序和法制,手下有两个部门,一个专门管理都城的行会,监管各种商品的价格,监督市民在公益事业中各尽其责。一个专门管理司法和刑讯,处理民事和刑事案件,管理监狱。②他是中央文职贵族的杰出代表,因此自然成为贵族们利益的保护伞。此后贵族迅速崛起,重新成为左右朝政和废立皇帝的强大力量。

贵族的崛起表现在许多方面。首先,在政治上控制国家政权。这一点在帝国王朝创建者出身的变化上体现得非常明显。在8—9世纪这段时期,统治帝国的是伊苏里亚王朝和阿莫里王朝。这两个王朝的创始人都是贫苦农民出身。伊苏里亚王朝的创立者利奥三世出生在叙利亚北部日耳曼尼基亚的牧民之家,起初担任查士丁尼二世的随从,因为胆识非凡和善于钻营,在阿纳斯塔修斯二世统治期间成为安纳托利亚军区的将军。717年,他联合亚美尼亚军区的将军阿尔塔巴斯图斯推翻塞奥多西三世的统治,开创了新王朝。③ 阿莫里王朝由米哈伊尔二世建立。他来自贫困农民家庭,青年时代由于走投无路而从军,其间不断升迁,曾是安纳托利亚军区的将军巴登斯·图库斯的女婿和心腹战将。后来,他在几位皇帝的皇权争夺战中趁机发展自身势力,成为元老院首领,在利奥五世统治期间继续受到重用,但因涉及宫廷阴谋而被打入死牢,拥护他的军队为此发动政变将他推上皇位。④ 这两位皇帝均来自社会下层并且都实行了父死子继的血亲世袭继承制度,皇权交接没有因为军事贵族的叛乱而中断。

与东方诸君主国不同,拜占庭的皇位继承从未实行严格的父系血统继承制,皇位可以根据先帝的意志传给其子侄、外甥或子侄的姻亲,甚至先帝的遗孀、姐妹也可以通过联姻而使自己的配偶成为皇位继承人。有时即使是皇帝的近亲,如果没有得到先帝遗诏和元老院以及军队的拥戴,也不能继承大统。⑤ 但是,贵族家族王朝的情结在马其顿王朝的漫长统治期间逐渐孕育发展。这个王朝的创始人

① G. Ostrogorsky, *History of Byzantine State*, p. 284.
② 徐家玲:《拜占庭文明》,第 225 页。
③ 陈志强:《拜占廷帝国史》,第 202—203 页。
④ 陈志强:《拜占廷帝国史》,第 234 页。
⑤ 施治生、刘欣如主编:《古代王权与专制主义》,北京:中国社会科学出版社 1993 年版,第 339—340 页。

瓦西里一世是马其顿地区的一个农民的儿子,行伍出身,因为战功卓越得到米哈伊尔三世的信任,被任命为共治皇帝。867 年,他谋杀皇帝,篡位称帝。尽管王朝的创始人出身农民,但是马其顿王朝的统治长达 189 年,因此能够见证帝国贵族不断发展壮大的历程和文职贵族与军事贵族之间激烈的权力斗争。到马其顿王朝统治末期,拜占庭人已经确立了牢固的正统王朝观念,最明显的体现是米哈伊尔五世将马其顿王朝的合法女继承人邹伊驱逐出皇宫的行为引发了君士坦丁堡民众的动乱。他们坚决支持邹伊和她已经出家的妹妹塞奥多拉联合执政。在邹伊的第三任丈夫君士坦丁九世去世后,为了继续维持马其顿王朝正统皇室的统治,朝廷的官僚贵族请求塞奥多拉走出修道院,担任帝国君主,她亲自主持朝政达一年半之久。① 这种正统家族王朝的观念在帝国后来的历史发展中继续存在,成为统治的原则,国家逐渐沦为贵族家族借以实现自身利益的工具。杜卡斯王朝、科穆宁王朝、安苴鲁斯王朝和帕列奥列格王朝均由大贵族家族建立,创始者或是文职贵族或是军事贵族,出身下层社会的人再也没有机会问鼎皇位。

这种发展趋势并非偶然,因为尽管从原则上讲,拜占庭皇帝是帝国的最高权威,集各种权力于一身的专制君主,但要实现对庞大帝国的有效统治,他必须把一些权力让渡给他的官员。8 世纪出现的贵族,10 世纪时作为皇权统治的主要依靠力量,已经成为高级官员和皇帝的蓄水池。在大部分官员都来自贵族家族的情况下,权力的转移便为贵族势力的增长提供了便利和契机,他们逐渐成为威胁中央集权的重要力量。从这个世纪开始,大部分皇帝都来自贵族家族,摄政权也逐渐被他们完全控制。同时,伴随军区制的发展,以大地产为基础的军事贵族阶层迅速崛起,11 世纪时已经成为挑战皇权、左右政局的重要力量,一旦时机成熟,在君主软弱或政局混乱的情况下,他们极有可能叛乱篡位。

11 世纪帝国频繁的贵族叛乱在一定程度上从侧面体现了贵族势力的壮大。军事将领通过政变成为皇帝的传统开始于古代罗马帝国,特别是其晚期的历史充斥了军阀割据、自立为帝的现象,这对继承罗马帝国政治传统的拜占庭帝国的政治生活产生了深远影响。拜占庭实行的军区制促进了地方组织的军事化,使军人

---

① 陈志强:《拜占廷帝国史》,第 246 页。

在国家的政治生活中占据了更重要的地位。在帝国早期和中期的历史上,包括马其顿王朝在内的 8 个王朝都是由军人建立的。随着军事贵族羽翼的逐渐丰满,觊觎皇位的叛乱从未停止,例如,10 世纪末期,来自安纳托利亚地区的两个最著名的家族即福卡斯家族的巴尔达斯·福卡斯和斯克莱罗斯家族的巴尔达斯·斯克莱罗斯,发动反对瓦西里二世统治的军事叛乱,使帝国的混乱状态持续了近 20 年之久。① 瓦西里二世打击贵族的政策严重削弱了他们的强大势力,使其在一段时期内不敢轻举妄动。但是,遏制贵族的法令被逐渐废除之后,贵族的力量迅速恢复,11 世纪中后期严峻的边境形势则为军事贵族再次问鼎皇权提供了有利的契机。米哈伊尔七世在位 6 年多的时间里,先后发动叛乱的军队将领包括聂斯脱(Nestor)、白里乌尔的卢塞尔(Roussel of Bailleul)②和尼基弗鲁斯·博塔尼埃帝兹(Nikephorus Botaneiates)③,其中博塔尼埃帝兹成功夺取皇位,成为尼基弗鲁斯三世。但他只进行了为期 3 年的短暂统治,在此期间,军事叛乱也是此起彼伏,大规模的叛乱就有 4 次,即老尼基弗鲁斯·布里恩纽斯、尼基弗鲁斯·迈里西努斯(Nikephorus Melissenus)、瓦西拉西乌斯和科穆宁家族的叛乱④,并最终遭遇了与其前任同样的命运,被科穆宁兄弟罢黜。阿莱克修斯被叛乱军队拥立为帝。他的统治长达 37 年,贵族叛乱贯穿始终,导致“国内形势的持续混乱”。相比较外部敌人而言,“阿莱克修斯更对叛乱者充满了警觉”并通过各种方式“挫败他们的阴谋”。安娜详细记叙了发生在阿莱克修斯一世统治期间的 8 次叛乱,这些叛乱一般都穿插在重大的对外战争中,体现了他面临的国内外重重危机。例如,阿莱克修斯一世处理完摩尼教教徒事件,返回君士坦丁堡之后,发现一些重要元老院成员和著名军事将领正在策划反叛阴谋,尽管其罪证确凿,但他只剥夺了叛乱主谋的财产并将其流放,没有进一步追究此事;⑤与帕臣涅格人的决战结束之后不久,胡伯特图普鲁斯(Humbertopoulos)的叛乱阴谋被发觉;⑥阿莱克修斯一世出发与

---

① P. A. Blaum, *The Days of the Warlords*, p. 57.
② *The Alexiad of Anna Comnena*, Ⅰ, pp. 32 – 37.
③ [南]乔治·奥斯特洛格尔斯基:《拜占庭帝国》,第 291 页;*The Alexiad of Anna Comnena*, Ⅰ, pp. 58 – 59。
④ *The Alexiad of Anna Comnena*, Ⅱ, pp. 37 – 46, 92 – 94, 46 – 52, 73 – 102.
⑤ *The Alexiad of Anna Comnena*, Ⅵ, pp. 186 – 187.
⑥ *The Alexiad of Anna Comnena*, Ⅷ, pp. 261 – 262.

达尔马提亚人(Dalmatian)作战的途中,得知他的侄子约翰·科穆宁策划叛乱的消息并遭遇尼基弗鲁斯·迪奥格尼斯连续两次未遂的谋杀,从叛乱参与者的规模,他处理这次事件的谨慎态度以及安娜的冗长叙述来看,这是对其统治最具威胁性的一次叛乱;在博希蒙德(Bohemond)发动第二次入侵的过程中,阿莱克修斯一世还必须应对格里高利·塔罗尼特斯(Gregory Taronites)的叛乱、亚尼马斯兄弟和亚伦(Aaron)的谋杀计划;当比萨、热那亚和伦巴第的联合舰队劫掠帝国的沿海地区,塞尔柱突厥人正从陆地上威胁费拉德尔菲亚(Philadelphia)和其他行省时,米哈伊尔组织了一次叛乱。[1]安娜的记载表明阿莱克修斯一世经常处于危险之中,而上述阴谋叛乱的严重威胁与他对叛乱者的宽容态度形成了鲜明对比。除了尼基弗鲁斯·迪奥格尼斯被刺瞎双眼,他并没有对其余叛乱者实行残害或处决的严厉惩罚,他们中的大多数人仅被剥夺财产,流放囚禁,有的甚至无罪释放。安娜宣称这是阿莱克修斯一世宽容仁厚的体现,其统治和立法温和并充满人性化。但笔者认为这或许反映了他试图安抚人心,维持政治稳定,避免导致更大骚乱的良苦用心。在其37年的统治期间,尽管贵族叛乱非常频繁,但均以失败告终,阿莱克修斯一世并没有重蹈其前任被叛乱者罢黜皇位的覆辙,在皇位上寿终正寝。这在拜占庭帝国的历史上实属不易,因为在其千余年的历史舞台上上演了不计其数的叛乱事件,107位皇帝中[2],只有34人属于正常死亡[3]。对生命的威胁始终围绕戴着拜占庭王冠的皇帝,安娜的叙述不时地让我们记起这一事实。

其次,在经济上表现为小农经济破产,大土地所有制成为占主导地位的土地制度,"对农民土地的剥夺,直接产生了大土地所有者"[4]。从罗曼努斯三世开始,中央政府越来越关注大地产主的利益,慷慨授予世俗和教会大地产贵族大量特权,他们能够借此免纳某些捐税,其中最有权势者甚至逃避全部税收和公共义务,试图凭借免税权摆脱中央政府的控制,拒绝帝国官员进入这类免税地产。一些大

---

① *The Alexiad of Anna Comnena*, Ⅷ, pp. 262 - 265; Ⅸ, pp. 278 - 291; Ⅻ, pp. 386 - 388; Ⅻ, pp. 382 - 386; ⅩⅢ, pp. 396 - 398; ⅩⅣ, p. 446.

② 这一数字包括西方人攻占君士坦丁堡之后建立的拉丁帝国的皇帝人数。拜占庭人的皇帝共93位。参见,陈志强:《拜占庭皇帝继承制特点研究》,《中国社会科学》1999年第1期,第180页。

③ J. M. Hussey, ed., *The Cambridge Medieval History*, Ⅳ, p. 728.

④ [德]马克思、[德]恩格斯:《马克思恩格斯选集》第一卷,北京:人民出版社1972年版,第228页。

地产上的农奴交纳的税收不再流入国库而被大地主截留。大地产者因此聚敛了巨额财富,例如,帕夫拉戈尼亚的贵族菲拉列特(Philaleites)拥有庄园 48 处,骡马 1 600 匹,羊 1.2 万只,奴仆成群。[①] 卡帕多西亚贵族尤斯塔修斯·马莱努斯拥有包括庞大地产在内的巨额财产,奴仆和依附者的数量足以组成一支几千人的军队。[②] 伯罗奔尼撒的女贵族达里斯是一个非常富有的寡妇,拥有大片土地和数百名奴隶,她的奴隶织造精美毛毯和布匹的技巧驰名于整个帝国。[③] 她曾赠予未来的皇帝瓦西里一世大量黄金和 300 个奴隶,使他在成为皇帝之前得以在马其顿地区广置田产,培植亲信,为将来夺取皇位做准备。当她从帕特拉到君士坦丁堡拜访瓦西里一世时,有 300 名奴隶轮流为她抬轿。她送给皇帝的礼物包括 400 名青年、100 名阉人、100 名少女、400 匹织锦、100 匹细致的白葛布和一套金银餐具。她在生前分赠了大部分财产,死后又将剩余财产遗赠给瓦西里一世的儿子利奥六世,后者得到了 80 座别墅和农庄、成堆的钱币、珠宝、金银器皿、贵重的家具、织品、无数的牛和上千的奴隶。[④] 到 11 世纪时,皇亲国戚和显官大吏的地产也颇具规模,例如,伊萨克一世的御前大臣在遗嘱中提到的地产达 12 处,遗赠给两个女儿四处地产和一个半庄园,4 320 个金币的嫁妆,给某个修道院半个庄园,每年给予僧侣津贴和供奉 38 个金币,给 6 个被释放的奴隶 54 个金币和 4 处份地。[⑤] 同时,从 11 世纪中后期,国家开始实行新的土地制度,即"普罗尼亚"制度,这种制度通过赐予土地管理权和税收特权换取土地接受者的服务,进一步加速了大地产的集中和自由农依附于大地主的进程。

但在拜占庭帝国,土地和政治权力之间的关系与西欧存在明显的不同。在农业社会,土地是基本财富,作为国家统治阶级的贵族不可能没有土地作为其经济支撑。但是,土地和政治权力的关系可能会因为不同的社会机制而存在一定差别。一般观点认为,拜占庭贵族政治权力的基础也是行省地产。[⑥] 但马克·卫修

① 白玉:《十至十二世纪拜占庭封建大地产的几点考察》,《宁波大学学报》1990 年第 4 期,第 39 页。

② G. Ostrogorsky, *History of Byzantine State*, p. 271.

③ 苏联社会科学院主编:《世界通史》(第三卷上册),北京:生活·读书·新知三联书店 1961 年版,第 280—281 页。

④ [美]威尔·杜兰:《世界文明史》,上海:东方出版社 1998 年版,第 615 页。

⑤ 白玉:《十至十二世纪拜占庭封建大地产的几点考察》,《宁波大学学报》1990 年第 4 期,第 39 页。

⑥ M. Angold, *The Byzantine Empire, (1025 -1204): A Political History*, pp. 38 - 39.

指出在拜占庭帝国,土地并不是政治权力最重要的来源,贵族的权力建立在土地基础上的事例非常罕见,即使存在,也都出自特殊的背景。通常情况下,一个家族被提到在某个行省拥有权力基础,只是因为其家族的一个成员被流放到了出生地。按照常理,流放政治敌人的目的在于切断他们的支持力量,使其彻底丧失对抗能力。因此,如果会使被流放者返回到构成其主要政治力量的亲属和追随者的网络中,那么家族所在地就不可能成为他的流放地。此外,在利奥六世登位之前,拜占庭的法律禁止官员在任职的行省拥有地产。马克·卫修认为即使拜占庭贵族在行省拥有土地,也并不意味着一定和政治权力有关。这种情况的主要例外是东部边界的军事贵族家族,像斯克莱罗斯、福卡斯、阿尔吉利等家族因为参与拜占庭和伊斯兰教世界之间漫长的边界战争得到大量土地,从而变得富有和强大,例如,斯克莱罗斯家族曾在东部行省建立了威胁中央政府的权力基地并以此发动军事叛乱,但他们并不是典型的拜占庭贵族。[1] 11 世纪晚期的一些文献也表明,拜占庭贵族在这个经济相对扩张的时期,从他们的地产中仅仅得到有限的收入,相比较而言,与宫廷头衔以及官职联系在一起的俸禄为其政治权力和社会威望提供了实质上的财政支持。[2]

再次,自 11 世纪中后期,拜占庭上层社会的主流思想开始强调贵族出身和尚武精神,皇帝和贵族的理想形象被重新塑造便是其典型体现。

11 世纪以前,理想的皇帝形象建立在帝国传统的伦理道德和基督教信仰的基础上,强调虔诚和平的精神,主要品质包括刚毅、智慧、正义和贞洁四个方面。[3] 10 世纪期间,严格意义上拥有世袭特权的贵族阶层正处于形成过程中,统治阶层尚不稳定,姓氏刚开始受到重视[4],直到 11 世纪早期,作家们在有关贵族的定义中尚未强调出身。这在 9—10 世纪的 3 部文学作品中体现得非常明显。它们是瓦西里一世的《劝诫章》(*Hortatory Chapters*)、利奥六世纪念父母的演讲词和

---

① M. Whittow, "How the East was Lost: the Background to the Komnenian Reconquista", p. 62.

② Alexander P. Kazhdan and Michael McCormick, "The Social World of the Byzantine Court", in Henry Maguire, *Byzantine Court Culture from 829 to 1204*, p. 187.

③ Alexander P. Kazhdan, "The Aristocracy and the Imperial Ideal", in Michael Angold, *The Byzantine Aristocracy IX to XIII Centuries*, Oxford: BAR International Series, 1984, pp. 51 - 52.

④ Alexander P. Kazhdan, *The Social Composition of Byzantine Ruling Class in the 11 - 12th Centuries*, Moscow, 1974, pp. 37 - 55.

君士坦丁七世的《瓦西里一世传》。瓦西里一世认为人的高贵应由其美德和品质决定,他告诫世人"不要吹嘘血统的高贵和蔑视卑贱的出身""要敬重那些灵魂高尚的人";利奥六世主张应当根据本人的功绩和品德而不是其祖先的声誉对贵族进行评价;①君士坦丁七世列举的瓦西里一世的品质包括刚毅、智慧、贞洁和正义,虽然提到了他的出身,但重点描述了他的个人功绩而不是其家族。可见,尽管有关贵族的观念已经产生,但出身高贵尚未成为受重视的身份标志,仅被在背景中简单提及甚至被完全忽略。

　　从 11 世纪中后期开始,出身高贵和英勇善战逐渐成为被社会上层所标榜的两种重要品质,拜占庭文化中的军事主义因素日益增长,这在安娜的著作中有明显的体现。② 这个时代的其他作家也对此进行了充分的阐述,例如,作家塞奥菲拉克特大约在 11 世纪中期出生在希腊东部埃维厄岛(Euboea)的尤利普斯(Euripus),11 世纪 70 年代在君士坦丁堡接受教育,作为学者享有很高的声誉,1107 年去世。他一生著作颇丰,包括对《福音书》《使徒行传》《圣保罗使徒书》《小先知书》的注释集、书信、布道辞和演讲词。其现存书信有 535 封,是研究科穆宁时期书信文学的主要原始资料,已有相关成果面世。③这位作家将英勇善战视为一个统治者必须具备的最重要的品质,他曾警告他的学生即未来的皇位继承人君士坦丁·杜卡斯:"如果你一直身穿紫袍,从不着戎装,就不要奢望阿瑞斯的奴隶们会服从你。"④米哈伊尔·普塞洛斯不赞成把高级头衔赐予出身卑微的人,但他也认为官职的提升不应该依靠亲属关系。⑤ 米哈伊尔·阿塔利亚在论述皇帝的理想品质时⑥,除了提到传统的仁爱、正义、慷慨等,还专门列出了高贵出身和

① Alexander P. Kazhdan, "The Aristocracy and the Imperial Ideal", p. 43.
② 活跃在安娜笔下的重要人物几乎都是出身高贵、英勇善战的军事贵族,她的父亲阿莱克修斯只是他们当中最耀眼的一个。被阿莱克修斯委以军事重任的将领,如帕列奥列格、迈里西努斯、兰道夫(Landulf)、帕库里亚努斯等大都来自贵族家族。
③ M. Mullett, *Theophylact of Ochrid : Reading the Letters of A Byzantine Archbishop*, Birmingham Byzantine and Ottoman Monographs 2, Aldershot, U. K. : Variorum, 1997.
④ M. Angold, *The Byzantine Aristocracy IX to XIII Centuries*, p. 46.
⑤ M. Angold, *The Byzantine Aristocracy IX to XIII Centuries*, p. 49.
⑥ 拜占庭 11 世纪的政治家和历史学家,大约在 1020 年出生于阿塔利亚,1085 年去世。他在 1030—1040 年之间在君士坦丁堡接受了系统教育,曾担任法官和元老,其作品涉及历史、传记、法律等方面,主要代表作品《历史》记载了 1034—1080 年间拜占庭帝国的重大事件。参见陈志强:《拜占廷帝国史》,第 34—35 页。

骁勇善战两种品质,其笔下的理想人物是尼基弗鲁斯三世。他不仅追溯了这位皇帝著名的家族世系,而且经常提及其个人的军事成就,认为他深受爱戴的原因在于他几乎参加了所有重要战争并在战斗中表现了与其高贵出身相匹配的英勇行为。[1] 安娜的《阿莱克修斯传》事实上描绘了一幅贵族的群像图,贵族情结贯穿了整部著作的始末,出身高贵和勇敢是她一再强调的贵族身份的重要标志。当一个新的人物出现她的笔下时,不管是皇帝的将领朝臣,还是叛乱者,甚至是帝国的敌人,她首先会提到他的出身和社会地位。在她看来,只有出身高贵的人的事迹和符合贵族身份的行为才值得记录。

可见,高贵的血统和勇武的精神逐渐成为评价贵族的重要标准。除了文学作品,皇帝肖像画的变化也在一定程度上反映了这一趋势。11世纪中期,皇帝身穿戎装的模拟像开始出现在金币上,君士坦丁九世发行的金币背面的图像上,皇帝身披盔甲,右手举着十字架,左手按着剑柄。[2] 伊萨克一世发行的金币则体现了与传统皇帝形象更根本的决裂:皇帝左手紧握剑套,右手扶着扛在肩上的剑。为此,同时代的人谴责他试图表明自己的权威来自剑而非上帝。[3] 这种指责使12世纪的统治者禁止在钱币上刻画皇帝的军事模拟像,但科穆宁王朝的皇帝们仍通过军事圣徒的画像表示对军事的关注,阿莱克修斯一世就利用了圣徒迪米特里的画像。[4] 在行省的教堂里,肖像画上原来的基督教殉道者也开始被军事圣徒取代。由此可见,从11世纪中后期开始,在拜占庭上层社会,军事贵族的形象逐渐被广泛接受。

最后,贵族势力的崛起还表现为传统家庭结构解体,核心家庭逐渐扩展为包括血缘亲属在内的大家族。[5] 家族世系在决定一个人的权力和地位方面变得日

---

[1] Alexander P. Kazhdan, *Studies on Byzantine Literature of the Eleventh and Twelfth Centuries*, Cambridge: Cambridge University Press, 1984, p. 23.

[2] Alexander P. Kazhdan & Ann Wharton Epstein, *Change in Byzantine Culture in the Early Eleventh and Twelfth Centuries*, p. 115.

[3] Alexander P. Kazhdan & Ann Wharton Epstein, *Change in Byzantine Culture in the Early Eleventh and Twelfth Centuries*, pp. 115 - 116.

[4] M. F. Hendy, *Coinage and Money in the Byzantine Empire, 1081 -1261*, Washington D. C. , 1969, p. 2,437.

[5] Alexander P. Kazhdan & Ann Wharton Epstein, *Change in Byzantine Culture in the Early Eleventh and Twelfth Centuries*, p. 101.

益重要,一个人的社会地位开始与其先辈的历史地位紧密联系在一起。人们对世系的关注不断增长,姓氏被普遍使用。在 8—10 世纪,大量姓氏尚处于形成过程中,绰号和不同的修饰词开始用来区别个人的身份,但尚未显示跨代世系的特征,官员的铅章上也很少出现姓氏。① 10 世纪末,拥有姓氏才逐渐成为一种惯例,11世纪之后姓氏则成为印章的一部分。② 同时,家族情结也日益增长。君士坦丁十世曾赐予他的弟弟约翰·杜卡斯凯撒头衔和重要的统治权力,后者在其侄子米哈伊尔七世统治期间继续执掌帝国的军事大权。尼基弗鲁斯三世在决定皇位继承人时,因为自己没有儿子便在亲戚中寻找候选人,选中了一个名为西纳得诺斯的年轻人,他是塞奥杜鲁斯·西纳得诺斯(Theodoulos Synadenos)的儿子,后者娶了尼基弗鲁斯三世的妹妹。③ 按照帝国的继承传统,他的皇位继承人应该是前皇帝的儿子君士坦丁·杜卡斯,但为了把皇位保留在自己的家族中,他打破了既定传统,这一决定最终导致了其皇后的叛离和皇位的丧失。很明显,尼基弗鲁斯三世在处理继承权问题时,把皇位视为了家族的世袭财产。这种逐渐发展的家族情感和观念,在阿莱克修斯一世统治期间体现得更为明显。他创立了一个新的皇室贵族阶层并使亲属关系成为宫廷等级的基础,通过将宫廷中一直存在的亲属关系和贵族身份制度化,让其家族和亲属正式分享了帝国权力的形式和内容。他的继承者们延续了他的家族统治。家族网络具有强大的力量,科穆宁家族的叛乱就是其典型体现,来自当时显赫的帕列奥列格家族和杜卡斯家族的乔治·帕列奥列格、约翰·杜卡斯等都是这次叛乱的重要支持者。在科穆宁兄弟逃离都城后,被尼基弗鲁斯三世拘押在修道院中的妇女不仅有科穆宁兄弟的母亲、妻子和所有姐妹,还包括与他们有婚姻关系的女亲属④,这表明尼基弗鲁斯三世深刻地意识到庞大家族网络的潜在威胁。

---

① Michael Angold, *The Byzantine Aristocracy IX to XIII Centuries*, pp. 23 – 43.

② Alexander P. Kazhdan, *The Social Composition of Byzantine Ruling Class in the 11 –12th Centuries*, pp. 223 – 225.

③ *The Alexiad of Anna Comnena*, II, p. 75.

④ *The Alexiad of Anna Comnena*, II, p. 85.

二、 两大贵族集团对皇权的争夺

由于职能不同,拜占庭的统治阶层分为文职贵族和军事贵族两大集团。尽管他们都是处于社会上层的统治者,其根本利益一致,并且彼此之间不存在不可逾越的鸿沟,许多文职贵族被委以军事职位,两者的联姻也较为频繁,但是统治集团内部不可避免地会因为政治权力和经济利益的争夺发生矛盾和冲突。在拜占庭,两大派系之间争权夺利的斗争从未停止,并且愈演愈烈,构成帝国晚期政治生活的主线。

自罗曼努斯一世之后,拜占庭帝国的皇帝均来自贵族家族。尼基弗鲁斯二世是出身于福卡斯家族的著名军事将领,他的登位标志着帝国政权开始掌握在小亚细亚地区最强大的军事大家族手中。在 6 年的统治期间,他一方面打击文职贵族,罢免了他们中一些人的官职,将其领袖布林嘎斯(Bulingas)清除出中央政府;同时大力扶植和发展军事贵族的势力,实行了多项有利于军队将士和自由小农的政策,把军役土地的最低数额扩大了 3 倍。他的政策因为激起都城文职贵族的普遍反对而招来杀身之祸。[①] 其继承者约翰一世位列头等贵族,其父方来自库尔库阿斯家族,母亲属于杜卡斯家族,第一个妻子是斯克莱罗斯家族的成员。他曾任亚美尼亚军区的将军,代表军事贵族集团的利益。[②] 瓦西里二世经过 20 年左右的艰苦内战,在与小亚细亚地区军事贵族的斗争中最终取得胜利,并通过一系列严厉的政策结束了大贵族把持帝国朝政的局面。但他去世之后,抑制贵族发展的法令被逐步废除,贵族的势力得以重新恢复,在这场严酷的较量中取得最终胜利。剩下的问题就是皇权将由他们中的文职贵族还是军事贵族控制,双方为此展开了激烈的争夺。

从瓦西里二世去世到阿莱克修斯一世登位的半个多世纪里,帝国政局呈现出皇位更替频繁、宫廷阴谋不断的混乱局面,文职贵族和军事贵族之间展开了激烈的较量。由于瓦西里二世的沉重打击,在前半个世纪,军事贵族在对最高统治权的争夺战中失利,皇权被君士坦丁堡的文职贵族控制。在 1025—1081 年的 56 年间,有 12 位皇帝先后在位,他们中只有伊萨克一世、罗曼努斯四世和尼基弗鲁斯

[①] 陈志强:《拜占廷帝国史》,第 243 页。

[②] [南]乔治·奥斯特洛格尔斯基:《拜占廷帝国》,第 231—232 页。

三世3人出身军事贵族,并且在位时间总计只有8年。这便奠定了这段时期的发展基调,即无休止的宫廷阴谋、都城的文化复兴和帝国军事力量的崩溃。罗曼努斯三世是中央文职贵族的典型代表,其废除保护小农经济的政策为大地主兼并农民土地清除了障碍。米哈伊尔四世统治期间,他的叔叔"孤儿院院长"约翰控制整个帝国政府,作为从社会最底层跻身上层的幸运儿,约翰代表文职贵族的立场但并不特别忠实于某个特定阶层,就此而言,米哈伊尔四世的统治具有反贵族的倾向,小亚细亚的军事贵族成为其政策的主要受害者。①

由于惧怕军事贵族威胁中央的统治,防止军区将军的叛乱颠覆王朝的统治,文职贵族出身的皇帝为了自保,大都蓄意忽略军队建设,缩减军区,以此削弱军事贵族的势力。以为国库增加新的税源为名,他们将一部分农兵转为税户,致使相当数量的小军役地产处于大地主的控制之下,剩余的大部分农兵也往往被迫交纳金钱赎买军役。同时,为了限制军区将军的权力,作为官僚政府代表的"行政司法官"的权力日益增长。此外,自9—10世纪开始,皇帝们开始不断将各大军区划分为更小的单位以便于加强控制,到11世纪,最初在全国建立的六大军区已经被分为38个。② 君士坦丁九世甚至用价值仅有足值金币3/4的贬值货币支付军队将士的军饷,但提高了行政官僚和侍从的俸禄。在大量军区军队长期不服役和本土兵力富余的情况下,他却使用雇佣军作战,让最精良的军区部队陷入无组织的状态之中。不仅如此,他还在1053年解散了防守帝国东北边界的亚美尼亚军区的5 000人军队,致使这些不设防地区不到两年便全部落入塞尔柱突厥人手中。③

伊萨克一世登位后,采取了一系列打击文职贵族集团的改革措施,包括收回前任者赏赐给高官显贵的产业,增加官僚贵族的纳税金额,严惩拖欠税收的官吏,精兵简政,削减官吏人数及其薪俸并对教会贵族课以重税等。这些措施如果顺利实施,可能会有效地遏制文职贵族的势力,但他在位的时间只有两年,其政策的突然倒戈遭到贵族的广泛抵制,最后被迫退位。其继承者君士坦丁十世来自杜卡斯家族,代表文职贵族的利益。他在位7年半,完全推翻了伊萨克一世的政策,取消了

---

① [南]乔治·奥斯特洛格尔斯基:《拜占廷帝国》,第276页。

② 陈志强:《独特的拜占庭文明》,第129页。

③ W. Treadgold, *A Concise History of Byzantium*, New York: Palgrave, 2001, pp. 167–168.

其抑制文职贵族势力的措施,将许多被免职流放的贵族和高级官员官复原职,并对教会进行慷慨馈赠,赋予多项特权。这样,在半个世纪里,由于中央官僚的目光短浅,推举无能皇帝,削弱军队,帝国近一半的领土被塞尔柱突厥人和诺曼人劫掠或占领,小亚细亚地区几乎全部丧失。拜占庭帝国自 8 世纪以来又一次陷入生死存亡的境地。严峻的边境形势为军事贵族提供了夺取皇权的良机。来自杜卡斯家族的米哈伊尔七世主要依靠叔叔约翰·杜卡斯领导军队,依靠宦官尼基弗利齐斯治理内政,在位 6 年多的时间里,多次大规模的军事贵族叛乱先后爆发。叛乱者之一尼基弗鲁斯·博塔尼埃蒂兹在 1078 年成功夺取皇位,称尼基弗鲁斯三世。他是安纳托利亚军区的军事贵族,登位时已近 80 岁,在 3 年的统治期间,将朝廷行政事务委托给蛮族人侍从伯里尔和日耳曼努斯,帝国军队则被来自科穆宁家族的伊萨克和阿莱克修斯控制,其短暂统治也因频繁的军事贵族叛乱而动荡不安。①

三、 科穆宁王朝的政治改革

两大集团之间的政治拉锯战在阿莱克修斯一世统治期间出现了根本变化,帝国权力的天平决定性地摆向了军事贵族集团。阿莱克修斯一世有针对性地开展其精英治理,铲除异己力量,对独立于科穆宁家族以及与之有血缘或婚姻关系的家族之外的贵族均采取了打击排斥的措施,将重要权力集中到自己家族手中。军事贵族垄断了最高军事行政官职,他们相互联姻,以科穆宁家族为中心,以血缘和婚姻关系为纽带,逐渐结成了一个倾向于封闭的统治集团。那些不能进入这个圈子的贵族,或者进入文职贵族阶层,或者逐渐失去势力。② 这些措施不仅成功地化解了统治期间出现的 8 次军事贵族叛乱,维护了长达 37 年的统治,而且通过联姻、镇压等多种手段重新调整了帝国的精英体制,稳定了王朝统治的精英基础。阿莱克修斯一世的继承者们基本上延续了他的精英治理模式,其最主要的特征是任人唯亲,这成为科穆宁王朝统治的一个典型特点。

---

① 陈志强:《拜占廷帝国史》,第 273—276 页。

② Alexander P. Kazhdan & Ann Wharton Epstein, *Change in Byzantine Culture in the Early Eleventh and Twelfth Centuries*, p. 69.

（一）宫廷头衔改革

阿莱克修斯一世登位后不久便进行宫廷头衔改革,在宫廷等级的顶端为皇室家族及其亲属创立了一个新的等级。

拜占庭帝国的宫廷头衔制度包括一系列的官阶头衔并且不能世袭,大约经历了四种模式:晚期罗马模式,头衔主要赐予元老院成员,其中"杰出者"是最高级别的头衔;Taktika 模式,所有官员都持有首席佩剑贵族的荣誉头衔,高级官员则成为元老院成员;科穆宁模式,荣誉头衔的赐予主要依靠与在位皇帝的关系;晚期拜占庭模式,荣誉头衔和实际官职之间的区别消失。[1] 在拜占庭帝国,行政官职和贵族头衔性质不同,任命官员是根据行政需要起草任命状($\delta\iota\alpha\lambda\acute{o}\gamma o\nu$),赐予贵族头衔则依据功勋授予勋章($\delta\iota\alpha\beta\rho\alpha\beta\epsilon\acute{\iota}\omega\nu$)。通常情况下,贵族头衔没有实际权力,只是享有特殊权利。但是高级贵族头衔的获得者通常可以担任高级官职。[2] 根据拜占庭的宫廷礼仪官菲洛西奥斯(Philotheus)的《职官图》,11 世纪以前,拜占庭的名誉头衔共分为 18 个等级[3],地位最高的是凯撒、大贵族和宫廷总管,它们很少对外封授,通常只赐予皇室家族成员。其中,凯撒始终是最尊贵的头衔,仅次于皇帝,享有一人之下、万人之上的尊贵地位,其封授范围局限在皇帝法定继承人、拟制血亲继承人和摄政王等。[4] 在它们之后是封授给宫廷妇女的高级头衔长袍贵妇(zoste patricia)[5],然后依次是宰相(magistrus)[6]、执政

---

[1] Alexander P. Kazhdan, ed., The Oxford Dictionary of Byzantium, 3vols, Oxford: Oxford University Press, 1991, Vol. 1, p. 623.

[2] Alexander P. Kazhdan, ed., The Oxford Dictionary of Byzantium, vol. 3 (2), p. 623.

[3] 这些头衔按照重要性的先后顺序排列如下:Caesar、Nobilissimos、Curopalates、Zoste patricia、Magistros、Anthypatos、Patricios、Protospatharios、Dishypatos、Spatharocandidatos、Spatharios、Hypatos、Strator、Kandidator、Mandator、Vestitor、Slientiarios、Stratelates、Apo eparchon。见 Alexander P. Kazhdan, ed., The Oxford Dictionary of Byzantium, Vol. 1, p. 623。

[4] 陈志强:《独特的拜占庭文明》,第 206 页。

[5] 希腊语为 ζωστηπατρικια,这是专门为妇女设置的头衔,意思是"长袍贵妇"或"衣橱管家",头衔的徽章是一个象牙笏板。她依附于皇后。帝国第一个享有这一荣誉头衔的妇女是塞奥菲鲁斯的皇后塞奥多拉的母亲塞奥克提斯特(Theoktiste)。1018 年之后,此头衔从文献中消失。A. P. Kazhdan, ed., The Oxford Dictionary of Byzantium, Vol. 3, p. 2231.

[6] 希腊语为 μαγιστρος,高级荣誉头衔之一,在词源上与拉丁语 Magister Officiorum(晚期罗马帝国的中央政府首脑)有一定的联系,但与晚期罗马帝国时期的官职没有任何共同点。它在 9 世纪晚期首次出现在菲洛西奥斯的《职官图》中,在 10 世纪初其数量不到 12 个,后来增加到 24 个,但同时也丧失了重要性,可能在 12 世纪中期被废除。Alexander P. Kazhdan, ed., The Oxford Dictionary of Byzantium, Vol. 2, p. 1267.

（anthypatus）、贵族（patricios）、首席佩剑贵族、第二长官（dishypatus）①、白袍佩剑
者（spatharocandidatus）②、佩剑者（spatharius）③等。在帝国的发展过程中，有的头
衔随着时代的发展废弃不用，有的则被不断出现的新头衔所代替，例如，"首席佩剑
贵族"和"佩剑贵族"在10世纪时曾是重要头衔，到11世纪中期便只赐予一些小贵
族，11世纪末已不再被使用。④ 军衔也存在同样的贬值现象，例如，在10世纪末，继
续使用的3个军衔是将军、首长⑤和司令⑥，到12世纪时，最古老的"将军"头衔几
乎完全消失。在科穆宁时代，"司令"军衔适用于所有军区总督，他们的下属被称
为"首长"。⑦ 这种变化体现了某些军区面积逐渐缩小和重要性不断下降的现实。
从10世纪下半叶开始，军队的最高指挥权由东部司令和西部司令共同分担，但自
11世纪中期之后，他们经常被合并为"军队总司令"。从阿莱克修斯一世到帝国
灭亡时为止，"军队总司令"一直由指挥帝国海军舰队的军官担任。头衔体制的

---

① 希腊语为δισυπατος，在9世纪初被首次提到，11世纪时经常被授予法官，11世纪末期消失。Alexander
P. Kazhdan, ed. , *The Oxford Dictionary of Byzantium*, Vol. 1, p. 638.

② 希腊语为σπαθαροκανδιδατος，荣誉头衔之一，合并了两个头衔即"佩剑者"和"Kandidatos"（κανδιδατος，
来自希腊语"candidus"，意思是"白色"，荣誉头衔，在晚期罗马帝国时期，指身穿白色制服的皇帝卫队的成
员，首次出现在350年，查士丁尼一世曾作为"Kandidatos"开始自己的职业生涯。这个头衔通常与军队和
行政部门中的低级官员联系在一起，11世纪中期之后消失），首次出现在9世纪前半叶，指代一些低级官
职，例如公证员、下级法官等，12世纪时消失。Alexander P. Kazhdan, ed. , *The Oxford Dictionary of
Byzantium*, Vol. 2, p. 1100; Vol. 3, p. 1936.

③ 希腊语为σπαθαριος，译为"佩剑者"（sword-bearer），荣誉头衔之一，在晚期罗马帝国，这个单词指私人或
皇帝的护卫，后者是宦官，出现在塞奥多西二世时期。可能在8世纪初成为一种头衔，查士丁尼二世曾任
命他的未来的谋杀者，拥有"佩剑者"头衔的埃里亚斯为克尔松的总督，还将"佩剑者"头衔赐予他的朋友
即未来的皇帝利奥三世。此头衔到9世纪时逐渐失去重要性，1075年之后消失。Alexander P. Kazhdan,
ed. , *The Oxford Dictionary of Byzantium*, Vol. 3, pp. 1935 - 1936; G. Ostrogorsky, *History of Byzantine
State*, pp. 220 - 221.

④ ［南］乔治·奥斯特洛格尔斯基:《拜占廷帝国》,第310页。

⑤ 希腊语为κατεπανω，经常用来指一个军团的指挥官，被等同于strategos，10世纪末时，指主要行省的总督，
例如意大利、美索不达米亚、安条克等。1100年之后，此头衔的总督意义消失，但在12世纪的士麦那和14
世纪的特拉比宗得继续作为地方官员的头衔存在。Alexander P. Kazhdan, ed. , *The Oxford Dictionary of
Byzantium*, Vol. 2, p. 1115.

⑥ 希腊语为δουξ，拉丁语为dux。最早出现在3世纪戴克里先皇帝的统治时期，当时指行省边防驻军的指挥
官，5世纪末被阿纳斯塔修斯一世任命为指挥野战军的将领，通常与行政官员分离。只有几个行省合并了
军事和行政权力，管理几个行省军队的情况也很少见。罗马的行政体制衰弱后，军区的总督被称为
strategoi，doux开始被用来指职位较低的军官。从10世纪后半叶开始，它重新指较大地区的军队指挥官，
有时被称为Doukaton，12世纪之后失去威望，小军区的总督被称为doukes。Alexander P. Kazhdan, ed. ,
The Oxford Dictionary of Byzantium, Vol. 1, pp. 658 - 659.

⑦ ［南］乔治·奥斯特洛格尔斯基:《拜占廷帝国》,第310页。

上述变化从一个侧面反映了拜占庭的统治机构自 11 世纪以来发生的重大转变，标志着帝国中期精心设计的宫廷头衔等级体制已经遭到严重破坏。[①] 君士坦丁九世在位期间，把宫廷头衔慷慨地赐予都城的行会成员和商人，导致了荣誉头衔的泛滥以及官僚集团的膨胀和松散。阿莱克修斯一世登位时，以头衔为依托的传统奖赏体制，已经因为头衔被随意盲目赏赐而失去作用，但在此之前，宫廷头衔等级制度并未经历根本性变化。针对帝国政治精英中一度出现的混乱局面，为了酬谢其军事叛乱的忠诚支持者和巩固尚不稳定的皇位，阿莱克修斯着手进行宫廷头衔体制改革，重建帝国的头衔等级制度，借此有效地理清了此前混乱的贵族关系。

　　阿莱克修斯一世以"君主"头衔为基础创立了一个新的 Sebastoi 等级，并将其广泛赐予皇室家族和血亲或者姻亲家族成员[②]，例如，他最年幼的弟弟尼基弗鲁斯·科穆宁被赐予 sebastos 头衔。[③] 他还以此为基础创造了一系列的新头衔，例如，"首席大贵族""上等大贵族"等。[④] 诸如此类的新头衔是在合并了以前的头衔名称或在 sebastos 头衔的基础上增加前后缀而形成的，有些旧头衔如 sebastos 则被赋予了新的意义。

　　在这个新的头衔等级中，皇帝位居顶端，"首席大贵族"仅次于皇帝，它由"sebastos"和"autocrator"合并而成。按照在叛乱过程中与当时指挥帝国舰队的叛乱将领尼基弗鲁斯·迈利西努斯达成的协议，阿莱克修斯登位后履行承诺，把凯撒头衔作为皇位竞争者之间的谈判产物赏赐给他。因为在原来的头衔等级中，皇帝和凯撒之间不存在任何头衔，为了给予兄长伊萨克·科穆宁更尊贵的荣誉地位，他创制了这个新头衔并将它置于凯撒之上。按照礼仪规定，拥有这两种头衔的官员在公共场合都有权佩戴皇冠。[⑤] 在科穆宁时代，"首席大贵族"头衔仅被赐予皇帝的儿子、兄弟和父辈的叔伯。第三等级 gambros（图 11 中为复数，亦称为despotes）本身并不是头衔的名称，仅表明与皇帝的亲戚关系，位于这个等级的人包括他的女婿和通过婚姻结成的兄弟、叔伯，他们根据自己的妻子在家族中的出

---

① H. Maguire, *Byzantine Court Culture from 829 to 1204*, p. ⅱ.

② Michael Angold, *The Byzantine Empire*, (1025 –1204): *A Political History*, p. 106.

③ *The Alexiad of Anna Comnena*, Ⅲ, p. 112.

④ Alexander P. Kazhdan, ed., *The Oxford Dictionary of Byzantium*, Vol. 3, p. 1863.

⑤ *The Alexiad of Anna Comnena*, Ⅲ, p. 112.

生顺序被赐予不同的头衔,例如,娶了皇帝的姐姐玛丽亚·科穆宁娜(Maria Komnena)的米哈伊尔·塔罗尼特斯(Michael Taronites)被赐予了"首席贵族"和"首席司库"的头衔,不久又被提升为"上等大贵族",享有与凯撒坐在一起的尊贵地位①,他的儿子约翰·塔罗尼特斯(John Taronites)也是伴随皇帝左右的高级官员②。位于第四等级的是皇帝的侄子和堂兄弟。最底层的是贵族等级,此头衔被赐予皇帝的侄女或父辈堂姐妹的丈夫。我们可以从图11中看到阿莱克修斯一世精心设计的新宫廷头衔等级:

图11 阿莱克修斯一世设计的头衔等级③

在此之前,即使最广泛意义上的皇室家族也从未在宫廷头衔等级中享有专门的特殊地位。④ 皇权并非必须与家族联系在一起,皇帝在忠诚臣属的协助下,没有家族的支持也能成功地进行统治。例如,瓦西里二世一生未婚,完全依靠宦官进行统治,这些人中只有他的叔叔,即同名的瓦西里来自他的家族,曾在皇帝年幼,毫无治国经验的特殊情况下执掌国家政权9年左右。宦官瓦西里是罗曼努斯

① *The Alexiad of Anna Comnena*, Ⅲ, p. 112.

② 约翰·塔罗尼特斯从童年时代开始便得到皇帝的保护和训练,长大后长期担任他的次官,受到皇帝的信任和重用,他也始终忠诚地遵守和执行帝国法令和皇帝的命令。参见*The Alexiad of Anna Comnena*, Ⅹ, p. 298; Ⅻ, pp. 395 - 396。

③ B. Hill, *Imperial Women in Byzantium 1025 -1204: Power, Patronage and Ideology*, p. 101.

④ M. Angold, *The Byzantine Empire*, (1025 -1204): A Political History, p. 106.

一世和一个女奴隶的私生子,与瓦西里二世和君士坦丁八世的父亲罗曼努斯二世是同父异母的兄弟。因为母亲的出身,他尚在幼年时便被阉割,从而永远丧失了与合法皇位继承人竞争皇位的机会。但他智力超群,身材伟岸,仪表高贵威严,曾被尼基弗鲁斯二世任命为寝宫大总管。当瓦西里二世在 18 岁正式成为帝国独立的统治者时,他是帝国当时最显赫的人物。最重要的是,他安于命运的安排,对皇室家族忠贞不贰,尤其忠诚于他的侄子瓦西里二世。因此,当年轻的瓦西里二世对军事事务和行政管理毫无经验时,被迫向他寻求帮助,请他协助治理帝国。在这种情况下,他成为帝国炙手可热的实权人物,独掌财政和行政大权,皇帝只是通过书面形式确认他的决定。约 9 年后,逐渐成熟的瓦西里二世渴望独自掌控统治帝国的专制权力,瓦西里不可避免地成为权力争夺的牺牲品。985 年,这位曾经权倾一时的人物被没收财产并流放他乡,在孤独绝望中去世。[1] 皇帝对家族亲属的这种态度在帝国后来的历史中仍然有迹可循,例如,凯撒约翰·杜卡斯曾建议尼基弗鲁斯三世迎娶玛丽亚·阿兰为皇后,理由之一就是身为来自外国的公主,她不会有大群的亲戚打扰皇帝[2],后者在位期间将行政事务交给两个斯拉夫人侍从伯利尔和日耳曼努斯,军事领导权则掌握在科穆宁兄弟手中。[3] 事实上,在家族发展壮大之前,皇帝一般主要信赖和依靠自己的儿子,通过生前把他加冕为共治皇帝确保其将来继承皇位的权力,例如,马其顿王朝的皇帝瓦西里一世为他的 3 个儿子加冕,却把女儿拘禁在修道院。[4] 皇帝的叔伯及堂兄弟等亲属则通常被视为皇位的竞争者和潜在敌人而不是皇权的支持者,他们被在位皇帝强制性伤残的事件经常发生。[5] 例如,康斯坦斯二世把长子君士坦丁和其他两个儿子伊拉克略与提比略加冕为共治皇帝,却逼迫他的兄弟塞奥多西成为教士,后来又将其杀害;[6]君士坦丁四世为了防止皇权被分享,不仅剥夺了两个弟弟共治皇帝的权力,

① Michael Psellus, *Fourteen Byzantine Rulers*, pp. 28 - 29.

② *The Alexiad of Anna Comnena*, Ⅲ, p. 107.

③ *The Alexiad of Anna Comnena*, Ⅱ, p. 73.

④ P. Magdalino, "Innovations in Government", pp. 148 - 149.

⑤ A. P. Kazhdan & Ann Wharton Epstein, *Change in Byzantine Culture in the Early Eleventh and Twelfth Centuries*, p. 101.

⑥ [南]乔治·奥斯特洛格尔斯基:《拜占廷帝国》,第 94 页。

并且割掉了他们的鼻子;①君士坦丁六世也曾挖掉了他的叔叔尼基弗鲁斯的双眼,割去了另外四个弟弟的舌头。②

大家族的崛起逐渐改变了上述状况。君士坦丁十世便鼓吹自己是自 9 世纪时便已经非常著名的杜卡斯家族的后裔,试图借此彰显自己家族世系的久远和显赫。在其统治期间,他和担任凯撒的弟弟约翰·杜卡斯进行了亲密合作,从而在皇权的执行中融入了一种巩固家族势力的观念,这种观念在帝国以前的历史上是不存在的。君士坦丁十世去世之后,约翰·杜卡斯成功地维持了家族的势力和地位,通过把孙女伊琳妮·杜卡娜嫁给年轻贵族阿莱克修斯,使后者成为杜卡斯家族的保护人并在其成功的军事叛乱中扮演了举足轻重的角色。③ 这种逐渐发展的家族情感和观念在一定程度上为阿莱克修斯一世提供了可以借鉴的先例,只是他走得更远一些,通过把宫廷中一直存在的亲属关系和贵族身份制度化,创立了一个新的皇室贵族阶层。他们按照一定的秩序团结在以皇帝为核心的家族集团中,独占了宫廷的高级官阶,至少在荣誉上处于统治集团的核心位置。有学者如此评价科穆宁政府官阶等级中的垄断现象:"阿莱克修斯一世笼络了所有贵族精英并将其置入了一个关系错综复杂的巨大家族网络中,他们占据了帝国的全部重要职位并享有统治权益。"④

（二）重建荣誉头衔和官职的授予原则

在马其顿王朝时期,皇帝选择高级官员尚不特别重视出身,但在科穆宁王朝的统治下,统治阶层的大部分都来自贵族家族,最高职位被皇帝的亲属垄断。⑤ 这种变化在一定程度上与阿莱克修斯一世重建荣誉头衔和官职授予原则的政策密切相关,宫廷头衔等级制度和高级官职的任免取决于和在位皇帝的关系。有学者认为血亲关系并不是阿莱克修斯一世授予朝臣重要军事和行政官职的唯一标准,与他有血缘或婚姻关系的人中,只有那些堪当重任并对他绝对忠诚

---

① ［南］乔治·奥斯特洛格尔斯基:《拜占廷帝国》,第 101 页。

② ［南］乔治·奥斯特洛格尔斯基:《拜占廷帝国》,第 149 页。

③ M. Angold, *The Byzantine Aristocracy IX to XIII Centuries*, p. 4; *The Alexiad of Anna Comnena*, II, pp. 88 - 90.

④ J. W. Birkenmeier, *The Development of the Komnenian Army: 1081 -1180*, p. 148.

⑤ H. Maguire, *Byzantine Court Culture from 829 to 1204*, p. ii.

的人才会被委以重任,进入其核心统治集团。反之,有些和他没有上述关系的杰出人才,甚至是外族人,也能够得到他的信任和重用。①

尽管拜占庭帝国实行中央集权的君主专制制度,皇帝主要依靠贵族进行统治,帝国的高级官员一般都来自大家族②,并且在头衔和官职的授予过程中不可避免地存在卖官鬻爵、任人唯亲、依靠裙带关系的现象。但在原则上,帝国的所有头衔和官职均向有才能的人开放。拜占庭人继承了古希腊人重视教育的传统,建有完善的教育体制,接受良好的教育是大部分人的愿望。帝国的王公贵族很多都有师从名家的经历,有些行伍出身未受过教育的皇帝和高级官吏也会因为缺乏教养而遭到奚落。社会各个阶层都有受教育机会的现实,使出身低微的行省居民也拥有上升到高级职位甚至到达权力顶峰的机遇。他们构成以为政府服务作为权力基础的贵族阶层③,成为统治集团的重要组成部分。至少在科穆宁王朝之前,特权贵族阶层并未被皇帝的亲属所垄断。

在 11 世纪晚期之前,拜占庭社会等级的垂直流动仍然比较活跃。利奥六世在《战术》中强调了社会流动的原则:"我们把动物分成高贵和卑微两类的标准是它们的习惯和活动。同样,我们评价一个人是否高贵,必须根据他本人的行为和功绩而不是他的出身和祖先。如果一个没有才能的人,只是因为拥有显赫的祖先,就被任命为行省总督,这是合理的决定吗?"他认为那些没有引以为豪的先辈的士兵,同样有可能成为优秀的军官,而许多祖先名声显赫的将领经常玩忽职守和不负责任。④ 君士坦丁七世在《瓦西里一世传》中提到,在君士坦丁堡,社会流动是一种普遍存在的现象。例如,9 世纪的美多迪乌斯,年轻时离开家乡塞萨洛尼基到都城谋求官职和声名。他在君士坦丁堡大学接受了良好教育,后来成为都城的牧首。⑤ 11 世纪的米哈伊尔·普塞洛斯出身于没落贵族家庭,但接受了高等教育,曾自豪地声称掌握了"包括希腊罗马哲学,迦勒底人、埃及人和犹太人的哲

---

① P. Frankopan, "Kinship and the Distribution of Power in Komnenian Byzantium", pp. 10-11. 笔者认为许多外族人被阿莱克修斯一世重用的原因在于,他们在拜占庭缺乏盘根错节的关系网络并与帝国当时势力强大的大家族没有任何瓜葛,从而不会对皇位构成威胁。

② J. M. Hussey, ed., *The Cambridge Medieval History*, Vol. IV, Part II, p. 33.

③ J. Lindsay, *Byzantium into Europe*, p. 37.

④ H. Maguire, *Byzantine Court Culture from 829 to 1204*, p. 172.

⑤ H. Maguire, *Byzantine Court Culture from 829 to 1204*, p. 171.

学等在内的所有知识"①,由于杰出的才能和文学修养而成为帝国的一流学者。米哈伊尔六世也持有类似的观点,他曾称赞卡塔卡隆·凯考迈努斯凭借自己的功绩而不是祖先的名声或某种偏袒获得了高级官职。② 君士坦丁九世和尼基弗鲁斯三世都曾把元老院的职位向都城的各个社会阶层开放,后者因为过分慷慨地分配头衔和官职使国家的俸禄支付超过了国库收入的许多倍。③ 与此同时,也存在不赞成社会流动的观点,例如,米提利尼的克里斯托弗反对看门人、葡萄种植者、牧羊人、伐木者、小商贩、鞋匠等处于社会底层的人进入教会等级。④

卡日丹教授研究了8—11世纪拜占庭的某些社会阶层进入宫廷的途径。他认为当时进入宫廷最简易的方式是购买荣誉头衔,例如,科特纳斯(Ctenas)曾以高昂的价格从利奥六世手中得到了"首席佩剑贵族"头衔。⑤ 借助显赫的军功也可以进入宫廷,例如,福卡斯家族在三代之内凭借军功从军团指挥官发展成为挑战皇权的大家族。⑥ 下面的事例则反映了年轻人进入宫廷得到重用的典型模式。君士坦丁-西里尔于822年出生在塞萨洛尼基,是一个骑兵队长的儿子⑦,20岁左右到都城深造,因为相貌英俊、智慧超群和勤奋好学,得到了当时的摄政者塞奥克提斯图斯的赏识,后者将自己"美丽、富有和出身高贵"的侄女嫁给了他,将他纳入自己的家族。米哈伊尔三世登基时年仅6岁,母亲塞奥多拉担任摄政王,但是国家政策的决定权实际上落入她的情人,即当时的海军舰队司令塞奥克提斯图斯手中。据称他很有涵养,不仅推进了帝国教育的发展,其财政管理才能也为国家

---

① N. H. Baynes and H. St. L. B. Moss eds. , *Byzantium* , p. 205.

② H. Maguire, *Byzantine Court Culture from 829 to 1204*, p. 172.

③ N. Oikonomides, "Title and Income at the Byzantine Court", p. 208.

④ H. Maguire, *Byzantine Court Culture from 829 to 1204*, p. 172.

⑤ Alexander P. Kazhdan and Michael McCormick, "The Social World of the Byzantine Court", p. 189.

⑥ 希腊语为τουρμαρχης,军队指挥官,在10世纪的军事手册中被描述为军区总督最重要的副手,负责指挥Tourma军团(一个Tourma军团由3 000人组成,2—4个Tourma军团构成一个军区的军队),拥有对所管辖地区的财政和司法权。这个词汇有时也用来指代海军和沿海地区军队的指挥官。Alexander P. Kazhdan, ed. , *The Oxford Dictionary of Byzantium*, Vol. 3, pp. 2100 - 2101; Alexander P. Kazhdan and Michael McCormick, "The Social World of the Byzantine Court", p. 190.

⑦ 希腊语为δρουγγαριος,军阶之一,7世纪初被首次提到,在7—8世纪,是行省军队中的高级军阶,指挥由1 000名士兵组成的军团,但9—10世纪的资料表明,其权威逐渐下降,指挥的军队人数减少,在军阶和军饷方面,略高于普通士兵。11世纪时,是与 comes 地位相同的军阶,最后两者合并为 droungarokomes 官职。Alexander P. Kazhdan, ed. , *The Oxford Dictionary of Byzantium*, Vol. 1, p. 663.

储备了大量黄金。米哈伊尔三世成年之后,与舅舅巴尔达斯联手将他铲除,正式成为独掌政权的皇帝。① 这样,西里尔能够有机会从米哈伊尔三世那里得到尊贵的荣誉头衔和官职。当西里尔为了追求宗教事业而拒绝了皇帝的赏赐时,他的保护人又通过皇后塞奥多拉的帮助,将他任命为圣索菲亚大教堂的高级执事。② 塞奥法尼斯的故事和西里尔的经历存在某些相似之处。他是军区总督的儿子,娶了一个颇有声望的官员的女儿。但这对夫妻决定过圣洁的生活,便一起进入了修道院。他的岳父向利奥六世抱怨女婿的行为使他的女儿陷入了贫困的生活。于是,皇帝任命塞奥法尼斯为马夫③,负责基兹库斯(Cyzikus)的财政事务④。圣埃瓦勒斯特斯(St Evarestos)的故事也有所雷同,他出生在加拉提亚,23 岁时被父亲带到都城。他们居住在一个富有的官员家中,此人是布里恩纽斯家族的成员。他欣赏埃瓦勒斯特斯的性格和才智便将他留在家中,让他成为其随从,从而为埃瓦勒斯特斯提供了宫廷服务的机会。当皇后塞奥多拉派这位官员出使保加利亚时,他被允许一同前往。⑤

　　在上述事例中,才华横溢的年轻人借助婚姻等媒介进入高级官吏的家族,从而有机会得到官职,开始其仕途生涯。瓦西里一世的经历则代表了另一种模式。不管他从卑微出身崛起的故事如何充满了传奇色彩,他的经历在拜占庭帝国的宫廷中并不令人觉得完全不可思议。瓦西里在 25 岁左右进入家乡的军队服役,因为不满足于当时的际遇来到都城。他在圣迪奥米得斯教堂(St Diomedes Church)外露宿时结识了教堂的守门人,两人成为结拜兄弟。后者的哥哥是身为皇亲国戚的高级官员塞奥非利特斯的私人医生。在一次宴会上,塞奥非利特斯提到需要一个马夫,坐在他旁边的医生便推荐了瓦西里。瓦西里高大健壮的身躯和精湛的马术赢得了这位官员的赏识,从而成为他的随从。后来,米哈伊尔三世需要马夫时,

① ［南］乔治·奥斯特洛格尔斯基:《拜占廷帝国》,第 189—190 页。
② A. P. Kazhdan and Michael McCormick, "The Social World of the Byzantine Court", pp. 190‐191.
③ 希腊语为στρατωρ,复数为 stratores,是在罗马帝国就已存在的官职,译为"马夫"。他们在帝国宫廷和一些高级行省管理者的服役队伍中形成一个军团,其职责包括照看马厩和负责马匹的粮草供应,在 8—9 世纪时,被用来指下级军官和行省官员,12 世纪时,成为赐予某些地产主的头衔。Alexander P. Kazhdan, ed., *The Oxford Dictionary of Byzantium*, Vol. 3, p. 1967.
④ A. P. Kazhdan and Michael McCormick, "The Social World of the Byzantine Court", p. 192.
⑤ A. P. Kazhdan and Michael McCormick, "The Social World of the Byzantine Court", p. 193.

瓦西里再次被举荐,得以到皇家的马厩服役。他利用皇帝对马赛的嗜好和他建立了亲密的关系,甚至被任命为共治皇帝。当时机成熟时,他谋杀米哈伊尔三世,登上皇帝的宝座,成为马其顿王朝的创始人。[①]进入宫廷的上述模式在11世纪时仍然适用。米哈伊尔四世原是帕夫拉戈尼亚地区农民的儿子,他的哥哥"孤儿院院长"约翰是当时很有势力的宦官,将他带入皇宫的女眷寝宫,成功地使其成为邹伊皇后的情人并最终借此荣登帝位。米哈伊尔四世去世后,约翰又故技重演,将侄子米哈伊尔·卡拉发特斯推上皇位。[②]这些事例表明,尽管出身不同,但这些年轻人攀升到社会上层的条件存在许多相似之处:英俊的外表,亲属或婚姻关系,家族网络和个人服务。他们的职业生涯开始的前提是出现在君士坦丁堡,外表和天赋提供了机遇的敲门砖,通过血缘、婚姻、随从或收养等方式与某些高级官员结成的密切关系则为其平步青云插上了翅膀。

总体而言,在9—11世纪中晚期,拜占庭社会各个阶层的垂直流动意味着进入帝国精英阶层的大门尚未对下层封闭,向宫廷提供杰出官员的社会集团是多元化和公开化的。军事贵族和文职贵族之间也并不存在不可逾越的鸿沟。但是,阿莱克修斯登位之后,形势开始发生变化。军事贵族几乎垄断了帝国所有重要的军事行政官职,头衔的授予也不再依靠官位职责,而是由与在位皇帝关系的亲疏远近决定。侯尼雅迪斯对科穆宁王朝统治时期官员构成的描述充分体现了这一点,"拥有皇室家族血统的人,与皇帝有亲戚关系的人,担任政府官职的元老院成员,官阶显赫的人和受皇帝宠信的人"[③]。

阿莱克修斯一世在近亲中任命海陆军将领和行省总督,或依靠与之有亲戚关系的地方大家族对地方进行统治。从《阿莱克修斯传》的内容可以看出,与他一起奋战沙场的军队指挥官大部分都来自皇室家族和与之存在血缘或婚姻关系的贵族家族,地方的统治者也是如此。11世纪末,除了希腊和伯罗奔尼撒军区还保留着原行省管理的某些特色,继续存在文职总督,其他地方的文职总督均被头衔为司令或首长的军事总督所取代。军事化地方政府的重新建立是恢复巴尔干地

① Alexander P. Kazhdan and Michael McCormick, "The Social World of the Byzantine Court", p. 192.
② [南]乔治·奥斯特洛格尔斯基:《拜占庭帝国》,第275、277页。
③ M. Angold, The Byzantine Empire, (1025 -1204): A Political History, p. 212.

区的秩序和收复西小亚细亚领土计划的一部分。具体措施为首先在主要城镇和要塞派驻军队，然后聚集成一个军区，由一个总督进行统治，但军队不再由农兵组成，而是来自阿莱克修斯一世亲自领导下的军队支队。总督大都是军队将领，他们带领军团平时驻扎在行省并随时听候来自中央的调动安排，其主要职责是维护地方治安，防御外敌入侵。行省总督在所辖省份享有很大权力，对地方稳定起着关键作用。因此，为确保国内秩序稳定，阿莱克修斯一世把重要行省的总督职位都委托给了家族成员，例如，伊利里亚地区的重要城市第拉休姆在帝国抵制西部入侵的战争中起着重要作用，将其从诺曼人手中收复以后，阿莱克修斯一世先后派他的舅子约翰·杜卡斯和侄子约翰·科穆宁担任总督；[1]维洛亚(Verroia)是控制通往塞萨洛尼基的要塞，它的总督由约翰·科穆宁的一个兄弟担任，色雷斯地区的重要城市亚得里亚堡则由阿莱克修斯一世的长女安娜·科穆宁娜嫁入的布里恩纽斯家族进行统治；[2]在1082年的诺曼人战争中，阿莱克修斯一世派父亲的一个忠实奴仆的儿子利奥·凯发拉斯(Leo Cephalas)守卫具有战略意义的城市拉里萨。[3] 曼努埃尔一世在位期间，他的女婿、侄子、堂弟、姑父、侄女婿、姐夫等血亲或者姻亲，都被委任了中央和地方官僚机构的重要职位。约翰二世登基时家族成员之间的争权夺利和阴谋叛乱，使他对赋予皇室成员政治权力心存顾虑，亲自培养了一些并非皇亲国戚的优秀人才为己所用，但其统治期间，皇族家族及其亲属仍旧掌握许多军政要职。阿莱克修斯二世在位期间，曼努埃尔一世的侄子阿莱克修斯·科穆宁，掌控了帝国实权。

此外，科穆宁王朝赋予家族妇女重要的政治权力，这在阿莱克修斯一世统治期间体现得尤其明显。他把皇室家族和与之有亲戚关系的家族提升到社会顶端的特权地位，作为皇室家族成员的妇女们也分享了这些特权，他的母亲安娜·达拉西妮和妻子伊琳妮·杜卡娜是其中的典型代表。阿莱克修斯一世在其统治的前十余年间，以"黄金诏书"的形式赋予了她的母亲帝国的行政大权[4]，宣布不管

---

[1] *The Alexiad of Anna Comnena*, X, p. 314.

[2] M. Angold, *The Byzantine Empire, (1025-1204): A Political History*, pp. 129-130.

[3] *The Alexiad of Anna Comnena*, V, p. 167.

[4] *The Alexiad of Anna Comnena*, III, pp. 117-118.

她的决定是否合理,现在和将来都不会受到指责,她的大臣们的行为也同样如此,她直到 1095—1100 年间才离开政治舞台,隐退到一所修道院,以符合皇室的尊贵方式度过了余生。① 在此期间,她担任帝国的最高统治者,皇帝完全服从她的命令,愿意做她建议的任何事情,像奴仆一样恭顺地执行她的命令。安娜对此评论道:"在理论上,阿莱克修斯是帝国的皇帝,但实权掌握在他的母亲手中。"②约翰·仲纳拉斯则认为达拉西妮并不具有安娜所记述的至高无上的权力,她作为摄政者和她的次子伊萨克一起统治帝国,其权力仅限于财政和法律事务。③ 但他同时也强调达拉西妮位高权重,长期处于统治地位,以至于"皇帝只能在名义上对帝国进行统治"④。达拉西妮是一个精明强干并具有政治野心的女人。她曾苦苦哀求丈夫继承皇权⑤,曾利用子女的婚姻与当时社会上的显赫家族联姻并为儿子的军事叛乱出谋划策,从丈夫去世到阿莱克修斯成为皇帝的 14 年间,达拉西妮成功地维持了家族的团结和兴旺。在此期间,她精心构建了科穆宁家族与大量著名家族的婚姻关系网,从而为科穆宁家族再次成功问鼎皇权铺路搭桥。她的 8 个孩子,除了最小的儿子尼基弗鲁斯·科穆宁的妻子情况不详,其余 7 个孩子的配偶都来自 11 世纪的著名大家族。长子曼努埃尔的妻子来自迪奥格尼斯家族,次子伊萨克娶了米哈依尔七世的皇后玛利亚的堂妹,第三个儿子阿莱克修斯的妻子即后来的皇后伊琳妮是杜卡斯家族的成员,小儿子阿得里安则娶了前皇后尤多西亚的女儿邹伊,她的三个女儿分别嫁入了迪奥格尼斯、迈利西尼和塔罗尼家族,尼基弗鲁斯三世登位后,达拉西妮立即让孙女与他的孙子订婚。⑥安娜始终都是其坚定的支持者。⑦ 安娜在著作中对达拉西妮的能力和经历进行了冗长的叙述:"我的祖母对公共事务具有非凡的理解力,拥有管理和统治的天赋。事实上,她不仅

---

① L. Garland, *Byzantine Empresses*, p. 191.

② *The Alexiad of Anna Comnena*, Ⅲ, p. 120.

③ T. Gouma-Peterson, ed., *Anna Komnena and Her Times*, p. 116.

④ John Zonaras, *Epitome Historiarum*, Vol. 3, p. 746.

⑤ 达拉西妮的丈夫约翰·科穆宁是伊萨克一世的兄长,在其统治期间身居要职。伊萨克退位时,曾打算将皇位让给他,尽管妻子极力劝阻,约翰仍然没有接受皇位。虽然不清楚约翰拒绝皇权的原因,但很显然,此事给达拉西妮留下了很大遗憾。

⑥ M. Angold, *The Byzantine Empire*, (1025 -1204): *A Political History*, p. 100; *The Alexiad of Anna Comnena*, Ⅰ, p. 31.

⑦ *The Alexiad of Anna Comnena*, Ⅱ, pp. 85 - 86.

能治理罗马帝国,而且能治理世界上的任何一个帝国。她拥有丰富的经验,能深刻洞察各种行为的动机、结果和利弊,迅速找到解决问题的方式并灵活机智地运用……她有卓越的辩论和演讲天赋……当被要求掌控帝国权力时,她已经成长为一名成熟的女性,在生命的这个阶段,一个人的精力和智慧正处于最佳状态。这些品质为她成为一个优秀的统治者提供了潜质。”“她为整个人类的荣耀作出了贡献。”阿莱克修斯一世也认为母亲在谨慎和理解力方面超过了所有人,完全有能力“在各种天气中把国家航船导入最佳航线”①,并公开宣称如果没有她的智慧,帝国将无法继续存在。事实也证明,达拉西妮拥有杰出的管理才能并勤于政事。她整顿了宫廷风气,重新组织了宫廷生活,规定了读圣诗、吃早餐和选举官员的固定时间,使在阿莱克修斯一世前任者的统治下放纵堕落的皇宫呈现出了浓厚的修道院式的神圣气氛,提升了皇室家族在公众中的形象。在黎明时分或更早的时候,她已经开始参加选举官员或答复请愿的活动。② 在阿莱克修斯一世急需军费与诺曼人作战时,她与伊萨克一起想方设法地为他筹集军费。③ 可见,阿莱克修斯一世对母亲的权力委托充分体现了对她的统治能力和家族忠诚感的信任,同时也是对她在家族成功的政治生涯中所起的重要作用的承认。

与伊琳妮的婚姻曾使阿莱克修斯得到杜卡斯家族的支持并提高了皇位的合法性,在阿莱克修斯统治后期,她的地位和影响力逐渐上升。④ 仲纳拉斯提道:“皇帝畏惧她令人敬畏的仪表,她有一张利嘴,能够迅速谴责最轻微的傲慢行为。”⑤伊琳妮时常在军事远征中陪同阿莱克修斯一世,负责照料他的生活起居和防止军队中发生谋杀事件。⑥ 尽管在阿莱克修斯一世去世之后,她未能掌控帝国的统治权力,但她曾试图改变他有关皇位继承权的决定。阿莱克修斯一世已经把

---

① *The Alexiad of Anna Comnena*, Ⅲ, p. 119; Ⅲ, p. 120; Ⅲ, p. 116.

② L. Garland, *Byzantine Empresses*, p. 191.

③ *The Alexiad of Anna Comnena*, Ⅴ, pp. 157 - 158.

④ 现代学者对伊琳妮在政治上的重要性持保留态度。在他们看来,她是一个阿莱克修斯不能冒险将其单独留在都城的皇后。安娜有关他们深厚感情的叙述也是值得推敲的,因为即使伊琳妮不计较阿莱克修斯对她的长期忽略和几乎发生的背叛,她也很难深爱一个平时极少见到的丈夫。因此,安娜关于父母之间恩爱的描述可能含有不真实的成分,阿莱克修斯将权力委托给母亲和兄长而不是妻子的事实亦说明了这一点。

⑤ John Zonaras, *Epitome Historiarum*, Vol. 3, p. 766.

⑥ *The Alexiad of Anna Comnena*, Ⅸ, p. 278; Ⅻ, pp. 375 - 377; ⅩⅤ, p. 473.

他们的长子约翰·科穆宁加冕为共治皇帝,正式指定他为皇位继承人。但伊琳妮最疼爱长女安娜,希望安娜的丈夫尼基弗鲁斯·布里恩纽斯继承皇位。在被赋予政府事务的管理权之后,她便将它转交给了他。① 同时,她不断劝说阿莱克修斯一世撤换皇位继承人,总是不失时机地在他的病床前诽谤儿子约翰,谴责他鲁莽、耽于享乐和性格懦弱,却夸大其词地称赞布里恩纽斯雄辩多才,声称他有能力处理任何事情。② 阿莱克修斯二世在位时,他的母亲玛利亚曾担任摄政。

在拜占庭帝国历史上,赏赐高级贵族爵位头衔的现象一直存在,历任皇帝都对自己的亲信委以重任,这似乎是皇权专制的必然做法。但是值得注意的是,阿莱克修斯将颁授高级贵族头衔和官职的范围只限定在皇家及其亲戚的范围,这与拜占庭的政治传统有重要区别。如同前述,军区制经过数百年发展,在拜占庭社会中形成了权重势大的贵族家族。如果仔细观察其家族的来源,人们就会发现其中不仅有前代皇族和世袭贵族,也有许多来自社会下层的军功人士。拜占庭社会精英的这种垂直流动有助于聚拢社会各个阶层的力量,但是增加了帝国最高统治权的不稳定性。特别是在内忧外患危机严重的时期,这种社会精英纵向交流将加剧帝国专制体制的脆弱性。阿莱克修斯登基以前,拜占庭社会政治精英的竞争极为激烈,几个大家族为夺取皇权展开了血腥的较量,致使整个帝国政治生活环境极为险恶。阿莱克修斯的"任人唯亲"政策着力于促使帝国政治精英重心的转移,阻断精英垂直流动的渠道,强化皇族及其亲属构成的横向网络,并将这种精英治理制度化。他首次将与自己有血缘关系的亲属都纳入其贵族精英阶层的最高等级,他们形成了皇帝周围最可靠的群体和治理帝国的团队,也是他最信赖的宠臣,从而将帝国最高权力的核心精英群体封闭在皇族范围,从体制上降低了统治阶层的风险,弱化了觊觎皇权之大家族间的对抗。③

(三)削弱宦官的势力

科穆宁王朝通过限制宦官权力,将此前从皇权中逐渐分散的权力陆续收回,集中委任给新任命的亲属高级贵族,从而进一步强化了皇室及其亲属的权力地位,使

① B. Hill, "Alexius I Comnenus and the Imperial Women", pp. 39−40.
② N. Choniates, *O City of Byzantium, Annals of Niketas Choniates*, p. 5.
③ 陈志强、李秀玲:《皇帝阿莱科修斯的帝国政治治理》,《华中师范大学学报》2016 年第 1 期,第 121 页。

其建立的核心精英阶层更加纯洁。宦官在宫廷中的作用被削弱,原由他们担任的许多职位被皇室家族的成员占据,从一个侧面反映了科穆宁王朝统治的特点。

宦官制度是皇权专制制度的产物。皇帝与宦官保持亲密联系,委以重任,让其参与朝政的原因可能在于,他们没有家世和后代,谋求个人利益的动机相对较少,更重要的是,按照帝国的传统习俗,宦官不能继承皇位。[1] 这些客观因素使皇帝可以放心地任用他们而不必顾虑对皇位造成威胁。因此,宦官向来是活跃在拜占庭历史舞台上的一支重要力量。自拜占庭首位皇帝君士坦丁大帝以来,他们的权势越来越大,一度负责皇帝服装鞋帽的宦官后来竟然掌管皇帝出行的全部事务,而专管其信件收发的宦官负责帝国"外交"事务。在马其顿王朝末期,宦官的势力达到顶峰,如前文所述,瓦西里二世就主要依靠宦官进行统治。但是科穆宁王朝时期则见证了宦官权力的衰落,与以前拥有的强大势力相比,他们显然被排除在了重要权力之外。在11—12世纪的史料中出现过55位宦官的名字,其中有52%的人活跃在1025—1081年间,大多数都占据高级行政职位。[2] 在阿莱克修斯一世统治的37年间,宫廷中的宦官数量仍旧很大,占上述宦官人数的21%。[3] 安娜在著作中提到了8名宦官,即尤斯塔修斯·吉米奈亚努斯(Eustathius Cymineianus)、尤斯特拉提乌斯·加里达斯(Eustratius Garidas)、利奥·尼基里特斯(Leo Nikerites)、两个米哈伊尔、瓦西里·皮斯鲁斯(Basil Psyllus)、君士坦丁和一个没有给出姓名的负责皇帝寝宫的宦官。但他们中只有两个人进入了帝国统治集团的最高等级[4],其他宦官均充当宫廷奴仆、医生等,全都重操服务皇帝起居的旧业,没有任何政治权力。[5] 最根本的变化出现在1118—1180年,在约翰二世和曼努埃尔一世统治的60余年中,只有上述人数9%的宦官的名字出现在文献资料中[6],并且没有人担任要职,尤其是无人掌控军权,只是担任祭司、朝臣和王子

① 陈志强:《独特的拜占廷文明》,第213页。

② H. Maguire, *Byzantine Court Culture from 829 to 1204*, p. 179.

③ H. Maguire, *Byzantine Court Culture from 829 to 1204*, p. 179.

④ *The Alexiad of Anna Comnena*, Ⅲ, p. 112; Ⅹ, p. 304; Ⅺ, p. 363; ⅩⅢ, p. 395.

⑤ Alexander P. Kazhdan and Ann Wharton Epstein, *Change in Byzantine Culture in the Early Eleventh and Twelfth Centuries*, p. 70.

⑥ H. Maguire, *Byzantine Court Culture from 829 to 1204*, p. 180.

的教师等。① 但是,宦官的势力在 12 世纪末似乎重新恢复,上述人数的 18% 均担任重要职务并且至少有四人是军队将领。②

(四) 恢复皇帝处理教会事务的主动权

从 4 世纪基督教成为拜占庭帝国的国教开始,皇帝就拥有对教会的"至尊权"。③ 教会一直处于皇帝的严格控制之下,皇权高于教权,教权依附于皇权是拜占庭帝国政教关系的基本特征。④ 但两者之间的斗争从未停止,并且双方势力在斗争中互有消长,皇权并非总是占据优势地位。自瓦西里二世去世到阿莱克修斯一世登位的半个多世纪里,教会权力日益膨胀,突出体现为许多强有力的君士坦丁堡牧首不断强化和扩展他们的权力,有时甚至干涉政治事务。到 11 世纪末期,权力的天平正在向教会一方倾斜。作为"皇帝教权主义"(caesaropapism)理论的积极推行者⑤,阿莱克修斯一世的主要成就之一是恢复了皇帝处理教会事务的主动权,在宗教领域重塑了皇权的最高权威,具体表现在两次强行征收教会财产,亲自参与对异端者的审判,颁布宗教法令规范教士的行为和升迁标准,改革修道院的财产管理制度等。阿莱克修斯一世强调教职人员不能干涉世俗事务而要专注

---

① Alexander P. Kazhdan and Ann Wharton Epstein, *Change in Byzantine Culture in the Early Eleventh and Twelfth Centuries*, p. 70.

② Henry Maguire, *Byzantine Court Culture from 829 to 1204*, p. 180.

③ 具体包括:基督教大会的召集权;基督教高级教职人员的任免权;干涉各个教区争夺最高地位的斗争;调解和仲裁教会争端的权力,重视教会内部的思想动向,防止教会脱离皇权的控制,及时制止宗教争端造成的社会分裂。这一权力是早期拜占庭皇帝作为羽翼未丰的教会的保护人自然形成的。从理论上讲,皇权和教权的结合是拜占庭君主权力的基础,两者相互支持和配合,皇帝的统治需要教会的精神支持,而教会的发展需要皇帝的庇护。最初,皇帝对教会的权力是无限的,但随着教会实力的发展,这种权力被侵害。直到毁坏圣像运动爆发前,教俗统治集团之间的斗争愈演愈烈,皇帝们维护其"至尊权"的斗争从未停止。毁坏圣像运动使教会势力受到沉重打击,此后一直处于皇帝的控制之下,成为专制统治的工具。参见,陈志强:《独特的拜占廷文明》,第 289—295 页。

④ 关于拜占庭帝国政教关系的探讨,张昊:《拜占廷帝国政教关系特征探析》,东北师范大学硕士学位论文,2002 年。

⑤ 指政教合一的政治制度。在这种制度下,国家的最高统治者兼任教会首脑,是宗教事务的最高仲裁者。这个词汇通常被用来描述拜占庭帝国皇帝和教会之间的关系,意为国家高于教会,皇帝对国家以及教会具有绝对控制权。但有些现代历史学家认为,拜占庭的法律文献仅谈到帝国的行政机构和教会组织的相互依赖,并没有说明后者必须从属于前者。他们也认为皇帝在教义上的主张并非一贯得到支持,而且没有教牧之权。在拜占庭历史上,皇帝对教会施加压力以失败告终的事例很多,例如,芝诺和阿纳斯塔修斯一世试图支持一性论派,米哈伊尔八世支持与罗马教会合并等,都以失败告终。但不可否认的是,从总体上看,在拜占庭帝国,皇帝充当了普世教会的保护者并干涉教会事务,他们主持宗教会议,其意志在任命最高主教和确定其管辖范围时起着决定性的作用。美国不列颠百科全书公司编著:《不列颠百科全书(国际中文版)》第 3 卷,北京:中国大百科全书出版社 1999 年版,第 304—305 页。

于他们的精神职责,管理好君士坦丁堡的宗教机构。教职人员也不再像阿莱克修斯一世称帝之前那样担任行政职务,一些曾被赐予他们的世俗头衔,例如,“大主教区联络官”和“大主教区首席联络官”等头衔均被废除。① 阿莱克修斯一世俨然以正统信仰的守卫者自居,将捍卫正统信仰视为自己的职责,肆意干涉教会事务,在许多方面僭取了牧首的权力。在其统治之初,牧首尼古拉曾将镇压异端和规范教士行为视为自己最重要的职责,但阿莱克修斯一世肆意剥夺了他在这些领域的主动权。尽管他对教会事务的处理只被视为对以前秩序的一种回归,即重新确立了皇帝对教会的“至尊权”,但拜占庭的教会很少容忍像在科穆宁王朝统治下皇帝对教会的干涉和控制程度。② 或许正是阿莱克修斯一世与牧首尼古拉三世的和睦关系使这一点成为可能,它也从侧面表明牧首在11世纪期间的强大势力已被大大削弱。这种宗教政策在其儿子和孙子统治期间被延续。根据安高德的研究,科穆宁王朝的这三位统治者都极力树立自己作为正教捍卫者的形象,牢牢控制君士坦丁堡牧首的任命权,使牧首不能再干预皇位继承问题,他们还通过与牧首教会的教士们建立联盟来实现对教会系统和地方主教的控制。③

（五）积极推行政治联姻

为了扩大皇帝专制统治的精英群体和社会基础,科穆宁王朝大力推进政治联姻。一般而言,中古时代的皇室联姻都是为了增强皇帝统治的政治力量,利用联姻的血缘和亲戚关系不仅可以确保家族的延续,而且可以通过横向联系维持或扩展家族的影响,既可化解宿敌间的恩怨,也可巩固家族间的政治联盟,提高家族地

---

① synkellos 和 protosynkellos,是希腊语 συγκελος 和 προτοσυγκελος 的拉丁语拼法,英语分别译为 official of dioceasan stuff 和 senior dioceasan official,是官方从教职人员中选任的专门联系官廷和教会的官员担任的官职名称。5 世纪以后,帝国各个行省的都主教、教区主教和牧师成为皇权行使司法权和精神控制权的重要依托力量。为了使国家的政令顺利下达地方教会组织,政府设立了由教职人员担任的官职,这些人也随之进入国家统治上层,获得贵族头衔或相应的荣誉和威望。参见徐家玲:《拜占庭文明》,第341—342页。

② 在拜占庭教会和国家关系的发展史上,查士丁尼时代是皇帝对宗教事务产生影响最大的阶段,没有任何皇帝像他一样具有如此强大的权力。他将罗马主教和君士坦丁堡牧首视为仆从看待,如同国家事务一样,处理教会事务。对建立教会组织的具体工作具有浓厚兴趣,甚至在信仰问题和宗教崇拜礼仪方面也有最终的决定权,他还召集基督教大公会议,撰写神学论文,为教堂赞美诗谱曲等。他在宗教事务中的权力被认为是空前绝后的。见[南]乔治·奥斯特洛格尔斯基:《拜占廷帝国》,第57页。

③ M. Angold, *The Byzantine Empire: 1025 -1204*, London, New York: Longman, 1984, pp.115 - 123 , 230 - 238.

位。① 在阿莱克修斯一世统治期间,为了巩固改革成果和自己的统治地位,稳定政治秩序,他积极推行政治联姻政策。他本人便通过与前朝"凯撒"约翰·杜卡斯的孙女伊琳妮的婚姻,与当时势力强大的杜卡斯家族结成政治联盟,确保了其军事叛乱获得成功,也强化了其皇位的合法性。他的所有同辈或者儿女辈的女眷几乎都成为政治联姻的工具。② 显然,阿莱克修斯的政治联姻计划非常成功,与科穆宁王朝建立政治联姻关系的几乎囊括了当时所有强大的家族,杜卡斯、迪奥格尼斯、迈利西努斯、塔罗尼努斯、博塔尼埃蒂兹、布里恩纽斯、库尔提基、卡塔卡隆、尤弗本努斯、西纳得奥斯等家族都在其名单中,帝国的政治军事行政要害权力因此掌握在他们手中。他不仅由此扩大了皇帝统治的政治基础,有计划地构建起与皇帝具有血缘关系的精英群体队伍,而且逐步编制了等级有序的贵族精英秩序。

　　总之,由阿莱克修斯一世奠基的科穆宁王朝的政治治理紧紧围绕着强化皇帝专制集权这一中心,从扩大皇帝血缘亲属和皇族贵族队伍入手,全面整顿帝国高层精英群体,建立原则清晰、结构稳定的贵族等级体系,削减分散皇权的不利因素,消除拜占庭社会精英垂直流动带来的混乱局面,通过政治联姻扩展科穆宁王朝统治的政治基础,化解各个实力强大的家族间的矛盾冲突,使科穆宁王朝时期的拜占庭帝国暂时恢复了中央集权的政治格局。这个时代的拜占庭史家从帝国旧传统的立场出发,认为阿莱克修斯一世没有关注到帝国其他阶层,故"不能被视为严格意义上的皇帝",这种看法有待商榷。③ 由他为代表的科穆宁王朝的精英治理的政策确实有效地"复兴"了开始走向衰落的帝国,奠定了科穆宁王朝百年兴盛的根基,其经验还是值得后人借鉴。④

---

① 黄春高:《西欧封建社会》,北京:中国青年出版社1999年版,第93页。

② P. Magdalino & R. Nelson, "The Emperor in Byzantine Art of the Twelfth Century", *Byzantinische Forschungen*, 8(1982), p.144.

③ John Zonaras, *Epitome Historiarum*, vol. 3, pp. 766 – 767; P. Karlin-Hayter, "Alexios Komnenos: 'not in the Strict Sense of the Word an Emperor'", Margaret Mullett and Dion Smythe, *Alexius I Comnenus*, *Papers*, I, p.134.

④ 陈志强、李秀玲:《皇帝阿莱科修斯的帝国政治治理》,第123页。

第四节

科穆宁王朝的军事治理与外交

科穆宁王朝的奠基人阿莱克修斯一世登位时,拜占庭帝国边界狼烟四起,外敌三面入侵,攻城掠地,甚至威胁都城的安全。① 但为国家提供兵源的军区制的瓦解致使帝国的军队实力急剧下降,防御体系陷入崩溃。为此,阿莱克修斯一世及其继承者采取了一系列的军事治理措施。

一、 镇压军事贵族叛乱和重新分配军权

科穆宁王朝的三位主要统治者在位时间都比较长,阿莱克修斯一世和曼努埃尔一世都是 37 年,约翰二世为 25 年,在他们统治期间,贵族叛乱非常频繁,但他们并没有重蹈前任被叛乱者罢黜皇位的覆辙。这在拜占庭帝国的历史上实属不易,因为在其千余年的历史舞台上上演了不计其数的叛乱事件,在 107 位皇帝中,只有 34 人属于正常死亡,对生命的威胁始终围绕戴着拜占庭王冠的皇帝。他们能够在皇位上寿终正寝的一个重要原因在于将军权集中于皇室家族和与之有血缘或婚姻关系的家族手中,严厉镇压和打击异己势力,确保军事贵族效忠于皇权。科穆宁家族是小亚细亚地区军事贵族的代表,其军事叛乱的成功得益于来自这个地区的军事大贵族的支持和彼此之间的和解,这些家族通过婚姻的纽带联合在一起。科穆宁王朝统治期间,统治者在近亲中任命海陆军将领和行省总督,或依靠与之有亲戚关系的地方大家族对地方进行统治,军事贵族几乎垄断了帝国所有重要的军事和行政官职。从《阿莱克修斯传》的内容可以看出,阿莱克修斯一世戎马一生,在位的大部分时间都在进行断断续续的战争,与他一起奋战沙场的军队将领大部分都来自皇室家族和与之存在血缘或婚姻关系的贵族家族,以及与

---

① *The Alexiad of Anna Comnena*, p. 506.

他私人关系亲密、深得他信任的人。例如,塔提修斯(Taticius)是他儿时的玩伴和密友之一,不仅骁勇善战,而且面对危机形势能够处变不惊,因此一直深受重用,是掌握帝国军事大权的重要将领之一,以军队指挥官的身份几乎出现在所有重大战役和政治危机中。[1] 战争期间,为解决军费匮乏的问题,他的家族成员和亲属踊跃捐献私人财产;[2]家族的男人始终在战斗中伴随他左右,与他一起征战沙场。家族的忠诚和大力支持,不仅使阿莱克修斯成功地挫败了国内连接不断的政治叛乱,巩固了尚不稳定的皇位,并且取得了对外战争的重大胜利,在一定程度上恢复了国家实力。到 12 世纪中期,科穆宁家族以及与之有血缘或婚姻关系的家族占据了帝国大约 90%的高级军职。军事贵族垄断最高军事行政官职,他们相互联姻,以科穆宁家族为中心,以血缘和婚姻关系为纽带,逐渐结成了一个倾向于封闭的统治集团。[3] 这使其直系后裔和与皇室家族联姻的家族成员共同构成了统治集团的核心,成为科穆宁王朝政治制度的显著特点。这种体制至少为缓和皇帝和贵族之间激烈的权力斗争提供了一种解决办法,稳定了国内政局,为科穆宁王朝的百年兴盛奠定了基石。但从长远看,依靠家族进行统治加剧了皇室家族成员之间争夺帝位的斗争,从而最终削弱了中央集权和皇帝的权力。

二、 大力加强军队建设

阿莱克修斯一世登位时,以军区为基础,由军区总督负责的军事机制已经崩溃瓦解。它曾在 7—11 世纪早期构筑了有效的防御体系,保卫和开拓了帝国的领土。10—11 世纪早期的拜占庭军队,处于实力和战斗力的顶峰,是当时地中海世界的一支纪律严明、训练有素、装备精良和军饷很高的强大军队[4],在以瓦西里二世为代表的几个军人皇帝的统治下,展示了不可抵挡的力量。[5] 11 世纪以后,拜

---

[1] *The Alexiad of Anna Comnena*, p. 141, 201 – 203, 213 – 216, 224, 232, 299, 336 – 337, 341, 360, 279, 282, 288.

[2] *The Alexiad of Anna Comnena*, p. 176.

[3] Alexander P. Kazhdan & Ann Wharton Epstein, *Change in Byzantine Culture in the Early Eleventh and Twelfth Centuries*, p. 69.

[4] L. Heath, *Byzantine Armies, 886 –1118*, p. 3.

[5] J. W. Birkenmeier, *The Development of the Komnenian Army: 1081 –1180*, p. 43.

占庭的军队实力因为军区制的瓦解而急剧下降。瓦西里二世之后的皇帝几乎全是文官出身,为了遏制军事贵族势力的发展,他们不仅削减军费,甚至缩减军区,解散部队,在大部分本国军队长期不服役和兵力富余的情况下,招募雇佣军作战,让最优秀的军区军队陷入无组织的状态之中。[1]

安娜·科穆宁娜不止一次提到帝国兵力的衰落。当圭斯卡德紧锣密鼓地准备进攻帝国,东部正遭到塞尔柱突厥人恐怖的蹂躏时,帝国却没有充足的军队。帝国也缺乏征集联盟军的金钱,因为国库已经被挥霍一空。根据安娜给出的数字,当时军队的数量是非常庞大的。例如,圭斯卡德进攻帝国时,用150艘船运送3万人,在第拉休姆战役中因为饥荒和瘟疫损失了1万步兵和500名精良骑兵;隐士彼得率领的军队有10万骑兵,8万步兵,跟随其后的诺曼人十字军有5万骑兵,10万步兵;库曼人的首领吉泽斯(Kitzes)率领1.2万人劫掠小尼西亚。[2]值得注意的是,安娜几乎没有提到参加战斗的帝国军队的具体数量,只是不断重复它们在人数上被敌人大大超过,从反面证实了帝国兵力匮乏的事实。帝国将领经常因为军队数量太少而放弃战斗,例如,在围攻阿布·卡西姆防守的尼西亚的过程中,当敌人的5万增援军队出现时,原本计划继续战斗的塔提西乌斯因为双方的军队数量相差甚远而改变计划,撤回都城。阿莱克修斯一世放弃陪同十字军进攻塞尔柱突厥人的远征计划的原因之一,便是帝国军队在数量上被十字军大大超过。尽管安娜描写了阿莱克修斯一世取得的无数次胜利,但它们更多地依靠灵活的外交政策和战略战术而不是强大的军队实力。除了数量上的不足,军队缺乏忠诚和纪律的现象也非常突出。阿莱克修斯一世统治期间,时常遭受将士的背叛和兵变。例如,他在都拉斯(Durazzo)战败之后,许多优秀的拜占庭军官叛逃到博希蒙德那

---

[1] 米哈伊尔六世曾试图解散由伊萨克·科穆宁(即后来的伊萨克一世)和卡塔卡隆·塞考麦努斯统帅的军团,因为他们向朝廷提出增加军费和提高军饷的要求,见[南]乔治·奥斯特洛格尔斯基:《拜占廷帝国》,第284页;陈志强:《拜占廷帝国史》,第273页。君士坦丁九世则用贬值金币支付军饷,并且在1053年,解散了防守东北部边界亚美尼亚军区的5 000人军队,致使这些不设防地区不到两年便落入塞尔柱突厥人手中,参见 W. Treadgold, *A Concise History of Byzantium*, pp. 167‐168。这表明,首都官僚贵族集团和行省军事贵族集团之间的冲突,在一定程度上要为拜占庭军队在11世纪末对外战争中的失败负责,参见 Alexander P. Kazhdan & Ann Wharton Epstein, *Change in Byzantine Culture in the Early Eleventh and Twelfth Centuries*, pp. 56‐62。

[2] *The Alexiad of Anna Comnena*, Ⅲ, p. 124; Ⅴ, p. 156; Ⅰ, p. 69; Ⅳ, pp. 139‐140; Ⅹ, p. 311; Ⅺ, p. 356; Ⅹ, p. 305.

里;一个觊觎皇位的普通士兵冒充皇子并勾结库曼人给帝国带来重大破坏;在第一次十字军出征期间,被赋予重要军事领导权的尤斯塔修斯·卡米泽斯(Eustathius Kamytzes)和乔治·德卡诺斯(George Dekanos)的儿子乔治,因为参与格里高利·加布拉斯的阴谋叛乱被流放和囚禁;阿莱克修斯一世最重要的几个军官都卷入了亚尼马斯的叛乱。①不忠诚的现象在雇佣军和同盟军中更是司空见惯。在阿莱克修斯的军队中服役的法兰克人士兵在战斗中叛逃到布里恩纽斯那里;守卫君士坦丁堡的纳米兹人将都城出卖给叛乱者;达尔马提亚人联盟军在都拉斯战役中采取观望态度并且没有参加战斗便撤退;即使好战的摩尼教徒在战败之后也遗弃军旗,无视皇帝让他们返回战场的命令,后来加入帕臣涅格人进攻帝国。② 总体而言,今天通过巨额费用得到的雇佣军或同盟军,明天可能会变成敌人。即使军队保持忠诚,缺乏纪律的情况亦非常令人吃惊。拉利萨总督利奥·凯发拉斯以一种恐吓的语气要求皇帝立即进行援助;在与帕臣涅格人的战争中,尼基弗鲁斯·布里恩纽斯给皇帝的建议诙谐机智中透着鲁莽无礼;为了阻止士兵抢劫,将领必须对他们撒谎;叛逆者尼泽斯在皇帝面前将指控他的士兵斩首,但这种放肆行为没有受到惩罚;利乌尼乌姆战役结束后,西尼斯奥斯愤怒地来到皇帝面前,严厉谴责他不杀死战俘,尽管皇帝激烈反对,战俘仍被在深夜秘密处死,擅作主张的西尼斯奥斯仅被囚禁;负责防御都城的士兵在危急时刻被带到战场上时,拒绝跟随皇帝与帕臣涅格人打阵地战。③可见,尽管身为帝国专制君主和军队最高统帅,阿莱克修斯一世并不能安全地依靠将士的忠诚,甚至尊敬。

军队的重建及其战斗力的增强,对于帝国在外部围攻中生存下来是非常关键的。科穆宁王朝的统治者们需要一支能够与诺曼人、帕臣涅格人、塞尔柱突厥人等外来入侵者作战以及镇压臣民叛乱的军队。阿莱克修斯一世在位的大部分时间都耗费在并非由他挑起的战争中,帝国始终不能提供充足的军队与入侵者进行

---

① *The Alexiad of Anna Comnena*, Ⅹ, p. 336; Ⅴ, p. 163; Ⅱ, p. 81; Ⅷ, p. 261; Ⅹ, pp. 296 - 304; Ⅺ, p. 348; ⅩⅣ, p. 446; Ⅻ, pp. 382 - 386.

② *The Alexiad of Anna Comnena*, Ⅰ, p. 43; Ⅱ, p. 96; Ⅳ, p. 149; Ⅴ, pp. 160 - 161.

③ *The Alexiad of Anna Comnena*, Ⅴ, pp. 160 - 161; Ⅶ, p. 219; Ⅶ, p. 234; Ⅶ, p. 239; Ⅷ, pp. 259 - 260; Ⅷ, p. 248.

大规模的阵地战,只能利用可以随时被召集或雇佣的士兵,这样的军队要想在战争中获胜,往往主要依靠战略计谋和灵活的外交政策。但从整体上看,帝国军队经历了一个不断重建和调整的过程,其兵力在此期间的确有所恢复和增强。在阿莱克修斯一世登位之初,召集一支军队抵制诺曼人和帕臣涅格人的入侵存在很大困难。他用了近20年的时间建立了一支新军队,到其统治末期,他能够率领巨大而富有战斗力的军队进攻塞尔柱突厥人并强迫其苏丹签订和平条约。在他的继承人约翰二世和曼努埃尔一世统治期间,拜占庭军队足以打败君士坦丁堡城外康拉德三世领导的十字军。① 尽管兵力来源从未形成单一性,存在大量成分复杂的国内外雇佣军和联盟军队,但来自色雷斯、马其顿和塞萨利的本国士兵也是值得依靠的重要力量②,其战斗力相对于11世纪末的兵力而言有了很大提升,对外战争取得的一系列胜利足以证明这一点。

这一时期,帝国海军的力量也有所恢复和增强。罗伯特·吉斯卡尔(Robert Giuscard)率领诺曼人入侵帝国时,阿莱克修斯一世必须付出相当大的代价征募威尼斯舰队。但到第一次十字军出征时,他已经拥有了足够的船只将两支十字军运送到圣地。当博希蒙德准备重新入侵帝国时,阿莱克修斯一世从基克拉泽斯群岛、小亚细亚沿海城市和巴尔干地区召集了一支巨大的舰队,他的许多大臣抱怨为此耗费了巨额费用。③ 到曼努埃尔一世统治期间,海军参与了多次战争,参战的船只数量也增多,海军在守卫海洋或在围攻战中提供援助和切断敌人的供给方面,发挥了重要作用④,但从总体上看,其主要作用仍旧是运输军队、武器装备和补给,辅助陆军作战,一般很少独立作战。拜占庭自身缺乏强大海军力量的现实,意味着威尼斯、比萨和热那亚等城市国家能够在帝国阻挡入侵者的战争中逐渐榨取经济特权,并使拜占庭限制其商业或海洋活动的任何努力付之东流。尤其是威尼斯海军势力的日益强大和对帝国经济领域的日渐渗透,标志着帝国将最终丧失在东地中海商业贸易中的优势地位。

---

① J. W. Birkenmeier, *The Development of the Komnenian Army*: *1081 -1180*, p. 139.

② J. W. Birkenmeier, *The Development of the Komnenian Army*: *1081 -1180*, xii.

③ *The Alexiad of Anna Comnena*, Ⅳ, pp. 137 - 139; Ⅶ, pp. 189 - 191; Ⅹ, p. 324; Ⅻ, p. 379.

④ *The Alexiad of Anna Comnena*, Ⅱ, p. 99; Ⅵ, p. 204; ⅩⅢ, p. 400, 415; ⅩⅣ, p. 445.

外交是内政的延伸,外交政策的制定要以国家实力和军事力量为基础。科穆宁王朝时期的拜占庭帝国面临的主要外敌有西部的诺曼人,北部的帕臣涅格人、库曼人、塞尔维亚人、达尔马提亚人和马扎尔人,东部的塞尔柱突厥人以及来自西方的十字军,南意大利、巴尔干地区和小亚细亚地区等不断受到侵扰,帝国权威受到安条克、耶路撒冷等十字军公国的挑战。统治者外交政策的制定与得失和帝国的实力及军事力量密切相关。阿莱克修斯一世统治期间,只是被动地应付来自外界的连续不断的入侵浪潮,衰弱的军事力量迫使他宁愿选择利用金钱礼物购买和平,并小心谨慎地避免给予外族人入侵的任何借口,而不是蓄意挑起战争,尤其在其统治早期,如果战争无法避免,除了在与一个敌人作战的同时,尽力与其他敌人达成和解,别无他法,主要目的在于维持和平,避免战争,整体上呈现出防御性的特点。① 在这种情况下,阿莱克修斯一世仍旧决定性地击溃了帕臣涅格人和库曼人等草原游牧民族对巴尔干地区的侵扰,借助塞尔柱突厥人的军事力量收复了小亚细亚西部的沿海平原地区。他的继承人约翰二世在此基础上,在欧洲基本采取防御战略,彻底打败了帕臣涅格人,迫使塞尔维亚人和马扎尔人再次承认了拜占庭帝国的宗主权,巩固了帝国的多瑙河防线和巴尔干边界,在小亚细亚地区则采取了直接进攻的军事征服,保持了安纳托利亚高原的均势态势。到曼努埃尔一世统治期间,帝国对东西面的邻国持续发动了富有侵略性的战争,击退库曼人、塞尔维亚人和马扎尔人的入侵,使安条克、耶路撒冷等十字军公国臣服,远征安条克、罗姆苏丹国和埃及,重塑了帝国在巴尔干和东地中海地区的版图。但曼努埃尔一世去世后,其继承人的无能统治使大规模的长期战争和连绵战事榨干了帝国的经济和军事资源,国家很快陷入内乱并走向严重衰退,科穆宁王朝的百年复兴到此终结。

三、 科穆宁王朝复兴帝国努力的失败

在拜占庭帝国的历史上,如果说马其顿王朝开创了拜占庭帝国的黄金时代,

---

① J. W. Birkenmeier, *The Development of the Komnenian Army: 1081 −1180*, p. 42.

瓦西里二世的统治象征着帝国的综合实力达到鼎盛,那么从瓦西里二世去世到阿莱克修斯一世登基的半个多世纪里,文职官僚贵族控制下的拜占庭则经历了国内外政治的崩溃。在内政方面,从 7 世纪开始实行的军区制彻底瓦解,作为帝国财政和军事力量支柱的农兵阶层几乎完全消失,大地产所有制开始成为占主导地位的土地占有形式,军区制下的社会结构全面解体。同时,随着贵族势力的崛起,帝国政府逐渐被贵族阶层所控制,文职贵族和军事贵族之间争权夺利的斗争严重削弱了中央政权,拜占庭中期精心构建的中央集权政治体制和帝国的军事力量与防御体系全面陷入崩溃。在外交方面,小亚细亚地区被塞尔柱突厥人占领,南意大利的领土最终丧失,帝国对巴尔干半岛的统治也遭到严重破坏。当阿莱克修斯一世成为皇帝时,拜占庭帝国再次处于生死存亡和被迫重建的境地。7 世纪初期,伊拉克略一世登位时,帝国也面临内外交困的严峻局势。当时,国家财政消耗殆尽,资源枯竭,陈旧的统治机器几乎停止运转,因为国家无力支付军饷,建立在雇佣兵招募制度基础上的军队的战斗力急剧下降。帝国的周围民族从四面八方发动进攻,波斯人先后占领叙利亚、巴勒斯坦、小亚细亚地区和埃及,阿瓦尔人和斯拉夫人大举入侵并定居巴尔干半岛,帝国在意大利和西班牙的领土也遭到伦巴第人和西哥特人的围攻,拜占庭军队被迫退缩到罗马、拉文纳、那不勒斯和西西里岛。据当时的史学家记载,人们认为"世界末日来临了"。在这种情况下,帝国要生存必须进行内部重建,对帝国历史产生重要影响的军区制正是在这一时期正式实行。[①] 如何使一个陷入国内外重重危机、摇摇欲坠的帝国,重新恢复东地中海地区的强国地位成为他开创的科穆宁王朝的重要使命。可以说,这一阶段是拜占庭帝国从混乱走向稳定,从衰落走向兴盛的重要时期,见证了帝国在政治经济体制、社会结构和军事外交等方面的重大转变以及在新的基础上的复兴历程。

　　阿莱克修斯一世通过宫廷头衔等级制度、官职授予原则的变革以及政治联姻等方式,将当时势力最强大的家族拉拢进统治集团,使最重要的行政和军事职务被皇室家族和与之有血缘或婚姻关系的大家族所垄断,最终确立了贵族家族的联合统治。[②] 这被其继承人约翰二世和曼努埃尔一世继承、发展和巩固。在这种新

---

① ［南］乔治·奥斯特洛格尔斯基:《拜占廷帝国》,第 78 页;陈志强:《拜占庭帝国史》,第 169—170 页。

② H. Maguire, *Byzantine Court Culture from 829 to 1204*, p.170.

型的统治模式中,贵族阶层自身被进一步分层,处于顶层的是皇室家族和与之有血缘或婚姻关系的家族,国家机构由这些家族的成员操纵,国家事务由这个集团中的才智之士管理,他们按照严格的等级秩序团结在一起,位置的排列取决于个人与皇帝的血缘或婚姻关系的远近。曼努埃尔一世正式禁止皇室家族与其他贵族家族联姻,从制度上进一步强化了上述贵族阶层的优势地位。[1] 统治者在主要依靠皇室家族和与之有血缘或婚姻关系的家族进行统治的同时,对家族联盟以外的贵族则采取了排斥和严厉打击的措施,以消除对皇权的威胁。可见,这种统治模式使国家政治经济资源的抽取与分配,按照最有利于中央政府内外政策的方式进行,使中央和皇帝的权威得以重新确立,有利于国家政局的稳定。尽管依靠家族进行统治,任人唯亲,并非最有效的统治模式,但以阿莱克修斯一世为代表的科穆宁王朝的统治者们似乎没有更好的选择,在其军事政变之前的几十年中,频繁的叛乱表明军队将领对统治者普遍缺乏忠诚。从 11 世纪开始,拜占庭的皇帝几乎都来自贵族家族,随着文职贵族和军事贵族势力的此消彼长,两派之间的政治斗争从未停止,从而造成皇位更替频繁,政局混乱。因此,这种体制至少为缓和 11 世纪期间皇帝和贵族之间激烈的权力斗争提供了一种解决办法,实现了政局稳定,从而为科穆宁王朝的百年兴盛奠定了制度基石。例如,皇权得到加强,阴谋叛乱大大减少,在宗教领域恢复了"至尊权"等。尽管在阿莱克修斯一世统治前期曾多次出现贵族叛乱,但没有一次获得成功,在其统治后期,也没有再出现大规模叛乱。在他的儿子约翰二世和孙子曼努埃尔一世统治的 62 年里,除了皇室家族成员安娜·科穆宁娜和安德罗尼库斯为夺取皇位进行的叛乱活动,几乎没有出现对皇权造成威胁的其他重大叛乱。

但是我们也不难看出,科穆宁制度的维持需要一个强权者作为统治核心,他不仅需要拥有治国理政的才能,能够顺利地实现皇权的和平继承,并且必须有能力安抚皇权的竞争者们,使其成为国家强有力的统治力量。也就是说科穆宁制度的正常运转,需要皇帝强有力的政治控制力,如果皇位上没有实力强大的人物,统

---

[1] T. Gouma-Peterson, *Anna Komnena and Her Times*, p. 10.

治者软弱无能,就无法控制规模庞大的家族,这一制度就容易陷入崩溃。① 科穆宁王朝最后一位强有力的统治者曼努埃尔一世去世之后,帝国随即便陷入内乱并走向严重的衰退,就说明这一制度存在难以克服的内在弊端。一方面,从长远来看,依靠家族进行统治会加剧皇室家族成员之间争夺帝位的斗争,从而最终削弱中央集权和皇帝的权力。有学者认为科穆宁制度加剧了皇室家族成员之间的皇位争夺,导致了 12 世纪末拜占庭帝国的衰落和 1204 年君士坦丁堡被拉丁人攻陷。② 毕竟皇帝无法确保所有家族成员或亲属始终对自己保持忠诚,一旦时机成熟,他们都有可能成为争夺皇权的潜在力量。例如,有学者认为阿莱克修斯一世并不能完全依靠和信任家族成员的忠诚,一个典型的例子是,他的弟弟阿得里安·科穆宁曾长期担任帝国军队总司令,但因为曾经参与尼基弗鲁斯·迪奥格尼斯的叛乱而失去了他的信任,从 11 世纪 90 年代之后便被排除在统治集团之外,不再被委以重任,他的儿子们也因此受到牵连,没有受到重用。③ 阿莱克修斯一世去世后,皇室家族成员之间随即出现的对皇权的激烈争夺更是这一统治模式局限性的明显体现。事实上,在其统治末期,家族成员的争吵就已经成为宫廷生活中的家常便饭,科穆宁家族的新一代因为继承权问题而分裂,大大削弱了家族的内部团结。皇后伊琳妮和长女安娜·科穆宁娜得到安德罗尼库斯·科穆宁的支持,但皇帝的另一个儿子伊萨克则支持皇位的储君约翰·科穆宁。④

当阿莱克修斯一世躺在病床上时,必须面对其统治政策留下的后遗症。侯尼雅迪斯详细地记载了阿莱克修斯一世去世前夕,科穆宁家族内部的皇权争夺战。阿莱克修斯是 3 个儿子和 4 个女儿的父亲,约翰是其长子,也是他最宠爱的孩子。在决定他为皇位继承人之后,阿莱克修斯将他加冕为共治皇帝,允许他穿红色鞋子。但皇后伊琳妮反对这个决定,而是支持他们的长女安娜的丈夫继承皇位并为此施加了自己的所有影响,不失时机地在丈夫面前诽谤他们的儿子约翰,称赞布里恩纽斯。考虑到她对安娜的母爱,阿莱克修斯忍受着她的唠叨,声称没有忽略

① P. Lachowicz, "The Family Strategy for Purple - Comparing the Methods of Andronikos I and Alexios I Komnenos of Constructing Imperial Power", p. 308.

② P. Stephenson, *Byzantium's Balkan Frontier*, pp. 276 - 279.

③ P. Frankopan, "Kinship and the Distribution of Power in Komnenian Byzantium", pp. 20 - 33.

④ John Zonaras, *Epitome Historiarum*, Vol. 3, pp. 748 - 749.

她的请求,但经常假装自己正专注于非常紧迫的事情,好像没有听到她讲话一样。当他不能再忍受时,便说道:"分享我的床和帝国的女人,难道你不能停止劝说,停止破坏值得称赞的和谐与良好的秩序吗?请服从命运的安排吧。或者让我们一起查看一下,哪一个前罗马皇帝在有一个合适的儿子能够继承皇位时,却废除他,选择女婿的?这种事情即使在过去发生过,我们仍旧不能将鲜有的先例视为法则。我以一种不值得称道的方式,通过剥夺宗亲的继承权和违背基督教教会的法规得到了皇位,在决定继承权的时候,如果用这个马其顿人①代替我的儿子,所有罗马人都将嘲笑我,认为我丧失了理智。"阿莱克修斯是一个善于伪装的人,他认为保密是明智的,因此从未过多讲述自己的打算。

当其父在病床上临终时,约翰意识到父亲正徘徊在生死边缘,而他的母亲坚决反对他即位,他的姐姐正在觊觎皇权,便与他的亲戚们商量对策。他的主要支持者是他的弟弟伊萨克,他们最后决定先发制人。他趁母亲不注意时,悄悄潜入了父亲的寝宫,好像悲痛地拥抱他一样,偷偷取走了他的手指上的图章指环,但有些人说他是在父亲的同意下这样做的。此后,约翰立刻聚集了他的谋士们,宣布采取行动,拿起武器,骑上战马,迅速向大皇宫赶去。马格纳皇宫和首都的街道上充满了他的支持者,听说了相关传闻而聚集的市民宣布他为皇帝。

伊琳妮皇后被形势的逆转弄得惊慌失措,她传唤了约翰并规劝他停止行动。当约翰完全控制了局势,不理会母亲的建议时,她鼓动布里恩纽斯在自己的全力支持下夺取皇位,但布里恩纽斯什么都没有做。她便跑到丈夫那里,后者正平卧在床上,生命的唯一迹象是急促的呼吸。她扑倒在他的身上,放声大哭,谴责当阿莱克修斯尚在人世时,他们的儿子却正在发动叛乱,窃取皇位。但阿莱克修斯没有对她的话做出反应。当皇后一再请求他采取措施阻止儿子的行为时,阿莱克修斯艰难地挤出一丝笑容,双手指向天空,好像在为这个消息感到高兴并向上帝表示感谢,并说到当他的灵魂正在离开他的身体和他将在上帝面前为自己犯下的罪行赎罪时,他的妻子对他的继承人的大声怒骂是对他的嘲弄和漠视。这个女人意识到他正在对自己的抗议幸灾乐祸,一切希望破灭,她深

---

① 指布里恩纽斯,因为他来自马其顿地区的亚得里亚堡。——作者注

深地哀叹："我的丈夫,你一生擅长各种骗术,总是言不由衷,即使在即将失去生命时,依然旧习不改。"

当约翰到达大皇宫时,发现入口被卫兵们挡住,指环没有取得他们的信任,他们要求他的父亲允许他进入的进一步证据。因此,约翰的陪同者用沉重的铜杆撬开了宫殿大门的铰链,约翰与他的全副武装的支持者和亲戚们强行进入。跟随着的大量混杂人群一起拥进去,开始抢夺看到的所有东西。当大门被再次关闭时,尚在外面的人被阻止进入,那些已经进入的人被迫和皇帝一起在里面待了好几天。这就是1118年8月15日发生的事情。

次日晚上,阿莱克修斯去世,他统治了37年零四个半月。黎明时,伊琳妮传唤约翰参加葬礼,背着父亲的尸体去他建造的修道院。但约翰拒绝听从命令,不是因为他无视母亲的权威或者故意表现对父亲的不尊敬,而是因为他没有足够的时间保住皇位,担心他的竞争者会趁机夺取政权。因此,像一条黏附在岩石上的章鱼一样,约翰牢牢地占据着皇宫,但他允许和他在一起的大部分亲戚参加了父亲的葬礼。[1]

阿莱克修斯的长女安娜公主试图推翻皇位继承人即弟弟约翰二世的阴谋叛乱,把潜藏的内部矛盾推向公开化。1180年曼努埃尔一世去世后,年幼的阿莱克修斯二世继位,难以驾驭对皇位虎视眈眈的贵族,帝国出现权力真空期。1181年,曼努埃尔一世的女儿"紫衣贵族"玛丽公主及其丈夫"凯撒"雷尼尔便密谋篡夺皇位。安德罗尼库斯一世发动兵变,杀害侄子阿莱克修斯二世,夺取皇位,阿莱克修斯三世把兄长伊萨克二世瞽目致残投入监狱,则将拜占庭统治家族的内部斗争推向了顶点。[2] 安德罗尼库斯一世夺取皇位后实行铲除异己、打击皇室贵族改革的一个非常重要的原因,就在于他十分清楚野心勃勃的皇室成员对皇权的威胁。由此可见,权力集中在皇室家族及其亲戚手中,本身具有很多弊端,当家族的不同分支力图维持和扩大自己的利益和特权时,便有可能引发家族内部激烈的权力斗争。任何一名皇室成员,倘若获得机会,就可能会设法夺取皇位,通过其皇室血统和各种优势,确保其宣称为皇帝时能获得广泛

---

① N. Choniates, *O City of Byzantium*, pp. 5–7.
② 陈志强:《独特的拜占廷文明》,第131页。

的支持。① 皇帝最危险的竞争者往往来自与他关系最亲密的家族成员,科穆宁王朝的前三位统治者都曾遭遇皇室家族成员对皇位的挑战。从历史发展的观点看,科穆宁王朝的统治模式,在一定程度上为 14 世纪帕列奥列格王朝时期的大规模内战埋下了伏笔。

另一方面,把统治基础建立在贵族家族的联盟之上本身就是对贵族势力膨胀现实的妥协和承认,政治上的特权地位更为其权势的稳定增长和巩固提供了便利。到 12 世纪末,"军事贵族早已成为国家及其防御的重要因素,不可能以严重动摇拜占庭军事力量基础的方式,来清除和摧毁他们"②。安德罗尼库斯一世的改革由于破坏了科穆宁王朝的家族统治,试图通过削弱皇室贵族和军事贵族的实力,强化中央集权,由此引发了频繁的叛乱,在其统治的 3 年时间里,拜占庭帝国便发生了至少 10 次叛乱③,他本人也在都城的暴民叛乱中被杀死。同时,科穆宁王朝的统治者通常依赖联姻获得强大贵族家族的支持,以此巩固政权。新的贵族的加入势必影响原来统治阶级的地位、结构和平衡,有学者强调,科穆宁制度无形中使部分原有的拜占庭贵族"被排除、贬谪、剥夺,甚至失去有利的政治地位","当群体失去凝聚力时,科穆宁制度中'次等'贵族的不满成为威胁统治团体统治的重要力量"。④ 此外,帝国的统治者经常会为了国家利益与外族联姻,由此侵犯了家族成员的利益,引发了一些皇室贵族的不满。有学者指出:"一场独断的联姻可能引发诸多不幸的政治结果,扰乱新的贵族等级制度,导致内讧增加,耗尽帝国亲属的利益,他们无法成为新的盟友或不再忠诚,从而削弱了科穆宁王朝统治的基础。"⑤例如,曼努埃尔一世推崇西方文化,实行亲拉丁政策,重用拉丁官员,不仅两次迎娶西方妻子,还为其女儿和皇位继承人安排了与拉丁人的婚姻,导致在他去世之后,以拉丁皇后玛利亚为代表的摄政政府掌握大权,遭到国内贵族的强烈反对,从而进一步瓦解了统治阶级的内部团结。可见,如何平衡国家与贵族成

---

① P. Stephenson, *Byzantium's Balkan Frontier*, p. 227.

② G. Ostrogorski, *History of the Byzantine State*, p. 398.

③ Jean-Claude Cheynet, *Pouvoir et Contestations à Byzance (963 -1210)*, pp. 113 - 119.

④ P. Magdalino, *The Empire of Manuel I Komnenos, 1143 -1180*, Cambridge: Cambridge University Press, 1993, pp. 189 - 190.

⑤ P. Magdalino, *The Empire of Manuel I Komnenos, 1143 -1180*, p. 205.

员、中央与地方之间的利益,满足统治集团内部对利益和地位的多样化需求,成为科穆宁王朝统治者面临的棘手问题。在安茞鲁斯王朝 20 年的统治期间,帝国内发生了 44 次针对皇位的阴谋叛乱,拜占庭帝国再次陷入政以贿成、战火纷飞、民不聊生的困境。①

科穆宁王朝重建的拜占庭帝国,已经不能与以前的帝国同日而语,其社会结构、政治经济和军事体制以及周边环境都发生了重大变化。

首先,这一时期国家的内部资源遭到严重消耗,地方势力强大和普罗尼亚制度的发展,加速了包税制度的普及,12 世纪初期已经成为一种常规,几乎所有行省的税收都交给了包税人。在帝国长期的历史发展中,征税过程中一直存在不公正和敲诈勒索的现象,包税政策则加剧了这一点。在包税制下,包税商负责征收某一地区的税收,按照包税额向政府上交。国家为了征得足够多的税收,通常将包税的任务委托给最高投标者,而包税人为了谋取私利,中饱私囊,必然会设法征收远远超出规定上交数量的税额。据说,"包税商负责在某省征税时,经常征到两倍于名义税额的税,是极为正常的现象"②。同时,税收必须从塞尔柱突厥人尚未占领的土地上征收,统治者们又从这些仅存的土地中抽取了大量土地,连同它们的税收赐予了皇亲国戚,从而进一步加重了包税人的负担。行省的税收大权几乎掌握在帝国的皇室贵族手中,导致国家收入流失和民众财政负担加重。除了土地税,收税官还巧立名目,出现了贸易税、入城税、过境税、不动产转手税、海关税、政府公文使用的印花税、公正税和司法税等。③ 行政官员还利用继承税对百姓压榨勒索,不仅严格审查财产,并且使用酷刑折磨死者亲属,以此掠夺金钱,一人去世通常会引发整个家族的毁灭。④ 为了逃避不堪重负的税收,拜占庭人积极参军逃税,许多裁缝和补鞋匠结束了他们的贸易,因为这些活动无法给他们提供生活必需品,有些人不再担任马夫,有些人丢掉了砖厂和铁匠铺的工作。⑤ 各种税收加

---

① Jean-Claude Cheynet, *Pouvoir et Contestations à Byzance (963 -1210)*, pp. 120 - 145.

② [英]M. M. 波斯坦、[英]爱德华·米勒主编:《剑桥欧洲经济史》第二卷,第 197 页。

③ 陈志强:《拜占廷帝国史》,第 477 页。

④ C. M. Brand, *Byzantium and the West, 1180 -1204*, Cambridge, Massachusetts: Harvard Univeristy Press, 1968, p. 32.

⑤ Nicetas Choniates, *O City of Byzantium*, p. 118.

重了民众负担,导致拜占庭经济混乱,引起社会普遍的不满情绪。在这种情况下,民生问题得不到重视,疏于解决,导致卫生脏乱,治安混乱,偷盗抢劫行为猖狂。例如,君士坦丁堡管道和沟渠破裂,缺乏足够的生活用水,引发疫病,塞萨洛尼基牧首尤斯塔修斯不得不代表君士坦丁堡居民向曼努埃尔一世呈请修复城市供水系统。① 曼努埃尔一世裁减海军和舰队的政策,也导致"海盗统治着海洋,行省遭到海盗舰队和敌人的骚扰"②,从而使大批海上贸易商的利益遭受损失。贵族与平民贫富差距悬殊,普通民众的福祉难以得到保障,越来越多的居民参与社会动乱。例如,1181 年"紫衣贵族"玛丽公主发动叛乱时,得到了君士坦丁堡居民的广泛支持,1182 年安德罗尼库斯进军君士坦丁堡,也获得了普通民众的拥护,在参与夺取都城的队伍中,存在许多为生活所需"想要掠夺金钱和财富的人"和"渴望参与叛乱的人"。③

其次,前几个世纪赖以维持国家实力的军区制的瓦解导致原来以自由农兵阶层为基础的征兵体制和军事防御体制崩溃瓦解,雇佣兵成为帝国军队作战的主要依靠力量,不仅加剧了国家财政的困难,并且为战争的胜败增加了更多变数。科穆宁王朝统治下的帝国复兴,并非建立在内部资源和潜力的开发基础上,而是更多地依靠统治者的才能和内外政策的有效性。即使开创科穆宁王朝百年复兴的前三位统治者都可以堪称一代枭雄,也是心有余而力不足的英雄。或许他们的统治才能完全可以与前代伟大的军人皇帝伊拉克略一世和瓦西里二世等相媲美,也像他们一样拥有驰骋疆场的机遇,得到了使敌人闻风而逃的威名,却很少再有机会施展开疆拓土的抱负。在他们统治期间,帝国的大部分战争都是防御性的,被动地应对外来入侵,只有少数是主动进攻战。尤其是阿莱克修斯一世在对外战争中取得的绝大部分胜利,都是伏击战、声东击西、金钱贿赂和收买、以蛮制蛮等策略的产物,而在面对面的大型阵地战中往往一败涂地。国家的现实实力决定了阿

---

① Eustathios of Thessaloniki, *Secular Orations 1167/8 to 1179*, Andrew F. Stone trans. , Leidon: Brill, 2013, pp. 8 – 10.

② Nicetas Choniates, *O City of Byzantium*, p. 33.

③ Eustathios of Thessaloniki, *The Capture of Thessaloniki: A Translation with Introduction and Commentary*, J. R. Melville Jones ed. , Australian Association for Byzantine Studies, 1988, p. 35; Nicetas Choniates, *O City of Byzantium*, p. 140.

莱克修斯一世的外交政策中出现的一些新的特点,例如,他很少利用威严烦琐的传统外交礼仪而更重视个人关系,时常采取收养、宣誓效忠等创建私人联系的方式加强与外族人的关系,并经常亲自与外族使者谈判;为了得到军事援助,他写给联盟者的信件充满了恳求和谨慎的言辞并附有大量的物质许诺,为了让战败者博希蒙德同意停战谈判,甚至命令使者应允后者提出的任何要求;容忍十字军首领打破帝国严格的宫廷礼节,坐上御座的行为;允许外族使节自由出入他的皇宫,忍着痛风病的折磨耐心地倾听他们"喋喋不休"的谈话,尽量满足他们提出的各种合理或不合理的要求;他还经常邀请外族人首领到首都并热情地款待他们,赠予大量金钱和礼物等。这些外交方式或许与阿莱克修斯一世长期担任军队将领的经历有关,但归根结底,正是帝国的衰落状况迫使他不得不借助各种和平手段避免外族人的入侵。国家实力对外交的重大影响在这一时期得到了充分体现。

　　再次,科穆宁王朝统治时期的拜占庭帝国面临的外部环境发生了重要变化。阿莱克修斯一世统治期间,帕臣涅格人、库曼人和塞尔柱突厥人等草原游牧民族对帝国的边境安全构成了重大威胁,他们生活居无定所,擅长流动作战,总是避免与拜占庭的重装部队近距离发生冲突①,集中和分散军队的能力以及数量上的优势,使帝国与他们的战争很难取得决定性的胜利。但他们都是松散的部落联盟,缺乏强大国家有组织的支持,其入侵的主要目标是抢掠战利品,很多时候都是打了就跑,因此只对帝国产生间接性的威胁,只有诺曼人的入侵具有高度组织化和正规化的特点并拥有领土野心,试图夺取帝国都城。到阿莱克修斯一世的继承者们在位时,帝国必须应对匈牙利王国、塞尔维亚王国、罗姆苏丹国、西西里王国、十字军诸国等更具实力的国家的挑战,尤其是十字军战争的兴起,其重要目的之一是希望找到新的财源,夺取土地和财富,相对富庶的拜占庭帝国作为其途经之地,国家安全必将会面临新的隐患和威胁。对于拜占庭帝国和十字军战争之间的关系,有观点认为,为了回应来自拜占庭皇帝阿莱克修斯一世抵制塞尔柱突厥人入侵的军事援助的请求,乌尔班二世教皇发起了第一次十字军战争。也有学者认为,阿莱克修斯一世曾宣称进行重新征服耶路撒冷的战争,将其作为引诱西方骑

---

① J. W. Birkenmeier, *The Development of the Komnenian Army: 1081-1180*, p. 70.

士为他服役的诱饵。① 上述观点将十字军出征归因于阿莱克修斯一世的邀请。但有关这一事件的主要原始资料都没有提到这一请求,原因可能在于著者的刻意回避,拉丁人不愿承认拜占庭的"邪恶皇帝"在他们英雄和虔诚的事业中,起到了除负面作用之外的任何积极影响;安娜则将这一运动描述为西方人对拜占庭领土的入侵和阿莱克修斯一世成功挫败他们的阴谋的功绩。② 她认为十字军运动包含显而易见的野心,从表面上看,他们是去耶路撒冷朝圣,实际上是计划罢黜阿莱克修斯一世并夺取君士坦丁堡。③ 阿莱克修斯一世则将十字军视为雇佣军,乐意支付给他们丰厚的俸禄,试图利用他们的力量重新收复被塞尔柱突厥人占领的原属于拜占庭帝国的城镇,但因为他们拥有反复无常和背信弃义的本性,因此从未信任过他们。当法兰克人军队刚跨过伦巴第海峡时,阿莱克修斯一世便将一些由懂拉丁语的翻译们陪同的军事将领派到第拉休姆和阿瓦罗纳的周围地区,监视和跟随他们,阻止他们沿路袭击和抢劫,防止当地人与他们产生冲突。④由于君士坦丁堡和帝国的某些地区是十字军穿越的必经之路,因此,不管阿莱克修斯一世是否为十字军运动的发起负责,科穆宁王朝的统治者们都必须应对这个成分复杂、动机各异的庞大群体。在第一次十字军和第二次十字军出征的过程中,他们穿越拜占庭领土时经常出现破坏公物和盗窃的现象,帝国统治者和十字军首领之间矛盾不断,双方甚至兵戎相见。例如,第一次十字军进入帝国领土时,阿莱克修斯一世要求他们的首领对自己宣誓效忠,大部分首领进行了宣誓,但并非出于自愿,而是被威逼利诱的结果,并且双方在誓言的遵守问题上也存在较大分歧。在拉丁人看来,阿莱克修斯一世是背信弃义和狡诈的,首先打破了誓言,而安娜·科穆宁娜对十字军的严厉指控之一便是阿莱克修斯一世在为十字军付出了时间、金钱和辛劳之后,他们却忘恩负义,占领了安条克和耶路撒冷。可以说,十字军和帝国之间的关系,从一开始便埋下了冲突的种子,二者之间的矛盾在阿莱克修斯一世的继

---

① P. Charanis, "Byzantium, the West and the Origin of the First Crusade", *Byzantion*, 19(1949), pp. 27 – 29.

② C. Mango, ed. , *The Oxford History of Byzantium*, p. 190.

③ *The Alexiad of Anna Comnena*, X, p. 319.

④ *The Alexiad of Anna Comnena*, X, p. 310;当法兰克国王的弟弟沃曼多伊斯的休到达第拉休姆时,阿莱克修斯派布图米特斯绕弯路经过非利波波利斯而不是走直路将他护送到首都,因为他担心武装的凯尔特军队会尾随其后,*The Alexiad of Anna Comnena*, pp. 313 – 315。

承者们统治期间继续激化。这些矛盾和冲突为第四次十字军出征攻占君士坦丁堡埋下了伏笔,也使科穆宁王朝开创的百年基业最终付之东流。

　　综上所述,科穆宁王朝统治时期,制度本身存在的难以克服的矛盾以及外部发展环境的变化,最终导致了王朝复兴帝国努力的失败。为此,有学者认为,科穆宁王朝实际上是拜占庭帝国历史上最后衰落阶段的开始,王朝早期的辉煌只是帝国在由盛而衰的道路上出现的"回光返照"而已。①

---

① 徐家玲:《拜占庭文明》,第116页。

征引书目

西文书目

· Abulafia, D. ed, *The New Cambridge Medieval History*: c.1198 – c.1300, Vol.5, Cambridge: Cambridge University Press, 1999.

· *Actes du Prôtaton*（Archives de l'Athos 7）, é dition diplomatique par Papachryssanthou, D., Paris: P. Lethielleux, 1975.

· Adler, W., *Time Immemorial*: Archaic History and its Sources in Christian Chronography from Julis Africanus to George Syncellus, Washington, D.C.: Dumbarton Oaks Research Library and Collection, 1990.

· Aetius of Amida, *The Gynaecology and Obstetrics of the VIth Century, A. D.*, Philadelphia: Blakiston, 1950.

· Aetius of Amida, *The Ophthalmology of Aëtius of Amida*, Oostende, Belgium: J. P. Wayenborgh, 2000.

· Agathiae Myrinaei, *Historiarum libri quinque*, ed. Keydell R., [Corpus Fontium Historiae Byzantinae 2] Berlin: De Gruyter, 1967, Thesaurus Linguae Graecae（以下简称 TLG）, No. 4024001.

· Agathias, *The Histories*, translated with an introduction and short explanatory notes by Frendo J. D., Berlin: Walter de Gruyter & Co., 1975.

· Agnellus（of Ravenna）, *The Book of Pontiffs of the Church of Ravenna*, trans. Deliyannis D. M., Washington: Catholic University of America Press, 2004.

· Ahrweiler, H., *Byzance et la mer. La marine de guerre, la politique et les institutions maritimes de Byzance aux VIIe – XV e siè cles*, Paris: Presses Universitaires de France, 1996.

· Ahrweiler, H. and Laiou, A. E. eds., *Studies on the Internal Diaspora of the Byzantine Empire*, Washington, D. C.: Dumbarton Oakes Research Library and Collection; Cambridge, Mass.: Distributed by Harvard University Press, 1998.

· Ahrweiler, H., *Byzance et la mer: la marine de guerre, la politique et les institutions maritimes de Byzance aux VIIe-XVe siè cles*, Paris: Presses universitaires de France Vendôme, 1966.

· Al-Baladhuri, *The Origins of the Islamic State*, trans. by Hitti, Ph. K., Beirut, 1966.

· Alberigo, G. ed., *Christian Unity*: The Council of Ferrara-Florence, Leuven: Leuven University Press, 1991.

· Albucasis, *De chirurgia*: Arabica et Latine, Cura Johannis Channing, Oxford: Clarendon Press, 1778.

· Alexakis, A., Ιστορίαι, Athens: Ekdoseis Kanakē, 2008.

· Alexander, P. J., *The Patriarch Nicephorus of Constantinople*: Ecclesiastical Policy and Image Worship in the Byzantine Empire, Oxford: At the Clarendon Press, 1958.

· Allen, P. and Neil, B., *The Oxford Handbook of Maximus the Confessor*, New York: Oxford University Press, 2015.

· Ammianus Marcellinus, *History*, 3 vols, with an English translation by Rolfe J. C., London and Cambridge Massachusetts: Harvard University Press, 1935 – 1940; Delphi Classics, 2016; London: William Heinemann Ltd., 1986; London: Bohn, 1862; MA: Harvard University Press, 1935.

· Amory, P., *People and Identity in Ostrogothic Italy, 489 –554*, Cambriged: Cambridge University Press, 1997.

· Αναγνώστου, Ε. Η., Το Βυζάντιο και το Κράτος του Κάρολου Ντ'Ανζου, Συμβολή στην ιστορ ία των σχέσεων της Βυζαντινής αυτοκρατορ ίας με τη Νότια Ιταλ ία και τη Σικελ ία τον 13ο αιώνα. Διδακτορικ ή διατριβ ή, Αριστοτ έλειο Πανεπιστ ήμιο Θεσσαλον ίκης, 2005.

· An Anonymous Author, *The Deeds of Pope Innocent III*, ed. Powell, J. M., Washington, D.C.: Catholic University of America Press, 2011.

· Anaxagorou, N., *Narrative and Stylistic Structures in the Chronicle of Leontios Machairas*, Nicosia: A. G. Leventis Foundation, 1998.

· Andrea, A. J., ed. and trans., *Contemporary Sources for the Fourth Crusade*, Leiden; Boston; Köln: Brill, 2000.

· Angelov, D. and Saxby, M. eds., *Power and Subversion in Byzantium*, Birmingham: University of Birmingham, 2010.

· Angelov, D., *The Byzantine Hellene: The Life of Emperor Theodore Laskaris and Byzantium in the Thirteenth Century*, Cambridge and New York: Cambridge University Press, 2019.

· Angelov, D., *The Imperial Ideology and Political Thought in Byzantium, 1204 – 1330*, Cambridge and New York: Cambridge University Press,

2007.
· Angold, M. ed., *The Cambridge History of Christianity* , Vol.5, Cambridge: Cambridge University Press, 2006.
· Angold, M., *A Byzantine Government in Exile : Government and Society under the Laskarids of Nicaea (1204-1261)*, London: Oxford University Press, 1975.
· Angold, M., *Church and Society in Byzantium under the Comneni, 1081 - 1261* , Cambridge [England]; New York: Cambridge University Press, 1995.
· Angold, M., *The Byzantine Aristocracy IX to XIII Centuries* , Oxford: British Archaeological Reports, 1984.
· Angold, M., *The Fourth Crusade : Event and Context* , Harlow: Pearson Longman, 2003.
· Angold, M., *The Byzantine Empire, 1025 -1204: A Political History* , London: Longman Publishing Group, 1996.
· Anna Comnena, *Alexiade* , ed. Leib, B., 3 vols., Paris: Les Belles Lettres, 1928, 1937, 1943, 1945, TLG, No.2703001.
· Anna Comnena, *The Alesiad of Anna Comnena* , trans. by Sewter, E. R. A., London: Penguin Books,1969.
· *Anna Comnenae Alexias* , recensuerunt Reinsch, D. R. et Kambylis A., [Corpus Fontium Historiae Byzantinae 40: 1] Berolini: Walter De Gruyter, 2001.
· Anna Comnena, *Alexiad* , New York: Kegan Paul, 2003.
· Anthimus, *Anthimus : How to Cook an Early French Peacock: De Observatione Ciborum-Roman Food for a Frankish King* , trans. Chevallier, J., Chez Jim Books, 2012.
· Arbel, B., Hamilton, B. and Jacoby, D. eds., *Latins and Greeks in the Eastern Mediterranean after 1204* , London: Totowa, N.J. Cass, in association with The Society for the Promotion of Byzantine Studies, The Society for the Study of the Crusades and the Latin East, 1989.
· Archimedes, *The Works of Archimedes : Volume 1, The Two Books on the Sphere and the Cylinder : Translation and Commentary* , ed. Netz, R., Cambridge: Cambridge University Press, 2004.
· Arentzen, T., *The Virgin in Song : Mary and the Poetry of Romanos the Melodist* , Philadelphia: University of Pennsylvania Press, 2017.
· *Aristakēs Lastivertc'i's History* , trans. by Bedrosian, R., New York: Sources of the Armenian Tradition, 1985.
· Arjava, A., *Women and Law in Late Antiquity and the Early Middle Ages* , Oxford: Clarendon Press, 1996, 1998.
· Arlett, J., *A Dying Empire? Do Byzantine Accounts of the Period 1204 - 1261 Support or Contradict the Claim that the Byzantine Empire was 'Mortally Wounded' by the Loss of Its Capital?* Ph. D diss., University of London, 2018.
· *Armenia and the Crusades : Tenth to Twelfth Centuries : The Chronicle of Matthew of Edessa* , Transl. by Dostourian, A. E., Belmont, M.A.: National Association for Armenian Studies and Research; Lanham: University Press of America, 1993.
· Arnakys, A., *The Early History of the Ottomans* ,

Athens, 1947.
· Athanasius, *Arian History. Athanasius Werke* , ed. Opitz, H.G., Berlin: De Gruyter, 1940, TLG, No. 2035009.
· Athanasius, *The Life of Antony and the Letter to Marcellinus* , trans. by Gregg, R., New York: Paulist Press, 1980. Athanasius, *Vita Antonii* , in *Patrologia Graeca* , ed. Migne, J. P., vol. 26, Paris, 1887, TLG, No.2035047.
· Atiya, A. S., *The Coptic Encyclopedia* , New York, Toronto, Oxford, Singapore, Sydney: MacMillan, Collier, Maxwell, 1991.
· Aubé, P., *Les Empires nomands d'Orient, XI-XII-le siècle, la Sicile, Constantinople, les Croisades* , Paris: Tallandier, 1983.
· Augustin, *The City of God and Christian Doctrine* , ed. Schaff Ph., New York: Grand Rapids, 1890.
· Αυγερινού-Τζιώγα, M., *Η Σύνοψις Χρονική του Κωνσταντίνου Μανασσή: συμβολή στην υφολογική μελέτη μιας έμμετρης Χρονογραφίας* , Θεσσαλονίκη, 2013.
· Αυγερινού-Τζιώγα, M., *Η Χρονική Συγγραφή του Γεωργίου Ακροπολίτη: η αττικιστική διαΧείριση ενός γλωσσικού κεφαλαίου* , Θεσσαλονίκη, 2012.
· Avi-Yonah, M., *The Jews under Roman and Byzantine Rule* , Jerusalem: The Hebrew University, 1984.
· Bachrach, B. S., *A History of the Alans in the West : From their First Appearance in the Sources of Classical Antiquity through the Early Middle Ages* , Minneapolis: University of Minnesota Press, 1973.
· Bagnall, R. S., *Egypt in Late Antiquity* , Princeton: Princeton University Press, 1993.
· Baker, D. ed., *Relations between East and West in the Middle Ages* , New York: Routledge, 2017.
· Bakker, E. J. ed., *A Companion to the Ancient Greek Language* , Chichester: Blackwell Publishing, 2010.
· Baldwin, J. W., *The Government of Philip Augustus : Foundations of French Royal Power in the Middle Ages* , Berkeley: University of California Press, 1991.
· Ball, W. W. R., *A Short Account of the History of Mathematics* , North Chelmsford: Dover Publications, 2012.
· Banaji, J., *Agrarian Change in Late Antiquity : Gold, Labour, and Aristocratic Dominance* , Oxford: Oxford University Press, 2001.
· Banaji, J., *Exploring the Economy of Late Antiquity* , Cambridge: Cambridge University Press, 2016.
· Barker, E., *Social and Political Thought in Byzantium : form Justinian I to the Last Palaeologus* , Oxford: Clarendon Press, 1957.
· Barker, D. ed., *The Orthodox Churches and the West* , Oxford: Basil Black Well, 1976.
· Barker, J. W., *Manuel II Palaeologus (1391 - 1425): A Study in Late Byzantine Statesmanship* , New Brunswich, N.J. 1969, 1979.
· Barker, J. W., *Justinian and the Later Roman Empire* , Madison: The University of Wisconsin Press, 1975.
· Barker, H., *Egyptian and Italian Merchants in the Black Sea Slave Trade, 1260 - 1500* , Doctoral

dissertation of Columbia University, 2014.
· Barnes, T. D., *Constantine and Eusebius*, Cambridge: Harvard University Press 1981.
· Barnard, L. W., *The Graeco-Roman and Oriental Background of the Iconoclastic Controversy*, Leiden: E. J. Brill, 1974.
· Barnes, T. D., *Constantine and Eusebius*, Cambridge: Harvard University Press, 1981.
· Barnwell, P. S., *Emperor, Prefects & Kings : The Roman West, 395 - 565*, Chapel Hill and London: The University of North Carolina Press, 1992.
· Bassett, S., *The Urban Image of Late Antique Constantinople*, Cambridge: Cambridge University Press, 2004.
· Bartusis, M. C., *the Late Byzantine Army : Arms and Society 1204 - 1453*, Philadelphia: University of Pennsylvania Press, 1992, 1997.
· Bartusis, M. C., *Land and Privilege in Byzantium : The Institution of Pronoia*, New York: Cambridge University Press, 2012.
· Βαρζός, Κ., *Η Γενεαλογία των Κομνηνών*, τόμος Β΄, Θεσσαλονίκη: Κέντρον Βυζαντινών Ερευνών, 1984.
· Baynes, N. H. and Moss, H., *Byzantium : An Introduction to East Roman Civilization*, Oxford: Oxford University Press, 1948, 1953; London: Thornton Butterworth Ltd, 1925.
· Beck, H.-G., *Kirche und theologische Literatur im byzantinischen Reich*, München: Beck, 1959.
· Beck, H.-G., *Ιστορία της Βυζαντινής Δημώδους Λογοτεχνίας*, Μτφρ. Eideneier, N., Αθήνα: Morphōtko Hidryma Ethnikēs Trapezēs, 1993.
· Bekker, I. ed., *Theophanes Continuatus, Ioannes Cameniata, Symeon Magister, Georgius Monachus*, [Corpus Scriptorum Historiae Byzantinae] Bonn: Weber, 1838, TLG, No.4153001.
· Bekker, I. ed., *Georgii Pachymeris de Michaele et Andronico Palaeologis libri tredecim*, vol.2, [Corpus Scriptorum Historiae Byzantinae] Bonn: Weber, 1835, TLG, No.3142002.
· Bell, H. I., *Egypt from Alexander the Great to the Arab Conquest*, Amen House, London: Oxford University Press, 1956.
· Bellinger, A. R. and Grierson, P., *Catalogue of the Byzantine Coins in the Dumbarton Oaks Collection and in the Whittemore Collection*, vol.1 - 5 (DOC), Washington, D.C.: Dumbarton Oaks Research Library and Collection, 1966 - 1968 - 1999.
· Bellinger, A. R., *Essays on the Coinage of Alexander the Great*, New York: American Numismatic Society, 1963.
· Ben-Eliyahu, E., Cohn Y., Millar F., *Handbook of Jewish Literature from Late Antiquity, 135 - 700 CE*, Oxford: Oxford University Press, 2012.
· Benjamin, *The Itinerary of Benjamin of Tudela*, ed. Adler, M. N., London: Oxford University Press, 1907.
· Benoist, S., Daguet-Gagey, A. and Hoët-van Cauwenberghe, Ch. eds., *Figures d'empire, fragments de mémoire : pouvoirs et identités dans le monde romain imperial*, Presses Universitaires du Septentrion: Villeneuve d'Ascq, 2011.
· Ben-Sasson, H. H., *A History of the Jewish People*, London: Weidenfeld and Nicolson, 1976.
· Benson, F. S., *Ancient Greek Coins*, Privately Printed, 1900.

· Berger, A., *Encyclopedic Dictionary of Roman Law*, Philadelphia: The American Philosophical Society, 1991.
· Bernard, F. and Demoen, K. eds., *Poetry and its Contexts in Eleventh-century Byzantium*, Farnham: Ashgate, 2012.
· Besevliev, V., *Die protobulgarischen Inschriften*, Berlin: Akademie Verlag, 1963.
· Betancourt, R., *Sight, Touch, and Imagination in Byzantium*, Cambridge: Cambridge University Press, 2018.
· Bianquis, T., *Damas et la Syrie sous la domination fatimide (359 - 468/969 - 1076): Essai d'interpretation de chroniques arabes médiévales, 2 vols*., Damas: Institut français de Damas, 1986 - 1989.
· Bidez, J. and Parmentier, L. ed., *The Ecclesiastical History of Evagrius with the Scholia*, London: Methuen, 1898 (repr. New York: AMS Press, 1979), TLG, No.2733001.
· Birkenmeier, J. W., *The Development of the Komnenian Army : 1081 - 1180*, Boston: Brill, 2002.
· Blaum, P. A., *The Days of the Warlords : A History of the Byzantine Empire, A. D. 969 - 991*, Lanham: University Press of America, 1994.
· Βλαχάκος, Π. Κ., *Ο βυζαντινός λόγιος Νικηφόρος Γρηγοράς : η προσωπικότητα και το έργο ενός επιστήμονα και διανοουμένου στο Βυζάντιο του 14ου αιώνα*, Θεσσαλονίκη, 2008.
· Blemmydes, N., *A Partial Account*, trans. by Munitiz, J., Louvain: Spicilegium Sacrum Lovaniense, 1988.
· Blockley, R. C. ed., *The fragmentary classicising historians of the later Roman Empire : Eunapius, Olympiodorus, Priscus and Malchus*, vol.2, Liverpool: Francis Cairns Ltd, 1983.
· Blockley, R. C., *The History of Menander the Guardsman, introductory Essay, Text, Translation and Historigraphical Notes*, Liverpool: Francis Cairns Ltd, 1985.
· Blondal, S., *The Varangians of Byzantium*, revised by Benedikz, S., Cambridge: Cambridge University Press, 1978.
· Blowers, P. M. ed., *The Bible in Greek Christian Antiquity*, United States: University of Notre Dame Press, 1997.
· Βλυσίδου, B. N., *Βυζαντινά στρατεύματα στη Δύση (5ος - 11ος αι.): Έρευνες πάνω στις Χερσαίες και ναυτικές επιχειρήσεις · σύνθεση και αποστολή των βυζαντινών στρατευμάτων στη Δύση*, Αθήνα: Ε.Ί.Ε./Ι.Β.Ε., 2008.
· Βλυσίδου, B. επιμ., *Η αυτοκρατορία σε κρίση: το Βυζάντιο τον 11ο αιώνα (1025 - 1081)*, Αθήνα: Εθνικό Ίδρυμα Ερευνών, 2003.
· Boardman, J., Griffin J. and Murray O. eds., *The Oxford History of The Roman World*, Oxford: Oxford University Press, 1986.
· Boin, D., *Ostia in Late Antiquity*, Cambridge: Cambridge University Press, 2013.
· Boissevain, U. P. ed., *Excerpta historica iussu imp. Constantini Porphyrogeniti confecta, vol.4: excerpta de sententiis*, Berlin: Weidmann, 1906, TLG, No.4076005.
· Bolgar, R. R., *The Classical Heritage and Its Beneficiaries*, Cambridge: Cambridge University Press, 1958.
· Bolman, E. S., *Monastic Visions : Wall Paintings*

in the Monastery of St. Antony at the Red Sea , New Haven and London: Yale University Press, 2002.

· Bonfil, R. ed., *Jews in Byzantium : Dialectics of Minority and Majority Cultures* , Leiden: Brill, 2012.

· Bongars, J. De ed., *Gesta Dei per Francos* , vol. II, Hanoviae: Typis Wechelianis apud heredes Ioannis Aubrii, 1611.

· Boor, C. de ed., *Excerpta historica iussu imp. Constantini Porphyrogeniti confecta, vol. 1 :* excerpta de legationibus , pt. 1 – 2, Berlin: Weidmann, 1903, TLG, Nos. 3023001, 4076003 and 4076004.

· Boojamra, J. L., *Church Reform in the Late Byzantine Empire, a Study for the Patriarchate of Athanasios of Constantinople* , Thessalonki: Patriarchal Institute for Patristic Studies, 1982.

· Bosch, U. V., *Kaiser Andronikos III. Palaiologos, Versuch einer Darstellung der byzantinischen Geschichte in den Jahren 1321 –1341* , Amsterdam: Verlag Adolf M. Hakkert, 1965.

· Bouquet, D. M. ed., *Receuil des Historiens des Gaules et de France* , vol.18, Poitiers: Imprimerie de H. Oudin Frère, 1879.

· Bouras-Vallianatos, P. and Xenophontos, S. eds., *Greek Medical Literature and its Readers from Hippocrates to Islam and Byzantium* , London and New York: Routledge, 2018.

· Bowen, J., *A History of Western Education* , vol. 1, London: Methuen and Co. Ltd., 1981.

· Bowersock, G. W., Brown, P. and Grabar, O. eds., *Interpreting Late Antiquity : Essays on the Postclassical World* , London: Belknap Press of Harvard University Press, 2001.

· Boyer, C. B., *A History of Mathematics* , Hoboken: Wiley, 1991.

· Boyle, J. S. ed., *The Cambridge History of Iran, vol. 5, The Saljuq and Mongol Period* , Cambridge: Cambridge University Press, 1968.

· Boulnois, L., *Silk Road :* Monks , Warriors & Merchants, New York: E. P. Dutton & Co., 1966.

· Bowden, W., Gutteridge A. and Machado C. eds., *Social and Political Life in Late Antiquity* , Leiden, Boston: Brill, 2006.

· Bowersock, G. W., Brown P., Grabar O. eds., *Late Antiquity :* A Guide to the Postclassical World , Cambridge: The Belknap Press of Harvard University Press, 1999.

· Bowersock, G. W., *Empires in Collision in Late Antiquity* , Waltham, Massachusetts: Brandeis University Press, 2012.

· Bowersock, G. W., *Hellenism in Late Antiquity* , Cambridge: Cambridge University Press, 1990.

· Bowes, K. and Kulikowski M. ed. and trans., *Hispania in Late Antiquity :* Current Perspectives , Leiden, Boston: Brill, 2005.

· Bowman, A. K., Garnsey P., Cameron A. eds., *The Cambridge Ancient History, Vol.XII :* The Crisis of Empire, A. D. 193 – 337 , Cambridge: Cambridge University Press, 2005.

· Bowman, S. B., *The Jews of Byzantium (1204 – 1453)* , Alabama: University of Alabama Press, 1985.

· Boyarin, J. and Boyarin, D., *Powers of Diaspora : Two Essays on the Relevance of Jewish Culture* , Minnesota: University of Minnesota Press, 2002.

· Bradley, M. J., *The Birth of Mathematics : Ancient Times to 1300* , New York: Chelsea House, 2006.

· Brand, C. M., *Byzantium Confronts the West, 1180 – 1204* , Cambridge, Mass.: Harvard University Press, 1968; Aldershot: Gregg Revivals, 1992.

· Bréhier, L., *Le monde byzantin :* Vie et mort de Byzance , Paris, France: Éditions Albin Michel, 1946; trans. in English by Margaret Vaughan, Oxford: North-Holland Publishing Company, 1977.

· Brewer, D., *Greece, the Hidden Centuries: Turkish Rule from the Fall of Constantinople to Greek Independence* , London & New York: I. B. Tauris, 2010.

· Brilliantov, A., *Emperor Constantine the Great and the Edict of Milan* , London, 1937.

· Brion, M., *Alaric the Goth* , trans. by Martens F. H., New York: Robert M. McBride & Company, 1930.

· Bromiloy, G. W., *Zwingli and Bullinger* , Philadelphia: Westminster Press, 1953.

· Brongna, A., *The Generalship of Belisarius* , Boston: Boston University Master thesis, 1987.

· Brosset, M.-F., *Histoire de la Géorgie debuis l'Antiquité jusqu'au XIXe siècle* , S.- Pétersbourg: Imprimerie de l'Académie Impériale des sciences, 1849.

· Brown, P., *Augustine of Hippo :* A Biography , Berkeley and Los Angeles: University of California Press, 1967.

· Brown, P., *Power and Persuasion in Late Antiquity : Towards a Christian Empire* , Madison: University of Wisconsin Press, 1992.

· Brown, P., *The World of Late Antiquity :* AD. 150 – 750, London: Thames and Hudson Ltd, 1971; London and New York: W. W. Norton& Company, Inc., 1989.

· Brown, T. S., *Gentlemen and Officers :* Imperial Administration and Aristocratic Power in Byzantine Italy, A. D. 554 – 800 , Hertford: Stephen Austin and Sons, 1984.

· Browning, R., *Byzantium and Bulgaria :* a Comparative Study Across the Early Medieval Frontier , London: Temple Smith., 1975.

· Browning, R., *Justinian and Theodora* , London: Weidenfeld and Nicolson, 1971.

· Browning, R., *The Byzantine Empire* , Washington D. C.: The Catholic University of America Press, 1992.

· Brubaker, L. and Haldon, J., *Byzantium in the Iconoclast Era c. 680 – 850:* A History , Cambridge: Cambridge University Press, 2011.

· Brubaker, L. ed., *Byzantium in the Ninth Century :* Dear or Alive? Aldershot, Brookfield: Ashgate, 1998.

· Brubaker, L., *Inventing Byzantine Iconoclasm* , Bristol: Bristol Classical Press, 2012.

· Brunswick, New Jersey: Rutgers University Press, 1969.

· Bryer, A. A. and Georghallides, G. S. eds., *The Sweet Land of Cyprus :* Papers given at the twenty-fifth Jubilee Spring Symposium of Byzantine Studies, Birmingham, March 1991 , Nicosia: Cyprus Research Centre, 1993.

· Bryer, A. A. and Winfield, D., *The Byzantine Monuments and Topography of the Pontos* ,

Washington, D.C.: Dumbarton Oaks Research Library and Collection, 1985.

· Bryer, A. A., The Empire of Trebizond and the Pontos , London: Variorum Reprints, 1980.

· Bryer, A. and Cunningham M. eds., Mouth Athos and Byzantine Monasticism : Papers from the Twenty-Eighth Spring Symposium of Byzantine Studies , University of Birmingham, March 1994; Ashingate: Routledge, 1996.

· Bryer, A. and Herrin J. eds., Iconoclasm : Papers given at the Ninth Spring Symposium of Byzantine Studies , University of Birmingham, March 1975; Birmingham: Centre for Byzantine Studies, University of Birmingham, 1977.

· Buchon, J. A. ed., Chronique de la prise de Constantinople par les Francs écrite par Geoffroy de Ville-Hardoin,—suivie de la continuation de Henri de Valenciennes , Paris: Verdière Libraire, 1828.

· Buchon, J. A., Nouvelles recherches historiques sur la principaute française de More et ses hautes baronnies , vol. 2, Paris: Comptoir des imprimeurs unis, 1844.

· Buchon, J. A., Recherches et Matériaux pour servir à une histoire de la domination française dans le provinces démembrées de l'Empire grec , vol. 2, Paris: Auguste Desrez, 1840.

· Buckler, G., Anna Comnena : A Study , Oxford: Oxford University Press, 1929, 1968.

· Buckley, P., The Alexiad of Anna Komnene : Artistic Strategy in the Making of a Myth , Cambridge: Cambridge University Press, 2014.

· Burckhardt, J., Age of Constantine the Great , translated by Hadas M., London: Routledge & Kegan Paul Ltd., 1949.

· Burgmann, L. ed., Ecloga : das Gesetzbuch Leons Ⅲ und Konstantinos' V , Frankfurt am Main: Löwenklau-Gesellschaft, 1983.

· Burnham, D. K., Warp and Weft, A Textile Terminology , Toronto: Royal Ontario Museum, 1980.

· Burns, J. H., The Cambridge History of Medieval Political Thought , Cambridge: Cambridge University Press, 1988.

· Burns, Th. S. and Eadie J. W. eds., Urban Centers and Rural Contexts in Late Antiquity , East Lansing: Michigan State University Press, 2001.

· Burns, Th. S., A History of the Ostrogoths , Bloomington and Indianapolis: Indiana University Press, 1984.

· Burns, Th. S., Barbarians within the Gates of Rome : A Study of Roman Military Policy and the Barbarians, ca. 375 – 435 A. D., Bloomington and Indianapolis: Indiana University Press, 1994.

· Bury, J. B. (planned.), Tanner, J. R., Previté-Orton, C. W. and Brooke, Z. N. eds., The Cambridge Medieval History , Cambridge: Cambridge University Press, 1929, 1978, 1966 – 1969.

· Bury, J. B., History of Later Roman Empire, from Arcadius to Irene (A.D. 395 – 800), vols.1 – 2, London: MacMillan and Co., 1899; London: Dover Publications, 1985.

· Bury, J. B., The Imperial Administrative System in the Ninth Century , London: Oxford University Press, 1911. Cletorologion , sub auctore Philotheo, ed. Reiske J. J., vol.1, TLG, No.3023X06.

· Bury, J. B., History of the Later Roman Empire from the Death of Theodosius I to the Justinian , New York: Dover Publications. Inc., 1958.

· Bury, J. B., A History of the Eastern Roman Empire from the Fall of Irene to the Accession of Basil I (A.D. 802 – 867), London: Macmillan, 1912.

· Butler, A. J., The Arab Conquest of Egypt : And the Last Thirty Years of the Roman Dominion , Oxford: Oxford University Press, 1978.

· Bydén, B., Theodore Metochites' Stoicheiosis astronomike and the study of natural philosophy and mathematics in early Palaiologan Byzantium , 2nd rev. ed., Göteborg: Acta Universitatis Gothoburgensis, Studia Graeca et Latina Gothoburgensia 66, 2003.

· Byron, R., The Byzantine Achievement : An Historical Perspective, A.D. 330 – 1453 , Routledge & Kegan Paul, 1929.

· Cahen, C., Pre-Ottoman Turkey : A General Survey of the Material and Spiritual Culture and History, c. 1071 – 1330 , trans. Jones-Williams, J., New York: Taplinger, 1968.

· Cahen, C., The Formation of Turkey : The Seljukid Sultanate of Rum, Eleventh to Fourteenth Century , ed. and trans. Holt, P. M., London and New York: Routledge, 2001.

· Cameron, A., Christianity and the Rhetoric of Empire : The Development of Christian Discourse , Berkeley: University of California Press, 1991.

· Cameron, A., Circus Factions : Blues and Greens at Rome and Byzantium , Oxford: Clarendon Press, 1976.

· Cameron, A., Dialoguing in Late Antiquity , Cambridge and London: Harvard University Press, 2014.

· Cameron, A., Garnsey, P. eds., The Cambridge Ancient History, Volume ⅩⅢ , The Late Empire, A. D. 337 – 425 , Cambridge: Cambridge University Press, 1998.

· Cameron, A., Ward-Perkins, B., Whitby, M. eds., The Cambridge Ancient History, Vol. ⅩⅣ : Late Antiquity : Empire and Successors, A. D. 425 – 600 , Cambridge: Cambridge University Press, 2000.

· Cameron, A., Porphyrius the Charioteer , Oxford: Clarendon Press, 1973.

· Cameron, A., The Mediterranean World in Late Antiquity AD 395 – 600 , London and New York: Routledge, 1993.

· Cameron, A., The Byzantines , Malden, USA, Oxford, UK & Carlton Australia: Blackwell Publishing, 2006.

· Cameron, A. and Conrad, L. I. eds., The Byzantine and Early Islamic Near East, vol.I : Problems in the Literary Source Material , Princeton: Darwin Press, 1992.

· Cameron, A., Agathias , Oxford: Clarendon Press, 1970.

· Cameron, A., Changing Culture in Early Byzantine , Aldershot: Variorum, 1996.

· Cameron, A., Procopius and the Sixth Century , London and New York: Taylor & Francis, 2005.

· Cameron, A., The Later Roman Empire : AD 284 – 430 , Cambridge, Mass: Harvard University Press, 1993.

· Canduci, A., Triumph and Tragedy : The Rise and Fall of Rome's Immortal Emperors , Millers

Point: Pier 9, 2010.

· Capizzi, P., *Piazza Armerina : The Mosaics and Morgantina* , Bologna: International Specialized Book Service Inc., 1989.

· Carr, J. C., *Fighting Emperors of Byzantium, Pen and Sword Military* , Barnsley, South Yorkshire: Pen & Sword Military, 2015.

· Casadio, G., Mastrocinque, A. and Santi, C. eds., *APEX Studi storico-religiosi in onore di Enrico Montanari* , Roma: Edizioni Quasar, 2016.

· Cassidy, N., *A Translation and Historical Commentary of Book One and Book Two of the Historia of Geōrgios Pachymerēs* , PhD. dissertation, University of Western Austria, 2004.

· Casiday, A. and Norris F. W. eds., *The Cambridge History of Christianity, Vol.2: Constantine to c. 600* , Cambridge: Cambridge University Press, 2007.

· Cassiodorus, *The Letters of Cassiodorus being a Condensed Translation of the Variae Epistolae of Magnus Aurelius Cassiodorus Senator* , with an English translation by Hodgkin Th., London: Henry Frowde, 1886.

· Cassiodorus, *Variae* , trans. Barnish S. J. B., Liverpool: Liverpool University Press, 1992.

· Casson, L., *The Ancient Mariners : Seafarers and Sea Fighters of the Mediterranean in Ancient Times* , Princeton, N. J.: Princeton University Press, 1991.

· Castiglioni, A., *A History of Surgery* , trans. Krumbhaar, E. B., New York: Routledge, 1969.

· Castiglioni, A., *Storia della medicina* , Milano: Società editrice 'Unitas', 1927.

· Cavallo, G., *The Byzantines* , Chicago: Chicago University Press, 1997.

· Chadwick, H., *The Church in Ancient Society : From Galilee to Gregory the Great* , Oxford: Oxford University Press, 2001.

· Chapman, C., *Michael Paleologue restaurateur de l'empire byzantin 1261 - 82* , Paris: Eugene Figuiere, 1926.

· Charanis, P., *Social Economic and Political Life in the Byzantine Empire, Collected Studies* , London: Variorum Reprints, 1973.

· Cheynet, J.-C., *Pouvoir et contestations à Byzance (963 -1210)* , Paris: Univ. de Paris I, 1990.

· Cheynet, J.-C., *Pouvoir et Contestations à Byzance (963 - 1210)* , Paris: Éditions de la Sorbonne, 1996.

· Cheynet, J.-C., *La société byzantine : l'apport des sceaux, Vol.2* , Paris: Association des amis du Centre d'histoire et civilisation de Byzance, 2008.

· Chiarelli, L. C., *A History of Muslim Sicily* , Venera, Malta: Midsea books, 2011.

· Chisholm, H. ed., *Encyclopædia Britannica* , Cambridge: Cambridge University Press, 1911.

· Chrisostomides, J. ed., *Manuel II Palaeologus Funeral Oration on His Brother Theodore* , Thessalonike: Association for Byzantine Research, 1985.

· Chrissis, N. G., Kolia-Dermitzaki, A. and Papageorgiou, A. eds., *Byzantium and the West : Perception and Reality (11th - 15th centuries)* , London and New York: Routledge, 2019.

· Christides, V., *The Conquest of Crete by the Arabs (ca. 824), a Turning Point in the Struggle between Byzantium and Islam* , Athens: Akademia

Athenon, 1984.

· Christophilopoulou, Ai., *Byzantine History I : 324 - 610* , trans. by Phelps W. W., Amsterdam: Adolf M. Hakkert, 1986.

· *Chronicon Paschale, 284 - 628 AD* , trans. by Whitby M. and Whitby M., Liverpool: Liverpool University Press, 1989.

· *Chronicon Paschale* , ed. Dindorf L., [Corpus Scriptorum Historiae Byzantinae] Bonn: Weber, 1832, TLG, No.2371001.

· *Chronographiae Quae Theophanis Continuati Nomine Fertur Liber Quo Vita Basilii Imperatoris Amplectitur* , ed. and trans. by Ševcenko, (Corpus Fontium Historiae Byzantinae 42) Berlin: De Gruyter, 2011; ed. and trans. by Featherstone, M. and Codoñer, J. S., Berlin: De Gruyter, 2015.

· *Chronographiae Quae Theophanis Continuati Nomine Fertur Libri I -IV* , Chrysostomides, J., *Manuel II Palaeologus Funeral Oration on His Brother Thodore* , Thessalonike: Association for Byzantine Research, 1985.

· Chuvin, P., *A Chronicle of the Last Pagans* , trans. Archer B. A., Cambridge: Cambridge University Press, 1990.

· Clark, P. A., *A Cretan Healer's Handbook in the Byzantine Tradition* , Farnham, Surrey, England; Burlington, VT: Ashgate, 2011.

· Clark, G., *Late Antiquity : A Very Short Introduction* , Oxford: Oxford University Press, 2011.

· Claudian, *Claudian* , with an English translation by Platnauer M., Cambridge, Massachusetts and London, England: Harvard University Press, 1922.

· *Clemens Alexandrinus, Fragmenta* , ed. Stählin, O., Früchtel, L. and Treu, U., Berlin: Akademie-Verlag, 1970, TLG, No.0555008.

· *Clément de Rome, Épître aux Corinthiens* , ed. Jaubert, A., Paris: Cerf, 1971, TLG, No. 1271001.

· Climacus, J., *The Ladder of Divine Ascent* , New York: Paulist Press, 1982.

· Cochrane, C. N., *Christianity and Classical Culture : A Study of Thought and Action from Augustus to Augustine* , New York: Oxford University Press, 1957.

· Cohen, H., *Description historique des monnaies frappées sous l' empire Roman* , vols.1 - 7, Paris: Rollin et Feuardent, 1859 - 1868.

· Coleman-Norton, P. R., ed., *Roman State and Christian Church : A Collection of Legal Documents to AD.535* , London, 1966.

· *Concilium Quinisextum, Das Konzil Quinisextum* , übersetzt und eingeleitet Ohme, H. von, Turnhout: Brepols Publishers, 2006.

· Conrad, L. I. et al. eds., *The Western Medical Tradition 800 BC to AD 1800* , Cambridge and New York: Cambridge University Press, 1995.

· Constantelos, D. J., *Byzantine Philanthropy and Social Welfare* , New Brunswick: Rutgers University Press, 1968.

· Constantini Manassis, *Breviarium Historiae Metricum* , ed. Bekker, I., [Corpus scriptorum historiae Byzantinae] Bonn: Weber, 1837, TLG, No. 3074001.

· Constantine Porphyrogennetos, *The Book of Ceremonies* , trans. by Moffatt, A. and Tall, M., (Bonn, 1829) Canberra: Australian Association for Byzantine Studies, 2012.

· Constantine Porphyrogenitus, *De administrando imperio* , ed. Moravcsik, Gy., trans. into English by Jenkins, R. J. H., [Corpus Fontium Historiae Byzantinae 1] Washington, D. C.: Dumbarton Oaks, 1967, TLG, No.3023008.

· *Constantini Porphyrogeniti imperatoris de cerimoniis aulae Byzantinae libri duo* , vol.1, ed. Reiske, J. J., [Corpus Scriptorum Historiae Byzantinae] Bonn: Weber, 1829, TLG, No. 3023010.

· Constantine Ⅶ, *Le livre des cérémonies* , ed. Vogt A., vols.1 - 2, Paris: Les Belles Lettres, 1935, 1939, repr. 1967, TLG, No.3023011.

· Constantinides, C. N., *Higher Education in Byzantium in the Thirteenth and Early Fourteenth Centuries, 1204-ca. 1310* , Nicosia: Cyprus Research Centre, 1982.

· Constantino Porirogenito, *De thematibus* , introduzione, testo critico, commento, a cura di Pertusi A., Città del Vaticano: Biblioteca apostolica vaticana, 1952.

· Cooper, K., *The Virgin and the Bride* : Idealized Womanhood in Late Antiquity , Cambridge, Mass.: Harvard University Press, 1999.

· *Corpus Iuris Civilis* , ed. Schöll, R. and Kroll, W., vol.3, Berlin: Weidmann, 1895 (repr. 1968), TLG, No.2734013.

· Cosmas Indicopleustes, *The Christian Topography of Cosmas, an Egyptian Monk* : Translated from the Greek, and Edited with Notes and Introduction , ed. Wolska-Conus, W., Paris: Cerf, 1968, 1970, 1973, TLG, No.4061002; Cambridge: Cambridge University Press, 2010.

· Cosmas Indicopleustes, *The Christian Topography of Cosmas, an Egyptian Monk* , trans. by McCrindle, J. W., London: Printed for the Hakluyt Society, 1897; Cambridge: Cambridge University Press, 2010.

· Costantino Porfirogenito, *De thematibus* , ed. Pertusi, A., Vatican City: Biblioteca Apostolica, 1952, TLG, No.3023009.

· Cox, P., *Biography in Late Antiquity* , Berkeley, Los Angeles, London: University of California Press, 1983.

· Crawford, P., *Constantius II* : Usurpers, Eunuchs, and the Antichrist , Pen & Sword, 2016.

· Crawford, M. H., *Roman Republican Coinage* , vol.2, Cambridge: Cambridge University Press, 1975.

· Cribiore, R., *The School of Libanius in Late Antique Antioch* , Princeton and Oxford: Princeton University Press, 2007.

· Critobulus, *Critobuli Imbriotae Historiae* , Fragmenta Historicorum Graecorum, vol.ⅩⅫ, ed. Reinsch, D. R., Berolini, Novi eboraci: W. De Gruyter, 1983; Berlin: De Gruyter, 1983, TLG, No.3147004.

· Crosby, A. W., *Throwing Fire* : Projectile Technology Through History , Cambridge: Cambridge University Press, 2002.

· Crowley, R., *1453:* The Holy War for Constantinople and the Clash of Islam and the West , New York: Hyperion, 2005.

· Crump, C. G. and Jacob, E. F. eds., *The Legacy of the Middle Ages* , Oxford: Clarendon Press, 1926.

· Cruta, F., *The Making of Slavs* , New York: Cambridge Press, 2004.

· Cullmann, O., *Christ and Time* : The Primitive Christian Conception of Time and History , trans. Filson F. V., Philadelphia: Fortress Press,1964.

· Cuomo, S., *Pappus of Alexandria and the Mathematics of Late Antiquity* , Cambridge: Cambridge University Press, 2007.

· Curiel, R. and Gyselen, R. eds., *Itinéraires d'Orient* : Hommages à C. Cahen , Res Orientalis: 6, Bures-sur-Yvette, 1994.

· Dadyaee, T., *Sasanian Persia* : The Rise and Fall of an Empire , London, New York: I. B. Tauris, 2013.

· Dagron, G., *Emperor and Priest* : The Imperial Office in Byzantium , Cambridge: Cambridge University Press, 2003.

· Dally, O. and Ratte, C., *Archaeology and the Cities of Late Antiquity in Asia Minor* , Ann Arbor: Kelsey Museum of Archaeology, 2011.

· Dam, R. V., *Rome and Constantinople* : Rewriting Roman History during Late Antiquity , Waco, Texas: Baylor University Press, 2010.

· Dam, R. V., *The Roman Revolution of Constantine* , New York: Cambridge University Press, 2007.

· Dandolo, A. and Pastorello, E., *Andreae Danduli Ducis Venetiarum Chronica Per Extensum Descripta Aa. 46 - 1280 D. C.* , Bologna: Zanichelli, 1938.

· Darley, R. R., *Indo-Byzantine Exchange, 4th to 7th Centuries* : A Global History , Ph.D. Dissertation of University of Birminghan, 2013.

· Dashdondog, B., *The Mongols and the Armenians (1220 - 1335)* , Leiden & Boston: Brill, 2011.

· Davids, A. ed., *The Empress Theophano* : Byzantium and the West at the Turn of the First Millennium , Cambridge, Great Britain; New York, NY: Cambridge University Press, 1995.

· Davidson, I. J., *A Public Faith* : From Constantine to the Medieval World, A.D.312 - 600 , Oxford, UK and Grand Rapids, Michigan: Monarch Books, 2005.

· Davis, R. H. C. and Wallace-Hadrill, J. M. eds., *The Writing of History in the Middle Ages* : Essays presented to R. W. Southern , New York: Clarendon Press of Oxford University Press, 1981.

· Davis, S. J., *The Cult of Saint Thecla* : A Tradition of Women's Piety in Late Antiquity , Oxford: Oxford University Press, 2008.

· Dawkins, R. M., *The Nature of the Cypriot Chronicle of Leontios Makhairas* , Oxford: Clarendon Press, 1945.

· Deakin, M. A. B., *Hypatia of Alexandria* : Mathematician and Martyr , Amherst: Prometheus, 2007.

· Decker, M. J., *Byzantine Dark Ages* , London: Bloomsbury, 2016.

· Delatte, A., *Anecdota Atheniensia et alia* , vol.2, Paris: E. Droz, 1939.

· Δελ έογλου, Α., *Συμβολ ή στη μελ έτη του ιστορικού έργου του Ιωάννου Κινναμου* , Σέρρες, 2016.

· Deligiannakis, G., *The Dodecanese and East Aegean Islands in Late Antiquity, AD 300 - 700* , Oxford: Oxford University Press, 2016.

· Deliyannis, D. M., *Ravenna in Late Antiquity* , Cambridge: Cambridge University Press, 2010.

· Dendrinos, Ch., Harris, J., Harvalia-Crook, E. and Herrin, J., eds., *Porphyrogenita, Essays on the History and Literature of Byzantium and the Latin East in Honour of Julian Chrysostomides*, Aldershot: Ashgate, 2003.
· Dennis, G. T., *Maurice's Strategikon*, Handbook of Byzantine Military Strategy, Philadelphia: University of Pennsylvania Press, 1984.
· Dennis, G. T., *The Reign of Manuel II Palaeologus in Thessalonica, 1382–1387*, Romae: Pont. Institutum Orientalium Studiorum, 1960.
· Dennis, G. T. ed., *The Letters of Manuel II Palaeologus*, Washington, D. C.: Dumbarton Oaks Research Library and Collection, 1977.
· Devillers, O. and Sebastiani, B. eds., *Les historiens grecs et romains: entre sources et modèles*, Bordeaux: Ausonius e'ditions, 2018.
· Dick, I., *Melkites: Greek Orthodox and Greek Catholics of the Patriarchates of Antioch, Alexandria and Jerusalem*, Boston: Sophia Press, 2004.
· *Die Schriften des Johannes von Damaskos*, ed. Kotter, B., vol. 3, Berlin: De Gruyter, 1975, TLG, No.2934005.
· Diehl, C., *Byzantium: Greatness and Decline*, translated from the French by Naomi Walford, New Jersey: Rutgers University Press, 1957.
· Diehl, Ch., *Histoire de l'empire byzantine*, Paris: A. Picard, 1932.
· Dieten, J.-L. van de., *Nicetae Choniatae Orationes et Epistulae*, Berlin, New York: de Gruyter, 1975.
· Difederico, F. R., *The Mosaics of Saint Peter's Decorating the New Basilica*, University Park: Pennsylvania State University Press, 1983.
· Dignas, B. and Winter, E., *Rome and Persia in Late Antiquity: Neighbors and Rivals*, New York: Cambridge University Press, 2007.
· Dindorf, L. A. ed., *Chronicon Paschale*, [Corpus Scriptorum Historiae Byzantinae 16 – 17] Bonn: Weber, 1832, TLG, No.2371001.
· Dionysius (Tellmaharensis), *Chronicle*, trans. by Witakowski W., Liverpool: Liverpool University Press, 1996.
· Dioscorides, *De Materia Medica*, a New Indexed Version in Modern English by Osbaldeston, T. A. and Wood, R. P. A., Johannesburg: Ibidis, 2000.
· Dodds, E. R., *Pagan and Christian in an Age of Anxiety: Some Aspects of Religious Experience from Marcus Aurelius to Constantine*, New York: Cambridge University Press, 1992.
· Dodgen, M. H. and Lieu, S. N. C., *The Roman Eastern Frontier and the Persian Wars (AD 226 – 363)*, London and New York: Rouledge, 1991.
· Dölger, F., *Regesten der Kaiserkunden des oströmischen Reiches, vol. 2: Regesten von 1025 – 1204*, Munich & Berlin: Olderbourg, 1925.
· Donato, A., *Boethius' Consolation of Philosophy as a Product of Late Antiquity*, London, New Delhi, New York, Sydney: Bloomsbury, 2013.
· Doukas, *Decline and Fall of Byzantium to the Ottoman Turks*, an annotated translation of "Historia Turco-Byzantina" by Magoulias, H. J., Wayne State University, Detroit: Wayne State University Press, 1975.
· Downey, G., *The Late Roman Empire*, New York, Chicago, San Francisco, Altanta, Dallas, Montreal, Toronto, London, Sydney: Holt, Rinehart and Winston, Inc., 1969.
· Drinkwater, J. F., *The Alamanni and Rome 213 – 496 (Caracalla to Clovis)*, Oxford: Oxford University Press, 2007.
· Driver, S. D., *John Cassian and the Reading of Egyptian Monastic Culture*, London: Routledge, 2002.
· Ducas, *Istoria Turco-Bizantina (1341 – 1462)*, ed. Grecu, V., [Scriptores Byzantini 1] Bucharest: Academia Republicae Popularis Romanicae, 1958, TLG, No.3146001.
· Duda, H. W., *Die Seltschukengeschichte des Ibn Bībī*, Copenhagen: Munksgaard, 1959.
· Duffin, C. J., Moody, R. T. J. and Gardner-Thorpe, C., *A History of Geology and Medicine*, London: Geological Society of London, 2013.
· Duhem, P., *Le système du monde*, Paris: Hermann, 1913.
· Dunbabin, K., *Mosaics of the Greek and Roman World*, Cambridge and New York: Cambridge University Press, 1999.
· Durand, J., *Byzantine Art*, Paris: Terrail, 1999.
· Dunlop, D. M., *The History of the Jewish Khazars*, New York: The Princeton Press, 1954.
· Dunn, M., *The Emergence of Monasticism: from the Desert Fathers to the Early Middle Ages*, Oxford: Wiley-Blackwell, 2000.
· Dvornik, F., *Early Christian and Byzantine Political Philosophy: Origins and Background, II*, Washington: Trustees for Harvard University, 1966.
· Dvornik, F., *The Photian Schism, History and Legend*, Cambridge: Cambridge University Press, 1970.
· Dyck, A. and Takács, S. eds., *Presence of Byzantium: Studies Presented to Milton V. Anastos in Honor of His Eighty-Fifth Birthday*, Amsterdam: Hakkert, 1994.
· Dzielska, M., *Hypatia of Alexandria*, translated by Lyra F., Cambridge, Massachusetts and London, England: Harvard University Press, 1995, 1996.
· Eastmond, A. ed., *Byzantium's Other Empire: Trebizond*, Istanbul: Koc, Universitesi, Anadolu Medeniyetleri Araştirma Merkezi, 2016.
· Eastmond, A., *Art and Identity in the Thirteenth Century Byzantium, Hagia Sophia, Trebizond*, Florence: Routledge, 2004.
· *Ecloga, Das Gesetzbuch Leons III. und Konstantinos V .*, ed. Burgmann, L., Frankfurt: Löwenklau-Gesellschaft, 1983.
· Edwards, M. and Goodman, M. eds., *Apologetics in the Roman Empire: Pagans, Jews, and Christians*, Oxford: Oxford University Press, 1999.
· Edwards, I. E. S. ed., *The Cambridge Ancient History: History of the Middle East and the Aegean Region c. 1380 – 1000 B. C.*, Cambridge: Cambridge University Press, 2006.
· Eijk, P. J. van der ed., *Ancient Histories of Medicine: Essays in Medical Doxography and Historiography in Classical Antiquity*, Lieden and Boston: Brill, 1999.
· Elias, P. and Busse, A. eds., *Commentaria in Aristotelem Graeca XVIII*, Berlin: Typ. et Impensis G.

Reimeri, 1902.

- Elliott, A. G., *Roads to Paradise; Reading the Lives of the Early Saints* , Hanover, 1987.
- Emmer, M., *Imagine Math : Between Culture and Mathematics* , New York: Springer, 2012.
- Entwistle, C. and James, L. eds., *New Light on Old Glass : Recent Research on Byzantine Glass and Mosaics* , London: British Museum Press, 2013.
- Ephraemius, *Chronicon* , ed. Bekker, I., [Corpus Scriptorum Historiae Byzantinae] Bonn: Weber, 1840, TLG, No.3170001.
- Ermerins, F. Z. ed., *Anecdota medica Graeca* , Leiden: Luchtmans, 1840 (repr. Amsterdam: Hakkert, 1963), TLG, No.0729004.
- Errington, R. M., *Roman Imperial Policy from Julian to Theodosius* , Chapel Hill: The University of North Carolina Press, 2006.
- Étienne le diacre, *La vie d'Étienne le Jeune* , introduction, édition et traduction, Auzépy, M.-F., Aldershot, Brookfield: Variorum, 1997.
- Euclid, *The Thirteen Books of Euclid's Elements* , vol.1, eds. Heath, T. L. and Heiberg, J. L., Cambridge: Cambridge University Press, 1908.
- Euclides, *Euclidis Opera Omnia* , vol. 6, ed. Menge, H., Leipzig: Teubner, 1896, TLG, No. 4075002.
- Eunapii, *Vitae Sophistarum* , ed. Giangrande, J., Rome: Polygraphica, 1956, TLG, No.205001.
- Eusèbe de Césarée, *Histoire Ecclésiastique* , 3 vols., ed. Bardy, G., Paris: Cerf, 1952, 1955, 1958, TLG, No.2018002; trans. by Williamson, G., New York: Penguin, 1965.
- Eustazio di Tessalonica, *La espugnazione di Tessalonica* , ed. Kyriakidis, S., Palermo: Istituto Siciliano di Studi Bizantini e Neoellenici, 1961, TLG, No.4083004.
- Eusebios of Caesarea, *The History of the Church from Christ to Constantine* , trans. Williamson G., New York: Penguin, 1965.
- Eusebius Pamphilus, *Church History : Life of Constantine the Great; Oration in Praise of Constantine* , ed. Schaff Ph. and Wace H., New York: Grand Rapids, 1890; by Cameron A. and Hall S. G., Oxford: Clarendon Press, 1999.
- Eusebius Werke, *Über das Leben des Kaisers Konstantin* , ed. Winkelmann F., Berlin: Akademie-Verlag, 1975, TLG, No.2018020.
- Eusebius, *The Ecclesiastical History II* , trans. Oulton, J. E. L., New York: Harvard University Press, 1994.
- Eustathios of Thessalonika, *The Capture of Thessalonika* , trans. Melville-Jones, J., Canberra, 1988. Eustazio di Tessalonica, *La espugnazione di Tessalonica* , ed. Kyriakidis, S., Palermo: Istituto Siciliano di Studi Bizantini e Neoellenici, 1961, TLG, No.4083004.
- Eustathios of Thessaloniki, *Secular Orations 1167/8 to 1179*, trans. Stone, A. F., Leidon: Brill, 2013.
- Eustathios of Thessaloniki, *The Capture of Thessaloniki : A Translation with Introduction and Commentary* , eds. Jones, J. R. M., Canberra: Australian Association for Byzantine Studies, 1988.
- Eutropius, *The Breviarium ab Urbe Condita of Eutropius* , translated with an introduction and commentary by Bird H. W., Liverpool: Liverpool University Press, 1993.
- Evagrius Scholasticus, *The Eccelesiastical History of Evagrius Scholasticus* , translated by Whitby M., Liverpool: Liverpool University Press, 2000. *The Ecclesiastical History of Evagrius with the Scholia* , ed. Bidez J. and Parmentier L., London: Methuen, 1898, repr. New York: AMS Press, 1979, TLG, No.2733001.
- Evans, J. A. S., *The Age of Justinian : the circumstances of imperial power* , London and New York: Routledge, 2000.
- Evans, J., *The History and Practice of Ancient Astronomy* , Oxford: Oxford University Press, 1998.
- Evans, J. A., *The Emperor Justinian and the Empire* , Westport: Greenwood Press, 2005.
- Every, G., *The Byzantine Patriarchate 451 - 1204* , London, 1962.
- *Excerpta historica iussu imp. Constantini Porphyrogeniti confecta, vol. 1: excerpta de legationibus* , ed. by Boor, C. de, pt. 1 - 2, Berlin: Weidmann, 1903, TLG, Nos. 4076003 and 4076004; ed. by Boissevain, U.P., Berlin: Weidmann, 1906, TLG, No.4076005.
- Fage, J. D., ed., *The Cambridge History of Africa* , Cambridge: Cambridge University Press, 1978.
- Fahmy, A. M., *Muslim Naval Organisation in the Eastern Mediterranean from the Seventh to the Tenth Century A.D .*, Cairo: National Publication & Print. House, 1966.
- Fassoulakis, S., *The Byzantine Family of Raoul-Ral(l)es* , Athens: published privately, 1973.
- Ferrill, A., *The Fall of the Roman Empire : The Military Explanation* , London: Thames and Hudson, 1986.
- Ferjančić, B., Деспоти у Византији и Јужнословенским земљама [*Despots in Byzantium and the South Slavic Lands*], Belgrade: Српска академија наука, 1960.
- Festa, N. ed., *Theodori Ducae Lascaris Epistulae CCXVII*, Florence: Istituto di Studi Superiori Pratici e di Perfezionamento, 1898.
- Fine, J. V. A., *The Late Medieval Balkans : A Critical Survey from the Late Twelfth Century to the Ottoman Conquest*, Ann Arbor , Michigan: University of Michigan Press, 1994.
- Fine, J., *The Early Medieval Balkans, A Critical Survey from the Sixth to the Late Twelfth Century* , Ann Arbor: The University of Michigan Press, 1991.
- Finlay, G., *The History of Greece, the Empire of Trebizond, 1204 - 1461* , Edingburh and London: William Blackwood and Sons, 1851.
- Finlay, G., *History of the Byzantine Empire from 716 - 1057* , Edinburgh: William Blackwood & Sons, 1853.
- Finlay, G., *A History of Greece from the Conquest to the Present Time (BC146 - AD1864)* , Oxford: Clarendon Press, 1864.
- Fisher, G., *Between Empires : Arabs, Romans, and Sasanians in Late Antiquity* , Oxford: Oxford University Press, 2011.
- Fleet, K. ed., *The Cambridge History of Turkey* , Volume I, Cambridge: Cambridge University Press, 2009.
- Fletcher, B., *A History of Architecture* , revised by Palmes, J. C., London: University of London,

The Athlone Press, 1975.

· Foot, S. and Robinson, C. F. eds., *The Oxford History of Historical Writing, vol.2: 400 – 1400*, Oxford, UK: Oxford University Press, 2012, 2012.

· Forbes, R. J., *More Studies in Early Petroleum History 1860 –1880*, Leiden: Brill, 1959.

· Fortescue, A., *The Orthodox Eastern Churches*, London: Catholic Truth Society, 1908.

· Fossier, R., *The Middle Ages 350 – 950*, Cambridge: Cambridge University Press, 1989.

· Foss, C., *Cities, Fortresses and Villages of Byzantine Asia Minor*, Aldershot: Variorum, 1996.

· Foss, C., *Nicaea : A Byzantine Capital and its Praises*, Brookline, Mass.: Hellenic College Press, 1996.

· Fouracre, P. ed., *The New Cambridge Medieval History, vol. 1: ca.500 – 700*, London: Cambridge University Press, 2005.

· Fowden, G., *Empire to Commonwealth : Consequences of Monotheism in Late Antiquity*, Princeton, New Jersey: Princeton University Press, 1993.

· Frakes, R. M., Digeser, E. D. & Stephens, J. eds., *The Rhetoric of Power in Late Antiquity: Religion and Politics in Byzantium, Europe and the Early Islamic World*, London, New York: I. B. Tauris Publishers, 2010.

· Franck, I. M. and Brownstone D. M., *The Silk Road : A History*, New York: Facts on File Inc., 1986.

· Frankfurter, D., *Christianizing Egypt : Syncretism and Local Worlds in Late Antiquity*, Princeton: Princeton University Press, 2017.

· Freely, J., Çakmak A. S., *Byzantine Monuments of Istanbul*, New York, 2009.

· Freely, J., *Istanbul, the Imperial City*, London: Penguin Books Ltd., 1996.

· Freese, J. H., *The Library of Photius*, vol.1, New York: Macmillan Co., 1920.

· Fredriksen, P., *Augustine and the Jews : A Christian Defense of Jews and Judaism*, New Haven: Yale University Press, 2010.

· Freeman, C., *AD381: Heretics, Pagans and the Christian Empire*, London: Pimlico, 2008.

· Frend, W. H. C., *The Rise of Christianity*, Philadelphia: Fortress Press, 1984.

· Frend, W. H. C., *The Rise of the Monophysite Movement : Chapters in the History of the Church in the Fifth and Sixth Centuries*, Cambridge: Cambridge University Press, 1972.

· Frend, W. H. C., *Orthodoxy, Pagaism and Dissent in the Early Christian Centuries*, Adershot, Burlington: Ashgate, 2002.

· Freshfield, E., *A Manual of Eastern Roman Law : The Procheiros Nomos published by the Emperor Basil I at Constantinople*, Cambridge: Cambridge University Press, 1926.

· Freshfield, E., Nicole, J., *To eparchikon biblion. The Book of the eparch, Le livre du prefet*, London: Variorum Reprints, 1970.

· Friendly, A., *The Dreadful Day : The Battle of Manzikert, 1071*, London, Hutchinson and Charlottesville: The University Press of Virginia, 1981.

· Fryde, E., *The Early Palaeologan Renaissance (1261 – c. 1360)*, Leiden · Boston · Koln: Brill Academic Publishers, 2000.

· Fuller, J. F. C., *A Military History of the Western World*, New York: Funk and Wagnalls Company, 1954.

· Gabriel, R. A. and Metz, K. S., *A History of Military Medicine*, New York: Greenwood Press, 1992.

· Gaddis, M., *There is no Crime for Those Who Have Christ : Religious Violence in the Christian Roman Empire*, Berkeley: University of California Press, 2015.

· Gador-Whyte, S., *Theology and Poetry in Early Byzantium : The Kontakia of Romanos the Melodist*, Cambridge: Cambridge University Press, 2017.

· Galliazzo, V., *I ponti romani*, Vol.1, Treviso: Canova, 1995.

· Gardner, H., Kleiner, F. S. and Mamiya, C. J., *Gardner's Art Through the Ages*, Belmont: Thomson/Wadsworth, 2005.

· Gardner, A., *Theodore of Studium : His Life and Times*, New York: Burt Franklin Reprints, 1974.

· Gardner, A., *The Lascarids of Nicaea, the Story of an Empire in Exile*, London: Methuen, 1912.

· Gardner, J. F. and Wiedemann, T., *The Roman Household : A Sourcebook*, London and New York: Routledge, 1991.

· Gardner, J. F., *Women in Roman Law and Society*, Bloomington and Indianapolis: Indiana University Press, 1989.

· Gardiner, R., ed., *Age of the Galley : Mediterranean Oared Vessels since pre-Classical Times*, London: Conway Maritime Press, 2004.

· Garland, L. ed., *Byzantine Women : Varieties of Experience A. D. 800 – 1200*, Aldershot: Ashgate, 2006.

· Garland, L., *Byzantine Empresses : Women and Power in Byzantium, AD 527 – 1204*, London: Routledge, 1999.

· Garnsey, P. D. A. and Whittaker, C. R. eds., *Imperialism in the Ancient World*, Cambridge: Cambridge University Press, 1978.

· Garrison, F. H., *Notes on the History of Military Medicine*, Washington, D.C.: Assoc. of Military Surgeons, 1922.

· Gates, C., *Ancient Cities : The Archaeology of Urban Life in the Ancient Near East and Egypt, Greece and Rome*, London: Routledge, 2003.

· Gaston-Mahler, J., *The Westerners among the Fugurines of the Tang Dynasty of China*, Roma: Instituto italiano per il Medio ed Estremo Oriente, 1959.

· Gates, Ch., *Ancient Cities : The Archaeology of urban life in the Ancient Near East and Egypt, Greece, and Rome*, London: Routledge, 2003.

· Γκουτζιουκώστας, Α. Ε., *Η απονομή δικαιοσύνης στο Βυζάντιο (9ος – 12ος αιώνες): Τα κοσμικά δικαιοδοτικά όργανα και δικαστήρια της πρωτε ύουσας*, Θεσσαλον ίκη: Κ έντρο Βυζαντιν ών Ερευνών, 2004.

· Geanakoplos, D. J., *Byzantium: Church, Society and Civilization Seen Through Contemporary Eyes*, Chicago: University of Chicago Press, 1984.

· Geanakoplos, D. J., *Byzantine East and Latin West : Two Worlds of Christendom in Middle Ages and Renaissance*, Oxford: Basil Blackwell, 1966.

· Geanakoplos, D., *Emperor Michael Palaeologus and the West, 1258 –1282: A Study in Byzantine-

Latin Relations , Cambridge, Mass.: Harvard University Press, 1959.

· Geanakoplos, D. J., *Constantinople and the West* , London: University of Wisconsin Press, 1989.

· Geanakoplos, D. J., *Greek Scholars in Venice* , Cambridge, Mass.: Harvard University Press, 1962.

· Geanakoplos, D. J., *Interaction of the "Sibling" Byzantine and Western Cultures in the Middle Ages and Italian Renaissance (330 - 1600)* , New Haven: Yale University Press, 1976.

· Geanakoplos, D. J., *Medieval Western Civilization and the Byzantine and Islamic Worlds* , Lexington, Mass.: D. C. Heath, 1979.

· Geffcken, J., *The Last Days of Greco-Roman Paganism* , translated by MacCormack S., Amsterdam, New York, Oxford: North-Holland Publishing Company, 1978.

· Genesios, *On the Reigns of the Emperors* , translation and commentary by Kaldellis, A., Canberra: Australian Association for Byzantine Studies, 1998.

· Gentz, G., *Die Kirchengeschichte des Nicephorus Callistus Xanthopulus und ihre Quellen* , Berlin: Akademie-Verlag, 1966.

· Geoffroy de Villehardouin, *Histoire de la Conquête de Constantinople par Geoffroi de Villehardouin avec la Continuation de Henri de Valenciennes* , ed. and trans. by Wailly, M. N. de, Paris: Librairie Hachette et Cie, 1870; ed. Faral, E., Paris: Les Belles Lettres, 1961; Westport, Conn.: Greenwood, 1983.

· George Akropolites, *The History* , trans. by Macrides, R. J., Oxford and New York: Oxford University Press, 2007.

· George Sprantzes, *The Fall of The Byzantine Empire, a Chronicle* Ⅹ Ⅳ *by George Spranthes, 1402 - 1477* , trans. by Philippides, M., Amherst: The University of Massachusetts Press, 1980.

· George Synkellos, *The Chronography of George Synkellos* : A Byzantine Chronicle of Universal History from the Creation , trans. by Adler, W. and Tuffin, P., Oxford: Oxford University Press, 2002.

· George the Monk, *Georgii Monachi Chronicon* , eds. Boor, C. de and Wirth, P., 2 vols. Stuttgart: Teubner, 1978.

· Georges Pachymérès, *Relations Historiques* , ed. Failler, A. and Laurent, V., 5 vols., [Corpus Fontium Historiae Byzantinae 24.1 - 2] Paris: Les Belles Lettres, 1984 - 2000, TLG, No.3142001.

· Georgii Acropolitae, *opera* , ed. Heisenberg, A., vol. 1, Leipzig: Teubner, 1903, TLG, No. 3141002, No.3141003.

· Georgii Acropolitae, *Opera* , vol. 1, Breviarium historiae, eds. Heisenberg, A., Wirth, P., Theodori Scutariotae additamenta, Stuttg Breviarium historiae art: Teubneri, 1978.

· Georgii monachi, *Chronicon* , 2 vols, ed. Boor, C. de, Leipzig: Teubner, 1904 (repr. Stuttgart: 1978 (1st edn. corr. Wirth, P.)), TLG, No. 3043001.

· *Georgii Pachymeris de Michaele et Andronico Palaeologis libri tredecim* , ed. Bekker, I., 2 vol., [Corpus Scriptorum Historiae Byzantinae] Bonn: Weber, 1835, TLG, No.3142002.

· Georgiopoulou, S., *Theodore II Dukas Laskarids*

(1222 - 1258) as an Author and an Intellectual of the Ⅹ Ⅲ *Century* , PhD. dissertation, Cambridge, Mass.: Harvard University, 1990.

· Georgios Sphrantzes, *Memorii 1401 - 1477* , ed. Grecu, V., [Scriptores Byzantini 5] Bucharest: Academie Republicii Socialiste România, 1966, TLG, No.3143001.

· Germanos, *On predestined terms of life* , trans. Garton, C. and Westerink, L. G., Buffalo, 1979.

· Gero, S., *Byzantine Iconoclasm during the Reign of Constantine V, with Particular Attention to the Oriental Sources* , Louvain: Louvin: Peeters Publishers, 1977; Secrétariat du Corpus SCO, 1973.

· Gerostergios, A., *Justinian the Great, The Emperor and the Saint* , The Institute for Byzantine and Modern Greek Studies, 1982.

· Gerson, L. P. ed., *The Cambridge History of Philosophy in Late Antiquity* , Cambridge: Cambridge University Press, 2010.

· Gibbon, E., *The History of the Decline and Fall of the Rome Empire* , London: George Bell and Sons, 1889; London: Methuen & Co., 1906.

· Gibbon, E., *The Decline and Fall of Later Roman Empire* , ed. by Bury J. B., New York: Fred De Fau Company, 1907.

· Gilbert, M., *Jewish History Atlas* , London: Weidenfeld and Nicolson, 1981.

· Gies, F. and Gies, J., *Daily Life in Medieval Times :* A Vivid, Detaild Account of Brith Marriage and Death, Clothing and Housing, Love and Labour in Europe of the Middle Age , New York: Black Dog & Leventhal Publishers, 1999.

· Gill, J., *Byzantium and the Papacy :* 1198 - 1400 , New Brunswick: Rutgers University Press, 1979.

· Gill, J., *Collected Studies :* Church Union : Rome and Byzantium, 1204 - 1453, London: Variorum Reprints, 1979.

· Gillispie, C. C. ed., *Dictionary of Scientific Biography* , I, New York: Charles Scribner's Sons, 1970.

· Giovanni Cananos, *L'assedio di Costantinopoli* , ed. Pinto, E., Messina: EDAS, 1977, TLG, No. 3144001.

· Godfrey, J., *1204, The Unholy Crusade* , Oxford and New York: Oxford University Press, 1980.

· Goldsworthy, A., *Augustus :* First Emperor of Rome , New Haven: Yale University Press.

· Gordon, C. D., *The Age of Attila :* Fifth-Century Byzantium and the Barbarians , Ann Arbor: The University of Michigan Press, 1960.

· Gouma-Peterson, T., ed., *Anna Komnena and Her Times* , New York & London: Garland Publishing, 2000.

· Graham, M. W., *News and Frontier Consciousness in the Late Roman Empire* , Ann Arbor: University of Michigan Press, 2006.

· Greatrex, Geoffrey and Elton, Hugh eds., *Shifting Genres in Late Antiquity* , London: Taylor and Francis, 2016.

· Greatrex, G. and Lieu, S. N. C., *The Roman Eastern Frontier and The Persian Wars (AD 363 - 630)* , London and New York: Routledge, 2002.

· Greatrex, G., *Rome and Persia at War, 502 - 532* , Leeds, 1998.

· Greenhill, G. A. ed., *Theophili Protospatharii de corporis humani fabrica libri v.* , Oxford: Oxford

University Press, 1842, TLG, No.0729005.

· Greenslade, S. L., *Church and State from Constantine to Theodosius* , London: SCM Press Ltd, 1954.

· Greenwood, W., *The Electrum Coinage of Cyzicus* , London: Rollin and Feuardent Collection cdl, 1887.

· Grégoire de Nysse, *La vie de Moïse* , ed. Daniélou, J., 3rd edn., [Sources chrétiennes 1 ter.] Paris: Cerf, 1968, TLG, No.2017042.

· Gregorii Nysseni, *Opera* , suppl., ed. Hörner H., Leiden: Brill, 1972, TLG, No.2017034.

· Gregory Abū Al-Faraj, *The Chronography of Gregory Abû'l-faraj the son of Aaron, (Bar Hebraeus' Chronography)* , X, trans. by Budge, E. A. W., London: Oxford University Press, 1932.

· Gregor von Nazianz, *De vita sua* , ed. Jungck C., Heidelberg: Winter, 1974, TLG, No.2022004.

· Gregorovius, F., *Geschichte der Stadt Athen im Mittelalter* , Stuttgart: Ginn and Co., 1889.

· Gregory, T. E., *A History of Byzantium, 306 - 1453* , Malden, Oxford, Carlton: Blackwell Publishing, 2005.

· Gregory of Nazianzus, *Autobiographical Poems* , ed. and trans. White C., Cambridge: Cambridge University Press, 1996.

· Gregory of Tours, *History of the Franks* , translated with an Introduction by Thorpe L., London: Penguin Books Ltd, 1974.

· Gregory the Great, *The Letters of Gregory the Great* , with an English translation by Martyn J. R. C., Toronto: Pontifical Institute of Mediaeval Studies, 2004.

· Grierson, P. and Mays, M., *Catalogue of Later Roman Coins in the Dumbarton Oaks Collection and in the Whittemore Collection, from Arcadius and Honorius to the Accession of Anastasius (DOC Later Roman)* , Washington, D.C.: Dumbarton Oaks Research Library and Collection, 1992.

· Grierson, P., *Catalogue of the Byzantine Coins in the Dumbarton Oaks Collection and in the Whittermore Collection, vol.3. part 2, Basil I to Nicephorus Ⅲ, 867 - 1081 (DOC Ⅲ.2)* , Washington, D.C.: Dumbarton Oaks Research Library and Collection, 1973.

· Grierson, P., *Catalogue of the Byzantine Coins in the Dumbarton Oaks Collection and in the Whittemore Collection, vol.3* , Washington DC: Dumbarton Oaks, 1973; London: Methuen & CO LTD, 1982.

· Grig, L. and Kelly, G. ed., *Two Romes : Rome and Constantinople in Late Antiquity* , Oxford: Oxford University Press, 2012.

· Griggs, C. W., *Early Egyptian Christianity : from its Origin to 451 CE* , Leiden: Brill, 1990.

· Grigoriadis, I., *Linguistic and Literary Studies in the Epitome Historion of John Zonaras* , Thessalonike: Kentro Byzantinon Ereunon, 1998.

· Grosvenor, E. A., *The Hippodrome of Constantinople and its still Existing Monuments* , London: Sir Joseph Causton & Sons, Eastcheap, E. C., 1889.

· Grünbart, M., Kislinger, E., Muthesius, A. et al. eds., *Material Culture and Well-being in Byzantium* , Wien: Verlag der Österreichischen Akademie der Wissenschaften, 2007.

· Guilland, R., *Essai sur Nicéphore Grégoras :*

l'homme et l'oeuvre , Paris: Geuthner, 1926.

· Guillou, A., *Regionalisme et Independance dans l'Empire Byzantin au VIIe Siecle* , Roma, 1969.

· Gunther of Pairis, *The Capture of Constantinople :* The Hystoria Constantinopolitana of Gunther of Pairis , ed. and trans. by Andrea, A. J., Philadelphia: University of Pennsylvania Press, 1997.

· Gwatkin, H. M., *Studies of Arianism* , Cambridge: Cambridge University Press, 1900.

· Haarer, F. K., *Anastasius I :* Politics and Empire in the Late Roman World , Cambridge: Francis Cairns Ltd, 2006.

· Haas, C., *Alexandria in Late Antiquity :* Topography and Social Conflict , Baltimore and London: The Johns Hopkins University Press, 1997.

· Hackel, S. ed., *The Byzantine Saint* , London: Fellowship of St Alban and St Sergius, 1981.

· Hähn, W., *Moneta Imperii Byzantini, Rekonstruktion des Prägeaufbaues auf synoptisch-tabellarischer Grundlage* , band 1 - 3 (MIB), Wien: Österreishische Akademie der Wissenschaften, 1973, 1981.

· Haldon, J., *Byzantium in the Seventh Century* , Cambridge: Cambridge University Press, 1990, 1997.

· Haldon, J., *The Byzantine Wars* , Gloucestershire: Tempus Publishing Ltd, 2001.

· Haldon, J. F., *Byzantium at War AD 600 - 1453* , New York & London: Routledge, 2003.

· Haldon, J. F., *The Palgrave Atlas of Byzantine History* , Basingstoke: Palgrave Macmillan, 2005.

· Haldon, J. F., *Warfare, State and Society in the Byzantine World, 565 - 1204* , London: UCL Press, 1999.

· Haldon, J. ed., *The Social History of Byzantium* , Oxford: Blackwell Publishing Ltd, 2009.

· Haldon, J., *Byzantine Praetorians :* An Administrative, Institutional, and Social Survey of the Opsikion and Tagmata, c. 580 - 900 , Bonn: R. Habelt, 1984.

· Haldon, J., *The State and the Tributary Mode of Production* , London and New York: Verso, 1993.

· Halfond, G. I. ed., *The Medieval Way of War :* Studies in Medieval Military History in Honor of Bernard S., Bachrach: Ashgate Publishing, 2015.

· Hall, A. R., Hall, M. B. and Petroni, A., *Storia della Scienza* , Bologna: Il mulino, 1991.

· Hankins, J., *Plato in the Italian Renaissance* , New York: E. J. Brill, 1994, Vol.I, p.5.

· Hamilton, F. J. and Brooks, E. W. trans., *The Syriac Chronicle Known as that of Zachariah of Mitylene* , London: Methuen & Co., 1899.

· Hannah, I. C., *Christian Monasticism :* a Great Force in History , London: G. Allen & Unwin, 1924.

· Hannay, J. O., *The Spirit and Origin of Christian Monasticism* , London: Methuen & co, 1903.

· Harl, K. W., *Coinage in the Roman Economy 300 B.C. to A.D. 700* , London: Johns Hopkins University Press, 1996.

· Harlfinger, D. ed., *Griechische Kodikologie und Text-überlieferung* , Darmstadt: Wissenschaftliche Buchgesellschaft, 1980.

· Harper, K., *From Shame to Sin :* The Christian Transformation of Sexual Morality in Late Antiquity , Cambridge, Massachusetts: Harvard Univer-

sity Press, 2013.
· Harries, J., *Imperial Rome AD 284 to 363: The New Empire* , Edinburgh: Edinburgh University Press, 2012.
· Harries, J., *Law and Empire in Late Antiquity* , Cambridge: Cambridge University Press, 1999.
· Harris, J., *Constantinople : Capital of Byzantium* , London and New York: Continuum, 2007.
· Harris, J. R. ed., *The Legacy of Egypt* (2nd edition), New York, 1971.
· Harris, J., *Byzantium and the Crusades* , London: Bloomsbury, 2014.
· Harris, J., *The End of Byzantium* , New Haven and London: Yale University Press, 2010.
· Harris, J., *Greek Emigres in the West 1400 – 1520* , Camberley: Porphyrogenitus, 1995.
· Harris, M. H., *History of Libraries in the Western World* , Metuchen, N. J. and London, 1984.
· Hashmi, S. H. ed., *Just Wars, Holy Wars, and Jihads : Christian, Jewish, and Muslim Encounters and Exchanges* , New York: Oxford University Press, 2012.
· Haskins, C. H., *The Renaissance of the Twelfth Century* , Cambridge, Mass.: Harvard University Press, 1971.
· Hassig, H. W., *A History of Byzantine Civilization* , trans. by Hussey J. M., New York, Washington: Praeger Publishers, 1976.
· Hatlie, P., *The Monks and Monasteries of Constantinople, ca. 350 – 850* , Cambridge: Cambridge University Press, 2007.
· Haussig, H. W., *A History of Byzantine Civilization* , New York: Praeger Publishers, 1971.
· Hazlett, I. eds., *Early Christianity* , Nashville: Abingdon Press, 1991.
· Heath, I., *Byzantine Armies AD 1118 – 1461* , Men-at-arms series. 287, Illustrated by McBride, A., Oxford: Osprey Publishing, 1995.
· Heath, L., *Byzantine Armies, 886 – 1118* , Illustrated by Mcbride, A., Oxford: Osprey Publishing, 2004.
· Heath, T. L., *A History of Greek Mathematics* , vol.2, Cambridge: Cambridge University Press, 2013.
· Heather, P. J., *Goths and Romans, 332 – 489* , Oxford: Clarendon Press, 1991.
· Heather, P., *The Fall of the Roman Empire : A New History of Rome and the Barbarians* , Oxford: Oxford University Press, 2006.
· Heather, P., *The Goths* , Oxford: Blackwell Publishers, 1996.
· Heather, P., *The Restoration of Rome : Barbarian Popes and Imperial Pretenders* , Oxford: Oxford University Press, 2013.
· Hefele, C. S., *History of the Councils of the Church* , New York: AMS Press 1972.
· Hefele, J., *A History of the Councils of the Church* , Edinburgh: T. & T. Clark, 1896.
· Heinle, E. and Schlaich, J., *Kuppeln aller Zeiten, aller Kulturen* , Stuttgart: Deutsche Verlags-Anstalt, 1996.
· Heisenberg, A. ed., *Georgii Acropolitae Opera* , Leipzig: Teubner, 1903.
· Hendy, M. F., *Coinage and Money in the Byzantine Empire, 1081 – 1261* , Washington, D. C.: Dumbarton Oaks Centre for Byzantine Studies, Trustees for Harvard University, 1969.
· Hendy, M. F., *Studies in the Byzantine Monetary Economy, c. 300 – 1450* , Cambridge: Cambridge University Press, 1985.
· Henri de Valenciennes, *Histoire de l'Empereur Henri* , ed. de Wailly, M. N., Paris: P. Geuthner, 1872.
· Hérodote, *Histoires* , 9 vols., Paris: Les Belles Lettres, 1930 – 1960 (repr. 1963 – 1970), TLG, No.0016001.
· Herodotus, *The Persian Wars* , with an English translation by Godley A. D., Cambridge, Massachusetts: Harvard University Press, 1995.
· Herrin, J. and Saint-Guillain, G., *Identities and Allegiances in the Eastern Mediterranean after 1204* , Farnham, Surrey, UK: Ashgate, 2011.
· Herrin, J., *Byzantium : The Surprising Life of a Medieval Empire* , Princeton and Oxford: Princeton University Press, 2007.
· Herrin, J., *Women in Purple, Rulers of Medieval Byzantium* , London: Weidenfeld and Nicolson, 2001.
· Hertzberg, G. F., *Geschichte der Byzantiner und des Osmanischen reiches bis gegen ende des 16. Jahrhunderts* , Berlin: G. Grote, 1883.
· Hertzberg, G. F., *Geschichte Griechenlands seit dem Absterben des antiken Lebens bis zum Gegenwart* , Berlin: G. Grote, 1883.
· Hesiod, *Theogony* , ed. West, M. L., Oxford: Clarendon Press, 1966 (TLG, No.0020001).
· Hill, B., *Imperial Women in Byzantium 1025 – 1204: Power, Patronage and Ideology* , London: Longman, 1999.
· Hillner, J., Prison, *Punishment and Penance in Late Antiquity* , Cambridge: Cambridge University Press, 2015.
· Hilsdale, C. J., *Byzantine Art and Diplomacy in an Age of Decline* , Cambridge: Cambridge University Press, 2014.
· Hippocrates, *Hippocrates Collected Works* , I, ed. Jones, W. H. S., Cambridge: Harvard University Press, 1868; London: Heinemann, 1931.
· Hippocrates, *Hippocrates. Volume VIII* , trans. Potter, P., Cambridge, Massachusetts; London, England: Harvard University Press, 1995, 2012.
· Hirth, F., *China and the Roman Orient: Researches into Their Ancient and Medieval Relations as Represented in Old Chinese Records* , Shanghai and Hongkong: Kelly and Walsh, 1885.
· Hodgkin, Th., *Italy and her Invaders* , Oxford: Clarendon Press, 1892.
· Hoffmann, J., *Rudimente von Territorialstaaten im byzantinischen Reich (1071 – 1210)* , Munich: Institut fur Byzantinistik und Neugriechische Philologie der Universitat, 1974.
· Holmes, W. G., *The Age of Justinian and Theodora : A History of the Sixth Century A.D.* , London: G. Bell & Sons Ltd., 1905.
· Holmes, C., *Basil II and the Governance of Empire (976 – 1025)* , Oxford: Oxford University Press, 2005.
· Holo, J., *An Economic History of the Jews of Byzantium* , Chicago: Bell & Howell, 2001.
· Holo, J., *Byzantine Jewry in the Mediterranean Economy* , Cambridge: Cambridge University Press, 2009.
· Holt, P. M., Lambton, A. K. S. and Lewis, B. eds., *Cambridge History of Islam* , Cambridge: Cambridge University Press, 1970.

· Holum, K. G., *Theodosian Empresses : Women and Imperial Dominion in Late Antiquity* , Berkeley, Los Angeles, London: University of California Press, 1982.

· Hopf K., *Geschichte Griechenlands vom Beginne des Mittelalters bis auf die neuere Zeit* , New York: B. Franklin, 1960.

· Hourani, G. F., *Arab Seafaring : in the Indian Ocean in Ancient and Early Medieval Times* , Princeton, N.J.: Princeton University Press, 1951.

· Housley, N., *Contesting the Crusades* , Malden, MA; Oxford: Blackwell, 2006.

· Houts, E. van ed. and trans., *The Normans in Europe* , Manchester & New York: Manchester University Press, 2000.

· Hovannisian, R. G. and Payaslian, S. eds., *Armenian Constantinople* , Costa Mesa, Calif.: Mazda Publishers, 2010.

· Hovannisian, R. G. ed., *The Armenian People from Ancient to Modern Times, Volume I : The Dynastic Periods: From Antiquity to the Fourteenth Century* , New York: St. Martin's Press, 1997.

· Howard-Johnston, J. D. ed., *Byzantium and the West : c.850-c.1200* , Amsterdam: Adolf M. Hakkert, 1988.

· Howard-Johnston, J. and Hayward P. A. eds., *The Cult of Saints in Late Antiquity and the Early Middle Ages : Essays on the Contribution of Peter Brown* , Oxford: Oxford University Press, 1999.

· Howard-Johnston, J., *Witnesses to a World Crisis : Historians and Histories of the Middle East in the Seventh Century* , Oxford: Oxford University Press, 2010.

· Howells, J. G. and Osborn, M. L., *A Reference Companion to the History of Abnormal Psychology* , Westport: Greenwood Press, 1984.

· Hudson, G. F., *Europe and China : A Survey of their Relations from the Earliest Times to 1800* , Boston: Beacon Press, 1931.

· Hughes, I., *Imperial Brothers : Valentinian, Valens and the Disaster at Adrianople* , Barnsley: Pen & Sword Military, 2013.

· Hughes, I., *Stilicho : The Vandal Who Saved Rome* , Barnsley: Pen & Sword Military, 2010.

· Humphreys, M. T. G., *Law, Power, and Imperial Ideology in the Iconoclast Era c.680 – 850* , Oxford: Oxford Press, 2015.

· Hunger, H. ed., *Veröffentlichungen der Kommission für die Tabula Imperii Byzantini* , 2, Wien: Verlag der Österreichischen Akademie der Wissenschaften, 1977.

· Hunger, H., *Die hochsprachliche profane Literatur der Byzantiner* , Munich: Beck, 1978.

· Hunger, H., *Βυζαντιν ή Λογοτεχν ία* , τ. Β', Μτφρ. Τ. Κόλιας κτλ., Αθήνα, 2007.

· Hunger, H. and Ševčenko, I. eds., *Des Nikephoros Blemmydes Βασιλικὸς Α'νδριὰς und dessen Metaphrase von Georgios Galesiotes und Georgios Oinaiotes* , Vienna: Verlag der Österreichischen Akademie der Wissenschaften, 1986.

· Hussey, J. M., *The Cambridge Medieval History* , Vol. Ⅳ, London and New York: Cambridge University Press, 1967, 1978.

· Hussey, J. M., *The Orthodox Church in the Byzantine Empire* , Oxford: Clarendon Press, 1986.

· Hussey, J. M., *Church and Learning in the By-zantine Empire, 867 -1185* , New York: Russell & Russell. INC., 1963.

· Hutton, E., *Ravenna, a Study* , London: J. M. Dent; New York: E. P. Dutton, 1913.

· Huyghe, F.-B, Huyghe, E., *Les empires du mirage : hommes, dieux et mythes sur la route de la soie* , Paris: R. Laffont, 1993.

· Ideler, J. L. ed., *Physici et medici Graeci minores* , Berlin: Reimer, 1841 (repr. Amsterdam: Hakkert, 1963), TLG, No.3188; TLG, Nos. 0729002, 0729003.

· Ignatios the Deacon, *The Life of Patriarch Tarasios* , trans. and commentary by Efthymiadis, S., Aldershot, Brookfield: Ashgate, 1998.

· Illes, J., *Encyclopedia of Mystics, Saints & Sages: A Guide to Asking for Protection, Wealth, Happiness, and Everything Else* , Harper Collins: Harper One, 2011.

· Imber, C., *The Crusades of Varna, 1443 -1445* , Aldershot: Ashgate, 2006.

· Ioannes Lydus, *On Powers or the Magistracies of the Roman State* , ed. Bandy, A. C., Philadelphia: American Philosophical Society, 1983, TLG, No.2580001.

· Ioannis Cantacuzeni, *Eximperatoris Historiarum libri iv* , ed. Schopen, L., 3 vols., [Corpus Scriptorum Historiae Byzantinae] Bonn: Weber, 1828, 1831, 1832, TLG, No.3169001.

· Ioannis Cinnami, *Epitome rerum ab Ioanne et Alexio Comnenis Gestarum* , ed. Meineke, A., [Corpus Scriptorum Historiae Byzantinae] Bonn: Weber, 1836, TLG, No.3020001.

· Ioannis Scylitzae, *Synopsis Historiarum* , ed. Thurn, J., [Corpus Fontium Historiae Byzantinae 5] Berlin: De Gruyter, 1973, TLG, No.3063001.

· Ioannis Zonarae, *Epitomae Historiarum* , libri xvi-ii, vol.3, ed. Büttner-Wobst, T., [Corpus scriptorum historiae Byzantinae] Bonn: Weber, 1897, TLG, No.3135002.

· Ioannis Zonarae, *Epitome Historiarum* , 3 vols., ed. Dindorf, L., Leipzig: Teubner, 1868, 1869, 1870, TLG, Nos. 3135001 and 3135003.

· Ioannis, *Aristotelis physicorum libros octo commentaria* , 2 vols., ed. Vitelli, H., Berlin: Reimer, 1887, 1888, TLG, No.4015009.

· Ioannis Malalae, *Chronographia* , ed. Dindorf, L., [Corpus Scriptorium Historiae Byzantinae] Bonn: Weber, 1831, TLG, No.2871001.

· Ioelis, *Chronographia Compendiaria* , ed. Bekker, I., [Corpus Scriptorum Historiae Byzantinae] Bonn: Weber, 1836, TLG, No.3140001.

· Ιωάννης Ζωναράς, *Επιτομή ιστοριών, εισαγωγή, μετάφραση, σχόλια, Γρηγοριάδης Ι., τόμος Γ',* Αθήνα: Εκδόσεις Κανάκη, 1998, 1999.

· Ιω άννης, *Εκκλησιαστικ ή Ιστορ ία* , translated with Notes by Müller, E., Oxford, 1860.

· Imber, C., *The Ottoman Empire, 1300 – 1650, The Structure of Power* , Basingstoke: Palgrave macmillan, 2009.

· Ioannis Cinnami, *Epitome rerum ab Ioanne et Alexio Comnenis Gestarum* , ed. Meineke, A., [Corpus Scriptorum Historiae Byzantinae] Bonn: Weber, 1836, TLG, No.3020001.

· Iosephi Genesii, *Regum Libri Quattuor* , ed. Lesmüller-Werner, A. and Thurn, J., [Corpus Fontium Historiae Byzantinae 14] Berlin: De Gruyter, 1978, TLG, No.3040001.

· Jacoby, D., *Byzantium, Latin Romania and the*

Mediterranean, Aldershot; Burlington, USA: Ashgate/Variorum, 2001.

- Jackson, P. ed., *The Cambridge History of Iran, The Timurid and Safavid Periods*, vol.6, Cambridge: Cambridge University Press, 1986.
- Jaritz, G. and Szende, K. eds., *Medieval East Central Europe in a Comparative Perspective: From Frontier to Lands in Focus*, London: Routledge, 2016.
- Jarman, L. C., *Galen in early modern English medicine :* case-studies in history, pharmacology and surgery 1618 – 1794, University of Exeter, Phd, 2013.
- Jean Caminiatès, Eustathe de Thessalonique and Jean Anagnostès, *Thessalonique :* Chroniques d'une ville prise: Jean Caminiatès, Eustathe de Thessalonique, Jean Anagnostès, intro., notes and trans. Odorico, P., Toulouse: Anacharsis, 2005.
- Jean de Joinville and Geoffroi de Villehardouin, *Chronicles of the Crusades*, trans. Shaw, M. R. B., New York: Dorset Press, 1985.
- Jean de Joinville, *The Life of Saint Louis*, New York: Sheed and Ward, 1955.
- Jean-Michel, S. and Dasen, V., eds., *Les saviors magiques et leur transmission de l'Antiquité à la Renaissance*, Florence: Edizioni del Galluzzo, 2014.
- Jeffreys, E. and Haldon, J. eds., *The Oxford Handbook of Byzantine Studies*, New York: Oxford University Press, 2008.
- Jeffreys, E. ed., *Rhetoric in Byzantium*, Aldershot & Burlington: Ashgate, 2003.
- Jeffreys, E. ed., *Digenis Akritis, the Grottaferrata and Escorial Versions*, Cambridge: Cambridge University Press, 1998.
- Jeffreys, E. and Haarer, F. K. eds., *Proceedings of the 21st International Congress of Byzantine Studies*, London, Aldershot: Ashgate Publishing Limited, 2006.
- Jenkins, D. ed., *The Cambridge History of Western Textiles*, Cambridge: Cambridge University Press, 2003.
- Jenkins, R., *Byzantium :* The Imperial Centuries (AD 610 – 1071), Toronto, Buffalo & London: University of Toronto Press, 1966.
- Jenkins, R., *Studies on Byzantine History of the 9th and 10th Centuries*, London: Variorum Reprints, 1970.
- Jerome, *The Principal Works of St. Jerome*, ed. Schaff Ph., New York: Grand Rapids, 1892.
- Joannes Actuarius, *Opera*, Parisiis: G. Morelius, 1556.
- John Cananus, *De Constantinopoli anno 1422 oppugnata narratio*, ed. Bekker, I., [Corpus Scriptorum Historiae Byzantinae] Bonn: Weber, 1838.
- John, C., *The Deeds of John and Manuel Comnenus*, trans. by C. M. Brand, New York: Columbia University Press, 1976.
- John Cinnamus, *The Deeds of John and Manuel Comnenus*, trans. by Brand, C. M., New York: Columbia University Press, 1976.
- John Kantakouzenos, *Ioannis Cantacuzeni Eximperatoris Historiarum*, 3 vols, vol.1 ed. Schopen, L., vols.2 – 3 ed. Niehbuhr, B., Corpus Scriptorium Historiae Byzantinae, Bonn: Impensis Ed. Weberi, 1828, 1831, 1832.

- John Malalas, *The Chronicle of John Malalas*, a translation by Jeffreys E., Jeffreys M. & Scott R., Sydney: Sydney University Press, 2006. Ioannis Malalae, *Chronographia*, ed. Dindorf L., [Corpus Scriptorum Historiae Byzantinae] Bonn: Weber, 1831, TLG, No.2871001; Melbourne: Australian Assoc. for Byzantine Studies, 1986.
- John of Antioch, *Ioannis Antiocheni Fragmenta Quae Supersunt Omnia*, recensuit Anglice vertit indicibus instruxit Sergei Mariev, Berolini et Novi Eboraci: Walger de Gruyter, 2008. *Fragmenta Historicorum Graecorum*, ed. Müller K., vol.4, Paris: Didot, 1841 – 1870, TLG, No.4394001.
- John of Ephesus, *The Third Part of the Ecclesiastical History of John, Bishop of Ephesus*, trans. by Smith, R. P., Oxford: Oxford University Press, 1860.
- John of Nikiu, *The Chronicle of John, Bishop of Nikiu :* Translated from Zotenberg's Ethiopic Text (Christian Roman Empire), trans. by Charles, R. H., Merchantville, NJ: Evolution Pub & Manufacturing, 2007.
- John of Nikiu, *Chronicle*, translated with an introduction by Charles R. H., London: Williams & Norgate, 1916.
- John Skylitzes, *A Synopsis of Byzantine History, 811 – 1057*, trans. Wortley, J., New York: Cambridge University Press, 2010.
- John Zonaras, *Epitome Historiarum*, Büttner-Wobst, T. ed., vol.3. Bonn: Corpus Scriptorium Historiae Byzantinae, Bonnae: Impensisi Ed., Weberi, 1897.
- Johnson, M. J., *The Roman Imperial Mausoleum in Late Antiquity*, Cambridge: Cambridge University Press, 2009.
- Joinville and Villehardouin, *Chronicles of the Crusades*, trans. Shaw, M. R. B., London: Penguin, 1963; New York: Dorset Press, 1985.
- Jones, A. H. M., Martindale J. R. and Morris J. eds., *The Prosopography of the Later Roman Empire*, Cambridge: Cambridge University Press, 1971.
- Jones, A. H. M., *The Decline of the Ancient World*, London: Longman, 1966,1976, 1980.
- Jones, A. H. M., *The Later Roman Empire 284 – 602 :* A Social, Economic, and Administrative Survey, Oxford: Basil Blackwell, 1964, 1986.
- Jones, A. H. M., *A History of Rome Through the Fifth Century (Volume II :* The Empire), London. Melbourne: Macmillan, 1970.
- Jongeward, D., Cribb, J. and Donovan, P., *Kushan, Kushano-Sasanian, and Kidarite Coins :* A Catalogue of Coins from the American Numismatic Society, New York: the American Numismatic Society, 2015.
- Jordanes, *The Origin and Deeds of the Goths*, trans. by Mierow, C. C., Princeton: Princeton University Press, 1908.
- Jordanes, *The Gothic History of Jordanes*, translated by Mierow Ch. Ch., Cambridge: Speculum Historiale, New York: Barnes & Noble, INC., 1960.
- Josephus, *Jewish Antiques, Books XVIII-XIX*, with an English translation by Feldman L. H., Cambridge, Massachusetts and London, England: Harvard University Press, 1996. Flavii Iosephi, *Opera*, vols.1 – 4, ed. Niese B., Berlin: Weidmann, 1887, 1885, 1892, 1890 (repr.

1955), TLG, No.0526001.
· Joshua the Stylite, *Chronicle composed in Syriac in AD 507:* A History of the Time of Affliction at Edessa and Amida and Throughout All Mesopotamia , trans. Wright W., Ipswich: Roger Pearse, 1882.
· Julian, Emperor of Rome, *The Works of the Emperor Julian* , 3 vols, trans. by Wright, W. C., Loeb Classical Library, London: W. Heinemann & New York: Macmillan, 1913; London and Cambridge Massachusetts: Harvard University Press, 1923.
· L'empereur Julien, *Oeuvres Complètes* , ed. Bidez, J., vol.1－2, 2nd edn, Paris: Les Belles Lettres, 1960, TLG, No.2003013.
· Justinian, *Novels* , with an English translation by Blume F. H., Laramie: The University of Wyoming, 2010. *Corpus Iuris Civilis* , ed. Schöll R. and Kroll W., vol.3. Berlin: Weidmann, 1895 (repr. 1968), TLG, No.2734013.
· Justinian, *Novella, CXXXVII. In The Civil Law* , Scotttrans S. P., Ohio: Cincinnati Press, 1932.
· Kaegi, W. E., *Army, Society and Religion in Byzantium* , Collected Studies 162, London: Variorum Reprints, 1982.
· Kaegi, W. E., *Byzantine Military Unrest 471－843* , Amsterdam: Adolf M. Hakkert Publisher Press, 1997.
· Kaegi, W. E., *Byzantium and the Decline of Rome* , Princeton: Princeton University Press, 1968.
· Kaldellis, A. and Siniossoglou, N. eds., *The Cambridge Intellectual History of Byzantium* , Cambridge: Cambridge University Press, 2017.
· Kaldellis, A., *A New Herodotos:* Laonikos Chalkokondyles on the Ottoman Empire, the Fall of Byzantium, and the Emergence of the West , Washington, D.C.: Dumbarton Oaks Research Library and Collection, 2014.
· Kaldellis, A., *Hellenism in Byzantium :* The Transformations of Greek Identity and the Reception of the Classical Tradition , Cambridge University Press, 2008.
· Kaldellis, A., *Streams of Gold, Rivers of Blood :* The Rise and Fall of Byzantium, 955 A.D. to the First Crusade , New York: Oxford University Press, 2017.
· Kaldellis, A., *The Byzantine Republic :* People and Power in New Rome , Cambridge and London: Harvard University Press, 2015.
· Καρπόζηλος, Α., Βυζαντινο ί Ιστορικο ί και Χρονογράφοι , τόμος Γ′ (11ος－12ος αι.), Αθ ήνα, 2009.
· Καρπόζηλος, Α., Βυζαντινο ί Ιστορικο ί και Χρονογράφοι , τόμος Δ′ (13ος－15ος αι.), Αθ ήνα, 2015.
· Kamil, J., *Christianity in the Land of the Pharaohs :* the Coptic Orthodox Church , London and New York, 2002.
· Karayannopoulos, J., *Die Entstehung der byzantinischen Themenordnung* , Munich: Beck, 1959.
· Καραγιαννόπουλος Γ., Ιστορ ία Βυζαντινού Κρατούς , Τόμος Α, Θεσσαλονίκη: Εκδοτικός Ο ίκος Βάνιας 1995.
· Καραγιαννόπουλος, Ι., Χάρται Μέσης Βυζαντιν ής Περιόδου (565 － 1081), Θεσσαλον ίκη: Εκδοτικός Ο ίκος Σάκκουλα, 1976.

· Καραγιαννόπουλος Γ., Το Βυζ άντιο Κρ άτος , Εκδόσεις Βάνιας, Θεσσαλονίκη, 1983; Αθήνα: Ἑρμης, 1985.
· Karasszon, D., *A Concise History of Veterinary Medicine* , Budapest: Akadémiai Kiadó, 1988.
· Karpozilos, A. D., *The Ecclesiastical Controversy between the Kingdom of Nicaea and the Principality of Epiros (1217 － 1233)* , Thessaloniki: Centre for Byzantine Studies, 1973.
· Kassel, R. ed., *Aristotelis de arte poetica liber* , Oxford: Clarendon Press, 1965, TLG, No. 0086034.
· Kasso, L., *Byzantine Law in Bessarabia* , Moscow, 1907.
· Katasri, C., *The Roman Monetary System, the Eastern Provinces from the First to the Third Century AD* , Cambridge: Cambridge University Press, 2011.
· Katz, S. T. ed., *The Cambridge History of Judaism :* The Late Roman-Rabbinic Period , Vol.4, Cambridge: Cambridge University Press, 2008.
· Kazhdan, A. P., *A History of Byzantine Literature (650－850)* , Athens: The National Hellenic Research Foundation, Institute for Byzantine Research, 1999.
· Kazhdan, A. P. and Epstein, A. W., *Change in Byzantine Culture in the Early Eleventh and Twelfth Centuries* , Berkeley, Los Angeles, and London: University of California Press, 1985.
· Kazhdan, A. P. ed., *The Oxford Dictionary of Byzantium* , 3 vols, New York and Oxford: Oxford University Press, 1991.
· Kazhdan, A. P., *Studies on Byzantine Literature of the Eleventh and Twelfth Centuries* , Cambridge: Cambridge University Press, 1984.
· Kazhdan, A. P., *The Social Composition of Byzantine Ruling Class in the 11－12th Centuries* , Moscow, 1974.
· Kelly, C. ed., *Theodosius II :* Rethinking the Roman Empire in Late Antiquity , Cambridge: Cambridge University Press, 2013.
· Kelly, C., *Ruling the Later Roman Empire* , Cambridge and London: The Belknap Press of Harvard University Press, 2004.
· Kelly, J. N. D., *Golden Mouth :* The Story of John Chrysostom-Ascetic, Preacher, Bishop , London: Duckworth, 1995.
· Kennedy, S. ed. & trans., *Two Works on Trebizond, Michael Panaretos and Bessarion* , Cambridge, Massachusetts: Harvard University Press, 2019.
· Kennedy, H. N., *The Prophet and the Age of the Caliphates :* The Islamic Near East from the 6th to the 11th Century , Harlow, UK: Pearson Education Ltd., 2004.
· Keys, D., *Catastrophe-An Investigation into the Origins of the Modern World* , New York: Ballantine Books, 1999.
· Khvalkov, E., *The Colonies of Genoa in the Black Sea Region :* Evolution and Transformation , New York: Routledge, 2017.
· Kim, H. J., *The Huns, Rome and the Birth of Europe* , Cambridge: Cambridge University Press, 2013.
· Knorr, W., *Studies in Ancient and Medieval Geometry* , Boston: Birkhäuser, 1989.
· Kolbaba, T. M., *Inventing Latin Heretics: Byzantines and the Filoque in the Ninth Century* ,

Kalamazoo: Western Michigan University, 2008.

· Kogman-Appel, K. and Meyer, M. eds., *Between Judaism and Christianity: Art Historical Essays in Honor of Elisheva (Elisabeth) Revel-Neher*, Boston: Brill, 2009.

· Kolias, T., *Byzantinische Waffen: ein Beitrag zur byzantinischen Waffenkunde von den Anfangen bis zur lateinischen Eroberung*, Vienna: Verlag der Osterreichischen Akademie der Wissenschaften, 1988.

· Κόλιας, Τ., *Νικηφόρος Β' Φωκάς (963–969), Ο στρατηγός αυτοκράτωρ και το μεταρρυθμιστικό του έργο*, Αθ ήνα: Ιστορικ ές εκδόσεις Στ. Δ. Βασιλόπουλος, 1993.

· Κονιδάρης, Ι. Μ., *Το δίκαιον της μοναστηριακής περιουσ ίας από του 9ου μέΧρι του 12ου αιώνος*, Αθήνα: Σάκκουλας, 1979.

· Kondakov, N. P., *Sketches and Notes on the History of Mediaeval Art and Culture*, Prague: Ustav dejin umeni, 1929.

· Korobeinikov, D., *Byzantium and the Turks in the Thirteenth Century*, Oxford: Oxford University Press, 2014.

· Kordosis, M., *Tang China, the Chinese Nestorian Church and Heretical Byzantium (AD 618 – 845)*, Ioannina, 2008.

· Kotter, B. ed., *Die Schriften des Johannes von Damaskos*, [Patristische Texte und Studien 12] Berlin: De Gruyter, 1973, TLG, No.2934004; 1975, TLG, No.2934005.

· Kratchkovsky, I. and Vasiliev, A. A. incomplete ed. and French trans., *Histoire de Yahya-ibn-Said d'Antioche, Patrologia Orientalis*, Paris: Firmin-Didot, 1924–1932.

· Kreutz, B. M., *Before the Normans: Southern Italy in the Ninth and Tenth Centuries*, Philadelphia: University of Pennsylvania Press, 1996.

· Kristeller, P. O., *Renaissance Thought and Its Sources*, New York: Columbia University Press, 2010.

· Kritovoulos, *History of Mehmed the Conqueror*, trans. Riggs, C. T., Princeton: Princeton University Press, 1954.

· Krsmanovi ć, B., *The Byzantine Province in Change: On the Threshold between the 10th and the 11th Century*, Belgrade: Institute for Byzantine Studies, Serbian Academy of Sciences and Arts; Athens: Institute for Byzantine Research, National Hellenic Research Foundation, 2008.

· Krumbacher, K., *Geschichte der byzantinischen Litteratur von Justinian bis zum ende des ostromischen reiches (527 – 1453)*, Munich: C. H. Beck Verlag, 1891.

· Krumbacher, K., *Ιστορ ία της Βυζαντιν ής λογοτεχν ίας*, Αθήνα: Γρηγοριάδης, 1974.

· Kulikowski, M., *Rome's Gothic Wars: From the Third Century to Alaric*, Cambridge: Cambridge University Press, 2008.

· Küng, H., *Christianity: Its Essence and History*, London: SCM Press, 1995.

· Kyriakides, T. ed., *Trebizond and the Black Sea*, Thessaloniki, 2010.

· Kyriakidis, S., *Warfare in Late Byzantium, 1204 – 1453*, Leiden & Boston: Koninklijke Brill NV, 2011.

· Kyritses, D. S., *The Byzantine Aristocracy in the Thirteenth and Early Fourteenth Centuries*, PhD.

dissertation, Cambridge, Mass.: Harvard University, 1997.

· Lacombrade, C., Garzya, A., and Lamoureux J. eds., *Synésios de Cyrène*, Collection Budé, 6 vols., Paris: Belles lettres, 1978–2008.

· Laiou, A. E. eds, *The Economic History of Byzantium, from the Seventh through the Fifteenth Century (EHB)*, vol. 3, Wanshington, D. C.: Dumbarton Oaks Research Library and Collection, 2002.

· Laiou, A. E. and Mottahedeh, R. P. eds., *The Crusades from the Perspective of Byzantium and the Muslim World*, Washington, D.C.: Dumbarton Oaks Research Library and Collection, 2001.

· Laiou, A. E. ed., *Urbs Capta, The Fourth Crusade and its Consequences*, Paris: Lethielleux, 2005.

· Laiou, A. E., *Constantinople and the Latins: The Foreign Policy of Andronicus II, 1282 – 1328*, Cambridge: Harvard University Press, 1972.

· Laiou, A. E., *Law and Society in Byzantium: Ninth-Twelfth Centuries*, Washington, D. C.: Dumbarton Oaks Research Library and Collection, 1994.

· Laiou, A. E., *Mariage, Amour et Parenté à Byzance aux XIe-XIIIe siècles*, Paris: de Boccard, 1992.

· Lameere, W. ed., *La Tradition Manuscrite de la correspondance de Grégoire de Chypre Patriarche de Constantinople (1283 – 1289)*, Bruxelles: Palais des acade'mies, 1937.

· Lampsidis, O., *Beiträge zum byzantinischen Chronisten Ephraem und zu seiner Chronik*, Athens: I. Kollaros, 1971.

· Λαμπάκης, Σ., *Γε ώργιος Παχυμ έρης: πρωτεκδικός και δικαιοφ ύλαξ: Εισαγωγικό δοκιμ ίο*, Αθήνα, 2004.

· Lançon, B., *Rome in Late Antiquity: Everyday Life and Urban Change, AD 312 – 609*, trans. by Nevill, A., Edinburgh: Edinburgh University Press, 1995.

· Langdon, J. S., *John III Ducas Vatatzes: Byzantine Imperium in Anatolian Exile, 1222 – 1254: The Legacy of his Diplomatic, Military and Internal Program for the Restitutio Orbis*, PhD. dissertation, University of California, 1978.

· Langdon, J., *Byzantium's Last Imperial Offensive in Asia Minor: The Documentary Evidence for and Hagiographical Lore about John III Ducas Vatatzes' Crusade against the Turks, 1222 or 1225 to 1231*, New Rochelle, N.Y.: Aristide D. Caratzas, 1992.

· Langlois, M. E. ed., *Les registres de Nicholas IV: recueil des bulles de ce pape, D'apres les manuscrits originaux des Archives du Vatican*, vol.II, Paris: Ernest Thorin, 1886.

· Laonici Chalcocandylae, *Historiarum Demonstrationes*, 2 vols., ed. Darkó, E., Budapest: Academia Litterarum Hungarica, 1922, 1923, 1927, TLG, No.3139001.

· Laonikos Chalkokondyles, *the Histories*, II, trans. Kaldellis, A., Cambridge, Mass.: Harvard University Press, 2014.

· Lardner, N., *A Large Collection of Ancient Jewish and Heathen Testimonies to the Truth of the Christian Revelation, with Notes and Observations*, 4 vols., London: M.DCC.LXIV, 1754 – 1767.

- La Torre, D. R., Kenelly, J. W., Biggers, S. S. et al., *Calculus Concepts : An Informal Approach to the Mathematics of Change* , Andover: Cengage Learning, 2011.
- Lauxtermann, M. D. and Whittow, M. eds., *Byzantium in the Eleventh Century : Being in Between*: Papers from the 45th Spring Symposium of Byzantine Studies , Exeter College, Oxford, 24 - 6 March 2012, London; New York: Routledge, Taylor & Francis Group, 2017.
- Layton, R. A., *Didymus the Blind and His Circle in Late-Antique Alexandria : Virtue and Narrative in Biblical Scholarship* , Urbana and Chicago: University of Illinois Press, 2004.
- Leder, S. ed., *Crossroads between Latin Europe and the Near East : Corollaries of the Frankish Presence in the Eastern Mediterranean* (12th - 14th Centuries) , Würzburg: Ergon Verlag, 2011.
- Lee, C. and Morley, N. eds., *A Handbook to the Reception of Thucydides* , Chichester: Wiley-Blackwell, 2014.
- Lee, A. D., *From Rome to Byzantium AD 363 to 565: The Transformation of Ancient Rome* , Edinburgh: Edinburgh University Press, 2013.
- Lee, A. D., *Information and Frontiers : Roman Foreign Relations in Late Antiquity* , Cambridge: Cambridge University Press, 1993.
- Lee, A. D., *War in Late Antiquity : A Social History* , Oxford: Blackwell Publishing, 2007.
- Lee, A. D. ed., *Paganisms and Christians in Late Antiquity : A Sourcebook* , London and New York: Routledge, 2000.
- Leicester, H. M., *The Historical Background of Chemistry* , New York: Dover, 1971.
- Leiser, G. ed., *Mésogeios. Revue trimestrielle d'études méditerranéenesp* , Paris.
- *Le livre des cérémonies* , ed. Vogt, A., vols.1 - 2, Paris: Les Belles Lettres, 1935, 1939, repr. 1967, TLG, No.3023011.
- Lemerle, P., *Les plus anciens recueils des miracles de saint Démétrius et la pénétration des Slaves dans les Balkans* , Paris: Éditions du Centre National de la Recherche Scientifique, 1979 - 1981.
- Lemerle, P. et al eds., *Actes de Saint-Pantéléèmon : édition diplomatique* , Paris: P. Lethielleux, 1982.
- Lemerle, P., *The Agrarian History of Byzantium : From the Origins to the Twelfth Century* , Galway, Ireland: Galway University Press, 1979.
- Lenski, N., *Failure of Empire : Valens and the Roman State in the Fourth Century A.D.* , California: University of California Press, 2002.
- Leo the Deacon, *The History of Leo the Deacon : Byzantine Military Expansion in the Tenth Century* , trans. Talbot, A. M. and Sullivan, D. F., Washington, D.C.: Dumbarton Oaks Research Library and Collection, 2005.
- Leo VI, *The Book of the Eparch* , trans. Freshfield E. H., London: Variorum Reprints, 1970.
- Leonardo, R. A., *History of Surgery* , New York: Froben Press, 1943.
- Leonis diaconi, *Caloënsis Historiae Libri Decem* , ed. Hase, K. B., [Corpus Scriptorum Historiae Byzantinae] Bonn: Weber, 1828, TLG, No. 3069001.
- Lewis, A. R. and Runyan, T. J., *European Naval and Maritime History, 300 - 1500* , Bloomington: Indiana University Press, 1985.
- Lewis, N. and Reinhold M., *Roman Civilization : Selected Readings* , New York: Harper & Row, 1990.
- Lianta, E., *Late Byzantine Coins : 1204 - 1453, in the Ashmolean Museum, University of Oxford* , London: Spink, 2009.
- Lichtheim, M., *Ancient Egyptian Literature* (3 Vols) , California, 1974.
- Liddell, H. G. and Scott, R., *A Greek-English Lexicon* , Oxford: Clarendon Press, 1980.
- Liebeschuetz, J. H. W. G., *Barbarians and Bishops : Army, Church, and State in the Age of Arcadius and Chrysostom* , Oxford: Clarendon Press, 1990.
- Liebeschuetz, J. H. W. G., *Decline and Fall of the Roman City* , Oxford: Oxford University Press, 2001.
- Liebeschuetz, W., *East and West in Late Antiquity : Invasion, Settlement, Ethnogenesis and Conflicts of Religion* , Leiden, Boston: Brill, 2015.
- *Life of Shenoute* , trans. by Besa, B., Kalamazoo: Cistercian Publications, 1983.
- Lillington-Martin, C. and Turquois, E. eds., *Procopius of Caesarea: Literary and Historical Interpretations* , London: Routledge, 2017.
- Lim, R., *Public Disputation, Power, and Social Order in Late Antiquity* , Berkeley, Los Angeles, London: University of California Press, 1995.
- Lindberg, D., *The Beginnings of Western Science* , Chicago: University of Chicago Press, 1992.
- Linder, A., *The Jews in Roman Imperial Legislation* , Detroit: Wayne State University Press, 1987.
- Lindsay, J., *Byzantium into Europe; the Story of Byzantium as the First Europe, 324 - 1204 A.D. and its Further Contribution till 1453 A.D.* , London: The Bodley Head, 1952.
- Liudprand, *The Complete Works of Liudprand of Cremona* , translated with an introduction and notes by Squatriti, P., Washington, D.C.: Catholic University of America Press, 2007.
- Lionel Casson, *The Periplus Maris Erythraei* , Text with Introduction, Princeton University Press 1989. *Anonymi (Arriani, ut fertur) periplus maris Erythraei* , ed. Müller K., Geographi Graeci minores, vol. 1. Paris: Didot, 1855 (repr. Hildesheim: Olms, 1965), TLG, No.0071001.
- Littré, É. ed., *Oeuvres complètes d'Hippocrate* , Paris: Baillière, 1839 - 1861, TLG, No.0627.
- Little, L. K. ed., *Plague and the End of Antiquity : The Pandemic of 541 - 750* , Cambridge: Cambridge University Press, 2006.
- Littlewood, A. ed., *Byzantine Garden Culture* , Washington, D. C.: Dumbarton Oaks Research Library and Collection, 2002.
- Lonergan, B., *The Way to Nicea* , Philadelphia, 1976.
- Long, J., *Claudian's In Eutropium : Or, How, When, and Why to Slander a Eunuch* , Chapel Hill and London: The University of North Carolina Press, 1996.
- Longnon, J., *L'Empire Latin de Constantinople et la Principauté de Morée* , Paris: Payot, 1949.
- Loofs, F., *Nestorius and His Place in the History of Christian Doctrine* , Cambridge: Cambridge

University Press, 1914.
- Lopez, R., *Silk industry in the Byzantine Empire, Byzantium and the World Around It*: Economic and Institutional Relations, London: Variorum Reprints, 1978.
- Lopez, R., *Byzantine and the World around it*: Economic and Institutional Relations, London: Variorum Reprints, 1978.
- Lot, F., *The End of the Ancient World and the Beginnings of the Middle Ages*, London: Routledge & Kegan Paul Ltd, 1966.
- Louth, A., *St. John Damascene, Tradition and Originality in Byzantine Theology*, New York: Oxford University Press, 2002.
- Luard, H. R., *A Catalogue of the Manuscripts Preserved in the Library of the University of Cambridge*, Cambridge: Cambridge University Press, 2014.
- Lukonin, V. G., *Persia II*: from the Seleucids to the Sassanids, trans J. Hogarth: Barrie & Jenkins Press, 1971.
- Lurier, H. E. ed., *Crusaders as conquerors*: The Chronicle of Morea, New York and London: Columbia University Press, 1964.
- Luttwak, E. N., *The Grand Strategy of the Byzantine Empire*, Cambridge and London: Harvard University Press, 2009.
- Maas, M. ed., *The Cambridge Companion to the Age of Justinian*, Cambridge: Cambridge University Press, 2005.
- MacCormack, S. G., *Art and Ceremony in Late Antiquity*, Los Angeles & London: University of California Press, 1981.
- MacCormick, M., *Origins of the European Economy*: Communications and Commerce, A. D. 300–900, Cambridge: Cambridge University Press, 2002, 2001.
- MacCormick, M., *Eternal Victory*: Triumphal Rulership in Late Antiquity, Byzantium and the Early Medieval West, Cambridge: Cambridge University Press, 1986.
- Macmullen, R., *Christianizing the Roman Empire (A. D. 100–400)*, New Haven and London: Yale University Press, 1984, 1997.
- MacMullen, R., *Paganism in the Roman Empire*, New Haven and London: Yale University Press, 1981.
- MacMullen, R., *The Second Church*: Popular Christianity, A.D.200–400, Atlanta: Society of Biblical Literature, 2009.
- MacMullen, R., *Constantine I*, London, 1970.
- Macrides, R., *George Akropolites, The History*, Oxford: Oxford University Press, 2007.
- Macrides, R., Munitiz, J. A. and Angelov, D., *Pseudo-Kodinos and the Constantinopolitan Court*: Offices and Ceremonies, Birmingham Byzantine and Ottoman Studies, Volume 15, Farnham: Ashgate 2013.
- Madden, T. F. ed., *Crusades*: the Illustrated History, Ann Arbor, Mich.: Univ. of Michigan Press, 2004.
- Madden, T. F., *Enrico Dandolo and the Rise of Venice*, Baltimore: Johns Hopkins University Press, 2003.
- Madgearu, A., *The Asanids*: The Political and Military History of the Second Bulgarian Empire, 1185–1280, Leiden and Boston: Brill, 2017.
- Madgearu, A., *Byzantine Military Organization on the Danube, 10th–12th Centuries*, Leiden; Boston: Brill, 2013.
- Maenchen-Helfen, J. O., *The World of the Huns*: Studies in their History and Culture, Berkeley, Los Angeles, London: University of California Press, 1973.
- Magadalino, P., *L'orthodoxie des astrologues*: La science entre le dogme et la divination à Byzance, Paris: Lethielleux, 2006.
- Magdalino, P. and Necipoğlu, N. eds., *Trade in Byzantium*: Papers from the Third International Sevgi Gönül Byzantine Studies Symposius, Istanbul: Koc University Press, 2016.
- Magdalino, P., *Studies on the History and Topography of Byzantine Constantinople*, Aldershot: Ashgate Publishing Company, 2007.
- Magdalino, P., *The Empire of Manuel I Komnenos, 1143–1180*, Cambridge: Cambridge University Press, 1993.
- Magdalino, P., *The Maritime Neighborhoods of Constantinople*: Commercial and Residential Functions, Sixth to Twelfth Centuries, Washington, D.C.: Dumbarton Oaks Research Library and Collection, 2000.
- Magdalino, P., ed., *New Constantines*: The Rhythm of Imperial Renewal in Byzantium, 4th–13th Centuries: Papers from the Twenty-sixth Spring Symposium of Byzantine Studies, St Andrews, March 1992, Great Britain: Variorum; Brookfield, Vt., U.S.A.: Ashgate Pub. Co., 1994.
- Magill, F. N. ed., *Dictionary of World Biography*, vol.1, Pasadena: Salem Press, 1998.
- Maguire, H., *Byzantine Court Culture from 829 to 1204*, Washington, D. C.: Dumbarton Oaks Research Library and Collection, Harvard University Press, 1997.
- Maguire, H., *The Icons of Their Body*: Saints and their Images in Byzantium, Princeton, NJ: Princeton University Press, 1996.
- Mainstone, R. J., *Hagia Sophia*: Architecture, Structure, Liturgy of Justinian's Great Church, London, 1997.
- Malatras, C., *Social Structure Relations in Fourteenth Century Byzantium*, PhD. diss., University of Birmingham, 2013.
- Malone, E. E., *the Monk and the Martyr*, Washington, D. C.: Catholic University of America Press, 1950.
- Mango, C., *The Brazen House*: A Study of the Vestibule of the Imperial Palace of Constantinople, København: i kommission hos Ejnar Munksgaard, 1959.
- Mango, C., ed., *The Oxford History of Byzantium*, Oxford: Oxford University Press, 2002.
- Mango, C., *Byzantium*: The Empire of New Rome, New York: Charles Scribner's Sons, 1980.
- Mango, C., *The Art of the Byzantine Empire, 312–1453*: Sources and Documents, New York, 1972.
- Mango, C., *Nikephoros, Patriarch of Constantinople, Short History*: Text, Translation, and Commentary, Washington, D. C.: Dumbarton Oaks Research Library and Collection, 1990.
- Mannas, L., *Merchants, Princes and Painters*: Silk Fabrics in Northern and Italian Paintings 1300–1550, New Haven: Yale University Press, 2008.

· Manoussakas, M. and Stailos, N., *The Publishing Activity of the Greeks During the Italian Renaissance* , Athens: Greek Ministry of Culture, 1987.
· *A Manual of Roman Law* , The Ecloga published by the Emperors Leo Ⅲ and Constantine V of Isauria at Constantinople A. D. 726, trans. by Freshfield, E. H., Cambridge: Cambridge University Press, 1926.
· Marasco, G. ed., *Greek and Roman Historiography in Late Antiquity : Fourth to Sixth Century A. D.* , Leiden, Boston: Brill, 2003.
· Marcellinus Comes, *The Chronicle of Marcellinus* , trans. Croke, B., Sydney: Australian Association for Byzantine Studies, 1995.
· Marcus, J. R., *The Jew in the Medieval World : A Source Book 315 – 1791* , Cincinnati: The Union of American Hebrew Congregations, 1938.
· Margotta, R., *The Story of Medicine* , New York: Golden Press,1968.
· Markus, R. A., *Christianity in the Roman World* , London: Thames and Hudson Ltd, 1974.
· Markus, R. A., *The End of Ancient Christianity* , Cambridge: Cambridge University Press, 1990.
· Martí-Ibáñez, F., *A Prelude to Medical History* , New York: MD Publications Inc., 1961.
· Martin, E. J., *A History of the Iconoclastic Controversy* , New York: AMS Press, 1978.
· Martindale, J. R., *The Prosopography of the Later Roman Empire, Vol.II : AD. 395 – 527* , Cambridge: Cambridge University Press, 1980.
· Masai, F., *Plethon et le Platonisme de Mistra* , Paris: Belles Lettres, 1956.
· Mathisen, R. W., *People, Personal Expression, and Social Relations in Late Antiquity* , Ann Arbor: The University of Michigan Press, 2003.
· Matthews, J., *The Roman Empire of Ammianus* , London: Duckworth, 1989.
· Mattingly, H., Sydenham, E. A., Sutherland, C. H. V. and Carson, R. A. G. et al. eds., *The Roman Imperial Coinage (RIC)* , London: Spink & Son Ltd, 1923 – 1994.
· Maurice, J., *Numismatique Constantienne* , Tome I, Paris: Ernest Leroux, 1908.
· *Maurice's Strategikon : Handbook of Byzantine Military Strategy* , trans. by Dennis G. T., Philadelphia: University of Pennsylvania Press, 1984.
· Maurice, *Das Strategikon des Maurikios* , ed. Dennis, G. T. and Gamillscheg, E., Vienna: Verlag der österreichischen Akademie der Wissenschaften, 1981.
· Mauricius, *Arta Militara* , ed. Mihaescu, H., [Scriptores Byzantini 6] Bucharest: Academie Republicii Socialiste România, 1970, TLG, No. 3075001.
· Maxwell, J. C., *Matter and Motion* , New York: D. Van Nostrand, 1878.
· Mayer, R., *The Artist's Handbook of Materials and Techniques* , New York: Viking Press, 1985.
· Mayer, W. and Allen P., *John Chrysostom* , London and New York: Routledge, 2000.
· McCabe, A., *A Byzantine Encyclopaedia of Horse Medicine : The Sources, Compilation, and Transmission of the Hippiatrica* , Oxford and New York: Oxford University Press, 2007.
· McClanan, A., *Representations of Early Byzantine Empresses* , New York: Palgrave Macmillan, 2002.
· McGeer, E., *The Land Legislation of the Macedonian Emperor* , Toronto: Pontifical Institute of Mediaeval Studies, 2000.
· McGeer, E., *Sowing the Dragon's Teeth : Byzantine Warfare in the Tenth Century* , Washington, D.C.: Dumbarton Oaks Research Library and Collection, 1995.
· Meier, M. ed., *Brill's Companion to Procopius* , Leiden: Brill, 2017.
· Meier, M., *Justinian : Herrschaft, Reich und Religion* , Munich, 2004.
· Melville-Jones, J. R. ed., *Venice and Thessalonica 1423 – 1430: The Greek Accounts* , Padova: Unipress, 2006.
· Menander the Guardsman, *The History of Menander the Guardsman* , trans. Blockley R. C., Liverpool: Fancis Cairns Ltd., 1985.
· Merrills, A. H. ed., *Vandals, Romans and Berbers : New Perspectives on Late Antique North Africa* , Aldershot: Ashgate: 2004.
· Merrills, A. H., *History and Geography in Late Antiquity* , Cambridge: Cambridge University Press, 2005.
· Merrills, A., R. Miles, *The Vandals* , West Sussex: Wiley-Blackwell, 2010.
· Meyendorff, J., *Byzantium and the Rise of Russia : A Study of Byzantino-Russian Relations in the Fourteenth Century* , St Vladimirs Seminary Pr, 1997.
· Meyendorff, J., *Byzantine Theology* , New York: Fordham University Press, 1974.
· Michael Attaleiates, *Historia* , ed. and trans. Martin, Pérez, Madrid: Consejo Superior de Investigaciones Cientificas, 2002.
· Michael Ducas, *Historia byzantina* , ed. Bekker, I., [Corpus Scriptorum Historiae Byzantinae] Bonn: Weber, 1834.
· Michael Panaretos & Bessarion, *Two Works on Trebizond, 109* , ed. and trans. Kennedy, S., Cambridge: Harvard University Press, 2019.
· Michael Psellos, *Chronographie ou histoire d'un siècle de Byzance (976 – 1077)* , ed. Renauld, É., 2 vols., Paris: Les Belles Lettres, 1926, 1928, TLG, No.2702001.
· Michael Psellus, *Chronographia* , trans. Sewter, E. R., London: Penguin Books, 1953, 1966.
· Michael Psellus, *Fourteen Byzantine Rulers : The Chronographia of Michael Psellus* , English trans. Sewter, E. R. A., Harmandsworth: Penguin Books, 1966.
· Michaelis Attaleiates, *The History* , trans. by Kaldellis, A. and Krallis, D., New York: Harvard University Press, 2012.
· Michaelis Attaliotae, *Historia* , ed. Bekker, I., [Corpus Scriptorum Historiae Byzantinae] Bonn: Weber, 1853, TLG, No.3079001.
· Michaelis Glycae, *Annales* , ed. Bekker, I., [Corpus Scriptorum Historiae Byzantinae] Bonn: Weber, 1836, TLG, No.3047.
· Michaelis Pselli, *Philosophica Minora* , ed. Duffy, J. M., Leipzig: Teubner, 1992, TLG, No. 2702010.
· Michael Psellus, *Orationes funebres, Volume 1* , Polemis, I. ed., Berlin: Boston: De Gruyter, 2014.
· Michael the Syrian, *Chronique* , ed. and trans. by Chabot, J. B., Paris: Ernest Leroux, 1899 – 1910.
· Michael, A. ed., *The Byzantine Aristocracy IX to XIII Centuries* , Oxford: BAR International Series,

1984.
· Michael, A., *Church and Society in Byzantium under Comneni, 1081 – 1261*, Cambridge: Cambridge University Press, 1995.
· Michaelis Pselli, *Orationes panegyricae*, edidit Dennis, G. T., Stutgardiae: B. G. Teubner, 1994.
· Μιχαήλ Ψελλός, Χρονογραφία, Τόμος Α΄, μετ άφραση-εισαγωγή-σχόλια: Καραλής Β., Αθήνα: Εκδόσεις Κανάκη, 2004.
· Millar, F., *A Greek Roman Empire : Power and Belief under Theodosius II (408 – 450)*, Berkeley, Los Angeles, London: University of California Press, 2006.
· Miller, T. S., *The Birth of the Hospital in the Byzantine Empire*, Baltimore: Johns Hopkins University Press, 1985, 1997.
· Miller, T. S., *The History of John Cantacuzenus (book Ⅳ) : Text, Translation and Commentary*, Dissertation, Catholic University Ann Arbor, 1975.
· Miller, T. S., *The Orphans of Byzantium, Child Welfare in the Christian Empire*, Wahington, D. C.: The Catholic University of America Press, 2003.
· Miller, W., *Trebizond : The Last Greek Empire of the Byzantine era, 1204 – 1461*, new enl. edition, historical introduction, select bibliography by Bandy, A. C., Chicago: Argonaut, 1969.
· Miller, T. S. and Nesbitt, J. W., *Walking Corpses : Leprosy in Byzantium and the Medieval West*, Ithaca & London: Cornell University Press, 2014.
· Millet, G., *Monuments byzantins de Mistra*, Paris: E. Leroux, 1910.
· Miotto, M., *Ο ανταγωνισμός Βυζαντίου και Χαλιφάτου των Φατιμίδων στην εγγύς ανατολή και η δράση των Ιταλικών πόλεων στην περιοχή κατά τον 10ο και τον 11ο αιώνα*, Θεσσαλονίκη: Κέντρο Βυζαντινών Ερευνών, 2008.
· Mitchell, S. and Greatrex, G. eds., *Ethnicity and Culture in Late Antiquity*, London: Duckworth and The Classical Press of Wales, 2000.
· Mitchell, L. L., *The Meaning of Ritual*, New York: Paulist Press, 1977.
· Moffatt, A. ed., *Maistor : Classical, Byzantine and Renaissance Studies for Robert Browning (Byzantine Austrliensia vol.5)*, Canberra: Brill, 1984.
· Mogenet, J., *L'Introduction 'a l'Almageste*, [M' emoires de l'Acad'emie Royale de Belgique, Cl. Lettres, 51, fasc. 2] Bruxelles: Palais des Acade'mies, 1956.
· Momigliano, A. ed., *Conflict Between Paganism and Christianity in the Fourth Century*, Oxford: The Clarendon Press, 1963.
· Monfasani, J., *Byzantine Scholars in Renaissance Italy*, Aldershot, Hampshire & Vermont: Ashgate Publishing Company, 1995.
· Montfaucon, D. B., *Nova Collectio Patrum et Scriptorum Graecorum, Eusebii Caesariensis*, Athanasii & Cosmae Aegyptii, Parisiis, 1706.
· Moore, P., *Iter Psellianum : a Detailed Listing of Manuscript Sources for All Works Attributed to Michael Psellos, Including a Comprehensive Bibliography*, Toronto: Pontifical Institute of Mediaeval Studies, 2005.
· Moorhead, J., *Justinian*, New York: Longman Publishing, 1994.
· Moorhead, J., *The Roman Empire Divided, 400 – 700*, Second Edition, London and New York: Routledge, 2013.
· Moorhead, J., *Ambrose : Church and Society in the Late Roman World*, London and New York: Longman, 1999.
· Morkholm, O., *Early Hellenistic Coinage, from the Accession of Alexander to the Peace of Apamea (336 – 188 B. C.)*, Cambridge: Cambridge University Press, 1991.
· Morris, R., *Monks and Laymen in Byzantium 843 –1118*, Cambridge: Cambridge University Press, 1995.
· Morris, R. ed., *Church and People in Byzantium*, Birmingham: Centre for Byzantine, Ottoman and Modern Greek studies, University of Birmingham, 1991.
· Morrison, C., *Catalogue des monnaies byzantines de la Bibliothèque nationale*, Tome 1 – 2, Paris: Bibliothèque nationale, 1970.
· Moschos, J., *The Spiritual Meadow*, Kalamazoo, Mich.: Cistercian Publications, 1992.
· Moss, H. St. L.B., *The Birth of the Middle Ages (395 –814)*, London: Oxford University Press, 1979.
· Mousourakis, G., *A Legal History of Rome*, London; New York: Routledge, 2007.
· Moutafakis, N. J., *Byzantine Philosophy*, Indianapolis and Cambridge: Hackett Publishing Company, Inc., 2003.
· Mullett, M. and Scott, R. eds., *Byzantium and the Classical Tradition*, Birmingham: University of Birmingham, 1981.
· Mullett, M. and Smythe, D. eds., *Alexios I Komnenos, I : Papers*, Belfast: Belfast Byzantine Enterprises, 1996.
· Mullett, M., *Theophylact of Ochrid : Reading the Letters of a Byzantine Archbishop*, Birmingham Byzantine and Ottoman Monographs 2, Aldershot, U. K.: Variorum, 1997.
· Murray, A. V. ed., *The Crusades : an encyclopedia*, Santa Barbara, California: ABC-CLIO, 2006.
· Muthesius, A., *Studies in Silk in Byzantium*, London: Pindar Press, 2004.
· Myrepsus, N.s, *Medicamentorum Opus*, in *Sectiones Quadragintaocto Digestum, Hactenus in Germania non Visum*, Basileae: Per Jo. Oporinum, 1549.
· Nathan, G. S., *The Family in Late Antiquity : The Rise of Christianity and the Endurance of Tradition*, London and New York: Routledge, 2000.
· Naymark, A., *Sogdiana, Its Christians and Byzantium : A Study of Artistic and Cultural Connections in Late Antiquity and Early Middle Ages*, Ph. D., Indiana University, 2001.
· Necipoğlu, N., *Byzantium between the Ottomans and the Latins : Politics and Society in the Late Empire*, Cambridge: Cambridge University Press, 2009.
· Neil, B. and Garland, L. eds., *Questions of Gender in Byzantine Society*, New York: Routledge, 2016.
· Nemesius of Emesa, *De natura hominis*, ed. Einarson, B., [Corpus medicorum Graecorum (in press)] TLG, No.0743001.
· Nemesius, Bp. of Emesa, *Nemesii episcopi Premnon physicon*, a N. Alfano, archiepiscopo Salerni, in latinum translatus; recognovit Carolus

Burkhard, Leipzig: Teubner, 1917.

· Neuburger, M., Geschichte der Medizin , II, Stuttgart: Enke, 1911.

· Neville, L., Anna Komnene : the Life and Work of a Medieval Historian , New York: Oxford University Press, 2016.

· Neville, L., Guide to Byzantine Historical Writing , Cambridge: Cambridge University Press, 2018.

· Neville, L., Heroes and Romans in Twelfth-century Byzantium : the Material for History of Nikephoros Bryennios , Cambridge: Cambridge University Press, 2012.

· Niavis, P. E., The Reign of the Byzantine Emperor Nicephorus I (AD 802 –811) , Athens: Historical Publications St. D. Basilopoulos, 1987.

· Nicéphore Bryennios, Histoire , ed. Gautier, P., [Corpus Fontium Historiae Byzantinae 9] Brussels: Byzantion, 1975, TLG, No.3088002.

· Nicephori Gregorae, Historiae Byzantinae , ed. Schopen, L. and Bekker, I., 3 vols., [Corpusscriptorum historiae Byzantinae] Bonn: Weber, 1829, 1830, 1855, TLG, No.4145001.

· Nicephori archiepiscopi Constantinopolitani, Opuscula Historica , ed. de Boor C., Leipzig: Teubner, 1880 (repr. New York: Arno, 1975), TLG, Nos. 3086001 and 3086002.

· Nicephoros Bryennios, Materials for a History , ed. Meinecke, A., [Corpus Scriptorium Historiae Byzantinae] Bonn, 1836.

· Nicephorus, Antirrhetici tres adversus Constantinum Copronymum , in Patrologia Graeca, ed. Migne, J. P., Paris, vol.100, 1865.

· Nicephorus, Breviarium , ed. Boor, C. de, Leipzig: Teubner, 1880.

· Nicetae Choniatae, Historia , ed. Dieten, J. van, [Corpus Fontium Historiae Byzantinae 11.1], Berlin: De Gruyter, 1975, TLG, No.3094001.

· Nicholas I, Patriarch of Constantinople, Letters , ed. Jenkins, R. J. H. and Westerink, L. G., [Corpus Fontium Historiae Byzantinae 6] Washington, D. C.: Dumbarton Oaks, 1973, TLG, No. 3100001.

· Nicol, M., The Last Centuries of Byzantium, 1261 –1453 , London: Rupert Hart-Davis, 1972; 2nd edition, Cambridge: Cambridge University Press, 1993.

· Nicol, D. M., Byzantium and Venice : A Study in Diplomatic and Cultural Relations , Cambridge and New York and Melbourne: Cambridge University Press, 1988.

· Nicol, D. M., Studies in Later Byzantine History and Prosopography , Cambridge and New York and Melbourne: Cambridge University Press, 1985.

· Nicol, D. M., The Despotate of Epiros 1267 – 1479: A Contribution to the History of Greece in the Middle Ages , Cambridge: Cambridge University Press, 1984; Oxford: Blackwell, 1957.

· Nicol, D. M., The Byzantine Family of Kantakouzenos , Washington: Dumbarton Oaks Center for Byzantine Studies, 1968.

· Nicol, D. M., The Immortal Emperor : The Life and Legend of Constantine Palaiologos, Last Emperor of the Romans , Cambridge, Eng.: Cambridge University Press, 1992.

· Nicol, D. M., The Reluctant Emperor : A Biography of John Cantacuzene, Byzantine Emperor

and Monk, c. 1295 – 1383 , Cambridge: Cambridge University Press, 1996.

· Nicol, D. M., The End of the Byzantine Empire , London: Cambridge University Press, 1979.

· Nicolle, D., Haldon, J. etc., The Fall of Constantinople : The Ottoman Conquest of Byzantium , Oxford: Osprey Publishing Ltd., 2007.

· Niebuhr, B. G. ed., Corpus scriptorium historiae byzantinae , 50 vols., Bonn, 1828 – 1897.

· Niketas Choniatēs, O City of Byzantium, Annals of Niketas Choniatēs , trans. by Magoulias, H. J., Detroit: Wayne State University Press, 1984.

· Nicolle, D., Constantinople 1453: The End of Byzantium , Oxford: Osprey Publishing, 2000.

· Nicolle, D., Hook, A., Ottoman Fortifications 1300 – 1710 , Oxford: Osprey Publishing Limited, 2010.

· Nicolle, D., The Fourth Crusade 1202 – 1204: the Betrayal of Byzantium , Oxford: Osprey Publishing Ltd., 2011.

· Nicolet, C., Space, Geography and Politics in the Early Roman Empire , Ann Arbor: University of Michigan Press, 1991.

· Nicolle, D., Romano-Byzantine Armies 4th – 9th Centuries , Oxford & New York: Osprey Publishing Ltd, 1992.

· Nicolo Barbaro, Diary of the Siege of Constantinople, 1453 , trans. by Jones, J. R., New York: Exposition Press, 1969.

· Nikephoros, Nikephoros Patriarch of Constantinople Short History , trans. by Mango, C., Washington: Dumbarton Oaks, 1990. Nicephori archiepiscopi Constantinopolitani, Opuscula Historica , ed. Boor, C. de, Leipzig: Teubner, 1880 (repr. New York: Arno, 1975), TLG, Nos. 3086001 and 3086002.

· Nikephoros, Short History, Nikephoros, Patriarch of Constantinople : Text, Translation, and Commentary , trans. Mango, C., Washington, D.C.: Dumbarton Oaks Research Library and Collection, 1990.

· Niketas Choniates, City of Byzantium, Annals of Niketas Choniatēs , trans. Magoulias, H., Detroit: Wayne State University Press, 1984.

· Νικηφόρος Γρηγοράς, Ρωμαϊκή Ιστορία, Α' περίοδος : 1204 – 1341 (Κεφάλαια 1 – 11), Απόδοση στην νέα ελληνική, εισαγωγή και σχόλια από Δ. Μόσχος, Αθήνα: Εκδοτικός Οργανισμός Λιβάνη, 1997.

· Νικολάου, Κ., Η γυναίκα στη μέση βυζαντινή εποχή. Κοινωνικά πρότυπα και καθημερινός βίος στα αγιολογικά κείμενα , Αθήνα: Ινστιτούτο Βυζαντινών Ερευνών, 2005.

· Νίκου, Δ. Μ., Πηγές και επιδράσεις του ιστορικού έργου του Δούκα , Θεσσαλονίκη, 2009.

· Norden, W., Das Papsttum und Byzanz , Berlin: E. Beck, 1903.

· Norwich, J. J., Byzantium : The Early Centuries , London: Penguin Books, 1990.

· Norwich, J. J., A History of Venice , New York: Vintage Books, 1982.

· Norwich, J. J., A Short History of Byzantium , New York: A Division of Random House, Inc., 1997.

· Norwich, J. J., Byzantium : The Decline and Fall , London: Penguin Books, 1996.

· Nuland, Sherwin B., Doctors : The Illustrated History of Medical Pioneers, New York: Black Dog & Leventhal: Distributed by Workman Pub. Co., 1988.

· Nystazopoulou, M. G., Ἡ ἐν τη Ταυπική Χερσον ήσωι πόλις Σοθγδαιά, Athens, 1965.

· Oakland, J., British Civilization—An Introduction, fourth edition, London & New York: Routledge, 1998.

· Obolensky, D., Byzantium and the Slavs, Crestwood, N. Y.: St. Vladimir's Seminary Press, 1994.

· Obolensky, D., The Byzantine Commonwealth : Eastern Europe, 500 – 1453, London: Phoenix Press, 2000; New York: St. Vladimir's Seminary Press, 1982.

· Ochir, A. and Erdenebold, L., Archaeological Relics of Mongolia, Ⅶ: Cultural Monuments of Ancient Nomads, Ulaanbaatar: Mongol Ulsyn Shinzhlékh Ukhaany Akademi, Tůŭ kh, Arkheologiĭn Khůrěělėn, 2017.

· Oelsner, G. H., A Handbook of Weaves, New York: Macmillan, 1915.

· Ohnsorge, W., Abendland und Byzanz : Gesammelte Aufsätze zur Geschichte der byzantinisch-abendländischen Beziehungen und des Kaisertums, Darmstadt: H. Gentner, 1963.

· Oikonomidès, N., Fiscalité et exemption fiscale à Byzance (IXe-XIe s.), Athènes: Fondation nationale de la recherche scientifique, Institut de recherches byzantines, 1996.

· Oikonomides, N., Les Listes de préséance byzantines des IXe et Xe siècles, Paris: Éditions du Centre national de la recherche scientifique, 1972.

· Olster, D. M., The Politics of Usurpation in the Seventh Century, PhD Thesis, The University of Chicago, 1986.

· Oost, S. I., Galla Placidia Augusta : A Biographical Essay, Chicago: University Press, 1968.

· Oribasii, Collectionum Medicarum Reliquiae, vols.1 – 4, ed. Raeder, J., Leipzig: Teubner, 1928, 1929, 1931, 1933, TLG, Nos. 0722001, 0722002, 0722003.

· Oribasius, Collectionum Medicarum Reliquiae, Lipsiae: In aedibus B. G. Teubneri, 1928 – 1933.

· Oribasius, Dieting for an Emperor : A Translation of Books 1 and 4 of Oribasius' Medical Compilations with an Introduction and Commentary, ed. Grant, M., Leiden: Brill, 1997.

· Oribasius, Oeuvres d'Oribase, Texte Grec, en Grande Partie Inédit, Collationnée sur les Manuscrits, Paris: Impr. nationale, 1851 – 1876.

· Origène, Contre Celse, 4 vols., ed. Borret, M., Paris: Cerf, 1967, 1968, 1969, TLG, No. 2042001.

· Origenes, Vier Bücher von den Prinzipien, ed. Görgemanns, H. and Karpp, H., Darmstadt: Wissenschaftliche Buchgesellschaft, 1976, TLG, No. 2042002.

· Orlandos, A., Palaces and Houses in Mistra, Athens, 1937.

· Ostrogorsky, G., Quelques problèmes d'histoire de la paysannerie byzantine, Bruxelles: Éditions de Byzantion, 1956.

· Ostrogorsky, G., Byzantinische Geschichte, 324 – 1453, München: Verlag C.H. Beck OHG, 1996.

· Ostrogorsky, G., History of Byzantine State, trans. Hussy, J., Oxford: Basil Blackwell & Mott,

1956; New Brunswick and N.J.: Rutgers University Press, 1956, 1969.

· Ostrogorsky, G., Serboi under Stefan Dusan, Belgrade, 1965.

· Palladii, Dialogus de vita S. Joanni Chrysostomi, ed. Coleman-Norton P. R., Cambridge: Cambridge University Press, 1928, TLG, No. 2111004.

· Palladius, The Dialogue of Palladius concerning the Life of Chrysostom, trans. by Moore H., New York: The Macmillan Company, 1921.

· Parnell, D. A., Justinians's Men, London: Palgrave Macmillan Press, 2017.

· Παναγοπούλου, Α. Γ., Οι διπλωματικοί γάμοι στο Βυζάντιο (6ος – 12ος αιώνας), Αθήνα: Λιβάνης, 2006.

· Parry, V. and Yapp, M. eds., War, Technology and Society in the Middle East, London: Oxford University Press, 1975.

· Partington, J. R., History of Greek Fire and Gunpowder, Cambridge: Cambridge University Press, 1960; Baltimore: Johns Hopkins University Press, 1999.

· Patlagean, É., Un Moyen Âge Grec : Byzance, IXe-XVe siècle, Paris: Albin Michel, 2007.

· Πατούρα, Σ., Οι αιχμάλωτοι ως παράγοντες επικοινωνίας και πληροφόρησης (4ος – 10ος αι.), Αθήνα: Κέντρο Βυζαντινών Ερευνών, 1994.

· Paul the Deacon, History of Lombards, translated by Foulke W. D., Philadelphia: University of Pennsylvania Press, 1907, 1974.

· Paul of Aegina, The Medical Works of Paulus Aegineta, London: Welsh, Treuttel, Würtz, 1834.

· Paulus Aegineta, Epitomae medicae libri septem, 2 vols., ed. Heiberg, J. L., Leipzig: Teubner, 1921, 1924, TLG, No.0715001.

· Paulus Aegineta, The Seven books of Paulus Aegineta, London: Printed for the Sydenham Society, 1844 – 1847.

· Paulus Orosius, The Seven Books of History Against the Pagans, trans. Deferrai R. J., Washington, D. C.: The Catholic University of America Press, 1964.

· Pedanii Dioscuridis, Anazarbei de materia medica libri quinque, ed. Wellmann, M., 3 vols. Berlin: Weidmann, 1906, 1907, 1914 (repr. 1958), TLG, No.0656001.

· Pelagius, I, Pelagii I Papae Epistulae Quae Supersunt, ed. by Gassó P. M. and Batlle C. M., Montserrat, 1956.

· Pelliot, P., Notes on Marco Polo, I, Paris: Impr. nationale, 1959.

· Pepagomenus, D., Peri Podagras, Parisiis: Apud Guil. Morelium, in Graecis typographum regium, MDLVIII, 1558.

· Pepagomenus, D., Prontuario Medico : Testo Edito per la Prima Volta, Napoli: Bibliopolis, 2003.

· Perrie, M. ed., The Cambridge History of Russia, Vol.1, Cambridge: Cambridge University Press, 2006.

· Pertusi, A., La formation des themes byzantine, Munich: Beck, 1958.

· Pertusi, A., Bisanzio e l'Italia. Raccolta di studi in memoria di Agnostino Pertusi, Milan: Vita e pensiero, 1982.

· Peters, F. E., Greek Philosophical Terms : A His-

torical Lexicon , New York: NYU Press, 1967.
- Peters, E. ed., *The First Crusade : The Chronicle of Fulcher of Chartres and Other Source Materials* , 2nd edition, Philadelphia: University of Pennsylvania Press, 1998.
- Peterson, E., *Der Monotheismus als politisches Problem* , Leipzig: Hegner, 1935.
- Pevny, O. Z. ed., *Perceptions of Byzantium and Its Neighbours : 843 - 1261:* the Metropolitan Museum of Art Symposia , New York: Metropolitan Museum of Art; Yale University Press, 2000.
- Pharr, C. trans., *The Theodosian Code and Novels and the Sirmondian Constitutions : A Translation with Commentary, Glossary, and Bibliography* , Princeton: Princeton University Press, 1952.
- Philippides, M. and Hanak, W. K., *The Siege and Fall of Constantinople in 1453, Historiography, Topography, and Military Studies* , Farnham: Ashgate, 2011.
- Philippides, M., *Constantine XI Dragas Palaeologus (1404 -1453) : The Last Emperor of Byzantium* , Abingdon: Routledge, 2018, 2019.
- Phillips, J. ed., *The First Crusade : Origins and Impact* , Manchester, UK; New York, NY: Manchester University Press; New York, NY: Distributed exclusively in the USA by St. Martin's Press, 1997.
- Philomathestatos, *Studies in Greek Patristic and Byzantine Texts Presented to Jacques Noret* , Janssens, B., Roosen, B. and Deun, P. van eds., Leuven: Peeters, 2004.
- Philostorgius, *Church History* , translated by Amidon Ph. R., S. J., Leiden and Boston: Brill, 2007.
- Philostorgius, *Kirchengeschichte* , ed. Winkelmann F. (post J. Bidez) , 3rd edn., Berlin: Akademie-Verlag, 1981, TLG, No.2058.
- Photius, *Bibliothèque* , ed. Henry, R., 8 vols., Paris: Les Belles Lettres, 1959, 1960, 1962, 1965, 1967, 1971, 1974, 1977, TLG, No. 4040001.
- Plant, I. M., *Women Writers of Ancient Greece and Rome : An Anthology* , Oklahoma: University of Oklahoma Press, 2004.
- Plant, R., *Greek Coin Types and Their Identification* , London: Seaby Publications Ltd., 1979.
- Plotini, *Opera, vol.1. Porphyril Vita Plotini* , ed. Henry, P. and Schwyzer, H.-R., Leiden: Brill, 1951, TLG, No.2034001.
- Plumb, J. H., *The Italian Renaissance* , Newbury: New Word City Inc., 2017.
- Pohl, W., *The Avars : A Steppe Empire in Central Europe, 567 -822* , Ithaca and London: Cornell University Press, 2018.
- Polemis, D. I., *The Doukai : A Contribution to Byzantine Prosopography* , London: The Athlone Press, 1968.
- Poliakov, L., *History of Anti-semitism* , New York: Schocken, 1974.
- Polybii, *Historiae* , vols.1 - 4, ed. Büttner-Wobst T., Leipzig: Teubner, 1905, 1889, 1893, 1904 (repr. Stuttgart: 1962; 1965; 1967) , TLG, No. 0543001.
- Polybius, *The Histories* , with an English translation by Paton W. R., Cambridge: Harvard University Press, 1992.
- Πολύπλευρος νοῦς : Miscellanea für Peter

Schreiner zu seinem 60. Geburtstag , herausgegeben Scholz, C. und Makris, G., Leipzig & München: Saur, 2000.
- Pontani, F., Katsaros, V. and Sarris, V. eds., *Reading Eustathios of Thessalonike* , Berlin and Boston: De Gruyter, 2017.
- Porter, R. and Rousseau, G. S., *Gout : The Patrician Malady* , New Haven: Yale University Press, 2000.
- Porter, R. ed., *The Cambridge History of Medicine* , Cambridge & New York: Cambridge University Press, 2006.
- Postan, M. M. ed., *Cambridge History of European Economy* , vol.1 - 2, Cambridge: Cambridge University Press, 1952.
- Pourshariati, P., *Decline and Fall of the Sasanian Empire* , London: I.B. Tauris & Co Ltd, 2008.
- Principe, L. M., *The Secrets of Alchemy* , Chicago: University of Chicago Press, 2012.
- Prioreschi, P., *Byzantine and Islamic Medicine* , Omaha: Horatius Press, 2001.
- *Procli Diadochi in primum Euclidis elementorum librum commentarii* , ed. Friedlein, G., Leipzig: Teubner, 1873, TLG, No.4036011.
- Procopii Caesariensis, *Opera Omnia* , ed. Wirth G. (post Haury J.) , 4 vols, Leipzig: Teubner, 1962 -1964, TLG, Nos. 4029001 -4029003.
- Procopius, *De Aedificiis or Buildings* , trans. Dewing, H. B., with the collaboration of Glanville Downey, Cambridge, Mass.: Harvard University Press, 1916, 1996.
- Procopius, *History of the Wars* , with an English trans. Dewing H. B., Cambridge: Harvard University Press, 1958, 1996.
- Procopius, *The Anecdota or Secret History* , trans. Dewing H. B., Cambridge: Harvard University Press, 1998.
- Procopius, *The Wars of Justinian* , translated by Dewing H. B., revised and modernized, with an introduction and notes, by Kaldellis A., Indianapolis/Cambridge: Hackett Publishing Company, Inc, 2006, 2014.
- Procopius, *History of the Wars, I : The Persian War* , New York: Harvard University Press, 1961.
- Procopius, *On Buildings* , trans. Dewing, H. B., Cambridge, Mass.: Harvard University Press, 1940.
- Prokopios, *The Secret History with Related Texts* , ed. and trans. Kaldellis, A., Indianapolis and Cambridge: Hackett Publishing Company, Inc., 2010.
- Pryor, J. H. and Jefereys, E. H., *The Age of the ΔΡΟΜΩΝ : the Byzantine Navy ca. 500 - 1204* , Leiden & Boston: Brill, 2006.
- Ptolemy, *Ptolemy's Almagest* , trans. Toomer, G. J., Princeton: Princeton University Press, 1998.
- Puschmann, T. ed., *Alexander von Tralles* , Vienna: Braumüller, 1878 (repr. Amsterdam: Hakkert, 1963) , TLG, Nos. 0744001 -0744004.
- Puschmann, T. ed., *Nachträge zu Alexander Trallianus* , Berlin: Calvary, 1887 (repr. Amsterdam: Hakkert, 1963) , TLG, No.0744005.
- Queller, D. E. and Madden, T. F., *The Fourth Crusade : The Conquest of Constantinople* , Philadelphia: University of Pennsylvania Press, 1977, 1999.
- Ramón, M., *The Catalan Expedition to the East : From the Chronicle of Ramon Muntaner* , Barce-

Iona/Woodbridge: Barcino · Tamesis, 2006.
· Rapp, C., *Holy Bishops in Late Antiquity : The Nature of Christian Leadership in an Age of Transition*, Berkeley, Los Angeles, London: University of California Press, 2005.
· Rashdall, H., *The Universities of Europe in the Middle Ages*, Vol.3, London: Oxford University Press, 1936.
· Rashīd al-Dīn Ṭabīb, *The Successors of Genghis Khan*, trans. by Boyle, J., New York and London: Columbia University Press, 1971.
· Rautman, M., *Daily Life in the Byzantine Empire*, Westport, Conn., and London: Greenwood, 2006.
· Ravel-Neher, E., *The Image of the Jew in Byzantine Art*, Oxford: Pergamon Press, 1992.
· Reater, T., ed., *The New Cambridge Medieval History*, Cambridge: Cambridge University Press, 1999.
· Rebillard, É., *The Care of the Dead in Late Antiquity*, translated by Rawlings E. T. and Routier-Pucii J., Ithaca and London: Cornell University Press, 2003.
· Redgate, A. Ł., *The Armenians*, Oxford: Blackwell Publishers, 2000.
· Reinhold, M., *The History of Purple as a Status Symbol in Antiquity*, Brussels: Latomus, 1970.
· Reinink, G. J. and Stolte, B. H. eds., *The Reign of Heraclius (610–641): Crisis and Confrontation*, Paris: Peeters, 2002.
· Rekavandi, H. O., Wilkinson T. J., Nokandeh J., Sauer E., *Persia's Imperial Power in Late Antiquity : The Great Wall of Gorgan and the Frontier Landscapes of Sasanian Iran*, Oxford: Oxbow Books, 2013.
· Reiske, J. J. ed., *Cletorologion*, sub auctore Philotheo, vol.1, TLG, No.3023X06.
· Remijsen, S., *The End of Greek Athletics in Late Antiquity*, Cambridge: Cambridge University Press, 2015.
· Reuter, T. ed., *The New Cambridge Medieval History, Vol. III c. 900 – c. 1024*, Cambridge: Cambridge University Press, 2006.
· *Rewriting Caucasian History : The Medieval Armenian Adaptation of the Georgian Chronicles : The Original Georgian Texts and the Armenian Adaptation*, Translated with Introduction and Commentary by Thomson, R. W., Oxford: Clarendon Press; New York: Oxford University Press, 1996.
· Reynolds, L. D. and Wilson, N. G., *Scribes and Scholars : A Guide to the Transmission of Greek and Latin Literature*, third edition, Oxford: Clarendon Press, 1991.
· Rhetorius the Egyptian, *Astrological Compendium*, trans. Holden, J. H., Tempe: Amer. Federation of Astrology, 2009.
· Ribak, E., *Religious Communities in Byzantine Palestina : the Relationship Between Judaism, Christianity and Islam, AD 400 – 700*, Oxford: British Archaeological Reports, 2007.
· Rice, T. T., *Everyday Life in Byzantium*, New York: Dorset Press, 1967.
· Rich, J. ed., *The City in Late Antiquity*, London and New York: Routledge, 1992.
· Richards, J., *Consul of God : The Life and Times of Gregory the Great*, London: Routledge & Kegan Paul, 1980.
· Richards, J., *The Popes and the Papacy in the Early Middle Ages*, New York: Routledge, 1979.
· Riess, F., *Narbonne and its Territory in Late Antiquity : From the Visigoths to the Arabs*, Farnham, Burlington: Ashgate, 2013.
· Riley-Smith, J. ed., *The Oxford illustrated history of the crusades*, Oxford; New York: Oxford University Press, 1995.
· Riley-Smith, J., *What were the Crusades?* Houndmills, Basingstoke, Hampshire; New York: Palgrave Macmillan, 2009 (fourth edition).
· Ringrose, K. M., *The Perfect Servant : Eunuchs and the Social Construction of Gender in Byzantium*, Chicago: University of Chicago Press, 2003.
· Robert of Clari, *The Conquest of Constantinople*, New York and London: Columbia University Press, 2005.
· Robinson, J. H. ed., *Readings in European History*, Boston: Ginn & Company, 1904.
· Rodd, R., *The Princes of Achaia and the Chronicles of Morea : A Study of Greece in the Middle Ages*, vol.1, BiblioBazaar, 2009.
· Rodley, L., *Byzantine Art and Architecture : An Introduction*, Cambridge: Cambridge University Press, 1994.
· Rohde, E., *Der griechische Roman und seine Vorläufer*, New York: Nabu Press, 2010.
· Rohrbacher, D., *The Historians of Late Antiquity*, London and New York: Routledge, 2002.
· Rosen, W., *Justinian's Flea : Plague, Empire, and the Birth of Europe*, New York: Viking Penguin, 2007.
· Rosenqvist, J. O. ed., *The Hagiographic Dossier of St. Eugenios of Trebizond in Codex Athous Dionysiou 154*, Uppsala: Almqvist & Wiksell International, 1996.
· Rosenqvist, J. O., *Η Βυζαντινή Λογοτεχνία από τον 6ο Αιώνα ως την Άλωση της Κωνσταντινουπόλης*, μετάφραση: Ι. Βάσσης, Αθήνα, 2008.
· Ross, W. D. ed., *Aristotle's metaphysics*, 2 vols., Oxford: Clarendon Press, 1924, TLG, No. 0086025.
· Rosser, J. H., *Historical Dictionary of Byzantium*, Lanham, Maryland & Plymouth: The Scarecrow Press, Inc., 2001.
· Roth, C. ed., *Encyclopaedia Judaica*, Jerusalem: Keter Publishing House, 2007.
· Rousseau, P., *Pachomius : the Making of a Community in Fourth-Century Egypt*, Berkeley: University of California Press, 1985.
· Runciman, S., *The Byzantine Theocracy*, Cambridge: Cambridge University Press, 1977.
· Runciman, S., *The Eastern Schism : A Study of the Papacy and the Eastern Churches During the XI th and XII th Centuries*, Oxford: Clarendon Press, 1955.
· Runciman, S., *The Emperor Romanus Lecapenus and His Reign. A Study of Tenth-Century Byzantium*, Cambridge: Cambridge University Press, 1988.
· Runciman, S., *A History of the Crusades*, Cambridge: Cambridge University Press, 1951, 1987.
· Runciman, S., *Lost Capital of Byzantium: The History of Mistra and the Peloponnese*, New York: Tauris Parke Paperbacks, 2009.
· Runciman, S., *Byzantine Civilization*, London: Edward Arnold & Co, 1933.

· Runciman, S., *The Fall of Constantinople, 1453*, Cambridge: Cambridge University Press, 1965.
· Runciman, S., *The Last Byzantine Renaissance*, London: Cambridge University Press, 1970.
· Runciman, S., *The Sicilian Vespers*, Cambridge: Cambridge University Press, 1958.
· Russell, J. C., *The Control of Late Ancient and Medieval Population*, Philadelphia: The American Philosophical Society Independence Square, 1985.
· Russell, N., *Cyril of Alexandria*, London and New York: Routledge, 2000.
· Russell, N., *Theophilus of Alexandria*, London and New York: Routledge, 2007.
· Rutkow, I. M., *Surgery : An Illustrated History*, St. Louis: Mosby, 1993.
· Rydén, L. ed., *The Life of St Philaretos the Merciful*, written by his Grandson Niketas, A Critical Edition with Introduction, Translation, Notes and Indices, Uppsala University: Uppsala University Library, 2002.
· Sabatier, J., *Description générale des monnaies byzantines frappées sous les empereurs d'Orient depuis Arcadius jusqu'à la prise de Constantinople par Mahomet II*, vols. 1 – 2, Paris: Rollin et Feuardent, 1862.
· Σαββίδης, Α. Γ. Κ., *Ο βυζαντινός ιστοριογράφος του 15ου αιώνα Γεώργιος Σφραντζής (Φραντζής)*, Αθήνα, 1983.
· Sahas, D. J., *Icons and Logos :* Sources in Eighth-Century Iconoclasm, Toronto, Buffalo and London: University of Toronto Press, 1986.
· Saint Basile, *Lettres*, 3 vols., ed. Courtonne, Y., Paris: Les Belles Lettres, 1957, 1961, 1966, TLG, No.2040004.
· Salzman, M. R., *The Making of a Christian Aristocracy*, Cambridge, Massachusetts and London: Harvard University Press, 2002.
· Sambursky, S., *The Physical World of Late Antiquity*, Princeton, New Jersey: Princeton University Press, 1962.
· Sandys, J. E., *A History of Classical Scholarship*, Bristol: Thoemmes Press, 1998.
· Sangiuliani, A. C., *Atti della Società ligure di storia patria*, Genoa: La Società di storia patria, 1947.
· Sandwell, I., *Religious Identity in Late Antiquity :* Greeks, Jews and Christians in Antioch, Cambridge: Cambridge University Press, 2007.
· Σανσαρ ίδου-Hendrickx, Θ., *Το Χρονικόν των Τόκκων:* Έλληνες, Ιταλο ί, Αλβανο ί και Το ύρκοι στο Δεσποτάτο της Ηπε ίρου (14ος – 15ος αι.) : η κοσμοθεωρ ία του αγνώστου συγγραφέα, Θεσσαλον ίκη, 2008.
· Sarantis, A. and Christie N. eds., *War and Warfare in Late Antiquity :* Current Perspectives, Leiden, Boston: Brill, 2013.
· Sarantis, A., *Justinian's Balkan Wars*, Liverpool: Francis Cairns, 2016.
· Sarris, P., *Economy and Society in the Age of Justinian*, Cambridge: Cambridge University Press, 2006.
· Sarton, G., *Introduction to the History of Science*, vol. 2, Baltimore: Williams & Wilkins, 1953.
· Sayles, W. G., *Ancient Coin Collecting V. The Romaion/Byzantine Culture*, Iola: Krause Publications, 1998.

· Scafuri, M. P., *Byzantine Naval Power and Trade :* The Collapse of the Western Frontier, Master dissertation, Texas A & M University, 2002.
· Scarborough, J., *Pharmacy and Drug Lore in Antiquity :* Greece, Rome, Byzantium, Farnham: Ashgate-Variorum, 2010.
· Scarre, Ch., *The Historical Atlas of Ancient Rome*, London: Penguin Books Ltd, 1995.
· Schaff, P. ed., ANF01. *The Apostolic Fathers with Justin Martyr and Irenaeus*, Grand Rapids, MI: Christian Classics Ethereal Library, 2002.
· Schaff, P. ed., ANF03. *Latin Christianity :* Its Founder, Tertullian, Grand Rapids, MI: Christian Classics Ethereal Library, 2006.
· Schaff, P. ed., *History of the Christian Church*, Vols. 3, MI: Christian Classics Ethereal Library, 1987.
· Schaff, P. ed., NPNF2-03. *Theodoret, Jerome, Gennadius, & Rufinus :* Historical Writings, New York: Christian Literature Publishing Co., 1892.
· Schaff, P. ed., NPNF2 – 14. *The Seven Ecumenical Councils*, Grand Rapids, MI: Christian Classics Ethereal Library, 2005.
· Schirò, G., *Το Χρονικόν των Τόκκων. Τα Ιωάννινα κατ ά τας αρχ άς του ΙΕ' αι ώνος*, Ιω άννινα, 1965.
· Schleicher, D. and Lackmann, M. eds., *An Invitation to Mathematics :* From Competitions to Research, Berlin: Springer, 2011.
· Schöll, R. and Kroll, W. ed., *Corpus Iuris Civilis*, vol. 3. Berlin: Weidmann, 1895 (repr. 1968), TLG, No.2734013.
· Schlumberger, G., *Un empereur byzantin au Xe siècle :* Nicéphore Phokas, Paris: Firmin-Didot, 1890.
· Schlumberger, G., *Epopee byzantine*, Paris: G. Cres, 1911.
· Schlumberger, G., *Sigillographie de l'Empire byzantin*, Paris: E. Leroux, 1884.
· Schmid, P., *Die diplomatischen Beziehungen zwischen Konstantinopel und Kairo zu Beginn des 14 Jahrhunderts im Rahmen der Auseinandersetzung Byzanz-Islam*, PhD. diss., Munchen University, 1956.
· Schmitt, J. ed., *Chronicle of the Morea*, London: Methuen, 1904, reprinted in Groningen: Bouma's Bockhuis, 1967.
· Schrijver, F. M., *The Early Palaiologan Court (1261 – 1354)*, PhD. dissertation, University of Birmingham, 2012.
· *Scriptor Incertus de Leone Armenio*, in Leonis Grammatici, *Chronographia*, ed. Bekker, I., Bonnae: Impensis Ed. Weberi, [Corpus Scriptorium Historiae Byzantinae 31] 1842, TLG, No. 3177001.
· Sear, D. R., *Byzantine Coins and Their Values*, London: Seaby Audley House, 1974.
· Seaver, J. E., *Persecution of the Jews in the Roman Empire (300 –438)*, Lawrence: The University of Kansas Press, 1952.
· Sebeos, *History*, trans. by Bedrosian R., New York: Sources of the Armenian Tradition, 1985.
· Sebeos, *The Armenian History Attributed to Sebeos*, trans. Thomson R. W. and Howard-Johnston, J., Liverpool: Liverpool University Press, 2000.
· Selin, H. ed., *Encyclopaedia of the History of Sci-*

ence, Technology, and Medicine in Non-Western Cultures , Berlin and New York: Springer, 2008.
· Setton, K. M., Catalan Domination of Athens, 1311 -88 , London: Variorum, 1975.
· Setton, K. M., The Papacy and the Levant (1204 - 1571), The thirteenth and fourteenth centuries , Philadelphia: American Philosophical Society, 1976, 1978.
· Setton, K. M., Wolff, R. L., and Hazard, H. W. eds., A History of the Crusades, Volume II : The Later Crusades, 1189 - 1311, Wisconsin: The University of Wisconsin Press, 1969.
· Ševčenko, I. ed. and trans., Life of Basil, Chronographiae quae Theophanis Continuati nomine fertur liber, quo vita Basilii imperatoris amplectitur , [Corpus Fontium Historiae Byzantinae] Berlin: De Gruyter, 2011.
· Ševčenko, I., Mango, C., Wilson, N. G. et al. eds, Byzantine Books and Bookmen , Washington, D.C.: Dumbarton Oaks Research Library and Collection, 1975.
· Ševčenko, I., Ideology, Letters and Culture in the Byzantine World , London: Variorum Reprints, 1982.
· Sezgin, F., History of the Arabic literature Vol.Ⅲ: Medicine-Pharmacology-Veterinary Medicine , Leiden: Brill, 1970.
· Sharf, A., Byzantine Jewry : From Justinian to the Fourth Crusade , London: Routledge & Kegan Paul, 1971.
· Shawcross, T., The Chronicle of Morea : Historiography in Crusader Greece , Oxford & New York: Oxford University Press, 2009.
· Shea, G. W., The Iohannis or de Bellis Libycis of Flavius Cresconius Corippus , Lewiston/New York: E. Mellen Press, 1998.
· Shepard, J. and Franklin, S., Byzantine Diplomacy , Aldershot, Hampshire: Variorum, 1992.
· Shepard, J. ed., The Cambridge History of the Byzantine Empire c. 500 - 1492 , Cambridge, UK; New York: Cambridge University Press, 2008.
· Sherrard, P., The Greek East and the Latin West : A Study in the Christian Tradition , London: Oxford University Press, 1959.
· Sherrard, Ph., Byzantium (Great Ages of Man) , New York: Time, Inc, 1966.
· Siecienski, A. E., The Filioque : History of a Doctrinal Controversy , New York: Oxford University Press, 2010.
· Silberschmidt, M., Das orientalische Problem zur Zeit der Entstehung des Türkischen Reiches , Leipzig and Berlin: Teubner, 1923.
· Simplicius, in Aristotelis physicorum libros octo commentaria , 2 vols., ed. Diels, H., Berlin: Reimer, 1882, 1895, TLG, No.4013004.
· Simplicius, Simplicius : On Aristotle, Physics 1.3 - 4 , trans. Huby, P. M. and Taylor, C. C. W., London, 2011.
· Simplicius, Simplicius : On Aristotle, Physics 1.5 - 9 , trans. Baltussen, H., London, 2011.
· Simplicius, Simplicius : On Aristotle, Physics 2 , trans. Fleet, B., London, 1997.
· Simpson, A., Niketas Choniates : A Historiographical Study , Oxford: Oxford University Press, 2013.
· Singer, C., A History of Technology : From Early Times to Fall of Ancient Empires , Oxford & Toronto: Clarendon Press, 1972.
· Singerman, R., Jewish Translation History : A Bibliography of Bibliographies and Studies , Amsterdam: John Benjamins Pub., 2002.
· Sinnigen, W. G. and Boak A. E. R., A History of Rome : To A.D.565, (six edition), New York: Macmillan Publishing Co., Inc., 1977.
· Sinor, D., Inner Asia and its Contacts with Medieval Europe , London: Variorum, 1977.
· Sinor, D., The Cambridge History of Early Inner Asia , Cambridge: Cambridge University Press, 1994.
· Sivan, H., Galla Placidia : The Last Roman Empress , Oxford: Oxford University Press, 2011.
· Sivan, H., Palestine in Late Antiquity , Oxford: Oxford University Press, 2008.
· Smith, A. ed., The Philosopher and Society in Late Antiquity : Essays in Honour of Peter Brown , Swansea: Classical Press of Wales, 2005.
· Smith, A., Philosophy in Late Antiquity , London and New York: Routledge, 2004.
· Socrates, Ecclesiastical History , ed. Bright W., 2nd edn., Oxford: Clarendon Press, 1893, TLG, No.2057001.
· Smith, W. ed., Dictionary of Greek and Roman Biography and Mythology , vol.3, Cambridge University Press, 2015.
· Smith, W., A Dictionary of Greek and Roman Antiquities , vol.1, Boston: Little, Brown, 1870.
· Smyrlis, K., La fortune des grands monastères byzantins: fin du Xe-milieu du XIVe siècle , Paris: Association des amis du Centre d'histoire et civilisation de Byzance, 2006.
· Social and Political Thought in Byzantium, From Justinian to the Last Palaeologus, Passages from Byzantine Writers and Documents , translated with an introduction and notes by Barker, E., Oxford: The Clarendon Press, 1957.
· Socrates, M. ed., The Ecclesiastical History of Socrates, London, 1853. Socrates, Ecclesiastical History , ed. W. Bright, 2nd edn., Oxford: Clarendon Press, 1893, TLG, No.2057001; trans. by Zenos A. C., Grand Rapids, Michigan: WM. B. Eerdmans Publishing Company, 1957.
· Sorabji, R. ed., Aristotle Transformed : The Ancient Commentators and Their Influence , New York: Cornell University Press, 1990.
· Sordi, M., The Christians and the Roman Empire , London & Sydney: Croom Helm Ltd., 1983.
· Southern, P. and Dixon, K. R., The Late Roman Army , New Haven and London: Yale University Press, 1996.
· Sozomen, Ecclesiastical History of Sozomen , ed. Schaff Ph., New York: Grand Rapids 1886.
· Sozomen, The Ecclesiastical History of Sozomen , trans. by Hartranft C. D., Grand Rapids, Michigan: WM. B. Eerdmans Publishing Company, 1957.
· Sozomenos, A History of the Church in Nine Books : from A.D. 324 to A.D. 440, trans. by Walford, London: S. Bagster, 1846.
· Sozomenus, Kirchengeschichte , ed. Bidez, J. and Hansen, G. C., Berlin: Akademie-Verlag, 1960, TLG, No.2048001.
· Spatharaki,s I., The Portrait in Byzantine Illuminated Manuscript , Leiden: E. J. Brill, 1976.

· Sphrantzes, G., *The Fall of Byzantine Empire*, *A Chronicle by George Sphrantzes, 1401 - 1477*, Amherst: The University of Massachusetts Press, 1980.
· Spieser, J.-M., *Urban and Religious Space in Late Antiquity and Early Byzantium*, Aldershot, Burlington, Singapore, Sydney: Ashgate, 2001.
· Spinka, M., *A History of Christianity in the Balkans : A Study in the Spread of Byzantine Culture among the Slavs*, Chicago: The American Society of Church History, 1933.
· St. Basil, *The Letters I*, translated by Deferrari R. J., Cambridge, Massachusetts: Harvard University Press, 1926, reprinted 1950, 1961, 1972.
· St. Jerome, *The Principal Works of St. Jerome*, translated by the Fremantle Hon. W. H., Grand Rapids, Michigan: WM. B. Eerdmans Publishing Company, 1957.
· St John of Damascus, *Three Treatises on the Divine Images*, trans. by Louth, A., New York: St Vladimir's Seminary Press, 2003.
· Starr, J., *The Jews in the Byzantine Empire (641 -1204)*, New York: Burt Franklin, 1970.
· Stathakopoulos, D. Ch., *Famine and Pestilence in the Late Roman and Early Byzantine Empire : A Systematic Survey of Subsistence Crises and Epidemics*, Aldershot: Ashgate, 2004; London and New York: Routledge, 2016
· Stephenson, P., *Byzantium's Balkan Frontier : A Political Study of the Northern Balkans, 900 - 1204*, Cambridge: Cambridge University Press, 2000.
· Stein, A., *On Ancient Central-Asian Tracks*, London: Macmillan and Co., Ltd., 1933.
· Stein, A., Serindia. *Detailed Reported of Explorations in Central Asia and Westernmost China, vol. I - III*, Oxford: The Cambridge Press, 1921.
· Stein, M. A., *Innermost Asia : detailed report of exploration in Central Asia, Kansu and Eastern Iran*, 4 vols. Oxford: Clarendon Press, 1928.
· Stephenson, P., *Byzantium's Balkan Frontier : A Political Study of the Northern Balkans, 900 - 1204*, Cambridge; New York: Cambridge University Press, 2000.
· Stern, E. M., *Roman Byzantine, and Early Medieval Glass 10 BCE - 700 CE : Ernesto Wolf Collection*, Ostfildern-Ruit: H. Cantz, 2001.
· Stevenson, W. B., Tanner, J. R., Previte-Orton, C. W., Brooke, Z. N. eds., *The Cambridge Medieval History : The Contest of Empire and Papacy, Vol. V*, Cambridge: Cambridge University Press, 1968.
· Strabo, *The Geography of Strabo*, with an English translation by Jones H. L., London: William Heinemann LTD., Cambridge: Harvard University Press, 1961, TLG, No.0099001.
· *Studies in Medieval Georgian Historiography : Early Texts and Eurasian Contexts*, by Rapp, S. H., Lovanii: Peeters, 2003.
· Suetonius, *Lives of the Caesars*, trans. by Edwards C., New York: Oxford University Press, 2008.
· Sullivan, D., Fisher E. A., Papaioannou S. eds., *Byzantine Religious Culture : Studies in Honor of Alice-Mary Talbot*, Leiden; Boston: Brill, 2012.
· Sundkler, B. and Steed C., *A History of the Church in Africa*, Cambridge: Cambridge University Press, 2000.

· Svoronos, N., *Les novelles des empereurs macédoniens concernant la terre et les stratiotes: introduction, édition, commentaires*, Athènes: Centre de recherches byzantines, F.N.R.S., 1994.
· Swain, S. and Edwards, M. eds., *Approaching Late Antiquity : The Transformation from Early to Late Empire*, Oxford: Oxford University Press, 2004.
· Swetz, F. J., *Learning Activities from the History of Mathematics*, Portland, Maine: Walch Publishing, 1993.
· Synesii Cyrenensis, *Opuscula*, ed. Terzaghi N., Rome: Polygraphica, 1944 (TLG, No.2006002).
· Syvanne I., *Military History of Late Rome, 284 - 361*, Pen & Sword, 2015.
· *The Acts of the Second Council of Nicaea (787)*, translated with an introduction and notes by Price, R., Liverpool: Liverpool University Press, 2018.
· *The Armenian History attributed to Sebeos*, translation and notes by Thomson, R. W., historical commentary by Howard-Johnston, J., Liverpool: Liverpool University Press, 1999.
· *The Book of the Pontiffs (Liber Pontificalis) : The Ancient Biographies of the First Ninety Roman Bishops to A.D. 715*, with an English translation by Davis R., Liverpool: Liverpool University Press, 2000.
· *The Book of the Popes (Liber Pontificalis), vol.I, To the Pontificate of Gregory I*, trans. with an introduction by Loomis L. R., New York: Columbia University Press, 1916.
· *The Chronicle of Zuqnīn, Parts III and IV A.D. 488 -775*, trans. by Harrack, A., Toronto: Pontifical Institute of Mediaeval Studies, 1999.
· *The Chronicle of Pseudo-Joshua the Stylite*, trans. Trombley F. R. and Watt J. W., Liverpool: Liverpool University Press, 2000.
· *The Civil Law*, trans. by Scott, S. P., New Jersey: The Lawbook Exchange, Ltd., 2001; Cincinnati: The Central Trust Company, 1932
· *The Codex of Justinian. A New Annotated Translation, with Parallel Latin and Greek Text*, ed. by Frier B. W., Cambridge: Cambridge University Press, 2016.
· *The Digest of Justinian*, trans. by latin text edited by Mommsen, Th. with the aid of Krueger, P., English translation edited by Watson, A., Philadelphia: University of Pennsylvania Press, 1985.
· *The Deeds of Pope Innocent III*, by an Anonymous Author, translated with an introduction and notes by Powell, J. M., Washington, D.C.: The Catholic University of America Press, 2004.
· *The Ecclesiastical History of Evagrius with the Scholia*, ed. Bidez, J. and Parmentier, L., London: Methuen, 1898, repr. New York: AMS Press, 1979, TLG, No.2733001.
· *The History of al-Tabari*, translated and annotated by Rosenthal, F., Albany: State University of New York Press, 1985 - 1998.
· *The History of Leo the Deacon: Byzantine Military Expansion in the Tenth Century*, trans by Talbot, A. M. and Sullivan, D. F., Washington, D.C.: Dumbarton Oaks Research Library and Collection, 2005.
· *The History of Theophylact Simocatta*, an English Translation with Introduction and Notes by Whitby, M. and Whitby, M., Oxford: Clarendon Press, 1986.

- *The Imperial Administrative System in the Ninth Century* , with a Revised Text of the Kletorologion of Philotheos, by Bury, J. B., Burt Franklin, London: Oxford University Press, 1911. Cletorologion, sub auctore Philotheo, in Constantini Porphyrogeniti, *Imperatoris de Cerimoniis aulae Byzantinae libri duo* , ed. Reiske, J. J., vol.1, Bonn: Weber, 1829, TLG, No.3023X06.
- *The Land Legislation of the Macedonian Emperors* , Translation and commentary by McGeer, E., Toronto, Ont., Canada: Pontifical Institute of Mediaeval Studies, 2000.
- *The Life of Michael the Synkellos* , Text, Translation and Commentary by Cunningham, M. B., Belfast: The Queen's University of Belfast, 1991.
- *The Lives of the Eighth-Century Popes, the Ancient Biographies of Nine Popes from AD 715 to AD 817*, translated with an introduction and commentary by Davis, R., Liverpool: Liverpool University Press, 1992.
- *The Miracles of St. Artemios, A Collection of Miracle Stories by an Anonymous Author of Seventh-Century Byzantium* , translation and notes by Crisafulli, V. S. and Nesbitt, J. W., Leiden, New York and Köln: E.J. Brill, 1997.
- *The Novels of Justinian :* A Complete Annotated English Translation , trans. Miller D. J. D. and Sarris P., Cambridge: Cambridge University Press, 2018.
- *The Russian Primary Chronicle :* Laurentian Text , translated and edited by Cross, S. H. & Sherbowitz-Wetzor, O. P., Cambridge; Massachusetts: The Mediaeval Academy of America, 1953.
- *The Siege of Constantinople 1453:* Seven Contemporary Accounts , trans. by Jones, J. R. M., Amsterdam: Adolf M. Hakkert-Publisher, 1972.
- *The Scriptores Historiae Augustae* , vol.II, with an English translation by Magie D., Cambridge, Massachusetts and London, England: Harvard University Press, 1993.
- *The Seven Ecumenical Councils* , trans. Schaff Ph., Grand Rapids, MI: Christian Classics Ethereal Library, 2005.
- *The Theodosian Code and Novels and the Sirmondian Constitutions* , trans. Pharr C., Princeton: Princeton University Press, 1952.
- Al-Tabarī, *The History of al-Tabarī, Vol.V :* The Sāsānids, the Byzantines, the Lakhmids, and Yemen , translated and annotated by Bosworth C. E., New York: State University of New York Press, 1999.
- Tafel, G. L. F., Thomas, G. M., *Urkunden zur älteren Handels-und Staatsgeschichte der Republik Venedig, mit besonderer Beziehung auf Byzanz und die Levante :* Vom neunten bis zum Ausgang des fünfzehnten Jahrhunderts. 1. Theil (814–1205) , Vienna: Kaiserlich-Königliche Hofund Staatsdruckerei, 1856.)
- Tafel, Th. L. Fr. ed., *OPOSCULA Accedunt Trapezuntinae Historiae Scriptores Panaretus et Eugenicus* , Francofurti: Schmerber, 1832.
- Tafur, P., *Travels and Adventures, 1435–1438*, trans., ed. and intro. by Letts, M., London: George Routledge & Sons, LTD., 1926.
- Talbot, A. M. ed., *Holy Women of Byzantium :* Ten Saints' Lives in English Translation , Washington, D.C.: Dumbarton Oaks Research Library and Collection, 1996, 1998.
- Talbot, A. M., *The Correspondence of Athanasius I Patriarch of Constantinople* , Washington: Dumbarton Oaks Center for Byzantine Studies, 1975.
- Tarán, L. ed., *Asclepius of Tralles, Commentary to Nicomachus' Introduction to Arithmetic* , Transactions of the American Philosophical Society (n.s.), 59: 4, TLG, No.4018002.
- Tartaglia, A., *Teodoro II Duca Lascari, Encomio dell'Imperatore Giovanni Duca* , Naples: M. D'Auria, 1990; Munich-Leipzig: K.G. Saur, 2000.
- Taton, R., *History of Science :* Ancient and Medieval Science , New York: Basic Books, 1966.
- Τελέλης, I. Γ., *Μετεωρολογικά φαινόμενα και κλίμα στο Βυζάντιο* , Αθήνα: Ακαδημία Αθηνών, 2004.
- Telfer, R. N. J. B. trans. and ed., *The Bondage and Travels of Johann Schiltberger, A Native of Bavaria, in Europe, Asia, and Africa, 1396–1427*, London: Printed for the Halkuyt Society, 1874.
- Theodore Palaiologos, *Les Enseignements de Theodore Paleologue* , ed. Knowles, C., London: The Modern Humanities Research Association, 1983.
- Theodoret, *Kirchengeschichte* , ed. Parmentier, L. and Scheidweiler, F., 2nd edn. Berlin: Akademie-Verlag, 1954, TLG, No.4089003.
- Theodoret, *The Ecclesiastical History of Theodoret* , trans. by Jackson, R. B., New York, 1893.
- Théon d' Alexandrie, *Commentaires de Pappus et de Théon d'Alexandrie sur l'Almageste* , ed. Rome, A., vols.2–3, Vatican City: Biblioteca Apostolica Vaticana, 1936, 1943, TLG, No. 2033001.
- Theophanes Confessor, *The Chronicle of Theophanes Confessor, Byzantine and Near Eastern History, AD 284–813*, trans. and commentary by Mango, C. and Scott, R., Oxford: Clarendon Press, 1997.
- *Theophanes Continuatus, Ioannes Cameniata, Symeon Magister, Georgius Monachus* , ed. Bekker, I., [Corpus Scriptorium Historiae Byzantinae]. Bonn: Weber, 1838, TLG, No.4153001.
- Theophanes, *The Chronicle of Theophanes, An English translation of anni mundi 6095–6305(A.D.602–813)*, with introduction and notes, by Turtledove, H., Philadelphia: University of Pennsylania Press, 1982.
- Theophanis, *Chronographia* , ed. Boor, C. de, Leipzig: Teubner, 1883 (repr. Hildesheim: Olms, 1963), TLG, No.4046001.
- Theophilus Protospatharius, *Philothei medici praestantissimi commentaria in aphorismos Hippocratis nunc primum e graeco in latinum sermonem conversa* , first Latin trans. by Coradus, L., Spirae: Apud Bernhardum Albinum, 1581.
- Theophilus, *De Corporis Humani Fabrica* , Oxonii: E Typographeo Academico, 1842.
- Theophylacti Simocattae, *Historiae* , ed. Boor, C. de, Leipzig: Teubner, 1887 (repr. Stuttgart, 1972), TLG, No.3130003.
- Théophylacte d'Achrida Discours, *Traités, Poésies, introduction, texte, traduction et notes par Gautier P.* , Thessalonique: Association de recherches byzantines, 1980.
- Theophylactus Simocatta, *The History of Theophylactus Simocatta :* An English Translation with

Introduction and Notes, by Whitby, M., Oxford: Oxford University Press, 1986.
· Thomas, J. and Constantinides, A. eds., *Byzantine Monastic Foundation Documents* : A Complete Translation of the Surviving Founders' Typika and Testaments , Washington, D. C.: Dumbarton Oaks Research Library and Collection, 2000.
· Thomas, J. P., *Private Religious Foundations in the Byzantine Empire* , Washington, D.C.: Dumbarton Oaks Library and Collection, 1987.
· Thomasson-Rosingh, A. C., *Searching for the Holy Spirit* : Feminist Theology and Traditional Doctrine , London and New York: Routledge, 2015.
· Thompson, E. A., *A History of Attila and the Huns* , Oxford: Clarendon Press, 1948.
· Thompson, C. ed., *Collected Works of Erasmus, Literary and Educational Writings* , vol.2, Toronto, 1978.
· Thompson, E. A., *Romans and Barbarians* : The Decline of the Western Empire , Wisconsin: The University of Wisconsin Press, 1982.
· Thompson, E. A., *The Goths in Spain* , Oxford: Clarendon Press, 1969.
· Thompson, E. A., *The Huns* , revised and with afterword by Heather P., Oxford: Blackwell Publishers, 1996.
· *Three Byzantine Military Treatises, Text* , translation and notes by Dennis, G. T., Washington D. C.: Dumbarton Oaks Research Library and Collection, 2008.
· *Three Byzantine Saints, Contemporary Biographies* , trans. by Dawes, E. and Baynes, N. H., New York: St Vladimir's Seminary Press, 1977, 1996.
· Thucydidis, *Historiae* , ed. Jones, H. S. and Powell, J. E., 2 vols., Oxford: Clarendon Press, 1942, TLG, No.0003001.
· Thümmel, H. G., *Die Konzilien zur Bilderfrage im 8. und 9. Jahrhundert* : das 7. ökumenische Konzil in Nikaia 787 , Paderborn, München, Wien, Zürich: Ferdinand Schöningh, 2005.
· Timothy, W., *The Orthodox Church* : An Introduction to Eastern Christianity , London: Penguin Books, 1993.
· Tolan, J., Lange, N. de eds., *Jews in Early Christian Law* : Byzantium and the Latin West, 6th – 11th Centuries , Belgium: Brepols Publishers, 2014.
· Tomlin, R., *The Emperor Valentinian I* , University of Oxford, Thesis (Ph.D.), 1973.
· Tougher, S., *The Eunuch in Byzantine History and Society* , London and New York: Routledge, 2008.
· Tougher, S., *The Eunuch in Byzantine History and Society* , London; New York: Routledge, 2008.
· Tougher, S., *The Reign of Leo VI* : (886 – 912). Politics and People , Leiden; New York; Koln: Brill, 1997.
· Toynbee, A., *Constantine Porphyrogenitus and His World* , London and New York: Oxford University Press, 1973.
· *Travels of an Alchemist: the Journey of the Taoist Ch'ang Ch'un from China to the Hindukush at the summon of Chingiz Khan*, recorded by his disciple Li Chih-Ch'ang, translated with an introduction by Waley, A., London, 1931 (= London, 1979).
· Treadgold, W., *The Byzantine Revival 780 – 842* , Stanford: Stanford University Press, 1988.
· Treadgold, W., *The Byzantine State Finances in the Eighth and Ninth Centuries* , New York: Columbia University Press, 1982.
· Treadgold, W. T., *A Concise History of Byzantium* , New York: Palgrave, 2001.
· Treadgold, W. T., *A History of the Byzantine State and Society* , California: Stanford University Press, 1997.
· Treadgold, W. T., *Byzantium and Its Army, 284 – 1081* , Stanford: Stanford University Press, 1995.
· Treadgold, W., *The Middle Byzantine Historians* , Basingstoke [England]; New York: Palgrave Macmillan, 2013.
· Treu, M. ed., *Manuelis Holoboli Orationes* , Potsdam: typis P. Brandt, 1906.
· Tricht, F. V., *The Latin Renovatio of Byzantium* : The Empire of Constantinople (1204 – 1228), trans. Peter Longbottom, Leiden: Brill, 2011.
· Τρωιάνος, Σπ., Οι Πηγές του Βυζαντινού Δικαίου , Αθήνα: Εκδόσεις Αντ. Ν. Σάκκουλα, 1999.
· Tsangadas, B. C. P., *The Fortifications and Defense of Constantinople* , New York: Columbia University Press, 1980.
· Tsaras, G. ed., Ιωάννου Αναγνώστου, Διήγησις περί της τελευταίας αλώσεως της Θεσσαλονίκης, Μοναδία επι τη αλώσει της Θεσσαλονίκης , Thessalonica: Tsaras, 1958 (TLG, No. 3145001).
· Tsougarakis, D., *Byzantine Crete from the Fifth Century to the Venetian Conquest* , Athens: Historical Publications St. D. Basilopoulos, 1988.
· Turdeanu, E., *Le dit de l'empereur Nicéphore II Phocas et de son épouse Théophano* , Thessalonike, 1976.
· Turnbull, S., *The Walls of Constantinople AD 324 – 1453* , Oxford: Osprey Publishing, 2004.
· Τζίφα, Ι., Ηγεμονικό πρότυπο και αντιπρότυπο στο έργο Εξήγησις της γλυκείας Χώρας Κύπρου, η
· Underwood, P., *The Kariye Djami* , New York: Pantheon Books, 1966.
· Unsöld, A. and Baschek, B., *The New Cosmos* : An Introduction to Astronomy and Astrophysics , Berlin and New York: Springer, 2001.
· Urbainczyk, T., *Writing About Byzantium* : The History of Niketas Choniates , London and New York: Routledge, 2018.
· Uspensky, Th., *A History of the Byzantine Empire* , St. Petersburg, 1914.
· Uyar, M. and Erickson, E. J., *A Military History of the Ottomans* : from Osman to Atatürk , Santa Barbara: Praeger, 2009.
· Vagi, D. L., *Coinage and History of the Roman Empire, c. 82 B.C. – A.D. 480* , Chicago: Fitzroy Dearborn Publishers, 1999.
· Vakalopoulos, A. E., *Origins of the Greek Nation* : the Byzantine Period, 1204 – 1461, trans. by Moles, I., New Brunswick, N. J: Rutgers University Press, 1970.
· Vanderspoel, J., *Themistius and the Imperial Court* : Oratory, Civic Duty, and Paideia from Constantius to Theodosius , Ann Arbor: The University of Michigan Press, 1995.
· Vandiver, P. et al. eds., *Materials Issues in Art and Archaeology III* , Pittsburgh: Materials Re-

search Society, 1992.
· Varzos, K., *Η Γενεαλογία των Κομνηνών* , vol. 2, Thessaloniki: Centre for Byzantine Studies, University of Thessaloniki, 1984.
· Vasiliev, A. A., *History of the Byzantine Empire, 324 – 1453* , Madison: The University of Wisconsin Press, 1952; 2 vols, Wisconsin: The University of Wisconsin Press, 1958.
· Vasiliev, A. A., *Justin the First :* An Introduction to the Epoch of Justinian the Great , Cambridge: Harvard University Press, 1950.
· Vasiliev, A. A., *The Goths in the Crimea* , Cambridge: The Mediaeval Academy of America, 1936.
· Vaughan, R., *Philip the Good :* The Apogee of Burgundy , Woodbridge: Boydell Press, 2002.
· Venning, T. and Harris J., *A Chronology of the Byzantine Empire* , New York: Palgrave Macmillan, 2006.
· Vespignani, G., *Polidoro :* Studi Offerti Ad Antonio Carile , Spoleto: Centro Italiano Di Studi Sull'alto Medioevo, 2013.
· Veyne, P., *A History of Private Life* , Cambridge: The Belknap Press of Harvard University Press, 1987.
· Visser, A. J., *Nikephoros und der Bilderstreit :* eine Untersuchung über die Stellung des Konstantinopeler Patriarchen Nikephoros innerhalb der ikonoklastischen Wirren , Haag: Martinus Nijhoff, 1952.
· Vondrovec, K., *Coinage of the Iranian Huns and Their Successors from Bactria to Gandhara (4th to 8th century CE)* , eds. Alram, M. and Lerner, J. A., Wien: Verlag der Österreichischen Akademie der Wissenschaften, 2014.
· Vryonis, S. ed., *Byzantine Studies in Honor of Milton V. Anastos* , Malibu, CA: Undena Publications, 1985.
· Vryonis, S., *The Decline of Medieval Hellenism in Asia Minor and the Process of Islamization from the Eleventh through the Fifteenth Century* , Berkeley and Los Angeles: University of California Press, 1971.
· Vuolanto, V., *Children and Asceticism in Late Antiquity :* Continuity, Family Dynamics and the Rise of Christianity , London and New York: Routledge, 2015.
· Waddams, H., *Meeting the Orthodox Churches* , London: SCM Press LTD, 1964.
· Waithe, M. E., *Ancient Women Philosophers :* 600 B.C.– 500 A. D., vol.1, Dordrecht, 1987.
· Wang, H., *Money on Silk Road* , London: British Museum Press, 2004.
· Ward-Perkins, B., *The Fall of Rome and the End of Civilization* , Oxford: Oxford University Press, 2006.
· Ware, T., *The Orthodox Church* , Baltimore, Maryland, U.S.A.: Penguin, 1963.
· Warmington, E. H., *The Commerce between the Roman Empire and India* , London: Cambridge University Press, 1974.
· Weiss, G., *Joannes Kantakouzenos-Aristokrat, Staatsmann, Kaiser, und Mönch-in der Gesellschaftsentwicklung von Byzanz im 14. Jahrhundert* , Wiesbaden, O. Harrassowitz, 1969.
· Weitzmann, K., *The Icon :* Images-Sixth to Fourteenth Century , Rev. Edition, New York: Alfred A. Knopf, 1982.
· Wells, P. S., Celts B., *Germans and Scythians :* Archaeology and Identity in Iron Age Europe , London: Duckworth, 2001.
· Werke, E., *Über das Leben Constantins, Constantins Rede an die heilige Versammlung, Tricennatsrede an Constantin* , Leipzig: Hinrichs, 1902, TLG, No.2018021.
· Werke, E., *Über das Leben des Kaisers Konstantin* , ed. by F. Winkelmann, Berlin: Akademie-Verlag, 1975, TLG, No.2018020.
· Westbury-Jones, J., *Roman and Christian Imperialism* , London: Macmillan and Co., limited, 1939.
· Westerink, L. G., *Michaelis Pselli Poemata* , Leipzig: Teubner, 1992.
· Whitby, M., *The Emperor Maurice and His Historian :* Theophylactus Simocatta on Persian and Balkan Warfare , Oxford: Clarendon Press, 1988.
· Whitby, M., *Rome at War AD 293 – 696* , Oxford: Osprey Publishing, 2002.
· Whitby, M. and Whitby, M. trans., *Chronicon Paschale 284 – 628 AD* , Liverpool: Liverpool University Press, 1989.
· Whitby, M. and Whitby, M. trans., *The History of Theophylact Simocatta :* An English Translation with Introduction , Oxford: Oxford University Press, 1986.
· Whitting, P. D., *Byzantine Coins* , London: Barrie & Jenkins, 1973.
· Whittow, M., *The Making of Orthodox Byzantium, 600 – 1025* , London: Macmillan, 1996.
· Whittaker, C. R., *Frontiers of the Roman Empire :* A Social and Economic History , Baltimore and London: The Johns Hopkins University Press, 1994.
· Whittow, M., *The Making of Byzantium, 600 – 1025* , Berkeley and Los Angeles: University of California Press, 1996.
· Wilkinson, K., *Women and Modesty in Late Antiquity* , Cambridge: Cambridge University Press, 2015.
· Williams, M., *The Making of Christian Communities in Late Antiquity and the Middle Ages* , London: Anthem Press, 2005.
· Williams, S. and Friell, G., *The Rome that did not Fall :* The Survival of the East in the Fifth Century , London and New York: Routledge, 1999.
· Williams, S. and Friell, G., *Theodosius :* The Empire at Bay , New Haven and London: Yale University Press, 1994.
· Wilson, N. G., *Scholars of Byzantium* , London: Duckworth, 1983.
· Wilson, N. G., *From Byzantium to Italy :* Greek Studies in the Italian Renaissance , Baltimore: Johns Hopkins University Press, 1992.
· Wilson, N. G., *Scholars of Byzantium* , revised edition, London: Duckworth, 1996.
· With German translation in Gregoras Nikephoros, *Rhomäische Geschichte, Historia Rhomaike* , 5 vols, trans. by Dieten, J. van, Stuttgart: Anton Hiersemann, 1973.
· With partial translation in Geschichte, *Johannes Kantakuzenos Ubersetzt und Erlautert* , 2 vols, trans. by Fatouros, G. and Krischer, T., Stutgart: Hiersemann, 1982, 1986.
· Wirth, P. ed., *Historiae :* Theophylactus Simocatta , Bibliotheca Scriptorum Graecorum et Ro-

manorum Teubneriana, Stuttgart: Teubner, 1972.

· Withington, E. Th., *Medical History from the Earliest Times : A Popular History of the Healing Art* , London: The Scientific Press, 1894.

· Wolf, G. ed., *Kaiserin Theophanu, Prinzessin aus der Fremde : des Westreichs grosse Kaiserin* , Cologne: Böhlau, 1991.

· Wolff, P., *The Awakening of Europe* , Harmondsworth: Penguin Books, 1985.

· Wolfram, H., *History of the Goths* , translated by Dunlap Th. J., Berkeley and Los Angeles, London: University of California Press, 1990.

· Wood, D. ed., *Christianity and Judaism* , Oxford: Blackwell Publishers, 1992.

· Wroth, W., *Catalogue of the Coins of the Vandals, Ostrogoths and Lombards and of the Empires of Thessalonica, Nicaea and Trebizond in the British Museum* , London: Oxford University Press, 1911.

· Wroth, W., *Catalogue of the Imperial Byzantine Coins in the British Museum* , vols.1－2, London: Longmans & CO., 1908.

· Χριστοφιλοποúλου, Αι., *Βυζαντινή Ιστορíα, τ. Β'1, 610－867*, Θεσσαλονíκη: Βáνιας, 1998.

· Yahya ibn Said al-Antaki, *Cronache dell'Egitto fatimide e dell' impero bizantino (937－1033)*, traduzione di Pirone, B., Milan: Jaca Book, 1998.

· Yarshater, E., *the Cambridge History of Iran, Vol.3, The Seleucid, Parthian and Sasanian Periods* , Cambridge: Cambridge University Press, 1983.

· Yiannias, J. J. ed., *The Byzantine Tradition after the Fall of Constantinople* , Charlottesville and London: University Press of Virginia, 1991.

· Yule, H., *Cathay and the Way Thither : being a Collection of Medieval Notices of China*, I , London: Hakluyt society, 1915.

· Zacharia von Lingenthal, K. E., *Geschichte des griechisch-römischen Rechts* , Berlin: Weidmannsche Buchhhandlung, 1892.

· Zacharia von Lingenthal K. E., *Jus graeco-romanum* , Leipizig: T.O. Weigel, 1856－1865.

· Zacharia, K. ed., *Hellenisms, Culture, Identity, and Ethnicity from Antiquity to Modernity* , London: Routledge, 2008.

· Zachariah, Rhetor, *The Syriac Chronicke Known as That of Zachariah of Mitylene* , trans. by Hamilton F. J. and Brooks E. W., London: METHUEN & CO., 1899.

· Zachariadou, E. A. ed., *The Ottoman Emirate (1300－1389)*, Rethymnon: Crete University Press, 1993.

· Zachariadou, E. A., *Romania and the Turks (c. 1300－c. 1500)*, London: Variorum Reprints, 1985.

· Zacharias of Mitylene, *The Syriac Chronicle (The Syriac Chronicle Known as that of Zachariah of Mitylene)*, trans. Hamilton, F. J. and Brooks, E. W., London: Methuen & CO., 1899.

· Zacos, G. and Veglery, A., *Byzantine Lead Seals* , Basel: J. J. Augustin, 1972.

· Zakythinos , D. A. , *Le Despotat grec de Morée* , Paris: Les Belles Lettres, 1932.

· Zepos, I., *Jus Graeco-Romanum* , Athenis: In aedibus Georgii Fexis, 1931.

· Zonaras, *The History of Zonaras : From Alexander Severus to the death of Theodosius the Great* , trans. by Banchich Th. M. and Lane E. N., introd. and commen. by Banchich Th. M., London and New York: Routledge, 2009. Ioannis Zonarae, *Epitome Historiarum* , ed. Dindorf L., 3 vols., Leipzig: Teubner, 1868, 1869, 1870, TLG, No. 3135001, No.3135003; Ioannis Zonarae, *Epitomae Historiarum* , libri xviii, ed. Büttner-Wobst T., vol.3, [Corpus scriptorum historiae Byzantinae] Bonn: Weber, 1897, TLG, No.3135002.

· Zoras, G. Th. ed., *Chronicle of the Turkish Sultans* , Athens, 1958.

· Zosimus, *Histoire Nouvelle* , ed. Paschoud, F., Paris: Les Belles Lettres, 1971, 1979, 1986, 1989, TLG, No.4084001.

· Zosimus, *New History* , trans. and commen. by Ridley R. T., Canberra: Australian Association for Byzantine Studies 1982.

· Zytka, M., *Baths and Bathing in Late Antiquity* , Ph.D. thesis, 2013.

中文书目

· 《柏朗嘉宾蒙古行纪　鲁布鲁克东行纪》，耿昇、何高济译，北京：中华书局 1985 年。

· 《汉书》卷九四《匈奴传》，北京：中华书局 1962 年。

· 《汉书》卷九六上《西域传上》，北京：中华书局 1962 年。

· 《后汉书》卷三六《郑众传》，北京：中华书局 1965 年。

· 《后汉书》卷四七《班超传》，北京：中华书局 1965 年。

· 《毛泽东选集》，北京：人民出版社 1968 年。

· 《史记》卷一二三《大宛列传》，北京：中华书局 1982 年。

· 《隋书》卷二四《食货志》，北京：中华书局 1973 年。

· 《魏书》卷九《肃宗孝明帝纪》，北京：中华书局 1974 年。

· 《魏书》卷三二《高湖传》，北京：中华书局 1973 年。

· 《魏书》卷一〇二《西域传》，北京：中华书局 1973 年。

· 《魏书》卷一一《前废帝纪》，北京：中华书局 1973 年。

· 《新唐书》卷二二一下《西域传》，北京：中华书局 1975 年。

· 莱斯利·阿德金斯、罗伊·阿德金斯著，张楠等译：《探寻古罗马文明》，张强校，北京：商务印书馆 2008 年。

· 阿巴·埃班著，阎瑞松译：《犹太史》，北京：中国社会科学出版社 1986 年。

· 艾儒略原，谢方校释：《职方外纪校释》，北京：中华书局 1996 年版。

· 艾森斯塔得著，阎步克译：《帝国的政治体系》，贵阳：贵州人民出版社 1992 年。

· 佩里·安德森著，郭方、刘健译：《从古代到封建主义的过渡》，上海：上海人民出版社 2000 年。

· 安田朴著，耿昇译：《中国文化西传欧洲史》，北京：商务印书馆 2000 年。

· 詹姆斯·奥斯奈著，夏洞奇、康凯、宋可即译：《新罗马帝国衰亡史》，北京：中信出版社 2013 年。

· 奥尔森著，吴瑞诚、徐成德译：《基督教神学思想史》，北京：北京大学出版社 2003 年。

· 乔治·奥斯特洛格尔斯基著，陈志强译：《拜占廷帝国》，西宁：青海人民出版社 2006 年。
· 奥古斯丁著，周士良译：《忏悔录》，北京：商务印书馆 1963 年。
· 鲁道夫·奥托著，成穷、周邦宪译：《论"神圣"》，成都：四川人民出版社 1995 年。
· 奥维德著，李永毅译：《哀歌集·黑海书简·伊比斯》，北京：中国青年出版社 2019 年。
· 约翰·巴克勒、贝内特·希尔、约翰·麦凯著，霍文利等译：《西方社会史》，第一卷，桂林：广西师范大学出版社 2005 年。
· 罗伯特·拜德勒克斯、伊恩·杰弗里斯著，韩炯等译，庞卓恒校：《东欧史》（上册），上海：东方出版中心 2013 年。
· N.H.拜尼斯主编，陈志强、郑玮、孙鹏译：《拜占庭：东罗马文明概论》，郑州：大象出版社，2012 年。
· 帕特里克·贝尔福著，栾力夫译：《奥斯曼帝国六百年：土耳其帝国的兴衰》，北京：中信出版社 2018 年。
· 北京大学哲学系外国哲学教研室编译：《西方哲学原著选读》，北京：商务印书馆 1981 年。
· 米夏埃尔·比尔冈著，郭子龙译：《古代罗马帝国》，北京：商务印书馆 2015 年。
· 毕尔麦尔等编著，雷立柏译：《古代教会史》，北京：宗教文化出版社 2009 年。
· 约瑟夫·P.伯恩著，王晨译：《黑死病》，上海：上海社会科学院出版社 2013 年。
· 爱德华·麦克诺尔·伯恩斯著，罗经国等译：《世界文明史》第 1 卷，北京：商务印书馆 1990 年。
· J.H.伯恩斯主编，程志敏等译：《剑桥中世纪政治思想史（350 年至 1450 年）》（上），北京：生活·读书·新知三联书店 2009 年。
· 爱德华·麦克诺尔·伯恩斯著，罗经国等译：《世界文明史》第 1 卷，北京：商务印书馆 1990 年。
· 罗伊·波特主编，张大庆主译：《剑桥插图医学史》，济南：山东画报出版社 2007 年。
· 博伊德、金著，任宝祥、吴元训译：《西方教育史》，北京：人民教育出版社 1985 年。
· 伯希和著，冯承钧译：《西域南海史地考证译丛》（第一卷第一编），北京：商务印书馆 1934 年。
· 波里比阿著，翁嘉声译：《罗马帝国的崛起》，北京：社会科学文献出版社 2013 年。
· M.M.波斯坦、爱德华·米勒主编，钟和译：《剑桥欧洲经济史》（第二卷），北京：经济科学出版社 2004 年。
· M.M.波斯坦、H.J.哈巴库克主编，王春法、张伟、赵海波译，《剑桥欧洲经济史》（第六卷），北京：经济科学出版社 2002 年。
· 布尔加柯夫：《东正教——教会学说概要》，北京：商务印书馆 2001 年。
· L.布尔诺娃著，耿昇译：《丝绸之路：神祇、军士与商贾》，昆明：云南人民出版社 2015 年。
· 雅各布·布克哈特著，何新译：《意大利文艺复兴时期的文化》，北京：商务印书馆 1979 年。
· 雅各布·布克哈特著，宋立宏等译：《君士坦丁大帝时代》，上海：上海三联书店 2017 年。
· 艾弗尔·卡梅伦·布莱恩·沃德-帕金斯、密西尔·怀特比编，祝宏俊、宋立宏等译：《剑桥古代史》，北京：中国社会科学出版社 2021 年，第 14 卷。
· 詹姆斯·布赖斯著，孙秉莹、谢德风、赵世瑜译：《神圣罗马帝国》，北京：商务印书馆 2016 年。
· 哈特温·布兰特著，周锐译：《古典时代的终结》，上海：上海三联书店 2018 年。
· 彼得·布朗著，钱金飞、沈小龙译：《希波的奥古斯丁》，北京：中国社会科学出版社 2013 年。
· 拉尔斯·布朗沃思著，吴斯雅译：《拜占庭帝国：拯救西方文明的东罗马千年史》，北京：中信出版集团股份有限公司，2016 年。
· 布林顿等著，刘景辉译：《西洋文化史》第二卷中古（上），台湾：学生书局 1971 年。
· 马克·布洛赫著，张绪山译：《国王神迹》，北京：商务印书馆 2018 年。
· 坚尼·布鲁克尔著，朱龙华译：《文艺复兴时期的佛罗伦萨》，上海：三联书店 1985 年。
· 布哇耶，冯承钧译：《帖木儿帝国》，上海：商务印书馆 1932 年。
· 布瓦松纳，潘源来译：《中世纪欧洲生活和劳动》，北京：商务印书馆 1985 年。
· 查士丁尼著，张企泰译：《法学总论——法学阶梯》，北京：商务印书馆 1989 年。
· 查士丁尼著，张企泰译：《法学总论——法学阶梯》，北京：商务印书馆 1989 年。
· 查尔斯·霍默·哈斯金斯著，夏继果译：《十二世纪文艺复兴》，上海：上海三联书店 2008 年。
· 曹孚、滕大春等编：《外国古代教育史》，北京：人民教育出版社 1981 年。
· 丛日云：《西方政治文化传统》，大连：大连出版社 1996 年。
· 陈垣著：《基督教入华史略》，《陈垣学术论文集》第一集，北京：中华书局 1980 年。
· 陈志强：《巴尔干古代史》，北京：中华书局 2007 年。
· 陈志强：《拜占廷帝国史》，北京：商务印书馆 2003 年。
· 陈志强：《拜占廷学研究》，北京：人民出版社 2001 年。
· 陈志强：《盛世余辉——拜占庭文明探秘》，昆明：云南人民出版社 2001 年。
· 陈志强：《拜占庭帝国通史》，上海：上海社会科学出版社 2013 年。
· 陈志强：《拜占庭史研究入门》，北京：北京大学出版社 2012 年。
· 陈志强：《拜占庭文明》，北京：北京师范大学出版社 2018 年。
· 陈志强：《独特的拜占庭文明》，北京：中国青年出版社 1999 年。
· 陈志强：《古史新话—拜占庭研究的亮点》，北京：人民出版社 2019 年。
· 岑仲勉著：《突厥集史》（下册），北京：中华书局 1958 年。
· 戴东雄：《中世纪意大利法学与德国的继受罗马法》，北京：中国政法大学出版社 2003 年。
· 诺曼·戴维斯著，郭方、刘北成等译：《欧洲史》，北京：世界知识出版社 2007 年。
· 耿昇译：《海市蜃楼中的帝国：丝绸之路上的人、神与神话》，北京：中国藏学出版社 2013 年。
· 慧超·杜环著，张毅、张一纯译：《往五天竺国传笺释经行记笺注》，北京：中华书局 2000 年。
· 威尔·杜兰著：《世界文明史》，台北：东方出版社 1998—1999 年。
· 威尔·杜兰，幼狮文化公司译：《信仰的时代》，《世界文明史》第四卷，北京：东方出版社 1998 年。
· 杜佑：《通典》，北京：中华书局 1988 年。
· 多桑著，冯承钧译：《多桑蒙古史》，上海：上海古籍出版社 2014 年。
· 方豪著：《中西交通史》（上册），长沙：岳麓书社 1987 年。
· 费尔巴哈著，荣振华译：《基督教的本质》，北京：商务印书馆 1995 年。
· 费多铎著，谢扶雅等译：《东方教父选集》，台北：基督教文艺出版社 1964 年。
· 芬利主编，张强、唐均等译：《希腊的遗产》，上海：上海人民出版社 2004 年。

· 冯承钧著：《西域地名》，北京：中华书局1980年。

· 伏尔泰著，王燕生译：《哲学辞典》（上册），北京：商务印书馆1997年。

· 保罗·福拉克主编，徐家玲等译：《新编剑桥中世纪史》第一卷，北京：中国社会科学出版社2022年。

· 傅海波、魏瑞德等编，史卫民等译：《剑桥中国辽西夏金元史》，北京：中国社会科学出版社1998年。

· 彼得·弗兰科潘著，欧阳敏译：《十字军东征：来自东方的召唤》，海口：海南出版社2019年。

· 罗伯特·福西耶主编，陈志强等译：《剑桥插图中世纪史（350—950）》，济南：山东画报出版社2006年、2018年。

· 罗伯特·福西耶著，李桂芝等译：《剑桥插图中世纪史，（1250—1520）》，济南：山东画报出版社2009年。

· 理查德·A.盖布里埃尔、凯伦·S.梅兹著，王松俊等译：《军事医学史》，北京：军事医学科学出版社2011年。

· 火者·盖耶速丁著，何高济译：《沙哈鲁遣使中国记》，北京：中华书局2002年。

· 胡斯都·L.冈察雷斯著，陈泽民、孙汉书等译：《基督教思想史（第一卷）》，陈泽民、赵红军等校，南京：译林出版社2008年。

· 胡斯托·L·冈萨雷斯著，赵璧艺译：《基督教史》（上），上海：上海三联书店2016年。

· 葛承雍著：《唐韵胡音与外来文明》，北京：中华书局2006年。

· 迈克尔·格兰特著，王乃新、郝际陶译：《罗马史》，上海：上海人民出版社2008年。

· 格雷戈里著，寿纪瑜、戚国淦译：《法兰克人史》，北京：商务印书馆1998年。

· 蒂莫西·E.格里高利著，刘智译：《拜占庭简史》，上海：华东师范大学出版社2019年。

· 菲利普·格里尔森著，武宝成译：《拜占庭货币史》，北京：法律出版社2018年。

· T.E.格里高利著，刘智译：《拜占庭简史》，上海：华东师范大学出版社2019年。

· 朱塞佩·格罗索，黄风译：《罗马法史》，北京：中国政法大学出版社1996年。

· 勒内·格鲁塞著，蓝琪译，项英杰校：《草原帝国》，北京：商务印书馆2013年。

· 国际中文版编辑部编译：《大不列颠百科全书》第1卷，北京：中国大百科全书出版社2007年。

· 乔纳森·哈里斯著：《拜占庭简史》，北京：中信出版社2017年。

· 哈里斯主编，田明等译：《埃及的遗产》，上海：上海人民出版社2006年。

· 哈里特著，吴晞、靳萍译：《西方图书馆史》，北京：书目文献出版社1989年。

· 丹尼斯·哈伊著，李玉成译：《意大利文艺复兴的历史背景》，上海：三联书店1988年。

· 何光沪：《多元化的上帝观》，贵阳：贵州人民出版社1999年。

· 赫西俄德著，张竹明、蒋平译：《神谱》384—386，北京：商务印书馆1998年。

· 黄风编著：《罗马法词典》，北京：法律出版社2001年。

· 黄时鉴著：《东西交流史论稿》，上海：上海古籍出版社1998年。

· 黄维民：《中东国家通史·土耳其卷》，北京：商务印书馆2002年。

· 爱德华·吉本著，黄宜思、黄雨石译：《罗马帝国衰亡史》，北京：商务印书馆2005年。

· 爱德华·吉本著，席代岳译：《罗马帝国衰亡史》，第1卷，长春：吉林出版集团2008、2014年。

· 吉田丰著：《西安新出史君墓志的粟特文部分考释》，《粟特人在中国》（《法国汉学》第十辑），中华书局2005年。

· 基佐著，程洪逵、沉芷译：《欧洲文明史：自罗马帝国败落到法国革命》，北京：商务印书馆2005年。

· 江平、米健：《罗马法基础》，北京：中国政法大学出版社1987年。

· 姜椿芳总编：《中国大百科全书（考古学卷）》，上海：中国大百科全书出版社1986年。

· 姜伯勤：《敦煌吐鲁番文书与丝绸之路》，北京：文物出版社1994年。

· 查尔斯·金著，苏圣捷译：《黑海史》，上海：东方出版社2011年。

· 阿尔图罗·卡斯蒂廖尼著，程之范、甄橙主译：《医学史》上册，南京：译林出版社2013年。

· 唐纳德·R.凯利著，陈恒、宋立宏译：《多面的历史：从希罗多德到赫尔德的历史探询》，北京：三联书店2003年。

· 凯特·凯利著，徐雯菲译：《医学史话：中世纪500—1450》，上海：上海科学技术文献出版社2012年。

· 凯撒著，任炳湘译：《高卢战记》，北京：商务印书馆1982年。

· 玛丽·坎宁安著，李志雨译：《拜占庭的信仰》，北京：北京大学出版社2005年。

· 罗伯特·柯布里克著，张楠等译：《罗马人》，北京：世界图书出版公司北京公司2013年。

· 克拉维约著，杨兆钧译：《克拉维约东使录》，北京：商务印书馆1982年。

· 克莱门著，王来法译：《劝勉希腊人》，北京：生活·读书·新知三联书店2002年。

· 克里亚什托尔内编著，李佩娟译：《古代突厥鲁尼文碑铭》，哈尔滨：黑龙江教育出版社1991年。

· 克林凯特著，赵崇民译：《丝绸古道上的文化》，乌鲁木齐：新疆美术摄影出版社1994年。

· 克林木凯特著，林悟殊翻译增订：《达·伽马以前中亚和东亚的基督教》，台北：淑馨出版社1995年。

· 克鲁普斯娅著，中共中央马克思恩格斯列宁斯大林著作编译局译：《论列宁》，北京：人民出版社1960年。

· 安娜·科穆宁娜著，李秀玲译：《阿莱克休斯传》，上海：上海三联书店2018年。

· 安娜·科穆宁娜著，谭天宇、秦艺芯译：《阿莱克修斯传》，哈尔滨：东北林业大学出版社2017年。

· 拉夫连季著，朱寰、胡敦伟译：《往年纪事》，北京：商务印书馆2011年。

· 拉施特主编，余大钧、周建奇译：《史集》，北京：商务印书馆1983—1985年。

· 蓝琪主编：《中亚史》（第一卷），北京：商务印书馆2018年。

· 斯蒂文·郎西曼著，马千译：《1453——君士坦丁堡的陷落》，北京：时代华文书局2014年。

· 乐峰：《东正教史》，北京：中国社会科学出版社1999年。

· 雅克·勒高夫著，徐家玲译：《中世纪文明（400—1500年）》，上海：上海人民出版社2011年。

· 大卫·勒斯科姆和乔纳森·赖利-史密斯主编，陈志强、郭云艳等译：《新编剑桥中世纪史》第四卷，北京：中国社会科学出版社2021年。

· 爱德华·勒特韦克著，时殷弘、惠黎文译：《罗马帝国的大战略》，北京：商务印书馆2008年。

· 李秀玲：《安娜·科穆宁娜及其笔下的拜占庭帝国》，北京：北京燕山出版社2014年。

- 李雅书、杨共乐:《古代罗马史》,北京:北京师范大学出版社1994年。
- 厉以宁:《罗马—拜占庭经济史》,北京:商务印书馆2006年。
- 尼古拉·梁赞诺夫斯基、马克·斯坦伯格著,杨烨、卿文辉主译:《俄罗斯史(第七版)》,上海:上海人民出版社2007年。
- 列夫臣柯著,葆煦译:《拜占庭》,北京:生活·读书·新知三联书店1960年。
- 林英:《金钱之旅——从君士坦丁堡到长安》,北京:人民美术出版社2004年。
- 林英:《唐代拂菻丛说》,北京:中华书局2006年。
- 刘榕榕:《古代晚期地中海地区自然灾害研究》,北京:中国社会科学出版社2018年。
- 刘新成主编:《西欧中世纪社会史研究》,北京:人民出版社2006年。
- 刘新利:《德意志历史上的民族与宗教》,北京:商务印书馆2009年。
- 刘延勃等主编:《哲学辞典》,长春:吉林人民出版社1983年。
- 刘衍刚:《罗马帝国的梦魇:马塞里努斯笔下的东方战争与东方蛮族》,上海:上海人民出版社2018年。
- 罗香梅:《1204年君士坦丁堡的陷落》,北京:人民出版社2012年。
- 罗丰:《固原南郊隋唐墓地》,北京:文物出版社1996年。
- 罗丰:《胡汉之间——"丝绸之路"与西北历史考古》,北京:文物出版社2004年。
- 安德鲁·洛思著,孙毅、游冠辉译:《神学的灵泉:基督教神秘主义传统的起源》,北京:中国致公出版社2001年。
- 塞西尔·罗斯著,黄福武等译:《简明犹太民族史》,济南:山东大学出版社2005年。
- 罗斯托夫采夫著,马雍和、厉以宁译:《罗马帝国社会经济史》,北京:商务印书馆1985年。
- 罗香林著:《唐元两代之景教》,香港:中国学社1966年。
- 洛阳市文物管理局编著:《洛阳出土丝绸之路文物》,郑州:河南美术出版社2011年。
- 马长寿著:《突厥人与突厥汗国》,上海:上海人民出版社1957年。
- 洛伊斯·玛格纳著,刘学礼主译:《医学史》,上海:上海人民出版社2009年。
- 马基维里著,潘汉典译:《君主论》,北京:商务印书馆1986年。
- 马克垚:《中世纪西欧经济形态研究》,北京:人民出版社1985年。
- 亨利-伊雷内·马鲁著,王晓侠、龚觅、孟玉秋译:《古典教育史(罗马卷)》,上海:华东师范大学出版社2017年。
- 毛欣欣:《君士坦丁堡城市管理研究》,长春:吉林大学出版社2016年。
- 拉姆塞·麦克莫兰著,吕厚量译:《腐败与罗马帝国的衰落》,北京:中国方正出版社2015年。
- 约翰·麦克曼勒斯主编,张景龙等译:《牛津基督教史》,贵阳:贵州人民出版社1995年。
- 威廉·麦克尼尔著,余新忠、毕会成译:《瘟疫与人》,中信出版集团,2018年。
- 西里尔·曼戈主编,陈志强、武鹏译:《牛津拜占庭史》,北京:北京师范大学出版社2015年。
- 西里尔·曼戈著,张本慎等译:《拜占庭建筑》,北京:中国建筑工业出版社1999、2010年。
- 美国不列颠百科全书公司编著,中国大百科全书出版社不列颠百科全书编辑部编译:《大不列颠百科全书》(国际中文版)第3卷,第9卷,北京:中国大百科全书出版社1999年。
- 德·梅列日科夫斯基著,刁绍华、赵静男译:《叛教者尤里安》,哈尔滨:黑龙江人民出版社1998年。
- 孟德斯鸠著,婉玲译:《罗马盛衰原因论》,北京:商务印书馆2009年。
- 蒙森著,李稼年译:《君主论》,北京:商务印书馆2017年。
- 莫里斯一世著:《战略:拜占庭时代的战术、战法和将道》,北京:台版出版社2019年。
- 莫里斯一世著,王子午译:《战略》,北京:台海出版社2019年。
- 威廉·穆尔著,周术情、吴彦、李婧、郑丽君译:《阿拉伯帝国》,西宁:青海人民出版社2006年。
- G.F.穆尔著,郭舜平等译:《基督教简史》,北京:商务印书馆2003年。
- 穆尔著,福建师范大学外语系译室译:《基督教简史》,北京:商务印书馆1981年。
- 巴里·尼古拉著,黄风译:《罗马法概论》,北京:法律出版社2000年。
- 巴里·尼古拉斯著,黄风译:《罗马法概论》,北京:法律出版社2000年。
- 钮先钟:《西方战略思想史》,桂林:广西师范大学出版社2003年。
- 约翰·朱利叶斯·诺威奇著,殷亚平等译:《地中海史》,上海:东方出版中心2011年。
- 杰弗里·帕克著,傅景川等译:《剑桥战争史》,长春:吉林人民出版社1999年。
- 米洛拉德·帕维奇著,南山、戴骢、石枕川译:《哈扎尔辞典》,上海:上海译文出版社2013年。
- 马文·佩里主编,胡万里等译:《西方文明史》,北京:商务印书馆1993年。
- 彭信威:《中国货币史》,上海:上海人民出版社2015年,第4页。
- 亨利·皮朗著,乐文译:《中世纪欧洲经济社会史》,上海:上海人民出版社1986年。
- 亨利·皮雷纳著,陈国樑译:《中世纪的城市》,北京:商务印书馆2006年。
- 普罗柯比著,崔艳红译:《战史》,郑州:大象出版社2010年。
- 普罗柯比著,吴舒屏等译:《秘史》,上海:上海三联书店2007年。
- 普洛科皮乌斯著,王以铸、崔妙因译:《普洛科皮乌斯战争史》,北京:商务印书馆2010年。
- 启良:《西方文化概论》,广州:花城出版社2000年。
- 齐思和著:《中国和拜占庭帝国的关系》,上海:上海人民出版社1956年。
- 曲可伸:《罗马法原理》,天津:南开大学出版社1988年。
- 荣新江:《中古中国与外来文明》,北京:生活·读书·新知三联书店2001年。
- 荣新江、李孝聪主编:《中外关系史:新史料与新问题》,北京科学出版社2004年。
- 荣新江:《丝绸之路与东西文化交流》,北京:北京大学出版社2015年。
- 柔克义译注,何高济译:《鲁布鲁克东行纪》,北京:中华书局1985年。
- 芮传明:《古突厥碑铭研究》,上海:上海古籍出版社1998年。
- 路易吉·萨尔瓦托雷利利著,沈珩、祝本雄译:《意大利简史》,北京:商务印书馆2014年。
- 萨里斯著,刘洪涛、陆赟译:《(牛津通识读本)拜占庭》,南京:译林出版社2021年。
- 罗伯特·M.塞尔茨著,赵立行等译:《犹太的思想》,上海:上海三联书店1995年。
- 沙畹著,冯承钧译:《西突厥史料》,北京:中华书局2004年。
- 沈福伟:《中西文化交流史》,上海:上海人民

· 出版社 2006 年。

· 狄奥尼修斯·史塔克普洛斯著，陈友勋译：《拜占庭一千年》，北京：化学工业出版社 2019 年。

· 施治生，刘欣如主编：《古代王权与专制主义》，北京：中国社会科学出版社 1993 年。

· 桑德罗·斯奇巴尼著，张礼洪译：《民法大全选译·公法》，北京：中国政法大学出版社，1999 年。

· 斯特拉博著，李铁匠译：《地理学》，上海：上海三联书店 2014 年。

· 斯塔夫里阿诺斯著，吴象婴、梁赤民译：《全球通史——1500 年以前的世界》，上海：上海社会科学院出版社 1999 年。

· 斯特伦著，金泽、何其敏译：《人与神：宗教生活的理解》，上海：上海人民出版社 1991 年。

· 宋濂、王祎：《元史》卷三《宪宗纪·蒙哥》，北京：中华书局 1971 年。

· 苏维托尼乌斯著，张竹明等译：《罗马十二帝王传》，北京：商务印书馆 2000 年。

· 孙培良、杨群章：《萨珊朝伊朗》，重庆：西南师范大学出版社 2995 年。

· 塔西佗著，王以铸、崔妙因译：《编年史》，北京：商务印书馆，1981 年。

· 太原市文物考古研究所：《晋阳古城》，北京：文物出版社 2005 年。

· 谭载喜：《西方翻译简史》，北京：商务印书馆 2004 年。

· 詹姆斯·W.汤普逊著，耿淡如译：《中世纪经济社会史：300—1300 年》，北京：商务印书馆 1961 年、1984 年。

· 唐逸：《基督教史》，北京：中国社会科学出版社 1993 年。

· 特尔慈著，戴盛虞等译：《基督教社会思想史》，中国香港：基督教文艺出版社 1959 年版。

· 沃伦·特里高德著，崔艳红译：《拜占庭简史》，上海：人民出版社 2008 年。

· 布莱恩·蒂尔尼等著，袁传伟译：《西欧中世纪史》（第六版），北京：北京大学出版社 2011 年。

· 吐鲁番市文物局，吐鲁番学研究院，吐鲁番博物馆：《吐鲁番晋唐墓群——交河沟西、木纳尔、巴达木发掘报告》，北京：文物出版社 2019 年。

· A.A.瓦西列夫著，徐家玲译：《拜占庭帝国史》，北京：商务印书馆 2019 年。

· 王挺之、徐波、刘耀春：《新世纪的曙光：文艺复兴》，北京：中国青年出版社 1999 年。

· 王小波：《罗得海商法研究》，北京中国政法大学出版社，2011 年。

· 王晓朝主编：《信仰与理性—古代基督教教父思想评传》，北京：东方出版社 2001 年。

· 王旭东、孟庆龙：《世界瘟疫史：疾病流行、应对措施及其对人类社会的影响》，中国社会科学出版社 2005 年。

· 王亚平：《德国通史》（第一卷），南京：江苏人民出版社 2019 年。

· 王亚平著：《修道院的变迁》，北京：东方出版社 1998 年。

· 王钺译注：《〈罗斯法典〉译注》，兰州：兰州大学出版社 1987 年。

· 王钺译注：《〈往年纪事〉译注》，兰州：甘肃民族出版社 1994 年。

· 王治来：《中亚通史》（古代史下），北京：人民出版社 2010 年。

· 王治心著：《中国基督教史纲》，上海：上海文海出版社 1940 年。

· 韦伯著，姚燕译：《文化社会学视域中的文化史》，上海：上海人民出版社 2006 年。

· 菲利普·沃尔夫著，郑宇建、顾犇译：《欧洲的觉醒》，北京：商务印书馆 1990 年。

· 威利斯顿·沃尔克著，孙善玲，段琦译：《基督教会史》，北京：中国社会科学出版社 1991 年。

· 沃尔克著，孙善玲等译：《基督教会史》，北京：中国社会科学出版社 1991 年。

· 迈克尔·沃尔泽编，刘平译：《犹太政治传统（卷一）》，上海：华东师范大学出版社 2011 年。

· 乌格里诺维奇著，王先睿、李鹏增译：《艺术与宗教》，北京：三联书店 1987 年。

· 吴于廑、齐世荣主编：《世界史·古代史编》（下），北京：高等教育出版社 1994 年。

· 希罗多德著，王以铸译：《历史》，北京：商务印书馆 1997 年。

· 希罗多德著，徐松岩译注：《历史》，北京：中信出版社 2013 年。

· 彼得·希瑟著，向俊译：《罗马帝国的陨落：一部新的历史》，北京：中信出版社 2016 年。

· 夏德著，朱杰勤译：《大秦国全录》，北京：商务印书馆 1964 年。

· 向达：《唐代长安与西域文明》，北京：三联书店 1957 年。

· 斯坦福·肖著，许序雅、张忠祥译：《奥斯曼帝国》，西宁：青海人民出版社 2006 年。

· 谢方主编：《中西初识》，郑州：大象出版社 1999 年。

· 谢清高著，钟淑河等校点：《海录·附三种》，长沙：岳麓书社 2016 年。

· 新疆维吾尔自治区文物局：《丝路瑰宝：新疆馆藏文物精品图录》，乌鲁木齐：新疆人民出版社 2011 年。

· 新疆文物考古研究所：《吐鲁番阿斯塔那-哈拉和卓墓地》，北京：文物出版社 2018 年。

· 尼古拉·辛姆斯-威廉姆斯著，李鸣飞、李艳玲译：《阿富汗北部的巴克特里亚文献》（上册），兰州：兰州大学出版社 2014 年。

· 修昔底德，徐松岩译注：《伯罗奔尼撒战争史》，卷 1，上海：上海人民出版社 2017 年。

· 徐家玲：《拜占庭文明》，北京：人民出版社 2006 年。

· 徐家玲：《早期拜占庭和查士丁尼时代》，长春：东北师范大学出版社 1998 年。

· 徐家玲：《走进拜占庭文明》，北京：民主与建设出版社 2006 年。

· 徐家玲：《世界宗教史纲》，高等教育出版社 2007 年。

· 徐松著：《汉书·西域传补注》下，上海：商务印书馆民国二十六年。

· 许列民著：《沙漠教父的苦修主义》，上海：上海人民出版社 2009 年版。

· 玄奘、辩机著，季美林等校注：《大唐西域记校注》（下），北京：中华书局 2000 年。

· 雅科伏列夫著，任光宣、李冬晗译：《艺术与世界宗教》，北京：文化艺术出版社 1989 年。

· 亚里士多德著，罗念生译：《诗学》，北京：人民文学出版社 1962 年。

· 亚里士多德著，吴寿彭译：《形而上学》，北京：商务印书馆 1983 年版。

· 杨威理：《西方图书馆史》，北京：商务印书馆 1988 年。

· 杨衒之：《洛阳伽蓝记校笺》，北京：中华书局 2006 年。

· 杨真：《基督教史纲》，三联书店 1979 年。

· 叶民：《最后的古典：阿米安和他笔下的晚期罗马帝国》，天津：天津人民出版社 2004 年。

· 佚名著，刘建军译：《狄吉尼斯·阿克里特：混血的边境之王》，北京：北京大学出版社 2019 年版。

· 尹忠海著：《权贵与土地：马其顿王朝社会解析》，北京：人民出版社 2010 年。

· 尤特罗比乌斯著，谢品巍译：《罗马国史大纲》，上海人民出版社 2011 年。

· 尤西比乌著，翟旭彤中译：《教会史》，三联书店 2009 年。

· 尤西比乌斯著，林中泽译：《君士坦丁传》，商务印书馆 2015 年。

· 于可主编：《世界三大宗教及其流派》，湖南人民出版社 1988 年。

· 裕尔著，考迪埃修订，张绪山译：《东域纪程录丛》，北京：中华书局 2008 年。

· 余太山主编：《西域文化史》，北京：中国友谊出版公司 1996 年。

· 余太山著：《嚈哒史研究》，济南：齐鲁书社 1986 年。

· 羽田亨著，耿世民译：《西域文化史》，乌鲁木齐：新疆人民出版社 1981 年。

· 羽田亨著，耿世民译：《西域文明史概论》，北京：中华书局 2005 年。

· 原州联合考古队编著：《北周田弘墓》，北京：文物出版社 2009 年。

· 原州联合考古队编著：《唐史道洛墓》，北京：文物出版社 2014 年。

· 约达尼斯著，罗三洋译：《哥特史》，北京：商务印书馆 2013 年。

· 泽田勋著，王庆宪、丛晓明译：《匈奴：古代游牧国家的兴亡》，呼和浩特：内蒙古人民出版社 2011 年。

· 张广达著：《西域史地丛稿初编》，上海：上海古籍出版社 1995 年。

· 张广智：《西方史学史》（第二版），上海：复旦大学出版社 2006 年。

· 张倩红，艾仁贵：《犹太文化》，北京：人民出版社 2013 年。

· 张倩红：《犹太史研究新维度——国家形态·历史观念·集体记忆》，北京：人民出版社 2015 年。

· 张晓校：《罗马军队与帝位嬗递——从奥古斯都到君士坦丁》，北京：中国社会科学出版社 2006 年。

· 张星烺编注：《中西交通史料汇编》（第一册），北京：中华书局 1977 年。

· 张星烺编注：《中西交通史料汇编》（第一册），北京：中华书局 2003 年。

· 张绪山：《中国与拜占庭帝国关系研究》，北京：中华书局 2012 年。

· 张绪山：《西学研究》第一辑，北京商务印书馆 2003 年。

· 张志伟主编：《西方哲学史》，北京：中国人民大学出版社 2010 年。

· 赵敦华：《基督教哲学 1500 年》，北京：人民出版社 1994 年。

· 志费尼著，何高济译：《世界征服者史》（下册），翁独健校，呼和浩特：内蒙古人民出版社 1980 年。

· 郑玮：《雅典：公元 267—582 年：从古典城市走向基督教城市》，天津：天津人民出版社 2009 年。

· 中共中央马克思恩格斯列宁斯大林著作编译局编译：《马克思恩格斯全集》第 10 卷，北京：人民出版社 1965 年。

· 中共中央马克思恩格斯列宁斯大林著作编译局编译：《马克思恩格斯选集》第 3 卷，北京：人民出版社 1972 年。

· 中国大百科全书总委员会《外国历史》委员会：《中国大百科全书》（外国历史Ⅱ），北京：中国大百科全书出版社 1992 年。

· 周枏：《罗马法原论》，北京：商务印书馆 1994 年。

· 朱寰主编：《亚欧封建经济形态比较研究》，长春：东北师范大学出版社 1996 年。

· 朱谦之著：《中国景教：中国古代基督教研究》，北京：东方出版社 1993 年。

· 佐西莫斯著，谢品巍译：《罗马新史》，上海：上海人民出版社 2013 年。

说明:

1. 部分重要译名后均附有西文原文。

2. 所列译名主要依据商务印书馆《人名地名辞典》和《百科全书》中文版,个别冷僻译名依据"名从主人"的原则翻译。

3. 所列书名的原文用斜体文字附在中文前。

4. 西文小语种译名依据"名从主人"的原则翻译。

5. 所涉《圣经》译名依据中文版《圣经》。

A

- Aachen 亚琛
- Abasgians 阿巴斯吉安人
- 'Abbadids, of Seville 阿巴德王朝,塞维利亚的
- 'Abbas ibn Tamim 阿拔斯·伊本·塔敏
- 'Abbasid caliphate 阿拔斯哈里发王朝
- 'Abd al-'Aziz 阿卜杜勒·阿齐兹
- 'Abd Allāh b. al-Mansūr 阿卜杜拉·本·曼苏尔
- 'Abd Allāh b. Muhammad 阿卜杜拉·本·穆罕默德
- 'Abd Allah bin Yasin 阿卜杜拉·本·亚辛
- 'Abd al-Malik 阿卜杜勒·马利克
- *Abraham* 《亚伯拉罕》
- Abu Bakr 阿布·巴克尔
- Abu Ya'qub Yusuf 阿布·雅库布·优素福
- Abu'l Faraj Yahya ibn Sa'id, *Annals of the Patriarchs of Alexandria* 阿布·法赖吉·叶海亚·伊本·赛伊德,《亚历山大里亚牧首年代纪》
- Abul-Kasim 阿布·卡西姆
- Abydos 阿拜多斯
- Abyssinia 阿比西尼亚
- Acacian schism "阿卡西乌斯分裂"
- Acacius 阿卡西乌斯,君士坦丁堡牧首
- Acarnania 阿卡纳尼亚(地名)
- Achaea(Achaia, Frankish duchy in Peloponnese)阿哈伊亚公国
- Achaea, Latin principality 阿哈伊亚,拉丁公国
- Achaemenids 阿契美尼德王朝
- Acra 阿克拉
- Acre 阿卡
- Acroinon 阿克罗伊农
- Acte 阿克拉半岛,希腊
- Adana 阿达纳
- Adela 阿德拉
- Adelaide 阿德莱德
- Adelaide of Burgundy 勃艮第的阿德莱德
- Adramyttium 阿德拉米迪乌姆军区
- Adrian I, pope 阿德里安一世,教宗
- Adrianople 阿德里安堡
- Adriatic sea 亚得里亚海
- Aegean Sea 爱琴海
- Aequitius 埃奎提乌斯
- Aetitus 埃伊希厄斯,罗马将领
- Aetolia 埃托利亚
- Agathias 阿伽提斯,历史学家和诗人(古罗马)
- Agnès of Montferrat 阿涅丝,蒙特菲拉特的
- Akhlat/Ahlat 阿赫拉特
- Aikaterine 爱卡特琳
- Akritai "阿克利提"(边防军的希腊文名称)

- Akroinon 阿克洛伊农
- al-'Aziz 'Uthman 阿齐兹·奥斯曼
- al-'Aziz Muhammad 阿齐兹·穆罕默德
- Alamanni 阿勒曼尼人
- Alans 阿兰人
- Alaric 阿拉里克
- Albania 阿尔巴尼亚
- Albanians 阿尔巴尼亚人
- Albert, patriarch of Jerusalem 阿尔伯特，耶路撒冷牧首
- Albigeois 阿尔比派（或阿尔比人，法语拼法）
- Aleppo 阿勒颇
- Alesios Kabasilas 阿莱克修斯·卡巴西拉斯
- Alexander 亚历山大
- Alexandria 亚历山大里亚
- *Alexiad* 《阿莱克修斯传》
- Alexios Apokaukos 阿莱克修斯·阿波卡夫科斯
- Alexios Axouch 阿莱克修斯·阿克苏齐
- Alexios Branas 阿莱克修斯·布拉纳斯
- Alexios I Komnenos 阿莱克修斯一世·科穆宁
- Alexios II Kommenos 阿莱克修斯二世·科穆宁
- Alexios III Angelos 阿莱克修斯三世·安茹鲁斯
- Alexios III Grand Komnenos 阿莱克修斯三世·大科穆宁
- Alexios IV Angelos 阿莱克修斯四世·安茹鲁斯
- Alexios V Ducas Murtzuphlos 阿莱克修斯五世·杜卡斯·穆尔祖夫罗斯
- Alexios Palaiologos 阿莱克修斯·帕列奥列格
- Alexios Sthlavos 阿莱克修斯·斯拉沃斯
- Alexius Apocaucus 阿莱克修斯·阿波考库斯
- Alexius Metochites 阿莱克修斯·梅托契特斯
- Alfred the Great 阿尔弗雷德大王
- Alani 阿兰
- Allan Harris Cutler 卡特勒
- allelengyon "连保制"
- Allies 蛮族同盟军
- al-Ma'mun 马蒙
- al-Mansūr 曼苏尔
- Almos of Hungary 匈牙利的阿尔莫斯
- Alopus 阿罗普斯
- Alp Arslan 阿尔普·阿尔斯兰
- Alps 阿尔卑斯山
- Alusianus 阿鲁斯阿努斯
- Amadeus of Savoy 萨伏依的阿马迪斯
- Amalaric 阿马拉里克，西哥特王
- Amalasuentha 阿马拉松塔
- Amandus Constantine 阿曼杜斯·君士坦丁
- Amanus mountains 阿马努斯山
- Amaseia 阿马西亚
- Amastrianon 阿马斯特里安农
- Āmed 阿米德，亦称迪亚巴克尔（Dīār Bakr），今土耳其迪亚巴克尔省首府
- Amintzantarantai 阿敏赞塔派
- Amisos 阿米索斯，萨姆松别称
- Amitiotai 阿米提奥泰
- Amida 阿米达，边防城市
- Ammianus Marcellinus 阿米亚努斯·马尔切利努斯
- 'Amr ibin al-'As 阿穆尔·伊本-阿斯，穆斯林将领
- *An Easter Rule* 《复活节法则》
- Anastacia 安娜斯塔西娅
- Anastasiopolis (Dara) 阿纳斯塔修斯城（达拉）
- Anastasius I, emperor 阿纳斯塔修斯一世，皇帝
- Anastasius II, pope 阿纳斯塔修斯二世，教宗
- Anatolia 安纳托利亚
- Anatolikon thema 安纳托利亚军区
- Anazarbos 阿纳萨尔波斯
- Ancona 安科纳
- Andrew I 安德鲁一世
- Andrew Palaiologos 安德鲁·帕列奥列格
- Andronicus Lapadas 安德罗尼库斯·兰帕达斯
- Andronikopolis 安德洛尼库波利斯（地名）
- Andronikos Doukas Aprenos 安德罗尼库斯·杜卡斯·阿普利努斯
- Andronikos Doukas 安德罗尼库斯·杜卡斯
- Andronikos I Gidos 安德罗尼库斯·吉多斯
- Andronikos I Komnenos, emperor 安德罗尼库斯一世·科穆宁，皇帝
- Andronikos II Palaiologos 安德罗尼库斯二世·帕列奥列格
- Andronikos III Palaiologos 安德罗尼库斯三世·帕列奥列格
- Andronikos IV Palaiologos 安德罗尼库斯四世·帕列奥列格
- Andronikos Komnenos 安德罗尼库斯·科穆宁
- Andros 安德罗斯岛
- Angeli dynasty 安茹鲁斯王朝
- Angelus 安茹鲁斯
- Angevin dynasty 安茹王朝
- Ani 阿尼
- Anjou 安茹
- Anna Comnena 安娜·科穆宁娜
- Anna Dalassena 安娜·达拉塞娜
- Anna Kantakouzene ('Αννα Καντακου-ζηνή) 安娜·坎塔库震妮（坎塔库震努斯的女性名）
- Anna of Hungary 匈牙利的安娜
- Anna Palaiologina 安娜·帕列奥列吉娜（帕列奥列格的女性名）
- Anna Porphyrogenita 紫衣家族的安娜
- *Annals*《年代记》
- Anne of Savoy 萨伏依的安妮
- Anseau de Courcelles 安索·德·库塞勒
- Antes (Antae) 安特人（安泰人）（斯拉夫族群）
- Anthimius 安西米乌斯
- Anthousa 安淑莎，君士坦丁堡城标
- Anthypatus 执政
- Antigonus the One-eyed 安提柯
- Antikythera 安提基西拉岛
- Antioch 安条克
- *Antirrhētikos pros Galēnon*《驳斥盖伦》
- Antoiniadis 安托尼阿迪斯
- Antonine Order 安东尼修会
- Antony 安托尼
- Aphrodito 阿芙洛狄特
- aphthartodocetism "神性不朽"派（极端一性派异端）
- Apocaucus 阿波考库斯
- Apollonias 阿波罗尼亚
- Aprus 阿普鲁斯
- Apulia 阿普利亚
- Arabia 阿拉比亚（或阿拉伯半岛）
- Arabs 阿拉伯人
- Aragon-Catalonia 阿拉贡-加泰罗尼亚
- Araxes valley 阿拉克斯河谷
- Arcadia 阿尔卡迪亚（地名）
- Arcadiopolis 阿卡地奥波利斯
- Arcadius, emperor 阿卡狄乌斯，皇帝
- Archontodocetism "英豪后裔军团"
- Arda of Armenia 阿尔达（埃德萨统治者托罗斯之女）
- Ardabil 阿尔达比勒（人名）
- Ardabur 阿德布尔（阿兰人）
- Arethas 艾黎色，弗提乌斯追随者
- argenteus, -i 银币
- Argos/Argolís 阿尔戈斯（阿尔戈利斯州）
- Argyri 阿尔吉利家族

- Baza（Spain）巴萨(西班牙)，处于拜占庭控制下
- Beatrice 比阿特丽斯
- Bedrum 贝德鲁姆，今土耳其东北蒂雷波鲁东南部
- Beatrice of Provence 普罗旺斯的比阿特丽斯
- Beirut 贝鲁特
- Bela Ⅰ, King of Hungary 贝拉一世，匈牙利国王
- Bela Ⅲ, King of Hungary 贝拉三世，匈牙利国王
- Belgrade 贝尔格莱德
- Belisarius 贝利萨留，查士丁尼的将军
- Benedict 本尼狄克
- Benavento 贝内文托
- Benjamin of Tudela 图德拉的便雅悯
- Berengar Ⅱ of Italy 意大利的贝伦加尔二世
- Berger de Xivery 贝格尔·德西弗里
- Bernard 贝尔纳
- Bertha 贝尔塔
- Bessarion 贝萨隆
- Beyoğlu 贝伊奥卢
- Bibliotheca《图书集成》
- Biksit 比克希特堡
- Bileča 比莱恰战役(南斯拉夫地名)
- Blachernai 布拉赫那(教堂)
- Black Death 黑死病
- Black Sea 黑海
- Blues 蓝党
- Bogomil heresy 鲍格米尔派异教徒
- Bogomilism 鲍格米尔派
- Bohemia 波希米亚
- Bohemond Ⅰ of Antioch, 安条克的博希蒙德一世
- Bohemund 博希蒙德
- Boilas, Eustathius 尤斯塔修斯·博伊拉斯
- Boleslav Ⅰ of Bohemia 波希米亚的波列斯拉夫一世
- Boleslav Ⅱ 波列斯拉夫二世
- Boleslaw Ⅲ（"wrymouth"; Krzywousty）of Poland 波兰的波列斯拉夫三世("歪嘴")
- Boniface of Montferrat 蒙特菲拉特的博尼法斯
- Bonos 博努斯
- Book of Ceremonies《礼仪书》
- Boril of Bulgaria 保加利亚的鲍里尔
- Boris Ⅱ of Bulgaria 保加利亚的伯利兹二世
- Boris-Michael of Bulgaria 保加利亚的伯里斯-米哈伊尔
- Bosnia 波斯尼亚
- Bosphorus 博斯普鲁斯
- Boucellarion 布塞拉隆军区
- Boucicaut 布西科
- boyars 波雅尔(俄罗斯贵族)
- Bozcaada 博兹贾阿达
- Branas family 布拉纳斯家族
- Branicevo 布兰尼切沃(军事要塞名)
- Brindisi 布林迪西
- Bringas 布林加斯
- Britain 不列颠
- Brusa 布鲁萨(地名)
- Bryennius 布林尼乌斯
- Bucellarii（帝国权贵们的）私人部队
- Bucoleon Palace 大皇宫
- Budva 布德瓦
- Bulgaria 保加利亚
- Burgundy 勃艮第
- Bursa 布尔萨
- Butrinto 布特林托
- Burtulus 布尔图鲁斯要塞
- Bythynian 比塞尼亚
- Byzantium 拜占庭城,有些研究中使用拜占廷,根据具体情况保留

C

- Cabasilas 卡巴司拉斯
- Caesar, Gaius Julius 凯撒, 盖乌斯·尤利乌斯
- Caesarea of Cappadocia 卡帕多西亚的凯撒里亚
- Caesarea of Palestine 巴勒斯坦的凯撒里亚
- Caesarius 凯撒里乌斯
- Caffa（Καφά）卡法,今乌克兰城市费奥多西亚
- Cairo 开罗
- Calábria 卡拉布里亚
- 'caliph' 哈里发
- Callinicus 卡利尼库斯
- Callistus 卡利斯图斯(君士坦丁堡牧首名)
- Cambron 坎布伦
- Cameniate 卡门尼亚特
- Canca 堪加
- Cantacuzenus 坎塔库震努斯
- Cappadocia 卡帕多西亚
- Capua 卡普亚
- caput（poll tax）人头税
- Carolingian 加洛林（加洛林帝国,历史地名）
- Carpathian mountains 喀尔巴阡山脉
- Carthage 迦太基
- Časlav of Serbia 塞尔维亚的查斯拉夫
- Cassandria 卡桑德利亚
- Cassia 卡西娅
- Castamon 科斯塔莫(科穆宁家族发祥地)
- Castile 卡斯蒂尔
- Castoria 卡斯托里亚(地名)
- Catacalon Cecaumenus 卡塔卡隆·塞考麦努斯
- Catalan Duchy 加泰罗尼亚雇佣兵公国
- Catalans 加泰罗尼亚人
- Catalonia 加泰罗尼亚
- cataphracts 重装骑兵部队
- Catechism《教理问答》
- catepano 首长
- Cathar 卡塔尔派(清洁派)
- Catherine de Courtenay 凯瑟琳·德·考特尼
- Catherine of Valois 瓦卢瓦的凯瑟琳
- Caucasus 高加索
- Cecaumenus 塞考门努斯
- Cedrenus 塞德林努斯
- Cekaumenos Catakalon 凯考迈努斯·卡塔卡隆
- Cephalonia 凯法利尼亚岛
- Cernikum 凯尔尼库姆城
- Černomen 色诺门(地名/战役名)
- Cesarini 塞萨里尼
- Cetina river 采蒂纳河(克罗地亚南部)
- Chagan 汗王
- Chalandritsa 查兰德里察(男爵领地)
- Chalcedon 卡尔西顿
- Chalcidice 哈尔齐迪基(地名)
- Chaldia 查尔迪亚
- Chalke Gate 皇宫大门
- Chandax 汉达克斯(今克里特岛伊拉克克利翁［Heraklion, Ηράκλειο］以西)
- Charles 查理
- Charles of Anjou 安茹的查理
- Charlemagne 查理曼
- Charles Ⅰ of Anjou 安茹的查理一世
- Charsianon 查尔西农(军区)
- chartoularios 财政官(拜占庭的)
- Cherchere 车尔车利(地名)
- Cherson 克尔松
- Cherian（Χεριανα）海里安,今土耳其希兰（Şiran）,也称卡拉加（Karaca）
- Chersonesos 切索内索斯(地区)

- Chilandari 圣阿索斯山奇兰德利修道院
- Chioggia 基贾奥
- Chintila 基恩提拉,西哥特人的国王
- Chios 希俄斯岛
- Chomatianus, Demetrius 迪米特里乌斯·科马提安努斯
- Choniates 侯尼亚迪斯
- Chorobe 霍洛威
- Chosroes Ⅱ Parviz 科斯罗埃斯二世·帕维兹
- Chosroes Ⅰ Anushirwan 科斯罗埃斯一世·阿努什尔旺
- Christopher 克里斯托弗
- Christopolis 克里斯托波利斯要塞
- Chrysopolis 克里索波利斯
- Cilicia 西里西亚
- Clarenza 克拉伦萨(地名)
- Clement Ⅳ, Pope 克雷芒四世,教宗
- Clement Ⅴ, Pope 克雷芒五世,教宗
- Cleofe Malatesta Palaiogina 克利奥菲·马拉泰斯塔·帕列奥列格
- *Codex Gregorianus*《格雷哥里安法典》
- *Codex Justinianus*《查士丁尼法典》
- Colchis 科尔齐斯,今格鲁吉亚西部
- Coloman, king of Croatia and Hungary 科洛曼,克罗地亚与匈牙利国王
- coloni 科洛尼(半自由农民)(晚期罗马)
- comes civitatis 城市长官,西哥特王国
- comes rei privatae 皇室私产司长官(拜占庭土地的管理者)
- comes sacrarum largitionum 财政司长官(拜占庭财政管理者)
- Cometopuli dynasty 科米托普里王朝
- comitatenses 野战军(拜占庭的)
- commentator 政区长官,大教区管理者(西班牙)
- Commentiolus 科曼恩提卢斯,卡塔赫纳的拜占庭管辖者
- Comnenian family system 科穆宁家族世系
- *Concise Chronicle*《简明编年史》
- condottiere 雇佣兵
- Conrad Ⅲ, King 康拉德三世,国王
- consistorium 教廷公共执法官
- consorterie 塔形社会等级
- Constance of Sicily 西西里的康斯坦丝
- Constance of Antioch 安条克的康斯坦丝
- Constance of Edessa 埃德萨的康斯坦丝
- Constaninople 君士坦丁堡
- Constantine Palaiologos 君士坦丁·帕列奥列格
- Constans Ⅱ 君士坦斯二世
- Constantin Tis of Bulgaria 保加利亚的君士坦丁大帝
- Constantina 康斯坦提娜
- Constantine (Maghreb) 君士坦丁(马格里布)
- Constantine Ⅲ 君士坦丁三世
- Constantine Ⅳ 君士坦丁四世
- Constantine Bodin 君士坦丁·博丹
- Constantine Chabaron 君士坦丁·卡巴伦
- Constantine Doukas 君士坦丁·杜卡斯
- Constantine Ducas Limpidaris 君士坦丁·杜卡斯·林皮达利斯
- Constantine Dragaš 君士坦丁·德拉加什
- Constantine Gabras 君士坦丁·加布拉斯
- Constantine Gongylas 君士坦丁·贡吉拉斯
- Constantine Harmenopulus 君士坦丁·哈蒙瑙普拉斯
- Constantine Ⅰ 君士坦丁一世
- Constantine Ⅸ Monomachos 君士坦丁九世·摩诺马赫
- Constantine Kabasilas 君士坦丁·卡巴西拉斯
- Constantine Kaloethes 君士坦丁·卡罗塞斯

- Constantine Leichoudes 君士坦丁·利户迪斯
- Constantine Loukites 君士坦丁·路基特斯
- Constantine Maliasenos 君士坦丁·马里亚塞诺斯
- Constantine Manasses 君士坦丁·马纳赛斯
- Constantine Margarites 君士坦丁·马伽利提斯
- Constantine Mesopotamites 君士坦丁·美索不达米特斯
- Constantine Palaeologus Graitzas 君士坦丁·帕列奥列格·格雷塞扎斯
- Constantine Ⅶ Porphyrogenitus 君士坦丁七世·波尔菲洛格尼托斯
- Constantine Ⅷ Porphyrogenitus 紫衣家族的君士坦丁八世
- Constantine Ⅹ Doukas, emperor 君士坦丁十世·杜卡斯,皇帝
- Constantine Ⅺ Palaiologos 君士坦丁十一世·帕列奥列格,拜占庭皇帝
- Constantius 康斯坦提乌斯,米兰的助祭
- Constantius Ⅱ 康斯坦提乌斯二世,皇帝
- Contostephanus 康托斯特法努斯
- Coppa 科帕(地名)
- Coptic church 科普特教会
- Copts 科普特人
- Córdoba 科尔多瓦
- Corfu 科孚岛
- Corinth 科林斯
- Corone 科罗内(地名)
- *Corpus Hippocraticum*《希波克拉底文集》
- *Corpus Juris Civilis*《民法大全》
- Corsica 科西嘉
- Co-rule, co-Emperor 共治皇帝
- Cos 科斯
- Cosmas of Bulgaria 保加利亚的科斯马斯
- Cosmas 科斯马斯
- Cosmas Ⅰ Hierosolymites 科斯马斯一世·西罗索里米特斯
- Cosmos 科斯莫斯
- Council of Chalcedon 卡尔西顿会议
- Council of Nicaea 尼西亚大公会议
- Council of Sardica 撒尔底迦宗教会议
- County of Edessa 埃德萨伯国
- County of Tripoli 的黎波里伯国
- Courtrai 库特赖
- Crete 克里特岛
- Crimea 克里米亚
- Critobulus 赫里多布鲁斯
- Croatia 克罗地亚
- Crusaders 十字军战士
- Ctesiphon 泰西封,波斯首都
- Cumans 库曼人
- Cumbria 坎布里亚
- Curiae 市政委员会
- Curopalates 宫廷总管
- custodies 监察,教堂财物的管理者
- custumals(Weistümer)习惯法汇编
- Cyclades 基克拉泽斯群岛
- Cynegius 辛乃格乌斯
- Cyprus 塞浦路斯
- Cyrenaica 昔兰尼加
- Cyril 西里尔
- Cyril Ⅱ 西里尔二世
- Cyril of Alexandria 亚历山大里亚的西里尔
- Cyril-Constantine, St 圣·西里尔-君士坦丁
- Cyrus 希鲁斯
- Cyzicus 基兹库斯

D

· Dacia 达契亚
· Dalmatia 达尔马提亚
· Damalis 大马里斯（地名）
· Damascus 大马士革
· Damietta 达米埃塔
· Danishmendid amirs 丹尼斯蒙蒂德埃米尔
· Danube 多瑙河
· Daphnous 达弗努斯港口
· Dara（Anastasiopolis）达拉（阿纳斯塔西奥波利斯）
· Dastagird 达斯塔基德
· David Comnenus 戴维·科穆宁
· David II 戴维二世
· David Komnenos 戴维·科穆宁
· David Grand Komnenos 戴维·大科穆宁
· *De Administrando Imperio*《论帝国政府》
· *De Ceremoniis*《礼仪书》
· *De Excrementis Alvinis*《论分区》
· *De medicina*《论医学》
· *De observatione ciborum*《食物观察》
· *De Usu Partium Corporis Humani*《论人体各部器官功能》
· Deabolis（Δεάβολις）狄阿波利斯，今阿尔巴尼亚德沃尔（Devoll）
· Decimum 德西姆（地名/会战）
· Demes 竞技党人
· Demetrias 迪米特里亚斯（地名）
· Demetrios Chomatenos, archbishop of Ohrid 迪米特里·乔玛特诺，奥赫里德大主教
· Demetrios Khomatianos 奥赫里德主教迪米特里
· Demetrius 迪米特里
· Demetrius Cabasilas 迪米特里·卡巴西拉斯
· Demetrius Cydones 迪米特里·塞多尼斯，拜占庭作家
· Demetrius of Montferrat 蒙特菲拉特的迪米特里
· Demetrius Sophianus 迪米特里·索菲亚纳斯
· Demetrius, patron saint of Thessalonica 迪米特里，塞萨洛尼基的守护圣徒
· denarius 第纳里（钱币名称）
· Dervan 德万，塞尔维亚人领袖
· Despoina 女君主
· Despotate of Epiros 伊庇鲁斯君主国
· Despotes 专制君主
· Develtus 德维特斯
· Devoll 德沃尔
· Didymoteichos 底迪摩提克斯（地名）
· *Dieting for an Emperor*《献给皇帝的食谱》
· *Digenis Akrites*《狄吉尼斯·阿卡里特斯》
· *Digest*《学说汇纂》
· Dimitri Progoni 迪米特里·普罗戈尼，阿尔巴农大公
· Dimitrias 迪米特里亚（地名）
· Dioceses 大区长官
· Diocletian 戴克里先
· Diogenes family 狄奥根尼斯家族
· Diogeni 迪奥格尼斯
· Dionysius 狄奥尼修斯
· Dionysos 狄奥尼索斯
· Dioscorus 迪奥斯库鲁斯
· Diplokionion 迪普罗基翁
· Dnepr river 第聂伯河
· Dobromir Chrysos 多布罗米尔·克里索斯
· Dobrudja 多布罗加（地区名）
· Dodecanese islands 多德卡尼斯群岛
· domestic of the scholai 军区总司令
· Domestics（Dienstmänner）家仆、管家（或地产商品，视上下文语境而定）

· Dominum mundi 世界统治权
· Don 顿河
· Donation of Constantine 君士坦丁赠礼
· Dortmund 多特蒙德
· Dorylaeum 多里莱乌姆
· Doukas family 杜卡斯家族
· Dragutin 德拉古丁
· Dróma 兹拉马
· dromones 德隆猛
· Drungarius of the Fleet 海军舰队司令
· drungarius vigiliae 皇宫卫队司令
· drungus 德鲁古斯
· druzhina 卫队、亲随（波西米亚的）
· dryhten 指挥官
· Dryinopolis 德莱诺波利斯（军区）
· Dubrovnik 杜勃罗文克
· Ducas 杜卡斯
· Ducas Michaelis 杜卡斯·米哈伊尔利斯
· ducat 杜卡特，金币
· duces 都督
· Duchy of Athens 雅典公国
· Duke of the Archipelago 爱琴海公国公爵
· Dux 大公、伯爵
· Dvin 第温（又作杜比奥斯 Doubios）
· *Dynamcron*《药典》
· Dyrrachium 迪拉基乌姆

E

· Echinades Islands 埃奇纳德群岛
· *Ecloga*《法律选编》
· *Eclogae de re rustica*《农业选集》
· Edessa 埃德萨
· Egypt 埃及
· Ehrbarkeit "身负声望者"
· Eirene Angelos 伊琳妮·安茛鲁斯
· Eirene Komnena 伊琳妮·科穆宁娜
· Elias 埃利亚斯
· Emeric 埃默里克
· Enghien 昂吉安
· Enric Dandolo 恩里科·丹多洛
· Eparchos of the City 君士坦丁堡市长
· Eparch 城市长官
· Ephesus 以弗所
· Ephraem Syrus 叙利亚的以法莲
· *Epidemics*《流行病论》
· epikernes 执杯者
· Epirus 伊庇鲁斯
· Episkepsis "地产"
· *Epitome on the Curing of Ailments*《治愈疾病的提要》
· Eretnids 埃雷特纳（贝伊政权）
· Erzerum 埃尔泽鲁姆
· Ethiopia 埃塞俄比亚
· Euboea 埃维厄岛（旧译优卑亚）
· Eudochia 欧多基娅
· Eudocia Angela 尤多奇亚·安哲拉
· Eudokia 欧多基娅，拜占庭皇后，伊拉克略之妻
· Eugenius III, pope 尤金三世，教宗
· Eugenius IV, Pope（Gabriel Condulmaro）尤金四世，教宗（加布里尔·康杜尔马罗）
· Eulogia 尤洛吉亚
· Eunomius 尤诺米乌斯
· Euphrates 幼发拉底河
· Eusebius of Caesarea 凯撒里亚的尤西比乌斯
· Eusebius of Nicomedia 尼科米底的尤西比乌斯
· Eusebius 尤西比乌斯

L

- Labarum 拉伯兰军旗
- Lacedaemon 拉斯第孟
- Laconia 拉科尼亚（地名）
- Lachanodracon 拉查诺德拉孔
- Lactantius 拉克坦提乌斯
- Ladislas Hunyadi 拉迪斯拉斯·洪约迪
- Ladislas I, king of Hungary 拉迪斯拉斯一世，匈牙利国王
- Ladislas II, king of Hungary 拉迪斯拉斯二世，匈牙利国王
- Lala Sahin 拉拉·萨辛
- Laraxanes/Larxan/Larhan 拉拉哈尼
- Lamía 拉米亚
- Lampas 兰帕斯
- Lampoudius 拉普底乌斯（人名）
- Lampsacus 兰普萨库斯
- Langobards 伦巴第人
- Laodikeia 劳迪keia，今土耳其西南部城市代尼兹利（Denizli）
- Lasia 拉西亚
- Lárissa 拉里萨
- Latins 拉丁人
- Lavra 劳拉
- Laz 拉兹人
- Lazar III Brankovic 拉撒尔三世·布兰科维奇，塞尔维亚亲王
- Lazica 拉齐卡
- Lazio 拉齐奥
- Lebanon 黎巴嫩
- Lecapenus, Christopher 克里斯多佛·利卡本努斯
- l'Ecluse 莱克吕斯
- Lemnos 利姆诺斯岛
- Leontokastron 狮堡
- Lent 大斋节（若是人名，可译伦特）
- Leo III 利奥三世
- Leo Argyrus 利奥·阿尔吉鲁斯
- Leo Cephalas 利奥·凯发拉斯
- Leo Cephlas 利奥·克弗拉斯
- Leo I, Pope 利奥一世，教宗
- Leo I 利奥一世
- Leo IX 利奥九世
- Leo Katakylas 利奥·卡塔凯拉斯
- Leo Nikerites 利奥·尼基里特斯
- Leo Phokas 利奥·福卡斯
- Leo the Deacon 执事利奥
- Leo the Sacellarius 撒塞拉里乌斯的利奥
- Leo Tornikios 利奥·托尔尼基奥斯
- Leo VI（'the Wise'）"智者"利奥六世
- Leo, bishop of Chalcedon 利奥，卡尔西顿主教
- Leonardus of Chios 希俄斯岛的莱奥纳杜斯
- Leonico Tomeo 列奥尼克·陶麦
- Leontarion 莱翁达里昂（地名）
- Leontius II 利奥提乌斯二世
- Leontius of Byzantium 拜占庭的利奥提乌斯
- Leontius 利奥提乌斯
- Leovigild 莱奥维吉尔德
- Lesbos 莱斯沃斯岛
- Levant 利凡特（黎凡特）
- Lex militaris 《士兵法》
- Lex Rhodia/Rhodian Sea Law 《航海法》
- Lex rustica/Farmer's Law 《农业法》
- *Lexikon* 《词典》
- Libadenos 李巴德诺斯
- Libanius 利巴尼乌斯
- Licario 里卡利奥（拉丁骑士）
- Licinius 李锡尼

- limitanei 拜占庭边防军
- Limnia 利姆尼亚，今土耳其恰尔尚巴（Çarşamba）以北
- Lithuania 立陶宛
- Little Armenia 小亚美尼亚
- Liutprand 利乌特普兰德
- Loches Castle 罗切斯城堡
- logothete of genikon 总务部大臣
- logothete of the sekreta 秘书官
- Logothetes 重臣
- Lombard 伦巴第
- London 伦敦
- Longanikos 隆尼亚尼科斯（地名）
- Loos 鲁斯
- Lothar III 洛塔尔三世
- Louis I of Hungary 匈牙利的路易一世
- Louis II 路易二世
- Louis IX（'Saint Louis'）路易九世（圣路易）
- Louis of Blois 布卢瓦的路易
- Louis the German 日耳曼人路易
- Louis the Great of Hungary 匈牙利的路易大王
- Louis VII of France 法兰西的路易七世
- Loveč 洛维奇（地名）
- Lusignan 吕西尼昂
- Lycandus 利堪多斯
- Lydia 里迪亚（地名）

M

- Macedonia 马其顿
- Maçka 马奇卡区
- Macrobius 马克罗比乌斯
- magister officiorum 执事官
- magistri militum 军事指挥官
- magistrates 长官
- Magistrus 宰相
- magnate 权贵者
- Magnaura 玛格纳乌拉
- Magnentius 马格努提乌斯
- Magnesia 马格尼西亚，今土耳其马尼萨（Manisa）
- Magnus Maximus 马格努斯·马克西姆斯
- Magyar 马扎尔
- Maina 麦纳地区
- Maksim 马克西姆
- Malalas 马拉拉斯
- Malamir 马罗米尔
- Maleini 马莱尼家族
- Malikites 马立克派
- Malikshah 马利克沙
- Malta 马耳他
- Mamluks 马穆鲁克王朝（马木路克）
- Mamun 马蒙
- manaig（monastic tenants）马奈伊格（修道院佃农）
- Manfred of Sicily 西西里的曼弗雷德
- Maniach 马尼亚克
- Manichaesim 摩尼教
- Manichees 摩尼教徒
- Mansur bin Sarjun 曼苏尔·本·苏尔俊
- Manuel 曼努埃尔
- Manuel Anemas 曼努埃尔·亚尼马斯
- Manuel Angelos Philanthropenos 曼努埃尔·安茝鲁斯·费兰斯罗比诺斯（约1389—1394年在任），塞萨利领主
- Manuel Chrysoloras 曼努埃尔·克里斯多拉斯
- Manuel I Comnenus 曼努埃尔一世·科穆宁
- Manuel II Palaiologos 曼努埃尔二世·帕列奥列格

- milites ecclesiae 教会的斗士
- milites 士兵
- Militia of Jesus Christ 耶稣基督骑士团
- Milutin Stefan of Serbia 塞尔维亚的米卢廷·斯特凡
- Minister for Petitions 谏议官
- Mingerelia 明格列尼亚
- Minthrion (Μινθρίον) 米特拉山，今土耳其博兹特佩 (Boz Tepe)
- Mircea of Wallachia 瓦拉几亚的米尔西亚
- Mistislav 米斯提斯拉夫
- Mistra 米斯特拉
- Mitaton "米塔盾"(客栈)
- Modon 莫顿
- Moesia 默西亚
- Moldavia 摩尔达维亚
- Monemvasia Chronicle《莫奈姆瓦夏编年史》
- Mongolia 蒙古
- Monomachos family 摩诺马赫家族
- Monophysites 一性论派
- monostrategos 最高指挥官
- Monotheletism 基督单一意志说
- Montanists 孟他努派异端
- Monte Cassino 卡西诺山
- Monte Cassino Abbey 卡西诺山修道院
- Montenegro 黑山
- Moors 摩尔人
- Mopsuestia 莫普苏埃斯提亚
- Morava river 莫拉瓦河
- Moravia 莫拉维亚
- Morea 莫利亚
- Morea, principality 莫利亚公国
- Morocco 摩洛哥
- Moscow 莫斯科
- Moses 摩西
- Mosynopolis 莫西诺波利斯
- Mount Athos 阿索斯山
- mounted archers 骑射兵
- mounted sergeants 骑兵军士
- Mousai《歌集》
- Mstislav of Rus' 罗斯的姆斯基斯拉夫
- Mstislav 基辅大公姆斯基斯拉夫
- Mu'awiya 穆阿维亚
- Muhammed 穆罕默德
- Muhammed I of Ottoman 穆罕默德一世
- Muhammed II of Ottoman 穆罕默德二世
- Muhammad, Prophet 先知穆罕默德
- Muhammad, qadi of Seville 穆罕默德，塞维利亚的卡迪(法官)
- Mundus 蒙都斯(查士丁尼时期将军)
- Murad I 穆拉德一世
- Murad II 穆拉德二世
- Musa 穆萨
- Musele 穆塞雷
- Muslims 穆斯林
- Mustafa Çelebi 穆斯塔法·切勒比
- Mutasim 穆塔西姆
- Muzalon 木扎伦
- Mykonos 米科诺斯岛
- Mylasa 米拉萨(军区)
- Myriokephalon 米利奥克法隆
- Mysia 米西亚地区

N

- Naissus （Nis）纳伊苏斯（尼什）
- Namur 那慕尔
- Naples 那不勒斯

- Narses 纳尔泽斯
- Naupaktos 纳夫帕克托斯
- Navarre 纳瓦拉
- Náxos 纳克索斯
- Nazareth 拿撒勒
- Neboulos 内布鲁斯
- Neckar 内卡河
- Nemanja Stefan of Serbia 塞尔维亚的内马尼亚·斯特凡
- Neocastron 奈奥卡斯托恩
- Neopatras 新帕特拉
- Neoplatonism 新柏拉图主义
- Nephon I 尼丰一世（君士坦丁堡牧首）
- Nestorian 聂斯托利派
- Nestorian Christianity 聂斯托利派基督教（景教）
- Nestorius 聂斯托利
- Nestus 奈斯托斯河
- Netherlands 尼德兰
- Nevers 纳韦尔
- Nicaea empire 尼西亚帝国
- Nicaea 尼西亚
- Niccolo Niccoli 尼科洛·尼科利
- Nicephoritzes 尼基弗里奇斯
- Nicephoros I 尼基弗鲁斯一世
- Nicephoros Pastilas 尼基弗鲁斯·帕斯提拉斯
- Nicephorus Chumnos 尼基弗鲁斯·库慕诺思
- Nicephurus Loukanis 尼基弗鲁斯·洛卡尼斯
- Nicetas 尼基塔斯
- Nicholas 尼古拉斯
- Nicholas Cabasilas 尼古拉·卡巴西拉斯
- Nicholas Eudaimonoioannes 尼古拉·尤戴莫诺安尼斯
- Nicholas I, Pope 尼古拉一世，教宗
- Nicholas III, Pope （Caietanus Ursinus）尼古拉三世，教宗（凯耶塔努斯·乌尔西努斯）
- Nicholas Myrepsos 尼古拉·米利普索斯（尼西亚帝国医官）
- Nicolo Barbaro 巴尔巴洛
- Nicomedes IV Philopator 尼科米底斯四世
- Nicomedia 尼科米底亚
- Nicopolis 尼科波利斯
- Nika riot 尼卡起义
- Nike 尼科，胜利女神
- Nikephoritzes 尼基弗利齐斯
- Nikephoros Blemmydes 尼基弗鲁斯·布拉米德
- Nikephoros Bryenios 尼基弗鲁斯·布里恩纽斯
- Nikephoros Chrysoberges 尼基弗鲁斯·克茹索白格斯
- Nikephoros III Botaneiates 尼基弗鲁斯三世·博塔尼埃蒂兹
- Nikephoros Mystikos of Constantinople 君士坦丁堡的尼基弗鲁斯·梅斯蒂科斯
- Nikephoros of Epiros 伊庇鲁斯的尼基弗鲁斯
- Nikephoros Phokas II 尼基弗鲁斯·福卡斯二世
- Nikephoros Phokas 尼基弗鲁斯·福卡斯
- Nikephoros, patriarch of Constantinople 君士坦丁堡牧首尼基弗鲁斯
- Nikephorus Botaneiates 尼基弗鲁斯·伯塔奈亚特斯
- Nikephorus Bryennius 尼基弗鲁斯·布林纽斯
- Nikephorus Melissenus 尼基弗鲁斯·迈里西努斯
- Niketas Choniates 尼基塔斯·侯尼雅迪斯
- Niketiatou 尼基提阿图
- Nikiu 尼基乌
- Nile river 尼罗河
- Nineveh 尼尼微
- Nis 尼什
- Nisibis 尼西比斯

O

P

T

今土耳其锡尔万（Silvan）
- Timur 帖木儿
- Tínos 蒂诺斯岛
- Tirebolu 蒂雷博卢
- Tocco 托科
- Tomislav of Croatia 克罗地亚的托米斯拉夫
- Tormás of Hungary 匈牙利的托马斯
- tornesi 托内西
- Totila 托提拉
- Torrul 托鲁尔,也称亚琳卡巴克（Yalinkavak）或索里纳（Sorina）
- Tourmarchai 旅长（军区的）
- tourmarch 军团指挥官
- Tragos《典章》
- Trajan 图拉真
- *Treatise on the Astrolabe*《论星盘》
- *Treaty of Caltabellotta*《卡尔塔贝洛塔条约》
- *Treaty of Christburg*《基督堡条约》
- *Treaty of Devol*《迪沃尔条约》
- *Treaty of Nymphaion*《南菲宏条约》
- *Treaty of Viterbo*《维泰博条约》
- Trebizond 特拉比宗
- Tremisses 泰米赛斯
- Tribonian 特里波尼安
- Tripoli 的黎波里
- Triremes 三列桨战船
- Trnovo 特诺沃
- Trois Fontaines 特鲁瓦方丹
- Tulunids 突伦王朝
- Tunis 突尼斯
- Turcomans 土库曼人
- Turkestan 突厥斯坦
- Turks 突厥人/土耳其人
- Tver' 特维尔
- Tvrtko 特维尔托克
- *Twelve Books on Medicine*《医学十二卷》
- Tyrach 提拉赫
- Tyre 提尔（推罗）
- Tyrian purple 腓尼基紫
- Tzachas 扎查斯
- Tzurulum/Chorlu 乔尔卢

U

- Uighurs 回鹘人
- Ukraine 乌克兰
- Uldin 乌尔丁（匈人首领）
- Ulfila 乌尔菲拉
- 'Umar 欧麦尔
- Umayyad dynasty 倭马亚王朝
- Uniate Church 合一教会
- Urban II 乌尔班二世
- Urban IV 乌尔班四世
- Uros I 乌罗什一世
- Uros II 乌罗什二世
- 'Uthman 奥斯曼
- Utigur Huns 乌提古尔匈人
- Uzè s 乌寨斯

V

- Vaclav I of Bohemia 波希米亚的瓦茨拉夫一世
- Vakfikebir 瓦克菲克比尔
- Valens 瓦朗斯
- Valentinian I, emperor 瓦伦提尼安一世，皇帝

- Valentinian II, Emperor of the West 瓦伦提尼安二世，西罗马皇帝
- Valentinian III, emperor 瓦伦提尼安三世，皇帝
- Valerian 瓦勒里安
- Van 凡城
- Vandals 汪达尔人
- Varangians 瓦兰吉亚人
- Vardar 瓦尔达尔河
- Varna 瓦尔纳
- Vatican 梵蒂冈
- Velbužd 韦尔布德
- Venice 威尼斯
- Veria 韦里亚
- Verona 维罗纳
- Veronica 维罗尼卡
- Via Egnatia 艾格纳提亚大道
- Vicenza 维琴察
- Vidin 维丁
- Vienna 维也纳
- Vikings 维京人（北欧海盗）
- Villehardouin 维莱哈顿
- Viminacium 维米尼库姆
- Visigoths 西哥特人
- Vitalian 维塔利安，教宗
- Vitlinitsa 维特里尼察
- Vitislav of Bohemia 波希米亚的维蒂斯拉夫
- Vlach 弗拉赫部落
- Vladimir I 弗拉基米尔一世
- Vladimir Monomakh, 弗拉基米尔·莫诺马赫
- Vladimir of Bulgaria 保加利亚的弗拉基米尔
- Vladimir of Rus' 罗斯的弗拉基米尔
- Vladimiri, Paulus 鲍卢斯·弗拉基米里
- Vladislav I of Bohemia 波希米亚的弗拉迪斯拉夫一世
- Vladislav III 弗拉迪斯拉夫三世
- Voleron 沃勒隆（地名）
- Volga river 伏尔加河
- Vonitsa 沃尼察
- Vostitsa 沃斯蒂萨
- Vukan of Zeta 武坎，泽塔的
- Vukan, zupan of Raska, 武坎，拉斯卡的祖潘
- Vukašia 乌卡什亚（塞尔维亚国王）

W

- Wallachia 瓦拉几亚
- Walter of Brienne 布里恩的瓦尔特
- Welfs 韦尔夫王朝
- William I, king of Sicily 西西里国王威廉一世
- William II of Morea 莫利亚的威廉二世
- William II the Norman of Sicily 西西里的诺曼人威廉二世
- William of Champlitte 尚普利特的威廉
- Witiza 维蒂札
- Witteric 维特里克
- Wladislas I of Hungary 匈牙利的弗拉迪斯拉斯一世

X

- Xiphias 西非雅斯
- Xyleas 科里阿斯